对中华民族的英雄，要心怀崇敬，浓墨重彩记录英雄，塑造英雄，让英雄在文艺作品中得到传扬。

——习近平

长篇历史小说

血色初心

（上部）

姚尚友◎著

全国百佳图书出版单位
时代出版传媒股份有限公司
安徽人民出版社

图书在版编目（CIP）数据

血色初心/姚尚友著. —合肥:安徽人民出版社,2021.9

ISBN 978 - 7 - 212 - 10605 - 8

Ⅰ.①血…　Ⅱ.①姚…　Ⅲ.①长篇小说—中国—当代　Ⅳ.①I247.5

中国版本图书馆 CIP 数据核字（2021）第 165386 号

血色初心

姚尚友　著

出 版 人:陈宝红　　　　　　　　　　选题策划:陈宝红　万直纯

责任编辑:王玉法　　　　　　　　　　责任印制:董　亮

装帧设计:宋文岚

出版发行:时代出版传媒股份有限公司 http://www.press-mart.com

　　　　　安徽人民出版社 http://www.ahpeople.com

地　　址:合肥市政务文化新区翡翠路 1118 号出版传媒广场八楼　邮编:230071

电　　话:0551 - 63533258　0551 - 63533292(传真)

印　　刷:合肥现代印务有限公司

开本:710mm×1010mm　　1/16　　印张:71.75(上部:36,下部 35.75)　　字数:1050 千

版次:2021 年 9 月第 1 版　　2021 年 9 月第 1 次印刷

ISBN 978 - 7 - 212 - 10605 - 8　　定价:138.00 元(上、下部)

主要人物表

童长荣——东京帝国大学留学生。中共东京特别支部负责人、中共上海沪中区委书记、中共河南省委书记、中共天津市委书记、中共大连市委书记、中共东满特委书记。1934年壮烈牺牲

卓蓝——上海纱厂老板女儿。国民党情报人员

罗粟文——中共江苏省委书记、中共满洲省委书记等。童长荣的革命领路人

赵瑞麟——国民党上海执行部调查股股长、中央俱乐部行动科科长,后任国民党特务总部上海区副区长

何坤宜——又名何佛清。童长荣的未婚妻

崔今淑——中共汪清县委妇女委员,童长荣的特别护理

伊田助男——货车司机。延边侵华日军辎重队小队长。日本共产党员

林悦——又名爱新觉罗·毓怡,日本名新垣里美,汉奸熙洽的侄女。情报人员

王舒——地下交通员

李卫——国民党情报人员。地下党员

杨飞——国民党上海执行部副秘书长,后任国民党上海中央俱乐部主任

张龙——国民党情报人员

蔡老板——台商。日本丰源进出口公司老板。著名爱国商人

吴志杰——东北军旅长、蔡老板的管家

山下勇——牧野妻弟。日本皇宫书库官

伊田美子——伊田助男的妹妹、山下勇妻子

赵瑞昱——赵瑞麟的姐姐。医生

童母——童长荣的母亲

五叔——童长荣的五叔

何老爷——何坤宜的父亲

吴用贤——童长荣未婚妻的姐夫。教师

何坤秀——何坤宜的姐姐

连娣——大华纱厂女工

卓荣丰——卓蓝之父。大华纱厂老板

金锦女——抗日根据地儿童团长。12岁英勇牺牲,少年女英雄

王德泰——中共东满特委委员。军事部长

梁光——中共东满特委游击大队大队长

戴季陶——国民党所谓"理论家",蒋介石智囊

何应——国民党安庆市警察局长

陆啸衡——国民党安徽省党部筹委会负责人

内田良平——日本黑龙会会长

小日向——日本浪人

高崎——黑龙会成员。大华纱厂合伙人

木次郎——日本东京警视厅总监

千惠子——黑龙会女佣。女谍

龟冈村——延吉日军司令官

— 002 —

上 部

20 世纪 20 年代。

长江。安庆老城。

振风塔在晨雾中若隐若现,不甚分明。时值初春,春光开始明媚,街旁的树头也已染绿,街面行人渐渐多了起来。

安徽省立第一师范。学生三三两两朝小礼堂方向涌去。童长荣抱着书,戴副眼镜,脑袋后面拖着一根老鼠尾巴辫逆流朝红楼走来。姜周挤开人群朝童长荣这边望着,跑了过来。

姜周高喊:童长荣,童长荣。

他一把拽住童长荣的小老鼠尾巴辫子,童长荣猝不及防,手中抱着的书散落了一地。

童长荣弯下腰捡书,姜周也蹲了下来,帮他捡着。几个男女同学赶过来看热闹,纷纷议论童长荣的小辫子。

女同学揶揄:都大小伙子了,还拖着根老鼠尾巴辫子,真难看。

男同学附和:这和封建遗少没有区别。

童长荣一把抓住姜周的手,审视着姜周:下次,你要再抓我的辫子,我就扭断

你的胳膊。

姜周挣脱,将一本书捡起递给童长荣,嘟哝着,一寝室的人都去听罗栗文先生的讲座,就你一个人做落后分子。

围过来的同学纷纷议论,责怪童长荣近期活动一次都没有参加。

童长荣站了起来,朝大家看了看:我再说一遍,我要温习我的功课,没有时间听讲座。

同学们又在议论:这人门门课都是满分呢。

姜周盯着童长荣,抱怨而又不满:分数分数,分数就那么重要吗?

童长荣涨红着脸,望着同学们:我没有你们那么崇高的革命理想。我劝你们一句,别把这么宝贵的时间浪费在政治上面。我们改变不了国家的命运,但我们可以通过苦读来改变家庭和个人的命运。

童长荣拍拍姜周的肩膀,朝红楼走去。

姜周高声朝他的背影吼叫:童长荣,我真想把你的小老鼠尾巴辫子给绞了!

同学们讪笑:快快,拿剪刀来,把它给绞了。

童长荣抱着书本加快了脚步。

长江的尽头就是上海。霓虹灯。广告牌。人流,车流,一片繁华景象。环龙路44号就是国民党上海执行部,管辖苏浙皖赣和上海市党务。

屋内,国民党上海执行部调查股股长赵瑞麟走到窗前,将望远镜递给卓蓝,指着不远处的金门大酒店,下达任务:听着,暗杀行动马上执行,目标人物就在金门大酒店二楼左拐角处的那个套间。

卓蓝将望远镜移到金门大酒店二楼,定格在沙发上的那个人。

赵瑞麟提醒卓蓝,入口处有两个人,一楼楼梯口有两个人,二楼楼梯口、走廊里有流动保卫,数目不详,套间门口有保卫。

卓蓝的望远镜在慢慢移动,可见走廊、楼外有黑衣人游走。

赵瑞麟交代卓蓝,你只有20分钟时间,10分钟赶到金门大酒店门口,10分钟解决目标。错过这个机会,目标就会消失。不准用枪。

卓蓝将望远镜扔给赵瑞麟,从桌上抄起匕首,插在靴口,急速下楼。赵瑞麟站在窗前,看着卓蓝跳上了一辆车。他也随即下楼,上了另一辆车。

卓蓝驾车在大街上横冲直撞,赵瑞麟跟在后面左奔右突。

卓蓝来到金门大酒店门口,急速刹车,戴上头套,跳下车,迅速与楼下两个黑衣人交手,左右开弓,手脚并用,将两个黑衣人摞倒在地。闪身来到大厅,楼梯口,三个黑衣人将卓蓝围住,卓蓝一对三开撕,三五个回合后,先将一人在栏杆上撞昏,又将两人的头碰在一起,两人倒地。楼梯上一人冲了下来,卓蓝就势将他甩到楼梯下。接着又来两个,她朝楼上冲去,抓住一个,借力来到另外一个人面前,钻裆而出,从后面提起黑衣人的双腿,黑衣人以前仰姿势,冲倒在下面一个黑衣人身上,两人一起滚下楼梯。走廊里又扑过来两个人,卓蓝掏出匕首,左挥右砍,一人的手被划伤,另一人的裤带被挑开,她顺势一拉,将一人颈脖勒住,不得动弹。一拐弯终于接近套房门口,看见四个彪形大汉,严阵以待。她突然冲上三楼,扯下一根窗帘绳子,迅速拴好,嘴上衔刀,一个倒挂金钩,从二楼裹挟着粉碎的玻璃一起飞进屋内。她一个鹞子翻身,接着一个鲤鱼打挺,直扑沙发,用刀抵住了沙发上的那个人。

大门开了,四个黑衣人涌了进来。赵瑞麟跟在后面鼓掌。

赵瑞麟:卓蓝,你可以毕业了。

卓蓝一惊,回过头,看见赵瑞麟朝屋内走来。沙发上的人摆脱了匕首,站了起来。

赵瑞麟:别看我,看看你身后的这个人是谁?

卓蓝回过身,却见是戴季陶站在自己跟前。

卓蓝吃惊地抱拳,戴先生,怎么是你? 要不是赵瑞麟喊得及时,我的刀子就下去了。前辈,得罪了。

卓蓝收起了刀。戴季陶满面笑容,赞赏卓蓝身手不错,说练好了本领,将来好对付共产党。

卓蓝狐疑地望着戴季陶:戴先生不是共产主义的信奉者吗? 还成立了马克思主义研究会,怎么就恨起共产党来了?

赵瑞麟挥挥手,你的认知还停留在过去,那都是老皇历了。他很兴奋地告诉卓蓝,戴先生的反共理论体系已经初步建立起来了。

卓蓝很惊讶地望着戴季陶:戴先生,那你可是来了一百八十度的大转弯。

戴季陶点点头:不转不行啊。

卓蓝:戴先生,那你可是违背了中山先生联俄联共的主张了。

戴季陶:是啊,你说的有道理。我是中山先生的身边人,按道理是不能违背了中山先生的意愿。可现实告诉我,我又必须沿着这个理论研究下去。为此,我的内心充满矛盾痛苦,可理智告诉我,我们不能让共产党做大做强,将来会成为心腹大患。

赵瑞麟:戴先生的肯定之否定是体现了极大的理论勇气。

戴季陶:别站着说话,坐,坐下来说。

黑衣人退去。戴季陶亲自给两个人上茶。

戴季陶:你们两个青年才俊,将来还是要担当大任,我看好你们的前途哟。

赵瑞麟一个立正:谢谢戴先生栽培。

卓蓝放松地斜靠在沙发上:我可没有远大抱负,就觉得做这一行好玩刺激,比读书做学问有趣味。说不定哪一天玩腻了,我就换一行干干。

赵瑞麟白了卓蓝一眼,看来你还缺了一课——信仰和忠诚。

卓蓝爽朗地笑着,我的信仰就是自由,忠诚自己的感觉,不受约束,想干嘛就干嘛。

赵瑞麟指着卓蓝对戴季陶说,富家的小姐就知道吃吃喝喝,玩玩乐乐,这样不行啊。

戴季陶沉吟道,说句心里话,我很羡慕卓蓝的人生观。可话又说回来了,人人要达到这样的自由,还是需要社会的手段和集体的意志来创造这样的社会环境的。

卓蓝站了起来,敛住笑容,叹了口气:真复杂,那我就一个人先自由了。

卓蓝下楼,驾车离去。

回到执行部,赵瑞麟带着卓蓝来见执行部副秘书长杨飞。杨飞坐在办公桌前正在处理文件。

杨飞头也不抬:说说吧。

赵瑞麟打开文件夹:卓蓝,女,20岁,经考核业务优秀,忠诚于"三民主义",拟担任执行部调查股统计员。

杨飞仍旧批阅他的文件:女的? 我需要一个能吃苦耐劳的男人。

卓蓝一屁股坐到了杨飞的桌子上:杨副秘书长,你居然瞧不起女人,而且连看都不看我一眼。看来,你没有受到五四运动的洗礼。

杨飞拍了一下桌子:放肆,出去!

卓蓝站了起来,对着赵瑞麟说:赵股长,那我可走了。

赵瑞麟一把拉住卓蓝,扯扯她的袖子,让她别任着自己的性子,卓蓝只好站在门口。

赵瑞麟连忙低声地对杨飞介绍:秘书长,我告诉你她是谁,大华纱厂卓老板的千金。

杨飞听赵瑞麟这么一说,立即转变了态度,堆上笑脸:卓小姐,得罪了。不知者无罪嘛。令尊卓先生这些年倾囊资助上海执行部,代我向令尊大人表示谢意。

卓蓝回过头,朝杨飞笑着。杨飞这才看清了卓蓝的脸。

杨飞张大了嘴巴:卓小姐果然惊为天人。

卓蓝:杨副秘书长,我接受你肉麻的恭维。长得不好,随便长长,请多指教!

赵瑞麟笑了,杨飞也不自然地笑了。

夜幕降临。江面码头,一片漆黑。卓蓝一袭风衣,站在船边。赵瑞麟送行。两个黑衣人李卫、张龙随行。

赵瑞麟派卓蓝到安庆,主要任务是统计安徽共产党加入国民党的具体人数、年龄、职业、社会背景,还有一项任务是布置对国民党左派和共产党在国民党里的活动进行限制。卓蓝认为赵瑞麟这是在背着杨飞搞小动作,也与当前的国共合作背道而驰。赵瑞麟辩称戴先生的理论可不能停留在口头上。知己知彼,方能心中有数。卓蓝不以为然,她感兴趣的是能够出去走走,到安庆玩玩,总比坐

在办公室强。

赵瑞麟告诉卓蓝,具体联系人是安徽省国民党筹委会的陆啸衡和共产党人罗栗文。他特别叮嘱,罗栗文这个人很有才干,把安庆的革命活动搞得有声有色,要卓蓝多防着他一点,免得被他要了。

卓蓝反问赵瑞麟,我怎么听到的都是共产党人很有才干,生龙活虎,国民党给我的感觉都是些学究迂夫子。赵瑞麟解释,这么跟你说吧,国民党不太重视基层组织建设,根基很浅,国共合作嘛,有很多地方国民党的基层组织都是委托共产党人组建的。国民党基层组织确实有人才不足的隐患,这就给了共产党机会,为国民党留下了隐患。所以,他要求卓蓝要特别重视这次统计的意义,把准确的数据带回来。

轮船汽笛响了。赵瑞麟吩咐张龙、李卫,随卓蓝一同去安庆,协助卓蓝做好调查工作,并保护好她的安全。

卓蓝用手一挡:我可不喜欢后面有两个跟屁虫,妨碍我的自由。

她径直上船。张龙、李卫望着赵瑞麟,有些不知所措。赵瑞麟挥了挥手,说卓小姐特立独行,那就让她一个人去吧。

安庆。一幢小楼,一个小院。这里就是安徽省国民党筹委会临时办公的地方。罗栗文穿着长衫走进小院,来到楼上。

安徽省国民党筹委会临时主任陆啸衡穿着制服,胸前挂着一支水笔,热情迎接。

陆啸衡:罗先生,刚刚接到通知,上海执行部调查股卓蓝特派员要来了解安徽共产党员加入国民党的具体情况,我想请你统计上报一下。

罗栗文:一点问题没有。这是我分内的事,理应由我来统计。

陆啸衡拉着罗栗文坐下,叹了口气:年初,受命广州筹组省委会。要人没人,要钱没钱,亏得罗先生劳神费心,上海执行部还算是满意。

罗栗文:应该的,国共合作嘛,大家一起革命,打倒反动军阀的统治,我们的目标是一致的。

陆啸衡:说来惭愧,你们共产党的活动一个接着一个,在全国都搞出了声势。还请罗先生在特派员面前美言,就说我们也组织了,也参加了。

罗栗文:陆主任,你放心,我会的。

罗栗文离开小楼,一路思忖,上海执行部这个动作非同寻常。先前已经听说,国民党右派逐渐控制了上海执行部,开始暗中排挤国民党左派和共产党人。在执行部工作的共产党人毛泽东、恽代英、向警予已经先后离开。想到这里,罗栗文暗暗警觉,他迅速来到省立第一师范,找到了学联负责人姜周。

姜周将一份表递给了罗栗文,说这是安徽学联里面的共产党员加入国民党组织的统计。罗栗文拿着表格,在手里掂了掂,摇了摇头,对姜周说,我们不能把这个名单交给上海来人。姜周说罗先生考虑得很周到,他也已经听说国民党内部出现了一股强劲的反共势力,这个风吹得越来越大了。

姜周:罗先生,怎么办?怎么应付上海来的特派员?

罗栗文考虑了一会儿:防人之心不可无,既然他们要,我们就来编。

姜周:万一上海来人要抽查怎么办?

罗栗文:要想蒙混过关,还得做顶替人的工作,防止露馅。

两人坐下来,商量着顶替人的名单,罗栗文第一个就想到了童长荣,姜周摇头说不行,从他目前的状况看,他恐怕不会答应。罗栗文微笑着说,童长荣是值得信赖的,你去找他一下。姜周心里没有把握,可还是依照罗先生的意思来到了红楼。

童长荣坐在教室的一隅看书,桌上摆着厚厚一摞书。姜周走了进来,童长荣抬起头警觉地望着姜周。

姜周:童长荣,放心,我不是来绞你的小老鼠尾巴辫子,我是来求你一件事的。

童长荣放下书本:什么事,快说。

姜周在童长荣身边坐了下来,告诉了事情的原委,国民党上海执行部马上派人来安庆调查安徽共产党人加入国民党的情况,我们不放心把名单交给他们,学联这一块必须搞一个替代名单,想请你帮个忙顶个帽子。

童长荣怔怔地望着姜周,问为什么选择了他。

姜周实话实说,学联的几个负责人近期比较活跃,安庆党部的人都熟悉,只能找些生面孔。

童长荣有些委屈,说读书有什么错,常被你们白眼奚落,现在我为什么要帮你们?去去去,别打扰我的功课。

姜周有些气恼:就知道你不会帮这个忙,说了也是白说,罗先生真是看错了人,让我来找你。姜周转身欲离开。

童长荣:等等,你说是罗先生来找我的?

姜周:罗先生还夸你是英才呢,我看你就是个书虫子,百无一用的废柴。

童长荣:姜周,说话别伤人可好。罗先生找我可以,你找我不可以。

姜周:你答应了?

童长荣:答应了。

姜周:告诉我为什么我找你不行,罗先生找你就行?

童长荣:因为你总是居高临下,我不喜欢。我很敬重罗先生,这就是答应的理由。更重要的理由是,我也听到了国民党内对共产党有不同的声音。这个忙,我得帮。

姜周抱住了童长荣:童长荣,太谢谢你了。看来,你并不是两耳不闻窗外事的,对不对?

童长荣:说吧,还需要我做什么。

姜周:就怕万一上海来人认真起来,对号入座,还有劳你要应付一下。

童长荣笑了:这么说,我首先是共产党员,然后是以共产党员的身份加入国民党的,具有双重身份是不是?

姜周连连点头:正是正是。

童长荣:我像吗?

姜周打量着童长荣:就是你拖着根老鼠尾巴辫子不像。

姜周走后,童长荣陷入了沉思,甚至有些憋屈,自己就怎么成了落后分子。自己是共青团员,也是学联的骨干分子。自从吴先生做媒,将妻妹何坤宜许给自己之后，他就感到了一种无形的压力。何家是枞阳青山何氏的大户人家，未婚妻何坤宜知书达礼，母亲的叮咛，吴先生的赞许，何家的期待迫使他必须沉下心来好好读书，将来出人头地，这是他无二的选择。为此，几个月来，好友姜周对他产生了误解，他只有沉默，也渐渐有意远离罗栗文先生的视线，一些讲座和活动就不好意思参加了。现在罗先生派姜周找自己，他的内心涌起了一阵温暖。他不由自主地站了起来，走到窗前望着对面的小礼堂，他决定今晚去偷听一次讲座。

夜晚。陆续有学生朝小礼堂走去，童长荣从树后闪了出来，趁人不备，悄悄溜进了小礼堂，在后排的暗处找了个位置坐了下来。

罗栗文正在演讲：同学们，我今天演讲的主题是《共产党宣言》与中国命运。同学们，当今中国的进步青年都以救国救民、改造社会为己任，思考中国的前途，探求改造中国社会的新方案。我要告诉同学们，当前的新思潮十分庞杂，无政府主义、工团主义、互助主义、合作主义、泛劳动主义等等，不一而足。在这里，我要告诉大家，只有马克思主义学说才能解决中国的问题。《共产党宣言》最根本的一条就是，走无产阶级的革命道路，推动社会前进。手段是无产阶级通过奋斗成为统治阶级，然后对生产资料所有制进行改造，大力发展社会生产力，逐步创造消灭阶级的条件，进而达到共产主义的理想社会。马克思的《共产党宣言》催生了中国共产党，中国共产党人可以说是真正找到了拯救民族危亡和国家兴盛的济世良方。自鸦片战争以来，多少仁人志士抛头颅、洒热血，但都无一例外的失败了。我坚信我们中国共产党人一定能够通过自己的奋斗，改变中国的命运，让国家富强起来，让人民过上幸福安宁的日子。

学生们热烈鼓掌，童长荣跟着鼓起了掌。

罗栗文继续演讲。童长荣的内心像是被一股强烈的电流击了一下，表情随着演讲内容的递进，情绪由沉静、思考、慨叹到热烈。

罗栗文：最后，我想把《共产党宣言》中的结语送给大家，全世界无产者，联合起来！

姜周带着大家喊着口号：全世界无产者，联合起来！

演讲结束，同学们陆续离开，罗栗文收拾书本走下讲台。

童长荣从暗处走了出来:罗先生好。

罗栗文:啊,是长荣同学。谢谢你答应帮我这个忙。

童长荣:感谢罗先生信任。既然答应了这件事,就不能心中无数,所以我今晚特地来听罗先生演讲。不听不知道,一听吓一跳。罗先生,您打开了我心灵的另一扇窗户,让我认识了一片新天地,把我带到了另一个世界,您让我理解了共产党人的使命。

两人并肩走出礼堂。

罗栗文欣喜地:是嘛,长荣同学,我真的不知道你也来了。过去姜周同学逼着你参加活动,这是不对的,我已经多次批评了他。今天你主动来,我太高兴了,也非常欢迎。

童长荣看到罗栗文手里的《共产党宣言》。

童长荣:罗先生,这本书能借给我看看吗? 我会很快还给你的。

罗栗文:长荣同学,你确定想看吗?

童长荣:是的,假冒共产党员,都不知道《共产党宣言》的内容,这怎么行?

罗栗文将书递给童长荣:长荣同学,难为你这么用心,我当然愿意。

童长荣对罗栗文说,答应的事,就把它做好,不能出纰漏。他还请求罗栗文,他来听讲座和借书的事别告诉姜周。

罗栗文:还不好意思呢。

童长荣走了。罗栗文望着童长荣清秀的背影,还有脑袋后面的老鼠尾巴辫,不由自主地笑了。

第二天下午,罗栗文和陆啸衡来到安庆码头迎接上海执行部特派员卓蓝。

两人站在铁栅栏外望着陆续出来的船客,仔细辨认着。陆啸衡只知道这个特派员是个女的,20岁左右。他心里琢磨,上海来的,就应该是漂亮洋气。他的神情高度紧张,仔细地辨认着相关年轻女性,他不想因为错过而怠慢了上级领导。

卓蓝朝出口处走来,陆啸衡看到了这个肤色白皙,烫着头发,西装制服,拎着一个包的年轻漂亮女人,再看一眼,这个女人有些高冷,还透着一股硬气。当她跨过铁栅栏的那一刻,陆啸衡快速地迎了上去,可又有些片刻的迟疑:您……就是卓特派员?

卓蓝嫣然一笑:怎么,我难道不像吗?

陆啸衡赶忙去接卓蓝的包,卓蓝不为所动,陆啸衡只好讪讪地缩回了手,躬身寒暄:欢迎卓特派员到皖省安庆督导工作,鄙人是国民党安徽筹委会负责人,鄙姓陆,陆啸衡。罗栗文走了上来,也作了自我介绍。

卓蓝的眼睛瞟过陆啸衡,幽幽地望着罗栗文。罗栗文的眼神落落大方地迎上卓蓝的目光。

卓蓝感受到了罗栗文的意志力,这才收回目光,将眼睛移到了不远的振风塔。

卓蓝:这就是安庆的标志振风塔?

陆啸衡:正是。

卓蓝:能告诉我是哪一年建的吗?

陆啸衡答不上来,转而望着罗栗文。

罗栗文不紧不慢地:振风塔号称万里长江第一塔,建于明代隆庆二年,有三百多年的历史了。

卓蓝:那迎江寺呢?

罗栗文:迎江寺,始建于北宋开宝年间。

卓蓝:迎江寺还有一个名称叫万佛寺。

罗栗文:那要说起来,还得提一个名字,叫护国永昌禅寺。

卓蓝望着陆啸衡:看来呀,共产党人比国民党人有学问,人才在共产党这边,安庆的共产党比国民党强啊。

陆啸衡开始紧张:鄙人孤陋寡闻,还请特派员训示指导!

卓蓝在宜城大酒店安顿好之后,就问安庆有什么好吃的好玩的,这令陆啸衡欣喜。吃喝方面他是强项,安庆的小吃、糕点,桐城的水碗,枞阳的流水席八大碗,大南门的江鲜如数家珍,城内的迎江寺,城外枞阳的浮山,潜山的天柱山都不

远,他一一向卓蓝推介。

卓蓝点点头,突然话锋一转,要先听皖省党务工作汇报,这令陆啸衡猝不及防。

陆啸衡推脱:卓特派员一路劳顿,晚上我们在大南门酒店为您接风洗尘,工作上的事我们明天在会议室做专门汇报,行吗?

卓蓝指着会客室的沙发:不,就现在,你们说,我听。

陆啸衡望着罗栗文,只好坐了下来:罗先生,那,我先来汇报。

罗栗文:陆主任,您先请。

陆啸衡庆幸自己带了汇报稿,他抖抖索索地从口袋里掏了出来,可还是有些紧张,他开始照本宣科:真诚欢迎卓特派员来宜督导皖省党务,安庆同仁倍感荣幸,深受鼓舞。我想把安徽党务工作向特派员做个汇报。今年以来,安徽党务工作严格按照中山先生"三民主义"之根本……

卓蓝有些不耐烦,你就说,今年发展了多少党员,做了哪些事情?

陆啸衡连忙翻着稿子:在,在这,去年发展了 52 名党员。这是个初步统计,还有一些县的数字,没有完全报上来。工作嘛,也做了不少。

陆啸衡继续翻着,一下子找不到了。

卓蓝沉下脸:做了哪些事情,你记不住吗?还要翻稿子?

罗栗文:陆主任,你记不住了?我替你说,在安徽省议会前请愿,反对军阀削减教育经费,举行游行示威,还有配合打倒皖系军阀做了以下几项具体事情……

卓蓝打断了罗栗文:这是你们共产党组织的吧。

罗栗文:国共合作,我们一起做的。

陆啸衡擦了擦汗:是,我们不分彼此,通力合作,相互支持。

卓蓝把眼睛转向罗栗文。

卓蓝:算了,我不想再听了。罗先生,你来报告一下安徽共产党加入国民党的情况。

罗栗文:我没有汇报材料,只有一份表格,请特派员过目。

罗栗文将表递给卓蓝。卓蓝盯着这张纸翻来覆去地看。

卓蓝:就这些?

罗栗文:就这么多。

卓蓝问陆啸衡情况属实吗?陆啸衡说名单都是由罗先生报到党部备案的,这个是今年的最新名单。

卓蓝望着最后一页:童长荣,安徽省立第一师范学生。这个人陆主任认识吗?

陆啸衡:不认识。

卓蓝站了起来:带我去看看,我要亲自核实。

陆啸衡:这,这,党部没有车,路还有点远。再说,我们还要为您举行晚宴。

卓蓝的眼神犀利地望着陆啸衡,一副不由分说的架势。

罗栗文打了圆场:陆主任,恭敬不如从命,卓特派员工作雷厉风行,为我等做表率。我这就下去叫黄包车。

罗栗文迅速走出房间,房间里就剩下陆啸衡和卓蓝,陆啸衡只好赔着笑,气氛尴尬。陆啸衡搓着双手,不知所措。卓蓝绷着脸,没有理会陆啸衡,径直走出了房间,陆啸衡回过神,亦步亦趋地跟着出了房间。

教室里,童长荣仍在桌前苦读。罗栗文、陆啸衡陪着卓蓝走进教室。卓蓝突然发现了童长荣的小老鼠尾巴辫子,露出了笑容,显得兴奋,觉得新鲜,情不自禁地上前去抚摸,被童长荣挡住。

卓蓝:呵,这么不给我面子。你的小老鼠尾巴辫子,很时髦,我挺喜欢的。

陆啸衡:童长荣同学,这是上海的卓特派员。

童长荣从座位上站了起来。卓蓝上下打量审视,她突然沉下脸。

卓蓝朝罗栗文吼叫起来:这还是个孩子,你糊弄谁呢?就他,既是共产党员,又是国民党员?

童长荣:请你说话放尊重点,谁还是孩子呢?

卓蓝:你多大了?

童长荣:不告诉你!

卓蓝:我问你,你是不是双重党员?

童长荣：那我问你，你是党员吗？

卓蓝眯起眼，盯着童长荣：我是特派员，当然是！

童长荣：既然是国民党党员，那就请把孙中山先生"三民主义"关于民权主义的完整论述背给我听听。

卓蓝还真被问倒了，她心想，好小子，居然考起我来了。但是，她又不能在罗栗文和陆啸衡面前丢了面子。她急中生智，想着民权嘛，只有两种解释，要么是人民的权力，要么就是政府的权利，政府代表着人民，她选择了后者。

童长荣：错。它的完整表述是民权主义，实行为一般平民所共有的民主政治，而防止欧美现行制度之流弊，人民有选举、罢免、创制、复决四权（政权）以管理政府，政府则有立法、司法、行政、考试、监察五权（治权）以治理国家。其核心观念强调直接民权与权能区分，亦即政府拥有治权，人民才拥有政权。

卓蓝重新打量着童长荣：看不出来啊，你对三民主义如此熟悉。

童长荣：不熟悉的人有什么资格怀疑我！

陆啸衡很紧张：特派员，这个学生有些无礼，您千万别放在心上。

卓蓝笑了：没关系，我没想到三民主义能如此地扎根在一个学生的心中，我非常高兴。那好，我再问你，你说你是共产党员，那我倒要考你了，《共产党宣言》你熟悉吗？

童长荣：岂止熟悉，大多段落，我都会背了。《共产党宣言》开篇，一个幽灵，共产主义的幽灵，在欧洲大陆徘徊。为了对这个幽灵进行神圣的围剿，旧欧洲的一切势力，教皇和沙皇、梅特涅和基佐、法国的激进派和德国的警察，都联合起来了……

卓蓝若有所思：都联合起来了。

童长荣：不过，无产阶级也联合起来了。

罗栗文指着桌上的《左传》《诗经》《史记》，对卓蓝说，特派员，你就别考了，这不算什么，这些经子史集大多段落他都能熟读背诵。

卓蓝感谢罗栗文为她转移了话题，她随即拿起《左传》，抽选其中一篇最后一段，童长荣熟练地背了出来。接着又找出几个段落，童长荣都能一字不落地背诵。

卓蓝大为惊奇,说今天遇上了一个奇才。看到卓蓝心情大好,陆啸衡面部紧张的肌肉开始慢慢放松,殷勤的笑容开始在嘴岔子边迅速聚拢。

陆啸衡:童长荣,你还有什么特殊的本事,都展现给特派员看看。

卓蓝思索着什么,她突然问:这位同学的数学成绩怎么样?

罗栗文:据我所知都是满分。

陆啸衡:卓特派员,安庆这地方人杰地灵,是出聪明人的地方。

卓蓝:童长荣同学,我想考考你对数字的感知能力,可以吗?

童长荣:那你考吧。

卓蓝在纸上写出了莫尔斯密码 20 组四位数。大家在一旁饶有兴趣地看着。

卓蓝将纸条递给童长荣:给你 5 分钟时间,你要把它记下来。

童长荣接过纸条,卓蓝看着表开始计时。童长荣看了一遍就还给了卓蓝,卓蓝大为诧异。

卓蓝:那你复述给我听听,错两个算优秀,错三个算良好,错五个不及格。

童长荣的嘴巴不停地动着,卓蓝仔细地对着。童长荣念完了最后一组数字。

卓蓝不禁感叹:奇才,奇才! 真是意外的收获。一分钟不到,你竟然记住全部 20 组数字,无一差错,创造了我们上海执行部密训中心的纪录了,佩服。

大家都赞赏地望着童长荣。

童长荣:你还有什么要问的吗? 如果没有,我就要看书了。

卓蓝:刚才我问你什么来着,啊,你到底是不是双重党员? 请你看着我的眼睛,诚实地回答。

童长荣望望罗栗文,转而迎着卓蓝的目光。

童长荣:实话实说,到目前为止,我既不是共产党员,也不是国民党员。

卓蓝转而把目光转向罗栗文:罗先生,这怎么解释?

罗栗文:报告特派员,正因为他是个奇才,所以我才把他列为对象,这算是伪造名单吗?

卓蓝:罗先生,你糊弄了我,可我还是很高兴,你让我认识了一个奇才童长

荣。怎么样,小子,跟我到上海去,我要好好培养你。

童长荣的小脾气上来了:我凭什么要跟你到上海去!

说完丢下众人,离开了教室。卓蓝悻悻地望着他的背影。她拿起童长荣的笔记,工整小楷犹如印刷体。

陆啸衡有些紧张:卓特派员,对不起,这个学生很无礼,得罪了。

卓蓝喃喃地:没关系,我喜欢这种性格。童长荣,这个名字我记住了。

晚上,罗栗文和陆啸衡在大南门酒店陪卓蓝吃饭,陆啸衡竭力介绍特色菜肴,可卓蓝的兴趣似乎还在童长荣身上。从卓蓝的介绍中,罗栗文知道了执行部调查股有个秘密特训中心,专门培训特工人员,卓蓝还特别提到像童长荣这样具有超群智力的人,是最理想的优秀特工人选。陆啸衡提出和罗栗文陪卓蓝四处走走,卓蓝说她喜欢独来独往,这样比较自由。罗栗文也就顺势向卓蓝告辞,临别前,卓蓝意味深长地望着罗栗文说,此次安庆之行,我不仅记住了童长荣,也记住了你,因为你骗了我。罗栗文说,国共合作,相向而行,没有什么欺骗,像童长荣这样的人,我终究要把他发展进组织里来的。

罗栗文回到住处,刚准备开门,童长荣背着书包怯生生地走了过来。罗栗文看到童长荣,非常高兴。童长荣有些不好意思,说白天冒犯了那位特派员,又把顶替这件事搞砸了,内心非常不安,特地过来赔礼。

罗栗文说,没有哇,长荣同学,你表现非常好,一下子把那个什么上海的特派员给镇住了。我还准备去谢谢你呢,没想到你这么快就来了。

罗栗文开了门,将童长荣让进屋里,倒了一杯水,两人坐了下来。

罗栗文:长荣同学,那位特派员小姐,一到安庆就一副盛气凌人的架势,还就你能拿得住她,你知道吗? 吃饭的时候,她可是对你念念不忘呢!

童长荣抓了抓头:不知怎么地,见到那女的眼神,心里有些胆怯,就实话实说了。实在对不起,会不会坏了你们的大事。

罗栗文:没有哇,诚实比撒谎效果好。那个特派员很欣赏你,看那样子她就喜欢跟刺儿头的人打交道。饭桌上,她说了好几次,要把你带到上海去呢。

童长荣:我不去,学问没做到家,出去就是半桶油。

罗栗文点点头。童长荣抬起了头。

童长荣诚恳地：罗先生，其实我在三年前就已经加入了共青团。只不过，今年以来因为功课，有些活动确实没有参加。我家里的情况比较特殊，同学们不太理解，我有我的苦衷。

罗栗文：长荣同学，我对你是了解的。你想通过优秀学业报答寡母，对得起吴用贤先生，还要对得起何家，还有你的未婚妻何坤宜。

童长荣有些诧异：罗先生，我家里的事情您都知道？

罗栗文点点头：是啊。读书做学问没有错，况且你天资聪颖，将来前途无量。不好好读书确实可惜了。

童长荣：罗先生，您是不是觉得我有点自私。

罗栗文：这就要看怎么看了。中国的社会到了如此的境地，你都看见了，外国列强侵略中国，山河破碎，没有尊严。国内军阀割据混战，民不聊生。国家已到了万劫不复的地步了。

童长荣：积重难返，我就觉得想要改变国家的现状好难好难。孙中山先生好不容易推翻了清王朝的统治，可国家的权力又落到了北洋军阀手里。

罗栗文：所以中山先生要进行二次革命，推翻军阀统治。所以共产党人就得做牺牲，站出来，唤醒千千万万的劳苦大众。

童长荣从书包里拿出《共产党宣言》：谢谢罗先生借书给我。我这就还给您。

罗栗文：你还可以再看看，不着急还。

童长荣：我已经有了。

罗栗文：你有了？

童长荣从包里拿出来工整的小楷抄《共产党宣言》。罗栗文接过来，翻了翻，很是激动。

罗栗文：长荣同学，你真是用心哪。怪不得有些段落都能背诵了，你这是下了苦功夫的。长荣同学，我很高兴，你让我看到了你的另一面。

这天晚上，罗栗文和童长荣聊了很多。外面，月光如水，童长荣从未有过的轻松愉悦。宿舍一片静寂，他蹑手蹑脚地走了进来，躺在床上的姜周望着童

长荣。

姜周:长荣同学,听罗先生说,你今天表现得非常出色,那个上海来的女特派员对你很欣赏,听说还要把你带到上海去,是不是?

童长荣没有理睬姜周,爬上上铺,钻进被窝,打着手电筒在看书。

姜周朝上铺捣着:童长荣,我在跟你说话呢,你把我当空气是不是?

童长荣仍在被窝里看书,姜周突然从下铺探出头,掀开童长荣的被子,却发现童长荣在看抄本《共产党宣言》。他一把抢了过来,拿在手上翻着,露出欣喜的表情。

童长荣轻声地:还给我。

姜周:原来是瞒着我在偷偷进步呢。好好,我还给你,你慢慢看。我再也不讨厌你的小老鼠尾巴辫子了。

姜周双手将手抄本恭敬地递给了童长荣:长荣,早点睡吧。明天上午还有四节课呢。

童长荣点点头,合上手抄本,小心翼翼地放进了书包里,关掉了手电筒,钻进了被窝里。

卓蓝在安庆盘桓了几天,决定回上海。罗栗文接到陆啸衡通知,赶到码头为卓蓝送行。来到码头,见卓蓝在船客中与陆啸衡交谈,便躲在一旁听着。

卓蓝:陆主任,知道我这两天去了哪里了吗?

陆啸衡:卓特派员玩得可尽兴?我们想为您当向导,服务服务,可您不让,没有敬上心意,实在遗憾。

卓蓝:我并没有去游山玩水,我去实地核对了罗栗文提供的名单,这个名单全是假的。

罗栗文听到这里,吃惊不小,看来上海执行部的这个统计并不是一般意义上的例行公事,后面一定有阴谋。

陆啸衡:卓特派员,恕我斗胆问一句,在对待共产党这个问题上,广州方面向左,上海执行部向右,我们不知道如何拿捏,您能不能给出具体建议。

卓蓝:上海执行部直管皖省党务,当然是要听上海的声音,从现在起,停止在共产党员中发展党员,国民党中的左派分子停发登记证。

陆啸衡:明白了,不过特派员,皖省筹委会现在面临资金、人员短缺,想成立委员会还有许多困难。

卓蓝意味深长地:陆主任,你只需谨记两个字,忠诚,能做到这一点,这一切都不是问题。

陆啸衡:卑职谨记在心。

卓蓝望着陆啸衡:还要记住,给我弄一份真实的名单。

陆啸衡:卓特派员放心,我尽力而为。

罗栗文听到这里,心情有点压抑,悄悄地离开了码头。他觉得没有必要再出现在那个应景的场合,于是沿着江堤一边走一边思索着。不远的柳荫下,他看见了一个熟悉的影子,这不是童长荣吗?

罗栗文走到童长荣身边,发现他在看《共产党宣言》的手抄本,罗栗文有些感动。见是罗先生,童长荣连忙站了起来。

柳丝飘拂,两人在江边漫步。

童长荣:罗先生,《共产党宣言》全文 14841 个字,写得太好了。我对中国当今社会的许多困惑都能在这些文字里找到答案,不知怎么的,这两天脑海里就不由自主地想着中国社会的问题。

罗栗文:长荣同学,谁说你是落后青年,我就找谁算账去。

童长荣羞涩地笑了。

罗栗文:是啊。长荣同学,你知道鸦片战争前中国在全世界的地位吗?就经济总量而言,鼎盛时期占了全世界的三分之一。如今落魄到这个田地,她就像一个奄奄一息的病人,我们还能在平静的书斋里读书吗?大厦将倾,我们只有用自己的血肉之躯去支撑,舍我其谁?

童长荣点点头:所以共产党应运而生。

罗栗文:你说得很对。

童长荣:可我不明白,共产党人为什么还要加入国民党?

罗栗文:国民党左派和孙中山先生联俄联共,扶助农工,我们的革命目标一

致。所以组织上有意识地让我们加入国民党,给国民党增添新的血液。

童长荣点点头。

姜周跑了过来,望着童长荣:罗先生,长荣把我给骗了。

童长荣望着姜周笑了:我这还不叫革命,算是帮忙,现在是向罗先生讨教。

罗栗文望着江面:我们的队伍会越来越大,这长江就是千万条涓涓小溪汇成的。

童长荣:罗先生,有活动一定通知我,我会参加的。

罗栗文:会的,欢迎你参加。

姜周:我会及时通知你。

罗栗文望着姜周:你来找我有事吗?

姜周望着童长荣欲言又止。童长荣感觉在场不方便,打声招呼欲离开,被罗栗文制止,说长荣同学不是外人,有什么话尽管说。

姜周报告,刚刚得到一个消息,那个残害学生的恶魔倪联甲又回来了。罗栗文有些吃惊,倪联甲不是在镇守皖南吗,怎么回安庆了?

姜周说,倪联甲现在攀附上了段祺瑞,当上了安徽军事善后特派员,大有主皖者舍我其谁的架势,这是法政学校的校长光明甫先生暗地里知会我们学联的。

罗栗文:想当年,光明甫校长对着倪联甲的枪口,毫无畏惧,坚决站在学生一边。光明甫先生知会你们学联,用意很清楚,那就是我们要积极行动起来。

姜周:这一次和以往不同,学联要在党组织的领导下,周密谋划。

罗栗文:好,你们学联继续密切注意他们的动向。

姜周:还听说,安庆市警察局的局长何应今晚在大南门宴请倪联甲。

童长荣静静地听他们说话,这才插上嘴,说这个何局长是他未婚妻的晚辈,他见过。

罗栗文吩咐姜周和童长荣,要想方设法搞清楚倪联甲回到安庆的意图。童长荣主动请缨,说可以利用自己是何应的亲戚身份,接近酒店,摸清情况。罗栗文望着童长荣,赞许地点了点头。

夜色将至,童长荣和姜周悄悄来到大南门酒店对面,观察酒店门前的动静。只见警察站着岗,警察局局长何应在门边迎候。不一会,两辆黑色车辆停在酒楼门口。童长荣和姜周迅速穿过马路,来到饭店门前,在距离岗哨不远的地方佯装路人走动。

倪联甲下车,何应殷勤上前:欢迎倪省长主政皖府,安徽三千万父老乡亲期盼已久了。

倪联甲指着何应:你看,你看,你这个马屁拍的。我只是个善后的军事特派员,你这是要置王省长于何地呀。

何应赔着笑:谁不知道您是段代总统的红人,您来了,那王省长要是知趣的话,就会自己卷着铺盖走人了。

倪联甲哈哈一笑:何局长,难得你有这份心意。

何应:倪司令,不,倪省长,今番请您,喝酒在其次,主要是请您来给我下任务,我好为您效力。

倪联甲朝四周看了看,说这整个安庆城像你这么懂事的,我还没找到第二个。

何应恭敬地将倪联甲迎进酒店。何应回过头朝余队长吩咐:余队长,给我把好门,任何人不准进来。

余队长:何局长,您放心。

何应亦步亦趋地随倪联甲上楼。

路边的姜周对童长荣说,长荣,你都听明白了,他们一定有不可告人的目的。童长荣点点头,走出校门,他才发现这就是相互勾结、贪腐黑暗、蝇营狗苟的世界。

姜周悄悄地对童长荣耳语,我们得设法进去。童长荣轻言道硬闯肯定不行,我来试一下。姜周提醒小心一点。童长荣点点头,迈开腿朝门前岗哨走去,被警察拦住。

童长荣:你去通报一下何局长,就说何局长的长辈来了。

余队长怒眼:想找抽是吗,胆子不小,把他抓起来!

两个警察架住了童长荣的胳膊。

童长荣:听我说,我是枞阳何府何坤宜小姐的未婚夫,在省立师范读书,刚从枞阳回来,何小姐托我给何局长带个话。

余队长狐疑地望着童长荣。

手下警察悄悄地:何局长是何小姐的晚辈不假,我陪何局长去过何家,看见何局长给何小姐下礼。何小姐的未婚夫也确实在安徽省立师范读书。

童长荣微微一笑。余队长挥了一下手,两个警察放开了童长荣的胳膊。

余队长:何局长在宴请重要的客人,你快去快回。

童长荣大摇大摆地走进了酒店,上了楼,轻轻来到包厢一侧暗处,就听见倪联甲在里面大呼小叫。

倪联甲:这姓王的不是个东西,他凭什么当省长。他为了排除异己,竟然在北京起诉我杀害学生,害得我花费重金,才将此事摆平。今番兄弟回来,就是要出这口恶气的。听好了,我已列举这姓王的五大罪状向全国通电,他就是个彻头彻尾的洪宪帝孽,民国蟊贼。

何应:倪特派,不,我就喊你倪省长了。需要鄙人做什么,您尽管吩咐。

倪联甲:何局长,你给我带人带警车从我的大本营蚌埠装一车大洋回来,我要打点一下省议会的那些穷鬼们,我要当一个民选省长,还有给我看好那些激进的学生,别给我惹出事来。如有必要,再杀他几个又如何。

童长荣听到这里悄悄地下楼,出门朝余队长说声谢谢,和姜周一起,来到罗栗文住处报告了谈话的内容。

罗栗文:长荣同学,你可是立了大功啊。

童长荣:没有,能为你们做点事,觉得我还有点用,我就很高兴了。

姜周:还你们?你这是把自己排除在外,把自己当外人呢。

童长荣不好意思地笑了。

罗栗文严肃地:从长荣打听到的情况看,我们可以得出以下结论:其一,倪联甲杀害学生并通过贿赂免除起诉;其二,他要通过贿选当省长;其三,何局长和他们沆瀣一气,为虎作伥,不惜镇压学生运动。

姜周:我们不能让他的阴谋得逞。我回去立即召开学联会议,制订行动方案。

罗栗文:我们还要广泛发动群众,包括市民、工商和各行各业。我们还要在全省形成强大的反对声浪,我就不相信正义战胜不了邪恶。

童长荣:需要我做什么?

罗栗文:长荣同学,你已经在为党做工作了。

枞阳古镇临江而建,汉武帝刘彻南巡至枞阳,曾作《盛唐枞阳之歌》,可见枞阳历史之悠久。明清时期,枞阳是桐城文风兴起的重镇。童长荣的家就在枞阳镇的上码头,祖上童自澄曾经是桐城文派兴起的"桐川三老"之一,只不过其后童家家道中落,到了童长荣这一辈,童家已经穷困潦倒。童长荣是个遗腹子,孤儿寡母受尽了童家几个叔伯的欺负,多次要把童长荣和他母亲从童家小院子里赶出去。幸好其五叔为人正直,护着这对可怜母子,才得以在院内一处破旧漏雨的低矮侧房栖身。

枞阳边的长江中有个江心洲,由铁板洲、铜板洲、玉板洲组成,人又称铁铜。童长荣的未婚妻何坤宜的家就坐落在洲上,隔着江水与童家遥遥相望。何家在铁板洲上是名门望族,属青山何氏,祖上何如宠做过宰相。早年何氏一支由青山到铁板洲开荒种地,承继何氏家风,兴学做官,开宗建祠。何老爷弟兄两人,兄弟在江西做文官。两房子女众多。何坤宜在两房中年龄最小,人称何家小老姑。何家女儿得江水灵气,殷实家底的富养,出落得如花似玉。何坤宜,自幼习诗文书画,知书识礼,自成高格。长女何坤秀嫁给白鹤峰学堂吴用贤先生,何坤宜由吴用贤介绍许配给自己的学生,就是现在省立师范读书的童长荣。

何老爷坐在大堂前喝茶,品着茶点。不时地望着院外动静。何坤宜从厢房出来,纤腰微步,提壶续水,皓腕轻纱,抬起头,俊眉雾鬓,神如秋水,气若幽兰,惹人怜爱。

吴用贤拎着点心带着妻子何坤秀准时出现在院子里。何坤宜笑脸相迎。

何坤宜抿嘴浅笑:姐夫姐姐家来着。

吴用贤:坤宜姨妹,提前了两天,要给你补补课了。

何坤宜笑答:我在算着日子呢。

何坤秀:爸,我回来了。

吴用贤:爸,这是你爱吃的芝麻糖、墨子酥,刚从街上买的。

何坤宜接过点心放到条几上。

何老爷放下茶壶:坤宜,给你姐夫上茶。

吴用贤、何坤秀坐下,何坤宜上茶。

何老爷想起了一件事:用贤啊,你给坤宜介绍的那个孩子在学校学业怎么样啊?

吴用贤:啊,您说长荣啊。我正想跟您说呢,七门学科全年级第一,总分全年级第一,可是创造了省立师范学校的历史了。

何坤宜、何坤秀姐妹坐在一起。

何坤秀:坤宜,听你姐夫说,在白鹤峰书堂的时候,长荣就跟其他孩子不一样,天分很高。

何坤宜有些羞涩:就全凭你们怎么说,就像没我什么事似的。

何坤秀:没错的,省着你操心。

何老爷沉吟:按道理,何家和童家门不当户不对。不过,用贤看人不会错,我也是觉得这孩子将来有出息,才答应的。这样吧,用贤,童家家境贫寒,你替我到安庆跑一趟,带些钱物,这孩子可不能饿着肚子读书。年轻人,正是长身体的时候,一定要让他无后顾之忧,专心致志地读书。

吴用贤点头:爸爸所言极是,我明天就去安庆办这件事。

何坤宜起身:姐夫,该给我上课了,我在书房等你。

吴用贤:姨妹先去准备,稍后便来。

何坤宜穿过天井,走过荷花池,进了书房。屋内缕缕檀香,字画条轴,布置整洁雅致。

何坤宜在书桌前坐下,翻开明清女诗人方维仪《清芬阁集》。吴用贤随后走了进来。

何坤宜起身施礼:吴先生好。

吴用贤:吴先生不敢,姨妹多礼了。姨妹的学问都要超过我了,不敢当你的先生了。

何坤宜:谢谢吴先生鼓励,我有进步,都是你悉心教授的结果。

吴用贤探头看了一下:你在读方维仪的诗,说给我听听。

何坤宜:我在读《暮春同诸美人夜饮赏月》,我念给您听:松月迎楼霭,台花缀露浓。绮罗娇国色,檀板杂歌声。

吴用贤:这是名媛诗社五美人相聚欢乐的场景。

何坤宜望着吴用贤:夜饮就是干酒呀,多潇洒自在,作诗歌唱,美人美酒美诗美景,真是美到了骨子里。

吴用贤:看来姨妹心野了,这个书房对你是有些局促了。

何坤宜:姐夫说这话好没意思,我的心思只有江心洲这么一块大的地方。我羡慕一下她们的生活都不行吗?

吴用贤叹了口气:其实,你不用羡慕她们的生活,她们的命运都是悲苦的,方孟式拒绝降清投大明湖,二姐方维仪18岁守寡,弟媳吴令仪30而逝,剩下的两位命运也很悲苦。

何坤宜:可她们活在诗的世界里,尽管命运坎坷,我宁愿做她们中的一员。

吴用贤:打嘴!

何坤宜笑了:我不打自己的嘴。

吴用贤岔开话题:算了,今天要我讲什么?

何坤宜:我想姐夫给我讲一讲方维仪的书画。

吴用贤:书画我是个外行。

何坤宜:明代方文说方维仪是"书法直追王子敬,绘事不让李公麟",她有那么厉害吗?

吴用贤:我知道方维仪是你的偶像,你巴不得让我说是。说句心里话,方维仪流传下来的书画极少,我只能说是吧。

何坤宜认真地:这事不能有任何含糊。我看到了个说法,方维仪继承了吴道

子的兰叶描技法,在此基础上做了大胆的创新。我找到了方维仪的《罗汉图》,这几天细心体会,临摹了一幅,姐夫品品看。

何坤宜取出一幅卷轴,徐徐展开她的临摹。吴用贤凑近一看,栩栩如生,大为惊奇。

吴用贤:姨妹,我真是教不了你了。你如果进学校读书,一点不比童长荣差。

何坤宜放下画,望着吴用贤。

何坤宜:姐夫,整天就听你说童长荣如何如何,这个和我一生有关的人我连个面都没见过,是个麻子、瞎子、跛子什么模样我都不知道。

吴用贤:姨妹,别瞎说。告诉你,童长荣长得可英俊了。我明天就去安庆,找他要张照片,你不就能看到他的模样了。

何坤宜:姐夫,我替你去一趟安庆怎么样?

吴用贤:你想到安庆去?

何坤宜的目光凝聚一点:百闻不如一见,我就想看看童长荣到底是个啥样子!我要去见见这个人!

吴用贤:你去?人都没见过一面,认错了人可就笑话了。

何坤宜:你不是说他脑袋后面有个老鼠尾巴辫子吗?

吴用贤:姨妹,我说你心思野了,你还不承认。

何坤宜:姐夫,求你了,在爸爸和姐姐面前打个掩护,就让我的心思野一次行不行?

吴用贤连声地:偏了偏了,又被你带到了沟里。好吧,我这就给何局长写信,到了安庆也好有个照应。

何坤宜撒着娇:这才是我的好姐夫。

二

罗栗文召集安庆市各界开会。童长荣走了进来,姜周拉他坐下。

罗栗文:现在已经查明,倪联甲出资十万大洋,包办安徽省议会,要选自己当安徽省省长。

还没等罗栗文把话说完,会场里像是炸开了锅,群情激愤,纷纷议论、谴责。

罗栗文双手做了一个下压的姿势,示意大家安静下来,接着说经和安庆学联、工商、市民各界协商,决定发动集会,揭露安徽官场的黑暗,并征求大家意见,看看在什么地点合适。

市民代表:在室内举行,声势小,没有影响;在公共场合,声势大了,会惊动反动军警,是个两难的事。

工商代表:不仅要集会,阐明我们的主张和态度,还要游行,散发传单,张贴标语,造成声势,但是一定要吸取上次教训,不希望白白送了性命。

学生代表:要革命就会有牺牲,就是牺牲了也是光荣的,怕什么?

罗栗文:这不就是要大家想一个万全之策吗?

童长荣慢悠悠站了起来:我建议到安庆菱湖月夜亭去举行集会。

姜周:我反对。你疯了。菱湖是个公共场合,在那个地方搞集会,等于是自投罗网。

罗栗文制止姜周:请长荣同学把话讲完。

童长荣:大家都熟悉那个地方,平时那地方的老百姓就多,无须召集。在亭子中间设会场,亭子外能聚集数千人。你们发现没有,周围四面环水,理想的条件是东西南北各有四条通道,只要警察一出现,远远就能看到,可以选择从三个方向撤退,那里的老百姓也会为我们作掩护。

大家七嘴八舌:这个主意好。

姜周:看不出来,你说得还真有道理。

罗栗文:长荣同学是真正用心思考问题。我看地点可以定下来,大家的意见呢?

大家鼓掌表示同意。童长荣又建议,集会时间在下午四点钟开始比较好,既是警察容易松懈的时候,也是老百姓聚集菱湖人数最多的时刻。童长荣有条有理,大家都向童长荣投去了赞赏的目光。罗栗文一锤定音,大家分头准备吧。

一切筹备就绪,第二天下午,就在罗栗文、童长荣、姜周带着学生和社会各界

赶往菱湖公园集会时,何坤宜来到了安庆。

何坤宜盛装打扮,坐在马车里,朝城里驶来。车刚到东城的枞阳门,安庆市警察局行动队的余队长带着几个警察早已在城门口迎候。马车停住,何坤宜款款下车。

余队长恭敬地:请姑奶奶移步换车。

何坤宜望着一群警察,有些不安:何局长这么兴师动众,铺张了,我担当不起。

余队长:姑奶奶此言差矣,令尊是何局长的恩人,局长嘱咐过了,就是要给姑奶奶加相。何局长还要亲自为您在大南门接风洗尘呢。

何坤宜拎着坤包,少不得上车,有警察连忙将行李搬上车子。车子朝城里开去。

车子在大南门酒店前停下。何应早已在酒店前恭候。何坤宜下车。

何应:欢迎姑奶奶到安庆来。

何坤宜上下打量何应的制服。

何坤宜:哟,何局长,黑制服,大盖帽,腰里别着盒子炮,威风着呢!

何局长:姑奶奶笑话了。我何某有今天,那不都是令尊何老爷给的吗?你知道,我从小无父无母,要不是老爷可怜接济,我能有今天?

何坤宜:看来何局长还没忘掉根本。

何局长:没齿不忘。所以呀,一接到吴先生的信,说姑奶奶到安庆来,我就定了安庆最好的酒店来迎接你。你不知道,前两天我请未来的倪省长也是在这个酒店里。

何坤宜:那我可是受宠若惊了!

何应:姑奶奶请。

何应陪同何坤宜进入包间。何坤宜坐了下来,警察连忙上茶。店员上菜。

何应:这次姑奶奶来安庆多住几天,我要亲自陪你好好玩玩。

何坤宜:何局长,你公务繁忙,不敢打搅,这次来,我主要是想看看你姑爹。

何应:我知道,姑爹是在省立师范读书。啊,想起来了,前两天,我在这里请倪省长,听手下人说姑爹来找我,后来酒喝多了,见没见我都没印象了。

何坤宜一惊:啊,他念他的书,他要找你做么事?

何应:见到姑爹带我问好,如有什么需要尽管吩咐。

警察紧张上楼,急匆匆走进包间,向何局长耳语:不好,菱湖公园有人闹事。

何应:说清楚点,有多少人,闹么子?

警察:有上千人,倪特派员要当省长的事全暴露了,还提到你从蚌埠帮他运贿选的大洋。

何应的脸色十分难看,他连忙站了起来。

何应:姑奶奶,失陪了,有人在闹事,我需要去处理一下。

何坤宜放下筷子:你请便!

何应和警察匆匆下楼。

菱湖。月夜亭。四面八方的学生举着标语朝亭子前聚拢。标语上写着:倪联甲从安庆滚出去,反对贿选,打倒军阀统治等口号。

市民朝亭子前涌来。童长荣、姜周等学生开始散发传单。市民们争相传阅。

市民们议论:真是无耻之极!这都是什么世道,我们要支持学生的行动,我们也要参与进来。

罗栗文走上高台:全体市民们,大家还记得倪联甲这个恶魔吗?他曾在安庆唆使反动军警打死示威学生,重金贿赂检察官逃过惩罚,现在这个人又回来了,还用重金贿赂所谓的省议会,要当我们的民选省长,大家答应吗?

众人群情激愤:坚决不答应!打倒倪联甲,打倒反动军阀政府!

罗栗文:说得好,这是一个黑暗的反动军阀政府,官场黑暗,操弄选举,鱼肉人民,还美其名曰议会、民选。我们要这样的议会和政府做什么?

众人高呼:打倒反动议会,打倒反动政府!

罗栗文继续慷慨陈词:现在我号召全体市民积极行动起来,和封建势力、军阀统治、官僚买办作坚决、彻底的斗争,救国于危难之中。

警笛响起,何局长带着警察朝月夜亭赶来。罗栗文招呼台下的童长荣、姜周。

罗栗文:我们的目的已经达到,快,一人一路,带着大家赶快撤离。

童长荣大声地:一路的跟我来。

姜周:二路的跟我来。

罗栗文跳下台子:三路的跟我撤。

一会工夫,学生和群众有序撤离。何应带着众警察气喘吁吁地赶到,只留下地上花花绿绿的标语传单。

何应一把将花花绿绿的传单摔在地上,无以发泄。

此刻,何坤宜一个人枯坐在包厢里,望着满满一桌菜。一个小警察殷勤地劝何坤宜用餐,她淡然地笑了一下,最终起身拎着包下楼。

陪同的小警察跟在后面:姑奶奶,你要上哪里去?

何坤宜告诉小警察,她自己想逛逛街,嘱咐将行李送到旅馆就好了。小警察不知如何是好,愣愣地站在那里,望着何坤宜的背影。

何坤宜一路寻来,终于找到了省立师范学校,打听到了童长荣的宿舍。院门口小房子里有个宿管大爷,打量着何坤宜,问姑娘要找谁。何坤宜朝宿管大爷施礼,说是要找童长荣,并问在哪间宿舍。

宿管大爷指了指,就在第二间,他告诉何坤宜,童长荣不在宿舍。今天学生们都一起出了校门,听说是到菱湖公园去的。

何坤宜心里有了数,点了点头:大爷,您能打开宿舍让我看看吗?

宿管大爷拿着钥匙,走了过来,望着何坤宜:你是他什么人?

何坤宜大方地:我是他的未婚妻,从枞阳到安庆来看他。

宿管大爷开着门:姑娘,你可真有眼力。童长荣天分超人,你们枞阳话叫策得很。不过看姑娘也不是一般人家出身,真是郎才女貌。啊,这上铺就是童长荣的。

何坤宜望着童长荣的床,靠床的一边线装书排列整整齐齐。被子、枕头叠得平平整整。

何坤宜满意地点点头。

宿管大爷:童长荣有礼貌,见到我都是大爷长大爷短,这样的人将来必成大器。

何坤宜:大爷,您费心了。

宿管大爷:姑娘,客气了。要不你在宿舍坐一会,时间不早了,应该快回来了。

何坤宜:大爷,我就不在这等他了,童长荣要是回来了,麻烦您告诉他,我在迎江寺等他。

宿管大爷:也好。好不容易到了安庆,应该四处走走。等他回来了,我一定告诉他。

何坤宜:大爷,谢谢您了。

何坤宜走出宿舍。大爷锁好门。

大爷在背后喃喃地:什么叫天作之合,今个我算是瞧见了。

何坤宜听到大爷的议论,如沐春风,嘴角边露出微微笑意。

何坤宜离开宿舍不久,童长荣、姜周和大批学生回到了学校,兴奋地往宿舍方向走来。

姜周招呼同学们先好好休息,下一步行动听候学联通知。同学们陆续散去,各自回到宿舍。

童长荣问姜周,下一步作何打算?姜周说罗先生都已经做了精心安排。他让童长荣先回宿舍,他还有任务要完成。

童长荣:你有什么任务瞒着我,不让我参加,还把我当外人不是?

姜周掏出一封信:并没有瞒你。你不是说倪联甲从蚌埠运大洋的事吗?罗先生让我将这封举报信送到省政府去,让姓王的那个省长和倪联甲狗咬狗去。

童长荣:对对对,这法子好。你快去,注意安全。

姜周望着童长荣:就有一事,我有些担心。那天晚上酒桌上的话,何局长可能要怀疑到你,我怕他来找你的麻烦,你可要小心点。

童长荣点点头。宿管大爷看见童长荣和姜周在说话,连忙将童长荣拉到一边,朝他耳语。童长荣立刻往外跑去。

何应被倪联甲叫到军营,气不打一处来,他指着何应不停地骂:成事不足,败事有余。八字还不见一撇,学生就闹起来了,可以想见,那个姓王的省长将会乘机在段总统面前告御状,说我要夺安徽的军政大权。我现在是风箱里的老鼠两头受气!你晓得吗?

何应:卑职失职。不过,我对您忠心耿耿。

倪联甲:忠心耿耿,说得好听。前天晚上在大南门酒楼喝酒,除了我的几个心腹,剩下的就是你何应了。可学生们怎么这么快就知道了,你怎么解释?

何应:我会尽快查清楚,给您一个满意的答复。

倪联甲:运银圆的事给我立即停止!

何应:车子昨天就已经到了蚌埠,今天在回来的路上了。

倪联甲:谁让你听到风就是雨的?

何应:您交代的事我哪敢怠慢?

倪联甲:这个事不给我查清楚,不把这些闹事的人严加惩罚,我看你这个局长不要当了。滚!

何应:是,是,我一定会将功补过。

出了倪联甲的军营,何应心里窝着火,觉得这个马屁拍到马蹄子上了,被踢了一脚,里外不是人。他突然想起来,姑奶奶还被晾在酒楼里,可现在也已经无暇顾及了,当务之急是要查清消息是怎么泄露的,他要给倪联甲一个交代,并设法让自己脱身。

回到警察局,他将行动队的余队长叫到了办公室,对着余队长咆哮,问那天晚上酒楼上的谈话是如何泄露出去的。

余队长指天发誓,那天晚上他和几个弟兄连口水都没喝,连根烟都没敢抽,何局长交代的事,哪敢怠慢。

何应让余队长再仔细想想,哪里有疏漏。余队长矢口否认有什么闪失。何应自己想起来了,问余队长,你不是说有个姑爹要找我吗,我怎么没见着他?

何应一提醒,余队长这才想起来了,是的,如果要有的话,那就是一个自称是你长辈的人要见你,说是姑奶奶的未婚夫。我没敢阻拦,就让他上去了,不过时间不长,他很快就下来了。

何应:我怎么没看到人?

余队长思索着:会不会是以见你为名,专门上来打听的。

何应一拳击在桌上:问题就出在这!你知道吗?倪特派为今天的事发了大脾气,说不查出个水落石出,就把警察局关了!去,把那个师范学生给我带来!

余队长:何局长,那个学生确实自称是姑奶奶的未婚夫呢。

何应:他说是就是啊!

余队长:那人我印象很深,那么大了,还拖着一根老鼠尾巴辫子,特征非常明显,一眼就能找得出来。

何应发着火:去!到学校去把这个有老鼠尾巴辫的人给我抓来。

余队长:何局长,那学生万一真是你姑爹呢?

何应:什么姑爹,我现在是六亲不认。谁要是挡我的道,亲爹也不行!

一个警察走到何应办公室门口,朝余队长招手,余队长跟着来到走廊里。

警察紧张地告诉余队长,到蚌埠拉大洋的事,被省政府和王省长知道了,这咋办?要不要报告给何局长?

余队长一听,心想糟了,事情已经变得不可收拾,他在走廊来回走动,终于下定决心,悄悄说不能告诉何局长,他是一根筋,认定姓倪的能够上台。万一他上不了台呢,我们这些人就死定了。他又想了一会儿,吩咐道,既然发现了,你去通知弟兄们把银圆拉到省政府去。

警察吓了一跳,说那何局长怎么向倪特派交代呢?余队长踢了警察一脚,这你都不会呀,制造一个现场,就说银圆被土匪劫了。警察更是担心,那省府和王省长要是追查不就露馅了。

余队长骂道,你个笨脑瓜。什么叫倪特派,他是军事善后特派员,军权在他手里,王省长不敢跟他叫板。我会去跟办公厅的人暗示,叫大家心照不宣,息事宁人不就行了。这叫两面下注,懂吗?

何应走出办公室,狐疑地望着余队长,你们在嘀咕什么?余队长哈着腰,打着马虎眼,我正在布置任务,去抓那个老鼠尾巴。

何应摆摆手,说算了,这事还是我来处理吧。告诉我,姑奶奶现在在哪里?

余队长则说当时有任务走得急,他也忘了问住哪个酒店。何应下令余队长带人去找,找到姑奶奶立即报告。

迎江寺。黄墙、红瓦,白黑相间的高塔。大雄宝殿里,何坤宜敬香跪拜,表情虔诚,默念有词。礼毕,她站起来走出大殿,远远地看见大殿下面的院子里,有个人在四处张望。何坤宜款款走了下来,童长荣一转身,何坤宜的目光就扫到了他脑袋后面的小老鼠尾巴辫子,她微微一笑。

院子里,何坤宜饶有兴趣地望着童长荣在仔细地辨别着年轻的女香客,这个瞅瞅,那个瞧瞧,有女香客奇怪地望着童长荣,她忍不住掩口浅笑。这时,童长荣回过头,发现了何坤宜站在他面前,他迟疑地望着何坤宜。

何坤宜:你是童长荣吗?

童长荣怔怔地望着何坤宜:是坤宜? 我俩还没见过面,你怎么知道我就是?

何坤宜又是一笑:逮着个老鼠尾巴辫子的,不管是不是,先认了再说呗。

童长荣不好意思起来,抓着头望着何坤宜:你怎么来了?

何坤宜:我怎么不能来? 我到何局长家串门走亲戚,顺便来看看你。

童长荣:别提那个何局长,就是条狗,攀附求荣,为虎作伥。

何坤宜:照这么说,今天在菱湖的集会,你也去了?

童长荣点点头:是的,我去了。

何坤宜不置可否,出了迎江寺,童长荣和何坤宜并肩在街上行走。

何坤宜:听何局长说,前两天晚上,你去大南门酒楼去找过他?

童长荣:是,我是去找过他。

何坤宜:见着了吗? 能告诉我为什么去找他?

童长荣:实话实说,见他只是个借口,就是想听听他们在里面使什么坏水。

何坤宜:那你就不怕得罪了何局长,伤了两家的关系?

童长荣:这个人在安庆名声很臭,我建议你们家离他远点。

何坤宜停下脚步,打量着童长荣:看不出来啊,我还以为你就只是个会读书的书呆子呢。

童长荣:对不起,我可能有点让你失望了。

何坤宜没有再问下去,她望着童长荣,绕着童长荣转了一圈子,最后眼睛落在童长荣的小老鼠尾巴辫子上。

童长荣有些不好意思:我都大小伙子了,拖着根老鼠尾巴确实不像,为此同学们天天笑话,心理压力很大,早就想把它给剪了。但身体发肤受之父母,老母亲没发话,我不敢自作主张。

何坤宜:那我就发个话,我想老人家也一定会同意的。剪掉你的老鼠尾巴,我不要看见一个小男孩,我要你变成一个大男人。

来到剃头店,童长荣坐在剃头椅子上,剃头匠拎起童长荣的小老鼠尾巴辫,手起刀落,将小老鼠尾巴辫子装进一个红色的袋子里。剃头刀在铛布上擦了又擦,开始修剪,镜子里的童长荣像是变了一个人。

童长荣站了起来,来到何坤宜面前:怎么样,像个大男人了吗?

何坤宜打量了一下,表示满意,又说了,这只是外形上的改变,小男人要通过磨砺才能成为大男人!

何坤宜带着童长荣又走进隔壁的照相馆。照相馆师傅说,店里西装、中山装、长袍马褂都备着,可以选服装照相。

童长荣挑了一件西装,照相师傅帮他打了领带。

童长荣坐下来问何坤宜:坤宜,这回感觉怎么样。

何坤宜看见童长荣穿上西装,精神了许多。照完相后,照相师傅望着何坤宜:姑娘也照一张?

何坤宜有些犹豫。童长荣乘机鼓励何坤宜也照一张,说要照成相,就更漂亮了。

何坤宜终于坐了下来,啐了童长荣一句:半斤鸭四两嘴!

童长荣望着何坤宜侧过来的面孔,对何坤宜说,我很认真很负责任地告诉你,你真的很美,美极了。照相师傅也在一边搭腔,我看哪,男才女貌,绝配,在安庆还真找不出第二对来。

何坤宜雪白的颈脖似乎抖动了一下,语笑嫣然,眉宇舒展,照相师傅抓住了何坤宜绝美的瞬间。

出了照相馆,来到街上,人群熙来攘往。童长荣提着红袋子和何坤宜并肩行走。

何坤宜逗着童长荣:长荣,第一次见面,看样子你对我很满意啰。

童长荣不住地点头,认真地说不是满意,是很满意。

何坤宜:我想听你描述一下。

童长荣脱口而出:风华绝代,气若幽兰,这叫玉臂轻挥花落尽,金履未至蝶先飞,怎一个美字了得!

何坤宜:轻浮!

童长荣捉摸不透何坤宜要她怎么说,才让她称心如意,心里有些打鼓,但他分明感觉到,从何坤宜风神散朗的表情看,确实从里到外散发出清雅之气,让人见之忘俗。

童长荣试探地:坤宜,看样子,你对我是不满意了?

何坤宜笑了:满意不满意,我不告诉你。

走到百花亭旅馆门口,何坤宜对童长荣说,不用送了,我就住在这里,明天就回去。何坤宜站住,从包里拿出十块银圆递给童长荣。

何坤宜告诉童长荣,本来父亲是让吴先生来的,说不能让你饿着肚子念书。我跟吴先生说,我还不知道你长个什么样子,于是就代吴先生来了。

童长荣接过银圆:我用了你们家的钱,如果不好好念书了,岂不是辜负了何家人的一片心意了。

何坤宜:告诉我,放着大好时光,为什么不好好念书,跑去参加游行集会,能告诉我理由吗?

童长荣望着何坤宜,坦诚自己最近一段日子心路变化,原本我是一心一意读书的,可是最近突然觉得,有件事也许比读书做官更有价值,我不想隐瞒你,也许今后会有所改变。

何坤宜沉吟:这让我想起东林党人的一副对联——风声雨声读书声声声入

耳,家事国事天下事事事关心。

童长荣望着何坤宜:这么说你并不反对我参加学生运动。

何坤宜:我知道你在学校读书成绩好,我不希望你做书呆子。但我又要提醒你,我东乡人左光斗公就是东林党人,"东林六君子"最后的结局都很惨,你在心里要掂量掂量。

童长荣欲言又止,他掂了掂手中的红袋子。

童长荣:坤宜,我没有什么东西送给你,就把这个小老鼠尾巴辫子送给你吧。

何坤宜接过小红袋:童长荣,那我告诉你,我可算是抓住了你的小尾巴了。

童长荣笑了。何坤宜往旅馆走去,回过头,对着童长荣嫣然一笑。

何坤宜径直走进了百花亭旅社,回到屋里,她从红袋子里掏出小老鼠尾巴辫子端详。这时屋外传来敲门声。何坤宜连忙将小辫子放进红袋子里,放在了桌子上。

何坤宜起身:谁呀?

何应:姑奶奶,是我呀。

何坤宜开门:啊,是何局长,公务那么繁忙,你还来看我。

何应:姑奶奶,实在抱歉,都是那些可恶的学生,连顿饭也没吃好,还把你一个人丢在旅馆里。

何坤宜:事情处理好了?

何应:哪能呢,这就是一块烫手的山芋,吃也不是,扔也不是。姑奶奶,这可不是人干的活儿啊。

何坤宜:何局长,打搅了。长荣我也见着了,也给了他一些钱,老爷子怕他饿着冻着,叫他多买点吃的,穿的。我明天就回去。谢谢你来看我。

何应:姑奶奶,实不相瞒,我来看你是一层意思,还有一件事可能要涉及你的未婚夫。

何坤宜:长荣有什么问题吗?

何应:姑奶奶,我想问你,我在大南门宴请倪特派员那天,是不是你让未婚夫来找我的。

何坤宜:没有哇,我到安庆来之前,和他都还没见过面呢。

何应:前些日子,我在大南门请客,可手下人明明说是你的未婚夫来找我。

何坤宜:你见着他了?

何应:问题就出在这里,人放进来了,可没来见我,十有八九我们谈话的内容是他偷听出去的。

何坤宜:何局长,那我要问你了,你们谈了什么事啊,会把安庆城搅得满城风雨的。

何应:唉,这事我还真不能说。

何坤宜:你不能说,我来替你说。我到安庆才来一天,我都知道了,你何局长请客,谋划为一个姓倪的特派员策划民选省长,贿赂省议会会员。你怎么能做这样的事呢?

何应叹了口气:姑奶奶,你不知道,人在屋檐下,不得不低头。拿人钱财,就是要替人消灾的。

何坤宜:还记得你小时候吗?你父母双亡,流落街头。我的父亲看你可怜,又是本家人,将你收留,让吴先生给你破蒙读书。我们在一个锅里吃饭,我那时小,也拿你当大哥看待。我的父亲、吴先生教你做人可不是这样的。

何应:姑奶奶,我也想做一个正直的人。可这个社会却给了我另外一套人生哲学,我是身不由己呢。正是因为何家对我恩重如山,我才特地来向姑奶奶知会,如果是你的未婚夫捅出来的篓子,我们还得照章办事。

何坤宜:那个人说是你的长辈,你就认定是我的未婚夫了?万一他是冒充的呢?

何应:错不了,这人很特别,都小伙子了,还留着一个大老鼠尾巴辫子。

何坤宜瞟了一眼桌上的红袋子:你搞错了吧。实话跟你说吧,我和长荣刚刚分开,我怎么没看见他脑袋后面有根老鼠尾巴呢。不信,你可以去查。

何应抓了抓头:如果不是就好,万一要是呢……

警察进来向何应密语:倪特派员正在发火,让你马上到他那里去。

何应忙不迭地站起来:姑奶奶,我先告辞了。

何坤宜目送何应匆匆离去,坐在那里,又拿起桌上的小辫子,沉思默想起来。

何应气喘吁吁地赶到倪联甲军营,倪联甲对着何应暴跳如雷:你把我的银圆弄到哪里去了?

何应犹豫地:银圆正在路上,不会有什么问题吧?

倪联甲:还在路上,不会有问题。你就是一头蠢猪!告诉我,装银圆的车子怎么开进了省政府的大院子里了?

何应:倪特派,倪省长,我这就去查,会给您一个满意的答复。

倪联甲:呸,本来一个好好的省长,就这么被你喊没了,被你的一顿客请没了。我要毙了你!

何应:倪特派,我这就去查,保证消除影响,将您的银圆一块不落地追回来。

倪联甲已经说不出话来:到现在还说是我的银圆。

何应眨巴着眼睛:不是你的银圆是谁的银圆?

倪联甲:不要说是我的银圆,还不明白吗?

何应反应过来:明白,我这就去办。

何应狗颠一样匆匆回到办公室,命人将余队长喊来,手下警察说余队长带人到省立师范抓"老鼠尾巴"去了。

何应拍着桌子:让余猴子立即给我回来!

余队长带人在省立师范追查"老鼠尾巴",学联事先早有布置,全体师生众口一词,没有老鼠尾巴的学生。警察挨个寝室、教室搜寻,最终一无所获。余队长有些失望,正准备再核查一遍,却接到了何应让他立即回去的通知,只得悻悻地带着警察离开了省立师范。

刚进何应办公室,何应指着余队长的鼻子大骂,你个余猴子,这装银圆的警车是怎么开进了省政府大院子里的,今天你不给我说清楚,我就立即撤你的职!

余队长不慌不忙报告何局长,已经查清楚了,弟兄们的车子刚进北门,就被省政府的秘书长带人堵住了,人赃俱获,弟兄们只好承认,乖乖地跟着他们开进了省政府的大院子里。

何应的鼻子都气歪了,跺着脚指着余队长,你不是说半路上被土匪抢走了吗?到底是怎么回事?

余队长也觉得自己前后言辞不符,心里想再无撒谎的必要,索性承认是自己吩咐弟兄们干的。

何应气愤至极,用手指点着余队长:你还嫌不够乱啊!为什么?告诉我这是为什么!

余队长实话实说,有人给省政府密告运银圆的事,省政府秘书长打电话问行动队怎么回事,我们又不能得罪那个姓王的省长,原想把银圆拉到省政府大院就算完事了,再编个土匪抢了银圆,让倪特派有苦说不出。谁知那个王省长黑了我们,故意将警车放在大院里,又暗地里放风出去,为了整治姓倪的,又把我们给卖了!

何应已经说不出话来:你你,你怎么能擅作主张!

余队长:何局长,我可是为你在着想,这叫两面下注。

何应:呸!我可是跳进黄河也洗不清了。

余队长:何局长,别激动,你听我说,倪特派的丑事现在安庆上下人人皆知,你以为还能靠得上他这棵大树吗?你觉得你在这里扮演的角色光彩吗?我替你把这车赃物送到省政府大院,就等于是为你作了开脱,给你消了毒。现在把这个烫手的山芋扔进了省政府大院,就等于是为你卸下了包袱,你还不感激我,我真是委屈死了。

何应:你这个赌徒,你是在赌命呢。你把赃钱送到省政府大院,这不是直捣姓倪的命根子吗?

余队长:有人举报,警察局不能不管啊。

何应:我问你,下一步的局势你能控制得了吗?

余队长抓抓头:那就只能是吃山芋,剥一截吃一截了。

何应:呸,现世的货!我问你,那个长老鼠尾巴的学生查到没有?

余队长摇摇头说,查遍了省立师范的学生,没有老鼠尾巴辫子的学生。何应瘫坐在椅子上。

省立师范,罗栗文、姜周打量着童长荣的头,大家都会心地笑了。

童长荣摸摸头:我未婚妻让我剪的。

罗栗文:剪得好! 你的未婚妻有先见之明啦。

童长荣:并没有,她只是嫌我拖着根老鼠尾巴辫子,有永远长不大的感觉。我也早就想剪了,不想被同学们嘲笑。不要再提老鼠尾巴辫子的事了。说正事吧。

姜周:我来报告。有人向我们学联报信,说倪联甲的银圆被拉到了省政府大院子里。

罗栗文:为什么要向我们通风报信? 这分明是现任政府和倪联甲之间的狗咬狗,希望借助我们的力量,把倪联甲从安庆赶走。

姜周:我们要乘此机会趁热打铁,揭开这个黑暗社会大酱缸的盖子。

童长荣:等等,要想清楚了。倪联甲手里有军队、有枪,大家要想好了再行动。我觉得游行可以,但队伍不能进省政府大院子,到时候会瓮中捉鳖,大门一关一个都走不脱。可以在开放性的大院外集会,告知市民赃物就在省政府的大院里,只要省政府不否认,目的就达到了。

罗栗文:还是长荣同学想得周全。不过,为预防万一,长荣同学这次就不要参与这次行动了。

童长荣:革命刚开了个头,就不能回头了,我要参加。

童长荣用坚定的眼神望着罗栗文和姜周,姜周握住了童长荣的手,罗栗文朝童长荣点了点头。

第二天上午游行开始,罗栗文、姜周、童长荣走在头里,学生和市民举着标语,喊着口号,朝省政府涌来。

游行的人们喊着口号:打倒黑暗政府! 打倒贪腐议会! 打倒倪联甲! 倪联甲从安庆滚出去!

姜周朝围观的市民高喊:市民们,倪联甲行贿的赃款就在省政府大院里,欢迎前去参观!

市民们纷纷加入队伍。游行的队伍像滚雪球一样,越滚越大,潮水般地朝省政府广场涌来。余队长带着几个警察穿着便衣在人群中仔细搜寻。

余队长小声吩咐着手下人,看到有长老鼠尾巴辫子的,有多少抓多少。

几个警察在游行队伍里并未看到特定目标人物。余队长的目光在头排的罗栗文、姜周、童长荣身上转来转去,最后把眼睛停在童长荣身上。

余队长:就是他,剃了小辫子,就以为我认不出来了。

手下警察仔细辨认:有印象,就是他。不过,他可是何局长的姑爹。

余队长:什么姑爹?是乱党分子!

游行队伍在省政府广场停住。透过大院,有辆警车就停在大院里。

罗栗文高声地:同学们,全体市民们,你们知道这辆警车里装的是什么吗?这里就装着倪联甲贿赂省议会的十万块大洋。再请大家看一看这辆车,是安庆警察局的警车。狗官行贿,警察保驾护航,这个社会到了何等黑暗的地步!封建社会还讲究个王法。同学们,全体市民们,我们还需要这样的政府、这样的议会吗?

游行的人群振臂高呼:打倒反动军阀政府,打倒反动议会!

倪联甲气势汹汹地带着几车荷枪实弹的军人将游行队伍围住。何应带着大批警察也赶了过来,他来到倪联甲身边,神色慌张地望着倪联甲,倪联甲用枪抵住了何应的头。

倪联甲:是你拉的屎,还得你把它吞下去!

何应:倪特派,这里是省政府大院,这么多市民学生,千万不能来硬的。

倪联甲讥讽何应是个怂蛋,逼迫何应让警察武力清场,何应深知场面一旦失控,后果不堪设想,他得为自己找条后路,推脱警力有限,应付不过来,说倪特派带来的人马装备精良,他们警察来打下手。

倪联甲痛骂何应,你小子可是狗爪子上抹香油,又尖又滑头。老子就是要你上!听好了,那几个为首的,给我朝死里砍,把警车给我开走!

何应被逼到悬崖上,只得吩咐余队长,说倪特派有令,抓几个为首的,他悄悄暗示余队长,不要用枪。余队长见有军人在场撑腰,胆子愈发大了起来,他指挥一众警察朝示威人群扑了过来。

罗栗文、姜周、童长荣一看形势不好，在一起嘀咕了一下。罗栗文做出决定，发出撤退的命令，人群开始疏散。余队长带领警察逆流往里面挤去，余队长抽出刀子，扑向童长荣。

几个便衣也一起抽出了刀子，就在余队长将刀刺向童长荣的一刹那，姜周用身体挡住了童长荣，在一阵乱刀中，姜周慢慢倒了下去。罗栗文、童长荣抱住了姜周，姜周已成血人。大批学生和示威市民蜂拥上来将罗栗文和童长荣隔离开来。他们开始与围上来的警察作激烈的对抗。余队长带着警察挥舞着刀，一边抵挡愤怒的人群，一边退却。何应回过头，倪联甲已经带着人马溜了，他连忙跳上车迅速逃离。

菱湖公园的亭子边，多了一座新垒的坟冢，碑上写着：姜周之墓。罗栗文、童长荣和同学们无限哀伤地给坟上培土。童长荣显得无比伤心。

童长荣坐在江边，面色呆滞。大江东去，潮水拍岸。罗栗文走了过来，在童长荣身边坐下。

童长荣噙着泪对罗栗文说，姜周同学是为我死的，我们不能让他白死了。罗栗文更是无限自责，怪自己没有保护好同学。罗栗文坚定地对童长荣说，要革命就会有牺牲，姜周同学的鲜血不会白流的，姜周同学的牺牲，只会更加激发我们革命的斗志。

童长荣望着罗栗文，坦诚这一段日子的思想有了一百八十度的大转弯。读那些经文有什么用？说现在没有别的想法，就有一股斗争的渴望。

罗栗文轻言道，这个仇我们一定得报。

童长荣说，姜周一死，我们不能就偃旗息鼓了，反动政府还以为我们害怕了。他挥了挥拳头。

罗栗文问童长荣有什么想法，童长荣的眼神凝视一点，说了一句令罗栗文吃惊的话，把警察局砸了！

罗栗文反问童长荣，警察局人多势众，又在闹市区，这不是以卵击石吗？

童长荣胸有成竹：将警察调出警察局！罗栗文用异样的眼神望着童长荣。

何应这段日子不好过。事态并未向余队长说的那样,尽管抗议不断,倪联甲还是如愿以偿地当上了省长。何应整天躲在办公室里唉声叹气,惶惶不可终日,他知道倪联甲不会轻易放过自己,这是迟早的事,他少不得派余队长暗中四处打听。

余队长进来,何应差不多凑到余队长的脸上,焦急地问可打听到什么消息了。余队长不紧不慢,慢悠悠避重就轻地,你说这些学生啊,不足挂齿,教训了一下,现在安静了。整个安庆城现在风平浪静,不足为虑。

何应啐了一句,我不是问这些学生,我是问你可问到倪省长什么消息了,打算怎么来处置我。

余队长坐了下来,点起了一根烟,望着何应,慢悠悠地:这么说,何局长是渴望得到倪省长的发落了?

何应狠狠地盯了余队长一眼,你是欠揍是不是?是祸躲不过,告诉你,余猴子,我有一难,你也有一劫,你休想逃脱。

余队长吸了一口烟,吐了一口烟圈,何局长,干嘛这样悲观,像是世界末日似的。

何应无奈地摇头,骂余队长是滚刀肉,死猪不怕开水烫。余队长丢了烟头,站起来,眯着眼望着何应,突然一笑,我说何局长,你应该高兴才是。

何应怒目余队长,这屎盆子都扣到我头上来了,都是你干的好事,我还能高兴得起来?

余队长洋洋自得地说,何局长,我为你赌这一猴子赌对了。

何应眨巴着眼睛,你个余猴子,听到什么风声了?

余队长:知道吗?那姓倪的虽然如愿以偿当上了省长,可下台的那个王省长不是个省油的灯,现在在北京告姓倪的状。这姓倪的你还不知道吗,臭名声在外,现在传出来的消息是段祺瑞已经下决心想把他弄走了。听说这几天就卷铺盖走人。

何应叹了口气,你懂不懂,那也是学生赢了。老实告诉你吧,我在姓倪的身上可是花了一大笔银圆,就这么打水漂了。

余队长一笑,花了点银圆这算什么,省政府还要嘉奖警察局呢!

何应一头雾水,狠狠地盯着余队长,你个余猴子,你能不能痛快点。

余队长摆起了龙门阵,何局长,你想啊,学生们是怎么知道姓倪的阴谋的,是何局长亲自设下的鸿门宴哪;赃银是怎么到省政府大院的?是警察局呀。省政府内部有人透露,奖一万大洋给警察局,还不够你何局长花吗?

何应不敢相信,真的?天上掉馅饼了?余队长说乱世乱局,只有两面下赌,剑走偏锋,你死我活,才能生存下去!

何应打量着余队长,兄弟,我是服了你了,眼看着已到悬崖边走投无路了,没想到柳暗花明,否极泰来了。

此时的何应就像是一个饱受便秘的人,在茅房里经过痛苦的挣扎后,终于卸下了包袱,全身有着一阵前所未有的轻松。可这种轻松只持续了短暂的一小会功夫,一声报告声又把他拽进了痛苦不安中。

手下警察进来报告,已经得到可靠消息,示威学生为了给死去的学生报仇,扬言今晚要烧了何应家的房子。

何应吓得不轻,喃喃地自言自语,看来,这是跟学生结下死仇了,六神无主地望着余队长,这怎么办?

余队长立即吩咐手下警察,传我的命令,今晚全员出警,布置在何局长家四周,每人两块大洋。对那些学生要毫不手软,严惩不贷。手下警察领命布置去了。

何应抱住了余队长,忙不迭地说,兄弟,谢谢你了。

余队长显然是受到了鼓舞,情绪激昂起来,提高了声调:不把这些学生的气焰打下去,我还有脸面在安庆混吗?何局长把我当兄弟,我能让我兄弟,堂堂的安庆警察局长受几个小蟊贼威胁吗?

何应除了感激,剩下的还是担心,他对余队长说,虽然有警力布置,就怕万一有什么差池,一家老小,容不得半点闪失。余队长想了一会儿,说为了以防万一,今晚你就不要回去了,你还是到老地方宜城大饭店去,回头我去派人把嫂子孩子

接过去。

何应不住地点头,对着余队长说,这辈子你就是我的生死兄弟了。等奖励的银圆下来时,我要重重地谢你。余队长铺垫到现在,要的就是这句话。

夜幕降临,老城安庆的路灯泛着惨淡的昏光,街上有些清冷。何应的车子沿着街道行至宜城大饭店门前,慢慢停了下来,他并未立即下车,他拉开车窗上的帘子,望着饭店门口不时有行人走过,他确定没有什么异样后,才悄悄拎起黑色皮包,下了车,蹑手蹑脚地朝饭店走来,到总台拿了钥匙,四周看看,确认安全,才长长地舒了口气,转身走到楼上,找到了房间,正准备开门。童长荣带着几个学生悄悄围住了何应。

何应紧张地回过头:你,你们是谁?

童长荣微笑地:你姑爹爹!

何应一愣,连忙准备掏枪,被学生前后夹住。

何应:你,你们想干什么?

童长荣:不干什么,就是想让你清醒清醒,与人民为敌,没有好下场。

何应竭力镇定自己:年轻人,说起来,你和我还是亲戚关系,我劝你一句,你年轻且前程远大,不要做傻事。我给你一个机会,劝你不要到我家去寻衅滋事,放火烧房。你去通知你的同学,放弃行动,我只想给你们一个机会,我家周围早已布满天罗地网,你们这是飞蛾扑火,自取灭亡。

童长荣:何局长,我们从来不滥杀无辜。我们只是觉得你们这些狗警察已经走到人民的反面,还要它作甚。你不想看看?

几个学生将何局长带到窗前,不远的警察局已经是浓烟滚滚。何应的身子软了。

童长荣:看见吗? 今天烧的是警察局,明天烧的就是你们这些狗警察!

童长荣和几个学生迅速撤离。何应瘫痪在地上,等余队长带着何应眷属赶来时,何应这才喃喃地说,这些学生调虎离山,把我们的窝都烧掉了。

余队长对旁边的警察高声地:对罗栗文和童长荣实行通缉! 封锁各交通要道,全城搜捕,给我缉拿归案!

街上,贴着罗栗文、童长荣的通缉令,群众争相看着。

罗栗文和童长荣换了破旧服装,戴着草帽匆匆走过。一队警察大呼小叫地跑了过去。

罗栗文低声地对童长荣说,看来警察是要封城了,我们得抓紧时间走,再不走,就走不脱了。童长荣说宿舍里还有好多书呢?罗栗文说书是念不成了,反问童长荣,你说是书重要,还是命重要! 童长荣说当然是命重要,现在我们已经成了亡命客。

不远处,警察开始盘查行人。

罗栗文:长荣,你脑子好,你说我们怎么出安庆城?

童长荣想了想:不能朝东走,我家在枞阳,他们会在那里设卡。我们往西走到海西渡口,租船再顺长江东下。

罗栗文欣赏地望着童长荣:看来呀我们都看走了眼,把你当书呆子了。

童长荣:罗先生,不瞒您,我不光读四书五经,我还读了《孙子兵法》呢。

罗栗文:好好,将来你不管做什么,都有一碗油炒饭吃了。

罗栗文和童长荣赶到海西渡口时,发现警察也已经在布岗了,两人连忙躲进了芦苇丛里。拨开芦苇,看见两个警察,一个胖一个矮在渡口来回巡逻。

罗栗文:长荣,对付这两个警察《孙子兵法》是怎么说的?

童长荣:孙先生在兵法里没有具体说,但钱先生教了我该怎么做?

童长荣掏出 10 块大洋,摊在手心,亮给罗栗文看。

罗栗文:哪来的?

童长荣:我的老丈人托未婚妻坤宜带来的,我打算孝敬这两个小警察了。

罗栗文:这么多钱,你舍得?

童长荣:罗先生,你说是钱重要,还是命重要?

罗栗文笑了,童长荣也笑了。

罗栗文:你怎么知道这两个警察就愿意被你收买,万一他们不吃你这一套,把我们抓起来怎么办?

童长荣:如果你是这个小警察,整天在外跑得像孙子似的,一个月两块大洋,

现在把 10 块大洋放在你跟前,一人能分 5 块,你要还是不要?

罗栗文:你是个通缉犯,那我得把账算一算,看看是否划得来。

童长荣:我不跟你算,我跟警察算去!

童长荣从芦苇荡里站起来,径直朝渡口走去。罗栗文没有拽住他,只好找了一根木棍尾随到渡口边的一个小屋后面,密切注视。

胖警察:站住!

童长荣:我是通缉犯童长荣。

警察立刻用枪抵住了童长荣,两人上下打量着。

童长荣:怎么,不像吗?

两个警察互相打量着童长荣,又相互看着。

胖警察踢着矮警察:你怎么不把照片带来?

矮警察嘀咕,平日里,我们两个在局里受谁重视,让我们跑 4 个小时到这里,就是把我们当闲子,到这里来应应景的,立功受奖的事哪轮到我们。想想带了也是白带,就没去领照片了。

童长荣:看来,我想骗你们都骗不成了。

胖警察:通缉犯不会说自己是通缉犯,你到底是什么人?为什么要把自己说成是通缉犯?

童长荣:老实说吧,我和我兄弟是卖牛的。把人家的牛偷卖了,得了一些货。哪知道人家找上门来,我们只好东躲西藏。刚刚路人说安庆通缉两个逃犯,我和我兄弟一合计,干脆假装逃犯,让你们两位兄弟把我们带到安庆,这不就安全了,还省了路费。

罗栗文在小屋后面忍住笑。

矮警察:你刚才说,偷牛得了货,赃款在哪里?

童长荣:我如实报官,一共卖了 10 块大洋。

胖警察:把钱交出来,钱没收了!

童长荣抖抖索索地掏出 10 块大洋,然后捂住。

童长荣:警察兄弟,大家都不容易,都要给自己留条路。我想跟你们商量一下,我和我兄弟做了不齿之事,家是回不去了。这样吧,你们不报官府,银圆各一半,也给我们留条活路。

两个警察商量一下,表示认可。童长荣递给警察4块大洋。

矮警察:不是各一半吗?怎么少了一块?

童长荣:警察兄弟,我来跟你算一下账,我和我兄弟加上你们两人,一人两块,那两块不好分,就可怜给我们租条船,从此流落他乡,苟活下去了。可以吗?

胖警察:算了,你那兄弟呢?

童长荣:兄弟,出来吧。这俩警察是好人哪,快来谢谢人家。

罗栗文从小屋后面走了出来,忙不迭谢谢警察。

江畔岸柳。船老大摇着船,两人坐在一条小船顺江而下。

罗栗文:长荣,你的书没白读呀,把《史记》中楚人偷牛的故事都用上了。

童长荣:楚人偷牛是因为楚人祖先穷,是为了祭祀的无奈,那也是楚人卧薪尝胆,楚国复兴的原点。

江面。一轮日出。罗栗文正色地望着童长荣说,从今天起,我们为了这个国家,个人的命运将从此改写。

三

白鹤峰书堂位于枞阳城东。绿意盎然,风景绝佳。始建于清嘉庆年间,是老桐城有名望的学堂,世世代代吸引着一大批桐城学子在此负笈读书。桐城文风以南乡为最,白鹤峰书堂则有"南乡文笔"之称。桐城派古文大家吴汝纶先生特别看重这个书堂,特在书堂旁边建"藻泳楼"藏书,供学子阅读。白鹤峰书堂曾经两次与当地劣绅产生纠纷,吴先生多方奔走,疏通关节,学堂得以续存下来。

童长荣就是这个学堂毕业的。现在执掌书堂的正是童长荣的恩师、未婚妻何坤宜的姐夫吴用贤先生。

学堂传来琅琅读书声。

吴用贤望着孩子们:书读百遍,其义自见。放学回家,把文章给我背得透熟

烂滚的,明天我来抽查。都背熟了,我再开讲! 都听见了没?

学童高低不齐地:听见了。

学童们收拾书本,陆续离去。吴用贤抱着书走出学堂,往山下看着。学童们下山。

学童们一边走,一边喊:先生先生,屙屎不蹲,一骨碌趴倒,屎糊了眼睛。

吴用贤生气:嚷嚷什么,早点回去,你们这些翻皮剥卵子的,白教了!

吴用贤用手大力地挥着,学童们作鸟兽散,看见孩子们淹没在绿树丛中,这才转身往宿舍里走来。

吴用贤自言自语:费尽了口舌,能教出来几个像何其巩、童长荣这样的学生。唉!

一抬头,却见童长荣戴顶草帽,衣衫褴褛地坐在屋里。

吴用贤吃惊地:长荣,你怎么搞成这个样子?

童长荣半天憋出:吴先生,我参加学生运动,烧了警察局,被通缉了。

吴用贤:什么?

童长荣:我把警察局烧了。

吴用贤张大了嘴巴:那你可是闯了大祸了! 你念书念得好好的,怎么跟共产党搞到一块了。

童长荣:吴先生,你刚才说什么,教了两个好学生。除了我,还有何其巩,你知道何其巩现在在干什么吗?

吴用贤:我怎么不知道,年前还给我写信,人家可是冯玉祥部的大文官。

童长荣:那我告诉你,何其巩今年到莫斯科去学习马克思主义了。

吴用贤叹了口气:长荣,我看好你的前程,才将姨妹坤宜介绍给你。你这样一闹,我怎么去向何家交代呢? 况且你烧的还是警察局,警察局的何局长和我们是一家人,你不晓得的嘛,这事情不是闹得一团糟了吗?

童长荣:吴先生,一句话,你留不留我? 不留我,我就到别的地方去。

吴用贤来回踱步,无以发泄。

吴用贤:你到别的地方去? 我这白鹤峰书堂,山高林密,除了学童,鬼都不来,你还有更好的地方去吗?

童长荣:谢谢,吴先生。我饿了!

夜晚,白鹤峰书堂在夜色中不甚分明。林涛阵阵,溪水声声。

屋内。一豆灯光。炉子锅,猪肉浃生腐。吴用贤倒了一杯酒,递给童长荣,童长荣摇摇头。吴用贤将酒倒进了自己的嘴里。童长荣狼吞虎咽地扒饭。吴用贤用筷子点了点,别光顾着扒饭,吃菜。浃个小炉子,就这小酒,你还要怎样的日子。先在我这里老老实实待着,这饭也不是白吃的,这帮学童,伤脑筋,正好我有些日子没回去了,也趁这时间下山去探探风,你给我顶几天课。听见没有?

童长荣点点头。吴用贤吃好饭,连夜下山,回到家,一夜无语,何坤秀觉得好生奇怪,问急了,吴用贤就说明天带她回娘家看父亲和坤宜姨妹,何坤秀自然高兴,不再追问。第二天一早,吴用贤带着何坤秀起脚到长江边,在渡口上船,上了铁板洲,两人一路无语。临到家门口,何坤秀再也憋不住了。

何坤秀:吴用贤,我再问你一遍,今个不是放假,也不是礼拜天,你怎么把学放了,要我跟你回娘家?

吴用贤:不是跟你说过了,我苦口婆心地教,你猜怎么着,一出学堂门,那些学童就朝我嚷嚷着什么先生先生屙屎不蹲,哪有人屙屎不蹲的,这先生教书还教犯法了,生气,就把他们放了,让他们在家闲几天,待想起我这个先生了再说。

何坤秀笑了:吴用贤,这都是老百姓编的,觉得教书先生不要下田干活,做轻松的营生还拿着俸禄,埋汰先生的,故意教给这些小孩子,小孩子觉得念得好玩,你就把它当真了?

吴用贤:你觉得这是好玩的吗? 那先生还有尊严吗?

何坤秀:也罢,有些日子没回来看看老爷子呢,你也该给坤宜上课了。

两人进了院子,何老爷子迎了出来。

何老爷望着吴用贤:用贤,你也听说了? 你是为这事回来的吧?

何坤秀傻傻地:听说什么了?

何老爷:安庆警察局的何局长要来,你等着就知道了!

何坤秀正在疑惑,却见何应带着余队长,还有几个警察走进何府。何老爷、

吴用贤赶忙起身迎接。

何应走进屋内,将何老爷扶到椅子上坐下。吴用贤招呼客人,佣人上茶。

何老爷慢悠悠地抽着水烟袋:看何局长的神态,是要到我何家来兴师问罪的。

何应连忙地:不,老爷,我还是那句话,何家是我的恩人,没齿不忘。不过桥归桥,路归路。今番来,就是告诉老爷,童长荣在安庆犯上作乱,与共产党头子罗栗文煽动学生对抗政府,还放火烧了警察局。

何坤秀大惊失色:啊,放火烧了警察局,这可是要杀头的。

她赶忙跑进屋里,见妹妹何坤宜安静地坐在屋里,就对着妹妹叫着,你听见了吗?童长荣在安庆放火烧了警察局,你,你怎么一点反应都没有?

何坤宜这才搭腔,姐,你要我怎么反应,是哭还是笑呢?

何坤秀数落着,都是你姐夫,怎么给你找了这么个人,这回我饶不了他!

客厅里,何老爷抖动着胡子,转向吴用贤:用贤,你不是告诉我童长荣在校一心读书,各科学业优秀吗?

吴用贤:唉,我真不是骗您,童长荣在学校的学业可是有目共睹的。

余队长:吴先生说的没错,我们调查过了,童长荣确实天资聪颖,无人能比,也一直远离政治。就是最近接触了一本《共产党宣言》,就把他的魂勾走了,同寝室有个同学被我们处理了,对他刺激很大,因此他决心要与政府对着干。

何应:老爷,这么说吧,这次安庆学潮,可以说童长荣是始作俑者,整个过程和罗栗文共同谋划,好多点子都是他出的。他偷听我和倪特派的秘密谈话,由此引起学潮,策划学生到省政府大院前示威游行,声东击西说要烧了我家,结果烧了警察局。

吴用贤:何局长,你是我的学生,长荣也是我的学生,你看这事怎么办呢?

何老爷:是啊,那你打算怎么来处置这件事?

何应谦恭地:看在老爷对我的多年养育之恩。两条路:一是动员童长荣主动认错,供出主犯罗栗文的全部犯案事实,念其年轻,容易受人蒙蔽,写个悔过书,可以从轻或免于处理;二是何家与童家解除婚约,就与何府无关,我们全力将童犯缉拿归案。

何应说完,站了起来,对何老爷说,我就来知会一下老爷,我还要到枞阳镇上去寻找童犯线索,告辞了。余队长和几个警察也站了起来。

何老爷连忙挽留何局长一行吃过饭再走。何应摆了摆手。

何坤秀出来,吴用贤低头不语,她指着吴用贤的鼻子一顿臭骂:好你个吴用贤,你瞒着我,把我骗回来,就是这么个破事,你给我妹妹找了什么人?气就气在你还瞒着我!

吴用贤辩解:我也是听安庆回枞阳的人说的。你又是个爆竹脾气,一点就炸,哪个敢跟你说,再则说了,我又不是他肚子里的蛔虫,我怎么知道他就走上了这条路呢!

何坤宜坐在屋里,静静地听着姐姐在吵,她的脑子里像是在想着什么。

何坤秀继续发飙:听见没,何局长说两条路,我看就一条路!与童家解约,一了百了。

何老爷这才发话:坤秀,老子还在呢,你就把我的主做了!出去打听打听,找找童长荣,看看在哪里,问问童长荣怎么想的,再作商量。

何坤秀起身:我到童家去。

何老爷:你到童家要好好讲,别到童家去吵嘴。

何坤秀:知道了。你呀,这时候还是菩萨心肠。

何坤秀气呼呼地出门。

何老爷:用贤,这事也怨不得你,既然出了这个事情,就按照何局长的意思办吧,先把人找到再说。我又想了,童长荣是个孝子,他不可能回家让老母亲担惊受怕。你找找熟人,私下问问,看看他到底躲在什么地方?

吴用贤连声应着,我这就去。他巴不得早点离开,吴用贤刚出了院子,何坤宜拎着一个包袱跟着出来了。

何老爷问女儿要上哪里?何坤宜说,我知道他在哪个地方,我和姐夫一道去。

何老爷气在心里,说话有些不连贯,嘱咐何坤宜,你跟他说,人各有志,不必

相强。女儿哇,你要想得开,该放手的时候要放手!

何坤宜走出了大院,一路小跑,追上了吴用贤。

吴用贤回过头:坤宜,你怎么来了?

何坤宜:姐夫,我跟你到白鹤峰书堂去!

吴用贤吃惊地:你怎么知道长荣就在学堂?他真的不在学堂。

何坤宜:姐夫,你瞒得了别人瞒不过我。

吴用贤:你那意思是我把长荣藏在了学堂?

何坤宜望着吴用贤,娓娓道来,白鹤峰书堂山高路远,安庆昨天的事,你这么快就知道了,谁跑到山上告诉你的? 这么多年,你从无故缺过一堂课,今天怎么就有闲心回来了? 你前脚进门,何局长后脚就来了,看你神色,我早就知道了。童长荣唯一信任的人就是你,他没别的地方去。

吴用贤嘟哝,人精,什么事都瞒不过你。何坤宜催促,还站着干什么? 快点走啊。何坤宜在头里走了,吴用贤在后面跟着。

山上,阳光从窗外投射进书堂。屋外鸟鸣声。孩子们齐整地坐在书堂里,摇头晃脑地读着:子曰,学而时习之,不亦说乎? 有朋自远方来,不亦乐乎?

童长荣走了进来,教室里静默下来。学童们用异样的目光打量着童长荣。

童长荣:同学们,吴先生有事,请了假,今天我给你们上课。

学童嚷着:要吴先生来上课,不要你来训。

童长荣说,我也是从这个学堂出去的,是你们的大朋友,刚才你们不是在诵读"有朋自远方来,不亦乐乎"?

学童:不乐乎!

童长荣笑了:学而时习之,也不说乎?

学童:不说乎!

童长荣:那我今天不上课,带你们玩,说乎乐乎?

学童咧着嘴笑了:说乎乐乎! 乐乎说乎!

学童们问童长荣玩什么,童长荣想了一会儿,我来教你们枞阳民谣,学童们有些好奇。

童长荣让学童们跟读:大雪纷飞,冻死乌龟。

果然,学童们觉得新鲜,饶有兴致地跟着后面念。

童长荣幽默诙谐地:乌龟伸头,冻死老牛;老牛喝水,冻死小鬼……

学童们无比快乐,扯着嗓子丑喊。

童家有个大院子,临着街。院子里住着童家几个弟兄,房子年久失修,一副衰败景象。童长荣母子俩栖身在一个侧厢房里。河边,童母提了一桶水,往坡上走来。正准备进院子,却被何坤秀挡住了去路,童母抬起头。

童母:这不是大姐吗?你怎么来了?快进屋坐坐。

何坤秀劈头盖脸地:我没有闲工夫坐了!你晓得不晓得,童长荣在安庆犯事了!

童母的手松了,桶倒在地上,水流了一地。何坤秀厌恶地后退两步。

童母的心一下子掉进了冰窟窿里:大姐,长荣在安庆书读得好好的,到底犯了什么事?

童长荣的五叔挑着担子进院子,他放下担子,很是焦急。连问何坤秀,长荣到底怎么啦?

三叔、四叔和两个婶婶也从屋里出来了。

何坤秀:你们童家把童长荣交出来!

五叔:坤秀大姐,有话好好说。

童母:大姐呀,长荣打从年后就去安庆,没回来。好姐姐,你告诉我,童长荣到底怎么啦?

何坤秀:你们童家听着,童长荣跟共产党在安庆造反,烧毁了警察局,现在成了通缉犯!

叔婶们议论:这不是养个现世宝了吗?一天到晚在外逢人就讲,他儿子如何如何?那么大了,还留着个老鼠尾巴辫子,都是这个老东西惯的。

童母如雷轰顶,站立不住,五叔连忙扶住了她。

童母伤心地絮叨:长荣是个乖孩子,吴先生上个月还来我家报喜,说长荣学

习优秀,他怎么就成了通缉犯了?

何坤秀:你问我,我问谁去?你要问问你自己,教子无方,丢人现眼,还连累何家。安庆的警察跑到我何家来要人。我只好到你们童家来,告诉你们一声,叫童长荣投案自首。我还要跟你们童家讲,别误了我妹妹一生,今儿我就是来还庚帖的,解除婚约。我只说一遍,这事与我何家没关系了。

何坤秀将庚帖扔在地上,转身走了。童母瘫坐在地上。

两个叔婶:儿子犯了罪,你还有什么理由赖在童家,占着我们的房子不走。

五叔吼叫着:你们少说两句好不好,做人不是这个样子的。

叔婶:五叔,你说做人要哪个样子?谁还不知道你,指望着童长荣将来当大官,你维护他娘儿俩不就想占着这个便宜吗?还当大官呢,我看要坐大牢了。

何局长和余队长以及几个警察此时坐在枞阳镇公所里。

余队长对何应说,何局长,你已经对何家仁至义尽了。我看我们在枞阳蹲个十天八天的还是原套原,这童长荣是不可能出来自首的。

何应问那你说怎么办,余队长说,我们大老远地跑到枞阳来,可不想再跑第二趟。何局长,你对枞阳熟悉,你说,童长荣应该躲在什么地方?

何应想了一会儿:余队长,你注意到了吴先生的表情了吗?

余队长:他说您也是他的学生。

何应:不错,我就是在白鹤峰书院破蒙的,在山上和吴先生住了三年。对,如果不出意外的话,人应该就在白鹤峰。

余队长手一挥:跟我去白鹤峰书堂。一帮警察随余队长跑了出去。

何坤宜、吴用贤先警察一步赶到了学堂。何坤宜透过窗户看见了童长荣。她听见了学童们缠着童长荣说,老师,我们不想上古文,就想听你讲故事。

童长荣:好,那我就说说昨天的事,你们下学时,说了老师什么坏话?

学童们你望望我,我望望你,忍着笑摇头。

童长荣:我也有一段口水溜,你们想听听吗?

学童们齐声地:想听。

童长荣:口水溜是这样的。前生多作恶,此生教童学。白天扯颈子,晚上改本子。这说的是谁呀？

学童们：是说先生的。

童长荣：说先生怎么样啦？

学童们：说先生辛苦！

童长荣：那吴先生教你们乐乎说乎？

学童们七嘴八舌：不乐乎！说乎！

童长荣一抬头发现何坤宜站在门口。吴用贤走了进来。

吴用贤：还是我来吧。

童长荣将书交给了吴用贤，走出了学堂，来到何坤宜跟前，他低下了头。

童长荣：坤宜，我对不起你，对不起吴先生，也对不起何家。

何坤宜：你说这些话还有用吗？走，跟我下山去。

何坤宜在前头急匆匆地走着，童长荣跟了上来。

童长荣：你要把我带到哪里去？去自首吗？

何坤宜站住：连我都能猜到你在这儿。那警察是傻子？何局长带着一帮人刚刚离开我家，我估摸着他们已经在路上了。

何坤宜和童长荣刚走到山脚下，就看见余队长带着几个警察小跑着过来了。童长荣连忙拉着何坤宜在山道旁的树丛里隐蔽起来。

余队长带着警察从两人身边跑过，往山上爬去。

何坤宜：这地方不能待了，我在街上雇了马车，一会儿就到，你得找个地方躲一下。

童长荣点点头：我想到浮山去。

何坤宜：那个叫罗栗文的人一定藏在浮山了。

童长荣舔了舔干渴的嘴唇，没有回答何坤宜，焦虑地望着山上的书堂。

山上的白鹤峰书堂里，吴用贤问学童们，刚才那个先生好不好，学童们齐声说好，吴用贤又问好在哪里，学童们答这位年轻先生给我们讲道理，并齐声对老师说，我们错了，你白天扯颈子，晚上改本子，辛苦了！

吴用贤顿感欣慰，他望望窗外，对学童们吩咐，待一会儿，会有警察来，就说

没有看见生人来,晓得了吗?学童们齐声回答晓得了。

警察围住了学堂,余队长走进了学堂。

余队长:吴先生,对不起。何局长让我来的,这也是为何家好,我们按规矩来查一查,吴先生干干净净不是很好吗?

吴用贤:那你们就搜吧。

警察四处搜查。

余队长望着孩子们:同学们,看见有生人到这里来吗?

学童们齐刷刷摇头,说没有。

余队长捏着一个小男孩的脸:你知道我是干什么的吗?

小男孩怯生生地:警察……先生!

余队长:看见生人了吗?戴着一副眼镜,有吗?

小男孩摇头。几个警察进来,表示没有发现嫌犯踪迹。

余队长:吴先生,不好意思,打扰了。

余队长带着几个警察走出学堂,往山下走去。孩子们也跑出学堂。

学童们扯着嗓子:警察先生,屙屎不蹲。一骨碌趴倒,屎糊了眼睛。

余队长从地下拾起一块石头朝山上砸去。

余队长大声地:吴先生,你教的什么学生!书都念到狗肚子里了。

余队长正带着警察下山。恰在这时一辆马车停在了路边,童长荣顾不得许多,拉着何坤宜从树丛里跃了出来,拼命地朝马车跑去。余队长立即带人朝山下冲来,马车已经不见了踪迹。

马车载着童长荣、何坤宜一路狂奔,过了官埠桥、会宫,又跑了十里地,就到了浮山。下了马车,童长荣朝何坤宜鞠了一躬,让何坤宜快点回去,免得一家人担心。

何坤宜:浮山是桐城派的发祥地,也是文人的聚集地,好不容易来了,我想看看不行吗?

浮山。烟霞缥缈。两人走累了,在浮山脚下坐了下来歇脚。

何坤宜望着童长荣:现在该我来问你了,你为什么要背离初衷,置两家于危险之境地。

　　童长荣搓搓手:是啊,我到现在也没搞明白,我怎么就变了。

　　何坤宜:据警察局余队长的说法,一本《共产党宣言》就把你的魂儿勾走了?

　　童长荣:你还别说,那个余队长狗嘴里还真是吐出了个象牙来。

　　何坤宜沉吟:《共产党宣言》,我倒是听说过。

　　童长荣从怀里掏出工整的小抄递给何坤宜。何坤宜接过,在手里翻着。

　　何坤宜:啊,你还是一笔一画地抄下来的。我要你说服我,它到底有多重要,值得你冒这么大的风险。

　　童长荣:我只能说中国两百年来仁人志士的奋斗,想改变中国和中国人的命运,都失败了。如今共产党人找到了一把钥匙,就是这个一万多字的小册子。

　　何坤宜:那你还是没有说服我,你就这么轻易地放弃了你的大好前程。

　　童长荣:国家苦难犹如覆巢之下,岂能有个人的美好前途。这样,我带你到一个地方去。

　　童长荣将何坤宜带到了陆庄,只见一片废墟,断壁残垣。童长荣说这里就是你的偶像,明清大家方维仪的居住地。何坤宜望着废墟,突然心一紧,嘴唇抖动了起来。

　　何坤宜沉吟:故里何须问,干戈扰不休……衰年逢世乱,故国几时还。生民涂炭尽,积血染刀环。

　　何坤宜的眼里有了晶莹的泪。

　　童长荣进一步地说,任凭我是天才,再勤奋,不可能做出她的侄儿方以智百科全书式的学问,可结局如何?坤宜,这是拯救这个国家的唯一机会了,我愿意为之奋斗,愿意赴汤蹈火!

　　何坤宜轻轻地:我懂了。

　　童长荣感谢何坤宜的深明大义,诚恳地说声实在对不起,不能给你和何家增添麻烦,最后咬着牙说,就此分手吧。

　　何坤宜摇摇头,叹了口气,谁让我摊上了你这么个人呢? 你觉得有意义的事,你就去做,我等你,替我好好珍惜你的小命。

童长荣的眼泪涌了出来,他望着何坤宜。

何坤宜问童长荣下一步有什么打算,童长荣茫然地说不知道。不过听罗栗文先生说准备带他到上海找党组织去。何坤宜从包里取出一捆银圆递给童长荣,说这是20块大洋,童长荣犹豫不接。

何坤宜啐道,拿着,出门在外,没有钱,你吃屁屙风去呀。童长荣说对不起,上次10块大洋,给了两个警察4块,坐船花了两块,还剩下4块钱,现在不能再要你的钱了。何坤宜白了童长荣一眼,别跟我算账,以后连本带利一起还给我。

童长荣动情地说,我以后连本带人一起还给你。

何坤宜掏出童长荣的小老鼠尾巴,含着泪凝望。

何坤宜:童长荣,你听好了,我抓住了你的小尾巴,休想逃脱。

童长荣让何坤宜先走,何坤宜让童长荣先离开,两人谁也不愿意先离开,一幅生离死别的场景。

何坤宜发了狠,童长荣这才往山上走去,回过头,看见何坤宜含泪相望,他挥着手催着何坤宜回去,何坤宜这才恋恋不舍地上了马车。看着马车渐渐消失,童长荣抹了一下眼角的泪水,沿着石级往山上爬着。

半山腰树丛里,隐藏着一间小屋。罗栗文就藏在这里,看见童长荣来到小屋前,罗栗文开了门,连忙将童长荣拉了进来。

罗栗文:长荣,外面的情况怎么样?

童长荣:何应带人一路追到白鹤峰书院,是坤宜把我送到了这里。

罗栗文:坤宜是个好姑娘啊!

童长荣:罗先生,你饿了吧,我带来了吃的了。米粉粑。

童长荣从包里掏出米粉粑递给罗栗文,罗栗文狼吞虎咽。

罗栗文边吃边说:我给党组织写了一封信,详细报告了安庆的情况,并请组织批准我们到上海去。你马上把信送到会宫街王麻子铁匠铺,那是我们的一个联络点。顺便买点吃用的,不过,钱得省着花,以后就靠剩下的4块大洋活下去了。

童长荣说不是4块,是24块,坤宜临时走又给了20块大洋。

罗栗文眯着眼望着童长荣,你小子真有福气,找个这么好的媳妇,是你前世修的。童长荣苦涩地笑笑。

上海环龙路 44 号。国民党上海执行部。卓蓝上楼,穿过长长的楼道,从张龙、李卫身边走过。李卫盯着卓蓝扭动的腰肢。

张龙敲了一下李卫的头:我劝你小心点,这女人要是发起雌威来,捏死你就像碾个蚂蚁。

李卫嬉皮笑脸:那我也是心甘情愿地被她捏一下。

卓蓝停住,回过头,朝李卫勾了一手指,李卫吓得慌不择路地跑了,张龙朝卓蓝摆着手,意思是没他的事,赶忙溜进了办公室。卓蓝微微一笑,耸动着屁股,摇摇摆摆地走过了杨飞办公室门口。

杨飞正在办公室翻阅文件,卓蓝想想又走了回来,依在杨飞办公室门口,用手招招:杨副秘书长,早上好!

杨飞皱了一下眉头:卓小姐,你看都什么时候了。

卓蓝:杨副秘书长有所不知,我这人爱睡懒觉,早上就是起不来。就是来了,我也不爱坐在办公室里,整天统计、报表,枯燥。你得交个硬活给我干干,我就来劲了。

杨飞站了起来:我正要问你事呢,上次到安庆,赵股长是不是让你暗中统计安徽共产党加入国民党的人数?

卓蓝敛住笑:你让我回答是还是不是呢?我说不是,你又在说我撒谎了。

杨飞:好了,我只想跟你说一声,国共合作时期,不要搞这些小动作,容易产生误会。好,你去吧。

卓蓝:我晓得了。

卓蓝走进了自己的办公室,放下包坐到办公桌前。桌前有一摞信件,她翻阅着,看见了一封卓蓝小姐收,落款是安庆国民党临时委员会陆啸衡的信件,她用小剪刀剪开,看了一会,扔到桌上。她想了一会儿,拿起信件,来到了赵瑞麟的办公室。

赵瑞麟:卓蓝,正好你来了,把安徽的情况说一下。

卓蓝坐了下来,将腿架到了赵瑞麟的茶几上。

赵瑞麟:把腿放下来。

卓蓝:我就觉得这样舒服,不行吗?

赵瑞麟:好好,你怎么舒服怎么放。

卓蓝放下腿,开始正经起来:赵股长,秘书长说了,不能搞小动作,有损两党关系。

赵瑞麟:他说他的,我们做我们的,而且这个工作必须做。你让那个安庆党部的陆啸衡暗中调查得怎么样了?

卓蓝:陆啸衡来了信,你看看。

赵瑞麟打开信,信中写道,安庆近期学潮运动甚烈。共产党罗栗文和省立师范学生童长荣烧了安庆警察局遭通缉,现在下落不明,一些共产党员陆续离开安庆,基础资料本身就不准确,现无法调查核实。

卓蓝补充说,安徽的党务登记就是一笔糊涂账。

赵瑞麟又看了看信,问卓蓝,罗栗文我知道,这个童长荣是什么人? 赵瑞麟一问,卓蓝这才想起来了童长荣。

赵瑞麟询问:是共产党吗?

卓蓝摇摇头,说罗栗文本意是想让他冒充共产党,通过实际调查,接触本人,他承认不是。不过,我对这人印象深刻!

赵瑞麟:有什么特别之处吗?

卓蓝:大小伙子了,脑袋后面还有个老鼠尾巴辫。此人智商极高,过目不忘。经、子、史、集大多篇目能够背诵,中山先生的著作和《共产党宣言》大部分段落都能背得下来。我有意识地给了他 20 组 4 位数莫尔斯密码,只说一遍,他能即刻复述出来,零差错。

赵瑞麟:这就厉害了。这在我们训练营没有一个特工人员能够做到,包括你我。这还真是个人才!

卓蓝:你猜我怎么着,当时就恨不得把他带到上海来,要是别人求我还来不及,他居然不给我面子,说走就走了。

赵瑞麟站起来,来回在办公室里踱步,对卓蓝说,这个人如像信上说的,和罗栗文一起发动学生运动,说明他还有很高的组织能力、决策能力、指挥能力和号召能力,烧了警察局,说明什么,不是简单的游行喊口号,他还具有很大的破坏力! 此人要是真加入了共产党,那就是和罗栗文珠联璧合,将来是要翻江倒海的。

卓蓝:赵股长,你不能说我到安庆就是吃喝玩乐吧。此行最大的收获就是发现了一个奇才童长荣。

赵瑞麟吩咐卓蓝给陆啸衡回信,要他密切注意罗栗文和童长荣的消息,随时报告。

铁板洲何府。八仙桌上摆满了一桌菜。何老爷、吴用贤、何坤秀宴请何应、余队长和警察。

何老爷站了起来:何局长,这一杯酒,我敬你。

何应连忙站起来:老爷,这是折煞了我,万万不可以。

何应将何老爷按在椅子上,一口喝完了酒。何老爷也抿了一小口。

何应:老爷,现在问题可是越来越复杂了。吴先生是我的启蒙老师,坤宜论辈分我应该喊姑奶奶,一个私藏通缉犯,一个帮助潜逃,您让我怎么来处理这头痛的事。

吴用贤:何局长,你说老师私藏通缉犯,我不赞成。余队长,你有证据吗? 你在我的书堂里搜到了童长荣了吗? 学童们指认我私藏了童长荣吗?

余队长:吴先生的话不无道理。人在山下,没有直接证据,应该不算。

何坤秀狠狠地瞪了吴用贤一眼。

何坤秀:何局长、余队长吃菜。要说怪他,就怪他怎么给我妹妹找了这么个好人。我回去饶不了你!

何应:不过,这人是姑奶奶送走的,可是事实。

余队长:姑奶奶有预谋地在枞阳街租了马车,得以让童长荣脱身离开,这是

我们亲眼看见的。

何老爷叹了口气：何局长，事情已经到了这个地步，我只问你一句话，可还有转圜的余地？

何应斟酌，办法倒是有，关键是看姑奶奶的态度，一是供出童犯下落，二是何家与童家解除婚约，与童犯切割。我只找童家，这事就好办了。

何坤秀听到何应的话，抢着说道，何局长，我已经将庚帖还给了童家，这事已经与何家没有关系了。

何应点点头，现在唯一的办法就是何家必须协助捉拿童长荣。

话未说完，何坤宜一身尘土，跌进屋里。何坤秀连忙将她扶到椅子上，递给她水喝。何坤宜定了定眼神，才看清了何应和余队长。

何坤秀埋怨，坤宜，你是被鬼迷了还是搭错了神经，怎么能做这样的事呢？你看你，搞成了这个鬼样子，还像个人啦。

何坤秀盛汤给何坤宜，被何坤宜推开，转身望着何应问，何局长，这是逮我的吗？

何应连忙说，哪里，姑奶奶言重了。我和老爷正商量这个事呢，只要姑奶奶充分认识到此事的严重性，与童犯一刀两断，并帮助我们全力搜捕童长荣，我能保证此事与何家无关。

何坤宜喘了口气，对着何应说，我和童长荣是老父之命，我岂敢违约。现在童长荣被你们搜捕，我更不可能作壁上观。

余队长插话，姑奶奶，你只要告诉我们童长荣的具体下落，前面的事我们都不追究了。

何坤宜喘了口气说，我们是中途分的手，我怎么知道他到哪里去了？

何应想了一会儿，姑奶奶，你跟他谈了吗？他是什么态度？没有后悔之意吗？我这么跟你说，只要童长荣有后悔之意，我们就好商量。

何坤宜正色道：谈了，他的态度就是他的主义，也是他的信仰。那就是打倒军阀政府，也包括你这个拿着老百姓的俸禄、不干好事的何局长，这是他的原话，你别不高兴。

何应有些气愤,把酒杯重重地放到桌子上:不像话!

何坤秀气鼓鼓地望着何坤宜,又要插话,何老爷狠狠地白了她一眼,这才把眼光转向何坤宜:坤宜,我现在不问别的,就问你是什么态度。

何坤宜:爸,冤有头,债有主。要说这事,我还真有点发言权。倪联甲想当省长,你何局长居然为他运作,替他从蚌埠拉 10 万块赃银贿赂省议会。事情败露了,学生要揭露官场黑暗,你们居然还打死了学生。王省长和姓倪的狗咬狗,结局是赶走了姓倪的,你何局长的警察局得了一万块大洋,我说的对吗?

何应和余队长十分尴尬。

何应:这,这都是社会上的一面之词。

何坤宜站了起来:爸,这个社会这个国家都彻底烂了,这些学生要救国于危亡,他们有什么错?

何应怒形于色:姑奶奶,你不要被童长荣所蛊惑!

何老爷:现在世风不好,也轮不着他童长荣出这个头哇。

何坤宜走向吴用贤,突然笑了起来。吴用贤望着她。

何坤宜:吴先生,不,姐夫,我就一直诧异,你怎么给我介绍了一个小我 3 岁还拖着一个老鼠尾巴辫子的小男人,到安庆去了一趟,我竟然有了意外的收获,在他文弱的背后,我看到了一个顶天立地的男子汉! 我真的爱上他了,谢谢姐夫。

余队长站了起来指着何坤宜:你,什么态度!

何坤宜指着余队长,你别激动,你的手上欠了学生们的血债,要不是姜周同学挺身而出,死掉的就是童长荣!

余队长无以发泄,手一挥,警察随之离座。

何应站了起来:姑奶奶,我最后问一次,童长荣在哪里?

何坤宜淡淡一笑:人嘛,已经远走高飞了。

何应转向何老爷,鞠了一个躬:老爷,这事啊,我算是对您已经尽了孝心了。您看这样行不,从现在起,我只找童家要人,不再给您添麻烦了。

何应戴上了大盖帽,离开了何家。何坤秀朝何坤宜狠狠地盯了一眼,黑着脸

起身走进后厢房。

何老爷抹着泪,颤巍巍地站起来,盛了一碗汤,递给何坤宜。何坤宜的眼泪涌了出来,勉强接过碗。

何老爷:把汤喝下去!

何坤宜倔强地:我不饿!

何老爷气得找东西,拿起擀面杖觉得粗了,又换了桌上的筷子还是舍不得,终于找到了一根稻草,打在何坤宜的身上。

何老爷:你再不喝! 我打死你!

何坤宜在何老爷面前跪下,抖动着嘴唇,把汤喝了下去。何老爷含着泪望着女儿,摇了摇头。

小火轮在长江行驶。童长荣郁郁寡欢,茫然地望着江面的船只,江南的青山。

罗栗文望着童长荣,问他在想什么。

童长荣苦涩地笑笑,说不想喊你罗先生了,以后喊你罗大哥了。

罗栗文:这是为什么?

童长荣:书没法念了,喊先生就是一句空话了。

罗栗文歉疚地说,是啊,长荣,对不起,是我让你改变了生活的轨迹。

童长荣摇摇头说,不是你,应该是马克思主义。不过,没得书念,我心里空落落的。前程迷茫,今后只有跟你后面混了,你说喊你一声罗大哥不更贴切些吗?

罗栗文:我理解你的心情。长荣,我只想问你一句,后悔吗?

童长荣终于憋不住了,抖动着嘴唇:罗大哥,我不能瞒您,这些日子就像在做梦一样。现在像是在梦中醒过来了,就是怕,我害怕极了。我不知道家里闹成什么样子了。

罗栗文:长荣,你既然喊我大哥,我就叫你一声小兄弟。船刚到铜陵,现在你后悔还来得及,下一站就是芜湖,你就下船,到警察署去写个悔过书,告发我逃到了上海,你就没事了。

童长荣：革命者就没有人之常情了吗？

罗栗文：说句心里话，我有妻子儿女，比你还害怕他们出事。

童长荣对罗栗文说，我是个遗腹子，童家几个叔婶如狼似虎，几次要把我们孤儿寡母赶出去，好霸占那两间破房子。我生性胆小，我娘受欺负，我从小受欺负。爷爷去世后，要不是五叔，我和我娘不知流落到哪里了，说不定已经不在人世了，这就是个人吃人的社会。罗大哥，我要革命是有道理的，我很害怕也是有道理的。罗大哥，我要是到了芜湖没有下船呢，那就是到了南京，要是到了南京还没有下船，我就跟你走了。

罗栗文眼泪出来了，他紧紧抱住了童长荣，从内心里涌出：有情有义的好兄弟。

两人望着岸边的青山。罗栗文告诉童长荣，这座山叫铜官山，这是一座光荣的山。

童长荣喃喃地：我知道，枞阳人方履中先生带领铜陵人民经过不屈的斗争，终于从英国人手中夺回了矿权。

罗栗文点点头：这是中国人民反对帝国主义，捍卫国家主权的一次成功实践，彪炳史册！谁说中国人民在任人宰割，谁说我们的奋斗没有意义？

童长荣：罗大哥，你这么说，我心里好受多了。

罗栗文：长荣，来，我们向巍巍铜官山敬个礼！

两人面目肃穆，朝铜官山深深地鞠了一躬。

何应、余队长带着警察离开何府，闯进了童家院子，踢开了童长荣家的破屋。童母吓得在锅灶旁哭着。

两个叔婶觉得现在是抢房子的好机会，一个叔婶嚷着，养了现世货，还有脸赖在童家，滚吧。另一个叔婶抢进屋里，当着何应和余队长的面，将童母拖到了院子里，对看热闹的街坊说，你睁眼看看，你儿子是共产党，警察要抓去砍头，你晓得不晓得？

童母坐在院子里的地上，瑟瑟发抖，她哀求着，解释着，哭诉着，这位长官，我

也不晓得怎么称呼,你们搞错了吧,我儿子在安庆书念得好好的,他平时不多事,也不害事,也有礼貌。

余队长:那我问问你,童长荣究竟去了哪里?不说,我连你一起关进大牢。

童母:长官,童长荣在安庆念书,春上就去了安庆,没有回来过。

余队长:不愿说是吧。那好,你们叔婶不是说童长荣家占了你们的房子吗?把她给我撵出去,房子归你们了。

两个叔婶上来就拽着童母的头发往外拉,童母拼命挣扎。

童母号哭:你们这不是逼命吗?

五叔拿着扁担冲了出来,大声叫道,你们合起来欺负人,今天我跟你们拼了!几个警察迅速拿住了五叔,收了他的扁担,就着扁担将五叔打倒在地。

两个婶子继续将童母往外拖。

童母无力反抗:这是什么世道啊!

院子门口,何坤宜披着一袭华丽的外套出现在门口。两个婶子一愣,不由自主地放了童母,何坤宜扶起了童母。

童母泣不成声,陌生地望着何坤宜:姑娘,你是?

何坤宜含着笑:婆婆,我是坤宜,是你未过门的儿媳呀。

童母伏进何坤宜怀中放声痛哭,何坤宜将童母扶到院子里。

何坤宜望着满院子人,环顾一周,嘴角一笑,最后,把目光落在何应身上,嗬,人不少哇!我今个儿来见婆婆,想穿漂亮一点,何局长,这是上次特地从安庆买的,你觉得怎么样?

何应:姑奶奶,我不是说过了,童家的事已经与何家无关了嘛。

何坤宜:何局长,你真不给姑奶奶面子,我第一次来童家,你就带着警察合着童家人欺负一个弱小,你不觉得这相有点难看吗?

何应:我们是来抓童长荣的!

何坤宜:你抓童长荣,我一点意见没有。乡邻们今天都在场,你们都看见了,光天化日之下,这么多人恃强凌弱,你今天就把我当个路人,这事我管定了。

何应:我的姑奶奶,我求求你,不要掺和这个事可好?

何坤宜:我这怎么是掺和?抓童长荣就抓童长荣,你怎么就允许童家人要把我婆婆赶走了呢?你要把她赶到哪里去?赶到长河里去呀!你说我说得在理不在理。

何应自知理亏:行,童家人听好了,今后不许提房子的事,童长荣犯事跟房子没有关系!

何坤宜扶起五叔:你是五叔吧,长荣就念着你的好,我扶你起来!

五叔被打伤,已经说不出话来:谢谢你,我起不来。

五叔吐了一口血水。

何坤宜:这人是谁打伤的?

余队长:他该打!

何坤宜:你们要抓童长荣,他如果阻拦,不但该打,还该抓。如果不是呢,这账怎么算,我想问问余队长。

何应:姑奶奶,你太厉害了。

何坤宜:我不厉害,我只把心放在胸口中间。你们做警察的也要将心比心,扪心自问。哪些事该做,哪些事不该做。不过,要你们的弟兄带他去看病,那是打了你的脸。你们打了就打了,谁让你们是警察呢。五叔,你到诊所去瞧瞧,账记在我何家账上就行了。

何应:你还有完没完。

何坤宜:还没完,很快就完。

何坤宜走到两个婶子跟前,两个叔叔溜了,两个婶子蔫了。

何坤宜欠下身子:两位婶子好,长荣家就两间破房子,就是给你们了,你们也分不过来。给了你们,我和长荣以后在大街上拜堂呀,你们说可是这个理。

两个婶子低下了头。

何坤宜轻言道:你们是一家人,打断了骨头还连着筋呢。我还指望着你俩好好照顾我婆婆呢。

何坤宜走到何应跟前:何局长,你可以带着你的弟兄们去抓童长荣了,我就不留你了。

何坤宜扶着婆婆往屋内走去。

余队长望着何应:你这个姑奶奶真是个姑奶奶!

何应和余队长一班警察走出了院子。

一个婶子嘀咕:还没过门呢,就婆婆长婆婆短,真不要丑。

另一个婶子:这要是真过了门,往后还有我们好日子过哇!

四

罗栗文带着童长荣踏进了上海滩。望着高楼洋房、电车、人流、纷至沓来的旗袍高跟鞋、黄头发洋人。童长荣一如刘姥姥进了大观园,万花世界,目不暇接,一脸的惊奇。

站在黄浦江边,罗栗文说这里就是十里洋场,可你看到的只是上海浮华的表象,真正的这里却是中国社会的晴雨表,它是马克思主义最早的登陆地之一,更是中国共产党的诞生地。你不是觉得没书读了吗? 这上海滩就是一本大书,你要是把它读懂了,你的学问可就不得了!

童长荣懵懵懂懂地:罗大哥,党呢,党在哪里?

罗栗文实话告诉童长荣,我们的党刚成立三个年头,全国到目前为止党员不足千人,可她是有前途的。在上海待一段时间,你再读一遍《共产党宣言》,你才能体会到中国共产党对中国前途命运的意义。

童长荣喃喃地:一个幽灵,共产主义的幽灵,在欧洲游荡(《共产党宣言》原文开头语),不,在上海游荡。

罗栗文和童长荣相视,两人都笑了。

上海环龙路 44 号国民党上海执行部。卓蓝正百无聊赖地坐在办公室里,不知道要干什么。收发送进一封信,恭恭敬敬地放到桌子上,然后退了出去,她瞟了一下是陆啸衡的信件,她拿起剪刀,漫不经心地剪开信封,扫了一下内容,兴奋地站了起来,拿着信走进赵瑞麟办公室。

卓蓝:他到上海来了。

赵瑞麟:谁到上海来了?

卓蓝告诉赵瑞麟,安庆党部陆啸衡来信说,共产党罗栗文和童长荣在安庆遭通缉,安庆方面判定,两个通缉犯极有可能逃到上海来了。

赵瑞麟:找到童长荣那小子,跟他接触接触。

卓蓝望着窗外鳞次栉比的高楼大厦有些茫然,偌大的上海,想要找到这小子,可不是件容易的事。

其实,罗栗文和童长荣近在咫尺,就在离环龙路不远的一个旧货摊前。罗栗文帮助童长荣挑了一套旧西装。

罗栗文上下瞅着:都说人要衣装,有点上海小开的意思了。

童长荣茫然地:罗大哥,我们现在到哪里落脚?

罗栗文:长荣,我去向组织报个到,接受任务,听从组织安排。看见没,你走过这条街,前面有个公园,你在那里等我,千万别乱跑。

童长荣看上了一顶礼帽:老板,我买了你一套西装,送我一顶帽子吧。

老板想了想,点点头。童长荣将帽子戴在头上。

罗栗文打趣地:这要再配一根文明棍,你就成了资本家了。

童长荣:我可不想当剥削阶级。

童长荣与罗栗文分手后,沿着街闲逛,东瞅瞅西瞧瞧,朝公园方向走去。

一辆黑色轿车停在金门大酒店门前。卓蓝和赵瑞麟下车,走进金门大酒店,在靠街面的位置上坐了下来。

赵瑞麟说,这里新来了一个厨师,有几道菜做得相当不错。卓蓝望着赵瑞麟,赵股长,你可不光是来请我吃饭的吧。

赵瑞麟望着卓蓝说,你说对了,有些事在办公室里不便谈。他告诉卓蓝,戴先生从广州回来了。卓蓝有些奇怪,戴先生不是刚刚才接任黄埔军校政治部主任吗?赵瑞麟说,戴先生不满意学校内共产党人的活动,尤其是像周恩来这样的共产党。卓蓝一笑,戴先生一介文人,不懂军事,无疑是又让共产党人占了上风,大概是强烈的自尊心驱使他离开了广州吧。

赵瑞麟不以为然,说卓蓝只猜对了一半,他神秘地告诉卓蓝,戴先生这次回

来,是和叶先生商议在上海另行成立国民党中央党部。

卓蓝大为诧异,等等,我听不明白,现在怎么还要成立个中央,国民党到底要多少个中央?

赵瑞麟瞟了一眼卓蓝,你哪里懂这些?这是政治!戴先生和叶先生十分不满上海执行部,你不瞧,从年初以来都做了些什么,组织80多个团体举行悼念列宁大会,创办上海大学,推行共产党的一套,与共产党人穿一条裤子。所以戴先生、叶先生决定成立一个新的中央取代现在的上海执行部。

卓蓝以为两个中央,多重领导,国民党窝里斗,那不乱套了才怪。赵瑞麟郑重地告诫卓蓝,从现在起,上海的国民党中央,要将戴先生的反共理论化为具体的实践,推动中国革命高潮的到来,我等将来大有作为。

卓蓝心想,赵瑞麟这小子野心不小,嘴上却说,对不起,我可没有什么政治抱负,告诉我,我能为你们做些什么?

赵瑞麟说新的党中央急需精英人才,从现在起,调查股开始物色选拔人才。

卓蓝端起咖啡默默地望着窗外,突然发现一个熟悉的面孔走了过来,她似乎在哪里见过,对,没错,就是童长荣那小子。她有些激动,这真是得来全不费功夫,她对赵瑞麟说,我跟你说的那个乡下小男孩来了。

赵瑞麟望着走过去的童长荣背影,这就是你说的那个奇才童长荣?卓蓝点点头,赵瑞麟起身走出了金门大酒店。

童长荣沿着街道,不时借着橱窗望着玻璃窗中的自己,觉得自己这副模样有些滑稽,也有些陌生,他朝橱窗中的自己点了点头,又摇了摇头。进了公园,他在长椅上坐了下来,将礼帽放在一边,按照罗栗文的吩咐,乖乖地等着。

卓蓝和赵瑞麟一前一后地进了公园,她在不远的地方停了下来观察着童长荣,赵瑞麟则径直朝童长荣走来,眼睛的余光观察着童长荣,看见了童长荣身边的一顶礼帽,他有了想法,折返回来。

罗栗文办完了事,匆匆赶到公园来寻找童长荣。远远地看见童长荣坐在长椅上,再看一眼,发现一个穿白西装男人正在接近童长荣,他吃了一惊,连忙闪到树后隐蔽起来,正在疑惑的时候,罗栗文又看见卓蓝慢悠悠地在附近晃荡。

赵瑞麟在长椅前来回走着,终于一屁股坐到了童长荣的礼帽上,童长荣看了一眼身边的男人。赵瑞麟若无其事地跷着二郎腿,点了一根烟。童长荣站起来,拍拍赵瑞麟,指了指他身子下面。

赵瑞麟欠了一下身子:对不起。

童长荣拿起坐瘪的礼帽,忍不住笑了。

童长荣:先生,你把我的礼帽改成了鸭舌帽。

童长荣将帽子戴在了赵瑞麟头上,走了。赵瑞麟拿起坐瘪的礼帽笑笑。卓蓝走了过来,坐在赵瑞麟身边。

卓蓝:赵股长,你很粗鲁,坐在了别人的帽子上。

赵瑞麟玩赏着礼帽:你读懂这个帽子了吗?好好想想。要是我坐到了你的帽子上,你会作何反应?

卓蓝接过帽子,想了一会儿。

卓蓝:明白了,你这是对他进行心理测试。假如是你赵瑞麟坐在我的帽子上,我会让你把帽子吃下去,你信不信?假如是我坐在了你的帽子上,那会怎样?

赵瑞麟:那我求之不得,一个漂亮女人让我有了搭讪的理由,我会千方百计地让你歉疚,我会编造这个礼帽有着特殊的来历,是我在海外富商父母想念儿子托人带来的。这既暗示了我有雄厚家族资产背景,又能让你感受到我的谦谦君子风度,我会请你吃饭,我会出神入化地演绎一段帽子情缘,让你无法逃脱。

卓蓝:你想得美,这个不算。假如是这个乡下小男孩坐在你的帽子上呢?

赵瑞麟:我会打断他的腿。这也不算。你还是以普通人的身份来分析一下。

卓蓝:第一种反应,应该是争吵;第二种是纠结,这人怎么这么没礼貌;三是胆小怕事,不敢出声;四是无所谓,坐了就坐了。可这四者都不是,他选择了幽默。虽然是个乡下男孩,刚刚一脚踏进上海滩,可见他的心智是异乎寻常的成熟。我分析得对吗?

赵瑞麟:可以接近他,把他拉过来。

卓蓝望着童长荣的背影,喃喃地,可惜了,他的小老鼠尾巴辫子不见了。

童长荣走到公园门口四处张望,罗栗文避开了卓蓝和赵瑞麟,匆匆从后面跟

了上来。童长荣回过头,见是罗栗文,连忙问是否联系上了党组织。罗栗文点点头说,联系上了,望望周围,叮嘱童长荣,在外面千万别提党组织这个词。

童长荣:这么神秘?这大上海谁认得我们两个人?

罗栗文:刚才在公园里,遇到什么人了吗?

童长荣:有,一个穿白西装的男人把我的礼帽坐坏了。

罗栗文:你就是他要找的人!

童长荣觉得奇怪:我不认得他,他也没说要找我。他找我干什么呀?

罗栗文:你是不认得他,可隐藏在公园里的另外一个人你认得。还记得在安庆的那个卓特派员吗?

童长荣想起了那个女的,点点头说记得,她还要把我带到上海来,命运真是捉弄人,没想到我真的来到了上海。

罗栗文正色地对童长荣说,可以说,我们一进上海,就被他们盯上了。我还要告诉你,国民党上海执行部已经对你产生了极大的兴趣。你知道那个穿白西装男人的身份吗?国民党上海执行部调查股股长赵瑞麟,说白了,就是国民党的情报人员。刚才,他故意坐到你的帽子上,就是对你的一场特别考试。

童长荣望着罗栗文,这才恍然大悟,啊,刚才是考我呀?我还在心里嘀咕,这人怎么这么没礼貌呢!你都看见了,我表现得怎么样?

罗栗文竖起了大拇指,夸童长荣表现非常好,童长荣咧着嘴笑了。

环龙路44号。李卫在走廊里晃悠着,四处张望,乘人不备溜进了财务室。这一切被张龙看在了眼里,他悄悄来到财务室外走廊,偷偷地听着财务室里的动静。

李卫走到女财务跟前,涎着脸有一句没一句地找女财务说话。女财务操着上海本地口音说,忙死了,没工夫搭理你。李卫看看四周,递了一张纸条给女财务,轻声地说,赵股长让我来的,要启动一笔费用。女财务接过单子,眉毛竖了起来,调查股是用钱还是吃钱,怎么又要提10万?

李卫让女财务小点声,说密训中心急需用这笔经费,女财务嘟哝着,又是密训中心,她问李卫,密训中心花钱,杨飞秘书长知道吗?李卫解释着,密训中心所花款项都是赵股长从大华纱厂卓老板那里募捐来的。秘书长吩咐过了,凡是卓老板的钱,赵股长使用,只要卓蓝小姐同意就行。女财务显然有些不太情愿地替李卫办取款手续,盖上印鉴,递给了李卫。李卫迅速揣进了口袋里,吹着口哨,出了财务室,迎面遇到张龙。张龙问李卫是不是看上了那个女财务了,这些天老是在财务室转悠,李卫正好借着张龙的话转移话题,他凑近张龙的耳朵,是有那点意思,李卫说,这女财务躁气蓬勃,够味,如果张龙兄弟也有此意,他愿意退出。张龙摆摆手,你个下流坏子,一天到晚心里就是女人。李卫朝张龙摇摇头,咂着嘴,从张龙身边走了过去。望着李卫的身影消失在走廊的尽头,张龙轻蔑地一笑,想跟我打马虎眼,还嫩着呢。张龙走进了财务室,对着女财务说,杨副秘书长想了解一下调查股最近经费使用的情况。女财务的神情有些异样,支支吾吾,说这几天正要整理财务,等理清了账目,她会向杨秘书长报一个详细的清单。

张龙出了财务室,立即走进杨飞的办公室,低声向杨飞汇报,说调查股下面的密训中心经费使用异常,据他暗地里掌握到的情况,这两天至少动用了 50 万经费。

杨飞听了张龙的汇报,问张龙对此怎么看。张龙直言赵瑞麟最近可能有大动作。杨飞点点头,对张龙说,那个密训中心是个可疑的地方,派人给我盯紧点,张龙领命出门,又被杨飞叫住,让他喊卓蓝到他办公室来一趟。

卓蓝来到杨飞办公室,杨飞满面笑容地请卓蓝坐下。卓蓝问秘书长有什么指示。杨飞摆摆手,没有指示,只是想问赵股长又请你吃了什么好东西了。

卓蓝故作不悦,嗔怪道,我和赵股长吃顿饭,秘书长都派人监视了。杨飞说,哪里,你知道吗?我那天正巧也在金门大酒店,见你们下车进了酒店,可没敢打扰你们的二人时光。

卓蓝莞尔一笑,杨秘书长想多了吧,赵股长说金门大酒店新来了一个西餐厨子,那牛排,那奶酪,的确很正宗。不过,赵股长请客,可是我付的账。

杨飞:赵股长有女人缘哪。卓小姐什么时候也给我一次机会呀?

卓蓝:谁不知道杨副秘书长是上海执行部的实际当家人,那我真是受宠若惊

了。可是杨副秘书长一次也没邀请我呢。

杨飞:好,我现在就向你发出邀请,周末,金门大酒店,怎么样?

卓蓝:不胜荣幸。不过,得按我的规矩来,还是你请客,我买单。

杨飞试探地抛出了一句话:卓小姐要是缺了钱,可到财务股直接领取。

卓蓝:什么话?杨副秘书长可是小瞧了我,家父捐给执行部的钱,我不会花一厘一毫。执行部如果缺钱的话,尽管说。

杨飞思索:卓小姐,你再说一遍,执行部里的钱……

卓蓝:那我就再说一遍,执行部里的钱我没有花一毫一厘!

杨飞:我听清楚了。就这么定了,周末晚上,金门大酒店,我们不见不散。

罗栗文和童长荣走进了亚培路里弄。小巷很长,两边是低矮的带阁楼的民房,这里离大华纱厂很近,纱厂宿舍有限,从近郊来的一些女工也租住在这里。两人数着门牌沿着小巷一路前行,终于找到了 138 号,一扇大门紧闭着,罗栗文摇了摇门环,立即出来一个年轻人。

年轻人打量着罗栗文和童长荣,询问是不是从安徽来的罗先生、童先生,罗栗文点头称是。年轻人热情地接过罗栗文的箱子,介绍自己叫王舒,将两人让进了屋里。

罗栗文说,组织上已经介绍你的情况,说你在上海大学读书,也在大华纱厂做工,半工半读。王舒说是的,老杨同志告诉我,你们遭了通缉,一路上颠簸辛苦了。

王舒将大一点的房间给了罗栗文,有个隔间只能容下一张床,王舒说只能委屈童先生了。

童长荣看了一下小隔间:好得很,王舒同学,我叫童长荣,以后叫我童长荣就行了,喊我先生,我还不好意思呢。

收拾停当之后,王舒给罗栗文、童长荣倒水。罗栗文让王舒介绍这里的情况。

王舒:好,我来介绍一下,这里是中心城区工人运动的主要活动点,主要担负着工人骨干学习、培训和工人运动宣传、发动的任务。

王舒带着罗栗文走进另一扇门,一个大堂里有许多板凳。

王舒:这里是工人夜校。

王舒又带他们穿过院子,来到后面一间小房子,有印刷机和纸张,还有刻印的钢板、油墨和刚出的小报。罗栗文拿起一份套红的《黎明周报》看着。

王舒:这是我们工人阶级的刊物,很受工人兄弟欢迎。啊,老杨同志昨天临走前交代我,说是罗先生来负责这里的工作,这不还多了一个人手,这下好了,又多了一分力量。

罗栗文:王舒同学,我们初来乍到,情况不熟悉,你还要多指导。

王舒:哪里,老杨同志说了,罗先生具有丰富的革命经验,安庆的革命活动如火如荼,在全国都产生了重大的影响。

童长荣忍不住问,王舒同学,我想问你一下,你是党员吗?

王舒抓了一下脑袋:现在还不是,你是吗?

童长荣:我也不是。

罗栗文:不管是不是,你们两个都是为党在做工作。

王舒:那是,我是这里的夜校校长,报社社长,还是炊事长,负责这里的一日三餐,不过,老杨同志说了,都在罗先生的领导下。厨房在隔壁。啊,忘了,你们还没吃饭吧。

王舒带他俩走进厨房,掀开锅,有一碗芋头,他递给了童长荣。

王舒:这里的情况就是这样。你们先歇着,我还要到大华纱厂做工去。晚上回来我们继续聊。

童长荣:王舒,你住哪?

王舒指着吊着的一床被子,又指着刻钢板的桌子:白天刻报,晚上就当床了。

罗栗文、童长荣与王舒挥手告别后,坐在桌前开始吃芋头。

童长荣:罗大哥,我来做什么?

罗栗文:刚才王舒都介绍了,要做的事很多,这里有工人夜校,你的任务就是讲解宣传马克思主义,我们还有《黎明周报》需要出版发行。

童长荣：我对马克思主义还没入门呢？

罗栗文：工人们大多不识字，你不去讲，谁去讲，边学边讲吧。

童长荣从怀里掏出手抄本《共产党宣言》。

童长荣：罗大哥，说来也怪，这本《共产党宣言》放在胸前，我们到上海一路顺利，她像是我们的护身法宝一样。

罗栗文：长荣啊，她是中国革命的护身法宝。

罗栗文对童长荣说，组织上已经让他到上海大学社会学系当老师，白天要到上海大学讲课，王舒要半工半读，这里的日常工作就交给你了。

童长荣表示服从安排，可还是忍不住地说，听说上海大学是国共两党创办的，我，我还是想读书。

罗栗文：这个问题，我已经考虑过了，你先在这里干着，到下一个学年再说了。

童长荣听说以后还有书读，心里非常高兴。

李卫溜进了赵瑞麟的办公室，报告赵瑞麟，张龙对调查股的经费使用情况起了疑心，问怎么办。赵瑞麟点点头，让李卫将女财务叫了进来。

女财务慌张地走进赵瑞麟的办公室，说张龙催着要调查股的开支明细，恐怕拖不住了。

赵瑞麟：这样，你给我再拖几天。

女财务有些紧张：我，我……

赵瑞麟捏住了女财务的脸：给我拖几天，你什么都有了，懂吗？

女财务紧张地点了点头。

外面敲门，女财务慌不择路地开门出来，与杨飞撞了个满怀。杨飞退了一步，望着女财务通红的脸，心里已经明白了几分。赵瑞麟略显尴尬，将杨飞让进屋里。赵瑞麟问杨飞有什么指示，杨飞笑笑，没有什么指示，只是对你的密训中心感兴趣，很想去看看。赵瑞麟连忙自我检讨，说早就应该请杨副秘书长去视察指导了，他请杨飞定个时间。

杨飞说现在就去。赵瑞麟推脱，秘书长要去视察，他还得准备，比如人员安排，汇报材料，等等。杨飞说，就是去看看，你什么都不用准备。说完就出了房间，赵瑞麟连忙喊了卓蓝，跟在杨飞后面下楼。

院子里，张龙拉开车门，杨飞上车。赵瑞麟带着卓蓝迅速上了另一辆车。两辆车出了院子，朝郊外的密训中心驶去。

车上，卓蓝对赵瑞麟说，杨飞偏偏这个时候要看密训中心，他是不是预感到了什么？

赵瑞麟驾着车，卓蓝从反视镜里看到了他冷峻的面孔，好一会听到他喉咙里发出低沉的声音，你说得没错，他应该是预感到离死已经不远了！听了这话，卓蓝心里一惊。

车子在密训中心大门前停住，沉重的大铁门慢慢开启。两辆车开了进去。杨飞下车，望着四周高墙，铁丝网，慢悠悠地望着特情人员在攀爬、格斗。场地里有人在练习汽车、摩托车车技。

杨飞微微一笑，不错嘛。卓蓝，听说你也是在这里受训的？

卓蓝走到杨飞跟前，叹了一声，别提了，整整一年，在这里过的是魔鬼一样的日子。

赵瑞麟带着杨飞朝地下室走去。地下室里，分隔出不同的区域。无线电电讯训练区域，信号灯闪烁，特情人员在练习收发报。

枪击馆里传来阵阵枪声。

赵瑞麟：杨副秘书长要不要来几发？

杨飞摆摆手，继续朝前走。前面是模拟刑讯室，有人被绑在架子上，已经打得鲜血淋漓，有人躺在地上奄奄一息。

杨飞：哎呀，赵股长，我可是大开了眼界了。

赵瑞麟：报告杨副秘书长，我为了革命可是鞠躬尽瘁。中山先生说过，革命尚未成功，同志仍需努力。我要努力地为党国培养刀锋战士，让他们冲锋陷阵。

杨飞鼓掌，赞叹赵股长一片苦心，让他感动。赵瑞麟偷偷地注视着杨飞的表情，并无明显变化。杨飞淡淡地说了一声回吧，他扬了一下手，放下手时，卓蓝看

见了杨飞的手渐渐捏成了一个拳头,判定杨飞的内心充满的是不安和紧张。

夜幕降临。工人们陆陆续续走进亚培路 138 号。小隔间里,童长荣捧着手抄本《共产党宣言》,在心中默念。王舒进来对童长荣说,工人代表们都到齐了,等着你上课了。

童长荣望着罗栗文有些不知所措:罗大哥,我怕我讲不好。

罗栗文鼓励童长荣:长荣,你一定行。我和王舒都坐在后面,听你讲课,给你鼓劲。

三人穿过侧门来到夜校讲堂,刘大哥、田嫂、周师傅坐在前排。他们期待地望着罗栗文、童长荣。

王舒:工人兄弟们,我先来介绍一下。这是罗栗文先生,是组织上派来的负责同志,大家欢迎。

大家热烈鼓掌。

罗栗文:大家好。工人阶级是无产阶级的先锋队,工人同志们是中国共产党最可靠的对象,我受组织委托来为大家服务的。今后我们在一起学习工作,一起战斗。

工人代表期待地望着罗栗文,罗栗文对着大家握了一下拳头。

王舒:下面我来介绍一下我们的新教员童长荣同志,他今晚为我们讲马克思的《共产党宣言》,大家欢迎。

热烈的掌声中,童长荣走到大家面前。

童长荣:工人同志们,马克思的《共产党宣言》发表于 1848 年,距离今天已经半个多世纪了,它是共产党人的党纲,它的出现,深刻地改变了人类的历史进程。开篇是这样写的:一个幽灵,共产主义的幽灵,在欧洲大陆徘徊。

刘大哥立即举手:童教员,马克思怎么会把共产主义说成是幽灵呢?我不能理解。

童长荣:这,这是马克思站在资产阶级立场上说的。

田嫂:马克思不可能站在资产阶级的立场上。

童长荣有些急了:对不起,我没有说清楚,马克思是从资产阶级认为共产主义是幽灵是洪水猛兽的角度来写的。

刘大哥:这还差不多。

童长荣:马克思在《共产党宣言》第一部分就写道:资产者和无产者。他天才地发现,至今一切社会的历史都是阶级斗争的历史。

刘大哥、田嫂不住地点头。王舒鼓励的眼神,罗栗文微笑地望着童长荣。

童长荣开始了大段的背诵,他的嘴巴不停地动着:压迫者和被压迫者始终处于对立的地位,进行不断的、有时隐蔽有时公开的斗争……整个社会日益分裂为两大敌对的阵营,分裂为两大相互直接对立的阶级:无产阶级和资产阶级……资产阶级撕下了罩在家庭关系上的温情脉脉的面纱,把这种关系变成了纯粹的金钱关系……资产阶级在它不到一百年的阶级统治中所创造的生产力,比过去一切世代创造的全部生产力还要多,还要大……资产赖以形成的生产资料……资产阶级的生产关系……现代生产力反抗现代生产关系……下面,马克思分析无产者……

田嫂打断了童长荣:童先生了不起,《共产党宣言》都能背得下来。可我们还是听不懂。

刘大哥:我们对资本家恨之入骨,可马克思写得太深奥了。我想问一下什么是生产资料?

工人们七嘴八舌:我知道,资产者指的是资本家,我们就是无产者,可这生产力、生产关系也许就在我们身边,可我们不知道它指的是什么?

童长荣尴尬地站在台上不知道如何回答。

罗栗文站了起来:工人同志们,童教员是第一次上课,今晚他的本意是先带大家读原文,也许没有经验,更重要的是童教员没有工厂生活,他还没有亲身体会到工人阶级的悲惨生活和资本家的贪婪剥削,我建议请童教员深入到你们工厂体验生活,然后再来讲,好不好哇?

刘大哥:这个主意好!不知道童教员愿不愿意看看我们是怎么生活的?

童长荣红着脸,诚恳地:我愿意。

王舒:长荣,我们明天就带你到大华纱厂去体验生活。

工人们齐声地:我们欢迎你。

第二天,王舒带着童长荣来到大华纱厂。与此同时,戴季陶也来到了大华纱厂。大华纱厂老板、卓蓝的父亲卓荣丰陪着戴季陶正在厂区散步。卓蓝和赵瑞麟在后面跟着。

戴季陶对着卓荣丰高谈阔论,马克思说你们资本家就是靠剥削工人创造的剩余价值来发家的,还号召全世界无产者联合起来,消灭资本主义,建立共产主义。你说你能答应吗?我看你们这些工厂非但不能消灭,还要大力发展。我也不同意消灭你们这些资本家,还要保护好你们。中国要想达到理想社会,依靠的正是你们这些资本家。共产党的理论主张完全是南辕北辙,中国的社会完全是一盘散沙,捏不起来的,依靠这些工人、农民,共产党是靠错了对象。

卓荣丰感谢戴季陶长期以来对纱厂的关怀保护。戴季陶感谢卓荣丰对上海执行部的巨大资助。

赵瑞麟上来插话:卓叔,您的钱我们可是全花在密训中心了。如果有工人闹事,卓蓝可以代表我随时调遣。

卓蓝摆摆手:我可不想大华纱厂发生流血事件,谢谢你的好意。

戴季陶赞赏赵瑞麟年轻有为,把密训中心打理得不错,说看了几次,很有战斗力嘛。

赵瑞麟向戴季陶报告,有人可不这么认为,杨飞那小子看来是盯上我了,现在在查我的账。他的嗅觉很灵,对我们的计划已有所察觉,已派人暗中在监视密训中心的行动了。

戴季陶显然对杨飞不满意,说杨飞是个糊涂蛋,这共产党就是个寄生党,吸着国民党的血在壮大自己,这一点许多党内同志至今看不清这一点,令人痛心啊。这就是我为什么要痛定思痛,和叶先生等人合计另外设立新的党中央的目的。

卓荣丰:戴先生这可是违背了中山先生的遗训了。

戴季陶:是啊,中山先生在世,我不能做忤逆之人。现在中山先生仙逝,我觉得是应该做个修正的时候了,那就是绝不能让共产党做大。

赵瑞麟：戴先生先知先觉，西山会议什么时候召开？您要亲自去吗？

戴季陶：我不必亲自去，我的意图他们都知道。啊，设立中央党部得要有个窝啊。瑞麟，你准备放在哪里呀？

赵瑞麟：就用上海执行部的房子。

戴季陶：那广州会同意吗？

赵瑞麟指着纱厂内几辆卡车上的黑衣人：他们已经同意了。

卓荣丰这才明白，这几车武装并不是到厂里来训练的，而是避人耳目暗中集结，要捣毁上海执行部，他不好怪罪戴季陶和赵瑞麟，把不满和忧虑的目光投向了卓蓝。卓蓝说，我事先也不知情，武装人员进了厂子，赵股长才告知我要执行重大行动。

赵瑞麟：卓叔大可不必担心，行动很快进行，不会连累您和大华纱厂。

事已至此，卓荣丰已经无话可说，只是说最好事先说一声，他好心中有个数。

戴季陶走到车前。临走前，戴季陶向卓荣丰阐明此次行动的重要意义，赵瑞麟在一旁解释，强调行动的正当性、合理性、紧迫性和必要性，希望卓荣丰不要有任何顾虑。

卓蓝似乎已经闻到了血腥味，她对戴季陶的那一套理论并无兴趣，对党内争斗的是与非也懒得去细想。不过，她想着执行部即将有一场重大变故，想着杨飞的命运，似乎有一种莫名的亢奋。她抬起头，看见戴季陶的车子朝厂门口驶去，突然看见童长荣走进了工厂。

王舒带着童长荣朝车间走来，看见路旁的树荫下停着几辆卡车，车头上架着机关枪，路边散落坐着全副武装的黑衣人。

童长荣望着王舒：这些手无寸铁的工人竟在枪口下被逼迫着干活？

王舒轻声地：不知道，这些人今早才出现。我们暂时还没有武装暴动计划，好像不是针对工人的。

来到车间门口，童长荣听见了轰鸣的织布机声，和王舒走进车间，看见衣衫褴褛的女工汗流浃背地来回穿梭接线。又见那摩温（工头）挥舞着鞭子在吆喝着，不时地在这个人身上甩一鞭子，那个人身上踢一脚。

那摩温:懒鬼,欠抽!

田嫂看见童长荣、王舒进来,微笑着示意。刘大哥、周师傅在拆洗机器。王舒带着童长荣来到两人跟前。

童长荣:刘大哥,周师傅,你们手上的机器,还有这纱线都叫生产资料,现代化的机器规模化高效率的生产就是生产力,过去的手工劳动就是低效率的生产力。相对应的工人给资本家干活,资本家剥削工人,这就是生产关系。

刘大哥:这一说我就明白了。生产资料全都被资本家占有了。

周师傅:那我们这些干活的工人也是他们的生产资料了。

童长荣兴奋地:完全正确。

刘大哥:童先生,欢迎你到我们工人中间来。

织布机那边,传来一阵轻微的骚动。童长荣和王舒跑过去一看,一个叫连娣的瘦弱小女孩扶着织布机喘气。田嫂扶住她,摸摸她的额头。

田嫂:连娣,你在发烧。

连娣摇摇头,喘着气:我能坚持。

田嫂:连娣,我腿脚快,我给你看着点,你偷偷歇会儿,别被那摩温看见了。

童长荣:王舒,告诉我,那摩温是什么?

王舒:英语中的 NO.1,就是工头,也是资本家的狗腿子。

那摩温走了过来,恶狠狠地盯着童长荣:你不做工,怎么在这磨洋工?

那摩温举起了皮鞭。

王舒:别别,您没看见,我给您带来了一个工人,小伙子很能干,也很有力气。

那摩温上下打量着:就他还有力气? 哪里的?

童长荣:安徽乡下的。

那摩温摇摇头:那可是出穷鬼的地方。算了,做个好人吧,你算到天堂了。试用三个月,行就立个包身契据吧。

那摩温往前吆五喝六。

童长荣轻声问,包身契据是个什么东西?

王舒告诉他,所谓包身就是你自愿把身体卖给了这家纱厂,一包就是三年,没有人身自由了。

童长荣担心地望着连娣挣扎着干活,腿有些跟不上节奏,轻轻地跟王舒说,应该让她歇会儿。王舒摇摇头,她不敢歇啊,歇一会儿,一天的工钱就没了,歇一天,要扣三天的工钱。

王舒对童长荣说,你都看见了,这里的劳动条件很差,噪音、灰尘、潮湿,也没有任何防护,她们每天来回要走小两百里路。这些女孩很可怜,早上六点开车,晚上六点才能收工,亚培路弄堂里有许多女工,早上四点多就要起床,几乎得不到休息。江浙来的乡下女孩更可怜,住在厂里,跟猪圈没有两样,没有热水,很多人熬不到三年就病倒了,扔了出去,拿不到一分钱工钱。

童长荣:这个纱厂是什么人开的?

王舒:这个纱厂的老板叫卓荣丰,和一个叫高崎的日本人开的,他们合资在上海一共开了6个。

就在说话的当儿,连娣终于支撑不住,倒在了地上,田嫂连忙扶着连娣。小姑娘在田嫂怀里微弱地喘气。那摩温气势汹汹地赶了过来,想用鞭子抽连娣,田嫂用身体护住。

田嫂厉声地:小姑娘都病成这样了,你还通点人性吗?

那摩温:芦柴棒,起来,装病!

刘大哥、周师傅赶了过来,一把抓住了那摩温的鞭子,女工们将那摩温围了起来。那摩温心里有些发虚。

那摩温:反了,你们想造反吗?

童长荣看在眼里,热血上涌,被王舒拦住了。

王舒:长荣,记住你的任务,你是来体验纱厂工人悲惨生活的。你都看见了,这就是一个黑暗的社会,人吃人的社会。

童长荣捏紧的拳头慢慢松了开来。

一个女工将一缸子水递给田嫂,田嫂慢慢喂着,连娣醒了过来。

连娣:我,我不能连累了你们,你们快去干活吧。

工人们群情激愤:资本家不把我们当人,不干了!

那摩温甩着鞭子:你们这些猪猡瞧见了没有?看看窗外那些黑衣人和机枪了吗?你们就等着吃枪子吧!

刘大哥关掉了连娣的机器,怒视那摩温。

刘大哥:姐妹们,别害怕!资本家的狗腿子,你有本事就让他们拿机枪来把我们都扫了!

那摩温:你有种!你等着!

那摩温离开了车间。王舒心里明白,那摩温这是要喊人来对付这些工人,怕工人要吃亏要跟着出去,被童长荣挡住。童长荣说我还没有签订包身契,我是自由的,他们奈何不了我。童长荣一路尾随,跟在那摩温后面,进了一幢非常漂亮的小白楼。

此刻,杨飞坐在办公室里心神不宁,他在走廊里走了一圈,发现赵瑞麟、卓蓝今天没有上班,李卫也不见踪迹,隐隐约约预感到了什么。这时张龙气喘吁吁地上楼进来报告,密训中心有动静,李卫带了几车黑衣人,全副武装,我派人跟踪,他们到了大华纱厂。

杨飞:到大华纱厂干什么?近期工人没有罢工暴动迹象哪。

张龙:是不是在搞预演不清楚。不过,戴先生、赵瑞麟和卓蓝都在纱厂里转悠。

杨飞突然地:纱厂离执行部有多少路?

张龙:如果是开车,20分钟左右。

杨飞:一共多少人?

张龙:大约有百把人。

杨飞坐到办公桌前,写下一行小字,递给张龙,对他说,立即给南京电报。张龙接过纸条,只见上面写着上海危急,速调一个连火速赶往上海。他拿着纸条,立即赶往电信股,递给戴着耳机的女机要员,嘱咐立即发往南京。女机要员接过纸条,说马上就发,张龙离开机要室。女机要员轻轻一笑,撕了纸条,扔进了废纸篓里。她拿起了电话,拨通了大华纱厂小白楼里的电话。

大华纱厂小白楼后面的游泳池旁,卓蓝和赵瑞麟正在悠闲地喝着咖啡。那摩温提着鞭子跑进来向卓蓝报告,说工人造反了。卓蓝正要问怎么一回事,这时电话铃声响了,卓蓝拿起了电话,一听是找赵瑞麟有急事,就将电话递给了赵瑞麟,赵瑞麟站起来听了一会儿电话,慢悠悠地说,我知道了。然后挂了电话,转身对卓蓝说,杨飞已经察觉,正电报南京调集兵力呢。卓蓝说,那事情可就闹大了。赵瑞麟气定神闲,放心吧,南京永远也收不到这份电报。卓蓝揶揄赵瑞麟,你真卑鄙,把所有的人都收买了,杨飞真是可怜,成了孤家寡人,还被蒙在鼓里。

童长荣躲在一片假山后。他看清了卓蓝和赵瑞麟,也听见了他们的对话,童长荣心里嘀咕,怎么又是这两个人? 这时,他听见了那摩温在向卓蓝报告,有个女工晕倒了,我就说了两句,他们就关了机器,还说要把我打死! 我请求动用外面的武装镇压一下。

卓蓝:女工晕倒,你就说了两句? 他们就要打死你? 你又撒谎了吧。

赵瑞麟:胆子都不小! 想动用我的武装。小子,你长能耐了。

卓蓝:你知道这些武装是干什么的? 他们即将执行重大行动。你居然敢打他们的主意,我看你是活腻了。

赵瑞麟干咳了两声:隔墙有耳,不要坏了大事。

卓蓝:你去通知所有车间,从现在开始放假半天。

那摩温:卓小姐,你这是让我为难,那我往后还怎么管理这一班穷鬼呢?

卓蓝:那是你的事。

那摩温:是!

那摩温迅速退了出去。童长荣听到了有重大行动,还给工人放假,他想知道这个计划的内容,继续躲在假山后面偷听。

赵瑞麟:卓蓝,既然杨飞已经察觉,那我们只能提前行动了。

卓蓝突然想起来和杨飞还有个约定:今天晚上杨飞可是约好了请我们吃饭呢。

赵瑞麟:时间就定在晚饭时间,44 号和金门大酒店同时进行,他杨飞只要敢出现在金门大酒店,那我们就陪他吃一顿最后的晚餐。

卓蓝望着赵瑞麟,我算看明白了,你不但心狠,还是个阴险小人!

赵瑞麟:谢谢你抬举我,我这是为了党国大业,铲除上海执行部为新的中央让道,这是我们伟大事业的第一页,我要让今晚载入史册。

童长荣听到这里,悄悄退了出去,跑回车间,把刚才听到的情况跟王舒说了一遍。王舒一听此事非同小可,对童长荣说,我们必须立即向罗先生报告。王舒找来两辆自行车,扔给童长荣一辆。

童长荣接过自行车,着急地:这玩意儿我不会骑。

王舒:很简单,坐上去,两脚不停地使劲踩,它就倒不了。

童长荣试了几回,终于跌跌撞撞地跟上了王舒。两人骑到上海大学,汗水已经把衣服湿透。罗栗文正好下课,在收拾课本,学生陆续离开教室。童长荣、王舒扔掉自行车朝教室跑来。

罗栗文有些奇怪,你俩怎么来了?

王舒:罗先生,长荣有重要情况报告。

童长荣:罗先生,姓赵的今晚要对国民党上海执行部采取行动,同时在金门大酒店宴请杨飞吃饭,趁此机会除掉他。

罗栗文喃喃地:西山会议派要行动了?

童长荣:这是他们的内讧,我们也要管吗?

罗栗文:要管,你知道他们为什么要另立中央吗?就是来对付共产党的。

罗栗文立即坐下来,给杨飞写了一封信,封好后交给王舒,让王舒火速赶往上海执行部交给杨飞本人。王舒将信揣进了口袋里,骑着自行车迅速离去。

罗栗文对童长荣说,晚上你继续给工人们上课。我已在信里告诉杨飞到夜校暂避,你做好迎接他的准备。我立即去向组织报告。童长荣点了点头,对罗栗文说,我会安排好的。

王舒一刻不停地赶到了环龙路44号。此时杨飞正六神无主地在办公室来回踱步。张龙进来,杨飞焦急地问南京回电没有。张龙摇头,说那个女机要员下午没来上班,他怀疑是被赵瑞麟收买了,极有可能是电报没有发出去。杨飞听到这里,瘫坐在椅子上,又问张龙,大华纱厂的情况怎么样?张龙报告,大华纱厂的工人下午开始放假,密训中心人员由李卫指挥,在纱厂待命。

杨飞连问张龙怎么办？张龙内心有些慌，也想不出什么好办法。外面传来敲门声，张龙开门，王舒闪身进来。

王舒：杨副秘书长，我是上海大学的，有个教务申请请您审批。

张龙接过信封递给杨飞。王舒礼貌告辞，匆匆离去。

杨飞打开信封，迅速扫了一下信件内容。张龙巴望着杨飞。

杨飞：是中共罗栗文送来的，赵瑞麟要血洗执行部，就在今晚。

张龙：我这就去房子周围布置火力，跟他们拼了。

杨飞思考了一会儿，摇摇头：通知弟兄们，放个长假，叫他们分散悄悄离开。

张龙：执行部就这么白送给他们了？

杨飞：好汉不吃眼前亏，我杨飞从不做亏本的买卖。啊，你打电话给金门大酒店，给我定个包厢，我原定请卓蓝吃饭，赵瑞麟作陪，计划不变。

张龙：你，这不是自己给自己摆了一道鸿门宴？

杨飞：按我说的去做。你带几个弟兄在金门大酒店外做策应。

张龙离开。杨飞走到窗前望着街景，深深地吸了口气。

大华纱厂，小白楼游泳池。赵瑞麟喝完最后一口咖啡，站了起来，对卓蓝说，杨副秘书长盛情邀约，你该出场了。

卓蓝站了起来，走出了小白楼，来到车前，瞟了一眼，李卫正在指挥黑衣人上车。

她钻进了黑色轿车，车子出了大华纱厂，径直开到金门大酒店门前。杨飞的车几乎同时到达。

杨飞：卓蓝小姐，谢谢你赏光啊，杨某深感荣幸。

卓蓝：谢谢，杨副秘书长，我可是分毫不差。

杨飞：这叫什么？心有灵犀。请。

两人往酒店里走来。

卓蓝：自从杨副秘书长发出邀请，我可是一直激动到这一刻。

杨飞话中有话：激动人心的时刻可能还在后面吧。

服务员打开包厢，杨飞帮卓蓝脱掉外套，服务员连忙挂上。杨飞请卓蓝入

座。服务员准备茶饮。

杨飞端起茶杯:赵股长呢?

卓蓝:赵股长临时有点事,让我跟您说一声,他一会儿就到。

杨飞:赵股长为了党国事业,可谓是殚精竭虑,值得我杨某学习啊。今天是周末,不着急,我们有的是时间。

大华纱厂内,队伍集合完毕,赵瑞麟走到车前。李卫立正。

李卫大声地:给我听好了,请赵股长训示。

赵瑞麟面对行动队:全体都有,此次行动,只许成功,不许失败! 出发!

李卫敬礼,上了头车,几辆车鱼贯而出。赵瑞麟站在原地点燃了一根烟,目送着武装人员出了大华纱厂,这才扔掉烟头,七八个黑衣人上了两辆黑色轿车,随赵瑞麟朝金门大酒店驶去。

李卫带着几车人马,悄悄来到环龙路 44 号执行部大院外停下。黑衣人四散,将大院前前后后围住。几挺机枪同时对准了大院。

李卫带着人马小心翼翼地进了院子,院子里和楼里静悄悄地。李卫挥了一下手,带着人马上楼。楼道里空无一人,办公室的门敞开着,黑衣人一个房间一个房间搜着。李卫来到了杨飞办公室门前,见门虚掩着,他踢开门,走到桌前,桌上有一纸条:我还会回来的! 李卫倒吸了一口凉气。

五

赵瑞麟带着两辆车赶到了金门大酒店,七八个黑衣人随赵瑞麟下车,进了酒店,迅速在包厢周围隐蔽起来。赵瑞麟四周看看,整整衣服,镇定了一下,推开门,走进包厢。

杨飞站了起来,热情地:赵股长真是大忙人啊,我可是等你好久了。

赵瑞麟拱手:杨副秘书长,实在不好意思,有点事耽搁了。不过嘛,你和卓小姐可以趁此机会说说悄悄话呀。你看看,我这个电灯泡子当的,实在是为难,来早了不行,来迟了也不好。

服务员上菜,卓蓝静静地看着两个人表演。

杨飞:赵股长此言差矣,谁不知道在上海执行部,你和卓蓝小姐是金童玉女。你说这话,卓小姐会不高兴的。

卓蓝站了起来:杨秘书长,我看哪,你这是乱点鸳鸯谱,谁跟谁呀。我可生气了,看来呀,该走的是我了。

杨飞:别别,今天你要是走了,这戏还唱给谁看呢。话又说回来,今天是我请客,你买单。我可是没带一个子儿,只带了一把枪,那只有拿枪来抵饭钱了。

杨飞将枪放在了桌子上。赵瑞麟也掏出枪放在了桌子上。

赵瑞麟:服务生,把你们最好的酒拿上来。你这一把枪不够,把我的枪也抵上。

杨飞:看来,今晚有口福了。人都说,今朝有酒今朝醉,出了门,谁还晓得有没有明天呢。

赵瑞麟:杨副秘书长这话我投赞成票。不过,我要订正一下,明天是不是太遥远了一点,人生无常,说不定今晚或是现在……

外面一阵骚动,杨飞和赵瑞麟同时从桌上拿起了枪。

赵瑞麟:杨副秘书长,你紧张什么?

杨飞:我不紧张,我看你比我紧张。

赵瑞麟微笑着:你从哪里能看得出来我比你紧张?

杨飞:这还要用看吗? 因为杀人的人就等着这个时刻的到来,他当然紧张了,是不是这个理?

赵瑞麟:不愧是情报专家,专业。我确实很紧张,你看手心都出汗了。

杨飞:赵股长又谦虚了,这些年杀了不少人,什么时候眨过眼?

赵瑞麟:今天可不一样! 我真的很紧张。卓蓝,把杨副秘书长的枪拿下,我怕万一走了火。

卓蓝:是啊,杨副秘书长,今天是请我吃饭呢,还是让我来看你们斗枪法呀。

卓蓝在说话的当儿,微笑着去拨开杨飞的枪,张龙和几个人戴着头套迅疾进来用枪抵住了卓蓝和赵瑞麟。

赵瑞麟突然掀翻了桌子，一枪灭了灯。卓蓝用胳膊肘猛击张龙胸部。两人一用力，瞬间跃出窗外。走廊里已经躺着几具尸体。外面的散兵游勇迅速聚拢，他们将赵瑞麟、卓蓝掩护了起来。

李卫在执行部一无所获，掉头带着大批人马赶到了金门大酒店。

杨飞探头看了一下里里外外全是赵瑞麟的人马，暗暗叫苦。张龙轻轻说，跟我来，几个随从猫着腰护着杨飞，在暗处穿行着。黑衣人楼上楼下追杀，枪声四起，客人四处躲避。

杨飞自言自语：看来，今天是走不脱了。

张龙带着随从将杨飞夹在中间，一边还击，一边往地下室撤。赵瑞麟和卓蓝迅速撤到酒店外的空地上指挥。

李卫跑过来报告：赵股长，卓小姐，杨飞那小子给我们唱了一出空城计，不过，我们已经占领了执行部。

李卫将杨飞在办公室的留言递给了赵瑞麟，赵瑞麟看了一遍，有些懊恼，不住地骂着，妈的，这消息是怎么泄露出去的？

酒店后面传来激烈的枪声。赵瑞麟命令李卫立即围住地下室后面出口，李卫指挥人马迅速赶往酒店后面。

酒店后面地下室里，杨飞的几个随从用火力压制。张龙带着杨飞冒着枪林弹雨上了一辆车。张龙启动了车子，车子冲出地下室，进了酒店后面小巷里。

赵瑞麟、卓蓝迅速上了一辆车追到酒店后面，这才发现李卫带着人马才刚刚赶到，赵瑞麟大声骂着李卫为什么没有堵住口子。李卫说，他们跑错了路，被围墙挡住了。眼看杨飞就要逃脱，赵瑞麟顾不得许多，带着卓蓝加大油门，跟在杨飞的车后面从小巷里追了出去。

亚培路里弄 138 号，工友们陆续走进夜校上课。

刘大哥：报告童教员，田嫂要照顾连娣，今晚请个假。

童长荣点点头，关心地问连娣情况怎么样了。周师傅叹了口气，说在发高烧，也不知道能不能扛得过去。

一个女工说,好在那个卓小姐发了善心,给了我们半天假,连娣有了一个喘息的机会。另一个女工则说发什么善心,那是刘大哥、田嫂、周师傅带着我们争取来的。其他厂里的工人代表纷纷表示,大华纱厂为我们做了榜样,回去,我们也要和这些资本家作坚决的斗争。

童长荣让大家坐下:工友们,今天我走进了大华纱厂,短短一天,就让我看到这个社会的黑暗和各位工友遭受资本家剥削和压迫的现状。下面我想结合我所看到的,我所感受到的,来给大家讲《共产党宣言》。

童长荣有了具体的感受,讲解起来深入浅出,工人们不住地点头,说全听懂了。于是他开始进入到了下一个环节——提问阶段。

童长荣:各位工友,我们就是马克思所说的无产者。大家知道无产者的意思了吗?

大家都说我们一无所有。

童长荣又问:卓荣丰是什么人?

大家齐声说:他就是资产者。

童长荣:完全正确。无产者和资产者是两个不同阶级,实质就是阶级斗争。我们出卖的是劳动力,像连娣这样的小女孩,资本家像血吸虫一样吸干了她的血还不放过她。

周师傅:我们在恶劣的环境里为他们干活,资本家在我们身上榨取的最大利润,就是我们创造的剩余价值。

童长荣:好,补充得非常好。那么我就要问了,无产者和共产党人是什么关系?

刘大哥:共产党代表的是无产阶级的利益,无产者是共产党人最可信赖的阶级。共产党人是无产阶级的代言人。

周师傅:共产党人的历史使命就是夺取政权,建立没有剥削没有压迫,人人平等的社会。无产阶级是资本主义的掘墓人。马克思号召我们都要联合起来,推翻他们的统治。

童长荣:各位工友,你们回答得太好了。我们还有封建的统治,帝国主义的

统治,我们的任务艰巨,一个个要把他们打到,把他们推翻,最后由无产阶级来专政,这就是中国共产党成立的使命。

刘大哥带头喊:无产阶级万岁! 共产党万岁!

工人们的情绪被点燃了,兴奋地望着童长荣。童长荣说,下面留给大家一点时间进行讨论。刘大哥,我想请你主持一下。

刘大哥说,好,大家有什么想法,尽管说,也可以相互提问。

童长荣悄悄走到了门口张望。杨飞和张龙在亚培路里弄外的马路上弃了车,闪身进了亚培路里弄,朝 138 号跑来,童长荣将两人拉进门里,悄悄带到后院的印刷室,他取下了墙上的一幅画,露出一个洞,杨飞和张龙藏了进去,童长荣重新挂好了画。

赵瑞麟和卓蓝在亚培路街口发现了杨飞丢弃的车辆,下车追进了里弄。

里弄两头都很长,一片漆黑。赵瑞麟吩咐卓蓝,两人分头搜寻。李卫带领大批人马也已经赶到。赵瑞麟命令李卫封锁这一片区域,天亮之后,一户一户地搜查。

卓蓝来到了 138 号,发现门虚掩着,她带人走了进来,却发现是童长荣在讲课。她站在暗处看着,几个随从欲上前,被卓蓝挡住。

童长荣:刚才大家讨论得很热烈,很好。大华纱厂就像是一面镜子,让我们看到了资本家贪婪的本性,无产阶级和资产阶级不可调和的矛盾。工友们,我们近期的目标就是改善劳动和生活环境,争取我们的权利,最终的目的就是消灭像卓荣丰这样的剥削阶级!

工人们热烈鼓掌。卓蓝也鼓起了掌。童长荣抬头看见了卓蓝。

童长荣对工友说,今晚的课就讲到这里。大家明天还要做工,早点休息吧。

刘大哥、周师傅正欲带工友们离开,被持枪黑衣人拦住了。黑衣人命令一个都不准走!

刘大哥:为什么不让我们走?

黑衣人:这里已经封锁了!

大家只好在原位上坐下。

卓蓝来到童长荣跟前:乡下小男孩,你好哇。

童长荣:卓小姐,你这是？他们犯了什么法？

卓蓝:对不起,我们在抓逃犯,请你跟这些马克思主义的信徒们说一声,务必要配合一下,我不想看到有冲突。

童长荣:刘大哥,周师傅,卓小姐要抓逃犯,不是抓你们,请大家配合一下吧。卓小姐,你想怎么样？你要搜查吗？

卓蓝:当然要搜查了,给我里里外外仔细搜查一遍。

黑衣人开始用手电筒在每个人脸上查验,在屋子里翻箱倒柜。

卓蓝直视着童长荣的脸:乡下小男孩,最终你还是来到了上海,幸会。

童长荣:我来上海,不关你的事。

卓蓝一笑:不关我的事？你知道你白天去的纱厂是谁开的吗？知道卓荣丰是谁吗？告诉你,卓荣丰是我的父亲！我很想知道你用什么办法把他打倒,把我的工厂消灭掉。

童长荣扬起脸:你还有脸说工厂是你家的！我在大华纱厂待了一天,算是胜读了十年书。

卓蓝:我不跟你斗嘴。告诉我,看见两个逃犯了吗？

童长荣:逃犯,这里是有两个逃犯,就是我和罗先生,我们刚从安徽逃到上海来。

卓蓝:我才不管你和罗栗文的破事。我是说刚刚有两个逃犯逃进了这个里弄。

童长荣:你没看见我在上课吗？

卓蓝:我不仅看见了,而且还听了。

卓蓝围着童长荣转了一圈。

卓蓝:你的小老鼠尾巴辫子呢？

童长荣:剪了。

卓蓝:太可惜了,为什么把它剪了。

童长荣:我想留就留,想剪就剪,这也不关你什么事。

卓蓝:乡下小男孩,你竟敢跑到上海滩撒起野来了!

童长荣背过脸去,不再理睬卓蓝。几个黑衣人搜查一遍,向卓蓝报告未发现逃犯。

童长荣这才转过身来,对卓蓝说,这下可以放他们走了吧,这些工人明天一大早还要到你的工厂去上班呢。

卓蓝:不行,逃犯没有找到,今晚一个也不许走!明早直接从这儿上班去!

工友们开始高声地抗议:那我们不睡觉了?

卓蓝:你们已经休息了一下午了。

黑衣人将枪口对准了工友们,童长荣乘机对工友们说,终究会有一天,我们会把枪杆子掌握在自己手里,不再受人摆布奴役。

卓蓝转身望着童长荣,小子,你是个危险人物,你的言语极具鼓动性,你是想要这些工人造反吗?

童长荣不再理睬卓蓝。

卓蓝似乎兴致不减:小子,明天还到我的纱厂里去吗?

童长荣终于憋不住,反呛卓蓝,你害怕我到你的纱厂去吗?

卓蓝一笑,说就你这乡下野小子,我会害怕你?

童长荣说,卓小姐,我不仅要去,还要找你有事。卓蓝冷冷笑了一声,这么说,我们想到一块去了,我也正要找你呢。

她转身走出了夜校,来到弄堂口,看见了罗栗文在和持枪黑衣人交涉。

罗栗文:我就住在这里。为什么不让我进去!

黑衣人:这里已经封锁了,不准进去。

卓蓝走了过来:哟,这不是罗先生吗?

罗栗文:是卓小姐,幸会。

卓蓝:罗先生到上海来也不向我报个到,我可是大老远地跑到安庆跟你去联络,你还有组织性和纪律性吗?

罗栗文:卓小姐,我现在的身份是逃犯。在上海大学谋了一份差,你看这起早贪黑的,怎么连住的地方都不让进了?

卓蓝:罗先生,我们在抓逃犯,别误会,抓的不是你,还请你委屈一下,天亮我们就收网。

罗栗文:卓小姐,能不能通融一下?

卓蓝指了指一个制高点,小楼上已经架上了机枪,说楼上的枪可不愿意通融,你要是往弄堂里再走一步,可别怪我没有提醒你。

罗栗文无奈,被黑衣人驱离到街口,王舒从暗处出来。

罗栗文对王舒摇摇头,说整个里弄被封锁,进不去了。王舒很焦急,那怎么办?童长荣一个人能应付得了吗?

罗栗文沉吟:那只有靠童长荣想办法了。

王舒点点头:但愿他能想出办法来。

罗栗文和王舒别无他法,只能在街口守候等待。两人都担心,童长荣在里面能否应付。

卓蓝走进最高处的那座小楼。小楼里,李卫恭敬地站在一旁,赵瑞麟用望远镜将弄堂扫了一遍。赵瑞麟放下望远镜,问卓蓝刚才是什么人,

卓蓝说,是从安庆逃到上海的罗栗文,还有那个乡下小男孩童长荣都住在那个夜校里。这个乡下小男孩白天在我的纱厂混了一天,晚上在夜校讲《共产党宣言》,还扬言要把我的纱厂消灭掉。

赵瑞麟自言自语:杨飞是从这里消失的,怎么又偏偏出现了罗栗文、童长荣?

卓蓝:他们之间有联系吗?不会吧。

赵瑞麟:但愿是巧合。

李卫:赵股长、卓小姐,你们早点回去休息,等天亮了,我们就开始搜查,请放心,一个苍蝇也休想从这里飞出去。

赵瑞麟吩咐,请弟兄们盯紧了,尤其是那个夜校。李卫连忙表示,他一定带着弟兄们睁大眼睛彻夜守在这里,赵股长和卓小姐放心回去休息。

赵瑞麟和卓蓝下楼。不一会,弄堂里传来赵瑞麟、卓蓝发动车子的声音,两辆车一前一后离开了里弄。

夜晚,静悄悄,没有一丝声息。李卫用望远镜瞄准了138号,大门紧闭,并无

异样,他放下望远镜,对着手下弟兄说,大家抓紧时间打个盹,我来值班。说完,他下了楼,在里弄的青石板小路上来回走着。最后来到138号门前,门虚掩着,他推开门,发现几个黑衣人正看着一群工友,问清情况后,他嘱咐几个黑衣人撤回到制高点上监视。几个黑衣人求之不得,对工友们训斥了一番,随李卫离开了夜校。

童长荣觉得机会来了,对刘大哥、周师傅耳语:刘大哥,周师傅,你们来一下。

刘大哥、周师傅跟随童长荣来到隔壁房间。童长荣对他俩说,夜校里刚刚确实藏了两个人,现在罗先生和王舒都没有回来,估计是被挡在外面了,我们得想个办法把这两个人送出去。

刘大哥想了一会:只有一个办法,混出去。

童长荣:看来,卓小姐把你们扣在这里,给了我们一个机会。

周师傅:最好是趁天亮时弄堂里的女工上班,我们的人作掩护,再离开。

童长荣点点头,想了一会儿,让周师傅、刘大哥去找女工商量能否腾件衣服出来。

刘大哥、周师傅走后,童长荣这才来到后院,走进小屋,取下画,杨飞和张龙跳了下来。

童长荣自我介绍:我叫童长荣,外面已经封锁了。罗先生回不来,委屈你们了。

杨飞望着童长荣,啊,你就叫童长荣? 听卓蓝说起过你,你是和罗栗文遭通缉一起来上海的吧。童长荣点头说正是。杨飞说,卓蓝向我报告,说你有异秉,夸你是个奇才。童长荣谦虚地说并没有。张龙在一旁说,十分感谢罗栗文和你出手相救。

童长荣说,国共合作,这是应该做的。

杨飞叹了口气,我们内讧,让你见笑了。这么说吧,西山会议派反共反俄,今天他们抢占上海执行部,这是要另起炉灶,所以我一定要赶到南京去,越快越好。

童长荣:你们不能走,他们在外面已经布下了天罗地网,正等着你们出去。

张龙:这位兄弟说的有道理,依赵瑞麟的性格,他是不会善罢甘休的。

杨飞:那怎么办?

童长荣说想了一个办法,只能试一下,务必请二位委屈配合。杨飞和张龙对望了一下,杨飞对童长荣说,我们听从你的安排。

里弄。天将未晓。一片雾气里,周围房屋不甚分明。张龙自认为自己的身份尚未暴露,他决定冒险一次,闪身出了夜校门,在空荡荡的里弄里走着,警惕地注视着四周。果然,走不多远,就有几个黑衣人挡住了去路,一看是张龙。

张龙:我是来换班的,李卫呢?

黑衣人指了指高处的那一栋楼:李卫带着一班兄弟在楼上。

张龙:就你们几个人?

黑衣人指了指暗处,张龙发现所有人员都埋伏在墙根下。

张龙:你们辛苦了,休息一下。天亮了,我们再仔细搜索。

几个黑衣人抵挡不住睡意,也去靠墙根了。

外面,天空终于泛出了鱼肚白。公鸡开始打鸣。屋内,童长荣给杨飞换上了一件破旧的花棉袄,替他扎上头巾,只露出两只眼睛,女工们相互看看,点了点头,像个女工了。童长荣拉开一道门缝,只见家家户户的门陆续打开,三三两两的女工走了出来,渐渐在夜校外聚拢。

童长荣、刘大哥、周师傅走到门口,拉开门,乘着一批女工走过来的时候,他们一个个溜了出来,融入上班的人群中,一步步朝街口走来。暗处的黑衣人一拥而上将他们围住。

张龙举起了枪:快,把男女分开。

黑衣人:听见没有,男女分开。

黑衣人将男女分成两拨。

张龙:女的可以走了,男的一个个检查。

杨飞低着头随女工往前走去,拐过了街角。见杨飞已经出了里弄,张龙趁乱离开。

楼上,李卫和衣正靠在椅子上打盹,黑衣人探头看了一下,马上向李卫报告弄堂里有动静。

李卫拿起望远镜,看见一群黑衣人在盘查。他迅速带人下楼来到里弄。

黑衣人:报告,一群工人要上班,女的应该没问题,刚放走,不过,我们已经派人押送。男的一个没有放出去,您再看看。

李卫打着手电筒在每个人脸上重新照了一遍,挥挥手,命人把童长荣、刘大哥、周师傅等几个男工押到工厂去。

童长荣、刘大哥、周师傅走出了弄堂口。罗栗文和王舒整夜守在街口,突然看见童长荣走了出来,轻轻喊了一声,长荣!

童长荣见罗栗文、王舒站在那里,他点点头,又做了一个 OK 的姿势,和工友们一道继续前行。

罗栗文小声地:这小子是怎么把人弄出去的?

王舒:我说嘛,他会有办法的。

杨飞随着女工走进了大华纱厂,童长荣迅速趁乱将杨飞带到了女工宿舍门口,交给了田嫂,并问连娣情况怎样了,田嫂忧虑地说,连娣一夜高烧,人恐怕不行了。童长荣说,我去找卓蓝,一定想办法将她送到医院去。田嫂点点头,将杨飞带进了脏兮兮的女工宿舍里。杨飞看见了躺在床上奄奄一息的连娣。

田嫂对杨飞说,这里很安全,宿舍跟猪圈一样,没有人到这里来。委屈你一下帮我替这可怜的姑娘喂点水,我还要到车间去点个卯。杨飞接过田嫂递过来的碗,小心地喂着连娣。

童长荣转身来到小白楼下,卓蓝正准备上车,见是童长荣,有些诧异,问未经批准,你们怎么出来的? 童长荣说,工人们要上班啊,我们每个人可是都验明了身份的。

卓蓝这才一笑:乡下小男孩,欢迎来到我的纱厂。昨晚说到哪了,啊,对,我要向你请教,你怎么来消灭我的纱厂。

童长荣:卓小姐,我这会儿,没有时间讨论怎么消灭你的纱厂,我是来求你一件事的。有个女工就剩一口气了,能否借用你的车,把她送到医院去,救救这个孩子,她才 16 岁。

卓蓝:好小子,居然把我当你的车夫了,你胆子不小哇。

童长荣:卓小姐,我这是给你个机会,在为你的资本家父亲赎罪,让你站在道德的制高点上俯视一下这些蝼蚁们的悲惨人生。俗话说,救人一命,胜造七级浮屠,这个道理你懂的。

卓蓝望着童长荣:你怎么不讲马克思说的,在资本家温情脉脉的面纱下,就是纯粹的金钱关系。告诉你,我对你们共产党那一套理论不感兴趣,我倒是欣赏你的勇气。好小子,上车!

童长荣上了卓蓝的车子。车子开到女工宿舍前。童长荣跑进宿舍,对着杨飞大喊:快,把连娣送医院。

卓蓝坐在车里,见一个女工扎着头巾,背着骨瘦如柴的小女孩来到车前,童长荣有意和杨飞并排,借以挡住卓蓝的视线。杨飞将连娣抱进了后座,童长荣迅速上了车。

车速很快,不一会儿就到了仁济医院。卓蓝对童长荣说,乡下小男孩,你跟医院说是我送来的,账记在我的头上。

童长荣谢过卓蓝,拉开后车门,仍然用身体挡住卓蓝的视线。杨飞背着连娣朝医院门口走去。

童长荣回过头真诚地说,卓小姐,算我欠你的!

卓蓝对童长荣说,小子,记着,我找你有事!

童长荣认真地点了点头。

卓蓝的车子掀起一阵尘土,迅速离去。

医院门口,童长荣接过连娣,背在身上。张龙在暗处走了出来。杨飞对童长荣说,非常感谢,后会有期。童长荣目送杨飞和张龙迅速离开。然后,背着连娣上楼。

连娣住进了医院。童长荣坐在病床边爱怜地望着骨瘦如柴、奄奄一息的连娣,心里很难受,替她掖着被子。

赵瑞昱走了过来:你是病人的家属吗?

童长荣站了起来:我是。

连娣微弱地睁开眼睛,侧过毫无血色的脸。

童长荣焦急地:医生,您看这孩子的病……

赵瑞昱:我现在不能答复你,要等检查完了才能下结论。

童长荣:医生,不管花多少钱,都要把她救活。

赵瑞昱:钱不是问题,卓小姐已经打过招呼了。啊,你跟卓小姐是什么关系?

童长荣:我跟卓小姐没有关系。

赵瑞昱:那你跟这个女孩是什么关系?

童长荣:我,我是她哥。

赵瑞昱发火:你们家是死人哪,怎么这么狠心! 把一个孩子扔进纱厂折磨成这样?

连娣微弱地:别……怪……他。

赵瑞昱:别说话,一句话的力气都能要了你的命。

连娣:我……不认……得……他……他是个好人。

赵瑞昱异样地望着童长荣:行,我知道了,别说话了。

童长荣俯身:相信哥哥,你一定会好起来的。

连娣涌出了眼泪。

赵瑞昱抽抽鼻子:我尽力吧。

卓蓝离开医院,赶到亚培路里弄时,李卫带着人正挨家挨户地搜查。赵瑞麟见卓蓝姗姗来迟,十分不满,卓大小姐,别跟我解释你又睡过了。

卓蓝说,完全不是,今天我起得特别早,还做了一件大好事,将一个奄奄一息的女工送进了医院。我发现做好事能让人产生一种从内到外的愉悦感,它像春风抚摸着我的脸,抚摸着我的秀发。

赵瑞麟:你就别抒情了,给我找人。

卓蓝敛住笑容:赵股长,我可是在全力配合你的计划。我要是不干了呢,你能把我怎么样?

赵瑞麟:我求求你了好不好。

李卫带着几个黑衣人跑了过来报告,已经搜了三遍,没有发现人。

卓蓝:那个夜校给我重点搜!

李卫:夜校每个角落都搜遍了,没有发现有什么异常。

赵瑞麟:那就再搜一遍。

赵瑞麟、卓蓝、李卫走进夜校,搜寻了一遍,最后来到后面的小房子里,赵瑞麟仔细地观察,最后把目光落在了那幅画上。他伸手揭开了那幅画,发现了后面的洞。

赵瑞麟高声地:人就是藏在这里,又是从这里离开的。

卓蓝恍然大悟:童长荣这小子骗了我。

赵瑞麟:童长荣现在哪里?

卓蓝说在医院里。赵瑞麟手一挥说,快跟我去医院。卓蓝和赵瑞麟迅速赶到了仁济医院病房。

赵瑞昱正在给连娣量体温,见卓蓝和赵瑞麟匆匆进来了,很诧异,你们怎么来了?

卓蓝走到童长荣身边:乡下小男孩,你竟敢骗我,跟我走一趟!

赵瑞昱搞不清这是怎么回事。连娣露出惊恐的表情。

童长荣:赵医生,拜托你了。连娣,你不用担心,我去去就回。

赵瑞麟:姐,以后再跟你解释。

卓蓝看了一眼病床上的连娣,转身离去。

赵瑞昱来到窗前,看见几个黑衣人将童长荣带进了一辆车,车子开出了医院。

童长荣被押送到了密训中心。进了刑讯室,黑衣人摘掉了童长荣的头套,退了出去。童长荣环顾周围到处都是刑具,他揉揉眼睛。卓蓝走了进来。

童长荣:这是什么地方?

卓蓝拿起一把很长的钳子在手中玩赏着。

卓蓝:这是什么地方,你没看见吗?

赵瑞麟在刑讯室外面监听。

童长荣:卓小姐,你不用审,更不用动刑,我可以全部告诉你。

卓蓝:乡下小男孩,你害怕了?

童长荣笑了:我要是说出来,害怕的是你,还有那位赵股长。

卓蓝:你可真会逗。

童长荣:我先告诉你,人是我藏起来的,也是我放跑的。我在想,你一定有兴趣,我是怎么知道你们突袭44号的,又是怎么告知杨飞的,人又是怎么藏进夜校的,又怎么掩护他逃脱的。

卓蓝:你还真是个人才,连我怎么想的你都知道。那你就一一从实交代。

童长荣:那我就先吓你一下,没有你和赵股长的帮助,我一个人完成不了这么复杂而又艰巨的任务。

卓蓝:小子,你还别说,你真是吓到我了。那你先告诉我,你是怎么知道这个信息的。

童长荣:卓小姐,我告诉你,被你送到医院的那个小女孩,她叫连娣。这还得从她说起。她在车间里晕倒了,那摩温拿鞭子抽她,工人们罢工反抗,那摩温到游泳池向你和赵股长请求镇压,我怕工人们遭报复,也跟着来到了游泳池,就躲在假山和树丛后面。

卓蓝:你小子居然敢偷听我们的谈话,你活腻了。

赵瑞麟在审讯室外面,听到这里,自言自语,我说嘛,隔墙有耳,还真是应验了。

屋内,童长荣说,卓小姐,这可不能怪我,这只能说明你们的疏忽。你们还专业特情,受过严格训练,这是你们的耻辱。

卓蓝:小子,你竟然反客为主起来了。

赵瑞麟在外面用异样的眼光打量着童长荣。

卓蓝:小子,我这么跟你说,你今天要是把我说服了,我就不让你受皮肉之苦。

童长荣:我听你说给工人放半天假,知道工人没事,心里就放心了。那摩温走了,可我没有走,因为我对你们的重大行动很感兴趣。接着就听到了你们要为杨飞安排一次最后的晚餐。我还听见了一个电话,那个赵股长压了发往南京的电报,如果这样,杨飞必死无疑。于是我就动了一个念头,要把这信息送给他。

卓蓝:你是怎么到执行部去的? 罗栗文有没有参与?

童长荣必须要把罗栗文撇开,以免给他们造成共产党介入的口实。童长荣说这与罗先生没有关系,他还在上海大学上课呢。我看到工厂外有辆自行车,可我从没骑过。昨天下午我居然学会了骑自行车。

卓蓝:你去了执行部? 你到底想干什么?

童长荣:我就是想找杨飞要点小钱。

卓蓝:他给了你钱没有?

童长荣掏出一个小布袋,摊出大洋。

童长荣:谁知这家伙身上没有钱。我就给了他一个地址,让他藏到夜校里来,顺便带20块大洋来。昨天晚上,我就边上课边等他。依照杨飞这样的人物身份和性格,他肯定要到金门大酒店赴宴,我算了一下时间,到我这里应该是晚上九点、九点半之间。我给夜校工人安排了半个小时的讨论。他们果然来了,我把他们藏在了小印刷室一幅画后面的一个洞里。

李卫走到赵瑞麟身边:报告赵股长,查清楚了,另外一个人就是张龙。

外面的赵瑞麟点点头,眼睛盯着童长荣。李卫也在一旁听着。

童长荣:我一边上课一边苦苦寻思怎么把人送出去,罗先生和王舒迟迟回不来,我就知道你们把这一带封锁了,正在着急的时候,幸亏卓小姐再次帮忙。

卓蓝笑不出来了:好小子,我成了你的帮凶了。

童长荣:你到了夜校,命令工人们一个不许走,这正是我求之不得的事。他们要想逃脱,唯一的机会就是混出去。你说深更半夜的,你们的人在外面看着,我上哪去给杨飞弄女人的衣服去。夜校的女工帮我解决了这个问题,有人脱件上衣,有人送了一个头巾,我在柴火堆里找到了一条破棉裤,真是委屈了杨大秘书长。

外面的赵瑞麟:我漏掉了张龙,他骗过了我们。

童长荣:张龙出来了,让那些黑衣人把男女分开,先放走了女工。然后煞有介事地来盘问留置的男人,我就在里面,我希望你们盘问的时间越长越好。

外面的李卫:等我赶下来的时候,张龙已经溜了。

童长荣:杨飞和工人们到了你的纱厂,我让你再一次帮忙救救连娣。我故意

激将你,我知道你就会答应。

卓蓝喃喃地:背连娣的就是杨飞。而且是你昨天晚上就计划好了的,说今天早上找我有事。臭小子,居然把我也绕进去了。岂止是人才,就是谍报天才!

童长荣:我不懂什么叫谍报。我说完了,我估摸着人已经到了南京。现在我听你的处置。

卓蓝:你想我应该怎么处置你。

童长荣:我只问你一句,我要是没有说服你,你随便怎么处置都行。

卓蓝:你说服我不行,你得说服赵股长,你知道把这个人放回南京是什么后果吗?

童长荣:卓小姐,我觉得我是在帮了你。假如昨天晚上,你们把杨飞杀了是一个什么后果?

外面的赵瑞麟自言自语:是啊,我要是把他杀了……会有什么后果?

卓蓝:你说会怎样?

童长荣:我觉得你们把他赶走了,这是一个最上策。你们想新成立一个中央,就你们这些人,能成事? 不说共产党反对抗议,广州方面也容不得你们,万一最后要是搞不成呢? 你还得给自己留条后路不是吗?

李卫:看不出,这个人很厉害!

赵瑞麟若有所思:他还真是说服了我。

赵瑞麟阴沉着脸,低头走了出去。

卓蓝拿起大洋在手中玩赏着,盯着童长荣:这大洋真是杨飞给你的?

童长荣:卓小姐,对不起,我撒了谎,这大洋是我自己的。

卓蓝:为什么要撒谎?

童长荣:我怕你们看出了政治意图,害怕你们打我。现在看来我的担心也许是多余的。

卓蓝大声地:来人!

几个黑衣人走了进来。

童长荣:卓小姐,你要怎么处置我? 还要对我动大刑吗?

卓蓝凑近童长荣的脸:我先放你回去,听候我随时处置。

童长荣真诚地望着卓蓝:我这有 20 块大洋,我很想请你吃个饭,你觉得够吗?

卓蓝:你请我吃饭? 为什么?

童长荣:就因为你救了连娣,我要感谢你。

卓蓝:小子,你还挺有人情味,我有点喜欢上你了。

亚培路里弄解除封锁,罗栗文和王舒回到夜校。

罗栗文对王舒说,我相信戴季陶等人的倒行逆施不会得逞。他让王舒密切注意这几天上海执行部的动静,以及南京、广州的反应。

王舒点点头,正准备离去。

刘大哥满头大汗跑了进来,告诉罗栗文,童教员被赵瑞麟和卓蓝带走了。罗栗文吃了一惊,让刘大哥坐下来慢慢说。

刘大哥:我看见童先生借卓蓝的车子把连娣送进了医院,乘机将那个姓杨的从纱厂带走了。估计是他们发现了童教员的计谋。这些人会恼羞成怒,一定不会轻易放过他的。

罗栗文:今天清晨,杨副秘书长是和你们一道离开的?

刘大哥:是的,童教员让姓杨的装成一个女工混在女工里面出去的。

罗栗文:我明白了。然后杨副秘书长装作女工和童长荣一起送连娣到了医院,而且是卓蓝开的车。

刘大哥:应该是这样子的,刚才田嫂去看连娣,连娣说是在病房里带走的。

罗栗文来回思索着,他做出了判断,童长荣应该不会有事,尽管坏了他们的事情。但是卓蓝不会把他怎么样。

王舒:罗先生,您怎么会这样觉得呢?

罗栗文:因为卓蓝看中了童长荣的才华,这次更印证了这一点,我可以确定他没事。走,我们去医院。

仁济医院的病房里,赵瑞昱给连娣量体温。

赵瑞昱看看体温表:孩子,你的体温降下来了。

田嫂摸着连娣:赵医生,你就做个好事吧,可怜可怜她,救她一条小命。

赵瑞昱:我会的。

罗栗文、刘大哥走了进来。

赵瑞昱:怎么回事,现在不是看病人的时候!

罗栗文:对不起,我们就是想来看看这孩子,只待一会儿就走。

赵瑞昱望着连娣:你很不幸,却又是幸运的,还有这么多人关心你。

连娣望着赵瑞昱:赵医生,求求你了,童先生是好人。

赵瑞昱:我打电话问过了,没什么事,就是问个话,人已经回来了。

连娣的眼泪出来了:谢谢。

赵瑞昱望着罗栗文、刘大哥,说病人身体虚弱,需要安静,你们时间不能待得太长。

赵瑞昱转身离开。罗栗文连声对赵瑞昱说谢谢,表示马上就走。连娣显得很激动,露出了笑容。

田嫂却哭了,对罗栗文说,这么多年,我可是第一次看见她有了笑容。

罗栗文亲切地望着连娣:连娣,抓人的是这位医生的弟弟?

连娣点了点头。

刘大哥:连娣,这位是罗大哥,是童先生的大哥。他们不光是来救你一个人的,他们是来救我们穷人的。

连娣似懂非懂地点了点头。

罗栗文:我们要团结起来,不能再让我们的姐妹受罪了。

夜幕降临,华灯初上。金门大酒店。卓蓝和童长荣面对面坐了下来。

卓蓝:乡下小男孩,想吃什么,尽管点。

童长荣:这话该我说,今晚是我请客。

卓蓝:小子,你听好了,就你那20块大洋,还在我面前显摆。你听好了,我的规矩是你请客,我买单,听清楚没有。资本家的钱不花白不花,不是吗?

童长荣:那我可是赚了。我可是真心请你的。

卓蓝凑近童长荣:小子,你给我听好了,你坏了我们的大事,我没有惩罚你,还帮你救了那个小女孩,当然我也是应该的。你是该请我。

卓蓝拿起了菜单,高鼻子蓝眼睛的服务生立即走了过来,拿起了笔。

洋服务生:这位女士、先生,你们想点什么?

卓蓝:你让这位先生点。

洋服务生将菜单递给童长荣。童长荣望了望洋服务生。

童长荣:我不喜欢洋菜,有中国菜吗?

洋服务生:有中餐,您稍等。

洋服务生转身离去。立即上来一位中餐服务生,递过来菜单。童长荣将菜单合上,放在了桌子上。

童长荣:我要吃这几个菜,山粉粑烧肉、红烧汪个丁、白切、炖蹄膀子。

中餐服务生:先生,你讲什么? 我听不懂,我们这里没有这些菜。

童长荣:我说堂堂上海滩,连这些菜都没有,你们还开什么饭店?

卓蓝的眼泪都笑出来了:你个土鳖,你以为这是乡下?

童长荣摇摇头:中国人不会烧中国菜,国将不国,菜将不菜,我真的是无语了。

卓蓝止住笑,望着服务生:这样吧,你把你们的招牌中式菜都拿出来。

服务生点头离去。

卓蓝:我说臭小子,你听好了,我找你有事,就是告诉你,别跟着罗栗文了,又苦又累,共产主义是水中月,镜中花。你跟在我后面干,我会让你天天有鱼肉,不要说这些土鳖吃的菜,就是天上飞的,海里游的我都能给你弄来。

童长荣:卓小姐,你找我就这个事,我凭什么要跟你后面干?

卓蓝:就凭你这张英俊的脸,尽管还有点土气,但是很纯,我喜欢。

卓蓝捏住了童长荣的脸,被童长荣挡住。卓蓝顺势扭住了童长荣的胳膊,童长荣和她较劲。卓蓝顺势一带,童长荣倒在地上。童长荣爬起来,望着卓蓝。

童长荣:你个女伢子,哪来这么大的劲!

卓蓝拍着桌子:不准叫我女伢子,难听!

童长荣:那你叫我臭小子,乡下小男孩就不难听了?

卓蓝:坐下!

童长荣:我想站着。

卓蓝将童长荣拎到桌前坐下。

卓蓝:想知道我哪来的这么大劲了吗?告诉你,我在秘密训练营里接受专门训练。这算什么,各种枪械、密码通信、特工手段都不在话下。你坏了我的事,知道我为什么没有处置你吗?就觉得你是可造之才。今天我不是来吃饭的,就是来告知我对你的处置结果!三天后到密训中心报到!

童长荣:那我要是不来呢?

卓蓝嫣然一笑:那我就来请你。

卓蓝站起来走了。几个服务生轮流上菜。童长荣傻傻地望着一桌菜。服务生见童长荣不动筷子,建议他可以打包带走。童长荣点点头说给我一个篮子,我全部带走。

夜校里,罗栗文和王舒正就着咸菜吃窝窝头。王舒告诉罗栗文,市面上暂时并没有什么动静,罗栗文点点头说老百姓哪管什么国民党内部争斗。不过组织上已经准备向南京党部提出我们鲜明的主张,敦促他们予以纠正。我们的《黎明周报》也要组织文章,指出抢占上海执行部这一事件是革命的倒退!它是一颗毒瘤,会给国共合作起到破坏作用。还有,我们还要就连娣的事,趁热打铁,发动工人争取权利,改善劳动环境,惩治那摩温。

王舒说,这两天工人们的情绪很高昂。等长荣回来了,我们草拟一个行动计划,列出我们的具体要求。

童长荣拎着一篮子菜进来了。王舒说,长荣,你可回来了,他们没把你怎么样吧。

童长荣:没有,我很好。收起咸菜窝窝头。金门大酒店的招牌菜上来啰。

童长荣将篮子里的菜摆了一桌子。

王舒两眼放光,这么多好菜,有的见都没见过。迫不及待地扯下一个鸡腿啃着,边吃边问,这到底是怎么回事?

罗栗文:长荣,你总是给我们带来惊喜。快把情况跟我们说说。

童长荣向罗栗文报告,前面的情况你们都知道了,后来的情况是,赵瑞麟和卓蓝将我带到一个秘密地点,还准备对我动刑,我想起了您过去跟我说的话,诚实比撒谎的效果好,我就把协助杨飞逃脱的过程跟他们说了一遍,他们是又气又恼。我还把他们嘲弄了一番,你们这些专业特工,还抵不上我这个门外汉。

罗栗文向童长荣竖起了大拇指。

王舒问这菜是从哪来的?

童长荣接着说,卓蓝没有惩罚我,将我放了出来。说真的,我很感谢她,配合我救了杨飞,又送连娣去看了病,你说我应该不应该请她。谁知我的钱没有花出去,变成她买单了。最后饭没吃,人跑了,我们正好打牙祭。

童长荣打开了酒,一人倒了一大碗。

罗栗文:卓蓝没有对你提出什么要求?

童长荣:有,她要我三天后到她那里去报到。

罗栗文端起酒,一饮而尽,陷入沉思。到了晚上,罗栗文来到小隔间,在童长荣床边坐了下来。

罗栗文:长荣,我反复考虑,同意你接受卓蓝的培训。

童长荣:什么,您让我跟她后面混,她现在已经是反革命了,我不干。再则我也不想和一个女的整天混在一起。

罗栗文:这可是接近那一班人千载难逢的机会,我们可以了解国民党内"西山派"的真实情况。我们正缺少这样的人才,他们看上了你,花精力培训你,这可是免费学艺呀。

童长荣:您这么一说,那就是组织上的需要了。

罗栗文:是的,知己知彼,方能掌握主动权。不过我还得向组织汇报,我相信组织一定会同意我的意见。

急促的敲门声。童长荣起身开了门,却发现是刘大哥。

刘大哥说医院刚刚下了病危通知书,连娣很危险,要立即手术,可血库里缺

连娣型号的血浆。

罗栗文:走,我们立即去医院。

六

连娣躺在病床上,病情突然恶化,大口大口地喘气,咳嗽。田嫂焦虑地替她轻轻地捶胸抹背。

罗栗文、童长荣、王舒、刘大哥走进医院大院,周师傅和男女工友已经挤满了院子。大家七嘴八舌要求验自己的血。罗栗文劝大家安静,不要着急,听候通知,说完和童长荣走进了赵瑞昱办公室。

赵瑞昱拿起了胸片,对罗栗文、童长荣说,病人肠穿孔,胸部大量积液,导致肺部严重感染,肾功能衰竭,加上严重营养不良,身体极度虚弱。要动手术,需要输血,但病人的血型是 AB 型中的 RH 阴型血,我们血库里暂时没有。今晚要不动手术,她恐怕熬不到明天。

罗栗文说,赵医生,人我都给您找来了。赵瑞昱走到窗前,看到了一院子的工友,叹了口气,唉,这些工人都是皮包骨头,自己的血气都不足,哪还忍心抽他们的血呀。

罗栗文:穷人帮穷人吧,有什么办法?先从我们开始验吧。

赵瑞昱:那行,跟我来吧。

罗栗文、童长荣随赵瑞昱到了化验室,却发现卓蓝坐在里面。

卓蓝:昱姐,我的不用化验了,RH 阴型,直接抽吧。

赵瑞昱:回去,你别给我在这凑热闹。

童长荣呆呆地望着她。

卓蓝:怎么,你还嫌资本家女儿的血?

赵瑞昱:我的大小姐,你爸会同意吗?

卓蓝:我说昱姐,我又不是小孩子,做事还需要大人同意吗?

赵瑞昱不再坚持,护士过来帮她捋袖子。

童长荣:既然你是的,我有预感,我的也是的。

童长荣伸出了胳膊。

卓蓝笑着说,如果是的,那我们可真是有缘分了。

另一个护士走过来给童长荣采血。

院子里,刘大哥、王舒和工友们在焦急地等待着。这时,罗栗文走了出来。工友们围了过来,问什么时候开始采血。罗栗文对工友们说,血够了,你们都回去吧。工友们说,多采点,万一不够呢。

罗栗文向大家保证,血够了,明天还要上班,你们早点回去休息吧。工友们这才逐渐散去。

王舒问罗栗文哪来的血。罗栗文对王舒说,事情就这么怪,都说这种血型很稀少,可偏偏卓蓝和童长荣两个人都是。王舒看见卓蓝进了医院,没想到她是来献血的。心里想,她还真有点良心。

罗栗文点点头,说卓蓝还答应改善工人劳动和生活条件,我已安排长荣明天和卓老板交涉。王舒吁了一口气,这太好了。

病房里,童长荣和卓蓝躺在病床上抽血,殷红的血浆流进了血袋里。

童长荣侧过脸:卓小姐,谢谢你!

卓蓝:小子,我在想,我们的血会不会在连娣的身体里打架。

童长荣笑笑:不会,她那么脆弱,哪忍心在她的身体里打架,就希望她尽快好起来。尽管我认识她才几天,我已经把她当成自己的小妹妹了。

卓蓝:那好,我也认下这个小妹妹。

童长荣望着卓蓝:这一刻,你很美很美。

卓蓝:那你的意思就是我出了这个病房就不美了! 嗯?

童长荣:为了回报你,我答应你,接受你的培训。

卓蓝:小子,这么快就想通了?

童长荣:因为你感动了我。不过,明天我要代表工友和你的资本家父亲进行交涉,我可不会因为这个小小的感动就放弃了工人的利益。

卓蓝:小子,明天,我在纱厂小白楼等你。

连娣被推向手术室。田嫂放心不下,抹着泪。罗栗文、王舒跟随来到手术室前。童长荣和卓蓝也从病房走了出来,来到手术室前。

童长荣握着连娣的手:好妹妹,别害怕,动了手术,就好了,等你出院的时候,我来接你。

连娣望着童长荣不能言语,只有眼泪。

手术室的门合上。

罗栗文走到卓蓝跟前:卓小姐,谢谢你了。

卓蓝:罗先生,我想把童长荣借来使用一下,您不会舍不得吧。

罗栗文:站得稳是他的脚跟,拉得过去是你的手段,我有什么舍不得。

卓蓝:那就谢谢了,再见!

卓蓝转身离去。

田嫂抹着泪:我看呀,她是一时的善心,我就不相信资本家会从此良心发现。

卓蓝走出医院大门,刚准备打开车门,赵瑞麟走了过来。

赵瑞麟幽幽地:很感人呐,为了这个孩子,你可是尽心尽力。这是内疚,还是想把自己扮成一个大善人?

卓蓝:你怎么来啦?

赵瑞麟:我来看看我姐不行吗?

卓蓝:瑞昱姐正在给这孩子做手术。

赵瑞麟:我知道,为了童长荣这小子,我姐给我打了两次电话,问人放了没有,看来呀,连我姐都被童长荣感动了。

卓蓝:可我感动了童长荣,他答应到密训中心去培训了,这才是最大的收获。

赵瑞麟:上海党部正在筹建,事无巨细,你不能把主要精力放在一个童长荣身上。

卓蓝:童长荣如果放在共产党那边,那会意味着什么?

赵瑞麟:你这么有信心?你对共产党恐怕还不太了解。

卓蓝:他不是共产党好不好!

赵瑞麟:他很快会成为共产党的。

卓蓝:对付一个乡下小男孩,我有足够的把握。

赵瑞麟:但愿。

卓蓝上车,沿着街道慢慢前行,欣赏着上海的夜景,感到从未有过的充实。车子开到大华纱厂小白楼前,卓蓝下车,碰巧遇上了父亲的合伙人日本股东高崎拎着公文包出门,父亲正在和他道别。

卓蓝和高崎打着招呼。高崎则恭贺新党部即将成立。卓蓝淡淡地说,那是大人物的事,我并不关心。

高崎:卓蓝小姐乃女中豪杰,我领教过你的枪法,也欣赏过你的擒拿格斗,我很佩服。

卓荣丰:唉!一个女孩子打打杀杀,我并不喜欢。

高崎:你不喜欢怎么行,卓小姐喜欢就行,是不是?

卓荣丰笑了:说来也是。

送走高崎后,卓蓝和父亲卓荣丰进屋。卓蓝坐到父亲身边,给卓荣丰点燃雪茄,问高崎先生这么晚来了做什么?

卓荣丰反问卓蓝,前两天工厂里车间停工是怎么回事?高崎很不满意,说我们疏于管理。

卓蓝解释,因为一个小女孩生病,工人和工头发生冲突,导致停工,我怕坏了我们的大事,索性就将工人放了半天假。

卓荣丰:我听说了,你们的行动并不成功,杨飞还是跑到了南京。我还听说,都是一个姓童的人搅了局。

卓蓝:是的,不过这个姓童的人明天可能还要来找你的麻烦。

卓荣丰:也就是说他们要借这个小女孩的事情来找我提条件。他叫什么名字?把你和赵瑞麟都绕进去了。

卓蓝:他叫童长荣,这个人绝顶聪明,充满智慧,在国民党党部找不出这样的人才。我是想说,他明天无论提什么条件,只要是合理的,你得答应他。

卓荣丰:为什么?

卓蓝:因为我想把这个人争取过来,他可比一个纱厂值钱!

卓荣丰:你说得这么玄乎,那他会提什么条件?

卓蓝:我今天去女工宿舍了,臭气熏天,工人们确实是过着猪狗不如的生活。我想无外乎是改善工人的生活条件和生产条件。

卓荣丰:工厂是我和高崎先生合资的,那是要开股东会才能定夺的事。

卓蓝:那是你的事,我只要结果。

卓蓝说完转身上楼。卓荣丰捻灭雪茄。

窗外一抹朝霞,映着仁济医院。罗栗文、童长荣、田嫂在手术室外守候了一夜,手术室的门开了,连娣被推了出来。连娣苍白的脸,双眼紧闭,身上插满了管子。田嫂上前抚摸着连娣没有血色的手,眼泪涟涟。

赵瑞昱摘下口罩,走了出来,罗栗文连忙上前。

赵瑞昱:整整六个小时,这样的手术我还是第一次,这孩子肚子里简直就是一团糟。

罗栗文:赵医生,你辛苦了。她能活下来吗?

赵瑞昱:三天内如果她能挺得过去,就能活得下来。

赵瑞昱摇摇晃晃地走了。童长荣听卓蓝说过,赵瑞麟的姐姐赵瑞昱是上海屈指可数的最好的外科医生之一。

走进病房,罗栗文感谢田嫂不顾包身契约歇工来照顾连娣。

田嫂叹了口气,有什么比命还重要,我在纱厂已经干了两年,就算白干了,一分钱拿不到,只要这孩子能好起来,也是值得的。

童长荣:田嫂,你放心在这里照顾连娣,罗先生已经安排我就工友们一揽子权益去和卓老板交涉。

童长荣赶到纱厂,王舒、刘大哥走了过来。王舒拿出两张纸交给童长荣,说这是昨晚征求工人代表意见后写的。童长荣看了一下,认为可以,并说罗先生特别交代,要选出一个女工代表,成立一个工会组织。女工代表罗先生建议由田嫂担任,工会组织还请刘大哥做召集人。刘大哥爽快地说行,为大家的事,我不出面谁出面。

童长荣:刘大哥,时候不早了,你跟我一道去见卓老板。

童长荣和刘大哥走进了小白楼。卓蓝将童长荣、刘大哥引进了会客室。

卓蓝朝隔壁房间喊,爸爸,工人代表来了。

卓荣丰笑容可掬来到会客室,招呼童长荣和刘大哥坐下。

卓荣丰望着卓蓝:这位年轻人就叫童长荣吧。

童长荣介绍着:我叫童长荣,这位是刘大哥。

卓荣丰:哎呀,纱厂各方面条件是差了一些,管理上也确实存在一些问题,这些日子我也在琢磨着征求工人们的意见。我们是想到了一块去了。你请。

童长荣:卓老板,我并不是你们厂里的工人,这两天我以观察者的身份来到纱厂,进车间,也到了女工宿舍,看到的是工人们的悲惨生活,你知道医院那个在死亡线上挣扎的女孩叫什么名字,叫芦柴棒。什么叫芦柴棒?卓老板,这还需要我解释吗?

卓荣丰:请你提出具体要求,只要是合理的我尽量满足。

童长荣不紧不慢地:那好,卓老板是爽快人。那我就代表工友提出如下要求,劳动方面,一人十六台机器工作制改为两人主副制,主副轮流;中午半小时休息改为一个小时休息;十二小时之外不再安排加班。每周休息半天。

卓荣丰:这一人改为两人,我这劳动效率不是减了一半吗?

童长荣:恰恰相反,我做了测算,机器坏损维修比例大大降低,产品质量大大提高,工人劳动强度也会大大降低。

卓蓝点头称有道理。卓荣丰犹豫地望望卓蓝。卓蓝倒是干脆,直接替她父亲答应了这个条件。

童长荣:生活方面,建造洗浴房,发放工作服,配毛巾香皂,车间增加通风吸尘设备,女工宿舍定期清理消毒。

卓荣丰望着卓蓝:这可是大大增加了成本了。

卓蓝:爸,我认为这些要求是合理的。那个女工宿舍真是臭不可闻,不是人待的地方。

童长荣:职工在纱厂,我指的是在劳动时突发疾病或者工伤,资方应及时送

医并承担医药费用。陪护人员记工不受影响。

卓蓝：我们不是已经做了吗？

童长荣：是的，卓小姐做得很好，工人们都很感激。我们只是希望能从制度层面固定下来而不是个例的安排。

卓荣丰：你接着说。

童长荣：政治方面。

卓荣丰：还有政治要求？

童长荣：废除包身契改为劳方资方合同，劳资双方是平等关系，劳方并不是资方的私有财产。工人们强烈要求惩治那摩温，将他开除。成立工会，凡职工权益都由工会处理，成立女工部，在工会领导下处理女工事务。

卓荣丰：童先生，应该说，您提的要求并没有过分。不过，纱厂并不是我一个人的，还得征求日资方高崎先生的意见。

童长荣站了起来，期待卓老板尽快答复。童长荣、刘大哥离开了会客室。童长荣走后，卓荣丰说这个年轻人果然厉害，所提意见有理有节有据。对卓蓝说，关键是高崎，担心他不同意。

卓蓝说，事不能拖下去，现在就去找高崎。卓荣丰望着女儿，抱怨她为了争取这个年轻人，不惜牺牲家族的利益。卓蓝笑着说，还是那句话，童长荣比这个纱厂值钱。

卓蓝驾着车载着卓荣丰来到高崎住处。这是一座日式洋房，高崎正在小池子边喂金鱼，见卓荣丰、卓蓝进来。

高崎：卓老板，卓小姐，今天是什么风把你们父女俩吹来了，快请坐。

卓荣丰将两张纸递给高崎。高崎戴上眼镜看了一下，将纸扔到桌子上。

高崎：这些中国人还真把自己当成人了。

卓蓝：高崎先生，你这话可真伤人，中国人怎么就不是人了！

高崎：卓小姐，不要误会，我所说的，并不包括你们。

卓蓝：可他们是我的同胞啊。

高崎：可以这么说，大华纱厂我只有股份，从没拿过利润，钱都被你父亲资助国民党党部了,听说新党部还要一大笔钱。

卓蓝:高崎先生,可你从另外 5 个厂里拿走了绝大多数的利润,这不是事实吗?

卓荣丰:高崎先生,如果你不同意,我个人来承担所需费用,只不过我要跟你说一声。

高崎:这不是钱的事,这是共产党的阴谋,要改变工厂的性质。

卓荣丰:我看并没有改变,因为我们仍然占有生产资料。

高崎:看来卓先生马克思主义没有白学啊。

卓蓝:高崎先生,我觉得你的骨子里对中国人就有一种偏见。你在中国赚了盆满钵满,非但不感激,反而还以敌意的目光看待中国人。

高崎:卓小姐,我不知道你们和我有什么区别。我是担心呀,大华纱厂这样做了会引起连锁反应。

卓蓝:高崎先生,我劝你一句,你们日本人在中国有巨大的利益。如果你不同意的话,我回去就跟工人们实话实说。你知道,你们日本人自甲午战争、日俄战争、朝鲜战争以来所做的恶行,中国人都记在心里。我不想在中日之间增添新的仇恨。当然更重要的是,我们还是为了生意上的合作。

高崎:卓小姐,你强有力地说服了我。卓小姐,你不但是个女中豪杰,还具有卓越的政治才干。我完全同意你的观点,同意你们的意见。

卓蓝:高崎先生,我们这是尊重合作方。不管你同意不同意,在中国,是中国人说了算,以后就照这个规矩来。

卓荣丰:那就谢谢高崎先生了。

高崎望着卓荣丰、卓蓝的背影,半天没有反应。

大华纱厂的车间里,女工们衣衫湿透来回奔波。童长荣、王舒、刘大哥、周师傅在一起干活,拆洗机器。

刘大哥有些担心,童教员,你说卓老板会答应我们的条件吗?王舒说高崎不是个东西,笑里藏刀,即便是卓老板同意了,估计从他那里也通不过。

童长荣:中国有句话,叫兄弟同心,其利断金。刘大哥,从现在起,我们要把

兄弟姐妹们的心拢在一起。

周师傅:我们这些天上夜校,听童教员讲解,明白了一个道理,那就是我们必须有斗争精神。

那摩温又开始在车间耍威风了,拿着鞭子,到处打人,嘴里不停地骂着:懒鬼,猪猡,偷懒!

童长荣抬起了头,忽然看见卓蓝走进了车间,她抓住了那摩温的鞭子。

童长荣和王舒、刘大哥、周师傅走了过去。女工们一边干活,一边把目光投向了卓蓝和那摩温。

那摩温:卓小姐,这些懒鬼欠揍!

卓蓝:收起你的鞭子,你被开除了!

那摩温顿时失色,扑通一声跪了下来:卓小姐,你不能开除我呀,我为了纱厂可是尽心尽力。

此时的那摩温一改往日的跋扈嚣张,可怜兮兮地求着卓蓝。工友们觉得很解气,刘大哥一声喊,滚出去!工友们朝那摩温围了过来,那摩温失了势,慌张爬起来,失魂落魄地溜了。工友们热烈鼓掌。

卓蓝走到童长荣面前,将两张纸递给童长荣。

卓蓝:家父一个字未动,在上面签了字。你们谁来签字?

童长荣将纸张交给刘大哥。

童长荣:刘大哥,你代表这些兄弟姐妹签字吧。

刘大哥:我不会写字。

卓蓝:摁个手印也行。

刘大哥颤抖地摁上手印。大家激动地鼓掌拥抱。

卓蓝望着童长荣:小子,你赢了!不过,你也得兑现承诺,跟我走吧。

童长荣爽快地:好,我这就跟你走!

童长荣朝工友们挥挥手,跟着卓蓝走了。

刘大哥有些不放心,悄悄问王舒,她要带童教员到哪里去?王舒悄悄说,以后你们就知道了。

童长荣上了卓蓝的车,车子开到野外,卓蓝开始大秀车技,狂奔起来,弄得童长荣有些晕眩。

童长荣:你不能开慢点吗?

卓蓝:小子,我还没有用力呢!

卓蓝加了一下油门,车子蹿出了很远,扬起了一阵灰尘。

童长荣在车内东倒西歪,起起伏伏,不过他的眼睛始终注视卓蓝的手和脚。

童长荣:你这个女伢子还是猛女呢!

卓蓝:再说一遍,不许喊我女伢子!

童长荣:那你也不许喊我什么乡下小男孩,什么小子,臭小子。

卓蓝:那我喊你什么?

童长荣:我没有名字呀!

卓蓝:好小子,刚才给我的工厂立规矩,现在又给我立规矩,行,你狠,叫你童长荣可以了吧。

童长荣:那还差不多。

卓蓝:那你喊我什么?

童长荣:卓小姐,不可以吗?

卓蓝:我没有名字呀?

童长荣:我怕直呼其名,冒犯了你。

卓蓝:那你喊我卓姐姐。

童长荣:还是喊你卓姐吧。

卓蓝:卓姐,不行,有点江湖味,你还把我当黑道上人了呢。

童长荣:我看也差不多了。

卓蓝:你个臭……你个乡下……你……

童长荣大笑起来。

车子上了一条崎岖小路。

童长荣:我知道了,这是要到前天审讯我的地方。

卓蓝:没错,蒙了你的眼睛,你能记得?

童长荣:前面有条小河。

卓蓝:告诉我,你怎么判断出来有条小河?

童长荣:虽然蒙了眼睛,但是能感知水面的反光,有鱼腥味,河面不宽,在小河边走了约13分钟,车子进了一片庄稼地,大约走了10分钟,上了一个土坡,坡度25度,再往左拐,我闻到了芦苇叶的清香,还有芦苇在风的吹拂下相互摩擦的细微声响,时间8分20秒,车子再上坡,开始有鸟鸣,空气清新,上海没有山,应该是人工林,然后就到了你的密训中心对吗?

卓蓝:看来,我们的密训中心对你没有秘密了。小子,啊,不,童长荣,你别跟我嘚瑟,我要让你领教领教密训中心的厉害。

童长荣:你想吓唬我吗?

卓蓝:还真不是吓唬你。

车子在小河边行驶。河面泛起粼粼波光。卓蓝注意到了童长荣在注视自己。

卓蓝:你在看我?

童长荣不好意思地收回了目光。

卓蓝:我漂亮吗?

童长荣:漂亮是漂亮,不过把你放到纱厂车间干三年活,你还敢说你漂亮吗?

卓蓝:你说得有道理,谁让我生在资本家家庭里呢。

车子开到密训营大铁门前,大铁门开启。卓蓝的车子直接冲进了地下室。一个光着膀子、浑身肌肉的彪形大汉拉开车门,卓蓝下车,童长荣跟着下车。

彪形大汉望着童长荣:卓小姐,你要我对他进行体能训练吗?

卓蓝:怎么,你看不上吗?

彪形大汉突然将童长荣提了起来,挂在了墙壁上,童长荣喘不过气来。彪形大汉将童长荣掼在地上,童长荣躺在地上喘气。

卓蓝凑近童长荣,捏住了童长荣的脸:喊你乡下小男孩,你还不服气,你就是只小嫩鸡,我要在这里扒掉你的一层皮,让你脱胎换骨。

童长荣抓住卓蓝的手,卓蓝顺势将他摔在地上,童长荣不服气,冲了上来,卓蓝将他打倒在地。

童长荣又气又恼:你这是在报复。

卓蓝拍拍手:我就在报复你,你又怎么地,你来咬我?

童长荣又欲冲上来,被彪形大汉拎到一边。

彪形大汉和卓蓝格斗,几个回合,卓蓝将彪形大汉打倒在地。童长荣在一旁傻了。

卓蓝:童长荣!

童长荣:在!

卓蓝:你想把我打倒,你得先把他打倒!

彪形大汉开始训练童长荣基础脚法手法,卓蓝在一旁看着。

童长荣一次次被彪形大汉打趴在地上。

卓蓝厉声吼叫起来:小嫩鸡,起来!

童长荣艰难地爬起来,突然朝卓蓝冲了过来。

童长荣眼睛充血:我跟你拼了!

卓蓝一闪身,将他重重地掼在地上。

一天下来,童长荣已经是鼻青脸肿,腿脚难以支撑身体,脸上贴了几块纱布,他艰难地想爬上座位,几次努力终于还是跌倒在地上,彪形大汉将童长荣提到了副驾驶座上。

天色将晚,天上已经露出月牙。卓蓝驾车返回市区,她得意地说,童长荣,服气了吗?童长荣说话的力气都没有了,可嘴上还是说不服,发誓会有一天把你掀翻在地。卓蓝微微一笑,我等着。

车子拐进了亚培路小巷,在夜校门前停住。童长荣已经下不来车,卓蓝将他扶了下来。临走前,她对童长荣说,从明天起,有个叫李卫的人负责你的培训,童长荣站在门口,喘了口气,点点头,挪着脚步进屋,腿脚像不是自己的,卓蓝无奈,只得将他搀扶到屋里。

罗栗文正召集王舒、刘大哥、田嫂开会。罗栗文对大家说,我们的斗争取得

了初步的胜利,下一步就是把白纸上的条件落实好。

刘大哥说,纱厂已派人来跟他具体谈了,说建浴室需要两个月时间。罗栗文说我们可以出工出力帮他们,进度快一点,让女工们早一点洗上热水澡。

卓蓝搀扶着童长荣走了进来。田嫂望着童长荣伤痕累累,很是吃惊,卓小姐,你怎么把童教员打成这样子,这是怎么啦?

童长荣摆摆手说,这不赖卓小姐,是我经不起摔打。卓蓝笑了,童长荣也有认怂的时候。

罗栗文热情地邀请卓蓝坐下,说正在开会落实协议上的内容。卓蓝很是诚恳,表态说,如果有什么问题,尽管和她说。

刘大哥说,车间的热水已经供应上了,主副机的问题解决了,毛巾和香皂也发了,宿舍明天起开始清理消毒,有些事情还在落实中,我们能理解。

卓蓝问连娣怎么样了,田嫂谢过卓蓝,对卓蓝说,赵医生讲连娣挺过了明天,就有活下来的希望,待会儿她还要赶到医院去。卓蓝对田嫂说,你放心陪护,工钱一分不少。还有什么没想到的事想到了再提,我能解决的尽力解决。大家都对卓蓝表示了感谢。卓蓝站了起来,说不打搅你们了,转身离去。

田嫂说,她还真是被卓家小姐感动了,刘大哥笑笑,说自己也有这种感觉,反过来问罗栗文,是不是资本家发了一点善心,自己的立场就不稳了。罗栗文正色道,无产阶级和资产阶级是不可调和的阶级矛盾,这种矛盾和斗争是社会结构造成的。我们争取正当的权益,卓家父女答应了条件,这并不能弥合两个阶级的巨大鸿沟,他们也不可能改变自己的立场,我们无需对他们报以感激之情。

罗栗文把目光投向童长荣,问是否能吃下这个苦。童长荣告诉罗栗文,那个密训中心就是个魔鬼营,淘汰率很高,既然进去了,就不能做逃兵,必须死扛到底。

罗栗文点点头:你们大家听好了,44号看上了童教员,想把他拉过去,对他进行培训。我们就利用这一点,来培养我们的钢铁战士。这一段时间,他不能到工厂去了,也不能给你们上课了,从今天起,他将和国民党有关人员包括卓蓝在一起,请大家也别嫌弃。

刘大哥、田嫂这才知道是组织上的有意安排。

童长荣歉意地说,往后的一段日子都要吃住在密训中心,夜校的事,《黎明周报》的事就辛苦王舒了。

王舒请童长荣放心,说你们来之前,这本来都是我的事。

第二天,卓蓝将童长荣送到了密训中心,童长荣正式进驻。刚领到宿舍钥匙,李卫就来到了宿舍,主动介绍自己,童长荣与他握手。

李卫:从今天起,卓小姐派我来负责你的起居训练学习。

童长荣客气地:请多关照。

李卫环顾宿舍,感叹道,大人物呀,一室一卫,想当年老子在这里训练时八个人一个房间,羡慕呀。我说赵股长、卓小姐是怎么了。前两天,你小子把老子在亚培路里弄耍得团团转,今个还让我来侍候你。

童长荣:你别一口一个老子可好!

李卫眨巴着眼睛:好好,你爷们,我得罪不起。我打嘴。

李卫带着童长荣来到格斗训练场,对彪形大汉说,你听好了,你不把这爷训练好了,老子拿你是问。

彪形大汉知道是卓蓝直接关照的人,得罪不起。李卫跷着二郎腿抽烟。又进来四位黑衣人围住了童长荣训练搏击。李卫骂骂咧咧,他娘的,他还没有学会爬,你就叫他跑了,是这个教法吗?他让彪形大汉老老实实从体能训练开始。童长荣对李卫没什么好印象,但觉得说得在理,他开始练臂力、腿力,从基础做起。李卫无所事事,就靠在椅子上打呼噜。练了些日子,童长荣自觉有了些力气,眼瞧着自己腹肌、胸肌也有几块小疙瘩了,渐渐有了信心,就让彪形大汉教授擒拿格斗技巧。他记着卓蓝的话,这里是魔鬼一般的训练,想起自己曾被彪形大汉提到墙壁上的耻辱,他的内心确定了一个目标,一定要把这个彪形大汉放倒。童长荣缺的是体力,最不缺的就是脑力。他有意识地让彪形大汉多找几个练手,发现每个人进攻都有自己的套路,尽管他被一次次打倒,但他记住了每次自己被打倒时给对方留下的漏洞。日子一天天过去,童长荣给对手留下的机会越来越少,他开始反击,一次将四个黑衣人打倒在地,也冲倒了在场边酣睡的李卫。李卫忍不

住骂着,却见几个黑衣人倒在地上,他揉了揉眼睛,望着童长荣,撇着嘴,哟,这爷们长本事了。

李卫坐直了身体,指着彪形大汉对童长荣说,你把他放倒了,就给你换场子。彪形大汉来到场中间,挑衅地朝童长荣招手。童长荣已经熟悉了彪形大汉的特点,力大无比,但侧腰肌是软肋。两人对垒,童长荣故意露出胆怯的神情,且战且退,保持守势,彪形大汉抓起童长荣正想将他掀翻在地的一刹那,童长荣就势闪到侧面,猛击他的侧腰,彪形大汉疼痛弯腰,两手不由自主地想护住腰部,童长荣有了机会,趁他中心不稳,将他掀翻在地。

随后的日子里,童长荣接受攀爬、障碍、涉水训练,由不熟练到身手敏捷,从歪歪斜斜到健步如飞,由乌龟划水到掠水而过。李卫暗暗叹服书生模样的童长荣,竟然有如此的爆发力、领悟力和运动的天赋。

练过摩托车行驶独木桥后,接着就开始学习驾车,李卫亲自上了一辆车,与童长荣追逐。童长荣左拐右拐,急速倒车,刹车,最后把李卫的车逼进了水沟里,李卫浑身湿透,狼狈之极。李卫嘴里不住地骂着,童长荣站在沟沿上洋洋自得。

卓蓝来到密训中心,询问李卫童长荣最近的训练情况。李卫说,这小子神了,相当于三个月的训练课程,他几天就完成了,而且每门课程都是优秀。

卓蓝点点头,说这一点都不令人奇怪。卓蓝问今天的学习课程,李卫报告是射击训练。卓蓝让李卫把童长荣带到了射击场。卓蓝拿起冲锋枪,童长荣听卓蓝讲解子弹上膛,如何端枪、站立姿势、瞄准要领,如何击发。讲完之后,卓蓝打出一弹夹子弹。

童长荣拿起枪对着卓蓝说:这跟小时候打弹弓差不多。

卓蓝:那你就拿它当弹弓打吧。

童长荣也打出了一梭子子弹。李卫忙扛来两个牌子,放到卓蓝面前。

李卫:这个靶是您的,这个靶是童长荣的。

卓蓝一看,童长荣居然比自己多出了一环。

童长荣一笑:卓老师伤自尊了吧。

卓蓝:告诉我,你是怎么做到的?

童长荣:这不是老师教得好嘛,我就拿它当弹弓打的。

李卫:我真是服了,就拿驾驶说,教练只跟他讲了一些要领,示范了一遍,他就能开了,换挡熟练自如,像个老司机一样。

童长荣:我哪有那么神,我坐了你们卓小姐好多次车了,看也看会了。

卓蓝:童长荣,原来你不是在看我,是在看我开车呀。

枪架上,放着美式手枪、德国自动步枪,还有手雷等各种武器,卓蓝带着童长荣一一介绍。童长荣仔细看着,默默地记在心里。

到了上电讯课的时候,卓蓝决定亲自给童长荣上课。童长荣坐到电报机前,戴上了耳机,卓蓝也戴上了耳机。卓蓝教他发报指法,童长荣跟在卓蓝后面训练指法。

卓蓝交给他一本莫尔斯明码四位数代码本。

童长荣望着电码:卓小姐,你在安庆测试过我,原来是电报代码呀。

卓蓝:告诉我,这本密码本你能背得下来吗?

童长荣:给我几天时间,我就能把他背下来。

李卫吐了吐舌头:怪不得赵股长、卓小姐这么器重你。

离开了密训中心,卓蓝有些洋洋自得,像是捡了一个宝贝。她深信,童长荣是一块金子,日后会闪闪发光、熠熠生辉的。

西山派另立的所谓国民党中央党部最终没有放在44号,但这里的新主人却是赵瑞麟,作为所谓国民党中央党部的组织调查和情资部门,开始系统地收集有关共产党的人员、会议、文件、组织等相关资料。没有正式机构名称,可能是赵瑞麟还没有定位好它的功能,抑或是留有余地,争取更大的资源和空间,也是为了保密起见,不想显山露水而已,唯一变化的是赵股长变成了赵主任。

卓蓝刚进办公楼,赵瑞麟就问童长荣的培训情况。卓蓝告诉赵瑞麟,童长荣规定课程已经学习完毕。

赵瑞麟有些不相信:一年的课程,这么短时间就完成了?

卓蓝:而且全部优秀。

赵瑞麟:这是个什么人哪。

卓蓝:我对他的智商和心理进行了测试。智商超过了160,记忆力零差错,心理承受力、稳定性超过正常人两倍,逻辑判断、环境想象、直觉感知都是惊人的指标数据。

赵瑞麟:这么说,这个人稍加打磨就是天才的特工人员。啊,他有什么缺陷没有?

卓蓝:凭我的直觉,这人情商不行,我对他那么好,他却没有感觉。

赵瑞麟:这足以说明你对他还不够好!

卓蓝:那我还要对他怎么好?

赵瑞麟:别居高临下,懂吗? 从生活中的点滴做起。

卓蓝:有道理。

赵瑞麟:我跟你说,这个人有一个致命的缺陷,那就是他是铁了心地要跟共产党走,跟穷人心连心。如果是那样,你的一切努力就成了将来的心腹大患。

卓蓝:我知道,要改变一个人的信仰很难很难,我会加紧全力去争取他。对付这个乡下小男孩,以前我说过,我充满信心,现在仍然是。

亚培路夜校里,因为少了童长荣,罗栗文和王舒只好亲自编辑刊印《黎明周报》。

王舒对罗栗文说,您的《继承中山先生遗训,坚持国共合作正确方向》的时评非常好,放在头条,正面立论,具有鲜明的引导作用。罗栗文说,长荣写的《西山会议派的真面目》写得也很好,揭露反革命嘴脸。

王舒:我把大华纱厂工人为自己争取权益的过程写了篇报道,并附上达成的协议,这很有示范性和可复制的意义。

罗栗文:要登的,要登的。还要把工人座谈会的内容做些选编,因为这是无产者的声音,我们要把它传播出去。

童长荣走进了小屋,重重地靠在了床上。

王舒高兴地:你可回来了!

罗栗文:让我来看看,有什么变化?

王舒:晒黑了,人变得壮实了。

童长荣:我是从鬼门关里过了一招,这半个月可不是人过的日子。

罗栗文:好好,学了十八般武艺,将来一定能派上用场。

童长荣:这一段时间我不在家,你们辛苦了。

王舒:回来的正好,连娣天天在医院念着你呢。

童长荣:啊,连娣怎么样了?

罗栗文:连娣也是从鬼门关里走了一遭,现在人过白了,也有了点肉。明天就要出院了。

童长荣:太好了,我明天去看看她,接她出院。

仁济医院的病房里,连娣已经下床,我们终于看见了一张清秀的脸,她不时地望着窗口。赵瑞昱走了进来,说把东西收拾收拾,可以办出院手续了。

田嫂:赵医生,你是连娣的救命恩人,好人有好报,菩萨保佑你。

赵瑞昱:好了好了,我耳朵听起茧子了。

连娣:赵医生,能稍等一会儿吗?我要等那个哥哥,他说我出院的时候,他一定来接我。

赵瑞昱:啊,你说的是那个童长荣吗?

连娣:是,是童哥哥。

连娣趴在窗口眼巴巴地望着,终于看见了童长荣走进了医院。阳光投射在连娣的脸上,连娣笑了,她高兴地对田嫂说:童哥哥来了。

童长荣走进了病房,含笑望着连娣,欣喜地:长胖了,也长漂亮了。

连娣笑了,笑着笑着眼泪就出来了。

童长荣掏出手帕替她揩着眼泪:不许哭。

连娣望着童长荣,鼓起勇气:我不哭,我就想叫你一声哥哥。

童长荣:好妹妹。

连娣终于忍不住,哽咽不能语,赵瑞昱的眼睛也湿润了。

赵瑞昱揩揩眼泪:带着你的妹妹出院吧。

童长荣朝赵瑞昱鞠躬,千恩万谢。

童长荣和田嫂一起将连娣送回了纱厂,就回到了夜校。罗栗文刚刚开完会回来,对童长荣说,组织上已经正式同意你进一步接触卓蓝了。

童长荣对罗栗文说,还是觉得做工人运动工作心里更畅快。跟在卓蓝后面不如在工厂里和刘大哥、田嫂、连娣一起做工。听说国民革命军就要北伐了,革命形势很好,北洋军阀政府倒台势在必然。到时候我们把工人也武装起来,让他们真正成为自己的主人,我觉得做这些事更有价值。

罗栗文:长荣,你的脑瓜子很灵,这就是刚刚召开的党的代表大会对形势的判断。可是,组织上更需要你做这项秘密工作。共产党人光明磊落,但也不得不防小人,现在你的任务就是做第三只眼睛,这也是党组织考验你的时候。

童长荣:我怕我做不好。

罗栗文:你已经做得很好了。

童长荣:我是说,我怕有一天真的被他们拉过去了,你要知道他们为达到自己的目的,会不择手段。

罗栗文:有一个办法简单实用,那就是想想你的初衷是为刘大哥、田嫂、连娣这样千千万万的穷苦人。

童长荣点点头:我去接连娣出院时,她站在窗前,阳光投射到她的脸上,她笑了,她很开心。她第一次没有了病痛的折磨,她第一次感受到被人呵护的温暖和安全感,她第一次有了作为一个人的基本尊严。可她才16岁,真正的人生还没开始,可出了院,她要面对的还是人生的艰辛、生活的困苦和精神肉体的多重折磨。我在想,她要是生在一个没有剥削、没有压迫的新社会,你们可以想象连娣会有一个什么样的生活状况?

王舒:16岁,应该刚刚初中毕业,接着会上高中,也有机会上大学。

罗栗文:她会和所有的女孩一样,恋爱结婚生子,过着幸福安宁的日子。

童长荣:可这一切对于连娣和那些女工来说都是远在天边的事。

罗栗文:不是天边的事,我们为之奋斗,哪怕付出血的代价,这一天会到来的。长荣,当你想到这些,你觉得你还会被他们拉过去吗?

王舒:长荣是怕被资产阶级小姐俘虏过去,卓蓝那么漂亮,他怕抵挡不住诱惑呢。

童长荣:这个我有办法,她也是人,是人都是一个皮囊,只不过是养尊处优、光鲜一点罢了。你要想她肚子装的也是屎和尿,拉出来也一样的臭,这人也就没什么玩意了。

罗栗文问卓蓝下一步对童长荣有什么打算。童长荣说,她没具体说,只是说要把我彻底地改造成另外一个人。罗栗文望着童长荣,说你已经变了,密训中心让你脱了书生气,变得阳刚了,现在就是一个十足的男子汉了。童长荣说,密训中心的伙食好,体重也增加了。罗栗文让童长荣记住,不管卓蓝对你有多好,都是在利用你为他们服务而已,千万不能被虚情假意所蒙蔽。童长荣严肃起来,郑重地表态,他会坚守好底线的。

门外传来汽车喇叭声,童长荣知道是卓蓝来接她了。王舒说童长荣出入有车,美女相伴,令人羡慕。童长荣反唇相讥,你以为这很风光吗?那你去!王舒连忙摆手,这活我干不了,我没有你的脑子,人家也看不上。

卓蓝带着童长荣走进了服装店,她替童长荣挑选西装、皮鞋、衬衣、领带。童长荣穿上后,她上下打量,突然有了意外的发现,比她在安庆第一次见面的时候,居然长高了。童长荣说,在安庆师范念书,家里没钱,顿顿只能吃咸菜,到了上海这几个月,他居然长高了五厘米。

店员整理着童长荣身上的衣服:少爷身材好,长相好,穿什么都好。

童长荣在镜子里看着:我像个少爷吗?

卓蓝揶揄:骨子里还是土鳖一个。

卓蓝抬起了胳膊,童长荣犹豫了一下,无奈地挎上走出了服装店,随后进了夜总会。

夜总会内,昏暗暧昧的灯光,缠绵低回的音乐,香艳肉感的舞女,以及空气里弥漫着香水、香烟、洋酒的混合味,刺激人的五官六感。赵瑞麟带着李卫坐在一张台子上喝酒。

童长荣挎着卓蓝走进夜总会。众人的目光刷地投了过来。

卓兰轻声地:身子挺直,别给我丢人现眼。

童长荣正正身子,挺了一下腰膀。两人旁若无人地从赵瑞麟、李卫身边走过。

李卫:我的神勒,乌鸡变凤凰了不是?

卓蓝带着童长荣走到吧台前。

卓蓝:想喝什么?

童长荣:来壶茶。

卓蓝:我说你是乡巴佬你还不服气! 告诉你,这里是上海顶级的夜总会,给我端着点,你就是上海的小开。

童长荣:卓小姐,这也是培训吗?

卓蓝:恭喜你答对了,这是社交课。

走过来一个艳丽小姐,来拽童长荣。

童长荣:我有点紧张。

卓蓝:紧张什么,她吃了你?

童长荣:我要你教我。

卓蓝:我怕你踩了我的脚!

舞池里,舞女拉着童长荣跳舞。童长荣笨手笨脚。李卫盯着性感女人的胸部。卓蓝走了过来,敲了一下李卫的头。

卓蓝:看什么看? 下流坏子!

李卫涎着脸:卓小姐,我的眼睛没地方放不是,再说,看又不收钱,不看也是资源浪费不是?

卓蓝在赵瑞麟跟前坐下。两人都把目光转向童长荣。童长荣已经能熟练地跳舞了。

赵瑞麟:我看哪,你这不是培养人才,你这是在养小白脸了。

卓蓝盯着赵瑞麟,得意地:我愿意!

李卫:赵主任这是在吃醋了。

赵瑞麟目光阴森,踹了李卫一脚:滚!

李卫爬起来跑了。

卓蓝放肆地大笑起来,她喝完了杯中的酒,站起来走到舞池中央,和童长荣跳了起来。

她带着童长荣旋到赵瑞麟跟前,故意挑逗赵瑞麟。赵瑞麟眼神冷漠。

卓蓝:赵主任,我跳累了,你请我吃饭怎么样?

赵瑞麟站起来走了。

卓蓝在夜总会里特别开心,可童长荣却不适应这里的气氛,觉得有些晕眩,尽管不停地喝水,可还是口干舌燥,茫然,不知所措,耐着性子数着时间,终于听到卓蓝的一句话,闪吧,吃饭去!他长吁一口气,如释重负。卓蓝不满地白了一眼,别让我看到你那一副苦脸。

金门大酒店。童长荣和卓蓝面对面坐下。洋服务生走了过来。

卓蓝:童长荣,今天我来让你开开洋荤,让你见识见识什么叫资产阶级的生活。我来介绍一下,这里有英、法、德、意、美、俄等不同风味的西餐。

洋服务生:先生,英式清淡,德式偏酸,意式原汁原味,美式咸中有甜,俄式重油,味道较重,不知您喜欢哪一种?

童长荣:我听都没听说过,卓小姐,你请便。

卓蓝:来份法国鹅肝,德国的腓利牛排,美式的红煨山鸡,汤要鲍鱼鸡丝的,沙拉,再来瓶法国的酩悦香槟。

洋服务生记着:Good!

童长荣望着卓蓝说,这些日子我到了你的纱厂,亲眼看到了工人们悲惨的生活,今天你又让我过上了纸醉金迷的资产阶级生活,这个反差太大了。

卓蓝:告诉我,你有什么感觉?

童长荣:无感。要是中国四万万同胞都过上这样的日子,我吃起来才有感觉。

卓蓝得意地:你说让中国的老百姓都过上这样的日子,那我还有什么幸福感?

服务生上菜上酒。

卓蓝:来,我教你用刀叉!

童长荣:不吃!

卓蓝:为什么?

童长荣:这牛肉还是生的,你没看见还带着血吗?

卓蓝无奈地摇头:说你是个土鳖你还不服气!

卓蓝叉了一块牛排递到童长荣嘴边,童长荣歪过头。

卓蓝走过来捏住了童长荣的鼻子,硬往他嘴里塞。

卓蓝:童长荣,今天你非得吃下去不可。

童长荣吐到地上。

卓蓝崩溃的:童长荣!你给我捡起来吃掉!

童长荣坐在那里,他想起了罗栗文的教导,现在你的任务就是做第三只眼睛,这也是组织考验你的时候。

童长荣从地上拾起这片牛肉,放进了嘴里咀嚼着,倔强的眼神望着卓蓝,咽了下去。

卓蓝的眼泪涌了出来,她指着童长荣,高声叫着:我知道,你心里不服,我不明白,我对你这么好,你却不领情,我生气了!生气了!在这个世界上,还没有人敢惹我生气,你知道吗?

卓蓝真的生气了,童长荣不善于哄女人,他的性格也不想去迁就这个任性的富家小姐,两人终于不欢而散。

七

回到夜校,王舒望着童长荣一身昂贵的行头,开起了玩笑,童长荣恼火地让王舒闭嘴。罗栗文走了进来,发现童长荣有些不对劲,把童长荣拉到一旁,才得知童长荣和卓蓝闹了别扭,童长荣将西装脱掉,扔到了床上,说不想再和卓蓝在一起厮混了,他不习惯那种生活,也觉得对不起未婚妻何坤宜。罗栗文严肃地批评了童长荣。童长荣嘟哝着,他说他宁愿和刘大哥、田嫂在一起干体力活,也不愿意出入高档的夜总会、饭店。罗栗文拉着童长荣坐下来,详细向童长荣介绍目前国内革命形势,中山先生逝世后,西山会议派倒行逆施,国共合作出现了困难的局面,他们在背后会有什么动作,我们对此知之甚少。童长荣冷静下来,也觉得自己不该在卓蓝面前使小性子。罗栗文又反过来说,人人都有自己的个性,恰到好处地使点小性子,会让卓蓝看到一个更加真实的你。

童长荣明白了罗栗文的意思,主动到小白楼找到了卓蓝,像是在金门大酒店的不愉快没有发生一样。他以灿烂的笑脸面对卓蓝,问今天上哪去? 卓蓝心里知道,童长荣主动上门,就是认错的表现。她对童长荣说,今天,我带你去球场教你打球,别再给我添堵就行。童长荣说,你这人就这点不好,还记着过去的事,我早忘了。

卓蓝一笑,带着童长荣上车,开到虹桥杓俱乐部高尔夫球场。在一片绿草如茵的草地前停下。卓蓝从车上取出高尔夫球拍。几个外国人在打高尔夫球。

童长荣:这叫什么球?

卓蓝:GOLF, Green, Oxygen, Light, Friendship。

童长荣:绿色,氧气,阳光,友谊。

卓蓝:亲近自然,健身康体。这是一项贵族游戏,起源于苏格兰的一项运动,这个球场的规模在中国还找不出第二家,几乎不对中国人开放。

童长荣:那你不是中国人吗?

卓蓝:我是仅有的 80 位中国会员之一,包括太古、怡和、汇丰、中国肥皂等八家银行是创始会员,你知道会费是多少? 17000 大洋。

童长荣:一年要这么多?

卓蓝:是一个月好不好!

童长荣叹了口气:贫穷限制了我的想象。

卓蓝:童长荣,我要让你感受一下什么才是真正的贵族生活。

几个外国人和卓蓝打招呼,卓蓝致意。卓蓝取出球杆,放好白色小球,优雅地击球,小白球划出一道弧线,落到小河对岸的草地上。童长荣却被河中的白鹅所吸引。

童长荣:大白鹅!

卓蓝:这有什么好稀奇的。

童长荣:你知道我想到什么了吗?

卓蓝放下球杆:你想到了什么?

童长荣:我想到了马克思。

卓蓝皱了一下眉头。

童长荣沉浸在他的思绪里:我在想,马克思正是用鹅毛管笔写出了200多万字的《资本论》,这本著作成了工人阶级的圣经。

卓蓝:你别让我扫兴好不好!

童长荣:伟大的马克思,你的天才理论让我明白了,第三卷,剩余价值的分配过程,那些"芦柴棒"们所创造的剩余价值就有一部分在这里被富人毫不吝惜地肆意挥霍掉了。刘大哥,周师傅,田嫂,连娣,你们能想象吗?

卓蓝:够了!

童长荣:卓蓝,我说得不对吗?一年20万白花花的银圆就打这么个破球,你还好意思在我面前炫耀,绿色,氧气,阳光,友谊……

卓蓝摔下球杆,气呼呼地坐在地上。童长荣停止了说话,坐在卓蓝身边,他又想起了罗栗文的话,童长荣开始道歉,卓小姐,不好意思,又惹你生气了。

卓蓝无奈地摇头,你这不是故意要惹我生气,是你脑子里根深蒂固的思想,我想错了,我们不是一路人。

童长荣:卓小姐,我确确实实是个乡巴佬,你既然愿意把一个土鳖放进了一个纸醉金迷的生活圈子里,就应该给他时间。

卓蓝不认同童长荣的话,说他这是在转移话题,享受美好生活是人的本能,可童长荣的言行时刻受主义和信仰的支配。童长荣点头附和,那我们就放下主义和信仰,痛痛快快地玩这个贵族球。

卓蓝这才从草地上爬起来,教童长荣击球,讲解要领,童长荣自然是心领神会,一点就通,试过几杆,就掌握了击球的技巧。他记住了罗栗文的话,女人一要捧,二要哄。童长荣借机喊卓老师,不仅是生活导师,还是人生引航者。卓蓝啐了一句,言不由衷,可她还是很高兴。两人玩了一上午,卓蓝很开心。

回来的路上,童长荣开车。卓蓝也许是累了,不一会儿她闭上了眼睛,似乎是睡着了。

童长荣驾着车,被沿途路边的旧书摊所吸引。他看了看卓蓝仍在沉睡中,悄悄停了车,轻轻走了下来,来到书摊前翻阅着古装书。卓蓝睁开眼,看见童长荣拿起一套书,在和摊主讨价还价。她悄悄地下了车,走到童长荣身后。

童长荣拿着一套方以智的《通雅》:老板能不能便宜一点?

摊主:30块大洋是最低价了。

童长荣拿在手上掂了掂:我身上只有24块大洋,还是生活费呢,我是诚心诚意买你的。

摊主:不能再便宜了。

童长荣无奈,爱不释手地放了下来,又往前面的书摊走去。

卓蓝拿起了这套书,低声地:老板,我出40块大洋,再加上5块大洋跑路费,你送到大华纱厂去好吗?

摊主:好好,我待会就送去。

卓蓝回到了车内。童长荣转了一圈,空手而归,发现卓蓝还在睡着,他驾着车子朝市区开着。卓蓝睁开了眼睛,指示童长荣往另一个街区开去,到了街口,她让童长荣在路边停了车,说她还有事,让童长荣自己先回去。童长荣下了车,卓蓝驾车在前街拐了个弯,开进了一条小巷。童长荣疾步小跑跟在后面,车子又拐了几个弯,开进了一座洋房地下室。童长荣在街对面观察着这个花园小洋楼。不一会儿,看到卓蓝在楼上拉开了窗帘,端着一个杯子的身影。

童长荣这才发现,卓蓝在这里还有一个秘密住处。他往回走着,转过一条大街,突然看见李卫在前面行色匆匆地走过,人群中不时有精壮小伙与他擦肩而过,交头接耳。又过了一会儿,张龙居然也出现在视野中。童长荣警觉地闪到一边,绕到报刊零售亭子后面。

李卫:人员已经通知齐了,《申报》也登了寻人启事。

张龙:今晚你不许喝酒,哪个地方都不要去。老老实实在家待着。

李卫:我知道,事关重大,紧要关头,我什么时候含糊过。

张龙:行。武器呢?

李卫:还在46号仓库里,这是钥匙,两把,一把仓库,一把地下通道。

张龙:明天上午赵瑞麟有什么安排?

李卫:赵瑞麟通知九点钟44号全员开会。

张龙:知道了。那我们九点开始行动。

张龙闪身进了人群里。李卫走进了附近的门市里。童长荣转到前面,佯装看报纸,眼睛瞟着周围。李卫绕了个圈子又走了出来。童长荣买了份《申报》,一抬头,故作突然看见。

童长荣:哟,这不是李卫吗?

李卫:啊,童长荣,你怎么在这?

童长荣:我和卓蓝去打高尔夫球,她有事,把我甩在这条街上了。

李卫:我说童长荣,你艳福不浅哪,可要当心赵主任,小心他崩了你,你想抢他的女人。

童长荣:别别,你别吓我。你看我有这个想法吗?

李卫:我看也是,可你还是要小心。

童长荣:是是,谢谢李兄提醒。啊,李兄陪我在密训中心培训,辛苦了,找日不如撞日,撞日不如今日,我请你喝酒,请给个面子。

李卫为难地:今天不行。童兄是卓小姐的红人,就连赵主任也要敬重三分,你请我喝酒,我鞋子跑掉了还怕来不及呢,今天有个特殊情况,实在不行。

童长荣:莫非是和相好的约会,是不是?

李卫:知我者,童兄也。你是真兄弟!

童长荣说李卫是有艳福之人,李卫说改日我请你,说完匆匆离去。童长荣站在那里,面色凝重,无疑,他得到了一个重要信息,明天张龙和李卫联手要对44号采取重大行动,童长荣倒吸一口凉气,不由自主地往卓蓝的小洋楼跑去,却见卓蓝的车已经出了大门,往街的另一方向驶去,想追也追不上了。

卓蓝回到了大华纱厂小白楼。卓荣丰见女儿回来了,很高兴,说饭菜都凉了,快吃饭。

卓蓝坐到桌前,卓荣丰舀了汤放在卓蓝跟前。

卓蓝:吃不下,没胃口。

卓荣丰:怎么,是谁惹你不高兴了?

卓蓝:没有,这个世界还没有人敢惹我不高兴呢。

卓荣丰:啊,刚才有人送来了一套书,我已经付了钱。你怎么会对明末学者方以智的哲学著作感兴趣了?

卓蓝:就是买着好玩。

卓荣丰:知道他是什么人吗?

卓蓝摇摇头:不知道。你知道?

卓荣丰:金陵四公子,明季四才子。不知道,那你买它干什么。不过我倒是觉得你是应该多读点书。譬如马克思的哲学著作,他不是共产党的专利,他对资本的论述对我们这些做产业的人大有裨益。

卓蓝:我又不做产业,对那些理论不感兴趣。

卓荣丰:你可知道,就这工人一闹,又增加了多少成本了吗?

卓蓝:多花点就多花点吧。我觉得心里好受点,这些工人确实可怜。

卓荣丰:你这么说,我心里很高兴,我的女儿是有爱心的人。啊,我听赵瑞麟说,你在做争取童长荣的工作?

卓蓝:赵瑞麟在嚼什么舌头,他不是要吸纳精英人才吗?

卓荣丰:你想争取这个人,让他跟着你们走?我劝你别玩火。

卓蓝:你们要都是这样说,我还就不信他就是一块顽石。

卓荣丰:方以智是桐城人,这童长荣好像也是那里的人,这书该不是送给童长荣的吧。卓蓝,凡事不可牵强,更不要随便对一个不是一路上的人动感情。

卓蓝:爸,你都想到哪儿去了?

卓荣丰:南京和广州都有人告诉我,他们对戴先生、叶先生搞的新党部并不认可,我劝你一定要把握好分寸,进退有度。我倒是希望你退出来,帮我打理生意上的事。

卓蓝:我对你们资本家赚钱这一套不感兴趣!

卓蓝站起来回房间去了,卓荣丰无可奈何地摇摇头。

事关重大,童长荣一刻不停地赶回亚培路夜校,向罗栗文报告了44号明天将被突袭的消息。

罗栗文吃了一惊,问消息是否可靠。童长荣说亲耳所闻,将一份《申报》放到了罗栗文跟前,指着报缝里的广告说,这表面上是个生意广告,其实就是人员召集和行动的暗号。

罗栗文点点头,说他也是刚刚参加完会议回来,组织上传达了一个内部情况,在我党和国民党左派的坚持努力下,南京党部和广州国民政府决定对上海伪党部予以取缔。

童长荣说这就对了,杨飞很可能已经来到上海,在取缔所谓的国民党中央党部的同时,他肯定要血洗44号报仇。

罗栗文让童长荣把得知信息的经过再说一遍,他在心里仔细分析判断。

童长荣:这还要感谢卓蓝,她将我扔在了半路上,我在往回走的路上看到了人群里的张龙。

王舒:张龙到上海来了?

童长荣:还有一个你想不到的人,就是追杀杨飞、张龙的人李卫。他正在召集上次疏散的行动队成员,后来张龙又出现了,我偷听了他们的谈话,他们明天上午九点开始行动,在46号集结,分发武器,通过地下室实施突袭。

罗栗文:也就是说李卫表面上对赵瑞麟死心塌地,其实是杨飞的人。

童长荣:所以,我一直在纳闷,如果那天清晨李卫要是尽职尽责,杨飞无论如何走不出亚培路。其实那天,我的这个小伎俩并不高明。现在我明白了,他把赵瑞麟、卓蓝支走,然后给了张龙一个时间差,待女工离开时,他才煞有介事地盘查。还有,我在密训中心跟他有接触,表面上看是个流里流气的人,见到女人色迷迷的,我发现他是装的。

罗栗文:所以说处处有陷阱哪。真真假假,防不胜防。长荣,你知道你现在这个位置的重要性了吧。

王舒说:这个第三只眼睛现在睁开了,派上用场了。

童长荣望着罗栗文,下一步怎么办?

罗栗文思考了一会儿,果断地说,赵瑞麟是西山会议派和戴季陶主义的忠实追随者,隐患很大,他们内部清理门户,我们管不着,也不用管。不过,这卓蓝对我们有用,我们得设法把她留下来。

童长荣考虑得设法让卓蓝至少明天不要去上班,错过突袭的时间。罗栗文肯定地说,我们不能出这个面,免得给了他们口实。

王舒想了一会儿说,这样吧,这事交给我,不就是想方设法不让卓蓝去上班吗?我去大华纱厂找刘大哥、田嫂、周师傅合计一下,会有办法的。

罗栗文认为这样比较好,他更感到在童长荣背后需要一个人负责策应、传递信息,暗中掩护,王舒是最佳人选,

王舒:也就是说童长荣在大鱼大肉,我就只有喝风的分了。

童长荣笑了:那你去大鱼大肉,我来给你打下手。

王舒:我可没有那能耐,还是喝我的西北风吧。

罗栗文:说归说,笑归笑,无论是赵瑞麟,还是杨飞,这班人都心狠手辣,小心点好。

王舒:我明白,我的任务就是到了明天9点以后,卓蓝还活着就行了。

童长荣有些不放心,连夜和王舒一起来到大华纱厂,向刘大哥、田嫂、周师傅下达了任务,不管用什么手段,明天九点之前,不能让卓蓝走出大华纱厂。

田嫂、周师傅私下议论,不知道这是什么意思。刘大哥说不管什么意思,任务很明确,我们还是合计一下。周师傅说,卓蓝离不开车,将车胎的气放了。刘大哥说,放了气,一会儿就能充好,最好的办法是修建浴室通管道需要挖路,今夜连夜开挖,她的车就走不了啦。田嫂说,车子走不了,人是活的,她就不能走到纱厂外面,叫黄包车吗?童长荣对他们说,你们还是要多想几招。正在这时,连娣扎着头巾走了过来,童长荣灵机一动,她把连娣拉到一旁,让她明天一早以感谢的名义去找卓蓝。

连娣点点头,说卓姐姐是个好人,正想去当面谢她。童长荣悄悄对连娣说,

尽量缠着她,和她多说话。连娣说自己没有那么多话,也不知道要说什么。童长荣告诉连娣,如果卓蓝执意要走,就干脆说她有危险。连娣搞不清楚,问童长荣卓姐姐有什么危险。童长荣轻声地跟连娣说,你只管这么说就行了,不能让别人知道。连娣点点头,说我知道了。

望着她弱不禁风的样子,童长荣还是很担心连娣的身体。田嫂说,车间设立了特别服务岗位,现在让连娣干着,待她好了,大家轮着来。童长荣说这个岗位好,是个喘息岗。

刘大哥和周师傅带着工友,连夜行动挖断了小白楼到大门的那条路。

清晨,女工陆续上班开机,工厂里重新响起了轰鸣声。田嫂对连娣说,时候不早了,卓小姐该起床了,你快去吧。连娣点点头,走出车间,朝小白楼方向走去。

小白楼里,卓蓝像往常一样看了看表,拿起包,欲出门。卓荣丰在客厅里吃早餐。

卓荣丰:早餐还没有吃呢,就这么急着出门。

卓蓝:赵瑞麟通知上午开会,全员参加,我要迟到了。

卓蓝匆匆下楼,却发现连娣站在门口。

卓蓝高兴地:哟,是连娣?看起来好多了。

连娣:谢谢卓姐姐救了我。

卓蓝:不用谢的。现在怎么样?让我来看看。

卓蓝摸着连娣的小脸:你太瘦了,要加强营养。我跟你童哥哥说了,要认你这个小妹妹。等我有空闲的时候,我去找你好吗?

连娣:卓姐姐,我有话想跟你说。

卓蓝:现在吗?

连娣:是的。

卓蓝:好,那你说,我听着。

连娣:在这里不方便。

卓蓝有些为难:你看看,我上班要迟到了。好,行,我们上楼去说。

卓蓝带连娣上了楼。刘大哥过来摸到车子旁,拧开了车胎的气门,轮胎顿时瘪了下去。

卓蓝将连娣带进了客厅。

卓蓝:爸,这就是生病的那个小女孩,今天是来感谢的。

连娣怯生生地朝卓荣丰鞠了个躬:谢谢卓老板,谢谢卓姐姐。

卓蓝:你看,这小姑娘挺可爱的,长得也挺好看。

卓荣丰:来,坐下,吃点东西。

卓荣丰将点心递给连娣,连娣不敢接。

卓蓝:拿着,现在就吃掉。

连娣尝了一小口。

卓荣丰:好吃吗?

连娣点点头。

卓荣丰:好吃,就多吃点,卓蓝,你也要吃。

卓蓝亲切地望着连娣:你不是有什么话要跟我说吗?

连娣:我,是想说,你今天不能上班去。

卓荣丰:为什么?

连娣终于憋不住了:卓姐姐,今天上班你有危险。

卓蓝大吃一惊:我有危险,你怎么知道的?

卓荣丰神色严峻起来,追问:谁告诉你的?

连娣:有人让我转告的,卓姐姐救了我一命,我也要救卓姐姐。

卓蓝:告诉我,是不是那个童哥哥告诉你的。

连娣:我不能说。

卓蓝立即判定,赵瑞麟和44号有危险,她立即奔出客厅,匆匆下楼。卓荣丰追了出来,大声喊着,不许你走,给我回来!

卓蓝匆匆跑到车前,打开车门,坐了进去,发动了车子。卓荣丰跑了下来,连娣也跟了下来。

卓蓝猛踩油门,车子无法启动,下车检查,这才发现车胎瘪了,见鬼! 她狠命

143

地踢了一下车胎。卓荣丰在一旁哀求着,44号要出事,你还不明白吗?我求你了,今天不许去上班。卓蓝气呼呼地往楼上跑去。

连娣对卓荣丰说,卓老板,我去上班了。卓荣丰这才想起这个报信的小姑娘,连声说谢谢你,回头我要奖励你。卓荣丰转身准备回去的时候,却见卓蓝发疯似的冲了出来,拿着钥匙打开了停在一旁的车子,发动了车子,卓荣丰赶了过来,高声喊卓蓝不能动他的车子。

卓蓝对着父亲喊,赵瑞麟一死,就要出大事,她得去救他!她驾着车朝大门驶去,却发现路被挖断了,卓蓝跳下车气急败坏地大声呵斥,什么人干的,立即给我填上!

刘大哥、周师傅走了过来,连忙解释,说建浴室需要铺设管道,夜里施工的,只耽误一会儿工夫。卓蓝高声叫着,立即给填上!刘大哥说管道已经埋好了,现在就填埋,半个小时内就好。卓蓝看了看表,指针已经指向八点半了,她无可奈何,只好回到车内。

环龙路46号地下仓库里,杨飞面无表情,看着张龙在指挥分发武器。一群黑衣人戴着头套齐刷刷地站在杨飞面前等待训话。

杨飞:我们这是执行中央党部的命令,44号是为所谓中央党部服务的非法情报组织,现予以取缔。

张龙挥手,行动队队员沿着地下通道躬身前行。张龙摸出钥匙,打开了地下室的铁门。

环龙路44号会议室里,会议室坐满了人,墙上的时钟指向九点。赵瑞麟环顾了一下会议室。

李卫轻声对赵瑞麟说,卓蓝还没有到,其余都到齐了。

赵瑞麟的表情有些不悦,他走上台子,神情严肃地:各位同仁,今天召开全员大会。我要告诉大家一个不幸的消息,广州政府和南京党部宣布我们的中央是非法组织,要求予以取缔,我们怎么办?我们的任务就是保卫新中央,我们不能让刚刚取得的果实就这么被无情剥夺。全体队友,下面请李卫宣布人员调配方案。

这时,外面传来密集的枪声,赵瑞麟尚未反应过来,大门被打开,张龙带着一群人涌了进来。

李卫拔枪,高声叫着:赵主任,不好,有袭击!

这时,张龙带人举枪火力全开,赵瑞麟身中数弹。人群大乱,有人来不及拔枪,倒地而亡。行动队满屋扫射。赵瑞麟乘乱拖着重伤的身体从侧门滚了出去。有人逃到了走廊里,被守候的行动队开枪射杀。

枪声停了,杨飞在一群人的护卫下,走进会议室,一群人翻着会议室桌下的尸体辨认,又翻开侧门堆积的尸体,并未发现赵瑞麟。

张龙带人追出侧门,看见了管道上的血印,循着血印跑到院子后面,却发现了李卫。

张龙:看见赵瑞麟了吗?

李卫:我看见他倒下了,他没死掉?

张龙狐疑地望着李卫,在潮湿的后墙根边查看,发现了一个窨井盖有搬动的痕迹。行动队的人打开了窨井盖,张龙带人跳了下去。

杨飞走到自己的办公室前,发现门把手已被铁链锁住,他掏出枪对着锁开了几枪。黑衣人将铁链拉开,开了门。

黑衣人:杨副秘书长,请。

杨飞走进办公室,摸了一下桌上厚厚的灰尘。

杨飞感叹:斗转星移,你方唱罢我登场,世事难料啊。

一个黑衣人跑来报告说,一大批巡捕房警察正朝这边赶来。

杨飞:撤! 我会回来的。

杨飞带人撤离了大院。

下水道里,张龙、李卫带着黑衣人一路追踪,到了尽头,打开窨井盖,上面是一处僻静的大街。

李卫:这小子命大,他逃了。

张龙:赵瑞麟没有死,你就不能暴露,现在你给我消失。

李卫点头,悄悄沿街走了。

　　大华纱厂内,刘大哥、周师傅终于填平了路,卓蓝驾车疯狂地朝44号奔来。隔着花墙,她看到了院子里有许多尸体,还看见了女财务被抬了下来,散着头发,胸部一片殷红,嘴角流着血。她用手猛地砸了一下方向盘。

　　卓蓝驾着车急速开进她的秘密住处花园洋房楼下,打开车门匆匆上楼。开了门,却发现童长荣坐在沙发上。

　　卓蓝诧异地:你,怎么知道这个地方的?

　　童长荣:安全屋,一看就知道受过美式训练。一有危险就躲到这里来,看来安全屋并不安全。

　　卓蓝惊魂未定:刚才我去了一趟44号,地上全是尸体。看来我得谢谢你了,要不是你这么煞费苦心地设置障碍,那地上应该也有我的一份。

　　童长荣:这么说,那你的小命就是我给的了。

　　卓蓝:谁还有心思跟你嬉皮笑脸的。告诉我,你是怎么掌握这个消息的?

　　童长荣:那还得拜你所赐,是你自己救了自己。

　　卓蓝:怎么回事?

　　童长荣:你还记得你把我甩在大街上了吗?

　　卓蓝:这是我的疏忽,我应该把你甩在郊外,你的鼻子比狗还灵,于是寻到我的住处。

　　童长荣:正是因为这么一耽误,我看见了人群中的张龙,就知道杨飞来上海了。

　　童长荣从怀里掏出一份《申报》递给卓蓝。

　　童长荣:这里有个寻人启事,你看看。

　　卓蓝接过只见上面写着:龙先生寻友。上海一别,甚是牵挂诸牛伴,今有一笔牛生意,明日上午9时老地方。

　　卓蓝放下报纸,对童长荣说,你为了阻止我在出事前赶到44号,先是让连娣来感谢,透露险情,让我提防,又派人扎了我的车胎。为了双保险,还在厂子里挖断道路,你把时间计算得很精确呀。

　　童长荣:前两天,我惹你生气了,这不都是将功补过吗?

卓蓝忧郁地：赵瑞麟还不知是死是活。

童长荣：不过，凭赵瑞麟的能耐，他不会死在杨飞手里，但是他召集开会，应该在台上，没有遮挡，估计不死也会重伤。

卓蓝抽出一把枪，扔给童长荣。

卓蓝：还愣着干什么？赶快去救他！

童长荣：我凭什么要去救他？

卓蓝：我们必须要去救他。

童长荣：为什么？

卓蓝：实话跟你说吧。你还记得仁济医院的那个赵瑞昱吧。

童长荣：我记得，是赵瑞麟的姐姐。

卓蓝：那你知道这姐弟俩跟戴季陶是什么关系？

童长荣：我不管是什么关系，就因为是戴季陶，我们就要去救他吗？

卓蓝：我告诉你，赵瑞昱和我的父亲早年都参加过戴季陶的马克思主义研究会。昱姐对戴季陶的学问很崇拜，爱得死去活来，这戴先生生性风流，就与她卿卿我我，赵瑞昱愈加不能自拔，这么多年，赵瑞昱没有嫁人，形成了这种不清不白的关系。戴先生在家是个妻管严，为了稳住赵瑞昱，答应要让赵瑞麟出人头地。假如赵瑞麟一死，赵瑞昱必定会和戴先生大闹。戴先生是个要脸的人，也是个见不得风和雨的人，他就会在国民党内部公开制造分裂，这可不是共产党愿意看到的局面。

童长荣：有道理！

卓蓝拿起电话：给我接仁济医院。

童长荣摁住了电话，卓蓝傻傻地望着他。

童长荣接着拿起了电话：给我接警察局。对，大批不明黑衣人持枪要血洗翡翠小区，请你们立即出警。对，就在仁济医院后门的那个小区。

卓蓝：你怎么知道他不在仁济医院，在后面的那个小区？

童长荣：别问了，赶快跟我走！

卓蓝随童长荣匆匆下楼，卓蓝驾车载着童长荣在大街上疾驰。

车上，童长荣这才告诉卓蓝，还是给连娣输血那天，他在楼上看见了赵瑞麟和卓蓝说话。卓蓝一想，是有这个印象。童长荣说，赵瑞麟并没有上楼来找他的姐姐，而是进了后面的翡翠小区，后来通过几次观察，他发现了赵瑞麟的秘密窝点。这个窝点，杨飞应该不难发现。

童长荣和卓蓝刚进翡翠小区，陆警长和杨飞的人马几乎同时赶到，警察部署警力与杨飞的人马对峙。童长荣和卓蓝乘着空隙，悄悄接近了赵瑞麟的住处。

屋内。赵瑞昱解开了赵瑞麟的上衣，发现了防弹背心上的几个弹孔，胳膊和腿上中了几颗子弹，鲜血浸透了衣裳。

外面传来密集的枪声。

赵瑞麟：姐，你赶快走，看来，今天他杨飞不要了我的命誓不罢休。

赵瑞昱哭了出来：瑞麟，你死了，我还能活下去吗？

屋外传来动静。赵瑞麟拿起枪。

赵瑞麟：今天，我跟他们拼了！

童长荣、卓蓝破门而入。童长荣不由分说，背起赵瑞麟，卓蓝拉着赵瑞昱，赵瑞昱匆忙中拎起急救包，他们从后门上了卓蓝的车，迅速离去。

杨飞、张龙终于带着人马驱散了警察，攻进了赵瑞麟的安全屋，发现地上带血的棉球。

杨飞不无遗憾，还是让赵瑞麟这小子跑了。

童长荣驾着车子在大街上一路狂奔。赵瑞昱抹着眼泪将赵瑞麟抱在怀里。

赵瑞麟有气无力地：谢谢你们，今天要不是你们及时赶到，我姐弟俩的小命就送给杨飞了。

卓蓝吩咐童长荣，往纱厂开。童长荣将车直接开进了小白楼的地下室。卓蓝下车打开车门，童长荣将赵瑞麟背下了车子。卓蓝打开了地下室的灯，里面金碧辉煌。

童长荣将赵瑞麟放到床上，他已经是奄奄一息。卓蓝拉开一扇门，里面就是一个小型医卫室，应有尽有。

卓蓝：昱姐，这里有手术刀、酒精、麻醉药、针头，还有葡萄糖，你可以放心地手术了。

赵瑞昱连忙动手,吊水,取子弹。

卓蓝从酒柜里拿出一瓶红酒,打开倒上。童长荣端着红酒。

赵瑞麟歪过头,看着卓蓝,软弱无力地:上午开会,你为什么没有到?

卓蓝苦笑:我命大,本身就睡过了,接着那个生病的小姑娘跑来感谢我,耽误了我的时间,接着轮胎破了,刚刚开出纱厂,路又挖断了,你说是不是老天爷眷顾我。

赵瑞麟又把头转向童长荣:童长荣,你有种!救了杨飞一命,现在又救了我一命,我需要感谢你吗?

童长荣举了举酒杯:不要感谢,我倒是真诚地希望国共携起手来,把北洋军政府打倒。

赵瑞昱让赵瑞麟别说话。赵瑞麟闭上了眼睛。

卓蓝见赵瑞麟没有了生命危险,她急于要把这个消息告诉戴季陶,以免他做出过激的行动,于是开车来到了戴季陶的办事处。

戴季陶正在他的办事处里长吁短叹,情绪低落。卓蓝走了进来。

戴季陶急切地问卓蓝,赵瑞麟情况怎么样?

卓蓝:幸好,赵瑞麟穿了防弹背心,没有致命伤。

戴季陶如释重负,那就好,那就好。他摸着胸脯,竭力平息心中的情绪。

卓蓝:不过,44号差不多全部覆灭,这些年来积攒的一点本钱全赔进去了。

戴季陶气不打一处来,说打狗还得看主人,南京那一班混蛋就是在打我的老脸,你知道吗?他们居然麻木不仁,和共产党搞合作,搞决议案,取缔我们的组织。混蛋!我们的新党部才是代表中国的希望,你知道吗?就这么被他们毁了,令人痛心啊!你知道不知道,如果这样下去,将来就是共产党的天下了!

秘书送进来一封信,说这是蒋介石先生写给你的亲笔信。

卓蓝递给戴季陶一把剪刀,戴季陶剪开,看了一遍,情绪大好。

戴季陶:还是蒋兄了解我,让我的心情好了一大半。卓蓝,知道蒋介石先生吗?

卓蓝：我知道，他现在被国民政府任命为北伐军总司令。

戴季陶告诉卓蓝，我和他留学日本，风流东瀛，后来一起做生意，亏了本，我在绝望之中差点跳江，是他救了我。如今我在苦难中，又是他第一个写信来安慰我，认定我对中山先生思想的修正正是中国革命的方向。他就是国民党里为数不多的明白人，也是一颗正在冉冉升起的政治明星，他对形势的判断深得我心啊。

卓蓝：戴先生，对政治上的事，那是你们这些大人物要考虑的事，我还不太懂。我只是受赵瑞麟的委托来向您报个平安的。

戴季陶：请你转告赵瑞麟，安心养伤，我们会有东山再起的那一天。

杨飞、张龙和他的一帮人马按照指定地点在小树林里会合。

杨飞朝大家拱手：今天感谢大家舍命一搏，我杨某记在心里。大家的表现我非常满意，唯一的遗憾就是让赵瑞麟那小子跑了。他跑得了初一，躲不过十五。弟兄们，听我说，北伐军很快就要打过来了，国民革命军进军上海指日可待，赶走军阀统治，44 号楼仍然是我们的。到时候，我一定带着弟兄们，重整旗鼓待河山。不过，暂时还得请弟兄们委屈一下，就地解散，每人发放十块大洋。

杨飞从车上取出一袋银圆，张龙开始发放。杨飞望着行动队成员陆续散去，对张龙说，这会儿我估计戴季陶和那些所谓的西山会议派哭都来不及呢。

张龙：杨副秘书长，我们这就回南京吗？

杨飞：不，我还想去见一个人，我们的老朋友。

童长荣和卓蓝分手后，也回到了夜校，向罗栗文汇报了具体情况。

罗栗文思索着：赵瑞麟还是活下来了，这个人，是理念型的反共派，将来不好对付啊。但也有个好处，好处在于将来你在杨飞、赵瑞麟、卓蓝之间都有了一席位置。从组织对形势的分析看，将来和国民党打交道，恐怕不是一朝一夕的事，我们得从长计议。

童长荣：组织上还有什么新的精神？

罗栗文：这正是我要说的。鉴于上海工人运动的蓬勃开展，组织上决定在有条件的工厂成立工人武装,彻底推翻军阀统治。

王舒:可我们没有武器,不能用棍棒把军阀消灭掉。

传来敲门声,罗栗文让王舒开门。杨飞、张龙闪了进来,王舒带他们走进屋里。罗栗文和他们握手让座。

罗栗文:我听说了,你们今天对 44 号出手了。

杨飞:是的,我们是来清理门户的,让你们笑话了。

罗栗文:这是你们国民党有识之士的正确决定,国共合作得以回到正确的轨道。这个伪党部就是一颗毒瘤,将来危害性极大,不利于中国的革命事业。

杨飞:今番来,一是感谢上次的搭救;二是通报一下情况;三是还有一件事来与你们商量。

罗栗文请杨飞把话说下去。

杨飞:我听说,你们有组织工人武装的打算。

罗栗文:是的,现在工人都觉悟起来了,我们的确有组织工人武装的打算。

杨飞:我也是这么想的,希望你们能在工人中把火先点起来。

罗栗文:你们不留在上海?

杨飞:这阵子军警、警察正在追查,我们暂时还不能待在上海,不过我们很快就会回来。

告辞了,我们会再相会的。

罗栗文:二位多保重。

送走杨飞、张龙后,童长荣问罗栗文,杨飞是什么意思。罗栗文慨叹,杨飞为什么刚刚血洗了 44 号,立即跑来说这事,他们有他们的算计,是想拿我们当枪使,无非是要我们先出这个头。他们倒好,脚底下抹油了。

王舒:我说个丧气的话,和这些人搞合作,指望不上。

罗栗文点点头说正是,《国际歌》的歌词写得好哇,从来就没有什么救世主,也不靠神仙皇帝,要创造人类的幸福,全靠我们自己。

童长荣、王舒默念:我们要夺回劳动的果实,让思想冲破牢笼,快把那炉火烧红,趁热打铁才能成功!

大华纱厂车间里,轰鸣的机器声背景中,刘大哥边干活边领唱:起来,饥寒交迫的奴隶……

女工们边干活边接唱:起来,全世界受苦的人!满腔的热血已经沸腾!要为真理而斗争,旧世界打个落花流水,奴隶们起来起来!不要说我们一无所有,我们要做天下的主人!

连娣身体稍有恢复,就开始上机了,满脸汗水,浑身湿透。田嫂突然看见连娣捂住了肚子,露出痛苦的表情,连忙过来替她揉揉。正在这个时候,卓蓝走进了车间,见此情形,关切地:连娣,怎么啦,又哪里不好啦?

连娣的眼泪出来了:谢谢卓小姐来看我,我恐怕好不了啦。

田嫂:快跟卓小姐说说,哪里不好?

连娣:昨天肚子开始痛,晚上下面开始流血,现在越流越多,卓小姐,你不该救我,还是早点死好。

田嫂、卓蓝对望了一下,笑了起来。

连娣疑惑地望着卓蓝、田嫂。

卓蓝:田嫂,你把她带出来。

工厂外,卓蓝在连娣的脸上亲了一口:小妹妹,恭喜你。

连娣懵懵懂懂还在惊恐中。

田嫂:连娣,这不是病,你长大了,将来可以生儿育女了。

连娣:我不懂,我以为这是绝症,昨晚哭了一晚上。

卓蓝:怎么到了 16 岁了才来?

田嫂:卓小姐,你是不了解穷人的苦啊。她是到了医院吃上一点好的才有的,我跟你说,这些车间的许多女孩子到了 18 岁没来月份的多着呢。

卓蓝:田嫂,让她今天休息。

田嫂摇摇头:卓小姐,你的好意我们领了。这些女工哪个身上没有病,风湿病、关节炎、胃病、肺病都是在工厂里落下的,像她都要休息,你就把工厂关了。

连娣笑了:卓姐姐,谢谢你,只要不是病就好,我能干活的,我不偷懒。

卓蓝摸摸连娣的头,眼睛已经湿润。卓蓝转身走了,田嫂、连娣望着她的背影,看见卓蓝用手帕在揩眼泪。

大街上,童长荣在报亭买了份报纸,走到后面的民房,注视着人员进出,终于看见李卫从一个门洞里走了出来。

童长荣立即回到一个李卫能看到的位置,做出一边看报纸一边在等人的状态。李卫压低帽檐走了过来,他发现了童长荣。

李卫拍了一下童长荣,童长荣回头。

童长荣:李卫,你小子没死掉。

李卫:老子没死掉,阎王说,童长荣还差我一顿酒。

童长荣:阎王爷可不能得罪,今天管你喝个饱。

两人进了小酒馆,童长荣举起酒杯。

李卫高声地:在阎王爷那里走过一遭的人还怕什么,喝!

童长荣:兄弟,我先干!

童长荣满满一杯倒进嘴里,李卫接着干了,亮出杯底给童长荣看。李卫满上酒,端起杯子,被童长荣摁住。

童长荣:兄弟,慢点,酒伤身子。

李卫:长荣,我说你是兄弟,那是高攀了。

童长荣:兄弟,酒都喝到这个份上,这关系就不是一般的铁了。

李卫:那是,铁哥们!

童长荣:岂止是铁哥们,我们配合得也很好,那就叫绝配。

李卫:长荣兄弟,这话从何说起,我有点不明白?

童长荣:兄弟,你不记得了,要不是你的配合,我能救走杨飞?

李卫:你说这话我怎么听不懂呢?

童长荣盯着李卫:你别给我装傻,这赵瑞麟也是你放跑的!

李卫:长荣兄弟,你是在讲故事吧。

童长荣:李卫兄弟,你不愿意说,我就先说吧,我是既救了杨飞,也救了赵瑞麟,我够不够朋友?

李卫:可你为什么要这样做?

童长荣:我还要问你呢!

李卫:这……

童长荣:你不说,我来帮你说,你们的行动是从 46 号仓库开始的,八点二十集合,九点行动,沿着地下通道来到 44 号楼下,发起突袭。赵瑞麟开会也是你透露的,所以杨飞的目标非常明确,直扑会议室。可在关键时刻,又是你放跑了赵瑞麟。

李卫眨巴着眼睛:厉害,佩服,你什么都知道了。

童长荣:可我感兴趣的是,杨飞的行动队员,是怎么把这些轻重武器带到仓库里的?

李卫望着童长荣:这仓库本身就是军火库,各种武器应有尽有,现在还有上百支步枪呢。

童长荣:那可以装备一个连了。

李卫:现在呀,杨飞和赵瑞麟都无暇顾及那个仓库,是个隐患,一旦被别有用心的人找到了,流落到黑市上,可不得了。我急需找到赵瑞麟,啊,兄弟,你不是说你救了他吗,他现在在哪里?

童长荣:他受了伤,正在静养。过两天我带你去见他。

李卫:是我劝他穿上防弹衣的,他还嫌麻烦,否则,真的小命都没有了。

童长荣:李卫,你还没告诉我,你到底是哪一派的呢?

李卫:长荣兄,我劝你一句,凡事不可深究。我们现在是喝酒。

童长荣:来,干了。

两人端起酒,倒进了嘴里。

童长荣略带醉意回到夜校,却发现卓蓝坐在屋子里等他。

童长荣:卓蓝,你怎么来了?

卓蓝:你喝酒了?和谁喝的?

童长荣:李卫呀。他在密训营陪了我半个多月,你说我该不该请他喝顿酒?

卓蓝:这小子没死掉?

童长荣：他的命大着呢。

卓蓝：他说了什么了吗？

童长荣：这小子嘴巴紧，什么都不说。啊，你找我有事？

卓蓝：我想吃咸菜窝窝头。

童长荣：为什么？

卓蓝：我想体会一下穷人的日子。

童长荣眯着眼望着卓蓝说，花天酒地的日子，你是过腻了！

八

罗栗文在上海大学上课，王舒在下面听讲。

罗栗文：今天我给同学们出道题目，请大家来思考这个问题。

他在黑板上写下：穷人越来越穷是社会的错还是个人的错？

同学们在下面议论纷纷，有人说穷人越来越穷这是社会现实。有人说道理再明白不过了，当然是这个黑暗社会的错。

罗栗文点点头，对，要回答这个问题并不难，怎么来解决这个问题，我需要同学们做深入的思考。这也是我们学习社会学的目的，就是要客观冷静地做穷人政治学、穷人社会关系学、穷人经济学、穷人伦理学、穷人教育学的分析。从明天起，我希望同学们能到街头、车站、码头、里弄、菜市场、工厂、贫民窟去做些调研，拿出具体数据和翔实的案例来。大家可以自愿组合，各有侧重，明天请同学们将选题和调研方案报给我。

上完课后，罗栗文和王舒出了教室，王舒说罗先生这个题目出得好。罗栗文让王舒说来听听。王舒说同学们只要通过调研，就不难得出结论，是这个社会的根子问题，解决的方法就是变革，从制度上的变革，比直接宣传马克思主义效果更佳。

罗栗文赞赏王舒有思想，善于分析问题。

夜校里，童长荣做好了窝窝头，端上了咸菜。卓蓝在看最新一期的《黎明周

报》。

卓蓝敲着桌子对童长荣说,你登这些文章,赵瑞麟会不高兴的,我也不高兴。《黎明周报》煽动工人造反,这不是宣传暴力、制造对立、激起仇恨吗?

童长荣反唇相讥,按照你们戴先生的理论,中国人是散沙一盘,捏不到一起来的,你紧张什么?我很好奇,就想做个实验,看看这些你根本懒得正眼一视的底层人能不能把他们唤醒,特别邀请你做个见证人。

卓蓝瞪着童长荣,胡说八道,谁说我不注视这一群人,我已经注意到了,我们纱厂的那些女工,好多人因为高强度劳动,营养缺乏,有人二十来岁头发就白了,有的连正常的生理期都没有,我都快崩溃了。我想到你这儿来尝尝窝窝头咸菜是什么滋味,我错了吗?你还来劲了。

罗栗文和王舒走了进来。听到两人在斗嘴,罗栗文笑问童长荣,什么事又惹卓小姐生气了。

童长荣笑笑:没什么,卓小姐就是想吃窝窝头。

罗栗文:啊,想吃窝窝头,那还不是容易的一件事,管饱。

童长荣递给卓蓝一只窝窝头。卓蓝接过来在手中打量。又看看罗栗文、童长荣、王舒狼吞虎咽的样子,她咬了一口,三人都注视着卓蓝,卓蓝咽不下去,卡在喉咙里,童长荣连忙给她端来一碗水,卓蓝喝着水,费了很大的劲才咽了下去。

童长荣:觉得不好吃吗?

卓蓝:不是不好吃,是太难吃。这是什么东西做的。

王舒:三分面、七分细糠和麦麸。

罗栗文:卓小姐,我们也不愿意吃这些东西,谁愿意过这样的日子呢?今天我给学生上课,我出了一个题目,让同学们去调研,穷人越来越穷是社会的错还是个人的错?你想过这个问题没有?

卓蓝喃喃地:穷人越来越穷是社会的错还是个人的错。罗先生,我会去思考这个问题。我能带两个窝窝头回去吗?我想给我爸爸尝尝。

童长荣用《黎明周报》包了两个窝窝头递给卓蓝。

卓蓝站了起来:你是想让我爸爸吃着窝窝头,欣赏你们的《黎明周报》吗?

童长荣：不仅要让你爸爸知道穷人吃什么，还要让你爸爸知道穷人在想什么？不好吗？

卓蓝接过窝窝头离开。罗栗文让童长荣送送卓蓝。卓蓝摆了摆手，离开了小屋。

王舒：罗先生，这又是一个生动的案例，不是吗？

罗栗文打趣地：这叫资本家小姐和窝窝头，你好好整理一下，明天剖析给同学们听听。

说话时，王舒的鼻子耸动了几下，突然指着童长荣，你身上有酒味，是不是和卓蓝去喝酒了？

童长荣：我是去喝酒了，可不是跟卓蓝。

童长荣说，他去找李卫，还真的找着了，到小酒馆喝了一顿酒，把他灌多了，得到了一个重要消息，正要向罗大哥报告呢。

罗栗文神情严肃起来，童长荣说，不知李卫是有意还是无意，他透露了46号就是个军火仓库，现在里面还存放着上百支步枪以及数量可观的弹药。

王舒一听，兴奋起来，太好了，这可是我们获取武装的好机会。

罗栗文望着童长荣，问这里面会不会有诈。

童长荣回想着当天的情形，几乎可以确定不是。因为杨飞和赵瑞麟都不会在这个时候对我们下手，因此判断李卫不是在钓鱼。

罗栗文觉得有些不寻常，反问那他为什么要跟你说这些？他让童长荣把过程说出来听听。

童长荣：当我点明他们是在46号仓库集结，从地下通道突袭44号。李卫很吃惊，问我是怎么知道的。我就进一步点出李卫在街上和人联络，以及和张龙会面，在《申报》上联络的事，李卫很震惊，说突袭这件事连赵瑞麟、卓蓝都不知道，你童长荣怎么都掌握得一清二楚。我又进一步点出李卫在杨飞和赵瑞麟之间左右逢源，两边讨好。事实面前，李卫慨叹，他李卫对我而言，已经没有秘密。我是顺带问出他们是如何将武器带进仓库的，他在这样的语境里，说出了46号本身就是军火库。

罗栗文沉吟:而且李卫告诉了具体的数目。

童长荣:是的,还补充了一句话,说赵瑞麟重伤逃走,杨飞在南京,那个军火仓库就成了两不管的地方。

罗栗文疑惑了,这个李卫是个什么人？表面上效力赵瑞麟,暗中助力杨飞,他想干什么？仅仅是为了在夹缝中求得自己的生存吗？

一连串的问号困惑着罗栗文,童长荣也想不明白。罗栗文坚信李卫是有意向童长荣透露 46 号仓库是个军火库。

王舒听到这里,忍不住插话:那这个李卫会不会是自家人？

罗栗文摇摇头:没有听组织上说过。

童长荣回想着和李卫在密训中心相处的日子,李卫看起来浑浑噩噩,懒懒散散,甚至是轻浮好色,现在仔细琢磨,愈加觉得是一个假象。童长荣从李卫的骨子里感受到的是一股正气,他是在伪装自己,此人看来不可等闲视之。罗栗文同意童长荣的分析。

罗栗文经过慎重考虑,开始下达任务,他让童长荣看住李卫,监视他有没有异常举动,自己到 46 号周围去观察动静。让王舒通知刘大哥、周师傅,以拉原料为由调出车辆,再派几个得力人手,事不宜迟,连夜行动。

三人分头出了门。

卓蓝回到了小白楼,将《黎明周报》和两个窝窝头放到了卓荣丰面前。

卓荣丰瞟了一眼,对卓蓝说,从今天起,你不要和那穷小子搅和在一起,这样下去,你就会被他们赤化啦。卓蓝慨叹穷人实在是太可怜了。

卓荣丰说,我承认你看到的都是事实,这有什么大惊小怪的。自古到今,这个社会就是不平等的社会,你想去做绿林好汉,劫富济贫？我见的多了,你没看见街上插着稻草卖儿鬻女的,你都去接济他们？你别以为我连窝窝头都没见过,告诉你,我十六岁从江西乡下流落到上海,窝窝头都吃不上。我再问你一句,你愿意放弃眼下的生活吗？我可以,但你已经不可以了。一句话,面对这样的社会,你只有狠狠心肠,渐渐就习惯了。

卓蓝不再说话,拿起两个窝窝头,准备扔进垃圾桶里。

卓荣丰:留着,给我做晚餐。

卓蓝起身下楼,走进了地下室。赵瑞麟已能下地行走。

赵瑞麟:卓蓝,想方设法把李卫给我找来。

卓蓝向赵瑞麟报告,中午童长荣和李卫还在一起喝酒,童长荣说李卫也想见你。

赵瑞麟思索着:童长荣和李卫在一起喝酒?

卓蓝点点头,说童长荣是要感谢李卫在密训中心陪他一起训练。

赵瑞麟想起了密训中心,还有那个军火仓库,都是这几年积攒的家当,可现在已经处在失控状态中,他让卓蓝一定要布置力量保护好这两个地方,尤其是46号还有枪支弹药。

卓蓝表示,明天她就让童长荣带她去找李卫。

此时,王舒赶到了大华纱厂,向刘大哥、周师傅传达罗栗文的指示。刘大哥、周师傅一听可以弄到一批枪支弹药,异常兴奋,两人分头快速办理了货单和车辆使用的手续,带着王舒上了卡车,将车子开到纱厂门口。

看门的照例检查,说这么晚了,还开车子出去干什么?

刘大哥说机器零备件用完了,明天急等着要呢,都晚上了还不让人休息。

看门的上来检查车辆,边看边嘟哝,不是不相信你们啊,老板有要求,凡进出车辆人员都要检查的。

看门的看看车里空无一物,开始放行。卡车出了大华纱厂,消失在夜色里。

罗栗文在夜色里,悄无声息地来到了环龙路46号。仓库的大铁门并未上锁,锁挂在铁门上。罗栗文犹豫着,担心着,会不会是在唱空城计,诱引上钩。他仔细想了一下,觉得门未上锁,符合逻辑,杨飞上次行动,是从里面的通道里发出突袭的,谁还会跑到外面来上锁呢。这么想着,他的心里反而定了下来,轻轻拉开大门,里面死一般沉寂。他打开手电查看,地上是散乱的一箱一箱的弹药箱,架子上果然还有一排排长枪。

罗栗文小心翼翼地退出了仓库。这时听见外面的马路上传来低沉的汽车声和一束车灯的光柱。车子停了下来,灭了灯,熄了火,王舒跳下车,朝仓库走来。

罗栗文迎了上去,朝王舒点点头,王舒返回指挥刘大哥、周师傅将车子开到了46号仓库前。

几个人警觉地看了一下周围,确认没有什么异常后,罗栗文果断地挥了一下手,他们悄悄进入仓库,四个人来来回回将枪支弹药迅速搬到了卡车上,用帆布将卡车盖紧。

罗栗文和王舒来到大院外查看一下动静,一切如常。刘大哥和周师傅坐在车上,车子慢慢驶出了院子。刘大哥、周师傅将这批武器运进了大华纱厂,连夜在一个废弃的旧厂房里挖了一个坑,将这批武器弹药埋在了地底下,上面重新堆上破旧机器和杂物。

童长荣来到李卫住处的外面,密切监视李卫的一举一动。他看见李卫正在屋内晃来晃去,唱着《空城计》片段。还别说,唱得有板有眼,字正腔圆。这李卫是有意还是无意?李卫知道自己此时就在屋外,是有意唱给自己听的吗?童长荣判断,李卫此时唱《空城计》绝不是巧合,至少是有感而发。不管怎么说,可以确认的是,这应该不是陷阱。童长荣在李卫门口盘桓了一会,见李卫熄灯睡觉,这才放心地离开。

童长荣刚到亚培路里弄门口,就见罗栗文和王舒走了过来,王舒朝童长荣做了一个OK的手势,三人进了屋。罗栗文对童长荣说,我们有了武器,看来这个夜校还得增加一门军事课,你可以担任军事教员了。童长荣点头,在密训中心刚学的知识,这下又可以派上用场了。

罗栗文问童长荣,李卫在干什么。童长荣告诉罗栗文,李卫在家里唱《空城计》。

王舒:那他知道我们今晚要行动?

童长荣:如果是这样,那他就是有意要将这批武器送给我们。

罗栗文:这个李卫,给了我们一个绝佳的机会,过了这个窗口期,我们就再也没有机会拿到这批武器了。

王舒认为这个李卫太神秘了,他到底是什么人呢?童长荣说,我会搞清楚的。

第二天,卓蓝找到了童长荣,要他带着自己去找李卫,这也是童长荣所需要的,他想正面再观察一下李卫。车子停在报亭旁边的三角花园旁边,两人走进了后面的小巷,来到李卫门前。屋内,李卫听到了窗外的响动,他连忙拔出枪,轻微的子弹上膛声。

外面是童长荣的声音:别紧张,我是童长荣。

李卫打开门,见是童长荣和卓蓝站在门口。

李卫:卓小姐,是你?

卓蓝:你不是要见赵主任吗?

李卫搓着手:是的,是的,我是要去看看赵主任的。

一路上,童长荣不经意地看了李卫几眼,心里感受到了李卫有些忐忑不安,童长荣嘴上微微一笑。李卫偷偷地不时地瞟着童长荣,似乎想从童长荣脸上寻找某种答案。

李卫随童长荣、卓蓝进了大华纱厂的小白楼,走进了地下室,来到赵瑞麟跟前。赵瑞麟手臂挂着绷带,靠在沙发上。

李卫一进门,趋步向前,一副关心的神情:赵主任,您没事吧?

赵瑞麟:没事,我这不是好好的嘛。

李卫伤心地:弟兄们已经损失大半,他娘的,我要把杨飞千刀万剐!

童长荣的目光漫不经心地在李卫身上游动着,显然,李卫是言不由衷,这一点童长荣心里很清楚。

赵瑞麟:李卫呀,多亏了你的忠诚,否则,我赵瑞麟就成了他杨飞的枪下鬼了。

李卫:我对赵主任忠贞不贰,当然还有卓小姐。

赵瑞麟拿起一块密布弹孔的防弹板在手中玩赏着。

赵瑞麟:瞧见没有,这些子弹颗颗都在要害部位,这就是要我赵瑞麟的命。不过,有一事我不明白,童长荣,你帮我分析分析,李卫为什么不早不迟地要我穿上防弹服呢?

童长荣接过防弹钢板:不早不迟是个时间概念,看不早于什么时间了。当

天,头天,头几天?

李卫答道:是出事的头一天,我让赵主任穿上防弹服的,赵主任还不太乐意,我劝了又劝,幸亏赵主任听从了我的意见。

童长荣:李卫呀,问题是你是有预感,还是得到某种信息,或者本身就是参与者……

李卫一听急了,连忙摆手:长荣兄弟,你不能这么分析,我要是内鬼为什么还要救赵主任呢?

童长荣:说来也是,如果是内鬼,赵主任可就死定了。

李卫:赵主任,你可千万别怀疑我。

童长荣:李卫,你有预感要出事还好说,如果得到某种信息,却不报告,那就是故意放纵这场血案的发生,只是不希望赵主任去死,问题的性质同样严重。

李卫:长荣兄弟,我就是有个不祥的预感。

童长荣:那你为什么不提醒卓小姐,她那天要不是耽搁了,必死无疑。这就只有一种可能,你得到了信息,希望卓小姐和行动队的人都死掉,这样既在赵主任面前立了功,又扫清了这么多挡在你前面的障碍。

李卫:长荣兄弟,你这么分析,就是逼死我了。赵主任、卓小姐,我冤枉,我对天发誓。

卓蓝:如果这么说,我可以作证,头一天,我和童长荣到高尔夫球场打球,没有上班,他没有通知到我穿防弹衣,可以说得通。

李卫松了一口气:还是卓小姐为我说了句公道话。

童长荣:李卫,假定是你有预感,问题是你的预感从何而来。是从报上看到的信息吗?

童长荣暗中提醒李卫。李卫顺着思路开始为自己辩解,对对对,不光是报上,就连社会上都说我们党部是个非法组织,要求取缔的呼声很高。我看《申报》上发了许多文章,我预感到南京会有行动是前几天就有了,我先穿上了防弹服,现在我还穿在身上,不信你看看。李卫一边解开上衣露出防弹服,一边说我终于憋不住才劝赵主任穿上的。哪知道,第二天就出事了。

童长荣:赵主任,我问完了。

赵瑞麟:童长荣,谢谢你帮我找到了李卫,你可以走了。

童长荣起身离开,走到门口故意放慢了脚步。他想听听赵瑞麟说什么。

赵瑞麟:李卫,只是随便问问而已,我对你难道还不放心吗?今天找你来是交给你一个任务,你陪卓小姐去调查一下我们的损失,包括死伤人员,寻找失散的兄弟,当务之急是把密训中心和仓库的枪支保护起来。

李卫忙不迭地,赵主任请放心。赵瑞麟挥挥手,李卫朝赵瑞麟恭敬地鞠躬,并祝赵瑞麟早日痊愈,然后走出地下室,见童长荣在头里走着,李卫小步快跑跟了上来。

李卫:长荣兄弟,你够义气,你用反证法消除了赵瑞麟对我的怀疑,我记在心里了。

童长荣一笑,拍拍李卫的肩膀:谁让我们是兄弟呢!

卓蓝驾车到了两人跟前:李卫,跟我走。

童长荣:怎么,也不带我一截子。

卓蓝:我们在执行任务,没你什么事。啊,忘了,后备厢里有一袋红糖,你去送给那些女工。童长荣打开后备厢,拎出一麻袋红糖,车子扬长而去,童长荣背着麻袋朝车间走来。

连娣见到童长荣,非常高兴,亲切地叫着童哥哥。

童长荣放下麻袋,望着连娣,来,让我看看,脸上有点肉了,好好,别累着。

连娣开心地笑着干活。

童长荣对田嫂说,这是卓小姐送给女工的红糖。这样,你每天在保温桶里放一点,让大家都能喝上。

田嫂:红糖是个好东西。这卓小姐你还别说,还真是个有心人呢。

童长荣打开麻袋,取过连娣挂在织布机上的饭盒,装了满满一盒子,放进了连娣的布袋子里。

童长荣对着田嫂:她身体弱,照顾一点。

连娣:谢谢童哥哥。

童长荣又抓了一把塞进了连娣的嘴里。

童长荣:甜不甜?

连娣吃着糖,连连点头。

童长荣和田嫂、连娣道别,朝刘大哥、周师傅的维修车间走去。

田嫂望着童长荣的背影:连娣,终于体会到有个哥哥疼你是什么感觉了吧?

连娣:比糖还甜。

童长荣来到刘大哥、周师傅面前。刘大哥看看四周。刘大哥轻声地对童长荣说,请转告罗先生,放心,都藏好了。

童长荣点点头,低声跟刘大哥,周师傅耳语,家伙有了,不会用可不行,找几个信得过的工友,晚上到夜校来,我给你们讲枪支知识。刘大哥点了点头。

李卫和卓蓝来到46号地下仓库查验,这才发现仓库里已经是空空如也。卓蓝问李卫枪支弹药呢,李卫大惊失色地对卓蓝说,糟了,武器全不见了。卓蓝带着李卫一刻不停地赶回地下室向赵瑞麟报告武器失踪的消息。赵瑞麟脸色铁青,半天回不过神来,让他最担心的事还是发生了。

卓蓝对赵瑞麟说,我勘查了现场,杨飞的人员在46号仓库集结,拿着武器沿着地下通道对44号发动突袭的。但他用不了这么多武器。初步判断是有人趁乱运走了这些武器。

赵瑞麟高声地:给我去查,不要放过任何蛛丝马迹,把武器给我找回来!

出了地下室,卓蓝想着这几天李卫和童长荣有接触,就问李卫是否向童长荣透露了有关枪支的信息,李卫矢口否认。卓蓝凭直觉,感觉此事似乎与童长荣有关,连夜带着李卫一刻不停地赶到亚培路夜校。

走进夜校,卓蓝看见几个人围坐在童长荣身边,童长荣拿起一个筛子挂在墙上,中间贴了一张圆形白纸,上面写着:帝国主义,资本主义,封建主义。

童长荣:工友们,看见没有,白纸部分就是靶心,十环,瞄准三点一线。大家先来感受一下。

童长荣将枪递给了刘大哥,刘大哥掂着枪。

刘大哥:各位兄弟,有了这个,说话才有硬气,看谁还敢欺负。

刘大哥做出瞄准的动作。

周师傅:我打过猎,可这手枪还是第一次使唤。

童长荣:枪有短枪长枪,手枪便于携带,长枪射距长,用于阵地作战……

卓蓝、李卫走了进来,来到童长荣跟前,卓蓝伸出手,让童长荣交枪。童长荣说这是你送给我的枪。卓蓝淡淡地说,没收了。童长荣问卓蓝这是为什么?

李卫:童长荣,别问为什么,你心里有数。

童长荣只得将枪递给卓蓝,卓蓝突然将枪对准了童长荣。

童长荣:卓小姐,我又犯了你的什么法了?

卓蓝:好小子,我们有一批武器失窃了,我可以肯定地认为,这是你干的!

童长荣:你们的武器丢了,凭什么就认为是我干的!

卓蓝:现场教人如何打枪,这就是证据。小子,你在这里讲讲马克思主义,过过嘴瘾也就罢了,现在居然教工人打枪,下一步不就是发枪给他们了吗?

童长荣:我给工人们讲讲军事国防知识不行吗?万一有一天外国人侵略中国,打进了上海,我们还能不反抗吗?再则,打倒北洋军阀政府,更需要工人武装。我们正愁没有枪呢,如果你早说,说不定我们真的就去动手了。

卓蓝朝李卫呶一下嘴:给我去搜!

李卫在屋里搜了一圈,搜出了一个麻袋,倒出几支木头长短枪。

童长荣:卓小姐,我这两天除了睡觉,所有的时间都和你在一起,要是与我有关,你,李卫,你们俩就是和我合伙的。你也不动脑子想想,这上海滩,青帮红帮、黑道白道、地痞流氓、外国势力、租界洋房、军阀警察、黑市交易,你怎么不去查查?跑到我这儿来耍什么横?

卓蓝:那你说,这到底是什么人干的?

童长荣:道理很简单,武器是供人使用的,不用它就是一堆柴火棍,一文不值。一旦出现,你们就顺藤摸瓜,不就查出来了吗?

李卫:卓小姐,长荣兄弟说的有道理。

卓蓝只好放下了枪,对童长荣说,小子,一旦让我发现是你干的,你就死定了。童长荣一笑,卓蓝将枪扔给了他,带着李卫走了。

罗栗文和王舒回到夜校,得知卓蓝、李卫来查武器。罗栗文笑着说,卓蓝和李卫有充分的理由怀疑你,童长荣说怀疑有什么用,俗话说得好,捉贼要拿赃,可不能无凭据地冤枉好人。

卓蓝做梦也不会想到,这批武器就藏在她的纱厂里。童长荣说有点可惜,今晚的军事课被他们搅了。

罗栗文叮嘱童长荣和王舒,我们还是小心加小心,既然拿到了这批货,就不想还给他们了。

三人坐定之后,罗栗文告诉了童长荣、王舒一个好消息,那就是经组织研究,准备吸收童长荣、王舒、刘大哥、周师傅、田嫂为中国共产党预备党员。

王舒:那太好了! 我们就要成为党的人了。

童长荣很激动:也就是说组织上对我们所做的工作是充分肯定的。

罗栗文:你们所做的工作组织上都知道。今天我也可以明确地告诉你们了,我所说的组织就是指党的中央委员会和下辖各级地方组织。

童长荣:我们的中央就在上海吗?

罗栗文:我只能告诉你,有时很近,离我们不到几个街区;有时很远,远在武汉。另外,我还要告诉你们,中共江苏省委已经明确由我担任中心城区的区委书记,从此以后,我们的一切行动都将严格在党的领导下开展工作。

童长荣:太好了,那我得改口了,叫您罗书记。

罗栗文:还是叫罗大哥或者老罗吧。这次会议,组织上传达了党的四大精神,党明确提出了无产阶级在革命中的领导权的问题,决定要进一步加强党对工农群众的领导。组织上要求在有条件的工厂成立工人纠察队和罢工组织。我的意见是以大华纱厂为基础,联络附近工厂,把工友们发动起来,团结起来,和军阀统治、帝国主义、资本主义、封建主义以及一切反动势力作坚决的斗争。

童长荣、王舒感觉到自己的身份变了,一下子变得严肃起来,隐隐地感到身上的责任。童长荣诚恳地说,我们还只是预备,还要更加努力,时刻做好准备,接受组织的严格考验。罗栗文满意地点点头。

1925 年 5 月,震惊中外的"五卅运动"爆发,罗栗文在童长荣、王舒的陪同下走进大华纱厂车间。

罗栗文发表演说:工友们,就在昨天,日本商人在沪西棉纱厂要收回与工友达成的合理要求,党员工人顾正红与他们据理力争,他们不但予以拒绝,还狠下毒手打死了顾正红,开除工人。沪西两万多名工人已经开始罢工。中国共产党中央委员会昨天连续召开会议,成立了罢工委员会,号召举行全国性的罢工罢课罢市运动。

童长荣振臂高呼:上海是中国人的上海! 打倒帝国主义!

工友们群情激愤,随即高呼。

童长荣:收回外国租界,废除不平等条约,为死难同胞报仇!

罗栗文:各厂工友代表们,为积极响应中央号召,我宣布沪中区从九点起正式罢工!

热烈的掌声中,刘大哥高喊:工友们,关掉机器!

田嫂关掉了机器,女工们陆续关掉了机器,连娣在迟疑中也关掉了机器。紧接着,罗栗文宣布成立工人纠察队,佩戴红袖章。

罗栗文又宣布,罢工游行现在出发!

纱厂内的小白楼上,卓荣丰、卓蓝站在阳台上,望着大批工人朝工厂门口涌来。卓蓝看见了罗栗文、童长荣、王舒、刘大哥、田嫂走在队伍的最前列,她还看见了连娣也在队伍里头。

童长荣:打倒帝国主义! 外国列强从中国滚出去!

工友们跟着高呼。

童长荣:消灭剥削阶级,工友们要做自己的主人!

卓荣丰阴沉着脸:卓蓝,这就是你的英才计划,你这叫引狼入室。

卓蓝:日本人蠢! 干吗要打死工人,共产党现在是借势发力,这上海要大乱了。

卓荣丰忧郁地:纱厂要瘫痪了,心痛啊!

游行的队伍开始转向走出厂外。卓蓝匆匆下楼。

卓荣丰追问:卓蓝,你要到哪里去?

卓蓝:去看看热闹不行吗?

大街上,大华纱厂的游行队伍与各厂游行队伍开始汇聚,往中心城区进发。卓蓝尾随在人群后面,李卫来到卓蓝身边。卓蓝问李卫怎么也来了。李卫朝卓蓝示意,顺着李卫手指的方向,卓蓝发现了杨飞和张龙也在人群中。卓蓝对李卫轻轻耳语,跟上去!

杨飞和张龙渐渐脱离了游行队伍,消失在里弄里。卓蓝带着李卫在迷宫式的里弄里搜寻,转悠了半天,不见两人的踪影。卓蓝和李卫站在十字路口,四处张望,犹疑不决,杨飞和张龙从后面突然出现。卓蓝和李卫转身,四支枪两两对峙。突然,李卫站到了杨飞、张龙一边,将枪也对准了卓蓝,卓蓝大吃一惊,她朝李卫狠狠地盯了一眼,今天,她才看清楚了李卫是个吃里爬外的家伙。李卫命令卓蓝将枪放下,卓蓝无奈,慢慢弯下腰,将枪放在地上。

卓蓝站起来惨笑:终于有了这一天,工厂瘫痪了,命也到头了。开枪吧。

卓蓝闭上了眼睛。

杨飞笑了:卓小姐还记得吗?我们还有一个未完成的饭局,饭还没吃成,我怎么舍得开枪呢?回去告诉赵瑞麟,今天晚上我请客,地点还是金门大酒店,还是老规矩,我请客,你买单。

卓蓝睁开眼,没想明白是怎么回事,三人已经迅速离开。卓蓝捡起地上的枪,一路上理不出个头绪,满腹狐疑地来到了赵瑞麟的住处,进了屋,却见赵瑞麟悠闲地在喂鱼缸里的金鱼。

赵瑞麟头也不抬地:卓蓝,你来是告诉我工人罢工、商人罢市、学生罢课,还是那批军火有线索了?

卓蓝:我看见了杨飞和张龙。

赵瑞麟淡淡地:是吗?

卓蓝:我说我看到了杨飞和张龙,你怎么没有反应?

赵瑞麟:还看到了什么?

卓蓝:没想到,李卫是杨飞的人,他居然调转枪口把枪对准了我!

赵瑞麟:啊,是这样。坐!

卓蓝:我说,你这人是怎么啦?被杨飞打傻啦?

赵瑞麟:就这些?

卓蓝:杨飞说,还要继续上次的晚餐。

赵瑞麟:我想听听你的意见,是去还是不去呢?

卓蓝:那不是明摆着又是一场鸿门宴吗?

赵瑞麟放声大笑。卓蓝更加不解。

赵瑞麟止住笑:我损失了几十个弟兄,却换来了真理。实话告诉你吧,这次杨飞来上海是受陈先生之命来的,戴先生已经通知我和他商谈合作事宜,这不是鸿门宴,这是为伟大事业的奠基酒,怎么能不喝呢?

卓蓝:等等,你说的我听不明白。

赵瑞麟:蒋介石先生决定接受戴季陶的理论。陈先生决定助一臂之力,这次杨飞就是受陈先生的委托,来上海和我谈合作事宜。

卓蓝:搞不懂,刚刚你死我活,现在又要勾肩搭背。

赵瑞麟:我说你不懂政治嘛。我现在就明确告诉你,蒋先生的军事力量和戴先生的思想力量一结合,这在中国是多么强大的力量,我们的使命就是为新的革命形势保驾护航。

卓蓝:那就是说,你和杨飞要化敌为友了?

赵瑞麟:本来我们就不是敌人,何谓敌人这一说?

卓蓝:不管怎么说,李卫那小子,我可饶不了他!

赵瑞麟:这小子就是个泥鳅,他既救了杨飞,也救了我,这就是他的底气,我和杨飞不但不处罚他,还要重用他!没有他,哪有今晚的晚餐呢?

卓兰:我算是看穿了,没有永远的敌人,只有永远的利益。

赵瑞麟:卓蓝,这叫大格局,大胸怀!

夜晚的金门大酒店灯火辉煌。张龙、李卫站在一旁。

赵瑞麟和杨飞的手握在了一起,两人亲密拥抱。卓蓝既像嘲讽,又像是喝倒彩似的不紧不慢地鼓起了掌。

卓蓝:这三十年河东三十年河西,一会儿刺刀见红,一会儿就卿卿我我,搂搂抱抱,世事难料啊。

杨飞端起酒杯:我提议,过去的不愉快,一笔勾销,为了我们美好的未来干杯!

几人一饮而尽。张龙给杨飞、赵瑞麟斟酒,李卫给卓蓝斟酒。

卓蓝狠狠地盯了李卫一眼:你小子够可以的啊,回头我饶不了你!

李卫谦恭着身体:卓小姐,还是那句话,我对您忠贞不贰。

金门大酒店外面传来口号声和游行的人群。

赵瑞麟和杨飞站起来,望着窗外:共产党这次组织工人罢工,闹腾得动静不小呢。

杨飞:闹腾一下也好哇,对蒋先生有利呀。来,干杯!

晚饭后,赵瑞麟和杨飞两人来到黄浦江畔密谈。

杨飞:有些事只能我们两个人知道,不能有第三个人。现在蒋先生代表着新生的力量,暂时国共合作的这个旗帜还得举着,因为蒋先生在国民党里还没有取得决定性的位置。

赵瑞麟:你这么一说,再加上戴先生一劝,我呀是想恨你也恨不起来了。

杨飞:我正式告诉你,蒋先生决定接受戴先生对孙中山先生"三民主义"的新解释,赞成他在《中国革命与中国国民党》里的诸多观点,我现在只能告诉你这么多。

赵瑞麟:需要戴先生做什么?

杨飞:戴先生要继续研究他的理论,加快成熟定型,将来可以作为国民党的指导思想。不过,还需要戴先生利用他在国内国外的威望为蒋先生拉抬人气。

赵瑞麟:这事可不能被共产党察觉了,尤其是童长荣这小子和卓蓝整天厮混在一起,我就怕泄露了出去。

杨飞;这就是我俩单独密谈的原因。记住,目前仍是国共合作的主基调不变,对童长荣他们态度不变,卓蓝对他的接触不要有改变。

赵瑞麟:对这些赤色分子我还是很担心,这次工人罢工运动,他们的动员力量是惊人的。还有上次仓库的军火,我就怀疑是罗栗文和童长荣在里面做的鬼。

杨飞思考了一会儿:这样吧,让罗栗文、童长荣他们闹腾几天,你再给警察局陆警长打个电话,就说是罗栗文、童长荣宣传赤色革命,鼓动工人罢工,先把他们关几天,然后我再出面把他们保出来,正好国共合作有个出国留学项目,把他们送到国外待几年。

赵瑞麟:这个办法好,不过那陆警长就听我们的?要关就关,要放就放?

杨飞:那小子知道北洋军阀蹦跶不了几天了,已经投靠南京,为自己找出路了。

接连游行几天之后,罗栗文在夜校召集童长荣、王舒、刘大哥、田嫂、周师傅等骨干成员开会。

罗栗文:现在,帝国主义利用租界军力和反动警察开始准备镇压工人学生运动。这两天在上海和全国各地,已经打死工人学生多名,我只问你们一句话,你们怕不怕?

刘大哥:我们无产阶级已经一无所有,还怕什么,我们唯一失去的就是自己身上的锁链。罗书记,我提议起用那批军火,跟他们拼了。

童长荣摇摇头:我们还缺少训练,等于送死。不到最后的时刻,谁也不许动那批军火。

田嫂:罗大哥,我们女工们都已经觉醒了,我们不做纱锭下的冤魂,为革命而死,值!

罗栗文:我同意长荣同志的意见。不能盲干,不做无谓的牺牲。我们的目标是为废除一切不平等条约,推翻帝国主义在中国的一切特权而斗争。刘大哥、周师傅、田嫂,请你们把工人紧密地团结起来。在罢工期间,互相帮助,务必请大家注意安全,统一行动听从指挥。什么时候和工厂谈判,什么时候罢工、复工,我们各区统一听从中央罢工委员会和上海总工会的安排。

会议结束后,童长荣对罗栗文说了他的想法,既然组织上有明确要求,要把这场反帝爱国运动推向全国,他就想回到安庆去组织发动。

罗栗文笑了:你还不知道吧。安庆各界已经在打着我们两个人的旗号开始

罢工罢课。你的那位局长亲戚又要开始忙活捉拿罗栗文和童长荣了。

童长荣:那我就更应该回去。

罗栗文:上海的任务更为艰巨,再说吧。

卓蓝回到小白楼已经很晚了,却发现父亲还没有睡,在客厅里心绪不宁。

卓蓝过来安慰父亲,爸,您别着急,我看这次罢工又不是冲着我们来的。这些外国列强在中国肆意横行,租界比比皆是,许许多多的国中之国,这个国家都成什么样子了,是到了还以颜色给他们看看的时候。就拿你和高崎经营的纱厂来说,绝大多数利润都被他拿走了,凭什么呀?

卓荣丰不满地瞟了女儿一眼,你说得轻巧,我不着急?你知道这几个厂子停工一天,损失有多大吗?这个高崎可倒好,怕中国人找他的麻烦,不知道跑到哪里去了。到时候,所有的损失还会算到我的头上。

卓蓝:爸,这次全上海所有的厂子都停工了,又不是我们一家,急也没用。早点睡吧。

卓荣丰对卓蓝说,你和童长荣那个年轻人接触也有好处,至少还能和罢工的组织者说上话。你明天去找一下他,探探口风。

卓蓝:不想去,我待他那么好,可他还是那么毫不留情地走在队伍的最前列。我们确实不是一路人。

卓荣丰:至少有一点,让他们能够承诺不来冲击小白楼,答应保证我们的人身安全,这总是可以的吧。工人们要是情绪失控,什么事情都是能做出来的。

卓蓝望着父亲憔悴的表情,没有再言语,转身下楼。卓荣丰问卓蓝到哪里去,卓蓝说,我现在就去找他去。

就在卓蓝去夜校找童长荣的时候,赵瑞麟在他的住处拿起了电话,给警察分局的陆警长打电话,自报家门,并称是杨飞的好朋友,陆警长说杨飞副秘书长已经打过电话了,赵主任有什么事尽管吩咐。

赵瑞麟见杨飞已经通过气,就直奔主题,你记一下,亚培路里弄 138 号,将那三个为首的给我抓了,还有,环龙路 46 号仓库里有一批军火也有可能是他们干的,也请你帮我审一审。

陆警长唯唯诺诺:好的好的,我晓得啦。

夜校里,罗栗文、童长荣、王舒正在商量明天的工作。

罗栗文交代他明天上午先到罢工委员会参加会议,然后去总工会。让童长荣、王舒一早去纱厂,具体了解一下一些工友在罢工期间有哪些困难,有哪些不稳定的情绪,及时做好思想动员工作。

这时,陆警长带人冲进了夜校,将罗栗文、童长荣、王舒围住了。警察搜出了《黎明周报》。

陆警长拿着《黎明周报》:你们公然宣传赤色革命,鼓动工人罢工,还要进行武装斗争,带走!

上来一群警察架住了三人。

罗栗文:你们这种行为就是充当帝国主义的走狗,我抗议!

童长荣:你们还是中国人吗?

里弄外面,卓蓝的车刚开到里弄门口,看见罗栗文、童长荣、王舒被押上了警车。三个人也都看见了卓蓝。

卓蓝走到夜校门口,门上已经贴上了封条。无奈,卓蓝只好折回,卓荣丰一听三个为首的被抓,更加担心,觉得事情越来越糟了,这不是给工人火上浇油吗?工人们万一要鱼死网破,毁了机器,甚至要出人命,这可怎么办?

卓蓝觉得父亲说得有道理,也觉得事情正在朝失控的方向发展。卓荣丰对卓蓝说,现在唯一的办法就是去找赵瑞麟,让他想想办法。

赵瑞麟情绪很好,喝了不少酒,酒气上涌,准备上床睡觉,却听见有人敲门,他有些站立不稳不想搭理。一听到外面是卓蓝的声音,他歪着身子去开了门,却发现卓荣丰站在门口。

赵瑞麟连忙将卓荣丰迎进屋内:啊,是卓叔,快请坐。有什么事打个电话吩咐,这大半夜的,还让您老亲自登门,真让我担当不起。

卓荣丰:瑞麟啊,事情紧急,我是来求你帮忙的。

赵瑞麟:什么事? 您老尽管吩咐。

卓蓝:罗栗文、童长荣、王舒三个人发动大华纱厂工人罢工,被警察抓走了。

赵瑞麟:这是好事呀,这伙人就应该抓!

卓荣丰:瑞麟呀,警察把这为首的三个人抓了进去,那些工人不就是群龙无首了吗?明天,我还不知道这些工人要闹出什么乱子呢。

赵瑞麟:卓叔,你说得有道理。这三个人可恶又可恨,我觉得吧,抓是应该的。为了预防工人冲击小白楼,明天一大早,我派些人手到大华纱厂负责警戒,您看这样行不行?

卓荣丰摇摇头,不行啊,你的兄弟能保护小白楼一年两年?我的纱厂还要开下去,最终还是要和他们好说,我不能得罪了这些工人。我的意思是想请你能否想办法找找人,把他们放出来,有事好商量。现在我连商量谈判的人都没有了。

赵瑞麟和杨飞抓罗栗文、童长荣、王舒不是目的,把他们弄出上海才是他们的目标,至于怎么把他们踢出上海,又不影响到国共关系,赵瑞麟一时还没有想到合适的路径,无疑卓氏父女的到来,给了赵瑞麟一个最佳方式,又做了一个大大的顺水人情。赵瑞麟显得异常热心,对卓荣丰说,是的是的,卓叔所言极是。谁跟陆警长熟呢,我来想想,啊,对对,想起来了,上次听杨飞说过,他和陆警长熟,这样,卓蓝啊,要不,你去跟他说说。

卓蓝着急地说,我不知道杨飞在哪里,怎么去找他呀。赵瑞麟点头称是,这样吧,我来派人找杨飞。真是过意不去,还让卓叔亲自劳顿奔波,这么办吧,这事交给我来处理。卓荣丰感激不尽,朝赵瑞麟鞠躬致谢。

卓蓝驾车回来,夜已深了,路上阒无一人。

卓荣丰:赵瑞麟和杨飞不是生死仇人吗?刚刚取缔了上海党部,杀得血流成河,怎么,又和好了?

卓蓝:我也没看懂,前两天,杨飞到了上海,晚上一起喝了一顿酒。听赵瑞麟说,蒋介石和戴先生要合作了。你没看到赵瑞麟,又开始春风得意了。

卓荣丰叹了一口气:局势越来越复杂了,各派力量你方唱罢我登场,相互角力,此消彼长,拉帮结派。蓝蓝,我劝你还是退出来。我算是看透了,国民党里的这些人,表面上革命口号喊得比谁都响,可是暗地里都乘这个乱世积蓄力量,捞取政治资本。共产党虽然也可恶,把我逼得走投无路,可有一句说一句,他们为的是穷人撑腰说话,他们没有自己的私利,比这些人要高尚得多。

卓蓝:那你不还是不遗余力地资助他们。

卓荣丰:我不资助他们资助谁,难道我还要支持要打倒我的共产党吗?

九

警察局里,罗栗文、童长荣、王舒三人关在一起。

罗栗文:我在纳闷,警察局是怎么发现这个夜校的?

王舒:那还用说吗?抓我们的时候,卓蓝就在现场,肯定是她家花钱买通了警察,又给警察指路来抓我们的。

童长荣:我也看到了卓蓝,不过,这有点反常。这次罢工活动,租界里的警察都参加了。这些警察也受外国军警欺负,平时敢怒不敢言,正好趁此机会发泄一下,对工人运动是持同情支持态度的,怎么突然抓起人了,这是谁下的命令?

罗栗文:长荣,你说得很有道理,你分析分析。

童长荣:我想应该不是卓蓝所为。第一,她很清楚,这次罢工是一次反帝运动,不是针对大华纱厂的;第二,依我对她的了解,她还是有爱国心的;第三,大华纱厂有工会组织,和纱厂有畅通的沟通机制,没有必要抓我们;第四,即便是她联络的,她此时应该不会出现在夜校门口。更重要的是我看到了她的眼神,迷惑而又焦虑。

王舒:那她怎么恰恰在这时候出现在夜校门口?

罗栗文:那她一定是来找我们有事的。

童长荣:等会儿警察要来审讯,我们留点神,听听审问内容就知道了。

突然,听见外面一阵喧嚣,三人听见了嘈杂的脚步声、抗议声、口号声,知道是大华纱厂的工友来了。他们站立起来,来到窗前,窗户开在狭窄的小巷子里,看不到外面的情形。

终于听到了刘大哥的声音:你们这些警察,给我听好了,立即放人,否则,我们就砸烂警察局。

工友们高呼:狗警察,放人,放人!

还有工友们高呼:跟你们拼了!

警察也在高喊:再敢往前一步,我们就开枪!

罗栗文:糟了糟了,要坏事!

童长荣敲着铁门:来人!

一个警察走了过来:什么事?

童长荣:听到外面的声音了吗?

警察:听到又怎么样? 他们就是喊破了嗓子,你们也休想出去!

童长荣:把你们的警长喊来!

走廊里,陆警长来回走着,嘴里骂骂咧咧:这个杨飞,是故意给我出难题,头痛。警察匆匆走来报告说那三个犯人想找你。陆警长随警察来到牢房里。

陆警长:什么事啊?

罗栗文:你都听到了,我们不希望在你们警察局发生流血事件。

陆警长:那你说怎么办啦?

罗栗文:给我一支笔,一张纸。

警察局前,工友们情绪越来越激烈,警察开始拉枪栓,瞄准了群众。卓蓝的车慢慢开了过来,她看见陆警长走了出来。

陆警长:把枪给我放下!

警察放下了枪。陆警长扬了扬手中的纸条。

陆警长:谁是头啊?

刘大哥:我就是,你想怎么样?

陆警长:这是罗栗文写给你们的,看看吧。

刘大哥接过信,上面写道:刘大哥、周师傅、田嫂、亲爱的工友们,警察抓我们来只是了解情况,不用担心,务必记住你们的任务,目标是帝国主义及其走狗! 请大家服从命令,立刻回去,继续做好罢工斗争! 我们会很快出来的!

陆警长悄悄凑近刘大哥:放心,过两天,我要是不放人,那你们再来。

刘大哥:那你说话得算数。

陆警长:算数!

刘大哥大声地:警察局答应了,过两天放人,我们撤! 继续我们的游行示威!

工友们高呼口号,离开了警察局。

卓蓝坐在车里,看见了陆警长和刘大哥耳语,又听见了刘大哥明确说警察局答应过两天就放人。人能放出来,让她稍微安心了点。她将车开到公园,走进来在长椅上坐下,她陷入了沉思,她也想着同样的问题,昨天警察抓人的时候,她正好出现在夜校门口,罗栗文、童长荣会认为是自己指使的吗? 假如这些工人也会认为是我? 我能说得清吗?

卓蓝回想起陆警长的话,放心,过两天,我要是不放人,那你们再来。昨天夜里,赵瑞麟说杨飞与陆警长很熟。赵瑞麟这么快就跟杨飞说了,杨飞已经和陆警长打过招呼了? 卓蓝点点头,又摇摇头,她理不出个头绪来,她想起了父亲的话,这个社会很险恶,人心难测,会不会是杨飞和赵瑞麟在背后趁游行示威耍的计谋,她在一念间有过这样的想法,但是她没有任何信息去证明自己的推断,她想去找李卫,很快又否定了自己的想法。直觉告诉她,如果是杨飞和赵瑞麟的合谋,李卫就会和自己一样不知情。

她不想去找李卫,偏偏这时,李卫就出现在自己的眼前。卓蓝站起来指着李卫,你小子在跟踪我? 李卫挠挠头说,卓小姐,你用词不当,我径直来到你跟前,这叫跟踪吗? 我走到公园门口,无意中看见了你的车子,心里就在想,大清早的,卓小姐怎么跑到公园里来了,一定是有烦心事,我是不放心过来看看的。卓小姐,有什么需要我效劳的吗?

卓蓝骂道,你小子就是个泥鳅,滑溜溜的。那天居然竟敢用枪指着我,我看你是活腻了。李卫连忙向卓蓝赔不是,说自己并非有意这样,那出戏杨飞是导演,他在里面充其量就是跑龙套的小角色,对卓小姐没有任何恶意,还是那句话,愿为卓小姐效犬马之劳且忠贞不贰。

卓蓝摆摆手,说算了,收起你那摇摆的尾巴吧,只问你一句,罗栗文、童长荣被警察抓了,你有什么要告诉我的吗?

李卫一笑,卓小姐,不瞒你,我就知道你正在为这个事烦神,从昨晚一直奔波

到现在,一大早又去了警察局,要说这事,我还真知道一点。卓蓝说,别给我卖关子,有屁就放,你知道什么?

李卫看看周围,凑近卓蓝,卓蓝本能地后退一步,怒目李卫,这里又没人,说就是了,别跟我套近乎。李卫讪笑了一下,卓小姐,我跟你说了,你可别把我给卖了。卓蓝只好耐着性子,一字一顿地,你说吧,我会替你保密的。

李卫神情严肃起来:这是杨飞、赵瑞麟共同商量指使警察局干的,与游行示威无关。

尽管卓蓝有预感,听了李卫这句话,还是大吃一惊。卓蓝盯着李卫,你小子怎么知道的?李卫说,金门大酒店饭后,杨飞和赵瑞麟在黄浦江密谈,他跟踪了他们。

卓蓝:为什么抓夜校的三个人?

李卫:他们雄心勃勃地要实施一个大计划,觉得这三个人是个巨大的威胁,尤其是童长荣,嗅觉、触觉异乎常人,目的是把他们赶出上海。

卓蓝听到这里,终于弄明白了。她心里清楚,杨飞和赵瑞麟的大计划,就是国民党内的新势力整合党内反共旧势力,共同对付共产党这个大计划。

卓蓝对李卫微微一笑,你跟我说这些,可是冒着极大的风险的。李卫对卓蓝说,我李卫是个在夹缝中求生存的人,我看到了卓小姐为人正直侠义的一面,我想以这个作为投名状投奔卓小姐,今后为卓小姐效忠。

卓蓝笑了:李卫,收起你的那一套吧。你在杨飞和赵瑞麟之间拿命换取信任,在我这里几句甜言蜜语,就是一点唾沫星子的成本,你以为我就信任你了吗?

李卫说,卓小姐,那你就看我今后的行动吧。我现在就向你保证,我对你所说的一切绝不会是谎言,为你所做的一切绝对是出自内心的自愿,如果需要,我会不惜生命去保护你。

卓蓝敛住笑容,望着李卫,淡淡地说,你说的我知道了。李卫朝卓蓝鞠了一躬,转身走了。

卓蓝望着李卫离去的背影,无力地靠在长椅上,心里骂道,赵瑞麟,纯粹的阴暗小人。娘的!大半夜的,和父亲一起登门求他,他居然还装模作样,想着父亲对他鞠躬作揖,她就觉得赵瑞麟太恶心人了。唯一感到宽慰的是,她在童长荣面前能澄清,罗栗文他们三个人被抓,与纱厂无关。她只希望早点见到童长荣,希望罢工早点结束,工厂恢复生产,父亲不再为此发愁。可她能说这是杨飞、赵瑞麟在背后干的吗?她摇摇头,否定了自己的想法。

警察局里,三人轮着审讯了一次,没有提及实质性内容,对组织发动罢工游行似乎并不感兴趣,只是核实了一下姓名、年龄、住址、职业。

三人在狭小的看守室里还是理不出他们突然被抓的原因。王舒说,也许他们就是有意把我们和工友们隔开,目的是让工友们群龙无首,失去指挥,让他们渐渐降低游行的热情。童长荣说,只听说段祺瑞要派兵来镇压的消息,各区各街道那么多的同志都是组织者,还没听到警察局去抓他们,为什么单单抓了我们三个人?他判定是赵瑞麟想趁这个机会浑水摸鱼。罗栗文听着他俩的话,心里也在琢磨,却见警察开了门,喊罗栗文出来。警察将罗栗文带到陆警长办公室。

陆警长:罗先生,知道为什么抓你来吗?

罗栗文说:警长先生,我正在苦思冥想这个问题呢,想来想去,想不出你们为什么平白无故抓人。

陆警长:那就再想想。

罗栗文:我想请教一下警长先生,我们抗议帝国主义列强在中国杀害中国人民,要求废除许许多多不平等条约,有什么错?你们这些警察没有感受?这些洋人在上海横行霸道,什么时候把你们这些警察放在眼里了吗?你敢对这些人执法吗?我们抗议游行有什么错!

陆警长:我把你抓来不是为这个事的。

罗栗文:这就奇怪了,你不是为这个事,为什么要把我们抓来?

陆警长:我告诉你,你的事多呢!

罗栗文:请你一一说来。

陆警长:你是共产党,宣传赤色革命!

罗栗文:你有证据吗?

陆警长:我看你像!

罗栗文：那我要说我是国民党，你说像吗？

陆警长瞪大了眼睛：你是国民党？

罗栗文：我就是国民党，你随便找个国民党圈子里的人都能给我证明。

罗栗文故意抛出这句话，陆警长点起了一根烟，没有说话。罗栗文捕捉到了他的表情。

罗栗文：我真的是国民党！

陆警长：那……也……抓！真是国民党，那也是和现行……政府对着干的！

罗栗文笑了一声。

陆警长：你笑什么？你别以为你没事了，你的事大着呢。我问你，46号仓库里的军火，你把它藏哪儿去了？就这一条，上百条枪，我就可以治你死罪！

罗栗文：等等，我想请问，46号仓库是谁的？

陆警长：别问是谁的，是不是你带人偷走的？

罗栗文：我都不知道46号在哪条路哪个里弄！

陆警长：还要我提示吗？环龙路46号！

罗栗文：我不知道46号，只知道44号上次那里死了好多人。我是个教书先生，这次参加游行完全是凭一个中国人的良心。警长先生，这一定是有人要陷害我们，无凭无据，你可千万不能诬陷好人哪。警长先生，你仔细想想，我要上百条枪干什么，黑市交易，你们早发现了！工人游行示威，你看见有枪了吗？

陆警长挥挥手：把罗栗文带下去，把童长荣带进来。

警察把罗栗文押进牢房，把童长荣带了出来，两人擦身而过时，罗栗文点点头，童长荣心里已经明白了。

童长荣被带到陆警长办公室。

陆警长抬起眼皮：童长荣，我问你，你认识杨飞和赵瑞麟吗？

童长荣：认识。

陆警长：他们认识你吗？

童长荣：有过接触，他们应该认识我。

陆警长：你是怎么认识他们的？

童长荣:别问我是怎么认识他们的。既然问到杨飞、赵瑞麟,我想请教陆警长一个问题。上海滩人都知道,赵瑞麟和杨飞大战金门大酒店,死了好几个人,陆警长在哪里? 赵瑞麟血洗环龙路 44 号,死了几十个人,陆警长为什么不追查凶手? 你还记得仁济医院后面的小区吗? 是我打电话给警察局报警的。我就纳闷了,这些人命案你都不去追查,把我们这些有爱国心的人抓进警察局干什么?

陆警长:谁说我没有调查? 这不就是调查吗? 现在你告诉我,罗栗文是共产党还是国民党?

童长荣:我不知道,我只知道杨飞和赵瑞麟都是国民党! 你们现行北洋军阀政府为什么不去抓他们? 他们发生内讧,如果想把什么赃栽在到我们头上,完全是为了转移视线,把你们的调查引向歧途。

陆警长不想再听,吩咐把童长荣带下去! 警察问还要带下一个吗? 陆警长摇了摇头。

童长荣走进牢房,对罗栗文和王舒说,这个警长突然问及是否认识杨飞和赵瑞麟,并盘查军火的事,这次被抓就是赵瑞麟在里面搞的鬼。这个陆警长和杨飞、赵瑞麟都很熟悉。

罗栗文点了点头,如果是这样,这一切都能解释得通了。

刘大哥、田嫂、周师傅带着游行队伍回到了纱厂。工友们聚在一起七嘴八舌,可以肯定是这个卓老板喊警察抓的,只有那个卓小姐知道夜校的地址。

田嫂是个直性子:走,找他们算账去!

刘大哥按了按手势,大家别激动,我们要牢记罗先生的话,凡事都要用心思考,尤其是罗先生不在的时候。是不是卓老板在里面搞的鬼,我们还不能下结论。等罗先生出来了,这个事就会搞清楚了。

连娣不经意地望了一下车间门口,发现卓蓝带人推着一个推车进了车间,她捅了一下田嫂,轻轻地说卓姐姐来了。

卓蓝走到工友跟前,大家都露出冷漠的表情。连娣见卓蓝有些尴尬,她不由自主地站了起来:卓姐姐,你来了。

田嫂厉声地:连娣,坐下!

连娣悻悻地坐了下来。

卓蓝充分感受到了现场的敌意,还是露出了笑容:大家游行辛苦了,我特地买点包子,你们先填个肚子。

她掀开了推车上面的白布,露出热气腾腾的包子。大家仍然是冷峻的表情。

卓蓝拿起一只包子递给了连娣,连娣犹豫着接了过来。

田嫂:还回去!

连娣连忙将包子扔进篮子里。

卓蓝竭力解释着:我和你们一样,也是中国人,此时此刻,我和你们感同身受。

田嫂:不一样! 我们永远不是一路人! 收起你那虚伪的一套,把东西给我拿走!

卓蓝环顾现场工友,眼泪在眼圈里直打转,不再说话,转过身拖着脚步往回走着。

连娣望着田嫂:卓姐姐哭了。

田嫂厉声地:以后不许喊卓姐姐!

卓蓝听到这里,感到了莫大的委屈,眼泪夺眶而出,她跑出了车间。

同一时间。杨飞在陆警长的陪同下走进牢房。警察连忙打开铁门。

杨飞满面笑容:罗先生,你们受委屈了。我是才得到你们关在这里的消息。我来看看你们。

杨飞走过来与罗栗文、童长荣、王舒一一握手、拥抱。

陆警长:你们三位听好了,杨先生和我是至交,今天杨先生来给你们求情,说是你们三位都是他的救命恩人,话都说到这个分上了,我陆某还有什么可说的呢?

杨飞:陆警长,谢谢给我面子,你打算怎么来处理呀?

陆警长:杨先生,你看这样可好,警察局就不做刑事处理了,但也不能不做治安处理,作为激进分子,限在一周内离开上海,如在上海再见到你们,就不能怪我陆某不客气了。现在你们可以走了。

杨飞陪着三人走出了牢房,在大金龙酒店设宴款待罗栗文、童长荣、王舒。

杨飞举起酒杯:罗先生,兄弟略备薄酒,来给三位兄弟压压惊。

罗栗文:杨副秘书长,谢谢你为我们的事在操劳。

杨飞:三位的爱国之心值得我杨某钦佩,应该的,应该的。

童长荣:警察局要把我们逐出上海,我们这要往哪里去呢?

杨飞:是啊,陆警长已经给了我杨某莫大的面子,但是我们也得给他一个台阶下不是吗?这事啊,你们别急,刚才在路上我就一直在想。我有一个想法,不知三位可愿意?

罗栗文:你说。

杨飞:国共合作有一个项目,人才计划,下学期有一批派遣日本留学计划,不知你们可愿意去?这样,你们可以继续自己的学业了。

童长荣:也就是说,反动政府不希望我们留在上海,你们国民党也不希望我们留在上海。

杨飞:兄弟,哪里的话。你想想,北伐一旦成功,国家急需人才啊,应该说你们都是精英中的精英,将来会大有用武之地的。再说,三位兄弟救命之恩,我当涌泉相报啊,所以才想出这个办法。

罗栗文一杯酒倒进嘴里:谢谢杨副秘书长这么用心,这事我们回去再商量商量。

杨飞:行,你们可得抓紧。如果你们愿意,那就赶紧,现在正在报计划。

与杨飞道别后,三人在黄浦江畔慢行。

王舒:我怎么觉得这件事有许多蹊跷之处呢。抓人像是赵瑞麟的动作,唱的是白脸,这杨飞又出来唱红脸,像是在一唱一和,这警察局的陆警长完全是在配合。

童长荣:如果是杨飞和赵瑞麟是在唱双簧,结论只有一个,他们已经走到了一起。

罗栗文:走到一起,只有一个解释,那就是他们达成了共识。这个共识是什么?如果是共同对付共产党,那就很可怕,说明他们内部已经在慢慢聚合。

王舒：他们利用了这次罢工运动，一抓一放，还让我们出国留学，我们还得对他们心存感激。我就说，天上怎么掉馅饼了。

童长荣：查军火是赵瑞麟夹带的私货，焦点并不在这里。

罗栗文决定，立即向组织报告，让童长荣和王舒回纱厂，了解这几天工人运动的情况。

和罗栗文分手后，童长荣和王舒来到大华纱厂。走进车间，刘大哥、田嫂、周师傅喜出望外，连娣十分高兴。工人们一起围了过来。

刘大哥：可把你们盼回来了，警察没把你们怎么样吧。

王舒：没有，你看我们不都是好好的。

刘大哥没看见罗栗文，关切地问罗先生呢。童长荣告诉工友们，罗先生去向组织汇报去了，稍后回来。

田嫂问童长荣，我们就想知道是不是卓家在这里面使的坏。童长荣肯定地告诉大家，他们三人被抓，与卓家毫无关系。刘大哥说，工友们差一点把小白楼砸了。还有工友说，卓家小姐送来了一推车肉包子，香喷喷地，被我们拒绝了。童长荣笑了，你们真是傻，肉包子，多好的东西，可惜了。

童长荣招呼大家坐下，刘大哥说，通过这几天的运动，工友们的觉悟有了极大的提高，大家也更加团结了。田嫂说，就连连娣也提高了觉悟，她刚刚还跟我表态说，下决心不跟资产阶级的臭小姐卓蓝说话了。连娣不好意思地低下了头。

童长荣说，工友们表现得非常好，我们关在警察局里，都能感受到你们的力量。斗争还在继续，但是，我们还要想着吃饭和生计问题。刘大哥说现在大家是互相接济，有个女工生病了，我们每人凑一份。童长荣提醒大家，这次我们的斗争的主题是反帝爱国，但罢工结束后，还要考虑如何同资本家谈条件，譬如在罢工期间工人的工资、不准开除罢工工人、进一步提高待遇等等问题。

刘大哥点点头，这个问题，我们还真的没有想，我马上组织工会代表合计合计。

正在这个时候，罗栗文来了，大家一起纷纷围了过来。

罗栗文：各位工友，刚才去向组织汇报情况，组织上对我们广大工友们做了非常高的评价。组织上说,我们工人从此正式登上了中国的政治舞台,为中国革命高潮的到来奠定了群众基础。

工友们听了都深受鼓舞,纷纷对罗栗文说,你就带着我们干吧,我们今生今世坚定地跟着共产党走了。

罗栗文见天色已晚,就让大家早点休息。工友们这才渐渐散了。

童长荣望着罗栗文问,组织上是怎么答复的。罗栗文说,组织上经过慎重考虑,决定送我们出国留学。一直默不作声的王舒这才说,就等于是我们向国民党做了让步了。罗栗文说,组织上认为,一是这个留学国共合作项目需要继续做下去;二是组织上本身就有培养人才的需要,有了更多的知识,更宽广的视野,才能为党更好地工作。童长荣和王舒不住地点头。罗栗文还传达了组织上对当前形势的分析,并提出了要求,国民党内部正在加速裂变组合,我们要密切注视他们的一举一动。

童长荣有些惋惜,工人运动的这把火刚刚燃烧起来,就要离开他们了。王舒点点头,说从办工人夜校,创办报纸,发动工人,成立工会到现在的工人运动的蓬勃兴起,我们都付出了,刚把工作做顺了,现在确实有点舍不得。罗栗文让童长荣、王舒放心,工人运动的后续工作组织上会安排人员接替,他们会比我们做得更好。现在我们三个人就是听从组织的安排,做好出国前的准备工作。王舒问到哪里去留学,罗栗文说是去日本,王舒挠挠头,日语可是一句也不会。童长荣拍了一下王舒的肩膀,大家都不会。

三人望着夜色中的纱厂,内心都不太平静,这两年和工友们结下了深厚的感情,确实有恋恋不舍的感觉。

过了些日子,罢工告一段落,工人们开始有序复工,出国的日期也就到了。罗栗文委托童长荣到纱厂向工人告别。刘大哥、田嫂、周师傅听到他们即将去国外,情绪很是激动。

刘大哥:你们要走了?

田嫂:你们撇下我们不管了。

连娣哭了:童哥哥,我不让你走!

工友们：你们要到哪里去？我们怎么舍得你们走呢？你们走了，谁来领导我们呢？

童长荣：说心里话，我也舍不得大家。我们三人出国留学是经组织研究决定的。不过，你们别担心，组织上已经派人来接替我们的工作。但不管在哪里，我们都是革命！斗争到底！

田嫂抹着眼泪：你们这一去，不知何年才能回来！

连娣哭了，哭得很伤心。

童长荣安慰着：连娣，小妹妹，我一直说要把识字学校办起来，可忙到现在还没来得及办，你要识字学文化，等童哥哥回来了，要是看到你能写信看报纸，哥哥就高兴了。

连娣哭着点点头。

童长荣轻轻地对连娣说：我走后，你再去告诉卓姐姐一声，我就不跟她告别了。

连娣：可她是资产阶级小姐。

童长荣笑了：反对帝国主义，也需要团结像卓蓝这样的资产阶级小姐。

田嫂说我懂了，童长荣和工友们相互挥手告别，依依不舍。连娣含泪望着，她不舍得这个救了她的小命的童哥哥。到了下班时间，连娣打扫了一下身上的灰尘，匆忙朝小白楼走来。

小白楼里，卓蓝无所事事，无精打采地靠在沙发上。这段日子既不见赵瑞麟的影子，也没有杨飞的消息，夜校被查封了，她不知道童长荣去了哪里。盛夏季节，天气炎热，她就索性躲在小楼里消暑，吃了睡，睡了吃。

佣人进来，说车间里那个生病的小女孩找她，人就在楼下。卓蓝欠了一下身子，让佣人将连娣领了上来，连娣怯生生地走进来站在卓蓝的跟前。

卓蓝：连娣，你不是不吃我的包子吗？你不是不理睬我了吗？还骂我是资产阶级的臭小姐！怎么又来找我了呀？

连娣：卓姐姐，不是我不想吃你的包子，是田嫂她们不让。不过，童哥哥说了，资产阶级也是团结的对象，我又可以喊你卓姐姐了。

卓蓝有些激动:你的童哥哥呢?

连娣:刚刚到厂里来了,现在已经离开了厂子。

卓蓝:你为什么不早点告诉我?

连娣:童哥哥说等他走后,再告诉,要我帮他跟你说再见。

卓蓝:跟我说再见? 能告诉我他到哪里去了吗?

连娣:到日本留学去了。

连娣的眼泪出来了,卓蓝替连娣揩着眼泪,不知不觉,卓蓝的眼泪也下来了。

码头。汽笛长鸣。罗栗文、童长荣、王舒随着客流准备上船。杨飞特地前来送行。

杨飞:罗先生,你是国民党党员,有一事相托。日本东京和其他几个城市都有国民党的支部,我想全权委托你,到了日本之后,成立一个总支,由你来担任书记。

罗栗文:谢谢你的信任,你放心,我会把这个总支成立起来的,开展好活动。

卓蓝手里拿着一个包跑了过来。罗栗文搂了一下童长荣,王舒做了个鬼脸。卓蓝径直走到童长荣跟前,仰起了脸。

卓蓝:为什么不辞而别?

童长荣避开了卓蓝的眼神:我想你一定在记恨我,就不好跟你说道别了。

卓蓝:谁说我恨你了。

童长荣笑了一下:谢谢你来送我。

卓蓝:听着,我再叫你一声乡下小男孩,我怕以后再见不到你了!

童长荣:听起来很亲切,我爱听。

卓蓝瞟了一眼不远处的杨飞,低声地:乡下小男孩,杨飞和赵瑞麟已经走到一起了。

童长荣看看杨飞,点了点头。

童长荣:啊,我走后,有个事相托一下,妥善处理好工人罢工后的善后工作。

卓蓝:你放心,我和父亲已经商量过了,尽量满足工人的要求。

童长荣:多多关心一下连娣。

卓蓝:你忘了,他是你的妹妹,也是我的妹妹!

童长荣:那我走了。

卓蓝递上一个包:给。

童长荣:这是什么?

卓蓝:你喜欢的方以智的《通雅》,只是没时间给你。

童长荣打开,发现里面还有几块大洋。

童长荣:书我收了,钱不能接受。

卓蓝:这是你在纱厂做工的报酬,我不想欠你一分钱工钱!

童长荣笑了:再见!

童长荣转身上船。三人挥手作别。

卓蓝望着童长荣的背影,终于忍不住,爆发出来。

卓蓝高声地:乡下小男孩,你就是到了天边,我也要找到你!

杨飞鼓着掌:多情自古伤离别,感人啦!

船渐渐离开码头,卓蓝泪眼相望。

枞阳铁板洲何府。何坤宜坐在闺房里,她一手拿着童长荣的小老鼠尾巴辫子,一边看着童长荣的信。

信中写道:坤宜,当你收到这封信时,我已经在赴日本留学的轮船上了。请原谅我没能回来看望母亲大人和你,主要原因是走得太急,没有时间了。现在,我又可以继续我的学业,这总归是一件好事,到了外面,可以开阔视野,多学点知识,总是有用的。在上海一年多的时间里,我的身体更加壮实了,我的思想有了全新的认识,经历了思想的大洗礼,立志要为改变中国的命运奉献自己的一切,哪怕是生命……

里面夹了一封给母亲的信,在封面上写道,你有空去看看我母亲,并将信读给她老人家听听,替我安慰我可怜的母亲,家里的一切事情还望你照应……

外面传来敲门声,是姐夫吴用贤的声音:坤宜姨妹,今天还上课吗?

何坤宜收好信应着,我这就来。她连忙收好小辫子和信,走出闺房,来到书房。

吴用贤:姨妹,今天我们讲方苞的《左忠毅公逸事》。

何坤宜:姐夫,我在想一个事,这些桐城派文人,自明清以来,大多无一例外结局悲惨。

吴用贤:是的,历史上本乡文人流放、入狱、捕杀的人确实很多,所以外人说桐城枞阳之地是气节之乡。

何坤宜:左光斗不仅捐出了自己的性命,他的学生史可法血洒扬州城,前赴后继。读了《左忠毅公逸事》,我的内心很震撼,也很困惑,这都是本乡人的宿命吗?

吴用贤:是不是想到了长荣,多了一分担心,加重了你的心思。

何坤宜:长荣来信了,到日本留学去了。

吴用贤:啊,是这样,这个长荣,怎么不回来?

何坤宜:他说没时间回来了。

吴用贤:他在信里还说了些什么?

何坤宜:信里说的都是理想和信念,并且决定要为之而献身。

吴用贤:姨妹,有件事我已经憋了很久了。爸爸几次让我劝你回心转意,和童家断了,还要让我在安庆为你找对象,我知道你性格刚烈,没敢说。既然说到这个事,要么……

何坤宜:要么什么……

吴用贤:就算我没说,你自个儿拿主意。

上完课后,何坤宜决定照信上童长荣的嘱咐,到上码头童家去,她收拾了一下,就出门来到渡口,上了船过了江,来到童家。童母在灶下烧火。五叔往水缸里倒水。童母谢谢五叔。

何坤宜买了些菜,拎着走了进来:娘,五叔。

童母很是意外:啊,是坤宜呀,你来啦。

何坤宜含着笑:我来看看你,长荣来信了。

童母:长荣来信了? 这个小要死的,一年多了,连个魂影都抓不着他。

何坤宜:娘,跟你说个好事,长荣到日本留学去了。

童母:日本在什么地方?

五叔很高兴:二娘,日本在外国。这是好事。我就说,长荣大侄有出息。

童母:信里怎么说?

何坤宜掏出信,念道:不孝儿十分想念母亲大人。

童母:他还晓得他是个不孝儿呢,要是想念,咋不回来呢?

何坤宜:走得很急,没有时间回来。

童母:还说了些什么?

何坤宜:儿子要为苦难的国家,要为穷人改变命运努力学习,去奋斗!

童母:就他一个人还能改变这个国家的命运? 他连他老娘的苦命都改变不了,那我就坐在家等着吧。

五叔:二娘,他不是一个人,他们是一群人。

何坤宜:五叔说得对,他们是一群人。

童母伤心地:这一走,又不知猴年马月才能回来了,坤宜姑娘,苦了你了。

何坤宜:娘,您放心,我等着他。啊,五叔,娘没受人欺负吧?

五叔:坤宜贤侄媳,自打你发火之后,这两个叔叔婶婶现在连屁都不敢放一声。

何坤宜:五叔,娘就拜托你了。

五叔:都是一家人,说这话就见外了。

何坤宜揭开锅盖,看见锅里的菜糊,她盛起来倒进了猪食桶里。童母有些心疼,五叔笑了,坤宜贤侄媳买了鱼肉给您开荤呢,我也跟着沾光了。童母说,久不见荤,一沾荤,头就发昏。何坤宜笑着说,鬼话,人不吃荤哪行。童母说,那你要是把我吃馋了,想吃又没有头更疼。何坤宜从后面抱住童母,噗笑着,每次见到你,都是一副愁眉苦脸的样子,想不到你竟然还这么风趣。童母望着何坤宜,眼泪出来了,听到了儿子的好消息,一年多了,心里压着一个大石头,今儿你来了,把我这石头搬开了,这比吃好的让人舒心。

何坤宜发现,童母烧得一手好菜,红烧鱼块、鱼头豆腐汤、肉烧生腐,小屋内,香气四溢。何坤宜不拘小节,用手拈起,就放进了嘴里。童母看着高兴,气氛其乐融融。吃饭的时候,童母在高兴之余,又多了一分担心,儿子出国留学,没有钱,到外国吃什么喝什么。何坤宜劝慰童母,这事不用你操心,如果钱不够,她来解决。童母问,也不知到了没有。何坤宜说,从写信的时间看,估摸这会子还在海上呢。

罗栗文、童长荣、王舒所乘的轮船正航行在大海上。船上四望,就是蔚蓝色的大海,起起落落的海浪。

狭小的船舱内,罗栗文、童长荣、王舒聚在一起。

罗栗文:这次我们留学日本除了学习知识,组织上还给了我们新的任务,团结在日本的进步留学生,扩大党在海外的影响力,了解日本政策动向,密切关注军国主义侵略野心,同时与日本共产党取得联系,形成反对帝国主义、军国主义的大联盟。

王舒:这每一个任务都艰巨啊。我们三个人日语都一窍不通,虽说是公费留学,但上的是预科,大学还是要考的,我可没有信心考取。

童长荣:王舒,有畏难情绪了? 你现在还可以跳下船,从海里游回去。

王舒:别说风凉话好不好。我要是有你那脑子,我还说这话。

童长荣:这回呀连我心里也没底了,日本人生地不熟,语言不通,两眼一抹黑。

罗栗文:别担心。组织上有位同志让我们一下船就去找丰源进出口商行的台商蔡老板。走,我们出去走走,吹吹海风。

三人来到甲板上,极目远眺,远处海天一色。三三两两的游客在甲板上散步。人群里,高崎穿着白色西装,抽着雪茄也在望着大海。王舒发现了高崎。

王舒轻声地:这人我见过,是大华纱厂的日本股东高崎。

罗栗文:他就是高崎? 你没看错吧。

王舒:没错。

旋梯口,一个漂亮优雅的女人款款走上甲板,她望着大海,理理被海风吹乱了的头发。高崎脱下帽子朝漂亮女人致敬。

童长荣在脑子里急速地搜索着这个女人,金门大酒店、咖啡厅、舞厅、大街上……没有搜索到这个人。

罗栗文说他知道这个女人,在罢工委员会见过,她是《申报》记者。那天会议刚结束,她要求采访,自报家门叫林悦,罢工委员们的几个负责人都礼貌地拒绝了,她显得很失望。

王舒:看那样子,又像是个富家小姐,一副很高傲的样子。

罗栗文轻声地对他们两个说,高崎虽然没有见过,临走前,组织上的人告诉我,高崎就是黑龙会的人,也就是说他不是单纯的日本商人,知道什么叫黑龙会吗?

童长荣听说过是一个日本的军国主义组织。罗栗文点点头,不错,之所以叫黑龙会,就是图谋侵占我黑龙江流域的一个组织,他们的口号就是到黑龙江去,现在的胃口更大了,图谋整个满蒙。

童长荣悄悄瞄了一下高崎,高崎一副悠然自得的样子。

罗栗文跟童长荣、王舒耳语,这个组织曾经支持过中国同盟会,现在完全被军国主义的好战分子把持,已经沦为鼓吹日本对外发动战争的工具,能量极大,心狠手毒,日本外务省不方便做的事,都由他们来完成,日本内阁好多人都参加了这个组织,包括日本外务次官森恪。

高崎走了过来,罗栗文、童长荣、王舒三人转身走下了甲板,来到餐厅,坐在一张小桌上。那个叫林悦的女人,就坐在不远的餐桌上,点了一份西餐加一杯红葡萄酒。

罗栗文:我们三人,就长荣是富豪,我们这是吃大户了。

童长荣:从老家来到上海,坤宜给了一些钱,这一年不敢用它。上船的时候,卓蓝又付了五块大洋的工钱。这钱是多少,你们心里清楚。我保管,大家用。

王舒:我说还是卓蓝偏心,那我的工钱卓蓝怎么不付?

童长荣:不一样,你那是长工,到年结,我是短工。

罗栗文:短工,五块钱可不少哇。

服务生上了三份面包。

高崎也走了进来,从三人身边走过,来到林悦面前。

高崎满脸笑容:我可以坐吗?

林悦大方地:您请。

服务生(日语):请问先生,您想点什么?

高崎(日语):和这位小姐一样。

林悦(日语):看来我们有着共同的喜好。

服务生:请稍等。

三人努力地听着,无奈一句也听不懂。不一会儿,林悦站起来朝高崎礼貌地致意,款款走了出去,高崎也跟着走出餐厅。高崎迈着碎步,赶上了林悦,两人并肩往船尾走去。童长荣和王舒悄悄地跟了上来。不明白他们在谈论什么,非常着急,只是看见高崎不停地做着手势,林悦很少说话,大多以点头做回应。走到一处狭窄处,林悦礼貌地做出请的姿势,高崎弯腰致谢,在头里走着,他们在船尾还是不停地说话。童长荣故意弄了一下链子,发出清脆的响声,高崎和林悦迅速拉开距离,消失在船尾处。

童长荣、王舒走进船舱。罗栗文问有什么发现没有。

王舒:不知道讲些什么,高崎这个老狐狸,我看就是个撩妹高手,这么快就跟那个女记者搭上了。

童长荣:我看问题不是那么简单。

王舒:我们俩都是一起看的,你看出什么道道来了?

童长荣:我判定高崎根本就不是在撩妹。

王舒:你从哪里看得出来的?

罗栗文放下书饶有兴趣地听他俩在讨论。

童长荣:你不是看出这个女人很傲吗,一餐饭的功夫就跟这个老头去谈情说爱去了,这不符合这个女人的身份,人家是《申报》的记者。注意到那个狭窄处了嘛,假如你是高崎,想搭讪一个漂亮的女记者,你会怎么做,肯定是让这个女记者

先过去是不是?

王舒:对,我看那个女记者林悦做出了一个手势,让高崎先过去的。

童长荣:从船舱到船尾,林悦对高崎的姿势语言都是谦恭的神态。

罗栗文插话:他们应该是熟人。而且在餐厅里是做给别人看的。

童长荣:他们为什么要避人耳目,说明他们不想让人知道他们是熟人关系。虽然离得远,听不清也听不懂他们谈话的内容,但他们绝不是在寒暄、闲聊,像是在聊一件事,高崎讲得多,林悦多半在倾听。

王舒:我听高崎说了一个什么菜,是不是指今天晚上的菜?

罗栗文:高崎有着很复杂的背景,至于和林悦是什么关系不清楚,也许是林悦的记者身份,接触的人多,也未可知。不过,我还是高度赞赏长荣的警觉性。

又过了两天,傍晚时分,夕阳将东京湾映成了一片金色,大片大片的海鸥在船前船后飞翔,轮船徐徐进了港湾,停在了码头。三人随着人流下了船,来到街上,望着东京夜景,觉得比上海更加炫目。他们走进一个破烂的小巷,终于寻到了一家廉价的小旅馆。王舒拉开门,地上是三张地铺。王舒嘟哝着,这是什么门,这也叫门? 这是什么床,这也叫床? 童长荣苦笑着,就这三张地铺,钱还没少花。罗栗文笑着说,在家千日好,出门一时难啊,我们暂且住一晚,明天就去找蔡老板。

罗栗文所说的蔡老板就是丰源进出口商行的董事长,这个商行专做木材、煤炭等大宗货贸。日本大地震后,这几年东京重建,蔡老板赶上了机遇,再加上蔡老板恪守商道,诚信经营,生意自然做得是顺风顺水。蔡老板与日本内阁一些大臣交往密切,在日本也有很大的影响力。

此刻,蔡老板正在商行里和日本内务前大臣床次喝酒。

蔡老板:您请! 堂堂的内务大臣,屈尊到我的商行喝酒,我蔡某不胜荣幸!

床次一饮而尽,蔡老板替床次续酒。

床次:蔡老板,哪里的话。现在是经济危机,东京一片萧条,物价飞涨,食品短缺,好日子都过去了,在哪里还能找到这么好的酒。

蔡老板:床次大人如果不嫌弃,您随时来。

床次眯着眼,举着酒杯:蔡老板,你是真朋友!

蔡老板:床次大人,不瞒您,我也不单是对您这样,对所有政友会的人都持欢迎的态度。昨天,我也请了牧野伯爵。

床次:牧野伯爵可是轻易不接受宴请的人。你有面子啊。

蔡老板淡然一笑:不是我有面子,是牧野伯爵,还有您给我面子。

床次:你很会说话。政友会的创始人西园寺公望是反对中日战争的人,政友会是热爱和平的。我和牧野伯爵都是公望大人最值得信赖的人。唉,眼下,田中内阁现在被军方那些少壮派所挟持,连公望大人的话也听不进去了。蔡先生,我告诉你,我本来是有机会担任政友会总裁的,可在最后一刻,牧野伯爵犹豫了,让田中义一占了便宜。黑龙会主张对外扩张,天天在搞暗杀,鼓吹战争,他们反而有英雄般的待遇。这一伙狂热分子不再把我们放在眼里了,被人冷落,受人欺负的滋味不好受啊。

蔡老板:床次大人,您还是旧内务大臣,谁敢欺负你,不说这些丧气的话了。来,喝酒!

床次的眼睛有些发松,显然是喝多了,不住地称蔡老板是好朋友。

罗栗文、童长荣、王舒拿着纸条上的地址,终于找到了丰源进出口商行的中文招牌。他们在商行门口停住,打量着四周。童长荣看见不远处闪过一个熟悉的身影,王舒也看见了,不就是那个女记者林悦吗?她走进了商行对面的一爿小货栈,似乎是想买东西。两个日本浪人模样的人从商行门口经过,他们瞅了瞅他们三人,又探头朝商行的院子里张望着。

王舒嘀咕,想起来了,这个女的在船上说起一个菜的发音,是不是就是说蔡老板?

罗栗文低声吩咐:不要东张西望,走,进去。

三人走进了丰源进出口商行。蔡老板正在送客,他将一坛子酒递给了床次。

蔡老板:床次大人,这酒你带回去。

床次:蔡老板,这喝了又带了,真是不好意思。

蔡老板:招待不周,说这话就见外了。我让吴管家开车送您回去。

管家吴志杰拎着酒坛,扶床次上车。蔡老板站在一边送客,目送车子开出了大院,正准备回去,这才看见了三个年轻人含着笑朝他走来。

罗栗文上前:敢问一句,您是蔡先生吧。

蔡老板打量着:你是?

罗栗文:我们刚从国内来,有位王先生让我们来找您。

蔡老板:啊,对对,王先生是给我写过信,说有三个年轻人到日本来留学,请进。

客厅。蔡老板将罗栗文三人带到客厅坐下。

罗栗文:蔡先生,我叫罗栗文,这两位同学一个叫童长荣,一个叫王舒。我们刚到日本,冒昧前来打搅,给您添麻烦了。

蔡老板:哪里?罗同学,说这话就见外了,我这里是留学生之家,我喜欢跟青年人打交道。

罗栗文:听王先生说,蔡老板家在台南?

蔡老板:可根在大陆。我和王先生是朋友,前两年,他特地从大陆赶到台南与我相聚,我很感动。

罗栗文:听王先生说,蔡老板是日本商界巨擘,有着强烈的报国志、爱国心。

蔡老板:哪里,王先生过誉了。

罗栗文:王先生还说蔡老板帮助了大量的中国留学生完成学业,还是老同盟会的会员,资助中山先生的革命活动,不惜巨资疏通日本当局掩护蔡锷将军返回云南,发动讨袁护国运动。奔走日本各界,发表文章,忠告军国主义分子不要有侵华企图,倡导中日友好。我们是带着崇敬的心情来拜会您的。

蔡老板:这都是我作为一个中国人应该做的事,不足挂齿。

童长荣:罗先生,这我还是第一次听你说。失敬了。

童长荣站起来朝蔡老板恭恭敬敬地行了个礼,王舒也站起来鞠躬,蔡老板连忙示意两人坐下。

蔡老板:接到王先生的来信后,我让管家做了些安排。他刚送人走了,一会就回来。

罗栗文连忙站起来:让蔡先生费心了。

蔡老板询问三人是否吃过饭了,罗栗文说,我们待会儿上街吃去,不劳您了。蔡老板对罗栗文说,在他这里,不用扭扭捏捏。他即刻吩咐厨房备饭,弄得三人诚惶诚恐,站也不是,坐也不是。蔡老板站起来,说他还有点生意上的事需要处理,就不陪他们吃饭了。罗栗文连声说,蔡先生,您忙。

他们坐了一会,佣人开始上菜。王舒瞄了一眼,有鱼有肉,有汤有饭,抑制不住地对童长荣说,在船上吃了那么多天面包,这下开洋荤了。罗栗文笑笑,蔡老板没有把我们当外人,我们就不客气了。童长荣坐下来,盛了一碗饭,夹起一块肉,狼吞虎咽着,对王舒说,放开肚皮吃吧,我们还不知道下顿在哪里呢。三个人风卷残云,不一会儿,就把桌上的菜饭一扫而光。

这时,管家吴志杰走了进来,告诉三人,我给你们在町田街租了一处房子,这就送你们过去,你们看看是否合适。

罗栗文连说谢谢。吴志杰带着三人下楼,走进院子里。吴志杰拉开车门,请三人上车。吴志杰开着车子,出了大院,来到街上。他一边开车,一边介绍房东情况,这家人只有兄妹两人,哥哥叫伊田助男,妹妹叫伊田美子,兄妹俩为人很好。他们接待过好几批中国留学生了,很有经验。你们的日语老师就是伊田美子。

罗栗文:真是太感谢了。

吴志杰:啊,忘了介绍,我叫吴志杰,如有什么需要,直接找我就行。

罗栗文:谢谢吴管家,今后肯定还要给你添麻烦。

车子开到町田街伊田助男家门口。吴志杰指着眼前的小屋,这里就是伊田助男的家。三人下车,罗栗文看了一下,一座雅致的小屋,一条小巷,环境静幽。

屋前挂着三只像是圆柱体的红灯笼。门开了,清秀的伊田美子出现在三人面前,笑盈盈的。

美子操着一口流利的中文:这里是伊田的家,我叫美子,欢迎你们成为我们家的新成员,请多关照。

吴志杰朝伊田美子招着手:美子小姐,让您费心了。

伊田美子欠着身子:谢谢吴先生,进来喝杯茶。

吴志杰说蔡先生还要用车,他下次再来。三人和吴志杰道别,美子也不住地挥手。

三人在门口脱了鞋,美子将他们迎进屋里,

童长荣望着美子说,美子小姐,你中文说得非常好。美子笑着告诉童长荣,这些年,跟中国留学生学的,讲得不好,见笑了,多多指教!这边请。

美子将三人带到房间。三人望了望房间,非常干净,布置得也很简洁大方。

美子:条件有限,你们多多包涵。

罗栗文:哪里,美子小姐,这里太好了。

美子:请跟我来。

美子将三人带到后屋一处洗浴的地方。

美子:这里是洗浴的地方,热水准备好了,你们可以洗浴了。我去准备晚饭,哥哥马上回来,说要陪你们喝一杯。

童长荣走进自己的房间,长长地吁了口气,一路颠簸,终于到日本了。休息了一会儿,开始整理行李,他将带来的书籍放到桌上,从箱子里取出了小包,取出方以智的《通雅》和其他书籍一起放在桌子上。又从箱子里取出了何坤宜的相片,看了一会这才感到了一阵疲劳,他躺了下来,不知不觉就睡着了。

 十

童长荣被一阵汽车的声音惊醒过来,他探头朝窗外一看,一辆小货车进了后院。车子停住,车门开了,跳下来一个小伙子,肩膀上搭着一条白毛巾。伊田美子走进院子,来到车前。

伊田美子:哥哥回来了,哥哥辛苦了。

伊田助男对妹妹施礼后,就问客人到了没有?美子说客人已经住下了。伊田说,知道客人要来,少跑了一趟货,提前回来了。童长荣听到这里,立即出了房间,看见罗栗文、王舒已经站在门口,等着与伊田助男见面。

美子带着伊田助男来到三人跟前,美子含着笑介绍她的哥哥,并在一旁做翻译。

罗栗文:伊田先生,给您添麻烦了。

伊田有些羞涩,他不住地搓着手:家里条件有限,请多关照。

罗栗文连说客气了,他们都非常满意,像是到了家里一样,自我介绍后,又将童长荣和王舒介绍给了伊田助男,伊田助男连连鞠躬,不住地说请多关照,弄得童长荣、王舒有些不知所措。美子说,哥哥你陪客人喝点酒,边吃边聊吧。

客厅里,伊田助男和罗栗文、童长荣、王舒席地而坐。伊田斟酒,美子上菜。伊田助男敬酒,三人还礼,喝酒。

伊田助男:父母前年在大地震中过世了,现在我和妹妹相依为命。不过,家里留学生不断,我和妹妹并不孤单,刚走了一批,你们又来了,我真的高兴。

罗栗文听到这里,忙表示诚挚问候,说他看了一些关于关东大地震的报道,死了 15 万人,200 多万人无家可归,你们还有这么个好房子,真是幸运。

伊田助男摆摆手,自己家的房子也倒了,父母就是这么走的。罗栗文连声说对不起,惹你们兄妹伤心了。

伊田助男端起酒,仰起脖子喝了下去,叹了口气,说没关系,现在之所以有这么好的房子,那都是蔡老板关照。他出钱帮我们修了这个房子,重要留学生都介绍到我们家来。就因为我热爱中国文化,喜欢和你们中国人交朋友,在震前就一直接待中国留学生。蔡先生很看重这个。美子,你说是不是?

美子继续上菜,含着笑,不住地点头。

伊田助男:除了笑就是点头,真是的,怎么没有一句话。你应该说点什么。算了,你也来喝一杯。

伊田助男这么说着,自己也笑了。

罗栗文:美子小姐,辛苦了,请坐。

美子坐下来,给三人斟上酒,也给自己倒了一杯,双手敬酒。

美子:菜做得不好,多包涵。

童长荣这才插上话:很好,好吃。我看和中国菜没有区别。

伊田:那是,我跟妹妹说,你要向中国留学生学做中国菜。觉得好吃,就多吃点,妹妹就高兴了。

美子:做得不好,请多包涵。

伊田:妹妹虽然菜做得一般,却是个好老师。从明天起,你们就跟着妹妹后面学习日语了。

罗栗文站了起来:按照中国的传统,那我们三人还要行个拜师礼了。

童长荣、王舒也连忙站起来,三人一起向美子鞠躬,美子有些慌乱,连忙鞠躬。

美子:不可以的。

伊田助男连忙将三人拉着坐了下来,大笑起来。

伊田助男高兴地:美子受不了啦。哈哈。

罗栗文:美子老师,我向你表个态,我们一定好好学,你严格要求,必要时,罚站罚跪都可以的。

美子:不敢。你们一定能学好,中国留学生都是很聪明的。

伊田:罗先生,中国留学生跟着妹妹学日语,还没有考试不合格的。除非你们三人都是大笨蛋!

罗栗文:敬美子老师,我们坚决不当笨蛋!

气氛轻松活泼。

黑龙会机关。内田良平办公室里。内田良平在留声机上换了一张唱片,中国的古琴音乐顿时在屋内弥漫开来,空灵悠远。他坐在办公桌前慢慢闭上了眼睛,似乎沉醉其中。

日本浪人小日向走了进来,向内田会长报告。内田良平慢慢睁开眼。小日向说丰源进出口商行有情况。

内田良平:看到什么了?

小日向掏出记录:上午11点,内务前大臣床次大人和蔡老板喝酒,下午两点离开,带走了一坛子酒。

内田良平:这些政友会的老朽们可怜又可嫌,就爱占点小便宜。

小日向点着头:他们整天不是四处找酒喝,就是发牢骚。

内田良平:不要掉以轻心,他们在失意的时候就想去找回曾经得意的光阴。

小日向:床次大人出来时,有三个中国年轻人进了进出口商行。

内田良平:这三个人与高崎先生是乘同一条船来的,我已让高崎先生调查他们的底细。凡是与蔡老板接触的中国留学生都要作为重点监控对象。

小日向:这三个人已经住下来了,在町田街那个有激进倾向的货车司机伊田助男家里。

内田良平:还有什么?

小日向:一个中国年轻女人同时出现在进出口商行附近,但没有进去。

内田良平:知道了。啊,高崎先生过些天要返回中国,他要的相关器材你准备好了吗?

小日向:已经备好了,马上就给高崎先生送过去。

伊田家。罗栗文、童长荣、王舒坐在地上,等待美子上课。王舒望着墙边放了一块小黑板,似乎有点紧张,他侧过脸悄悄对童长荣说,他怕自己学习跟不上趟。童长荣低声地说紧张什么,不就是学习吗。王舒白了他一眼,我要是有你一半聪明,我就不担心了。罗栗文劝慰着,别着急,有长荣在,他记住了,还可以教我们嘛,我们不就有两个老师了。

门拉开了。美子换了装,西装制服配白衬衫,端庄温婉,不再像邻家小妹,更不像家庭主妇,俨然一副老师模样。

罗栗文:美子老师好!

美子还礼:三位同学好。

美子开始讲解:日本文字由中国文字演化而来,你们要记住三点,一是保留了一些中国古语读音,二是保留了中国字形,三是一些日语又被中国语言所吸收,如电话,机器等。

三人认真听着。

美子:学习日语第一是准确发音,第二是记住单词,第三就是环境运用。我的目标是你们在一个月内,记住两千个单词。

王舒吃惊地长大了嘴巴:啊?

美子提高了声调:不要用这种语气,也不能用怀疑的表情,你们必须做到。在我看来,日语学习,要掌握规律就不难了。举个例子,跟我说说害虫有哪些?

王舒抢先回答:蚊子、飞蛾还有蛔虫。

美子:它们都是有害的对不对。

美子在黑板上写下了"害虫"这个单词,又写下了"蚊子"的假名。

美子:你们只要记住了害虫这个单词,记住了蚊子的假名,就记住了这五个单词。在蚊子的假名加两点,就成了蛾的假名,害虫的假名是从蛾字的假名开始的,蛔虫的假名和害虫的假名就一点小区别。这样不到 10 秒钟,你们就记住了五个单词是不是?

罗栗文和王舒认真在记录。

罗栗文:美子老师,这个方法好,就是有点绕,开始慢一点,我们还要适应。

美子把目光转向童长荣:你怎么样?

童长荣:我已经记住了,就是不知道怎么念?

美子:太好了,但凡老师一开始就教语音、字母,效果并不好。知道了这个单词的意思,即刻就想知道该怎么读,这样叫主动感知记忆。

童长荣竖起了大拇指:美子小姐,你太了不起了!

美子:谢谢!

国内大华纱厂。小白楼客厅里,卓蓝接到了童长荣的信,不知怎么地,她的内心似乎有了一种青春的冲动,她已经不是第一次阅读了,她又仔细看了一遍:卓蓝小姐,你好!我们已经顺利到了日本,现正在学习语言。来信有三件事:一是从报上得知罢工运动结束,上海总工会针对工人的复工条件提出了具体要求,能否告知大华纱厂是否已经落实;二是已经确认高崎是黑龙会重要成员,请务必小心;三是《申报》有个叫林悦的记者,帮忙查一查她的底细……

卓荣丰拎着公文包走了进来。

卓蓝：爸，找到高崎了吗？

卓荣丰坐了下来，卓蓝给他倒水。

卓荣丰：人还没回来，倒是来了一封信。他除了答应工人的条件外，还让我帮他协查罗栗文、童长荣、王舒的背景。

卓蓝：爸，童长荣也来信了，说高崎是黑龙会重要成员。

卓荣丰有些吃惊：他是黑龙会的人，那就不是一个单纯的生意人了。

卓蓝：我就说嘛，不要和他搅和在一起。

卓荣丰：你说跟他断了就能断吗？这哪是一句话的事情。

卓蓝：爸，我刚去了厂里，工人已经全面复工了。

卓荣丰：那就好，那就好。真的还得感谢童长荣那小子，工人代表算是给了你面子。

卓蓝：罢工期间他们工会的要求是发一半工资，我上浮了 10 个点，工人要求工资涨 15%，我又增加了 5 个点。

卓荣丰：你呀，花钱的不知道挣钱的痛！

卓荣丰不满地看了一眼卓蓝，离开了客厅。卓蓝在客厅里徘徊，想着要给童长荣回封信。工人待遇问题很好答复，信中提到了《申报》女记者林悦，这不是她的初中同学吗？好几年不见，怎么到了《申报》当记者？这得去了解。至于高崎，她突然有了一种想法。

夜晚，高崎住处，小洋楼静静地矗立在夜色中。一个黑衣蒙面人从花墙翻墙而入，越过游泳池，蜻蜓一样飞上二楼，拨开门锁，进了客厅，穿过卧室，来到内室的保险柜前，掏出听筒，一边旋转密码转盘，一边仔细听，随着一声轻微的嘀嗒声，保险柜门开了。里面除了现金外，还有一个文件袋。黑衣人打开文件袋，用手电筒照着，突然看见了戴季陶和一个穿着日本和服的漂亮女人的亲密照。

这时，外面跃进一个黑影。黑衣人连忙将照片揣进口袋里，收起文件，放进保险柜里。黑影一把抓住黑衣人，两人对打。黑衣人在打斗中扯掉了黑影的头套，发现是赵瑞麟。赵瑞麟借势扯掉黑衣人的头套，原来是卓蓝。卓蓝抽出刀抵

住了赵瑞麟。

卓蓝：赵瑞麟，你跟踪我干什么！

赵瑞麟：我是怕你捅了马蜂窝，谁让你来的？

卓蓝：我要告诉你吗？

赵瑞麟：不说我也知道，一定是童长荣那小子，把他弄到日本去了，还不消停。这下可有意思了，高崎在查他们，他们在查高崎，互相杠上了。

卓蓝：你知道不知道，高崎是黑龙会的成员，很危险。

赵瑞麟坐在沙发上：这有什么大惊小怪的。

卓蓝陌生地望着：你知道？告诉我，这里面到底还有多少秘密？

赵瑞麟：这上海滩还没有我不知道的。不过，我奉劝你不该知道的就不要知道，好奇会害死你！

卓蓝：我看未必！

卓蓝离开屋子，来到走廊，从二楼跃下。赵瑞麟跟着跃下。

赵瑞麟：卓蓝，我正式通知你，44号新成立了中央俱乐部，明天开始上班。

卓蓝：别跟着我，你还是到杨飞后面摇尾巴去吧。

卓蓝纵身跳上花墙，翻到墙外去了，赵瑞麟一脚踢飞脚边的石子。

经过一段时间酝酿，杨飞和赵瑞麟终于走到了一起，主要任务还是担负国民党在上海的情报资讯收集、组织调查统计和相关秘密行动的执行，其中对付共产党是这个组织的重中之重。他们讨论了很长时间，居然想不到给这个组织冠个合适的名称，最后杨飞建议还是取一个娱乐化的名字，叫中央俱乐部，目的是遮人耳目。根据南京的意见，杨飞担任这个俱乐部的主任，赵瑞麟屈尊在杨飞下面，还是行动科科长，张龙协助工作。卓蓝作为赵瑞麟的副手，李卫协助工作。

杨飞回到了自己的办公室，他刚在椅子上坐下来，张龙和李卫就走了进来。

杨飞志得意满地：我说张龙、李卫呀，我杨某从这里离开，今天又回到这个位置上，你们说这叫什么？

李卫：这，有一出戏，对，这叫凤还巢。

杨飞：我就是凤吗？

张龙:杨主任是大海中的蛟龙,这叫龙回头,不对,不能叫回头。

杨飞:回去好好想想。

张龙、李卫相互看看,向杨飞表示回去一定要好好想一个好词来,再向杨主任报告。杨飞挥挥手说就你们那脑子,三年都想不出来。

两人离开办公室,赵瑞麟、卓蓝走了进来。

赵瑞麟拱手:恭贺杨副秘书长,升任中央俱乐部主任。

杨飞:哎呀,只是委屈你和卓小姐了。中央俱乐部就是个架子,我只有在螺蛳壳里做道场了。

赵瑞麟:职位不重要,为党国效力,赵某愿在杨主任的领导下肝脑涂地,在所不惜。

杨飞:我要的就是你这个态度。卓小姐,你怎么想呢?

卓蓝:我呀,我什么都没有想。

杨飞:好,这就是真性情。

赵瑞麟:向主任请示,新组建的行动科准备做的第一件事就是追查那一批军火。

杨飞:那批军火还用调查吗?

赵瑞麟疑惑地望着杨飞。

杨飞:我去过现场了,从现场的车迹看,是大卡车,从地上散落的一些棉絮和纱线看,这是纱厂的卡车。

卓蓝:杨主任,你是指大华纱厂的卡车?

杨飞:不错,我去过大华纱厂问了门卫了,出车时间与军火失窃时间吻合。

卓蓝:杨主任,你不会怀疑是我劫了那批军火吧。

杨飞:不,你并不知情,是童长荣那小子钻了我们内斗的空子。

赵瑞麟:我立刻去工厂去起获那批军火。

杨飞:慌什么。那批军火在黑市上没看到一枪一弹,说明什么,非常安全地躺在纱厂的某个角落呢。我正想把那批军火发给工人兄弟。

赵瑞麟:怎么能发给他们呢?

杨飞:那就要看这些工人弟兄们把枪口对向谁了。北伐军将很快到达上海，正好有一批堵枪眼的难道不好吗？满足一下我们的工人兄弟发泄一下对北洋军阀的仇恨吧。等他们的子弹打光了，这枪就成了烧火棍了。那时你们再把这些破烂给我收回来。

赵瑞麟明白过来:主任英明！

杨飞:这件事不但不能追究，我还要从国共合作的高度与共产党做好这篇文章，这就是顺手人情的事。瑞麟兄，斗争是讲究策略的。不仅是酷刑、密裁，还有下三烂那一套。

赵瑞麟:谢谢杨主任教诲，赵某胜读十年书。

赵瑞麟和卓蓝从杨飞办公室出来。卓蓝瞅了瞅赵瑞麟，见他有些灰头灰脸，乘机挑逗。

卓蓝:赵科长，看来主任就是主任的水平，科长就是科长的水平。

赵瑞麟无以发泄:滚，有多远，滚多远！

卓蓝显得异常开心，哈哈大笑:不要这样嘛，要是这楼里的人听见了，还以为你对杨主任有意见呢！

赵瑞麟无可奈何:回来，给我小点声。

卓蓝走到赵瑞麟身边:赵科长，你也有认怂的时候，我太高兴了，你这样子太可爱了！

赵瑞麟气极:你……

日本东京，町田街伊田家。童长荣在帮罗栗文、王舒复习记单词。门被拉开，伊田助男伸进头。

伊田助男:三位同学，没见过你们这么拼了命在学习的，太令人感动了。饭菜都凉了，快出来吃饭吧。

童长荣:伊田君，我们马上就来。好，就到这里吧。

王舒如释重负，四仰八叉地躺在地上:谢天谢地，万恶的童长荣，就到这里吧，终于又听到你一句人话了，我都要晕过去了。

罗栗文笑着拉起王舒:走,吃饭去。

三人走到餐桌前,美子盛饭。

伊田助男:美子,是不是对三位同学苛刻了。

罗栗文:没有,美子讲得太好了。我们一听就明白。

美子:他们真的很上进,要我快点再快点,像是要拼命呢。三位同学是我遇到的进步最快的了。这位童长荣同学就像是机器,哥哥,我保证,他是这个世界上最聪明的人,一个星期,就把一千个词汇全记住了。

伊田助男:这么厉害。想起我上小学,读了三年,还认识不了几个字呢。所以,我只能开个货车,替人拉货了。

大家都笑了起来。

伊田助男:啊,你们可要准备文化课了,不知三位想考哪所大学呢?

童长荣:我想报考东京帝国大学文学系。

伊田助男:什么,东京帝国大学? 不行不行。

童长荣:为啥不行?

伊田:我只能说,一万个考生里只能取一个人,只有万分之一的机会,太难了。

伊田望着罗栗文:罗先生,你想报考那所学校?

罗栗文含笑望着伊田。

罗栗文:伊田君,我要是说出来,你恐怕又要惊讶了。明治大学社会学系。

伊田吃惊地长大了嘴巴。

王舒:伊田君,可别问我了,我还没想好。

美子:如果两位先生都能考取东京帝国大学和明治大学,那可是我们伊田家最大荣耀了。加油!

伊田:话是这么说,可我知道,你们只有考取,才能拿到留学生的费用;考不取,所有费用都得自己掏。你们一定要考虑好,拜托了。

童长荣:谢谢伊田君,我们是经过慎重考虑才做出选择的。

罗栗文:说到这,我们想和伊田君和美子小姐商量一下,我们的食宿费用不

知是多少,恐怕要等到考取了,才能付给你们了,让你们担心了。

伊田笑了:说什么呢!还以为我和美子找你们要钱呢,真是的。

美子含着笑:蔡先生没跟你们说吗?

罗栗文:说了,就说你们兄妹人都很好。

伊田:你们不知道? 在你们来之前,蔡先生让吴先生把三年的食宿费用全都交了。

三人的内心像是被什么撞击了一下,互相望了一眼,内心极其不平静。

罗栗文有些激动,言语已经有些不连贯,太谢谢蔡先生了。

伊田奇怪地望着三人问,难道蔡先生没告诉你们我的身份? 三人都把目光聚到伊田助男的脸上,急切地想寻找答案。

终于,伊田很自豪地:我是一名日本共产党党员,他是一定知道的。

三人的内心又紧了一下。王舒已经不能自持,欲张嘴,看了一下童长荣,童长荣的身子动了一下,只有罗栗文静静地坐在那里,微微地笑着。王舒又咽了一下口水,竭力把嘴边的话压了回去。

伊田望着三人:吓着你们了?

罗栗文仍是淡淡笑着:没,没有。我知道日本早就成立了共产党。中国的许多马列著作都是从日本传过去的。

伊田:有机会真想和中国的同志交流,如果你们知道中国留学生中有共产党,请一定告诉我,我要与他们取得联系,拜托了,我们有许多活动,想请他们参加。

罗栗文:会的会的。

美子:哥哥,别说这些了。

伊田:说什么呢!他们又不是外人,不会出卖我的,你们说是不是?

罗栗文:我们会严守秘密!

美子:加油,过了语言关,你们就可以到预科班学习了。

三人的拳头握在一起:加油!

晚饭后,罗栗文说,我们想出去走走。美子附和着,你们辛苦了,出去走走,放松放松。

三人走出门,听到了美子责怪的声音:哥哥,你把他们给吓着了。伊田助男说,通过这些天的接触,我觉得他们都很好,不知不觉就说了。

秋天的夜晚,町田街显得静谧,三人回过头,望着伊田兄妹进了屋,门已经关上,三只红灯笼在夜色中绽放着温馨的光芒。

王舒这才说,好险,我差点没忍住喊出同志来了。童长荣说,真没想到,我们竟然住进了一个日本共产党的家里。罗栗文说,不是这样子的,这是蔡先生的精心安排。可以肯定地说,蔡先生接到了王先生的信,就知道了我们的身份。

王舒:那他为什么不告诉伊田君?

罗栗文:蔡先生为我们花了一大笔钱来解决我们的生活问题,他告诉你了吗?

童长荣:从丰源进出口商行险恶的环境看,再看他处事不惊的神情,蔡先生是个大智慧做大事的人,丰源进出口商行也绝不是寻常之地。

罗栗文:是的,能看得出来,他的眉宇间有多少云舒云卷,又藏有多少秘密。我们不能给他添麻烦,也不能给伊田兄妹带来麻烦,我们暂时不能暴露自己的身份。

王舒:为了报答蔡先生,我下决心要迎头赶上,闯过语言关。

罗栗文:你有这份决心很好。但蔡先生这样做,绝不是为了我们去报答他。

童长荣:我们这是为党在学习,为使命而奋斗。

罗栗文:说得好。王舒,你不是还没有决定报考学校吗?现在我代表组织正式通知你,报考东京陆军士官学校,你要努力学习,将来成为我党优秀的军事人才。

王舒:我服从组织安排!

前面的路灯下,林悦从一个小巷里走了出来,三人看见了这个熟悉的身影,急忙闪进暗处。林悦沿着小巷一直走到伊田家门口,仔细打量着。门开了,美子出来取信件。

美子:请问您要找谁?

林悦:对不起,我在前街住,出来散步,我看你家房子很漂亮,就忍不住停下了脚步,打扰你了。

美子:客气了,都是邻居,欢迎有空过来坐坐。

林悦:一定的。

美子施礼,林悦回礼,转身往回走,消失在小巷里。

王舒说巧了,这个女记者怎么出现在了这里?童长荣说,这不是巧合,你没看她在仔细察看伊田家,她应该是奔着我们来的。三人走了回来,进了屋,美子将一封信递给了童长荣。

童长荣接过信件,一看是卓蓝写来的,他撕开信件看了一下。

童长荣:罗大哥,今天可有许多碰巧的事。卓蓝说林悦和她是中学同学,毕业后去向不明,现在确实在《申报》当记者,受报社委派驻东京。

罗栗文点点头,问美子刚才和那个女人说了什么。美子说,刚才那个女的说她也住在这条街上,还说我们家的房子很漂亮。

三人相互看了一眼。童长荣轻声地一句,看来这个女人不寻常。罗栗文问卓蓝在信里还说了什么?童长荣告诉罗栗文,大华纱厂以非常优惠的条件答应工人的要求,工厂已经复工。还有,说连娣和一些女工已经进了识字班了。

王舒说还有想你的话没念吧。童长荣敲了一下王舒的头,不许往歪处想。

秋天转凉,到了日语水平考试的日子,美子送三人出门,她不住地拍着自己的胸脯,说自己的心都要跳出来了,比自己上考场还要紧张呢。王舒一听这话,也紧张了起来。伊田助男不满地白了一眼妹妹,说什么呢。罗栗文朝美子鞠躬,请放心,我们一定不会让老师失望的。伊田兄妹挥着拳头为他们加油。

三人走了,伊田助男开着货车拉货去了,只剩下美子一人在家。她心里有些空落落的,一上午在屋里打转转。过去,她教过一茬一茬的中国留学生,从没有像今天临考这么担心过。其实,美子对三人考过语言关一点也不担心,与其说是担心,不如说是一份牵挂,更多的是一份情感,她从内心里已经把这三人当成是自己的家人。这在过去和中国留学生相处时,从未有过这种感觉。

临近中午,她开始做菜,估摸着回来的时间,不时地往外张望。伊田助男先回来了,开着货车进了后院,跳下车,拉下肩上的毛巾,拍打着身上的灰尘。

美子:哥哥回来啦。

伊田:美子,我回来啦。

美子打了洗脸水递给伊田,伊田边洗边望着美子。

伊田:我一路心里念着,没问题,一定没问题的。

美子:没问题,没问题,这心里还是扑腾扑腾的。

伊田:妹妹是最棒的!

王舒首先出现在门口,脸上洋溢着喜悦,美子和伊田望着禁不住笑了起来。

伊田:我觉得一定不错的。

美子:一定是这样子的。

他俩期待地望着王舒。

王舒:士官学校离家近,我就先回来了。

伊田:咦,你先要告诉好还是不好。

王舒:我知道的,粗心错了几题,还有几题做不来,剩下都是对的,80分应该没问题。谢谢美子老师。

美子拍着巴掌:我太高兴了。

王舒:别担心罗先生和童先生,他们一定考得比我好。

伊田:我已经等不及了,上车,接他们去,真让人不放心。

伊田驾着车,美子和王舒坐在副驾驶室里。车子行驶在街道上。

伊田边驾着车边唱起了日本小调《樱花》,美子加入了歌唱,两只手不停地在右摆动,王舒也跟着哼了起来。

东京帝国大学门前,伊田将货车停在大学门口。他们站在车上望着校园里陆续出来的学生。终于看见了罗栗文和童长荣,伊田拼命地挥手。

美子喊着,在这呢!罗栗文、童长荣带小跑着出了校园。伊田仔细地在两个人脸上看着。

童长荣问伊田助男看到了什么?伊田助男看着两人面无表情,心里有些发沉,美子也敛住了笑容,有些疑惑,不会有什么意外吧?

　　童长荣终于绷不住,笑了起来,罗栗文跟着笑了起来,说没问题,美子老师,我们不会给你丢脸的。伊田助男摸了摸胸口,嘴里不住地嘟哝着,真让人受不了。美子撅着嘴,原来罗先生、童先生是逗着玩的呢,不过这种玩笑还是少开的好,心脏都要跳出来了。罗栗文、童长荣连忙向兄妹道歉,又向美子鞠躬致谢,感谢美子老师的辛勤付出。伊田助男放下心,我说嘛,美子是最好的老师。

　　回家的路上,他们在车上又唱起了《樱花》歌。

　　林悦走到丰源进出口商行大门前停住。日本浪人小日向和两个随从在后面跟踪,林悦环视四周,小日向和随从迅速躲进了一家店铺。林悦用余光扫了一下,微微一笑,走进了商行。

　　管家吴志杰:请问这位小姐,您要找谁?

　　林悦从坤包里掏出名片:我是《申报》驻日本东京记者,我叫林悦,刚从国内到日本,特地慕名前来拜访蔡先生。

　　吴志杰接过名片:您稍等。

　　吴志杰拿着名片进去,林悦环顾商行工作人员在忙碌。吴志杰穿过院落,走进客厅。蔡老板正在看报纸。

　　吴志杰:蔡先生,那个女的要见你了。

　　吴志杰递过名片。蔡老板放下报纸,接过名片,望了一下吴志杰。

　　蔡老板对吴志杰说,《申报》史先生回信了,他们报社确有其人,进《申报》时间不长,有文采,精通日语,很敬业,主动要求到日本做国际时事报道。

　　吴志杰嘀咕,最近一段时间,她在商行周围至少转悠了三次。蔡老板说,既然来了,就见一见吧。

　　门口处,香烟袅袅,林悦被一座供奉的妈祖像所吸引,她认真地看着。吴志杰走过来,做了一个邀请的姿势,林小姐,请。林悦说了声谢谢,随吴志杰来到后院小楼上的客厅。

　　林悦走进来:蔡先生,您好!

　　蔡老板拿着名片:林悦,《申报》记者,欢迎,请坐。

林悦坐了下来,说明来意,蔡先生是著名爱国商人,慕名已久,早有想采访蔡先生的想法,您可能不知道,我多次徘徊在商行门口,今天是下了决心,冒昧打搅,失礼了。

蔡老板摆摆手,哪里的话,欢迎林小姐来做客,见到国内来人,都像家里人一样亲。

吴志杰上茶,放在林悦跟前,林悦致意,吴志杰转身准备离开,被蔡老板叫住。

蔡老板:志杰,不慌走,啊,林小姐,这是我的管家,你刚来东京,生活上如有什么不方便的话,可以直接和他说。

吴志杰在门边的单人沙发上坐了下来,前倾着身体,拿出了小本子。

吴志杰:有什么需要尽管吩咐。

林悦:蔡先生客气了,生活上不敢打搅。就想对您做一次专访,可以吗?

蔡老板:不知林小姐想要了解哪些方面?

林悦:蔡先生,上海和全国都爆发了反日爱国运动,蔡先生与日本政商界来往密切,我很想知道蔡先生是否向日本有关人士表达过关切?

蔡老板:我的态度很明确,就是中日必须友好,近些日子,我发表了几篇文章,你可以查询。

林悦:我一定好好拜读!第二个问题,您对东北局势怎么看?如果日本人要插手东北,您觉得东北军是奋勇抵抗还是和日本人协商谈判?

吴志杰一惊,他开始注意林悦。蔡老板从容地放下茶杯,认真地看了一眼林悦,你还有什么问题,可以一并提出。

林悦站了起来,听说日本内阁近期会有重要政策出台,不知道蔡先生有没有这方面的信息?

蔡老板一笑:你的三个问题就是一个问题,问对日本政策怎么看,刚才我已经回答了你的问题,我愿意再重复一遍,那就是积极支持中日友好。如果还要加一句的话,那就是日本只有走和平发展道路才是正确选择,我也可以正告日本军国主义分子,不管出台什么样的政策,野心和掠夺绝不会有好下场,我也相信东

北军绝对不会出卖国家利益!

林悦:就这些?

蔡老板:你觉得我的回答还不够明确吗?

林悦:蔡老板不愧是爱国商人,语言精练,高度概括。谢谢蔡先生,让我深受教育。

蔡老板和颜悦色:林小姐还有问题吗?

林悦站了起来:谢谢蔡先生。只要您不嫌烦,以后我会经常来向您请教的。告辞了。

吴志杰欲送林悦,被林悦礼貌地谢绝。林悦下楼,穿过院子,蔡老板和吴志杰站在窗口,望着林悦走出商行,才收回视线。

蔡老板:我说的话有漏洞吗?

吴志杰:没有。

蔡老板:之所以让你留下来,就是让你帮我观察一下这个人,你觉得她有什么特别之处吗?

吴志杰:我有发现,她在说日本有关人士、东北局势、东北军、奋勇抵抗、协商谈判、重要政策这几个词时都是拉长了声调,眼睛盯着你的表情。

蔡老板:这说明什么?

吴志杰:我在东北军受过这样的训练,叫心理测试。

蔡老板:她在测试我?

吴志杰:如果她仅仅是个记者,那就是我们多虑了。如果不是,就是别有所图。蔡老板点点头,轻言道,她在我的门前转悠,日本浪人小日向也在我的门前转悠。志杰,你注意过没有,这个女记者和日本浪人小日向有没有联系?

吴志杰:我暗中察看过了,目前看不出来有联系,像是在各自行动。

蔡老板:小日向替黑龙会做事,也替日本警察总监木次郎做事,木次郎也是黑龙会成员,暗中听从黑龙会会长内田良平调遣。他们已经发觉我和东北军有联系,他们是在监控、寻找证据。

吴志杰:幸好,帅府王家桢秘书长未雨绸缪,提前布局,让我先到您身边,否则他们肯定也会怀疑我。

蔡老板反复望着林悦的名片,自语道,这个女记者也住在町田街,看地址离伊田家不远啊,想起来了,我想请三个留学生吃顿饭。

吴志杰点头,我马上去安排。吴志杰随即开车来到伊田家门口,美子在院子里晾晒衣服。吴志杰下车,美子鞠躬,笑盈盈地说吴先生来了,承蒙关照,吴志杰还礼,说蔡先生想请三个留学生过去坐坐。王舒出去了,只剩下罗栗文、童长荣在屋里,两人应声出来,上了吴志杰的车,来到丰源进出口商行。

客厅里,罗栗文、童长荣与蔡老板见面。罗栗文、童长荣一见到蔡老板,就忙不迭地感谢。罗栗文说,最近学习日语,要过语言关,还没顾得当面来表示感谢,让您破费巨大,我们承受不起了。

蔡老板挥挥手,不足挂齿,王先生介绍来的客人,我怎敢怠慢。听说你们三个人因为美子的悉心教授,很快过了语言关,可喜可贺。听说童先生还考了个高分,真是了不起。

童长荣有些不好意思,蔡先生,您这么关心我们,我们不努力学习,都不好意思来见您了。

蔡老板望着他们俩,问还有一位呢。罗栗文连忙解释,王舒在士官学校读预科,有一些手续要办。罗栗文说自己现在在明治大学读预科。蔡先生告诉罗栗文,他认识一个叫周恩来的青年学生,曾在明治大学读书,接触过几次,感叹这个年轻人既有鸿鹄之志,又有非凡的智慧。罗栗文望着蔡先生,立马感到又亲近了一步,坦言上明治大学,就是受他的影响。蔡老板点到即止,不再往下问,他把目光转向童长荣。童长荣连忙向蔡老板报告,他正在东京帝国大学读预科。蔡老板不住地点头,说三位青年才俊,将来前途不可限量。罗栗文轻叹,蔡先生,国家有未来,青年人才有未来。童长荣说,我们是为国家的未来而来的。

蔡老板点了点头,望着两个年轻人,眼神里似乎多了一份柔和的光,他请罗栗文和童长荣坐下。吴志杰招呼佣人上菜。蔡老板对吴志杰说,今天没有外人,你也来坐。

吴志杰坐下,对他俩说,厨师是从国内带来的,只有到商行,才能吃到正宗的

中国菜。蔡老板说不必客气,也不要客气,喊你们来就是给你们加餐的。罗栗文、童长荣内心充满温暖,感觉蔡老板可敬可亲。

饭吃了一半,蔡老板拿起林悦的名片:刚刚,那位叫林悦的女记者来拜访我,看这地址,你们住在一条街上。

童长荣:蔡先生,她好像对我们也很感兴趣。

蔡老板:上次听你们说,你们是同船来的,除了这个林悦,还有个高崎先生。

罗栗文:对,上海几个纱厂的股东,他是黑龙会重要成员。

蔡老板:你知道他在上海的几个纱厂每年挣了多少钱吗?上百万的大洋,都源源不断地进了黑龙会的账户。你们在船上看到这两个人有交集吗?

童长荣点点头:有,这两个人为了掩人耳目,故意装作不认识,后来发现他们在一起密商什么事情,只是我们那时不懂日语,不知道他们讲些什么。

罗栗文:后来我们在一起回忆有一个菜的发音,也许就是指您。

蔡老板将名片递给了罗栗文:你们不想和她认识认识?

罗栗文和童长荣互望了一眼,立即明白了蔡老板的用意。

童长荣:蔡先生,我们明白,您这是给我们交任务,谢谢您的信任。

蔡老板不再延续这个话题,招呼罗栗文、童长荣多吃菜。

晚饭后,吴志杰将罗栗文和童长荣送回到町田街。到了町田街,他们提前下了车,想在街上走走,看看两边的街景商场,走不多远,就看见了林悦出现在街上。林悦也看见了罗栗文和童长荣,并没有回避,而是走了过来。

罗栗文轻轻地说迎上去,童长荣会意,两人和林悦擦肩而过。林悦放慢了脚步,回过头。

林悦:两位先生,我们好像在哪里见过?

童长荣停住:啊,对对,我们在船上见过。

林悦热情地:我叫林悦,《申报》记者,你们一定是来东京留学的了。

罗栗文:是的,我们还在读预科。林小姐,我们还以为你是日本女士呢。

林悦:地地道道的中国人。

童长荣:看见了你和一位先生在一起,他看起来好像是日本人。

林悦：是的，高崎先生，上海纱厂的老板，我曾经采访过他，一路上寂寞，终于找到了一个说话的人。啊，你们也住这条街上？

罗栗文：是的，看来我们是邻居了。

林悦热情地：那我们可要经常走动走动。

童长荣：随时欢迎你。

林悦微笑着与他俩道别。望着林悦远去的影子。罗栗文说没想到，她竟然很主动很热情。童长荣说还很大方，对她和高崎的解释很合乎常理，也许是我们想多了，她就是一个单纯的记者。

罗栗文摇摇头：蔡先生有很多事没有告诉我们，他是在考验我们，这个女人一定不寻常。

日本黑龙会，内田良平办公室里。小日向进来禀报，东京警视厅木次郎总监来了。内田良平点点头，随小日向来到客厅里。

坐定之后，内田良平告诉木次郎：因为黑龙会和军界少壮派通力合作，田中义一首相大人终于下了决心，准备调整政策了。

木次郎喜出望外，真是太好了。说不过那些激进派也听到风声了，近期日本共产党闹腾得很厉害，他向内田良平通报，警视厅已经获取信息，日本共产党最近准备在全日本搞一个活动。

内田良平：该抓的要抓！

木次郎：我已经派人布控。

内田良平：政友会的那班人还在首相大人面前喋喋不休，真是烦人。

小日向：他们的一举一动，我们也都在密切监视。

内田良平：高崎来信了，说那三个留学生有共产党嫌疑，是大华纱厂罢工的牵头人，还报告国民党党部有人暗中操纵，把这堆狗屎送到东京来了。据说，这三个人能量极大，尤其是有个叫童长荣的人不好对付。

小日向站在一旁：他想跟我们大日本帝国斗吗？哼，那就像碾蚂蚁一样。

内田良平：给我盯住这三个人。

小日向:我马上就去布置。不过,町田街上那个女记者形迹也很可疑,要不要……

内田良平:那不是你的事,明白了吗?

小日向立即带人在伊田家周围布控,发现这三个留学生每天固定上学、放学,在伊田家并未有什么异常。但是他发现了伊田开着货车带着罗栗文这几天满东京跑,像是在联络人,检查罗栗文发往大阪、横滨等地的信件,才知道罗栗文正在为组建国民党总支在奔忙。他向内田良平做了汇报,内田良平指示继续监视。

罗栗文回到伊田家,童长荣放下书,望着罗栗文,表示不解:你这么上心地为杨飞办事,真的要帮助国民党成立旅日总支?

罗栗文:长荣,这么跟你说吧,国民党其实就是个半吊子组织,重上不重下,基层组织缺乏根基。党的四大确定基层建支部,他们也想搞,就是不知道怎么建,觉得我们有经验,就叫我们帮他建。

童长荣:我们凭什么要给他们建支部?

罗栗文:长荣,你是聪明人,怎么犯糊涂了? 你想啊,我们有意识地把国民党的左派都团结起来,这对我们的工作有利呀?

童长荣点点头,反问罗栗文,那我们为什么不成立自己的党组织呢? 罗栗文拍拍童长荣的肩膀,你问得好哇。

正在这时,王舒推门进来:我回来啦!

罗栗文:你回来的正好。你们俩告诉我今天是什么日子?

王舒:今天是周日,明天是星期一呀,有什么特别吗?

罗栗文含笑不语,童长荣突然一个激灵,身子似乎颤动了一下,他异样地望着罗栗文。王舒仍然在傻傻地苦思冥想这是个什么日子。

童长荣激动地:王舒,今天是我们预备党员六个月期满的一天。

王舒拍拍脑袋:对对,我都忘了。

罗栗文:我心里默念着,数着日子,就等着今天呢。

王舒:罗先生,也就是说,从今天起,我和长荣就是正式党员了?

两人期待地望着罗栗文。

罗栗文:等等,别着急,还没有履行程序呢。

罗栗文从抽屉里取出一张纸:这是我昨天晚上给你俩写的鉴定,因为是特殊时期,我就一并写了,童长荣、王舒同志自递交入党申请书半年来,经受住了严峻的考验,立场坚定,对党忠诚,不怕牺牲。经组织严格考察,完全符合中国共产党党员条件,同意童长荣、王舒同志正式加入中国共产党。待中共东京特别支部成立之后,予以确认。考察人:罗栗文。

童长荣、王舒认真地听着每一句话,情绪激动。罗栗文站了起来,望着童长荣、王舒。

罗栗文:长荣、王舒,这里条件有限,没有党旗,我们就对着考察鉴定宣誓吧。

罗栗文举起了右手,握拳,童长荣、王舒举起了右手,握拳。

罗栗文:我宣誓,严守秘密,牺牲个人,阶级斗争,努力革命,永不叛党!

童长荣、王舒跟着念:我宣誓,严守秘密,牺牲个人,阶级斗争,努力革命,永不叛党!

罗栗文放下拳头,走过来,紧紧握住两人的手:童长荣同志,王舒同志! 从今天起,你们就要成为中国共产党正式党员了。

童长荣和王舒都笑了。罗栗文招呼两人坐下来。

罗栗文:现在我们召开会议,根据党的组织路线精神,三人可以成立支部,现在我提议成立中共东京特别支部,同意的请举手。

罗栗文举手,童长荣、王舒举手。罗栗文示意放下。

罗栗文:出国前,已请示组织,组织上提议罗栗文同志担任特别支部书记,童长荣、王舒两位同志担任支委。同意的请举手。

三人举手表决。

罗栗文:现在召开中共东京支部会议,议题只有一个,确认童长荣、王舒同志为中国共产党党员。现在表决。

三人举手表决。

罗栗文:童长荣、王舒同志,从今往后,我们的一切工作都是在党的领导下。

你们要把入党誓词牢牢地记在心里。

王舒:严守党的秘密。

童长荣:随时做好牺牲准备。

罗栗文:把一切交给党。永不叛党!

三人紧紧拥抱在了一起,久久不能平静。

上海环龙路44号。卓蓝走进赵瑞麟办公室。

卓蓝进来:赵科长,你找我?

赵瑞麟:近期我准备和戴先生去一趟日本,我跟杨主任商量了一下,行动科的事请你负责一下。

卓蓝很惊讶:什么,你和戴先生到日本去?我也要去!

赵瑞麟:怎么,想去见童长荣这小子了?不行!

卓蓝:为啥不行?

赵瑞麟:实话告诉你吧,这次戴先生是受蒋总司令委托去日本的,担负着极其秘密的任务,你去了,经不住童长荣那个贼精的脑子,如果把秘密识破了,捅出去可就坏大事了。

卓蓝:你把我当孩子呢。你不同意也不行,我去找杨主任去。

杨飞走了进来。

卓蓝:杨主任,我也想要到日本去。

杨飞:赵科长没跟你说吗?让你在家负责一下行动科的事。

赵瑞麟:我这不是跟她说嘛,她就顺杆子往上爬了,非去日本不可。

卓蓝:杨主任,开开恩吧,我还没去过日本。

杨飞:卓蓝,这是一次秘密活动,人不能太多。

卓蓝:那就多了我一个人?

杨飞:卓蓝,我明确告诉你,我不同意。谁不知道你的小心思,是去会童长荣吧,我劝你别自讨没趣,人家说不定早把你忘了。

卓蓝:杨主任,不让去就不让去,你别和赵科长合着拿童长荣来堵我的嘴,我就是要去会童长荣又怎么样?

杨飞:我不同意!

卓蓝:那我去找戴先生。

杨飞:你要是有本事把戴先生说定了,我绝不阻拦你去。

卓蓝:那就一言为定,决不许反悔!

卓蓝离开了赵瑞麟的办公室。杨飞摇了摇头,转而对赵瑞麟说,罗栗文来信了,他已经把国民党旅日总支搞起来了。正好,趁这次去日本的机会,督促检查一下,开个会,要有意识地进行舆论引导。据我了解,东京支部、神田支部的一些负责人都是"西山会议"派的。你可以把话说得露骨明白些,正好测试一下国外的反应,试试水温。

赵瑞麟:明白。不过,这罗栗文、童长荣确实不好对付。当初你决定让他来组建这个总支,我还没有领会深意。

杨飞:这叫借力而已。这次去你还有一个任务,广州国民大会准备在日本增设一名代表,你一定要让他选上。

赵瑞麟:让他回国,脱离总支,然后选一个我们的人,这个总支就是我们的了。主任谋事我赵某佩服!

十一

卓蓝开着车径直往戴季陶办事处驶来。她自己也没想到,一听赵瑞麟说要到日本,竟然有如此下意识的反应,自己真的是在潜意识里想去见童长荣吗?她说不清楚,也许真的是。她这才意识到这个童长荣不知道什么时候已经占据了自己的内心,她自嘲地笑笑,童长荣比自己小三岁,完全还是个小弟弟,怎么会有这样的感觉,常常想着这个人,牵挂着这个人,甚至心甘情愿要为他做点什么。她觉得有些奇怪,她对身边的男人,像杨飞、赵瑞麟从未有过什么好感,甚至有点厌恶,更不喜欢有人说她和赵瑞麟是44号的金童玉女,可唯独对童长荣这个清秀的男孩有着不一样的感觉。因为赵瑞麟的一句话,要到日本去,内心的情愫被

激发了出来,她吓了一跳,从44号到戴季陶办事处,平时半个小时的车程,自己不知不觉十几分钟就开到了。

卓蓝下了车,几乎是冲进了戴季陶的办公室。戴季陶望着卓蓝,有些诧异,什么事这么紧急,气喘吁吁的样子。卓蓝自觉有些失态,竭力平复自己的情绪。

卓蓝:戴先生,我来看您来啦!

戴季陶警觉地:你来看我? 怎么想起来要看我呢?

卓蓝说,看您老人家还需要理由吗?

她一眼瞥见了写字台上一个精致的木盒,她正准备伸手去拿,戴季陶抢在了手里。

戴季陶:光说来看我,也没看见你给我带东西来,看见好东西招呼都不打一个,随手顺走,什么人,小强盗。

卓蓝问,这是什么好东西呀,像个宝贝似地。

戴季陶说这是高崎先生从日本带给我的镇纸,你拿去没用。卓蓝说,我保证不会拿走,你打开我看看,我欣赏一下还不行吗?

戴季陶打开木盒子,是一对黑色如玉的镇纸,一只是菊花图案,另一只是梅花图案。卓蓝不住地赞叹真漂亮。

其实这对镇纸正是小日向为高崎准备的窃听器材。此刻戴季陶和卓蓝的谈话正被高崎的人在楼下的车子里侦听得一清二楚。侦听的人细心地听着卓蓝和戴季陶的对话。

卓蓝:我怎么没带东西来,我这不是带了一张甜嘴了吗?

戴季陶:空口说白话,我听着也高兴。

卓蓝看了一下图案:可惜,没有兰花,我不要。

戴季陶:你就是要,我也不给。说,又要找我办什么事?

卓蓝:听说戴先生要到日本去,我就寻思,这也不是两天三天的事,怎么着也得有个人照顾呀,您不是说我也是你的什么来着?

戴季陶:小棉袄。

卓蓝:对对,小棉袄。戴先生要出远门,怎么着也要把小棉袄带上喽。

戴季陶敛住笑容：不行，这次真的不行。

卓蓝撒着娇：戴先生，怎么就不行呢？

戴季陶：此番去日本受蒋先生委托，是寻求日本政府对蒋先生的支持，为蒋先生拉抬人气，也是摸摸日本人对中国政策的底线，看看他们到底要出什么价的，是一次秘密行动，真的不行。

卓蓝：戴先生，您这恐怕是借口吧。

戴季陶：没有，按道理，这些话我都不该说，在外面千万不能走漏了风声。

卓蓝：我对你们玩弄政治不感兴趣。我就是想到日本玩玩。

戴季陶：下次抽个时间，我邀请你父亲和你一道去日本，专门去玩一趟好不好？

卓蓝：不好！下次归下次。

戴季陶：卓蓝，你不要这么任性好不好！

卓蓝：戴先生，你不带我去，我看只有一条理由，是怕我坏了你的好事。

戴季陶狐疑地望着：我的什么事？好事？

卓蓝：戴先生，还要我说嘛，你是去日本幽会你的小情人，是怕我碍了你的事吧！

戴季陶紧张起来，朝门口看了看：我的小祖宗，你不要嚷嚷好不好！你是怎么知道的？

卓蓝：别问我是怎么知道的，我们行动科就是干这个的。我说戴先生，你这是老牛吃嫩草，眼睛毒啊。她那么漂亮，又那么温柔，不说是男人，就是女人也会爱上她的。

戴季陶：你，好你个蓝蓝，你这是在要挟我？

卓蓝：戴先生，我这个人一向重品行，不做缺德事。你和昱姐这么多年，我什么时候坏过您的事？赵瑞麟曾在私下抱怨你误了她姐姐的青春，我都说戴先生和昱姐那才是真正的爱情，真正的爱情还需要名分吗？

戴季陶：我，我真的没想到，你对我还留了一手。

卓蓝：戴先生，请放心，您就是不带我到日本去，我也不会去跟您家的那位贤

良的"姐姐"去说。

出现了短暂的静默后,戴季陶:看来这次去日本,我还真的非常需要一个小棉袄。

卓蓝:这次我可不是小棉袄,我向您保证,我就是一个电灯泡子!

戴季陶:去,没大没小的。

卓蓝:戴先生这次去日本,"姐姐"肯定是要去的,你就把夫人交给我好了。

戴季陶:蓝蓝,这是我们之间的小秘密,懂吗?

卓蓝认真地点了点头:我保证会把夫人照顾好。您呢,该干嘛就干嘛。

戴季陶:去去去,真是个烦人的小蓝蓝。

卓蓝朝戴季陶鞠了个躬,一溜烟跑了。

高崎听到卓蓝和戴季陶的这一段录音很是吃惊,卓蓝是怎么知道戴季陶在日本这一段风流史的,这事是黑龙会暗中策划,只有极少数人知道。而且卓蓝明确说,她那么漂亮,又那么温柔,她见过千惠子?这怎么可能?高崎突然想起来了,他立即打开保险柜,发现戴季陶和千惠子的亲密照已经不翼而飞,他吓了一跳,这肯定是卓蓝趁他回日本的空档,光顾了他的保险箱。他有些气恼,嘴上骂着,心里盘算着怎么去把这张照片弄回来。但转念一想,这未必不是件好事,戴季陶被卓蓝一吓,已成惊弓之鸟,而且戴季陶已经答应带她去日本,等于是戴季陶给自己上了一个枷锁。更重要的是,戴季陶到日本的底线已经被全部掌握。他完全可以想见,戴季陶到日本还能有什么作为,只有乖乖地听任摆布了。想到这里,高崎觉得应该感谢小日向,这一对镇纸真是起到了大作用。他立即指示侦听人员整理记录,发往日本国内。

小日向带人时刻蹲守在伊田家周围,一段时间来并未发现异常。近段日子,三个留学生一直在屋内,没有离开伊田家。到了夜晚,伊田家门口的三只红灯笼准时亮起,泛着红色的光晕,一直亮到半夜才会熄灭,接着才会看到三个留学生房间的灯光次第关掉。小日向推测,这三个留学生是在为参加入学考试在复习。

罗栗文、童长荣、王舒的确是为入学考试在做最后的冲刺。罗栗文对自己,同时也对他俩下了死任务,必须考取。所以这段时间,三人全身心没日没夜准备功课。伊田美子精心准备一日三餐,晚上还特地为他们准备夜宵。

最没有信心的王舒率先通过了日本陆军士官学校的资格考试,接着是罗栗文如愿考取明治大学,就读社会学系。童长荣报考的东京帝国大学的结果还没有出来。

到了发榜的那天,伊田开着小货车,载着罗栗文、童长荣、王舒、伊田美子一起到东京帝国大学看榜。

伊田助男安慰童长荣,最差的结果就是没有考取。美子埋怨着,这是什么话,真不吉利,童先生可是最棒的。童长荣含笑不语。

不过,美子还是有些担心,不住地说着,考取东京帝国大学确实太难了!

童长荣反过来说着笑话:伊田君,你今天没有上班,我要付你报酬,美子,为我担惊受怕,我还要付精神安慰费。

美子望着童长荣一副轻松的样子,又有了信心:咦,看童先生的表情,应该没有问题了。

伊田摇摇头,不以为然:长荣君,这是在安慰我们呢。美子,在我们家的留学生还没有考取过东京帝国大学的,不,整个町田街租住的留学生,也没听说过,要是长荣君真的考取了,那伊田家就是中了百万大奖了!

罗栗文含笑望着伊田兄妹:你们对长荣这么没有信心?

伊田:有信心,只是担心,怕万一……

美子不住地点着头:伊田家的光荣,一定会考取的。

到了学校门口,只见人山人海。不断有考生往大门外走,有人欢喜有人愁,可大多数人或低头不语,抹着眼泪;或垂头丧气,仰天长叹,还有两个男孩抱头痛哭。

美子有些感伤:太悲惨了!

伊田催促着:别说了,快进去,我就想早点知道结果。

人群中,林悦突然走了过来。

童长荣:哟,是林记者,你也报考了?

林悦:没有,听说帝国大学今天发榜,就想采写个报道,哪知我比你们来得还早。童长荣,你不用看了,我已经替你看过了。

伊田急切地:考取了没有?

林悦含笑不语。

美子:真是急死人了,你快说呀!

王舒:看林记者的笑容,还不清楚吗,应该是报喜的表情。

林悦:现在我宣布,伊田家的留学生童长荣……

伊田张大了嘴巴,等着她的下文。

童长荣一笑:你别卖关子了,说实话,我不是来看录取的,我是来看名次的。如果排名在前五名外,这次考试就算失败。

林悦吃惊地望着童长荣:你这都是什么人啦。牛人!探花。

伊田高兴地拉着美子跳了起来。

童长荣淡淡地:林记者,谢谢!让你操心了。

美子:到底是第几名呢?

伊田卖弄地:探花都不懂。你要好好学习中国的文化,中国科举考试,状元是第一名,榜眼是第二名,探花是……

美子跳了起来:第三名!童先生,您了不起。

罗栗文、王舒向童长荣表示祝贺,三人击掌互相庆贺。

伊田大声地:长荣君第三名!伊田家的留学生放卫星啰!

伊田兄妹无比激动。其他考生都围了过来,羡慕地看着。

回来后,美子做了一桌菜。伊田助男自豪地举起酒杯,他清了清嗓子,开始讲话:今天是伊田家最值得庆贺的日子。

罗栗文:长荣考取东京帝国大学值得庆贺,能考取第三名更是锦上添花。来,我们向长荣表示祝贺!

大家纷纷站起来,向童长荣敬酒。

伊田一饮而尽。美子也端起了酒杯。

美子:我也干了!

罗栗文连忙地:我们三个人能考取学校,美子老师功不可没,我们敬你。

美子:不敢当!

伊田:美子,接受吧。

美子和三人共同干杯。美子放下酒杯。

美子:不过,哥哥也很棒! 哥哥告诉我,他明天要去发表演讲了。

罗栗文:是吗? 那我们要敬你,预祝演讲成功。

伊田:唉,一说这件事,想着那么多人,心里就紧张。我还不知道要讲什么,要向你们请教。

童长荣:伊田君,这是什么活动?

伊田噎住,半天才说出话来:日本共产党在全国城市设立分会场,举行集会,反对战争,热爱和平,推荐我做工人代表上台讲话。

王舒:这很好哇,我们要去听。

伊田:你们不能去,我怕讲不好,下不来台。

童长荣:伊田君,别急,待会儿,我们帮你。

伊田:那太好了。

罗栗文:伊田君,你不是说欢迎我们参加你们的活动吗,这可是个好机会,我们去给你捧场,支持你,给你力量。

童长荣:美子,我们一起去。

美子:一定的。

伊田:谢谢。到时候要是讲不出来,千万不要笑话,拜托了。

晚饭后,罗栗文、童长荣、王舒帮助伊田助男准备演讲内容。美子坐在一旁含着笑静静地听着。

罗栗文:伊田君,这次你是代表东京产业工人发言,应该站在无产阶级的立场上。

伊田:是的,是由工人支部推荐的。

童长荣:反对日本军国主义对外扩张,倡导和平,这也是我们的心声。

王舒:你们刚刚经历了大地震,现在正在发生经济危机,你还得为日本百姓

发声。

伊田助男不住地点头,接着罗栗文让童长荣为伊田助男草拟发言提纲。在一旁的美子说,我们伊田家这些年接待了一批又一批中国留学生,就是一个很好的事例。虽然事情小,两国人民交流接触、互相友好,这都是美好的事情,值得一说。

罗栗文朝美子点头,说美子说得太好了。伊田助男心里有了底,按照童长荣草拟的发言提纲,试着给大家讲了一遍,大家觉得不错,鼓掌通过。伊田反而变得腼腆起来,一再摆手,说还得多练几遍。

第二天一大早,罗栗文、童长荣、王舒、美子陪着伊田助男来到了大街集会现场。只见临时搭了个台子,市民开始在台子下聚集,人群中他们看到林悦也来到现场拍照。

集会开始,主持人宣布请工人代表、货车司机伊田助男君代表工人阶级演讲。

罗栗文、童长荣、王舒使劲鼓掌。美子有些担心,她踮着脚尖朝台上望着。伊田助男穿着工作服,肩上还是搭着一条白毛巾走上了台。

美子拍了拍胸口:看,哥哥上台了。

伊田环视台下:我代表工人发表演讲,请多关照。日本刚刚发生大地震,这是天灾,现在又爆发经济危机,这是什么,这是资本主义制度的必然结果。日本国内百姓民不聊生,可是军国主义分子还要叫嚣对外扩张,发动对外侵略战争,这是什么,这是人祸!你们答应吗?

罗栗文、童长荣、王舒、美子和观众一起挥着拳头,下面开始喊口号:打倒战争狂人,田中内阁下台!不要战争,我们要和平!

伊田显然受到台下听众热烈情绪的鼓舞,声音愈发洪亮起来,也更富有激情地继续演讲。

林悦走了过来对罗栗文说,我很激动,这场席卷日本的无产阶级运动值得我们国内学习。

罗栗文对林悦说,我希望你能把这样的现场报道给国内的读者。

林悦:《申报》的立场是一贯的,史先生要求我们秉持客观公正的态度报道这个世界正在发生的一切。我会连续报道的。

突然,会场内一阵骚动,木次郎、小日向带领一群便衣跑进会场。木次郎挥手,小日向带人冲上舞台,他们抓住了伊田助男,人群大乱。

美子失声地:哥哥!

伊田被押下台,从四人面前走过。

伊田助男挣扎着:我抗议!

美子看着哥哥被带走,不顾一切地往前冲,被罗栗文拉住。伊田助男被带进警车,警车鸣笛驶离。美子无助地涌出了眼泪,蹲在地上哭着。

罗栗文当机立断,让童长荣带美子去找蔡老板,务必让他想想办法,一定要把伊田君救出来。童长荣点点头,拉起美子就跑。

丰源进出口商行内。吴志杰替床次满上酒。

床次:真是不好意思,又到您这儿蹭酒喝了。

蔡老板:床次大人,哪里的话,这是我的荣幸。

床次用筷子点了点:让你笑话了。虽说是个旧内务大臣,可经济不景气,养老金一减再减。可比不上好战的年轻军人,黑龙会和那些狂热的社团组织,都有财团支持,美酒、女人,要什么有什么。政友会的大臣们只有靠边站,真是让人生气。

蔡老板试探地:床次大人,如果您愿意,我们愿意资助政友会。

床次:有些事是可以谈的。

蔡老板:东北军帅府委托我捐 10 万块大洋两给政友会,希望能够和政友会合作。如果政友会能够说服内阁不出兵东北,马上再送来 50 万块。

蔡老板将一张银票放到桌子上。

床次:银票有什么用,银行都倒了,这还不是一张空纸。

蔡老板:如果政友会急用,我还有一些流动的现银。

床次:你不做生意了?

蔡老板:为了国家,为了和平和中日友好,我就是当了裤子也在所不惜。

床次眯着眼望着蔡老板:蔡先生,看来你为了你的国家,都可以舍掉身家性命了。

敲门声,吴志杰开门,童长荣、伊田美子匆匆走了进来。伊田美子哭哭啼啼。

蔡老板:发生什么事了?

美子:蔡先生,我哥哥被警察抓走了,救救他。

童长荣:不好意思,事情紧急,打扰了。

床次皱了一下眉毛:嗯,喝个酒,真让人扫兴!

蔡老板:真是抱歉。伊田一家这些年一直受我之托,在帮助中国留学生。啊,这个年轻人考取了东京帝国大学,也亏了伊田家兄妹。床次大人,这个忙我们要帮。

床次:怎么帮?那班警察、外务省都和黑龙会搅在一起,现在是政府在做主,还是黑龙会在做主我都搞不清楚。我是个旧臣,已经不在任上,他们已经不把我放在眼里了,我想帮忙也帮不上。

蔡老板:还请床次大人跟牧野伯爵通融通融。

床次皱着眉头:不行不行,为这点小事,不好去惊动牧野伯爵。

蔡老板无奈,只好将童长荣和美子带到门外,三人在楼道口停了下来。

蔡老板安慰童长荣和美子,叫两人别着急。让童长荣把美子带回去,他再另想他法。

童长荣听蔡老板说想别的办法,突然有了主意,对蔡老板说,别的办法倒是有一个,不知管用不管用? 我那儿有个东西,牧野伯爵和床次大人也许会有兴趣。

蔡老板听童长荣这么一说,连忙让他把东西拿来试试看。

童长荣让蔡老板务必将床次大人留住,他去去就来。蔡老板让童长荣快去,童长荣带着美子飞奔下楼,跑出了商行。

大街上,童长荣在前面跑,美子在后面跑,气喘吁吁,上气不接下气。

童长荣突然站住:我都急昏了,你跟我跑干什么?

美子:为救哥哥,我不跟你跑跟谁跑?

童长荣:我回家去取东西,马上回来!你坐在这儿等我不就行了!

美子可怜兮兮地:童先生,这里离家还有不少路呢。

童长荣:那你跟在后面,不是耽误时间吗?你回去,在商行门口等我。

美子:您辛苦了!

童长荣飞也似的冲了出去。美子不住地在童长荣身后鞠躬,期期艾艾地望着童长荣的身影在大街上奔跑,直至消失。

伊田家,罗栗文和王舒坐在门口,焦急地等待。罗栗文站起来,来回走动。王舒安慰着,这事情不是一下两下能解决了的,等长荣回来再说。

话刚说完,只见童长荣已经是满头汗水地冲到屋前。

王舒:长荣,情况怎么样?蔡先生可有什么办法?

罗栗文:美子呢?

童长荣没有说话,冲进屋子,在书桌上将方以智的《通雅》抢到了手里,装进了包里,又冲出了屋子。

罗栗文:长荣,你……

童长荣头也不回地:现在说不清,回来慢慢说。

童长荣在町田街小巷里狂奔着。

此时,美子可怜兮兮地坐在丰源进出口商行门口,显得孤零零地,她蹲在地上不停地流泪。

商行内的客厅里,床次已经喝得两眼发松。

床次:蔡先生,这都几点了,还要喝吗?

蔡老板:床次大人,今天我们要喝个痛快,不醉不罢休。

床次:真是让人堕落了。来,再来一杯,就,就不喝了!

商行门口,美子终于盼到了童长荣的影子,美子连忙站了起来,看见童长荣已经浑身湿透。

童长荣停了下来,喘着粗气:床次大人没走吧。

美子摇摇头。童长荣拉着美子跑进了商行。

门被拉开,童长荣和美子再次出现在屋里。床次疑惑地望着童长荣和美子。

童长荣朝床次鞠躬:再次回来,请求床次大人带我去面见牧野伯爵。

床次两眼一瞪:放肆!牧野伯爵是内务大臣,天皇的首席政治顾问,是随便找的吗?去去!

童长荣:我有个东西,也许牧野伯爵会很感兴趣。

童长荣从包里取出方以智的《通雅》:请床次大人过目。

童长荣恭敬地小心地把书摆到了桌上。床次看见了桌上的书,先是疑惑,后是吃惊,再后来是激动,他赶忙站起来朝《通雅》鞠躬。美子愣住了。蔡老板望着童长荣笑了。

床次很激动:年轻人,你是从哪儿得到方先生的著作的?

童长荣:禀报床次大人,我从国内带来的。

床次:你知道这本书的价值吗?你就用这个破包装着?这是对方先生的不恭敬!

蔡老板听床次这么一说,连忙让吴志杰从屋里取出一个精致的金丝楠木盒子出来,放到桌子上,床次抖抖索索站起来,神情肃穆,小心翼翼地将《通雅》放进了木盒。

床次朝蔡老板瞪着眼睛:还站着干什么?快把牧野伯爵请过来。晚上,我们继续喝。

蔡老板立即吩咐吴志杰去请牧野伯爵。吴志杰应诺着,匆匆走了出去。

床次又对蔡老板说,快给我收好,我要给牧野伯爵一个惊喜。蔡老板应着,将木盒置于书架上。

美子见如此,百感交集,不住地朝床次鞠躬:谢谢大人!谢谢大人!

床次匕斜着眼睛,望着美子:啊,先前说什么,你哥哥被警视厅抓走了?

美子急切地:是的是的,拜托大人了。

床次倒上一杯酒,望着童长荣,指着美子:年轻人,你要不是来求我办事,看来你还不准备拿出来呀,罚你一杯!

童长荣连忙接了过来:床次大人,我不知道大人对方先生如此崇拜,得罪了,我甘愿受罚!

童长荣接过酒,喝了下去。

床次:你知道方先生在日本学界的地位吗?如此轻描淡写,再罚一杯!

童长荣自己倒了一杯酒喝了下去。

床次又倒了一杯酒。

床次:这一杯,我敬你,谢谢你!

蔡老板:都来坐吧,我们边喝边等伯爵大人。

床次见美子还含着泪水站在那里:咦,你怎么还站着?要想让你哥哥回来,你就坐下来陪我喝酒。

美子忙不迭地坐了下来。床次大笑,蔡老板和童长荣都笑了。

吴志杰开车将牧野伯爵接了过来,牧野伯爵听说有一本很重要的书,把内弟山下勇也带上了,山下勇是日本皇室的书库官,也是中国古籍方面的专家。

车子停下,牧野伯爵下车,蔡老板早已在门口迎候,将牧野伯爵扶进屋内。床次连忙站起。童长荣和伊田美子闪到一边垂立。

牧野伯爵:床次大人,是个什么中国的书籍要请我过目?

床次:是的,伯爵大人,一定不会让您失望的。

牧野伯爵指着英俊帅气的山下勇:这是内弟山下勇,我大日本皇室的书库官,我特地请他过来鉴定一下。

美子偷偷地看了一眼山下勇,与山下勇的眼神碰在了一起,美子连忙闪开。山下勇又看了一眼美子,眼睛却拿不开了,真是个美人,令他喜欢。

床次:这本书,是这位年轻人带来的。

蔡老板:伯爵大人,他叫童长荣,东京帝国大学的中国留学生。

牧野伯爵:那还不快让我看看。

蔡老板取下架子上的木盒,打开。

牧野戴上眼镜,大吃一惊。山下勇凑过来一看也不由自主地"啊"了一声。

牧野伯爵先是抚摸,然后是仔细地翻阅,情绪相当激动。

山下勇:拿香来。

山下勇将书轻轻放进木盒里，上香。牧野伯爵、床次、山下勇朝木盒致礼，蔡老板、童长荣、吴志杰、美子也跟着低头行礼。

牧野伯爵转过身：大家都坐吧。我很高兴，见到了传说中的方先生的《通雅》了。

大家的目光都投向牧野伯爵。

牧野伯爵：日本近世以来，对日本文化和思想启蒙的中国哲学家有两位，一个是王阳明先生，一位就是方先生。方先生的《物理小识》《通雅》等著作在 18 世纪开始进入日本，深刻影响了日本近代思想。日本近代启蒙思想家新井白石模仿方先生的《通雅》开始著作《东雅》，小野兰山、三浦梅园等人开始研究方先生著作。这三位先人共同为我日本明治维新奠定了哲学思想基础。

山下勇：方先生遁入佛门后，中兴曹洞宗佛派，也传入了日本，现在成为日本主流佛学流派。

蔡老板：没想到哇，方以智先生和日本文化还有这么一段渊源关系。

童长荣：伯爵大人，我就是方先生家乡的人，无可大师墓就在枞阳的浮山。

牧野伯爵：我要在有生之年去拜谒方先生。

童长荣：我陪您去。

牧野伯爵：年轻人，我有个请求，能否将《通雅》借给我一段时间，我保证归还。

童长荣：伯爵大人真心喜欢，多长时间都可以。

牧野伯爵这才注意到了美子。

牧野伯爵：这位是？

美子连忙站了起来鞠躬：伯爵大人，我是美子，请多关照。

身边的山下勇不停地瞟着美子。

童长荣站了起来：伯爵大人，美子的哥哥今天被东京警视厅抓走了。我实话实说，想请伯爵大人帮忙，故拿方先生的著作请伯爵大人出面说情，出此下策，实属无奈，请大人责罚。

牧野伯爵：你是美子什么人啦？

童长荣:承蒙蔡先生介绍,我是美子家的租客,美子是我的日语老师。

蔡老板:美子很了不起,很短时间就让他过了日语关,现在这位年轻人已经考取了东京帝国大学。

伯爵:如此说来,年轻人这是知恩图报了,我很欣赏。山下,你有什么建议?

山下勇倒了满满一杯酒,望着美子:想要你哥哥出来,把这杯酒喝了!

美子站了起来,山下勇看着她,美子迎着他的眼神,喝干了酒,接着自己倒了一杯,又喝了下去。美子不胜酒力,眼神有些迷离。

山下勇:童先生,你不用管美子小姐了,待会儿,我送她回去。

床次露出怪怪的眼神:不会是山下君这么快就喜欢上了美子小姐了吧?

大家都笑了起来。美子羞红了脸低下了头。

童长荣见如此,又听山下勇要亲自送美子回去,觉得自己在这里已经纯属多余:山下君,那我就把美子交给你了。伯爵大人、床次大人、蔡先生,伊田家的事就拜托了,告辞了。

童长荣离开了蔡府。

牧野伯爵望着童长荣的背影:这个年轻人很厉害呀。

伊田家,罗栗文、王舒两人枯坐在桌前。王舒站起来,开了开关,伊田家门前的三只红灯笼亮了起来。

王舒望着门外夜色:长荣和美子怎么到现在还没有回来?

罗栗文:没有回来就说明有希望。

王舒:长荣回来拿了个什么东西,就像抢火似的。

罗栗文:一套书,你忘了,我们临上船前,卓蓝送给长荣的。

王舒:什么书呀?有用吗?

罗栗文:我知道这套书的价值,他俩没回来,就说明它已经在起作用了。

王舒:这么说,伊田君有希望了。

王舒远远地见童长荣出现在街上,他连忙跑了出去,罗栗文跟着出了门,两人迎上了童长荣。

罗栗文:长荣,情况怎么样?

童长荣:有戏!就是这套书,通过床次把牧野伯爵约了出来,看样子他非常愿意帮忙。

王舒:美子小姐呢?

童长荣:我把她丢在商行了。

罗栗文:那她怎么回来?

童长荣:牧野伯爵带来了内弟山下勇,是皇室的书库官,这小子一来,就盯上了美子,他说他要送美子回来,我还能待在那儿吗?

王舒:他不会对美子图谋不轨吧?

童长荣:你想多了,那个山下勇是贵族,伊田家是平民,你说还能怎样?

罗栗文笑了:就是怎样,伊田家也是赚了。

半夜时分,外面传来汽车声,在伊田家门前停住。王舒赶忙打开门,罗栗文、童长荣迎了出来,在车灯的照耀下,山下勇扶美子下车。

美子有些站立不稳:山下君,给您添麻烦了。

山下勇:伯爵大人已经通过皇室给警视厅打过电话了,明天上午我们一起去警视厅接你哥哥回来。

美子:谢谢山下君,真是感激不尽!

车内,吴管家坐在驾驶室里:美子小姐,明天上午我来接你。

美子:谢谢吴先生,也给您添麻烦了。

山下勇上车,车子离开了伊田家。美子进了屋,跌坐在椅子上。朦胧中,她看见三个人影朝自己微笑着。

美子:美子喝多了,你们笑话了?

王舒笑着说:美子不是喝多了,美子是心里醉了吧。

警视厅里,小日向进来。木次郎阴沉着脸,吩咐小日向去把伊田助男放了。

小日向眨巴着眼睛:这,昨天才抓来,今天就放了?

木次郎:牧野伯爵大人出面,皇室打电话来,能不放吗?

小日向嘟哝着:真没面子。这帮老家伙,烦人!

警视厅门口,山下勇和美子站在门口,伊田助男朝门外走来。

美子迎了上去,伊田跑了过来。

伊田:美子,真是搞不明白,他们这么快就放了我。

美子:这位是山下君。你要谢谢山下君,牧野伯爵大人都出面了。

伊田糊里糊涂,望着陌生的山下君:给您添麻烦了。

山下勇:初次见面,请多关照。

吴志杰驾着车。伊田坐在副驾驶上。山下勇和美子坐在后排。

伊田:真的不错,还有车子接我回去。警视厅关了一天,出来就变威风了!

美子打量着哥哥,问:他们没有打你吧?

伊田直摇头,说没有,他们把我关在黑屋里,看不见外面,给了我一点吃的,真难吃。我在里面睡了一觉,有个警察喊我,出来!我以为要审讯我了,那个警察又说了一句,出去!我就出来了。

伊田从后视镜里,看见了山下勇正在看美子,美子把脸转向了窗外。

美子:哥哥,你知道你在里面关了一天,惊动多少人了吗?

伊田:我还是不明白。

车子沿着大街行驶,美子这才详细告诉哥哥营救他的经过,伊田再次向山下勇表示感谢。

回到家,伊田助男不住地对罗栗文、童长荣、王舒说,谢谢你们三位了,让你们担心了,让你们受累了!

罗栗文朝童长荣、王舒望了一眼,走过来握住了伊田的手:伊田君,我们是同志,我们营救的是自己的同志!

伊田疑惑地:同志?

童长荣:伊田同志,现在我可以明确地告诉你,我们三人都是中国共产党党员!

伊田的心里像被什么撞击了一下:你们真的是中国共产党党员?那我们真的是同志了!

童长荣:罗先生是我们的领导,中共东京特别支部书记。

伊田紧紧握住了罗栗文的手,非常激动:真没想到!伊田家成了一个共产国际大家庭了。

罗栗文:从今天起,我们在一起,并肩战斗!

美子在一旁高兴地:这下好了,我们就比一家人还亲了。

江心洲,渡口。水面上雾气蒙蒙。树影,江水,宛如水墨画。何坤宜站在渡口。一只船朝渡口驶了过来。吴用贤穿着竹布长衫站在船上,看见了岸上的何坤宜,他不停地挥手。

何坤宜在岸上也朝吴用贤招手。吴用贤下船,何坤宜期待地望着他。

何坤宜:姐夫,知道你要来,我来接你了。

吴用贤:姨妹,你就别巧嘴了,这哪里是等我,是等长荣的信吧。

何坤宜:姐夫说话好没意思,我一大早就跑这么远的路,连个人情都没有。

吴用贤望着何坤宜说,长荣倒是给我写信了。

何坤宜一阵惊喜:长荣给你写信了,他怎么说的?

吴用贤:这小子,有出息,考取东京帝国大学了。

何坤宜喜出望外:真的?

吴用贤:唉,我总算是缓了一口气,你不知道,你姐姐为你的事,都快把我逼疯了,不是人过的日子。我把信拿给你姐姐看,东京帝国大学,万里挑一。你姐姐呀,终于不作声了。

何坤宜:那他怎么不给我写信呢?

吴用贤:啊,忘了,信在这呢!

何坤宜嗔怪道:忘了,你故意地!

吴用贤掏出信,何坤宜迫不及待地抢了过来,打开信封,迅速看着信的内容。

何坤宜:长荣说,同屋的罗先生考取明治大学了,王舒考取了陆军士官学校。

吴用贤:我说嘛,这干革命的人都是人尖子。

何坤宜又从信封里掏出一个小信封,上面写着母亲大人收。

长河边,船上的船主吆喝着:要上船的快点,开船喽!

何坤宜望着吴用贤:姐夫身上有钱吗?

吴用贤:干吗? 老爷子生日快到了,你姐姐叫我顺带着送生日茶,包了个红包。

何坤宜:快拿来给我。

吴用贤疑惑地:给你?

何坤宜:给我,不就是给老爷子了嘛。

吴用贤犹豫地将红包递给了何坤宜。

何坤宜:把身上零钱也给我。

吴用贤在口袋里掏出一把铜钱递给了何坤宜,想想留下了两个铜钱。

吴用贤:你要这么多钱干什么? 我总得留两个铜钱坐船回去。

何坤宜:姐夫,你跟老爷子说我上枞阳街去了。另外告诉老爷子,长荣考取东京帝国大学了,不但是万里挑一,而且还是个探花。我走了。

船正要离开。何坤宜快速跑了过来,跳上了船。吴用贤站在岸边摇了摇头。

船不一会就到了上码头,何坤宜下了船,朝童家走去。童母站在门口笑盈盈地迎接。何坤宜掏出童长荣的来信坐在门口念信给童母听。五叔听说童长荣来信了,坐在屋檐下抽着水烟,仔细地听着。

五叔:我就说长荣侄儿有出息,是做大事的人,二娘,把心放在肚子里吧。

童母巴望着何坤宜:东京帝国大学,我也不懂,是个什么大学?

何坤宜:娘,这么跟你说吧。东京帝国大学不光是在日本,在全世界都是很好的大学,长荣这次考了第三名,他还不满意呢。他跟我说,刚到日本,语言还没有完全过关,风俗人情也不太熟悉,一些俚语还不太了解,要不然,他肯定超过前面的两个日本学生。

童母:什么俚语,还这么难?

何坤宜:娘,我说我是长荣烧锅的,您老懂,五叔懂,要是拿这个考外国人,外国人不就傻眼了吗?

五叔:也是,有一年我到上江帮人家拉货,我要上茅房,我就问走大路的,哪块有蹲缸,当地人不懂。

童母:要考这个就难了。要在一个地方生活八年十年才知道个七七八八。

何坤宜继续念信:乡里的兵匪之乱,怕还未平静吧……这是不能平静的啊!在社会未变革,上下未颠倒以前……这不独是中国,全世界都走到五叔常说的"大劫"的关头,但也是黑暗和黎明的拂晓。日本近日全国捕去了千多革命者,但是劳农的反抗也就随着更加高涨起来,压不下去的……

五叔:二娘,长荣讲的你听明白了吗?

童母:我晓得,儿子是要我理解他,我听明白了,这个世道是要改一改了。只不过就是委屈坤宜你了。

何坤宜:娘,您还别这么说,我要是个男儿身,说不定也要出去闯一闯了。

五叔:坤宜贤侄媳,本乡女儿身也有干大事的,离枞阳街十几里的高甸吴芝瑛资助秋瑾女士留学日本,义葬秋瑾女士,人人称颂呢。

何坤宜:话又说回来了,都去革命了,娘谁去照顾呢?我支持长荣革命就等于是我也革命了。

五叔点点头:是这个理。

何坤宜每次来童家总是要住几天,牵着童母上街买菜称肉,到裁缝店给婆婆做衣服,帮助婆婆洗晒,惹得街上人都说童家找了个贤惠媳妇。

何坤宜捋起裤管,站在水里,就着石埠,挥着棒槌洗被子,童母站在一旁露出欣慰的表情。

一江春水。山清水秀。对岸牧童的歌声婉转悠扬:哥是天上星一颗,姐是地上水一窝。任哥天上行万里,永远不出姐心窝。

何坤宜听着牛歌,似有触动,抬起头:娘,你可晓得这江水流到哪里?

童母:我晓得的,一直往东流,最后流到大海里。

何坤宜喃喃地:娘,大海的那一边,就是日本了。

江水悠悠。两人都不说话了,她们在心里都想着同一个人。

秋季开学了,童长荣到文学系报到。第一堂课就是文学理论课,由水谷教授讲授。

师生致礼后,水谷教授开讲:上文学系要清楚文学是什么？本校教授厨川白村先生在他的著作《苦闷的象征》中回答了这个问题:文学是苦闷的象征。

同学们议论声:苦闷就产生了文学?

童长荣站了起来:水谷先生,我叫童长荣,来自中国,我不能同意这个观点,您能否介绍我与厨川白村先生当面作个交流。

同学们把目光齐刷刷地投向童长荣。

水谷:你不能和他交流。

童长荣:为什么?

水谷:白村先生已经死于关东大地震了。

同学传来一阵唏嘘的声音。

童长荣:对不起。

水谷:那你认为文学是什么?

童长荣:我认为白村先生把社会的矛盾斗争抽象化为所谓的生命力和压抑之力,用神秘主义来解释社会现实生活和社会的发展,是形而上的唯心主义。我倾向于文学劳动起源说的观点。我是个唯物主义者。

水谷:童长荣同学,不要随便说你是个有政治倾向的人。我们这是在上文学课,明白吗?

童长荣:谢谢老师提醒。

水谷:下课后,你到我办公室去一趟,我要找你好好谈谈。

童长荣:是,请老师多教诲。

课后,童长荣来到水谷教授的办公室。

水谷坐在办公桌前:童长荣同学,我在帝国大学上课,你是第一个站起来持不同观点的学生。

童长荣毕恭毕敬地站在桌前:老师,对不起。

水谷:知道我和白村先生的关系吗?我是白村先生的学生,他悉心培养了我。

童长荣:水谷先生,那我是既冒犯了过世的白村先生,也冒犯了您。

水谷:你确实冒犯了白村先生,但你没有冒犯我。

童长荣疑惑地望着水谷。

水谷:童长荣同学,让你到我的办公室,就是提醒你一句,现在全日本都在大搞白色恐怖,明白吗?

童长荣:谢谢水谷先生的爱护。

水谷:我这儿有小林多喜二、宫本百合子的书,你拿去看看吧。

童长荣接过:谢谢老师。我明白了,您也不同意你的老师白村的观点,还推荐日本无产阶级作家的作品给我看。我可以这么理解吗?

水谷:够了,你不觉得你的话太多了吗!

童长荣:老师,谢谢您。

童长荣望着这个倔强的老头,内心油然升起敬意,他恭恭敬敬地朝水谷鞠躬,然后退了出去。

刚出校门,看见罗栗文走了过来。童长荣正在疑惑罗栗文怎么来了。罗栗文说,他是刚上完课,就从明治大学赶过来了。他告诉童长荣,已经接到国内指示,戴季陶要来日本,组织上要求我们密切注意他们的动向,搞清楚他此时来日本的意图。

童长荣:戴季陶和西山会议派沆瀣一气,叫嚣反俄反共,他来日本恐怕有见不得人的事。

罗栗文:是的,国内局势有变,国民党右派可能要背叛孙中山先生遗训。

童长荣:如果是这样,国共合作就真的有分裂的危险了。

罗栗文:我在这里都已经看出苗头了。昨天我召开了国民党总支会议,会上,东京支部那个姓汤的负责人就公开指责共产党是祸害。

童长荣:戴季陶什么时候到?来了多少人?住在哪里?

罗栗文摇摇头,他也不清楚情况。这时,林悦从身后出现了。

林悦:我清楚,戴季陶夫妇已经下榻东京帝国饭店,同行的有44号的赵瑞麟,还有我的老同学卓蓝。

童长荣惊讶地望着林悦:你是怎么知道的?

林悦莞尔一笑:我要是不知道,怎么写新闻报道呀。

罗栗文:那你为什么要告诉我们?

林悦:理由只有一个,你们是爱国青年。

童长荣:看来,还是林记者神通广大。

林悦:那你就别谦虚了,你的能耐大了去了,伊田助男头一天关了进去,第二天你们就能把他捞出来,我深感佩服!

罗栗文眼睛犀利望着林悦:如果没有猜错的话,你需要我们。

林悦:是的,我非常需要你们。这次戴季陶是受蒋介石的委托来跟日本人接触的,他到底肩负着什么样的使命,我们都想知道这个秘密。我不管你们的身份是什么,我觉得我们可以合作。

罗栗文:怎么合作?

林悦:我会和你们联系的。

林悦飘然而去。

童长荣望着林悦的背影:她到底是什么人?

罗栗文:长荣,先不管她是什么人,你立即到蔡先生那里去一趟,将情况告诉蔡先生,听听蔡先生的意见。

丰源进出口商行。蔡老板听了童长荣说戴季陶到日本的事情,没有说话,来回踱着步。

过了好大一会儿,他反问童长荣对这个事情怎么看。

童长荣:蔡先生,我是这么看的,首先要搞清楚戴季陶是以什么样的身份来日本的。国民政府有外交部,但是和日本并没有正式建立外交关系。戴季陶和蒋介石是拜把子兄弟,他应该是以密使的身份来日本的。问题就在这个密字上面。

蔡老板点点头:童先生,你很有头脑。密谈是方式,密商就是谈条件,蒋介石会出什么条件,日本人的条件是什么,密约是最后的结果,就是要达成某种交易。

童长荣:如果蒋介石为了一党之利,一己之私出卖国家利益怎么办?

蔡老板:那就得阻止他。我立即约见牧野伯爵大人,探探情况。

童长荣告诉蔡老板,还有一个情况,那个女记者今天主动找到我们,透露了戴季陶一行的行踪,说他们已经在东京帝国饭店住下了。她说要和我们合作,可我们不知道她到底是什么人。

蔡老板:这个女人看来不简单啦,应该不仅仅是一个新闻记者。

童长荣:不过戴季陶的两个随从,我和他们都熟悉。

蔡老板:可以利用这种关系,正面接触一下。

东京帝国饭店。戴季陶夫妇、赵瑞麟、卓蓝一行已经住下。赵瑞麟对卓蓝说,来到日本一趟不容易,这里没你具体的任务,你可以去找童长荣那小子。

卓蓝:你不是说是秘密之行吗?为什么还要让我去找他?

赵瑞麟:我们来日本,从综合信息来看,各国媒体、各间谍机构组织都已经在动了。瞒是瞒不住的,不如主动出击,你去缠住那小子,随时掌握他的情况,要千方百计阻止他带着一班留学生来搅局。我有第六感,已经闻出他的味了。

卓蓝:明白了。赵科长,请放心,对付这个乡下小男孩,我还是有把握的。

赵瑞麟:不可掉以轻心。

赵瑞麟敲开了戴季陶的套房,向戴夫人问安。戴季陶说夫人有些疲劳,已经睡了。

戴季陶轻声地对赵瑞麟说,待会儿内田会长要来拜访,并请他用餐,他让赵瑞麟参加一下。并要赵瑞麟把卓蓝打发走,免得她节外生枝。

赵瑞麟:戴先生,放心好了,我已经让她去找那个中国留学生了。

饭店前厅。卓蓝从电梯里出来,望着不同身份的人进进出出,来回走动,她立刻感受到了注视的眼神。卓蓝慢慢走着,鼻翼扇动了两下,她转了个圈子,漫不经心地四下打望,似乎有了什么预感,在一处沙发上坐了下来,内心感受着一种似乎是熟悉而又陌生的气息。卓蓝的感觉很准确,童长荣和林悦都在这个大厅的角落里。纷杂的人群里,不乏暗探、间谍、各国媒体的记者。

卓蓝突然站了起来,微微一笑,高喊了一声:乡下小男孩!

童长荣果然从一个立柱后面闪了出来,手捧一束鲜花,递到卓蓝手上。

卓蓝望着童长荣笑着,童长荣望着卓蓝也笑着。

卓蓝见到童长荣很开心:你怎么知道我来了?

童长荣笑着说:这不都是卓老师在密训中心培养的吗? 戴先生到日本来,虽然是密访,可一住进这个饭店,你没感受啊,这里有多少注视的目光,还有什么秘密可言。

卓蓝:我说过了,你小子就是到了天边,我也要找到你。

童长荣:不用你找,我这不是来了吗?

卓蓝:我在船上就想啊,以什么样子的方式和你见面,我做了几种设计,没想到就这么见面了。

童长荣:浪漫而温馨,你的肾上腺上那根筋我看把脸都拉变形了。

卓蓝:童长荣,你不要把你看得比牛还大,你以为你是谁呀? 不过,我还是挺高兴的。说,现在请我干什么?

童长荣:请你吃饭,请你把东京玩个遍。

卓蓝:这还差不多。

卓蓝将花交给前台保管,和童长荣高高兴兴地走出了帝国饭店。林悦悄悄跟着走了出去。

在伊田家。罗栗文也开始行动起来了,在和伊田兄妹商量着事情。罗栗文诚恳地说有件事需要伊田兄妹的帮助。

伊田:哪里的话,不说一件事,就是十件事,只要能帮得上忙的。

罗栗文向伊田兄妹述说情况,中国国内的国民党派来了一个叫戴季陶的人,可能要与日本政府有个秘密会谈,他需要随时掌握他们的情况和行踪,以及谈话的内容。

伊田立即表示,这一段时间专门给帝国饭店送货,可以打听。不过要进出客房有点难。啊,对了,美子有个同学在做客房经理。

美子说,这位同学前些日子还说我这么漂亮,一直在劝说我到帝国饭店做服务员呢。

罗栗文点点,那就太好了。美子表示她马上去找她的同学。

果然,美子一到饭店,她的那位同学非常高兴,正在寻找懂中文的服务员,美

子一来,解了她的燃眉之急。美子被顺利地安排专门做接待中国人的服务生。

夜晚。餐厅。童长荣将菜单递给卓蓝:老规矩,我请客,你买单。

卓蓝抿嘴一笑:异国他乡,怎么就听出了一股浓浓的乡情味来了。

童长荣:中国传统习俗有一喜,这叫他乡遇故知嘛。

卓蓝:还有二喜,金榜题名时,你小子考取东京帝国大学,还是个探花,所以我赶来东京请你,你的肾上腺有什么反应?

童长荣:激动的心,颤抖的手!

卓蓝:到日本来留学就学个油嘴滑舌了。还有三喜,洞房花烛夜……

童长荣:中山先生教导我们,革命尚未成功,同志不能结婚!

卓蓝咯咯地大笑起来。

童长荣盯住卓蓝:此番戴先生肩负重要的"革命"任务吧。

卓蓝笑容瞬间收住,她望了一眼童长荣,腿开始收拢,肩膀紧了一下,吃了一口菜,喝了一杯酒,清了一下嗓子。

卓蓝:没有,就是拜会老友故交,做些学术交流,赵瑞麟是他点的,我呢,是硬要来的,就是来玩玩。这几天,你哪里都不要去,专门陪我。

童长荣:那是一定的。

林悦这时走了进来:哟,这不是卓蓝吗?

卓蓝回头:啊,是林悦呀!

 十二

东京帝国大饭店内,戴季陶在赵瑞麟的陪同下走进包厢。内田良平热情地与戴季陶握手,然后两人拥抱。

内田良平十分感慨:东京一别,十分想念老友。

戴季陶:我也十分想念内田先生,您托高崎先生带的镇纸我已经收到,非常感谢您还时时牵挂我。

三人坐定后,内田良平说,外务次官森恪让我代他向您问好,因我们两国暂

时还未建立外交关系,外务省怕引起外界猜忌,不便出面,就全权委托我来接待戴先生了,望你谅解。

戴季陶:哪里,这样少了外交客套和程序,我们更方便交谈。

内田良平:今天不谈正事,就是为你接风洗尘。啊,这位年轻人是?

赵瑞麟赶忙站起来:内田会长,在下赵瑞麟,很荣幸认识您。

戴季陶:他是我的助手,党内年轻有为的少壮派。

内田良平:我们辛苦打拼,将来的天下都交给他们了。名单上还有一位女士呢?

戴季陶:啊,她去看一个东京帝国大学的朋友了。

赵瑞麟:内田会长,这个人叫童长荣,绝顶聪明,但和共产党走得很近,与其说是看望,还不如说是稳住他,怕他来这里搅和,坏了我们的事。

内田良平:童长荣!我知道这个人,他不是一个人,是三个人,已经派人监视了。来来,为我们的重逢,为了我们会谈的成功,为了将来的合作,我们干杯!

三只酒杯碰在了一起。此刻,卓蓝和林悦在东京的小饭馆里也在为多年后的异国他乡重逢干杯。

林悦:卓蓝,没想到世界是如此之小,我们竟在东京这么一个小小的餐厅相遇了。

卓蓝见到老同学,很高兴,她转过身,对童长荣说,又来了一个他乡遇故知了。童长荣含笑不语。

林悦:怎么,卓蓝,你和童长荣也认识?

卓蓝:不认识,他怎么请我吃饭呢?

林悦:如此说来,这可不是一般的关系了。

童长荣:严格地说,卓蓝是我的老师。

林悦:没看出来呀,童长荣是东京帝国大学的高才生,还是你培养的?

卓蓝:你信就是,不信就不是。林悦,初中毕业后,就不见了你,告诉我,你上哪儿去了呀?

林悦开始向卓蓝描述自己别后的经历。初中毕业后,有个叔叔就把我接到

东北了,我是在那儿上的高中、大学,所以没在上海,你当然见不到我了。大学毕业后,我还是觉得东北天寒地冻的,适应不了,就又回到上海,正好报社招人,我就考上了。我知道你,在上海大学读了两年,就进了上海执行部,可是春风得意呢。

卓蓝:哪里,我就是混混日子罢了。

林悦:就你还是混混日子,都跟高层打交道,这次是作为外交官来的吧?

卓蓝:没有,纯粹是来玩的。

林悦:童长荣,这次卓蓝来东京,你可得好好陪陪。

童长荣:那是当然。来,我们喝一杯!

童长荣倒酒。三人喝酒。剩下的时间,都是卓蓝和林悦在聊中学时的时光,越聊越起劲,似乎已经忘记了童长荣的存在。这样让童长荣在一旁有了近距离观察和分析判断林悦的机会。从初中毕业到现在,期间经历高中、大学阶段,卓蓝至少有六七年未见到林悦,林悦的解释是到了东北叔叔那儿。东北很大,哈尔滨,沈阳还是长春、大连? 林悦操着一口流利的日语,日语是在东北学习的? 刚来东京,怎么就有一股浓浓的东京腔? 叔叔是做什么的? 高崎是黑龙会的重要成员,也是黑龙会的金主。林悦说过,和高崎之所以熟悉,是因为采访,她对丰源进出口商行和蔡先生感兴趣,也仅仅是为了单纯的采访? 伊田助男被捕那天,她在现场出现。现在戴季陶来了,她又在关键的时间点出现,并且热心地提供信息。刚刚从她俩的对话中,林悦称卓蓝是作为外交官的身份来日本就带有明显的试探意味。林悦所谓的世界很小,餐厅偶遇老同学,他只有一笑了之。林悦在和卓蓝聊天的过程中,童长荣感受到了林悦的余光在光顾自己,偶尔有两眼相遇,童长荣报之微微一笑。林悦大方地移开视线,没有闪烁,没有躲避,没有游疑。童长荣心里想,这个女人不一般,身上有着太多太多的谜团。

林悦看了看表,站了起来,哎呀,非常不好意思,打搅了你们的二人世界,我该闪了,把这美好的时光留给你们。卓蓝一看表,时间已经是晚上十点了,也站起了身,说见到老同学,太高兴了,就没时间概念了。林悦抢先付了账。三人离开酒店,一路聊着走回酒店。

卓蓝很兴奋,说在东京度过一个愉快的夜晚,并让童长荣第二天早晨九点钟在大厅等她。童长荣点点头。卓蓝这才走进酒店。

赵瑞麟在大厅里等候卓蓝:这么晚才回来?

卓蓝有些站立不稳,赵瑞麟扶住了她。

赵瑞麟:那个女的什么人?

卓蓝:我的初中同学,《申报》驻东京的记者林悦。

赵瑞麟:童长荣问了你什么问题了吗?

卓蓝:他什么也没问。明天我们出去玩,跑得远远地,你满意了吗?

赵瑞麟不再说话,眼睛不经意地望着童长荣和林悦离去的背影。

夜晚,寂静的大街上,童长荣和林悦一同走着。

林悦:童长荣,我再向你提供一个信息,也许对你有用,戴季陶在黑龙会有一个情人,叫千惠子。

童长荣:为什么要告诉我这个?

林悦:我想和你结成同一条战线。我要的是有价值的新闻,你想摸到国民党的底牌,各得其所,就这么简单。

童长荣望着林悦:祝愿我们合作愉快,再见!

林悦:童长荣,我们不是住一条街吗?你就不能陪我走走?那卓蓝就是仙女,我就是个刺猬?

童长荣无法推脱:行啊,我陪你走回去。

林悦:这才像是个绅士。

小日向带人在后面尾随童长荣、林悦。

林悦微微一笑:看来,还不是一个人陪着我呢。

童长荣笑而不语。走不多长时间,两人就走到了町田街的一处小巷。

林悦停住:童长荣,我就住在这里,我想邀请你进屋坐坐,再喝一杯。

童长荣:谢谢林小姐邀请,我很荣幸。

童长荣随林悦走进小巷,一直往坡上走,终于来到一座有相当档次的住宅门前。林悦开了门,打开灯,里面素雅洁净,家具做工考究。

童长荣:哟,住豪宅呀。我们穷学生可住不起这么好的房子。

林悦端来两杯红酒:我这个人是个享乐主义者,吃光花光。

童长荣看到茶几上厨川白村的《苦闷的象征》,他随手拾起。

童长荣:林小姐,你也喜欢这本书?

林悦:喜欢,尤其喜欢酒与女人与歌这一部分的精彩论述。

林悦扬了扬手中的高脚酒杯。童长荣随手翻开,扉页上写着新垣里美小姐惠存,落款是厨川白村。

童长荣:啊,这本书还是白村先生亲自赠送的呢,很难得,新垣里美小姐是谁?

林悦:我的一位日本朋友。我很崇拜白村先生,可惜他在大地震中去世了,令人惋惜啊。

童长荣看到书架上的芥川之龙介的《罗生门》《竹林中》《舞会》等一系列作品。童长荣问林悦,你对芥川之龙介的作品也很感兴趣?林悦说只是喜好而已,忘了,你是东京帝国大学文学系的高才生,我是班门弄斧了。

童长荣试探着,芥川之龙介还有部小说《地狱变》。林悦说这是她最喜爱的一部作品了,芥川先生这部小说就是厨川白村先生《苦闷的象征》的生动的艺术实践。

童长荣:这部小说可是极端地探讨艺术人生之间的关系。

林悦:我可找到知音了。很奇怪,在我的想象中,你应该对无产阶级文学更感兴趣。

童长荣:不,我对弗洛伊德、柏格森的心理分析在日本文学中的艺术呈现也很感兴趣。

林悦一笑,请你来小坐,说着说着怎么就说到文学上来了。她从架子上取出一部照相机递给童长荣,童长荣愣愣地望着林悦。林悦说,明天你陪我的老同学玩,少不了这个。童长荣谢过林悦,心里想,这个女人真用心。

林悦:我会在你需要的时候出现。

童长荣:这么说,我们的合作开始进入实质性的操作阶段了。

林悦和童长荣的酒杯碰在了一起。

童长荣从林悦住处出来,站在坡上,他有了新的发现,这里是高处,能一眼望见伊田家,尤其是门前那三只红灯笼格外醒目。

回到伊田家,罗栗文和王舒还坐在桌前。罗栗文招呼童长荣坐下,告诉童长荣,他刚从蔡老板那里回来,蔡老板从牧野伯爵那里基本上搞清楚了戴季陶此行目的,一是商谈与国民政府建交;二是要求日本政府认可新领袖蒋介石;三是向日本借款,购军火;四是签订中日互惠协议。至于互惠的内容,蔡老板说牧野伯爵守口如瓶,不肯透露。

童长荣分析,看来以戴季陶为代表的国民党一部分人,千方百计地要把蒋介石推到最高位置,戴季陶此次来日本就是为蒋介石站台的,这也充分说明蒋介石已经全盘接受戴季陶的反共理论,否则戴季陶不会如此卖力。罗栗文点点头,这也意味着两年来国内良好的革命形势将毁于一旦,赶走了军阀,又来了独裁,蒋介石想搞一党专政了。王舒则担忧这背后,还不知道戴季陶要与日本人达成什么样的交易呢。

童长荣:就在刚才,林悦告诉了我一个重要信息,说戴季陶在黑龙会有个情人叫千惠子,这个照相机是林悦主动借给我的。她说要和我们结成同一战线,一起合作,她想拿到有价值的新闻,直指我们是想摸到国民党的底牌。

王舒:这个女人的水很深啊。

罗栗文:这样,长荣,你明天按计划去陪卓蓝,摸清千惠子的情况,既然林悦感兴趣,就让她参与,这样就有进一步观察她的机会。蔡先生安排了车辆,吴管家跟你一起。我去正面接触赵瑞麟。

第二天早晨,吴志杰开着车准时停在东京帝国大饭店门口。车上走下来的是罗栗文和童长荣,他们走进大厅。卓蓝正从楼梯上走了下来。

罗栗文迎了上去,热情地和卓蓝打招呼。

卓蓝站住,打量着罗栗文:哟,是罗先生。

罗栗文:听说你和赵先生来到了东京,就迫不及待地来了,想汇报一下东京的党务工作。

卓蓝:你要找赵科长,他在房间里。

卓蓝从罗栗文身边走了过去,罗栗文在背后说了一句,祝你们玩得开心。童长荣陪着卓蓝走出饭店,拉开车门,请卓蓝上车。车子离开饭店。

大厅里,罗栗文沿着楼梯走了上来,赵瑞麟已经站在了楼梯口的平台上。

赵瑞麟:这不是罗先生吗?

罗栗文:听说赵先生来东京,特来看望,顺便汇报一下旅日总支的情况,又怕惊扰了你和戴先生,思前想后,还是来了。

赵瑞麟:此次我和戴先生到日本光明正大,没有什么不可告人的目的,东京帝国饭店你随时可以来。不过我马上要出去,没有时间听你汇报。这样,你通知各支部来东京开会,我要在会上就国内形势发表看法。

罗栗文点点头,好,我马上通知。打搅了。说完转身下楼,与身着工作服的伊田美子擦身走过。赵瑞麟转身走进房间。罗栗文离开了饭店。

吴志杰驾车,沿着宽阔的大街行驶,卓蓝新奇地望着各种日文商店、广告牌,以及穿着和服的女人,穿着木屐在街上匆匆而过。远处的富士山尽收眼底。

车子沿着海边行驶,卓蓝的秀发被风吹起。童长荣在副驾驶位子上转身拍照。卓蓝以嗔笑、深情、怪脸和各种姿势对着镜头。

两人来到清水寺。四周风景如画。

卓蓝拎着坤包和童长荣走到瀑布前,脚下是十多米高的瀑布,如玉倾泻而下。卓蓝探头望着。

童长荣:卓蓝,敢不敢从这跳下去?

卓蓝:你敢跳我就跳。

童长荣:不过现在有规定,不给跳,就是想跳也跳不成。日本有句很有名的俗语,叫跳清水寺,你知道是什么意思吗?

卓蓝望着童长荣摇摇头。

童长荣:就是胆大妄为的意思。依我看哪,戴季陶此行来日本就是想要跳清水寺的吧,我敢说,他敢跳就是粉身碎骨!

卓蓝:童长荣,你别跟我讲这些,不要扫了我的游兴好不好。

童长荣:卓小姐,我怎么感觉到这不是我在陪你玩。

卓蓝愣愣地望着童长荣,你什么意思?童长荣一笑,我有一种感觉,我被你的眼睛绑架了,你的目的就是让我不离开你的视线。

卓蓝用手指着童长荣:好你个童长荣,不就是让你陪我玩玩吗?不想陪,你就滚,废什么话!

童长荣摆摆手:对不起,也许是我多虑了。我心里在想呀,戴季陶此次让你和他一道来日本,是让你陪着他的夫人,替他打掩护,也防止我们搅了他和黑龙会小情人的鸳梦重温吧。

童长荣试探性地抛出了这一句话,卓蓝下意识地收回手,护住了坤包,眼睛盯着童长荣。

卓蓝:胡说八道!我怎么不知道她在日本有小情人?戴先生此次来日本是进行学术交流的。

童长荣一笑,卓蓝心里没底,望着童长荣,你笑什么?

童长荣从卓蓝的肢体语言中,判定了她的包里有重要的东西。卓蓝强调戴季陶此次来日本的目的是进行学术交流,实在是此地无银三百两。童长荣决定继续试探下去。

童长荣:我听说过,戴季陶管夫人叫"姐姐"。

卓蓝:这在上海滩人尽皆知,戴夫人比戴先生大三岁,叫姐姐有什么奇怪的。我比你也大三岁,你喊我一声姐姐怎么样?

童长荣不想让卓蓝转移话题:告诉我,是不是人家一说"姐姐来了",戴季陶立刻就蔫了。

卓蓝:童长荣,你小子够可以的呀,从哪儿听来的?

童长荣:你只要默认了,我就喊你一声姐姐。

卓蓝:我不知道!别问我,我不想你喊我姐姐可以了吧!

童长荣:这戴先生啊,可够难的,生就一个风流坏子,又被一个"姐姐"管着,看来呀,要幽会小情人,没有你还真成不了,难得到日本一趟,见不着那就遗憾了。

卓蓝怒视童长荣,高叫,你给我打住!童长荣朝卓蓝摆摆手,不说了,来,我给你拍照。笑意又重新回到卓蓝脸上,她做出张开双臂的手势。

童长荣:拿着包不好看,把包给我。

卓蓝又下意识护住了包,想想手上拿着个包拍照,确实有些拘谨,于是将包放在了一旁,重新张开双臂。童长荣的镜头在包上瞄了一会,拉近焦距,发现搭扣是松的,然后移到卓蓝身上,不停地按下快门。

临近中午,车子开到路边一处餐馆,童长荣带卓蓝进去吃饭。卓蓝客气地让吴志杰一同用餐,吴志杰礼貌地谢绝了,说自己带了吃的东西。

童长荣带着卓蓝找到了一个临窗的位置坐下。卓蓝顺势将包放在了桌子上。童长荣递给卓蓝菜谱,说喜欢吃什么,就点什么。卓蓝接过菜谱翻阅,童长荣说他有点闹肚子,要上卫生间。

童长荣离开座位来到卫生间,迅速换了胶卷。走出卫生间,从侧门出去,悄悄来到屋外,沿着屋角来到靠座位的窗下。吴志杰在车上注视着卓蓝。

卓蓝点好菜,静静地等着童长荣,她看了一下表,又过了一会儿,还是没见童长荣的人影,开始转身向前走了两步望着童长荣去的方向。

吴志杰在车内朝童长荣点点头,童长荣立即站起身,乘机将手伸进窗内,拿起桌上的包,闪进树丛里。他打开包翻找着,找到了一个笔记本,翻开笔记本,发现里面夹着戴季陶和千惠子的亲密照,他连忙拍下来,将笔记本放进了包里。

屋内,卓蓝朝前望了一会,没有看见童长荣的影子,走到卫生间门口转了一下。回过头,突然发现包已经不在了,她开始找寻,探头窗外,并未见人影,又开始在屋里找包。童长荣乘机将包扔进了车窗,吴志杰接过,放在了后座上。

卓蓝寻到后面的卫生间,童长荣正从卫生间走了出来。

卓蓝对童长荣说,我的包不见了!童长荣故作惊讶,遇到小偷了?

童长荣带着卓蓝在座位周围找了一圈,又反复问询游客和餐厅人员,大家都说没看见。

卓蓝狐疑地望着童长荣,不会是你搞的鬼吧?童长荣埋怨着卓蓝,你呀,上午还把包看得紧紧的,照相都不肯把包放下,上个厕所的工夫,包就没了,女人啦,就喜欢丢三落四的。别着急,好好想想,包什么时候还在手上。

卓蓝回想着,我记得包是带进来的,放在桌上了。童长荣想了一会,摇摇头,否认了卓蓝将包带进了餐馆里。卓蓝坚持说包刚刚还在桌子上。童长荣说人都有记忆的错误链接现象,他开始对卓蓝灌输弗洛伊德的《日常生活中的心理病理学》,从遗忘、失言、笔误说到错放东西,其目的就是暗示卓蓝产生了错误的记忆。

卓蓝让童长荣打住,自己则努力地回忆。童长荣必须要干扰她的思维。

童长荣:我记得在瀑布前照相手上有包,对,有包。

卓蓝:别扯远了,我就记得是带进来的。

童长荣:有吗?我来想想,进餐厅,找位子,你坐下,我说我闹肚子,我去上厕所。就是没印象你手上拿着包,还有放在桌上的印象。

卓蓝开始对自己的记忆渐渐产生了动摇:童长荣,你确定我没带包进餐厅?

童长荣:我不能确定,但确实没有印象。

卓蓝自言自语:会不会还在车上?

童长荣要的就是这样的效果,他赶忙跑出餐厅,卓蓝跟着童长荣跑到车前。童长荣的迅速动作符合逻辑,他很关心卓蓝的包是否在车里。

童长荣猛地拉车门,车门拉不开,他又敲车窗,吴志杰像是刚惊醒的状态,慌忙打开了车门。

吴志杰:对不起,我睡着了,没想到这么快就吃好了,对不起。

卓蓝拉开后车门,发现包就在后座位上,她拍了一下自己的胸脯:吓死我了。

童长荣:吓我一跳,虚惊一场,要是包找不到,还真冤枉我了。

卓蓝拎起包反复看看:吴先生你没动我的包吧。

吴志杰:卓小姐,我都不知道后面车座上还有包。

这一折腾,卓蓝已经完全没有了胃口,说不吃饭了。

车上,童长荣问卓蓝要到哪里去玩,卓蓝淡淡地说,不玩了,哪里都不去了,回饭店。

车子刚停到东京帝国大饭店门口,林悦就迎了上来,拉开车门,问卓蓝,今天玩得开心吗?

卓蓝下车,对林悦说,很好哇,不过到现在还没吃饭呢。

林悦:我不就是等你吃饭的吗?我已经订好了。

餐厅里,三人坐在一张桌子上。童长荣说还是有点闹肚子,去去就来。卓蓝下意识地将包从桌上拎起来,斜挎在自己身上,林悦注意到了这个细节。

童长荣来到卫生间,王舒从身后出来,童长荣迅速将胶卷交给王舒,吩咐王舒快去冲洗出来。王舒拿着胶卷迅速离去。童长荣在卫生间里逗留了一小会,重新回到座位上,林悦把目光投向童长荣脖子上的照相机上。

童长荣:谢谢林小姐,借给我们照相机,今天我给卓蓝拍了很多照片。

林悦:太好了,把照相机给我,我晚上回去就把照片冲洗出来。

童长荣故意面露难色:林小姐,说好的,我们明天还要拍照呢。

林悦:不是我不借给你,我明天上午有采访。采访完后,再把照片冲洗出来,一并给你不是很好吗?

卓蓝起了疑心,她从童长荣脖子上取下了相机,退出了胶卷,将胶卷拿在手上。

卓蓝:明天不出去了,相机还给你,我有点累了,不想吃饭了,你们慢用吧。

卓蓝拎起包走了。

林悦望着卓蓝离去的背影:童长荣,有收获吗?

童长荣:可以肯定,包里有东西,不过,她的警觉性很高,包看得很紧,无法得手!

林悦:你太业余了!

童长荣眯着眼睛望着林悦:如此说来,你是个老手了不是?

林悦自知失言,连忙解释,我是说你一个大男人,连个女人都搞不定,说完拎起照相机站起身也走了。童长荣望着林悦的背影,淡淡一笑。

包厢内,内田良平和戴季陶又聚在了一起。美子推车进来送餐。

戴季陶:内田会长,你天天陪我吃饭,就是不谈正事,我有点着急了。

内田良平望了一眼戴季陶:中国有句古语,叫心急吃不得热豆腐。戴先生,我已安排千惠子小姐明天就住进来,多年不见,千惠子小姐可是年年月月思君不见君,都要疯了,我想戴先生也有同感吧。

戴季陶连忙摆手:使不得,夫人在这里,一旦发现,可不得了。

内田良平:戴先生,紧张什么,都已经安排好了。你告知夫人,明天晚上我们要举行秘密会谈,这不是一个很好的理由吗?

戴季陶生性风流,在色字面前,智商和思维骤降为零,不再抗拒内田良平的诱惑:谢谢内田先生周到的安排,那就恭敬不如从命啰。

内田良平:啊,还有,我一直想请您给我留一份墨宝。那你借着温柔乡里的那份甜蜜,我想写出来字也一定会闪耀着异样的光泽。

戴季陶抱拳:内田先生,实在抱歉,这次来日本,走得匆忙,我什么都没带,想写也写不成,只能回国去写了。

内田良平:戴先生,我已经派人将砚台纸张送到千惠子预定的房间里了,我又给你准备了一对镇纸,比上次我送你的那对更名贵,你一定会喜欢的。

戴季陶喜出望外,又有些不安:那副镇纸已经让我爱玩不置了,还有比这更好的,真是让我收受不起了。

内田良平:戴先生,我所做的一切,完全都是看在我们过去的情谊上。

戴季陶端起酒杯站了起来:内田先生,你是真朋友,我敬你!

内田良平也站了起来,两人共同干杯。

按照赵瑞麟的要求,罗栗文召集齐了在日本各地的国民党支部负责人。他找了一个临时会议室,在墙上还特地挂了一幅孙中山先生的画像。各支部负责人陆续来到会议室,罗栗文站在门口,一一迎接。最后来了一位瘦削的青年人,戴副眼镜,罗栗文与他握手,这就是沈端先,来自神田支部。

大家坐定之后,罗栗文将赵瑞麟从休息室请了过来。赵瑞麟走进会议室。

罗栗文:欢迎赵瑞麟先生,有请赵先生发表演讲。

赵瑞麟:各位同仁,赵某随戴先生刚到日本,今天一是看望大家,二是给大家吹吹风。当前革命形势一片大好,蒋总司令率领北伐军所向披靡,不可一世的军

阀们闻风而逃。

大家鼓掌。

赵瑞麟:中国革命到了十字路口,往哪里去就成了我们要迫切思考的问题。我们党内伟大的理论家戴季陶先生最近作了鲜明的回答,他在《国民革命和中国国民党》这本书里特别强调了中国国民党的独立性和排他性。

沈端先坐在罗栗文旁边,他低声地嘟哝:所谓独立性和排他性不就是剑指共产党吗?

罗栗文:听他说下去。

赵瑞麟:中国国民党是三民主义的政党,主义是党的神经系。如果已经进入国民党,不把中国国民党的组织和团结作为自己的责任,只是在中国国民党中,扩张 CP(共产党)和 CI(社会主义青年团)组织,这样的国共合作只能说明一点,那就是共产党要在国民党中寄生,目的是吸着国民党的血来壮大自己。

国民党内现在出现了一个最大的危机,就是现在有了两个中心,而我们的大多数党员迷惑在二心之间,无所适从,使得党国的情形危急到了十二万分。在座的各位同仁,三民主义是中国唯一的理论,国民党是唯一救国的政党。

"西山会议派"一些负责人,热烈鼓掌,大声叫好:说得好。

沈端先打断了赵瑞麟的话:我反对,这是对孙中山先生的遗训的歪曲,如果国民党以一党私利与共产党搞对立,国家将会陷入灾难的深渊!

罗栗文站了起来:我想说明以下几点,第一我对戴先生的所谓"三民主义"新解释表示强烈反对!同意我这个观点的请举手。

沈端先举手,一些负责人也跟着举手,"西山会议派"一帮人表示反对。

罗栗文:第二,既然戴先生已经来到了日本,我们旅日总支想给戴先生开个欢迎会,请戴先生公开他的反共主张,我们特邀新闻媒体采访;第三,戴先生有义务向旅日国民党党员告知此次日本之行的目的;第四,如果戴先生不来,我们就有理由怀疑戴先生此行是否是为个人牟取私利。

赵瑞麟有些尴尬:我一再强调,戴先生此行光明正大。戴先生公务繁忙,我得回去请示,不知是否有时间,我想他一定会乐意与基层党员做思想交流的。告辞了。

赵瑞麟走了出去，"西山会议派"一帮人也跟着溜了出去。

沈端先：罗先生，你这几点意见太好了。我看他是不敢在媒体面前公开叫喊反共主张的。

有一位江先生则提议，罗先生，我们最好要合计一下，提出我们的主张，不能让戴季陶在日本想干什么就干什么！罗栗文点头称是，我们要好好考虑，谋划一下了。

在伊田家，王舒将戴季陶和千惠子的亲密照放到了桌子上。王舒说，根据美子提供的信息，一个漂亮的女人今天住进了饭店，经过比对，正是照片上的千惠子。

童长荣说复杂的事情简单化，你们看这样行不行。童长荣跟两人耳语，罗栗文、王舒听了童长荣的设想，认为可行。

罗栗文开始布置任务，他让童长荣陪卓蓝去看东京的夜景，可以继续迷惑她。王舒，你到饭店去和美子取得联系，要准确掌握戴季陶进入千惠子房间的时间。我去通知蔡先生组织华侨商会，组织留学生队伍。

童长荣表示，我们就演一场好戏给华侨华商和中国留学生看看。罗栗文认为更重要的是，我们必须要狠狠地教训一下戴季陶这个反共反俄分子。

临近傍晚，童长荣所说的"好戏"开始在东京帝国大饭店上演。童长荣准时出现站在东京帝国饭店门口。卓蓝走出电梯，来到了大厅。内田良平的车也停在门口，小日向陪他走进了大厅。卓蓝走出饭店，童长荣迎了上来，两人朝大街上走去。

路上，童长荣问卓蓝，你整天在外面玩，怎么不陪陪"姐姐"？卓蓝一笑，说她在轮船上已经不离前后伺候了戴夫人将近十天。戴夫人晕船，还没缓过劲来，她正好趁这个机会出来遛遛。童长荣点点头，边走边向卓蓝介绍街面上的各种建筑。

房间内，千惠子一袭和服，风情万种，坐在镜子前梳妆打扮。内田良平站在一旁，满意地点头，开始向千惠子交代。门外，伊田美子推着餐车敲门。内田良

平开了门。

美子进了房间,将各类菜品、红酒、酒杯一一摆到桌上,然后自然地站到窗前,将窗帘拉上。王舒站在楼下看到了美子的动作。美子关好窗帘,自然回过头,瞟了一下正在化妆的千惠子。

美子听见了内田良平的声音,他在一旁吩咐千惠子,别忘了提孩子的事。

美子推着车子离开了房间,轻轻地带上了门,来到过道上。内田良平随后走了出来,美子在过道里感觉内田良平在敲着戴季陶的门。

门开了,内田良平走了进去,一进门就问候戴夫人。戴夫人说感觉好多了,谢谢会长关心。

戴季陶对夫人说,晚上我就要和内田会长会谈了,可能要很晚,你早点休息。戴夫人说,他来日本不就是工作的嘛,你们去忙吧。

内田良平做了一个邀请的姿势,戴季陶开了门,两人走了出来,戴季陶顺手将门关上。内田将钥匙递给了戴季陶,朝他努了一下嘴,戴季陶会意,径直朝千惠子的房间走去,内田良平在走廊里看了一下,只见美子一个服务生,在敲另外一个房间,准备送餐。内田良平朝戴季陶点点头,戴季陶迅速开了房间,溜了进去。

内田良平在走廊里晃悠着,赵瑞麟刚从外面进来,见到内田良平,有些奇怪。

赵瑞麟:内田会长,说好了今晚会谈,戴先生不在房间里吗?

内田良平:戴先生说他身体不适,让你代表他跟我谈,我在等你呢。

赵瑞麟一听,变得不安起来:内田会长,实在抱歉,让您久等了。您跟我会谈,我一点思想准备都没有,我不知道要谈什么。

内田良平:这不是正式会谈,我们就是随便聊聊天而已。

赵瑞麟立即做了一个请的姿势:那就委屈内田会长到我房间坐坐吧。

内田良平说,听赵先生安排。赵瑞麟立即走到自己房间,开了门,将内田良平让了进去。

东京的夜景十分迷人,灯火璀璨,流光溢彩。童长荣和卓蓝站在一座桥上,望着远远近近的高楼大厦。公园里灯光点缀,静谧祥和,空气里弥漫着海风的湿润和清新。微风吹着卓蓝的秀发,她感觉十分惬意。

卓蓝:童长荣,这东京的夜景跟夜上海有什么不一样?

童长荣:我看都一样,繁华的背后都充满着丑恶和污秽。

卓蓝:凡事都得往美好的方面想,你应该这么想,这么美妙的夜晚,一定又有许许多多美好的故事正在发生,譬如现在的你和我。

卓蓝似乎是触景生情,在童长荣看来,她是在挑逗自己。

童长荣不紧不慢地:现在几点了?

卓蓝:才九点,怎么,你想回去了?

童长荣一笑:我想是应该回去了。今晚也许没有美好的故事出现,可能有个糟糕的故事正在上演。

卓蓝怔怔地望着童长荣,突然觉得不妙,拔腿就跑。

童长荣哈哈大笑:跑什么?

林悦从暗处走了出来:发生什么了?

童长荣:林小姐,你不是一直在偷听吗?你没听见?一个美好的故事正在变成糟糕的事故,你不想去看看热闹?

林悦一听,转身跟在卓蓝后面跑。童长荣在后面叫着,别急嘛,等等我,我也想去看个热闹。

东京帝国大饭店的千惠子房间内,桌上剩下半杯红酒。床上,千惠子依偎在戴季陶的怀里,哭哭啼啼地。

千惠子:你走后半年,我就生下了这个孩子,都已经九岁了。十年的时间,千惠子受了多少罪,你知道吗?我以为这辈子都见不到你了。

戴季陶满脸愧疚:实在对不起,我是身不由己。啊,你说还有个孩子,在哪里?

千惠子:你很快就能见到他,这次你一定要把孩子带回中国去。

戴季陶一听慌了:这可不行,我不能带回中国去。千惠子,我觉得孩子还是不认的好,不能让他再受第二次伤害。我会让你们母子衣食无忧,钱不是问题。

千惠子立刻翻脸,提高了声调:你真是没有良心,这些年,多亏了黑龙会和内

田良平先生收留了我,你知道我做的是什么,女佣!遭人欺负,受尽屈辱,为了孩子,我都忍了。我受够了,这次你要是不答应,我可就要跟你翻脸了!

戴季陶一下子惊醒了过来,觉得后背发凉,前一刻的销魂时刻和千惠子的柔情蜜意荡然无存,想着夫人就在隔壁,这才感到自己是掉进了内田良平早就布置好的陷阱里了,他求着千惠子,一切都好商量,请千万不要吵不要闹。

千惠子愈发提高了声调:不行,你要是不答应,我就去找你夫人去!

戴季陶一把将她拉进怀里,苦苦哀求着:千惠子,我是爱你的,这是我们之间的私事,千万不能跟我的夫人说,也不能闹!这周围有我的下属,我也不能在他们面前失去尊严!

千惠子突然哭喊:我偏要闹,戴季陶是个负心郎!

戴季陶一把捂住了千惠子的嘴。此时,戴季陶已经完全乱了方寸:求你了!你别喊,你提出什么条件我都答应你。

千惠子妩媚一笑:这就对了,说话可要算数啊。

戴季陶忙不迭地说:算数算数!

这时楼下突然传来:戴季陶,姐姐来了!姐姐来了!

声音震天响,一浪盖过一浪。戴季陶失魂落魄跌下床来,透过窗帘,看见楼下许多人打着横幅:戴季陶,姐姐来了!

戴季陶瘫痪在窗边。赵瑞麟和内田良平正在房间密商,站起来朝窗外望去,大批大批的人群在有节奏地叫喊。

卓蓝、童长荣、林悦先后赶到了帝国饭店门外。千惠子突然拉开窗帘,裸露着膀子。

千惠子:中国人,你们不是想看吗?我就喜欢让你们看,告诉你们,这里还有一个负心郎戴季陶!

小日向带着一班人赶了过来,开始驱散人群。

卓蓝明白了一切,不顾一切地冲进了饭店,迅速敲开了戴季陶的房间,戴夫人睡眼惺忪,见是卓蓝,连问饭店外是怎么回事?高喊什么"姐姐来了"……还有个女人在叫什么?

卓蓝窃喜戴夫人不懂日语,尚未完全搞清楚刚才发生的一切,立即将戴夫人拉到沙发上坐下来,开始向她解释,说戴先生和内田良平会谈的消息泄露了,一些华侨和中国留学生到饭店来抗议,这很正常。

戴夫人有些不明白:那他们喊姐姐来了,是什么意思? 这又不是我要他和日本人会谈的呀。

卓蓝竭力在掩饰:这不是怪你吗,平时对戴先生管得太严了,现在成了人尽皆知的一个梗,这些留学生和华侨就是故意拿这个来羞辱戴先生的。

戴夫人望着卓蓝,怎么说着说着,反倒是我的不是了。戴夫人还是有些狐疑,那女人喊叫是怎么回事? 卓蓝说,她刚才正在楼下,那是隔壁房间的一个女人和情人闹翻了,光着膀子在闹呢。戴夫人啐了一句,这女人真是不要脸!

这时门开了,戴季陶失魂落魄地跌进门里,卓蓝连忙上前扶住,朝戴季陶使了个眼色,故意对戴季陶说,戴先生,一看你这神情,我就知道,一定是和内田良平谈翻了,留学生和华侨又在闹事,看把你气成了这个样子。

戴季陶正感到自己就要跌进万丈深渊,到了万劫不复的时刻,卓蓝恰到好处地递过来一根救命稻草,戴季陶一把抓住:蓝蓝啊,欺负人啦!

卓蓝关上门,趁着戴夫人转身倒水的时候,卓蓝轻轻地对戴季陶说,我已经遮掩过去了。戴季陶惊慌地望着卓蓝,卓蓝将他扶到沙发上坐下。

戴夫人倒了一杯水,递了过来,数落着:你呀,为国家的事,何必要气成这样! 谈得成谈不成,只要尽心了。我呀,是恶名在外了,还把我也搭了进去。

卓蓝成功地移花接木,将这个糟糕的事故向戴夫人作了另外一番解读,戴季陶对卓蓝无限感激。卓蓝见稳住了两人,就让戴夫人好好劝劝戴季陶,早点歇息。戴季陶和戴夫人连声谢谢。

卓蓝走出了房间,见内田良平将一件大衣披在千惠子身上匆匆离开了房间,往楼道的另一头走去。卓蓝心里骂着:日本人,可恶!

饭店外头,童长荣看见了内田良平扶着千惠子匆匆上车离去,轻蔑地一笑。林悦走了过来,幽幽地对童长荣说,你这一招太狠了吧。童长荣淡淡地回敬了林悦一句,拜你所赐。

卓蓝走进饭店前厅,看见赵瑞麟铁青着脸站在那。

卓蓝喃喃自语:这下,戴先生的脸全丢光了。

赵瑞麟朝卓蓝吼叫着:你知道这事?为什么不告诉我?

卓蓝:你知道了有什么好?

赵瑞麟:还有谁知道?

卓蓝:现在全都知道了。

赵瑞麟提高了声调:谁在幕后策划的?

卓蓝:还有谁?这不明摆着,戴先生做人不检点,被罗栗文、童长荣他们算计了。

赵瑞麟:去把童长荣给我找来!

卓蓝:事情都发生了,找他们还有什么用?

赵瑞麟:你懂什么,照我说的做!

卓蓝连忙跑到饭店外去寻找童长荣,门口的服务生走过来递给卓蓝一张纸条,说刚才有位先生让她转交的。卓蓝打开一看,上面写着:明天上午各界代表要开个座谈会,特邀赵瑞麟先生和卓蓝小姐参加,另请卓蓝小姐安排好会议室。祝晚安!童长荣。

卓蓝咬牙切齿,无以发泄。她将纸条递给了赵瑞麟,赵瑞麟气得脸都变了形。卓蓝更是气愤,心里骂着童长荣这小子耍了她。赵瑞麟却气在戴季陶做老不尊,可姐姐赵瑞昱还视他为偶像,甚至为他不嫁,真是不值。与其说戴季陶颜面扫地,还不如说羞辱了赵瑞麟。赵瑞麟心想,这还在其次,更重要的是他害怕这件事坏了日本之行,耽误了大事。他不得不承认罗栗文、童长荣是个狠角。他心里在纳闷,戴季陶和日本女人的事,自己闻所未闻,这一班人不仅掌握情况,而且精心策划组织,连时间都计算得如此精确。内心憋闷,但又不能在卓蓝面前发作,他恨死了戴季陶这个老不死的,可还不能流露出来,眼下要紧的是还得给他揩屁股。他竭力平息了自己,无奈地对卓蓝说,照童长荣说的做。

卓蓝摇头,我干吗要听他的,他说开会就开会?赵科长,我向你保证,明天,我就去找这小子,我不整死他,我就不是……

赵瑞麟异常痛苦,你别给我添乱了好不好！把柄在人家手里,我们别无选择,消毒把影响降到最低,懂不懂?

卓蓝还在愤怒中,童长荣这小子,我不会放过他的！赵瑞麟吼叫着,你！现在就去给我安排会议室。卓蓝气呼呼地走了。

赵瑞麟嘘了一口气,罗栗文、童长荣要开会,他求之不得。可还是将手中的纸条撕了个粉碎,扔进了垃圾桶里。

卓蓝刚刚上楼,就看见戴夫人打开门,一边哭一边叫着,来人啦!

卓蓝抢进屋里,只见戴季陶倒在沙发上,口吐白沫。卓蓝和赵瑞麟连夜将戴季陶送到了医院里抢救。等戴季陶稳定下来,天已经大亮了。想到上午还有个座谈会,卓蓝和赵瑞麟又强打起精神赶回了饭店。

赵瑞麟、卓蓝提前来到会议室门口。赵瑞麟一改往日的傲慢,谦恭地站在门口,迎接各界代表。

罗栗文、童长荣、王舒走了过来,赵瑞麟含笑分别握手。

赵瑞麟:哎呀,我们都是老朋友了,罗先生把国民党总支打理得井井有条,我赵某从内心里佩服罗先生卓越的组织能力。

罗栗文微笑着:国共合作,尽一份力,应该的。

童长荣好像什么事都没发生一样,一如既往地微笑和卓蓝打招呼,卓蓝狠狠地盯了童长荣一眼。

蔡老板和几个华侨也来了。赵瑞麟一一握手。

接着是林悦进门,卓蓝介绍,这是我的同学,《申报》记者林悦。赵瑞麟强打起精神,努力地笑着寒暄,卓蓝啊,你还有这么漂亮的女同学记者,为什么不早点引荐一下。林悦主动伸出纤纤玉手,说赵先生是国民党精英,今天相识,十分荣幸。

赵瑞麟见大家都已坐定,他朝参会人员深深地鞠了一躬:谢谢各位给了我这么一个机会,我就直奔主题了。戴先生是聪明一世,糊涂一时,犯了不可饶恕的错误,昨晚的事还请大家海涵。今天我是来求大家的,这不是戴先生个人脸面的问题,此事传了出去,国人脸上都无光了。

华侨代表:不要扯到国人,应该是国民党脸上无光吧。

赵瑞麟:是是,也可以这么说。罗先生,给我赵某一个面子,你们有什么要求尽管提。

罗栗文站了起来:我先来介绍一下各位代表,童长荣作为留学生代表,你很熟悉,这位蔡先生是作为华商代表,林悦记者作为媒体代表,沈端先先生作为国民党党派代表,还有几位侨界代表。我完全同意赵先生的意见,国民党党团高层来日访问,发生此等事件确实有辱国格,戴先生曾经是中山先生身边人,中山先生泉下有知,一定会坐起来破口大骂!因次,此事天知地知,你知我知,不许再提,媒体不能报道,林小姐,你听见了吗?

林悦:请放心,我不会报道。

赵瑞麟抱拳:谢谢罗先生,谢谢各位了。

罗栗文:不过,我们各位代表在一起商议了一下,对你们一行来日本,说心里话就是不放心,此等事都能做得出来,还有什么出格的事做不出来,尤其是涉及国家利益、民族尊严的事。我要代表各位向你们提几点主张。

赵瑞麟:您请。

赵瑞麟在小本子上记录。

罗栗文:一、你们在日期间的一切日程、议程、计划安排必须透明,希望能提交一份材料;二、广州国民政府与日本尚未建立外交关系之前,不得私下与日本政府谈判、借款、购买军火、贸易协定签订以及其他密约;三、与日本朝野人士的接触、演讲、谈话、交流的内容以及结果,必须提交记录材料,必要时向国内外公布;四、不得为一党之私和一己之私为某个个人利益服务,破坏国共合作大局。我就提这几点要求。

赵瑞麟:罗先生,各位代表,请大家务必相信,此行没有什么暗箱操作、卖国求荣之事,罗先生说的四点,我们完全都能做到,我们愿意接受大家的监督。

罗栗文站了起来:那好,既然答应了,就要落实,我们请童长荣做联络人。

赵瑞麟连连点头:那我请卓蓝和童长荣对接,已有的材料现在就可以提供。

罗栗文见目的达到,他朝各位看了看,大家都朝他点了点头。罗栗文转过身征求赵瑞麟意见,会议可以结束了吗？赵瑞麟起身,说了一句非常感谢,再次和大家一一握手道别。

会议结束后,赵瑞麟和卓蓝又赶往医院。戴季陶躺在病床上,眼睛紧闭。

赵瑞麟和卓蓝又去找医生,询问状况。医生答复病人血压居高不下,心脏很不好,但没有生命危险,需要住院治疗一段时间。赵瑞麟稍稍放心了一点,和卓蓝走出病房。

赵瑞麟还在追问:我都不知道的事,童长荣这班人是怎么知道的?

卓蓝:我不是一直跟你说,不可小瞧了童长荣,你一直还不服这口气。

赵瑞麟:这事可千万不能跟我姐姐说。

卓蓝:赵科长,有些话我一直想说但没有说。昱姐漂亮,气质修养鹤立鸡群,怎么就迷了心窍,我就不懂,她凭什么就看上了这么个糟老头呢!

赵瑞麟异常痛苦:卓蓝,实话跟你说吧,我们姐弟俩相依为命。姐姐不是爱他,姐姐是为了我,想靠着这棵大树。想想戴先生为了党国鞠躬尽瘁,我也就释然了。

卓蓝问赵瑞麟下一步怎么办? 戴先生躺在医院里,罗栗文、童长荣的眼睛在盯着,日本人虎视眈眈,这下倒好,我们可是寸步难行啊! 这次来日本一点都不好玩。

赵瑞麟盯住卓蓝说,罗栗文、童长荣不好对付啊。他要卓蓝务必放下架子,把童长荣哄好。

卓蓝:你让我去哄他? 我做不到!

赵瑞麟:卓蓝,我们有把柄在人家手里,这次我们只能低头,懂不懂。这样,你把过去的材料送一些给童长荣,尽量和他们处好关系,暗中了解一下,看看他们下一步还有什么计划。

卓蓝应了一声,那行吧。卓蓝回到饭店,少不得整理了一些材料,来到东京帝国大学找童长荣。童长荣上完课,走出教室,刚到大门口,就见卓蓝站在门口。

童长荣客气地打招呼:卓小姐,你来看我? 谢谢了!

卓蓝板着面孔,公事公办的口气:童长荣,这是你们要的材料,我这是在履行

自己的义务。

　　说完将材料掷到童长荣手上,转身就要走。

　　童长荣:干吗这样。我下午没课,你说到哪里,我就陪你到哪里。

　　卓蓝:没心情!

　　童长荣:卓小姐,我知道,你现在的心情是恨不得一枪把我打死。但我只告诉你一点,我们这么做为的是个人恩怨吗?实话告诉你,我们根本就不想掺和这些狗血之事,你以为这是个恶作剧吗?这个脓包之所以决定捅破它,一是警告戴季陶,更重要的是让日本人忌惮。我就怀疑这是日本人对戴季陶做的局,我们对千惠子是黑龙会的女佣身份表示怀疑。

　　卓蓝盯着童长荣:告诉我,那天在餐厅里,是不是你对我的包做了手脚,翻到了我包里的照片?

　　童长荣:这不重要,最重要的是你是怎么弄到这张照片的?

　　卓蓝:我有必要告诉你吗?

　　童长荣:非常有必要,你没听我说嘛,我怀疑是日本人做的局,千惠子的身份不单纯,我再说一遍,你听明白了吗!

　　卓蓝吓了一跳,无疑童长荣的怀疑是有道理的,她也感到了这件桃色事件的政治目的。她从内心佩服童长荣敏锐的洞察力,而且是在为国家和民族的利益着想,她不再坚持,口气也软了下来。

　　卓蓝:告诉你吧,自从你在信中告诉我高崎是黑龙会成员,我就下决心去调查。乘高崎回日本时,在他的保险箱里找到了这张照片。本来,并没有安排我来日本,实话实说,我是为了想见你,就拿这张照片要挟了戴先生,他才带我来日本的,竟没想到真的演绎成了一场事故。

　　童长荣:这就很清楚了,这是日本人精心策划的陷阱,让不自重的戴季陶掉了进去。

　　卓蓝:你说得有道理。想一想都后怕,高崎这一班人万一有一天要对我父亲和纱厂也挖个坑,这不是没有可能。

　　童长荣:那要是对国家和民族利益挖坑呢?

卓蓝放下拉着的脸,缓和了语气:童长荣,我没想到日本之行变得如此沉重。

童长荣:卓蓝,这就是我们开座谈会的目的,你们必须向我们提供一切材料,你明白这里的意思了吗?

卓蓝点了点头。卓蓝听见童长荣第一次这么直呼其名地喊自己,她突然觉得很亲切,嘴角上露出一丝从内心里发出来的微笑。

童长荣:跟我走。

卓蓝:到哪去?

童长荣:带你去玩。

卓蓝:以前不算吗?

童长荣:不算!

公园里,游人如织。童长荣和卓蓝都放松了心情。两人比赛爬山,两人在树后捉迷藏……

终于玩累了,两人躺在草地上。

卓蓝:告诉我,今天在课堂里上了什么课?

童长荣:英国文学,狄更斯的作品。

卓蓝:具体跟我说说,我想听。

童长荣:请跟我读,这是一个光明的季节。

卓蓝:这是一个光明的季节。

童长荣:这是一个黑暗的季节。

卓蓝:这是一个黑暗的季节。

童长荣坐了起来:这是希望之春,这是失望之冬。

卓蓝若有所思,情有所动。

童长荣:有人踏上天堂之路。

卓蓝喃喃地:有人走向地狱之门。

童长荣望着卓蓝:原来你很熟悉这段话。

卓蓝说,每每读到这一段,她心里都有想哭的感觉。假如这个世界只有光明,只有春天。假如我们是志同道合的人,该有多美好,只可惜了这良辰美景。

童长荣:尽管有严寒的季节,失望之冬,可我坚信,美好的春天一定来临,地狱人间一定会变成美好的天堂。

卓蓝站了起来:童长荣,谢谢你陪我玩,我得回去了,再见!

童长荣望着卓蓝远处的背影。

过了几天,戴季陶的病情趋于稳定,赵瑞麟和卓蓝又来到医院看望戴季陶。

赵瑞麟:戴先生,内田会长向你问好。他说一旦你身体许可,就可以开始会商。

戴季陶叹了口气:我老了,谈不动了,不想去谈了。

赵瑞麟:那我们不是白来了一趟?

戴季陶:这些天,我就在床上想,这老蒋真不是个东西,国民政府不是有外交部吗?可以官方接触嘛,干吗要我来!

赵瑞麟:外交部刚组建,都是缺乏外交经验的书呆子,哪有您的威望呢?

戴季陶:颜面扫地,我还有什么威望。

赵瑞麟:戴先生,您放心,我和卓蓝已经把罗栗文、童长荣和那一帮留学生、商界侨界、媒体都摆平了,国内也不会有人知道这件事,您不必为这事伤神。

戴季陶:难为你们了,我戴某感激不尽。这样,瑞麟啊,我委托你跟内田会长正式谈一次,会谈的调子、方向、内容你都清楚,记住一点,蒋先生关心的是日本人要价,我们不代表外交部,内田会长也不代表日本政府,我们双方都没有签订协定的资格。但是你要记住一点,内田的意见,就是官方的主流意见。

赵瑞麟:昨天晚上,内田又来了一趟,似乎对我们的底牌一清二楚,连罗栗文的四点意见都表达得明明白白,这是怎么回事?

戴季陶把眼睛转向卓蓝:蓝蓝,你对这事如何看?

卓蓝:你们要跟日本人谈什么,我一概不清楚。

戴季陶又看了一下赵瑞麟:瑞麟,我只在办公室跟你谈过一次,没有第三个人在场。

卓蓝:可童长荣他们清楚,对建交、军购、贸易一清二楚,为蒋先生站台也说得明明白白。

赵瑞麟：戴先生，是不是有人在你的办公室里做了手脚，安装了什么窃听设备？

卓蓝想了一会：如果是这样的话，在我们出发之前，这个信息就到了日本皇室和内阁，罗栗文和童长荣就有可能通过日本政友会的元老了解到我们的意图。

戴季陶：让我想想，对了，高崎到我办公室来过一次，并受良平会长委托，送我一对镇纸。这次，他又为我准备了笔墨镇纸，我还准备写幅字送给内田，也算是个雅兴酬答。

赵瑞麟明白过来：卓蓝，立即回酒店！

赵瑞麟和卓蓝火速回到酒店。美子正准备清理房间，将笔墨镇纸装进袋里，两人走了进来，对美子说，这是我们那位先生的。

美子有些为难，说有两个人让她把这些东西清理好了，送到他们房间去。

赵瑞麟说请稍等。两人拿起桌上的一对镇纸，仔细检查，卓蓝发现光洁如玉的镇纸侧面有一条缝隙。

赵瑞麟从果盘里取过水果刀，沿着缝隙将镇纸撬开，里面一个窃听装置露了出来。卓蓝倒吸一口气。赵瑞麟重新合上，放进了袋子，交给了美子。赵瑞麟朝卓蓝努努嘴，两人开始在房间里四处搜寻。他们在床头灯下，桌子灯座里、茶几下面、墙上的画后面发现了好几个窃听器。

赵瑞麟问那两个人在哪个房间里，美子说，对不起，我们得对客人的信息保密。

卓蓝跟美子说，在这个房间里，有人窃取了我们的人的重要信息，我们可是要找酒店的。因为罗栗文和童长荣有交代，美子似乎为难了一会儿，最后说请跟我来。

美子带赵瑞麟和卓蓝走到楼梯口的一个房间门口，打开了门，提醒他们快点。

卓蓝向美子表示感谢，和赵瑞麟走进屋内。看见桌上的窃听设备还在闪着红灯。赵瑞麟坐了下来，回放录音带。

录音带里传出了戴季陶声音:瑞麟,蒋先生即将成为国民的新领袖,日本人的态度至关重要,他们可能要提出一些条件,但愿他们不会借机敲诈勒索……瑞麟,放手一搏吧,你的前途就决定这次日本之行了……瑞麟,国之交就是互相出牌,互相妥协的过程,该妥协的就要妥协。

又有内田良平的声音:戴先生,我已安排千惠子小姐过两天就住到你隔壁,鸳梦重温,稍后我们正式会谈。

另一盘带子里传来千惠子的呻吟声和戴季陶的喘气声。卓蓝捂起了耳朵。赵瑞麟快进,绕了过去,接着就是千惠子的声音:你走后,我就生下了这个孩子,现在已经九岁了。这些年,你知道,我受了多少罪吗? 我以为这一辈子都见不到了你了……你真是没有良心,这些年,多亏了黑龙会和内田良平先生收留了我,你知道我做的是什么,女佣。这次无论如何你要把孩子带回中国去,你要是不答应,我就去找你的夫人……接着就是戴季陶惊慌的声音。

房间的门虚掩着,美子一边听,一边焦急地望着楼梯口,她看见了小日向和一个人正在上楼。美子连忙朝里面喊着,他们回来了,你们赶快出来。赵瑞麟一把抓起录音带和卓蓝迅速离开了房间,带上了门。

 十三

美子见小日向朝房间走来,为了掩护赵瑞麟和卓蓝,故意将推车挡在了楼道口,将收拾好的袋子递给了小日向。

美子:先生,这是房间里物品,请您清点一下。

小日向接了过来,急于过去。美子又故意忙中出错,将推车上的物品不小心散落在地上,一边不住地抱歉,一边磨磨蹭蹭地收拾。小日向不满地皱着眉头。

走廊尽头,赵瑞麟将录音带揣进衣服里,和卓蓝迅速走过过道,从另一头楼梯口下了楼。美子终于将推车推到一边,让出一条道,再次表示对不起。小日向来到房间门口,开了门,走进房间,检查了一遍录音设备,发现录音带不见了,连忙追出门外,两边张望,接着跑到美子跟前。

小日向:看见有人进了这个房间吗?

美子:对不起,我刚刚过来,没看见。是不是有什么东西不见了? 您可以报警。

美子朝小日向鞠躬。小日向回到房间,瘫坐在椅子上,一副失魂落魄的样子。

赵瑞麟和卓蓝走出饭店,来到街上一处僻静处。

卓蓝:赵科长,好险哪,这录音带要是握在日本人手里,麻烦就大了。童长荣说的没错,日本人这就是在给中国人挖坑。

赵瑞麟:那你说怎么办? 我问你,你能躲开吗?

卓蓝:那你还跟他们谈什么?

赵瑞麟:甲午战争、日俄战争、日朝战争,受伤害的总是中国人,你不跟他们好好谈,还怎么办?

卓蓝:赵瑞麟,我可跟你说,你要是昧着良心去讨日本人的欢心,我即刻就去告诉罗栗文、童长荣他们,别怪我事先没打过招呼。

赵瑞麟停住:我不是说好好跟他们谈吗? 我也是有底线的人。

卓蓝:窃听这件事我们要不要去抗议?

赵瑞麟:抗什么议,不动脑子,他们不提,我们就不能提。

卓蓝:他娘的,可恶,我们房间里的任何动静都被他们录了音。

赵瑞麟:他们不是有偷听癖吗? 我们就做个戏给他看看,让他们听个够。

小日向丢了录音带,在房间内长吁短叹,内心充满了绝望和恐惧,他不知道怎么向内田良平交代。他心里明白,这一定是中国人干的。

这时,侦听人员戴着耳机,转身告诉小日向,房间有动静了。小日向问谁的房间,侦讯人员说是从赵先生房间传来的。小日向心想,他至少还没发现自己的房间有窃听装置,他急于要寻找录音带失窃的线索,他迫不及待地拿过耳机戴在头上。

耳机里传来卓蓝的声音:赵科长,你在收拾行李,我们打算回去了?

赵瑞麟:刚接到指示,国内政策有重大调整,要我们停止跟日本人接触。

卓蓝:看来还是要走国共合作、联俄联共的路线了。

赵瑞麟:党内存在严重分歧,共产党又在不停地抗议,蒋先生现在举棋不定。

卓蓝:看来,要停止跟日本人接触了。哎呀,戴先生还全权委托你跟日本人谈呢。

赵瑞麟:不说这些了,到了日本,我还没走走呢。

卓蓝:有什么看头。我看这日本浮华的背后也是危机四伏,外强中干。关东地震,经济危机,就那些战争狂人还想对外扩张,我们要是联俄联共,他要是胆敢侵略,这小日本就是灭国的节奏。

听到这里,小日向放下听筒,喃喃地:他们不想谈了。

到了下班时间,伊田美子来到更衣室,换了衣服,拎着包,刚走出饭店,山下勇迎了上来。

山下勇喊了一声:美子。

美子见是山下勇,很是意外,也有些羞涩:是山下君,见到你很高兴。不过,我要下班了,不能为您服务了,真是遗憾。

山下勇连连摇头:我是专门来找你的。

美子望着山下勇,愣住了。

山下勇:我到町田街去找你,伊田君说你到饭店上班了。

美子:是的,暂时没有留学生学习日语,我就来上班了。让您笑话了。

山下勇不知道该如何回答美子,想了一会儿,冒出了一句:你不需要来这里上班。

美子有些不解:为什么?

山下勇吞吞吐吐:我,你没感觉到吗?

美子似乎听明白了山下勇的意思,她红了脸,低下了头,又把眼睛转向了别处。

山下勇轻声地:美子,我送你回去。

美子找不出拒绝的理由,只好任由山下勇陪着,可她的内心却在剧烈地起伏,步伐也凌乱了起来,高高低低地走在路上。

山下勇继续着刚才的话题:你真的不用在饭店上班。

美子:其实我也不喜欢在这里上班,上了几天班,才觉得东京帝国大饭店是富人的俱乐部,阴谋家的乐园,肮脏的妓女,阴险的政客,真是个险恶的地方。

山下勇:那你就不要去了,如果经济上有困难,我可以提供。

美子:谢谢山下君的好意,伊田家虽然是穷人家,可不想平白无故地接受资助。再说,美子也不光是为了钱才到饭店上班的。

两人一路说着话。山下勇从美子的言谈举止里,感觉到美子心地纯良,不慕荣华,更觉难能可贵。不知不觉两人就来到了伊田家门口。

伊田家里,伊田助男看见了山下勇陪着美子朝门口走来,连忙喊罗栗文、童长荣、王舒过来看。

伊田助男喜不自禁:看来那位先生是真的喜欢上了妹妹了,做哥哥的太高兴了。

门口,美子朝山下勇鞠躬:谢谢山下先生。

山下勇鼓起了勇气:美子,你没感觉到? 我从见到你的第一眼起,就喜欢上你了。

美子低下头:我知道山下君的意思,这是不可能的。

山下勇:为什么?

美子:你是贵族,伊田家是平民,这样你会被人耻笑的。

山下勇抓住了美子的手:我才不管什么贵族和平民,美子,请答应我吧。

美子挣脱了山下勇的手,跑了两步,然后再次向山下勇鞠躬。

美子:谢谢山下君送我,就不请你进屋坐坐了。

山下勇呆呆地站在那,美子跑上台阶,迅速拉开门关上。

门外,山下勇失落地走了。

美子跑进屋里,抬起头,看见哥哥和三个中国留学生都在微笑着望着自己。

美子施礼:我回来了!

伊田满心欢喜:妹妹害羞了。

美子:不是这样子的,哥哥笑话我了。

童长荣:美子,这山下君我看他是真心喜欢你。

美子低下了头:不是这样子的,你们别误会了。我去做饭了。

美子慌乱地放下包,低头跑进了后屋厨房里。四个男人不由得笑了起来。

晚饭时间,大家齐聚在一起,伊田助男继续说着美子婚姻的话题。

美子:哥哥,拜托别再说了,妹妹真的要生气了。

童长荣:美子,中国有句古话,叫男大当婚,女大当嫁……

话未说完,美子请童长荣也别说了,再说就不烧饭给你们吃了。罗栗文宽厚地笑了,诚恳地说,美子辛苦了,白天上班,下班还要做饭,我们今后要学着烧饭,不能给美子增添负担了。美子摇摇头,说她喜欢做饭,每顿饭做同样的菜,味道都不一样,觉得这里有很多趣味,不用担心,一点都不累。

罗栗文请大家要注意了,凡是美子不乐意听到的话,坚决不提,包括伊田君。

伊田助男不住地点头,说我们真的成了一家人。

罗栗文:还不能简单说是一家人,这次我们狠狠地敲打了一下戴季陶,伊田君和美子帮了我们大忙,我要说这就是一个革命的大家庭。

伊田助男情绪有点激动,不住地点头,说以后会越来越亲了。

美子说,这是伊田家的荣幸。想起在饭店发生的事,她说有个重要的事情要报告。大家不约而同地放下碗,听美子叙述她帮助赵瑞麟和卓蓝拿走录音带的事,还说他们每个人的房间都装了窃听装置。

罗栗文:这么说,内田良平那一帮人就是想控制住他们。

童长荣:如果是这样的话,包括戴季陶的丑事也应该全都录了音,然后他们就可以坐地起价了。

美子说,我就站在门口,听到了一点录音,那女的哭哭啼啼地说有个孩子,9岁了。那位老先生就在哄她,说什么条件都可以答应。

王舒惊异:都有孩子了?

罗栗文:我们要调查这件事。

童长荣:这招真是狠,直接击中戴季陶的死穴,让他无力还手,束手就擒。

王舒:你没看到那天晚上,那女人故意拉开窗帘,大喊大叫,就是要让戴季陶出丑。如果是偷情,这是一个正常女人的行为吗?

伊田:真是不要脸,我就没见过日本女人有这样子的。

罗栗文:还是长荣这个点子好哇,直接让戴季陶躺进了医院,这一招完全打乱了他们的计划。

童长荣:戴季陶应该感激我们,那天晚上,我们恰到好处地出现,也打乱了内田良平的计划,内田良平才带着千惠子狼狈地溜了。

第二天,美子像往常一样来到饭店上班。童长荣和王舒也来到了东京帝国大饭店,坐在前厅里的沙发上。美子悄悄过来,告诉童长荣和王舒,接到通知让她安排会议室,可能要会谈了。

童长荣悄声问,会议室是中国人要求安排的吗?美子摇了摇头,说是日本方面安排的,转身离开了大厅。

不一会,童长荣和王舒就看见了日本浪人小日向出现在大厅里,似乎有些紧张,他不时地朝门外张望。

终于看到一辆车停在了门口,内田良平下车,走进大厅,小日向趋步迎了上去。

内田良平厉声地:录音带是怎么回事?

小日向支支吾吾:报告会长,几盘录音带都不见了,找了一遍又一遍,没有发现,肯定是被人拿走了。

内田良平一巴掌打在小日向的脸上:混蛋,没有录音带,我拿什么去谈?

小日向:我正在调查线索。

内田良平又是一巴掌:你调查什么? 这还需要调查吗?

内田良平气呼呼地上楼,小日向愣在那,摸着脸,然后跟着上楼。

王舒轻轻地对童长荣说:也就是说,内田良平主动来找赵瑞麟会谈了。

童长荣点了点头。

小会议室里,美子摆好茶杯,然后倒水。内田良平和赵瑞麟同时走进会议室。

赵瑞麟:内田会长这么急着要跟我会谈?

内田良平:听说你们就要回去了。辛辛苦苦地来了,总不能让你们空手而归吧。

赵瑞麟心想,他和卓蓝那段对话果然起作用了,日本人开始急了。

赵瑞麟暗地里庆幸取得了录音带,没有把柄在他们手里,也就没有顾忌了,他不紧不慢地推脱着,哎呀,戴先生还躺在医院里,等他出院再说吧。内田良平表示,今天就是来跟你聊聊天的。赵瑞麟说,你们准备了会议室,这还是聊天吗?美子退出了会议室。小日向关上了门。

会议室内,内田良平请赵瑞麟坐下,自己走到对面坐下。

美子又来到大厅,走到童长荣身边,轻轻地说,他们就两个人谈,那个卓小姐在房间里没有出来。说完美子迅速离开。童长荣看了看墙上的钟,时针指向9点半。

会议室里,内田良平拿出一份文本递给赵瑞麟:赵先生,我们就不必绕来绕去了。我的明白,戴先生已经授权给你,我也是受政务次官森恪委托来正式跟你会谈。

赵瑞麟吃了一惊,医院里的谈话内容他们也知道了。既然这样,赵瑞麟也就直接进入主题,问你们有什么要求。

内田良平说都写在文本里,不过,我特别要强调的就是满蒙的问题能够顺利地解决。赵瑞麟反问,日本政府对满蒙问题有什么具体政策?

内田良平:关于日本政府对满蒙问题,包括日俄问题、朝鲜问题,田中内阁准备在筹备的"东方会议"上讨论,然后报天皇批准后实施。现在的这个文本就是原则性的表述,即中国政府要照顾日本政府在满蒙的利益。

赵瑞麟:蒋先生理解满洲和日本在政治、经济上的重大关系,日本在日俄战争中流过血,有感情上的问题,可以特殊考虑。但有一点,如果日本政府能积极正面支持我们的主义和对蒋先生本人的支持,他愿意同日本政府建立密切的关系。

内田良平:我们可以支持蒋先生,但前提是你们答应我们的要求。

赵瑞麟：内田会长，你能透露一下"东方会议"的具体政策走向吗？

内田良平：这是我们大日本最高的国家机密，连我都不知道，我怎么能告诉你。

赵瑞麟：内田会长，这样，我可以把你的意见带回国内。这个文本我本人不好带回去，你们可以直接派人到中国去谈，蒋先生现正在庐山开会，我想他本人也一定会乐意与你们见面的。

赵瑞麟将文本退给了内田良平。

内田良平：那我们的会谈就结束了？

赵瑞麟：我想应该是这样。

内田良平：遗憾。都说戴先生是蒋先生的文胆，我们非常重视戴先生此次日本之行，你说结束就结束了。

赵瑞麟：我记住了，满蒙问题，这还不够吗？

内田良平笑了：戴先生什么时候出院？ 我们还想请他发表演讲呢。

赵瑞麟：这个请内田会长放心，在走之前，我们会给戴先生安排演讲活动。

内田良平与赵瑞麟握手。

内田良平下楼，走出大门，乘车离开。童长荣看了墙上的钟，时针还没到10点。又过了一会儿，看见小日向和几个人拎着大小箱子走出饭店乘车离开。

童长荣和王舒立即赶回伊田家向罗栗文报告，他们的正式会谈不超过半个小时。

罗栗文思索着，做出了一个基本的判断：这就说明没有什么实质性的会谈，也不会有什么具体结果，最多是共识，但也应该是原则性的。

童长荣：小日向带人已经撤走了设备。

罗栗文：这就表明日本方面针对戴季陶一行所有的秘密活动已经结束了。

王舒补充：美子说卓蓝没有参加会谈。

罗栗文：既然不让卓蓝参加，赵瑞麟就不打算让卓蓝知道会谈的内容。他们到底谈了些什么，也就暂时无从知道了。

童长荣说，我会设法搞清楚的。

　　戴季陶在夫人的陪伴下,在医院里经过几天的治疗,身体已无大碍。卓蓝和赵瑞麟接他出院。在车上,赵瑞麟向戴季陶报告,内田已经找他谈过了,戴季陶点点头说,回到房间再说,他打住赵瑞麟的话题,就是不想让卓蓝知道。卓蓝不经意地望着窗外,这时她的确很想知道赵瑞麟和内田良平谈了些什么。

　　回到房间后,卓蓝和戴夫人一起扶戴季陶在床上躺了下来。接着卓蓝很知趣地退出了房间,轻轻把门带上,可她并没有离开,贴在门上偷听着。

　　屋里面,赵瑞麟说,看来焦点在满蒙问题上。戴季陶点点头,他知道这是个绕不过去的坎,问,日本人狮子大开口了吗?赵瑞麟摇头,暂时没有,不过,内田说田中内阁准备召开"东方会议",所有亚洲政策都将在这个会议上讨论通过,然后奏报天皇,还说这是日本最高机密,他本人也不清楚。

　　戴季陶警觉起来,他对赵瑞麟说,你知道吗?1921年,日本召开过一次"东方会议",那是一个国策会议,时隔六年又准备召开,看来这个"东方会议"是日本亚洲政策的关键,关乎日本和亚洲邻国的关系走向。

　　赵瑞麟:我知道这个会议的重要性,已经电告杨飞关注。杨飞说立即向陈先生报告,他让我们等候国内通知。

　　戴季陶:很抱歉,我这次被那些留学生从中插了一竿子,我的很多计划都没有实现,遗憾哪。

　　赵瑞麟:戴先生,也不是没有收获,我们知道了他们要召开最高级别的"东方会议"。

　　戴季陶:东京之行就是一场噩梦,要不是你们及时送医院,就差点送掉了这条老命。

　　赵瑞麟:那我们还是早点回去。

　　戴季陶:不,现在就回去,我这老脸往哪儿搁?我要发表系列演讲,你去安排。欢迎那些留学生华侨、商会和媒体采访,我要找回自己的面子。

　　卓蓝听到这里,回到了自己的房间。

　　伊田家门外,美子照例打开信箱,取出信件,看了一会儿,美子喊着,罗先生,有你的信件。

罗栗文应声出来,接过信,打开看了一下,然后走进屋里,喊童长荣到他屋里去一下。童长荣走进了罗栗文的房间,罗栗文说组织来信了,要自己立刻回国。

童长荣没有思想准备,望着罗栗文:那学习不就半途而废了?

罗栗文:这个不重要,我们就是要随时服从组织安排。

童长荣说组织上这么急着让你回国,一定是有重要任务了。罗栗文点点头,将信递给了童长荣。童长荣一看,是以舅舅的名义写来的,意思是家里有重大变故,请务必中断学业,回国处理。

信很简短,童长荣体味着家里有重大变故,他立刻判断出,北伐军就要进上海了。

罗栗文点点头,对童长荣说,我熟悉工人运动,又熟悉工厂和工人,组织上极有可能是让我回去抓工会工作和工人武装运动。

童长荣对罗栗文说,我想和你一道回去,我们又可以在一起继续我们熟悉的工作了。

罗栗文摇摇头,不行,一切行动听指挥,没有组织的指示,你和王舒就必须留在东京。从这次戴季陶的出访来看,日本方面是处心积虑,居心不良。中共东京特别支部的作用不可或缺,要担负更重要的任务,及时跟进了解日本对华政策,以及国民党对日态度。

童长荣:不过,罗书记,你这一走,我们可就没有主心骨了。

罗栗文拍拍童长荣的肩膀:长荣,经过这几年的历练,你已经具备了独当一面的能力,我完全放心了。我走后,你就负责东京特别支部的工作,王舒协助你开展工作。另外,你去告知江先生和沈端先,我走后,国民党旅日总支决不能落在"西山会议派"那些人手里。

童长荣点点头,表示会落实好交代的每一件事。

罗栗文又吩咐,戴季陶还没有走,要随时注意他们的动向。还有,蔡先生是一个爱国主义者,遇到困难时,一定要和蔡先生多商量。

童长荣:我都记住了。只不过,就是有点舍不得你走。

童长荣哽咽着,罗栗文的情绪受到童长荣的感染,也有些控制不住,感慨着,

这回真的要分开了,真的舍不得你和王舒,也舍不得离开伊田家。

过了两天,童长荣、王舒和伊田兄妹来到码头为罗栗文送行。

罗栗文望着伊田助男和伊田美子,再一次表示深深的感谢,谢谢兄妹俩的照顾,有机会希望你们一定到中国做客。

伊田助男抱住了罗栗文:罗先生,你就像一个大哥一样,真是舍不得你走。

美子:罗先生,一定要回来,伊田家就是你的家。

罗栗文:我希望我们能有重逢的一天。

罗栗文走到童长荣、王舒跟前,三人紧紧拥抱在一起。罗栗文走进登船的客流中。大家互相挥手告别。

回到伊田家,童长荣和王舒顿感无限的失落。童长荣对王舒说,罗大哥这一走,我们身上的担子更重了。王舒让童长荣放心,罗大哥已经交代了,我要全力协助你工作。童长荣轻轻说道,我们一起努力吧。

按照约定,卓蓝准备将戴季陶的演讲安排交给童长荣,以往都是送到东京帝国大学,正值周末,卓蓝还没有来过童长荣的住处,一路打听着来到了町田街伊田家门口。童长荣见卓蓝来了,笑脸相迎,将卓蓝让进屋里。

卓蓝取出材料递给童长荣,正儿八经地说我是你的联络员,现在按照你们的要求及时提供我们的活动计划安排。童长荣接过来翻阅了一下。

童长荣:这么多的演讲安排?

卓蓝:戴先生的系列演讲,欢迎你们参加。

童长荣又翻了有关记录,指出没有赵瑞麟和内田良平会谈记录。卓蓝解释,那不算会谈,只是聊天,她自己不在场,没有人去做记录。

恰在这时,美子拉开门,卓蓝抬起头,愣住了。

美子犹豫了片刻,还是露出了笑脸:卓小姐,我叫美子,欢迎来伊田家做客。

卓蓝像是什么都明白了,说好你个童长荣,如此说来,你就是总导演了,美子小姐演得不错呀。

美子:卓小姐,你误会了,我就在饭店上班。

卓蓝:我们已经调查过了,美子小姐可是我们住进东京帝国大饭店后才上班的。不过,我万万没想到,美子小姐居然是童长荣的房东呢。

王舒走了出来:卓蓝小姐,你好,这生活呀跟戏剧一样,有时就是一个巧合。我们住到了美子家,美子在饭店上班都是巧合。

卓蓝:不过,我很感谢这个巧合,也感谢美子小姐的帮助,那几盘录音带要是让日本人拿去了,问题就严重了,谢谢美子小姐了。

美子朝卓蓝鞠躬:卓小姐,美子做事完全是凭良心,不必感谢。

童长荣:卓蓝,机会难得,我们好好聚一聚,尝尝美子小姐的手艺。

美子:让你们见笑了,不过我会很努力的。

卓蓝环顾屋里,发现少了罗栗文,问童长荣,才知道罗栗文已经回国去了。卓蓝感叹,罗先生是个人物,回国后恐怕是接受更重要的任务吧。童长荣不接这个茬,卓蓝也就没有深问下去。

卓蓝在伊田家感受到了一种从未有过的和谐和轻松。中午,美子做了很多日本风味的菜肴,她都很喜欢。从内心讲,卓蓝很想在伊田家多待会儿,可一想到戴季陶要在东京帝国饭店举行酒会,发表演讲,事无巨细,还有大量的烦琐杂事,她只好恋恋不舍地离开了伊田家。

童长荣将她送出了町田街,临走前,卓蓝原本打算将赵瑞麟和戴季陶的谈话内容告诉童长荣,但最终还是把到嘴边的话咽了回去。

酒会在东京帝国大饭店会议厅举行。日本政客、贵族院元老、军人、学者和媒体记者云集,赵瑞麟和卓蓝站在门口笑脸相迎。童长荣、王舒端着高脚酒杯站在一旁,林悦拿着照相机、笔记本走过来跟童长荣打招呼。蔡老板在吴志杰的陪同下也走进会议大厅,童长荣上前问候。沈端先也来了,童长荣亲切地和他握手。

戴季陶在内田良平的陪同下走上演讲台,现场顿时安静下来。

内田良平:各位女士,各位先生,我十分荣幸地向大家介绍演讲嘉宾,来自中国的著名理论家戴季陶先生。戴先生与我们大日本渊源很深,是名副其实的日本通,对日本社会亦有深刻研究。下面有请戴先生为我们演讲,大家欢迎。

台下响起热烈的掌声。

戴季陶：谢谢内田会长，专门安排酒会，给我提供和各界朋友见面的机会。既然是个酒会，我就不想做枯燥的演讲。大家有什么问题，尽管提问，我就以答代讲，怎么样？

一个日本贵族率先提问：戴先生，我想向您请教一个问题。世界上最不公平的就是领土问题，日本人口过剩，而中国的满洲，人烟稀少，日本人要移民，你们为什么反对？

林悦一边拍照，一边记录。

戴季陶：据我了解，中国一平方公里住340人，日本也一样。你要说人烟稀少，我可以告诉你几个地方，北美、南美、澳洲，像加拿大、阿拉斯加，你们为什么不去移民，而是要移到与日本人口密度相等的中国来？资料显示，从中日战争到现在，俄国移民七万多人，日本已经移民十八万多人，难道还少吗？你们不要认为有了更多的移民，你们就能主宰满洲，你们不是学习西方民主吗？我告诉你，中国在满洲有一千多万人口，那就让这一千万人投票吧，是赞成你们去呢，还是反对你们去呢？这由他们决定。

蔡老板对童长荣轻轻说：他丢掉了一个根本，国家的主权和尊严问题。

童长荣：且听他说下去。

戴季陶：对于世界文明，贡献最多的是中国人，对日本更是如此，我想在座的不会反对吧。近代欧洲科学基础，谁也不能否认是中国人替他们打基础的，但中国人得到的却很少很少。当今中国民族使命，便是和平，眼下也是为救和平而革命。中华民族既有这样的功绩，人类全体就应该承认中国民族自由以及决定自己一切的资格。

下面鸦雀无声。

王舒：他终于说了一句良心话。

日本政客举手发言：据我所知，北伐军准备进攻淞沪，我想请问一个问题，国民政府能否保障上海租界的秩序和安宁？

戴季陶：不能！

下面一阵骚动。

日本政客：你能说出理由吗？

戴季陶：保障地方秩序和安宁需要统一的政府和主权。上海今日情形，诸位翻开各国与中国签订的条约就可明了，所有国家都在上海享有领事裁判权，背后都是大批武装士兵，所以上海的主权，多得数也数不过来。他们都明火执仗，横行霸道，杀了中国人，中国人竟不能执法。这一国杀了那一国的人，他们都声称自己是主权国，有管辖权。上海就是一个血腥的屠宰场，你说我们能保障吗？但办法是有的，那就是上海的主权完全还给国民政府，还给最高司令。

下面窃窃私语。

蔡老板：我不得不佩服他的口才。

童长荣：落脚点只有一个，还是在蒋介石身上。

日本军人傲慢地：一国之建立，需要实力，不是靠伶牙俐齿，我大日本之有今日，乃武力战争胜利而来，诸君然否？干杯吧！

日本军人将杯中酒一饮而尽。

戴季陶一笑：一国之能久大，自有其久大渊源。中国立国五千年，强盛时代，亦逾其半，非一个暴发户新兴国所能揣度，将来如何，我们拭目以待！

赵瑞麟和卓蓝热烈鼓掌。日本军人拉长了脸。

内田良平：提问到此结束，大家随便用餐吧。

沈端先走过来问童长荣，对戴季陶的一番言论怎么看？

童长荣回答，表面上看是说给日本人听的，我看哪，他这是说给国人听的，故作姿态，无非是找回他的一些脸面。

沈端先告诉童长荣，罗先生临走时提出的意见，他已经转达给各基层支部了。

童长荣点点头，对沈端先说，这几天他在琢磨一件事，觉得应该成立一个社会科学的研究组织。沈端先完全赞成，自然科学社搞起来了，社会科学也要动起来，抽个时间，大家好好商量一下。

童长荣和沈端先聊着聊着，不知不觉酒会就结束了。

人群散了，戴季陶回到房间，显得兴奋。卓蓝和赵瑞麟向他表示祝贺，祝贺

今天的酒会圆满成功。赵瑞麟特别提到了戴先生的演讲在留学生和华商代表中，评价积极正面。卓蓝说她一直在注视着童长荣，从表情上看，他是认真听的，而且能听得进去。戴季陶觉得无限欣慰。

此时，随行送进来一份电报，赵瑞麟打开一看，告诉戴季陶，杨飞发来电报，要他立刻回去，说有重要任务。

戴季陶迟疑了一会儿，对卓蓝说，今天办酒会，你出力最多，早点休息吧。卓蓝知道这是有意支开自己，她更求之不得早点休息，站起来离开了房间。赵瑞麟关上了门。

戴季陶靠在沙发上：瑞麟啊，北伐军即将进入上海，你知道这是什么重要任务了吗？

赵瑞麟：请戴先生明示。

戴季陶：实话告诉你吧，北伐军进入上海之时，就是清除共产党的开始。

赵瑞麟：这么说，蒋总司令真的下决心对共产党开刀了。

戴季陶：这是我多年的夙愿，我很高兴蒋先生终于接受我的主张，即将付诸行动。

赵瑞麟：我明白了。

戴季陶：不过这事千万不能让卓蓝知道，她是个大大咧咧的人，万一不小心泄露了秘密，麻烦可就大了。

赵瑞麟：杨飞在电报里还说，陈先生已经指示，要派专人常驻东京，千方百计了解"东方会议"的内容，这是一个极好的理由，我决定把卓蓝留在东京。

戴季陶点点头，你明天找卓蓝谈一下，做做工作。赵瑞麟说他凭感觉，卓蓝更愿意留在东京，因为东京有个童长荣。

赵瑞麟告诉戴季陶，罗栗文已经中断学业，回国了。戴季陶沉吟了半天说道，这不是明摆着嘛，共产党也在加紧布局了。赵瑞麟点点头，赞赏戴先生远见，共产党确实是巨大的隐患。戴季陶说，留在日本已无必要，趁着北伐军进城前，立即回到上海。

北伐军从浙江一路打了过来,开始进攻上海。大华纱厂内,已经能听到远处隆隆的炮声。纱厂遵照组织指示,已经罢工。刘大哥、田嫂和工人纠察队员聚在一起,兴奋地谈论北伐军即将攻打上海的消息。周师傅提议,起用那批军火,配合北伐军,把军阀、帝国主义列强全赶出上海。刘大哥说等等,罗大哥已经回到上海,正在按照上级指示,筹建工人武装,我们要等他的最新指示。

罗栗文走进了环龙路 44 号,来到杨飞办公室。杨飞与罗栗文热情握手,将他拉到窗前,指着远处弥漫的硝烟:罗先生,看到远处的硝烟,听到隆隆的炮声了吗?

罗栗文:我知道,北伐军就要进城了,您找我来?

杨飞:我找你只有一件事,军火的事。

罗栗文:什么军火?

杨飞:罗先生怎么会如此健忘? 46 号仓库里的那一批军火被你们秘密运到了大华纱厂。

罗栗文一笑:你有证据吗?

杨飞拍了一下罗栗文的肩膀:罗先生,你放心,我不是找你要军火的。不过我要感谢你呀,保管得非常好,找你来,就是要把那批军火派上用场。

罗栗文见如此,索性承认了这件事:啊,杨主任,你说的那批军火呀,不错,就在大华纱厂内,不过,我现在可以明确向你宣布,已经归上海工人所有了。

杨飞:罗先生,你跟我想到一块去了,推翻军阀统治,不是我们两党共同的使命吗? 如果你要这样说,那可就是见外了。

罗栗文:杨主任,不是我信不过你,今年以来,从九江到安庆、从南京到上海,这一路,你们国民党可是已经对共产党人动刀子了。我党也已向你们发出严正的抗议。

杨飞:罗先生,我现在不跟你说这些,我也管不了那么宽,可这枪支明明是我们的。我不反对武装工人,但必须是我们马上派人去清点枪支,由我们的人统一登记,统一管理,统一发放。

罗栗文:杨主任,你要是有时间,你就不要在这磨嘴皮,拿起枪和我们一起战

斗吧。

罗栗文走出办公室。杨飞望着罗栗文的背影笑了起来,其实他找罗栗文只是一个态度,就是鼓动这些工人拿起枪来往前冲,听到罗栗文说拿起枪战斗,他完全放心了,他才懒得带人去清理那些枪支弹药呢。

罗栗文参加完江浙区委会议后,马不停蹄地赶到大华纱厂,召集工人开会。

罗栗文:工友们,我刚从江浙区委开完会回来。现在我宣布这次总罢工从中午12时起转为武装起义,现在佩戴袖章,起用武器。

刘大哥、周师傅和工友们终于听到了盼望已久的消息,工友们涌出车间,来到武器埋藏点开始挖上,田嫂、连娣和一些女工也赶来了。

田嫂请求任务:罗书记,我们女工做什么?

罗栗文:田嫂,一部分女工到济难会做服务工作,一部分女工留在纱厂赶制前线需要的布料、纱布、医用床单和被子。

田嫂点点头,这事交给我吧。她拉着连娣,带着女工走了。

工友们拿到武器后,罗栗文带领刘大哥、周师傅和工人武装,首先进攻附近的警察分局,罗栗文指挥工人武装借助街两边的障碍物,向警察分局开火。陆警长无心恋战,带着警察仓皇逃窜。工人武装冲进了警察局,警察局早已空无一人。

在城内不断的枪炮声中,戴季陶和赵瑞麟走下轮船。

杨飞前来迎接:戴先生辛苦了,瑞麟辛苦了。

戴季陶望着上海城内的硝烟。

杨飞:戴先生,您这一回来,上海就变天了。啊,蒋先生已到了上海。

戴季陶:我要去见他。

杨飞:周恩来在城里带着一班穷人正在闹腾呢。

戴季陶:闹好哇,让他们再闹几天吧。

蒋介石到达上海后半个月,就发动了震惊中外的“四一二”反革命政变。

赵瑞麟回国后的第一件事就是带着大批军警围住了大华纱厂。

刘大哥气愤无比:蒋介石叛变革命,我们跟他们拼了。

工友们拿起武器纷纷地:跟他们拼了。

罗栗文:我们的子弹打光了,我们拿什么去跟他们拼。

工友们既悲愤又沮丧,一个个蹲在地上不说话。

赵瑞麟拿着铁皮喇叭在外喊话:共产党要犯罗栗文听着,请你命令工人立即交出武器,然后走出来投降。否则,我们就用武力全部解决。

罗栗文望着大家:工友们,刚刚赶走了军阀,又来了魔鬼。听我说,他们人多势众,整个上海已经成了他们的天下,我们不能跟他们硬拼。刘大哥,听我的安排,他们要捉拿的是我,我跟他们走。你们不要轻举妄动,子弹打光了,武器就没用了,把武器交给他们,你们就没事了。记住,我们保存力量是最重要的。

刘大哥:不行,我们十条命也抵不上你一条命。罗大哥,这次你一定要听我们的,因为我们需要你。我们早已在车间后面挖了一个通道。田嫂,你快带着罗大哥离开。

罗栗文:不行,我不能丢下你们。

刘大哥使了个眼色,两个工人将罗栗文强行拉走。

罗栗文回过头叮嘱:服从命令,不要作无谓的牺牲!

围墙边,田嫂移开石块,跳了进去。两个工友松开了手,将罗栗文推了下去,然后盖上了石块。

刘大哥估摸着罗栗文已经安全离开,从容地从车间走了出来,军警们一起把枪对准了他。

赵瑞麟:让罗栗文出来!

刘大哥:罗先生不在车间里,你不信,可以去搜!

杨飞:先让你们的人放下枪,一个一个地走出来。

刘大哥回过身,大声地:工友们,出来吧。

工友们从车间出来,来到外面的空地上。赵瑞麟带人进去搜查,未发现罗栗文。军警们开始清理车间里的枪支,搬到车上。

赵瑞麟立即命令严加布控,不能让罗栗文逃出上海。又指着刘大哥,把这个人给我带走!

一伙人上来架起了刘大哥,周师傅大喊一声,不许抓人,工友们不顾一切地涌了过来。赵瑞麟上车,军警们开始撤退。周师傅带人冲上来想从军警手里抢夺刘大哥,车上,赵瑞麟的枪响了,刘大哥中枪倒地。

赵瑞麟带着军警上车仓皇逃走。工友们扑向刘大哥,刘大哥已经闭上了眼睛。

田嫂带着罗栗文从后墙的洞里逃了出来,暂避在附近的一个女工家里。田嫂找来了一辆板车,放上一床破被子,让罗栗文躺了上去。田嫂拉着板车往郊外一路小跑,路口已经有岗哨,拦住了田嫂。田嫂说我男人得了重病。岗哨盘问,得了重病怎么不去医院,还要往城外拉?田嫂说,我男人得的是麻风病,邻居不让我们住,我也是没有法子,拉到乡下死了算了。岗哨避犹不及,捂着鼻子往后退,连忙挥着手,让田嫂快点拉走。

田嫂不敢停留,加快步伐,一口气奔到了郊外。罗栗文让田嫂停下,从板车上下来,望着田嫂已经被汗水湿透,非常不安。田嫂望望四周,对罗栗文说,罗书记,快走吧,一路上可千万要小心。罗栗文叮嘱田嫂也要小心。田嫂点点头,说我们等你回来。罗栗文说,我会回来的!

在东京,童长荣是通过报纸才得知国民党在上海发动了反革命"四一二"政变。这些日子,报纸上的标题刺激着他的怒火,诸如国民党颁布《整理党务决议案》,蒋介石的《谨告全国国民党同志书》,胡汉民《清党之意义》以及戴季陶《告国民党的同志并告全国国民》。这些天,他的脑海里不断涌现出国民党军警枪杀共产党人的情景,在街上被射杀,在战斗中倒下,走上刑场从容就义……他在担心罗栗文,不知道是否安全。

王舒回来了,带回了更多的一些信息,蒋介石在全国血腥屠杀共产党人,死亡人数不计其数,全国现在是处在一片白色恐怖中。

童长荣含泪喟叹:我的国家怎么就如此的不幸呢!

王舒愤慨:蒋介石为了自己的私利,背叛革命,他就是全民公敌!

童长荣:心痛啊,那么多优秀的同志牺牲在了蒋介石的屠刀之下。

王舒:长荣,我们怎么办?

童长荣:王舒,告诉支部同志,越是在这个艰难时刻,我们越是要不改初衷,坚定革命必胜的信念。现在多了一个任务,那就是团结更多青年进步学生,让大家认清国民党反动派的真实嘴脸。这些话,我要到社会科学研究会去讲,也要到国民党旅日总支去讲。

王舒:你去讲,谁听呢?

童长荣:王舒,你难道就被国民党反动派的恶行吓倒了吗?

王舒摇摇头说,我没有被吓倒,只是想问你,我们下一步怎么办?

童长荣:当前首要的是,多掌握国内的情况,也要了解日本人的态度,防止他们趁火打劫。

王舒点点头,表示这就去找林悦,借些《申报》。史先生是一个正义之人,《申报》的一些报道还是比较客观公正的。

童长荣吩咐,你去吧,仅仅是借报纸,不要跟她多说其他的话。王舒明白童长荣的意思,表示不跟她多啰唆。

王舒去找林悦的时候,林悦正在地下室的暗房里,调频电台,接收信号,她戴着耳机,在本子上记着电码,接收完毕,她关掉了电台。

王舒来到林悦门外敲门,敲了半天没有人应。准备离开,想想还是走到窗前朝屋里看看,突然地板的机关动了,露出一个洞,林悦从地板下钻了出来,王舒吓了一跳,低下了头,退回到门前,再次敲门。林悦开门见是王舒。

王舒说明来意,童长荣让我来向您借最近几期的《申报》。林悦望着王舒,莞尔一笑,你叫什么来着?对,叫王舒,我没记错吧?请进。

王舒站在门口,有些犹豫,最终还是没有进去。林悦从茶几上拿了几份《申报》递给了王舒。

林悦:最近上海有战事,报纸来得不是很及时。哎呀,这次共产党可是吃了大亏了,童长荣是想了解这方面的报道吧。我对共产党目前的状况深表同情。

王舒接过报纸不置可否,并未接林悦的茬,说了声谢谢,拿着报纸就离开了林悦的住处。

王舒边走边翻阅着报纸回到了伊田家,并将几张报纸掷到童长荣跟前,有些崩溃地朝童长荣宣泄着,你想看什么?你是想看许许多多的退党申明吗?说完抱着头坐在那里发呆,嘴里喃喃自语,关的关,杀的杀,退党的退党……

童长荣还算是冷静,他从头到尾将有关报道逐一看完了,连报上的一条条的退党申明,他都仔细看了。

屋里气氛沉闷,长久的静默。

半晌,童长荣才冒出了一句话:林悦说什么了吗?

王舒:她对共产党深表同情。

王舒告诉童长荣,他发现了一个情况,林悦客厅的地板下有个地下室。

童长荣轻轻地:我知道了。

童长荣站起来,拍拍王舒的肩膀,走出了伊田家。其实他的内心何尝不和王舒一样,压抑郁闷,憋不过气来。

不知不觉,童长荣走进了附近的一个小公园,一会儿仰天叹气,一会儿低头苦脸沉思默想,可痛苦却如影随形,挥之不去。他在路边一个椅子上坐了下来,将头埋进膝盖里,内心反复在告诫自己,不能这样萎靡不振,必须振作起来。

这么想着,他站了起来,抬起头,却发现是卓蓝站在自己跟前,他终于找到了一个发泄的对象。

童长荣冷眼看着卓蓝:你怎么没跟戴季陶、赵瑞麟一起回去屠杀共产党,是不是留下来杀了我这个共产党再回去邀功请赏?

卓蓝真诚地:我很遗憾,真的不知道会发生这样的事。

童长荣怒火中烧:上海商会向蒋介石提供了800万杀人经费,你的父亲就是杀人帮凶,请你离我远点!

卓蓝:我不想为我的父亲做辩解,但据我所知这些费用是资助国民革命军的。

童长荣:那也一样,滚,我不想再见到你!

卓蓝站在童长荣面前,有些委屈。

童长荣:那好,你不走,我走!

童长荣迈开脚步往前走去。

卓蓝:童长荣,你给我站住!

童长荣继续往前走。

卓蓝:童长荣,知道我为什么没有走吗?

童长荣边走边说:我管你走不走。看在过去的分上,今天我饶了你,下次再见,我们就是敌人!

卓蓝跑到童长荣跟前,把枪递给童长荣。

卓蓝:既然是敌人,那你就把我打死好了。

童长荣接过枪,把枪对准了卓蓝:你以为我不会吗?

卓蓝闭上了眼睛:可我还不想死,我们有任务没有完成,童长荣,我请你暂时放下国共恩仇好不好?

童长荣:说得轻巧,就你这一句话,说放下就放下了?

卓蓝:田中内阁刚刚召开"东方会议",会议上通过了一个田中内阁对满蒙的政策,这极有可能是一个全面侵华的政策,属日本最高机密。我之所以答应赵瑞麟留下来,是想把这个会议的内容搞到手,揭露他们的阴谋,我不想我的国家落到日本人手里。我让你暂时放下国共恩仇有什么错?

童长荣将枪还给卓蓝,头也不回地走了。

卓蓝大喊着:童长荣,我需要你!

童长荣虽然没有理睬卓蓝,可他听清楚了,卓蓝说了一个极其重大的信息,并为这事滞留在了日本。

枞阳铁板洲何家。何应突然来到了何家,说是接到上海通知,共产党要犯罗栗文极有可能逃到了安徽,他是到枞阳来搜捕罗栗文的,顺便看望何老爷。

何应走后,何坤宜有一种不祥的预感涌上心头。心里疑惑,罗先生不是和童长荣在日本留学吗?怎么会逃到了枞阳?那童长荣呢?她不敢往下想。她知道现在国民党在全国各地捕杀共产党人这件事,童长荣在日本还是在国内,她不得而知,只有见到了罗先生,才会知道童长荣的情况,不管是死还是活。她心里清

楚,如果罗栗文在枞阳,那就一定藏在浮山那个秘密的小屋里。

何坤宜当机立断,跟父亲说想去枞阳看看婆婆,何老爷坐在堂前喝茶,既不点头,也没摇头。何坤宜顾不得许多,简单收拾了一下,随手拿了一些糕点,匆匆出了门,来到渡口,正好赶上渡船。到了枞阳,雇了一辆马车,径直朝浮山赶来。

何坤宜下了车,挎着篮子朝山上走来,找到了小屋,她看了看周围无人,开始敲小屋的门,果然,罗栗文就在里面。罗栗文从屋里看到何坤宜,开了门,何坤宜闪身进了小屋。

罗先生有些诧异:坤宜姑娘,你怎么知道我在这里?

何坤宜就把何应来枞阳搜捕的事跟罗栗文说了一遍,然后迫不及待地问童长荣在哪里?

罗栗文:坤宜姑娘,是这样,我是提前从日本回来的,长荣还在日本读书,他一切都好,身体也长壮实了,你别担心。

何坤宜听到这里,一颗悬着的心终于放了下来。

何坤宜:罗先生,那你……

罗栗文:坤宜姑娘,想必你也知道,国民党发动了反革命政变,我是从上海逃到这里来的。

何坤宜一听全明白了,她连忙放下篮子:罗先生,你饿了吧,我带了一点吃的。

罗栗文抓起点心,狼吞虎咽着:坤宜姑娘,我真的要说一声对不起,我把长荣带上了一条危险而又充满艰辛的路。

何坤宜:罗先生,千万可别这么说。跟共产党走,这是人心所向。我还要谢谢您,感谢您对他的教导。你带他走的是一条救国救民的路,走的是正道。请您告诉他,别犹豫,他要是送了性命,我就和他娘过一生。

罗栗文:坤宜姑娘,你真是人间的奇女子。

何坤宜:罗先生谬奖了,我就是一个普通的女子,但我懂得是非曲直。罗先生需要我做什么,您尽管说。

罗栗文:我想了解一下安庆方面除了搜捕我之外,还有哪些行动。也许你能从何应那里了解到一些情况。

何坤宜:何应说,安庆也在开始搜捕共产党。他现在倒好,摇身一变,又成了国民党的警察局长了。要不,罗先生,我去安庆一趟。现在军阀都已经打倒了,我觉着你和长荣的旧案应该销案了。

罗栗文:这倒是一个好理由。

罗栗文从怀里掏出一个信封:坤宜姑娘,既然你来了,我还想请你做件事。这个信封里是安徽共产党的真实名单。

何坤宜:我听说了,上次您在安庆提供的是一份假名单,罗先生,您真是有先见之明。

罗栗文:会宫街有个王记铁匠铺,王铁匠是我们的联络员,请你交给他,让他根据这个名单,核对损失,通知他们隐蔽起来,避免损失。

何坤宜接过信封:我知道这个名单比性命还重要,我一定送到。

罗栗文:记住,王铁匠只认暗号不认人。

罗栗文告诉了何坤宜暗号。

何坤宜:罗先生,您放心,我会把事情办好的。

罗栗文:坤宜姑娘,说句心里话,这个时候,许多人一听到共产党这几个字,都离得远远的,你不但支持长荣参加革命,还帮助我们做事,我们会记住这一切的。

何坤宜:罗先生,这么说吧,童长荣既然认了这条路,我是他的未婚妻,就得认这个账。退一万步说,哪怕是跟共产党跟错了,也要跟到底。况且共产党人不是为自己谋利益,去升官发财,而是为国为民。我为什么不支持,这也是我做人的底气。

罗栗文:坤宜姑娘,你说得好哇。我一定要把这话讲给我们组织的同志听,我也可以负责任地说,这也是共产党的底气。

何坤宜点点头,挎上篮子:罗先生,见到了您,就等于是见到了长荣,我真的高兴。您安心在这,我还会来的。

罗栗文朝何坤宜招手,竭力抑制住内心的不平静。

十四

何坤宜离开浮山,一路走到会宫街,找到了王麻子铁匠铺。铁匠铺内,一个壮年汉子穿着粗布短衫挥着铁锤打铁,炉火映着他的脸庞。

何坤宜走进了铁匠铺。王铁匠打量着何坤宜。

王铁匠:这位小姐面生得很,你是哪块的?我这是铁匠铺,不卖金银首饰。

何坤宜:你这人讲话真是新闻,我就不能买东西了?

王铁匠:我看你这身穿的就不是做田的,你要买锄头家伙?

何坤宜:走路走累了,讨碗水喝喝可照?

王铁匠:照照照。铺子上有,自己去倒,照了吧。

何坤宜倒水,扫了扫门槛上的灰,然后坐了下来。

王铁匠:你还不嫌邋遢呢。

何坤宜:你是不是王铁匠?

王铁匠:我不是王铁匠我还能是谁?

何坤宜:门口挂着王麻子铁匠铺,你脸上一个麻星子都看不到,何苦要作践自己。

王铁匠:小姐吔,这上街头下街头好几家铁匠铺,竞争的很。人都是有好奇心的,我总不能起个王瞎子、王跛子铁匠铺吧,要这么着鬼都不来了。

何坤宜:照这么说着,你还真是王铁匠了。

王铁匠:我要是谁谁,我还在这里打铁了哇。

何坤宜:我说你这王铁匠,就打铁这营生还差呀。枞阳人不是讲,一阉猪,二打铁,三通黄鳝四捉鳖吗?

王铁匠停下铁锤望着何坤宜:我说小姐,你是来查户口的还是来给我做媒的。

何坤宜:王铁匠想找烧锅的,我给你找个小花狗做烧锅的怎么样?

王铁匠:我说你这位小姐……

何坤宜:一面哭,一面笑,黄狗淌猫尿,黑狗来做媒,花狗来抬轿,抬到和尚庙。

王铁匠怔怔地望着何坤宜,这是罗栗文临走时和他约定的接头暗号。他站了起来,看看外面。

王铁匠的嘴嗫嚅着:罗先生回来了? 他在哪里?

何坤宜:在浮山老地方,他让我把这个交给你,通知各地的同志暂时停止活动。

何坤宜从怀里掏出了信封递给了王铁匠。王铁匠接了过来,迅速藏在了风箱里。何坤宜又拿出几块银圆递给王铁匠。

何坤宜:我来这里不方便,你给罗先生准备些吃的。

王铁匠点头。

何坤宜:我走了。

王铁匠站在门口望着何坤宜离去。

何坤宜没有回家,雇了一辆马车径直来到安庆找何应。何应见到何坤宜来了非常高兴,仍然请何坤宜在大南门饭店吃饭。听何坤宜说为了童长荣的旧案来的,他特地把陆啸衡也请来了。

陆啸衡走进包厢,何应热情介绍:国民党安徽党部陆书记,我现在的顶头上司,我一直想请陆书记吃饭,今天,姑奶奶是家人,就一起了。

何坤宜微笑示意:陆书记好,认识您很荣幸。

陆啸衡:童长荣我熟悉,人才呀,现在听说在东京帝国大学读书吧?

何坤宜:谢谢陆书记挂记。

坐定之后,何应很有感慨,姑奶奶,几年前,我也是在这里请你,还没端上酒杯,学生闹事,饭没吃成。今天,就是有天大的事,我也不走了,好好陪陪姑奶奶。何坤宜就着话题叙了起来,何局长,我就是为这事来的。童长荣和一班学生几年前反对军阀统治,我就想问一下,这到底是对呢还是错呢?

何应把目光转向陆啸衡。

陆啸衡:童长荣当年的行为当然是革命行为,我们消灭了军阀,国民革命军

都进城了,现在是在国民政府的领导下,这个应该没有错。

何坤宜:既然陆书记说得这么明确,我就想问一下,童长荣头上还顶着通缉犯的帽子,这个旧案是不是要撤销呢?

何应试探地:陆书记您看?

陆啸衡:我们正在按照蒋总司令的要求,整理党务,如果童长荣不是共产党,可以撤案。我想想,当年是罗栗文让他冒充双重党员的身份,他当时应该不是共产党。但是到了上海和罗栗文在一起,我不能确定他是不是共产党。

何坤宜:那我就要问陆书记了,你有什么确切证据能证明他就是共产党呢?

陆啸衡:哎呀,何小姐,实话跟你说吧,我们调查共产党要犯罗栗文的下落。这个旧案与罗栗文有关,暂时还不能撤销。

何坤宜:他们提到童长荣了吗?

陆啸衡:这倒是没有。

何坤宜:那我还要等到什么时候?

陆啸衡:何小姐,当年,罗栗文搞了个假名单,我们现在在认真复查,难啊,查不清,就结不了案。

何应:姑奶奶,我们现在做事确实很难,搞到现在才抓了几个人,真假难辨,上头很不满意。陆书记,您没有名单,我们在哪里抓人? 您看这样行不行,这几个人不管是不是共产党,认定了再说,对上面有个交代,你也算有个交代。到时候,我就把童长荣的案子撤了。

陆啸衡:但是罗栗文的案子非但不能撤,你还要加大力度密查。

何应:陆书记,你先向上海回复,说我们正在密查。

陆啸衡:何局长,你是请我来吃饭的,还是来谈查案子的呀。

何应:来,我们喝酒。

何坤宜心里很欣慰,罗先生关心的事,她已经问清楚了。

日本东京。童长荣来到丰源进出口商行,将卓蓝提供的重要信息告诉了蔡老板,蔡老板点点头,说他已经知晓,并且在密切关注。

蔡老板告诉童长荣，"东方会议"第一阶段已经结束，形成了会议密件《田中奏折》，田中已经上报天皇。第二阶段的会议正在大连由森恪主持召开。他去拜访了牧野伯爵，虽然作为天皇首席政治顾问，牧野伯爵对文件内容一无所知，可见这份文件应该是迄今为止日本最机密文件。

童长荣：这个会议为什么要分两个阶段，而且第二阶段要在中国的大连召开？

蔡老板：我的判断是，第一阶段是政策层面，第二阶段应该是行动层面的会议。

童长荣：既然在国内，能否派人去密探？

蔡老板摇头：大连旅顺口太阳沟万乐街 10 号是日本关东军司令部所在地，休想飞进一只苍蝇。

童长荣：牧野伯爵是什么态度？

蔡老板：田中义一身为政友会的总裁，现在完全倒向军人一边。牧野伯爵、床次大人当然气愤，觉得与政友会宗旨不符，他们气得要推翻田中义一内阁。

童长荣：蔡先生，看来这个《田中奏折》我们非得搞清楚不可。

蔡老板：我的心情和你一样，怎么不着急呢？不过此事我已有考量，等我想明白了，我会告诉你的。你知道吗？据说为了这个《田中奏折》，英美俄德法各路间谍都已经到了东京，你还不知道吧，东京已经成了世界名谍的竞技场了。

童长荣听到这里，感到震惊，问蔡老板，那我们怎么办？蔡老板说，作为中国人，我们当然不能置身事外，童先生，你既可靠，也有能力，我需要你，暂时不要轻举妄动，等我的消息吧。童长荣明白，不要轻举妄动，不是不动，而是静观其变。

童长荣离开商行后，赶到东京帝国大学上课，课后来到水谷教授的办公室，送还上次借的书。水谷教授问童长荣看后有什么感想。

童长荣简要概述读后感：小林先生的作品，描写了底层人民的悲惨生活，塑造了一系列鲜明的革命者形象，他就是日本的高尔基。宫本百合子，这是一位天才的女性作家，她的人道主义情怀应该是受到了托尔斯泰的影响，从她的作品里，还看到了屠格涅夫的影子。她和小林先生一样，都是无产阶级的代言人。

水谷点头:日本的高尔基,无产阶级的代言人,说得很好,你读懂了他们的作品。

童长荣:水谷教授,你和他们熟悉吗?

水谷:不仅熟悉,我们更是朋友,我现在追踪研究他们的作品。童长荣,我可以引用你的两个评价吗?

童长荣:学生看法粗浅,如有可取,深感荣幸。有机会,希望老师能够引荐。

水谷:宫本百合子向往苏联革命去了莫斯科,现在极有可能和高尔基在一起喝咖啡呢,不知何时回来。小林先生这会正在北海道参加工人罢工运动。

童长荣:水谷先生,我想问您一个不该问的问题,你是日本共产党吗?

水谷:你希望我回答是还是不是?

水谷盯着童长荣。童长荣迎着水谷教授慈祥的目光。

童长荣:不管您是不是,但我要告诉您的是,我是中国共产党党员。

水谷:为什么要告诉我这个?

童长荣:因为我信任您,想得到您的指导。

水谷笑了:难道我没有指导你吗。

童长荣也笑了。水谷教授对童长荣说,这个话题到此为止,问还有没有别的事。童长荣说还真有一件事,想打听一个人,您是否听说过有个叫新垣里美的人?水谷教授不假思索,知道,她是个中国留学生,很崇拜厨川白村先生。厨川白村先生在地震中过世后,她带着鲜花在废墟前伤心欲绝,真是令人感动,毕业后就回中国了。而我,却背叛了厨川白村先生的文学观。

童长荣:水谷先生,您能描述她长得什么样吗?

水谷:很漂亮,家庭生活条件优越。

童长荣:她的中文名字叫什么?

水谷:没听说过,厨川白村先生应该知道,可惜他已经走了。我在先生家里见过她,有一次印象较深,厨川白村先生说她的耳坠上有三个穿孔,很好看。后来她就换了学生发型,把耳朵藏进了头发里,很有意思。你怎么对这个人感兴趣?

童长荣:因为我看到了厨川白村先生的《苦闷的象征》有给这个新垣里美的签名。

水谷:这很难得,厨川白村先生很少送书签名。

从水谷教授办公室出来,童长荣内心已经确认水谷教授就是日本共产党,这令他欣喜。还有就是这个新垣里美,水谷教授提供了重要信息,中国留学生,短发,很漂亮,耳坠上有三个穿孔,崇拜厨川白村。他突然觉得林悦也是短发、爱好文学,会不会就是她本人,难道那几年消失的时间就在东京帝国大学上学,如果是这样,就能解释她能操着一口流利的东京口音了,可她为什么要隐瞒留学东京这一段历史呢,王舒说她的住处有机关,有暗室,用来做什么?他觉得这个林悦越来越复杂了。

日本黑龙会内田良平办公室里,他正在召集木次郎、小日向等人开会。木次郎说,据可靠情报,"东方会议"前后,数以千计的各国间谍已经到了东京,通过各种渠道和方式正在想方设法获取《田中奏折》文件。警视厅已经加强了安保,在港口、码头、车站、酒店等地方加强了检查。小日向说他正带人对重点人群进行严密的布控。

内田良平:我提请各位注意,你们把精力放在欧美和俄国人身上是对的,他们训练有素,各怀绝技,他们想要的东西,一定会设法弄到手。但也不要忽略了中国人,他们是当事国,尤其是丰源进出口商行和东京帝国大学附近的那一条中国人集中的町田街,你们也要倍加警惕,中国人的智慧不可忽略。

木次郎:我们已经放过风,说这个文件存在东京帝国银行的保险柜里,我要看看究竟有没有熟悉的面孔在那里出现,哪些人有盗取文件的渴望。

内田良平:你把这些人看得太不值钱了,我可以告诉你,凡是去东京帝国银行的人都可以排除,只要派两个人记录就行了。真正的高手,他们会把注意力放在你我的身上,这才是他们的机会。这次,我很想和真正的对手好好较量较量。

小日向说,我们还有一个发现,戴季陶那一帮人回去了,唯独那位卓小姐留下来了,她就是44号的,也是专门干这个的。内田良平吩咐木次郎和小日向,给我盯住她。

卓蓝一人枯守在酒店里。她向童长荣抛出了诱饵,就等着童长荣来找她。她确信童长荣不会坐视不理,她也确信,童长荣有这个能力。苦等几天,并未看到童长荣的影子,她有些急了,只好来到町田街伊田家来找童长荣。

童长荣正在写东西。

卓蓝走进屋里,靠在门口:童长荣,你这是每逢大事有静气啊。

童长荣见是卓蓝,懒得搭理:什么大事?

卓蓝:我跟你说的那个大事。

童长荣:我现在的大事就是学习。这两天突然有了创作的冲动。

卓蓝:你是在糊弄我是不是?

童长荣:真的不是,我正在构思一部描写枞阳农村的小说,刚刚有些眉目,你来了,把我的思绪都打断了。

卓蓝:看来我来得不是时候了。童长荣,你想用这种蔑视的态度来报复我,就能达到心理上的快感?

童长荣这才站起来:卓蓝,我对你有个忠告,从现在起,不要提及"东方会议"的事。

卓蓝一笑:我还以为童长荣是个什么人物呢?就是个软蛋,还谈什么主义信仰救国救民,害怕了吧?明哲保身了吧?吓得沦落到躲在家里写小说了。

童长荣:我的主义信仰和你有半毛钱关系吗?你说得对,我们不是一路人。就请你别来烦我!看在咱们过去的情分上,如果待在东京空虚无聊,我倒是有一个建议,就去找一找你的同学林悦,喝喝茶聊聊天,逛逛街。啊,你的头发长了,应该理理了,还有你的同学林悦,那么漂亮的脸蛋,干吗要短发,还把耳朵藏在头发里面,真不好看。你们可以一道去理个发,听我的没错,也许,你会有意外的收获。

卓蓝猛地将门掼了一下,愤然离开,走在路上,她很伤心。她没想到童长荣竟然如此的绝情,视自己为陌路人。她能理解他的内心,对国民党痛恨欲绝。上海事变,自己远离东京,置身事外,况且她已对童长荣明确解释,大华纱厂资助的是国民革命军,国民党要杀共产党,她的父亲不能左右,这一点童长荣都不明白吗？东京会议文件，世界各国闻风而动，为什么童长荣漠然视之，她不理解，这与他的信仰不符，也与共产党的宗旨不符，那他心里到底在想什么？仅仅就是通过对自己的漠视来发泄对国民党的仇恨吗？想到这里，卓蓝突然发现，这绝不是真正的童长荣。那他是想干什么？卓蓝迷惑了。

她突然想起来了，临走前，他让自己去找林悦，甚至关注到了自己的头发长了，林悦的发型与漂亮的脸蛋不吻合，这个童长荣怎么一下子变成关注女人的宠粉小生了。不，这也不是真正的童长荣。她想到了最初童长荣坐在车上，总是侧身偷瞄自己，原以为童长荣在偷看自己的美貌呢。结果呢，他是在偷学驾车技术。这么想着，她突然觉得童长荣故意冷漠的后面有内容，而且他明确说了，不要提及"东方会议"的事，她似乎一下子明白了过来，心里亮了一道光，那么童长荣让她去找林悦，就是这个漫不经心后面的精心设计。

她决定依照童长荣的话去找林悦。刚刚走到小巷，林悦突然出现在街口，站在那里。卓蓝心想，这是偶遇吗？显然，自己到伊田家去找童长荣，已经被林悦监控了，她看了看周围，同样有不明身份的人在晃悠。

林悦亲热地走过来：哟，这不是卓蓝吗？怎么啦，你怎么没回去？是不是恋着童长荣舍不得回去。

卓蓝：别提他！

林悦：怎么，你们闹得不愉快？

卓蓝故意不理睬林悦，继续走她的路。

林悦：上我那儿去坐坐，我们聊聊天。

这正是卓蓝需要的，她站在那里，林悦拉着她进了小巷，上了几级台阶，和林悦走进了屋子。林悦端来两杯咖啡。

林悦：我说卓蓝，你要理解童长荣此时的心情。

卓蓝：他现在把我当敌人，我一忍再忍。我去找他，他就这么横鼻子竖眼睛地对待我，你说气人不气人。

林悦：你找他有事吗？有什么不好说的，我替你去说。

卓蓝：也没什么……事。

林悦:卓蓝,你留在东京是不是又有新的任务,有什么需要我帮助的?

卓蓝:没有,上海一片血腥气,我就是不想回去闻那个味。

林悦:最近听到什么风声了吗?

卓蓝仰起头:你怎么那么多问题!

林悦:我可是听到风声了。

卓蓝:什么风声?

林悦:日本人召开"东方会议"后,听说,这阵子来了大批的谍报人员。东京现在成了世界谍报人员狂欢的舞会了。

卓蓝想起了童长荣的忠告,做出了淡淡的反应,是嘛。

林悦察言观色,注意卓蓝的反应。我说卓蓝,你就别跟我打马虎眼了,你肯定就是为这事留下来的。卓蓝反问,你怎么知道我就是为这事留下来的呢?林悦一笑,堂堂的国民党中央俱乐部的情报人员,用脚思考也不难得出结论。

卓蓝喝着咖啡:我说,林悦,你一个记者,你怎么对这件事如此上心?

林悦:就因为我是记者呀!如果要是获得了这方面的内容,抢先登在《申报》上,那我可就是全世界最有价值的记者了。

卓蓝:那倒也是。你搞到了,也给我一份,我回去也报个功,免得一些人说我在东京白吃白喝,无所事事呢!

林悦:说得轻巧,这可是日本的最高机密。

卓蓝:那就难了。

林悦提议:卓蓝,我,你,加上童长荣我们通力合作怎么样?

卓蓝:我才不去找他呢!要去你去。这会子他恨不得把我杀了!

林悦:卓蓝,这次东京帝国饭店事件,童长荣展现了教科书式的谍战才能,我听说了,你还是他的引路人。这件事,只有他的参与,我们才有胜算。

卓蓝懒懒道:不想说这些。实话跟你说吧,跟日本人的非官方接触没有结束,我就是个留守,这还不是一天两天的事。住在东京帝国大饭店费用昂贵,也寂寞无聊。这附近还有房子吗?你帮我也租一套怎么样?我不想一个人孤零零地住在饭店里。

林悦:这事包在我身上。

卓蓝:那太好了,町田街留学生多,好歹还能听到说中国话的人。

林悦不经意间捋了一下耳边的秀发,卓蓝这才注意到了林悦的发型,典型的学生头,二刀毛,中规中矩,两只耳朵确实是藏在头发里,总看起来有些不太顺眼,童长荣为什么注意这个,难道有什么特别吗?不管怎样,她决定还是按照童长荣的要求去做,看看有什么意外的发现。

卓蓝对林悦,陪我逛街怎么样?头发长了,我想去做一下头发。林悦很干脆,行,前边不远新开了一家美发店,我陪你去,我正好也想理发了,然后我们美美吃它一顿。卓蓝站了起来对林悦一笑,这还差不多,我的心情好多了。

两人出了门,来到街上,在林悦的指引下,卓蓝进了一家美发店。卓蓝坐在椅子上洗头发,吹剪。林悦坐在一旁看着。

卓蓝歪过头:林悦,你怎么不做一下头发?

林悦:我陪你,今天不想做了。我怕耽误了我们吃饭的时间。

理发,吃饭,聊天,卓蓝很愉快,并没有什么意外的发现。除了林悦不做头发,也没看出什么异常来,卓蓝觉得童长荣的话有些奇怪。吃完饭后,林悦带卓蓝看房子,她看中了一处,很满意,林悦觉得位置偏了,她希望卓蓝离她近一点。最后在坡下一点找到了一处房子,上下两层,卓蓝很满意。屋主到北海道去打理生意,委托邻居代为租赁,谈好了价钱,缴了三个月的房租,卓蓝回到东京帝国饭店,开始收拾行李。美子走了进来。

美子:卓蓝小姐,房间现在可以清理了吗?

卓蓝:美子,不用清理了,我马上退房。

美子:您这是要回国去了?

卓蓝:不,我租了房子,我们就要做邻居了,就在你们那一条街上。

美子高兴地说,那太好了。卓蓝告诉美子,上午到她家去了。美子说,欢迎卓蓝小姐常去伊田家做客。不过有句话,我不太敢说。卓蓝望着美子点点头,但说无妨。美子笑了,卓蓝小姐是不是喜欢上了长荣君。

卓蓝笑了,反问美子,你能看得出来我喜欢童长荣吗?美子说,你看童长荣

君的眼神跟别人不一样,也许,你自己还感觉不到。卓蓝叹了口气,敛住了笑容,美子,你不知道,我们不是一个道上的人。美子说,我知道,真希望你们是志同道合的人。

卓蓝让美子帮她去叫一辆人力车,美子点头,好的,这就去通知前台。卓蓝从桌上拿起三个窃听装置递给美子。

卓蓝:请把这三个窃听装置交给你们的经理,留给东京帝国大饭店做个纪念。

美子接过窃听器:对不起。

饭店门口。美子站在门口,服务生将大包小包装到人力车上。卓蓝拎着包走了出来。

美子躬下身子:服务不周,请多原谅。

卓蓝:谢谢美子。町田街见。

送走卓蓝,美子转身,却见山下勇抱着木盒子走了过来。美子连忙朝山下勇鞠躬,山下勇还礼,说我来接你回去,顺带把书还给童长荣先生。美子看看已到下班时间,换了衣服,拎起包高高兴兴地和山下勇一同出了饭店。

山下勇:这套书伯爵大人真是恋恋不舍。

美子:童先生又没催着要,不用这么着急还。

山下勇:伯爵大人做人从来讲究信用,说好了时间,就得还。

美子:那倒也是。

山下勇:美子,我们的事,哥哥怎么说?

美子:哥哥说,妹妹的事妹妹做主。

山下勇:那你是什么意见?

美子:山下君,我还不了解你。这皇宫很神秘,书库官到底是做什么的我都不知道。

山下勇:美子,这么说吧,皇宫书库珍藏的都是重要文献,珍稀版本,还有日本最高机密文件也收藏在书库。昨天,皇室就把"东方会议"的《田中奏折》交给了书库保管,像这些最高机密文件就要收藏在地库里。像方先生这套和日本有渊源关系的书,也是我们收藏的对象。如果童先生能够割爱,书库愿意出重金收购。

美子:我知道了,你就是管理这个书库的官了。

山下勇:正是。

美子:你想收购这套书,我回去把你的想法转达给童先生。

山下勇:那就太谢谢你了。

快到町田街了,美子说,不想两个人走在街上被人看见,山下勇只好将木盒子递给了美子。美子朝山下勇鞠躬,转身离去。山下勇望着美子的背影,想着美子不再拒绝自己了,心里美美的,抑制不住的笑意漾在了脸上。

美子回到家,将木盒子郑重地交给童长荣,并代山下勇向童长荣表示感谢,童长荣询问,怎么不见山下先生。美子不好意思地说,我把他留在了町田街外面,不想让人看到我们走在一起。伊田助男满心欢喜,望着妹妹说,妹妹不好意思了,看来不错的,山下君真是喜欢你。

美子:让哥哥笑话了。你忘记了,是这套书救了你呢。

伊田朝童长荣鞠躬:谢谢长荣君。

童长荣:美子,你也要谢谢我,这叫书为媒。

美子:童先生这么说,美子不好意思了。

童长荣:美子,勇敢地接受吧,别再犹豫了,我看这山下君虽然出身贵族,可没有贵族气,人很真诚,也很有学问。

伊田赶忙在一旁加劲:妹妹,长荣君的话是要听的,别再犹豫了。

美子终于勇敢地抬起头:这,我也能看得出来。不过,我对他还不太了解,刚才在路上,我才知道他的工作性质,书库官到底是干什么的。他说皇室书库是收集最最重要的典籍规章,最高机密都收藏在地库里。

童长荣警觉起来:那真是一个神秘的地方,山下君责任重大。

美子:山下君说,昨天还收藏了极其机密的《田中奏折》。

童长荣内心一震,嘴上却说,是嘛,山下君应该是天皇值得信赖的人了。美子接着说出了山下勇的愿望,想收藏这套书,说如果童先生愿意,书库出重金收

藏。童长荣非常爽快,说那是他的荣幸,不过,还要征求一下送他这套书的人的意见,就是那个卓蓝小姐。

美子:啊,我正要告诉您,她也搬到这条街上来了。

童长荣点点头,立即来到王舒房间,告知了山下勇在无意中向美子透露了《田中奏折》的隐藏地点。王舒一听藏在皇宫里,连连摇头,那是个禁地,要想获取内容,比登天还难了。童长荣对王舒说,我这两天闭门考虑方案,你设法通知蔡先生后天傍晚时分在东京帝国饭店顶层与我见面。王舒点了点头。

童长荣两天没有去上课,除了吃饭,就把自己关在房间里,日思夜想。王舒乘着上学的时间,中途出来,他找到了吴管家在一个中国餐馆的联络点,把见面的信息传递了出去。

到了第三天傍晚时分,童长荣从房间走了出来。王舒说,这条街上有许多双眼睛正盯着我们呢。童长荣点点头,卓蓝也搬来了,又多了一双眼睛。王舒准备掩护童长荣离开。

王舒说得没错,这条街上除了小日向布置的密探,也少不了林悦的监视。林悦上了阁楼,她掀开了一块帆布,露出了一个座式望远镜。她把镜头对准町田街,小日向正带人在小巷里的暗处游弋。不一会,就看见卓蓝的身影进入了视野,她出了门,刚刚搬进来,应该是到街上买日常用品。镜头慢慢移动,对准了伊田家。傍晚,伊田家门口的三只红灯笼已经亮起,发出红色的光。王舒拎着一个包从伊田家出来,一路朝町田街走来。王舒来到招手站等待,来了一辆巴士,王舒上了巴士,几个身份不明的人上了一辆车跟在巴士后面。巴士辗转在东京陆军士官学校门口停下,王舒拎着包走下电车。跟踪车辆停在电车后面。王舒拎着包,走进了士官学校的大门。跟踪车辆悻悻离去。

林悦也来到街上。卓蓝并未买东西,而是在町田街闲逛,她看见了林悦。林悦走过来,悄悄对卓蓝说,她已从英国人那里打听到,《田中奏折》就存在东京帝国银行的保险箱里。卓蓝笑了,说要拿到那个东西,不就等于是抢银行吗?

林悦:我想童长荣也许会有办法。

卓蓝:那你干嘛不找他去?

林悦:他应该已经在行动了。

卓蓝:你凭什么说他已经在行动了。

林悦:我的直觉告诉我。

林悦的直觉很准。童长荣此时已经躺进了货车厢里,伊田助男的车子开出了院子,来到街上,又看见了可疑车辆尾随,伊田将车子开进东京帝国饭店后院的一个死角,童长荣立即跳下车,走进了地下通道。可疑车辆赶到,却见伊田助男正在装运待清洗的成捆的被套、枕套、毛巾等物品。

童长荣乘电梯来到顶楼天台上,吴志杰陪着蔡老板已经在那里等候了。

童长荣见吴志杰也在场,欲言又止。

蔡老板这才向童长荣介绍,吴志杰表面上是管家,其实是东北军少帅麾下的旅长,由帅府秘书长提前布局来到进出口商行,实际上是少帅府的联络人。

童长荣了解了吴志杰的真实身份,连忙与他握手。

蔡老板解释,不瞒你说,最初少帅府的想法是资助政友会,通过他们的力量,让政友会的总裁田中义一下台,退出首相位置。全力扶持床次上台,哪知道床次就是个酒鬼,牧野伯爵性格过于温和,在天皇面前缺乏说服力,现在看来,这条路已经行不通了。

吴志杰对童长荣说,帅府的王秘书长已经密令,要不惜一切代价获取《田中奏折》内容。蔡老板对童长荣说,眼下当务之急,必须首先要摸清《田中奏折》藏匿地点。

童长荣:蔡先生,我就是为这事来的,我已经得到可靠消息,《田中奏折》就藏在皇室书库房的地库里。

蔡老板一听,有些失望,认为皇宫防卫森严,要想获取文件,这比登天还难了。童长荣说确实是这样,不过这两天他苦思冥想,觉得有一个办法可行。

蔡老板急切地让童长荣说说看。童长荣请蔡老板做牧野伯爵和床次的工作,说服书库房的书库官山下勇,请他配合,把这个文件神不知鬼不觉地抄出来。

蔡老板:你这个想法太疯狂了! 太,太……你继续说下去。

童长荣:我把这个行动计划叫"幽灵"行动计划,我来演假"幽灵",找一个人

演真"假幽灵"。

蔡老板:那谁才是真正的幽灵呢?

童长荣:一个最不可能的人。

蔡老板:谁?

童长荣:你!

蔡老板:我?

童长荣:对,你怕吗?

蔡老板:我们都要做亡国奴了,我还在乎这条命吗?我只觉得这是不可能完成的任务。

童长荣:蔡先生,这两天,我在家反复推演,觉得是可行的。我要让你、我、吴先生、王舒、国民党的卓蓝,那个不明身份的女记者林悦、牧野伯爵、床次大人、山下勇,黑龙会、警视厅、日本浪人,都是这次行动的参与者。

蔡老板:你都给他们安排了角色?

童长荣:是的,他们已经非常卖力地在扮演自己的角色了,伊田家就有好多双眼睛在盯着。他们越是卖力,我们成功的机会就越大。

吴志杰:童先生,那我们就听你这个总导演的了。

童长荣:我还要做一些安排,你们听候我的通知。眼下当务之急,我要把林悦的身份查清,才好给她派活。

蔡老板:这个女人确实可疑。

童长荣想起了吴志杰是东北人,当即请教他,女人的耳坠上穿了三个孔,是不是清朝的习俗?

吴志杰:正是,汉族妇女往往只有一个孔,穿三个孔的那就是清朝皇族的后裔了。难道林悦是?

蔡老板:如果是这样,她盯上了丰源进出口商行就解释得通了。志杰,你马上密告帅府,查清这个女人的身份。

吴志杰点点头。

童长荣对蔡老板和吴志杰说,他在这里停留时间不能太长,他还要跟伊田助男的货车回到伊田家,说完迅速离开了楼顶。

童长荣走后,蔡老板还在想着童长荣的计划,不住地说,童先生太疯狂了。他原本的想法是用重金在英美或者俄谍手里购买。

吴志杰说,这位童先生通过两年的交往接触,我们都能感觉倒是一个具有非凡智慧和胆识的人,值得信赖。蔡老板点点头,对吴志杰说,我信任他,他是能成大事的人。

童长荣回来后,又把计划的前前后后仔细梳理了一遍,然后又进行了风险和成功系数的评估,认为可行。他开始行动了。

童长荣走出了伊田家,来到町田街,在一家水果店买了一篮梨子,来到了卓蓝的住处。

屋内,卓蓝靠在沙发上,腿架在茶几上,翻着画报,显得有些无聊。听到敲门声,起身开门,却见童长荣站在门前。

童长荣微微一笑:卓蓝,听说你搬到了这里,我来看看你。

卓蓝撅着嘴:我还以为我们这辈子都不再见面了呢。

童长荣:买梨子来看你,懂不懂。

卓蓝接过梨子,笑了:我懂,你是来向我赔礼道歉,这还差不多。

卓蓝将梨子放在桌子上,请童长荣坐下。

童长荣:这些天,在忙什么呀?

卓蓝:无所事事,宅在屋里。按照你的吩咐,和林悦聊天,做了一次头发,吃了一次饭。看看,这是日本最近最流行的款式,好看不好看?

童长荣:好看。这不就对了吗?

卓蓝:童长荣,可我并没有意外的发现啊。

童长荣:林悦做头发了吗?

卓蓝:开始说和我一起做,结果到了店里,她又改了主意,不做了。

童长荣:非常好。

卓蓝奇怪地:什么叫非常好?

童长荣:卓蓝,现在我可以明确地告诉你,林悦是我们身边最危险的人。

卓蓝:我也感觉得到她有些不正常。她说过,要我们三个人合作获取《田中奏折》。我想起你的话,不要跟任何人提及"东方会议",就没有主动联系你。

童长荣:那是她在钓你上钩。

卓蓝:告诉我,你都发现了什么?

童长荣这才告诉卓蓝,根据他初步的调查结果,林悦在东北高中毕业后,并没有在东北读大学,而是直接进入了日本东京帝国大学学习。他调查了新垣里美的学籍档案,可偏偏没有任何入学考试记录。

卓蓝:她的日本名字叫新垣里美?

童长荣点点头:是的,至于她还有什么其他名字,我还不清楚。卓蓝,你可以推测,什么样背景的人可以做到不考试直接入学,只有一个解释,日本政府或者某个机构的安排。

卓蓝喃喃自语,她有意识地隐瞒了这段历史,那一定就是不可告人。

童长荣点点头,不错。她非常崇拜日本文艺理论家厨川白村,和他走得很近。她的真实身份应该是清皇室的后裔,现在可以确定应该是个格格。她为什么改了主意不做头发,这就更加印证了我的判断,她怕你发现了她的秘密。

卓蓝疑惑地:她的头发上有秘密?

童长荣:不,在她的耳朵上。这就是她为什么要遮盖耳朵的原因。

卓蓝:她的耳朵有什么问题吗?

童长荣问卓蓝,你的耳坠上穿了几个孔? 卓蓝一笑,还能有几个,一边一个呀。

童长荣:我和你打赌,她的耳坠上有三个孔,这正是皇室格格的标配。

卓蓝醒悟过来:我的天! 清朝皇室正在和日本人勾结,企图建立伪满洲帝国,那这个林悦就太危险了。

童长荣:我让王舒在陆军士官学校查了,同是这个新垣里美,也在士官学校接受过教练的射击训练,成绩优等。另外,王舒还发现了她的地板下有个暗室。

卓蓝:怪不得,我看到了那个日本浪人这两天带着电讯侦测车在那里转悠,可能是发现了不明信号,那她的暗室里一定有电台。

童长荣：这就是说林悦的身份连小日向都不知情，但她的电台却平安无事，这说明什么，也就是说她至少和像内田良平这样的层级的人有联系。

卓蓝：那我就不明白了，那她为什么急切地想获取《田中奏折》的内容呢？

童长荣：只有两种解释，获取信息是为伪满洲帝国建立服务，从日本人那里取得最大的政治利益；如果林悦沦为日本间谍，那就是日本人让中国人对付中国人，保护《田中奏折》。我看两种情况都不能排除。

卓蓝：可偏偏我们又都住到一条街上。她有意让我租房离她近一点，看来是精心的安排。

童长荣：伊田的家的房子也完全在她的视线之内。

卓蓝一下子感受到这町田街充满了一种不安的氛围，她问童长荣怎么办？

童长荣显得很轻松，他对卓蓝说，最危险的人也是最可以利用的人。现在，我要把她用起来。

卓蓝异样地望着童长荣，她想起了林悦的话，童长荣确实已经开始在行动了。

卓蓝呆呆地望着这个比自己小3岁的男人，尽管过去的日子里她感受到了童长荣无与伦比的天赋，但她总是以居高临下的优越感俯视这个清秀的小男人。不知什么时候，她的感觉变了，这个男人开始在她的内心高大起来，他没有做不成的事，也没有完不成的任务。

她痴痴地望着童长荣，有些语无伦次：童长荣，你要我做什么？

童长荣正色地望着卓蓝：告诉我，你准备好了吗？

卓蓝嗫嚅着：你，已经放下你的仇怨？

童长荣：我已经把它压在心底了。卓蓝，现在我问你，你不怕酷刑，甚至不怕丢了性命吗？

卓蓝清醒过来，她真真切切地感受到童长荣是要给她布置任务了，她坚定地说，我受过这方面的训练，我能扛得过去！

童长荣这才开始和她谈"幽灵"行动计划。让她扮演一个"真幽灵"，当然这个"真幽灵"也是假的"真幽灵"。

卓蓝:那谁又是假"幽灵",谁又是真正的"幽灵"呢?

童长荣:你不要知道得太多,你把这个"真幽灵"演好就行了。

卓蓝点点头,心里明白了,童长荣这是要她上演一场苦肉计。她问童长荣,万一我被毁了容,你还觉得我很美吗?童长荣动情地说,为国家为民族,不惜牺牲自己,那才是真正的美!卓蓝在做着假设,万一要是我不在了,清明时节为我点炷香。

童长荣摇了摇头,没有那么夸张,他已经做过评估,不会有生命危险。不过,他还是郑重其事地对卓蓝说,你要想好了,你现在完全可以放弃。

卓蓝望着童长荣,一副慷慨赴难的神情,撒着娇说,童长荣,我想你抱抱我!

童长荣犹豫着张开了双臂,抱住了卓蓝。卓蓝涌出了眼泪:童长荣,谢谢你给我一个为国效力的机会,我很幸福。

童长荣放开卓蓝,宣布"幽灵"行动计划从现在开始。走,我们出去喝一杯。

两人来到町田街,进了一家咖啡馆,童长荣点了三杯咖啡。卓蓝有些奇怪,童长荣对卓蓝说,不出意外的话,林悦会来的。卓蓝点头,说我们的一举一动都在她的视线里。童长荣一笑,我要的就是这个效果。果然,不大一会儿,卓蓝就透过窗户,看见林悦走进了咖啡馆。

童长荣热情地朝林悦打着招呼,林悦坐了下来,望着桌上的咖啡,端起来抿了一口,笑着说,虚位以待,我这不就来了嘛。

卓蓝对林悦说,反复考虑了一下,我还是把你的提议跟童长荣说了。

童长荣给林悦倒咖啡:这么说吧,听说各路间谍都以获取《田中奏折》为当前头等要事,我们中国人当然不能缺席。我来的目的就是想听听你们的意见,需要我做什么,我竭尽全力。

卓蓝:实话实说,赵瑞麟把我留了下来,就是为这事的。开始,我也没把它当回事,以为拿到一个会议报道和内部通报,就可以回去交差,没想到这个会议形成的文件竟成了日本人的最高机密,也成了世界各国间谍竞逐的目标。

林悦瞟了一眼卓蓝埋怨着,上次我提到这件事,你可是懒洋洋地应付我,今天终于说了实话。大家在一起做事,可不能藏着掖着。

童长荣淡然一笑,我看国民党就这德行,表面上国共合作,背地里打黑枪,最后露出獠牙,大搞白色恐怖。我是想到这件事攸关中华民族生死存亡,从民族大义出发,我才放下仇怨,买了梨子主动谈合作的,你看看,她就是这个死样子。

卓蓝:童长荣,你说清楚,谁是死样子!

童长荣:好好,我不想跟你吵架。

卓蓝:杀共产党是我的错吗?

林悦:好了好了,你们这是在演戏给我看呢。

卓蓝:林悦,实在对不起,我不是不真诚,也不是在应付你。我们有严密的纪律,我只能透露一点,实话实说,我是刚刚接到国内指示,才重视起来的。国内什么指示,我不能告诉你们,请你们原谅。

林悦:我们要想把这事做成,必须互相信任,否则这单活无法干。

童长荣:林悦你说说,我们怎么干?

林悦:我已告诉卓蓝,想必你也知道了,目标就在东京帝国银行的保险箱里。

童长荣:怎么进去?

卓蓝:进去倒是一件容易的事,办一笔巨额保单,或者昂贵珠宝就可进入办理寄存。

童长荣:那么多的保险箱怎么去寻找? 找到了又如何打开?

林悦:我可以提供信息,英国人提供的情报是,保险箱的钥匙和密码在东京警视厅总监木次郎手里。英国人答应提供技术支持,前提是共享。

卓蓝漫不经心地喝着咖啡。童长荣走到窗前,突然感慨地:我就是一个幽灵,在东京的上空游荡。

林悦鼓起了掌:不愧是东京帝国大学文学系的高才生,出口就是诗啊。看来啊,童长荣已经是胸有成竹了。

林悦说自己已经提供了足够的信息,希望童长荣和卓蓝能商量出一个行动计划来。她说自己还有点事,故意提前走了。

林悦走后,童长荣和卓蓝对望了一下。卓蓝说,林悦是在给我们挖一个坑。童长荣问卓蓝怎么面对这个坑?

卓蓝喝干了杯中的咖啡,站了起来,对童长荣说,那我就义无反顾地跳下去,哪怕是粉身碎骨。

童长荣对卓蓝说:你的戏就从这里演起,记住我的话,小骗子用谎言,大骗子用事实。

卓蓝:我明白你的意思,只有这样,才能让他们相信,这一切都是真的。

周末,日本军人俱乐部照例举行舞会。名流名媛、贵族、军人、政客纷至沓来。迷离的灯光,西洋音乐。高脚杯里的红酒,移动的高跟鞋。

木次郎坐在一隅的沙发上,色眯眯地望着舞池里的女人,他的身边果然放着一个公文包。

卓蓝风情万种地走进俱乐部,小日向带人也悄悄跟了进来。卓蓝径直走到木次郎的沙发前。

木次郎:哟,这不是卓小姐吗?

卓蓝嫣然一笑:我认识你吗?

木次郎:我不仅知道,而且还知道你来东京一段时间了,先前住在东京帝国饭店,现在住在町田街。

卓蓝:啊,先生这么关注我呀。

木次郎:卓小姐,请坐。虽然我们没有正式接触,但是我的手下却为你们服务了一段时间。我叫木次郎,请多关照。

卓蓝:啊,你就是大名鼎鼎的东京警视厅的总监啊?幸会!

木次郎:卓小姐,想喝点什么?

卓蓝:谢谢!跟你的一样。

木次郎:卓小姐这次滞留东京是观光呢,还是有特殊使命在身?

卓蓝:从严格意义上说,我是留守人员,等国内局势定了,我们还要来人……

木次郎:明白了,还要继续谈下去。

卓蓝:哎呀,这段日子在东京一个人很无聊,到这里来消磨时间,打发日子。没想到,遇见了总监大人,真是缘分。

木次郎举起酒杯:为我们的缘分干杯!

卓蓝喝着酒,眼睛却放电似的望着木次郎。

木次郎:卓小姐的眼睛能杀死人啦!

卓蓝故意发着嗲:我可没听说过,眼睛还能把一个人杀死。

卓蓝起身为木次郎倒酒,故意低着胸迎着木次郎的目光,木次郎的视线被挡住,她乘机用拇指将夹在手心里的纸袋里的细细的粉末,抖进了木次郎的酒杯。倒完酒后,她随手从桌几上抽出一张纸,擦了擦手,然后团在一起,随手放进了旁边的小桶里。小日向在暗中监视,卓蓝余光扫了一下,微微一笑。

木次郎色迷迷地望着卓蓝:卓小姐如此的波涛汹涌,这波涛上的小船可受不了。

卓蓝莞尔一笑:那你这条小船可就太经不起风浪了。

卓蓝凝望着酒杯,和木次郎碰杯,举起酒杯一饮而尽,然后将酒杯亮给木次郎看。木次郎端起酒杯喝了下去。

卓蓝:总监大人,我可是听说了,您是这方面的高手啊。

木次郎:什么高手?

卓蓝:撩妹高手啊。

木次郎怔怔地望着卓蓝:你这是在诱惑我?

卓蓝:总监大人有权有势,又这么风流潇洒,我看上你了。

木次郎:卓小姐,你……

木次郎一阵晕眩,眼神迷离起来,然后歪倒在沙发上。卓蓝看看周围,只见小日向的影子闪了一下,她微微一笑,她一定要在小日向的视线内,接近木次郎的包,她不紧不慢地拉开了拉链,取出了一个密封的纸袋,打开来一看,果然有一个存单和一把钥匙。

小日向带着人冲了过来,一把抓住了卓蓝。

小日向:给我带走!

卓蓝被推上了车,警车离去。

王舒在舞厅的暗处看到了这一幕,立即回到伊田家向童长荣报告,卓蓝已经成功地被抓走了。童长荣长吁了一口气,轻轻地说只是委屈她了。

　　童长荣来到客厅，把伊田兄妹叫到了一起。童长荣感谢美子在东京帝国大饭店帮了大忙，接着说，希望美子能够撤回来。美子说，我正等着童先生的话呢！早就不想在饭店干了。童长荣又叮嘱美子最近一段时间尽量不要和山下勇接触，也不能够让山下勇到这条街上来。这条街已经有无数双眼睛在盯着。

　　伊田助男：美子，听见长荣君的话了吗？

　　美子连忙说：我听见了。

　　卓蓝被带到了黑龙会的审讯室里。

　　内田良平走了进来，坐到了卓蓝的对面。

　　内田良平：卓小姐，我刚刚才听说，也不太相信，你怎么做了一个与你身份不相符的事啊。

　　卓蓝沉默。

　　内田良平：你和戴先生一起来日本，我们可是以礼相待。现在我们在这种场合见面，你不觉得是一件尴尬的事吗！

　　卓蓝仍然沉默。

　　内田良平：告诉我，为什么没有随戴先生一起回去，留在日本是什么目的？

　　卓蓝：内田先生，我拒绝回答。请你通知我的国家，由他们来处理这件事。

　　内田良平：卓蓝小姐，中日尚未建立外交关系，我没有这个义务。你很不幸，没有任何外交渠道能帮助到你，你现在就是一个普通游客。

　　卓蓝：那你打算怎么办？

　　内田良平：把事情说清楚了，你就可以出去了。

　　卓蓝：我很无聊，到军人俱乐部消遣，遇见了木次郎先生。

　　内天良平：就这么简单？

　　卓蓝：然后他对我就不怀好意。

　　内田良平：你说得对，木次郎先生是有寻花问柳的毛病，也是致命的缺点。但是你在酒里下了药，把手伸进了他的包，取出了袋子，拿出了钥匙和存单，这又做何解释？

卓蓝:我这是在报复他,我可不是好欺负的。内田会长,你可别以为我是个手脚不干净的人。

内田良平:当然不会,卓蓝小姐是上海中央俱乐部的情报人员,受过专业训练,家族富有,怎么可能做偷鸡摸狗之事。

卓蓝:我要找高崎先生。

内田良平:高崎先生也帮不了你的忙,这里是我说了算。不过,我们已经让高崎先生告知了你的父亲。

卓蓝:我的事是我的事,你为什么要把我父亲扯进来。

内田良平:我觉得亲情的力量,有助于你把事情说得更加清楚明白一点。卓蓝小姐,我给你一天时间好好考虑。

内田良平走出了审讯室。

高崎接到黑龙会的电文后,立即找到了卓荣丰,告诉他卓蓝被捕的消息。高崎假惺惺地表示慰问,并答应从中斡旋。卓荣丰心急如焚,立即打电话给赵瑞麟,请求44号千方百计要把卓蓝营救出来。赵瑞麟放下电话,立即来到杨飞办公室,告知卓蓝被抓了。

杨飞:怎么会有这样的事?南京刚才还来电,催促我们要抓紧时间搞清"东方会议"的内容,我正准备考虑派你去日本,加强力量呢。这个卓蓝太冒失了,没有一点头绪,人就被抓了。

赵瑞麟:估计是卓蓝有所行动,败露了。

杨飞:这样,你立即去日本一趟,查清到底是怎么一回事。此次日本之行,必须拿到《田中奏折》内容。

赵瑞麟担心地:杨主任,我又要营救卓蓝,又要获取文件,恐怕难以胜任。

杨飞:你不是一个人,童长荣这小子天生就是干这行的料,你要说服他参与。

赵瑞麟:杨主任,这次"清党"行动,我可没少杀共产党人。我怕合作不成,最后变成了我们两个人的厮杀了。

杨飞:那你是小看了童长荣,他会掂量国共恩仇和民族利益孰轻孰重的。

赵瑞麟走出了杨飞的办公室,感到压力很大,他也不知道怎么去面对童长荣,思来想去,还是决定硬着头皮去日本一趟。

隔了一天,卓蓝被小日向又带到了刑讯室。内田良平走了进来,对卓蓝说,我想请你参观一下这个刑讯室,听说你们也搞了一个密训中心,比较一下,我保证,你一定会对我们这里一流的刑讯设备感到惊讶。

卓蓝环视了一下,冷笑一声,我不想比较谁比谁更无人性。

内田良平:卓蓝小姐,我给了你一天时间,你就让它白白地流了过去。我真不愿意把你带到这地方来,难道你真的想体验一下?

卓蓝微微一笑:如果一定要让我做个比较,那我就来体验体验。

 十五

黑龙会刑讯室里。小日向带着一班打手对卓蓝实施吊打、铁烙、电刑、拔脚趾甲,及至残酷的水刑,卓蓝奄奄一息,口吐白沫,不省人事,始终没有透露任何信息。

小日向来到内田良平办公室,无奈地摇摇头,内田良平说,卓蓝受过这方面的严格训练,要是这么早就招了,那就不是她了。小日向对内田良平说,我会加大刑讯的力度,她一定会开口的。

内田良平坐下来,摆摆手,事情可不是你想的那么简单。

有人报告,牧野伯爵、床次大人又到丰源进出口商行蔡老板那里去喝酒了。内田良平让小日向放下卓蓝,立即去商行,小日向朝内田良平鞠躬,然后带人上车赶往商行。

商行内,床次已有醉意,发着牢骚,真是看不惯现在了,拿军刀的人得意忘形,我们这些信奉菊花的人遭人白眼。

蔡老板有意无意地说刚刚去了银行,银行的人告诉他,当前的经济危机对金融冲击很大,东京银行到昨天为止已经倒了 36 家,再这样下去,帝国银行也是摇摇欲坠了,现在人心惶惶,恐惧像瘟疫一样开始在东京扩散,商家疯狂套现,真是

令人担忧。

牧野伯爵叹了口气:现在看来,我们选田中义一担任政友会的总裁的确是选错了人,他下决心要走扩张的路了,这不能解决国内的问题,相反,这是要毁灭日本帝国。

床次抱怨:当初我和他竞争总裁一职,你们为什么都把票投给了他? 这股气现在还在心里呢!

牧野伯爵:西园寺公望大人定夺的,不好改变。如今公望大人他也不放在眼里了。

床次:伯爵大人,你还是天皇的首席政治顾问,为什么不向天皇进言?

牧野:床次大人,天皇随内阁起舞,我还能说什么。

吴志杰进来,在蔡老板耳边耳语。蔡先生变了脸色,将酒杯重重地掼在桌上。

牧野伯爵、床次大人望着蔡先生气愤的表情。

床次:发生什么事了?

蔡老板:牧野伯爵、床次大人,刚才我的管家告诉我,你们日本关东军把东北军张大帅炸死了,简直是为非作歹!

床次:愚蠢! 田中义一这是要作死吗? 刚刚向天皇上奏《田中奏折》,引起全世界的紧张。现在又公然炸死东北军的总司令,这是司马昭之心,自我暴露扩张野心。

牧野伯爵:可恶,这些军人已经到了疯狂的地步,如此下去,我大日本的结局将会很惨。

蔡老板:二位大人,我说句不客气的话,现在全日本上下的野心都已经鼓动起来了,光靠你们政友会的人,恐怕难以把田中义一赶下台。不过,我倒是有个办法。

床次:蔡先生,请明说。

蔡老板:我想得到两位大人的帮助,获取《田中奏折》,在报纸上发表,揭露田中内阁的扩张侵略野心,让全世界做个评判,在强大的舆论压力下,田中内阁必

然垮台。

床次怒目蔡先生:说什么呢! 天皇已经批准《田中奏折》,属大日本最高机密,你居然要我们帮你去偷盗,这是要犯叛国罪的!

牧野伯爵:蔡先生,我劝你放弃这样的想法,免得招来杀身之祸。

蔡老板:两位大人看来还是没有到破釜沉舟的时候。不过,我们对政友会仍然寄予厚望,答应资助50万块银圆没有任何改变,只是银票因银行倒闭,无法兑现。

牧野伯爵:谢谢蔡先生。我们再想想,是不是还有别的办法。

蔡老板心里郁闷,东北军张作霖被炸对他打击相当大。他之所以愿意帮助东北军,就是不想东北落入日本人之手。按照童长荣的设想,自己试图在牧野伯爵和床次这里找到一个缝隙,可这两个老家伙异口同声地拒绝帮助获取《田中奏折》,无奈,他只得悄悄对吴志杰说,将牧野伯爵和床次的态度告诉童长荣。

蔡老板照例将牧野伯爵和床次送上车,吴志杰将车开出商行,就见小日向带着几个人上了车,尾随在自己的后面。吴志杰不紧不慢,将两人送回各自府邸后,迅速穿过一个小巷,摆脱了跟踪,辗转将车开到东京帝国大学门口,童长荣随即上了车。吴志杰对童长荣说,牧野伯爵和床次拒绝帮忙,童长荣听后点点头,说这是预料中的事。

吴志杰:看来这条路是行不通了。

童长荣:文件躺在皇宫里,它不会飞出来,唯一的一条路,就是必须进入皇宫,拿到这个文件。

吴志杰:据我们掌握的情况,现在想拿到这份文件的人在东京有上千人,各种花招五花八门,有出重金购买的,有贿赂日本政界官员的,还有按兵不动,乘机渔翁得利的,热闹得很。童先生,蔡先生让我问您下一步怎么走?

童长荣望着窗外,车子正路过东京帝国饭店。童长荣有了主意,对吴志杰说,你到东京帝国饭店订桌饭,告诉蔡先生,请他约请牧野伯爵、床次大人,大家在一起商量一下《通雅》的捐赠事宜。吴志杰点点头,这个办法好,毕竟又有了一次商谈的机会。

车子在街道上行驶。童长荣靠在后座椅上,进入了遐思的状态,他在想着卓蓝那边的进展情况,应该是到了第二步计划,精神崩溃,开始到招供的时候了。

刑讯室里,卓蓝再次被架到刑讯室。

内田良平:卓蓝小姐,我对你的意志力和忍受力深表佩服。如果你愿意,那我们就再来一遍。

卓蓝神情有些恍惚游离,咬着牙齿,似乎是与自己的意志在较量。内田良平捕捉到了这个信息,吩咐小日向再次用刑。卓蓝昏死过去。小日向用冷水浇醒了卓蓝。

内田良平凑近卓蓝:卓蓝小姐,感觉如何?

卓蓝气若游丝,想睁开眼睛,努力了几次,眼皮微微动了一下。

内田良平:卓蓝小姐,我知道你的意志和耐力正在一点点消耗,内心充满挣扎,对于你这样受过专业训练的人,硬扛的勇气此时在脑子里还是占了上风。卓蓝小姐,你很清楚,到现在为止,第一,我还是保留了你那张美丽的脸;第二我竭力维护了你作为一个女性的尊严。如果,你还不肯说,我就让他们先把你的衣服扒光,然后再用刀子毁了你的那张脸。

卓蓝挣扎了一下,吐了口血水,喘了一口气,艰难地:内田先生,你这招确实是个撒手锏。您的现场教学让我受益匪浅。我想喝点水。

小日向将卓蓝从刑架上放下,架到桌前坐下,放上了一杯水。卓蓝趴在桌上,努力地想睁开眼睛,就是不听使唤。内田良平端起杯子递到卓蓝嘴边,卓蓝用尽力气喝下两口水,嘴唇不停地抖动。小日向找来一件大衣将她裹上,卓蓝不再发抖。

内田良平:可以开始了吗?

卓蓝又喝了一口水。

卓蓝软弱无力地开始叙述:我留下来的目的就是为了《田中奏折》。我和童长荣,还有《申报》女记者林悦在咖啡厅确实商量过。

外面的屋子里,刑侦人员正在录音,磁带盘在转动。

卓蓝:林悦提供了《田中奏折》在东京帝国银行的保险柜里的信息,钥匙在东

京警视厅木次郎先生身上,我就设法跟踪他,发现他喜欢到军人俱乐部,而且还了解到他有猎艳的癖好,我就故意把自己打扮得很性感,开始色诱他,并在他的酒杯里下了药,待他倒下去的时候,我把手伸向了他的公文包,可没想到这是你们的圈套。

内田良平:就这些?

卓蓝:还有英国人愿意提供密码技术支持。

内田良平大笑起来:我说卓蓝小姐,你是在侮辱我的智商,你以为这样就把我糊弄过去了。你说得确实没错,这确实是一个圈套,我也明确告诉你,凡是在打银行主意的业余间谍,我都一律排除在外。我告诉你,德国的佐佐格,美国的斯福特、俄国的卡佳,还有韩国、以色列,法国的高级特工现在都在东京,他们都不会在帝国银行那里转悠。卓蓝小姐,你在上海有不错的业绩,还有那个童长荣,我们已经查明受过你的专业培训,据说在谍报上有天赋。你们为什么在东京帝国银行大做文章,显然是在利用我们的圈套在掩盖你们的另一个计划。

卓蓝:内田先生,我不明白你在说些什么。

内田良平拿起一把尖刀,顶住了卓蓝的脸:我会让你明白的。卓蓝小姐大概不会健忘吧,那你可不能怪我,我刚刚说了,我会让他们扒了你的衣服,毁了你这张美丽的小脸,我想再加上一条,通知我们在上海的人,立即让你的父亲浮尸黄浦江上。

卓蓝:你真卑鄙!

内田良平:我也不想这样。

卓蓝身体不停地颤抖,牙齿在打战。

内田良平:怎么样,还打算扛下去吗?

卓蓝沉吟:我和童长荣有个"幽灵"行动计划。

内田良平点点头:"幽灵"行动计划,这像是个人话。

卓蓝:他已经确认《田中奏折》在皇室书库房的地库里。

内田良平:他是怎么知道的?

卓蓝:不知道。你可以去问他。

内田良平:告诉我计划的内容。

卓蓝:设法接近书库房,搞到地库的钥匙,伺机盗走《田中奏折》,具体任务由"幽灵"执行。

内田良平:还有吗?

卓蓝:我们人手不够,现正跟国内联系,准备加派人手。

内田良平放松下来:我很高兴地告诉你,赵瑞麟已经登上赴日本的轮船。我只想问你一句,他是来救你的,还是来执行任务的。

卓蓝:我不知道他也来日本了。

内田良平:卓小姐说的这才是真话。据我们的情报,赵瑞麟是刚刚才接到任务的,可你已经进来了,你不可能知道。谢谢,让你受累了。我会替你保密的,不会让童长荣觉察到你把他出卖了。

卓蓝晕倒在地上。内田良平吩咐马上将卓蓝送医院。

会议室里,内田良平召集木次郎、小日向等人开会。

木次郎:内田会长,我这就去抓捕童长荣。

小日向:把那个女记者林悦也抓来,我已经侦测到了她的房子里有不明信号。

内田良平:不,一个都不要动,让他们的行动继续下去,我要抓住真正的"幽灵"。

木次郎喃喃自语:幽灵?

内田良平:知道"幽灵"这个词吗?来自马克思《共产党宣言》的开篇:一个共产主义的幽灵,在欧洲的上空游荡。现在这个幽灵已经开始在东京的上空游荡了。

小日向:我可以断定,这个"幽灵"就是童长荣,此人思想激进,与日本共产党也有联系。

内田良平:我可以告诉你们,戴季陶早年就是忠实的马克思主义者,卓小姐的父亲,还有正在来东京路上的赵瑞麟都参加过马克思主义研究会,你怎么能确定童长荣就是"幽灵"。童长荣不按常理出牌,奇招怪招,甚至计划里还有计划,

我隐隐感觉到我们遇到了一个强劲的对手。

木次郎：内田会长，从现在起我将提高皇室保卫级别，对皇室书库人员逐个筛查，严密监视，不给他们留下任何可逞机会。

小日向：内田会长，我要对町田一条街实施全方位24小时严密监控。

内田良平：不，恰恰相反，撤走町田街所有人员。我要给他们的行动创造一个宽松的环境。给我听好了，童长荣、卓蓝、林悦和即将到来的赵瑞麟都有可能是"幽灵"。请你们务必记住一条，归根结底，他们不管用什么招，最后的落脚点是在皇宫书库房，明白吗？

两个人点点头。木次郎说现在多国谍报人员都在蠢蠢欲动，警视厅压力很大。内田良平说，这个"幽灵"计划才是我们的重中之重。

卓蓝被送进了东京帝国大学附属医院救治。卓蓝躺在病床上，千惠子走了进来。

千惠子朝卓蓝鞠躬：卓蓝小姐，受苦了，我是黑龙会的女佣千惠子，内田先生让我来陪护你。

卓蓝摆摆手，说不需要，你走吧。千惠子面露难色，拜托了，请别为难我。卓蓝不再推迟，淡淡地说了一句，那就给你添麻烦了。千惠子连忙鞠躬，请多关照。

千惠子端来热水为卓蓝擦洗，不停地絮叨着，内田先生太狠了，怎么把你打成这样了，这到底是为什么呀？

卓蓝不说话。千惠子说，我一定悉心照顾，你会好起来的。卓蓝闭上了眼睛。

童长荣捧着一束鲜花走进了病房。千惠子轻声在卓蓝耳边说道，卓小姐，有人来看你了。

卓蓝睁开眼，看见是童长荣，把脸侧向一边：不想再见到你了，请你立即消失！

童长荣：我很抱歉，让你受苦了。

卓蓝咬着牙齿说：童长荣，你是借刀杀人，现在用不着你动手了，有人替你解恨了。我们之间的恩怨，扯平了，滚吧！

童长荣：卓蓝，我好心来看你，你却不领情。

童长荣将鲜花放到了台子上，转身朝千惠子微笑了一下，辛苦你了。

千惠子连忙站起，偷看了一眼童长荣，然后顺下眼，轻声地，客气了，不辛苦。童长荣对千惠子说，我想和卓蓝小姐说几句话。千惠子欠了一下身子，立即走出去，带上了门。

其实屋内放置了侦听设备，童长荣和卓蓝的对话，内田良平完全可以听到。

童长荣说，想跟你商量个事，上次送我的那套《通雅》，牧野伯爵、床次大人很喜欢。既然这套书与日本渊源很深，我决定赠送给皇室书库收藏，特别需要征求一下你的意见。卓蓝冷冷的声音，既然是送给你的，那就是你的了，至于你怎么处置那是你的权利。又是童长荣的声音，如果捐赠，仪式将在皇宫书库房进行，他们想请你也参加。最后是卓蓝的声音，说她这个样子，连床都下不了，怎么去？

内田良平放下了听筒。

小日向对内田良平说，他们终于要行动了。内田良平拍拍自己的脑子，坐在椅子上，不再说话。小日向就只好站在那里。过了半天，内田良平睁开眼，盯着小日向，告诉我，你从他们的谈话中听出了什么？小日向说，这还不清楚吗？他们的目标就是皇室书库，这童长荣就是"幽灵"，不会错的。

内田良平：我不明白，卓蓝供出了计划，童长荣却还要实施这个计划。

小日向：童长荣应该不知道卓蓝已经招供，他让她去参加捐赠仪式，卓蓝明显是在推脱。

内田良平：你想的太肤浅了，如果让卓蓝招供也是计划的一部分呢？

小日向琢磨着内田良平的话：让卓蓝供出这计划，童长荣还要实施这个计划，从逻辑上说不通。

内田良平：他们到底想干什么？真是看不懂。

小日向：把他们全都抓起来，不就完事了。

内田良平：不，我要让他们尽情地表演，我要看看这场戏他们怎么演下去。

童长荣就是要内田良平看不懂，这样才能扰乱他的思维，失去正常的判断，他才好顺利实施计划。

回到町田街伊田家,美子笑脸相迎,鞠躬致意。童长荣照例还礼。

见天色已晚,美子顺手打开了门口三只红灯笼的开关,灯笼顿时发出红色的光。童长荣注视着三只红灯笼,想了一会,随手灭掉了两只。美子不解地望着童长荣,童长荣说,什么时候开第二只,什么时候三只全亮,我会告诉你,拜托了。美子点点头,不再追问。

进了屋里,童长荣说卓小姐同意捐出那套《通雅》,请美子通知山下君吧。美子很高兴,继而又问童长荣,你吩咐过,近期不要见山下君,现在去见他合适吗?童长荣说,日本浪人已经撤走了暗哨,记住一条,不要在皇宫门口等他就行了。美子点头,说现在和山下君有了新的约会地点,帝国饭店前的小树林。

山下勇从美子那里得知童长荣愿意捐书给皇室书库,非常高兴。牧野伯爵和床次也接到了蔡老板的邀请,具体商谈捐赠细节。牧野伯爵和床次欣然接受邀请,他们一起如约来到东京帝国饭店。

包厢里,几杯酒下去,牧野伯爵望着童长荣:年轻人,你真的决定了要捐出这套书?

童长荣:回伯爵大人,已经决定了,捐赠给皇宫书库,请山下君收藏。

山下勇:感谢童先生割爱,收藏方先生的著作,我深感荣幸。只不过,还请童先生出个价。

蔡先生:山下君,这事你不用管了,不管什么价,这是我和童先生之间的事,这钱我付了。

童长荣:蔡先生,我如实相告,当初卓蓝小姐送我这套书,共花了30块大洋,我已经征求了她的意见,让我全权处置。如果您实在是要付钱的话,我收取一日元。

床次:这么说,童先生是无偿捐赠了。这太让人感动了。

牧野伯爵:年轻人,请坐下,你很不简单啦,如此的义气,真叫人过意不去。

童长荣之所以玩收取一日元的小把戏,就是个攻心术,他要牧野伯爵和床次这两个人充分感受到,他童长荣是个讲大局的,也是一个讲义气的人,更想让他们感觉有亏欠自己的感觉,更重要的是,他是想把两者之间的关系更拉进一层。

蔡老板招呼:大家都请坐,今天我们好好喝一杯。

屋外,当然少不了小日向带人监视偷听。吴志杰也在暗处注视,他并不想惊动了他们,因为让他们获悉内容,对整个计划的实施都是至关重要的。

山下勇向童长荣敬酒,问还有什么其他要求,尽管说。童长荣说自己确实还有个请求,这是一件很有意义的事情,它能促进中日文化交流,推动两国世代友好。想把捐赠仪式地点放在书库房,请伯爵大人、床次大人、蔡先生见证一下,邀请相关媒体予以采访报道,不知可否?

牧野伯爵说这个想法很好,山下君则面露难色,按照道理,重要的赠书捐书都有安排仪式,但放在安保等级非常高的书库房,尚无先例。加上最近书库房加强了安保,就是不知道皇室和警视厅能不能批准这个活动,他心底没有底,说尽量争取。

床次:捐赠是个雅事,有什么问题吗? 我参加。我想伯爵大人也会乐意参加的。

牧野伯爵:当然,我一定会参加的。年轻人,关于方先生,我有一个问题想请教。

童长荣:不敢,在下才疏学浅,就不知回答能否令伯爵大人满意。

牧野伯爵:方密之大人应该是中国 17 世纪西学东渐的首倡者之一,还写出了中国的第一部物理学著作《物理小识》,为什么后来没有在科学的道路上继续探求下去呢?

童长荣:伯爵大人这个问题问得好。方先生可以说是中国最早的近世思想的启蒙者之一,他那时就已经认识到中国只有依靠科学和新思想才能拯救衰微的大明江山。

童长荣的眼睛里流露出遗憾和惋惜。

牧野伯爵:年轻人,你的一番话确实触动了我。

蔡老板:中国,泱泱大国五千年,这个忠厚善良仁慈的国家现在是人人都可以欺负。现实的悲剧还要继续上演。

床次将桌上的酒倒进了嘴里。

山下勇:方先生的《物理小识》18世纪传到日本,现在珍藏在日本国立图书馆里,这也是我想在皇室书库收藏方先生《通雅》的用意。

牧野伯爵:我敬佩方先生的人格和品质,传说他创立了洪门,有什么证据吗?

童长荣:江西南城的寿昌古寺被认为是洪门创立的祖庭,也是曹洞宗佛派的祖庭地,方先生逃禅在寿昌古寺待了两三年,法号木立。洪门有暗语:木立斗士知天下,木立斗士六十年,木立斗士之皆清绝等。这确实是证据之一。

牧野伯爵用手在酒杯里沾了一点酒,在桌上写下了∴字,望着童长荣。

童长荣:这个字读"YI",是方先生在中国思想史上独一无二的创造,上一点是太极,下两点是阴阳,他认为宇宙世界就是在这个圆∴的旋转变化生存中展开。

床次:方先生太伟大了!

山下勇:能收藏方先生的著作是我这一生最值得自豪的事。

童长荣:我想各位大人还要记住洪门的一个口号:三点暗藏革命宗,入我洪门莫通风。养成锐势从仇日,誓灭清朝一扫空!

牧野伯爵:我很震惊,从方先生的洪门起始到孙中山先生加入洪门,虽然中国在衰落,但是这些精神从未停歇,这就是这个民族的文化品格。日本是个小国,受益中国文化滋养,可为什么还要觊觎邻国,你们听出童先生的弦外之音了吗?这个民族是不可战胜的。

蔡老板:我和童先生已经发过誓,为了国家捐出两条命又如何?

童长荣:与其说,我们想得到两位大人的帮助,其实也在帮你们自己。

牧野伯爵:年轻人,你很有说服力。山下内弟,童先生的捐赠仪式,你一定要安排好。

山下勇:我会安排好的。

小日向将童长荣、蔡老板和牧野伯爵、床次和山下勇在东京帝国饭店商量捐赠仪式的内容向内田良平做了汇报。木次郎不想批准这个活动,内田良平摇摇头,说让他们搞这个活动,他要看看这里面到底有什么招。

日本皇宫周围,木次郎亲自部署,要求对每一个进出皇宫人员进行身份验证,没有有效身份证明一个不准进去,擅闯皇宫者,抓!

木次郎带人走进了皇宫书库房,来到山下勇办公室。

木次郎:山下君,近期我们要加强皇室保卫,尤其是书库的安保,请你配合。

山下勇:总监大人亲自来书库检查,我不胜荣幸。

木次郎让山下勇带他参观书库房,山下勇首先带着木次郎走进誊写室,十几个抄工在埋头誊写。

木次郎:这是干什么的?

山下勇:重要文献年代久远,需要备份誊写副册存档。

木次郎点点头,随山下勇走到地库前。山下勇掏出硕大钥匙打开了沉重的铁门,里面一片漆黑。开了灯,木次郎看清楚了书架上层层的典籍。

木次郎:《田中奏折》在什么地方?

山下勇:跟我来。

山下勇带着木次郎走过几个回廊,到了一间密室门前,他又打开一道小门,走到一个保险柜前,旋转着密码数字。滴答一声,门开了,山下勇取出文件盒。

山下勇:总监大人,文件就在里面,要打开吗?

木次郎摇摇头:给我保管好,出了差错,拿你是问。

山下勇点头称是,放进文件盒,关上保险柜,锁上门,和木次郎走出了地库。

山下勇向木次郎请示,中国留学生童长荣有一套重要文献想捐给皇室,我们想在适当时间在书库房搞一个捐赠仪式,请求你的批准。木次郎说此事我已知晓,我批准你们的捐赠仪式。山下勇很意外,没想到木次郎这么爽快地就答应了,他连忙向木次郎致谢,说一定请他喝酒。

医院病房里。千惠子扶着卓蓝下地行走。林悦来看望卓蓝,一见面林悦就叫了起来,哟,卓蓝,你怎么跟警察干上了?

卓蓝:我呀,日子过得清净无聊了,我想松松皮囊,快活。

林悦:别说怪话了。我来看看你。

林悦将鲜花放在阳台上,过来搀扶卓蓝。千惠子开始整理房间。林悦向千惠子表示谢意,这位阿姨辛苦了。千惠子鞠躬,我不辛苦,应该的。

阳台上有张小圆桌,卓蓝和林悦坐了下来。

林悦小声地:一个人单独行动,连招呼都不打一个,这也太危险了。

卓蓝瞅瞅千惠子,轻轻地说,受了点皮肉之苦,把他们糊弄过去了,想跟我卓蓝斗,这样的人恐怕还没有出世呢。

千惠子拖着地,埋头干活。

林悦朝卓蓝瞟了一眼,小点声。啊,对了,医生说什么时候出院?卓蓝说我现在就想出院,可我还要等着赵瑞麟来给我结医药费呢。

林悦:哟,赵先生也来了,那可热闹了,就有两个男人围着你转了。

卓蓝:啊,林悦,替我拿杯水来。

林悦起身倒水,卓蓝转过眼睛,看见了林悦和千惠子的眼神相遇,千惠子有意躲过了她的眼神。卓蓝微微一笑。卓蓝接过林悦递过来的杯子。

卓蓝看了一眼林悦,发现林悦做了头发,就问为什么不和她一起做。林悦掩饰着,哪里,那天我看你理得不错,也就到那家去做了。

卓蓝有意识地理了理耳边的秀发,哎呀,耳坠不在了,这帮狗娘养的,把我的耳坠都扯掉了,很值钱的啊。等出院了,陪我上街再选一对。林悦应着没问题。卓蓝又故意说道,你这头型戴首饰也是很好看的,可惜你这发型了,下次换个发型,戴上首饰我保证好看。

林悦似在回避,我不喜欢穿金戴银的,当记者就是个中性人,可不能花哨。啊,不说这些了,童长荣来看你了吗?他这几天在做什么?

卓蓝说道,前两天来了,我可没好脸色。他娘的,男人都躲起来了,让娘们去受罪。哼,他在忙他的学问,还想当作家。我送给了他一套书,他居然要转赠皇室书库,真是慷他人之慨,啊,他还要搞捐赠仪式,尽整些没用的事。

林悦:这是好事啊,到时候我一定去采访。

临走前,她亲了一下卓蓝,又拜托千惠子,千惠子低着头应着。

码头上,船客陆续下船。赵瑞麟穿着风衣,提着箱子出现在人群中,他走出栅栏,叫了一辆人力车,往东京帝国大学附属医院赶来。

坐在人力车上的赵瑞麟完全不知道东京发生了什么,只知道卓蓝被黑龙会抓了,现在人被送进了医院。任务还没开始,卓蓝就被抓了,现在杨飞还要他来加强力量,务必获得文件,这个苦差,他本想推辞。他不明白自己竟然爽快地就答应了,现在想来,自己还是应该来,卓蓝是自己留下来的,陷入险境,理应自己来善后。还有就是对卓蓝的那份情感,虽然从未向卓蓝表达过,这次他要用行动来向她证明,他很在乎卓蓝。更重要的,也是令他不放心的是,他已经看出端倪,卓蓝已经不知不觉地被童长荣那小子所吸引。这小子确实有过人之处,都说女人是感性动物,一旦对这个人产生了兴趣,便会失去理智,义无反顾。他不知道在他走后的这段日子里,卓蓝和童长荣走到了哪一步? 心里隐隐约约产生了一种莫名的嫉妒,心里酸溜溜的。

到了东京帝国大学附属医院,赵瑞麟快步上楼,进了病房,一眼看见卓蓝靠在窗边,他上上下下打量着,卓蓝,你没事吧。

卓蓝回过身,看见了赵瑞麟:没事,我这不是好好的嘛。

赵瑞麟:那就好,我还准备去找内田会长呢。

卓蓝:我父亲还好吗?

赵瑞麟:他很好,只是担心你,隔两天就到我办公室来一次。

卓蓝:内田那狗娘养的还在威胁我。他要是敢动我父亲一根汗毛,我就跟他拼了。

赵瑞麟:别在这说狠话了,好好把身体养好了再说。

枞阳会宫街。罗栗文戴着草帽,走进了铁匠铺。罗栗文倒了一碗水低头喝着。王铁匠一边打着铁一边告诉罗栗文,坤宜姑娘来了,说她去了一趟安庆,见到了何应和陆啸衡,让我转告你,因为你的假名单,他们无法抓捕真正的共产党,胡乱地抓了几个人,算是对上面交差。

罗栗文听了,一颗悬着的心终于放了下来。

王铁匠还对罗栗文说,已经通知了各地负责人,同志们已经暂时停止了活动。

罗栗文点点头,对王铁匠说,我就要走了。告诉同志们,近期以隐蔽为主,但要告诉同志们革命意志不能垮。

王铁匠放下铁锤走到罗栗文身边,动感情地说,你走了,又不知道什么时候才能见到你了。罗栗文说,请放心,组织上会很快派同志来的。两人紧紧地拥抱在了一起。

秋天的浮山,远看一片黛色,白荡湖,风平浪静。渡口,一条小船,何坤宜站在渡口边。罗栗文沿着湖埂走了过来。

罗栗文:坤宜姑娘,让你久等了。

何坤宜:船主是家里的叔侄,不必担心。

罗栗文:谢谢你对我的照顾,给你添麻烦了。

何坤宜:罗先生,一家人不说两家话。

罗栗文:坤宜姑娘,长荣在外,尽管放心。

何坤宜点点头:告诉童长荣,还有你们的同志都一定要小心谨慎,注意安全。

罗栗文:我们会的。

何坤宜:如果哪天童长荣回国了,告诉他一声,抽时间回来望一眼就好。

罗栗文:坤宜姑娘,现在组织上急需人手,我已打算通知他提前回国,你们会很快就能见到面了,放心吧!

罗栗文上船。何坤宜情绪渐渐有些控制不住。船离开岸边,何坤宜不停地招手,眼泪终于不由自主地流了下来。

罗栗文站在船头,望着何坤宜,罗栗文的眼睛也湿润了。

伊田家。童长荣在看《申报》,眼睛落在了报缝之间的一条广告上:行窝出售,雍子。雍子就是罗栗文。行窝是浮山的一块摩崖石刻,童长荣立刻明白,罗栗文隐蔽在浮山,现已离开。

王舒又拿了几份《申报》进来,说这是林悦刚送到门口的。童长荣点了点头,将罗栗文的广告递给王舒看,两人又分头寻找最近几期的报纸上的广告,果然又找了到了一条:云窝招租,雍子。

童长荣放下报纸:罗书记发出指示,要我们立即回国,显然,组织上需要我们。

王舒:文件没有着落,我们怎么能回去?

童长荣想了一会,在纸条上写下:安乐窝待售,邵子。让王舒再到林悦那里去一趟,委托在《申报》刊登。

王舒接过纸条,说罗书记看到这个,就会知道了我们这里有重要事情要办,不过,这个纸条又要让林悦琢磨一段时间了。

童长荣这才告诉王舒,赵瑞麟已经来到东京。

王舒很是气愤,这个杀人恶魔,他来得正是时候,我们可以乘此机会灭了他。

童长荣的眼睛凝视一点,现在不能杀他,他来得太及时了,我要让他来当我们的棋子。

王舒:那就暂且将他的脑袋留着。

童长荣:王舒,你想过没有,他来到东京,罗书记在上海就安全了,这是一举两得的事。

王舒对童长荣说,还是你脑子好用,他拿着纸条找林悦去了。

赵瑞麟在卓蓝租住的那套公寓的楼上住下了。两人来到楼顶阳台上,卓蓝对赵瑞麟说,你住在这里,我不反对,我们可是有言在先,井水不犯河水,别指望我给你做饭洗衣服。

赵瑞麟笑了笑,眺望町田街。卓蓝指着伊田家,那就是童长荣和王舒住的地方,上面那栋房子就是林悦的。

赵瑞麟仔细观察着,发现全在林悦的视野里。卓蓝点点头,看见王舒走到了小巷里,上坡朝林悦的房子走去。

卓蓝告诉赵瑞麟,那就是王舒,是童长荣的忠实下手,别看他沉默寡言,不显山露水,他总是在关键的时间、关键的节点出现。

赵瑞麟:他去找林悦做什么?

卓蓝:我不知道要干什么,不过,可以确定的是,童长荣的每一步都是有用意

的。啊,童长荣已经初步判断出了林悦的身份,清朝皇室后裔,这个女人很危险,我们得时刻提防着她。

赵瑞麟这才问及卓蓝被黑龙会抓起来是怎么回事。卓蓝告诉赵瑞麟,童长荣制定了一个"幽灵"行动计划。在这个计划里,我和童长荣都是"幽灵",真真假假,让他们难以辨认。我是故意卖了个破绽让内田会长逮的,这是行动计划的一部分。

赵瑞麟:目前有什么进展没有?

卓蓝:童长荣已经摸清了《田中奏折》确切藏匿点在皇宫书库房的地库里。这两天,他要在皇室搞一个捐书仪式,那套方以智的《通雅》还是我送给他的,没想到居然派上了大用场。赵瑞麟,我告诉你,我在日本这段日子可没有白吃白喝,也没白花你的医药费。我是搭上了半条命,算是死里逃生,你还要付给我营养费、精神损失费呢。

赵瑞麟:看来你和童长荣配合得不错呀,我在想,个人的情感也在不断升华吧?

卓蓝:赵瑞麟,你什么意思?

赵瑞麟:卓蓝,我们不是有个共同的想法吗?让童长荣成为我们的人,以情化人是上策。

卓蓝嘴上挂着一丝讥诮:我要是跟童长荣上了床,你不嫉妒?

赵瑞麟一笑:我不嫉妒,还要提请上头嘉奖,卓蓝同志为党国事业勇于献身。

卓蓝啐了一句,狗嘴里吐不出象牙来。赵瑞麟向卓蓝表示歉意,说玩笑归玩笑,他急于要见到童长荣。卓蓝笑了,你就不怕童长荣杀了你。赵瑞麟说他必须见到童长荣。

卓蓝劝赵瑞麟还是别见了好,你真不知道他那时对我是什么态度,见到我是仇人相见,分外眼红,就差一点没把我打死。要是你们见了,我无法想象那场面。

赵瑞麟:卓蓝,你必须做童长荣的工作,让他答应见我。

卓蓝:我的赵科长,你的手上有共产党人的鲜血,你叫我怎么去说服他?

赵瑞麟:那是你的事。卓蓝,从现在起我必须全面主导这件事,对童长荣只能利用,而不能让他牵着鼻子走。

赵瑞麟和卓蓝在阳台上的身影,都在林悦的视线里。楼下传来敲门声,林悦从阁楼上走了下来,打开门,看见又是王舒。

王舒:林小姐,不好意思,又打搅你了,童长荣想委托你帮他在《申报》上登个广告。

林悦接过纸条,反复看着纸条上的广告词:安乐窝待售,邵子。这是什么广告呀?

王舒:他没告诉我,我也不好问,你帮他登就是了。

林悦说行啊,一点问题都没有。来,王舒,请坐,我有些无聊,陪我聊聊天,怎么样? 王舒说我受宠若惊了,不耽误你时间吧?

林悦请王舒坐下,询问王舒是在士官学校读书吧? 王舒点头称是。林悦夸张地,这可不得了,将来可要当将军呢!

王舒:没有,笔杆子我玩不来,只好去玩弄枪杆子了。

林悦这时盯着王舒:告诉我,童长荣的计划到哪一步了?

王舒:什么计划? 他这个人阴得很,什么事都不肯跟我说,就拿我当作跑腿的,有些事我帮他跑跑,我不高兴了,他也拿我没办法。想想在异国他乡,大家相互帮帮忙而已。

林悦:我要是有事,那你也帮我跑跑呗。

王舒:那一点问题都没有。啊,童长荣还让我告诉你,他后天要捐书,请你帮忙报道。想不出他这个人,骨子里也有名利思想,一套旧书,捐了就捐了,还这么兴师动众的。

林悦莞尔一笑:我很乐意,一定参加。

王舒站起来:我走了。

林悦站在门口,目送王舒下坡。这时,她看见了一辆车停在了路口,内田良平和千惠子走下了车,朝卓蓝的住处走去。

卓蓝和赵瑞麟刚回屋,就见到了内田良平带着千惠子来到门前。赵瑞麟迎了出来,内田良平握住赵瑞麟的手:听说赵先生来了,我特地来看看你。

赵瑞麟:谢谢内田会长登门看望。我正想拜访内田会长呢,卓蓝给你们添麻烦了。

内田会长:误会,纯粹是一场误会,卓蓝小姐,身体无大碍吧?中国不是有句古话,叫不打不相识吗?

卓蓝:谢谢内田会长呀,还给我留了一个脸面。

内田会长:我来还有一层意思,就是来向卓小姐登门致歉的。为了弥补这一点,特地把千惠子带来了,给你们做女佣,她的中国菜做得也很好。

千惠子施礼:为你们服务也就是为戴先生服务,请不要推辞。

赵瑞麟:这可不敢当啊,千惠子小姐和戴先生是非常要好的朋友,按伦理辈分都应该算长辈了,内田会长不是要折煞我们吗?

内田会长:我很尊敬戴先生,二位都是戴先生的高足,高崎先生和卓小姐的父亲还是生意上的伙伴,我和赵先生还有工作上的关系,请千惠子小姐来是我的一点心意。难道还要我把千惠子小姐带回去吗?

赵瑞麟和卓蓝相互看了一眼,对着内田:那就恭敬不如从命啰。

赵瑞麟请内田良平坐下来,卓蓝倒水,千惠子连忙说让她来。

内田良平:赵先生这次来日本有什么具体任务吗?

赵瑞麟:报告内田会长,我们从高崎先生那里得知了卓蓝的事,本来是打算来向你求情的,哪知道现在已经不是个事了。这次还是受戴先生的委托,继续我们上次没有谈完的话题。

内田良平:我很愿意与你继续交流。蒋先生已经控制了中国的局面,我们是需要坐下来好好谈谈了,我只是希望彼此都要开诚布公,能够取得实质性进展。

赵瑞麟:这次我们可以光明正大地谈,不会再是偷偷摸摸的行为。

内田良平:我会安排时间坐下来好好谈,赵先生也可以到处走走,参观、考察、观光,我会派人为你服务。

赵瑞麟:我听说中国留学生童长荣要向皇室捐赠中国的古典文献资料,我能否也参加一下?

内田良平:啊,有这事吗?

卓蓝:有这事,这套书我是转赠人,童长荣是所有人,我已经受到了皇室书库房的邀请了。

内田良平:这是好事啊,我陪你去。

一切布置停当,书籍捐赠仪式如期举行。皇宫的书库房门前,铺上了红地毯,大门前悬挂:方以智(密之)先生《通雅》捐赠仪式。皇宫门口,出现了大批警察,对每一个人进行检查。

牧野伯爵和床次乘车接受检查后放行。吴志杰驾车带着童长荣、蔡老板到了皇宫门口,被拦,检查了出入证,要求徒步进入。吴志杰和车辆被拦在了皇宫外。

童长荣手上抱着木盒子和蔡老板一路走来,后面两个警察紧跟在两边。两人边走边密切观察周围地貌,并默念脚下的脚步数。

走到捐赠仪式现场,他看到了木次郎、小日向已经带着大批的警察围住了现场。林悦在现场拍照。

山下勇接过童长荣的木盒子,郑重地放到横幅下的条桌上。内田良平的车子开到现场,赵瑞麟和卓蓝下车。

牧野伯爵、床次、童长荣、卓蓝、蔡老板和山下勇站成一排。赵瑞麟、内田良平在旁边观望。木次郎、小日向的眼睛时刻在童长荣、卓蓝身上盯着。

受牧野伯爵的委托,床次主持了捐赠仪式,他往前一步,朝嘉宾鞠躬。

床次:方以智(密之)大人《通雅》捐赠仪式现在开始。首先介绍,童长荣,方大人一书的所有人,也是捐赠人。

掌声中,童长荣向大家鞠躬,在他抬头的时候他看见了内田良平身边的赵瑞麟。

床次:卓蓝小姐,是此书的转赠人。

卓蓝往前一步,鞠躬。

床次:蔡先生是此书的出资人,出资额是1日元。

蔡老板往前一步鞠躬。大家报之以热烈的掌声。

床次:牧野伯爵是此书捐赠的见证人。

牧野伯爵往前一步鞠躬。大家鼓掌。

床次:有请捐赠人童长荣先生捐书,皇室书库官山下勇先生接受捐书。

童长荣和山下勇走到条桌前。童长荣揭开红布,双手捧起《通雅》,交给山下勇。两人共同捧书,合影留念。山下勇重新将红布盖好,放在条桌上。

床次:有请童长荣先生发表捐赠感言。

童长荣:尊敬的伯爵大人,各位嘉宾。感谢皇室书库帮助我完成了一个心愿,将方以智(密之)先生的《通雅》捐赠给日本皇室书库。方先生是对日本有重大影响的一位明末清初的大学者,号称是中国大百科全书式人物,深刻影响了日本近代思想的启蒙,具有开智和引领的意义。在座的各位都对方先生心存感激,高山仰止。今天的捐赠活动可以说是中日关系自甲午战争以来流淌的一股清流,我们在座的每一个人都要在这股清流中照照自己的灵魂,扪心自问,我为中日友好、世代和平做了什么。在这里,我可以正告各位日本朋友,中国人民是爱好和平的,但也绝不是任人宰割的民族,如果把中国人民的善良当成是软弱可欺,那就是大错特错了。

小日向高声地:童先生,捐赠就捐赠,你的话题扯得太远了。

童长荣:在这里我要警告日本的军国主义分子,好战必亡!我也要正告那些依附军国主义势力、卖国求荣、企图搞清朝复国的人,你们绝不会有好下场!

木次郎:够了,不要再说了。

内田良平阴沉的脸。赵瑞麟鼓起了掌。

童长荣:中日友好万岁!谢谢大家。

床次:捐赠仪式到此结束。

山下勇:童先生,我想请你参观一下书库。

内田良平、木次郎、小日向的眼睛一下子投向童长荣。

童长荣没有任何犹豫:谢谢,我还要赶回去上课,留待以后吧。

童长荣走过来与牧野伯爵、床次握手,与山下勇道别后,和蔡老板走出人群,朝皇宫外走去。

赵瑞麟:内田会长,我可以去书库参观一下吗?

卓蓝：机会难得，我也想看看。

林悦：我也想进去看看。

内田良平将眼睛转向木次郎：总监大人，你觉得呢？

木次郎：真是不好意思，现在对皇宫提高了警戒级别，你得到东京警视厅办理手续才能参观。

赵瑞麟深感遗憾。

 十六

罗栗文离开浮山后，秘密潜回了上海。大革命失败后，鉴于党组织遭到严重破坏，党员数量急剧减少，中央决定让他协助做组织工作并兼任中共江苏省委书记。

他拎着一个包来到多伦路，朝四周警觉地看了看，走进了春野书店。

李克农正在书店打扫、摆放书籍。

罗栗文站在柜台前，问这里有《老百姓》报吗？

李克农抬头一看，愣住了。

罗栗文亲切地：小伙子，你干吗这么看着我呀？

李克农笑了：《老百姓》报，有，这位先生里面请。

罗栗文随李克农走进里间。李克农倒了一杯水给罗栗文。

李克农：罗书记，你不认识我，我认识你，我还要感谢你把我从监狱里救出来了呢。

罗栗文：快说说，这是怎么回事？

李克农：罗书记，您在安庆组织学运活动，那时我也在安庆。

罗栗文：我怎么不记得有你。

李可农：我当时不在省立师范，我在《国民日报》副刊做编辑。

罗栗文：对对，我记得安庆各界都抓了人，你也是其中一个？看来我们是战友了。

李克农:罗书记,我记得有一个叫姜周的同学牺牲了。还有一位叫童长荣的同学特别有智慧,那时和您在一起。

罗栗文:是的,后来我和童长荣遭通缉后,到了上海,我们一直在一起。我从日本留学先期回来了,他还在日本帝国大学读书呢。

李克农告诉罗栗文,他已经接到通知,负责掩护一位领导,没想到是您,暗号都不用了。

罗栗文:谢谢你。来,跟我说说你的情况。

李克农这才想起要介绍自己的情况,他报了姓名,巢湖人。叙述来到上海的经过,上海是"四一二"发生反革命政变的,芜湖4月18日开始抓人,他和作家阿英因为事先已经打入青帮,及时获知情况,芜湖特支和共青团组织未受任何损失,这样他和阿英都到了上海。

罗栗文点点头:阿英的名字我知道,在文学上很有成就。

李克农:组织上的人都说,罗书记了不起,造了假名单,安徽的组织和同志们没有受到重大损失。

罗栗文:克农呀,这次蒋介石搞反革命政变,我们的损失到现在还无法估量,那么多优秀的同志都牺牲了,有的省党组织破坏殆尽,看到上海的报纸了吗?一些意志薄弱者排着队到报纸上登退党申明,我的心里在流血,你知道吗?

李克农:罗书记,我知道你现在工作的重要性,我会用生命来保护好您的。

罗栗文:克农,我要工作了,请你替我看好外面。

李克农点点头,走了出去。

罗栗文从包里掏出一份大革命失败后我党组织状况报告,看着看着,眼泪纵横,他痛苦地放下材料。材料显示,到目前为止,全国就剩下1万多党员了。他在屋里来回走动,暗地里下着决心,一定要保护好这些革命的种子,不能再受损失了。

罗栗文从里间走了出来,让李克农抽空去买最近几天的《申报》。

李克农答应着,说我这就去。

罗栗文回到里间,自言自语,童长荣、王舒你们可都是万分之一,可要好好保护好自己呀,我们再也没有牺牲的本钱了。他想看《申报》,是急需了解童长荣的回复,此时,他需要童长荣在他身边。

李克农买回了《申报》,他仔细搜索,在报缝里看到了童长荣刊登的广告,他明白了字里行间的意思,暂时回不来。他陷入了沉思,童长荣回不来,绝不是因为学业,随时听从组织召唤是组织纪律,是政治规矩,童长荣有这样的政治自觉。罗栗文判断,童长荣一定是遇到了什么重大的事情了,让他脱不了身,罗栗文必须要搞清楚。想了一会儿,他冥冥感觉到也许能在44号找到答案,一个人的影子从他的脑海里浮现了出来,这个人就是李卫。

罗栗文将李克农喊了进来,告诉44号有个叫李卫的人,并详细描述了他的模样,让李克农去跟踪这个李卫,还不能被他发现。李克农问跟踪这个人做什么,罗栗文说这个人喜欢喝两杯,他在酒桌上跟人说了什么话,你只管原原本本带回来就行。罗栗文告诉李克农李卫的住处,以及经常去的小酒馆。

李克农按照罗栗文提供的住址,很快找到了李卫的住处,确定了李卫的身份。事先来到了小酒馆,点了两个菜,一小壶酒。不一会,李卫就和两个黑衣人进了酒馆,在靠窗边的座位上坐下。

李卫说,一个人喝酒实在没劲,今番喊两个兄弟陪我喝酒,你们想吃什么就点什么,两个黑衣人连声说谢谢李卫兄弟,说吃什么不重要,受到兄弟抬爱比吃什么都香,李卫很高兴,说你俩小子会说话。酒菜上来后,李卫就和两个黑衣人喝了起来。

李卫一杯酒下肚,说这阵子闲得蛋痛,每天就等着这时辰呢。其中一位黑衣人说,赵科长去了日本,希望时间越长越好,没人管了,落个逍遥自在。另一个则说,听说卓蓝留在日本是执行重要任务,被日本人抓了,赵瑞麟是去日本捞人的。李卫点着筷子,喝酒就喝酒,别说这些好不好。两个黑衣人连忙站起来向李卫敬酒。

李克农将听到的内容向罗栗文做了详细的描述,罗栗文轻轻地说道,辛苦了,我知道了,你去忙吧。李克农出了房间,到店口打理去了。罗栗文立即判定童长荣与这事有关,卓蓝要执行重大任务,这个重大任务是什么?他不得而知,

但童长荣在广告里,有一个待字,说明这个任务正在进行中。

日本黑龙会里,内田良平、木次郎、小日向聚在一起。

小日向:童长荣在书库房大放厥词,我真想把他抓起来。

内田良平:这个活动你们有没有看出什么?

木次郎:我始终盯着童长荣的每一个动作,每一个眼神,没有看出有什么异常。

内田良平:我的感受和你一样,除了发表激进演说,没有什么破绽。

小日向:看他那一副愤青的表情,我敢断定他就是共产党。

内田良平:书库官山下勇邀请他参观书库的时候,我特别注意他的眼神和表情,没有一丝犹豫,眼神里也没有任何飘忽,就礼貌地谢绝了。卓蓝供认他是行动的策划者,到目前为止,只有中国的这几个人知晓《田中奏折》就在书库房里,为什么童长荣要兴师动众地搞一个捐赠仪式。这次捐赠是进去踩点的一个好机会,参观书库房更能熟悉路线,可为什么他在关键时候没有进去,这不合逻辑。

小日向:卓蓝的供述是不是让我们把注意力吸引到童长荣的身上。

木次郎:倒是赵瑞麟和卓蓝主动提出来要参观书库。

内田良平:这两个人的疑点已经开始上升,一个留在东京不走,还给我们演了一场苦肉计,赵瑞麟在节骨眼上赶来东京,来者不善。

小日向:还有那个女记者林悦似乎也很活跃。

木次郎:我很担心牧野伯爵、床次大人会不会做内奸。

内田良平摆摆手:牧野伯爵、床次大臣和首相大人同属政友会,只是政见不合,他们的想法就是要首相下台。但这两个人天性软弱,现在天皇全力支持田中内阁,他们只能忍气吞声,发发牢骚,今天为童长荣站台,也就是表达不满而已。至于要充当内奸,那就是犯了叛国罪,他们不敢。

小日向:还有那个蔡老板也不能忽视。

内田良平:蔡老板与童长荣都是狂热的爱国主义者,之所以让你监视进出口商行,我一直怀疑他和东北军有联系,他们是支持政友会的,要密切注意他们的资金流向。关东军炸死了张作霖,可能引发张学良的仇恨,他们也会有更大的动作。

木次郎:内田会长,这个"幽灵"到底是谁?

内田良平:现在可以判定,童长荣是"幽灵"行动的制定者,但未必是具体行动的执行者,卓蓝的供述是把我们的视线引向了童长荣,童长荣又主动搞捐赠,就是让我们把注意力放到他身上,其他人才会有机会。

木次郎:童长荣知道自己太引人注目,所以他充当了牺牲者的角色。

小日向:这么说来,童长荣就是假"幽灵",真正的"幽灵",是卓蓝?是林悦?是赵瑞麟或者是其他人?

木次郎:不管是谁?都是要在皇宫里取走《田中奏折》。

内田良平要求从现在起严密加强皇室书库保卫,不能给任何"幽灵"有可乘之机。

伊田家。王舒和童长荣坐在桌前,王舒认为赵瑞麟这个人自命不凡,你拿他当道具,他会跟着你的思路走吗?

童长荣说,我就是要利用他的性格,让他不知不觉地走进来。王舒询问童长荣,需要跟卓蓝联系吗?童长荣自信地说,她会找上门来的。话未说完,卓蓝已经来到伊田家门口。屋内,他俩听见了卓蓝的声音。卓蓝问美子童长荣在不在,美子说童先生在屋里,童长荣和王舒相视一笑,王舒朝童长荣竖起了大拇指。

童长荣轻轻地:我该出场了。

美子热情地将卓蓝让进了屋里。卓蓝望着童长荣,开门见山地说,赵瑞麟想见你。童长荣笑了,那好哇,既然他主动来了,就别怪我不客气了,人在哪里?

卓蓝对童长荣说,我能否有个请求,我们的目的是完成任务,现在不是打内战的时候。童长荣说行,那你就带我去见他。

童长荣随卓蓝来到町田街一个废弃的房子前,赵瑞麟从暗处走了出来。童长荣直视赵瑞麟,赵瑞麟避开了童长荣的眼睛。

童长荣:赵瑞麟,告诉我,这次反革命政变,你杀了多少共产党人?

赵瑞麟一笑:这个我还真的没数过,不过我很遗憾,罗栗文从我眼皮子底下跑了。童长荣,看得出来,你是要来找我算账的,你就说吧,今天,你想怎么处置我?

童长荣:别让我看到你这张脸!

赵瑞麟:童长荣,我从国内来,就是为了这件大事,我想你是明事理的人,请你放下恩怨,我需要你的帮助。

童长荣走到赵瑞麟跟前,朝赵瑞麟脸上吐了口唾沫,好你个刽子手,那就让我来帮助你。他一把抓住赵瑞麟,一拳打在了赵瑞麟嘴角上,赵瑞麟的嘴角顿时漾出鲜血。赵瑞麟抹去嘴角的血,反过来一拳打在童长荣的脸上。童长荣抄起地上的一根木棍,朝赵瑞麟狠命地打去,赵瑞麟闪到树后,木棍打在树干上,一折两段。两人都使出了拼命的招数厮打,不一会,两人的衣服都被扯烂了,脸上、手上、身上已经是道道血痕。

林悦跑了过来。千惠子在一家商埠前买东西,拿眼瞅着。

林悦焦急地:卓蓝,你怎么不去拉一下?

卓蓝冷眼看着:拉什么,这都是迟早的事,迟打不如早打。

赵瑞麟将童长荣打倒在地,童长荣从地上爬起来,抱起赵瑞麟,将他狠狠地摔倒在地上。赵瑞麟挣脱。童长荣顺势拿起一块石头,朝赵瑞麟额头上砸来,顿时血流如注,模糊了眼睛。赵瑞麟恼羞成怒,从身上掏出了一把匕首,朝童长荣左挥右砍,童长荣的肩上划出了一个长长的血口子。童长荣乘势抓住了赵瑞麟,去夺赵瑞麟手上的刀,可两人都已经精疲力竭,谁也制服不了谁,僵持中,赵瑞麟不胜臂力,被童长荣扭住,疼痛难忍,刀掉落在地上,被林悦踢到了一边,两人又开始互相拳击,都有着要置对方于死地的节奏和力度。

卓蓝仍在束手旁观,林悦愈发担心。

林悦:卓蓝,他们这是要往死里打呀。

卓蓝:你着什么急呀,心寒了?

两人变成了血人,终于体力不支,童长荣和赵瑞麟都倒在了地上。卓蓝这才动了一下身体,林悦,劳你大驾,帮我把人送到医院吧。

童长荣和赵瑞麟躺在同一个房间的病床上。两人的脸上都缠上了纱布。

赵瑞麟侧过脸：童长荣，你小子够硬啊。

童长荣：我还不想把你弄死！留着你还有点用。

赵瑞麟冷笑了一下：告诉我，这也是计划的一部分？

童长荣：这是我给你临时加的戏！

卓蓝和林悦进来，两人停止了谈话，各自闭上了眼睛。望着两人躺在病床上，林悦说，不该将两人放在同一个病房里，万一要是再打起来，可就要出人命了。卓蓝一笑，放心，他们现在连喘气的力气都没有了。

卓蓝和林悦来到医院楼下的花园里。林悦叹了口气，本来指望赵瑞麟来了，我们四个人联手，没想到事情怎么发展到如此的境地。

卓蓝这才指着林悦说，林悦，你真的不厚道，假传情报，害得我差点送了小命。林悦瞟了卓蓝一眼，你是借机生事，应该感谢我才是，不但糊弄了内田那一班人，还糊弄了我。你把我当傻子呢？内田良平、木次郎、小日向重兵布防皇宫书库房，这不是他们不打自招吗？

卓蓝叹了一口气，可关键时刻起了内讧，这事就难了。林悦对卓蓝说，你别把我当鬼啊，我知道你们都想把我排除在外。

卓蓝：专业的人做专业的事，你一记者不是我瞧不起你，就我在内田良平刑讯室里的九死一生，就刚才那种惨烈，这一关你能过得去吗？你告诉我，皇宫如此戒备森严，假如你是"幽灵"，你如何行动？我来考考你。

林悦：是啊，我想想，这须得人能进得去，东西能出得来，我想不出来。啊，童长荣有个"幽灵"行动计划，有把握吗？

卓蓝：我要告诉你的是，凡是童长荣想做的事，没有做不成的。

林悦：这可不是变魔术，说变就变。需要我做什么？

卓蓝说除了配合他，别无他法。林悦又问，怎么配合呢？卓蓝望着林悦，需要你的时候就通知你。林悦知道卓蓝是想要她离开，她没有理由留下来，只好说有事尽管吩咐，她离开了医院。

卓蓝望着林悦的背影，轻蔑地笑了一声，进了医院。刚准备上楼，却见童长

荣走了下来。童长荣说面对赵瑞麟,心里闷得慌,出来吐口气。

卓蓝想搀扶童长荣,童长荣摇摇头,说不用。

伊田助男的货车开进了医院,王舒、伊田兄妹带着水果来看童长荣,在院子里相遇。看到童长荣脸上缠满纱布,遍体鳞伤的样子,伊田助男张大了嘴巴。长荣君,你没事吧?童长荣说没事,谢谢你们来看我。美子心疼地望着童长荣,嘟哝着,这也太狠心了。王舒问赵瑞麟怎么样,童长荣一笑,比我惨多了,我留了他一条小命呢。卓蓝见没自己的事了,和大家打了个招呼,就进了医院。

一辆救护车开了过来,在几个人面前停了下来。车上的司机喊着伊田助男。伊田助男抬头见是古豆在和自己打招呼。

古豆:伊田君,你到医院来做什么?

伊田助男:我来看望我的中国朋友,待会儿我去找你。

古豆:我等着你。

古豆开着救护车走了。童长荣站住,望着白色救护车开到了医院大楼的后面。

伊田骄傲地对童长荣说,这也是我们的同志,叫古豆,一个支部的,经常在一起参加活动。童长荣陷入思索中,突然对伊田说,如果有一天我需要救护车的话,你的朋友愿意帮忙吗?伊田不假思索,都是革命的同志,没有任何问题的。童长荣自语,那就太好了。

经过几天治疗,童长荣、赵瑞麟痊愈出院。赵瑞麟在卓蓝陪同下回到了住处,千惠子迎了上来。

千惠子:吓死了,没见过这么拼命往死里打的。都是中国来的,还住在一条街,以后要和睦相处。赵先生,您受苦了。

卓蓝、赵瑞麟坐了下来。厨房里,千惠子在准备食材,一边干活一边在听赵瑞麟和卓蓝的谈话。

卓蓝:赵科长,你和童长荣谁也不服谁,你们必须要听我的。

赵瑞麟:事情办好后,立即除掉他。

卓蓝:我可不想再听到你杀人了。

赵瑞麟：妇人之仁，后患无穷。卓蓝，你要永远牢记一点，这小子跟我们不是一条道上的人。

卓蓝咳嗽了一声，赵瑞麟不再说话了。

林悦在阁楼上目睹了赵瑞麟和卓蓝进了租屋，随即下楼，坐到沙发上，还在琢磨着童长荣登的广告，为此她不厌其烦，写信给国内的专家请教，这才搞清楚了雍子和邵子是一个人，就是邵雍，北宋著名理学家。还搞清楚了河南辉县邵雍的住处叫安乐窝，行窝是安徽浮山的摩崖石刻，云窝则是武夷山石刻。只有一个人能将这三者联系起来，这个人就是方以智，推崇邵雍，在浮山书写行窝，在武夷山倡导三教同爱。童长荣在皇宫书库捐赠方以智的《通雅》。这安乐窝会是指书库房吗？待价，奇货可居，待价而沽，是否里面有交易，难道是有人要高价出售？如果是用金钱，只有丰源进出口商行的蔡老板有这实力。林悦这么想着，《田中奏折》除了窃取，会不会出高价买通获取呢。林悦觉得事情越来越复杂了。

直觉告诉林悦，蔡老板和丰源进出口商行不能忽视。她出了门，不由自主地来到东京帝国银行，因为她了解，商行的大笔资金都在这个银行里周转。

果然，到了银行门口，她就发现了吴志杰的身影，她悄悄跟了进去。

吴志杰走进经理办公室，将一张银票递给了银行经理。门虚掩着，林悦就在外面。

银行经理对吴志杰说，一下子要提现 10 万大洋，现在现金流已经受限，一下子筹不出许多。

吴志杰说，经理先生，我们这是要去北海道进货，对方要现洋，我们也没办法。丰源商行是帝国银行的老主顾，每年存入现洋不计其数，还望经理先生，看在老客户的分上行个方便。

银行经理考虑了一会儿，说这样吧，经济危机当前，银行巨额款项进出都要报日本金融监管部门审批。丰源进出口商行是大客户，多年来有着良好的合作。他和吴志杰商量，吴先生，你看这样行不行，我能做到的就是启动经理最高权限，在总部兑现 5 万块大洋，然后你到横滨分行再提现 5 万块大洋行不行？不过，我们发函过去，他们还要准备，你最早也得明天才能去提现。

吴志杰不胜感激,林悦闪身进了旁边的卫生间。看见吴志杰走了出去,她整整衣服,走进了经理办公室

银行经理:这位女士,有什么需要我为您服务吗?

林悦:经理先生,我想跟你预约,我要取一万块中国现洋。

银行经理:啊,对不起,我们正在为一个刚刚预约的客户提现,现正在调运呢。很抱歉,银行暂时拿不出这么多现洋来。

林悦:经理先生,我们公司可是刚从中国运来几船煤炭,急需要付清货款,工人们正在等着卸船。

经理:真的对不起,人家有约在先,我们只能按先后顺序。

林悦:经理先生,我们的煤炭可是横滨的灾后重建工作的急需物资。

经理:人家公司也是为港口建设服务的,这成片码头的物资,木材、钢铁、水泥都是他们提供的。

林悦:经理先生,假如不是震后重建费用,而是恶意套现,我要是提告警方,你知道这个后果吗?

经理:请女士放心,我们对外币的管理是严格审慎的,尤其是中国的货币,横滨警方仔细查验了,的确是项目急需使用资金。啊,请您留下联系地址,我们会跟您联系的。

林悦站了起来说那我过几天再来吧。经理热情送客。

其实林悦的一举一动,都在王舒的监视之下。他看见了林悦出门到电车站坐车走了,估摸一时半会儿回不来,准备立即采取行动。童长荣给王舒布置了一个任务,一定搞清楚林悦地下暗室里的秘密。

他摸到林悦屋子的后面,爬上二楼,轻启窗户,进入走廊,上了阁楼,揭开帆布,他看见了座式望远镜,他从望远镜里瞄了一下,伊田家和卓蓝住处尽收眼底。

王舒蹑手蹑脚地走进卧室,床头柜上,摆放着林悦采访的工作照。拉开抽屉,四处查看,并无可疑之处。他走进客厅,看见门上有根细线拉到门把手上,显然,林悦已经高度戒备了。

王舒走到地板前,蹲下来,仔细看着,然后戴上了手套,试图寻找缝隙。显然应该另有机关,他开始巡查周围,看见了墙上的一处开关,他按了一下,没有灯亮,接着又按了下,地板自动打开,露出一个梯子,直通地下室。王舒从梯子上下到了地下室,他打开手电筒,发现满墙挂着照片,有童长荣、卓蓝、赵瑞麟、蔡老板的照片,也有东京帝国饭店、咖啡厅、公园、车站、街头以及伊田家、丰源商行、书库房捐赠的许多图片。墙上有根电线通向屋外,他顺着这根电线,发现桌下有一个箱子,打开是一部电台。箱子里有个包,他拉开了拉链,里面有个密码本,翻了几页,里面夹着一张两人合影。

王舒大吃一惊,上面是林悦身着清朝皇室公主服装和内田良平的合影。他连忙将照片放进包里,拉好拉链,盖上箱子。王舒的手电筒在桌上搜寻,他看见桌子旁有一个香炉,里面是一些灰烬,他轻轻地拿起一张残片,放进了口袋。

王舒出了地下室,按了一下开关,地板慢慢合上。他朝窗外看了看,突然看见林悦正从町田街往小巷里走来。王舒赶忙上了二楼。

林悦开门,将门把手上的细线移开,进了屋子,将包扔到了沙发上,正准备坐下来,她似乎闻到了一股气味,一股男人的气味。她开始警觉起来,环顾房间四周,急忙上了阁楼,四处张望。王舒躲在死角处,大气不敢出。

林悦下楼,坐到沙发上,借着光亮,她看见了地上掉落的一根男人的头发,她捡了起来,拿在手中端详。她将头发放在一张纸上。然后打开机关,下了地下室,开灯仔细查看,地面细灰上留下了一枚脚印。林悦目光森森,在灯光下显得格外吓人。

黑龙会。内田良平办公室。内田良平询问小日向,听说童长荣和赵瑞麟打起来了?小日向汇报,是的,我去医院调取了两人的病历记录,伤势都很严重。根据千惠子报告,是赵瑞麟主动提出要见童长荣的,千惠子在街上也亲眼看见两人在打斗,还说卓蓝和林悦也在现场。

内田良平沉吟,赵瑞麟杀了很多共产党,又要寻求与童长荣合作,卓蓝撮合两人见了面,童长荣乘机对赵瑞麟出手,这一切应该属于情理之中。

小日向又进一步汇报,横滨警方对丰源进出口商行的 10 万现洋已经有了调查结果,确实是直接用于项目物资购买、中国船只的运输费和当地工人工资。不

过,林悦也在查丰源商行资金的流向。

内田良平淡淡地说了一声知道了。

伊田家。童长荣抬起头问王舒,你确定,照片上的另一个人就是内田良平。王舒说,我看得很清楚,完全可以确定。

童长荣拿起王舒拿起的残片,上面只有1组数字。童长荣立即译出这是个洽字,什么意思,洽谈? 接洽?

王舒说,这应该是抄写的电码,看后就烧掉了。

童长荣仔细查验这个残片,应该是右下拐角处,差不多到边了,说明电报内容很长,这么明目张胆地发电文,难道日本人不知道? 只有一点,林悦和日本人有勾结,甚至到了肆无忌惮的地步。

王舒询问下一步怎么做? 童长荣说,两个字,等待。什么都不要做,你上你的课,我该干吗还干吗。

王舒:那赵瑞麟不是急疯了吗? 卓蓝会不会觉得你是耍了她。

童长荣:这就是我要的结果,我还要让内田良平一班人成为无头乱蹦的苍蝇。啊,记住了,暂时也不要戳穿林悦这个脓肿。

王舒上学去了,童长荣走出了房间,看见伊田助男坐在客厅里,就问今天不去拉货了? 伊田说今天休息。

美子高兴地说:是我让他歇着的。我想和哥哥一起去海边看看。

童长荣:我也想去看看海。

伊田一听,非常高兴。

美子美滋滋地:哥哥开车,我们看看路上的景色,看看海,想着都美。

三人上了车,伊田助男开着小货车来到了东京湾的海边。伊田停好车,三人朝沙滩上跑来,踩着柔软的沙子。童长荣望着伊田兄妹在海边的沙滩上尽情地嬉戏,眼睛扫到了不远处,小日向带着几个人也下了车。他微微一笑。

童长荣和伊田兄妹坐在沙滩上,伊田兄妹唱着日本民谣:晚霞中的红蜻蜓,你在哪里啊。童年时代遇到你啊,那是哪一天? 提起小篮来到山上,桑树绿如茵,采到桑果放进小篮,难道是梦影? 十五岁的姐姐,嫁到远方,别了故乡久久不能回,音信也渺茫,晚霞中的红蜻蜓呀,你在哪里呀? 停歇在那竹竿尖上,是那红蜻蜓……

歌声优美动听,场面温馨感人。这令童长荣想起了家乡,想起了何坤宜,幻想何坤宜提着小篮采桑的情景。童长荣含着笑,望着兄妹俩,眼里却有了泪。

远处海浪声,海鸥声。兄妹俩停住了歌唱,望着童长荣。

美子:童先生,你想家乡了?

伊田:难道是我们的歌唱,让你有了乡愁?

童长荣笑笑,你们唱得真好,我的眼前仿佛出现了一幅美丽的画,人们自由地生活,快乐地歌唱,真的是让我感动了。

伊田听到童长荣这么一说,也被触动了。美子说,小时候,哥哥常带我到海滩上玩,哥哥就教我唱《红蜻蜓》,童年的生活很美好,无忧无虑。自从父母过世后,我们就再也没有来到海滩上了,今天听哥哥再唱这首歌,我真的好感动,我又像回到了小时候……

在医院分手后,这些天童长荣像是没了声息,这令赵瑞麟处在隐隐不安中。卓蓝无所事事,在屋子里空转,眼睛不时地朝外看着,她希望看见童长荣的影子,可街上空荡荡的。

千惠子将屋里收拾得干干净净,卓蓝虽然知道这是内田派来监视的,看见千惠子兢兢业业一丝不苟的样子,还是有些不好意思。

卓蓝将千惠子拉到沙发上坐下,让她歇会儿。千惠子连声对卓蓝表示感谢。

卓蓝:千惠子小姐,上次的事,我们未能保护好你和戴先生的隐私,我们要向你道歉。

千惠子:说起这件事,后来我才听说是那个童长荣密谋的,我真的要谢谢赵先生为我出了一口气。内田先生真是抓错了人,应该抓他而不是你。我这么说,你恐怕不高兴了,我看你挺喜欢他的。

卓蓝淡淡地:没有,任何人都是利用关系。

千惠子:我看出来了,你和赵先生才是天作地合的一对。

卓蓝:也没有。

千惠子:别瞒我了,你们经常在一起,关在房间里,一说就一个半天,男女之间,日久生情,我看得出来。

赵瑞麟走下楼梯,喊着让卓蓝上去一下。千惠子暧昧地一笑,你快去吧。

卓蓝上楼,走进赵瑞麟房间。千惠子一边擦洗,一边警惕地听着楼上的声音。不一会,就听见了楼上激烈的争吵声。

赵瑞麟:你就这么让我整天待在房间里吗?无所事事,我都快透不过气来了。

卓蓝:你能不能耐心一点。

赵瑞麟:等待等待,这小子是拿我们当猴耍呢。

卓蓝:赵瑞麟,你才来几天?就一副急火上房的样子了?你能不能小点声。

赵瑞麟:卓蓝,我告诉你,你别忘了,我是你的上司。

卓蓝:在这里,你屁都不是。告诉我,你来到日本之后,你做了什么,就是跟童长荣打了一架。从现在起,你和童长荣都必须听我的。

赵瑞麟无可奈何,闷闷地坐在那一言不发。

童长荣和伊田兄妹在海边玩得很尽兴,小日向带人也跟着蹲守了一天。临近傍晚,海边一片绚烂,夕阳晚霞中的海泛着金色的细浪,美子恋恋不舍地上了车。他们一路看着晚景,童长荣情不自禁地哼唱《红蜻蜓》,三个人一路唱着回到了城里。

小日向的车子远远地跟在后面监视着。

童长荣对美子说,我要和山下先生见面。美子说,明天我和山下先生在小树林等你。

童长荣转身对伊田助男说,找个隐蔽处,我要下车办个事。伊田助男加大了马力,迅速拐进了一条岔街的小巷口停车,童长荣跳下车,猫着腰,躲到了一处障碍物后面。伊田开车带着美子继续前行。童长荣探出头,看见小日向的车子跟着开了过去。

吴志杰的车子准时开了过来停下，童长荣钻进了车子。

吴志杰告诉童长荣，按照你的吩咐，已经追踪到了三个誊写工，现正在小酒馆里喝酒。童长荣说，我要去看看。

吴志杰将车开到小酒馆前停下，两人进了小酒馆，在三个誊写工斜对面坐了下来。吴志杰轻轻告诉童长荣，靠在窗边的那个高个子叫奈川，是誊写工的负责人，瘦削脸叫渡边，说话阴阳怪气的，奈川对面的叫松岛，观察了几天，发现这个松岛可以利用。

童长荣一边瞅着，让吴志杰说说可以利用的理由。吴志杰说，经过了解，松岛是个单身汉，牢骚满腹，嫌书库房待遇太低，有不想再干的意思。

两人点了几个菜，边吃边听着他们的对话。

渡边：说句骄傲的话，在这些誊写工里，就我的字体最工整，就像印出来的一样，是不是这个样子的，奈川君。

松岛：说什么呢？你一天才抄写几个册页？嗯！你在书库房才几天，就觉得自己了不起了。我都干了十几年了，你有什么资格说这话，我才是誊写工里抄得又快又好的人。

渡边：松岛君，你要这么说，我就委屈一下了。不然，奈川君怎么就请我们两个人喝酒呢？

奈川：不要比来比去，下班后喝点小酒，这才是最快活的时光。

松岛：奈川君，这皇宫有的是钱，为什么这么刻薄誊写工？这一个月的薪水，喝不了几顿酒。做了十几年的誊写工，背都抄驼了，还是穷得没法过日子。混到现在，连个老婆都没有。不瞒二位，我要是找到更好的工作，就把72号工服还给书库房，我不想再干了。

奈川：松岛君，可别说牢骚话。

松岛：我说的是真心话。等有了钱，我可以找个老婆，找不到老婆，我也要找个歌舞伎，尝尝女人的味道……

三人喝完了酒壶里的酒，渡边和松岛意犹未尽，说再来一壶。奈川说，今晚谁请呢，两人都缩了回去。奈川站了起来，说明天还要上班，早点休息吧。奈川

结了账,三人出了小酒馆,各走各的路。

童长荣和吴志杰上了车,一路慢悠悠地跟踪松岛,到了一处贫民区,见松岛来到一个破房子前,抖抖索索地开了门。童长荣和吴志杰下了车,拉起衣领,戴上了墨镜,来到松岛家门前敲门。

松岛酒喝多了,斜躺在脏兮兮的床上,听见敲门声,松岛惊醒过来,骂骂咧咧地开门,看了两个陌生人,又看看门前的车子。

松岛眯着眼睛:你们是什么人?

吴志杰指着童长荣:这是我们的老板,特地来找你。

松岛敬畏地望着童长荣:找我? 有什么事?

童长荣:我和你们的书库官山下勇先生是朋友,我们的公司急需找一个抄写工。山下勇先生推荐了你,说你是抄得又快又好的人。

松岛激动起来:山下君真是这么说的?

吴志杰:我们老板愿意付你十倍的工钱。

松岛如堕雾里:十倍? 不是开玩笑吧?

吴志杰掏出一沓钞票:这是预付款。如果不想去,我们现在就走。

松岛见到厚厚的钞票,眼睛都直了,抢过钞票:真的是天上掉馅饼了? 愿意愿意。

吴志杰:愿意的话,现在就跟我走。

松岛:可我还要向书库房请辞呢。

吴志杰:我们已经和山下勇先生说好了。你收拾一下,把工服和 72 号工号交给我,我们替你还给书库房。

松岛忙不迭地收拾着,将工服和工号交给了吴志杰,乐颠颠地跟着上了车,吴志杰连夜将松岛送到了横滨。

童长荣在路边叫了一辆人力车,回到了町田街伊田家。他把王舒叫到了自己的房间,说从现在开始,我们的行动开始进入倒计时。

王舒有些兴奋,问他有什么活。童长荣交代,我们从明天起,每天的任务就是上课下课,按时原路来回,不要有任何异常。王舒明白童长荣的用意,因为他们的一举一动都在小日向等人的监控中,卓蓝和林悦也都睁大眼睛注视着伊田家,他们必须要把这段日子过得刻板枯燥,稀松平常。

第二天一早,童长荣和王舒像往常一样到各自的学校上课。童长荣上午上了四节课,中午在食堂吃了饭,下午就进了图书馆,查找资料。临近傍晚,图书馆快要闭馆的时候,他悄悄地走到北门,叫了一辆人力车,径直来到东京帝国饭店前,下车后钻进了小树林。

美子和山下勇已经在林子里等候了。童长荣和山下勇并肩往林子深处走去。美子跟在后面,警惕地望着外面的动静。

山下勇:童先生找我,有事吗?

童长荣:山下君,听说书库房少了一个誊写工。

山下勇觉得奇怪:没有哇,书库房誊写工一个不缺。

童长荣:72 号,叫松岛,对吗?

山下勇:是有这么个人,是我们书库房里最好的誊写工。啊,想起来了,今天没看到他上班,有什么问题吗?

童长荣:从今天起,他就不来上班了。

山下勇:童先生,你是怎么知道的?

童长荣:我给了他十倍的价钱,他到别的地方上班去了。

山下勇:你这是?

童长荣:因为我需要向你推荐一个更好的誊写工。

山下勇迷惑地望着童长荣:童先生,你什么意思? 你要推荐谁?

童长荣不紧不慢地:我想推荐蔡老板到书库房里干几天活。

山下勇睁大了眼睛望着童长荣:童先生,你想干什么?

童长荣:我想请你帮助他,把《田中奏折》从你的书库房里抄出来。

山下勇吓得不轻:童先生,你的想法太大胆了,这不可能,我也不会让你们这样干的。

童长荣:山下君,你听好了,我这是给你们日本人最后的机会,也是助西园寺公望、牧野伯爵大人、床次先生一臂之力,只有将《田中奏折》公之于众,才能将田

中义一这些好战分子赶下台。

山下勇陷入极度的矛盾和恐惧中:童先生,原来这一切都是你的精心设计,一步步把我套进来的。这这,不不,太疯狂了!

美子走了过来:山下君,你既然是政友会的成员,就该为西园寺公望和伯爵大人出力才是,做男人就该敢作敢当,做他们不便出面的事,是到了政友会该出手的时候了。

山下勇望着美子沉静的眼神。

山下勇:这事万一败露了,那是要进监狱的。

美子:你要是进监狱了,我等你。

童长荣:山下君,我之所以一步步在布局,就是要确保你和蔡老板的绝对安全。

美子:童先生已经把黑龙会、东京警视厅、日本浪人的注意力吸引到自己和卓小姐身上了。

童长荣:山下君,他们做梦也不会想到要抄这份文件。

山下勇处在惶恐中,嘴唇不住地抖动着。

童长荣:山下君,你好好想想,这要是推翻了田中义一内阁,你就是新内阁的功臣,也是未来日本政坛上一颗冉冉升起的政治新星。

山下勇一时没了主意,定在了那里。童长荣说,如果你不愿意,可以立刻告发,我不会怪你的。山下勇连连摆手说,童先生,这事很突然,真的没有任何心理准备,我得好好考虑。蔡老板可千万别冒失到皇宫来。

童长荣:我会有细致的安排,不会这么冒失的。我等你的消息。

童长荣离开了小树林。美子挽起了山下勇的胳膊,发现山下勇浑身发抖。美子跟他说了些什么话,他完全没有听进去,也全然没有了约会兴趣。见如此,美子只好说些安慰的话,让他回去早点休息。

山下勇一夜无眠,内心挣扎了一夜,头昏脑涨,还是按时来到书库房上班。他走进誊写室,誊写工如往常一样誊写文件。

奈川走了过来,向山下勇报告,松岛已经两天没有来上班了。山下勇淡淡地跟奈川说,松岛已经向我辞职,他找到了新工作,不来上班了。

奈川骂着,这小子,前天晚上还在一起喝酒,原本以为他是说着玩的,没想到他真的辞职了。誊写工,一个萝卜一个坑,奈川对山下勇说,现在任务重,他那一份活就没有人干了,现在要想找一个好的誊写工,很难很难。

山下勇点点头,别着急,我会很快物色一个誊写工补上。

丰源进出口商行内。吴志杰将车子开进了院子里。从车上拎着一个袋子下了车,进了后面的房子。

蔡老板坐在沙发上,面前摆着一个账本。蔡先生见吴志杰进来,就问事情办得怎么样了。吴志杰说他已经连夜将松岛送到了横滨。

蔡老板:不会出什么差错吧。

吴志杰说已经交给松岛一大堆无用的材料,让他在仓库里抄写,派专人看着他。吴志杰又指着布袋,这袋子里装的就是松岛的工装、工牌。

蔡老板开始向吴志杰交代后事,他指了指桌上的账簿,说这几天把几个公司的账目盘了一下,万一出了事,全权委托你处理。除了留下流动的资金外,剩下的钱分批一部分汇到国内去,一部分汇到台湾去,将来有机会,他准备回到国内做实业,如果不给我这个机会了,你就把它全捐出去。

蔡老板将账本递给了吴志杰。房间里空气仿佛像凝固似的,吴志杰感受到了一种生离死别。他拿着账本,仿佛很沉很重,但还是故作轻松地说,行,我先替你保管着。

蔡老板说,我不是舍不得这条命,为国捐躯,命不足惜,我是怕任务完不成啊。吴志杰明白此时所有的话都是多余的,只好转移了话题。

他掏出了一封信,递给了蔡老板:童先生委托查阅林悦身份的事,帅府已经派人查清楚了。

蔡老板接过信,坐下来,戴上眼镜,认真地看着,信中写道,已查明林悦即爱新觉罗·毓怡,又名金毓怡。自幼由叔父熙洽收养。熙洽现正在为清朝复国、溥仪重新登上王位在竭力奔走……

　　蔡老板放下信,轻言道,怪不得她对商行这么感兴趣呢。他让吴志杰将这一重要信息立即告知童先生。

　　直觉告诉林悦,自己的身份可能因为自己的疏忽已经败露,她很后悔,不该将那本《苦闷的象征》摆在茶几上。她决定采取行动,到东京帝国大学去找水谷教授。

　　水谷教授正在桌前写字。林悦走了进来,将门关上。

　　林悦:水谷教授,你还认识我吗?

　　水谷:你,新垣里美,你不是回国了吗?什么时候到东京来了?

　　林悦:是啊,我回来了,我很想念厨川白村先生,可先生已经不在了,我就只好来看看先生的助理水谷教授了。

　　水谷:谢谢。新垣里美小姐对厨川先生十分崇拜和敬仰,令人感动,我也十分想念他。

　　林悦:水谷教授,我想问一个问题,童长荣有没有打听过新垣里美的事。

　　水谷警觉起来:你问我这个干什么?

　　林悦:我需要知道。

　　水谷:我,不记得,好像没这个印象。

　　林悦:水谷教授,你想撒谎,可是你的身体很诚实。你想好了,是告诉我呢还是准备隐瞒。

　　林悦拔出了枪,将水谷教授的头抵在了桌子上。

　　水谷教授:你,胆大妄为,就这么对待老师?你敢开枪吗?

　　林悦打开了保险:你以为我不敢,告诉你,杀了你,就像宰个鸡一样容易。

　　这时外面有人敲门喊:水谷教授,我可以进来吗?

　　林悦匆忙收起枪,威胁水谷教授,我还会再来的,你要是告诉童长荣,你就死定了。

　　林悦匆忙离开了水谷教授办公室。

　　就在林悦去找水谷教授的时候,童长荣正在帝国大学门外吴志杰的车子里看吴志杰带来的信。童长荣终于明白熙字的意思,看来是这个熙洽在向她发号施令。

吴志杰说这个女人的嗅觉很灵敏,对我们的行动是一个很大的威胁,又说蔡先生已经做好了准备,希望早点开始行动,免得夜长梦多。

童长荣请吴志杰转告蔡先生,条件尚不成熟,听着,最近几天不要见面,等待暗号行动。童长荣刚准备下车,看见林悦正从学校大门口出来。

林悦到学校来干什么? 童长荣并没有往深处想,想着要和水谷教授去神田参加活动,来到办公楼去找水谷教授,推开门,看见水谷教授还在惊恐中。

童长荣一惊,问水谷教授,是不是那个新垣里美找你的麻烦了?

水谷教授点点头,说是的,她在逼问我你是否向我打听新垣里美的事,还拔出枪来威胁我,要是说出去了,就让我从这个世界上消失。

童长荣一笑,水谷教授,她下次要是再来,你就明确告诉她,童长荣对她的背景已经一清二楚,新垣里美已经没有任何秘密了。

水谷教授瞪了童长荣一眼,我难道是怕死的人吗? 童长荣一边安慰着水谷教授几句,一边搀扶着他下楼,走出校门,来到公交站,等候公交车。卓蓝走了过来。

卓蓝:童长荣啊童长荣,你学习很用功啊。

童长荣:那是,东京帝国大学的毕业证可不是好拿的。

卓蓝:你倒是悠闲呀。

童长荣一笑:你难道不是吗? 和赵瑞麟整天卿卿我我,那小日子过得,美滋滋的,还有黑龙会的高级佣人打理,我真是羡慕啊。啊,找我有事吗?

卓蓝狠狠地盯了童长荣一眼,大声地:我告诉你,赵瑞麟要把我逼死了!

童长荣:这跟我有关系吗?

卓蓝:咦,你这人怎么这么说话? 我们的行动计划,你不会把它忘了吧?

童长荣:哎呀,难啊,这得寻找合适的机会,现在条件不允许,看来要做长期打算了。

卓蓝:童长荣,你让我做的,我都做了,差点没被黑龙会的人打死,你就这么

一句话,就把我打发了?

童长荣:那你要我怎么办?

卓蓝:我不管,从现在开始,你到哪里,我就跟着你到哪里。

童长荣说,我要陪水谷教授去神田参加会议,你也去吗?

巴士来了,童长荣搀着水谷教授上了车,卓蓝也跟着上了车。

巴士在街上行驶。卓蓝望着窗外,又看看童长荣,童长荣一副漫不经心的神态。水谷教授望望卓蓝,又看看童长荣。童长荣不做介绍,水谷教授也就不好再问。

卓蓝:你去神田干什么?

童长荣:参加日本工农艺术家联盟活动。这是日本进步作家的活动,你不会把我们都出卖了吧。

卓蓝十分不满地瞟了一下童长荣。

到了会场,童长荣和卓蓝找了个位置坐了下来。

水谷教授走到台前,开始讲话:我们工农艺术家联盟和无产阶级文艺联盟、前卫艺术家联盟已经达成共识,组成全日本无产阶级艺术联盟,各位还有什么新的意见?

众人在下面举起杯子:纳普!纳普!纳普!

童长荣向卓蓝介绍水谷教授,这就是我的文学理论导师水谷教授,致力于无产阶级文学的研究。林悦刚刚去了水谷教授的办公室,还拿枪威胁他,不准说出她的秘密。我还可以告诉你,林悦是最接近摸清我的底牌的人。

卓蓝:这就是你磨磨蹭蹭的原因?

童长荣:也不全是,她只是威胁之一。走,我们出去说。

童长荣和卓蓝走到了院子里。

童长荣对卓蓝说,林悦知道自己已经暴露了。

卓蓝:那她很可能会孤注一掷,干脆我们就把她除掉。

童长荣摇摇头:还不能除掉她!

卓蓝:为什么?

童长荣:我判定她不敢把自己暴露的信息和掌握到的一些线索报告给内田良平。

卓蓝:这又是为什么?

童长荣:有一点我可以确定,她想得到《田中奏折》的内容。

卓蓝:我明白了,《田中奏折》就是满蒙政策,这些与日本狼狈为奸的汉奸投降派想及早知道内容,好跟日本人讨价还价,谋取自己最大的利益。

童长荣:对,她应该是在等待机会,她唯一的机会就是乱中取胜。

卓蓝:童长荣,你能不能告诉我你的全部行动计划?

童长荣:不能! 记住你的任务,要让内田良平确认你就是"幽灵",你把这个角色演好了,你的任务就完成了。

卓蓝问童长荣,她能否把这些告诉赵瑞麟,童长荣说不能。卓蓝说赵瑞麟可能等不及了,童长荣笑了,他可以另起炉灶嘛。

 十七

黑龙会,内田良平办公室。内田良平在听小日向对几个中国人的情况反馈。

小日向报告,最近几天,童长荣参加了一次小林多喜二、宫本百合子作品讨论会,又跟着房东伊田助男跑了一天的货,与装卸工交谈,发表了一些煽动性言论。到国立图书馆查了一次资料,是日文版《共产党宣言》的检索,不过,这些书已经明令禁止借阅。剩下的时间就在东京帝国大学和伊田家里。听说好像在写一部中国农村的小说。

千惠子反映,赵瑞麟和卓蓝也安静了下来,听不到吵架声了。他们很警觉,保持高度的戒备。在房间里一待就是半天,门是关上的。打扫房间的时候,发现桶里有大量的纸灰,千惠子判定他们在用纸条交流,然后烧掉。

小日向又汇报,丰源进出口商行最近没有陌生面孔进入。蔡老板这些天没有出门。

内田良平:可怕的宁静啊。暴风雨前往往就是这可怕的宁静。

内田良平在屋内踱来踱去，显得焦躁不安。

此时山下勇也处在不安的状态中，自从童长荣提出要求后，他既不敢答应，也不敢擅自回绝，在心里闷了几天。他考虑到了这件事的正面意义，诚如童长荣所说的，他将为政友会拨乱反正，成为新内阁的功臣，一想到这里，他就变得亢奋，情绪激昂。万一事情搞砸了呢？他不敢想后面的结局，情绪顿时又低落下来，唉声叹气。思虑再三，他还是向姐夫牧野伯爵报告了童长荣的计划。

牧野伯爵坐在那里，半天没有说话。山下勇躬着身体，垂手候立，不敢抬头。又过了一会儿，才听到牧野伯爵从喉咙里发出低沉的声音，你真的打算要帮他们这么做吗？

山下勇：我在等您的决定。

牧野伯爵：告诉我，你是怎么想的？

山下勇：这是政友会的机会。错过了这个机会，政友会往后就偃旗息鼓了。

牧野叹了口气：我大日本弹丸之地，须有纵深腹地，田中义一内阁扩张主义思想和积极政策并没有错，我之所以反对，并不是他对我的轻视，我们之间并无个人恩怨。现在是什么时候，国内笼罩在经济危机下，经济惨淡，田中内阁想要用战争来摆脱这不利的局面，这是很危险的。甲午战争，我们打败了中国军队，看似占了中国人的便宜，壮大了自己，却引来了日俄战争；我们打败了俄国沙皇，现在带来了什么，出现共产主义苏联国家。现在的中国已经不是甲午时期的中国了，中国的民众已经觉醒了。如果武力侵犯中国东北，可以想象，俄国必然介入，这两个大国要是联合起来，最后的结果是什么？日本必败，中国大陆就会和俄国一样，又会出现一个新的国家，这两个新兴国家将来联手对付日本，我们最后不是灭国，就是只能缩在岛上，永无出头之日。

山下勇：关东大地震，日本损失惨重，现在又爆发经济危机，银行倒闭，国库亏空，老百姓生灵涂炭，我们没有战争的本钱。如果加征税赋，只会激发国内矛盾，后果不堪设想。伯爵大人，你下决心吧。

牧野伯爵：你觉得有把握吗？

山下勇：我已经悄悄做了安排，就等您的决定。

牧野伯爵:你考虑过此事万一败露的后果了吗?

山下勇:万一败露,与您无关。我就切腹自杀,以谢国人!

牧野伯爵:再等等看吧,我和床次大人再商量商量,不到万不得已,不要铤而走险。

山下勇:明白了,暂不回绝,也不答应。

一直没有等到山下勇回音的童长荣也处在焦急不安中,赵瑞麟更是一筹莫展,只有林悦在冷静地观察伊田家的一举一动。

临近傍晚,童长荣准备有意识地在町田街上露个面,出门时,他吩咐美子,从今天开始门口的红灯笼开始亮两只,美子点点头。童长荣走出伊田家,回头望望,门口有两只红灯笼已经亮起来了。

林悦从望远镜里看见童长荣从伊田家走了出来,来到了町田街上,不像是要到哪里去的样子。赵瑞麟见童长荣在路上闲逛,匆匆从屋里走了出来,卓蓝怕两人再起冲突,跟了出来。

林悦见赵瑞麟去找童长荣,匆匆下楼,也来到了街上。

童长荣在街上转了一个来回,他感觉到了赵瑞麟就在自己后面,故意加快了脚步。赵瑞麟喊了一声站住。

童长荣站住,回过身来,望着赵瑞麟。卓蓝站在旁边。

赵瑞麟:童长荣,现在你必须告诉我你的所谓"幽灵"行动的全部计划。

童长荣望着赵瑞麟:卓蓝没告诉你吗?

赵瑞麟:你小子在糊弄我?

卓蓝:你们不要再争再吵了,好不好?从现在起,你们必须听我的。

童长荣一笑:好,我听你的,我们不争不吵。

赵瑞麟态度缓和下来:行行行,那你先说。

童长荣看了看四周,街边一些乞丐、小摊小贩模样的人在周围游走。

童长荣:赵瑞麟,你不是要"幽灵"行动计划吗? 我可以告诉你,卓蓝故意色诱木次郎,目的是让自己被抓,上演苦肉计,供出我是"幽灵",接着我又去皇室书库房搞了一个捐赠仪式,一是侦察地形,二是进一步坐实我就是"幽灵",吸引他

们的注意力。

赵瑞麟:别跟我说这些,我都知道。你往下说。

童长荣:下一步就是瞅准机会,创造条件进入皇宫盗取那份文件。

赵瑞麟:告诉我,怎么进入?

童长荣:进入有两个方案:一是夜里潜入,二是明入。

赵瑞麟:怎么潜入?

童长荣:从护城河潜游进入。

赵瑞麟:什么叫明入?

童长荣:你和卓蓝跟内田良平熟悉,申请参观,他们会同意的。卓蓝可以乘机隐蔽在书库房里,换上清洁工的服装,晚上行动。

赵瑞麟:那书库房里钥匙怎么取得?

童长荣:我已经跟踪了管钥匙的那个奈川一段时间了,钥匙就在他身上,寸步不离。他每天晚上在一个小酒馆里喝酒,这是你们下手的好机会。

赵瑞麟笑了起来,突然用枪抵住了童长荣。

赵瑞麟:童长荣,谢谢你为我们做了大量的工作。我杀一个共产党也是杀,杀一百个也是杀。你很不幸,我很抱歉,只能让你的"幽灵"在东京的上空游荡了。

卓蓝:赵瑞麟,你想干什么?

赵瑞麟:我们已和共产党结下了死仇,今日不除,日后大患。

童长荣:那你就开枪吧。

卓蓝在准备扑过来的一刹那,屋顶上一块砖头砸了下来,赵瑞麟本能地一闪,童长荣飞身离去。卓蓝飞扑到赵瑞麟身上,和赵瑞麟一起倒在地上。

赵瑞麟推开卓蓝,朝童长荣的方向追去。卓蓝爬起来,也追了过去。童长荣和赵瑞麟追逐,林悦的影子不时闪现。

暗处,林悦一把拽住了童长荣:跟我来!

童长荣和林悦在町田街左奔右突。赵瑞麟前后堵截。卓蓝来回奔波。林悦带着童长荣,绕了几个弯子,来到自己住处,她打开门,急速开启地下室,让童长荣跳了下去。稍后,赵瑞麟和卓蓝追到了林悦门前。

林悦:哟,是赵先生和卓蓝呀,在追什么呀?

赵瑞麟将枪抵住了林悦:我在追共产党童长荣,我看他跑你这儿来了,

林悦:赵先生,那你搜呀。我可告诉你,这是在日本,我就是私藏了共产党,你们国民党也管不着。

卓蓝一把夺过赵瑞麟的枪,将枪对准了赵瑞麟。

卓蓝:赵瑞麟,我告诉你,你要是动了童长荣一根汗毛,我立马喊警察来,把你抓进去。

赵瑞麟无所发泄地走了出去。卓蓝盯住了林悦。

卓蓝:童长荣呢?把童长荣交给我。

林悦:你这个人很新鲜,难道是我藏了童长荣吗?

卓蓝不听林悦解释,楼上楼下找了一圈,并未发现童长荣的踪迹。

林悦望着卓蓝气喘吁吁的样子,不紧不慢地说,你想保护童长荣,最好的办法就是把赵瑞麟的枪收起来。请你告诉赵瑞麟,这里是日本,不是上海滩,容不得赵瑞麟胡作非为。卓蓝收起枪,朝林悦冷冷地看了一眼,转身离去。

见卓蓝离去,林悦打开机关,童长荣从地板下钻了出来。

林悦含着笑:童长荣,欢迎你参观我的地下室,怎么样,觉得不错吧。首先映入你的眼帘的就是满屋的照片,我把你的活动都全程忠实地记录了下来,这将是你人生美好的回忆。你肯定还看到了我的电台,你会疑惑,一个记者要电台干什么?

童长荣掏出了枪对准了林悦:坐下。

林悦顺势坐下:尊敬的童先生,我很佩服你,我把枪藏在最隐秘的地方,你都找到了。我的地下室对你已经没有秘密而言。说实在的,本来我就准备对你开放这个地下室。

童长荣把枪顶到林悦的头上:你给我老实点。

林悦:我说童长荣,你这样就不对了,我把你从赵瑞麟的枪口下救了出来,你不但不感恩,还恩将仇报,当然,我俩之间没有仇,我一直说,我对共产党持审慎

同情的态度。可你,你就是农夫与蛇当中的蛇。

童长荣坐到了对面:林悦,说说你的一切。

林悦:你不是把我的老底子都查了个遍了吗?

童长荣:我要你亲口对我说。

林悦:你最好把枪放下,枪里没有子弹。

童长荣从口袋里摸出一把子弹,一粒粒上进弹夹。

童长荣:别自以为是。

林悦:童长荣,我真佩服你,连我用什么枪你都知道。

童长荣:这有什么难,你在士官学校学习射击训练时,教练说你喜欢自带枪支,我已经让王舒查了记录。

林悦:童长荣,我不得不佩服你。看来,你连我穿什么内裤都调查过了。

童长荣:你别给我来邪的。今天你就慢慢给我说。

林悦叹了口气,认真地看了一眼童长荣,拿起了桌上的《苦闷的象征》:我承认,我在你面前还是嫩了点。在你第一次来到这里的时候,我没有将这本书收好,这是我的疏忽,让你发现了厨川白村先生的签名。你去找水谷教授,发现新垣里美就是我。水谷教授告诉了你,我的耳垂上有三个洞,你就让卓蓝和我一起去做头发,我做与不做,都能说明一切。

童长荣:我能欣赏一下你的耳垂吗?

林悦:我想我应该满足一下你的好奇心。

林悦掀开了头发,耳垂上有三个洞眼。童长荣退下了弹夹里的子弹,将枪还给了林悦。

童长荣:爱新觉罗·毓怡,金毓怡,很好听的名字。

林悦:于是你知道了我是清朝皇室的格格。既然是格格的身份,你自然会想到我们第一次乘船来日本时,我和高崎先生在一起。高崎的黑龙会的身份你不难查明,进而寻找我和日本人勾结的证据。你知道我在调查丰源商行的资金流向,故意让丰源的吴管家调用大笔资金,采取调虎离山的办法,诱我去调查。你派王舒进了我的地下室。我在我的地板上捡到了这根头发,还在我的地下室里找到了他的一枚脚印。

林悦在纸上拾起了那根头发欣赏着。童长荣则从口袋里掏出残片的一组数字给林悦看。

童长荣：我想请你看样东西。王舒在你的香炉里找到了这个数字，是熙字，通过调查，你的叔父就是爱新觉罗·熙洽。

林悦：我自幼失去父母，是叔父将我抚养长大。我上初中的时候，身体很弱，不能适应东北严寒的气候，叔父就将我送到上海读书，于是和卓蓝成为同学。

童长荣：为什么要隐瞒在日本东京帝国大学读书和接受特工训练的这段历史？

林悦：叔父最大的理想是帮助溥仪恢复清帝国，这与黑龙会一拍即合。于是叔父让我一边学习，一边接受特工训练，目的是为将来的清帝国服务。黑龙会里的内田良平充当了我的保护人。这次以《申报》记者的身份来到日本的目的，主要是监视蔡老板与少帅府的秘密来往以及资助政友会的证据。后来的事，你我都清楚了，你搅黄了戴季陶来日本的计划，现在又在密谋盗取《田中奏折》。

童长荣：林悦，你为什么要充当日本人的走狗？

林悦：我没有。我恨日本人！

童长荣：说说理由。

林悦：后来我在无意中了解到父母的死因，是被日本人密裁的。因此，我必须要获得这份文件，目的就是要报复日本人。

童长荣：我能相信你的话吗？

林悦：童长荣，你做了一个很大的局，我能看得出来。所谓"幽灵"，让自己演"假幽灵"，让卓蓝演真"幽灵"，真正的幽灵还未登台。你和赵瑞麟打斗，还有刚才的那一幕表演简直都到了以假乱真的地方，我配合得怎么样？

童长荣：胡扯八道！赵瑞麟就是想杀了我！

林悦：你知道那些乞丐、小摊小贩都是小日向的人，故意和盘托出计划，目的就是要让内田良平相信卓蓝就是真幽灵，然后你再实施另一个计划，这个计划你不会告诉卓蓝和赵瑞麟的。

童长荣鼓掌:你分析得很精彩。你为什么不把你凭空想象的分析告诉内田良平,把我抓起来?

林悦摇摇头:我告诉你我的过往,就是要取得你的信任,我也值得你信任。童长荣,你要知道,赵瑞麟、卓蓝才是你的真正敌人,我才是你的盟友,我希望我们能合作。

童长荣:这主意不错。怎么合作。

林悦:我配合你,立即向内田良平报告,坐实卓蓝就是真幽灵。

童长荣:然后呢?

林悦:你放手行动。得手之后,我们共享。

童长荣:有酒吗?

林悦倒了两杯红酒,两人共同干杯!

两只酒杯碰到了一起。

小日向匆匆赶回黑龙会,向内田良平汇报刚刚在町田街发生的一切。

内田良平在思索着:你说,童长荣说出了全部计划后,赵瑞麟对童长荣开始杀人灭口,关键时刻有人救了童长荣?

林悦走了进来:是我救了童长荣。童长荣发现了我的全部身份,我必须要这么做。

小日向怔怔地望着林悦,林悦朝小日向一笑你个流浪狗,对你的主子很忠诚啊,把我都看死了。

内田良平笑了,小日向终于明白过来,连忙向林悦表示歉意。

林悦:童长荣实在很难对付,我只能和盘托出,让他感受到我的真诚,我必须让他接受我。现在我确信,我已经初步取得了童长荣的信任。

内田良平:林悦,告诉我,童长荣是真"幽灵"吗?

林悦:他不是真"幽灵",这毫无疑问。

内田良平:那真"幽灵"是卓蓝?还是赵瑞麟?

林悦:内田先生,我一下子还无法做出判断,不过,我有个建议,不管谁是真幽灵。我们的重点应该是利用童长荣和赵瑞麟的不可调和的矛盾,去分化瓦解他们。赵瑞麟要杀童长荣,童长荣自然不会善罢甘休,必定要报复赵瑞麟,让他们发生内讧,这样所谓的幽灵行动才会胎死腹中,无法执行。

内田良平:很好的意见,我研究过中国人,就是一盘散沙,喜好窝里斗,这也是我大日本敢于吞并中国的原因,吞并之后,我们要对这个民族进行彻底的改造。不过,林悦,我要你去做他们的和解工作,我要将他们一网打尽。

林悦说,我会按照内田先生的意见去做的。

日本皇宫被护城河环绕。可见绿色的瓦顶、白色的墙壁建筑。二重桥、皇灵殿、宝殿、神殿、书库房尽收眼底。绿草如茵的广场,松柏苍翠。

木次郎带人沿着护城河巡查,探寻研究每一个可能下水的地方。岸边500米安排一个流动便衣,1公里安排一个固定便衣摊位,24小时轮番值守。

木次郎走到一个卖零货的摊位前,戴着帽子、穿着便服的便衣哈着腰向木次郎问好。检查完毕后,木次郎走进皇宫,沿着绿地向书库房门口走来。山下勇在门口迎接。

木次郎询问山下勇地库房的钥匙有几把,山下勇报告地库房的钥匙只有一把,在誊写组的奈川那里。

木次郎十分不满:这么重要的地方,钥匙怎么能放在一个誊写工手里?

山下勇:誊写工的工作是抄写最重要的典册文献,主要是考虑进出方便。如果您觉得不安全,我马上亲自保管。

木次郎让山下勇把奈川找来。奈川听到山下勇的叫喊,连忙跑了过来,向两人施礼问好。

木次郎让奈川把钥匙交出来,从现在起由他来保管。

奈川很为难地望着山下勇,这,这,那我们这活可就没法干了,地库房要随时拿进拿出。抄好一部分就要存进去,再拿一批新的出来。

木次郎说,没关系,这段时间,我天天和你们一起上下班,上班时到我这儿来领取,下班后你交还给我,这能耽误你的工作吗?

山下勇朝奈川白了一眼,还不快把钥匙交给总监大人。奈川无奈将裤腰上

的钥匙取下来交给了木次郎。木次郎拿着铜钥匙在手上掂了掂,又交还给了奈川,奈川有些疑惑,木次郎让他下班时将钥匙交到他手上。奈川接过钥匙,鞠躬谢过总监大人,匆匆走了。

山下勇:总监大人,辛苦了。我这书库房条件有限,没有吃的,也没有喝的,你整天干坐在这里,委屈你了。

木次郎:山下君,你这话什么意思?那你给我找个好吃好喝的地方?

山下勇稍加试探,木次郎果然上钩。

山下勇:总监大人,我真是早就想请你,只怕是……

木次郎:你知道总监大人的职责是什么吗?

山下勇:明白了,总监大人职责就是部署、检查工作的,现在工作部署完,也检查完了。

木次郎:山下君,你这个书库官不仅把书读熟了,也把人读透了。

山下勇:我这个书库官把一天的工作也安排完了。

木次郎笑了起来,山下勇也笑了。

山下勇和木次郎两人出了皇宫,走进一家料理店喝酒,你来我往,不一会就到了酒酣耳热之际。

木次郎:山下君,你知道为了这个奏折,有多少外国间谍在虎视眈眈吗?

山下勇:总监大人辛苦了。

木次郎:不得不防啊,只不过给你们的工作带来了麻烦,你要理解。

山下勇:应该的。我们全力配合支持您的工作,不当之处,还请多关照。

木次郎:不谈工作了。我们喝酒。

山下勇:这光喝酒,总监大人是不是觉得少了点什么?

木次郎:山下君,你这是在诱惑我吗?

山下勇大笑起来,木次郎也笑了起来。

山下勇:总监大人,我有一个好地方……

木次郎天性风流,果然立刻来了兴趣。

山下勇:才色俱佳,我看在东京找不出第二个了。

木次郎:山下君,你够朋友。

山下勇:总监大人,我们有的是时间不是吗?

两人笑了,酒杯碰在了一起。

山下勇也搞不清楚自己为什么要这样做,似乎有一种力量,一种出人头地的欲望驱使着他向着童长荣指引的方向前行,这是一个黑洞,似乎前面有一丝亮光。不管这个计划是否实施,他得做些铺垫,未雨绸缪,而木次郎这个鹰犬似乎是一道坎。他看准了这个人的软肋,将他控制住,玩弄自己的股掌之中也是一种乐趣,况且今后说不定还能用得上。

王舒拿着一沓《申报》,敲开了林悦的门,说是来还报纸。林悦让他进来,王舒走了进来,将报纸放到了茶几上。林悦突然捏住了王舒的脸,将放在茶几上纸上的那根头发拈了起来,要往王舒的嘴巴里塞。

林悦:你这个小蟊贼,居然打起我的主意来了。

王舒推开林悦的手,讪讪地笑了起来,说这个不赖我,是童长荣让我干的,你要找就找童长荣去。林悦说,今天我必须要惩罚你!王舒问那你怎么惩罚我?

林悦坐到了沙发上:替我捶捶背。

王舒:这么个惩罚呀,那我岂不是占了你的小便宜?

王舒走到沙发后,替林悦捶背。

林悦:小蟊贼,不许往歪处想。告诉我,雍子是谁呀?

王舒:我告诉你,是罗栗文先生啊。

林悦:我猜也是。这么爽快呀,是童长荣让你说的吧。

王舒:林悦小姐,听童长荣说,我们要联手行动,我还能对你有任何隐瞒吗?

林悦:小蟊贼,童长荣说过,小骗子用谎言骗人,大骗子用事实骗人,我算是领教了。

王舒说自己说的就是事实,到了你的地下室也是事实,骗了你什么?林悦懒得跟王舒理论,让王舒转告童长荣,她已经说服了赵瑞麟。冤家宜解不宜结,况且在海外他乡,还是放下恩怨。并说她晚上已经在町田街老地方订了餐,一起吃

个饭,请童长荣务必参加。

王舒嘟哝着,我给你捶了背,你也不请我呀。

林悦:小蠡贼,想得美,滚出去!

晚上,町田街餐馆里。四个人又坐到了一起。

林悦见童长荣和赵瑞麟都没有好脸色,慢悠悠地调侃着,我看你们俩就像是好斗的公牛。卓蓝补了一句,看来只有一个办法,把这两个都阉了。林悦一笑,可不能阉啊,我还要看他俩雄起,完成大业呢。今天我做东,给我个面子,你们两个人握个手吧。

童长荣故意在绷着,也是真实心理,不想和一个刽子手握手。

赵瑞麟:童长荣,今天我们既然坐到了一起,我就推心置腹地跟你说句话。现在国内大局已定,你跟着共产党走,就是死路一条。何苦呢,我看我们可以走到一起。平心而论,就你的才干,到了我们这边,你会前途无量。

童长荣笑了一声:是吗?

林悦:喂喂,给我一个面子,请你们平静下来。听我说,这桌上坐着我们四个人,现在,我有个请求,不谈谁跟谁走的问题,请你们务必放下你们的信仰、主义,完成一个目标,拿到文件,赞成不赞成。

卓蓝:林悦,你说吧。

林悦:我已去向黑龙会密告,卓蓝就是"幽灵"行动的执行者,他们基本上也确信卓蓝就是"幽灵"了。

赵瑞麟:童长荣,剩下的就看你的本事了。

童长荣站了起来:赵瑞麟,我倒是希望你把追杀共产党的本事用到正事上来,不同道,羞于与之谋。林悦,给你一个面子,我来了,对不起,我先走一步了。

童长荣扬长而去,三人面面相觑。林悦偷偷瞟了一下赵瑞麟,只见他的面部剧烈抽搐着,终于他把火发到了卓蓝身上,命令卓蓝今后不许再见童长荣,说完气呼呼地下楼去了。

第二天,赵瑞麟和卓蓝走进了黑龙会内田良平办公室。内田良平欢迎赵瑞麟、卓蓝的到来。

赵瑞麟开宗明义,今天来一是拜访内田先生,二是受戴先生委托就蒋先生和日方代表在庐山会谈后的想法做个交流。

内田良平:你先请。

赵瑞麟:戴先生首先要我向内田会长明确的一点就是,蒋先生充分照顾日本在中国的利益。但也毫不讳言,我们感到忧虑的是日本对华政策不透明,尤其是"东方会议"之后,各种传言甚嚣尘上,包括中国在内的亚洲邻国深深不安,这对两国的互信、两国关系的发展、贸易的往来、各种交流都是极其不利的。

内田良平:据我所知,日本对华政策是一贯的,没有任何改变,请你们大可不必担心。

赵瑞麟:我听说"东方会议"之后,田中义一首相向天皇提交了一份极其机密的文件,我们想了解一下情况。

内田良平:纯粹是子虚乌有。现在东京警视厅正在追查谣言的源头。初步判断是一些外国使馆和间谍联手策划的,目的是要搞乱远东局势。如有进一步的调查结果,我会及时向你通报。

赵瑞麟:谢谢。还有一件事,能否请内田会长跟东京警视厅通融一下,我们真的是想参观一下皇宫的书库涉及中国的收藏,据说很多都是中国故宫里没有的珍稀藏品。

内田良平:这个嘛,我来跟东京警视厅联系,尽量满足你的要求。

赵瑞麟和卓蓝站了起来。

赵瑞麟:十分感谢,告辞了。

内田良平与赵瑞麟、卓蓝道别。望着两人离去的背影,他回味着赵瑞麟谈话的内容,无非是三层意思,中国国内担心日本政策走向,追问"东方会议"内容,请求参观皇室书库。三层意思叠加到一起,意思很明确,日本对中国政策不透明,急切想了解《田中奏折》内容,并且目标已经指向了皇室书库房。他想到童长荣与赵瑞麟的不欢而散,看来赵瑞麟要舍弃童长荣,自己开始行动了。他微微一笑。

蔡老板一直在等待中,很是着急,就问吴志杰和童长荣是怎么约定的。吴志

杰说最后一次是在东京帝国大学外面见的面,并告知近些日子不再联系。暗号是伊田家门前的红灯笼,亮一只就是计划正在进行,亮两只表示计划受阻,三只全亮就是开始行动,三只全灭就是计划停止。吴志杰每天晚上开车在町田街外面转一下,站在高处远远就能看得见。

蔡老板:现在亮了几只?

吴志杰:一直是两只。

蔡老板:也就是说时机尚未成熟,计划受到了阻碍。

吴志杰:真是急人啦。

蔡老板:志杰,我们还是按照约定的计划时刻准备好行动。

吴志杰:我明白。我再把每个环节梳理一遍,确保万无一失。

卓蓝和赵瑞麟戴着墨镜,一副旅游者打扮,出现在护城河外的街道上,便衣掏出两人的照片比对。

卓蓝捡起地上的一块石头朝河中掷去,立即有便衣过来。

便衣:你们在干什么?

赵瑞麟:对不起,我们在打赌这护城河有多深。你能告诉我,这水有多深吗?

便衣:不知道。

一个便衣在卖着热饮。赵瑞麟和卓蓝走了过来,便衣警惕地望着。赵瑞麟和卓蓝喝着热饮显得很开心。

他们走到皇宫出入口处,卓蓝看见女性清洁工,掏出照相机准备拍照,立即被警察制止。

卓蓝故意地:我就觉得那清洁工服装很漂亮,干吗不让拍。

警察:不让拍就是不让拍!

卓蓝:算了,那我们走吧。

警察和便衣望着他们离开。

小酒馆里,奈川和渡边在喝酒。赵瑞麟和卓蓝款款上楼。小日向在暗中监视。

渡边:松岛这个讨厌的家伙终于走了。他从来就不把我放在眼里。奈川君,说句良心话,我是不是抄得比他好。

赵瑞麟和卓蓝在两人附近的地方找了一处位置坐下。服务生过来,赵瑞麟点菜。卓蓝的目光落在了奈川腰部的那一串钥匙上。

奈川:人走了,更不要比了。还是喝酒。

渡边:这家伙说他连女人都没碰过,真是让人笑话。

奈川:渡边君,誊写工要讲究个心静,那样誊写出来的字才沉稳。你不要整天盯着别人,把自己的事做好。

渡边:说的也是。年轻时,我也满怀抱负理想,期望坐在宽敞的办公室里,身边有漂亮的女秘书。可没想到我竟然做了一个默默无闻的誊写工,真叫人伤心。

奈川:经济危机,一片萧条景象,你能在皇室有份工作,就很不错了,知足吧。

渡边:说的也是。本来三人在一起喝酒,现在就剩下我们两个人了,是不是我跟你更亲密了。

卓蓝轻轻地:赵瑞麟,觉得哪一把钥匙是?

赵瑞麟:你没看皇宫吗? 全是青铜色的,锁肯定是青铜色的,小锁锁小门,大锁锁大门。

卓蓝:那地宫是大门还是小门呢。

赵瑞麟:日本建筑有中国文化元素,大门、正门是大锁,侧门内室是小锁。

卓蓝:没看到大钥匙。

赵瑞麟决定主动出击,他站起来和奈川、渡边打招呼。

赵瑞麟:听起来二位是在皇宫里当差呢,真叫人羡慕。

渡边:这有什么,我们经常能看见天皇、皇后散步呢。

卓蓝朝他们妩媚地一笑:哎呀,我们就上次捐赠《通雅》这套书进去过一次,真想好好参观一下。

奈川突然想起来了那天的情景,觉得赵瑞麟和卓蓝都很面熟。

奈川:啊,我想起来了,卓蓝小姐,你是这套书的转赠人,这位先生也在。

赵瑞麟报以一笑。

卓蓝:这么说我们认识。

奈川:记得记得。这套书我们已经按照最高级别收藏了,这是它应得的礼遇。

卓蓝:那我要谢谢你了,请您一定好好保管它。

奈川:一定的一定的。

卓蓝:真是缘分,明晚,还在这里,我请你们二位喝酒怎么样?

奈川:这,这,不太好吧。

渡边:奈川君,你就这么拒绝客人的好意,真是没礼貌,我替他答应你们了。

奈川和渡边站了起来。

奈川:那就谢谢了。

卓蓝和赵瑞麟站起来,起身离去。

拜访黑龙会,到皇宫侦查,到小酒馆和誊写工接触,既是童长荣透露的计划,也是童长荣暗中交代卓蓝必须做的。卓蓝想起童长荣的话,不管他们信不信,你都要把你扮演的角色戏份给做足了。赵瑞麟理不出个头绪,只好听从卓蓝的安排。可他这个人生性自负,他不相信,离开了童长荣就成不了事,回来后,他就把自己关在房间里,苦思冥想着。

山下勇在办公室里,接到了牧野伯爵的电话,他急匆匆赶到了姐姐家。

牧野伯爵:你去告诉童长荣,我决定取消这个计划。

山下勇一愣:我不明白。

牧野伯爵:田中内阁对外搞扩张,对内实行高压,民怨沸腾。他也无视议会,强行颁布治安警察修改法,这对议会是一个严重羞辱,枢密院的人已经开始上奏天皇了。

山下勇:枢密院的那一帮元老能影响天皇的决定吗?

牧野伯爵:河本大作的一包炸药炸死了张作霖,田中内阁也就到头了。

山下勇:这怎么解释?

牧野伯爵:河本大作主张用关东军解决东北的问题,而田中义一却幻想张作霖走投降主义路线。张作霖一死,张学良决定易帜蒋介石,这就宣告了他的政策的破产。对这件事,田中几次上奏天皇,前后矛盾,最后一次,甚至被天皇赶了出去,他已经失去了天皇的信任。

山下勇:这么说,田中首相下台的日子已经不远了。我们完全可以不用这么激进且冒险的手段。好的,我这就去把这事回了。

还是在那个小树林里,山下勇告诉美子,很对不起,牧野伯爵决定取消这个计划了,请转告。美子很是失望,回来只得向童长荣如实相告。

童长荣喃喃自语,什么,他们不想这么做了?

童长荣呆若木鸡,面无表情,他陷入了巨大的痛苦中。美子第一次看见童长荣露出绝望的神情,无言安慰,只有连声说抱歉。童长荣还是对美子表示了真诚的谢意。他觉得憋闷得慌,拉开门,不知不觉走到了野外的一片草地上。王舒闻听了消息,立即赶了过来,拉着童长荣坐了下来。

童长荣仰天长叹:这是天不助我。

王舒轻轻地:是啊,如果失去了山下勇的帮助,这个计划无法完成。你编造的明入和潜入计划都是扯淡,根本没有操作性。

童长荣:王舒,这道坎我们迈不过去了。

王舒:天无绝人之路。我不想看到童长荣也有绝望的时候。

童长荣朝王舒惨笑:行动失败了。王舒,你把赵瑞麟、卓蓝、林悦喊来,我在这里等他们。

童长荣一直坐在地上发愣。王舒带着卓蓝、赵瑞麟、林悦走了过来。

几个人看着童长荣一副失魂落魄的样子,正在诧异之时,童长荣站了起来:我很抱歉,我宣布退出这次行动计划,你们好自为之。

赵瑞麟一把揪住了童长荣:你小子这是在耍我们呢。

童长荣:你可以随便怎么处置我,与其今后当个亡国奴,还不如被你这个禽兽毙了,好歹还死在中国人手里。

卓蓝上前将他俩拉开:童长荣,到底发生什么了,能不能告诉我?

童长荣:不能,一句话,这事跟我没关系了。王舒,我们走!

童长荣和王舒走了。

赵瑞麟无所发泄:软蛋、脓包!

林悦:他这不是又在玩什么花样吧?

赵瑞麟走到林悦跟前,拿枪对准了林悦。

林悦:你这是干什么? 别拿我出气好不好!

赵瑞麟:你也不是什么好货色,你在充当日本人的走狗,在一步步诱着我们落入圈套是不是?

林悦:如果是这样,你和卓蓝早就被抓起来了。

赵瑞麟收起了枪,缓和了语气:林悦,我不管你是降日派,还是为了你的清朝帝国,我们需要你的合作。

林悦:你说怎么干?

赵瑞麟:重新制定行动计划。我就不相信,离开了童长荣,我们就束手无策了。我要让这次行动成为我职业生涯中的标志性成就。

赵瑞麟整整衣服,伸了一下脖子,用眼神平扫了一下卓蓝、林悦,大有一副舍我其谁的英雄气概。

伊田家。美子沉默寡言,静静坐在屋里。伊田助男望着妹妹,叹了口气,嘟哝着,我们想帮长荣君,可真的帮不上,山下先生的顾虑太多了,贵族的荣誉,奢华的生活,他不想冒这个险。水谷教授说过,无产者才是彻底的革命者,权贵是既得利益的人,他怎么可能和我们有一样的想法呢? 所以关键时刻,山下先生退缩了,这不奇怪。

美子听到这里,突然站了起来:哥哥,我要出去一下。

伊田:天都黑了,你这是,去找山下先生?

美子:哥哥,你刚才的话启发了我,我想再去争取一次。

伊田望着妹妹:那你要告诉山下先生,即使田中下台了,我们日本也要和邻国友好,非正义的行为都是要失败的,一定要说这句话。

美子:谢谢哥哥。

美子已经顾不了许多,一路打听着来到了山下勇府邸。尽管美子想象过山下勇的贵族生活景象,但眼前的这一片建筑还是让她目瞪口呆:高高的围墙里面,能看得见参天古树。寝殿主屋的屋顶高高耸起,东西两座副屋拱卫,褐色的屋顶显示着一种静谧的威严,让人心生敬畏。美子胆怯地走到大门口,朝门里窥望了一下,只见里面亭台水榭,绿草如茵,花团锦簇。立刻有家卫呵斥,干什么的!

美子立刻鞠躬,表明身份,要找山下先生。家卫这才细看美子,虽然是平民女子打扮,但容貌不俗,骨淑风清。有些疑惑,可也不敢耽搁,一路小跑到了寝殿,向山下报告有个叫美子的年轻女子求见。山下勇一听是美子来找自己,连忙随家卫来到门口。

美子看见山下勇,弯下腰:山下先生,冒昧打搅,对不起。

山下勇说,没想到美子来了,很意外,也很高兴,邀请她进屋,美子摇了摇头,说就几句话,就在外面说。

山下勇带着美子走出了小巷,来到一片空阔地带。

美子这才抬起头,以坚定的语气,沉着的眼神望着山下勇:山下先生,我是一个女人,没有什么见识。可哥哥跟我说,一切非正义的行为都是要注定失败的,我希望这世界没有战争,只有和平和美好。山下先生,我还想起了一点,你们这些贵族阶层都只是从权力之争上考虑,从不为老百姓着想。我想说得直接一点,我想让你帮助童长荣,其实就是在帮我们自己。

山下勇望着暮色中的美子,觉得很美,打心眼里喜欢。可他没有表达出来,只说美子说这话很有思想。其实山下勇在小树林里和美子分手后,回到家就一直处在矛盾和不安中,他似乎觉得回绝童长荣有些仓促,也有些草率,此刻他非常愿意听听美子的意见。

美子:山下先生,你想过了吗?中国有多少人,日本才有多少人。战争一旦爆发,要花去国家多少钱财,又有多少人到海外征战,你,还有我的哥哥都有可能上前线。战争没有赢家,只能给人带来无尽的伤害,无数的家庭都要被毁掉,双亲失去儿子,妻子失去丈夫,儿女失去父亲。我觉得童长荣这几个中国人是友好的,在我们家住了几年,我们有很深的感情,他们所做的一切我觉得都是这世界

的大道理。

山下勇点点头，说我也很感谢他，他让我认识了一个内心干净善良的美子，你的眼睛清纯如水，所以我第一眼就喜欢上了你。我上次说，与你相识是童长荣精心设置的陷阱，我要收回自己的话，向美子表示歉意。

美子笑了，说这里确实有巧合的成分，如果非要说是什么将童长荣和你、我安排在一起来完成这件事，也一定是上天的安排。皇天不负有心人，中国的这句话真是不错的。

山下勇用异样的目光打量着美子，他没想到柔弱的美子竟有一般女子所不能及的视野和胸襟，对美子轻言道，看来，美子是想做有心人了。

美子：山下先生，我也憧憬着未来美好的生活。我也希望我们在一起，生儿育女，终老一生，可这真的要和平安宁的世界。

山下勇内心很感动：美子，你有这份境界，真是让我感动。不过，我真的要好好想想。

美子：山下先生，我只是说出我内心的想法，你怎么做，那都是你自己的决定，我不能强迫你做什么，不做什么。

山下勇凝望着美子，突然紧紧地抱住了美子。

伊田家的门前依然亮着两只红灯笼。童长荣、王舒回到家，见伊田助男一人孤独地坐在那里。童长荣就问美子去哪儿了。伊田说美子去见山下勇了。童长荣笑笑，可还是谢谢美子为这事奔波。

童长荣此时已经冷静下来，他深知，获取书库房的密件，山下勇是关键。他得另想办法，从长计议了，一定要攻克山下勇的心理防线，看来只有从政友会内部寻找线索，能否找到突破口，他还毫无头绪。

三个人枯坐在桌前，等待美子回来。伊田说起了美子，童长荣和王舒静静地听着。

伊田抽抽鼻子，沉浸在往事的回忆中。美子小时候就喜欢跟在我后面，我到哪里她就跟到哪里。我们家里穷，可妹妹很小就很懂事，从不向父母提出什么要求。我在外面受人欺负，妹妹就把我往回拉，不让我跟人家打架。地震发生后，我就拼命往回跑,家里的破房子倒了,我扒啊扒,没人帮助我,终于把父母扒出来了,可父母已经没有了呼吸。我哭着从父母身体下面找到了妹妹,妹妹也差不多要死了,我把妹妹放在一块铺板上,她命大,又活了过来。现在妹妹知道什么是最重要的。

童长荣和王舒无限伤感,伊田揩了揩眼泪又继续说,我希望妹妹能找个好人家,不问穷富,只要诚实善良正直。我凭感觉,山下先生是真的喜欢美子的。

童长荣:山下先生虽然出身贵族,我觉得人不错,不是纨绔子弟。美子大难不死,必有福气。

伊田无限歉意,真是不好意思,这山下先生瞻前顾后,这是要让你的计划前功尽弃了。不过,别灰心,美子去找山下先生了,说不定山下先生还会改变想法。

童长荣此时已经释然,不能怪山下先生,他也尽力了,也谢谢美子。童长荣走到门口,望着亮着的两只红灯笼,他沉思着,把手伸向了开关,王舒看到了童长荣的这个动作,心里似乎一下子揪了起来,终于他听到了滴答一声。门前的两只红灯笼灭了。

吴志杰像往常一样,晚饭后开车出来转悠,在町田街不远的坡地上就能看见伊田家门前依然亮着两只红灯笼。他将车停在路旁,点着一根烟,再抬起头,突然看见伊田家门前一片漆黑,三只灯全灭了。他的心往下一掉,像是跌进了万丈深渊,他丢掉烟头,抱着头,瘫坐在地上。他知道,童长荣已经宣告计划失败,让蔡先生停止执行计划。他不由得悲从中来,脑子里一片空白。

童长荣关了红灯笼,正准备将门拉上,小巷里隐隐约约出现一个人影,是美子的身影。美子走到门口,童长荣将她让进屋里。

童长荣:谢谢美子,给你添麻烦了。

美子站在屋里,没有立即给童长荣回礼,似乎有个瞬间的停顿。三人望着美子。

美子静静地:童先生,王先生,我已经说服了山下先生。

王舒不敢相信自己的耳朵,童长荣笑了,伊田也咧着大嘴笑了。美子也笑了。

童长荣竭力压抑内心的狂喜,拉着王舒朝美子深深地鞠了一躬:谢谢美子了!

美子慌忙地:童先生,王先生,不可以这样的,我是应该的。山下先生还让我转告你,他晚上还要和枢密院、政友会的人在一起聚会,出来不方便,让你去军人俱乐部找他。

童长荣:美子你再说一遍。

美子一字一顿地:再说一遍,山下先生答应帮忙,让你去找他。

童长荣露出了笑容,对王舒说,把三只灯笼都点亮。王舒清脆地应着,将三只灯笼一起点亮了,红色的氤氲顿时在伊田家门口漾了开来,格外醒目。

远处的空地上,吴志杰坐了很久,才回过神来,心里不得不接受这个残酷的现实。他拍拍屁股,无力地站了起来,走向车子,打开车门,坐了上去,发动了车子,准备回去,又不甘心地朝伊田家瞟了一眼。突然看见了三只红灯笼全亮了,他不敢相信,他揉了揉眼睛,再仔细看了一会,真真切切,灯还是亮的,他的心跳出了嗓子眼,眼里涌出了热泪。

伊田家院子里,伊田高兴地发动了小货车,将童长荣送到军人俱乐部与山下勇见面。

小酒馆里,奈川和渡边等待卓蓝和赵瑞麟,始终没有见到人影。渡边有些气恼,这两个中国人说话不算话,把我们给骗了。奈川说,也不能说是人家故意骗我们,能看得出来他们是诚心诚意的,大概是被什么事耽误了。

渡边无限惋惜,这不就省了一餐酒钱吗?他们还说用最好的酒、最好的菜招待,唉,空欢喜了一天。奈川提醒渡边,今晚轮到你付账了。渡边搪塞着,这不是那两个中国人说请客,我就没带钱了吗?再说了,奈川君,你一个人喝酒有什么意思。

奈川无可奈何:你呀,就爱占点便宜。

渡边:奈川君,你拿的薪水高,不用这么小气的。

童长荣宣布退出,令卓蓝始料未及,赵瑞麟乘机嘲讽卓蓝,贬损童长荣。卓蓝无力反驳,闷坐在屋里一言不发。饭菜摆放到桌子上,千惠子见两人没有动静。千惠子收拾包裹,向两人鞠躬告辞。卓蓝朝千惠子淡淡地笑了一下。

卓蓝走到桌旁盛饭,突然才想起来要请两个誊写工吃饭。赵瑞麟骂着,都被童长荣那小子气疯了。钥匙,我们必须拿到钥匙!

卓蓝看看表:这都什么时候了,人家早走了。

童长荣走进了军人俱乐部。枢密院和政友会的一班人在喝酒,酒都喝多了,东倒西歪的。山下勇坐在一隅,童长荣悄悄地进来,坐了在了山下勇的对面。

童长荣歪过头,看见床次手舞足蹈,说话已经语无伦次,含混不清:政友会愿意和宪政党合作,成立民政党,我们拥护天皇统治下的议会中心主义,三菱财阀决定支持我们,我们不再囊中羞涩,甚至连酒钱都付不起了,是不是?

众人高呼:我们坚决拥护床次大人。

床次的情绪高昂起来:田中义一背叛了政友会的初衷,以拥护宪法的名义投机钻营,上台后又大肆践踏议会,遭到全国上下一致反对。现在又在打击异己,贿选地方,我大日本从此进入了最黑暗的时代。

众人高呼:田中下台,床次上台!

艺伎过来斟酒,床次突然扒开艺伎的上衣,艺伎吓得花容失色,连忙裹着衣服跑了出去。床次已经失控,众人已经疯狂。

床次:请大家支持我吧,我不会让你们失望的。

床次终于支撑不住,倒了下去,场面一片狼藉。

山下勇站了起来:长荣君,让您见笑了,我们出去吧。

夜晚,两人沿着僻静的小路边走边聊。

童长荣:谢谢山下君做出了正确的决定,这是值得铭记的历史时刻。

山下勇:长荣君,你知道这意味什么吗?这是对国家的背叛!

童长荣:山下君,我是想说,即便是田中义一下台了。你觉得这一帮枢密院、贵族院、政友会、宪政党组成的民政党能带领你们的国家走上正常的道路吗?

山下勇:我深感耻辱,一帮酒色之徒,正如您所说的,成不了大事。

童长荣:既然是政党,就应该有党的纪律,政治规矩。他们这是犯了政治大忌,事情还没做,就暴露了自己。不过,话又说回来,就是换了这一帮人上台,只

要还是奉行军国主义的扩张战略,就会把日本和邻国拖进战争的泥淖里。

山下勇望着童长荣:我已经决定了,不再请示伯爵大人和床次大人。你们行动吧,我全力配合你们。

童长荣:谢谢山下君。

接下来,山下勇和童长荣就具体行动的细节和环节进行了密商。童长荣行事周密,算计精确,方法可行,全为山下勇着想,确保百无一失,最终目的是要让山下勇全身而退。山下勇从内心佩服童长荣,仅存对自己的一些担心似乎已经多余,因而变得轻松起来,邀童长荣进去喝酒。童长荣摇了摇头,说等拿到了文件,我们一醉方休。山下勇点了点头,童长荣紧紧握住了山下勇的手,轻轻地说,我们会成功的。

 十八

林悦再一次走进了黑龙会,向内田良平报告,童长荣已经退出了"幽灵"行动计划。内田良平坐在那里沉思,示意林悦往下说。林悦判断指出,赵瑞麟和卓蓝极有可能重新制定新的行动计划。内田良平点点头,他在想着千惠子反馈的情况,卓蓝和赵瑞麟这两天闭门不出,这是显而易见的事。

内田良平站起来反问林悦,你能确认童长荣退出了计划? 林悦点点头,从当时现场的情况看,不像是做出来的。她将当时的情景向内田良平作了详尽的描述,是童长荣的同屋王舒把他们一起喊到了现场,童长荣坐在那里很崩溃地宣布退出这次行动。当时,赵瑞麟歇斯底里,人都快疯了。童长荣带着王舒就走了。

内田良平从小日向反馈回来的信息看,印证了林悦的话。

内田良平坐了下来:知道童长荣为什么会这样吗?

林悦望着内田良平。

内田良平:童长荣确实有一个计划中的计划,他是利用了你们在放烟雾弹,什么明入暗入都不是。他真正的用意是和那个蔡老板联络政友会元老派和枢密院的那些反对田中政策的人,这些人千方百计想把田中内阁赶下台。这些人又

反过来利用和帮助童长荣拿到这份文件。同时还秘密筹措资金,想贿赂参加会议的人。我甚至怀疑所谓到皇宫书库房窃取也是虚晃一枪。现在田中内阁已经内外交困,政友会那班人觉得田中下台指日可待,就一脚踢开了童长荣,这就是童长荣崩溃的原因,退出这个计划也就不足为奇了。

林悦这下才明白,童长荣果然狡猾,利用了卓蓝、赵瑞麟和自己。

内田良平突然直视着林悦:你的,不会也是在想把水搅浑,乘机浑水摸鱼吧。

林悦:内田先生,你信不过我,还信不过熙洽先生吗?他正在按照大日本帝国的旨意,说服溥仪先生,恢复清帝国,这也是黑龙会创办的宗旨,我们的利益是一致的。

内田良平:话是这么说,可多国间谍都在梦寐以求拿到这个秘密文件,况且中国是当事国。蒋介石不想拿到吗?张学良不想拿到吗?共产党不想获知吗?林悦,你难道不想拿到这份文件吗?

林悦向内田表忠心,说对大日本帝国绝无二心。内田良平哼了一声:但愿如此。

林悦说,我会重点关注赵瑞麟、卓蓝的新动向,童长荣同样不能放松,不要被他钻了空子。她尤其看重丰源进出口商行的一举一动,但她没有说出来。

蔡老板终于等到了童长荣发出开始行动的消息,他做的第一件事就是服了安眠药,让自己好好睡了一觉,好让自己有充沛的精力来完成任务。清晨,蔡老板起了床,洗漱之后,开始用餐。吴志杰不离前后,没有一句言语,默默陪伴。蔡老板为了国家,准备破家舍命,已经义无反顾,吴志杰最需要做的事,就是保持蔡老板内心的平静。吴志杰以轻微的脚步、周到细致的服务呵护着这种氛围。

蔡老板喝了口茶,站了起来,终于朝吴志杰点点头。吴志杰会意,行动的时刻到了,他做了一个请的姿势,在前面带路,小心翼翼地引领着蔡老板走到地下室。吴志杰打开车门,发动了车子,又打开了后备厢,在后备厢里铺了一层薄被,帮蔡老板躺了进去。吴志杰打开了车库的大门,车子开出了院子。

吴志杰开着车在街上转悠,在确定无人跟踪后,迅速加大油门开进了中国餐馆的后院。吴志杰跳下车,拎着布袋,看了一下周围,打开后备厢,蔡老板钻了出

来,两人悄悄进入一个暗门,沿着地下通道转到一个密室里,立即有个青年人走了过来让蔡老板坐在了椅子上。

吴志杰:蔡先生,这是我们的人。

青年人:谢谢蔡先生给了我一次爱国的机会。

他将塑胶面套套在了蔡老板的脸上,然后对着一个人的照片进行化妆。

青年人:请蔡先生放心,百分之百不敢说,百分之九十九没问题,还有百分之一嘛,就是这张照片是十年前拍的。

吴志杰小心叮嘱:蔡先生,记住了,您就是十年前的老抄写工岛田。

青年人终于完成了对蔡老板的一番改造。蔡老板站了起来,望着镜中的自己,完全已经成为另一个人。他问吴志杰,我还是我吗?

吴志杰:岛田先生,您好!

蔡老板笑了。吴志杰打开了布袋,蔡老板换上了誊写工的服装。青年人前后左右仔细打量了一番,确认这就是岛田无疑,吴志杰才将72号工牌交给了蔡先生。

吴志杰看了看表,快到上班时间了,他朝蔡老板点了点头。两人出了暗室,来到后院,蔡老板重新钻进了后备厢,吴志杰发动了车子,车子开出了餐馆后院。

町田街像往常一样从晨雾的弥漫中开启了新的一天。童长荣坐在屋子里,凝神闭目,行动已经开始,他必须要让行动的实施不受任何干扰。卓蓝和赵瑞麟应该不会有多大的问题,赵瑞麟心高气傲,极有可能还在苦思冥想新的方案,他的性格和极强的表演欲都驱使他必须在卓蓝面前表现自己。童长荣最不放心的就是林悦会节外生枝,思来想去,他决定主动出击,准备到林悦那里坐坐,诉说自己一夜无眠,心中有无限烦恼,然后邀请林悦陪自己到外面走走,散散心,目的只有一个,缠住她。

林悦也是一夜无眠,她的内心顽固地提醒自己,童长荣,真的就放弃了?她坚信一点,童长荣不会轻言放弃,她仔细回味着内田良平的分析,也许是童长荣遇到了挫折,但这个人总有解决问题的办法。望着町田街的迷雾,一点点地弥漫,她的内心突然一个激灵,童长荣放弃行动会不会是一个迷雾?如果这个计划还在进行中,关键在哪里?内田良平提到丰源进出口商行的蔡老板和日本内阁、日本高层人士来往密切,她突然感觉到很有必要再去一趟丰源进出口商行,一探虚实。这么想着,立即出门,悄悄地离开了住处。

卓蓝住处。赵瑞麟从楼上走进了客厅里,卓蓝问赵瑞麟,想出什么高招了吗?

赵瑞麟让卓蓝务必对他有信心,对付这些日本人还是有办法的,请别打断他的思路,赵瑞麟说他正在从历史上的经典案例中寻找灵感。

卓蓝一笑,劝他别钻牛角尖,这不是技巧,更不是变魔术,如何越过护城河,如何避开层层防范,将东西拿到手,这才是硬核。

赵瑞麟坐了下来,对卓蓝说,他想到了《三国》里偷书的蒋干,偷玺的孙坚,还有……卓蓝揶揄,这不是小说,虚构一下就出来了,我看这事就国外那些大盗也没辙。

赵瑞麟两手一摊,那你说怎么办?卓蓝幽幽地说了一句,我想起童长荣说的一句话,真正的高手是足不出户,情报会送上门来的。赵瑞麟吼叫,你别跟我提童长荣!卓蓝仍然沿着她的思路,我偏要提,哎,你说说,他这话是什么意思。赵瑞麟嘲笑,那是做梦!

卓蓝自言自语:他是一个不会轻言放弃的人。

赵瑞麟:算了吧,你这是跟他在一起时间长了,被他的花言巧语迷惑了。

卓蓝:他从不花言巧语好不好,他决定做的事,到现在为止,没有一件没有做成。

赵瑞麟:那他是什么?故意来个金蝉脱壳,想把我们踢开?

卓蓝摇摇头,这不是他的为人,他也从来不做过河拆桥的事,况且我们还没有给他这个桥。他一定是遇到了一个很大的坎,迈不过去了。

赵瑞麟:我说卓蓝,你总是向着他,为什么不信任我呢?

卓蓝伸出手:那你就拿一个切实可行的方案,给我看看。

赵瑞麟:我不正在考虑吗?

卓蓝:行,你慢慢考虑吧,我要出去透透气。

卓蓝刚准备出门,却见童长荣路过门前的那条路,往林悦住处走去。她静静地看着,童长荣走到林悦门前,反复敲门,没有人应。

童长荣转身逐级而下,心里突然有了一丝不安的感觉,内心在祈祷,只要林悦这两天不去丰源进出口商行,蔡先生就是安全的。

卓蓝走了出来,迎面截住了童长荣。卓蓝望着童长荣,哟,这大清早的就来找林悦,能告诉我这是为什么吗?

童长荣一笑,这都被你看见了? 我就是无聊,想找她聊聊天。你看见林悦出去了吗?

卓蓝点点头,说看见了,看她走得很匆忙,大概是有什么急事。

童长荣内心咯噔了一下。

卓蓝:那你为什么不找我聊天呢?

童长荣:我怕影响了你们在制定新的计划,更不愿意再看见赵瑞麟那畜生。

卓蓝:童长荣,你可以恨赵瑞麟,但你可以信任我。

童长荣望着卓蓝,神情严肃起来:卓蓝,我信任你,帮我做件事,一定要找到林悦。我还可以说得具体点,尤其是这两天,不能让林悦接近丰源进出口商行,一旦出现,立即给我控制住,不要问我为什么。

卓蓝从童长荣的眼神里读懂了找到林悦并且控制林悦的重要性。

卓蓝问,我可以让赵瑞麟协助我吗? 童长荣点点头,不管你采用什么手段。说完就走了。

皇宫。书库房。奈川跟着山下勇走进办公室。山下勇悄声低语,奈川君,作为政友会成员,我们的行动开始了。72 号马上到,你安排好,不能出任何差错。奈川点点头,请山下勇放心。山下勇问奈川抄完这个文件大约需要多长时间。奈川说一个熟练的誊写工,一天能抄两万字,他不知道那份文件有多少字。山下勇说他看过那份文件,大约四万字。你就按照这个时间去准备吧。

奈川请山下勇放心,他会安排好的。说完就走了。

吴志杰开着车,绕了几个弯子,终于在皇宫前的一个隐蔽处,停了下来,走下车子,若无其事地看着众多去皇宫上班的人群,然后乘人不备,打开了后备厢,蔡老板钻了出来,拎着笔墨袋子,汇入了上班的人流中。

皇宫门口,警察在检查。吴志杰在车中密切观望。轮到了蔡老板,警察望着蔡先生胸前的72号工牌,觉得面孔陌生。

警察:怎么没见过你?

蔡老板:警察大人,我是刚刚返聘来的誉写工岛田,今天正式上班。

警察:刚刚返聘,怎么就穿了工服,还有工号?

蔡老板:警察大人有所不知,72号的松岛前两天辞了职,誉写工缺了人手,奈川君请我顶替几天。我十年前就在这里做誉写工的,老了抄不动了,歇在家里。奈川君带着工服亲自上门请我的。你不让我进去,我正好找到了一个不干的理由。

警察:为皇室效力,是每个公民的责任,什么态度? 快进去!

蔡老板点点头,走了进去。吴志杰见蔡先生已经顺利进入宫门,开车悄悄离开了。

山下勇站在书库房门口,看见一个老者拎着笔墨袋子走了过来,又看见了胸前挂着的72号工牌。

山下勇:请跟我来。

山下勇将蔡老板带到奈川桌前。

山下勇:奈川君,这是我给你找的老誉写工岛田,你带他去干活吧。

奈川仔细看着蔡老板,还真就是岛田呢! 他朝蔡老板笑笑,算是招呼,带着蔡老板走过一间大誉写间,见誉写工笔直地坐在桌前。

渡边望着蔡老板:哒,这不是岛田君吗? 十年不见了,怎么又来了?

蔡老板朝他点点头。

渡边仍在啰唆:十年了,还来干这个。

奈川将他领到一个独立的房间,里面仅有一张桌子、一把椅子和一个柜子。

奈川:岛田君,虽说你是前辈,但按这里的规矩,从头来做,你就是新人,我们还要重新让你试笔。

蔡老板点头称是,说请多关照。

这时,木次郎带人进来,照例巡查,奈川连忙走了过去,从他手里取得了钥匙。

木次郎突然对山下勇说,我要检查一下地库,看看文件是否安全。山下勇走了过来让奈川带路,他陪着木次郎往地库走去。奈川打开地库门,山下勇陪着奈川走到密室里,奈川打开保险柜,将一个文件盒取了出来,上面赫然写着《帝国对满蒙之积极根本政策奏章》。

奈川:总监大人,要打开吗?

木次郎摆了摆手,奈川小心地将文件放进去,关上了保险柜。山下勇陪木次郎走出了地库。

奈川趁这个机会,将文件装进了另一个盒子里,带了出来。

山下勇陪木次郎路过誊写间的时候,发现小屋里有个陌生的面孔。

木次郎:这人怎么没见过?

山下勇:这是个老誊写工。缺了人手,作为替补。十年了,重新上岗,需要重新试笔,不合要求,还得另找。总监大人,要找到一个合适的誊写工,难啊。

木次郎上下打量着蔡老板,正欲盘问。

山下勇:总监大人,你的工作布置完了吗?

木次郎明白过来,会意地笑了。

山下勇凑在木次郎耳边:我已经安排好了。

山下勇一边说一边把木次郎带出了誊写室。蔡老板规规矩矩地坐在桌子前,不敢出声。一班誊写工拿到了抄件,开始润墨提笔誊写。

渡边朝蔡老板看了一眼,又转过身对着奈川嘟哝:这么大年纪了,还来做誊写工,要是字写不好,那就丢人了。

奈川:渡边君,你还是把自己的事做好吧。

奈川手上拿着文件盒,摆在蔡老板的桌子上。

奈川:岛田君,不好意思,虽说你是老誊写工,还得照规矩来,现在开始测试吧,不过我会陪着你。

蔡老板点点头,也不说话,接过文件盒,打开第一盒,里面只有几页文献。他又拿起第二份文件盒,很沉,他打开了文件盒,露出文献醒目的标题:《帝国对满蒙之积极根本政策奏章》。蔡先生惊讶地张大了嘴巴,他连忙塞了进去,转身望着奈川。

奈川不动声色地:两份文件同时抄吧。

蔡先生竭力平复内心的情绪,小心地又将密件取了出来,压在另外一份文献下面,从袋子里取出碳酸纸,铺在原件上,偷看一下周围,见没有人注意自己,开始描写。

童长荣把寻找林悦的任务交给了卓蓝,他相信卓蓝理解了他的意思。他现在哪里都不能去,只能守在伊田家,筹划整个事情的进展,不能出一点差错。

童长荣、王舒、伊田兄妹聚在桌前。童长荣开始交代任务,明确告诉王舒和伊田兄妹,蔡老板已经开始工作了,他今晚要留在书库房里,顺利的话,明天上午八点钟左右能抄完。他吩咐王舒和伊田君按照方案做好接应,让美子明天上午到医院去看病。到时候,他也会出现在医院里。还让大家务必记住,每个时间节点都要分毫不差才行。三人都点头,说记住了。

伊田助男慨叹,说今天这一天真难过哇。王舒又不放心地询问伊田助男,伊田君,救护车不会有问题吧。伊田拍着胸脯,不会!

林悦赶到了丰源进出口商行门口,进了商行对面的杂货店。一边望着货架上的货物,一边询问店老板有没有什么异常。

店老板报告,吴管家的车子一大早出去了,刚刚才回来。最近吴管家每天晚上 8 点钟开车出去,九点多回来,连续半个月都是这样。林悦进一步询问,他到哪里去了,你跟踪了没有?

店老板开始向林悦要钱,说人哪里跟得上车子,他的车子跑得快,跟不上,就派伙计骑着自行车追,追也追不上。不过,最后终于发现,吴管家每天都去同一个地方,车子就停在了你们町田街外面一个隐蔽的地方,那个地方有个水泥墩子,每天晚上都朝町田街方向望着。不过昨天晚上没有出去了。

林悦脑子里迅速搜索着水泥墩的方向,那个位置她很熟,对面正是伊田家的

方向。这个吴管家每天晚上都去看伊田家,这是干什么?从那里能看到什么?在夜色里,只能看到伊田家门口的红灯笼。她想起了一个细节,伊田家门口晚上一直亮着两只红灯笼,但是昨天晚上,突然全灭掉了,过了一会儿,三只红灯笼全亮了。红灯笼全亮了,吴管家就没有出去了。这意味着什么?那红灯笼应该是一个信号。昨晚她只觉得那红灯笼有些奇怪,并没有细想,她骂着自己,不该忽略了这个细节,差一点就被童长荣蒙哄过去了。她又庆幸自己来得及时,也更加确信这商行里肯定有猫腻。童长荣云遮雾罩,迷雾町田街,终于在这里露出了破绽。她决定进入商行,查个水落石出。

林悦掏出一叠日钞,扔给了店老板,走出杂货铺,进了丰源进出口商行。吴志杰在楼上看见林悦走进了院子,心里一惊。

吴志杰下楼热情迎接:哟,林悦小姐,欢迎啊。

林悦:吴先生忙啊,这么一大早就出去了。

吴志杰:不忙,都是生意上的事。林小姐,您有事吗?

林悦:吴先生很健忘,上次我不是约了蔡先生采访吗?华商帮助日本震后重建的事。

吴志杰:对对。不过,蔡先生说了,事情过去这么多年,重建工作基本已经接近尾声了,现在采写这个报道还有意义吗?

林悦:吴先生果然很懂新闻啊。那我找蔡先生聊聊不可以吗?

吴志杰:可不巧,蔡先生出去了。

林悦笑了:吴先生何必对我这么抗拒呢,我刚才问了你们街对面的杂货铺的店老板,说蔡先生这几天都没有出门,

吴志杰:我从外面刚回来,还不知情,那就也许在家里。您请。

林悦跟着吴志杰进了屋子。

吴志杰喊着:蔡先生,林小姐来了。

喊了几声,未有人应,吴志杰赔着笑脸。

吴志杰:林小姐,还真的不在,应该是出去了。

林悦:吴先生,蔡先生可离不开你的车子,你可不会是掩护蔡先生在忙着什

么大事吧。

吴志杰：林悦小姐，你什么意思？

林悦：我什么意思，你清楚。

吴志杰：林小姐，你一大早就跑商行来，我看你是来找茬的。

林悦掏出枪来：你说对了，坐下！

吴志杰显得害怕的样子：林小姐，你怎么会有枪？

林悦：你还不知道我的厉害吧！

吴志杰故意装作不知道，他摇摇头。

林悦：说出来吓死你，就你这个小管家，我两根指头就能捏死你。今天，你若老老实实地告诉我，我就饶了你。

吴志杰：我还是不知道你到底想要知道什么？

林悦：告诉我童长荣的全部行动计划。

吴志杰：我不明白，童长荣有什么计划。

林悦：需要我提醒吗？伊田家的红灯笼是怎么回事？

吴志杰：林小姐，伊田家的红灯笼跟我有什么关系？

林悦：跟你没关系，你天天晚上跑去看什么？

吴志杰：你看见了？

林悦：我没看见，可有人在帮我看着呢。你这半个月，天天晚上8点钟准时出门，九点多回来，你终于看到亮了三只红灯，昨天晚上你就不再去了，这说明什么，童长荣向你发出了明确的信号，行动已经开始了。现在我想知道行动计划的全部内容，蔡老板现在哪里？

吴志杰：林小姐，你是给我在编故事吧？你瞧，蔡先生，这不是回来了吗？蔡先生……

林悦稍稍分了点神，回过头往门外看，吴志杰以迅雷之势，立即缴了林悦的枪。林悦以为自己受过专门训练，想拿下吴志杰，可没有两下，就被吴志杰制服，林悦欲挣扎，但动弹不得。

吴志杰笑了：林小姐，你恐怕还不知道我的厉害吧。我劝你不要反抗，没用。

我也劝你少管我们商行的事。对不起,委屈你了。

吴志杰将林悦捆了起来,用胶带封住了林悦的嘴巴,随后将林悦装进了一只大麻袋,扛进了地下室车库,丢在了一个角落里。

吴志杰拍了拍麻袋:林小姐,你给我老老实实在里面待着。

事发突然,吴志杰一下子没了主意,但他清楚一点,要在第一时间告知童长荣。他开着车迅速离开了商行。

对面的杂货店老板觉得奇怪,只见林悦进去,却没见人出来。那吴管家又匆匆开车出去了,他不由得替林悦担心起来,不会有什么事吧。

卓蓝住处。为避开千惠子,卓蓝和赵瑞麟来到了阳台上。

卓蓝:赵瑞麟,你怎么想的?

赵瑞麟:这就是说林悦不在童长荣的视线范围内,他很担心,会不会是童长荣已有所行动。

卓蓝:如果是这样,林悦的行踪不定,就会成为行动的隐患。

赵瑞麟朝伊田家望去:童长荣回到伊田家没有出来吗?

卓蓝:我在看着,一直没有出来。

这时,两人都看见了吴志杰的车子突然出现在町田街,速度很快,在伊田家门口停了下来,卓蓝和赵瑞麟睁大了眼睛,看见童长荣和王舒出来了,吴志杰像是急切地在跟童长荣说什么,童长荣来回走动着。

伊田家门口。童长荣责怪吴志杰,关键时刻,你太冒失了,怎么能开车到这里来? 吴志杰解释,我也是急得没办法,她是什么都知道了,我才把她捆了起来,放进了车库里。

童长荣:告诉我,她知道了哪些内容?

吴志杰:第一,她知道我晚上 8 点准时出门,目标是看红灯笼;第二,她推断三只红灯笼全亮了是行动信号;第三,她执意追问蔡先生的下落。

童长荣想了一会儿:这样,回去看住林悦,坚持到明天上午。

吴志杰:这没问题,我晚上不睡觉也要看住她。

童长荣想了一会,对吴志杰说,知道你晚上 8 点准时出门的不是别人,我推断是你们家商行对面杂货店的店老板有问题,只有他能看到你准确出车和回来时间,他有这个条件。这就有一个问题,林悦进去了,人没出来,他不会怀疑吗?

吴志杰醒悟过来:怪不得那个店老板一天到晚鬼鬼祟祟的。那怎么办呢?

童长荣:你得想办法,要稳住这个店老板。

童长荣朝卓蓝的住处望去,他看见了卓蓝、赵瑞麟在阳台上。

童长荣:吴先生,看见那两个人了吗?我刚才委托他俩找林悦,没想到会出现这种情况。听着,他已经看见你了,如果他们要是进了商行找你,千万不要露了底。你就跟他说,我吩咐的,请他们喝顿酒。你一定要想办法拖到明天上午上班之后。我没有时间顾及你那边的事了。

吴志杰:童先生,我不能让你分神。您放心,我会处理好的。

吴志杰上车迅速离去。童长荣又朝阳台上的赵瑞麟、卓蓝看了一眼。

王舒:既然已经委托了他们了,能不能去跟卓蓝直接挑明了,让他俩协助吴志杰来处理。

童长荣:不能。他们会去丰源商行的,那就让他们去自由发挥吧。

王舒:万一他们找到了林悦怎么办?

童长荣:没关系,林悦会告诉他们蔡先生可疑,那就让他们满东京城去找蔡先生去吧。

王舒:我明白了,他们绝想不到,蔡老板今晚会住在皇宫里。

站在阳台上,卓蓝望着吴志杰的车子仓促离开了伊田家,又看见童长荣和王舒进了屋,对赵瑞麟说,我渐渐看出一点门道来了。

赵瑞麟点头,童长荣的行动绝对与丰源进出口商行有密不可分的关系。

卓蓝:吴管家开着车急着来找童长荣,一定是遇到什么事了。

赵瑞麟决定到丰源进出口商行去一趟,说答案也许就在那里。卓蓝想跟他一道去。赵瑞麟用手指指下面,意思是两人一道走,会引起千惠子的注意。卓蓝会意,她还要稳住千惠子。赵瑞麟边下楼边穿外套,匆匆往外走去。

千惠子正在抹桌子:赵先生这是要出去吗?

赵瑞麟朝千惠子笑着点点头。卓蓝下楼。

卓蓝:出去了,这房间就清静了。真后悔让他搬进来住。

千惠子:卓蓝小姐,我要准备晚饭,赵先生回来吃饭吗?

卓蓝:不知道,别管他。千惠子小姐,正好我们可以说说话。

千惠子放下抹布,解下围裙,坐在了卓蓝对面。

千惠子:卓蓝小姐,我也想跟你说说话,心里闷得慌。

卓蓝:还是为戴先生的事吧,听说,你和戴先生还有个孩子,怎么没见着,也没听你提起过。

千惠子:唉,我一个人在东京做女佣,哪里能养活孩子。孩子丢在乡下的父母家,我不想提这事。

卓蓝:戴先生也是身不由己,如果经济上有困难,尽管跟我说。

千惠子:卓蓝小姐,你不明白,有些事情是用钱解决不了的。孩子一直在问,父亲在哪里?我无法回答他。

卓蓝:这倒也是。

千惠子:卓蓝小姐,你和赵先生打算什么时候回中国去?

卓蓝:赵先生是我的头,我得听他的。

千惠子:卓蓝小姐,我不想待在日本了。如果你们回去,我想带着孩子跟你们一道到中国去,我不想让孩子生活在一个不明不白的世界里。

卓蓝:这可是大事,那得征求戴先生的意见。

千惠子抹着泪:卓蓝小姐,我吃的苦,受的耻辱说也说不完。

卓蓝递纸巾给千惠子。

千惠子:临产那天晚上,下着暴雪,我一个人躲到佣人房里,原想一个人生下来,后来才知道孩子是侧位,生不下来,我感到我要死了,我就拼命地喊,已经没力气喊了。幸好,另一个女佣回来取钥匙,给医院打了电话,医院派来了救护车,把我送到了医院里。医生跟我说,幸好医院就在附近,晚来10分钟,我们母子都没命了。

卓蓝:千惠子小姐,中国人有句话,叫大难不死,必有后福,你一定会好起来的。不管怎样,我会跟戴先生说,要在经济上对你加倍补偿,至于跟我们到中国去,我还真的不能答应你。这事啊,你要给戴先生充分的时间来处理这件事。

千惠子拉着卓蓝的手,感谢卓蓝对她的宽慰。

吴志杰迅速回到商行。他将车子停在院子里,径直走到对面杂货店铺。

店老板有些犹疑:吴管家,你要买什么?

吴志杰突然一把拎起了店老板:你在监视蔡先生和我?

店老板惊恐地:没有没有,我们是邻居,我做的是小买卖,你们做的是大生意。我没有任何恶意。

吴志杰:你知道刚进去的那个女人和我们蔡先生是什么关系吗?

店老板:我,不关心这个,我没有好奇心。

吴志杰:听着,我就明说了,林悦小姐是蔡先生的相好。蔡先生对她很好,可她就是疑心大,天天怀疑蔡先生又跟别的女人怎么样了,跟踪,吵闹,我劝你别掺和,没你好果子吃。

店老板似乎有点明白,似信非信地望着吴管家。

吴志杰进一步恐吓:你要是再跟踪,再嚼舌头,我就做掉你,把你这小杂货店毁了。你信不信?

店老板连连点头:请放心,我不会坏蔡先生事的。

此时的蔡老板在誊写室的小房间里,浑身湿透,以上面的文献作掩护,在偷偷地描写。奈川寸步不离在旁边。渡边偷偷地望着蔡先生一会儿用毛笔,一会儿用铅笔,觉得很奇怪,站起来想往小隔间里看个究竟,被奈川挡住。

渡边:奈川君,我很想看看他现在誊写的水平。

奈川:渡边君,这好像不是你的职责,你管得太多了吧。

渡边:奈川君,虽然是老工,新来的就是新人,我的意思是找个破绽,让他晚上请我们喝酒怎么样?

奈川:你要喝酒,你一个人去喝吧。

渡边不得已坐了下来,继续誊写。但眼睛始终偷看蔡老板,越来越觉得这个岛田不似10年前的岛田了。越想越疑惑,觉得坐姿、握笔、神情都有着不对劲的地方,人还是那个人,这怎么就像换了个人呢?

酒楼里。山下勇像往常一样,和木次郎喝酒。

木次郎:山下君,天天让你请客喝酒,真的不好意思。

山下勇一笑:喝酒这点小钱,不足挂齿。跟你说的那个歌舞伎,那可是要一掷万金呢。

木次郎:山下君,你吊足了我的胃口。这么多钱,我想还是算了。

山下勇眯着眼,望着木次郎说,总监大人,喝完了这壶酒,我就带你去,让你见识一下什么叫倾国倾城。

木次郎春心荡漾,完全失去了自制力,他涎着脸望着山下勇,激动得声音都不连贯了:山下君,你真舍得花这么多钱?

得到山下勇肯定的答复后,木次郎借着酒兴在酒馆里舞蹈起来,边跳边唱着。

赵瑞麟刚走出町田街就被小日向带着两个便衣盯上了,他无法脱身,索性走进咖啡馆,要了一杯咖啡。不一会儿站了起来,佯装如厕进了卫生间,小日向示意,两个便衣跟着进来,探头探脑,未发现人影,一个蹲位一个蹲位开始搜寻,也未发现赵瑞麟,正在疑惑之时,赵瑞麟从屋顶上跳了下来,将两人的头对撞,两人倒在地上。赵瑞麟从后门离开。小日向在卡座上等了一会,不见动静,来到卫生间,发现两个便衣倒在地上。

赵瑞麟飞奔到大街上,上了一辆人力车,直奔丰源进出口商行。

商行内,吴志杰在房间内坐卧不宁,不知道林悦怎么样了,思虑再三,还是准备看看,他匆匆下楼,打开了车库,将车子倒了进去。吴志杰下了车,走到屋角边。麻袋里,林悦在挣扎。

吴志杰轻声地:林小姐,你在这里不舒服,我给你挪个舒服的地方。你最好别动,省点力气。

吴志杰打开后备厢,欲将麻袋搬进去,发现赵瑞麟走进了院子,他连忙关上了后备厢,走出车库,关上了大门。

吴志杰:哟,这不是赵先生吗?你怎么来了?

赵瑞麟打量着周围:蔡先生在吗?

吴志杰:赵先生,真不巧,蔡先生出去办事了。

赵瑞麟:看来我来得不是时候哇。林悦小姐有来过吗?

吴志杰:没有,有阵子没见着了。

赵瑞麟:吴先生,我能跟你聊聊吗?

吴志杰:欢迎,我刚才去了伊田家。童先生说了,待会儿赵先生要来,让我一定要陪你喝顿酒,而且还说,一定要喝个一醉方休。看来你跟童先生都说好了的。

赵瑞麟:我和童长荣啦,真是心有灵犀,那我就恭敬不如从命了。

吴志杰:请,酒菜都已经准备好了。

酒馆里。山下勇和木次郎干完最后一杯酒,山下勇看看手腕上的表,时针指向下午五点半,该到下班的时候了。

木次郎羡慕地望着山下勇手上的腕表:不愧是贵族家的,新款的瑞士表,这得多少钱哪?

山下勇摘下手表:总监大人如果喜欢,我送给你。

木次郎摆手:这么贵重,我不能收。

山下勇:我还有一块。

木次郎望着山下勇:你,什么意思,想贿赂我?

山下勇笑了:算是吧。如果哪一天我出事了,还请高抬贵手了。

木次郎望着山下勇,迟疑地接过表,山下勇肯定地点头。木次郎喜不自禁,戴在手上,别提心里有多美了。

木次郎一边看着表,一边慨叹:堂堂的总监大人,竟然囊中羞涩,还要接受一个书库官的礼物,真没面子。

山下勇:这只表只配总监大人戴。

木次郎突然想起了一件事,哟,下班时间到了,这钥匙还在我这儿,奈川那个鬼东西还等我的钥匙将文献入库呢!

山下勇点点头,我把这事给也忘了。可是那个小美人还等着总监大人呢,要是去迟了,小美人就进了别人的怀抱里。

木次郎问山下勇怎么办。山下勇说,总监大人,你没想明白,钥匙在您手里,不更保险吗?那些文献可以在临时文件柜里存放。木次郎不住点头,有道理。钥匙在我手里,就更保险了。

木次郎有些站立不稳,还是乐颠颠地跟着山下勇下楼。山下勇叫了一辆人力车,两人离开了酒馆。

皇宫书库房里,奈川看看墙上的钟,又看了看满头大汗的蔡老板,这才高喊:大家辛苦了,下班吧。

渡边:奈川君,这文件……

奈川说总监大人恐怕是有事耽误了,请各位放到临时文件柜里,明天再说。

誊写工收起毛笔,拎起抄写袋子,排着队,将文件放进文件柜里,一个个离去。最后剩下了渡边。

渡边一边存文件,一边继续盯着蔡老板,蔡老板感受到了渡边这双眼睛整天在盯着自己,他有着一种无形的压力,大气也不敢出,终于熬到了下班的时刻。好在奈川始终不离左右,渡边不得靠近,他才有时间去上回厕所。

渡边还是不愿意离开:奈川君,岛田君人老眼花,恐怕不行了吧。

奈川:渡边君,早点回去吧,别在这磨蹭管闲事了。

渡边突然跑到蔡老板身边,翻开文件,蔡老板连忙将文件和抄件捂住,奈川来不及阻拦,在那一瞬间,渡边还是看见了文件盒子上的标题。

渡边高叫起来:奈川,你……来人啊!

奈川急忙掏出事先准备好的带着药水的手帕一把捂住了渡边的嘴,蔡老板也抱住了渡边,不一会儿,渡边渐渐倒了下去。

奈川背起了渡边,朝蔡老板努了一下嘴,蔡老板连忙收拾文件笔墨,两人一前一后走进了书库,沿着一排排的书架,来到最后一排,靠门后有个小房间。奈川将渡边的尸体放在里面,用包装纸盖上。奈川招了招手,蔡老板走了进来。

奈川问蔡老板还剩下多少,蔡先生说还剩一半。奈川从口袋里掏出几根蜡烛放在小桌上,吩咐蔡先生明天上班前请务必抄完。蔡老板点点头,对奈川表示感谢。

奈川出了小房间,将门锁上,走出书库,又将书库门锁上,回到誊写室又检查了一遍,确认无误后,这才拎起抄写袋,走出大门口锁上了大门。

丰源进出口商行内,赵瑞麟和吴志杰边喝酒边聊天。

赵瑞麟:我能看得出来,吴先生是个深藏不露的人啦。

吴志杰:赵先生抬举,我是粗人一个,做不了大事,就是帮助蔡先生打打杂,跑跑银行,处理一些杂事。生意上的事我是外行。

赵瑞麟:听说蔡先生是台湾人。

吴志杰:是,老家是苗栗人。小时候,台湾就割让给了日本人,虽然在日本做生意,可他痛恨日本人。

赵瑞麟:蔡先生是一位了不起的爱国主义者,对国民革命做出了重要贡献,我赵某深感佩服。

吴志杰:赵先生,我只想告诉你一点,蔡先生只要说是为了国家的事,他可以散尽家财,甚至不惜性命,在所不辞。

赵瑞麟:吴先生,请告诉我,蔡先生是不是正在做什么大买卖?

吴志杰:那是,蔡先生每天都做大买卖,南洋的橡胶、咖啡、港口航运,尤其是日本灾后的重建,他都做了大量的工作。

赵瑞麟:你能告诉我童长荣为什么让你在这儿请我喝酒吗?

吴志杰:这我也不知道,跟童先生接触这几年,我觉得吧,凡是当时安排的事情,事后才能看得清。也许,是不是他预感今晚有人要来找蔡先生的岔子,让你来保护一下,也未可知。不过既然没事,我们就好好喝酒。

赵瑞麟一边喝酒一边沉思。他抬起了头。

赵瑞麟:吴先生,我实不相瞒,这次来东京负有特殊使命,日本"东方会议"之后,炮制了一个《田中奏折》,外交部的王部长和我的顶头上司陈先生正在通过各种渠道想获悉内容。蔡先生和日本高层有良好的关系,我希望能得到他的帮助。

吴志杰:赵先生,这件事在东京不是秘密,现在外面都在传这件事。等蔡先生回来后,我一定向他转达您的要求。

赵瑞麟:吴先生,我想请教一个问题,蔡先生爱国之心天地可鉴,这么大的事

件他不会无动于衷吧。

吴志杰:赵先生,政治上的事情我不太懂,蔡先生也从不跟我说。

赵瑞麟:不会吧,吴先生去找童长荣,难道与此事无关?

吴志杰:实不相瞒,前段时间,童长荣的确找过蔡先生,拟筹集重金购买。后来蔡先生反复权衡,放弃了这个想法,为此,童长荣很是失望。

赵瑞麟:今天,你那么急着找童长荣干什么?

吴志杰:只是告诉他,我们刚刚了解林悦是内田良平的人,身份是清皇室的格格爱新觉罗·毓怡,很危险,你们也要当心。

赵瑞麟:那就不对了,在你去之前,童长荣就布置卓蓝去找林悦了。

吴志杰:童长荣判定了林悦的身份,我不过是接到国内的调查结果,向他确认一下。

赵瑞麟沉吟,如此说来,童长荣并未放弃行动计划。吴志杰端起酒杯,我们还是喝酒吧。我就是个管家,只管分内的事。你有什么疑问,可以问蔡先生。赵瑞麟知道吴志杰在跟他打太极拳,问也问不出个结果来。可还是忍不住问了最后一个问题,蔡先生上哪儿去了?吴志杰悄悄说,蔡先生身体不舒服,住院检查去了。蔡先生让我不要跟任何人说。

卓蓝在屋里和千惠子一直聊天,临近傍晚,千惠子才发现还没有做饭,连忙站起来说声对不起,准备做饭去。卓蓝拉住了千惠子说,晚饭不用做了,说赵瑞麟可能不回来吃饭了,她一个人好解决,对千惠子说,和你聊天感觉非常好,也谢谢你对我讲了这么多心里话,谢谢你的信任。千惠子对卓蓝说,这些年,这些话都闷在心里,到现在为止,她和戴先生的事,只跟你一个人说过,现在说出来了,心里畅快多了。说完,千惠子又格外关心起卓蓝来了,她觉得童长荣和赵瑞麟都不错。卓蓝歪着头,问千惠子,那你觉得哪个好。千惠子说都好,她凭直觉,能看得出来,卓蓝更喜欢童长荣。

卓蓝笑了。千惠子说她不喜欢这个童长荣,他伤害了我,他跟你也不是一路人。卓蓝仍然笑着,是嘛。千惠子表示抱歉,不好意思,在你面前说他坏话,恐怕要惹你不高兴了。

卓蓝敛住笑:没有,你说的没错,他确实和我不是一路人。

卓蓝望着屋外,天已经暗了下来,她催着千惠子早点回去。千惠子再一次道歉,这才收拾包裹,与卓蓝道别。

夜晚。东京艺伎一番街非常热闹,人群熙来攘往。各种招牌,琳琅满目,香艳暧昧。山下勇陪木次郎走进一家风俗店。刚进门,老板娘就满面笑容,欠下身子,欢迎来客。

山下勇和木次郎随老板娘上楼,走进一处雅致的房间,灯光温暖,墙上装饰精美。

老板娘:二位先生,请稍等。

木次郎有些不放心:请问老板娘,是不是那个……

老板娘:先生,请放心,这位先生前两天就预付了订金,今晚伺候大人,您不会失望的。

老板娘关上了门。

木次郎心花怒放:山下君,你真是有心人。我已经等不及了。

山下勇:总监大人,好茶慢慢尝,好酒慢慢品,不要心急。

木次郎笑了:啊,可别喊我总监大人,总监大人到风月场所,有失体面啊。

山下勇:那我就喊你太郎君。

木次郎:太郎君,好好。

一个清秀的影子出现在窗外,款款移动,木次郎的眼睛直了,目不转睛地望着,门被拉开一条缝。美人背对屋里,跪下将酒具食物放进屋里,然后再正面低头问安。木次郎伸长脖子望着,艺伎终于抬头,这下真的亮瞎了木次郎的眼睛。

艺伎雾鬓云鬟,冰肌玉骨,花开媚脸,风华绝代,亦步亦趋,端着酒具食物来到跟前。

木次郎捶着地板:我的神啦,今生竟然遇见如此动人心魄的尤物,三生有幸,山下君,谢谢啦。

艺伎:先生过奖了。

木次郎:你听这声音,猫一样的温柔,山下君,你说是不是?

山下勇站了起来:大人满意,就是对我的褒奖。请伺候好大人,拜托了。

艺伎回礼:多谢大人,一定的。

山下勇走出了房间,轻轻地带上了门。来到了走廊里,老板娘上前,问山下勇要不要找个姑娘陪陪。山下勇摇摇头,吩咐这个房间和这个姑娘他要包到明天中午。老板娘点头,让他不用担心。

夜晚,町田街一片静谧。天上月光如水,洒在伊田家的屋子上,落下一片清辉。三只红灯笼在门前依旧发出红色的光。

外面传来敲门声,童长荣开了门,却发现是卓蓝站在门口。

童长荣走了出来:卓蓝,是你呀。我让你找林悦,找到了没有?

卓蓝:赵瑞麟现在是病急乱投医,你是大人物,你打个喷嚏,他以为就是重要情报,这不,他主动找林悦去了。

童长荣:这可是我布置给你的任务,看来你把我的话当成耳边风了。

卓蓝:没有哇,赵瑞麟让我陪千惠子聊天,我们聊了一天,目的就是缠住她。

童长荣:能告诉我都聊些什么?

卓蓝:啊,千惠子跟我说起了那个孩子,在风雪之夜难产被送到附近的医院,我始终认为是她编造的。

童长荣:为什么?

卓蓝:我凭直觉,看不出她像个母亲。

童长荣沉吟:附近的医院,那就应该是东京帝国大学附属医院了。

卓蓝告诉童长荣赵瑞麟到现在没有回来,她无所事事,出来转转,不知不觉就到了伊田家,她说她还没有吃饭,想邀请童长荣陪她去吃饭。

童长荣说,赵瑞麟正在丰源进出口商行喝酒呢。你干吗不去凑个热闹? 卓蓝突然问,吴管家急切地来找你,有什么事吗?

童长荣说,我可以告诉你,吴管家也在寻找林悦呢。卓蓝望着童长荣,那你的意思就是让我也到丰源进出口商行去? 童长荣点点头,说丰源进出口商行今晚可能有危险。

卓蓝:你怎么知道有危险?

童长荣:第六感觉。

卓蓝看了看表:好的,我现在就去。

黑龙会。夜晚。小日向和千惠子坐在房间内等待向内田良平汇报一天的情况。内田良平喝了些酒,终于摇摇晃晃地走了进来。

内田良平:对不起,晚上聚会,回来迟了,让你们久等了。

他坐在椅子上,千惠子一边端上热茶,一边报告,赵瑞麟离开住处,到现在没有回来。小日向接着说,他带着两个人跟踪,赵瑞麟很狡猾,在咖啡厅的卫生间里,打伤了我们的两个人,从后门溜了,现在不知去了哪里?他只好又回到了町田街。还有林悦一大早离开住处,到现在也未见到人。

千惠子又报告,卓蓝主动找她聊天,一直不让她走,她怀疑这是故意的。

内田良平喝了一口茶:童长荣呢?

小日向:童长荣一直在家,刚刚卓蓝散步到伊田家,和童长荣说了几句话,童长荣就进屋去了。卓蓝也离开了住处,正在派人跟踪。

内田良平:今天晚上的例会,总监大人怎么没有来?

小日向:这我就不知道了。

内田良平:这么多人都突然动起来了,不觉得奇怪吗?

小日向:啊,还有,丰源进出口商行的吴管家突然来找童长荣,在伊田家门口说了不到十分钟的话,又匆匆离开了。

内田良平吩咐小日向,给我连夜找到这些人都在什么地方。小日向鞠了一个躬,连忙走了出去。

千惠子:内田会长,我可以走了吗?

内田良平:酒喝多了,来扶我。

千惠子过去扶内田良平,内天良平将千惠子揽进怀里,千惠子暧昧地一笑。

十九

夜色下的皇宫,月色溶溶,护城河闪着波光。月光下的书库房显得格外静谧。

小屋内,蔡先生用碳酸纸铺在原件上,快速地用铅笔描出字体。脚下就是渡边的尸体。他实在是太累了,揉了揉疲倦的眼睛,活动活动已经麻木的手腕。一天一夜,他已经到了极限,完全是凭借着意志力和信念在机械地描写。

清人林则徐曰:苟利国家生死以,岂因祸福避趋之。宋人苏洵云:贤者不悲其身之死,而忧其国之衰。明人于谦叹:一片丹心求报国,两行清泪为忠家。三国曹植歌:名在壮士籍,不得中顾私。捐躯赴国难,誓死忽如归! 外国人爱迪生说得更直白:多么遗憾,我们只为祖国献身一次!

蔡先生用这些慷慨言辞激励自己,自己这不正是在践行报国之志吗? 捐躯国难,视死如归,是何等的豪迈!

描件越来越多,日本人的罪恶计划,侵略中国的野心昭然若揭,蔡先生怒火在胸,他又不由得想起日本人统治台湾,占领大连……现在还要吞并东北,吞并中国,把魔爪伸向东北亚、东南亚……

现在他只有一个念头,尽快将这份邪恶的文件抄出,让它大白于天下。他忘记了身内的一切,身外的一切,只有一个信念,赶在上班前完成描写工作。

此时的丰源进出口商行同样也笼罩在月光之下。小日向带着一帮人来到丰源进出口商行。他走到对面的小店,店老板伸出了头。卓蓝后一步赶到,看见小日向一班人,迅速藏在街面的另一侧。

小日向问商行里有没有异常情况,店老板紧张地说林小姐上午就进入了商行,吴管家说她是蔡先生的相好,他不太相信,不过到现在没有出来,他有点担心。又说下午有一个男人也进去了,可能和吴管家在一起,未看见蔡先生本人。小日向一听情况不对,立即拔出枪,带着几个人悄悄摸进了商行。

屋内,正在喝酒的吴志杰、赵瑞麟听到响动,站起来朝窗外一看,就着月光看见小日向拿着枪带人朝院子里逼近。

赵瑞麟：吴先生，告诉我，这到底是怎么回事？

吴志杰这才说了实话：赵先生，林悦拿枪威胁我，我把她捆起来了。

赵瑞麟：人在哪里？

吴志杰：在车库里。

赵瑞麟说，快，带着林悦离开这里。吴志杰点点头，和赵瑞麟蹑手蹑脚下楼，进了车库，吴志杰打开后座，和赵瑞麟将屋角的林悦抬到后座上。

外面传来小日向的高叫声，你们被包围了，赶快出来。

喊了几遍未有人应，赵瑞麟和吴志杰在车库里听到了一行人上楼的脚步声。

赵瑞麟乘机打开车库门，吴志杰发动了车子，赵瑞麟迅速坐上副驾驶位子上，车子飞奔出院子。拐过一个街角，看见卓蓝走了出来，车子停了下来，卓蓝上车坐到后排，车子疾驰而去。

小日向听到车声，看见一辆车飞奔出去，带着几个人从楼上冲了下来，冲出院子，连忙上车，开始追着吴志杰的车子。

吴志杰开着车在大街上疾驰。小日向带人在后面拼命追赶。

后座上，卓蓝这才看清旁边一个麻袋，她打开麻袋，林悦在里面已是奄奄一息。林悦拼命朝卓蓝示意，卓蓝撕了林悦嘴上的封条。林悦大口大口地喘气。

卓蓝：吴先生，这到底是怎么回事？

吴志杰：你问她嘛，一到商行，就无理取闹要找蔡先生，我说不在，她就拿枪威胁我，说要打死我，我一紧张，就把她绑起来了。

卓蓝：林悦，是这么回事吗？

林悦拼命叫喊：把车开……开回去！

吴志杰：那一班人在追我，我还敢开回去呀。

卓蓝：林悦，如果是这样，那就是你的不对了。

林悦大口喘气：我跟你们说不清楚，一定要把车子开回去。我求你们了。

卓蓝：林悦，你发现了什么？

林悦：我发现蔡先生有问题，童长荣可能已经在行动了。

赵瑞麟:别说了！林悦,你可别借机陷害我们,让那些警察和日本浪人把我们抓起来了。

卓蓝:这样吧,我们到一个安全的地方,你慢慢说。我觉得,你真的不能怪吴先生,待一会儿,那一伙人追上来了,你还要帮吴先生说说话。

林悦此时已经身不由己,只好央求卓蓝。

林悦:卓蓝,你把我放出来,我的胳膊和腿都要断了。

卓蓝:这是吴先生绑的,那得征求他的同意才行。吴先生,你同意吗?

吴志杰不再理会,一路狂奔。卓蓝往窗外望去,大海呈现在眼前,她呼吸到了清新的海风。她想起了童长荣的话,找到并控制林悦。现在林悦已经被捆在了麻袋里,怎么可能再放她出去,眼下要做的事情就是摆脱小日向的追踪。

林悦还在拼命求着卓蓝,卓蓝说,你省省力气吧,我要休息了,你也歇歇吧。

此时的吴志杰心里明白,车子开得越远,蔡先生就越安全,他只有一个信念,拖到早晨上班之后,就是胜利。吴志杰开足了马力,小日向的车子紧随其后,眼看追不上了,开始朝吴志杰的车子开枪,枪击碎了后面的玻璃,卓蓝连忙伏在林悦的麻袋上。此时林悦经过一天折腾,早已精力耗尽,没有一丝力气叫喊,喊了也没用,索性不再出声了。

这注定是一个不寻常的夜晚,吴志杰将油门踩到底,只有一个信念,开得越远越好,直到海边一抹红霞,他这才意识到,他已经开了一夜的车子,离东京越来越远了。

风俗店里,山下勇一宿未眠,他要时刻保持清醒,以防意外。天亮了,山下勇拉开门,看见木次郎还在倒头大睡。他倒了一杯水,悄悄将一小袋药倒入水中,他拍拍木次郎。木次郎睡眼惺忪。

木次郎还在梦呓中:太美了,那是进入仙境的感觉。山下君,你够交,我此生认定了你这个朋友。

山下勇:看你一夜折腾,口干舌燥,来,喝杯水。

木次郎谢过,接过杯子一饮而下,又躺了下去。山下勇拍拍木次郎,让他继续睡。木次郎倒了下去,含混不清地说太累了。木次郎抵挡不住睡意,又沉沉地睡了过去。

山下勇再拍拍木次郎,已经没有反应,山下勇取下了木次郎裤带上挂着的地库钥匙,他必须在正常上班之前,准时无误地出现在书库房。

伊田家。童长荣、王舒:伊田兄妹坐在桌前,也是一宿未眠。望着墙上的时钟,已经指向7点半。

童长荣终于点了点头。王舒、伊田助男、美子站起来,往后院的货车走去。三人上了车子,王舒对童长荣说,放心吧。童长荣挥挥手,祝你们成功。他站在门口一直望着车子离开了伊田家,离开了町田街。

蔡老板在小屋里终于描完了最后一个字,手已经不听使唤,铅笔从手缝里不知不觉地滑落下来,他瘫坐在椅子上,似乎已经耗尽了全身的气力。他努力地睁开眼睛,这才发现烛光已被白天的明亮缩成了一个豆点,他吹灭了蜡烛。听到外面有响动,蔡先生的心紧了一下,接着听见开锁的声音,他知道是奈川来了。

蔡老板连忙收拾笔墨抄件和文件盒,奈川开了小门,蔡老板艰难地站起来,朝奈川点点头。

奈川吩咐蔡老板到门口望风,蔡先生拎着布袋来到书库门口,见四周无人,朝奈川招了招手,奈川将渡边的尸体背出了小屋,来到了誊写室,将他放在平时座位上,摆成伏在桌上睡觉的姿势。

蔡老板担心地:奈川先生,死了人怎么办?

奈川:坐到你的位子上,待会儿听我安排。

蔡老板回到自己的座位上,山下勇走了进来,望着渡边睡在座位上。

山下勇:这……

奈川对山下勇说,昨天他很多事,眼看就要败露,迫不得已才处理了他。待一会儿救护车来,拉死人和救病人没有区别。就一个小改变,蔡先生不用装病人了。

山下勇将钥匙交给了奈川。

山下勇:奈川君,只能这样了。快,将文件放回去,钥匙要在木次郎醒来之前还到他身上。

奈川点点头,立即接过蔡先生递过来的文件盒走进了地库。

大海边。一轮朝阳。吴志杰看看表,时针指向 8 点,他将车速慢了下来。小日向的车渐渐接近。吴志杰朝赵瑞麟点了点头。

赵瑞麟:卓蓝,吴先生同意了,把林悦解开吧。

卓蓝解开了林悦身上的绳索,将林悦从麻袋里放了出来。林悦艰难地活动着胳膊和腿。小日向的车子拦在了吴志杰的车头。吴志杰将车停了下来。

卓蓝望着林悦,劝林悦要好好说,要是说吴管家绑了你,你就死定了。林悦望着卓蓝,敬畏地点了点头。

吴志杰走下车,小日向带人围住了他。小日向命令手下人将吴志杰抓起来,吴志杰说,我们是来看大海的,你抓我做什么?

小日向高声叫着:那你跑什么?

吴志杰:我不知道发生了什么? 你们为什么要追我们?

小日向:告诉我,林悦在哪里?

林悦打开车门,跌跌撞撞地跑了过来,实在没力气,瘫坐在地上。小日向走向吴志杰的车子,看见卓蓝和赵瑞麟坐在车里。小日向手下人围住了车子。

小日向:说,到底是怎么回事?

赵瑞麟不动声色地:你去问林悦。

林悦一时说不清楚:我,我没事,快,快回去。

林悦挣扎着想爬起来,但是腿脚不听使唤,小日向将她扶了起来。

林悦:快,带我回去,别管他们了,来不及了。

小日向:告诉我,什么来不及了?

林悦连滚带爬往小日向的车子跑去,小日向将林悦扶上了车子,车子迅疾掉头。

吴志杰望了一下表,时针指向 8 点 10 分,他露出了微笑。

赵瑞麟:吴管家,我们为你忙了一天一夜,你总要给我们透露点什么吧?

卓蓝也希望吴志杰能够传达具体清晰的信息。吴志杰牢记童长荣的话,在任何时候,对任何人都不能露出谜底。吴志杰一个劲地向卓蓝、赵瑞麟表示感谢,说眼下当务之急,我们必须尽快赶回去。

卓蓝、赵瑞麟不再多问,和吴志杰赶忙上车,掉转车头疾驰。

蔚蓝的大海。海水。浪花。礁石。车子在公路上行驶。

赵瑞麟:吴先生,你现在可以告诉我了,到底是怎么回事?林悦为什么要去找蔡先生,而且说来不及了。

吴志杰:实话告诉你们吧,我是故意耍林悦的。赵先生,我昨天跟你说的是实话,蔡先生真的在医院,我带你们到医院去。

赵瑞麟、卓蓝云里雾里,越来越糊涂。

皇宫书库房誊写室里,誊写工陆陆续续地上班,从临时文件柜里取出文件继续抄写。渡边仍然趴在桌上一动不动,誊写工们觉得奇怪,有人把目光投向了奈川。

本来按照童长荣的计划细节,是蔡先生晕倒了,奈川走到身边,查看蔡先生没有反应,然后报告皇宫叫救护车,现在渡边自我加戏,奈川也就只能临时发挥了。

奈川走到渡边身边,推着他的身体,嘟哝着,渡边君,昨晚又喝多了吧,一来就睡大觉,真是不像话!

奈川推了推,没有反应,再使劲推了一下,渡边倒在地上,誊写工们顿时吃惊地张大了嘴巴。

山下勇走了过来,问是怎么回事?

奈川:山下君,不好,渡边晕倒了。

山下勇:还愣着干什么?快,叫救护车!

医院的小屋里,王舒和伊田助男已经换上了白色的医护服,戴上手套,在小屋里等待。美子则走进了门诊大楼,一边看病,一边等候。

不一会儿,救护车司机古豆推开门进来了,告诉王舒和伊田助男,皇宫来电话了,你们就算替我出一次车了。

王舒和伊田助男戴上了口罩,迅速出门,走进院子,上了救护车,救护车闪着灯,开出了院子。救护车鸣着笛,一路开到皇宫门口,警察已经得到宫内通知,稍

加检查,予以放行。

救护车开到了书库房门前,王舒、伊田跳下车,打开后门,取出担架,奈川在门口招呼着进了誊写间,他俩将渡边放到了担架上,抬了出去。

奈川:新来的,跟我一道去医院。

蔡老板拎着袋子跟着奈川一起上了救护车。王舒关上了救护车后门。救护车离去。

车内,蔡老板从袋子里取出抄件,塞在了担架下面。车子到了皇宫门口,警察叫停,上来检查。

奈川催促着:警察大人,快点,这人已经不行了。

警察仔细检查了奈川的身体,蔡老板的布袋,里面只有毛笔、锥子、线头等杂物,然后下了车,对着伊田说,跟在我们后面。警察发动了摩托车,他朝救护车挥了挥手,两辆摩托车一前一后押送着救护车朝医院方向开去。

车内,王舒和奈川将渡边的尸体翻了下来,让蔡先生躺了上去。

蔡老板:这尸体怎么处理?

奈川一笑:我们送他到该去的地方去。

小日向的车飞奔进入了黑龙会院子里,林悦和小日向慌忙下车跑进了内田良平办公室。

林悦上气不接下气地向内田良平报告,他们的行动计划可能已经开始了,我们忽略了蔡老板,他现在不知去向。

小日向报告赵瑞麟和卓蓝、吴管家在丰源进出口商行绑架了林悦,他们一直追踪一夜,到天亮才把她解救了。

内田良平神情顿时紧张起来,马上命令务必找到蔡老板。他要立即赶往皇宫书库房。

大街上,救护车一路呼啸。内田良平的车急速飞奔。吴志杰的车子全速前进。小日向驾着车带着林悦也在大街上疾驰。

小日向惶惑地:林悦小姐,我们这是要去哪里?

林悦:去找童长荣!

伊田家。童长荣在屋内来回走着,估摸着时间差不多了,童长荣走出了伊田家,来到町田街上。小日向的车子刚刚赶到,林悦发现了童长荣。他们将车停在了路边隐蔽起来。

童长荣不慌不忙地上了一辆人力车,从小巷穿过。小日向调转车头悄悄跟了上去。

伊田将救护车飞速开到医院门口停下,王舒和伊田迅速下车,打开后车门,将担架抬了出来,美子站在门口招着手。两人抬着担架进了医院大门。古豆溜了出来,上车将救护车开进了地下仓库。

奈川站在门口等着两个警察停好了摩托车,带着两个警察往急救室跑去。急救室大门紧闭,奈川让两个警察坐在急救室门前等待,自己赶到了地下室。

王舒和伊田将担架抬进了地下室的杂物间。美子关上了门,蔡老板立刻下了担架,撕掉了脸上的面胶,换上了美子带来的衣服。美子交给蔡老板一份胸片袋。蔡老板将抄件装进了胸片袋,和美子从侧门走了出去。王舒和伊田收拾好衣服杂物,出了杂物间,赶到了地下室,将救护车上渡边的尸体转移到了小货车上。

王舒、伊田向古豆连连道谢,握手道别。古豆将救护车开走了。

奈川匆匆赶了过来,对王舒和伊田说,还愣着干什么。三人上了车,小货车从地下室开了出去。

内田良平的车子开到皇宫门口,他带着随从走下车。警察连忙上前鞠躬。内田良平询问,木次郎总监现在哪里?警察报告内田良平,总监大人昨天上午就离开了皇宫,到现在没有看见人。

内田良平又询问是否有什么异常情况。警察说刚才书库房有誊写工突发疾病,来了辆救护车送到医院去了。

内田良平警觉起来,盯着警察问,你是说有一辆救护车开进了皇宫书库房,又开到医院去了?

警察点点头,说已经仔细检查了,没有什么可疑之处,为了慎重,派两辆摩托

车一前一后押送去的。

内田良平愈发觉得蹊跷,立即赶往书库房。山下勇正在办公室翻阅文献资料。内田良平走了进来。山下勇连忙站起。

山下勇:会长大人好。

内田良平:听说书库房有个誊写工被送到了医院,怎么回事?

山下勇:报告会长,有个叫渡边的誊写工,是个酒鬼,刚上班就趴在桌子上,可能是昨晚酒喝多了,不省人事,倒在地上。请示了皇室,经同意后,拨打了医院的电话,来了辆急救车,现在还不知道怎么样?

内田良平:看见木次郎总监了吗?

山下勇:昨天上午他查看了地库的重要文件,不过到现在还没有看见他。

内田良平让山下勇打开地库,他要亲自检查密件是否安全。山下勇说地库现在打不开。内田良平问为什么?山下勇答钥匙在总监大人身上。

内田良平对身边的警察:立即给我去寻找木次郎总监。

东京歌舞伎一条街,上午是打烊的时间,不见一个人影。伊田将车子开到了风俗店的后院。伊田留在车上,奈川背着渡边的尸体,王舒在前面探路,两人一前一后,来到木次郎的房间门前,悄悄拉开了门,发现木次郎还在地上睡着。放下尸体后,奈川将钥匙放到了木次郎裤带上的钥匙链上。和王舒一起扒光了渡边身上的衣服,将尸体放到了木次郎身边,用被子盖好,然后有条不紊地叠好渡边的工服,整齐地摆在木次郎衣服的旁边,从花瓶里摘下一朵花,放在衣服上面,两人悄悄地离开了。

伊田将车子又开回了医院。奈川来到急救室门口,发现两个警察还在傻坐着,他也就跟着坐下了,可心里忍不住想笑。

吴志杰的车开进了医院,将车停在花园边上。赵瑞麟和卓蓝跳下了车。

赵瑞麟:吴先生,带我到蔡先生那里去,我想看看蔡先生。

吴志杰:赵先生,请稍等,我们等一下童先生,我听说他今天也要来看蔡先生,我们一起去看望蔡先生,不好吗?

恰在这时,童长荣坐着人力车进了医院。赵瑞麟、卓蓝看见童长荣下了车,径直走到他跟前。

童长荣:哟,是赵科长和卓蓝,你们也来看蔡先生吧,走,我们一起看看?

赵瑞麟和卓蓝愈发的不明白,昨晚在丰源进出口商行的惊心动魄,小日向追逐时的子弹横飞,林悦的紧张急迫,似乎都让他俩坚信,童长荣和蔡老板在联手行动,现在怎么突然化成了一次普通探视了。应该说,蔡老板确实在医院里。赵瑞麟有种被童长荣愚弄的感觉,但又不好发作,只有等见到蔡老板再说。卓蓝也恍惚了,童长荣到底在葫芦里卖什么药,她想不明白。不经意地回头,却见林悦和小日向也下了车,尾随在他们后边。

童长荣站住:今天热闹了,要来看蔡先生的人不少哇,看来蔡先生要请一大桌了。

此时,蔡老板正坐在诊室内,医生写完了病历,交给了蔡老板。

医生:看来没有什么大问题。我开了药,回去静养一下。

蔡老板站了起来:那就谢谢医生了。

医生有些担心地:蔡先生,钱我收到了,病历和住院单都按你们的要求写好了,这事可千万不能对外面说,一旦泄露,我就完了。

蔡老板已经不听这位医生的唠叨,他重重地握了一下那位医生的手:辛苦了,谢谢关照。

蔡老板收起病历,放进了胸片袋子,走出了诊室,那位医生傻傻地望着他的背影。

蔡老板拎着胸片袋子出现在走廊里。

童长荣一班人正好赶到。

吴志杰:瞧,那不是蔡先生吗?

众人围了过来,蔡老板走了过来,望着大家,抱拳致谢,哟,这么多人来看我,谢谢了。

这时,美子出现了,拎着包,故意慌慌张张从他们身边低头跑了过去。林悦和小日向发现美子急匆匆的背影,林悦手一挥,她和小日向连忙追了上去。赵瑞麟发现有情况,让卓蓝留下,也跟着追了过去。

童长荣一笑:这是干什么?

卓蓝望着童长荣:赵瑞麟这是要去保护美子小姐呀。

童长荣笑了起来:美子小姐身体不太舒服来医院看病,你们真是草木皆兵了。

卓蓝:小日向和林悦去追美子,你不担心?

童长荣:我担心什么,她又没干坏事。看来呀,他们都不是来看蔡先生的吧。啊,蔡先生,您怎么样?

蔡老板解释着,最近咳嗽胸闷,心里不放心,就住院做了个检查,今天结果出来了,没有发现什么问题。他又责怪吴志杰多事,不该耽误大家的时间。

童长荣说这不能怪吴先生,昨天下午就听说了,因为中国传统习俗,所以只好今天上午来了,蔡先生无恙,也就放心了。

蔡老板连声对童长荣表示感谢。卓蓝听着他们寒暄,一切如常,实在想不出这里面有什么道道。从昨天到现在,一切似乎像是正在发生,一切似乎又没有发生。

几个人路过了急救室门口,奈川和两个警察还守在门口。卓蓝认识那个奈川,心里一沉,这个誊写工怎么会在医院里,她走了过来。

卓蓝:这位先生,您还记得我吗?

奈川望着卓蓝:记得,你还欠我们一顿酒呢。

卓蓝:实在抱歉,那天有事耽误了,改天我请您。

奈川:这回可不许骗我们了。

卓蓝:您和警察怎么在这儿?

奈川:啊,和我一起喝酒的那个人正在抢救呢。

卓蓝感觉到了里面的玄机。书库房里的誊写工晕倒在医院里抢救,警察在看守。童长荣和蔡老板出现在医院里,美子正好又生病来医院看病,看她匆忙惊慌的样子,一定是携带了什么东西。

这时候,急救室的门开了,病人被推了出来。

警察上前一看,傻了眼,怎么是女的? 奈川说,我也不知道啊,渡边君怎么变成女的了？

卓蓝内心一震，更加确认这里大有文章，再一看，童长荣和蔡老板、吴志杰已经消失在走廊的尽头，她奔跑下楼，看见他们三人已经来到了车前。她急忙奔跑了过来。

卓蓝质问童长荣：你到底在玩什么鬼把戏？那个有地宫钥匙的誊写工就在急救室门口，还有警察，抢救的是另一个誊写工，怎么推出来的是个女的？

童长荣：哟，卓蓝，你把什么人掌握地宫的钥匙都摸清楚了，这么重要的信息，你都没有告诉我？

卓蓝：童长荣，你就不能说一句真话，我们可是从昨天忙到现在都还没眨眼皮呢。

童长荣：卓蓝，我说什么了吗？让你忙到现在？

吴志杰赶忙过来打圆场：童先生有所不知，我还得谢谢赵先生、卓蓝小姐，昨天那位女记者找我的麻烦，是他俩帮我解围的，辛苦了。改日，我一定登门致谢。

卓蓝：童长荣，我和赵瑞麟可是按照你的要求，控制住了林悦，你总得对我有个交代吧。

童长荣：交代什么？吴先生不是谢过了吗？不要让他找蔡先生的麻烦。行，蔡先生，我提议改天摆一桌，专门答谢卓蓝小姐和赵先生。

卓蓝眯着眼望着童长荣：你这是把我当猴耍呢。

童长荣笑了，不敢，你不会认为蔡先生在医院里拿到文件了吧？那你检查一下蔡先生的病历袋。蔡老板笑着将胸片袋在手上扬了扬。卓蓝噘着嘴，哭笑不得。

童长荣：卓蓝，做你们这一行的往往就是一个通病，把简单的事情复杂化，要知道真理往往是朴素的，真相只有一个。啊，他们还在追美子小姐，你不想去看看热闹？

蔡老板上车，童长荣上车。

童长荣：你是跟我走，还是去看热闹？

卓蓝懵在那，突然，她跑出了医院。

美子拎着包,在大街上疾行,林悦、小日向带着几个便衣跟在后面,赵瑞麟尾随在后面也追了上来。美子走进了小巷,赵瑞麟从另外一条小巷切了进去。卓蓝快速疾跑。

美子的脚步越来越急,林悦、小日向的步伐越来越快。美子已经大汗淋漓,拐过一个小巷,赵瑞麟一把拉住了美子,跑向另一个巷子,卓蓝抄近路也进了小巷。

林悦、小日向带人前后围追堵截。美子跟着赵瑞麟跑了一阵子,卓蓝在前面接应,她奋力地招手,这边来。美子突然不走了,她蹲了下来,不停地喘气,她实在跑不动了。赵瑞麟很是着急,卓蓝要来拉美子。

美子说,我不想走了,索性坐在那里不愿意起来了。赵瑞麟正在焦急的时候,林悦和小日向带人围了过来,将枪对准了他们。

美子略带慌张地:你们这是要干什么? 我从医院看病回家,这是为什么呀?

小日向:那你为什么跑?

美子:是你们追我,我害怕,才跑的。

林悦:把包给我!

美子:我的包,为什么要给你?

林悦上前去抢美子的包,赵瑞麟用身体挡住了美子。

赵瑞麟:卓蓝,带着美子走!

卓蓝带着美子欲走,另一头又上来几个便衣堵住了去路。

卓蓝轻轻地询问美子,包里到底有什么? 美子摇摇头,说什么都没有。卓蓝不放心,又问了一遍,真的没有? 美子还是点点头。卓蓝心里知道,又被童长荣骗了。这一刻,卓蓝倒是轻松了起来。

卓蓝走到林悦跟前:林悦,告诉我,你追美子到底想干什么?

林悦:这你还不清楚吗?

卓蓝:我不清楚,你从昨天就开始发疯,一直到现在,把我和赵瑞麟也搅了进来,这是为什么?

林悦:答案即将揭晓,谜底即将揭开。如果抓了现行,你和赵瑞麟也逃脱不了干系。

赵瑞麟:林悦,看来呀,你还真是日本人的一条狗!

林悦笑了起来:此时此刻,谩骂是多么的苍白无力,只能说明你的业余和无能。把包给我拿过来!

两个便衣上前将包从美子的手里抢了过来,递到林悦手上。林悦打开包,里面只有一份病历和一些小物件。

林悦傻了,将包扔到了地下,她气急败坏地在美子的身上上下摸着,一无所获。

小日向白了林悦一眼:你在耍我们呢!

小日向随手一挥,便衣纷纷离去。林悦崩溃地瘫坐在地上。卓蓝捡起地上的东西放进包里,拉起美子,说我们走。

赵瑞麟望着林悦,哼了一句,我很业余,我看你做狗都没有屎吃!

三人离去。林悦坐在地上突然自嘲地笑了起来,发出了和卓蓝同样的感慨,我真是太傻,被童长荣这小子给骗了。

吴志杰开着车在街上行驶。童长荣紧紧抓住了蔡老板的手,动情地说,你受苦了。蔡老板终于控制不住,抖动着嘴唇,千难万苦,可终于拿到手了。童长荣说,拿到密件抄文,这才只是整个计划第一阶段,后面的事还很多呢,我们还不能说就完成了任务。

蔡老板点点头,将抄件从胸片袋里取了出来,递给了童长荣,让童长荣看看,说这个罪恶的文件,字字句句,触目惊心。

童长荣翻了一下,停在了一页纸上,他轻轻念道:唯欲征服支那,必先征服满蒙,如欲征服世界,必先征服支那。倘支那完全可被我国征服,则其他如小中亚细亚及印度南洋等,异服之民族必畏我敬我而降于我……

蔡老板不无悲愤,日本侵略中国的野心已经表露无遗,这些军国分子已经到了利令智昏、丧心病狂的地步了。

童长荣:这是蔡先生拿命换来的,我们同样要用生命保护好,最终我们要安全送到国内。

蔡老板:我只是出了点力,童先生大智慧,功劳应该属于你。童先生真是了不起,运筹帷幄,把不可能变成了现实。

童长荣:为了国家,你我还要什么功劳。我只想说,不要把这件事和童长荣联系在一起,如何获取这份文件,就让它永远成为一个历史之谜,除非国家需要我出来作证。

蔡老板:童先生,你是一个真正的爱国主义者。

童长荣:蔡先生,你难道不是吗?从认识您的那一天起,您就鼓舞着我。

蔡老板抓住了童长荣的手,两双手紧紧地握在了一起。

吴志杰这才回过头,说少帅府要求第一时间送到国内。

童长荣靠在后座上,轻言道,怎么送到国内,这又是一个难题,邮寄或者派人送回去,都不行,等于是自投罗网。他已经预感到,内田良平不会就此罢休的,虽然做得隐秘,但经不起推敲。况且卓蓝、赵瑞麟、林悦和日本警视厅、黑龙会都动起来了。

蔡老板:关键是还死了人,我们都要做好坐牢的准备。

童长荣:这件事啊,连累了山下勇和伊田兄妹,包括书库房的人,还有那个救护车司机,他们是真心帮助我们的,他们才是真正爱日本的人。

蔡老板:童先生,下一步怎么走?

童长荣说实施第二步计划,从俄国女谍丽萨手里购买这个文件计划不要停,继续迷惑他们。"幽灵"行动计划一直要执行到这个文件安全送到国内为止。

警察终于查到了木次郎在东京歌舞伎一条街,内田良平带人冲进了风俗店,警察拉开了房间的门。木次郎还在呼呼大睡。

警察:总监大人快醒醒。

木次郎仍在梦里:美人……

警察:总监大人,内田会长来了。

木次郎:别打搅我……

内田良平走过来,气愤地踹了木次郎一脚,木次郎这才惊醒过来,内田良平掀开被子,发现旁边有个赤裸的躯体在趴着,内田良平用脚将他翻了过来,是渡边的尸体。

木次郎魂飞魄散,他跳了起来:见鬼啦,见鬼啦!

内田良平气不打一处来。木次郎浑身颤抖,去拿衣服,却不料看见誊写工的工服整齐地摆在自己衣服的旁边,他触电似的把手缩了回来。警察上前将衣服递给了他,他抖抖索索地开始穿衣服。内田良平走到渡边的工服前,拿起了工服上摆放的小花在手中凝视,扔到了地上,拼命地用脚踩着,以发泄他内心的气愤。

内田良平高声吼叫,地库的钥匙呢?

木次郎颤抖地手在裤带上找到了那把大钥匙:钥匙,在这里,很安全。

内田良平:把这里给我封了,这具尸体带回去检验,老板娘带回去审问。

内田良平和木次郎马不停蹄赶往皇宫内的书库房。山下勇、奈川和全体誊写工被集中在一间屋里,由警察看守。

内田良平指着山下勇:你,过来。

山下勇走了过来,跟在内田良平和木次郎后面,木次郎五味杂陈地瞟了一下山下勇。走到地库门口,木次郎将钥匙递给了山下勇。山下勇打开了地库的铁门。山下勇走到保险柜前面,旋转着保险柜的密码盘,打开了保险柜的门。山下勇戴上手套,将里面的文件盒放到了桌子上。内田良平也戴上了手套,打开了文件盒,看了一下文件的标题,又小心地翻了翻里面的内容,确认完好无损。他脱下了手套。山下勇将文件收拾好,小心地放回原处。

内田良平望着木次郎:总监大人,处理好这里的事情,马上到我那里去。

木次郎:把山下勇和奈川给我带走。这里的其他人一个不许走,给我做好讯问笔录。

内田良平乘车离去,木次郎将山下勇和奈川带上了警车。

赵瑞麟和卓蓝将美子送到了伊田家门口。童长荣走了出来。

美子:谢谢赵先生、卓小姐。

美子朝卓蓝和赵瑞麟鞠躬,赶忙走进了屋里。

卓蓝来到童长荣跟前,把童长荣从上到下看了一遍,慢悠悠地撇了一下嘴,

童长荣,你不想跟我说点什么?

童长荣笑了,如果有什么要说的话,那就是真诚地谢谢你们,辛苦了。可这是你们自愿的,千万别朝我发脾气,有火你们回去发,有怨气回去吵。但有一点,千万不要气得吃不下饭啊! 晚上踏踏实实地睡个好觉吧,明天起来,你一定会觉得阳光更加明媚。

赵瑞麟不想再说什么,狠狠地盯了童长荣一眼,转身离去。卓蓝又望了一眼童长荣,发现童长荣在静静地望着自己,喉头似乎动了一下,眼睛里似乎有什么在闪烁,她看出来了,是泪水,但他很快转过身去,头也不回地走进了伊田的家门。

卓蓝站在那里,看见伊田家门口的红灯笼亮了一只,亮了两只,第三只也亮了。

大白天的,童长荣为什么要点亮这三只灯? 卓蓝想起来了,夜晚,她不止一次地站在阳台上望着伊田家,曾经亮过一只,后来是两只,最近两天是三只全亮,现在她分明感受到了,这三只灯是童长荣专门为她点亮的。

卓蓝心里亮起一道光,打从认识童长荣,她从未见过童长荣如此地失态,如此地动情过,她分明看见了童长荣眼中控制不住的泪花。国民党屠杀共产党,她也没见过童长荣的一滴泪水。有什么值得童长荣为之心潮澎湃,不能自已呢,她深知这泪水绝对不是为自己而流,那就一定是……莫非文件已经到手了? 应该是的,她断定,童长荣的泪水只为处在深重灾难的国家而流,这么想着,她的内心似乎也被什么深沉的东西撞击了一下,她摸摸自己的胸口,她的眼里似乎也有了晶莹的泪。她站在伊田家门口,不愿离去,似乎觉得这三只红灯笼很温暖,伊田的家也很温暖,这里还有一个男人也在温暖着她。

卓蓝转身往回走着,这时候的内心有种充实感,甚至还有满足感,这么想着,她的步履变得轻盈起来。回到住处,拉开门,却见赵瑞麟一言不发地坐在沙发上,千惠子将烧好的菜摆到了饭桌上,卓蓝一下子又觉得掉进了一个冰冷的世界。

千惠子:你们一天一夜都没到家了,到哪儿去了? 真叫人担心!

赵瑞麟发着狠话:想玩我是吧! 我会让他死得很惨!

卓蓝:赵瑞麟,我劝你发火别找错了对象。这林悦就不是个好人,一个记者,居然还有枪,你拿枪威胁一个管家干什么,把我们都卷进去了,她疑神疑鬼,带着我们受累!

赵瑞麟瞪着卓蓝:你还跟我来劲了是吧。

千惠子:你们呀,不要吵了! 吃饭吧。

卓蓝:反正我不想吃饭了。

千惠子:不吃饭,可不行,你要尊重我的劳动。

卓蓝无奈地坐到桌前。

千惠子:赵先生,也给我一个面子吧。

赵瑞麟也坐到了桌前。千惠子含着笑,解下了围裙。

千惠子:这就对了,祝你们用餐愉快,那我回去了。

千惠子收拾包裹出门,将门带上。赵瑞麟走到窗前,望着千惠子沿着小径一直走到町田街,转身不见了,这才走到桌前。卓蓝用筷子指了指上面,两人放下碗,走到了楼上的阳台上。

赵瑞麟:卓蓝,昨天和今天的事,你怎么看?

卓蓝:他得手了。

赵瑞麟惊呼起来:童长荣得手了? 何以见得?

卓蓝:我从他的眼神里读出来的。还有,你看看伊田家门口的三只红灯笼。

赵瑞麟眺望着那三只红灯笼,他在回忆着,赵瑞麟想了起来,平时亮的是两盏,什么时候开始亮的三盏,对,是从前天晚上开始的。

卓蓝:就在刚才,我正准备走的时候,一盏、两盏、三盏依次亮起,我明白了,童长荣是亮给我看的。哎呀,我们真是忽略了这个细节。

赵瑞麟:我还没有明白,他是怎么得手的?

卓蓝:赵瑞麟,从昨天到现在,你不觉得有太多值得推敲的事吗?

赵瑞麟:吴管家平时根本不来町田街,昨天下午出现,一定是紧急的事。我们来推演一下。

卓蓝:童长荣暗示我们去找林悦。

赵瑞麟:我去了商行,果然,林悦在那里。

卓蓝:林悦一定是发现了秘密,威胁吴管家,吴管家把她绑到了车库里。

赵瑞麟:童长荣知道我要去,特意吩咐吴管家准备了酒和菜,而且不让我走,我就知道,他需要我。

卓蓝:童长荣让我找你,说有危险,果然半夜,就出事了。

赵瑞麟:吴管家驾车拼命往城外跑,并且不时看表,就是要把林悦带得远远地,我们成功地将这一班日本人带离了市区。所以林悦说来不及了。

卓蓝:医院有太多不可思议的事,所有人都出现了,还记得那两个誊写工吗?一个送另一个急救,出来的却是个女的,连警察都懵了。

赵瑞麟:我们去追美子,现在才知道是童长荣的障眼法。

卓蓝:我们看到的只是冰山一角。不过,刚刚,我完全听明白了他的意思,他说我们要发火就回来发,那是要我们做给千惠子看的。还说让我们回去睡个好觉。

赵瑞麟:明天的阳光更加明媚,这是在向我们暗示……我不得不佩服,人才呀,他就是个天才。

卓蓝:他把天上的星星摘下来了,把水里的月亮捞出来了。

赵瑞麟:卓蓝,你知道,我怎么想吗?我非常嫉妒!

卓蓝:你真是个小人!

赵瑞麟:我发誓要做主角,结果还是演成了配角。新的问题来了,我们从这个刺儿头那里如何拿到文件又是一个问题。

卓蓝:内田良平、林悦、小日向这一班人已经察觉,看来呀我们还得配合童长荣演戏呢。赵瑞麟,你别不知足,你有个配角就不错了。我呢,肯定是女一号,你没看见我在黑龙会九死一生,那就是一个女英雄的形象。

赵瑞麟似乎很高兴,可内心还是酸溜溜地,即便是拿到了文件,那也是童长荣和卓蓝的功劳,他未免有些失落感。

木次郎将山下勇和奈川关在东京警视厅的禁闭室里。山下勇对奈川说,一定要沉住气。奈川悄声低语,木次郎把我们俩关在一起,就不怕我们串供?山下勇告诉奈川,这是他故意的,就是要我们给他揩屁股。

奈川有些担心,说山下勇带着木次郎去风俗店,这是事实,渡边的死也是事实,渡边躺在木次郎的床上也是事实。

山下勇问奈川,要是对尸体进行化验解剖怎么办?奈川请山下勇放心,这种药物只会麻痹神经,造成心脏骤停猝死,不会检查出任何毒性来的。

山下勇:那尸体的事怎么说?

奈川:这事我承担下来,就说是陷害你的。我没有犯谋杀罪,只不过是个恶作剧。

山下勇:只能这样了。

在黑龙会,内田良平正在召集林悦、小日向、千惠子开会。内田良平铁青着脸,让几个人一个个说情况。

林悦:我先说,丰源进出口商行对面杂货店的老板是我们的眼线,他发现吴管家每天晚上8点钟出去到伊田家对面的僻静处观察,我突然想到伊田家的红灯笼是个信号灯,事发的头天晚上,三只灯全亮了,由此判断他们的行动开始了。以前,我们只把全部的精力放在了童长荣、赵瑞麟和卓蓝身上,却忽视了蔡老板。我立即赶到商行,吴管家说蔡老板不在,我就产生了怀疑,拿枪逼他,我小看了他,他制服了我,把我捆起来,丢在了车库里,后来我听到了赵瑞麟的声音。到了下半夜,听到了枪声,赵瑞麟和吴管家把我扔进了车子,卓蓝是在商行外上的车。

小日向:我就去追他们,一直追到了海边。后来他们放了林悦,我们就跑回来向您报告,接着去监视童长荣,一直跟到了医院。赵瑞麟和卓蓝也到了医院,童长荣和蔡老板出现在大厅里,我们就跟了上去了。

林悦:伊田家的伊田美子也出现在医院里,急匆匆走过。我怀疑她是否拿了东西,我们就一起去追她,在一个小巷里,对她进行检查,什么都没有。

内田良平:可书库房里却又发生另一件事,有人晕倒,医院去了救护车,送到医院急救,进去的是男誊写工,出来的却是个女的,可是渡边的尸体又出现在了风俗店木次郎的身边,天下奇闻啦!

千惠子:我看见赵瑞麟、卓蓝将美子送到了伊田家,接着回来就开始争吵。

内田良平:争吵什么?

千惠子:说从昨天到现在筋疲力尽,被林悦小姐耍了。

内田良平:提到童长荣没有?

千惠子:赵瑞麟又怨恨童长荣,卓蓝说这事跟童长荣无关。

内田良平说,知道了,你们先下去吧。三人走了出去。随从走了进来,拿了一份文件夹递给内田良平。内田良平看了一下医院的解剖和化验结果,死者解剖发现心脏肥大,化验结果是,无中毒症状,有大量酒精,医生鉴定的结果是心源性猝死。内田良平从誊写工那里,已经了解到渡边平时嗜酒如命,既然鉴定结果是这样,他也就不好再细究下去。

内田良平问随从,那个风俗店的老板娘审过了吗?随从报告,审过了,老板娘说是山下勇陪总监大人去的,老板娘的供述在文件夹里,请会长过目。

内田良平翻着讯问笔录,老板娘交代,她们一般在夜里两点下班,下午两点上班,也有一些客人留在店里,第二天自行走人。尸体如何进入房间,老板娘说店里没有人看见。警察走访周围,也没有目击者。

内田良平又问,山下勇现在哪里?随从说,总监大人已经带到警视厅了,还有誊写工带工的工头奈川。

木次郎满面愧色地走了进来:内田会长,实在对不起,我给您丢脸了,也给警察这一行丢脸了。

木次郎朝内田良平深深地鞠躬。

内田良平:总监大人,更重要的是你是黑龙会的重要成员,你担负着一个比日本东京警视厅总监的职责更重要的使命,那就是我们黑龙会的伟大事业,明白吗?

木次郎:警视厅一定彻底调查这件事。

内田良平:我现在高度怀疑,这份文件已经泄露出去了。

木次郎:怎么会呢?钥匙还在我这,文件您已检查了,完好无损。

内田良平:那发生的这一切作何解释?

木次郎:内田会长,我自己犯下的过错,我承担,要说文件泄密,那是要拿出证据来的。

内田良平:你说的没错,我现在是没有证据,我希望通过秘密调查,找不出泄密的证据。如果这份文件泄密,你知道后果吗?

木次郎:如果文件泄密,我就切腹自杀,以谢国人。

内田良平缓和了语气,坐下来吧。木次郎坐了下来。

内田良平让木次郎详细告知山下勇带他到风俗店的经过。

木次郎向内田良平陈述,这段时间,在书库房和山下勇接触多了,就熟悉起来了。山下勇出身贵族,生活奢侈,他很羡慕他的生活,就在一起喝酒。到风俗店,他保证这是第一次。

内田良平提醒木次郎,是否被山下勇设计了?木次郎想起了山下勇的话,如果哪一天我有事了,还请高抬贵手。这时他一下子意识到了山下勇确实是有意识地送他高档腕表,陪他逛风月场所。他下意识地拉了一下自己的袖子,不让内田良平发现腕上的那块表,嘴里言不由衷地表示否认,应该不会。

内田良平问木次郎,书库房和医院里发生的一切,怎么来解释,是巧合吗?为预防万一,请立即通知所有警察严查每一个港口,不能让一片可疑纸张出境。

木次郎点点头,我已经布置了,刚招募了3000名学生警察,全派出去,也是给他们一个锻炼的机会。

内田良平让木次郎陪他去警视厅,他要亲自听听山下勇和奈川是怎么供述的。木次郎躬着身体,请内田良平在前面走。

上了车,来到东京警视厅。木次郎吩咐把奈川带进审讯室,内田良平亲自审讯,木次郎坐在一旁。

内田良平:地库的钥匙是你保管的吗?

奈川:是,我下班后交给总监大人,上班再来取。出事的头一天,下班没有等到总监大人,地库进不去,我就让誊写工把原件和抄件放进了临时文件柜里。

内田良平:说说那个叫渡边的誊写工情况。

奈川:渡边是个酒鬼,性格孤傲,尖酸刻薄,自以为是,不把其他誊写工放在

眼里。我是负责人,负责文件发放、抄写、归档,每天要早来半个小时。当天上午,渡边来得比平时早,走起路来东倒西歪的,我就发现他不对劲,我还骂他,昨天晚上又喝多了吧。

木次郎:据誊写工反映,你经常和他一起喝酒?

奈川:确实,我们在固定的小酒馆里,那里便宜。但我保证,出事的头一天,我们没有在一起喝酒,你们可以调查。

内田良平:什么原因没有和他一起喝酒?

奈川:他总是占我的便宜,这几天找各种理由让我付钱。老婆发现我在家里多拿了钱,就跟我吵,吵得让人心烦,我就借故有事让他一个人走了。

木次郎:继续说下去。

奈川:渡边那天上班比平时早,走到桌前,就趴在桌上。我要给誊写工发放文件和纸张,没有理会他。所有誊写工都在抄写了,他还趴在桌子上,我就去推他,没有反应,再用力一推,人就倒在地上,我吓坏了,就赶紧报告山下君,山下君就喊了救护车。出宫时,警察对我们都进行了检查,还派了警察一前一后押送。

木次郎:是你和一个新来的誊写工送到医院里的?

奈川:是的。

内田良平:说说这个新来的誊写工。

奈川:是这样,72 号松岛原本也是我们的酒友,前些日子辞职了,缺了一个誊写工,我就只好找了十几年前曾在这里干过活的老誊写工岛田,我怕他多年不干了,手生疏了,还对他进行了测试。因为还没给他安排活,我就让他和我一起去了。

内田良平:后来怎么不见了这个人?

奈川:到了医院,在救护车上,他跟我说,上班第一天,就遇到这种事,晦气,下了车,很乱,什么时候跑了我也不知道。

内田良平:告诉我,渡边被送到急救室,怎么就不见了呢?

奈川:我和警察一道送进去的,这个警察可以作证。我也想知道是怎么回事。

内田良平:把他带下去,把山下勇给我带来。

警察:是。

 二十

山下勇被带了进来,在内田良平面前坐下。

内田良平:山下君,你的书库房死了人,这具尸体又到了总监大人的床上,你不想说点什么吗?

山下勇:内田会长,总监大人,我忠实地履行了作为一个书库官的职责。誊写工发病,我第一时间安排了救护,皇室书库未丢一本图书,一份文件。至于渡边的尸体是怎么到了总监大人的床上,这得请总监大人来回答。

木次郎朝山下勇吼叫着:山下君,我就是被你陷害的。

山下勇:说得好,我现在倒是怀疑有人以保护秘密文件为由陷害我,达到向牧野伯爵和床次大人、民政党、政友会和枢密院泼脏水的目的。你们怎么不去调查一下那些少壮派军人和你们这些警察内部,现在全日本上下乌烟瘴气,他们什么事干不出来!

木次郎:你的意思是我在陷害你?

内田良平:这么说,你倒成了一个受害者。

山下勇:我是无辜的。我为皇室服务这么多年,从未有过闪失,我不明白,你们越加强保卫,怎么就越出事情呢。我请你们立即通知牧野伯爵大人。我现在不会回答你们的任何问题。

内田良平:请放心,我们会告知牧野伯爵大人的。

内田良平和木次郎无奈,只得将羁押山下勇一事通报给牧野伯爵。

牧野伯爵得知消息后,很是气愤:真是岂有此理,文件完好无损,他们有什么证据抓人?

床次:我看他们这是沆瀣一气,就是借机打击报复。伯爵大人,田中内阁现在岌岌可危,他们的目的就是转移视线,伯爵大人,你应该出面了,到了制止这种

行为的时候了。

牧野伯爵坐了下来,长叹一声:现在难啦!

床次愤愤不平,说这是打了伯爵大人的脸,这班人愈发肆无忌惮了,他们纯粹是无理取闹,要把新合并的民政党赶尽杀绝。拿最高机密文件来做文章,这一招太阴毒了。

牧野伯爵摆了一下手,此事非同小可,不容有任何闪失,他得好好想想如何来处理这件事。床次说,没有什么好想的,就是通过整治山下君,进行政治清算。

町田街仍在小日向的监控中,童长荣依旧每天到电车站乘车,去东京帝国大学上课。临近毕业,开始准备毕业论文,他打算请水谷教授做他的毕业论文导师。

童长荣走进了水谷教授的办公室,将论文方案递给了他,请水谷教授指导。

水谷教授翻阅论文方案,轻轻念道,马克思主义与日本无产阶级文学,以小林多喜二和宫本百合子为例,很好,我很乐意当你的导师。

童长荣说,无产阶级运动和无产阶级文学必将成为不可阻挡的历史潮流。水谷教授,我很高兴地向您报告,无产阶级文学已经在中国大地上呈燎原之势,像从日本留学回去的鲁迅、郭沫若,从俄国回来的蒋光慈,还有许多本土作家都如雨后春笋在成长,这就是我选题的初衷。

水谷教授点头称好,希望你毕业回国之后,能够加入到无产阶级文学的队伍里。他说他有时间,一定把俄国、日本、中国的无产阶级文学结合起来加以研究。

童长荣欢迎水谷教授到中国去,研究中国的无产阶级文学。水谷教授愉快地接受邀请,有机会一定到中国去。

童长荣感谢水谷教授这些年对他的教诲,表示一定要把论文写好,不辜负期望。水谷教授赞赏童长荣,那是一定的,你也不会让我失望的。

水谷教授还对童长荣说,新垣里美后来没有找他的麻烦了。童长荣笑了,她也不会再来找您的麻烦了,我们已经查明了她的身份,就是个卖国求荣、吃里爬外、企图借力日本军国主义分子复活清帝国的小丑。

水谷慨叹：一个不爱自己国家的人，不爱这个国家人民的人，那就不是人！DOG，PIG！

童长荣：DOG！PIG！

童长荣与水谷教授道别，走在校园里，他突然想去陆军士官学校，看看王舒，他有点内疚，这些年，他甚至一次也没去过王舒的学校，自觉对王舒关心太少，可王舒始终牢记罗栗文的指示，无怨无悔地甘当自己的助手。

他满怀内疚地走进了陆军士官学校校园。远远看见王舒穿着制服在操场上闲逛，有些无聊地对着一些目标做着射击的动作。

王舒见到童长荣，很是意外：长荣，你怎么来了？

童长荣：王舒兄弟，不知怎么地，就是想到要来学校看看你，请原谅，我一次也没来过你的学校。

王舒：啊，对了，东京帝国大学我也是止步于校门外，居然也没进去过。

童长荣：怎么不上课，在外面闲逛？

王舒：下午又是思想洗脑课，那个教官公开叫嚣要让这些学生成为战争机器，他说拿破仑的口号是男人的事业在马背上和女人的胸脯上，他的口号就是日本军人的事业就是在支那那片肥沃的土地上。你说这样的课我还会上吗？

童长荣：看来呀，日本军国主义已经露出狰狞的面目了。

王舒：长荣，说出来你别生气啊，现在呀，陆军士官学校的地位已经高于日本东京帝国大学了，你说这正常吗？

童长荣：王舒，我们完成了任务，等拿到了毕业证，就尽快回国去，罗书记在等着我们呢。

王舒：我的军事思想课零分，我是不打算拿毕业证了。

童长荣：那你还待这学校干什么？

王舒：对，我还待在这里干什么？从现在起，我就不来了。对不起，士官学校，我就跟你拜拜了。

回到伊田家，却见美子满面愁容地坐在屋里，童长荣和王舒发现气氛有些不对。童长荣问美子怎么啦？美子这才告诉童长荣和王舒，说山下先生被东京警

视厅带走了。

童长荣心里内疚,很是不安,又无言安慰。美子连忙站了起来,对童长荣说,这事是我劝山下先生做的,并没有错,这也是我们应该做的。我也已经做好了这个准备,你心里千万不要有什么。

童长荣十分感激美子的善解人意和正直善良,对美子说,山下君不会有事的。美子望着童长荣,感谢他的安慰。童长荣对美子说,我说没事,不是安慰你,这是基于合理的推测和判断。

童长荣告诉美子,山下君背景深厚,牧野伯爵不会坐视不管,他正愁找不到这些军国主义分子打压过去的政友会,现在的民政党人的证据,黑龙会和东京警视厅给了他们一个反击的机会。牧野伯爵会有所动作的,况且文件未丢,他们没有理由抓捕山下君。

美子听童长荣这么一说,心里顿时平静了许多,她笑着对童长荣说,你是个了不起的人,总是能把事情想到了骨子里,你总是让人充满信任,给人信心,我不担心山下君了。童长荣笑了,说我跟你打赌,山下先生很快就会出来的。美子调皮地,赌什么?童长荣想了一会儿说,我敢打赌,你很快就要和山下先生举行大婚了。

美子怔怔地望着童长荣,涌出了眼泪。王舒说,美子,那你还不快为自己做新娘准备准备了。美子含着泪说,童先生这话就是骗我的,我也是高兴的。童长荣说,我什么时候骗过你,到时候,我们都去参加你的婚礼。美子说,我知道你已经准备毕业论文,很快就要回国了。童长荣说,那也一定是在我们回国前,你信不信。美子点点头,我信你。美子还是忍不住流下了眼泪。

童长荣见美子心情好转,这才说,我要出去一趟,王舒你待在家,等候伊田君回来,现在哪里都不要去。童长荣拉开了门,美子站在门口叮嘱,一定要注意安全。童长荣走出门,回过头,笑着与王舒、美子招手。

小日向带人气势汹汹地冲进了丰源进出口商行,让吴志杰跟他们走一趟。几个日本浪人将吴志杰带进车子里。蔡老板在楼上望着车子离去,他悄悄地下楼走进了地下通道,从后面离开了商行。

车子开到一栋楼下,小日向将蒙眼的吴志杰推下了车,带进了一间房子,小日向摘掉了吴志杰眼睛上的黑布条。林悦从里间走了出来,她突然一拳打在吴志杰的肚子上,吴志杰纹丝不动地站在那里。

林悦:吴先生,你可不像个管家。

吴志杰:那你说我像个什么?

林悦:你像个军人!你的手法动作很老到啊。

吴志杰:这有什么可奇怪的,我从小习武打猎,你以为当管家就是油盐柴米呀。

林悦:告诉我,你窥探伊田家到底是什么用意?

吴志杰:我不想说。

林悦:不想说,我替你说,我已经确认,那三只红灯笼是童长荣的信号灯。

吴志杰:我真不是看那三只红灯笼。

林悦:吴先生,你今天在这里要是能自圆其说,我立刻放你走。

吴志杰:林悦小姐,你不想一想,那天下午,我都到伊田家门口去了,见到了童长荣,如果有什么事,童长荣为什么不当面告诉我,我还得要晚上跑去看灯笼吗?

林悦:你找童长荣干什么?

吴志杰:我不好意思说。

林悦笑了起来:嗬,还有什么秘密说来我听听。

吴志杰:我不想在这里说!

小日向:你必须说!

吴志杰憋了半天,终于按照童长荣事先的台词开始往下说:我喜欢上了美子。

林悦认真地望着吴志杰。

吴志杰:我觉得美子温柔贤良,也很漂亮,我这么大年纪了,我也想有个归宿了。

林悦:那你不去表白,大半夜跑到那里,就看人家的房子吗?啊,你还会告诉

我,你还害了单相思?

吴志杰:事实就是这样。别看我一个大男人,这种事,我说不出口,我天天晚上站在那里,心里有一种满足感。那天我实在憋不住了,我内心里发着狠,终于迈出了第一步,开车到了她家门口,想见美子,可那一刻我又犹豫了。正好童先生出来了,问我有什么事?我就支支吾吾把这事跟他说了。他就笑了,还把我嘲讽了一顿。

小日向:你在撒谎,你赶到伊田家可不是想去向美子表白,你把林小姐绑在车库里后,立即来到伊田家,这是向童长荣通风报信,寻求童长荣的下一步指示。

林悦用犀利的眼神望着吴志杰,吴志杰低下了头:我承认,我绑了林小姐,确实是心里没了主意,去征求童长荣的意见。可我喜欢美子,这也是事实。

林悦眯着眼:那童长荣给了你什么意见呢?

吴志杰:童长荣说很糟糕,正在和你合作一个什么计划,让我回去把人放了。

林悦:那你为什么不放我呀?

吴志杰:谁知,我刚回来,正在想着怎么把你放了,可赵瑞麟也来找你,一直待着不走,我只好和他喝酒,心想等他走了,再来处理这事。谁知小日先生带着一班人来了,无奈之中,我只好向赵瑞麟如实相告。赵瑞麟的意思是把你带走,我就依着他的意思行事,后来卓蓝也上了车,情况就是这样。

林悦挥挥手,让小日向把吴志杰带了下去,她陷入了沉思,理不出个头绪,她不明白赵瑞麟和卓蓝是怎么掺和进来的。据她的观察,赵瑞麟、卓蓝和丰源进出口商行并无直接联系。难道他俩是在帮助童长荣做事?可是她分明感受到赵瑞麟和童长荣势不两立,不会走到一起。

她深感自己的判断是准确的。蔡老板和童长荣是个焦点。今天上午医院里的一幕又出现在自己眼前,无疑他们已经实施了重大行动,从内田良平那里得知,皇宫书库房和医院发生的一切怪异现象,足以证明这一点。这个童长荣太狡猾了,关键时刻故意将焦点移到了美子身上,致使自己产生了错误的判断。

林悦在思索着。小日向进来,对林悦说,警视厅得到一条信息,美子最近和山下勇在约会。

林悦跳了起来：你怎么不早说？

小日向：我也是刚刚得到的消息。

林悦：一个平民，一个贵族，这怎么可能？

小日向：有人看见，他们在一起约会。

林悦：这是不是童长荣故意以美子约会方式和山下勇联系。

小日向：好像是真的在热恋中，是山下勇主动的。

林悦挥了挥手，小日向离开了房间。林悦细想了一会，突然大彻大悟。她和内田良平、木次郎不一样，他们是千方百计追查每个细节，来印证文件的安全性。而自己则相反，恰恰希望文件被童长荣拿到，那自己就有获取这份文件的机会。

他们的最终目的是要将这份文件带回国内。林悦相信童长荣、卓蓝和赵瑞麟都不会携带这份文件，只有一个人是合适人选，那就是吴管家。她不禁为自己的鲁莽自责，怎么能擅自把他抓来审问呢！虽然这个吴管家说的全是编的，她决定不再细究。她要给他一个宽松的空间，不能让他成为惊弓之鸟，而且还要替他打掩护。

这么想着，她走进另一个房间，来到吴志杰跟前。

林悦：吴先生，确确实实，我和童长荣是有一个合作计划。我也可以明确告诉你，我到商行去找蔡先生，就是始终认为童长荣不讲诚信，背着我与蔡先生另搞一套，我是很生气的。拿枪威胁你，又怎么地，你小子他妈的居然敢动我的手。今天我把你绑来，就是要出这口恶气的。

小日向和几个人抓住了吴志杰，林悦照着吴志杰上下其手，一顿猛击。

林悦朝吴志杰高叫：今天就算扯平了，给我滚。

小日向又重新蒙上了吴志杰的眼睛，把他推到门外的车子里。

东京警视厅问询室里，这次是木次郎讯问山下勇。

木次郎：山下君，说说你和美子的事？

山下勇：确确实实，我和美子在恋爱。

内田良平：具体说。

山下勇：美子的哥哥伊田助男被警察抓进了警视厅，他们家的留学生童长荣和丰源商行的蔡老板拿着《通雅》找到了伯爵大人。那是我第一次见到了美子，就喜欢上了。我让伯爵大人从中斡旋，伯爵大人答应了。

木次郎：我知道，皇室打电话给我，我放了人。

山下勇：我从此认识了美子，美子开始不接受，说我们家庭相差很大，最后见我是真心喜欢她，她就答应了。

木次郎点点头，吩咐把山下勇带下去，把奈川带上来。奈川被带进了讯问室。

木次郎：奈川，和你一起的警察说是你把他们带到急救室的。

奈川：是的，是我有意把两个警察引向急救室的。

奈川之所以要这样把王舒和伊田的事揽在自己身上，目的是想要为山下勇开脱。

木次郎：你为什么要害我！

奈川：总监大人，我并不是要害您，我这是报复山下勇。

内田良平：为什么？

奈川：他对我们这些誊写工非常刻薄，多少年我们的工钱没有加一分一毫，还让我们加班。每天上午来了一下，整天不见人影，后来我发现他不在酒馆，就在歌舞伎町。上个月我们任务没有完成，他扣了我们一半的工资，我从此发誓，一定要让他的书库官当不成，渡边这个死鬼给我提供了这个机会。

木次郎：那你说说过程吧。

奈川：那天我在书库房，听见了总监大人和山下君在说着一个小美人的事，我就知道你们又要去那个歌舞伎町了。到了下午，还不见你们回来，抄件入不了库，真叫人气愤。第二天早晨山下君倒是来了，可钥匙在总监大人手里，我们又取不出原件，我很恼火，偏偏这时候，渡边又倒下了，山下君还让我送到医院，在路上，救护人员摸了一下渡边的脉搏，说人已经死了，真是晦气。救护人员问我怎么办，我说抬到停尸房去。我心里非常怨恨，前一阵子，看了小说《罗生门》，突然一个灵感，我就故意将两个警察指向了急救室。后来我借故离开，到了停尸房,人还在担架上,我就找了辆小货车,付了钱,把尸体运到了房间,扒光了渡边的衣服,放在了总监大人身边。我叠好渡边的工服,还在上面放了一朵小花。情况就是这样,我可没有杀人。

木次郎走过来,朝奈川的脸上猛击一拳:可恶,这比《罗生门》还精彩!

童长荣辗转来到中国餐馆,从后院沿着通道走进里面的一个小包间,他推开门,又露出一扇小门,童长荣钻了进去。蔡老板已经坐在里面。

童长荣对蔡老板说,山下勇被木次郎带走了。

蔡老板点点头:真是对不住山下先生。本来一切顺利,都是那个多事的渡边,丢掉了自己的性命不说,还引起了内田良平疑心,也惹怒了木次郎。

童长荣沉吟:他们沿着这条线往下查,必然也会追查到山下勇和美子的事。

蔡老板:刚刚,小日向也带走了吴志杰,调查红灯笼的事,不过人已经回来了。我最担心的是医院里的那个医生,要是查到他那里,就露馅了。

童长荣:蔡先生,这也就是我急着跟你见面的原因。

蔡老板说,他刚刚到牧野伯爵大人那里去了,伯爵大人已经下了决心,准备开始反击,反告黑龙会和东京警视厅搞政治迫害和派系斗争,床次大人和枢密院一帮元老也在开始发难,估计内田良平和木次郎应该有所忌惮。重要的是现在各港口已经增加警力,严加盘查,担心文件回不了国内。

童长荣:文件现在哪里?

蔡先生按了一下机关,墙壁上露出一个缝隙,他取出了文件,递给了童长荣。童长荣掂着抄件,对蔡先生说,为了预防万一,我要做个简译本,然后默记在心里,这才是最保险的。

蔡先生对童长荣说,那你就抓紧时间做吧。餐馆老板是自己人,这里是安全的。

蔡老板站了起来,童长荣让他一定要注意安全。蔡老板说,我早已做好置生命于度外的准备了。

黑龙会。内田良平办公室里,内田良平、木次郎、林悦、小日向四人聚在一起。

内田良平：我们需要仔细梳理一下。吴志杰窥探伊田家不是看红灯笼，是暗恋美子，说得过去吗？

林悦：合理也合情。我到了丰源进出口商行，拿枪威胁吴志杰，他将我捆绑起来，虽然有些过激，要是我，我也会这么做的。赵瑞麟赶了过来，是因我而动，他似乎嗅到了气息，卓蓝见赵瑞麟没有回来，她应该知道赵瑞麟来到了商行。

小日向：我去搜查，他们怕事情败露，带人驾车逃离，也能说得过去。我到医院去查了，蔡老板也确有住院记录。

木次郎：我觉得这些都不重要，关键是文件还在。我承认我是迷了心窍，被人摆布，那个奈川说是报复、忌恨，病态的模仿，那我和山下先生都是受害者。

小日向：调查了给美子看病的医生，美子看的是妇科，医生说美子已经有了身孕，还和医生预约做引产手术。她还说未婚先孕，夫家是贵族，不能坏了名声，她和山下勇应该是真恋爱，并不是利用关系。

内田良平：精妙无比，你们发现了吗，这件事处处都有童长荣的影子，每一件事似乎又都与他无关。

林悦：他在之前就宣布退出，而且事发前没有任何异常迹象。

内田良平：可他在关键的时刻出现在了医院里。但愿是巧合，如果不是巧合，这个人太可怕了！总监大人，我依然不能排除文件已经泄密这个事实。

木次郎：内田会长，牧野伯爵和一班元老已经开始发难，你说怎么办？你能说文件已经泄密了吗？东京的上千名间谍和无数的记者会大做文章的，我们在兴师动众地调查，反而坐实确实有这个文件，调查的本身就已经是一种泄密行为。如果文件没有泄密，那我们就逃脱不了打击报复、排除异己的嫌疑，可真是烦人。

内田良平觉得木次郎的意见很有道理，让他继续说下去。木次郎的建议是淡化处理，暗中调查不放松，严密监控不停止。

内田良平点点头。

不过木次郎对于奈川还是怀恨在心，他要对奈川以侮辱尸体罪定案。内田良平叮嘱，对童长荣、蔡老板、赵瑞麟、卓蓝的调查一刻也不能放松，只要露出一点破绽,就抓!

童长荣在中国餐馆待了一天一夜,把4万字《田中奏折》抄件最核心部分译成了近7000字的文字,又将原文和简译本塞进了墙壁里,悄悄离开了餐馆。

来到街上溜了几圈,确认无人跟踪,这才迈开步子往町田街走去。前面有个人,似乎站住了在等自己。走近一看,是山下勇。

童长荣疾步上前,抱住了山下勇:山下君,他们把你放了?

山下勇:长荣君,是的,他们拿不出文件失窃的证据,伯爵和床次大人施加压力,只好把我放了。

童长荣很激动,连声说真是太好了,不住地对山下勇抱歉。

山下勇摇摇头,不必客气,说现在最想见到美子,你能替我转达吗?

童长荣连连点头,让山下勇在小树林等候。童长荣一口气跑到町田街伊田家,拉开了门。

王舒和伊田兄妹坐在桌前,见童长荣走了进来。

美子:童先生,你可终于回来了,真叫人担心,还以为被人抓走了呢!

童长荣望着美子:山下先生没事,已经出来了。小树林,老地方,他在等你。

美子跳了起来:真的。

美子出了门,一路狂跑。美子一步步走进小树林。林子里空无一人。

美子轻声呼唤:山下先生,山下先生。

山下勇突然从背后出来,抱住了美子,美子又惊又喜,含着泪把山下勇上上下下打量一个遍。

美子:山下先生,他们没把你怎么样?

山下勇含着笑:我很好。

美子:我都担心死了。

山下勇:美子,我要谢谢你,让我做了一件勇敢的事。

美子:这是山下先生的使命担当和对和平的热爱。

山下勇:美子,我现在才体会到你说的一个和平的世界是一件多么美好的事情。

美子这时突然地:山下先生,有件事本不想告诉你,我又不敢告诉你,天天在担心。

山下勇望着美子欲言又止,吞吞吐吐的样子,吓了一跳:美子,你别吓着我了,又有什么事?

美子终于羞涩地:也是在这小树林里,我们有了爱的结晶。

山下勇高兴得把美子抱了起来:真的? 那太好了。

美子:我原来想,不给你添麻烦,准备到医院去做流产。自从你抓进去后,我就改了主意,万一你出不来了,我就要替你生下这个孩子。

山下勇无比感动,眼泪下来了,他再次紧紧抱住了美子,凝望着:美子,我们结婚吧。

美子怔怔地望着山下勇。

山下勇:美子,我是认真的。回去告诉哥哥吧。我这就回去筹备婚事。

美子亲了一下山下勇,哭着跑出了小树林,跌跌撞撞地一口气跑到了门口,推开了门。

伊田助男看见美子眼角的泪水:见到山下先生了?

美子使劲地点头,哭了起来。

童长荣和王舒以为出了什么事,不安地望着美子在哭着。

伊田走过来,摇着美子的肩膀:美子,你怎么啦?

美子破涕为笑:我们要结婚啦!

伊田:真的?

王舒:美子,不是开玩笑的?

美子使劲地点头。

童长荣高兴地望着伊田:看样子美子是认真的。美子,我说嘛,我们都要参加你的婚礼呢。

美子连忙朝童长荣鞠躬:谢谢童先生吉言,没想到这么快就实现了。

伊田高兴得眼泪都出来了:妹妹要出嫁了!

卓蓝、赵瑞麟接到杨飞的来信,如果没有进展,让他们暂时回国。卓蓝这才想起自己在日本不知不觉已有两年的时间了。她自言自语,真的该回去了,内心顿时涌起对父亲的思念。

赵瑞麟望着窗外,朝卓蓝招了招手。卓蓝走到窗前,发现林悦拎着大箱小箱离开了屋子,上了路边的一辆车子,车子消失在小巷深处。

卓蓝笑了一下,说林悦走了,我们也要走了,这只能说明一个问题,町田街已经无关紧要了。

赵瑞麟:你去找童长荣,在我们离开之前,必须跟他摊牌。

卓蓝摇摇头,喃喃地:童长荣说过,做情报的最高境界就是情报会送上门来的。

赵瑞麟一屁股坐在沙发上:那我就等着吧。坐在这里,我还要可怜兮兮地巴望着童长荣这小子的嗟来之食,你说窝囊不窝囊,我不知道要等到什么时候!

卓蓝感叹,千惠子这两天也不来了,饭也没人烧了。你还别说,我这才体会到千惠子的好处,可口的饭菜,任劳任怨地打扫屋子。现在倒好,冷锅冷灶的,没饭吃了。赵瑞麟,我们还没吃饭呢,你请我吃饭怎么样?

卓蓝走到门口,发现王舒已经来到了门前,继而看到童长荣就在门对面的町田街上朝自己招手。

卓蓝:赵瑞麟,童长荣真的来了。

赵瑞麟白了卓蓝一眼:你别无聊好不好。

卓蓝:我不逗你,真的来了。

赵瑞麟这时听到了王舒的声音:卓蓝小姐,童长荣请你和赵先生吃饭。

赵瑞麟站了起来,走到门口,果然看见了童长荣。

卓蓝、赵瑞麟随王舒走到了童长荣面前,童长荣一副轻松的神态朝两人微笑着。

卓蓝:我说童长荣,这人要寻死就有递刀的,打瞌睡了就有人递枕头,千惠子走了,没人烧饭了,还就有人请客。童长荣,吃饭不重要,可你说过,叫什么来着,做情报的最高境界,是什么,会送上门来,说话可要算数啊。

童长荣笑着点点头:这话我是说过,仍然有效。不过,眼下有件要紧的事,美

子要结婚了,帮我个忙,我们要把美子的婚事办得漂漂亮亮的。

卓蓝:美子要和谁结婚?

王舒:和书库房的书库官山下勇结婚啦! 你不知道?

卓蓝和赵瑞麟对望了一下。

赵瑞麟:美子在东京帝国饭店帮我们拿到了重要的录音带,这个忙我们得帮。

童长荣:走,我们一起到蔡先生那里去合计合计。

卓蓝:搞了半天,还是蔡先生请我们吃饭啦。

几个人一起来到丰源进出口商行。大家围在桌子上喝酒吃饭。

童长荣:美子要结婚了,吴先生,你告诉我,心里有什么感受?

吴志杰:没啥感受,衷心祝福呗。

蔡老板笑了起来:吴管家真是比窦娥还冤啦!

童长荣、蔡先生、王舒、吴志杰都笑了。赵瑞麟和卓蓝蒙在鼓里。

吴志杰:林悦审我的时候,我就在琢磨着,这暗恋,这偷窥是个什么心理状态,还不能让她看出了破绽。

卓蓝捣了一下王舒:什么意思,吴先生假装喜欢美子?

童长荣:什么叫假装,难道美子不值得大家喜爱吗?

蔡老板:美子真是个好姑娘,长荣的提议好,伊田兄妹这些年对中国留学生悉心照料,帮助很大,对中国充满感情。我们这次要给伊田家撑足了面子,要让美子在贵族家面前昂起头来。

王舒:美子内心纯良,从不把我们当外人,我们似乎已经没有国别之分,我们就是一家人。

童长荣:这就是我为什么要提议为美子操办婚事的原因。我们要累积中日之间的美好,通过这个婚礼彰显我们彼此的情谊,这和上次捐赠书籍一样,都是值得做的事情。

赵瑞麟:在这一点上,我们没有异议,完全赞成。我们的立场是反对日本人的侵略扩张主义,扩大民间友好交流。

蔡老板:美子出嫁的嫁妆以最高规格,费用我来出。

卓蓝:这事交给我了。

蔡先生出钱,吴管家开车,卓蓝和美子采买,很快就置办好了嫁妆。

出嫁那天,町田街来了一支盛大的迎亲队伍。山下勇身着和服走在前面,队伍里有人抬着钱箱、有人举着幕杆、有人拎着灯笼,一溜轿乘、侍卫、侍女一字排开,逶迤前行。童长荣、王舒、蔡先生、赵瑞麟站在门前,陪嫁的嫁妆也摆起了一长溜。伊田助男满心欢喜,忙进忙出。

屋内,美子端坐在镜子前,脸已经涂得粉白,穿上了一身洁白的“白无垢”服,显得格外纯美。两个穿着和服的日本女人开始为美子梳妆,卓蓝在旁边打下手。美子的头发被挽起,用龟壳梳子束紧。

美子回转身,望着哥哥站在门口流泪,也禁不住哭了。日本女人给美子戴上白盖头和面纱,牵着美子站了起来,走出了闺房。伊田助男站在闺房门口,已经控制不住,嗫嚅着嘴牵着美子的手来到家里祭供的神坛和祖先灵前行礼。

伊田助男哭着说:告知父母大人,美子出嫁了,嫁了好人家,你们可以放心了。

美子眼泪汪汪,她朝哥哥伊田助男深深地鞠躬。

美子已经泣不成声了:谢谢哥哥这些年的照顾。哥哥往后一个人要照顾好自己了。

伊田哭着点头,然后弯下腰,背起了美子,走出了伊田家。童长荣一行跟在了后面。

伊田边走边哭:伊田美子不在了,只有山下美子了。

到了轿前,侍卫撑起了硕大的伞盖。山下勇朝伊田鞠躬,抱起美子,放进轿厢。

送亲的队伍和迎亲的队伍合在一起往神社走去。町田街满是看热闹的人。

在神社,一切按照贵族礼仪举行婚礼仪式,夫家和娘家分坐两边。童长荣、卓蓝、王舒、蔡老板、赵瑞麟和伊田坐在一起,代表娘家人。童长荣和蔡老板分别向一边的牧野伯爵微微致意。婚礼上,神职人员祈求神灵保佑新婚夫妻,仪式在

共饮清酒中结束。

山下勇家置办了豪华婚宴。美子已经换了一套鲜艳的红色罩衣和山下勇一起向客人敬酒。

牧野伯爵:谢谢童先生,你是大媒人啊。

童长荣:书为媒,中日的一段佳话,不是吗?

牧野伯爵:正是正是。

蔡老板给牧野伯爵敬酒。

牧野伯爵:谢谢蔡先生,你给伊田家撑面子,就是给山下家族撑面子,我敬你!

婚宴结束,宾客陆续离开。童长荣喊住了卓蓝,知道你们要回国了,告诉你一件事,你说的千惠子雪夜难产送医的事,我已经找人求证了救护车司机,他在医院开了十几年的救护车,绝无雪夜在黑龙会接过难产女人。

卓蓝:我当时就觉得这里面有诈。

童长荣从口袋里掏出了一张纸条,告诉他们这是千惠子父母的乡下地址,再去查一查,如果没有孩子,就能确认这是黑龙会的阴谋。

赵瑞麟:我会去查的。

童长荣:回来之后,我约你们见面。

卓蓝知道见面的意思,认真地朝童长荣点了点头。

卓蓝、赵瑞麟以旅游者的身份,照着童长荣提供的地址找到了离东京两百多公里千惠子的家。千惠子的父母在门口做活。

卓蓝朝两位老人鞠躬:请问二老,家里有住宿吗?

千惠子母亲站起来施礼:家里倒是有一张空余的床,是女儿的,她在东京,长年不回来,被子都没准备,真是对不住了。

卓蓝:不好意思,打搅了。

千惠子的父亲:前面有个人家,你去问问。

卓蓝、赵瑞麟走到了前面一户人家。一个女主人朝这边看着。

卓蓝向女主人施礼:刚才那家人说您家有住宿的。

女主人鞠躬：我家有空房间，包你们满意。

赵瑞麟：那人家的女儿在东京工作，真是有出息。

女主人：很少回来，不知道在东京干什么，有什么不错，恐怕连对象都没有呢。也没看见个男人，也没看见个孩子回来。

卓蓝：谢谢，我们先去转转，晚上到你们家来住宿，添麻烦了。

卓蓝和赵瑞麟对视了一下，轻轻地说了一声，情况已经清楚，我们这就回去吧。

小日向终于找到了给蔡老板看病的医生。谁知这个医生是个软蛋，稍加恐吓，他就把替蔡老板伪造假病历、假住院的事招了。内田良平确认蔡老板有重大嫌疑，吩咐小日向，立即抓捕蔡老板。小日向带着一伙人扑进了丰源进出口商行。

蔡先生站在楼上，知道属于自己最后的时刻到了，他对吴志杰说，快走，保护好东西，它比你我的生命都重要。吴志杰知道此时所有的话都已是多余，只好听从吩咐，从后门溜了出去。蔡先生从容下楼，走到小日向跟前，对小日向说，我跟你们走。

蔡老板被带出了商行，几个警察在商行大门上贴上了封条。

小日向向蔡老板宣布，从现在起，丰源进出口商行封存，银行账户冻结，财产没收。

蔡老板被推进了警车，带到东京警视厅关押。

刑讯室里，奈川已被打得血肉模糊，被绑在架子上。

木次郎：该死的奈川，居然算计到总监大人身上了。你让我出丑，我就让你出血。

奈川软弱无力地：对不起，总监大人，我错了，向您道歉。

木次郎：你说你要报复山下勇，谁信呢。据我们了解，你们都是政友会成员，平日里关系可不一般。誊写工反映，你就是他的心腹，你怎么解释？

奈川：这只是表面现象，不错，我是政友会成员。自从政友会和宪政党合并

成立了民政党之后,他们得到了三菱财阀的巨额资助,吃香的喝辣的,我连个酒钱都付不起。我早已经厌倦了,进来了,就懒得出去了,你们打死我吧。

木次郎:既然在民政党那边什么都得不到,我劝你加入黑龙会,不说是酒钱,你要什么我给什么! 等我们占领了满蒙之后,我可以给你一大片土地,东北的黑土地种植的高粱,酿成的酒几里之外都能闻到香味,你可以用缸喝酒。

奈川:听起来很诱人。

木次郎:你只要供出山下勇,我即刻就可以付你一大笔钱。

奈川:你要我说什么?

木次郎:我要你说山下勇到底做了些什么?

奈川:我要是胡乱说些没有证据的话,山下先生反告我诬陷罪,那就是两面不讨好。

木次郎:狗屎!

这时,奈川看见了木次郎手上的表,开始对木次郎冷嘲热讽:总监大人,我虽然很穷,可我有骨气。你手上的表我很熟悉,是山下先生的吧。拿了人家的好处,你还要逼我诬告人家,你连狗屎都不如。

木次郎恼羞成怒:给我打!

奈川再一次被打晕过去,头耷拉了下来。

打从美子出嫁后,伊田家一下子冷清了下来。伊田助男坐在门边,想着美子,喃喃自语,屋里就剩我们三个男人了,真是不习惯,连个做饭的人都没有了。童长荣安慰着伊田,他心里明白,他们兄妹情深,生死相依,心里舍不得。

伊田助男抽抽鼻子,对童长荣说,美子过上了好日子,哥哥心里高兴。不过,我担心这贵族家的规矩多,我就不知道美子能不能习惯。

王舒:伊田君,中国有句古话,美子就像是从糠箩里跳进了米箩里。

伊田助男:是这样子的,真是不错的。

童长荣:美子善良聪慧勤劳,善解人意,人见人爱,一定会赢得尊重,况且还有山下先生爱她。放心吧。

伊田助男:长荣君,说是这么说,可我心里一下子就空了。

童长荣:伊田君,我们心里也空了。

王舒拍拍伊田的肩膀:伊田君,和我做饭去,今天我做中国菜。

童长荣刚出了屋子,就见吴志杰开车过来了。吴志杰停住车,下车跑了过来。

吴志杰:童先生,不好,蔡先生被小日向抓走了。

童长荣拍了一下脑门,闭上了眼睛。

东京警视厅审讯室。蔡老板被带了进来,内田良平亲自审问。

内田良平:尊敬的蔡先生,很不幸,我们在这里见面了。

蔡先生:内田先生,我不明白,为什么要把我抓进来?我是一个遵纪守法的商人,你们可以去查。

内田良平:我非常同意你的看法,我们查遍了你的所有经营活动和纳税证明,真是找不出一厘一毫的违法记录,你给所有的商行都树立了榜样,你也为我大日本震后重建做了大量的工作,做出了重大贡献,我深表敬意。

蔡老板:那你们是以什么理由把我抓到这里来?

内田良平:蔡先生,你是个明白人,大家心里都清楚。

蔡老板:既然不是生意上的事情,我真的就搞不懂了。

内田良平:蔡先生,你心里要是没事,你要篡改你的病历干什么?

蔡先生:我的病历我做主,有什么问题吗?

内田良平:告诉我,你到医院的前一天一直到在医院出现的这段时间里,你到哪里去了?

蔡老板:你就为这个事啊。的确,我是有点私事,可我不能告诉你。内田先生,撒谎是一个男人的天性,你诚实地告诉我,你有没有曾经为一个不能告人的事,跟身边人,甚至是自己的妻子撒过谎呢?

内田良平:你不会说是瞒着你的管家去秘密幽会情人?

蔡先生:我拒绝回答这个问题。

内田良平:偏偏在你消失的时间里,发生了许多不可思议的事情,要我提醒

你吗？我们有一份重要的机密文件有可能被泄密了。

蔡先生：这跟我有关系吗？我想问问这是什么重要文件？

内田良平：我不能告诉你。

蔡先生：我明白了，也就是说你们有一份重要文件，有可能泄密，与我有关系。

内田良平：不错，你理解得很准确。

蔡先生：你们日本号称是全盘接受西方民主的法治国家，我这么理解准确吗？

内田良平：当然是，这不用有任何怀疑。

蔡先生：我已经委托了律师，并对自己的财产进行了保全。现在我请求立案公开审理，允许记者采访，允许公民旁听。如果我有罪，我愿意接受日本法律的制裁。如果没有证据给我定罪，你们就是非法侵占房屋，非法冻结资金账户，非法拘禁，致使我的商业无法运营，我的所有损失从你们抓我的这一天开始算起。内田先生，我还要告诉你，你的所谓黑龙会充其量就是个社会上流、地痞无赖加上政客警察军人打着扩张侵略旗号的黑道组织，居然凌驾于政府、警察机构之上。我问你，你有执法权吗？你有资格在这里讯问我吗？木次郎先生，你是东京警视厅的总监，我为你感到羞耻，也为日本的所谓民主和法律感到悲哀！

内田良平无言以对，恼羞成怒，连忙喊人将蔡老板带了下去。木次郎在一旁建议，还是把他带到刑讯室里，让那些刑具说话吧。

内田良平摇摇头，心里明白，他遇到了一个强劲的对手，深知这样的人用刑不可能让他屈服。假如他在境外委托代理人或律师发表公开申明，这个事情就走向了反面。蔡老板说的完全正确，从法律的角度，他还真不能跑到警视厅来审讯人。

木次郎问内田良平对蔡老板如何处置。内田良平说只有让事实说话，才能让他认罪。

木次郎在想，蔡先生篡改了病历，说这段时间去约会情人，他的情人只有他知道，这种私密的事查证起来很困难。

内田良平这才想起那个奈川,木次郎报告那个奈川抱定一死的决心,死活不招。

内田良平有些烦躁,不住地骂着,这些人的行为就是叛国,可恶!可耻!

此时,小日向进来报告,监控显示,赵瑞麟和卓蓝刚刚买了回国的船票。

木次郎有些紧张:难道他们真的要把文件带回去吗?可文件又明明很安全地在皇宫里。

内田良平:我们的误区就在这里。他们在誊写工身上下了这么多的功夫,为的是什么?

木次郎努力地想着,会不会是抄了一份呢?内田良平已经想到了这一点。卓蓝和赵瑞麟此时回国,意味着什么?他们已经获取文件了吗?

内田良平吩咐,对卓蓝和赵瑞麟的一举一动,严密监视,不能让他们带走一片纸。

蔡老板被捕,童长荣忧心如焚。他想着蔡老板平日与牧野伯爵的交情,决定到山下勇家请他找牧野伯爵出面。

来到山下勇家不远的一个坡上,他看见了美子坐在寝殿的回廊里,旁边有女佣环侍。美子似乎在看书,将书拿起又放下,放下又拿起。他感觉到了,美子似乎无心在看书。山下勇出来了,亲吻了一下美子,从女佣手里接过一个汤碗,递给美子。美子摇头,山下勇在和美子说着什么。美子不再理睬山下勇,山下勇回屋里去了。

童长荣下了坡,径直走到大门前,向家卫说明来意,想拜访山下勇。家卫表示,山下家族已经说了,山下先生近期不准会见访客,在家静思。童长荣心里明白,山下勇出事后,山下家族已经对山下勇采取了限制措施。他转而向家卫表示,想拜访山下夫人。家卫怒目,夫人不能见客,你懂不懂山下家的规矩。

童长荣还想和家卫理论,家卫下了逐客令。童长荣准备离开,这时美子发现了童长荣站在门口,她快速走到门口。

美子:童先生,你怎么来啦?是不是哥哥有什么事?

童长荣:没有,哥哥很好,只是很想你。

美子:我也想哥哥。我想回去看看,可我回不去。

童长荣:美子,我找你一件事。

美子:你快说,说了快走,贵族家的规矩,我不能跟外人说话。

童长荣:蔡先生被抓了,山下先生能否找一下伯爵大人,请他出下面。

美子摇摇头:山下先生已经被禁在家里了,哪里都不能去,这段时间切断了一切对外联系。现在伯爵大人和山下家不许他谈论与这有关的一切事情。

童长荣:我明白了,美子,打搅你了。

美子躬下身子:真的对不起,代我向哥哥问好。

童长荣:我会的,我会跟伊田君说。对不起,打搅了。

童长荣悄悄退了出去。美子站在那,神情黯然。

童长荣在街上漫无目的地行走,吴志杰的车渐渐跟了上来,在童长荣面前停下。童长荣上了车,吴志杰边开车,边对童长荣说,蔡先生有交代,要求我们放弃一切救援行动。

童长荣轻轻点头,我知道,蔡先生巴不得自己早点被他们打死,这样线索就断了。

吴志杰:蔡先生说了,这份文件比我们几个人的命重要。童先生,你别去找人了,放弃吧,这是蔡先生最期望你做的事,他说过了,童先生一定不能出事。

童长荣不能自已,这份文件是蔡先生拿命换来的。他和吴志杰都得活下去,再用命把这份文件送回国内。

吴志杰告诉童长荣,商行被封了,他现在在中国餐馆做帮工,吃住都在那里。

童长荣让吴志杰注意安全,没有急事,暂时不联系。童长荣下了车,吴志杰开车离去。

童长荣走进一家咖啡馆,要了一杯咖啡,坐在窗边,落寞地望着窗外的人群车辆。林悦走过来了,坐在他的对面。童长荣无视她的存在,也不气也不恼。

林悦转动着杯子:童长荣,不管你怎么看我,降日派也好,汉奸也好。我只想告诉你一点,要不是那天我故意引开小日向,去追美子,小日向就会逮你个现行。你的那个小伎俩瞒得了别人,可瞒不过我。

童长荣这才拿眼瞟了一下林悦:我都听不懂你的话。既然这样,你怎么不去向你的主子报告,把我也抓起来,正好我也想进去陪陪蔡先生。

林悦:童长荣,你别不识好人心好不好,我是顶着汉奸的骂名在保护你们抄出来的文件。

童长荣:你说什么,什么抄出来的文件,谁抄的?

林悦:现在,他们怀疑是蔡先生进宫抄出了那份文件。

童长荣:既然怀疑是蔡先生干的,蔡先生已经在你们的手里了,找蔡先生要就是了,跟我有什么关系。

林悦:童长荣,你这个人很冷血。你们几年的食宿费据我了解都是蔡先生出的钱,蔡先生要是知道了你说这种话,他会寒心的。我好心来找你,跟你商量,怎么才能把蔡先生救出来,你却把好心当成驴肝肺。

童长荣:你愿意救蔡老板,那是你的事。我早就对这个什么破文件不感兴趣了。请你站起来,立即给我消失!

林悦讨了一个没趣,不得不站起来,无奈地摇摇头,转身走了。童长荣静静地望着窗外。

二十一

伊田家。王舒和伊田助男坐在桌前,伊田围着围裙,给王舒盛饭。伊田絮絮叨叨,今天第一次做饭,做得不好吃,总算是烧熟了。

王舒:真的很好吃,不过,实说了,比美子做的饭菜差远了。

伊田:美子,美子,王舒君,不许你再提美子了。从现在起,我们要学会过没有美子的生活。

王舒:好,好,从现在开始我们都不说美子。

伊田解下围裙,凝望着围裙,他摇了摇头。童长荣拉开门,换鞋进来。

童长荣:我回来了。

伊田:来,尝尝我做的饭,刚才,王舒说我做的饭菜比起……唉,不说了,你吃

吃就知道了。

童长荣点点头,坐到了桌前。王舒问童长荣,你去了? 见着了? 怎么样? 童长荣摇摇头,朝王舒使了个眼色,意思是吃饭吧。伊田望着两个人的表情,像是在瞒着自己。

伊田忽然明白了,望着童长荣:长荣君,你一定是为蔡先生的事到山下家去了。

既然伊田点出来了,童长荣觉得也就没必要瞒着他,他点了点头,说去了。伊田急切地问是否见到了美子。童长荣说见到了,美子让我向你问好,说她想哥哥。

伊田:她过得怎么样?

童长荣:美子长胖了,像个贵妇人了。

伊田:我上次偷偷地去过一次,被山下家看门的人挡在门外,我说我是美子的亲哥哥,家卫说亲爸爸也不行,你说气人不气人,真是的。我就在山下家门前等啊等,等了一天,也没见美子出来。天黑了,就只好回来了,真叫人心里难过。

童长荣:见到了美子,才知道山下先生在家里也失去了自由。她一再向我道歉,说无法帮助蔡先生,反复念着蔡先生救了哥哥。

伊田:真是遗憾。

王舒:这贵族家的规矩、等级真是啰唆,美子在这种人家生活,多不自由,连亲哥哥都见不着面,这还不把美子憋死呀。

伊田:吃饭吃饭,我们不是说好了,不提美子了? 没有伊田美子了,只有山下家的贵妇人山下美子了。

伊田伤心地流泪,王舒默然。

童长荣无限的伤感:每次回来,都能看见一个笑盈盈的美子站在门口……

童长荣说不下去了,伊田终于憋不住,哭出了声音。

小日向带人又来到了丰源进出口商行门口。他走进了对面的杂货店里。

小日向询问最近是否有可疑人物在商行门口出现,店老板摇摇头说没见过人,大门贴上封条后,这条街都冷落了,这店里的生意也没有了,准备将杂货店迁到别处。小日向不准店老板搬店。店老板求着,这阵子没有一点生意,一家人要糊口过日子,这里实在待不下去了。小日向厉声呵斥:不要讨价还价,经济上会补偿给你的。店老板只得答应。

小日向:问你个事,自从蔡老板的夫人带孩子回台湾后,这里有没有进出过可疑女人?

店老板:可疑的女人,好像没有,进出的车辆我都注意了,没看见过女的。只有林悦小姐去过两次,吴管家说是蔡先生的相好,我不相信。

小日向:胡说八道!我问你,蔡老板晚上经常出去吗?

店老板:晚上几乎都在家里。

小日向走到了商行门口,手下人打开了门。小日向带人走进了院子,来到后面的住宅。

小日向:给我仔细搜查,一张纸条都不要给我放过。

手下人分头搜索。小日向走进蔡老板卧室,他看见墙上挂着的蔡老板全家合影:蔡老板和夫人、孩子。

他打开床头柜,柜子里只有几瓶药,拉开桌柜,里面几乎是空的,又拉开衣橱,有一些衣服。手下人拿着几份文件进来。

手下人:没有发现任何可疑的物件,只有这个。

小日向接过一看,是财产保全清单、律师委托函、申明书等相关文件。看来,蔡老板已经做好了一切准备。

小日向带人走出商行,商行重新贴上了封条。

天阴沉沉的,海浪翻涌,海天茫茫。童长荣站在大海边,望着海的那一边。卓蓝和赵瑞麟走了过来。

赵瑞麟:童长荣,我不想知道这里面的全过程,我只想说,现在是应该到交卷的时候了。告诉我,这个文件现在到底在哪里?

童长荣:赵瑞麟,你问它在哪里干什么? 这港口戒备森严,你还能把它带回国去吗?

卓蓝：有话好好说。童长荣，我们这次确实带不回去，但我们真的想知道它在什么地方。我可是差点小命都搭进去了。

童长荣：我不能告诉文件在哪里？不过我可以明确告诉你，在我的脑子里同时备份了一份。

卓蓝：童长荣，我不相信，你能把它背下来？

童长荣：是的，全文 40000 多字，我确实背不下来。可是那些像一把钢刀扎在我心里的文字我怎能忘掉。你们听着，他们要否认中国对满蒙的主权，用铁血制止中国工业发展，控制满洲铁路，攫取中国财富，以满蒙做基地，假借贸易来征服中国四百余州，就可以利用满蒙的权利作为司令塔来攫取整个中国的富源，再利用中国的富源，控制印度及南洋群岛，并进而征服中小亚细亚以及欧洲！

卓蓝吃惊地张大了嘴巴。赵瑞麟倒抽了一口凉气。

赵瑞麟：童长荣，我想请你不要忘记了，我也是个中国人，我跟你一样，知道我现在的感受吗？万箭穿心的感觉，痛！

童长荣：赵瑞麟，你听好了，我警告你们这些无耻的国民党政客，国家已经命悬一线，别拿国家利益做交易，为蒋介石拉抬人气。赵瑞麟，我还要警告你，你的手上沾满了共产党人的鲜血，你是我的仇人，之所以答应向你们透露这份文件，仅仅是因为我们还有一个穷凶极恶的敌人。

卓蓝：我们什么时候能拿到这份文件？

童长荣：等我把这颗脑袋带回祖国的时候，我决不食言。

赵瑞麟：那就先留着你这颗脑袋，等你回国时，我就连文件和你的脑袋一并来取。

童长荣：那我们就走着瞧。

童长荣沿着海边走着，卓蓝追了上来，站到他跟前，抑制不住内心的情绪，眼神里透着一股温热，喉头似乎有些发硬：童长荣，多保重，我在上海等你。

童长荣：替我去看看连娣，看看还在不在纱厂。

卓蓝点点头：我会的。

童长荣望了一眼卓蓝，转身继续前行，卓蓝望着他的背影，心情复杂，有想哭的感觉。

海浪起起落落,云海苍苍茫茫。

回国的船期到了,卓蓝和赵瑞麟来到码头,排队等候检票上船。

小日向带人围住了两个人:对不起,赵先生、卓小姐,请跟我们来一趟。

赵瑞麟:干什么?

小日向:我们是执行上面命令,委屈一下,你们必须接受检查。

赵瑞麟和卓蓝被带进旁边的一个房子里。

赵瑞麟:我要向日本政府抗议,我是中国国民政府人员!

小日向:对不起,中日两国尚未建交,况且你们还不是外交人员,没有任何豁免权。

他们分别被男女警察搜身检查,上上下下摸了个遍。箱子被打开,仔细检查,连钢笔、甚至卓蓝的口红都不放过,没有发现任何异常。

小日向朝赵瑞麟、卓蓝鞠躬:非常抱歉,耽误你们时间了,你们可以走了。

两个警察将赵瑞麟、卓蓝带出了房间,押着他们到了船上。

东京警视厅审讯室里,蔡老板被带了进来,木次郎在他对面坐了下来。

木次郎:蔡先生,请问我有没有权利审讯你?

蔡老板瞟了一眼木次郎。

木次郎拿起小日向在商行搜到的有关文件:看来蔡老板已经早有准备。我问你,这个申明书你有几份,送到哪里去了?

蔡老板:无可奉告!

木次郎:蔡先生不愧是我的人生楷模,通过我们的秘密调查,居然没有发现一个污点,我很佩服你。你的所谓私事,就是想把我们带到你的所谓男女关系上面,我很不幸地告诉你,也要恭喜你,你很清白,可这花费了我们不少的精力。

蔡老板:你真污秽,我说的私事,就一定是男女私情吗?

木次郎:告诉我,你和政友会是什么关系?东北军和政友会是什么关系?你和东北帅府又是什么关系?这些年,你和东北帅府给政友会提供了多少资金?

蔡老板：这得问你的首相大人去，他不是政友会的总裁吗？

木次郎：当然，我们尊敬的首相大人和东北帅府关系良好，可首相大人并未按照政友会那些元老们的意愿制定国策，这些人就群起而攻之。很遗憾，政友会也就不是原本的政友会了。

蔡老板：总监大人，请你告诉我，你们首相制定的国策到底要往哪条路上走呢？

木次郎：你居然敢质疑大日本内阁的政策？

蔡老板：你能告诉我，田中政策到底是什么吗？"东方会议"到底做了什么见不得阳光的事？我也想知道。

木次郎：你不是已经知道了吗？

蔡老板：我要是知道了，我会在第一时间召开记者会，发布那些不可告人的田中政策。

木次郎：蔡先生，我们恐怕不能给你这个机会了。我们会对书库房发生的一切进行全面深入的调查，我会让你在铁的事实面前低头的。我觉得对你这样的人，动用酷刑对你而言只是肉体之痛，我要让你心痛绝望，让失败感会伴随你终生。

不远的刑讯室里，奈川已经被折磨得不成人形，小日向无奈，挥了挥手，手下人将他放了下来，被架到桌前。

小日向：奈川，告诉我，山下勇对你有过什么承诺？让你这么死心塌地为他扛着。

奈川：别问了，我想早点死。

小日向：想死？可没那么容易，现在我还不想让你死。山下勇有伯爵大人罩着，我们不能动他，我们只有你这一条关键线索，你死了，线索就断了，我怎么会舍得你死呢？

小日向拿起一瓶酒，拧开了盖子，在奈川面前晃着。

奈川：好酒，真香啊！

小日向：想喝吗？

奈川喟叹:人之将死,真的想喝上一杯。

小日向:想喝酒,很容易,说了我就给你喝。

奈川痴痴地望着小日向手上的酒瓶,突然哽咽道:山下君,死我都不怕,可就是禁不住这酒的诱惑,我真的要对不起你了……

小日向:这就对了,别着急,慢慢说。

奈川:让我先喝一口。

小日向将酒瓶递给了他,奈川拿起,猛地喝了一大口。突然,他敲碎了酒瓶,拿起锋利的残片朝自己的颈子一抹,血流如注,血溅到小日向的脸上。小日向连忙抱住奈川,拼命想捂住奈川颈子上的创口。奈川死死地咬住小日向的手,渐渐倒在了地上。小日向无比懊恼。

内田良平得知奈川已死,气不打一处来,铁青着脸,左右开弓,连打小日向几个耳光,咆哮着:你毁了我的关键证据,滚!

小日向捂着脸走了出去。

内田坐了下来,脸色异常难看,木次郎小心翼翼地在一旁,等他稍微平静一点之后,这才报告对蔡老板的审讯情况。

内田良平:但愿这个申明没有传到境外去,如果见报,我们将非常被动。

木次郎:我已经派人调查了那个老誊写工的下落,到现在为止还没有线索。

林悦走了进来:内田先生,我去找了童长荣,看样子他是一副事不关己、高高挂起的样子。他好像对蔡老板被抓这件事很冷漠,我用激将法,他也没有任何反应。

内田良平冷静下来,做出了几点判断:一、文件从书库房被抄出已经确认无疑;二、童长荣和卓蓝的真假"幽灵"完全就是个掩护;三、蔡老板就是真"幽灵";四、国际社会和媒体对此事件均没有反应,说明抄件和蔡老板的申明没有出境;五、只要没有扩散,就在可控范围内。

内田良平下令严密监控伊田家的童长荣、王舒和在中国餐馆的吴管家,只有这三个人能够进入事件的最核心。指示木次郎把所有的线索再重新梳理检查一遍。听了内田的分析,林悦更加确信自己的判断,直觉告诉她,这个文件的保管

者就应该是吴志杰。

林悦立刻行动,在中国餐馆正对面的小楼上租了一间房子,派人值守,准备日夜监视这个中国餐馆。

屋里架起望远镜,中国餐馆尽收眼底。值守人员的镜头渐渐拉近,可看见吴志杰的车子停在了院子里,吴志杰站在门口迎接客人。

林悦上楼,接过望远镜,看见三三两两的客人走进餐馆,吴志杰将他们引导到座位上,又重新回到门口。林悦注意着吴志杰和每一个客人寒暄交流的神态。

林悦放下望远镜:有什么发现没有?

值守人员:据我们的调查,丰源商行被封以后,吴志杰无处可去,就在这个餐馆里打工,住在这里。暂时没有发现有什么可疑的地方,也没有和任何人有接触。

林悦:中国餐馆的老板是什么背景?

便衣:这个老板是中国人,在这开餐馆已经有五年的历史,来这里的食客主要有中国的留学生、华商华侨,也有当地人来就餐。

林悦:扩大监视范围,尤其要注意童长荣、王舒是否在这附近活动。

另一个便衣:我跟踪童长荣刚回来,他和水谷教授接触频繁,主要是为毕业论文的事。王舒已经不去陆军士官学校了,整天待在家里不出门,和房东伊田助男一起送过几次货。

林悦交代:你们的行动一定要隐秘,不能让日本人发现了我们的意图。

两个值守人员连声说是。

木次郎按照内田良平的要求,再一次来到皇宫书库房,仔细在誊写室勘验。他在蔡老板坐过的位置上转来转去,努力地回想着那天的情形。

那天上午,他正准备去问询这个陌生的老誊写工,山下勇却在他面前提起了小美人,自己不知不觉地就随山下勇离开了誊写室,现在想来,这都应该是山下勇的精心安排。

这段时间费了很大精力,终于找到了老誊写工岛田的地址,实地调查,住的确是另外一户人家,邻居说岛田五年前就卖了房子到大阪女儿那里去了。他们居然从大阪把岛田重新请了回来？可能性很小。

只有渡边和这个老誊写工共过事，几个誊写工的口供都描述了那天上班的情形，老誊写工岛田一进来，就得到了渡边的确认，来人就是岛田。只不过，反常的是，老同事重见，渡边打着招呼，这个老誊写工选择了无视。调查显示，这个老誊写工居然从早到晚都没有听到他说过一句话。

可让他困惑不解的是，自己分明是正面看到了这个老誊写工的面容，他完全可以断定，这个老誊写工绝不是蔡老板。

他又走到渡边的座位上，从这里能看见小隔间的座位，难道渡边发现了什么？渡边不是死于心脏病，而是杀人灭口？最早来上班的人，就看见了渡边趴在桌子上，难道已经死亡？有人看见头天下午下班前，渡边还是活着的。这个书库房从下班后到第二天上班前到底又发生了什么？

调查还发现，再熟悉的誊写工也不可能一天完成这份绝密文件的抄写，这个书库房内夜里又发生了什么？书库房的钥匙就在自己身上，从头到尾都在，他们又是什么时候取出这份文件，又是什么时候还回去的，而且时间计算得这么精确。

木次郎想，要完成这样一个过程复杂、分工精细的任务就像是一个系统的工程，这背后就有一个严密控制这个工程的人，这个人非童长荣莫属。正如内田会长所说的这里随处都能看见他的影子，可这个人涉水无痕，雁过不留声，在调查过程中却始终找不到有力的证据。

木次郎在书库里徘徊，突然想到一个问题，自己这么费力地按照内田会长的要求是在干什么，最终的目的，不是在查自己吗？越是能找到文件失窃的有力证据，就越是证明的自己失职渎职，不仅位置不保，更重要的是耻辱，名誉扫地，这一辈子全玩完了。

他一下子明白了过来，恐惧、郁闷涌上心头，思虑再三，他毅然做出了一个决定，对这个案件应该是掩盖而不是调查，他决定对内田良平隐瞒调查进展，让这个案件成为一个悬案。

他心想，渡边死了，奈川死了，线索不就断了吗？蔡老板被抓起来了，他会死

扛到底。山下勇已经放了,没有人敢去招惹牧野伯爵。只有这个童长荣还在逍遥,把他抓起来,他会招供吗?显然不会。当然也不能去抓童长荣,理由充分,调查的结果是童长荣与此事无关。至于卓蓝和赵瑞麟,已经回中国去了,无法再继续调查下去。这就是另外一个"罗生门"!

想到这里,木次郎突然有了一种如释重负的感觉,他挥挥手,手下的警察跟他离开了书库房。

上海吴淞港码头。杨飞和卓荣丰早早地站在码头边迎候卓蓝和赵瑞麟回国。船已靠岸,人群陆陆续续下船。

杨飞:荣老,想女儿了吧。

卓荣丰:谢谢杨主任亲自迎接。谁说不是呢,两年了,都没见到卓蓝了。

杨飞:是啊,卓蓝在执行重要任务,听说已经有了重大进展,我们还要上报,为她请功授奖呢。

卓荣丰:杨主任,我和你说句心里话,只要她平平安安回来就好。

赵瑞麟、卓蓝终于出现在人群中。

卓蓝和赵瑞麟走了过来,杨飞和卓荣丰迎了上去。

卓蓝一下抱住了卓荣丰:爸爸!

卓荣丰上下打量着:我还以为你忘了回来了。

卓蓝:爸爸,我想死你了。

杨飞和赵瑞麟握手致意。卓蓝放开卓荣丰,转向杨飞表达谢意。

上车后,卓蓝这才仔细看着卓荣丰,发现父亲头发都白了。卓荣丰说这两年都看不到你的影子,头发还能不白吗?卓蓝表示,回来后,一定要好好陪着父亲了。卓荣丰两年来对女儿的埋怨此刻因为卓蓝的一句话就烟消云散了。

卓蓝问父亲,纱厂经营还好吗?卓荣丰说,现在纱厂不好开,工人要求越来越高了。不过,工人还是通情达理的,他们要求参与管理,增加了工资,不过也提高了效率,利润反而比以前好。

卓蓝点点头,突然想起了连娣,就问这个小姑娘还在纱厂吗?卓荣丰说还在,她几次见到我都问到过卓姐姐回来没有,她很想念你,很真诚,挺知道感恩的一个小姑娘。卓荣丰还说那个田嫂现在已经成了女工中的核心人物,连自己都要敬她三分。

说到这里,卓荣丰这才问起卓蓝在日本的事情。

卓荣丰:听杨飞说,你这次配合赵瑞麟拿到了重要东西?

卓蓝:什么叫我配合赵瑞麟?是他配合我好不好!准确地说是我配合童长荣的。

卓荣丰:童长荣还没有回来?

卓蓝:应该快了,都做毕业论文了。

另一辆车上。杨飞和赵瑞麟并排坐在一起。

杨飞:赵兄这次立下了汗马功劳啊。

赵瑞麟摆摆手:这次应该好好表扬卓蓝,可以说是深入虎穴,假扮幽灵,助力童长荣,才取得了机密。不夸张地说,在东京我们上演了一场惊心动魄的谍战。

杨飞:完全可以想象,在日本皇宫,重兵把守,那就简直是虎口拔牙。

赵瑞麟:连我现在都没闹明白童长荣他们是怎么获取文件的。

杨飞:人才呀,赵兄,你我看来不服不行啊。啊,现在文件在哪里?

赵瑞麟:他不肯说文件在哪里,但他又说,脑子里备份了一份。

杨飞:他不会是在撒谎,糊弄你吧。

赵瑞麟:应该不会,你我都了解他,他不会这样做。另外,他跟我说了一些核心的内容,我和卓蓝都很震惊,日本人有侵吞天下的虎狼之心。

杨飞:这份文件太重要了。你为什么不把它带回来?

赵瑞麟:日本各港口现在是重兵把守,严加盘查。我和卓蓝上船前都被搜了身,确实无法带回来。不过,童长荣还有两个月就要毕业了,他答应回来交给我们。

杨飞:那就只能这样了。

1928 年 5 月,日本军国主义分子终于露出了狰狞的面目,从日本调集 1 万多

军队出兵山东,阻止北伐军北上,公然在济南开始了疯狂的大屠杀,一万多名济南百姓被无辜杀害。事件发生后,全国上下群情激愤,抗议浪潮席卷全国。

上海同样爆发了声势浩大的游行。大华纱厂的工人当然也加入了这场示威游行中。就在游行过程中,纱厂工人告诉罗栗文,卓蓝回到了小白楼。罗栗文听到这个消息,心里做出了一个判断,童长荣可能完成了重要任务。

罗栗文刚进春野书店,李克农说沈端先要向你汇报工作,在屋里等着。罗栗文来到后面与沈端先见面。

沈端先和罗栗文同在明治大学学习,因为这层关系,罗栗文任国民党日本总支书记时,派沈端先到神田支部担任负责人。和童长荣熟悉后,又共同参与了社会科学研究会的工作,和童长荣一起宣传革命,公开反对国民党排挤共产党,搞独裁统治的行径,回国后被国民党开除了党籍,沈端先旋即加入了中国共产党,现在仍然是罗栗文的部下。

沈端先:罗书记,"济南"事件发生后,多伦路绝大多数文化人都觉醒起来了,发出了不做亡国奴的强音。

罗栗文:文化人的力量是巨大的,他们手中的笔杆子有时胜过枪杆子。这些文化人中有许多是共产党员,前段时间,我跟你说,我们要成立一个文化支部,把这些作家团结在党的周围,现在情况怎么样了?

沈端先:罗书记,我就是为这事来的。我把你的意见跟阿英、蒋光慈这些老党员说了,他们都表示赞成。我来就是请示你,谁来担任支部书记比较合适。

罗栗文:沈端先同志,我看就你比较合适。

沈端先摆摆手:罗书记,我不是推脱。论党龄,蒋光慈是 22 年的老党员;论成就,阿英著作等身,我是个文化新人,也刚刚入党,没有说服力。

罗栗文:做支部书记不看文学成就,也不是论资排辈。我想有三个条件:第一,政治觉悟。要有中国共产党是中国人民正确选择的坚定信念。你被开除国民党党籍,毅然加入中国共产党。这虽然是你个人的选择,但是你对中国共产党充满了必胜的信心。第二,组织能力。从东京到上海,我对你是了解的,你具有较强的组织发动能力,无论是在神田支部,还是在社会科学研究会,你的工作成绩都值得充分肯定。第三,公正性。据我了解,在无产阶级文学阵营里,论争还很激烈。你相对保持客观中立,大家都比较容易接受你。你也很热情,热心党务工作。所以,我说你比较合适。

沈端先觉得罗栗文对事分析,入情入理,自己不好再推脱,他感谢罗栗文对自己的信任,愉快地接受了任务。

沈端先走后,李克农来到了后屋,见罗栗文脸上露出愉快的神情,也跟着轻松了起来。

李克农:罗书记,真没想到,党组织的修复能力如此之强,真是令人高兴的事。

罗栗文:你知道这是什么原因吗?我告诉你,就一条,人心所向,大势所趋。

李克农:经历了大革命失败,我们的党没有垮掉,反而愈挫愈勇,越来越强,真是让人高兴。包括大华纱厂在内的周边很多工厂的党员同志们经历过多次血与火的考验。这次游行示威,党组织一呼百应就是一个很好的说明。

罗栗文:现在我们游行示威的目的就是要揭露日本军国主义阴谋侵占中国的野心,维护这个世界的和平安宁。高尔基、罗曼·罗兰和宋庆龄先生已经联合成立了世界反帝大同盟,组织上也已经决定成立上海反帝大同盟,就是要让反帝运动在党的领导下,唤醒千千万万的民众起来作坚决的斗争。

“济南惨案”传到东京之后,童长荣带着王舒先到科学研究会召集开会,接着联络华侨、商会、留学生学生会,召集会议。在会议上,童长荣提出成立中国留日各界反日出兵大同盟,得到与会者一致同意。会议一致推举童长荣作为总干事。童长荣提议举行集会,向日本军国主义分子发出旅日中国人的声音。

经过两天的秘密联络筹备,集会如期举行。大街上,伊田的小货车作为临时演讲台,各路留学生、华商华侨一大早从四面八方赶到集会地点。人员聚集差不多时,王舒和留学生们在车上拉起横幅:中国留日各界反日出兵大同盟。人群中各界都举起了横幅和标语。

童长荣站上了小货车,大声地:现在我宣布,中国“留日各界反日出兵大同盟”正式成立。

人群里爆发出热烈的掌声。

童长荣开始发表演讲:各位华侨、华商,各位留学生,日本军国主义在济南疯狂屠杀我一万多名手无寸铁的无辜群众,制造了震惊中外、惨绝人寰的"济南惨案",这是日本军国主义又一次阴谋侵略中国的铁证。各位同胞,现在全国上下千千万万的民众已经觉醒,走上街头,抗议这一野蛮行径。各位同胞,去年日本内阁召开了臭名昭著的"东方会议",我可以告诉大家,这个会议就是一次密谋谋取满蒙、吞并中国,进而达到侵略世界的会议。现在在这座城市,有上千名的各国间谍和记者云集东京,他们在干什么,就是想揭露日本军国主义扩张的真面目,如今日本军国主义已经张开了血盆大口,开始付诸实施了,同胞们,我们应该怎么样?

台下群情激愤:打倒帝国主义,打倒军国主义! 好战者,必败!

童长荣:出发!

伊田开动了小货车,童长荣、王舒站在上面,带领众人示威游行,高喊口号。

小日向带着日本浪人,日本警视厅出动警察从前面围了过来。

王舒低声对童长荣说:不好,有警察和日本浪人。

童长荣:你带着大家疏散。不要管我。

王舒:不行,我们一起撤。

童长荣:王舒,听我说,我是组织者,我要最后一个离开。万一,我被抓去了,你就先行回国。记住,让罗先生找到卓蓝,按我说的做,一定要把罪恶证据带回国内。

童长荣跳下车指挥示威人群四散撤离。小日向和警察四处追赶。

小日向:给我抓住童长荣!

小日向带人朝童长荣追了过来,童长荣跑进了一条小巷,终于被围上来的警察抓住。

按照童长荣的吩咐,伊田驾着车载着王舒一路狂奔到了港口。

王舒下了车:情况紧急,我必须现在要买船票回国。你有钱吗?

伊田:有,我身上有货款。

伊田掏出钱,拉着王舒往售票处跑去,一询问,恰好有一班船到上海,即将开船,他连忙买了票。

王舒这才抱住了伊田助男,感谢这些年的帮助。王舒说,童长荣已经被警察抓走了,我必须按照他的要求尽快回国,一是营救童长荣,二是还有他交代的重要工作完成。

伊田恋恋不舍:你走了,长荣君又被关进去了,这往后就是我一个人了。

王舒:谢谢伊田君,这一辈子我都不会忘记你的。

伊田:你快走吧,我会时刻关注长荣君的消息,设法将他救出来。

两人依依不舍地挥手道别。

童长荣戴上了手铐,被押进了东京警视厅看守室。路过一排监室,他突然看见了蔡老板。蔡老板站了起来,一见到童长荣,心里沉了一下,这下糟了,他猛地用拳头砸在铁门上。

上海。大华纱厂小白楼上,卓蓝好好睡了几天觉,紧张的心情终于放松了下来,来到阳台上,望着厂里熟悉的一切。她突然想到了什么,下了楼,往纱厂车间走去。

纱厂车间里,田嫂和连娣仍在一起干活,湿漉漉的头发、满是补丁的衣服,她们来回穿梭。

田嫂:连娣,听说卓小姐回来了。

连娣:两年没见了呢,真的很想她。

田嫂:那你不去看看她?

连娣:说不准把我都给忘了。想着那年,要不是童哥哥和她把我送进了医院,兴许早就不在这世上了。芦席一卷,路边挖个坑,也不晓得哪个土堆是我的,坟头上的草都应该长得很高了。

田嫂笑了:连娣呀,古人说,大难不死必有后福。

连娣:还福呢,就是累死的命。

卓蓝突然站在了田嫂和连娣跟前。

连娣望着卓蓝咧着嘴笑了:卓姐姐,你回来了?

田嫂:卓小姐,刚才还在说你,连娣想去看你,又怕你把她忘了,想去见你又不敢去。

卓蓝:我怎么会忘呢,连娣,你不来看我,我就是想来看看你。

连娣欠着身子,谢过卓蓝。

卓蓝:田嫂,我能让连娣休息半天吗?

田嫂:啊,卓小姐,这是你家的工厂,你做主。

卓蓝:连娣,跟我走。

连娣:可我还要干活了,这活干不完……

卓蓝:田嫂不是说了嘛,我家的工厂我做主。

卓蓝撕掉了机器上的单子,关掉了机器。

卓蓝捧起了连娣的脸:来,让姐姐好好看看,哟,有点肉了,可这小脸还是蜡黄蜡黄的。

卓蓝拽着连娣往外走,连娣看着田嫂。

田嫂:去吧去吧。

卓蓝拽着连娣上了车,把她带到了一个饭店。连娣拘谨地坐在卓蓝对面。卓蓝点了一盆红烧肉,一盘鱼,一份蔬菜,一大碗米饭。

卓蓝:把你喊出来,给你加个餐,你把这些给我吃下去。

连娣迟疑地端起了饭碗:这些鱼肉,家里过年也吃不上。

卓蓝:卓姐姐今天就让你过一个年。

连娣:我不敢吃。

卓蓝:为什么?

连娣:常年不吃荤,见荤就会拉肚子,一拉肚子就走不动路,跟不上机子,就干不了活。

卓蓝心里不是滋味:那,那你就少吃一点,待会儿,打包带回去,慢慢吃。

连娣:也不能带回去。

卓蓝:这又是为什么?

连娣:工友们会说我阶级立场有问题。

卓蓝:行行行,都是我这个资本家姐姐的不是,你就在这吃吧。

连娣开始吃着饭,吃着吃着,她噎住了,出不了气,脸憋得通红,卓蓝又是捶胸又是抹背,找来水,折腾了一会,连娣才平息下来。

卓蓝非常自责:连娣,对不起。

连娣:卓姐姐,是我对不起你,米饭好吃,我就吃快了。平时都是吃稀的,大概喉咙管都变细了。

连娣笑了,而卓蓝的眼睛却红了。

卓蓝镇定自己:连娣,还记得童哥哥吗?

连娣高兴起来:记得记得,常常想着童哥哥呢。我见到你回来了,就想着童哥哥也快回来了。

卓蓝:我在日本回来前,童哥哥一定要让我看看你,还要让我照顾好你。

连娣:谢谢卓姐姐,谢谢童哥哥。

卓蓝:可我就不知道怎么来照顾你。连娣,要不,你就别在纱厂干了,你跟在我后面怎么样。

连娣站起来,连忙摆手:卓姐姐,我不能跟在你后面。

卓蓝:还是阶级立场问题吗?

连娣:卓姐姐,我也不懂,就觉着不行。您给我放了半天假,我就心满意足了。

连娣站起来,朝卓蓝深深地鞠了一躬。卓蓝无语。

连娣迟疑半天,终于憋不住问:卓姐姐,童哥哥还好吗?

卓蓝:你问童哥哥呀,他很好。

连娣认真地:我想童哥哥。

卓蓝装出不高兴的样子:连娣,你真是没良心,不说想我,就光想着童哥哥。

连娣急忙辩解,脸红了:真的不是这样子,我想童哥哥,也在偷偷地想你。

卓蓝:我知道,你说的是心里话。连娣,你知道吗? 和你在一起,我非常开心。

连娣:卓姐姐,我晓得,你和童哥哥在一起也非常开心。

卓蓝望着连娣,笑了:鬼精的丫头,知道怎么哄人了。告诉你呀,你的童哥哥很快也就要回来了。

东京警视厅。看守室。

两个警察走了过来,打开铁门高喊:童长荣,出来!

童长荣被押了出来,沿着监室的过道走着,走到了蔡老板监室的门口。童长荣的余光和蔡老板有个瞬间的交流,他看见了蔡老板坚定的眼神。

审讯室。警察将童长荣押到木次郎和小日向对面坐了下来。内田良平在监控室里坐着,拿着耳机听审讯。

木次郎盯着童长荣,童长荣抬起头,迎着木次郎的目光。

木次郎笑了:童先生,听人说,你的智商极高,能把不可能的事情变成现实,还能做到踏雪无痕,雁过无声,我想我应该聘请你为我们东京警视厅的顾问。

童长荣:谢谢你这么恭维我。

木次郎:我想请教你一下,你还能够从这里出去吗?

童长荣:总监大人,不瞒您,我刚才也在想这个问题,我有了结论,你们会放我出去的。

木次郎:你就这么自信?

童长荣:是的,而且这个时间由我来定,我只给你们三个月时间。

木次郎:你太狂妄了! 我告诉你,我们早就想抓你了,可你就像一条泥鳅,不,是一只刺猬,让我们无从下手。我应该感谢你成立什么反日出兵大同盟,居然亲自跳到前台,发表煽动性演讲,组织示威游行,终于让我们有了抓你的理由。

童长荣:你们这些军国主义分子在中国的土地上滥杀无辜,还想中国人做沉默的羔羊吗?

木次郎:老实告诉你,演讲、游行,这都完全不是事,我现在就可以放你出去。不过,今天我们要坐下来,把我们之间的账好好算一算。

童长荣:那好哇,您只要能算得清楚明白,有理有据,我就认账。

木次郎：童长荣，自你来到日本后，你就是个不省事的家伙。首先，我很感兴趣的是你是怎么发现千惠子和戴先生的关系的？

童长荣：总监大人，你不觉得你这个问题问得有点业余吗，我来帮你提问，你应该问我，你怎么发现了内田先生是如何利用戴季陶的色欲熏心给他设置陷阱的，又是如何编织谎言，雪夜难产，带个孩子艰难度日，要挟戴季陶的。

监控室内，内田良平的嘴角抽搐了一下。

木次郎：告诉我，你是如何设计山下勇、伊田兄妹的？

童长荣：这个问题设置得不错，我认为是问出了水平。首先，我来说说伊田兄妹，伊田兄妹数十年来无私帮助中国留学生，我们也结下了深厚的感情，我们就像一家人一样，这是中日民间友谊的佳话；其次，我和山下勇先生共同在皇室书库举行赠书仪式，如果我没有记错的话，你也是见证人，这难道不是中日文化交流的佳话吗？山下先生和伊田美子因书相识，相知相爱，贫民贵族，玉成良缘，跨越并且消弭了日本社会固化的社会分层，演绎了一段美丽动人的日本版童话，这难道不是爱情的佳话吗？

木次郎：我们不兜圈子了，说说你的"幽灵行动"计划吧。

童长荣：那我想问你一个问题，到底有没有《田中奏折》？

木次郎：我可以明确地告诉你，没有所谓的《田中奏折》！都是一些别有用心的人炮制出来的。

童长荣：那你问我这个问题还有意义吗？

小日向：可你参与了行动。

童长荣：我可以明确地告诉你们，我是一个坚定的爱国主义者，请你们扪心自问，当你听到了一个全面占领日本的计划，你会怎么想？请你回答！

木次郎：没有这种假设，我大日本帝国是神圣不可侵犯的！

童长荣：谢谢你的回答，你回答得无比正确。中国的领土同样神圣不可侵犯。

木次郎：今天，你必须如实供出"幽灵行动"计划！

童长荣一笑：我可以明白地告诉你，卓蓝找到了我，她愿意扮演假"幽灵"，让

我行动,获取这份文件。不过,你们已经知道,我放弃了这个行动。

　　木次郎:为什么?

　　童长荣:首先这个文件的存放点众说纷纭,先是说在帝国银行,又有在日本国立图书馆一说,最后听说在日本皇宫书库房,我就放弃了。

　　木次郎:说说理由。

　　童长荣:情况你们比我掌握得清楚,日本东京间谍云集,东京警视厅增加了几千警力,我怀疑是你们设置的陷阱,更为关键的是赵瑞麟亲自来东京,直接把所谓"幽灵行动"计划变成是暗杀我的计划,幸亏是林悦救了我一命,否则,我就成了赵瑞麟的枪下鬼了。后来又是林悦从中撮合我们走到一起,可我已经是在应付,加上临近毕业,要准备论文答辩,我就直接宣布放弃了。

　　木次郎:可你已经查出了林悦的身份,你这是故意给林悦设局。

　　童长荣:总监大人,我提醒你一点,林悦要得到这个文件的迫切性比赵瑞麟和卓蓝更甚,因为这直接涉及清皇室的利益,在所谓你们支持的清朝复国的谈判桌上获取最大的利益,这就是她甘于充当你们的走狗,在两边上蹿下跳的原因。

　　木次郎:看见蔡老板了吗?

　　童长荣:看见了,但我实在没有勇气再看他。

　　木次郎:说说理由。

　　童长荣:林悦找到我,说是要在一起想办法营救蔡先生。我知道是你们又在给我设陷阱,我也没有能力去救他,我从不做我无法做到的事。

　　木次郎:我明确地告诉你,他已经招了。

　　童长荣:他要是招了,你们就给他定罪好了。

　　小日向:那天你和蔡老板同时出现在医院,你就是和他一起把文件带出医院的。

　　童长荣:总监大人,不是说没有这个文件吗?

　　木次郎自知失言:没有就是没有,你们如果拿到的也是假文件。

　　童长荣:现在我可以告诉你,那天我就是到医院调查千惠子的事,她的所谓雪夜难产纯属编造。

木次郎审不下去了,命人把童长荣带了下去。内田良平呆坐在监控室里,一言不发。木次郎进来,请求指示,内田良平喟叹,这样的人,油盐不进,只有一个办法,先慢慢耗掉他的锐气再说。

上海春野书店里,李克农正在给新书上架,转过身,不经意地看见一个人在街对面比画着,像是在问路抑或是打听什么,也没在意。不一会这个人走了过来,进了店里,这人就是刚从日本逃回上海的王舒。

李克农:先生,请问你要买什么书?

王舒:我想打听一个人。

李克农警觉起来:你要找什么样的人?

王舒:我刚从日本回来,想找一个几年前同居一室的朋友。他提前从日本回来了,我们失去了联系。我们原来住在亚培路。他是个大学教授,多伦路文化人多,我想也许在这里。

李克农:这条路上,从日本回来的留学生很多,你能告诉我他叫什么名字吗?

王舒:名字,我不便说。这人额头宽宽的,身材魁梧,不白也不黑。

李克农摇摇头:你这等于没说,你叫什么名字?

王舒:我……对不起,我也不便说。

李克农:你这人好奇怪,找人,又不说名字,没有这么找人的,我无法帮你,你到别处去问吧。

王舒说了声谢谢,就离开了春野书店。李克农很警觉地走出书店,望着王舒朝前街走去,身影渐渐消失在视野里,李克农这才回到店里。这时罗栗文从另一条小巷里出现,他警惕地注视着周围环境,确认安全,这才走进春野书店。

罗栗文径直走进了里间。李克农跟着进来了。

李克农:刚才有个陌生人先是在对面店里问人,后来又向我打听人,我感觉到这里不太安全了。

罗栗文:要找什么人?

李克农:找人又不说名字,我问他叫什么,他也不肯说。只说是从日本回来

的,要找一个同住在一起的人,出国前同住在亚培路上。

罗栗文心里一惊,忙问:长什么样?

李克农:说不上来,啊,头发有点特别,黄黄的细毛,讲话的口音和我差不多,应该是安徽人。

罗栗文点点头:我知道了,你去设法找到这个人,问他是不是叫王舒。

李克农:王舒,我知道了,他是你的三兄弟。

罗栗文点点头:谨慎点,我也不能确定他是还是不是,你说说伊田助男和伊田美子,他如果有反应,就证明他是。

李克农:我这就去。

王舒逃到上海后,直接到了大华纱厂,去找刘大哥,这才从田嫂那里得知,刘大哥已经牺牲。他向田嫂打听罗栗文的地址,田嫂说自己也不知道。不过,她说罗先生有时在多伦路开会,也有可能落脚点在那里,于是王舒就来到了多伦路。

王舒转了一圈,这边瞅瞅,那边看看,他希望能看到一个面熟的人,转了半天,毫无所获,他走进了一个小面铺里,点了一碗面,从筷箩里抽出一双筷子,狼吞虎咽着。李克农走了进来,也要了一碗,坐在了王舒对面。

李克农:哟,这不是刚才找人的那位兄弟吗? 人找到了没有?

王舒只顾吃面,不想搭理李克农。

李克农:这位兄弟,你走过之后哇,我就想到了一个人,他也在日本留学,在日本东京明治大学读书,没毕业就回来了。

王舒抬起头望着李克农。

李克农:他呀,经常给我们讲他在日本留学的事。他住在一个日本人家,兄妹俩对他特别好,他说他还有两个同学还在日本,应该快毕业了。

王舒变得急切起来:他说了兄妹叫什么名字了吗?

李克农:伊什么? 我还真说不好。

王舒:是不是叫伊田助男?

李克农一听,就知道这人是王舒无疑:好像妹妹叫美……

王舒情绪激动起来:伊田美子! 这位先生现在在哪里?

李克农:可我不知道是不是你要找的人？他姓什么？

王舒:姓罗。

李克农:你姓什么？

王舒:我姓王。

李克农:王舒？

王舒:我是王舒!

李克农站起来:跟我走。

王舒起身跟着李克农走出了面铺。

罗栗文在书店里面一直在等着,他看见了王舒了,随李克农走了进来。罗栗文赶忙走了出来。

罗栗文:王舒!

王舒:罗先生!

罗栗文:你怎么回来了？童长荣呢？

王舒:童长荣被日本东京警视厅抓进去了。

罗栗文:啊,到里面来说。

两人走进了里屋,李克农带上了门,在屋外守着。

里屋,罗栗文拉着王舒坐了下来。

罗栗文:快告诉我怎么回事？

王舒:济南惨案后,长荣成立了反日出兵大同盟,是为这事抓进去的,其实就是查"幽灵行动"计划的。长荣在被捕前,让我一定赶回国内。

罗栗文:重要任务完成了？能告诉我是什么吗？

王舒点点头:文件已经到手,就是日本"东方会议"形成的《田中奏折》。

罗栗文大吃一惊:你们居然拿到了这份文件。

王舒肯定地点头,得到王舒的确认后,罗栗文异常激动。

王舒告诉罗栗文,这是一份抄件,一共4万多字。为了这份文件,长荣机智地制定了一个"幽灵行动"计划,帮助蔡先生进入皇宫书库房抄出来的。可以说我们在东京上演了精彩的谍战大戏,童长荣把不可能变成了现实。

罗栗文点点头,说完全可以想象。王舒把谍取的过程向罗栗文做了汇报,罗栗文不住地说,这太了不起了。

王舒:不过,现在长荣和蔡先生都被抓进去了。

罗栗文:也就是说,当务之急,就是要把蔡先生、长荣营救出来,把文件带回国内。

王舒:是的,长荣在被抓的时候,让我设法回来的目的就是向您报告。让你去找卓蓝,实施下一步计划。

罗栗文点了点头,对王舒说,你辛苦了。休息两天,我们来联系卓蓝。王舒说不辛苦,找到了您,我就有主心骨了。

要联系卓蓝并不难,可以到大华纱厂直接去找她,也可以到大金门酒店,那里是她主要的场子。

果然,卓蓝一个人坐在金门大酒店的酒吧里,桌上一杯红酒,几个点心。罗栗文压低帽檐从暗处走了过来,坐在了对面,拿起一块点心塞进了嘴里。

卓蓝抬头,发现是罗栗文,她连忙拔枪,对准了罗栗文。

卓蓝:罗栗文,你胆子不小,竟敢找上门来!抓的就是你!

王舒从暗处出来,用枪抵住了卓蓝。卓蓝回过头,发现是王舒。

罗栗文:都把枪给我放下。

卓蓝放下了枪。王舒收起了枪。

卓蓝:王舒,童长荣回来了吗?

罗栗文:听我说,童长荣被东京警视厅抓进去了。

卓蓝震惊地啊了一声。

罗栗文:听着,我想请你们把他救出来。

卓蓝:我凭什么要把他救出来?

罗栗文:如果你想要童长荣把这份文件安全带回到国内,就按照我们说的做。

卓蓝:愿闻其详。

罗栗文:听着,让你们的人在外制造舆论,说这份文件由俄国女谍丽莎已经带到哈尔滨,你们再派人去哈尔滨购买。日本人会很快得知这一情报,自然就放松了日本国内的管制。然后你们去向日本政府交涉,把共产党要犯童长荣带回国内,再设法把蔡先生救出来。

卓蓝瞟了一眼罗栗文:不用你们共产党来教我们怎么做!

王舒:卓蓝,请你听好了,如果想和我们合作的话,就请你转告杨飞和赵瑞麟,要想拿到文件,停止抓捕我们的人,只要抓一个,你们就休想得到文件。

卓蓝:你居然跟我讲条件?那还要不要救童长荣?

王舒笑了:童长荣难道不值得你去救吗?

卓蓝:王舒,好小子,还有什么?

王舒:我去了亚培路138号,发现那里还是被你们封存的,我回来得有地方住,通知你们的人,我还回到那里住。在那里,你们也可以随时和我保持联络。

卓蓝点了点头。罗栗文站了起来,和王舒迅速离开。卓蓝凝望着杯中酒,一饮而尽。

二十二

赵瑞麟从日本回来后,休息了两天,和姐姐赵瑞昱吃了一次饭,就来上班了。他先来到杨飞办公室请示工作。

杨飞告诉赵瑞麟,罗栗文已被中共任命为中共江苏省委书记,统领上海、江苏的共产党活动,另外还协助周恩来从事共产党组织的恢复和发展工作。赵瑞麟慨叹,这真是野草烧不尽,春风吹又生。

杨飞:罗栗文是我们的老朋友啊,此人能力很强,能量很大,也是中共组织很信赖的人。

赵瑞麟望着杨飞,杨主任这是在给我布置任务吗?杨飞点点头,我们必须抓到罗栗文,铲除在上海的共产党组织,对全国能起到震慑和示范作用。

正在这个时候,卓蓝走进了杨飞的办公室,淡淡地说,你们是在说罗栗文吗?真是巧了,我和他刚刚见过面。

杨飞惊讶地望着卓蓝,你,你说什么?见到了罗栗文,那你为什么不把他抓起来!

卓蓝:看来,这罗栗文还不能抓。王舒回来了,也不能抓,他还提出要求,把亚培路138号还给他,他没地方住了。

杨飞笑了:啊,为什么呀?共产党的翅膀长硬了,不仅不能抓,还给我们提条件,说说理由。

赵瑞麟望着卓蓝,不知道她葫芦里要卖什么药。

卓蓝:我也觉得不能抓,我已答应了他们。

杨飞和赵瑞麟都望着卓蓝。

卓蓝:抓了他,童长荣就不可能向我们提供文件。况且罗栗文是主动找我通报情况的,童长荣被东京警视厅抓进去了。

赵瑞麟:童长荣被抓了?

卓蓝点头:是在成立留日反日出兵大同盟的集会上被抓的。

杨飞:罗栗文怎么说?

卓蓝:罗栗文希望我们把童长荣救出来。

杨飞:还有什么?

卓蓝:王舒赶在搜捕之前跑回来了,他说了童长荣"幽灵行动"的后续计划。

赵瑞麟:还有后续计划?

杨飞觉得事关重大,和赵瑞麟认真听卓蓝说的"幽灵行动"后续计划。

卓蓝:童长荣的想法是,让我们散布俄国女谍丽莎已经获取文件,并且已经成功离开日本,将文件带到了哈尔滨,我们派人出高价去购买。

赵瑞麟:日本人会相信吗?

卓蓝:童长荣和蔡老板在被捕前已经做了铺垫,蔡老板也准备了资金,委托中间人联络丽莎。一些外国间谍也在暗中窥伺。现在,我们国内只要有所动作,包括日本在内的各路间谍必然闻风而动,这样热点就到了中国,日本方面必然放松管制,这样文件才有机会带回国内。啊,童长荣说的还有一点值得我们注意,现在日本人为了掩盖这个机密,正在否认有这份文件,即使有,也是别有用心的人伪造的。

赵瑞麟反问，这个丽莎如果被日本人抓住了，招供了，这个计划不就露馅了？

卓蓝笑了，说这个丽莎就是童长荣杜撰的一个人物。杨飞慨叹，童长荣就是童长荣啦，前前后后考虑得很周全。

卓蓝：我们只要有个煞有介事的动作就行，无须什么结果，可日本人和各路间谍就要忙上一阵子了。

杨飞看看赵瑞麟，见他不吭气，算是在默认。杨飞立即做出决定，他要亲自主持实施"幽灵行动"的后续计划，决定让赵瑞麟和卓蓝再到日本，努力找到这份文件的下落，找不到抄件，无论如何要把一个活的童长荣带回国内。

赵瑞麟和卓蓝受命离开了杨飞的办公室。杨飞迅速将张龙、李卫喊到了自己的办公室，交给他俩一项特别任务，到哈尔滨，秘密寻找一个叫丽莎的俄罗斯女人，带50万大洋去购买她手中的一封绝密文件。

张龙：50万，这么值钱？

李卫：杨主任，你不告诉我们是什么文件，我们怎么购买呀。

杨飞：你们无需知道是什么文件。

张龙：这个女人长什么样，有照片吗？

杨飞：没有照片，我也不知道长什么样？

两人愣在那里，面面相觑，这个任务怎么完成？

杨飞这才慢悠悠地告诉谜底，这就是个假戏，但是一定要真做，做给日本的情报人员和各路间谍看的。你们明天立即到银行去办理汇票，注意一定要让尾巴看到。

李卫和张龙这才明白，这是一个不要结果的任务，关键在于过程。杨飞提醒，假戏要真唱，别给我演砸了。李卫连忙表态，做这种套路，他们是强项，保证完成任务。

高崎的住所里，他正在游泳池边坐着喝茶看报纸，情报人员走了过来。

情报人员：高崎先生，我们截获了中央俱乐部的一个电报，指示哈尔滨方面寻找一个叫丽莎的俄国女人。

高崎:丽莎是什么人？没听说过,中央俱乐部寻找这个俄国女人干什么？

情报人员:刚才领事馆里的特高课也打来电话,他们也截获了这份电报,据他们说,可能与最高机密外泄有关。

高崎:立即将这个信息告知内田会长,同时派人严密监控44号的动向。

第二天,李卫和张龙走出中央俱乐部大院,进了一家中国银行。果然,一出44号,就被不明身份的人盯上了。

李卫:张龙,要去哈尔滨,还是冬天去好,这大夏天的,看不到雪景,真没意思。

张龙扯了一下李卫:不要乱讲好不好。

走过来一个银行工作人员,张龙向他打听经理在哪。工作人员打量了一下张龙,冷漠甚至有些不耐烦,你问这干吗？李卫说,我们要汇一大笔钱到哈尔滨。工作人员瞟了一下李卫,你以为你是谁？低于50万块大洋,我们经理不会接待的。

张龙一笑,说还真让你给猜着了。工作人员将信将疑地望着张龙、李卫。李卫肯定地朝他点了点头。工作人员立刻换了一副脸,殷勤地在前面引路,带着张龙、李卫朝楼上走去。

东京警视厅侦讯室里。童长荣被带了进来,将他按在了一把椅子上,穿白大褂的测试人员给他戴上了电子设备。

小日向:童长荣,我们需要对你进行测试。

童长荣笑了一下,那就请吧。小日向退了出来,测试人员关上了门。小日向走进监控室,坐到了木次郎旁边。

测试人员坐到桌前,从信袋里抽出几张纸。监控室内,木次郎和小日向戴上耳机,盯着屏幕上的心电记录仪。

测试人员:童先生,这是我们刚从美国进口的GSR,你是第一个使用者。

童长荣:深感荣幸,能告诉我GSR是个什么原理吗？

测试人员:美国人拉森先生刚刚发明的,我们可以通过皮肤的电流传导率的变化探知你的心理活动,你可以说真话,也可以说假话,但是 GSR 不会说谎。但我要告诉你,你回答的记录可以作为定罪量刑的有效证据。

童长荣:我很感兴趣,也很乐意配合你。

测试人员开始测试:你叫什么名字?

童长荣:童长荣。

测试人员:经常做梦吗?

童长荣:有时。

测试人员:梦见过自己在公共场合裸体行走吗?

童长荣:没有。

测试人员:你喜欢卓蓝吗?

童长荣:说不上喜欢,有好感也有厌恶!

测试人员:"幽灵行动"计划是你制定的吗?

童长荣:是我和卓蓝制定的,林悦、赵瑞麟后来参与的。

测试人员:卓蓝是假"幽灵"吗?

童长荣:卓蓝演假"幽灵",我演真"幽灵"。

测试人员:蔡老板是真"幽灵"吗?

童长荣:卓蓝是假"幽灵"掩护下的真"幽灵"。

测试人员:蔡老板是真"幽灵"吗?

童长荣:计划里没有蔡老板的角色。

测试人员:理由?

童长荣:他不具备特工人员的要件。

测试人员:是山下勇告诉你文件存在书库房里的吗?

童长荣:不,是林悦。

测试人员:林悦是怎么告诉你的?

童长荣:是卓蓝诈出来的,卓蓝无心说应该在皇宫里,得到了林悦肯定的回答。

测试人员:你说你后来放弃了这个计划。

童长荣:是我和卓蓝、赵瑞麟共同放弃这个计划的。

测试人员:赵瑞麟后来重新制定计划,怎么解释?

童长荣:严格意义上说是赵瑞麟改变了"幽灵行动"计划,变成了要杀掉我的计划。

测试人员:为什么?

童长荣:他们是利用国共之间的深仇做戏给林悦看的,目的是让她露出汉奸的原形。

测试人员:说说放弃这个计划的理由。

童长荣:赵瑞麟来到日本准备参与行动,后来接到密电,这个文件已经由俄国一个叫丽莎的女人带到了哈尔滨,这就是放弃的原因。这也是卓蓝、赵瑞麟回国的原因。

监控室内。木次郎和小日向听后大吃一惊,两人连忙赶到内田良平办公室向他做了汇报。

木次郎:内田会长,我们刚对童长荣做了心理测试。

内田良平:告诉我结果。

木次郎:没有任何破绽。要么就是童长荣的心理异乎常人,要么就是真话。

内田良平反问小日向,他会说真话吗? 小日向回答,他当然不会,不过,他说出了放弃行动计划一个重要原因。

内田良平望着木次郎。

木次郎:童长荣说出了放弃的原因是已经得到消息,文件已经由俄国女谍丽莎带到了哈尔滨。

内田良平拿起桌上高崎发来的密电:童长荣没有撒谎,现在中央俱乐部派了两个人带着 50 万大洋的支票正准备去哈尔滨,我们的情报还显示,美国人也带了 20 万美元正在去哈尔滨的路上。

木次郎:混蛋! 童长荣搞的所谓"幽灵行动"计划就是瞒天过海。不过,那份文件无论如何不能落到中国人和美国人手里。

内田良平:我已下令在哈尔滨的人去找这个丽莎了。

木次郎：那个丽莎是怎么拿到文件的？和蔡老板有关系吗？

内田良平：初步掌握的情况显示，是从一个参加"东方会议"的一个高级别官员手里拿到的，到底是谁？是色诱还是金钱收买不得而知。

小日向：我们把重点放在中国人身上，让这个可恶的俄罗斯女人钻了空子。

木次郎：那童长荣和蔡老板怎么办？还有山下勇和书库房的那些人怎么处理？

内田良平：蔡老板仍有重大嫌疑，没有彻底查清之前，不能放人。可这童长荣是共产党的要犯，据报赵瑞麟和卓蓝已经启程，要来和我们协商，把人带回去。

木次郎：即使放人，也不能就这么轻松地让他走了。

回到警视厅，木次郎终于松了一口气，这段日子心力交瘁，承受着巨大的压力，整个警视厅为防止文件外泄，投入了全部的人力物力，不堪重负。这个文件既然已经到了哈尔滨，那港口码头就已经没有设岗的必要了。他下令撤回所有稽查警力。

卓蓝和赵瑞麟到达日本，刚刚下船，他们看到了警察正在撤岗。警察牢骚满腹，终于熬到头了，没日没夜，这人都要发疯了。另一个说，白忙了，听说那份什么文件还是被人带出去了，但愿不是从我们这里出去的。听到这里，卓蓝和赵瑞麟相视一笑。

中国餐馆里，吴志杰继续兢兢业业地干活，可内心充满了焦虑。蔡先生和童长荣先后被捕，他压力巨大，使命在身，带回文件的任务，只能靠他了。他度日如年，在餐馆里数着时间在过，终于听到了码头港口解禁的消息，内心里不禁一阵狂喜，但又不知是不是陷阱，他在餐馆里纠结着，最后下决心冒险一试。

吴志杰走出餐馆，来到院子里，四周看了看，打开车门，将车子开了出去。这一切被楼上林悦的监控人员尽收眼底，立即派车尾随在吴志杰的后面。

吴志杰开着车在街上毫无目的地闲逛了几圈，终于将车开到了横滨码头，走进候船室，并无便衣上来查验，他又转到售票处，一切如常，最后来到码头的趸船前，暗暗查看栅栏处登船的船客检票，只有检票员，没有警察和便衣的搜查、查验。他终于放下心来，到售票处买了一张一周后到大连的船票。

　　吴志杰离开后,便衣随即来到售票窗口,告诉售票员,他和刚才那位先生是一起的,买同一船期的船票。

　　赵瑞麟和卓蓝仍在东京帝国饭店住了下来,安顿好后,两人来到餐厅用餐。赵瑞麟和卓蓝商量,此行两个任务一是找到文件下落,二是把童长荣带回国。两人都在琢磨着,从哪里着手。

　　卓蓝想了一会儿,说必须先见到童长荣,也许童长荣能给我们传递某种消息,或者得到某种暗示,再做考虑。赵瑞麟同意卓蓝的意见,补充说伊田助男和商行的吴管家、山下勇、林悦都与此事有关,我们都要一一排查,一条线索都不能放过。

　　伊田助男一个人在家喝着闷酒。前段日子,警察以他为中国留学生集会提供小货车为由,将他关了一段时间,警方调查的结论只是借用关系,顾及是山下夫人的哥哥,就没收了货车,训诫了一顿,将人放了回来。没了货车,伊田助男也就失去了生计,整天在家只有借酒浇愁了。虽然这样,可他并不后悔,他是一个重感情的人,蔡老板和童长荣先后被捕,他总想为他们做点什么。

　　他喝完瓶中最后一滴酒,摇晃着出了门,到东京帝国大学附属医院来找古豆。古豆正在救护车驾驶室里睡觉。

　　伊田敲敲车门,古豆醒了过来,开了车门,将伊田拉了上来。

　　古豆:伊田君,听说警察找了你麻烦。

　　伊田点点头:小货车没收了,活也干不成了。你怎么样?

　　古豆:真是烦人,警察整天没完没了地盘问,仔细询问到皇宫接病人的过程。我就说人到了医院,后面的事我就不知道了。

　　伊田对古豆说,不要忘了我们的身份,我们都是日本共产党员。现在中国的同志被捕了,可不能袖手旁观,得想想办法为他们做点什么。古豆说,这可是捅破天的大事,没有通天的人都不行。他想了一会儿,对呀,你去找美子呀。

　　伊田助男摇摇头,这还用你提醒,早想过了,不行,山下君也已经牵扯进来,他已经自身难保了。古豆说这可是唯一的机会了,让美子跟山下先生说,再让山下先生去找伯爵大人,也许能将中国的朋友救出来。伊田想到了,上次童长荣救了自己,蔡老板对伊田家有恩,终于下了决心,决定去试试。

皇室书库房出事后,调查期间一直闭库。山下勇赋闲在家,山下家族不准他出门。他宅在家里,异常压抑,整天在屋里唉声叹气,美子每每安慰,但也无济于事。

望着丈夫眼神呆滞地坐在那里,美子终于还是忍不住,劝慰丈夫不要这样,要振作起来。

山下勇终于爆发出来:我都要疯了! 这里不是家,是监狱! 是牢房!

山下勇将桌上的杯盏砸到了地上,美子连忙抱住山下勇。女佣赶忙进来收拾。

美子厉声地:山下君,安静!

山下勇推开美子:安静? 我能安静下来吗! 你知道我内心的煎熬吗!

美子:山下君,如果你觉得做了对不起日本政府的事,我就陪你一起去自首,如果你觉得做的是问心无愧的事,你就应该坦然。

山下勇将头深深地埋在了两膝之间。

美子哭了:山下君,想想我们的孩子,还要想想我,想想今后的日子。

山下勇冷静下来,抱住了美子,抚摸美子的肚子,脸上有了泪痕。这时,牧野伯爵走进了院子,家卫引路。美子连忙擦去了山下勇脸上的泪,走到了门口。

美子施礼:伯爵大人,里面请。

牧野伯爵走了进来,山下勇朝牧野伯爵施礼。

牧野伯爵:皇室已经有了处理结果,对你作了免职处理,这是最好的结局了。

山下勇:其他人呢?

牧野伯爵:书库房一共处理了 27 个人,包括誊写工。

美子:待在家也好,你就读书做学问吧。

牧野伯爵横着眉:懂得规矩吗? 这里没有你说话的地方!

美子低下了头:对不起。

这个时候,伊田助男出现在山下家门口。

家卫:你,干什么的?

伊田助男:家卫大人好,我是美子哥哥,我想见见美子可以吗? 我有急事。

家卫望着伊田助男,终于认出来了,想起上次将他撵走的情形,这次说有急事,不忍再拒绝,想了一会,对伊田说,你就在这等着,家卫进去了。

家卫走到门口禀报:夫人的哥哥求见。

牧野伯爵:让他离开! 事情都是伊田家里的中国人和那个蔡老板引起的,从今往后,我不允许你们和中国人来往!

家卫鞠躬领命走了,美子探出头,见家卫走到院子大门口,挥手驱赶伊田,她看见了哥哥转身离去的影子,美子的眼泪夺眶而出。

伊田助男回到家,脱下鞋,靠在门口发呆。坐了一会,爬了起来,不由自主走进了童长荣的房间,桌上还摆着翻开的书。床上的被子叠得整整齐齐的。又朝罗栗文、王舒的房间看了一眼,一切如旧。

他想起了过去和他们在一起的快乐日子。这三个中国留学生总是那么有礼貌,美子也总是含着笑,几个人围坐在一起吃饭聊天。

他还想到了这是中国同志,为着和平和中日友好,冒着生命危险,义无反顾,也尽最大的努力帮助他们。现在自己落到这步田地,并不后悔。遗憾的是一切都已经成为过往,留在脑中的美好回忆了。

伊田想想有些伤心,嘴里喃喃地,长荣君,你救了我,可我没有能力去救你。对不起,我去了山下家,可连美子的面也见不上,我真是太无能。

伊田忍不住哭了起来,嘴里嗫嚅着:现在就剩下我一个人了,我真的很孤单,也很想念你们……

伊田渐渐疲惫地进入了梦境:美子出现在门口喊着哥哥,两人抱头痛哭。

伊田疑惑地问,美子,你怎么跑回来了? 美子哭着说想哥哥,实在受不了啦,我决定离开山下家了,我要和哥哥在一起。伊田急了,不行,我这就送你回去。美子死活不肯,我不回去,这里才是我的家。

伊田求着美子,好妹妹,嫁了别人家,你就是伊田家泼出去的水,收不回来了。走,哥哥送你回去。美子哀求着,求求哥哥,不要把我送回去。伊田拉着美子往外走,美子拼命抓着门不放,伊田一狠心,将美子推出门外,美子只穿着袜子,跌倒在门外的地上。伊田慌忙扑出门外。

伊田大声喊着:美子美子!

伊田一阵惊悸,醒了过来,发现自己坐在地上,什么也没有,他无力地靠在了墙壁上,沉思默想着。

童长荣被带进了刑讯室。

小日向:知道为什么要把你带到刑讯室吗?

童长荣笑了:我知道,在我身上得不到任何东西,就想在我身上发泄一下,不是吗?

小日向:恭喜你,答对了。

小日向突然一拳打在童长荣脸上,童长荣的身子晃了一下,嘴角流出了鲜血。两个打手将童长荣绑了起来,小日向拿起鞭子,疯狂地在童长荣身上抽着。童长荣上衣被抽烂,血迹斑斑。除了发泄,内田良平还有一层意思,就是做给即将到来的卓蓝和赵瑞麟看的。

童长荣被下到了水牢里,绑在柱子上。

小日向:童长荣,我告诉你,赵瑞麟、卓蓝来了,这是我给他们的见面礼。我们要向他们表示,对待共产党,我们站在国民党一边!

赵瑞麟和卓蓝首先来到黑龙会拜访内田良平。

内田良平:欢迎你们再次来到日本。啊,我们了解到你们想把共产党要犯带回中国的请求。

赵瑞麟:是的,所以我们特地来拜访你,还请你答应我们的请求。

内田良平:凡事都是可以商量的。"济南事件"其实就是一个误会,通过两国友好协商,不是圆满地解决了吗? 不过,童长荣暂时还不能交给你们,因为有些事情我们还没查清楚。

赵瑞麟:你说的是《田中奏折》吧? 这事好像和他没关系。

内田良平:赵先生,我可以明确告诉你,根本没有《田中奏折》。二位不也是

参与行动了吗？如果有,那就是试图窃取日本机密,我就连你们都一起抓起来。你们居然听信谣言,到哈尔滨用重金去购买所谓的《田中奏折》,我现在正式申明,即使有那个东西,也是伪造的,与我们大日本无关。

卓蓝:内田先生既然说没有,那就是没有,我们也就认为没有。为什么还不让我们带回共产党要犯呢?

内田良平:我们有我们的方式,何时释放他,那是我们的事情。不过,我同意你们去看望童长荣。

赵瑞麟:谢谢,那我们告辞了。

小日向带着赵瑞麟和卓蓝来到了日本警视厅,走进了水牢。卓蓝看到童长荣已经被折磨得不成人形。

卓蓝轻轻地喊了一声:童……长荣。

童长荣艰难地睁开眼,抬起头,努力地笑了:听说,你们这是要来逮捕我。可现在我在日本人的牢里,你们暂时还没有这个权利!

赵瑞麟:童长荣,我很高兴,你还活着。

童长荣:你们来了,我就更死不了。

赵瑞麟:为什么?

童长荣:日本人要是杀了我,这全世界就会知道童长荣策划盗走了《田中奏折》,然后被日本人处决了,这比获取文件本身更有舆论效应,他们比你们更怕我死掉。

赵瑞麟:童长荣,你就是到死还嘴硬。

童长荣:赵瑞麟,你杀了那么多的共产党人,你心里明白,有几个人在你面前跪下了!

卓蓝:童长荣,我劝你一句,在日本人面前态度好一点,让自己少受点罪。

童长荣:卓蓝,看来呀,你想做第二个林悦了。我就奇怪了,你们漂洋过海来抓共产党,却对一个汉奸视而不见,这就是你们国民党的逻辑?

赵瑞麟:童长荣,你有完没完。

童长荣:还想说两句,赵瑞麟,我很羡慕你,到哪里都有美女陪着,昨晚一定是到中国餐馆喝酒了,那金门高粱的确够味!哎呀,我都是被你们害的,我和蔡老板在里面坐牢,商行也被封了,可怜吴管家还不知流落到了哪里,不说了。你们心里明白,我们是到了该终结的时候了!

小日向:童长荣,不要废话!赵先生、卓小姐,时间到了,请你们离开。

赵瑞麟、卓蓝还想和童长荣说点什么,警察开始推着他们走,卓蓝忍不住回头望着童长荣的样子,眼睛里已经泛起了泪花。

从警视厅出来,卓蓝和赵瑞麟在大街上一边行走,一边分析。

卓蓝:童长荣向我们发出了明确的信号。

赵瑞麟:我听明白了,他说是到了终结的时候了,就是终结计划。

卓蓝:他有意识地提到了林悦,也提到了吴管家。

赵瑞麟:还提到了金门高粱,中国餐馆。

卓蓝:蔡先生请我们在中国餐馆吃了一次饭。

赵瑞麟:我判定东西应该在吴管家手里。

卓蓝:如果是这样,林悦就一定会有监视,我们可要小心,还不能贸然进入。

中国餐馆里,吴志杰将车开了出来,这次是到了殡仪馆。便衣跟着吴志杰也进了殡仪馆。吴志杰来到窗口,递给工作人员一个单子。

工作人员接过单子,看了一下,请他稍等,不一会儿,工作人员拎出了一个白色的瓷罐,递给了吴志杰。

吴志杰朝工作人员鞠躬,然后抱着瓷罐走出殡仪馆,将瓷罐放在座位上,驾车离去。

赵瑞麟和卓蓝穿上和服,扮成情侣,打着红伞从中国餐馆前慢慢走过。吴志杰的车子慢慢进了大院停下,他们发现吴志杰抱着一个瓷罐进了屋子。这时另外一辆车慢慢停在对面,下来两个人,不时朝中国餐馆窥望,确认吴志杰的车子就停在院子里,两人点点头,走进了门洞里。

卓蓝和赵瑞麟立刻判断出,这幢小楼上就是林悦的监控点。

两人走到小楼视线的死角驻足观望。不一会儿,吴志杰的车子又开出来了,

朝着反向离开。小楼里,林悦走了出来,带着两个人急忙上车,跟了上去。

赵瑞麟朝卓蓝点点头,两人疾步进了小楼,来到二楼,发现是个空房,门并未上锁,窗前一架望远镜,正对着中国餐馆。

旁边有张纸,详细记录吴志杰进出记录。赵瑞麟拿起这张纸,仔细看着,有两条记录引起了他的注意:

1. 下午 2 点至 5 点到横滨去买船票,船票时间是 20 日,到港码头是大连港。船票二等 205 室。

2. 9:30 分至 10:40,到殡仪馆取骨灰盒。

赵瑞麟将这两条记录指给卓蓝看,卓蓝会意,这么说,吴管家已经决定回国了。赵瑞麟当即决定,去买 20 日横滨到大连的船票。

吴志杰悄悄将车停在丰源进出口商行门口不远的地方,望着商行门口的封条已经残破,在风中飘着。他的心情异常难过。他朝丰源进出口商行深深地鞠躬,含泪离开。

卓蓝和赵瑞麟买了船票后,回到了饭店,两人在一起商议。

卓蓝:现在可以断定,乘着日本人管制放松,吴管家决定带着文件回国了。

赵瑞麟:螳螂捕蝉,黄雀在后,这个林悦太狡猾了。

卓蓝:童长荣之所以暗示,说明他已经预料到了。

赵瑞麟:这一次没有看到日本人跟她一起行动,说明她是背着日本人干的,她想独吞这份文件。

卓蓝:既然她不想让日本人知道,那她会在什么时候动手呢?

赵瑞麟:如果是你呢?

卓蓝想了一会儿:我会选择快到大连的时候。

赵瑞麟:她身边还有两个人,应该都是受过训练的。不过,到了船上,就是我们的天下了。

卓蓝:那童长荣怎么办?

赵瑞麟:只要顺利拿到这份文件,我才不管他的死活呢。如果他有幸活着回来,我说到做到,立刻拘捕。

卓蓝:赵瑞麟,你很冷血啊!

山下家。女佣扶着腹部微微凸起的美子走进了院子,她在山下勇身边坐下,山下勇放下书,抚摸着美子的肚子。

山下勇:美子,我们的孩子快要出生了吧。

美子:还有好几个月呢。

山下勇:美子,让你受委屈了。

美子:没什么,只要你对我好。

山下勇:对不起,这是山下家族的规矩,请你理解。这几个月,父母大人对你是认可的。

美子:听你这么说,我很高兴。

山下勇:我刚刚买了辆车,走,我们出去转转。

美子高兴地:我能出门了?

山下勇:是的,可以坐着车出门了。

美子笑了。

山下驾着车穿过热闹的市区。美子兴奋地望着街上的建筑、行人。

美子:几个月不能出门,看着街,看着行人,真是让人高兴。

看着美子高兴的样子,山下有些欣慰。

车子不知不觉来到了町田街。

美子激动起来:快到我的家了,真想去看看哥哥,不知道他现在什么样子了?

山下勇将车停下:回家看看哥哥吧。我把车开出来就是这个意思。

美子望着山下勇,眼泪出来了:谢谢夫君。

山下勇:好好和哥哥聚一聚,我下午来接你。把这个也带上,可不能空着手回去。

山下勇从后座上拎起一个包递给了美子。

美子:谢谢夫君,难为你都准备好了。

山下勇朝美子招招手,车子慢慢离开了町田街。美子拎着包,一步步朝自己家走来。来到门口,发现门关着,上了锁,美子有些失望。再看看红灯笼,有一只

已经残破,她的心里沉了一下,几个月没有回来,就看见了家里的破败相。

她定了定神,熟练地在旁边的一个小洞里掏出了钥匙,开了门。脱了鞋,走进了屋里,见到桌子上凌乱的碗、酒杯、酒瓶,想着这就是自己走后哥哥过的日子,美子心里有些难过。她放下包,脱下了外套,开始收拾屋里。她拉开了童长荣和王舒的房间,物是人不在,美子抽抽鼻子。然后洗锅做饭,灶火映着美子的脸。

伊田助男不在家,他去了东京帝国大学,他唯一能做的事就是告知童长荣的论文导师水谷教授,童长荣被抓了,希望在缺席答辩的情况下,能让童长荣拿到毕业证书。他怯生生地敲开了水谷教授的办公室。水谷教授正在阅看材料。伊田自我介绍他是童长荣的房东。

水谷头也不抬:啊,我正在看童长荣的毕业论文,真是写得不错,正想和他交流论文的事呢。童长荣有段日子没来了,他有什么事吗?让你来……

伊田:水谷教授,童长荣被东京警视厅抓进去了。

水谷:啊,是这样。

水谷教授站了起来,来回踱着步。

水谷:我知道会有这一天的。

伊田:水谷教授,我认识您,您是文化支部的,我是工人支部的,我是个货车司机。

水谷:你在为童长荣的事来找我吗?

伊田:是的,我想我作为房东,有义务告诉您,他无法参加毕业论文的答辩。

水谷点点头:我知道了。童长荣是一个坚定的革命者,我很欣赏他,可我也没有办法去营救他。现在日本境内已经逮捕上千革命者。你也不要乱跑了,不要做无谓的牺牲,明白我的意思吗?

伊田点头:我明白。

水谷:我能做的,就是在童长荣缺席答辩的情况下,让他的论文通过,设法让他拿到毕业证书。过些天,你到我这儿来拿毕业证吧。

伊田:谢谢水谷教授。

伊田在往回走的路上,多少有些安慰,童长荣好歹还能拿到毕业证书。到了家门前,伊田弯下腰,在小洞里掏钥匙,发现钥匙不在。美子在屋里听见了伊田嘟哝的声音。

伊田:真是糊涂了,钥匙怎么不见了? 记得离开家的时候是在里面的。真是怪事。咦,门没上锁,我走的时候没锁门吗? 没锁就没锁,反正就一个人,家里也没值钱的东西。

伊田推开门,发现桌子上摆了好几个菜,两只碗,两双筷子,酒瓶还有酒杯。

伊田仔细瞅着桌上的菜:真是怪事,这是遇到仙女了?

美子再也忍不住,从门背后走出来,控制不住地喊着:哥哥!

伊田转过身,发现了美子就在跟前:美子,是你吗?

美子:哥哥是我呀。

伊田揉揉眼睛:我这不是在梦里?

美子:哥哥,美子真的回来啦!

伊田:还真是美子呢,你不会是偷跑回来的吧?

美子使劲地摇头:是山下君开车特地送我回来的。

伊田大声地:美子,不,不,山下夫人,哥哥想你。

美子抱住了伊田:不要叫我山下夫人,我还是美子,我想哥哥。

伊田眼泪出来了,上上下下打量着美子:山下夫人就是山下夫人,这不能含糊,山下夫人,有喜了。

美子激动地点头:哥哥,是的,你要做舅舅了。

伊田喜不自禁:我要做舅舅了,真好。

美子:哥哥,快坐吧。

美子给伊田倒酒:哥哥,说说我离开后的日子。

伊田:自从你出嫁后,这条街就冷清多了,开始是林悦搬走了,大家都还高兴;接着是赵先生和卓小姐回国了,这倒也没啥;后来是长荣君被抓,我把王舒君送到了码头,这屋里就剩我一个人了。

美子:童先生上次到山下家去找过我。

伊田：他是想让山下先生请伯爵出面救蔡老板。

美子：牧野伯爵已经在家族下令不许跟中国人往来了。

伊田：后来，我也去找你，想让你想想办法，救救长荣君，被家卫挡回来了。

美子：我看见哥哥了，可我身不由己，只能流着眼泪眼看着你离去。

伊田：蔡老板、长荣君都是正直、善良的人，想着他们还在监牢里，心里真是难过。

美子：我心里也是。没有办法。他们对伊田家是有恩的。

伊田：谁说不是呢。但愿老天保佑他们没事。

美子：哥哥，请喝酒吧。几个月没有吃到妹妹做的菜了。

伊田：山下夫人做的菜，我还是第一次吃呢。

美子：哥哥不许说怪话，妹妹不高兴了。

伊田：看你言谈举止、神态装扮已经是贵妇人了。

美子：妹妹永远是美子。

美子这才突然想起来了，她将桌上的一个包递给了伊田。

伊田：这是什么？

美子：这是山下君给你准备的，我没看，也不知道是什么，反正是他的心意。

伊田打开了包，他睁大了眼睛，美子也惊到了，满满一包钞票。伊田的手颤抖地拿着包，说从没有见过这么多的钞票。美子说，既然是夫君的心意，就请收下吧。

伊田手舞足蹈起来，我的小货车被警察没收了，现在我可以买一辆大货车了。

美子看到哥哥高兴了，这几个月来内心的压抑一扫而空，替哥哥倒酒夹菜。三杯酒下肚，伊田说，山下夫人，我不担心你在山下家的日子了，也请山下夫人不要惦记我。

他站起来向美子敬酒，毕恭毕敬。美子只得站起来回敬。美子不知道是自己变了，还是哥哥变了。

离开了伊田家，山下勇将车开到公园。准备一边逛逛公园，一边等美子。刚下车,他看见了赵瑞麟和卓蓝在公园里散步。山下勇连忙追了过来。

山下勇:赵先生,卓小姐。

卓蓝和赵瑞麟回过头,两人都很意外。

卓蓝:是山下先生,你还好吗?

山下勇笑笑:被免了职务,我现在赋闲在家了。

赵瑞麟:我们看到报道了,所谓 28 个间谍,真是扯淡。

卓蓝:让你受连累了。

山下勇:这件事不要再提了。对于蔡先生和长荣君,我实在无能为力。伯爵大人不愿意出面,真是对不起。

赵瑞麟:我们这次来,就是准备把童长荣带回去,可没有得到允许,估计他能很快出狱。蔡老板我们也想了一些办法,还没有找到任何理由保他出狱。

山下勇点点头,那也只能这样了。卓蓝真诚地说代我们向美子问好。山下勇感谢卓蓝的问候,表示一定把意思转达。

赵瑞麟:山下先生,我们要向你表示敬意!

赵瑞麟和卓蓝向山下勇鞠了一躬。山下勇还礼。卓蓝和赵瑞麟目送山下勇上车,不停地挥手致意。

山下勇看看时间差不多了,将车开到了伊田家门口。美子恋恋不舍地和伊田道别。伊田出来向山下勇鞠躬。

山下勇还礼,告诉伊田助男,说刚才看见了赵先生和卓小姐,他们是为长荣君专门来的,他们说很快就要出来了,你不必为这事跑了。

伊田很高兴:那太好了。

美子和伊田道别。美子忍不住流泪。

伊田:山下夫人,这里永远是你的家。

山下勇:请伊田君放心,她会经常回来的。

美子含泪上车,车子离开了伊田家。伊田助男站在风中伫望,直到车子消失在町田街的尽头。

船期到了,吴志杰起了个大早,悄悄开车离开了中国餐馆,在街上兜着圈子,并未发现后面有可疑跟踪,这才放心地驾车往横滨方向开去。他哪里知道,林悦和赵瑞麟、卓蓝已经在船上恭候他了。

到了横滨,吴志杰将车开到了停车场。估摸着时间差不多了,吴志杰在车里将白色瓷罐装进了一个布袋,挂在自己的脖子上,拎着一个手提箱,弃了车,开始朝趸船口走来,汇入了上船的客流。

吴志杰检票进入栅栏,检票,上船,过程顺利。吴志杰拎着箱子,拿着船票寻找自己的客房 205 房间。进了狭小的客房后,吴志杰随即进了卫生间,关上门,取下瓷罐,将瓷罐里的油纸包塞进了头顶上冲水的水箱里。关上卫生间门后,吴志杰一路提在嗓子眼的心才慢慢放下。

望着窗外,轮船已经离开岸边,大片的海鸥在翻飞。他这才感到一丝疲惫,重重地倒在了床上。

林悦的客房就在不远的拐弯处,特地订这个客房,既能遮挡隐蔽,进退自如,又能让吴志杰的活动置于视线之内。两个随从警惕地看看周围,然后溜进了房间,将门关上。

随从向林悦报告,吴志杰已经进入客房。林悦吩咐,不仅要盯住吴志杰,还要留意船上其他可疑人员,一有情况,立即报告。

两个随从点头,走出房间,开始在客房中间的走廊里来回转悠。一个随从拉开一个客房,一对青年男女正在搂抱。他就连忙抱歉,对不起,走错房间了。另一个随从拉开了另一间客房门,看见一对老年夫妇在里面,同样是一句对不起。就这样,两个随从一个一个客房地搜索着。搜完客房没有发现什么问题,接着在船头船尾、楼上楼下一层层开始搜索,最后来到舱口望着船底的散席旅客。

舱底很大,横七竖八地躺着一些底层旅客。赵瑞麟和卓蓝就在这些人群里。赵瑞麟穿着补丁的旧衣服,戴着一顶破帽子,卓蓝也换上了旧花布衣服,头上扎着一个头巾。两个随从走了下来,沿着大通道对一簇一簇的人群查看,卓蓝和赵瑞麟斜卧在甲板上,头埋在帽子和头巾里。两个随从转到另一边,看了半天,然后爬上楼梯离开。卓蓝和赵瑞麟看清了这两个随从的面孔。

天很快就黑了下来,船在漆黑的大海上航行。舱底散席不一会就响起了此起彼伏的鼾声。赵瑞麟捣了一下卓蓝,两人这才爬起来,悄悄钻出底舱,来到楼上二层,在暗处窥望。卓蓝数着房间号,推算着吴志杰的 205 房间,他们估计林悦的房间也应该不远。这时,一个客房的门开了,卓蓝一眼看见就是那个随从,接着又出来一个,两个人进了同一个客房。他们俩判定,刚才那个房间就是林悦的,这两个随从是向她去汇报的。

摸清了位置,这就好办了。横滨到大连有 1239 海里,大约 4 天时间,前 3 天应该无事,他们把行动的时间节点放在第四天下船前的 3 个小时作为起始时间。

小日向向内田良平汇报,横滨的停车场发现了吴志杰丢弃的车辆,他们到中国餐馆调查,才知他已经回国了。搜查了对面的小楼,发现了林悦的监控点,找到了林悦的望远镜和一张纸条。

内田良平看了一下纸条:这么说,那个吴管家已经回国了,为什么没有看住他?

小日向:我以为他就是个管家,这是我们的疏漏。

内田良平:林悦呢?

小日向:估计跟踪吴管家去了。另外,我们赶到了东京帝国饭店,发现赵瑞麟和卓蓝也已经离开。

内田良平:这个吴管家有问题,立即通知大连,在下船的时候一定要找到这几个人,仔细搜查。

小日向:大连在我们大日本的统治下,我即刻给大连发报,一经发现,立刻逮捕。

内田良平:这个林悦,看来是背着我们在搞小动作呢,可恶!忽略了林悦,这是我们的重大失误!

内田良平瘫坐在椅子上,他已经搞不清这个该死的文件怎么一会在哈尔滨的俄国女谍手里,一会又在那条去大连的船上,真是伤透了脑筋。

　　李卫和张龙来到哈尔滨,一路好吃好喝,这种美差可遇不可求。到了哈尔滨,住进了豪华的马迭尔宾馆,享用着俄国的红肠、马迭尔雪糕、红酒和远东各地风味的美食。自然,这个宾馆也是各路间谍喜爱的地方,李卫和张龙的到来就像是两朵香喷喷的花儿一样,招蜂惹蝶,这个宾馆顿时热闹起来。

　　李卫和张龙走出酒馆来到一处俄罗斯人开的酒吧,周围立即就出现了不同肤色和头发的各色人等,李卫很是开心,这种被簇拥的感觉好极了。宾馆里、酒吧里,大街上不乏漂亮的俄国女人,李卫几次想搭讪,都悄悄被张龙制止了,他不想害了无辜人的性命。李卫端起杯子,喝了一口格瓦斯,悄悄对张龙说,还不如来瓶伏特加。张龙狠狠地盯了一下李卫,我们是来执行任务的,不是来度假的。其实两人是在演戏,肢体语言越多,就会让那些窥视者产生丰富的联想和纷繁复杂的判断。两人悄悄商定,必须主动接触一个俄罗斯女人,关键是如何定位,两人有分歧。不管身高、年龄、美丑,他们的一致意见目标女人是俄国贵族,最好是俄国军官夫人,让这些苍蝇去盯,要让他们吃不了兜着走。

　　晚上回到酒店,他俩正准备享用宽敞柔软的大床时,接到了杨飞的密电,要他俩连夜赶往大连接船,策应卓蓝、赵瑞麟迅速脱身。接到任务后,两人在房间里关了灯,一直到下半夜,偷偷地打开房门,神不知鬼不觉地离开了宾馆,找了一辆车,连夜赶往大连。

　　轮船在大海上航行到了第四天,两个随从走进客房,向林悦报告,船已经进入大连海域了。

　　林悦点点头,她站了起来,走出了房间。两个随从带着林悦来到吴志杰的客房前。一个随从敲门,吴志杰开门,发现是林悦,吃了一惊,可还是努力地镇定自己。

　　吴志杰:啊,是林小姐,你也回国了。

　　林悦:是啊,刚听说吴先生也在这条船上,我来看看你,不欢迎吗?

　　吴志杰:您请。

　　林悦走进客房,盯着布袋子装着的白色瓷罐打量着。

　　林悦:这是您什么人哪?

吴志杰:啊,这个嘛,是蔡先生的父亲。他的老父亲有一个愿望,就是叶落归根,回葬大陆。蔡先生将老父亲的骨灰从台湾带到了日本,寄存在殡仪馆里,准备冬至时节带回大陆安葬。哪知道蔡先生被关入狱了,现在,只有我帮他完成这个心愿了。

林悦:听起来很感人啦。不过,这瓷罐里不光是蔡先生父亲的骨灰吧。

吴志杰:你说什么,我不明白你的意思。

林悦:吴管家,一切都该结束了,你们和童长荣瞒天过海,瞒过了日本人,可瞒不了我。给我打开检查。

一个随从进来欲拿瓷罐,吴志杰抢过瓷罐抱在怀里。

吴志杰:你们真是丧尽天良,难道是要亵渎蔡先生的先人吗?

吴志杰将随从踹倒在床上,推开林悦,抱着瓷罐抢出门去,又被门外的随从抱住,吴志杰摔倒随从,抱着瓷罐往船顶跑去,林悦带着两个随从追赶过去。隐在暗处的卓蓝、赵瑞麟跟着追到了船顶。两个随从抓住了吴志杰,林悦从吴志杰手中抢过了瓷罐。卓蓝、赵瑞麟及时赶到,他们拔出了枪。

赵瑞麟:把人放开,把瓷罐放下!

两个随从放了吴志杰,林悦慢慢放下了瓷罐,吴志杰一把抢了过来,抱在了怀里。

赵瑞麟:吴先生,把瓷罐交给卓蓝,我们会替你好好保管的。

吴志杰:不,你们休想。

吴志杰突然抱着瓷罐跑到了栏杆边。

吴志杰大声地:蔡先生,我对不起你的先人,就让他魂归大海吧。

卓蓝、赵瑞麟、林悦齐声地:别,别呀!

吴志杰将瓷罐丢进了大海。大家都被吴志杰的动作吓傻了,面面相觑,回不过神来。吴志杰迈着沉重的步伐,从他们身边走过,下了舷梯。

这时,轮船渐渐靠岸,能听到船员吆喝声了,大连到了,准备下船。

吴志杰故作步履沉重、满脸哀伤地回到客房内。他关上门,迅速从卫生间的水箱内取出了油纸包。正在这时,门被两个随从一脚踹开,扑向吴志杰,将他死

死压住,林悦乘势抢过了油纸包,跑出了客房。吴志杰挣脱两个随从,追出客房,被两个随从打倒,两个随从跟在林悦后面奔跑。赵瑞麟和卓蓝赶了过来,用枪分别猛击两个随从头部,两个随从倒了下去。吴志杰艰难地爬起来,跟在后面追。卓蓝、赵瑞麟尾随林悦,把林悦逼到了船尾。

林悦拿着油纸包:你们别过来!

卓蓝:林悦,你要是还有一个中国人的良知的话,就把文件交给我们。

林悦:我宁愿让它沉入大海,也不会交给你们!

卓蓝举着枪一步步靠近:林悦,别做傻事!

林悦威胁:你再走近一步……

卓蓝突然一个鱼跃,抱住了林悦,竭力想抓林悦手上的油纸包,赵瑞麟也扑了上来,两人死死地将林悦摁在了船的栏杆上,正当赵瑞麟去抓油纸包时,林悦的手松开了,油纸包掉进了大海。吴志杰赶了过来,他对林悦一顿拳打脚踢。林悦被打得满脸是血,倒了下去。

吴志杰绝望而伤心地:蔡先生,童先生,我对不起你!我不想活了!

吴志杰欲爬上栏杆,跳下大海,被赵瑞麟和卓蓝死死地摁住。卓蓝无比懊恼,猛地踹着地上的林悦,林悦已经没有了声息。

吴志杰艰难地爬起来,离开了船尾。

船已经靠岸,赵瑞麟、卓蓝帮吴志杰拿着包,随着船客往岸上走来,一群日本便衣上来将他们围住。岸上一排枪口已经对准了他们。

日本便衣:把这三个人给我带走。

突然,张龙、李卫举着枪,驾车冲了过来,赵瑞麟、卓蓝乘机拔出了枪,和日本便衣对峙起来。这时,两个随从搀着林悦跟跟跄跄地走了过来。

林悦软弱无力地:放他们走,他们身上没有文件。

林悦哈哈大笑起来。

在一排枪口下,卓蓝、赵瑞麟、吴志杰上了车。

卓蓝:林悦,狗屎汉奸,我就等着看谁能笑到最后!

李卫开着车子迅速离开。车子开到车站停了下来。吴志杰跳下了车。赵瑞麟和卓蓝下车与他道别。

吴志杰:赵先生、卓小姐,实在对不起。童先生脑子里的简译本是我们最后的希望了,我求求你们了,请一定要想方设法让他安全回来。

赵瑞麟:我们会的。

卓蓝:吴先生,谢谢你,我们后会有期!

二十三

卓蓝又回到了大华纱厂,出现在小白楼的阳台上。卓蓝走后,连娣才从田嫂那里得知童哥哥被日本人关进了监狱,她也知道卓小姐这次到日本就是去救童哥哥的。组织上通知,一旦看见卓蓝,立即了解童长荣的情况。连娣天天为童哥哥担心,希望卓姐姐早点把童哥哥救回来。她天天望着小白楼,巴望能早点看到卓姐姐。听到有人说卓蓝出现在了小白楼上。田嫂立即让连娣去找卓蓝。连娣不顾一切,跑出车间,一口气奔到小白楼前。

连娣大声地喊着:卓姐姐!童哥哥呢?

卓蓝见是连娣,下了楼来到连娣跟前。

卓蓝:连娣,是有人让你来问我的吗?很抱歉,这次童哥哥没能和我们一起回来。

连娣:我想知道他到底怎么样了?

卓蓝:童哥哥在监狱里被日本人折磨得很惨,可他是好样的!我们还正在和日本人交涉,他一定会回来的!

王舒从大华纱厂得知,卓蓝和赵瑞麟未能将童长荣从日本带回来,立即向罗栗文做了汇报。罗栗文细细听着关于卓蓝言语中的每一个细节,了解了童长荣被关在水牢里,伤势很严重。

罗栗文非常忧虑童长荣目前的身体状况,他深知日本人是不会轻易放过他的。好在卓蓝态度明确,他们准备不惜一切代价,通过各种渠道,一定要把童长荣营救出来。

罗栗文吩咐王舒,让纱厂的同志密切监视卓蓝的行踪。王舒点点头,随后递给罗栗文一张纸条,一把钥匙,说我给你找了个新住处,多伦路上太嘈杂,换了个稍微僻静一点的地方。

罗栗文望着王舒轻言道,我让你跑交通,你这个出身陆军士官学校的人是不是觉得委屈了。王舒摇头,这是非常重要的革命工作,委屈什么了。王舒告诉罗栗文,他已经把亚培路的房间打扫了,我等着童长荣回来,我和他还一起住。

罗栗文站在那里,动感情地说,我也想他了,但愿他能平安归来。

这几天,杨飞也在忙着童长荣的事,接到上级指令,务必把人带回国内,让他交出文件。杨飞通过南京一些非外交渠道做工作,协调联络,日本人终于答应放童长荣。不过日本方面不愿意直接交接,他们的决定是以驱逐的方式。

杨飞把赵瑞麟和卓蓝喊进了办公室,告诉两人日本方面明天拟将童长荣驱逐出境,你们带人在他下船时务必将他秘密逮捕。

赵瑞麟、卓蓝领命离开了杨飞的办公室。

王舒和罗栗文分手后,回到了亚培路138号。刚进门,就听见汽车喇叭的鸣叫声,王舒回过头,却见卓蓝的车已经在门前不远的地方停住。

王舒笑笑:啊,是卓小姐。

卓蓝走下车,望着周围,感慨地对王舒说,这里的一切我都很熟悉啊。最后一次我的车也在这里,看见你们被抓的。

王舒想想:是啊,开始,我们还误会你了,以为是你指使人抓的呢。

卓蓝一笑:我卓蓝从不干这些鸡零狗碎的事。王舒,你提的条件我可都是一一在落实。

王舒:房子是还了,可是童长荣你却没能把他带回来。

卓蓝:谁说的,王舒,我们尽了最大的努力。日本人明天放人,驱逐出境。我来就是跟你悄悄打声招呼,请你告诉罗栗文,轮船靠岸的时候,你们的人别跟我去抢人!说完,上车离开了小巷。

王舒心里一阵狂喜,不管怎么说,童长荣能够回来,这是个好消息。事关重大,他必须马上向罗栗文汇报。

王舒给罗栗文找的新住址是离大华纱厂不远的一片棚户区。这里都是穷苦人，捡破烂的，各色手艺人拖家带口聚在这里，经年累月搭建，形成了规模可观的贫民窟。王舒看中的是这里的乱，棚屋纵横交错，走进去就像是进了迷魂阵，逶迤连绵在一起，这家通那家，进退自由，没有门牌号，也无法标出道路标志。

罗栗文的住处也只有王舒能找到。他走到后门口，按照约定的节奏敲门，罗栗文开门将王舒让了进来。

王舒原原本本向罗栗文汇报了卓蓝到亚培路告知童长荣回国的消息。罗栗文听后，非常高兴。他拉着王舒坐了下来，两人开始仔细分析判断卓蓝告知信息的行为动机。

罗栗文让王舒先说。王舒考虑了一会儿，他是这么认为的：一、原件已经被林悦扔进了大海，童长荣脑子里的记忆件就成了唯一；二、44号之所以不遗余力地营救童长荣，关键是要得到童长荣脑子里记忆的简译本文件；三、44号必须要在下船前抢到童长荣。

罗栗文点点头，让王舒继续说下去。王舒接着说，根据卓蓝的描述，童长荣关在水牢里，遍体鳞伤，长时间的折磨，驱逐出境，扔到船上，估计也就剩下一口气了。等船靠岸的时候，可能已经丧失了行动的能力。

罗栗文反问王舒，这应该是44号的绝密行动，卓蓝为什么要告诉我们，还让我们不要去抢人？王舒认为，卓蓝完全是从童长荣的安全考虑。双方都在抢人，必然会动用武装。罗栗文让王舒把卓蓝的原话再说一遍。王舒复述，卓蓝说别跟我去抢人。罗栗文沉吟着别跟我去抢人这句话，那她为什么不说别跟我们去抢人呢。

王舒对罗栗文说，凭我的直觉，卓蓝势必会和赵瑞麟抢人。

罗栗文点点头，朝王舒竖起了大拇指。他得出结论，卓蓝之所以这样说，她考虑到了届时会有三方力量在那里较量，那童长荣就非常危险。

王舒请罗栗文下指示。罗栗文想了一会儿，对王舒说，通知工人武装，组织精干力量携带武器待命。

东京警视厅。童长荣戴着手铐,面额焦烂,血迹斑斑,衣不遮体,被两个警察架了进来。他抬起头,看见了内田良平和木次郎坐在对面,小日向站在旁边。

内田良平:童先生,我要告诉你一个好消息,两个坏消息。

童长荣喘了口气:我洗耳恭听。

内田良品:好消息是我们决定放了你。

童长荣舔舔干渴的嘴唇:这样你们就可以解脱了,还可以送给国民党一个顺水人情。

内田良平:不错,这就是我要告诉你的坏消息,你下船的时候,他们会立即逮捕你,然后会毙了你。

童长荣:你们这叫借刀杀人。

内田良平:只是可惜了你这么聪明的脑袋。啊,还有一个坏消息,那就是林悦刚刚发来了消息,吴志杰带走了我们的机密文件,可这个文件已经石沉大海了。

童长荣:你们不是矢口否认没有吗?

内田良平两手一摊:现在就真的不存在了。

童长荣笑笑:我都是一个死到临头的人,你觉得我对这些还感兴趣吗?

内田良平点点头:人之将死,其言亦善。说说,你还有什么要求?

童长荣:在我离开的时候,我想见见我的房东伊田先生,我要谢谢他这么多年对我的照顾。

内田良平点点头:这没有任何问题。

伊田助男接到了东京警视厅驱逐童长荣出境的消息,根据童长荣的要求,允许他去探望。伊田内心十分难过,值得安慰的是他终于从水谷教授那里帮童长荣拿到了毕业证。他走进童长荣居住的屋子,坐到桌前,打开了抽屉,里面有一个笔记本,这才发现里面夹着一张何坤宜的照片。

伊田拿起来凝望,自言自语:这一定是童先生心爱的姑娘了。

他将照片夹进了毕业证里,他又打开了一个信袋,里面是工整的《共产党宣言》手抄本,伊田抚摸,想想还是放进了抽屉里。又发现信袋旁边还有一个布袋子,伊田打开来,发现里面有一摞大洋,他想童长荣需要钱,就把这个袋子也拿上了。

伊田开着新买的大货车,一口气奔到东京警视厅大门前。这时,童长荣戴着手铐被两个警察架了出来。

伊田望着童长荣伤痕累累,一阵心酸:长荣君。

童长荣:伊田君,谢谢你们兄妹,真是舍不得你们。

伊田:长荣君,你受苦了。

童长荣笑了:代我向山下夫人问好。

伊田:我一定会的。长荣君,伊田家永远是你的家,随时欢迎你回来,我会保管好那些书的。

童长荣:我会回来的,有机会和山下夫人一起到中国去。

伊田点着头,将毕业证和布袋子递给了童长荣。

警察检查了毕业证和布袋子,交给了童长荣,然后将童长荣推上了警车。警车离去。伊田助男站在那,禁不住涌出了眼泪。

警车开到码头边,童长荣被押到船上,警察除掉了手铐,将他推进了船舱。童长荣拿着毕业证和布袋子,爬起来,艰难地行走,他站立不稳,倒在甲板上,他挣扎着爬到一个角落里,躺在那里喘气。

波涛怒撼的大海,天边云起云涌。童长荣抖抖索索地翻开了毕业证书,他看见了夹在里面的何坤宜的照片。他从内心感谢伊田这么用心,现在就剩下最后一口气了,竟然有了何坤宜微笑的面容在陪伴他。

童长荣的内心一片潮湿,但他已经没有了眼泪,他喃喃地:坤宜,我回来了。

自从童长荣离开家,何坤宜已经几年没有见到童长荣了。每天陪伴她的也只有一张童长荣的照片和童长荣的小老鼠尾巴辫子。

夜晚,江心洲一片静谧。窗外,江柳,残月,夜已经深了,她又忍不住将照片和小老鼠尾巴辫子看了又看,久久不能入睡。

第二天一大早,何坤宜决定去枞阳上码头看望婆婆。下了船,何坤宜进了童

家院子,五叔在院子里修理农具,见侄媳妇来了,五叔放下农具亲切地打着招呼。何坤宜先问五叔好,接着就问婆婆可在家。五叔告诉何坤宜,你婆婆在床上已经躺了两天,不想吃也不想喝,真是急人,我要去找你,你婆婆死活不肯,幸好,你今儿来了。

何坤宜一听,忙走进了黑暗的小屋,到了床前,她拉起了婆婆的手。童母睁开了眼睛,望着何坤宜,何坤宜摸摸额头,并没有发烧,何坤宜心里有了数。

何坤宜:为什么不让五叔去喊我来呀?

童母:死了算了。

何坤宜:别说怪话,你死了,就见不到儿子了。

童母生气:死了,就不烦这个心了。

何坤宜:我说您老呀,这么多年都熬过来了,还在乎这两个月呀,我估摸着,长荣今年暑假就毕业了,这不马上就回来了吗?

童母望着何坤宜:长荣真的要回来了?

何坤宜知道,老人家是心病,心病得拿心病的法子来治。一听儿子就要回来了,童母一下子想要坐起来,何坤宜连忙扶住她,抱了一个破旧的小夹被让婆婆靠着,又给她披了一个大襟蓝士林褂子,褂子上有许多补丁。

何坤宜问,我给你买的衣服呢。童母努了一下嘴,示意收在柜子里。何坤宜数落着,你这老人家真是的,你把这衣服留着做什么呀? 童母嘟哝着,留着做什么? 留着上路穿呢!

何坤宜哭笑不得,发着狠,你信不信,我现在就想把你拖到长河里去淹死,你死了,我就偏不给你穿。

童母望着媳妇笑了,何坤宜也笑了,她从柜子里取出新衣,童母顺从地换上了。何坤宜替婆婆梳头,上上下下打量着,打趣地说,我婆婆年轻时还真是枞阳街上的一朵花呢。童母啐道,还一朵花呢,就是一把老草疙瘩子。

五叔进来,听着婆媳斗嘴也笑了,说坤宜来了,二娘的病就好了。童母说,前生大概是做了好事,这世老天给了我一个好儿媳呢。何坤宜说,你老可别夸口夸早了,还没在一起过日子呢。

何坤宜揭开锅,又打开碗橱,空锅空碗,转身对着五叔说,五叔还要有劳你上一趟街,你帮我称点猪肉,捞点豆腐,顺便买点千张、生腐,到上码头买点上色的鱼,再买些小菜,啊,别忘了,打点酒,中饭啊,五叔在一起吃个饭。何坤宜递给五叔钱,吩咐就尽这些钱买。

五叔接过钱,拎起一只篮子,就出了屋子。童母望着何坤宜,皱着眉头,每次来都让你花钱,哪有那么多钱花。

何坤宜说,你这是什么话,我还想在这住几天呢,你这是要赶我走哇。童母说,依我心思,巴不得你天天住在这里呢。

何坤宜替童母掖着被子:您老呀,把心放宽宽的。我陪你住几天,等你身体好了,长荣就回来了。

童母忍不住流泪:坤宜呀,你这话就是哄我的,我听着,高兴。

童长荣所乘的轮船就要靠岸了,罗栗文、王舒带着周师傅的工人纠察队携着枪进了船客进出通道旁边的一座废弃的房子里设伏。不大一会儿,一前一后开来两辆黑色轿车,后面还有一辆卡车。卓蓝、赵瑞麟、李卫、张龙下车,后面卡车里十几个黑衣人全副武装跳下车,开始警戒。

船上,童长荣经过几天颠簸,气若游丝,奄奄一息。他心里还明白,下意识艰难地将何坤宜的照片从毕业证里取出,藏在了自己的最贴身的地方,可手再也不听使唤,毕业证掉到了地上。

轮船鸣着汽笛,游客带着行李准备下船,有人发现了蜷缩在角落里已经昏迷的童长荣。

一个游客走了过来,看了看,叫了起来,这里有个人,怎么打成了这个惨样,看样子,恐怕不行了。

一个穿西装的人走过来,捡起地上的毕业证书,不禁感慨,这人还是东京帝国大学毕业的呢。穿西装的人将毕业证放到了童长荣的身上。

游客摇头叹气,一个学生,什么人下得了这样的毒手啊!

穿西装的人拍拍童长荣,兄弟,坚持一会,船就要靠岸了。喂,有人接你吗?

童长荣的眼睛想努力睁开,眨了一下眼皮,然后又进入昏迷状态。游客们摇摇头,开始陆续下船。

岸上,罗栗文在楼栋里注视着。纠察队员举起了枪。楼下的空地上,赵瑞麟挥了一下手,十几个黑衣人一字排开,端起枪严阵以待。

突然传来卓蓝一声喊:李卫跟我走。

张龙欲去,被赵瑞麟拉住。卓蓝带着李卫逆流穿过旅客,迅速跑到船上搜寻,终于在一个角落里发现了已经昏迷的童长荣。

卓蓝伏下身体,摇着童长荣:童长荣,你醒醒。

童长荣已经没有反应。卓蓝望着惨不忍睹的童长荣,眼泪忍不住在眼眶里打转,她探了下鼻息,又摸了一下脉搏,朝李卫看了一眼。李卫连忙背起童长荣,卓蓝捡起地上的毕业证书和布袋子,出了船舱,向岸边跑去。

罗栗文、王舒紧盯着,终于看见了李卫背着伤痕累累、失去知觉的童长荣。王舒回望罗栗文,罗栗文的手已经举起来了。

卓蓝打开车门,李卫将童长荣放到了座位上。

卓蓝突然用枪对准了赵瑞麟:不准跟着我!

一排黑衣人堵住了路,将枪对准了卓蓝和李卫。

赵瑞麟:卓蓝,你要干什么?

卓蓝:先救了他的小命! 听着,让路! 不让路就开枪了。

卓蓝朝天上放了三枪。李卫发动了车子,卓蓝上了车,车子朝一排黑衣人冲了过来。黑衣人没有赵瑞麟的命令,不敢开枪,闪开了一条缝隙,李卫开车一路冲了过去。卓蓝忽然从车里掏出一支冲锋枪,对着赵瑞麟的车和路边的卡车的轮胎扫射,车胎顿时瘪了下去。望着车子扬起一阵灰尘离去,赵瑞麟脸色铁青。

这瞬间的一幕,王舒看得目瞪口呆,望着罗栗文的手,还举在那里,他将罗栗文的手放了下来。

罗栗文:看来,卓蓝并不想赵瑞麟插手。这是好事,她会把童长荣安置在一个安全的地方进行救治的。

王舒:如果是这样,倒是让人放心一点。

罗栗文:你随时做好与童长荣联络的准备。

王舒点点头:回国前,我们就已经准备好了联络的方式。

罗栗文悄悄说了一声,我们撤。

李卫驾着车,在街上奔驰。卓蓝把童长荣紧紧地抱在怀里,一遍又一遍轻声呼喊着:童长荣,醒醒,你可要坚持住啊!

童长荣没有任何反应。

李卫问卓蓝,往哪里开。卓蓝朝李卫喊着,停车,下去!

李卫顺从地停下车。卓蓝打开车门出来,坐到了驾驶位置上,驾着车迅速离去。李卫愣愣地站在大街边上。

卓蓝一路狂奔,将车开进了她的秘密住处的地下室。卓蓝跳下车,赵瑞昱已经在等候。卓蓝和赵瑞昱将童长荣放到担架上,迅速抬到了屋里,平放在了一张小床上。赵瑞昱用听筒检查,给童长荣量体温,接着拿剪刀剪开了童长荣破损的衣服,发现胳膊和腿上已经多处感染化脓。

卓蓝:昱姐,一定要把她救活,童长荣对我们很重要。

赵瑞昱没有理会卓蓝,对童长荣做了全面的检查后,她放下听筒,取出温度计,做出了初步判断:严重脱水,必然导致电解质紊乱,全身大面积溃烂感染,高烧40度,心率已经很微弱。

赵瑞昱对卓蓝说,只有先输液消炎,第一步看能否将体温降下来。赵瑞昱配好了药,输进了童长荣的体内。卓蓝打着下手,赵瑞昱开始对身体创口和化脓的地方进行全面清洗。

赵瑞昱担心地:目前还不知道他的内脏器官有没有损伤,损伤到什么程度。

卓蓝:我被他们抓过一次,有过死里逃生的经历。经验告诉我,他们一般不会采取直接打坏内脏的做法,活证死掉了,这是任何审讯机构都不会犯的低级错误。他们的目的就是从活证嘴里获取有用情报,通常的做法就是对活证采取肉体和精神折磨。童长荣受过专业训练,抗打击能力是比较强的。不过我最担心的是他的神经系统有没有损失,如果失去了记忆,那一切就前功尽弃了。

赵瑞昱处理好了伤口,童长荣身子微微地抽搐一下。赵瑞昱让卓蓝把沙发

上的毛毯拿过来,盖在童长荣的身上。

忙碌了一阵,赵瑞昱跟卓蓝说,我先去医院处理一下工作,下班后就过来,你就在这里守着,有什么情况电话联系。卓蓝这才跟赵瑞昱说,童长荣是她从船上抢过来的,一定不要跟赵瑞麟说他在这里。

赵瑞昱:卓蓝,既然你说起,我就要问了,你为什么把童长荣抢到这里来,还要瞒着赵瑞麟?

卓蓝:昱姐,他的脑子里有我们需要的东西。我怕赵瑞麟采取强硬措施,把这事搞砸了。

赵瑞昱盯着卓蓝:我能问你一个私密的问题吗?你是不是爱上了童长荣?

卓蓝看了一下赵瑞昱:昱姐,我不想回答你这个问题。说句实话,因为我自己也不知道。

赵瑞昱:我明白了,我会替你保密的。这样也好,这些年,赵瑞麟和共产党过节太多,我也不想他再添血债。

卓蓝提出要用车送赵瑞昱,赵瑞昱说这里须臾不能离人,她坐人力车,很方便,卓蓝谢过赵瑞昱,将她送到了门口。

赵瑞麟、张龙带着一班人先到纱厂后到医院,并未找到童长荣和卓蓝的踪迹,又满大街转悠,终于在路边发现了李卫。

赵瑞麟质问李卫把卓蓝送到哪里去了。李卫说,卓蓝就在这里拿枪逼他下了车,自己开车走了。赵瑞麟无可奈何,只好回到 44 号,向杨飞报告,说人被卓蓝劫走了。杨飞只是淡淡地说了一声,我知道了。

卓蓝守在床边,怔怔地望着昏迷中的童长荣。卓蓝调了一盆温水,开始用毛巾轻轻擦洗童长荣满是污血的脸,一个清秀消瘦的面庞顿时出现在她的面前,也许是药物的作用,童长荣的脸上慢慢有了些许血色。她从没有这么近距离地看过童长荣。

卓蓝的手无意中触摸到了童长荣身边的布袋子和毕业证。她打开袋子,发现里面有些大洋,数了一下,一共 24 块。

她又翻开童长荣的毕业证,凝望着童长荣的照片,想起了和他第一次见面的情形,在安庆,在教室,脑袋后面有个小老鼠尾巴辫子,她竟没想到这个乡下小男孩日后与自己的生活如此紧密,甚至命运相连,她也从没想到这个不算强壮的躯体里有着无穷的智慧,眉宇间云舒云卷,有着气吞山河的能量,她更没想到这个比她小3岁的男人令她如此的崇拜、迷恋。就连连娣和昱姐都看出来了。

过去的一幕幕清晰而深刻地浮现在她的脑海里,离开上海时,她记得自己说过,乡下小男孩,你就是到了天边,我也要找到你。她还记得,两人在公园里朗诵狄更斯名言的情形,这是光明的季节,这是黑暗的季节……有人走向天堂,有人走向地狱! 她更不能忘记在东京的生死相依,共同战斗的过往,而现在这个叱咤风云的男人,此刻却生死未卜,静静地躺在自己的身边。

卓蓝想着往事,历历在目,她禁不住哭了,泪眼蒙眬地望着童长荣。童长荣的手动了一下,卓蓝抓住了童长荣的手,轻声呼唤着:童长荣,乡下小男孩! 醒醒! 我求求你了。

一遍又一遍的呼唤,童长荣始终没有任何反应。白天与黑夜交替,卓蓝始终不敢离开一步。赵瑞昱来过几次,卓蓝问怎么还不醒呢。赵瑞昱说,没有别的办法,就只有等着。

又是一个无声的夜晚,卓蓝终于抵挡不住睡意,眨巴着眼皮,伏在童长荣身边睡着了。

天亮了,窗外小鸟开始鸣叫,卓蓝惊醒,童长荣依旧沉睡。卓蓝站起来,走进盥洗室,用水净脸,用毛巾揩干净,望着镜中疲惫的自己。走到窗前,拉开窗帘,外面灿烂的阳光投射进来,照在童长荣的脸上,童长荣的眼皮动了一下。

卓蓝注意到了这个细节,她抓住了童长荣的手。

卓蓝呼喊着,童长荣,你醒醒。她轻轻地摇晃着他的手。童长荣的眼睛眨了眨,终于努力地睁开了眼睛,他看清楚了卓蓝就在自己跟前。

卓蓝喜极而泣,她紧紧地抱住了童长荣,激动得语无伦次,你可活过来了,三天三夜了,我就在这里守着你,你知道吗?

童长荣异样地望着卓蓝,我怎么在这里,我只记得我在船上,我感觉我要死了。卓蓝说是我救了你这条小命!

童长荣舔了一下嘴唇,微弱的声音:谢谢,乡下小男孩谢谢你。

卓蓝:你已经不是乡下小男孩了。

童长荣:那我是什么?

卓蓝:你,你是我心中的男神!

童长荣望着卓蓝笑了。卓蓝却再也忍不住了,眼泪线一般往下掉。

童长荣:我饿了。

卓蓝说,你等着。她走进厨房里盛了一碗鸡汤,端了过来。卓蓝一勺一勺地喂着。喝完汤,童长荣想坐起来,卓蓝在童长荣脑后加了一个枕头,将他扶起来半靠着。

童长荣:吴志杰回国了吗?

卓蓝:林悦在里面搅了局,文件已经沉入大海了。

童长荣:真是遗憾。

卓蓝:我们唯一的指望就是你这颗聪明的脑袋了。

童长荣:赵瑞麟不是要连我的脑袋和文件一并来取吗?

卓蓝:我可是把你抢到这里来的。

童长荣:原来你是怕人亡无消息了。

卓蓝:童长荣,你这人真是没良心!

童长荣:你这人真没趣,不经逗。不过,这份文件也是你拿命换来的。

卓蓝:总算说了一句良心话。

在卓蓝的精心调养下,童长荣渐渐恢复了元气。卓蓝嘱咐童长荣,她要到44号去,指着桌上的衣服,让他换上。警告童长荣,别想溜了,外面有她的人看守,没有她的同意,休想走出这个屋子。

卓蓝走出了房间,锁上了门。童长荣拿着衣服走进了卫生间,从袜子里取出何坤宜的照片,看了一会儿,放进了新衣服的口袋里。然后洗浴,他躺在浴缸里思索着,必须尽快见到罗栗文。

卓蓝将车开进了44号大院,下车后上了大楼。

赵瑞麟一见到卓蓝,就吼叫起来:卓蓝,请告诉我,你把童长荣弄到哪儿去了？

卓蓝：我的赵科长，激动什么，你没看我刚进办公室吗？

卓蓝不紧不慢地将包放在柜子上，脱下外套挂到衣架上，然后坐到办公桌前，这才抬起了头。

卓蓝：赵科长，你刚才说什么？

赵瑞麟：童长荣在哪里？

卓蓝：童长荣在哪里不重要，重要的是我把他从死亡线上救了回来。

赵瑞麟：好好，我不管他在哪里。我只问你，东西拿到没有？

卓蓝：这人才醒过来，你别这么没人性好吗？

赵瑞麟：卓蓝，我劝你不要假公济私，裹挟私情！

卓蓝笑了：我就裹挟私情，我就喜欢童长荣，你能把我怎么地！

赵瑞麟：卓蓝，我要正告你，你这是包庇共产党，你知道不知道？

卓蓝：赵瑞麟，我又不是吓大的，我就包庇共产党了，你敢把我怎么样？我劝你，别在我面前耍威风，请你在我面前消失。

杨飞听见了争吵声，又看见赵瑞麟气呼呼地离开了卓蓝的办公室。他走了进来。

杨飞：卓蓝小姐，这红颜一怒，你看把赵科长给气的。

卓蓝：杨主任，我正准备到你办公室去汇报呢！你评评理，赵瑞麟说要把童长荣那脑子里的东西和脑袋一把取过来，你觉得这个办法可行吗？

杨飞：是啊，这共产党可是软硬不吃，油盐不进，硬来恐怕是不行啊。

卓蓝：童长荣就剩了一口气，我先把他救活有错吗？

杨飞：没错呀。

卓蓝：童长荣人才难得，这次东京谍战，他展现了教科书式的才华。我的计划是连人带文件一把拿过来，而不是赵瑞麟所说的连脑袋和文件一并取过来。

杨飞：你的意思是把童长荣争取到我们这边来？

卓蓝点点头。

杨飞：哟，你这个计划好呀。童长荣是你发现的，也是你培养的。如果童长

荣能成为我们的人,那44号可就是如虎添翼了。

卓蓝:杨主任,你同意我的计划?

杨飞:我完全赞成你这个大胆的行动,不过,你有把握吗?

卓蓝:我需要充分的空间和自由处置权,前提是赵瑞麟不得干涉我的行动,更不能逮捕童长荣。

杨飞:好,我赋予你的权力,不干涉你的自由,赵瑞麟的工作我来做,不过你得先把文件给我拿到手。

卓蓝向杨飞表态:我对此充满信心。

杨飞:有什么情况,你可以单独向我汇报。啊,我把李卫配给你做副手怎么样?

卓蓝想着李卫平时油嘴滑舌、蔫不拉几的,其实是很有内涵的,关键时刻是能够拿得出手的,也就同意了。

杨飞将卓蓝的计划告诉了赵瑞麟,并且表明了自己的态度,可赵瑞麟不同意,也想不通。杨飞邀请赵瑞麟到黄浦江边走走。张龙开着车,在岸边停下。

两人信步走着。

赵瑞麟:杨主任,我可以打包票,像童长荣这样的死硬分子,不可能被争取过来。

杨飞:赵科长,我怎么不知道,童长荣确实不可能被争取过来。

赵瑞麟:明明知道不可为,你为什么还要同意卓蓝的这个计划?

赵瑞麟望着杨飞:我说赵科长你这个人啦,是聪明一世,糊涂一时啊。我们完全可以利用卓蓝和童长荣的这个关系,做活一盘大棋呀。

赵瑞麟:杨主任的意思是先放水养鱼?

杨飞:我们不光是盯着这条鱼,还要盯着整个池塘。因为大鱼小鱼、乌龟王八都在这个池塘里。

赵瑞麟这才体会到了杨飞的用心:我明白了,杨主任是要编织一张大网,网住整个池塘。

杨飞:我已经赋予了卓蓝的自由权,先把文件拿到手,然后我们再制定具体的行动计划。

赵瑞麟:谢谢杨主任指点迷津。

童长荣走到窗前,看见卓蓝的车子进了地下室。童长荣立刻靠在沙发上,翻阅着画报、杂志。卓蓝打开门,拎着大包小包进了屋。

童长荣打着招呼,你回来啦! 卓蓝亲热地说我回来了。

卓蓝将大包小包放在茶几上,然后脱下外套,挂在了衣架上。她在童长荣对面的椅子上坐下,又打开了大包小包,拿出水果点心,她摘下一颗葡萄送进了童长荣的嘴里。

卓蓝:童长荣,你觉得这样的二人世界怎么样?

童长荣:卓蓝,我的身体已经恢复了。还要这样下去,那性质就会发生变化了。

卓蓝:什么变化?

童长荣:你就有养小白脸的嫌疑了,我就是个吃软饭的了。

卓蓝:我愿意,我要养你一辈子。

童长荣:卓蓝,你可千万别这样想,那样我就会疯掉了。这人一疯掉,可就什么都想不起来了。

卓蓝:童长荣,你可别吓我。实话跟你说吧,我已跟杨飞说过了,他答应不打搅你,让你在安全的环境里把它写出来。

卓蓝把纸笔放到了桌子上,将童长荣拉到了桌子边。

童长荣:你现在就让我写?

卓蓝:不着急,你慢慢想,没有时间限制。

童长荣坐到桌前,他拍拍脑袋,哎呀,现在脑子里就是一锅糨糊,真的一下子想不起来。

卓蓝说那也行,等你清醒后再写。不过,你能告诉我这个文件是怎么得手的吗? 童长荣说,你不必知道,让它永远尘封在历史里。

卓蓝有些气恼:童长荣,你不想说,又不想写,你到底想干什么?

童长荣:你不要逼我好不好。

卓蓝无可奈何:行,那我们还是说说话。我有个想法,很想和你沟通一下。

童长荣望着卓蓝。

卓蓝鼓足勇气:童长荣,我已经离不开你了,你到我这边来干吧。

童长荣:让我当叛徒,和你们一道来杀共产党?

卓蓝:话别说得这么难听好不好。你要是到了我们这边,我保证你前途无量。杨飞也热切希望你能过来。

童长荣笑了:你觉得可能吗?

卓蓝:童长荣,你把我的心已经勾走了。我这辈子只认你这一个男人。我要把不可能变为可能。

其实童长荣早就知道卓蓝终归会有一天要向他表白,他也做好了准备,不紧不慢地告诉卓蓝,谢谢你的情意,对不起,我已经有未婚妻了。

卓蓝疑惑地望着童长荣:你在撒谎!

童长荣:我真的没有撒谎。

童长荣从口袋里不慌不忙地掏出未婚妻何坤宜的照片,端详了一会,然后递给了卓蓝。

卓蓝懵了,拿在手上看着,不知所措,你为什么不早点说? 童长荣笑笑,说我没有义务要向你说吧。对不起,这次回来,我就准备回老家完婚了。

卓蓝失去了理智,歇斯底里地爆发出来:童长荣,不许你和她结婚!

童长荣:你没有权利不同意我结婚。

卓蓝号啕大哭:童长荣,你是我今生的唯一,你不能这样折磨我。你知道我的家产吗? 可以买下一座安庆城,我可以让你三辈子都能过上钟鸣鼎食的日子。

童长荣:卓蓝,这是不可能改变的,我也不需要这样的日子,除非你打死我,你现在还有这个机会。

卓蓝泪眼蒙眬地望着何坤宜的照片:童长荣,我难道比不上一个乡下姑娘吗?

童长荣:是的,她是比不上你这个上海小姐洋气。可我要告诉你,我的未婚妻知书识礼,贤良温淑。卓蓝,听我一句劝,我俩不是一路人,出了这个门,我们就是敌人了。

卓蓝:我说过了,我要把你变成我们的人。

童长荣:卓蓝,你忘了一个根本,黑格尔说,人是靠信仰站起来的;马克思说,共产党人是靠党性站立起来的。

卓蓝将何坤宜的照片扔给童长荣,僵坐在那里,人似乎已经傻了。她突然站了起来,大笑起来,童长荣,你不是要回老家吗?我想和你一起去,怎么样?童长荣望着卓蓝,你想干什么?

卓蓝:我要告诉你们老家的人,我才是童长荣的未婚妻。你信不信,我会动用安庆所有的力量,让你的所谓未婚妻与你解除婚约,你看这样的安排如何?虽然不合情,但我觉得合理。

童长荣:卓蓝,我没想到你不仅无耻,而且还很卑鄙。

卓蓝:爱情都是自私的,具有排他性。

童长荣:卓蓝,你不要胡搅蛮缠,那我就不回老家了。

卓蓝:你不回去可以呀,我马上就到你的老家去,我会告诉你的乡邻们,童长荣在外面有了女人,没脸回来。我这次去你的老家,就把你的老母亲接到上海来,让她老人家看看上海的花花世界。我们一起给老人家尽孝,让她晚年过上幸福的生活。你觉得怎么样?

童长荣:卓蓝,你不能这样做,求你了。

卓蓝击中了童长荣的软肋,开始转守为攻,她哈哈大笑起来:童长荣也有求我的时候,我太开心了。

童长荣:卓蓝,你能放我出去走走吗?我要好好思考一下,我都要憋死了。

卓蓝:可以,不过,你要是到傍晚前还不回来,我可就不等你了。我会立即到你的老家去。

卓蓝打开了门,做了一个请的姿势,童长荣走出了门。

卓蓝:童长荣,你去找共产党商量商量吧。记住,傍晚前是最后的时限。

出了院子,童长荣倒吸了一口凉气,他没想到卓蓝会来这一手,也确实把自

己拿住了,让他动弹不得。他深知卓蓝的性格,说到做到。假如卓蓝真的跑到老家胡说一通,自己就是跳进了黄河,也洗不清楚了。这对苦苦等候的坤宜的打击是毁灭性的,他又如何面对望眼欲穿的老母亲。可最重要的是,他怎么面对组织,假如闹出了动静,这不是玷污了党的形象吗?此时,他内心的痛苦和焦虑比在东京获取那份文件前的心情更苦更难。

卓蓝告诉他,她把亚培路 138 号夜校还给了王舒。他必须让王舒带他尽快见到罗栗文。这个时候,他用余光又扫到了李卫就在后面,他知道这是卓蓝派来跟踪自己的。童长荣站住了,远远地朝李卫招着手,李卫只好硬着头皮过来了,童长荣拍拍李卫的肩膀,寒暄着,李卫兄弟,多年不见了,你还好吗?李卫谢谢童长荣的关心,说童先生大难不死,必有后福。童长荣自嘲地笑笑,不求有福,只求没有苦难就好。他对李卫说,我要到亚培路去找王舒,我躲着你累,你跟着我也辛苦,不如我俩一道去,你把车开来,快去快回,我俩都省了力气。李卫点头,称童先生果然是爽快人,也是善解人意的人。

童长荣在路边等着,李卫将车开了过来。童长荣上了车,不一会工夫,李卫就将车开到了亚培路里弄夜校。童长荣带着李卫进了夜校,王舒正坐在屋里,忽然看到了童长荣出现在自己跟前,不敢相信自己的眼睛。童长荣朝王舒使了个眼色,王舒会意,走了过来,抱住了童长荣,高兴地说,长荣,你可活过来了。趁李卫松懈的一刹那,两人架住了李卫的胳膊。

童长荣说,李卫兄弟,我和王舒还有点急事,对不起,委屈你一下了。两人将李卫绑了,嘴里塞了毛巾,丢进了一个大木桶里。两人立即出了屋子,童长荣开着车带着王舒去找罗栗文。

车子在海伦路路边停下。王舒带着童长荣走进一片低矮的房屋。左转右转,前进后出,终于来到了一个平房前。王舒先敲了三下门,再两下,又三下。罗栗文开门,童长荣闪身进来。罗栗文一把抱住了童长荣。

罗栗文:这几天一直在担心你呢。

童长荣笑着:差不多死了一回,可又活过来了。

罗栗文上下打量着童长荣:我们的大英雄回来了。看来恢复得不错,我们真的要谢谢卓蓝了。

童长荣:虽然被她救了,可卓蓝给我出了一个大难题呀,而且在步步紧逼,我真的没辙了。

罗栗文笑了,童长荣,就你还有被难倒的时候,快来说给我听听。

童长荣:综合起来,无外乎有三个难题。我先说容易的。第一个就是文件的事,吴志杰的原件被林悦抛进了大海,卓蓝就天天逼着要写出这份文件。

罗栗文:那第二个难题呢。

童长荣:他们仍然没有放弃我。卓蓝明确让我跟他走,并且说已经得到杨飞的批准。

罗栗文认真地听着,让童长荣说第三个难题。童长荣说,前两个都好办,可以找理由,拖一下再说。但第三个难题,有时限,不能等。童长荣详细述说了卓蓝爱上了自己,要求何坤宜退出,无论自己回去不回去,她都要到枞阳老家去。

王舒一听,说这第三个难题真是一个难题,简直就是一个毒招,这个卓蓝也太狠了。罗栗文叹了一声,安庆现在是国民党的天下,他们这些人为了自己的利益,什么事都能干得出来,这真是个麻烦事呢!

童长荣:罗书记,我是一名共产党员,我对组织襟怀坦白,一切由组织决定,个人绝对服从。

罗栗文把目光转向王舒:王舒,我想听听你的意见。

王舒:此时,当断则断。第一件事,我们拿到的文件,凭什么要给国民党,我的意见不给。第二件事,长荣怎么可能叛变投敌呢? 他们简直就是异想天开,我的意见是不予理睬。第三件事更简单,童长荣,你要和卓蓝趁此一刀两断,让她绝了这个想法。

罗栗文说王舒的意见不无道理。他站起来在屋里一边转悠一边思索着,他突然望着童长荣,说这三件事,都答应她。

王舒像是没听明白:罗书记,你说什么,要文件,给? 要投敌,也可以,卓蓝要去安徽老家,也答应?

童长荣:罗书记,老娘在家眼睛都盼瞎了,坤宜姑娘这么多年苦等着我,我怎

么有脸和卓蓝回去?

罗栗文:长荣,王舒,你听我说,我们太需要像卓蓝这样的人了,她就是我们的一双眼睛,这双眼睛我们不能让她闭上。你俩听我说,国民党的这个中央俱乐部,对我们的危害极大,你知道我们有多少同志牺牲在他们手里吗? 我接触了组织上的一些统计数字,触目惊心! 这一年来,我们的党组织恢复和发展得不错,革命形势很好,我们现在更需要童长荣你这把钢刀插在敌人的心脏里。你们再听我说,我也对卓蓝做了认真的分析,她和杨飞、赵瑞麟不同,不是反共立场的死硬派,情感大于理性,我们可以加以利用。当然文件怎么给,长荣如何去和 44 号打交道,以后我们慢慢深入研究,做好设计。至于怎么回老家,这是眼前的事,我们必须处理好,唱好这台戏。

童长荣点点头:罗书记,我明白你的意思,可一个无法回避的问题是,我怎么去面对我的老母亲,还有未婚妻坤宜。

罗栗文:这样,王舒,你立即赶往枞阳,设法和坤宜姑娘取得联系,告知详情,说明这是党组织的需要,做好坤宜和老母亲的工作。长荣,你还是回到卓蓝那里,一是设法延长两天,给王舒腾出时间;二是做通卓蓝的工作,把会面地点改在安庆,以减少枞阳老家的负面影响。童长荣、王舒同志,你们还有什么意见吗?

两人站了起来,表示完全服从组织安排。罗栗文让王舒现在就去枞阳。王舒和童长荣打了声招呼,离开了屋子。

罗栗文和童长荣坐了下来,再说前两件事。童长荣告诉罗栗文,"幽灵行动"计划后续实施后,目光都聚焦到哈尔滨,日本港口随即放松了管制,吴志杰带着文件顺利上了船,可被林悦、赵瑞麟和卓蓝同时盯上了,在争斗中,林悦把抢到的文件已经抛进了大海。

罗栗文:这样你的脑子里的记忆件就成了唯一。

童长荣:可那毕竟不是原文,我只是记了一个简译本,大约六千多字。

罗栗文:那也很了不起呀。卓蓝现在逼着你要文件吧?

童长荣:是的。但我现在还不想让这个文件落在他们手里。

罗栗文:对的,我们一方面要让它公之于众,另一方面还要拿这个文件再做些文章。

童长荣：罗书记，我明白你的意思。

罗栗文：至于卓蓝要你投靠他们，我不说，你也知道怎么跟她周旋。

童长荣点点头：罗书记，我刚回来，快给我分配工作吧。

罗栗文：我也在一直考虑。你是东京帝国大学文学系毕业的高才生，组织上初步考虑，你先到沪中区担任宣传委员，把多伦路上的那一批文化人团结起来，鉴于你的才干，组织上还会有更重要的工作要交给你。不过这一切，都要等到你从安庆回来后再说。

罗栗文还说，你在东京打了一场漂亮的情报战，我有充分的理由相信，你也将会在安庆打一场漂亮的情感战。我等着你的好消息。

童长荣站起来：谢谢罗书记的指点，我服从组织安排。

童长荣与罗栗文道别后，将车开到了亚培路，又把李卫放了出来，两人回到了卓蓝的住处。

卓蓝这时正坐在杨飞的办公室里，杨飞把赵瑞麟也喊了进来。

赵瑞麟不该同意卓蓝把童长荣放走了，他还会回来吗？

卓蓝一笑，他会乖乖地回来的，我敢打包票。

杨飞认为卓蓝这一招太妙了，击到了童长荣的最致命处，让他进退失据。

赵瑞麟说，卓蓝这是在玩火，肯定玩不过童长荣这小子，他可不是第一次领教了。杨飞揶揄赵瑞麟，我看赵科长这是吃醋了，卓蓝小姐即将成为童夫人，赵科长心里恐怕有无限的失落吧。

赵瑞麟反唇相讥，卓蓝为党国利益在献身，我还能不支持吗？就怕是想献身也失身不了，那就成了笑话了。卓蓝大骂赵瑞麟，请你不要亵渎我的情感，闭上你的臭嘴！赵瑞麟摆摆手，表情复杂地离开了杨飞的办公室。

杨飞望着赵瑞麟一副酸溜溜的样子，觉得很开心。他对卓蓝说，为配合你的行动，我会通知安徽党部的人，调动力量，全力保障你和童长荣未婚妻的见面。任凭童长荣有天大的本事，他也休想全身而退。卓蓝，你要牢牢将主动权掌握在自己手里。另外，我让张龙、李卫和你一道去。

卓蓝:那好吧,这次我很需要这两个跟屁虫。

卓蓝离开了44号,回到了秘密住处,却发现童长荣已经回来了,他坐在了沙发上翻阅着画报。她瞅了一下童长荣的脸,看不出有什么不安和顾虑。

卓蓝:怎么样,跟你的同党商量好了?

童长荣微微一笑:我想好了,就按照你的意见办。

卓蓝:这么快就想通了呀。

童长荣:你让我走投无路,就只能乖乖地跟你走。

卓蓝大笑:我太高兴了!童长荣也有被人制服的时候,我真是太有成就感了。

童长荣提出把地点改在安庆,推迟一天出发。卓蓝立即明白童长荣不想让家乡人知道。这个面子还是要给的,她并不想激怒童长荣。

王舒来到枞阳后,按照罗栗文的联络方式,先到会宫街王麻子铁匠铺找到了王铁匠,告知是罗栗文让他来的,王铁匠放下了铁锤。王舒让他带自己去找何坤宜,告知童长荣就要回来了。王铁匠说,那何姑娘肯定高兴坏了。王舒悄悄说,不过,童长荣这次是带着任务回来的,他特地来打前站,提前知会何坤宜。王铁匠连忙封了火,关了铁匠铺,带着王舒来到枞阳,乘船到了铁板洲。

何坤宜正在闺房里写字,写着工整的小楷。外面传来叫卖声。

王铁匠:一阉猪二打铁,三摸黄鳝四捉鳖,打铁的营生赛豪杰,会宫的王铁匠走南闯北,铁器家伙枞阳一绝,卖铁器啰,镰刀割稻割麦,排刀鱼肉切切,剪子剪布烈烈,锄头家伙锋利如雪啊……

何坤宜一惊,放下笔,出门,来到院外,看见王铁匠挑着铁器担子在吆喝。

何坤宜:哟,是王铁匠,卖东西卖到我门口来了。

王铁匠:姑娘,你要买绣花的针,还是头上的钗子?我王铁匠都能打得出来。

何坤宜:你这铁匠就是一张嘴。

何坤宜走到担子前。

王铁匠:坤宜姑娘,告诉你一声,组织上来人让我转告你,长荣就要回来了。

何坤宜定在了那里,仿佛喜从天降,喃喃地:长荣可终于要回来了。

王铁匠:长荣有个同学叫王舒,正在渡口边等你,他特地从上海赶来了,具体情况由他跟你说,快去吧。

何坤宜一口气跑到了渡口,看见了一个人在柳树下正朝她走了过来。

何坤宜:请问,你就是……

王舒点点头:敢问一定是坤宜姑娘了。我是长荣的同学王舒。

何坤宜:听长荣在信里说起过你。长荣从日本回来了?

王舒点点头:是的,这次准备回家看你和老母亲,不过……

何坤宜望着欲言又止的王舒,一句"不过"让何坤宜的心悬了起来,她隐隐感觉到了这里面一定是有什么情况了。何坤宜担心地问是不是长荣得了什么病?

王舒笑着摇了摇头,表示长荣身体很好。接下来王舒就开始描绘童长荣在东京帝国大学学业如何优秀,如何出神入化地获取一份机密文件,把童长荣说成是一个大英雄。何坤宜还是没听到那个"不过"后面的意思。王舒一番铺垫之后,这才说,正是童长荣有着出众的才华,英俊的外表,上海的名媛,东京留学生中的才女,不乏爱慕童长荣,有人写信,有人亲自上门。

何坤宜心里一沉,有了预感,望着王舒说,你是来告诉我长荣已经变心了?

王舒连忙摆手,我和罗栗文先生可以作证,童长荣这些年不为所动,心里只有你。不过……

王舒说来说去,又回到了"不过"词上来了,何坤宜笑了,对王舒说,你不用兜圈子,不要再"不过"了,就直说吧。

王舒:那我就直说了,有个国民党女特务不仅爱上了童长荣,还缠上了童长荣。

何坤宜:那童长荣爱她吗?

王舒摇了摇头。何坤宜说,那不理睬她就是了。王舒说,问题就在这里,童长荣能做到,可组织上又需要童长荣去接触她,让她做我们另一眼睛。她这些天威胁童长荣要和你解除婚约,她要和童长荣一道回来,并且已经动员了安庆的力量,对你施压。组织上的意思,还不能和她闹翻,只能委屈你一下,千万不要对长

荣产生误解。

何坤宜:我明白了,那个女的喜欢上了童长荣,组织上又要利用这个喜欢是不是?

王舒:罗先生让我赶来,就是怕你误会了童长荣。现在我只能告诉你,这个女人对我们至关重要。

何坤宜听王舒这么一说,倒是放下心来了,因为她相信王舒是代表党组织来的,她信任罗栗文,更相信童长荣的为人。

王舒又进一步介绍,那个女人叫卓蓝,是上海资本家的女儿,拥有雄厚的家族资产。王舒又说,卓蓝受过专门训练,身上有枪,身边带着特务,很危险。不过,她和那些死硬的反共分子不同,童长荣利用了她这一点,让她不自觉地为我们做了许多有益的工作。

何坤宜点点头说,我明白了,也就是说这个卓小姐身上还有许多可取之处。

王舒告诉何坤宜,为了不让家乡人产生误会,最后协商的结果是把见面地点定在了安庆。到时候,安庆方面会安排长荣老母亲和你到安庆去的。

渡口的船来了,王舒就要上船离开,何坤宜要留他吃过饭再走。王舒说,罗先生要我尽快把和你见面的情况向他汇报,我必须马上赶回上海。王舒上了船,和何坤宜道别。

送走王舒后,何坤宜慢慢往回走,心里又惊又喜又不安,久久不能平静。

在安庆,何应和余队长接到了陆啸衡的通知,到党部来接受任务,两人在院子里下了车。

余队长嘟哝着:何局长,如今这世道变了,我们竟然要听姓陆的调遣了。

何应:别乱说,党国嘛,党在前,当然要在省党部的领导下了。

余队长嘟哝:过去,哪有他姓陆的什么事啊。

何应:现在在人家屋檐下,不得不低头。

两人走进了陆啸衡办公室。

陆啸衡:啊,何局长,余队长,来,快请坐。

何应:陆书记,有什么指示?

陆啸衡:何局长,余队长,还记得童长荣吗?

何应:童长荣,我姑奶奶的未婚夫,烧了我的警察局,怎么不记得呢?

陆啸衡:什么你姑奶奶的未婚夫,人家现在即将是卓蓝小姐的未婚夫了。

何应自言自语:怎么会变成这样?

余队长:哟,眼睛一眨,老母鸡变鸭了。

陆啸衡:听着,上海中央俱乐部杨主任来电话了,童长荣从东京帝国大学毕业,衣锦还乡,卓蓝小姐陪他省亲,杨主任要求我们做好迎接工作。

何应:那我们的具体任务是什么? 请陆书记长明示。

陆啸衡:第一,撤销童长荣的案子。

余队长:我们本就打算把这个案子销了。

陆啸衡:第二,请何局长把你的姑奶奶和童长荣的母亲接到安庆来。

何应:这,我不明白,这不是让我那姑奶奶难堪吗?

陆啸衡:卓小姐要求的,也许是要她知难而退,自己解除婚约吧。

何应:唉,童长荣犯案子的时候,何家逼迫姑奶奶解除婚约,姑奶奶至死不愿意,可没想到,这童长荣得志了,竟做了个负心郎。

陆啸衡:童长荣倒不是负心郎。杨主任明确说了,童长荣是共产党,因为有过人的才华,已经纳入中央俱乐部争取的对象,这次卓小姐就是通过这种方式来逼迫童长荣就范的。因此,你们的第三个任务就是面对诸多变数,加强警力布置,防止意外情况出现。

余队长:明白了,就是我们要用武力来保障卓小姐的拉郎配,不是吗?

何应:这活可不好干啦。

陆啸衡:不好干也得干,先去接人吧。

第二天,余队长带着几个警察来到铁板洲,走进了何府。

何老爷有些惶恐:这不是余队长吗? 是不是还为童长荣的案子? 童长荣杳无音信,与我们何家没有关系了。

余队长:不,不是,我们是奉何局长之命来接姑奶奶到安庆的。

何老爷更加困惑了:这又是为了什么?

余队长：实话实说吧,童长荣这次可是衣锦还乡了,连我们安徽党部书记,何局长都在奔忙呢!

何坤宜早有准备,拎着包袱走了出来:爸,余队长是接我见长荣的,他从日本留学回来了。

何老爷:余队长,你们不通缉他了?

余队长:我们已经销案了。

何老爷:那童长荣为什么不回来?

余队长:老爷,我也说不清,一言难尽哪。如果你们家想和童家解除婚约,我觉得这次是一个好机会。

何坤宜:余队长,你莫乱说,谁说要解除婚约了?

余队长:都怪我多嘴。

何老爷望着女儿:你,都已经知道了,到底是怎么回事啊?

何坤宜:爸,回来我再详细说。余队长,我们走吧。

余队长、警察陪着何坤宜一起走出了院子。何老爷一脸的迷惑。

来到枞阳,何坤宜把余队长和几个警察安顿在一个饭馆里吃饭,自己走进了童家院子。她见婆婆在院子里缝着衣服,五叔在编篮子。

何坤宜喊着婆婆和五叔。童母笑盈盈地起身,坤宜,你来啦。

何坤宜跟婆婆说,长荣回来啦! 童母不相信自己的耳朵,你说什么!

五叔放下篮子,大声地:二娘,坤宜贤侄媳说,长荣侄子回来了!

童母喃喃地:长荣回来了,人呢? 在哪里?

二十四

时令农历七月往里,正午天气炎热。童母、何坤宜坐在一辆牛车上,五叔挑着一个挑子跟在后面。余队长带着几个警察跟在后面。一行人沿着杨桥、石塘嘴朝安庆方向走来。几十里地,先爬山路,再沿着湖边行走。

余队长揩揩汗,不住地抱怨,这枞阳到安庆不通公路,活生生把人走死了。

五叔受过余队长的打,一路上横眉冷对,心里在想,走死你才好呢。

到了傍晚时分,行至城东枞阳门,终于看到公路了。余队长和几个警察已经累瘫了,停在路边喘气。终于看到了一辆小包车开了过来,几个警察就想往上挤,被余队长一顿臭骂,转而露出笑脸,请童母和何坤宜上车。

何坤宜对余队长说,几个老总辛苦了,你们上车,我们坐牛车,不碍事的。何坤宜让牛车继续前行。几个警察从路边爬起来,一边对何坤宜千恩万谢,一边挤上车子。小包车慢悠悠地跟在牛车后面。五叔悠着挑子,脚步轻盈,看不到他的累。

陆啸衡和何应正在码头迎接童长荣和卓蓝。旅客陆续下船,童长荣、卓蓝、张龙和李卫出现在人群中,他们朝岸上来走来。

陆啸衡趋步上前:欢迎卓小姐到安庆指导工作,欢迎童先生荣归故里。

卓蓝歪着头,含着笑:陆书记,我们又见面了。

陆啸衡:我很荣幸。我来介绍一下,这是安庆警察局的何局长。

童长荣:何局长,过去我们打过交道。

何应:童先生,那都是过去的事,童先生当年在安庆完全是革命的行动,我们已经为你彻底销案了。

童长荣:何局长,论辈分,你还应该喊我姑爹吧。

何应:是是,向童先生报告,令堂大人和何小姐我们已经派人去接来了。

童长荣:何局长,怎么就喊何小姐了,不敢喊姑奶奶了?告诉你,姑奶奶永远是姑奶奶,姑爹爹永远是姑爹爹。

卓蓝哈哈大笑:姑爹爹永远是姑爹爹,姑奶奶是可以变的嘛,你呀,今后就喊我姑奶奶了。

陆啸衡尴尬:卓小姐、童先生一路劳顿,先上车到宾馆休息,我们今晚还要给你们接风洗尘呢。

童长荣转身问,何局长,你把我母亲和你的姑奶奶安置在什么地方啊?

何应:是这样子的,您和卓小姐住宜城宾馆,令堂大人和何小姐住在百花亭旅社。

童长荣:我想先去看看她们,我先走一步了。

陆啸衡、何应望着卓蓝。

卓蓝并不介意:人之常情。童长荣,你去打个招呼也好,免得我们见面时显得尴尬。

陆啸衡提出用车送一下童长荣,他摆摆手,从李卫手里拿过手提箱,径直走了。

陆啸衡、何应引导卓蓝来到车前,张龙拉开车门,卓蓝坐了进去。张龙、李卫上车。陆啸衡和何应上了另一辆车。车子沿着码头往城里开去。

童长荣摆脱了卓蓝,径直朝百花亭旅社方向走来。一路上,童长荣内心既激动又忐忑不安,还有种近亲情更怯的感觉。尽管王舒打了前站,坤宜应该有心理准备,可真是到了母亲和坤宜跟前,他还是不知如何面对。本来这次回来是打算完婚的,可现在一切都无从说起了。想到这是组织上的需要,他现在只有横下了一条心了,误解也好,责难也好,他只能承受。拐过街角,他突然看见了五叔远远地挑着担子走了过来。

童长荣边喊边小跑着:五叔!

五叔撂下挑子:长荣!你可终于回来了。

童长荣:五叔,我回来啦。

五叔:回来就好。坤宜姑娘让我陪着来的,带了一些换洗零用,二娘啊,还给你做了一些好吃的呢。

童长荣:我娘和坤宜呢?

五叔:婆媳俩坐牛车,我让她俩先到旅馆,我不着急,慢慢担着。这不后到的还先见到你。

五叔端详着童长荣,说他长高了,也壮实了。喝了几年洋墨水,就是不一样,有出息了! 过去警察抓你,现在警察对你还要赔着小心呢! 童长荣拉着五叔在路边坐了下来,让五叔说说家里的事,母亲大人可安好,坤宜姑娘可好。

五叔抄起肩上的老布巾子,揩了揩汗,渐渐就说开了。二娘这些年在家总的还算安稳,偶尔有个头痛脑热的,这也难免,就是想你想得很。坤宜侄媳是个贤惠之人,生在富贵人家,可一点也不嫌弃我童家,隔七隔八地来,二娘吃的穿的用的,都制备得齐整;常还打些酒给我,托我关照二娘。都是一家人,我是应该的,她总是那么情到理周的。

童长荣连忙说,五叔费心了。五叔挥挥手,一家人不说两家话。长荣,你还记得你那两个如狼似虎的婶娘吧,被坤宜贤侄媳拿捏了几次,现在屁都不敢放一声了,见到二娘都绕着路走呢!

童长荣望着五叔说,我这次回来,你都听到什么了?母亲大人和坤宜有什么反应?我很想知道。二叔说,坤宜贤侄媳都跟二娘交代了,组织上来了人,说有个国民党女特务在缠着你,这次来还要逼着坤宜贤侄媳和你解除婚约。还听说组织上又需要这个女人,你又不能和她撕破脸。坤宜贤侄媳这两天都在做二娘的工作。二娘似信非信,总觉得有什么事瞒着她,她说苍蝇不叮无缝的蛋,她在路上说,见到你饶不过你,非得让你把事情说个清楚明白不可,不能委屈了坤宜贤侄媳。

听五叔这么一说,童长荣心里有了底,他站起来,替五叔挑起了挑子,两人往旅社走去。

旅馆里,童母坐在床上,满脸愁容,抹着眼泪。

何坤宜:娘,怎么啦?长荣回来了,你怎么不高兴?

童母:盼呀盼,可终于把他盼回来了,这个挨千刀的怎么还带了一个女人回来了,我听你这么一讲,人就像掉进了冰窟窿里,你叫我怎么高兴得起来?

何坤宜:娘,我不是跟你说了吗,这个女人死缠烂打追着长荣,长荣也是没有办法,才和她一起回来的。

童母:这世界上还有这么不要脸的女人。这样的女人你不沾不惹,拉屎都和她隔三条田埂还不成吗?

何坤宜:娘,听我说,不是这样子的。长荣的领导,就是我跟你说的那个罗先生特地派人来跟我说,我就明白了。现在是国民党的天下,共产党为穷人打天下,遭到了国民党的屠杀,为了减少共产党的损失,组织上需要长荣和这个女人接触,我这么讲你老明白吗?

童母:那也不行。我要是见到这个女人,我咬也要咬她几口。

何坤宜:娘,你可千万不能这么做,这对长荣可不好。

童母:坤宜呀,我对不起你呀!

童母突然朝何坤宜跪下。何坤宜慌忙把童母拉了起来。

何坤宜:娘,你老可不能这样,这是要折我阳寿的。

童母:我这心里搁不住,我没法活下去了。

何坤宜:娘,听我说,这女人既然来了,我们还不能被她吓倒了。不要争,不要吵,你就看我的,看我怎么来修理这个女人,还要让她无话可说。

童母:对,坤宜,你提醒了我,她算个什么东西。我坤宜才是明媒正配的。

何坤宜:娘,你要这么想,就对了,这次呀,我们一定要在气势上把她压倒。

童母:呸!让她灰溜溜地滚回去。

何坤宜笑了。

童母:还笑呢,我可笑不出来!

外面传来敲门声,何坤宜内心一紧,望着婆婆。童母的眼泪出来了。何坤宜紧张颤抖的手伸向了门把手,手停在那里。又传来敲门声。何坤宜终于打开了门,童长荣满面含笑地出现在她面前。何坤宜羞涩地打量着童长荣。

童长荣噙着泪:坤宜,我回来了。

何坤宜凝神望着童长荣,轻轻地:见见妈吧。

何坤宜让到一边。童长荣抢进门里,母子终于相见,童长荣哭喊着:妈,不肖儿回来了。

童长荣扑通一声跪倒在童母身边。童母含泪一巴掌打在童长荣的脸上。

童母:畜生东西!你还晓得回来呀!

童长荣也在自己的脸上打了一巴掌:我对不起娘,也对不起坤宜。

何坤宜站在一边泪眼望着童长荣。五叔将挑子放了下来。

五叔:二娘啦,这么多年了,就盼着这一天,见面了,高兴才是!长荣起来吧,和二娘、坤宜贤侄媳好好说说话。

童母:不准起来。你个小畜生!我只问你一句话,你对天对地,对着列祖列宗说一句良心话,你变心了没有!

童长荣:我对天对地,对着列祖列宗发誓,我这辈子非坤宜不娶!

童母:那我再问你一句,你对这个小妖精动心没有?

童长荣:我对天对地,对着列祖列宗发誓,绝对没有。不过我很感谢她,她刚刚救了我一命。

何坤宜大吃一惊:她救了你一命?

童长荣解开了上衣,捋起裤腿,手臂胸部浑身疤痕。何坤宜心疼地望着,童母抚摸着儿子。

童母哭着:我的儿哇,什么人把我儿子打成了这样?

童长荣:妈,坤宜,这个女的叫卓蓝,是国民党情报人员。这么说吧,我们在日本,共同获取一份涉及国家安危的情报。她在日本差点送了命,我也被日本人逮捕了,打进了水牢,遭到了日本人的毒打。是她从中斡旋,日本人才把我扔到回国的船上,在船上我就剩下了一口气,又是她把我抢下了船,将我救活的。我不爱她,可我感激她,这是实话。

童母又心疼又气愤:畜生东西,起来吧!

童长荣这才爬起来,扣好衣服,将母亲扶到床上坐下,他抚摸着童母的白发,禁不住落泪。

童母流着泪数落着,你个小畜生! 这些年,要不是坤宜,我活不到今天。童长荣站起来,欲在何坤宜面前跪下,被何坤宜一把拉住,啐道,童长荣,男子汉双膝贵如黄金,不是随便跪的。童长荣望着何坤宜,嗫嚅着,我有愧啊。

何坤宜望着童长荣,你有什么愧? 五年不归家,给家贪来了多少金银财宝,拿给我看看。你不是跟我说过吗? 共产党为国家谋独立,谋富强,为人民谋幸福。我记住了你当初跟我说的话,咦,你现在倒说自己有愧,那就是说你做这些做错了,你这不是打自己的嘴吗?

童长荣解释,我说是对母亲大人有愧,对你有愧。童母说,他就是有愧,你别向着他。何坤宜对着婆婆说,从现在起,不准骂他了,小命都差点没了,你看还有个人形啦? 就剩了个人渣子回来了,你还忍心骂? 童母还想数落,何坤宜发着

狠,娘,你再说他一句,我就拿针把你的嘴缝上!你信不信?五叔笑起来了,何坤宜也禁不住笑起来了。童母敬畏地望着媳妇,嘟哝着,我不说了可好。

何坤宜这才从挑子里取出一个圆篾篮,放在桌子上,掀开毛巾,露出米粉粑粑,她拿出一个递给童长荣,童长荣咬了一口,望着何坤宜笑了。

何坤宜:快吃,多少年了,还没吃上家里的一口饭呢!

童长荣点点头,他突然停住了。

何坤宜:怎么啦?不好吃?

童长荣:好吃。我突然想起来了,今天是七月半吧。

何坤宜点点头。童长荣说他想去看一个人,何坤宜立刻明白童长荣这是要去莲花湖姜周墓上去。何坤宜对童长荣说,应该去,姜周同学为掩护你献出了生命,我们就按枞阳的风俗,送点米粉粑粑到他坟前去祭奠,我陪你去。

五叔拎起圆篾萝,说我也去。三个人走出了百花亭旅社。

大南门酒店前,陆啸衡、何应在门口迎候,张龙、李卫戴着墨镜,伴在卓蓝左右。酒店门口,警察放着岗哨。

陆啸衡:卓蓝小姐,请。

一行人上楼,走进包间,陆啸衡殷勤地拉开椅子,请卓蓝坐下,然后分次坐下。张龙和李卫坐下首。

何应:卓蓝小姐,要不要把童先生也请来。

卓蓝:何局长,你应该喊我姑奶奶,姑奶奶在,怎么能少了姑爹爹呢?张龙、李卫,你们去把童长荣给我接来。

张龙、李卫站立起来应了一声,两人走了出去。

童长荣、何坤宜走出旅社,五叔拎着篮子跟在后面。何坤宜看了一下周围街道到处是警察、黑衣人。

何坤宜:长荣,你天天就生活在这样的环境里?

童长荣:有这么多人,你才会觉得有安全感。

五叔看看后面,余队长带着一帮警察跟了上来。

五叔:姓余的那个杂种也跟上来了。

童长荣：来得正好。

走到一家小店面前，童长荣买了酒和香、纸钱。

胖警察悄悄对着矮警察嘀咕。

胖警察指着童长荣：矮子，还记得在海西渡口吗？

矮警察：想起来了，这人冒充童长荣，原来他就是童长荣哪。

张龙、李卫从街的另一侧过来，看见余队长带着一班警察跟在童长荣后面，他俩也悄悄地跟了上去。

三人走进了菱湖，来到姜周墓前。

童长荣：姜周兄弟，我来看你了。

童长荣抚摸着姜周的墓碑，五叔把米粉粑粑放到墓前，然后点上香，烧了纸钱。童长荣打开一瓶酒浇在墓碑上。

何坤宜轻轻地：这位同学，长荣心里惦着你。

火光映着童长荣的脸，他在墓前坐了下来，一边烧纸，一边和姜周谈心：姜周兄弟，你还记得吗？你拽过我的小辫子，说过我是落后分子，还让我假冒共产党员，现在我告诉你，我已经是一名真正的共产党员了。兄弟，我告诉你，为了给你报仇，我们砸了安庆警察局。后来遭了通缉，我随罗先生到了上海，拿着手抄的《共产党宣言》在工人夜校里给工人们讲课，你不知道，第一次讲课就出了个大洋相，照本宣科，工人们听不懂，罗先生建议我到纱厂体验生活。我才明白一个道理，马克思主义是从产业工人的实际生活中来的，是从社会实践和社会运动中来的。马克思主义诞生在半个世纪前，却指导着当今的共产党人，我才体会到天才的马克思是一个先知者。兄弟，我跟你说，纱厂的刘师傅、田嫂、连娣、周师傅现在都能理解马克思主义。他们是真学真懂，道理很简单，全世界无产者必须要联合起来，除掉自己身上的枷锁，成为这个世界的主人。兄弟，我还想告诉你，到了上海之后，我才发现还有许多当年信奉马克思主义的人却背叛了马克思主义，戴季陶就是典型。他当年成立了马克思主义研究会，听说陈望道先生翻译《共产党宣言》的日文本还是他提供的，可这个人却可耻地背叛了马克思主义，成了反共

的急先锋,研究了一套所谓反共的理论被蒋介石奉为国民党的指导思想,成为大肆屠杀共产党人的帮凶。不过,在日本时,为防止他勾结日本人,我和罗先生让他已经颜面扫地。兄弟,我还想跟你说,到了日本,我才知道,当今无产阶级运动风起云涌,我的房东伊田助男就是日本共产党员,日本的无产阶级文学运动我认为仅次于苏联。兄弟,最后我想告诉你,我们在日本获取了一个日本人的绝密计划,日本人对中国有虎狼之心,中华民族前途凶险了。兄弟,我向你起誓,你替我牺牲,我为你活着,为无数牺牲的同志活着,前赴后继,为国家,为民族,我愿意流尽最后一滴血。

何坤宜默默地听着,望着夜色中的童长荣,内心一阵温热,此时她已经意识到童长荣已经不是过去的书生童长荣,这个男人已经不属于自己,似乎也不属于他自己了。

何坤宜跪下来在姜周墓前磕了三个头,五叔也跟着磕了三个头。

湖边,有人影在游动。童长荣跪了下来,悄悄对身边的何坤宜说,我要给卓蓝制造一个难题,让她在安庆待不下去,这个姓余的来得正好,待会儿出了什么事,你别紧张,和五叔赶快回旅社。何坤宜疑惑地望着童长荣,不知道他要干什么。

童长荣站起来,环顾四周,突然大声地:姓余的,你给我出来!

带着警察躲在暗处的余队长走了出来,来到童长荣跟前。

童长荣:跪下!

余队长无奈,只得跪下:这位同学,我对不起你,请你原谅!

童长荣:站起来!

余队长站了起来,敬畏地望着童长荣。

童长荣:把枪交给我!

余队长:童先生,你这是……

余队长本能地想护住枪,童长荣迅疾缴了余队长的枪,将枪抵住了他的头部。一群警察迅速围了过来。胖警察和矮警察也举起了枪。

童长荣:姓余的,我们该把账算一算了,算算你做了多少恶,杀了我们多少人!

五叔也在一旁骂着:一帮狗警察,专门欺负老百姓!

余队长摆着手:童先生,你可不能胡来,你打死我,你跑不掉的。

童长荣:今天,我就是要拿你来祭我的兄弟。

余队长:你,你敢!

童长荣:我怎么不敢?

童长荣朝余队长腿上开了一枪,余队长跪倒在地,哇哇大叫,不停地喊着:兄弟们,你们上啊。

十几个警察围了过来,将枪对准了童长荣,张龙和李卫举着枪冲了出来,护住了何坤宜和五叔,将枪对准了警察。

张龙大声地:都听好了,别乱动!

余队长:弟兄们,你们还站着干什么!

童长荣又朝余队长胳膊上开了一枪。余队长杀猪一般地嚎叫。

余队长:弟兄们,快动手啊。

童长荣朝余队长身上连开三枪,余队长身体动了几下,倒在地上。他退出了多余的子弹,将枪扔在了余队长的身上。一众警察被眼前的场面吓傻了,你望望我,我望望你,不知如何应对。

童长荣对着警察说,你们可以回去向你们的何局长报告了,就说我童长荣为民除了一个祸害。

警察们连忙收起枪,慌不择路地跑了。张龙、李卫收起枪,本想是要请童长荣去大南门酒店吃饭,可没想到童长荣来了这一招。他们心里知道,这是故意给卓蓝摆了一道,也只能回去向卓蓝报告了。

五叔担心地:长荣,这,不会有事吧。

童长荣:有什么事,我就是要给他们出个难题,让他们为这事去伤脑筋。

尽管童长荣事先有暗示,何坤宜毕竟第一次遇到了童长荣杀人的场面,她浑身发抖,牙齿打着战:五叔,这个恶人除了也好,省得让他再祸害人!

童长荣走过来,悄悄对何坤宜说,回去别跟妈说,我们回去吧。五叔跟在后

面,他们离开了莲花湖。

大南门酒店里,陆啸衡、何应争着献殷勤,一个给卓蓝夹菜,一个向卓蓝敬酒。

卓蓝:这怎么回事啊,喊的人没来,喊人的人也不见了踪影。

陆啸衡:不着急,童先生大概有什么事给耽误了。

这时,警察气喘吁吁地跑了进来:报告,不好了,童先生把余队长打死了。

何应站了起来:什么? 人在哪里?

警察:在菱湖月夜亭。

何应带人迅速赶到月夜亭,走到余队长尸体跟前,又看了看姜周坟前的祭品、酒瓶和纸灰。

何应:告诉我,当时是什么情况?

警察:童长荣从旅馆出来,余队长就带着我们跟踪到这里。童长荣在墓前烧纸,知道我们隐蔽在暗处,他就喊余队长出来。余队长出来了,童长荣下了他的枪,说是要拿余队长的血祭奠,然后就……

何应:你们这一帮饭桶是干什么吃的?

警察:我们都拿枪对准了童长荣,不过,卓蓝小姐的两个手下冒出来了,拿枪对准了我们,我们心里就没底了。

何应阴沉着脸,挥挥手,先把人抬回去再说。

宜城大酒店里,张龙和李卫垂立在卓蓝面前。卓蓝站在窗前,望着窗外的月色,脸色十分难看:你们知道吗? 童长荣这是故意给我添堵,把我的情绪全破坏光了。

张龙小心翼翼地:卓小姐,死个把人,这不算什么。你别劳神,这事我和李卫来处理,您先休息。

张龙、李卫离开了卓蓝的房间。李卫将门带上。

第二天上午,张龙、李卫应约来到省党部。陆啸衡和何应已经坐在里面等候。

陆啸衡:今天我来牵个头,就童长荣打死余队长这个事情,我想听听你们双方的意见。

何应气呼呼地:童长荣公然打死了我们行动队的队长,性质非常恶劣,我们必须缉拿童长荣。

陆啸衡又转身望着张龙和李卫:我想请问二位,卓小姐对这件事是什么态度?

张龙:卓蓝小姐委托我们来,就一点要求,请你们迅速平息此事,安抚好家属,不要让她的行程受任何影响。

何应:这可冤死我们警察局了。陆书记召集我们开会,说是接到上海指示,要警察局加强安全保卫。我们是按照要求履行自己的职责,童长荣却肆意妄为,草菅人命,现在还要我们来平息此事,我怎么能平息得了。你们的意思就是让童长荣逍遥法外,我的那班兄弟心里不服啊!

李卫站了起来,说我在现场,我想说明一下当时的情况,童长荣祭奠他的同学,余队长跟踪到了现场。童长荣当然要他给死去的同学谢罪,余队长坚持不跪,与童长荣起了冲突,余队长拔枪耍横,在抢夺枪支的过程中,枪走火了,可以说是一场意外事故。

一旁的警察急了,连忙摆手:情况不是像这位兄弟说的,那位童先生要余队长交出枪,余队长不交,童先生就缴了余队长的枪,先朝腿上开了一枪,接着又朝胳膊上开了一枪,最后又朝余队长身上开了三枪,就把余队长打死了。

李卫掏出枪对准了那个警察:我说是走火就是走火!保不准我这枪也会走火的。

陆啸衡有些慌张:兄弟,有话好好说,快把枪收起来。

何应:你们太霸道了!你们的舌条底下能压死人啦!

张龙:我想请问何局长,那墓里的同学是余队长打死的吗?

何应:是。

张龙:很好,据我所知,这个同学还是为救童长荣死的。

何应:应该是。

张龙:那我又要问这是为什么呀?

何应:那是因为童长荣、姜周上街示威游行,反对倪联甲贿选。

张龙:据我所知,你们刚刚为童长荣销案,这就说明童长荣、姜周当年反抗北洋军阀政府是革命行为,即便是童长荣处死了余队长,那也是革命的行为!

何应:这位兄弟,如果这么说,那余队长可就屈死了。

张龙:这不叫屈死,这叫死有余辜!

陆啸衡:大家都别争了,我看这样吧,厚葬余队长,厚养余队长家属。这事嘛,就按照这位兄弟说的,是枪走火造成的,童长荣免于责任。

何应:你们这样处理,我回去怎么跟弟兄们交代呢!

张龙:何局长,我告诉你,卓蓝小姐这次来到安庆,是要对共产党童长荣下一盘围棋,要对上海的共产党布下一张大网,你有没有大局意识?

何应的声音小了下去:你们到安庆来下围棋,可也不能拿我们的弟兄们不作数。陆书记,从现在起,我不能保证童长荣和卓小姐的安全。我可丑话说在前面,我的弟兄们万一枪走火了,我可不负任何责任。

何应站起来,离开了办公室,警察跟着跑了出去。

童长荣这一招里就包含了这一层意思,他成功地离间了安庆方面和卓蓝的关系,目的就是要把卓蓝孤立起来。

第二天一大早,童长荣走进房间给母亲请安,何坤宜正在给童母梳着头发。

童长荣问母亲昨晚睡得怎样?童母摇头,生床睡不安稳。何坤宜跟童长荣说,昨晚妈可是一宿没眨眼睛皮。

童母望着儿子:跟我说,那女人什么时候来呀?

童长荣:妈,看样子你还盼她来呀。

童母:我就是想看看这个小妖精长什么样子,那脸皮是不是比城墙还厚!

何坤宜笑了。

童长荣:她呀,一时不会来,昨晚,我给她出了个难题,她要是不走哇,我还会继续给她出难题,直到她待不住了,她就滚蛋了。

何坤宜:长荣,我不想你出什么题了,让人心惊肉跳。你就老老实实地待在旅馆里,多陪陪妈妈说说话。

张龙、李卫回到宾馆,向卓蓝报告,事情已经摆平了。卓蓝点点头,那就好。

李卫汇报,不过,这何局长和那个警察很不服,恐怕要找茬子,保不准会打黑枪,很有可能会搅得我们不安宁。尤其是童长荣,他就等于把自己暴露在危险中。

卓蓝:童长荣这是故意要搅局,懂吗?李卫,你住到百花亭旅社去,给我盯住童长荣,不要让他再生事了。

李卫领命,走进百花亭旅社,发现胖警察和矮警察坐在大堂里。李卫有心想帮童长荣一把,这回他决定自己来造个事。

李卫指着两个警察:站起来,给爷挪个位置。

胖警察瞅着李卫:我说你这个老几,你算哪根葱哪?

矮警察小声地:这人就是童长荣身边的人,还拿枪对着我们。

胖警察:来得正好,童长荣打死了我们的余队长,这货又来找茬,今天非出这口恶气不可,我们也要给何局长撑个面子。矮子,你先上。

矮子警察望着李卫,举起了枪托朝李卫身上打来,李卫闪过,将矮子举了起来,狠狠地砸在柜台上,柜台的木板顿时散了架。

店老板的眼镜被打到了地上,吓得钻到柜台底下。矮子警察爬起来,冲过来抱住了李卫的腿,胖子警察捋起袖子,挥着拳头冲了过来,李卫闪过,顺势扯下他身上的长枪,狠狠地扫在胖子警察身上,矮子警察搬起地上的花盆狠命砸来,李卫迅速闪到胖子警察身后,花盆重重地砸在胖子警察身上,倒在地上不能动弹。矮子警察跑到门外,吹起了警笛,外面的几个警察闻声迅速赶进旅社,与李卫对峙起来。

房间里,童长荣正在和母亲、何坤宜、五叔说话,听到楼下传来激烈的打斗声、警哨声,他对何坤宜耳语,我下去一下。

何坤宜叮嘱,可要注意安全。

童长荣出现在楼梯口,他们一起拿枪对准了在楼梯上的童长荣和在前台的李卫。李卫朝童长荣使了个眼色,童长荣从二楼飞下,两人和警察发生了混战,童长荣和李卫撂倒几个警察跑出了店外,警察跟着追来,李卫扔给童长荣一把

枪,两人拿着枪在大街上奔跑。众警察一路狂追。

这真是一波未平,一波又起。两天了,童长荣和李卫无影无踪,卓蓝有些急了,只好带着张龙亲自来到省党部。

陆啸衡提前知会何应,何应少不得也来了。

卓蓝一进门,就开始发火:这到底是怎么回事?拿我不起劲是不是?

何应:卓小姐,不是我不给你面子,你们的人都欺负到脸上来了。一而再,再而三,就是在找茬。

张龙:我看你这个局长不要当了,一再跟你强调大局意识,你的意识到哪里去了?

陆啸衡:何局长,那就再委屈你一下,请你组织警力,务必找到童先生,赔个礼道个歉,把人给我请回来!

何应垂头丧气地走出省党部。院子里的警察望着何应。

何应:望着我干什么! 快去找,把这个瘟神给我请回来!

警察嘟哝:这么大一个安庆城,让我们到哪里去找?

回到宾馆,张龙对卓蓝说,卓小姐,你的判断是对的,童长荣杀了余队长,成功挑起了事端,现在警察追杀他,他就乘机离开,目的就是把我们晾在宾馆里,让我们一事无成。现在我们在安庆就成了不受欢迎的人,他们巴不得我们早点离开,估计后面啦,不下逐客令就是好事了。

卓蓝:这个李卫怎么又搅进去了?

张龙:估计是警察心里有气,冲突当然不可避免。

卓蓝:我们不能被童长荣牵着鼻子走。

卓蓝望着张龙,直言请他帮助谋划后面的事。

张龙:卓小姐,既然叫我当参谋,有句话,我不知当不当说。

卓蓝:你说。

张龙:那我就直说了。在 44 号,我们都在私下里说,你和赵科长可是天作地合的一对,你爱上了童长荣,你考虑过赵科长内心的感受吗?童长荣爱你吗?你这次来,还要把人家的婚姻拆散。你要强迫一个共产党人爱上你,我觉得风险很大。

卓蓝:张龙,你不要这个问题那个问题。我就问你一句,我要去见童长荣的未婚妻,怎么样才能让她放弃与童长荣的婚约?

张龙:这个,我还真的说不好。

卓蓝:我问你,见面后,当我说我爱上了童长荣时,我们已经不能分离时,童长荣的未婚妻会是什么反应?她是哭,还是吵,是骂我狐狸精,还是骂我不要脸?

张龙嘟哝着说都有可能。卓蓝瞪了一下张龙,等于没说。

卓蓝打开行李箱,从里面掏出一匹红绸子和一条大红围巾。

卓蓝:我特地给童长荣的未婚妻带了礼物。你觉得大红围巾好看吗?她会把它扔到地上吗?还是拿刀把它剪了?

张龙:卓小姐,我只负责她的剪刀不会戳到你的脸上。

卓蓝哈哈大笑:张龙,告诉我,是我到百花亭旅社,还是你去把她接到这里来?

张龙:我觉得还是你去好,这样更具有进攻性。

卓蓝:不管童长荣在不在,你陪我去。通知陆啸衡和何应,里里外外上上下下全部荷枪实弹,给我壮壮胆子。

童长荣带着李卫来到离安庆几十里外的石塘湖。两人在湖边漫步。

童长荣:李卫,告诉我,为什么帮我?

李卫:我觉得呀,你人不错。

童长荣突然拔出枪,顶住了李卫:告诉我,你是什么人?

李卫把枪拨开:我是李卫呀。

童长荣微笑着点点头,收起了枪。

童长荣:我想问你一个问题,几年前,在那个小酒馆,你是不是故意向我透露46号仓库里的枪支?

李卫:我不记得了。

童长荣:告诉我,为什么救了杨飞,又反过来救赵瑞麟?

李卫:你说这个呀,像我们这些小人物嘛,只有这样,才能生存下去。多个朋友多条路不是?

两人在湖边坐了下来。

李卫:兄弟,说说你们共产党,给我听听。

童长荣:这是我们党的机密,我不能告诉你。

李卫:兄弟,你不说,我也知道共产党的事。

童长荣:说来我听听。

李卫:我们刚刚处理了你们的两个要犯,罗亦农和陈乔年。可惜呀,陈独秀去年死了一个儿子,今年又死了一个儿子。

童长荣:这些我都知道。你能不能说点新鲜的。

李卫:毛泽东和朱德,现在加上陈毅在江西建立了根据地,成立了工农红军第4军,还颁布了《土地法》,这意味着什么?共产党有了红色政权。

童长荣:这个你也知道?

李卫:你要这么问,那我就不说了。

童长荣:那说说你们国民党吧。

李卫:我知道的是,蒋介石即将在南京就任国民政府主席,张学良打算归顺国民政府。

童长荣:李卫兄弟,知道的还真不少呢!看来呀,我们完全可以成为好朋友。

李卫:我喊你兄弟,我们不就已经是朋友了吗?你说这话可就见外了。今后呀,需要我的时候,招呼我一声。我李卫这个人呀,就讲个义气。卓小姐逼亲,我就帮你躲亲。

童长荣:好兄弟,我们不着急,在外荡两天,找个地方我们喝酒去!

李卫:到了你的老家,你就应该请我喝酒嘛。

尽管何应一百二十个不愿意,陆啸衡还是做工作,上面的人不好得罪,这样的事以后也不会再有了。卓蓝要来百花亭旅社找何坤宜摊牌,何应还是派出了足够的警力,来为卓蓝助阵。

百花亭旅社前前后后来了大批警察,五叔探头望着心里有些慌。

五叔:他们这是要干吗?

童母:我这是遭哪门子罪,好该他不回来。把我们撂在旅馆里,又不见人了。这些警察还把我们当犯人。

何坤宜:五叔,你回屋里去。这里没你的事了。记着不要出来。

五叔点点头,出了房间,回自己屋里去了。

何坤宜这才跟婆婆说,知道今天为什么来那么多人吗?我估摸着那女人要来了。

童母有些惊慌:那个妖精要来了,我怎么应她?

何坤宜:娘,你就坐在这,该你说你才说,你就看着我怎么来应对她就行。

百花亭旅社前,车子停住,张龙拎着东西下车,拉开车门,迎候卓蓝出来。卓蓝一袭旗袍,艳丽,高贵,面罩更显得深不可测,周边的警察偷偷地看着。她镇定了一下自己,在张龙的引导下,款款上楼。何坤宜在屋里听见了高跟鞋发出清脆的响声,不一会就传来了敲门声。

何坤宜走到门前,镇定了一下自己:谁呀?

张龙在外面:卓蓝小姐来看望伯母和你。

何坤宜打开门,卓蓝出现在跟前,她傲视着何坤宜,何坤宜平静地捋了一下头发,以和蔼的神态亲切地望着卓蓝。

何坤宜:姑娘,你谁呀?

卓蓝:我叫卓蓝,我是童长荣的未婚妻。你是谁呀?

何坤宜莞尔一笑:你搞错了吧。我才是童长荣的未婚妻呢。卓小姐,你这玩笑开得有点大了。娘,怎么,你看看,长荣怎么又来了个未婚妻呢?

童母坐在屋里,一动不动:姑娘,我不知道你是谁,我只有坤宜这么一个未过门的媳妇。

卓蓝走进屋里:伯母,我是听长荣说了,他在老家有一个未婚妻,他说那是包办婚姻。我和长荣呢,是自由恋爱。这次回来呀,他是要解除这个婚约的。

童母:我不同意,姑娘,你别费劲了。

何坤宜含着笑:我只听长荣说这次回来还有个卓小姐同船到了安庆,他可没

说是这个事呢。

卓蓝:长荣碍着面子,不好说,就只有我来说了。

何坤宜:卓小姐,这么说,你很爱童长荣了?

卓蓝:是的,何小姐,我就是来告诉你,童长荣是我这辈子的唯一。

何坤宜:卓小姐,我明白了,太好了,快请坐。啊,这位先生,你也请坐。

何坤宜倒水递给卓蓝和张龙。何坤宜指着茶几上的点心。

何坤宜:卓小姐,这是安庆的糕点,快尝尝。

何坤宜将墨子酥递到了卓蓝和张龙手上,卓蓝被何坤宜的热情搞得有点懵。

卓蓝:何小姐,我不明白,什么叫太好了?

何坤宜:卓小姐,我是说,我俩的心思都一样,我们可以做亲姊妹了。你愿意吗?

卓蓝:那当然好。

何坤宜:卓小姐,那从今往后我们就是一家人了。

张龙不失时机地呈上礼品。

张龙:这是卓小姐的一点心意。

何坤宜:那可就让卓小姐姐破费了,谢谢了。

卓蓝:这是一匹红绸缎,给伯母的;这是一条大红围巾,送给你的。

何坤宜接过来,喜悦地披在肩上,她望着卓蓝:卓小姐,好看吗?

卓蓝望着温文尔雅、大方得体的何坤宜,红围巾映着她俊美的面庞。

卓蓝:真的很好看。

何坤宜:再好看也没有上海的洋小姐好看。卓小姐,你起个身,让我好好看看。

卓蓝不由自主地站了起来。

何坤宜:婆婆,瞧,卓小姐这身材,这皮肤,你还说人家是小妖精呢!我说呀,就跟画上的人似的。这叫什么,娇而不媚,媚而不妖,妖而不冶。

卓蓝:何小姐,我这让你夸的,都不好意思了。

何坤宜:卓小姐,我比长荣大3岁,你呢?

卓蓝:我也比他大 3 岁。

何坤宜:卓小姐,我是正月里生人,应该比你大,我今儿就认下了你这个亲妹妹了,来!让我抱抱你,亲亲你。

何坤宜抱住了卓蓝,卓蓝只有应付的份,她只好抱住了何坤宜。

何坤宜松开手:走,我陪你出去玩玩。

卓蓝:那好哇。

何坤宜:娘,我带着这个妹妹出去玩去了,你老歇着。待会儿有人送饭菜上来,五叔陪你吃饭。

何坤宜热情地拉着卓蓝下楼,张龙在后面跟着。走到门口,何坤宜看见何应在门边站着。

何坤宜:何局长,备辆车,我要和卓妹妹出去玩玩。

何应连忙地:请姑奶奶和卓小姐上车。

何坤宜拉着卓蓝上车,张龙随即上车,坐到副驾驶的位子上。何坤宜吩咐,卓小姐难得来安庆一趟,我带你到振风塔看看。卓蓝笑笑,那就恭敬不如从命了。

车子离开了百花亭旅社,来到振风塔下。车子停在路边。何坤宜和卓蓝下车,朝振风塔走来。

何坤宜:卓妹妹,数数振风塔有几层?

卓蓝仰起头数着:七层。

何坤宜:不错,是七层,可层层有说头。

卓蓝:何小姐说给我听听。

何坤宜:第一层叫一方雄镇,第二层叫二水遥分,第三层叫三极垂光,第四层为四大皆空,第五层是五妙境界,第六层六朝遗胜,第七层为七级浮屠。

卓蓝;没想到何小姐学识如此渊博。

何坤宜:惭愧,一介女流,只在家读书作文作画,消磨时光,悟不出大道理。但我喜欢振风塔,每次来安庆,我都要凝望振风塔七级浮屠,内省自己,我常在第四层、第五层之间徘徊,体会到道大天大地大人亦大,道空天空地空人亦空,以色

声香味触五妙供养神佛是何等境界？

卓蓝不由得对何坤宜另眼相看：何姐，你还会写字作画？

何坤宜：读书作文为本，字画乃是闲作。啊，你知道为什么要建振风塔吗？

卓蓝摇摇头：我不知道。

何坤宜：风者，风雅，文风也。自从安庆有塔，安庆文风昌盛，桐城派雄踞中国文坛两百年。我告诉你，童长荣的祖上童自澄就是开桐城文风的桐川三老之一，我的祖上何如宠做过宰相，我们何家世代诗礼传家。

卓蓝：真是了不得，让我肃然起敬。

何坤宜：我心中的偶像就是明清一代大家方维仪，她的侄儿就是百科全书人物方以智。

卓蓝一听，终于觉得自己有话说了：这我知道，我和童长荣向日本皇宫捐赠过方以智的《通雅》，我正想到浮山去膜拜呢！

何坤宜：这有什么难，我陪你去，我们有的是时间。

卓蓝确实有到浮山拜谒方以智墓的愿望，可没想到是以这样的方式。但她很乐意，这样就有更多的时间来接触童长荣的未婚妻，这个女人远超她的想象，不管多难，必须拿下她。到浮山可真不容易，舟车劳顿，辗转来到浮山。她抬头望着，山并不高，可她感觉到了一股清气。

方以智墓在白沙岭的山腰间，平时少人来，长满了灌木和柴草。雇工在前面砍出一条道来，何坤宜陪卓蓝拾级而上，终于来到墓前，卓蓝虔诚地鞠躬。

卓蓝：谢谢方先生。200 年后，因为您的《通雅》，我们获取了日本人的重要情报，还玉成了美子和山下先生一段美好情缘。

何坤宜：伊田、美子兄妹是长荣的房东吧，我听长荣来信说过。

卓蓝：是的。知道方先生在日本人心目中的位置吗？是神一般的存在。何小姐说的方维仪是方先生的姑姑？

何坤宜：是的。方维仪，一代诗书画大家，守志清芬阁，教读侄儿，创立国内最早的女子名媛诗社，与姐妹弟媳吟唱酬作，诗书画真是美到了骨子里。

卓蓝：张龙啊，何小姐以方维仪为心中楷模，我也感受到了何小姐的骨淑风清,志高行洁,我辈可就是粗人一个了。

张龙连忙点头称是。

何坤宜摇摇头:卓妹妹谦虚了。我呢,局促乡里,孤陋寡闻。我之所以仰慕方氏姑侄绝不是附庸风雅,而是他们的节气,为国为民情怀。我只想说,不管哪个党,哪个派,只要是站在劳苦大众这边,只要是为国家好,那就是好党。我也是这么和童长荣说的。卓妹妹,我知道童长荣和你们的信仰不同,但我有一个愿望,我真的不想再看到内斗了! 一起为国家做事不好吗?

卓蓝和张龙对视,无以言对。

拜谒完方先生墓之后,何坤宜又陪卓蓝来到摩崖石刻前。卓蓝很震撼,连绵不绝的石刻昭示着这里的文化厚重,听到何坤宜的介绍,山下周围的几大家族成就了影响深远的桐城文派。当然更为震撼的是她感受到了这里的文化和灵山秀水涵养了眼前这个超凡脱俗的女人。她不禁感慨,这个女人太厉害了,她这是有意识地要在自己面前展示她的学养、教养、涵养,目的就是要将自己比下去,让自己觉得在她面前相形见绌,无地自容,知难而退。她要用自己的才华,无声地告诉自己,她才是童长荣最合适的妻子。

卓蓝已经顾不了许多,她需要的是结果,下山之后,她决定向何坤宜摊牌:何小姐,你让我充分领略了你的过人之处,我不得不从内心佩服,可我真的离不开童长荣了。

何坤宜:卓蓝小姐,我也不瞒你,长荣跟我说过,你救了他的命,我能理解这种生死之交,我也很感谢这么多年你对他的照顾。有你在他身边,我也就不担心了。卓妹妹,你看这样行不行,既然让我两人都遇上了童长荣,你不愿意放弃,我也不愿意放弃,只有一个办法,那我们就一起嫁给童长荣吧。

卓蓝懵了:你说我们一起嫁给童长荣?

何坤宜:是呀。按照我们老家的规矩,我在前,你在后,我做正房,你做偏房。

卓蓝更懵了:什么? 还让我做偏房?

何坤宜:你要是觉得委屈呢,那你就做正房,我不介意做偏房。

卓蓝完全不知道何坤宜还会来这一手,气恼地:你,你……

何坤宜:我呀,想来想去,只有这一个办法,卓妹妹,说真的,也许是冥冥中的缘分,一见到你,我就喜欢上你了,我们做个好姐妹,不好吗?

卓蓝已经无话可说,愣在那里,回不过神来。

何坤宜:卓妹妹,就这么说定了。走,我们该回去了。

何坤宜在头里走了。

卓蓝阴沉着脸,咬了咬嘴唇。张龙走了过来,望着卓蓝。

卓蓝:这个女人太厉害了,吃人都不吐骨头。

张龙:卓小姐,伤自尊了? 你的自信哪儿去了?

卓蓝:给我滚!

石塘湖畔有个小酒店,童长荣和李卫就在这里住下了,落得个逍遥自在,闲来无事,除了睡觉,就是喝酒。两人你来我往,推杯换盏。

李卫:长荣兄弟,我们44号的兄弟都佩服你呢。

童长荣:是嘛。

李卫:依我看,杨飞、赵瑞麟、卓蓝三人加起来不抵你一个人。

童长荣:你小子是把药给我吃是吧。

李卫:我说的是真心话。

童长荣:告诉我,杨飞明明知道拉我入伙此事不可为,我也知道赵瑞麟心里也舍不下卓蓝,可他们为什么还要实施这样的计划?

李卫:我也不知道,大概也许……

童长荣:你小子别给我卖关子,给我分析分析。

李卫:杨飞有可能是钓鱼吧,赵瑞麟可能是抱着舍不得孩子套不着狼的心态。卓蓝小姐我能看得出来,对你真是一片痴情。他们也许是在利用卓蓝。我们内部打过招呼了,对卓蓝和你在一起,我们不能有任何的打扰。

童长荣点点头,敬了李卫一杯酒。胖、矮警察寻到了小酒馆前,发现了童长荣和李卫在里面喝酒。

李卫拔出枪:怎么,在旅馆里觉得还没有闹够,跑到这里来找死是不是?

李卫举起了枪。胖、矮警察连忙摆手。

胖警察:不是的,我们奉何局长之命,请二位回城里。

矮警察:我们特地赶来,就是来对二位赔礼道歉!

胖矮警察不停地朝童长荣左鞠躬右道歉。

童长荣:既然这样,两位兄弟,一路辛苦了,进来我们一起喝个酒。

胖矮警察喜不自禁走进了小酒馆,在两人面前坐下。童长荣给他们满上酒,敬他们一杯,两人连声谢谢。童长荣吩咐店老板再加几个菜。

胖警察望着童长荣:童先生,还记得我们两个吗?

童长荣望着胖矮警察。

矮警察:童先生,五年前,在海西渡口……

童长荣:啊,想起来了,你们两个还得了我四块大洋呢。

胖警察:小人有眼无珠,得罪了。

童长荣:那我们就算是老朋友了,来,再敬你们一杯酒。

胖矮警察连忙站起。酒杯碰在了一起。

自何坤宜离开家后,何老爷在家坐卧不宁。童长荣从日本东京帝国大学毕业,现在怎么就成了安庆的红人,又怎么还要解除婚约,他怎么不回枞阳?他不知道这里面到底发生什么了,正愁眉不展的时候,吴用贤、何坤秀抱着孩子回来了。

何老爷:你俩回来得正好,用贤,我正有事打算去找你呢。

吴用贤:家公,有什么事吗?

何老爷:童长荣回来了。

吴用贤:长荣回来了?人在哪里?

何老爷:人在安庆,何局长派人来把坤宜和童长荣的母亲接到安庆去了。

何坤秀:为什么不回枞阳?这安庆警察局不是在通缉童长荣吗?怎么又接坤宜到安庆见童长荣了呢?

何老爷:听那个余队长说,如今童长荣是衣锦还乡,连国民党安徽党部、安庆警察局都在鞍前马后地接待。

何坤秀：看来呀，这童长荣几年不回来，混出个人模狗样了，派头大了，连枞阳都懒得回了。

吴用贤：这不对呀，童长荣是共产党，国共现在是生死仇人，怎么童长荣现在倒成了国民党的座上宾了？

何老爷：人已经去了好几天了，也没个消息，我天天在家想着，就没搞明白这是怎么回事！

何坤秀：用贤，还愣着干什么！你去安庆一趟不就明白了。

吴用贤望着何老爷。

何老爷：用贤，我也就是坤秀这个意思，你到安庆去一趟，看看究竟是怎么一回事。

吴用贤：好的，我这就去。

 二十五

童母和五叔住在百花亭旅馆里，每顿都是大盘小盘满满一桌子。童母愁容满面，吃不下，睡不好，叹气连连，这都是个什么事啊！一个不见人影，一个一走就两天了，困在旅馆里，她觉得比坐牢还难挨。五叔一边喝酒，一边安慰着，二娘，别担心，这次长荣回来，我看这安庆上上下下都敬他三分，我都看见了，就是打死个把人，又有好大事。

童母：五叔，莫说怪话，打死人都没事，你把你侄子说得比牛还大。

五叔：你说比牛大，我跟你老人家讲，你那是说小了，这话不提了。二娘，你没看出来吗？楼下闹事，长荣侄子是故意起呛子，借机躲开了，并不是怕他们。坤宜贤侄媳，我都看清楚了，把那个女人说的一愣一愣的，对付这女人，也是小菜。二娘，这整天大鱼大肉，还有小酒，吃饭还不要钱，这样的日子哪里有？

五叔倒上了酒，看见童母不动，低着头，他叹了口气，放下了筷子。

不经意间，何坤宜走进了屋里：娘，五叔，我回来了。

童母连忙站起：坤宜呀，你和那女人到哪里去了，我的心都急飞掉了。

何坤宜坐到桌前：哟，伙食不错嘛，这何局长还有点孝心。我饿了。

童母盛饭递到何坤宜跟前，何坤宜连忙挡住。

何坤宜：哪能要你老人家盛饭呢，雷打头，我自己来。

五叔：你婆婆呀，两顿没吃饭了。

何坤宜：原来是省给我吃的呀。不吃，那就再饿你两顿。

童母：坤宜，别跟我说这些，你跟那女人这两天跑到哪里去了？

何坤宜盛了一碗饭递给童母：把这碗饭吃了，我就跟你讲。

童母说真吃不下去，何坤宜将碗一掼，那我就偏不说，急死你！童母赶忙端起碗，何坤宜笑了，看来人还是要服狠，童母一边吃饭，一边嘟哝，你狠，我服你照了吧。

何坤宜一边给童母夹菜，一边说，娘，我先带她到振风塔，后来去了浮山，一路上我跟她说东说西，就是不提这茬，最后她急了，要跟我摊牌。我说这事很简单，既然我俩都喜欢这个人就一起嫁给这个人算了。

童母瞪着何坤宜：你这是什么话？鬼话！

何坤宜：您老呀，赚了，一下子有了两个儿媳，还不知足？

童母：我只有一个儿媳妇，就是你。就那个妖精还想给我做儿媳妇？呸！

五叔抿着小酒：坤宜贤侄媳有脑子。

何坤宜：我说呀，那总得有个先来后到吧，我做正房，你做偏房。她呀，就在那生闷气，我就又说了，你要是不乐意，那你就正房，我做偏房。那个卓小姐的脸都绿了。

五叔：我就说嘛。贤侄媳就不是一般人，怼得好。

童母笑了：还正房偏房呢，我家的洗脚水都没有她喝的分。

何坤宜：娘，你别这么说人家好不好，人家是大上海的，能耐大，有本事，安庆的这些大官、警察这些天都围着她转呢！娘，听说她家财产能把安庆都能买得下来呢，您老不动心？

童母：她家就是有座金山我也不稀罕。

何坤宜：人家还要接你去上海享清福呢！

童母:屁话,你再说,我连你也不要了。

何坤宜笑了:婆婆,将心比心,这个卓小姐救过童长荣的命,就凭这一点,我恨不起来她,真的很感激她,我是真的想认她做姐妹。

童母:要不是说她救了长荣,我那天当场就打她两个耳光。

何坤宜:千万可不能,长荣的组织还要利用她呢。

五叔:二娘,贤侄媳这话才是点子上的话。

童母的心还在揪着:长荣这些天也不晓得死到哪里去了?

何坤宜:娘,您放心,我只能跟您说,这些天,他千方百计地在安庆造事,就是想把这事搅黄掉,明白吗?

童母:他不会有什么事吧?

何坤宜:不会,他就是在安庆杀了人,都不会有事。

童母奇怪何坤宜怎么说着和五叔一样的话。五叔望着何坤宜笑了,他们不敢将童长荣在安庆枪杀余队长的消息告诉她,怕吓着了她老人家。

童长荣、李卫和胖矮警察在石塘湖畔喝完了最后一壶酒,胖矮警察站起来躬身请童长荣回城里。临走前,李卫结了账,拿了两条烟,塞给胖矮警察,两人感激不尽。

刚出酒馆,童长荣就看见吴用贤先生在湖边匆匆行走。他一边喊着吴先生一边挥着手,吴用贤看清楚了,是童长荣。童长荣一路小跑来到吴用贤跟前,握住了他的双手。

童长荣:吴先生,我回来了。

吴用贤:知道你回来了,人却不回枞阳,听说还要解除婚约,这不,老爷让我来安庆找你和坤宜,问问情况。我人还在半路上,又来个不期而遇。长荣,到底是怎么回事啊?

童长荣:吴先生,还真是一句话说不清楚。因事耽搁未回枞阳是事实,解除婚约那是误传。

说话间,李卫和两个警察也跑了过来。童长荣介绍吴用贤既是恩师,又是姐夫。

李卫连忙介绍自己是童长荣的保镖,两个警察也赶忙介绍是负责保卫童先生的。

吴用贤:哟,长荣,出个门又有保镖还加保卫,你这派头大得很呢!

矮警察:那是,童先生荣归故里,整个安庆城都在围着他转。当年童先生是遭通缉离开安庆的,这次回来今非昔比,在安庆杀人都没事。

吴用贤:警察先生,我胆子小,你别吓我。

胖警察:您不信,童先生前两天就把我们的余队长给毙了。

吴用贤敬畏地望着童长荣:是吗? 你真的把那个余队长……

童长荣说,他死有余辜。

吴用贤:你做了什么大官啊? 这么威风。

童长荣:吴先生,没有做什么官,他们都是在给我吹牛。走,我们一起回城里吧。

刚进城里,吴用贤发现,童长荣所经道路都有警察向他致意,到了旅社门口,两旁警察恭身迎接。走到楼梯前,李卫和胖矮警察止步,表示在楼下待命,随时听候调遣。

童长荣陪吴用贤上楼,屋内,何坤宜听到敲门声,起身开门。

童长荣:我回来了,吴先生也来了。

何坤宜:姐夫,你也来了。正好吃饭。

童母:姐夫呀,快来坐,这不刚吃饭。

五叔连忙斟酒,说这下可好,吴先生来了,喝酒也有个伴了。

吴用贤站起来敬酒:伯母好,长荣有出息呀,我刚才都被吓倒了,这警察是前呼后拥,还在楼下站岗。还听说,长荣毙了那个余队长。

童母吓了一跳:长荣,你还真杀了人?

五叔:这事,我和坤宜贤媳都在场,长荣那是为民除害,为同学报仇。二娘,想当年,他怎么对待你的,怎么把我打成重伤,你忘了!

童母拍拍胸脯,心悸不定,嘴里喃喃地,可那也是条命呢。

何坤宜:娘,不说这些了。长荣回来一趟不容易,姐夫也来了,我们好好吃

顿饭。

童母这才换了话题,埋怨童长荣,你呀,还让吴先生到安庆来看你,多大的人物呀。吴用贤喝了一口酒,抱怨起来,这些年,坤宜姨妹晓得,我可是憋屈死了,一家人都在埋怨我,说是我坑了坤宜,今天,我可是扬眉吐气了。

五叔:吴先生,什么都别说了,你培养了长荣,我来敬你。

趁大家吃饭的时候,童长荣把何坤宜拉到门外,问卓蓝是否已经来过了。何坤宜点点头说,她在我面前还嫩着呢,我带着她转了两天,斗而不破,她已经缩回宾馆去了。童长荣深情地望着何坤宜,说谢谢你,让我迈过了这个坎。

卓蓝的安庆之行,被童长荣搅得心神不宁,被何坤宜整得没有一点脾气,觉得再待下去,也没有结果,她决定离开安庆。陆啸衡和何应得到消息后,立即赶到饭店。

卓蓝对陆啸衡和何应说,你们给我听好了,我第一次到安庆来,就发现了童长荣的天赋异禀,这些年,我们一直在做他的培养和归顺的工作,如能得到此人,那是党国之大幸,明白吗?

陆啸衡顺着卓蓝的话说道,我们明白卓小姐此次来安庆的特殊使命,绝不是个人的儿女情长,而是为了党国的事业。

卓蓝向他们下达任务,我走后,要继续给何坤宜施压,逼她放弃婚约。如能成功,你们俩就是对党国做出了巨大的贡献,明白吗?何应表态,卓小姐,请放心,我会不徇私情,去做何家的工作。对何应的表态,卓蓝表示满意。

卓蓝说还有一件事,大南门的安庆菜做得不错,她要带一个厨师到上海金门大酒店去,专门为童长荣做家乡菜。陆啸衡唯唯诺诺,说这事我来办。卓蓝挥挥手,陆啸衡和何应退了出去,卓蓝转身对张龙说,通知童长荣,明天回上海。

百花亭旅社里,何坤宜帮童长荣在收拾东西。

童长荣:妈,坤宜,我刚从日本回来,千头万绪,还有重要的工作要做,就不回枞阳了,最迟明年春天回来完婚。

童母流着泪:你呀,又让我多了一层担心,那个妖精要是不放手怎么办?

童长荣:妈,坤宜,你们放心,我们不是一路人。国民党现在已经成为人民的敌人,我怎么可能与这样的人走到一起呢?

何坤宜:我心里明白,可现在这全中国是他们的天下,一定要注意安全,保护好自己。

童长荣:放心,我会加倍小心的。再则,他们现在是要争取我,不会把我怎么样的。

何坤宜:长荣,我还是那句话,我支持你,命可夺志不可夺,认准的路,你就坚定地走下去。

童长荣点点头:坤宜,等着我,请相信,我们一定会胜利的。妈,我就交给你了。

何坤宜的眼泪出来了:家里有我,别挂念。

童长荣:妈,坤宜,我走了。

童长荣拎起了皮箱,童母忍不住哭了,何坤宜也哭了,童长荣的眼泪也出来了。他朝母亲鞠了个躬,走出了房间。

何坤宜扶着童母跟着出了房间,吴用贤和五叔站在过道里,童长荣来到两人面前。

童长荣:五叔,娘还望您多关照。

五叔:放心吧。

童长荣:吴先生,这次不能去看望老爷子了,帮我说个话,下次回来,一定去赔礼道歉。

吴用贤:我一定转达到。

几个人跟在童长荣后面走出旅社。李卫站在车前,接过童长荣的皮箱,打开车门,童长荣再一次抱着母亲,深情地望着何坤宜,然后上车。车子离去。

何坤宜扶着童母,泪眼目送。

江轮顺江而下,行驶在宽阔的江面上,很快就到了枞阳水面。童长荣望着家乡的山山水水,恋恋不舍。船过铁板洲,洲上就是何坤宜的家了,他心里突然有些异样的感觉,似乎有一种负罪感,真是对不住何坤宜,内心暗暗发誓,今后一定

要加倍补偿,不能再让她受委屈了。

童长荣走进船舱,看见卓蓝坐在那里,士气低落。想着罗栗文交代的任务已经完成,心里的负担也放下了,他一下子变得轻松起来。他在卓蓝身边坐了下来。

童长荣:怎么不说话,这一路上多寂寞啊。

卓蓝:你让我说什么,你和那个何小姐很会来事啊。

童长荣:这话从何说起呀。

卓蓝:童长荣,别以为我不知道,你一到安庆就杀人,就是成心捣乱。

童长荣:他撞到了我的枪口上,我能不杀他吗? 杀他难道不是革命的行动吗?

卓蓝:童长荣,我承认我玩不过你。可我没想到,又被你那何小姐摆了一道。我问你,是不是你事先就和她串通好了?

童长荣:没有哇,你这可是冤枉我了。你让我跟你一道回安庆,我就乖乖地跟你来了。我就是写信告诉她也来不及呀。

卓蓝:何小姐可不是一般的厉害。她的想法太有意思了,让我俩一起嫁给你。童长荣,你有艳福啊!

童长荣:这可是你说的,我看哪,你们国民党才搞三妻四妾,却对共产党造谣污蔑,信口雌黄。

卓蓝:我也觉得是这样。这何小姐是故意在损我! 童长荣,我告诉你,我不着急,我有的是时间,我有这个自信。

童长荣:卓蓝,谢谢你这么抬举我。

卓蓝手一挥,不说这些了。她问童长荣,回到上海干什么?共产党可不给你发工资,你吃什么? 喝什么? 童长荣点点头,是啊,你说得对,我呢,还是回亚培路,准备写小说,当职业作家,卖文为生。卓蓝笑了起来,当作家挣钱养活自己,你这是要笑死我吗? 童长荣对卓蓝正色道,我是认真的,请你别低估我的文学才华。

卓蓝:童长荣,我不是给你指了一条光明的路嘛,你跟我到44号来。

童长荣:你让我天天面对杨飞和赵瑞麟?不出一个星期,我就把他俩给宰了。再一个月后,44号恐怕就不存在了,他们敢要我去吗?

卓蓝望着童长荣:我养活你怎么样?

童长荣:你想让我吃软饭。你说我童长荣是那样的人吗?

卓蓝知道一下子说服不了童长荣,改变一个人还得从长计议。眼下紧要的事就是让童长荣把文件回忆出来。她对童长荣说,必须每周末见一次面。还告诉童长荣,她在安庆大南门酒店专门请了一个厨师到金门大酒店做安庆菜。其实,定期和卓蓝见面这正是童长荣需要的,但他必须要表现出不情愿的样子。

童长荣:如果我不按你的要求做呢?

卓蓝笑了:临走前我已经交代安庆方面了,如果你不乖乖地这样做,我就不能保证你的老母亲和何小姐的安全。

童长荣:你竟然也做这种卑鄙无耻之事。

卓蓝:这都是被你逼的。

回到上海,童长荣又回到了亚培路里弄138号。王舒一见到童长荣,就问这次安庆之行情况是不是很糟,童长荣说不是,恰恰相反。王舒放下心来,对童长荣说,罗书记这几天都在关注安庆的情况,他会马上安排与罗书记见面。

王舒告诉童长荣,他现在的主要工作就是交通,你和罗书记的联系方式、会面时间和地点,都由我来安排,你不能直接去找他。童长荣点点头,表示一切都听王舒的安排。

和罗栗文见面后,童长荣把安庆之行详细情况向罗栗文做了汇报。罗栗文不住地说,太好了,这是最好的结果了。罗栗文不住地夸奖何坤宜的胆识、智慧和胸怀,深情地回忆起在浮山得到她的诸多帮助,并说,坤宜姑娘已经在为党组织做工作了。童长荣说,坤宜对您很敬重,临走前还让我向您转告,感谢您对我的培养。罗栗文慨叹,这么好的姑娘,只是委屈她了,就因为卓蓝的搅和,你们未能完成婚事。童长荣说,我们都还年轻,以后的日子还长着呢。

罗栗文交代当前三项工作,第一件事就是抓好沪中区宣传工作,李克农协助工作;第二件事也是更重要的工作,充分利用卓蓝和44号打一场暗战,为党组织

的恢复和发展保驾护航;第三件事就是尽快把《田中奏折》简译本默写出来,揭露日本军国主义的阴谋。

童长荣向罗栗文保证,他会牢记这些任务,努力地去完成。罗栗文满意地点头。

卓蓝的安庆之行得到了杨飞的支持,赵瑞麟只能服从,可内心隐隐作痛,他明白卓蓝已经无可救药地恋上了童长荣,这令他嫉妒,心里酸溜溜的。昨天晚上和姐姐一起吃饭,提到卓蓝和童长荣的事,他才知道姐姐参与了对童长荣的救治。赵瑞昱说赵瑞麟年龄也不小了,思来想去还是和卓蓝比较合适。她倒不是看重卓蓝家的万贯家财,但有一个优渥的家产足以让生活无虞总是件好事。

赵瑞昱和卓荣丰都曾是戴季陶马克思主义研究会的成员,过去在一起,赵瑞昱仰慕戴季陶,过从甚密,最后成了不清不白的特殊关系人。聚在一起时,戴季陶当着赵瑞麟和卓蓝的面说,这才是天作地合的一对,也得到了卓荣丰的首肯。

当年,赵瑞麟正值青春期,望着卓蓝玉一般的面容,紧致的身材和男孩一样爽朗的性格,不由得怦然心动。其实,当初卓蓝也喜欢和赵瑞麟在一起,去了密训中心一趟,经赵瑞麟一番胡吹海侃,她居然愿意接受培训。在那一年时间内,赵瑞麟悉心调教,他曾不止一次有意无意触摸卓蓝的手,嗅着她的发香,卓蓝并无推脱之意,正当赵瑞麟愈来愈迷恋卓蓝时,突然冒出了一个童长荣。起初,他并未介意这个乡下小男孩,还比卓蓝小 3 岁。可这些年,他眼睁睁地看着卓蓝一步步远离自己,慢慢向童长荣靠近,以致到了不能自拔的地步。杨飞可不管自己的感受,居然纵容卓蓝的所谓计划,自己还必须服从。

自从卓蓝走后,赵瑞麟就心烦意乱,密切打听卓蓝在安庆的一举一动,他从张龙的密报里,得知卓蓝安庆之行是自讨没趣,甚至被形容为是一次耻辱之行,他心里似乎有一种快意。

赵瑞麟看到卓蓝进了杨飞的办公室,他估算着卓蓝一会儿也会来自己的办公室来说几句,他镇定一下自己,做出在桌前忙碌批阅文件的样子,眼睛却不时地瞟着斜对面杨飞的办公室。

终于,杨飞办公室的门开了,卓蓝走了出来,并未像他预计的那样,卓蓝径直回到了自己的办公室,这让赵瑞麟很失望,也很生气,他忍受不了,跟着走进了卓蓝的办公室。

赵瑞麟:卓蓝,回来啦?

卓蓝:赵科长,回来啦。

赵瑞麟:安庆一趟,不大顺利吧。人还没回来,安庆的状就告到上海了,说童长荣在安庆杀人,把安庆弄得鸡飞狗跳。

卓蓝:啊,是谁在里面嚼的舌头呀?

赵瑞麟:别问是谁。卓蓝,我告诉你,你低估了童长荣,他这样做,就是让你早一点离开安庆。

卓蓝:确实如此,我也低估了那个何小姐,一个唱白脸,一个唱红脸,就像是事先排练好了一样。

赵瑞麟:卓蓝,这一趟回来,压力很大吧,我可是替你在挡流言蜚语呢。

卓蓝:赵科长,别阴阳怪气地,有话直说。

赵瑞麟:有人啦,说卓蓝是打着争取的旗号,破坏人家的婚姻,和共产党要来谈一场名正言顺、轰轰烈烈的恋爱。

卓蓝:我为党国尽心尽力,可有人还在背后戳我的小腰,使绊子,告诉我是什么人啦,不会是你吧。

赵瑞麟:卓蓝,我赵瑞麟从不做小人做的事情。尽管我对此持保留态度,你问问杨主任,我还是服从大局的。实话跟你说吧,44号的人对你意见大呢?

卓蓝:对我有什么意见?

赵瑞麟:最近党内也要清党,所有国民党员都要重新登记,你不在家的日子,我们开了几次会。行动科现在就你和李卫两个人没有通过。

卓蓝:什么理由?

赵瑞麟:这不明摆着嘛?有人说你和共产党的关系不清不白。

卓蓝:放他娘的狗屁!

赵瑞麟:卓蓝,别激动,你听我说,我还在做工作。

卓蓝霍地站起:不给我登记,好,从现在起,我与44号一刀两断。走了!

卓蓝走到门外,发泄似的将门摁了一下,匆匆下楼。赵瑞麟本想借这个事拿捏卓蓝一下,不想卓蓝不吃这一套,望着卓蓝扬长而去,他竟然有些束手无策了。

卓蓝愤愤下楼,在院子里遇见了李卫,李卫正拎着一个包往外走。卓蓝喊住了李卫,问他到哪里去?李卫说,党员登记未通过,将他停岗了。

卓蓝大声说,李卫,跟我走!赵瑞麟追了下来,劝卓蓝不要意气用事。卓蓝不予理睬,李卫上了卓蓝的车,车子迅即离去。赵瑞麟知道这件事搞砸了,站在那里,后悔没有及时向杨飞汇报行动科党员登记的事。

车上,卓蓝驾着车问李卫不予登记的理由,李卫说,回来后才听到有人跟他说,主要是说他档案材料历史不清楚。

卓蓝:你救了赵瑞麟,他都不帮你说话?

李卫:问题就出在这个地方。赵瑞麟这人疑心太重,说我隐藏得太深,有共产党嫌疑。

卓蓝:44号不要你,你到我的纱厂干去,我给你开高额工资。

李卫显得很激动:谢谢卓小姐,真是一辈子感激不尽,我李卫从此愿意为卓小姐卖命。不过,我真的要替卓小姐鸣不平。在东京出生入死,大华纱厂这些年资助44号无数资金,可到头来连个党员都登记不上,真是个笑话!

卓蓝不再说话,车子不由自主地开到了亚培路里弄。

李卫眨巴着眼睛:卓小姐,这是要找童长荣吗?你不会带着我找童长荣投奔共产党吧。若是这样,我也会义无反顾。

卓蓝停住了车,摇摇头,我不是要找童长荣。她伏在方向盘上显得有些茫然。她自己也不明白,为什么就莫名其妙地把车开到了夜校门口,是要告诉童长荣自己脱离了国民党,离开了44号吗?显然,她内心里不想这样做,可就是不由自主地来了,她自嘲地笑笑,调转车头,开出了亚培路里弄。

童长荣和王舒这个时间点还真不在夜校里。王舒陪着他去春野书店找李克农。进了书店,王舒向李克农介绍童长荣。

李克农:久仰了。罗书记和王舒多次提到你,见到你真是荣幸。

王舒正欲介绍李克农,童长荣摆摆手,不用你介绍了,我已经了解了,我们是安徽老乡,你比我大9岁,按理呀,我该叫你老哥了。

李克农:你客气了,按照罗书记的指示,我会全力协助你做好中心城区的宣传工作。

王舒:长荣,这是我们一个重要的点。李克农他们办了一个《老百姓报》,很受老百姓的欢迎。

童长荣:带我看看。

三人走到后面的印刷室。童长荣拿起一份《老百姓报》边看边不住点头。

童长荣:刚来上海时,罗书记就带着我和王舒办了《黎明周报》,报纸是我们一个很重要的宣传阵地。

童长荣觉得《老百姓》报上的文章短小精悍,文字通俗易懂,内容也很有战斗性、针对性,真是不错。

李克农:今后还请你多指导。

童长荣:指导谈不上。我倒是想说个事,最近,国民党内部清党,谁是左派谁是右派他们分不清,谁是共产党心里更没有底,怎么办呢?

两人饶有兴趣地望着童长荣。

童长荣:有个国民党的省党部苦思冥想,想出了一个妙招,左派的站左边,右派的站右边,然后开始打架,如果左右两边是真心站在自己一边去打对方,左右派就分出来,左派统一勒令退党,如果左右两边共同打同一个人,那人就被定性为共产党。

李克农:这就像一幅漫画一样,真是辛辣的讽刺,我明白了,如果有这样的文章,老百姓一定喜欢看。童先生,感谢你的指导。

童长荣:对国民党展开文战,不仅是写文章,口诛笔伐,体现在方方面面。克农老哥,我来找你是想跟你商量一件事,并征求你的意见。最近上海动作不断,又是搞大上海建设计划,又是评选上海市花,目的是营造表面上的繁荣和歌舞升平。就拿这个评选市花来说,我们就可以做做文章。

王舒:这事我知道,好多市民都在议论这件事,都要参加投票。

李克农：国民党不关心民生经济、人民死活，就搞这些风花雪月、劳民伤财的玩意，老百姓能得到什么？童先生的意思是我们组织工人市民来加以抵制？

童长荣：不是抵制，是大规模地组织，鼓励大家踊跃参加。

两人疑惑地望着童长荣，不得其解。

童长荣：评选市花，现在态度最积极的都是有闲阶层，公子哥儿，名媛名流，达官贵族，天天为到底是玉兰花，还是月季在争论。说实在的，普通市民、工厂里做苦力的工人，谁关心这个。我的想法是，把我们的劳苦大众动员起来，参与投票，评选我们老百姓心中的市花。

李克农明白了童长荣的意图，连声说好，说这样就把宣传工作做活了。

王舒、李克农都在努力地想着代表劳苦大众的市花是什么。

童长荣：我提一个花，你们觉得可以吗？

李克农、王舒：什么花？

童长荣：棉花。

两人都叫了起来：棉花做市花？这个想法简直了，绝了！

童长荣：既然你们觉得不错，那么，我们就一起到街道，到工厂，到集市，到商场发动和宣传，一定尽要最大努力把棉花选上。

李克农点头：上海是劳动人民的上海，评选棉花做市花既彰显了无产阶级的立场，又显示了千万个普通劳动者的力量。

王舒：是啊，上海周边是望不到边的棉田，棉花盛开，很美，棉絮出壳，洁白如玉，市民也应该充分认可。

李克农：童先生，就你这一点拨，我可是胜读十年书了，你这是在教我如何做宣传工作，真是受益匪浅。

王舒：克农，现在你知道了吧，这就是罗书记如此看重他的原因。

童长荣：罗书记交给我们文战的任务，我们就一定要把它打好。请通知有关人员，今晚到亚培路夜校开会。

王舒：好，我和克农去通知。

童长荣让王舒通知田嫂，把连娣也带来，我很想念她。

王舒:好的。我这就去大华纱厂。

卓蓝带着李卫来到织布车间,对田嫂说,这位先生叫李卫,往后他就在车间管理生产。

田嫂望着李卫:我不知怎么称呼,是工长、工头,还是叫那摩温呢?

李卫真诚地:田嫂,我不是那摩温,也没有皮鞭,卓小姐赏我一口饭吃,你们不用担心,就喊我老李吧。

卓蓝走到连娣身边,摸摸她的头说,连娣,告诉你一个好消息,你的童哥哥回来了。连娣一听,格外高兴,喃喃地,都好几年了,可终于回来了。

卓蓝走后没多久,王舒就来到了车间,通知田嫂、周师傅晚上去亚培路夜校开会,让田嫂把连娣也带上。

连娣疑惑地:我也去?

王舒:你的童哥哥回来了,他想你了。

连娣高兴地:太好了,刚听卓姐姐说了,没想到这么快就能见到童哥哥了。

王舒正准备走,李卫走了过来。王舒疑惑地看着他,李卫笑笑,有些奇怪吧?我已经离开了 44 号,到这里来上班了。

王舒笑了,你不为国民党卖命了? 欢迎你来到劳动人民中间。不过,你要是刻薄了工人,我们同样饶不了你。李卫摆摆手,哪能呢! 兄弟常来,我们还可以聊聊天,喝喝小酒。王舒和李卫打着招呼,离开了纱厂,可他还不知道卓蓝也离开了 44 号。

夜晚,亚培路夜校里。童长荣坐在油灯前,铺开了稿纸,想了一会儿,终于在稿纸上写下了标题:田中义一上日皇之奏章——帝国对满蒙之积极根本政策。

童长荣停下了笔,东京的一幕幕开始在他的脑海里不断涌现出来,他想起了蔡先生还在牢里,他很想念伊田兄妹,伊田家的小屋,很可惜,那本手抄的《共产党宣言》一定还静静地躺在抽屉里,他相信伊田一定会保管好的。

童长荣定了定神,开始下笔:圣旨所示,臣等不胜感激之至。当臣在野时,即主张随满蒙采取积极政策,并希望从速实现,兹为开辟东方之新局面,已于六月

二十七日至七月七日凡十一日,召集与满蒙有关之文武百官举行东方会议,对满蒙之积极政策作出决议。

　　……过去的日俄战争实际上是中日战争,将来如控住中国,必须打倒美国势力,这和日俄战争大同小异。如欲征服中国必先征服满蒙;如欲征服世界必先征服中国。倘若中国被完全征服,其他如小亚细亚、印度、南洋等地异服的民族必然会敬畏向我投降,使全世界认识到亚洲是属于日本的……

　　王舒和李克农走到门口说人员都到齐了。

　　童长荣停下笔,点点头,将稿纸藏到了墙壁缝里,走出房间。童长荣看见了人群中的田嫂和连娣。

　　童长荣热情地打招呼:田嫂,连娣。

　　连娣有些羞涩,田嫂将连娣拽了过来。

　　田嫂:见到童哥哥还不好意思呢。

　　连娣终于抬起头,鼓起勇气:童哥哥好。

　　童长荣:哟,都长成大姑娘了,让我看看,啊,比过去结实一些了。我走的时候,布置给你的任务,现在告诉我认得多少字了?

　　田嫂:上了陶行知先生识字班,能给家里写信了。

　　童长荣:好好,进步不小呢,哥哥非常高兴。

　　田嫂:童先生,我们也想你啊,连娣是三天两头念叨你呢。

　　周师傅说,就是在这里,童先生给我们讲革命的道理,讲马克思主义,至今还记在心里。

　　童长荣亲切地望着大家,你们啊,经过五卅运动,大革命的洗礼,也经历了"四一二"的腥风血雨,刘大哥还为此献出了生命,可你们更坚定革命的理想和信念,你们个个都是好样的。

　　李克农作了开场白,今晚请大家来,童先生要给大家布置任务。大家望着童长荣,热烈鼓掌。

　　童长荣:最近啊,上海社会局和《申报》要评选市花,我想请大家积极参加评选。

一个女工:童先生,您这是要我们去参加投票吗?

童长荣点点头。

另一个女工:选市花那是达官贵族、公子哥儿、富家小姐的事,童先生,你怎么让我们做这些事情啦?

王舒:童先生的意思你们还没明白。达官贵人喜爱的是什么夜来香呀月月红啊什么的,我们呀偏不选,童先生的意思让我们去选棉花。

女工们兴奋起来:棉花,我们天天和棉花打交道,这就是我们心中的花。

田嫂:我明白童先生的意思了,通过选我们心目中的花来展现我们工人阶级当家做主的力量。

女工们七嘴八舌:我们全上海的纺织女工发动起来,一准把他们选下去。

大家都说好,继而鼓掌,连娣也跟着鼓掌。

童长荣:各位工友,市民代表。棉花就是我们工人阶级的象征,没有玉兰花的高雅,没有月季那样的娇艳,没有牡丹的雍容华贵,可它是有精神的,在冬天里,给了我们温暖,奉献了自己的全部。我记得有首童谣,就叫《棉花姑娘》,谁会唱?

田嫂:连娣会唱。

童长荣:连娣,你来带大家唱。

连娣连忙摆手:我不敢,这么多人,我害怕。

童长荣:勇敢点,这是我们劳动人民心中的歌,我们要大声唱出来,我们要将这首歌唱响上海的大街小巷。

工人代表:连娣,你就带着我们唱吧。

田嫂将连娣拉到了众人前面。连娣不好意思,童长荣坚定地朝她点头。

连娣红着脸,终于鼓起了勇气,带着大家唱起了《棉花姑娘》:

棉花姑娘田为家,穿绿衣来戴红花。花谢结出青桃桃,桃裂开出雪白花。棉籽榨油香喷喷,棉花纺线织衣袜。姑娘全身都是宝,人人羡慕人人夸。

童长荣、王舒、李克农和大家一起跟着连娣唱歌,连娣不再羞涩,放开了嗓子,大家越唱越有劲。

以后的时间里,这首《棉花姑娘》口耳相传,竟然奇迹般地在上海的工厂、大街小巷里传开。棉花不可思议地如童长荣所愿当选上海市花。

在这些日子里,童长荣默记出了《田中奏折》,为慎重起见,力求准确,反复记忆,又花半个月时间,字斟句酌,认为已经基本上符合简译本的字数,七千字不到一点,终于松了一口气。

屋内,罗栗文在看《申报》竖行标题:棉花当选为市花。还有一份《老百姓报》的标题:谁左谁右,打架见分晓。他不住地点头。

外面传来敲门的暗号,他知道是童长荣和王舒来了。罗栗文开了门将两人迎了进来。罗栗文指着桌上的报纸,称赞童长荣策划得好。

王舒:现在全上海的人都在奇怪,怎么棉花成了市花?

罗栗文:我很关心我们的工友有什么反应?

王舒:工人们是乐开了花,这次成功给大家都增添了很大的信心。

童长荣:连娣教唱的《棉花姑娘》现在成了上海的流行歌,大街小巷里都在唱。

罗栗文:再跟我说说《老百姓报》上的这篇文章有什么反应。

王舒:社会上都把这篇文章当作笑话段子传疯了,更有专业评论,说这篇文章是扒了国民党的裤子。

罗栗文:长荣啊,看来,让你做宣传工作没有错,你把宣传工作做活了。

童长荣:罗书记,得到你的鼓励,我更有信心了。

罗栗文:下一步,把中心城区的文化人团结起来,发出我们的声音。

童长荣点点头:我正准备一一去拜访他们呢。

童长荣从怀里掏出回忆件,递给了罗栗文。

童长荣:这是《田中奏折》的回忆件,我把它默记出来了,应该说大致内容和表述不会错。

罗栗文:长荣啊,了不起呀,这份文件太重要了,我晚上连夜看。

童长荣:罗书记,还有一件事要向你汇报,44号进行内部清党登记,卓蓝和李卫未能通过登记,卓蓝气得不干了,李卫也到大华纱厂上班了。

王舒:那卓蓝要是真的退出了44号,我们可就指望不上了。

罗栗文站起来思索着,他最后得出了结论,卓蓝不可能退出,她这是要耍脾气而已,她的目的是要杨飞、赵瑞麟在她面前低头。

童长荣也是这么想的,他深知44号还想通过卓蓝拿到这份文件呢。卓蓝手里有牌,她敢于这样做。

童长荣向罗栗文建议,这份文件是我们手中的一个筹码,我们也要打好这张牌。罗栗文点头同意,这事我还要认真地琢磨,你们回去也要好好想想。

杨飞到南京参加培训班,差不多有半个月时间,刚刚回到上海,就看见了《老百姓报》上的文章。他将赵瑞麟喊到了自己的办公室,将《老百姓报》扔到赵瑞麟跟前,这是共产党的宣传,竭力丑化我们的党务登记。让他查一查,看看这张报纸是从哪里来的?

赵瑞麟说,马上派人调查。还有评选市花这件事,也是共产党在幕后的操作,把棉花评为市花,真是让人大跌眼镜,《申报》的史量才还大为赞赏,社会局那班人就是一群混蛋,这不是笑话吗?

杨飞:卓蓝和童长荣最近怎么样? 那份文件什么时候交给我?

赵瑞麟支支吾吾:卓蓝和李卫已经离开了44号。

杨飞吃惊地:你说什么?

赵瑞麟:按照党内重新登记条例,卓蓝和童长荣在东京很长时间在一起,李卫历史不清,我们正在甄别。谁知他们就赌气离开了。

杨飞气不打一处来:我的赵科长,你认为卓蓝和李卫是共产党吗?

赵瑞麟:这倒不是。

杨飞敲着桌子:卓蓝和李卫离开44号,你为什么不报告?

赵瑞麟:你不是在南京轮训吗? 我正准备向你汇报呢。

杨飞:赵科长,我问你一个问题,没有了卓蓝,就你能把童长荣的文件拿回来吗?

赵瑞麟:我确实挽留了卓蓝,但她容不得我解释,赌气走了。

杨飞用手指着赵瑞麟:这人是怎么走的,你就怎么给我请回来!

赵瑞麟:是,我要是请不动,再请您出面。

杨飞挥挥手,赵瑞麟灰着脸走出了杨飞的办公室,在办公室纠结半天,终于下定决心,带着张龙,硬着头皮来到了大华纱厂。他不敢去找卓蓝,也不敢进纱厂车间,因为这些工人要是知道他来了,还不得把他打死。他站在车间外的一个巷子里,让张龙去找李卫,说服李卫去做卓蓝的工作,约卓蓝出来见面。

大华纱厂车间里,女工一边干活,一边唱着《棉花姑娘》,充满了欢乐。李卫背着手在车间里来回走动,这里看看,那里瞧瞧,并不多话。

连娣望着走过去的李卫:这个新工头人很好,我一点都不害怕他。

田嫂:听说那个44号就是个杀人魔窟,他们怀疑他是共产党,把他开除了,卓小姐就把他带到这里来了。

连娣:卓小姐也有好多天没去上班了。

田嫂:听说她也不干了。

张龙走进车间,找到了李卫,说明来意。卓蓝事先吩咐过李卫,一旦44号来人,一定要给我端着点。李卫对张龙说,谢谢兄弟了,我在这里很好,工资是44号的两倍。我现在回去,我肉啊!

张龙央求李卫,你回不回去那是你的事,看在多年的兄弟情分上,帮我去约一下卓小姐,就说赵科长在车间外的巷子里等着她,哪怕见个面也好。

说这句话的时候,恰巧被路过的周师傅听见了,他立即走到田嫂跟前耳语,赵瑞麟那个杀人恶魔就在外面的小巷里。田嫂会意,召集了几个骨干女工,周师傅带着几个修理男工,揣着扳手,将赵瑞麟堵在巷子里,赵瑞麟一看情况不妙,想溜,已经来不及了。等张龙、李卫听到赵瑞麟杀猪般的嚎叫声,赶到赵瑞麟身边时,工人们已经散了,只见赵瑞麟躺在地上已经是血肉模糊、奄奄一息。

李卫告诉卓蓝,赵瑞麟来到大华纱厂想见她,本意是找自己帮忙说话,结果被工人发现,痛打了一顿,卓蓝听了非常开心。

卓蓝无所事事,让李卫开车到街上溜达溜达,终于还是忍不住让李卫将车开到了亚培路里弄,她在夜校门口下了车,走进夜校。屋内,童长荣正在稿纸上写着什么。他沉浸在思索的氛围中,不经意中,却发现卓蓝歪着头站在门口。

童长荣:哟,是卓蓝,今天是什么风把你给吹来了?

卓蓝:你在干什么呢?

童长荣:我在写小说呀。

卓蓝笑了:真想当作家了。

童长荣:你,你不会是来催我要那个密件的吧。对不起,等我把这小说写完了。

卓蓝:那个密件对我来说已经不重要了。我在家闲着无聊,来找你玩的。告诉你,我已经退出了44号。

童长荣:怎么会? 你在开玩笑吧。

卓蓝:真的不骗你。

童长荣:你也不争取我了。

卓蓝摇摇头:不再为44号卖命了。

童长荣:那好哇,跟在我后面干吧。

卓蓝大笑:那共产党给我什么待遇呢?

童长荣:没有待遇,就是奉献和牺牲。

卓蓝:还有理想和忠诚,我理解得对吗?

童长荣:回答正确。

卓蓝:走,我请你吃饭去。

童长荣:好哇。

环龙路44号,杨飞办公室里,赵瑞麟脸上贴着纱布,坐在沙发上。

杨飞:赵科长,我不能同意你去大华纱厂抓人。你要是抓了卓蓝纱厂的工人,事情就会越闹越僵,她就有可能真的再也不会回44号了。这样吧,卓蓝的工作,我来做吧。

张龙进来报告,得到一条准确的消息,罗栗文今晚在多伦路春野书店召开中共江苏省委会议。

杨飞啊了一声,让张龙接着说。

张龙:现已查明,春野书店是共产党江苏省委的一个重要活动地点,童长荣也经常去。据内线报告,《老百姓报》上的文章和市花评选都是他策划的。《老百姓报》的编辑、印刷就在这个店里。

赵瑞麟来了精神,他站了起来:罗栗文协助周恩来做共产党的组织工作,还任共产党江苏省委书记,抓到此人,就有可能摸出共产党组织的名单。

杨飞:我有一个问题,抓了罗栗文,童长荣还会交出文件吗?

赵瑞麟:杨主任,机会稍纵即逝。

杨飞知道这是赵瑞麟给他加杠子,他心里明白,赵瑞麟急于立功,想扛小红旗,他岂甘于坐在一个小科长的位置上。

杨飞:赵科长,这事就由你全权决定吧。

赵瑞麟立即让张龙犒劳弟兄们,晚饭后抓捕共产党要犯罗栗文。

夜晚,金门大酒店。童长荣、卓蓝坐在小包厢里。

服务生走了过来:卓小姐,安庆的厨师已经到了店里,我这就让他们给您做菜。

卓蓝:童长荣,你是个大人物,我专门为你配了个厨师,哎呀,都说要想得到一个男人心,先要征服他的胃,我在努力地尝试着。

童长荣:你觉得这样做还有意义吗?

卓蓝:过去呀,我为44号活着,现在我要为自己活着,怎么没有意义呢?

酒店外,李卫坐在车里等候。突然看见张龙带着一班人下了车。张龙看到坐在车里的李卫,就问李卫怎么在这里。

李卫懒洋洋地:离开了44号,我有在任何地方的权利。

张龙:兄弟,别说气话,走,和我们几个弟兄喝一杯。

李卫:我已经不是44号的人了,还跟你们瞎掺和什么。再说,到金门大酒店吃饭,就是晚上有重大行动,我更不敢耽误你们的大事了。

张龙:今晚还真是个大事,捣掉一个书店窝点,时间还早,不耽误吃饭。走吧,跟我们一道喝一杯。告诉你,我们还是兄弟。我悄悄跟你说,杨主任准备亲自请卓小姐和你回44号呢。

李卫还是摇摇头。张龙问,卓小姐就在上面?李卫说,我有义务要告诉你们吗?

张龙自讨没趣,几个行动队员跟他一道进了金门大酒店。

李卫随后上楼,进了包间,童长荣热情地请李卫坐下来喝一杯。李卫摆摆手,说就是向卓小姐报告一个事,说完就走。他当着童长荣的面说在酒店门口遇见了张龙,说今晚要捣毁一个书店。童长荣吃了一惊,心想那极有可能是春野书店。童长荣不动声色地说,一个书店能有什么事,至多是你们认为的违禁刊物而已。卓蓝一笑,童长荣你不懂了吧,行动前到小饭馆吃饭就是一般行动,到金门大酒店吃饭,那就是重大行动。

童长荣心里知道,罗书记今晚在春野书店开会,可能已经被44号掌握了,情况万分紧急,怎么办?他在想着如何脱身,立即把信息传递出去。

李卫接着又说张龙告诉他,杨飞决定亲自登门请卓小姐回44号。童长荣已经完全听不清他俩在说什么。他在脑子里迅速判断,李卫得知44号绝密行动为什么当着自己的面报告给卓蓝,基本可以判断李卫是给自己通风报信,卓蓝不仅没有责怪李卫,反而解释行动队到金门大酒店吃饭,就是特别重大行动。他感觉到了,卓蓝也是在给自己提供信息。卓蓝的动机很简单,是明显向自己示好,又发泄了对杨飞、赵瑞麟等人的不满。想到这里,童长荣决定行动,他摸出了一把钥匙,说他忘记把钥匙丢在夜校的门洞里了,王舒可能进不了门。我想用一下车,把王舒也接来,尝尝我们的家乡菜,卓蓝,你不会不同意吧?

卓蓝伸了个懒腰:这王舒呀,我们在日本经常在一起,也好,你把他接来,人多也有气氛。李卫,你把车钥匙给童长荣,不过,要快去快回。

童长荣接过李卫递过来的车钥匙,飞速下楼,打开车门,火速赶到多伦路春野书店门前。李克农正坐在店里,看到一辆车急刹停在门口,他站了起来,看见童长荣跳下了车,正在诧异的时候,童长荣让李克农立即关闭书店。李克农说,罗书记晚上在这里要召开省委会议呢。童长荣说,44号已经掌握信息,即将采取行动。李克农说,我知道了,立即发出信号,马上撤离。童长荣这才驾车离去,又赶到亚培路将王舒接到了金门大酒店。

重新坐定之后,童长荣望着一桌安庆土菜,还有家乡的烧酒。

童长荣:卓蓝,难为你这么用心,真的是让我感动了。

卓蓝:你这么说,我很开心。都说这男人不坏,女人不爱。童长荣啊,想当年,你还是个青涩的乡下小男孩,很纯很真,我真的喜欢。没想到现在呀,变坏了。

童长荣:卓蓝,你这话我可不赞成。童长荣做过坏事了吗?我再问你一句,除了那个作恶多端的余队长,我杀过你们国民党人吗?

卓蓝:童长荣,那我问你,我杀过你们共产党人了吗?现在倒好,落得了一个同情共产党的罪名,连个党员都登记不上。

童长荣:看来,在这一点上,我们可以求同存异,和平共处。

卓蓝:我投赞成票。

童长荣:李卫兄弟不错。王舒我们也是多年的兄弟,我提议,我们共同干杯!

四个人站了起来,酒杯碰在了一起。

李卫倒了一杯酒,站了起来:卓小姐,我李卫落难之时,多亏您搭救,没齿不忘,这辈子甘愿在您鞍前马后效犬马之劳。

卓蓝:坐下。李卫,我不想听你花言巧语,我要看你的实际行动。

童长荣:卓蓝,李卫这个兄弟,我是越接触越觉得是个靠得住的兄弟,你要相信我的感觉。李卫兄弟,家乡的菜,家乡的酒,好哇。李卫,觉得好吃吗?

李卫:好吃,从安庆吃到了上海。我敢说,卓小姐引领,这安庆菜马上就火了。

王舒这时站了起来,倒了满满一大杯酒敬卓蓝:卓小姐,这杯酒敬你,向你表示谢意。

卓蓝:谢我什么呀,你把话说明白了,我才能喝。

王舒是实诚人,他从内心里感激卓蓝和李卫在关键时刻透露44号有重大行动,可嘴里一不留神说了出来,现在被卓蓝一问,他又不能实话实说,愣在那里,在找一个适合的理由。

童长荣连忙遮掩:卓蓝,王舒是我的真兄弟。王舒是要感谢你救了我一命,你看看,感激得说不出话来了。

王舒作为交通员,江苏省委的会议通知是他发出去的,如果不是卓蓝和李卫,罗书记和省委负责同志将会……他不敢往下想。

想到这里,王舒噙着泪:谢谢卓小姐。

王舒激动的泪被童长荣作了遮人耳目的解读,卓蓝是个聪明人,大家彼此心照不宣而已。无论是哪种感激,但有一点,确实是对自己的感激。

她还是很感动,慨叹道,共产党不仅人才济济,还很有人情味呢。卓蓝站起来,将满满一杯酒喝了下去,

张龙一班人酒足饭饱,带人驱车直扑春野书店。发现书店大门紧锁,砸开锁,里面空无一人。张龙带着人走到后面的印刷室,只看到了几张《老百姓报》。

张龙很是失望,吩咐仔细搜查,把这个店给我封了。

满怀信心的赵瑞麟在办公室等待着,张龙垂头丧气地拿着几份《老百姓报》走了进来。

赵瑞麟:人呢,人抓到没有?

张龙:书店里没有一个人,只搜到了几分报纸。

赵瑞麟:你不是告诉我消息确切吗?

张龙:我也在奇怪,这消息是怎么走漏的。

赵瑞麟:好好想想,是哪里出了岔子。

张龙:我们在行动前,就在金门大酒店吃了饭。在楼下遇到了李卫和卓蓝的车子。

赵瑞麟呆坐在那里,喃喃自语:问题就出在了这一顿饭上。

下　部

二十六

阿英和蒋光慈这两个安徽作家住楼上楼下,是太阳社的发起人。蒋光慈曾在芜湖担任过学生联合会副会长,李克农和他很熟。李克农与阿英是大革命失败后一起从芜湖逃到上海来的。到了上海,三人关系就更密切了。书店脱险后,李克农工作没有停顿,按照童长荣的要求提前通知阿英,区委宣传委员童长荣要来拜访这两位有影响的党员作家。因为蒋光慈的房子大一些,阿英就提前来到楼上蒋光慈住处等候。

蒋光慈戴着一副眼镜,西装革履,神色有些忧郁;阿英剃个平头,穿着土布衫,两人形成鲜明的对比。

蒋光慈:阿英,来杯咖啡?

阿英:不要,给我泡壶老茶。

蒋光慈泡着茶:革命加恋爱加西装咖啡,这才是革命青年的生活方式。一壶泡得发黑的老茶,这象征着什么? 古板,陈旧,过时。我劝你,还是回到芜湖镜湖边上的茶馆里打发那悠闲的时光吧。

阿英:光慈,喝咖啡就代表革命,喝老茶就代表守旧,不能这么简单化吧?

蒋光慈:你让我想起了鲁迅,这壶老茶和绍兴黄酒有什么区别,过时了,他现在回绍兴去做个师爷还是称职的。

阿英：我喝老茶，可这不妨碍我写《死去了的阿Q时代》。

蒋光慈喝着咖啡：我很欣赏你对鲁迅的批判精神，看来喝咖啡的和喝老茶的能完全走到一起来。

阿英：来，给我一点激情，把你的《哀中国》再朗诵一遍。

蒋光慈总是喜欢端着说话，抒情的时候那就需要摆起来了，他一手端着咖啡，另一只手一挥，放声歌吟：我是中国人/我为中国命运放悲歌/我为中华民族三叹息/寒风凛冽啊，吹我衣/黄花低头啊，暗无语/我今枉为一诗人/不能保国当愧死/拜伦曾为希腊羞/我今更为中国泣/哎哟！我的悲哀的中国啊/我不相信你永沉沦于浩劫/我不相信你无重兴之一日！

就在蒋光慈扬手甩发、澎湃恣肆、逐浪心潮的时候，李克农陪着童长荣出现在了门口，两人热切地听着，情绪上受到了极大的感染。蒋光慈朗诵完最后一句，更是摆出了一个天问的造型，定格在那里。

童长荣热烈鼓掌，李克农领着童长荣走进了屋里，阿英上前，童长荣与他亲切握手。童长荣转身准备与蒋光慈握手，蒋光慈的手还在空中，很傲慢地瞟了童长荣一眼，将手从长发中掠过，童长荣只好抱拳问好。

李克农：啊，二位，我来介绍一下，这是区委的宣传委员童长荣同志，安徽老乡。

童长荣：久仰二位大作家，我在日本期间就寻找你们的作品拜读，今天很荣幸见到你们真人了。

蒋光慈：听说你要代表组织来领导我们，你有资格来领导我们吗？

阿英：童先生，光慈兄性格直爽，你别介意。

童长荣：今天啊，我不是代表组织来的，我是以一个刚入门的文学青年请求加入太阳社的。

童长荣从口袋里掏出一份申请书，恭恭敬敬地递给阿英。

阿英接过：童委员，您太客气了，欢迎你对太阳文学社进行指导。

蒋光慈：你有作品吗？

童长荣：实话实说，没有发表过作品，正在写个中篇小说，写了半拉子，还没有写完。

蒋光慈:阿英,没有作品,连加入太阳社的资格都没有,谈何领导和指导？

李克农:光慈兄……

童长荣连忙打断李克农,诚恳地:光慈兄,你说的一点都没有错,在你面前,我确实没有资格,论年龄,你们三人都比我大;论党龄,光慈兄是 1922 年的老党员,论成就,我是一文不名啦。

气氛有些尴尬,阿英打着圆场:革命年龄不论大小,党龄不论前后。光慈兄,既然是区里的宣传委员,我们都是党员,就应该有组织纪律性。童委员是低姿态,他为什么不能领导？ 为什么不能指导？

蒋光慈挑衅似的:那就请童委员给我们具体指导指导。

童长荣绵里藏针:指导不敢,我倒是对光慈兄的作品想谈谈我个人的一点看法。

蒋光慈:你说说,我洗耳恭听。

面对蒋光慈的傲慢甚至有些无礼,童长荣并不气恼,因为这都在预料中。文化人有个性,自命不凡,喜怒于形,不能计较。就蒋光慈的一首《哀中国》,它的感召力、战斗力,胜似千军万马。罗书记贯彻中央指示精神,明确自己近期的任务是要把这些无产阶级作家团结起来,组织起来。望着蒋光慈,他甚至觉得有点可爱,看来自己的诚恳和谦虚带来的效果并不理想,他决定借机修理一下蒋光慈。

童长荣微微一笑,开始了对蒋光慈作品的评析:光慈兄,你的作品有着充沛的革命激情,鼓动热血青年走上革命的道路,这是一大贡献。不过,革命斗争是异常残酷的,作品里充斥着小资的浪漫和愤青的行为,譬如作品里描写的工人武装斗争和塑造的工人形象,脱离实际。因为过去的工作关系,我对工厂和工人还是比较熟悉的,不客气地说,这些作品人物概念化、故事模式化的倾向非常明显。刚刚出版的《丽莎的哀怨》还弥漫着一种极不健康的情绪,这就偏离了方向。说得不对,请批评指正。

阿英鼓掌:一针见血！光慈兄,现在终于有第二个人和我持一样的观点了,童委员讲得比我更深刻,你该服气了吧。

蒋光慈望着童长荣有点懵,他没想到一个内行出现在自己面前。

李克农这才向阿英和蒋光慈具体介绍,童先生是日本东京帝国大学文学系的高才生,毕业论文就是日本共产党和无产阶级文学。我也只是初步的了解,童先生在日本期间就在研究你们的作品了,现在不仅是领导,更重要的是引导。

蒋光慈一旦失去了傲气,脸上的抑郁、内心的怯懦就浮现了出来,他一声不吭地坐在那里,显得安静,没有一点脾气。

阿英性格温和,短暂接触,就觉得童长荣此人非同小可,他谦虚地请童长荣对自己的作品发表看法。

童长荣说,钱先生,我非常欣赏您提倡的力的文艺。现在是应该好好琢磨我们无产阶级文学创作的着力点在哪里,还有就是无产阶级文学的方向性问题。

阿英由衷佩服:童委员提出的着力点和方向性问题是对当前无产阶级文学阵营出现不良创作倾向的一次把脉问诊,这确实是我们要解决的核心问题。

童长荣进一步说:钱先生,光慈兄,不要介意我对你的作品怎么看,关键是人民大众对你的作品怎么看。

蒋光慈站了起来:童委员,你的一番话,让我备受打击,可我又找不出反驳的理由。

童长荣环视大家提议,老乡见老乡,相会上海滩,我们四个安徽老乡拉拉手,四个人将手放在了一起。

日本方面当初决定驱逐童长荣,就是想借国民党的手除掉童长荣。可高崎手下的人发现,童长荣回到上海后,并未像预期的那样被国民党关押处理,反而归还了在亚培路的房子,每天出入如常,还和卓蓝走得很近。高崎始终觉得是一个隐患,向内田良平报告,虽然林悦将密件抛进了大海,但不能排除童长荣手上还有这个文件,这极有可能是44号不抓童长荣的原因。内田良平给高崎回电:密除童长荣,以绝后患。

这份电文被44号截获破译,放在了杨飞的桌子上。杨飞拿着这几个字的电文,考虑良久。最后将电文放进包里,拎起包走出办公室,下楼上车,来到了大华纱厂小白楼。

卓蓝躺在游泳池边的长椅上,将书盖在脸上。杨飞拎着公文包走了过来。

杨飞:卓蓝小姐,我来看看你。

卓蓝将书从脸上移开,看见了杨飞,她坐了起来。

卓蓝:哟,是杨主任,有失远迎。请坐。

佣人立即过来上茶。

杨飞:卓小姐,阳光,泳池,我羡慕啊。

卓蓝:杨主任,亲自登门,有何见教?

杨飞:我来请你回44号。

卓蓝:杨主任,你觉得我会回去吗?我很感谢赵瑞麟让我成了普通老百姓,这无党无派好哇,了无牵挂。

杨飞从公文包里取出一张表格:这党员登记表我亲自替你填好了,就请你签个字。

卓蓝:都说好马不吃回头草,杨主任,你还是省点心吧。

杨飞从公文包里又拿出那份电讯破译稿放到小圆桌上,卓蓝瞟了一眼。

卓蓝:日本人要杀童长荣,跟我有什么关系?

杨飞:卓蓝,你不要这样玩世不恭,你不懂以绝后患是什么意思吗?这很有可能是日本人已经意识到了童长荣有超群的记忆力,这就是他们的一个隐患。我不能强迫你回44号,可童长荣的命和那份文件不是你卓蓝使小性子的事,这也是你尚未完成的使命,你就甘心半途而废吗?

卓蓝陷入沉思,不再说话。

杨飞站了起来:你的任务就是保护童长荣,早点拿到文件,早日公之于世。李卫继续由你调遣。需要人、财、物,优先调配。

杨飞说完离去。

同样的时间,罗栗文让王舒将童长荣约到了野外。罗栗文告诉童长荣,记忆密件已经看了,日本军国主义分子侵华野心昭然若揭,触目惊心。童长荣问这个文件怎么处理。罗栗文说经反复权衡,同意交给卓蓝。

王舒有点想不通,为什么要交给他们?

罗栗文拉着童长荣和王舒坐了下来,说有这么几点考虑。现在国家的宣传机器在他们手里,只有在他们的报纸上发表,才会有世界舆论影响力,我们的小《老百姓报》可没有这样的影响力。

王舒:如果国民党和日本人勾勾搭搭,不愿意发表怎么办?

童长荣:这个问题问得好。我们就拿这个文件来测试南京的底线。

罗栗文:我们还有一个考虑就是,虽然内容真实无疑,但毕竟不是原件,在证据上确有瑕疵。组织上还不好出面,我估计国民党和南京政府也不能公开出面。但只要见报,我们的目标就达到了。这个秘密文件,仅限于我们三个当事人知道。

童长荣明白了罗栗文的用心,他表示会在适当的时间和合适的方式将文件交给卓蓝。

罗栗文接着宣布了一项新的决定,经中共江苏省委研究报中央同志决定,任命童长荣担任沪中区委书记。

童长荣望着罗栗文,有些惶惑,沪中区是上海的中心城区,这么重的担子交给我,我能胜任吗?

罗栗文:你怎么不能胜任? 这么多年的风风雨雨,你经受了锻炼和考验,省委经过慎重研究报告中央,认为你是合适的。

童长荣:我服从组织的决定。可这宣传工作怎么办?

罗栗文:省委研究决定,由李克农同志接替你的工作,你马上和他做好交接工作。

童长荣表示立即去找李克农。

罗栗文站起来,望着童长荣说,记得你刚到上海时,曾经问过我一个问题,党在哪里?

童长荣:是的。

罗栗文:长荣同志,你现在已经是党内重要干部了。按照层级保密纪律,我现在可以回答你的问题了。党的六大后,中央实际主持工作的是周恩来同志,他现在担任中央秘书长兼组织部长、军事部长。你知道有个周部长就行了。

童长荣点了点头：我明白。

罗栗文：还有一件事，就是一些文化人不团结的问题，引起了周部长的高度重视，中央决定成立文委，明确指示要把这些文化人团结在党的周围，形成文化统一战线，你要继续和李克农做好辖区内文化人的工作。

童长荣向罗栗文报告，这段时间他一直在做调研，也接触了很多文艺界人士，问题不少。他想把问题搞清楚了再向省委报告。

卓蓝来到纱厂车间，朝李卫招手，李卫跟着卓蓝来到厂房外的林荫小道上，她对李卫说，跟我回44号。

李卫犹豫地望着卓蓝，不是说不跟44号玩了吗？卓蓝瞪了李卫一眼，废什么话，日本人密电要暗杀童长荣，你的任务就是日夜保护童长荣，现在就回44号，要几个人，多领点枪支。你到夜校去，晚上让童长荣到百乐门来找我。李卫连忙应答，我这就去。

童长荣和王舒与罗栗文分手后，回到了亚培路里弄。走进小巷，童长荣发现周围有黑衣人在游动，立即警觉起来，王舒也感到了异常。两人放慢了脚步来到门口，门虚掩着。童长荣朝王舒使了个眼色，两人欲转身离开。李卫拉开门从里面走了出来。

李卫：长荣兄弟，别紧张，周围是我们的人。

童长荣：哟，是李卫呀。你不是已经离开了44号，跑到我这儿来干什么？

李卫：卓蓝让我来的。进屋说吧。

三人走进屋里，发现桌上放着两把枪和几盒子弹。

李卫：44号截获日本人的密令，要对你动手，听说你的脑子里有什么杨飞需要的东西，他不想让你死掉，自己亲自到纱厂请卓小姐回44号。卓蓝之所以答应杨飞，完全是为了你的安全。这不，让我带着几个弟兄为你站岗放哨。

李卫指着桌子上的枪弹，说是给你俩配的。

童长荣终于明白了是怎么回事，问卓蓝在哪里？李卫告诉他，卓蓝晚上在百

乐门等你。

晚上,李卫开车,带着童长荣朝百乐门驶来。车上,李卫告诉童长荣,44号获悉高崎是这次行动的幕后人。高崎喜欢在百乐门喝酒跳舞,这就是她让你来这里的原因。

李卫将车停在离百乐门不远的巷子里,两人沿街走过来,进了百乐门夜总会。只见里面灯光迷离,音乐缠绵,各色人等,舞步旋转。

卓蓝在一处角落里,玩赏着杯中的酒,眼睛盯着高崎坐在前排正中位置上。李卫走到卓蓝身边,轻轻地点点头。卓蓝交代李卫,从现在起,给我盯住跟高崎接触的每一个人。

李卫点头应允。卓蓝起身朝后面的包厢走来,她推开门,童长荣已经坐在里面。

童长荣:卓蓝,看来呀,我又要欠你一个人情了,这人情嘛,我可是越背越重了。

卓蓝笑了:这是你我的宿命,不是吗?不过,我很高兴,日本人又给了我一次机会,让我站在了道德和感情的制高点上,童长荣注定就是个负心汉的角色。

童长荣:卓蓝,我可以告诉你,从现在起,童长荣的命要不要已经无所谓了。

卓蓝睁大了眼睛望着童长荣:怎么,你把文件已经默记出来了?

童长荣点了点头,从身上取出一个信封,放到桌子上。卓蓝喜出望外,准备伸手去拿,被童长荣摁住。

童长荣:你得告诉你们的人,确保它能发表出来,我才能给你。

卓蓝:我卓蓝可以用性命担保,我要让它大白于天下,我要亲自送到南京去。

童长荣:卓蓝,你给我听好了,这毕竟是个记忆件,为确保它的真实性,你不能一个人处理这个密件,你把吴志杰喊来,我要你们俩一起去,作为共同的见证人。

卓蓝:我明白了,你们共产党既想要国民政府的态度,也要东北军的态度。

童长荣:这也是对还在狱中蔡先生的一个交代。

卓蓝:我会立即找吴志杰来上海。

童长荣将文件推到卓蓝跟前:卓蓝,我相信你。这是你拿命换的,这也是你应得的。有了这份文件,你就是44号最有价值的情报人员了,祝贺你。你可以正式通知杨飞、赵瑞麟来取我的脑袋了,我等着他。

卓蓝:卸磨杀驴的事我不做。现在不是杨飞、赵瑞麟要杀你,是日本人要杀你。

童长荣:卓蓝,我可以明确地告诉你,日本人绝对不会自己动手的,因为他们要杀我,在监狱里就可以动手了。他这次一定还是借刀杀人,制造意外,或者是打黑枪。可我并不怕他们。谢谢你,把你的人都撤回去吧,我自己的事自己来解决。

卓蓝:可我不想让你去死。

童长荣:那是你的事。

童长荣站立起来:再见。

童长荣离开了包间。卓蓝坐在那里发愣,李卫走了进来,告诉卓蓝,刚才看见青帮的夏云涛来见高崎。

卓蓝反问李卫,高崎找夏云涛干什么?李卫说,看两人的神态,不像是聊天,好像是谈某一个具体的事情。李卫还说,清党那会儿,青帮很积极,他们抓捕了不少共产党。

卓蓝起身:走,去看看。

李卫陪着卓蓝来到舞厅,她径直走到高崎桌前。

高崎:哟,这不是卓小姐吗?来,坐坐。

卓蓝:高崎先生有雅兴啊。这位是?

高崎:这位是夏先生,上海滩风云人物。

卓蓝:不好意思,我可是孤陋寡闻了。

高崎:这位是我的合伙人卓老板的千金,44号的女杰。

夏云涛:卓小姐,幸会,在下夏云涛,我们还协助44号抓捕过共产党呢。

卓蓝:啊,那44号付给你赏钱没有哇。

夏云涛:别提了,我带着弟兄们辛苦了一两个月,连喝茶的钱都是自己掏呢。

卓蓝打了个响指,李卫连忙跑了过来:找夏先生要个银行账号,你到44号领些钱给夏先生汇过去。

夏云涛没想到眼前这个44号的女人如此爽快、果决。他连忙站起来,说了声谢谢。

李卫表示,卓小姐交代的事情他一定办好。

夏云涛:卓小姐今后如有用得着我夏某的地方,愿效犬马之劳。

卓蓝淡然一笑:一定有用得着你的地方。

童长荣离开百乐门舞厅,连过几条街,来到一个小巷里,走进了一家无线电修理铺。春野书店被封之后,李克农在这里开了一个修理铺。李克农见童长荣进来,立即放下手中的活,带着童长荣来到后面的小屋里。

童长荣宣布组织决定,由李克农接任宣传委员。李克农点点头,说宣传工作已经开了个好头,表示一定在区委和童长荣的领导下做好宣传工作。童长荣特别提到了文化人的团结问题。

李克农说,下午沈端先来了,提出要见童长荣,汇报文化支部的成立情况。童长荣当即决定自己主动去找他。

卓蓝带着李卫离开了百乐门。

李卫开着车:卓小姐,你提出来给夏云涛赏钱,这钱从哪出呢?

卓蓝啐了李卫一句,笨呢,有了账号,就能监控他的资金进出情况。童长荣分析得对,高崎这些黑龙会的人,在日本国内会自己赤膊上阵,什么暗杀、绑架、纵火无恶不作;在上海,他们会出钱寻找代理人,青帮喜欢做这些污秽之事,你没看出来吗,高崎和夏云涛一拍即合,十分投机。

李卫:卓小姐,从你这儿我又学到了一招。

卓蓝:听着,高崎是大华纱厂的合伙人,他有几个账号我清楚,只要发现高崎的账号往夏云涛的账户上打钱,就几乎可以判定高崎是雇凶者,夏云涛就是行凶者。

李卫点头,明白了。

卓蓝让李卫将车子开到高崎住所墙外的马路上转了一圈。

卓蓝告诉李卫,这就是高崎住的地方,也是黑龙会在上海的一个重要活动地点。电台通信设备一应俱全,派人给我盯住。

李卫点头,看见院子里有辆轿车,他默默地记住了车牌照。

卓蓝回到了大华纱厂小白楼,正准备上楼,发现不远处停着赵瑞麟的车,赵瑞麟打开车门走了出来。

赵瑞麟:卓蓝,我可是在这里等了你一晚上。

卓蓝:你找我有事吗?

赵瑞麟:我是来向你道歉的。

赵瑞麟朝卓蓝鞠了个躬。

卓蓝:哟,赵科长,你这大半夜的亲自上门,我真的担当不起。

赵瑞麟:我来还有一层意思,杨主任让我来请你回44号。

卓蓝:哎呀,我跟杨主任都说过死话了,好马不吃回头草,可赵科长这么诚心,我这人心肠又软,怎么办呢?

赵瑞麟:看在多年同事的分上,务必要给我一个面子。

卓蓝:算了,我这马呢,也不是什么好马,是一匹任人骑任人踩的马,杨主任、赵科长都来了,我要是不回头吧,那我就是不识相了。

赵瑞麟:卓蓝,我保证,今后不干涉你的行动,你可以有自己的处置权。

卓蓝:那我还不是在赵科长的领导下吗?啊,那李卫怎么办呢?

赵瑞麟:那还用问吗?他要人要枪,我这不都是一路绿灯了吗?

卓蓝:那就谢谢赵科长了。

第二天,李卫驾车载着卓蓝进入院内。李卫停下车,卓蓝下了车。杨飞、李卫和44号人员分成两列纵队夹道欢迎。

卓蓝挥挥手,散了吧。

杨飞、赵瑞麟陪着卓蓝走进了办公室。

卓蓝:谢谢杨主任,谢谢赵科长,给足了我面子,我卓蓝总得有个见面礼才是呀。

卓蓝从包里将文件递给了杨飞:这是童长荣默记的简译本《田中奏折》。

杨飞喜出望外:真是太好了。

杨飞赶忙从信袋里抽出文件,翻了一下,然后递给赵瑞麟。赵瑞麟翻看着,长长地吁了口气,又将文件还给了杨飞,说谢天谢地,总算拿到手了。

杨飞:卓蓝啊,你是个大功臣啊。

卓蓝:我这人呢,不求有功,但求无过,对得起国家,对得起民族。人家童长荣交给我的时候就是这么说的,但他只有一个要求,昭告天下。

杨飞:这是一定的。

卓蓝:人家童长荣还说了,你们可以追杀他了。不过现在日本人已经先要下手了,我就想请问一下,东西拿到手了,我不知道杨主任的保护令是否从即刻起停止执行。

杨飞:这,啊,你不是有童长荣的争取计划吗?我和赵科长已经表态,你的计划继续进行。

卓蓝:童长荣还有个建议,因为这毕竟是简译本,不是原件,他提议让吴志杰作为重要见证人,不能缺席。

杨飞:好的,吴志杰就是东北军帅府机要主任王家桢亲自派到蔡先生身边的。现在王家桢已经在南京外交部任职,这样的安排再合适不过了。

杨飞回到办公室,仔细看完默记件,站起来抑制不住内心的激动,来回走动,手颤抖地拿起了电话:给我接南京陈秘书长。

杨飞接通了陈立夫的电话,向他报告了这个振奋人心的消息,44号拿到了《田中奏折》的简译本,算是失而复得了。这个版本6000多字。好好,我马上派人送到南京来。

杨飞放下了电话,赵瑞麟走了进来。

赵瑞麟:刚刚得到一个重要信息,中共江苏省委下午在沪西要召开一个军事会议。

杨飞:那好哇,现在东西已经拿到手了,你就放手一搏吧。

赵瑞麟:李卫又带走了几个人保护童长荣,我这里人手不够了。

杨飞:我来跟卓蓝说,把人抽调回来参加行动。

赵瑞麟摇摇头:卓蓝和李卫都不可信,我自己想办法吧。

杨飞拍拍赵瑞麟的肩膀,44号好事一个接着一个,我们要让南京对我们刮目相看,他祝赵瑞麟行动成功。

茶楼里,李卫约夏云涛见面。

夏云涛开门见山:卓小姐说给我们一笔钱,我不好意思问,不知要给我多少钱?

李卫:夏先生,我想请问你替人家干活,譬如抓一个重要人物,杀一个要犯收多少钱?

夏云涛:这个还真不好说,各家出手都不一样。卓小姐美意,你就看着给吧。

李卫:这样吧。你回去之后,统计一下,抓了多少个共产党,把名单交给我。

夏云涛:如果是暗杀一个共产党的要犯呢?

李卫:那得是44号的指令,你不能替上海警备司令部杀人,到我这儿来领赏钱不是?

夏云涛:那绝对不是。

李卫:不会是替日本人干活,两面拿钱吧。

夏云涛犹豫了一下:那,那也不会。

李卫:记住了,一定是我们认可的事情才行。

夏云涛:那行,我知道了。

夏云涛给了李卫银行账号,李卫一看,是一个女人的名字。李卫立即带人去银行查这个账号,发现这几天有两笔进账,其中一笔数额很大,50000块大洋。

李卫将夏云涛的资金往来情况向卓蓝做了报告,卓蓝吩咐李卫,我去南京待两天就回来,请务必给我盯住夏云涛的一举一动。

卓蓝说要去接一个人,让李卫将车子开到火车站。

到了车站,卓蓝在出口处等了一会儿,就看见吴志杰走了出来。两人见面都有些激动,吴志杰问童长荣在哪里,卓蓝说,童长荣待会儿在宾馆见你。

李卫四周警惕地注视,看见有不明身份的人在游荡。卓蓝似乎感受到了瞬

间的闪光,她知道有人在暗中拍照,带着吴志杰迅速朝车边走来,钻进了车子。

车上,吴志杰对卓蓝说,接到你的电报,我就马不停蹄地赶过来了。他还说,自从文件被林悦扔进了海里,他心里头备受煎熬,回去后天天足不出户,伤心、内疚、后悔,没有一天舒坦的日子。

卓蓝:这叫失之东隅收之桑榆。

吴志杰:还是童先生有远见,做了简译本,可没想到他的记忆力超群,真的把它背下来了,关键时刻能够发挥作用。这样,到了南京,我对王家祯先生也好有个交代了。

童长荣带着李克农向罗栗文汇报情况。

李克农:现在情况基本搞清楚了,在上海的这些无产阶级作家中,主要是创造社、太阳社和鲁迅之间的矛盾,互相攻击谩骂。

罗栗文点点头:党的六大总结了大革命失败的教训,鲜明地提出中国共产党对革命的领导权问题,总路线是争取群众,具体任务是反对帝国主义和封建主义,实行土地革命,建立工农民主专政。具体到文化战线,我们就是要和国民党争夺宣传舆论阵地,现在内部不团结,这怎么行?中央对此高度重视,专门成立了文化艺术委员会,党对文化战线的领导权必须加强。

童长荣:现在看来当务之急,就是做好这些作家们的思想工作,弥合分歧,不能让这种状况继续下去。这样吧,太阳社的阿英、蒋光慈的工作我们来做。

李克农:都是安徽老乡,又在我们辖区范围内,我们做起来方便一些。

罗栗文点点头:好的,克农,你先回去,我和长荣还有事要商量。

李克农站起来,离开了屋子。

罗栗文把目光转向童长荣:文件交给他们之后是什么反应?

童长荣:他们已经告知国民党中央秘书长陈立夫和南京外交部。吴志杰作为证人一同去南京。吴志杰这会子应该已经到上海了,我马上去见他。

罗栗文:啊,吴志杰已经到了上海,我们是老朋友了,我也要去见见他。

童长荣:你不是要到沪西开会吗?

罗栗文:时间来得及,我们抓紧时间去。

罗栗文、童长荣出了小屋,沿街往吴志杰住的亚东旅馆走去。

路上,罗栗文叮嘱童长荣一定要注意安全,在这份文件还没有披露之前,日本人是不会放过你的。

童长荣告诉罗栗文,现在基本上可以确定,日本人是雇青帮的人来暗杀我。请罗书记放心,44号的人在帮我盯着青帮的人呢。

罗栗文:中央也已经成立了特科。看来卓蓝这条线我们还得好好用起来。长荣,你必须要给她一点信心,让她感到有争取的希望。

童长荣笑了。

亚东旅馆前,卓蓝下车与吴志杰握手,让李卫晚上加派人手,保护吴志杰的安全。李卫对吴志杰说,我先将卓蓝小姐送回去,立即赶回来安排。吴志杰与卓蓝道别。

卓蓝走后不久,童长荣和罗栗文从后面进了旅馆,悄悄来到楼上。走到门前,童长荣敲门,吴志杰开门,见到罗栗文、童长荣非常激动。

罗栗文握住吴志杰的手:东京一别,我们又见面了。这个文件能拿到手,蔡先生可是为国家立了大功啊。

吴志杰:这都是童先生一手策划的。

童长荣:大家通力合作的结果,缺一不可。想来令人揪心,蔡先生至今还关在监狱里。

吴志杰:蔡先生说过了,只要这份文件能够大白于天下,他死而无憾。

罗栗文点点头:我听说了,为了这个文件,蔡先生父亲的骨灰都洒进了大海。

吴志杰笑了:那不是骨灰,里面装的是柴火灰。蔡先生父亲的骨灰先前已经送回老家安葬了。

罗栗文和童长荣听吴志杰这么一说,才略感安慰。

吴志杰:这次来上海,我已向帅府报告了。我想罗先生来见我主要是想了解东北军的态度吧。东北军易帜国民政府,现在是首鼠两端,既猜忌国民党,又担心日本人。

罗栗文:意料中的事。这份文件显示,日本人入侵东北,吞并整个中国的野心已经暴露无遗。东北危急,我们得提前谋划,应对不测。

童长荣:罗先生已经开始研究东北的形势了。中国共产党的态度就是对日本人不妥协,也希望东北将士要有誓死保卫国土的决心和意志。

吴志杰:我会向帅府转达你们的态度的。

罗栗文:这次到南京,虽然我方没有派人参加,但是正义的事业,我们从未缺席。

吴志杰:我从罗先生和童先生身上感受到了共产党人的优秀品质,你们也不屑去争这个功。

童长荣:吴先生,我想提醒一下,你很清楚,这毕竟是一份记忆件,不是原件,到了南京之后,就一个要求,能把它发表出来,这就是胜利! 不要指望国民党在外交上有任何作为。

吴志杰:我明白。

罗栗文站了起来:祝你们一路顺利。

罗栗文、童长荣与吴志杰握手道别,走出了亚东旅馆。

李卫将车开进了 44 号院子刚停下,卓蓝还未下车,就看见张龙在安排一辆大卡车和囚车待命。

李卫:看样子,他们又有重大行动了。

卓蓝没有言语,带着李卫来到杨飞办公室。

卓蓝:杨主任,我已经接到了吴志杰。

杨飞:很好,我刚才又跟南京方面联系了,你明天就去南京。我已经交代过了,明天武装押送,确保文件的绝对安全。

卓蓝点头应允,出了杨飞的办公室。

李卫:卓小姐,如果没有事的话,我就去了。

卓蓝:下班的时候来接我。

来到院子里,李卫看见张龙在指挥人马上车,其中一些人他不熟悉,显然是外借的力量。情况紧急,李卫将车开到了亚培路,见到童长荣就问:共产党今天下午有重要会议吗？

童长荣：你，什么意思？

李卫：赵瑞麟去捉大鱼了。

童长荣一惊，这不刚刚和罗栗文分手，他正往会议现场赶呢，情况紧急，怎么办？既然李卫主动向自己通风报信，李卫就是在向自己证明他是值得信赖的。童长荣谢过李卫之后，一不做二不休，直接向李卫要车钥匙。李卫说，他要接卓蓝下班，晚上还要安排弟兄们到亚东旅馆保护吴志杰的安全呢。

童长荣对李卫说，我马上就回来，你等着我。他从李卫手里夺过钥匙奔出门外，驾着车在路上快速奔驰，终于看见了街边的罗栗文和王舒正在接近会议地点。童长荣在罗栗文跟前一个急刹车。

童长荣大叫一声，有危险，快上来。罗栗文、王舒见是童长荣，立即上了车。

童长荣的车刚刚拐过街口拐角处，就看见赵瑞麟带着一批人从一个居民家里押出了好几个人，关进了囚车。赵瑞麟向几个便衣交代着什么，然后带人马离去，几个便衣迅速又进了屋里。

罗栗文看到这里，捶胸顿足：这下省委彻底完了。这叫我怎么向中央交代？

童长荣将车开到一个隐蔽的地方，才将车停了下来。

王舒：多亏长荣来得及时，晚到两分钟，我和罗书记也被抓了。

童长荣：我们分手之后，我刚回夜校，李卫就开着卓蓝的车来找我告知信息，我知道已经来不及了，就指望在路上能截住你们，幸好还赶上了。

罗栗文：你知道事情的严重性吗？周部长本来是要参加会议的，他身体不舒服，我就劝他不要来了，否则后果不堪设想。

王舒：幸亏罗书记在吴志杰那里打了个岔。

童长荣：卓蓝和李卫接到吴志杰到宾馆后，到了44号才了解到情况的。

王舒：真要感谢那个李卫。

童长荣：李卫还提供了一个重要信息，他说是我们内部有人密报的。

罗栗文：原来是我们内部出了叛徒。而且这个叛徒还在核心层，真是可恶！我要马上向周部长报告几位同志被捕的情况，请求特科内部密查。

车子疾驰而去。

高崎拿着便衣在上海车站和亚东旅馆偷拍的照片,仔细辨认着,他认出了吴志杰,这不是丰源进出口商行的管家吗?正是他暗度陈仓,成功地将文件带到回中国的船上,要不是林悦,帝国最高机密恐怕已经公布于世。这个时候,突然出现在上海,而且卓蓝亲自去接站,他们这是要干什么?

他立即对手下说,加派人手,对亚东旅馆严密监视。

童长荣回到夜校,李卫还躺在床上,他将钥匙还给了李卫。

童长荣:李卫兄弟,我赶到时,人已经带走了,可我还要感谢你。

李卫:谁让我们是兄弟呢。长荣兄弟,我可是冒着杀头的危险跟你说这件事的,你可不能在卓蓝面前把我卖了。

童长荣:你这样的兄弟,我交定了。说说,你为什么要帮我们?

李卫:长荣兄弟,你的身上似乎有着一股不可抗拒的力量,它很迷人,吸引着我,我非常乐意为你做事。

童长荣:李卫兄弟,尽管我不知道你的真实身份,但有一点,我们今后可以成为生死兄弟。

童长荣请李卫喝酒,李卫连说不行。

童长荣拍拍脑袋,对,想起来了,你要接卓蓝下班,晚上还要派人到亚东旅馆值守。不过,明天到南京,你不去吗?

李卫:我要保护你这个大人物呀!你不看看,光在这个里弄里,我就布置了好几个岗哨。

童长荣:李卫兄弟,这样下去,不是个办法。我们要想出一个一劳永逸地解决问题的办法来。

李卫:我也是这么想的。杨飞这些人,说不定今天要我们来保护你,明天就要我们来杀你,他们这些人什么事都干得出来。依我看,你压根儿就不应该把什么重要文件交给他们,那可是你的护身符呢。

童长荣:李卫兄弟,我的命可没那份文件重要。

李卫一笑：我走了。

童长荣望着他的背影，喊了声，回来。李卫转过身。童长荣问，能不能再给我帮个忙？

李卫看一眼童长荣，你事还不少呢，说吧。童长荣盯着李卫，这个要求可能有点为难你了，可我还是想说出来，能不能帮我了解一下是什么人告的密？

李卫摆摆手，这件事到此为止，你不用问了。童长荣问为什么？李卫答，不要问为什么。

李卫欲走。童长荣说还有一个事。李卫停了下来，怎么那么多事？

童长荣：卓蓝和吴志杰到南京，我总感到不踏实。

李卫望着童长荣，童长荣朝李卫耳语了几句。李卫点点头。

吴志杰走出亚东旅馆，沿街走了一段路，进了一家小饭馆，点了两个菜，要了一壶酒。两个便衣从车里走出来，跟了上去。另一侧车内，李卫对童长荣伸出了大拇指，你真是神预测。

童长荣：我下午进出门时，隐约感觉到周边有眼睛，果不其然，吴志杰被人盯上了。

李卫望着那辆车的牌照，正是那天晚上看到停在高崎住所内的车子。童长荣问李卫是否确定。李卫点头确定。

童长荣对李卫说，你又要保护我，又要保护吴志杰，你的那班弟兄们分不开身，我看从现在起，我们就在一起，你那两路的兄弟不就合到一起来了。李卫说，这个主意好。

童长荣分析，高崎既然已经盯上了吴志杰，自己暂时不会有危险。他们肯定发现了卓蓝、吴志杰在一起，他们不难猜测一定与文件有关。他判断，吴志杰晚上不会有事。他让李卫带上几个弟兄，我们一起跟着去南京，以防万一。

李卫问童长荣是否要告诉卓蓝。童长荣摇摇头，不要告诉她，更不要告诉赵瑞麟。

李卫发动了车子，送童长荣回去。车上，童长荣问李卫，下午被抓的人是送到密训中心吗？李卫摇头，这两年杨飞故意削弱赵瑞麟的力量，密训中心已经闲

置了。据他判断,赵瑞麟是应该把人送到上海警备司令部。

童长荣点点头,我知道了。他让李卫停车。李卫点点头,停下车子,童长荣下车走进小巷,看见李卫的车走了,又来到大街上,往回走着,乘着夜色,他来到了罗栗文的住处。

王舒开门,童长荣闪了进来。

罗栗文说:我刚从周部长那里汇报回来。周部长正在研究营救办法。特科也在行动,查找叛徒。

童长荣点点头:我刚刚和李卫分开,他说被捕的同志关在上海警备司令部。

罗栗文:这个李卫,可是救了我两次,他到底是什么人?为什么要这样做?

童长荣:通过这些年的接触,我基本可以确定李卫应该是我们的人。

罗栗文:当年他既救杨飞,又救赵瑞麟就令我困惑。

童长荣:现在回想起来,只有一个解释,目的只有一个,能在44号扎下根来。

罗栗文沉吟,有道理。接着他为我们提供了46号军火的信息,而且只有几天的空档期,我们顺利地拿到了这批军火。

童长荣告诉罗栗文,在安庆,李卫竭力帮助自己制造混乱,打乱了卓蓝的计划。他还关注毛泽东和朱德、陈毅在江西建立了根据地,成立了工农红军第4军,颁布了《土地法》,说共产党有了红色政权。

罗栗文对童长荣说,现在的斗争环境异常残酷,都是单线联系,他即便就是我们的同志,你也不能去打听,更不能相认,这也是对同志的一种保护。不过,我会悄悄去关注,看有没有同志了解李卫的情况。

童长荣说,吴志杰已经被高崎的人盯上了,他决定和李卫跟着他们去南京,确保文件的安全。

罗栗文点点头,那也好,要确保文件安全送到南京。

罗栗文站起来对童长荣说,省委遭到了破坏,周部长从安全角度考虑,让他隐蔽一段时间,等配齐了班子再说。营救和查找叛徒的工作由特科和红队来做,你们不必牵挂这事,你们自己手上的工作不能停。

童长荣:好的,我明白了。

第二天一早,卓蓝和张龙分别乘坐一辆小车,在亚东旅馆门前停下。吴志杰从旅馆里走了出来,上了卓蓝的车。车子迅速离开亚东旅馆。

路边的车内,坐着两个便衣和夏云涛。

卓蓝带着吴志杰坐在第一辆车里,张龙带着几个弟兄随后,不一会就出了城里,朝南京方向驶去。夏云涛带着一卡车人马远远地尾随在后面。童长荣、李卫带着两辆车,七八个兄弟,走不多远,就发现了夏云涛的人马,他们也不着急,不紧不慢地跟在后面。

卓蓝和张龙的车子开到大半路程,前面开始有山。夏云涛的车子和后面的卡车开始加速。卓蓝发现了异常,让司机减速,张龙的车开了上来,与卓蓝的车子并排行进。

卓蓝:张龙,看见了吗?

张龙点点头。两辆车突然快速前进,夏云涛带着人马在后面穷追不舍,展开了追逐。夏云涛的人对着卓蓝的车胎猛烈扫射,卓蓝的车子歪倒在公路旁。张龙停车,带着几个人凭借车子作屏障,开始还击。

夏云涛的车子停下,一车几十个人形成优势,朝卓蓝和张龙围了过来。

卓蓝从车里出来,看见了夏云涛。

卓蓝:夏先生,你可不地道啊,我先前还答应给你赏钱,你怎么就翻脸不认人了?

夏云涛:卓蓝小姐,我也是刚刚接到这个活的。听说,你手里有个什么重要文件,你交给我们,大家都相安无事了。

卓蓝:夏云涛,你听着,你为日本人卖命,知道这是什么性质吗?这是汉奸行为!

夏云涛:卓小姐,别说得那么难听好不好。这年头,为了钱,我可顾不了许多。你说得没错,日本人是给了我一大笔钱。有钱不拿,那我不是傻子吗?卓小姐,别想抵抗了,乖乖把文件交出来吧。

这时,童长荣带着两辆车飞驰到夏云涛的车后面,快速停住。

童长荣跳下车:夏云涛!你不是要替日本人来杀我吗?我来了。

　　夏云涛回过头,来不及反应,童长荣举起枪,枪声响了,夏云涛歪了一下,倒了下去。

　　李卫扛着机枪从车里下来,疯狂扫射。前面的车子上,吴志杰从座位旁取出冲锋枪,和卓蓝、张龙一起射击,前后夹击。夏云涛的人马开始还击,但抵挡不住猛烈的火力,死伤惨重,无心恋战,弃车,丢下了几具尸体,拖着夏云涛往山坡上逃窜进了一个小树林。

　　童长荣与卓蓝会合。童长荣翻开一具尸体,胸脯上有文身图案,胸前佩戴着一个"义"字徽章。张龙朝那辆车的车胎扫了一梭子子弹,车胎顿时瘪了下去。

　　童长荣望着卓蓝:快走! 上我的车。

　　卓蓝点点头,卓蓝和吴志杰上了童长荣的车子,李卫驾车,几辆车在公路上急速驶往南京。

　　环龙路44号。赵瑞麟走进杨飞办公室,报告卓蓝已经顺利抵达南京,不过在路上遇到了日本人雇佣青帮的袭击,幸亏童长荣和李卫带人及时赶到了,有惊无险。

　　杨飞点点头,说知道了,我们还真的要感谢他呢。他在喃喃自语,童长荣,又是童长荣,你还别说,他像是能掐会算,总是能在关键的时间出现,关键的地点出现。他问赵瑞麟,这个人假如能如卓蓝所愿,加入44号,那会怎样。

　　赵瑞麟说,那还会怎样,但有一点可以肯定,我不知道你还会不会坐在这里,我肯定已经离开44号了。

　　杨飞笑笑,你还是说说昨天的事吧。赵瑞麟汇报,抓住了共产党江苏省委的4个要犯,非常遗憾的是,周恩来和罗栗文在参加的会议名单中,但没有出现。

　　杨飞:这是怎么回事? 内线明确地说是他亲自通知的。那个内线呢?

　　赵瑞麟:他也参加了会议,现场做会议记录,我们就将这一对夫妻也一起关了起来。

　　杨飞要求赵瑞麟保护好这两个内线,他们还有利用价值。赵瑞麟请杨飞放心,他已经将这对夫妻秘密转移到了他的住处翡翠小区了。

　　与此同时,高崎接到报告,夏云涛遭到了童长荣的尾随袭击,行动没有成功,夏云涛人马有伤亡,本人重伤。他们可能已将文件携带到了南京。高崎瘫坐在椅子上,喟叹内田会长就不应该放童长荣回国,现在已经无法挽回了。

二十七

1929 年 12 月,南京《时事月报》全文刊登了《田中奏折》简译件。报纸上印着醒目的标题:《惊心动魄之日本满蒙积极政策——田中义一上日皇之奏章》。此文一出,国人震惊愤怒,国际舆论一片哗然,世界各国照会日本,请求予以解释。世界范围内,各种译本相继出现,日本侵吞世界野心昭然天下。国内也掀起了巨大的示威和抗议浪潮,大中城市还发起了抵制日货的活动。

黑龙会的内田良平恼羞成怒,指示高崎加快除掉童长荣,以平息心中的怒火。高崎接到电报后,询问夏云涛伤势情况。手下人告诉高崎,夏云涛肩部中弹,还在医院恢复中。手下建议,踢开夏云涛,我们自己动手。高崎摆摆手,决不能留下任何日本人的印记。他让手下去医院找夏云涛,再加一倍价,务求加快除掉童长荣,以发泄心中之恨。

金门大酒店里,卓蓝约童长荣吃饭。童长荣问卓蓝,现在日本人是什么反应?

卓蓝告诉童长荣,日本人已经向南京政府抗议,说此文件纯属捏造,是别有用心的人挑拨中日关系,并要求追究《时事月报》的责任,追查炮制者。

童长荣又问,南京是什么反应?

卓蓝:南京政府不做任何表态。不过《时事月报》现在火了,各国媒体纷纷翻译转载这个文件,从我们掌握的情况看,已经在世界上引起爆炸性影响。

童长荣:看来,我们的努力没有白费。

卓蓝望着童长荣:童长荣,我也希望我在你身上的努力没有白费。

童长荣知道卓蓝的意思:这些年,我们不是一直合作得很好嘛。

卓蓝莞尔一笑。服务生摆上西餐刀具。

童长荣有些疑惑,怎么,安庆的厨子走了? 卓蓝说,我把他打发走了。童长

荣问这又是为什么？卓蓝说她犯了一个巨大的错误，安庆土菜只会让你越吃越土。她没有说出内心的另一层担忧，就是越吃越让童长荣有家乡情结，忘不掉那个何小姐。

卓蓝数落着童长荣就是一个土包子。一天到晚，就是红烧鸡鸭鱼肉，腻不腻呀？告诉你，你那叫填肚子，处在人类果腹的低层次阶段。

童长荣也不气恼，辩解着顿顿有鸡鸭鱼肉，那还叫填肚子？觉得这就是美好人生了。还故意叫着冤，这安庆菜一共才吃两三次，剩下的可都是在夜校里吃咸菜窝窝头。卓蓝瞟了他一眼，那也是你自找的。

卓蓝嘲笑童长荣境界如此之低，这些话透着骨子里的乡下人泥土味。我要告诉你，吃饭不仅是吃饭。童长荣反问那吃饭是什么。卓蓝指着童长荣，让我来告诉你，吃饭是什么。

童长荣抓住了反击的机会，不等卓蓝说下去，立即打断了她的话：卓蓝，我正告你，你别嫌弃乡下人，更不能贬低我的家乡，我知道你马上还会说，我说话也土气，土不土？确实土！可它孕育了枞阳腔，也就是中国戏曲中的吹腔，由此涌现出了阮自华、阮大铖在安庆的阮家戏班子，催生了四大徽班，徽班进京，诞生了国剧。阮大铖到南京，写戏作曲，促进了昆曲的发展。你说京剧、昆曲是土还是雅？上海人能把一只螃蟹从南京吃到上海，这就叫雅？这种小市民习气又雅出了什么？雅出了国剧还是昆曲？

卓蓝拍了一下桌子，朝童长荣吼着，童长荣，我说一句，你就说十句，一到吃饭，你就来添堵，你？你还是一个男人吗？

童长荣望着气鼓鼓的卓蓝，眯着眼，做了一个向下压的姿势，好好，你说吃饭是什么？我洗耳恭听。

卓蓝摆摆手，算了，我说不过你，你也不懂什么叫饮食文化，什么是绅士的优雅，什么是健康营养。童长荣说，我确实不懂，可我知道吃饭三口两口，拉屎蹲到就走，这就是健康。

卓蓝已经生不起来气了，忍不住笑了起来，她用手指着童长荣说，从现在起我发誓，我要彻底地改造你，我要挖掉你的穷根子。

童长荣一笑:你怎么来改造我?

卓蓝:还是从饭桌上开始。

童长荣:卓蓝,我劝你别努力了。我知道,你们的文件拿到手了,杨飞、赵瑞麟到头来还是准备要杀我。

卓蓝:非也。正是因为这份文件,南京方面和杨飞对我也要礼让三分,说句实话吧,他们听从了我的建议,争取你到我们这边来。童长荣,当共产党可真的没有好下场啊。你看看,这次,罗栗文逃脱了,可彭湃还是被杀了。

童长荣:彭湃家有良田万顷,富甲一方,他把家里的田契烧了,把田分给了穷苦百姓,你知道这是为什么吗?

卓蓝:我得承认,这是一种大境界。可你们共产党也有败类呀,彭湃不是你们的人出卖的吗?

童长荣:对这个人渣我们毫不手软地予以清除了。

卓蓝:我很佩服你们的特科,这么快就发现了,尽管赵瑞麟方千方百计地保护,可就在他的家门口,被你们红队的人给杀了。对,不过对于叛徒,我也是深恶痛绝。

童长荣望着卓蓝:卓蓝,你想争取我,不也是让我当叛徒吗?

卓蓝:你傻,你不要枉费我的一片良苦用心。你当不当叛徒那是你的事,我这么做,就是不想让你死在他们手里。

童长荣:谢谢你在保护我。啊,听说你因为这个文件,在南京都成了红人呢。

卓蓝:啊,据我们的情报,你不也是升官了吗? 中心城区的区委书记。

童长荣:这个,你们都知道了? 看来呀,我还真的需要你这张保护伞罩着了。

卓蓝:这就对了。另外我还要告诉你一件事情,我这人一般认准的事情不会轻言放弃的。我已委托陆啸衡和何应亲自上门做何小姐的工作。

童长荣愣住了:你觉得这样有意思吗?

卓蓝:童长荣,何小姐确实很优秀,你会有点割舍不下,甚至有点痛苦,可我这辈子认准你了,这没有办法。

童长荣:我的未婚妻要是不同意呢?

卓蓝:你不觉得你的未婚妻同意与否已经毫无意义了吗?

童长荣站起来,拂袖而去。卓蓝在身后大笑。

卓蓝确实是一个说到做到的人,上次安庆之行,被李卫冠之以耻辱之行。回来之后,怎么也咽不下这口气。她没有具体告诉童长荣的是,这次到南京送交密件,国民党中央组织部、外交部等部门一干高官分别接见,卓蓝享受着英雄般的待遇。临行前,已经贵为国民党中央秘书长,曾是中央俱乐部的直接上司陈立夫专门宴请卓蓝一人,提出要为卓蓝呈请记功升职授奖,卓蓝一概礼貌地予以回绝。她说只要一样东西,那就是将合作伙伴童长荣争取过来。卓蓝在陈立夫面前将童长荣吹上了天,说此人在南京军政系统里也找不出第二个。陈立夫是组织部调查室主任出身,果然很感兴趣。卓蓝又说,就在来南京的路上,日本人雇佣青帮上演了一场惊心动魄的文件抢夺大战,童长荣神机妙算,及时赶到,重创青帮,否则后果不堪设想。

陈立夫当即问卓蓝,需要他做什么? 卓蓝向陈立夫提出她的争取计划,陈立夫觉得很好,说他会立即给杨飞打电话,让他无条件支持。卓蓝乘机提出,还有一个私人要求,要安庆方面加大力度,让童长荣的未婚妻退出婚约。陈立夫似乎看出了端倪,说卓小姐为了党国的事业,甘于奉献最宝贵的情感,真是令人感动。卓蓝说,我是真的爱上他了。陈立夫说,如果这样,争取的机会就更大了。当即表示他亲自从中斡旋,给卓蓝一个满意的结果。卓蓝站起来深深地鞠躬,倒满一杯酒,一饮而尽。

国民党安徽省政府接到了陈立夫的电话,了解到此前卓蓝已来过安庆,省党部书记陆啸衡主持接待,自然将任务转交到了陆啸衡和何应身上,传达陈立夫指示,只要结果,不问过程。

陆啸衡和何应一听说是蒋介石的近侍陈立夫亲自过问,感到了巨大的压力。商量来商量去,只有一个办法,亲自到枞阳铁板洲何府做劝退工作。

何老爷事先得到通知,早早在家迎候。陆啸衡和何应拎着礼品走进了何府大院。

何应:老爷,省党部的陆书记长来看您了。

何老爷:你这么大的官来看我老朽,实在不敢当啦!

陆啸衡:老爷子,我和何局长是好兄弟,您就是我的前辈,早就想来看您老人家了。

何老爷:快请坐。

何应:姑奶奶不在家吧?

何老爷:啊,你说坤宜呀,去接她姐姐去了。啊,你们大老远地跑来,不会是有什么事吧?

三人坐定之后,佣人上茶。

何应:老爷子,这次陆书记专程从安庆来,还是姑奶奶的事,我们也是被上头压得没办法。

何老爷有些紧张:坤宜又有什么事? 是不是童长荣的事?

陆啸衡:老爷子,情况是这样的。童长荣现在是共产党要犯,听何局长说当初您坚持要解除与童家的婚约,我们这次来就是还想劝劝您老人家,做做何小姐的工作,免得日后受牵连。

何老爷:上次回安庆的时候,我都听说了,你们是兴师动众,全程陪同接待,把他当作菩萨一样的供着,我以为没事了,可现在你们又旧事重提,我没有搞懂。

何应:老爷,实话跟你说吧,国民党高层有个女的看上了童长荣,上次回来就是逼姑奶奶放弃婚约的。

陆书记:这个女的背景很深,权势很大,回到上海之后,三天两头电话,我们是尽量在拖着这个事。

何应:这事啊,已经惊动了南京中央秘书长陈立夫,他亲自打电话,我们也是没有办法才来到府上打扰的。

何老爷:我还是没搞明白,你说童长荣是共产党要犯,那个女的是国民党高层的,这怎么会呢?

陆啸衡:童长荣确实是个人才,现在南京上海都在做争取的工作,想把他争取到政府这边来。

何老爷终于听明白了:陆书记呀,为了小女的这个婚姻,这些年,我可是操碎了心。我们是寻常人家,只想过安稳的日子,不想担惊受怕。可是我这个小女呀,就是一根筋,我也是拿她没办法。这童长荣又是个无魂无影的人,我也不知道怎么办!

何应:老爷子,你不知道,童长荣上次回来,在安庆搞了一钵子酱,还打死了余队长,就因为上海那个女的,我们只好捏着鼻子不吱声了。这个人很危险啊,我们何家确实玩不起。我的意思是那个女的喜欢他,就让给她好了。姑奶奶知书识礼,聪慧漂亮,我何应负责在安庆给她找一个您满意的,这也是省府授权给我们的任务。

陆啸衡:何局长的意思也是我的意思。省府委托我们出面,在安庆我和何局长虽然不能一手遮天,但半个安庆的主我们还是做得的。

何老爷见如此,只好说等坤宜回来,我再劝劝她。陆书记亲自上门,我何家是蓬荜生辉,莫大的面子,又是为我何家好,真是要谢谢了。

陆啸衡站起来:老爷子,那我们就告辞了。

何老爷:那你们一定要吃了饭再走。

何应:不了,我们还要赶回安庆去。

陆啸衡和何应刚走出院子,何坤宜抱着姐姐的孩子和姐夫吴用贤、姐姐何坤秀正好进门。

何坤宜:陆书记、何局长,稀客呀。

何局长:啊,我和陆书记来看看老爷子。

两人低着头匆匆离去。

何坤宜和吴用贤、何坤秀走进家门。何老爷站在门口,何坤宜将孩子抱给何老爷看看,何老爷在孩子脸上亲了一下。

何坤宜疑惑地:这两个人跑来做什么?

何老爷:你还问我呢? 还不是童长荣的事,你和用贤都瞒着我呢,他们全都告诉我了。

吴用贤:我真的不知道有什么事。只觉得童长荣在安庆威风着呢。

何老爷:威风个屁!在安庆杀人,上海一个女的把他当个宝,跑到安庆来抢人,你怎么不知道?

何坤秀:啊,还有这么回事?坤宜,是不是啊?

何坤宜淡淡地:是的,那又怎么样?

何老爷:坤宜,这陆书记、何局长可都是苦口婆心,为了我们家好才来的,我就问你是什么态度?

何坤宜:我的态度很简单,只要童长荣愿意跟那个国民党女特务,我没有二话,立即解约。

何老爷:这可都是你说的。

何坤宜:我说的。

杨飞在办公室里小声地哼唱《国民党党歌》:三民主义,吾党所宗,以建民国,以建大同……

卓蓝走了进来:哟,杨主任,春风得意啊,哼起小调来了。

杨飞:别瞎说,这不是小调,这是《国民党党歌》,戴先生亲自操刀的,要求每个人都要学会。

卓蓝:啊,失敬了。

杨飞歪着头看着卓蓝:大英雄回来了,我正要找你谈谈心呢。我哪有你春风得意呀,你呀,现在可是了不得的人物了。陈先生单独私宴,这可不是一般的待遇啊。

卓蓝:杨主任,那还不是44号的功劳,我充其量也只是个代表而已。

杨飞关上门,热情地请卓蓝坐下,然后泡茶。卓兰并不觉得意外,这杨飞完全就是看着上峰的脸色行事的。

坐定之后,杨飞说,陈先生已经亲自给他打了电话,说你爱上了共产党童长荣,给我下了命令,同意你的争取计划。这,这,卓小姐,我可是一直支持你的行动计划,你要保护童长荣,我是要人给人,要枪给枪,没说不支持呀。

卓蓝:杨主任,你放心,我可以告诉你,我这个人从来不喜欢越级打小报告。

杨飞:这我信,卓小姐的为人我是很清楚的。现在我就想私下里问一句,你是从内心里爱上了童长荣吗?

卓蓝一笑:你不觉得这个人值得去爱吗?

杨飞:平心而论,童长荣确实是一个不可多得的人才,有魅力。不过,我倒要问你一句,他爱你吗?

卓蓝:我相信古人说的话,精诚所至,顽石为开。

杨飞:如能争取此人,可谓是你卓蓝事业和爱情的双丰收。

卓蓝:我就喜欢做带有挑战性的工作。

杨飞:安庆那边有消息了吗?

卓蓝:童长荣的未婚妻松口了,关键就在于童长荣的态度。可这个童长荣,我对他那么好,他就是不领我的情。

杨飞:投其所好,不失为一个办法。啊,最近他在干什么?

卓蓝:童长荣最近频繁接触上海文化人,他说不想当革命家,要当作家了。

杨飞严肃起来:事情没有你想的那么简单,共产党在南昌暴动,有了枪杆子,毛泽东朱德在井冈山建立了根据地,在瑞金建立了红色政权。现在在上海他们开始要我和我们争夺笔杆子了,你懂吗?有时呀,笔杆子比枪杆子更厉害。

卓蓝:没有你说的那么严重。这些穷作家们号称是无产阶级的代言人,替劳苦大众发声,可他们内部已经斗起来了,成不了多大的事。

杨飞:啊,还有这回事,近期,你把这方面的情况好好摸摸,看来呀,我们还要开辟另一个文战的战场了。

卓蓝对杨飞说,日本人还是要童长荣的命。她要杨飞向她保证,童长荣的事还是由她来处理,不想赵瑞麟在里面打横炮。杨飞对卓蓝表态,请相信我,陈先生都已经发话了,我还有什么理由不支持你呢。还是那句话,你自由裁量,不必请示,需要什么,告知一声就行了。卓蓝说了一声谢谢,离开了杨飞的办公室。

李克农带着阿英、沈端先走进了亚培路里弄夜校见童长荣。童长荣握着沈端先的手说东京一别,我们又见面了。沈先生,真是对不住,我一直说去找你,都被一些杂事耽误了。

沈端先：童书记，你忙着区里的大事，我来是一样的，也想来看看你。

童长荣又握住了阿英的手：钱先生，委屈你了，让你跑一趟路。

阿英：哪里，这是应该的。

童长荣：来坐。这样，中央成立文委就是要加强党对文艺工作的领导。现在文化支部也成立了，现在找你们来，就是想商量一下如何发挥支部的作用，党员作家的作用，把更多的文化人团结在党的周围。具体对文化支部来说有两个任务：一是弥合作家之间的分歧；二是加强党对文艺的领导。

沈端先想了一会儿：童书记在东京帝国大学学的是文学，也接触了不少日本无产阶级作家，对这方面很有研究，希望能得到你的指导。

童长荣：很深的研究谈不上，不过，有一点可以确定，文化支部是党的组织，这是核心。但如何把文化人组织起来，凝聚起来，这就值得去研究。我在日本，多次参加他们的"纳普"组织活动，苏联也有"拉普"，我们也应该有类似这样的组织。

阿英说童书记这个想法很好，他建议以党组织为核心，在文化人中间成立相适应的社会组织是必要的。

沈端先：既然是社会性质的组织，就以艺术门类成立协会，大家在一起便于交流创作，也便于党组织领导。

童长荣点点头：这与中央的想法不谋而合。中央的考虑是，在文委下面成立一个文化总同盟，下面可以设作家、戏剧家、音乐家、画家、电影家等分会。我想二位的想法代表的是基层的意见。中央的要求和基层的想法完全一致，我看就完全可以把这件事做起来。

童长荣又对阿英和沈端先说，现在李克农具体做宣传工作，想请他谈谈具体工作。

李克农：按照区委和童书记要求，在成立相关组织之前，眼前当务之急，是要解决作家内部矛盾的问题，否则即使成立了组织，也不会有任何作用。

童长荣：钱先生，我看了创造社和太阳社的刊物，有一半以上的文章是对鲁

迅先生开火的,很多文章已经超出了文学批评的范畴,变成了谩骂,中央对此高度重视。

阿英吭着头,默不作声,因为他也参与了。

童长荣:中央的态度很明确,鲁迅先生是一面旗帜。钱先生,革命文学的论争初衷是好的,但是把批判的矛头对准了鲁迅、茅盾等进步作家,否定"五四"新文学的成就,我是不赞成的。钱先生,我想问你一句,你们争论清楚了什么是革命文学了吗?

阿英:童书记,我们都写了许多文章,谁也不服谁。我想听听你的意见。

童长荣:大家争来争去,谁也说服不了谁。我看哪,大家忽视了一个关键点,就是对马克思主义理论认识得不深不透,缺乏辩证唯物主义的观点,我们的艺术界忽视了自己世界观的改造,有人过分夸大,有人彻底否认文艺的社会功能,才造成了认知的混乱局面。

阿英静静地望着童长荣:童书记,你讲到了点子上,我服你,这是个致命的缺陷。

童长荣:钱先生,我请你们的《太阳月刊》从现在起,停止刊发批判鲁迅、茅盾等人的文章,能不能做到?

阿英:我服从组织的决定,但是我就怕蒋光慈不同意。

童长荣:蒋光慈的工作我来做。

会议结束,李克农和阿英先走了。

童长荣留下来和沈端先继续聊着。

童长荣:沈先生弃工从文,终于拿起笔杆子了。

沈端先:这都是在东京参加社会科学研究会给我带来的启发,决定拿起笔来战斗。童书记,最近我到了纱厂,亲身感受到纱厂工人的悲惨生活,我就想把它写出来。

童长荣:我对纱厂还是比较熟悉的。正好我要到纱厂去,你愿不愿意和我一道去?

沈端先:非常乐意陪童书记去。

卓蓝站在小白楼的阳台上,看见童长荣和一个人走进大华纱厂。她从小白楼上走了下来。

大华纱厂车间,田嫂和连娣仍是日复一日汗流浃背地在干活。

童长荣和沈端先来到女工面前:我给你们介绍一下,这是沈先生,从今天起,他将在厂子里采访,把我们纱厂工人的生活描写出来。

田嫂:沈先生,那就谢谢你了。

童长荣指着连娣,说她14岁就进了纱厂,外号芦柴棒,差点死掉了。连娣说是童先生救了她的命。

沈端先表态,要做工友们的代言人,站在无产阶级的立场上,忠实地描写这大上海浮华背后包身工的苦难生活,揭露这个社会制度的不平等。

卓蓝走了进来:果不其然,童长荣要带领文人拿着笔杆子讨伐资本家的罪恶了,那你为什么不和我的资本家爸爸交流交流?

童长荣:为什么不,我愿意接受你的邀请,也正好有事要找你的父亲。

童长荣把沈端先交给了田嫂和周师傅,跟着卓蓝走进了小白楼。

路上,卓蓝对童长荣说,见到我的父亲,提醒你一句,可要嘴上留情啊。说不定你们将来还是翁婿关系呢。

童长荣一笑,你想多了吧。

来到小白楼,卓荣丰走过来与童长荣握手,上下打量着童长荣。

卓荣丰:童先生,你请坐。如果我没有记错的话,这是我们第二次见面。我一直就想再见见你,你可给我的纱厂带来了不少麻烦哪。

童长荣:卓老板,我不知道,这话从何说起,你靠剥削工人的血汗积累了大量财富,我和工人们一起争取最基本的劳动条件和报酬,这叫给你添麻烦?

卓荣丰:年轻人,我一直想和你聊聊,想看看你到底有什么魔力把我的女儿弄得神魂颠倒。

童长荣微笑着:卓老板,我想如果我有什么魔力的话,那就是共产主义的幽灵附在了我的身上。

卓荣丰:你别跟我谈论马克思主义。想当年,我参加戴先生的马克思主义研

究会,你还不知道在哪里。我告诉你,陈望道翻译的《共产党宣言》的日文母本还是戴先生从日本带回来的。

童长荣:我承认这是事实,我也承认你和戴季陶是真学了,可是没有真用。我也很好奇,你们为什么就背离了初心,尤其是像戴季陶这样的人走上了反共反革命的道路上了呢?

卓荣丰:我是一个商人,在商言商,我不想和你谈论这些曲直是非。你要理论,你去找戴先生理论去。不过,我至今都认为,马克思是天才,他告诉我们,就封建社会而言,只有资产阶级和资本家才能组织高度的现代化生产,你不觉得正是这样,才造就了上海今天的繁荣吗? 应该说,我们这些资本家功不可没。

童长荣:卓老板,可你有选择地忽视了马克思另外一个天才的发现,生产资料被少数人占有,资本家成了剥削者,工人阶级和资产阶级的矛盾永远不能调和,所以马克思创立了共产主义学说,这是解决社会对立,建立理想社会的唯一出路。

卓荣丰:年轻人,我很欣赏你,你才华横溢,才智极高,有着东京帝国大学的学历,我还听说了,你和卓蓝为获取日本人的机密文件立下殊功,你完全可以有精彩的人生。戴先生之所以后来反对共产党,他就是通过研究,发现共产主义学说在中国行不通,这是一条死路。你为什么还要往死胡同里钻呢?

童长荣:卓老板,我不能同意你的观点,中国人要想改变国家的命运,让人民过上幸福的生活,只有一条路,跟着共产党走。

卓荣丰:年轻人,我倒是希望你们两个都能远离政治,离开这个国家,到欧洲或者美国去。

童长荣站了起来:谢谢卓老板的美意。我不反对你给卓蓝铺就一条充满鲜花的人生道路。至于我,还是算了吧。不过,我也想趁今天这个机会给卓老板提出一个要求。

卓荣丰:你说。

童长荣:我们党的六大刚刚制定一个政策,工人们要实行八小时工作制度,请你遵照执行。

卓荣丰一笑:共产党的政策不具有政府效力,我可以不执行。不过,我可以考虑减轻工人劳动强度,改善工作环境。

童长荣:卓老板,那就谢谢了。

童长荣朝卓老板致意,朝卓蓝微微一笑,转身离去。

望着童长荣的背影,卓荣丰对卓蓝说,要想改变一个人很难,我劝你,放弃童长荣。

卓蓝:爸,我这么跟你说吧,童长荣是我今生遇到的最优秀的人,没有之一,我一定要改变他。

卓荣丰:我告诉你,这个人是信念型共产党,你不可能改变他。

卓蓝:正是这样,才觉得这个人有嚼头,刺激。

卓荣丰:你这是在玩火,会毁了你自己。

卓蓝:哪怕是悲剧性的结局,我也心甘情愿。

卓荣丰望着女儿无可奈何。

卓蓝:我要上班去了,可以走了吗?

卓荣丰挥挥手,卓蓝走了。

和童长荣见面之后,加深了卓荣丰的忧虑,他很恼火卓蓝的走火入魔,不能自拔,这是非常危险的,思来想去,最后他终于拨通了赵瑞麟的电话,约他见面。

卓荣丰站在黄浦江边,赵瑞麟远远地走了过来,打着招呼:卓叔好。

卓荣丰:瑞麟啊,找你来,是为卓蓝的事,我就问你一句,你到底喜欢不喜欢卓蓝?

赵瑞麟:卓叔,这话从何说起呢?我现在不想再提这个事了。卓蓝现在可是一门心思在童长荣身上,您恐怕还不知道,卓蓝已将这事汇报给了南京。现在南京都支持卓蓝这样做,我说我怎么办?

卓荣丰:我就不相信,南京还能管到一个人的私事。这可不行,我不能任由她继续下去,瑞麟,你得给我想个办法,让卓蓝远离童长荣。

赵瑞麟:卓叔,我没有好办法,现在抓不能抓,杀又不能杀,进退两难啊。

卓荣丰:我不管你用什么办法,一定要让卓蓝断了这个念头。

赵瑞麟叹了口气,说卓蓝就这个性格,她决定要做的事情,就是九头牛也拉不回来。

卓荣丰望着赵瑞麟:瑞麟啊,这么跟你说吧,我岁数也不小了,我还是希望你和卓蓝走到一起。将来呀,我的这些资产就交给你们了。

回来的路上,赵瑞麟内心阵阵狂喜,如果是这样,他将迈入最有钱阶层的行列,还能抱得美人归,这不叫财色双收叫什么?他感觉这些年仕途不顺,难以施展抱负,戴季陶也并没有给他带来什么。如果像卓荣丰说的那样,这不失为人生的第二个选择。他觉得,他值得冒一次险。想起童长荣,他就咬牙切齿,不仅是政治上的敌人,还是他人生的敌人。怎么办?只有一个办法,让童长荣在这个世界上彻底消失,让卓蓝没了念想,这是最佳的选择。

高崎暗杀童长荣的心情比赵瑞麟更加迫切,他对童长荣的憎恨已经上升到了大和民族的层面,童长荣羞辱了日本帝国,扯开了他们的遮羞布,把他们邪恶的计划暴露在世人面前。

夏云涛刚刚出院,高崎就把他找到自己的寓所。一见面,高崎就激将夏云涛。

高崎:童长荣差点要了你的命,你不想报这个仇吗?

夏云涛咬牙切齿:我一定要让这个小子死在我手里。

高崎:今天请你来,就是告诉你,我们愿意再提高一倍价格,就看你有没有这个能耐拿到这笔钱了。

夏云涛:这次请高崎先生放心,我一定会除掉这小子。

夏云涛回来后,当即布置人马,开始跟踪。赵瑞麟暗地里也派人尾随童长荣。

童长荣准备去找蒋光慈谈心,刚进一条小巷,就发现前后有可疑人影。他在里弄的一户人家门前停住,弯下腰系鞋带,又发现两个人在弄堂口游弋跟踪。他站起来,慢慢行走,脑子里迅速在搜索,同为黑色衣服,式样不一,一个宽松,一个是制服;一个是布鞋,一个是皮鞋。他的脑子里立即判定,着布鞋、穿宽松黑衣的是夏云涛的人,上次在南京半路援救卓蓝时,他注意到了夏云涛手下的尸体,正是这种标配穿着。穿黑色制服便衣,穿皮鞋的是 44 号的人,这些人显然不是李卫派来保护自己的,从肢体语言就可以看出,他们的行动明显是窥探、跟踪。

他警觉起来,见一户人家门半虚掩着,旋即闪了进去,又从这户人家的后门出来,跳过矮墙。两路人马挤着冲进这户人家,跑到后院,发现童长荣无影无踪。两路人马对峙起来。

皮鞋黑衣人:你们是干什么的?

布鞋黑衣人:你们是干什么的?

皮鞋黑衣人:滚,别耽误老子执行公务。

布鞋黑衣人狠狠地盯了一下皮鞋黑衣人,两班人马各自走了。

童长荣从里弄出来,穿过街面,来到石库门,在一个弄堂的茶摊前坐下喝茶,漫不经心地看着周围。穿旗袍的女子,从弄堂里走出,乞丐从街面走过,各色人等来回穿行。童长荣付过茶钱,走进里弄后,又转到另一条街,走到街的拐角处,确认没有了尾巴,又原路折回,走进了另一个弄堂里,进了一个居民区。他敲开了阿英的门。

阿英开门一看是童长荣,童长荣说他要去找蒋光慈,阿英点点头,说他就在家里。童长荣点点头,上了三楼,门开着。童长荣没有立即进去,在门边站着,看着蒋光慈一会伏在桌前奋笔疾书,一会站起来以充沛的感情朗诵:

夕阳已经消逝了金影。村庄、树林、河流……渐渐为迷蒙的夜幕暗影所吞食去了。在广漠的深蓝色的天空里,开始闪耀着星光,而在静寂的土地上,也同时开始现出来几家微小的灯火。

蒋光慈继续在稿纸上写着,接着站起来抒情:

青年们在路中一壁唱着山歌,一壁想着关于革命军的事情……在年轻的心灵里,活动着光明的,希望的波浪……

蒋光慈终于发现了站在门口的童长荣,他停了下来。

童长荣招招手:蒋兄,你接着写吧。我就不打扰你了。

蒋光慈:你已经打扰我了。

童长荣：真是不好意思。

蒋光慈：阿英刚才上楼说你要来找我，我就是一句话，"五四"已经退潮，鲁迅已经过时了，我们需要全新的无产阶级革命文学。

童长荣：蒋兄，如果你说要继续写作，我就立即离开；如果你愿意牺牲宝贵的时间，我很想和你聊聊。

蒋光慈：请进。阿英批评我无组织无纪律，也对。老党员嘛，应该做表率。

蒋光慈倒了一杯牛奶递给童长荣。童长荣摆摆手。

蒋光慈：阿英把你对革命文学的理解跟我说了一遍，我觉得是有道理的，所以我愿意跟你探讨这个问题。

童长荣：听蒋兄刚才的充满激情的朗诵，夕阳、村庄、河流，新作一定是与农民有关的题材。

蒋光慈：你说的很对呀，这部小说取名叫《咆哮了的土地》。

童长荣：相比你的《丽莎的哀怨》，我觉得这部小说的题材就选得太好了。中国革命的根本问题就是土地问题，党的六大正式提出土地革命的问题。几千年来沉寂的土地终于苏醒了，而且在咆哮，蒋兄，这就是革命的文学。

蒋光慈的眼睛直勾勾地望着童长荣：童书记，是你说的，这个题材选得好。

童长荣：是的，是我说的。土地问题是农民的根本问题。江西苏区的墙壁上简单六个字，打土豪，分田地。千千万万的农民就跟着共产党走了。

蒋光慈：上次你批评了我的写作脱离实际，脱离生活，这次就听我朗诵了几句，就下了结论，说写得好，我才开了个头呢。

童长荣：小说的名字就吸引了我，咆哮了的土地，我完全相信你有足够的才华和充沛的激情来抒写农民、土地、革命和命运。

蒋光慈：童书记，你真是神了，我就在这四个关键词上着力。我感觉你上次说到了无产阶级文学的着力点和方向的问题是有道理的。

童长荣：我完全可以想象，沉寂了几千年的土地终于苏醒了，这块土地上的年轻人想到了革命军，年轻的心，光明和希望，他们要通过革命改变自己的命运，土地在挣脱封建的束缚，也要挣脱田垄的束缚，咆哮着拥抱着自己年轻的主人，大地在震颤,村庄在沸腾……

蒋光慈一把抱住了童长荣,激动的心,颤抖的手,不连贯的语调:高山流水遇知音,童书记,谢谢你,让我在认识上有了新的高度。我服你!

童长荣:现在愿意和我谈了吗?

蒋光慈请童长荣坐下。

童长荣开始做蒋光慈的工作:关于鲁迅,我谈谈我个人的看法可以吗?

蒋光慈:你说,我愿意听听你的意见。

童长荣:鲁迅先生笔下的阿 Q 以为革命就是要什么有什么,他是一个革命者吗?

蒋光慈:阿 Q 当然不是革命者。

童长荣:但你能否定《阿 Q 正传》不是革命的文学吗? 鲁迅哀其不幸,怒其不争,这种麻痹自我的精神胜利法,不就是中国几千年来封建社会制度下的千千万万中国老百姓的写照吗? 我们从鲁迅笔下诸如祥林嫂、闰土悲剧性的人物的身上,我们发现了鲁迅是用阶级的目光来解剖这个不平等社会,这符合马克思主义的学说。

蒋光慈:鲁迅提出了问题,最多只是分析了问题,他没有给这些人物指出出路问题,所以说嘛,他已经过时了。

童长荣:我不同意你的观点,你用现在的目光去要求十年前的作品,这不符合马克思主义的认识论,让阿 Q、祥林嫂、闰土参加革命,这更不符合这个人物的实际。

蒋光慈:那就说说当前。我要质问你,鲁迅是第几阶级的人,他的作品是第几阶级的文学?

童长荣:我可以鲜明地回答你,鲁迅是无产阶级作家,他的文学就是无产阶级的文学。相反,蒋兄,你现在吃着牛奶面包,以小资情调的生活方式和心态来书写革命者的形象,恰恰与真正的革命者形象是脱节的。据我所知,鲁迅先生这两年购置了大量马克思主义著作在阅读。请问,蒋兄,你的书橱里,有几本马克思著作?

蒋光慈不再言语。

童长荣：蒋兄，我们一定要搞清一个问题，当前，谁是我们的敌人，谁是我们的朋友？我可以回答你这个问题，我们的敌人就是帝国主义列强，尤其是日本军国主义，我们的敌人就是国民党反动派，我们的敌人就是不合理的封建社会制度。除此之外，都是我们革命的团结对象。中央充分肯定鲁迅先生的历史地位，蒋兄既然是党员，就得服从组织。

蒋光慈望着童长荣：童书记，我发现，你很会做人的思想工作。

童长荣：所以嘛，《太阳月刊》从现在起立即停止刊发批判鲁迅、茅盾等人的文章，你是否同意？

蒋光慈：童书记，你的论述很精彩，在这么短的时间内就强有力地说服了我。在这之前，没有人能改变我，我也不想被人去改变。现在我愿意接受你的观点，服从组织决定。

童长荣站了起来：蒋兄，看来我们能成为真正的朋友。

蒋光慈：童书记，人生得一知己足矣，你就是我的知音，我很荣幸认识你。I服了YOU！

蒋光慈握住了童长荣的手，久久不愿意放下。

从蒋光慈家出来，童长荣下楼，来到阿英家。阿英问童长荣，这么快就出来了，谈得不顺利吧？童长荣说，他已经说服了蒋光慈。阿英疑惑地望着童长荣，你用的是什么方法？他告诉童长荣，之前他去楼上找蒋光慈，还没说上几句话，他就情绪激动地把自己撵出来了。

童长荣说，对付蒋兄，一是要投其所好，二是要攻其软肋，三是要以理服人。这蒋兄也是性情中人，已经引我为知己了。阿英抱拳，我服了。童长荣说，蒋兄也就是这么说的，I服了YOU！阿英啐道，文白夹杂，不，中英混合，狗屁不通！童长荣笑了，阿英也笑了。

赵瑞麟办公室里，张龙进来报告。这两天跟踪发现，童长荣与文化人接触频繁。不过，据跟踪的手下人报告，童长荣警觉性很高，来无影去无踪，亚培路被李卫的人看死了,无法接近。还有个新情况,发现青帮的人也在跟踪童长荣。

赵瑞麟:青帮难道是因为童长荣重伤夏云涛寻机报仇吗?

张龙:青帮上次是受日本人雇佣,这次仍然有可能是上次行动的继续,当然夏云涛也绝不会放过童长荣。

赵瑞麟思忖:那好哇,欢迎青帮的人也加入进来。啊,罗栗文现在有消息了吗?

张龙说,罗栗文现在下落不明,没有他的消息。赵瑞麟悄悄指示张龙,童长荣、罗栗文是一根绳上的两个蚂蚱,可以并案制定计划,一网打尽。张龙担心地望着赵瑞麟,眼下卓蓝在争取童长荣,得到了南京和杨飞的支持,我们这样做,风险很大。

赵瑞麟将张龙拉到自己身边坐下,如果你按照我说的做,我不敢保证你是亿万富翁,但是这辈子可以充分享受物质上的自由,这一点,你不用怀疑。

赵瑞麟显然是在诱惑张龙,张龙也明白这里面的关系,赵瑞麟无疑是想当大华纱厂卓老板的乘龙快婿,当务之急就是必须除掉童长荣。赵瑞麟见张龙还在犹豫,让张龙不妨换个角度,我正在制定一个"钓鱼行动"计划,我们把卓蓝当诱饵去钓童长荣,又以童长荣为诱饵,去钓他身后的罗栗文,抓到了罗栗文,就有可能找到共产党的全部地下组织网,进而一网打尽。钓鱼计划和争取计划并不矛盾,可以同时进行。张龙点点头,说,我听赵科长的。

童长荣出现在幽静的小巷里,李卫站在小巷路口,他朝童长荣招了一下手,童长荣跟着李卫进了咖啡馆。见卓蓝一个人静静地坐在那里,他在卓蓝对面坐了下来。

卓蓝:找你来,我想告诉你一个消息,你的未婚妻何小姐已经松口了,说只要你同意,她愿意放弃婚约。

童长荣:她真是这么说的吗?

卓蓝:我不会骗你。这是何小姐在她的父亲面前表的态。

童长荣:卓蓝,这些日子,你背着我又做了些什么?

卓蓝:别问我做了些什么,我不是告诉你了吗,我是不会放弃的。

童长荣想着罗栗文的交代,不能回绝卓蓝,还要给卓蓝一个感觉,自己是处在极度的矛盾痛苦的纠结中。

童长荣叹了口气:哎呀,卓蓝哪,说不定我哪一天就暴尸街头了。

卓蓝笑了:我可以明确地告诉你,44号杨飞已经向我承诺,不会对你动手。

童长荣:不会吧,今天上午,就有两拨人来追踪我,一拨是夏云涛的人,一拨就是你们的人,你说不是杨飞,那就是赵瑞麟无疑。

卓蓝:是吗?

童长荣:夏云涛是为日本人卖命。赵瑞麟要杀我,原因就是一个,他爱着你。

卓蓝:那他就是自作多情。

童长荣:你们确实也般配,我可不想在这里搅和。

卓蓝:童长荣,你听着,我可以荡平夏云涛的老窝,必要时我也可以宰了高崎,至于赵瑞麟,我会马上去找杨飞的。就是一点,绝不允许你离开我!

童长荣:卓蓝,求求你,放过我,我真的已经厌倦了。往后,我只想平平静静地当个作家,以写作为生了。

卓蓝:我可以给你提供良好的写作环境,写不出作品也没有关系,我养活你一辈子,你别想从我这里逃脱。

卓蓝威胁童长荣,如果你不听我的,我随时就去你的枞阳老家,而且不会跟你打招呼。童长荣愣在那里,卓蓝带着李卫走了。

杨飞在办公室看完了赵瑞麟的"钓鱼行动计划",刚刚放到桌子上,卓蓝气乎乎地走了进来高叫,杨主任,赵瑞麟是几个意思?为什么要派人跟踪童长荣?

杨飞望着卓蓝,有这事吗?我真的不知道呢。卓蓝数落着,现在日本人要杀童长荣,赵瑞麟也要杀童长荣,我的计划怎么去实施?卓蓝发着狠,要是把我惹毛了,我会直接向南京报告。

杨飞请卓蓝少安毋躁,说这里说话不方便,下班后,我们再详细聊。还是你请客,我买单。

下班后,卓蓝如约到了金门大酒店,进了小包厢,杨飞已经点好了菜,两人边吃边聊。

杨飞大倒苦水,说赵瑞麟是个有野心的人,他仗着戴季陶是他的靠山,不止一次地在南京方面告我的状,说我同情共产党。我怎么就同情共产党了?彭湃是我让他抓的,到了南京就变成他的功劳了。童长荣的事,我是在为你背黑锅呀。

卓蓝才不管他们之间的狗咬狗呢,要求杨飞必须对赵瑞麟采取行动,保证她的计划顺利进行。杨飞叹了口气,这才告诉她赵瑞麟之所以这么上心地抓童长荣,都是为了你。

为了我?卓蓝问为啥。

你没看出来?赵瑞麟嫉妒童长荣,更容不得你对童长荣一往情深。杀了童长荣,这不就让你绝了对童长荣的念头了?

卓蓝陷入沉思,杨飞不失时机地从包里取出那份"钓鱼行动"计划递给了卓蓝,卓蓝接过行动计划翻阅,然后扔到桌子上,拿我当诱饵,钓住童长荣,然后一网打尽共产党在上海的组织。杨主任,你,为什么要把他的行动计划透露给我?

杨飞一笑,卓小姐,我想我们应该联起手来对付赵瑞麟,这才是最佳的选择。

卓蓝反问杨飞,这就是你喊我出来吃饭的原因。杨飞点了点头。卓蓝笑着说,这顿饭吃到现在,我似乎吃出一点味来了。

童长荣难得清闲,决定请李卫喝酒,两人来到一家小酒馆,选择在有窗户的座位坐下。李卫指了指着楼下尾随而来的车子,童长荣说早看见了,他愿意跟就让他跟着吧。

李卫倒上酒,两人碰杯。

童长荣:李卫兄弟呀,在44号干了不少年头了吧?

李卫做了一个手势:八年了。

童长荣:也该成个家了。

李卫:哎呀,干这一行,脑袋都是别在裤腰带上,成家那不是害人家嘛。

童长荣:没考虑换一行干干?

李卫:我还能做什么,别的什么都不会。卓蓝小姐让我管了几天车间,我总

觉得我不是干管理的料。

童长荣望着李卫,李卫也望着童长荣,两人都欲言又止。

李卫:长荣兄弟,卓小姐对我不错。我只想跟你说一句,我会用生命去保护你的。如果万一有一天我不在了,你只要记住有个李卫就行了。

童长荣:既然你这么说,我也会保护好你的,因为你是我的好兄弟。

临走前,李卫从口袋里掏出一把钥匙和一个纸条:卓小姐说,你那夜校比较危险,她给你准备了一个新地方。离这不远,你直接走过去就行。

童长荣拿过钥匙和纸条,看了一下,然后将纸条撕了。

童长荣悄悄离开小楼,从后门走了出去,乘着夜色,走进一个幽静的小区,来到一栋房子前,看看四周无人,他打开了门,开了灯,才看见里面装修考究,富丽堂皇。童长荣四处查看一下。又看看桌上摞着一堆稿纸,桌上留着一个纸条:大作家,祝创作愉快!

童长荣微微一笑。他打开衣橱,里面西装、领带,还有其他款式的衣服应有尽有。童长荣换上睡衣,靠在沙发上,拿过薄被盖在身上,一夜睡到天亮。

屋外传来鸟鸣声。童长荣起床,拉开窗帘,望着院子里绿色的树。他看见卓蓝走进了院子,不一会传来敲门声,童长荣打开门。

卓蓝:昨晚睡得好吗?

童长荣:谢谢你,提供这么好的环境。

卓蓝:我希望在这里,童长荣能诞生一部传世的名著。

童长荣:太精致太舒适了,恐怕就不一定能写得出来东西了。不过我还是要感谢你。

卓蓝:知道我昨晚和谁在一起吃饭了吗?

童长荣故意地:让我猜猜,那一定是赵瑞麟了。

卓蓝啐了一句:我才不跟他吃饭呢。

童长荣:不会是跟杨飞吃饭吧?

卓蓝:恭喜你,答对了。

童长荣:杨飞找你做什么?

卓蓝:他告诉我赵瑞麟制定了"钓鱼行动"计划。

童长荣:谁是鱼呀?

卓蓝:你应先问谁是鱼饵?

童长荣:明白了,你应该就是鱼饵。

卓蓝:我很荣幸。

童长荣:可不光是钓我吧。

卓蓝:赵瑞麟要织就一张天罗地网,一网打尽上海的共产党,还要挖出44号内部的中共情报人员。

童长荣眯着眼望着卓蓝:为什么要向我泄露这个?

卓蓝:为了让你不被赵瑞麟抓住呀。

童长荣:卓蓝,谢谢你。我已经有很长时间没有和罗栗文联系了,这恐怕要让赵瑞麟失望了。不过,我对赵瑞麟的这个行动计划很感兴趣,我倒愿意和他过过招,让他竹篮打水一场空,卓蓝,你有兴趣参加这个游戏吗?

卓蓝:我没有这个兴趣,我只对你有兴趣。

童长荣哈哈一笑:这恐怕由不得你了。

卓蓝上班去了。按照约定,童长荣上午和王舒在李克农的维修部会面,接受省委交派任务。他出了小区的门,在大街上漫无目的地走了一个来回,然后乘电车在无线电修理部附近车站下了车。走到报亭买了份报纸,查看一下周围,走进商场,从后门出去,转过一条街,走进了李克农的修理部。

李克农将童长荣引到后面的小屋,见到了王舒。王舒自从做了交通员之后,为安全起见,已经离开了亚培路里弄。王舒转达了江苏临时省委的指示,尽快搞清楚44号最近监控区域、监控点和行动计划。在转达第二条指示时,把李克农也喊了进来。

王舒说,近期中央文委经研究,拟成立左翼作家联盟,明确童长荣参与筹建工作,推荐人选,起草章程,开展充分协商讨论,意见报文委。

童长荣和李克农点头,表示已经明白了任务。

童长荣和王舒分头走出了修理部。童长荣请王舒向罗书记转告,赵瑞麟制

定了一个"钓鱼行动"计划。

王舒告诉童长荣,为了安全,他又给罗书记找了一个新房子,这就去搬东西。童长荣考虑了一会儿,说等等,我们就利用这个老房子做些文章,主动暴露这个住处,屋子里的东西请不要带走。

王舒明白了童长荣的意思。童长荣让王舒转告罗书记,伪造一个近一个月的记事本和一份对我产生怀疑的材料,搞好之后,我们就去那个老房子布置一下。

王舒说,还是你的脑子好用,看来你是要对他们来一个"反钓鱼行动"计划了。童长荣说,来而不往非礼也。既然赵瑞麟愿意玩,我们就玩死他。

 二十八

杨飞和赵瑞麟各怀心事。杨飞思考再三,决定还是依了赵瑞麟,,把"钓鱼行动"计划给了卓蓝。他们都深信,卓蓝身陷对童长荣的情感,会把这个计划透露给童长荣的。但是赵瑞麟又提出来,他要决定和青帮人的合作,这让杨飞又有些担心。把赵瑞麟叫到了自己的办公室,再一次耳提面命,底线是不能和日本人搅和在一起。

赵瑞麟立即表态,守好底线,不会让外界对 44 号产生疑虑。杨飞询问内部排查结果如何?赵瑞麟说,反复摸排,圈定了几个人,李卫的嫌疑最大。杨飞问有无实据。赵瑞麟实话实说,没有确切证据,不过,卓蓝让李卫保护童长荣,这是观察他的一个好机会。

杨飞慨叹,人心隔肚皮,童长荣善于借势,越是复杂的局势,他越是游刃有余,你可要当心。假如这个李卫真的是共产党,暗中助力童长荣,你不一定能斗得过他们。

赵瑞麟表态,杨主任放心,这回有十足的把握。杨飞笑了笑,但愿,我真的希望你能赢他一次,煞煞他的威风。

童长荣回到了亚培路夜校。坐在桌前,他想了一会儿,在稿纸上写下:长江

经安庆往东四十里,北岸张开一个龙口,形成一脉支流枞川。城东有个大青山,山上有座石屋寺。寺庙里有个叫张树华的穷苦后生白天苦读,晚上从事革命活动。山下有个青山街,街上的富家小姐何云姑,每天上山给张树华送饭……

他停下笔,思绪翻滚,何云姑的原型就是何坤宜。想起这么多年何坤宜的付出和对自己的信任,他的内心就会怀着深深的愧疚,不能想,一想就心悸心痛,越是这样,他就越想把这一对夫妻的革命之路写出来。他得身体力行,一定要给作家们做个表率。恩格斯说,现实主义除了细节的真实外,还要再现典型环境中的典型人物。抓住细节、典型环境、典型人物这三个关键词,他有信心一定能把这部中篇小说写好。

李卫走了进来,数落童长荣,卓小姐给你安排那么好的写作环境,你干嘛还待在这里。

童长荣摇摇头,在那种环境里写不出来。

李卫抱怨,我说长荣兄弟,你在这里倒是逍遥自在,可把我们兄弟害苦了,一天三班倒,弟兄们可吃不消。童长荣说自己就是一写作的穷书生,对 44 号已经没有任何价值了,把岗哨都撤了吧。李卫摆摆手,你糊弄谁呢?童长荣说我让你撤,你就撤,从现在起,我不允许你再跟着我了。李卫拱拱手,这可是卓小姐的命令,你去跟她说。童长荣解释,你傻不傻,你这么兴师动众的,不就是告诉人家你在哪里,我就在哪里嘛?李卫觉得童长荣的话有道理。走出夜校,挥挥手,弟兄们,撤吧。

李卫带着弟兄们上车回到了 44 号,向卓蓝报告童长荣把他赶走了。卓蓝问为什么?李卫说童长荣不喜欢有人盯着他,限制了他的自由,反而增加了他的危险性。卓蓝啐了一声,笨呢,你不能由明变暗吗?李卫点头称是。卓蓝吩咐李卫,不能让童长荣离开了你的视线。另外通知他我在金门酒店等他吃饭。李卫领命走了出去。

童长荣回到亚培路,当然写作只是一个方面,重要的是他已经谋划好了反"钓鱼行动"计划的方案。一方面,赵瑞麟和青帮的人都在跟踪他,青帮受雇日本人是想要他的命,夏云涛更想报仇。另一方面,他隐隐觉得,赵瑞麟也想要他的

命。他心里清楚,赵瑞麟这个计划的目的主要是起到打草惊蛇、投石问路的作用。李卫把亚培路看死了,确实影响他的计划的实施,想卖个破绽,赵瑞麟的人马也掌握不到充分的信息,也就无法理解他的行为。现在李卫走了,他决定开始行动。

童长荣走出夜校,戴上墨镜,走出里弄,来到大街上,果然,他的直觉告诉他,张龙带人远远地跟在后面。按照以往,甩掉他们是轻而易举的事。现在他生怕他们跟丢了,童长荣不紧不慢地走着,故意兜圈子,最后终于来到罗栗文的住处。

他在屋前犹豫片刻,终于敲门。门开了,张龙看见童长荣消失在门里。

屋内,王舒迎了上来:长荣,罗书记昨晚已经离开了这里。

童长荣:很好,张龙一班人就在屋外。

王舒:屋内,罗书记按照你的意思,已经做了布置。

童长荣走到桌前,望着桌上的笔墨和报纸,书架上的书。他拿起一份《申报》,在广告栏中看到裕泰茶庄广告:春茶上市,即日起优惠酬宾。他用小剪刀剪了下来,塞进了口袋里。

童长荣:你来写几个字。写调查李卫的真实身份。

王舒写下了这几个字,童长荣撕碎,扔进了纸篓里。

童长荣拉开抽屉,拿起一个笔记本,里面是一份十几页纸的一个材料。

扉页:关于童长荣历史情况的几点说明

1. 关于童长荣对杨飞、赵瑞麟的营救;

2. 关于童长荣和卓蓝的交往问题;

3. 关于童长荣是否合适担任现任职务问题;

4. 建议。

童长荣又翻开笔记本,记录着过往的一些活动轨迹和提示。最后一条是:自己的同志不应受到怀疑!!! 我坚持!!!

童长荣:很好。

王舒:这是罗书记昨晚写下的。

童长荣看看书架,转向墙壁上挂着的一幅山水画,他信手在反面写下了两组数字。

王舒告诉童长荣，《桐城先生墨钞》的设计也搞好了。

童长荣点点头：我们可以离开了。

王舒：看来，够他们忙一阵子了。

童长荣和王舒走出门，王舒锁上门，对外警觉地看了看，然后将钥匙放进了门边的矮墙的一个砖缝里。

两人离开后，张龙带人悄悄来到屋前，掏出砖缝里的钥匙，打开门，一人在门前望风，张龙带着两个人进去查看。

张龙来到桌前，看见了一张《申报》，广告部分剪下的一条广告，果然吸引住了张龙，打开抽屉，发现了一个记事本和申诉材料，他连忙举起照相机一页页拍照。接着又看见纸篓里撕碎的纸条，他细心地拼凑起来拍照。

另外两人在四处搜索，一本本书里翻阅，找到了一个上海图书馆孤本《桐城先生墨钞》存单凭证。在山水画后面发现有两组数字，他们均记录了下来。

张龙将罗栗文屋里拍下的所有照片洗印出来后放在了赵瑞麟的办公桌上，赵瑞麟仔细看着，思索着，他自认为在证据学方面有过人之处。

赵瑞麟初步确认，这是罗栗文的秘密住处，也是童长荣他们联系的点。还有一个重要的信息是，中共在对童长荣的问题上已经产生严重分歧，罗栗文竭力在帮他说话，还可以判断，童长荣已经感受到了这个信任危机。还有调查李卫的真实身份，应该是中共指示罗栗文的。赵瑞麟觉得奇怪，他在怀疑李卫，中共也在怀疑调查他的身份，这说明一个问题，可以确认李卫到现在为止不是中共的情报人员。

张龙请示赵瑞麟下一步行动，赵瑞麟要张龙对一些可疑线索，一条条核查。对罗栗文的住处，实行 24 小时蹲守。密切注视童长荣的动向。让夏云涛的人马暂时停止追杀童长荣，他要看看究竟。

夏云涛在商贸客栈的房间里，正躺在床上抽大烟。手下人进来报告，中央俱乐部的人通知暂时停止行动。

夏云涛问没说理由吗？手下人摇摇头。

夏云涛:那日本人可是催得很紧呢?

手下人提醒:夏先生,我们两边都收了钱,两边都不能得罪啊。

夏云涛:娘的,童长荣杀了我几个人,老子巴不得早点送他上西天呢。那就便宜这小子多活几天,迟早会送他到阴曹地府去。

童长荣辗转穿梭,甩掉了尾巴,来到了无线电修理部。李克农从工具箱里取出几张纸递给童长荣,告诉他沈端先和阿英在一起商量了一个左翼作家联盟的章程和相关人员名单,他们想请你提提意见。

童长荣看了后,归结了两条意见,一是章程要简化,二是名单中把他的名字划掉。

李克农告诉童长荣,沈端先还汇报了一件事,文化支部最近搞了一个上海艺术剧社,先期把一些爱好话剧的党员同志组织起来了。

童长荣听了很兴奋,说沈端先创造性地开展工作,值得表扬和肯定。

李克农说,沈端先他们首期计划排练三个话剧。现在他们就在小剧场排练,我马上到排练场去,把你的意见转达给他。

童长荣对李克农说,算了,我自己去吧,顺便去了解一下他们排练话剧的情况。

童长荣正准备走,李克农说还有一件事,要向童书记汇报,昨天到一个安徽老乡那里玩,他在上海无线电局做事,说无线电局正在招人,觉得这是一个极好的机会。

童长荣:无线电通信太重要了。如果里面有我们的人,那就等于是我们多了一双明亮的眼睛,我会立即请示罗书记。

李克农有些犹豫,听他的朋友说,他们对资格审查很严。他在芜湖的情况经不起调查,一查,就全露馅了。童长荣问有没有其他办法。李克农听他的朋友说,如果他们内部有人作保也行。

童长荣有了主意,看了一下李克农:你会演戏吗?

李克农:童书记,你问这个干什么? 你还别说,我还真有表演才能。我在芜湖民生中学就自编自导过《荒山泪》《兵匪交易》《春闺梦里人》,当时还很有影响呢。

童长荣:老哥,你从现在起,就把自己搞成是满身污垢、邋里邋遢,一看就让人心生怜悯、走投无路的落魄穷小子。

李克农:这个没问题,糟蹋自己还不容易,况且现在的处境就是这样,不需要表演,做好真实的自己就行了。

童长荣点点头,离开了修理部,朝余庆坊走来。

弄堂里有十几户人家,显得破败。一处门上有副对联:两间东倒西歪屋,一桌南腔北调人。童长荣一笑,推门进来,发现沈端先和三四个人围坐在一桌上。看见童长荣走了进来,大家都连忙站了起来。

沈端先:这是区委的童书记,大家欢迎。

大家鼓掌。

童长荣:听说,你们在这里排练话剧,我特地来看望大家。

沈端先:我来介绍一下,这位是老石,这位是小唐。

童长荣与两位男演员握手。

沈端先:我特别要介绍一下,这位女同志是你的安徽老乡王莹。

童长荣亲切地与王莹握手:我听克农说起过你,年纪不大,革命经历丰富,如果我没有记错的话,《给何键军阀的公开信》就出自你手。

王莹有些不好意思:童书记,我没有别的,就是胆子大。

童长荣:干革命,就是要胆子大,不过还要心细,当然演戏也是一样。沈先生,你们工作吧,我在旁边听着。

沈端先:童书记,沈西苓他们是内行,我可不会当导演,支部主任还得带头呀,我就接了这个戏,勉为其难了。

童长荣:沈先生,你继续。

沈端先开始跟演员说戏,这是德国女作家路·米尔顿的话剧《炭坑夫》,中文的翻译其实就是《矿工》。讲述的是祖孙三代的故事。老石你演外祖父,是矿上的伙夫,最后在贫病交加中死去。小唐你演父亲,组织工人罢工,罢工失败后被枪杀。王莹你演女儿,尽管你很柔弱,就像一株小草,你在苦难中学会了坚韧和

坚强,最后是你勇敢地站了出来,带领工人们炸毁了整个矿区。今天找你们三个主角来,让你们对对台词,找找感觉。我这个不会导的导演,只能看着你们演了。

童长荣:这个戏好,有斗争精神,有教育意义。

三人读剧本。沈端先随童长荣走到另外一个房间。

童长荣:沈先生,在"左翼作家联盟"成立之前,戏剧算是提前热身了。

沈端先:这是文委提议的,创造社的郑伯奇率先响应,大家一合计,凑了点钱,就搞起来了。现在还有两部戏在另外的地方排练。

童长荣点点头:你和阿英牵头搞了一个左翼作家联盟组成人员和章程,我看了一下,总体没有意见。章程还可以简化一些,称鲁迅为委员长或书记长,一定要征求鲁迅先生的意见。沈先生,你没有参加对鲁迅先生的批判,你去登门拜访比较合适。

沈端先:那我就跑一趟。

童长荣:啊,我预祝你们这三台戏排练成功,公演的时候,我一定参加。这是无产阶级的戏剧,一定要演给老百姓看,尤其是工友们。还要注意安全,防止国民党从中作梗破坏。

沈端先谢谢童长荣关心,说他们一定会保护好自己的。

张龙按照赵瑞麟的要求,开始查证罗栗文屋里的一切可疑之处,他们来到了裕泰茶庄。经了解裕泰茶庄是个老字号,老板姓胡,安徽徽州人。找到了当天的报纸,广告的内容是要搞半个月的酬宾活动。既然是酬宾,就不乏宾客,张龙对手下说,看住这个茶叶店,发现可疑者,抓!留下几个便衣后,张龙又赶到了上海图书馆,询问到了孤本寄存处。

窗子里的图书管理员从眼镜缝里望着张龙。

管理员:是寄存还是取书?

张龙掏出派司递给图书保管员,说有个案子涉及一本书,我需要调查。

张龙的手下故意掏出枪在手上摆弄着,然后放在窗口,这一招果然奏效,管理员连声应着好的好的,张龙将《桐城先生墨钞》存单递给保管员看。

保管员为难地告诉张龙,他不知道多少号,也不知道什么密码,不知道在哪个柜子里,取不出来。张龙将房间里画上的两组数字递给保管员看。保管员接过来,一看一个是4579,一个是6368,他摇了摇头,说这两组数字应该都不是,孤本室里的密码都是6位数。

手下人已经不耐烦了,真啰唆,你有登记吗?

保管员抖抖索索地,他点点头,登记倒是能查到,我来查查。啊,想起来了,这是前天才存进来的。

张龙手一挥,几个人走进了保管室里,保管员拿着登记表在一排排寄存小柜前核对,终于对到一个T22356的寄存柜。

张龙问保管员,是什么人来存的,多大年纪,长什么样? 保管员回忆着,三十多岁,男的,他也说不好。三十多岁,显然不是童长荣,但有可能是罗栗文,张龙手下掏出罗栗文的照片给保管员看,得到了保管员的确认。张龙很兴奋,让保管员打开。保管员说密码都是存书人自己设定,他实在不知道密码。

张龙掏出手枪连开三枪,管理员吓得直哆嗦。手下拉开小铁皮柜,取出《桐城先生墨钞》。

张龙对保管员说,这本书我们要带回去研究研究,过两天还回来。

管理员唯唯诺诺:好的好的。

张龙将书带回来交给了赵瑞麟。赵瑞麟小心翼翼地翻开,发现封底里面有个夹层,他抽出了一张纸。纸上写着一首诗:江南西路聚南风,一祖三宗苦为吟;江州司马遥北望,箧中锦囊天地红。

赵瑞麟望着这四句诗,陷入苦苦的思索中:江南西路,是指江西? 南风,风,风雅,南风,南方风雅? 一祖是杜甫,三宗是黄庭坚、陈师道、陈与义,江州是九江,司马,白居易。箧,是匣子,锦囊妙计吗? 天地红,红色革命吗?

张龙在一旁猜测,这首诗是不是指有文化底蕴的江西出现了共产党红色根据地?

赵瑞麟:一首赞美共产党的歪诗有必要放在孤本里进行隐藏吗? 显然不是。

张龙抓着脑袋:这我就不懂了。

赵瑞麟:这到底指的什么?

张龙:赵科长,你刚才说的一个什么匣子,装的是锦囊妙计。

赵瑞麟:匣子,应该是个盒子,锦囊,古人装的重要的文献文件。对,应该是重要文件。

张龙:罗栗文兼任中共的组织工作,会不会是组织架构,中共重要人物名单,党员登记名单?

赵瑞麟:如果是这样,那前面的三句诗就应该与江西没有关系。

张龙:与江西没有关系,那就是与上海有关系了,会不会是文件的隐藏地点?

赵瑞麟突然兴奋起来:是圣三一教堂。

张龙:圣三一教堂东边是江西路,北临九江路。

赵瑞麟:一祖三宗就是指圣三一教堂。可以断定罗栗文将共产党的重要文件就藏在圣三一教堂里。

张龙:教堂那么大,可文件应该藏在什么地方呢?

赵瑞麟:立即对圣三一教堂进行布控调查。

童长荣离开余庆坊,想起卓蓝约吃饭,匆匆走进金门大酒店,进了包厢,他故意显出情绪低落的样子。

卓蓝歪着头,瞅着童长荣的脸,怎么啦,写作写累了? 童长荣摇摇头。卓蓝问是不是写不下去了?

童长荣还是摇摇头,叹了口气:我怎么突然觉得一切变得毫无意义了。

卓蓝:想吃什么?

童长荣:想吃西餐。

卓蓝:怎么会?

童长荣:我怎么突然对牛排红酒有了一种亲近感。

卓蓝:你变得好像不是童长荣了。

童长荣:光鲜的外表、舌尖的愉悦看起来真的不错。

卓蓝:童长荣好像多愁善感起来了。

童长荣换上了一副笑脸:没有影响你的情绪吧?

服务生上红酒,牛排奶酪,菜品。

卓蓝:没有哇,我很高兴,你至少不再厌恶资产阶级的生活方式了。那我们就先满足舌尖上的愉悦吧。

卓蓝举起了酒杯,两人的酒杯碰在了一起。

童长荣问卓蓝这几天在忙什么?卓蓝撇了一下嘴,我还能有什么事,老常规,在大街小巷里转转。

童长荣:嗅到什么了吗?

卓蓝:你想从我这儿得到什么?

童长荣:我不想从你那儿得到什么!

童长荣看见了卓蓝包旁边的照相机,知道她是刚执行任务回来。他想了一会儿,说想买几件衣服。卓蓝听后非常高兴,童长荣啊童长荣啊,终于想着要打扮自己了。

吃过饭,两人来到一家成衣店,卓蓝替童长荣挑了两套不同颜色和款式的西装,还买了一双锃光瓦亮的皮鞋。

童长荣走到了穿衣镜前,前后看着,似乎不太满意。卓蓝跟着来到穿衣镜前上下打量。童长荣对卓蓝说,我总觉得哪里不对劲,卓蓝看着,说很合身,不仅上相,还很抢眼。

卓蓝说,看到你一点点地改变,真是令人高兴。童长荣趁机撩着卓蓝讲话,抒发人生感慨,卓蓝感到童长荣到现在才活出了一点感觉。童长荣明白,只要他愿意,卓蓝会毫不犹豫在他身上大把花钱。

趁着说话的当儿,王舒偷偷将卓蓝的包从台子上抽了下来,迅速从包里取出照相机,调换了胶卷。

童长荣指着衣架:店主,把那一套拿来我再试试。

店主转身去拿衣服,王舒又乘机将包放到了台子上,然后溜出了成衣店。

卓蓝终于帮童长荣选好了衣服,大包小包地上了车。

童长荣对卓蓝说,明天想出去转一转,散散心,顺便想拍点照片,想借照相机

用一下。卓蓝提出陪他一道去。童长荣说他想一个人清静一下。

卓蓝从包里取出照相机,退下了胶卷,又换上了空胶卷,然后递给童长荣,交代只能用一天,后天她要出任务。童长荣点点头,保证明晚就归还。

卓蓝将胶卷放进包里,又问童长荣,为你准备了房子,为什么不住,又缩回到那个破夜校去了。童长荣谢过卓蓝,表示他已经把那个地方作为自己的安全屋。不到关键的时候,不会去。赵瑞麟和日本人都在追杀他,他不得不防。

卓蓝想想,觉得有道理,就没有再问下去。不过,她今天对童长荣的表现很满意。

赵瑞麟将罗栗文房子里收集到的重要信息和调查的初步结果向杨飞做了汇报。杨飞听后,赞赏赵瑞麟干得不错。

赵瑞麟很得意,他坚信,锲而不舍地跟踪童长荣,就会有新的发现。

这时,卓蓝走了进来。

杨飞:看见童长荣了吗?

卓蓝:我们刚在一起吃饭了呀。

杨飞:说了些什么?

卓蓝:他似乎情绪很低落,好像变了一个人,主动提出要吃西餐,饭后给他买了西装,他没有拒绝。我还在琢磨他怎么会有这样的变化。

杨飞和赵瑞麟对视了一下。

杨飞:这正说明是你不懈努力的结果,人嘛,都有一个量变到质变的过程。

卓蓝:不知赵科长对这事持何种态度?

赵瑞麟不阴不阳地:你觉得是正确的事你就去做,我没有意见。

王舒走进公园,来到一片小竹林。张龙在一堵墙后,用望远镜监视,镜头里清晰地显示王舒从怀里掏出了一根竹管,插在几棵竹子旁,用竹叶盖好后离开。

看见王舒已经走远,张龙迅速来到小竹林旁,他拔出竹管,从里面倒出一张纸条,上面写道:晚上8时开会,地点老地方,准备好为自己申诉。张龙将纸条重新放进竹管,插在原地,退回到矮墙后面继续蹲守。

不一会儿,童长荣穿着刚买的西装,外面套着一件呢子大衣,走进了公园,若无其事地拍照,最后,来到小竹林边,弯下腰拔起竹管。望远镜里,张龙看见童长荣撕碎了纸条,发泄似的将竹管扔在地上,踩了几脚,走出了公园。

张龙回到车上,向赵瑞麟报告,是个会议通知,让童长荣申诉,童长荣很是不满,撕碎了纸条,看样子情绪不好。

赵瑞麟点点头,看来呀,童长荣确实和中共内部产生了严重的分歧。

张龙:老地方在什么地方?

赵瑞麟让张龙对童长荣密切跟踪。

童长荣离开公园后,穿过几条街,来到裕泰茶叶店马路对面,若无其事地看看四周,然后举起照相机对着门店拍照,在马路上走了两个来回,最终没有走进店里,选择了离开,朝圣三一教堂走来。

赵瑞麟和张龙远远地尾随着,显得很亢奋。

圣三一教堂处在租界的中心区域,是一座红色哥特式建筑。很远就能听到悠扬的管风琴声。童长荣一步步走到教堂前面的小广场,站在那里,似乎在望着教堂的塔尖,然后不停地拍照。

赵瑞麟的车子在不远处慢慢停下,睁大眼睛盯着童长荣的一举一动。童长荣同样也没进圣三一教堂,而是穿过马路走进了中国银行。

车内,张龙问赵瑞麟,要跟过去吗?赵瑞麟摇了摇头。

童长荣从银行里穿到后院,拐到另外一条街上,与王舒会合,两人上了一辆电车,赶往罗栗文的新住处。

童长荣告诉罗栗文,他已经把饵料都放了下去。王舒说,赵瑞麟已经按照路线图在跟踪行动了。

罗栗文点点头,好哇,你钓我,我钓你,我们就来个钓鱼比赛。长荣啊,要注意一件事,裕泰茶庄可是无辜的,要是连累了人家可就不好了。

童长荣说这个已经考虑到了,应该不会,裕泰茶叶店只是信手拈来的陪衬,赵瑞麟不是傻瓜,他要钓的是你这样的大鱼,你不出现在那里,他不会下手的。赵瑞麟自以为聪明,比别人高出一筹,我就是要消耗他的人力精力,我们就可以

以逸待劳,让他一无所获,让他有挫败感。

罗栗文望着童长荣身上的衣服:哟,这身行头价格不菲,穿起来精神着呢。

童长荣笑了:演戏嘛,没有一身好行头哪行?

王舒:信号发出去了,晚上 8 点开会,这老地方我怎么解决?

童长荣:傻,我不去开会就是了。

罗栗文:这就说明你放弃了申诉,与我的裂痕在加深。这个戏是越来越有味道了。童长荣对共产党由不理解、不信任到怨恨,最后想当一个作家,就有人会相信了。这样你就可以名正言顺地与作家艺术家们打成一片。

童长荣笑了:我这个作家一文不名,又养不活自己,还一定要让他们看到争取的希望。

罗栗文从一个信袋里拿出一沓照片。

罗栗文:卓蓝相机里这些照片很多地方都是我们的联络点,说明他们已经盯上了。这个情报很及时,很重要。长荣啊,现在知道了卓蓝对我们有多重要了吧!

童长荣:这都是罗书记的远见卓识。

罗栗文:不过,你童长荣没有过人之处,她卓蓝能看得上你吗?

王舒笑了:真羡慕童长荣呢,吃香喝辣,穿着拽,还有美女要死要活地要投怀送抱呢。

童长荣拍了一下王舒:不要说怪话。你要注意,他们知道你是重要的联络人,会盯死你。

王舒:这个我知道,我会更加小心。

最后童长荣向罗栗文请求起用江西路中国银行的内线,也是这个反"钓鱼行动"计划的重要一环。李卫有夏云涛在中国银行的秘密账户,他想把夏云涛的钱洗劫了,然后栽到赵瑞麟头上去,账户上的资金运作没有内部人员的配合无法实现。

罗栗文告诉童长荣,这位同志是党内的财经人员,负责掌管秘密资金,一般轻易不会让他执行任务。童长荣说也是,不过,他已经评估了这里的风险,银行不会卷入其中。夏云涛的账户并非自己的真实姓名，意味着他无法证明这个户头就是他的钱，还有就是他要让赵瑞麟做这个冤大头。罗栗文明白了童长荣的意思，答应了童长荣的请求。

接着，罗栗文和童长荣谈起了文化工作，周部长对近期文化工作的进展是满意的，亲自召集文委开会，同意先期成立"左翼作家联盟"。长荣，你也是文委的成员，要协助文委做好大会成立的筹备工作。

童长荣汇报说区委已经提前工作，一是凝聚了共识，弥合了分歧；二是发挥文化支部党员的作用，每个人都有具体任务，做思想工作，团结了一批具有进步倾向的作家；三是对章程、人员组成提出建议，建议增补蒋光慈为大会主席团成员；四是派沈端先拜访了鲁迅先生。据他介绍，鲁迅先生对太阳社、创造社不友好的文章，甚至攻击已经不以为意，愿意携手扛起无产阶级文学这面大旗。

罗栗文不住点头，连声说太好了，要求区委进一步把辖区内的作家工作做实做细。童长荣说，戏剧界已经先于作家联盟动了起来，郑伯奇和沈端先也搞了一个协会，正在排练三个话剧，到排练现场看了一下，戏剧内容主题好，很有斗争精神。

罗栗文充分肯定，这就太好了，将来呀，我们把戏剧、电影、美术各界都要组织起来。沪中区的宣传工作卓有成效，长荣，我要特别对你提出表扬。童长荣摆摆手说，李克农现在具体抓宣传工作，你要表扬就表扬他吧。

罗栗文这才想起来童长荣向他汇报过李克农想报考上海无线电局的事，问童长荣舍得他走吗？童长荣说，如果他能考得进去，那就比做一个区的宣传委员发挥的作用就更大了。

罗栗文说此事已经向中央有关部门请示，认为这是一个很好的机会，同意并支持李克农报考。童长荣说，我会立即转达给他，让他暂时放一下手中的工作，集中精力学习，参加考试。

罗栗文握住童长荣的手，叮嘱他工作任务繁重，工作千头万绪，但一定要把安全放在第一位。童长荣请罗栗文放心，他会保护好自己的。

王舒悄悄打开门，朝外看看，然后朝童长荣点了点头，童长荣离开了罗栗文

的住处。

回到夜校后,童长荣望着桌上才开了个头的小说,自嘲地笑笑,七岔八插,很难再有时间集中精力来写。他坐下来,镇定了一下自己,告诫自己,写一点是一点,铢积寸累,集腋成裘,发誓一定要把这部小说写完。刚准备下笔,就听见了门外的喇叭声,这是李卫在外面跟自己打招呼,他无奈地笑笑,放下笔,靠在了椅子上,静等着李卫的到来。

李卫来到门口:长荣兄弟,小说还没写完?

童长荣:还早呢。

李卫:我可是等着你的小说出版,拿稿费喝酒,我等得花儿都要谢了。

童长荣:想喝酒,那还不容易。来,李卫兄弟,正好,我找你有事。

李卫坐下来望着童长荣。

童长荣:记得你跟我说过,那个夏云涛的账户的事。

李卫:记着呢,我的弟兄们随时监控着。最近又进了两笔大账,一笔3000大洋,一笔2000大洋。

童长荣:确定不是他本人的名字?

李卫:那还有假,这账户的名字不是他本人,是用一个叫齐蕙兰的名字开户的。我们调查了这个齐蕙兰,是个假名字。

童长荣:这太好了。李卫兄弟,日本人和赵瑞麟都要杀我,他们都买通了夏云涛,我可以告诉你,这两笔钱就是买凶分期付款的钱。

李卫:长荣兄弟,你是说赵瑞麟和日本人都买通了夏云涛?

童长荣:我已经掌握到了充分的证据。李卫兄弟,你愿意童长荣被他们杀了吗?

李卫:长荣兄弟,你在跟我开玩笑?哪能呢?记得我跟你说的话了吗,我愿意用生命保护你的安全。

童长荣把李卫拉到身边,对李卫说,既然这样,我想请李卫兄弟帮个忙,把这笔钱洗了。

李卫说我只有账户,没有密码。童长荣说,这不用你管。如果你愿意帮我,就有人会配合你。

李卫拍着胸脯,那没有问题。不过,他突然又想到还有个问题,这么一大笔钱,流向哪里,让谁顶帽子。

童长荣说,我考虑了一下,资金放在任何受益人身上都有风险,大上海建设计划已经公布了账号,希望社会各界捐款,把这些资金转到这账户里。我还需要你把帽子顶到中央俱乐部头上,你敢不敢?

李卫眨巴了一下眼睛,敢!赵瑞麟当初将我和卓蓝赶了出来,我正好要报这个仇呢,谢谢长荣兄弟了,给我一次机会。

童长荣抱住李卫,不住地拍着他的肩膀:这才是生死兄弟呀。告诉卓蓝,晚上我请她吃饭,你也要参加。

李卫谢过童长荣,乐不可支地去接卓蓝去了。李卫将卓蓝接到金门大酒店时,童长荣已经在包厢恭候。卓蓝笑着说,看来童长荣已经吃牛排上瘾了。童长荣哈哈一笑,还真有那么点意思。童长荣将借来的照相机还给了卓蓝。

卓蓝:童长荣,我那照相机里的胶卷怎么是一片空白?你小子是不是换了我的胶卷?

童长荣:你这可是冤枉了我。你是当着我的面退下了胶卷,放进了你自己的包里。

卓蓝问李卫,这是怎么回事?李卫解释着,卓小姐,你将胶卷交给我,我就送到了洗印室,还写上了你的名字,我下午去讨照片时,洗印室居然说胶卷里是一片空白,也许是洗印室出了差错,我回头再去找他们去。卓蓝满脸狐疑,可她不想在吃饭场合追究这件事,败了吃饭的兴致。

服务生过来垂立一旁。卓蓝开始点菜,点完后将菜单递给了服务生。

童长荣对服务生说,外加一盆红烧肉,一份烧鸡,一份糖醋鳜鱼,一份米饭。

卓蓝摇摇头,童长荣,告诉你,我们是吃西餐,有没有搞错,再说,你点那么多,你能吃下去吗?

童长荣对服务生又补了一句,刚才点的菜,我打包带走。

卓蓝:怎么,你要去犒劳张龙和几个监视你的人?

童长荣:这大冬天,他们愿意喝西北风,我没有意见。我有个老哥,很可怜,开了个小修理铺,有上顿没下顿的,我带点给他吃。

卓蓝:看来呀,你这个人还讲兄弟情义。

李卫:那是,我说想喝酒,长荣兄弟就请我喝酒了。

卓蓝:他这是慷我之慨,你小子占便宜。

服务生上菜,上酒。

李卫:今天我也来开个洋荤了。

童长荣:李卫,我来教你,面包加黄油,冷菜加海鲜,主菜加甜点,开胃酒,奶油浓汤,这是菜品顺序,左手执叉要用力,右手用刀要灵活,割肉避免碟子吱吱响,喝汤不能弄出声音。

李卫:土包子开洋荤,全靠指点,谢了。

卓蓝开心地笑着:童长荣啊,现学现卖,还好意思卖弄。

童长荣:老师在这里,确实是班门弄斧了。卓蓝,最近啊,我读了鲁迅先生的一篇文章《文学与出汗》,说像卓蓝这样的资产阶级的小姐出的是香汗,说蠢笨如牛的工人包括我等在内出的是臭汗,李卫你说说是香汗好闻,还是臭汗好闻啦。

李卫忍住笑不好作答。

卓蓝:童长荣啊童长荣,过去的你,很纯很真,现在学坏了。

童长荣:这不都是跟你学的嘛!

卓蓝很开心,说童长荣真的变了,变得还会哄人开心了。李卫说,长荣兄弟重感情,讲仁义,不能说这叫哄,我看哪,这是从他内心发出来的。卓蓝歪着头望着李卫,这你都看出来了?李卫连忙站起来敬卓蓝。长荣兄弟是什么人品,你比我清楚,我看就是真心。李卫显然是在帮童长荣说话。

卓蓝抿了一口红酒,说过去她一直认为,童长荣什么都好,就是一点不好,没有良心,现在我就想童长荣能不能通过自己的表现,来证明我说的是错的。

童长荣站了起来:卓蓝,这杯酒我敬你!感谢这么多年对我的关照、培养,童长荣铭记在心,没齿不忘。

卓蓝敲了一下刀叉,嘴上说得再甜,没用,要看实际行动。李卫不失时机,长荣兄弟,我斗胆说一句了,意思再明白不过了,你敢不敢闻一下卓小姐身上的香汗?

卓蓝咯咯地笑了起来,娇嗔地啐道,李卫,你个下流坏子,一天到晚就盯着女人的屁股。童长荣说,那有什么不敢的?端着高脚酒杯走到卓蓝身边,卓蓝嘴上说,童长荣,别过来,你还真的过来了?其实她心里十分受用。童长荣躬身,嗅了一下卓蓝的秀发,感叹资产阶级小姐果然香喷喷。

这顿酒把卓蓝喝得花枝乱颤,心醉神迷。她似乎相信了自己的幻象,童长荣真真切切地变了,自己的努力,已经得到回报。要不是李卫在场,她真想上去抱住童长荣狂亲一顿。虽然酒喝多了,但她心里明白,越是这样,越是要在童长荣面前矜持自重,她不是一个随随便便的人。

卓蓝歪歪斜斜地下楼,童长荣想去扶她,卓蓝说不用扶,这点酒对她不算什么。其实,卓蓝一个人在不知不觉中已经喝了至少两瓶红酒。李卫将打包的菜饭,放进车子,打开车门让童长荣、卓蓝上车。李卫驾车离去。

黑暗处,张龙和几个人站在那里望着,手下人请示是否还要跟踪。张龙说这还用问吗?弟兄们再辛苦一下,晚些时候,我请你们喝酒。手下人一听,咧着嘴笑了,谢过张龙,连忙上车,尾随在后面。

李卫的车停在无线电修理部的小巷里。张龙的车远远地停在那里等候。童长荣和卓蓝下了车,李卫拎着饭菜穿过小巷,朝无线电修理铺走来。来到门前,童长荣敲门,门开了,李克农穿件单薄的衣服,满脸污垢,瑟瑟发抖,像个乞丐一样。

李克农:兄弟,你来了。

童长荣:吃饭了没有?

李克农:晚上不吃了,省一顿。

童长荣:不饿吗?

李克农:习惯了。

李卫:老哥,你兄弟给你带好吃的了。

李卫打开篮子,露出鱼肉米饭。

李克农笑了,用手抓了一块红烧肉塞进了嘴里,然后才将篮子揽进怀里。

卓蓝:这位兄弟,这都是你的,不着急,你慢慢吃。

李克农:谢谢小姐。

童长荣:别看我这个老哥一副落魄模样,他在无线电方面可说是有天赋。没有什么他修不好的东西。

卓蓝:啊,最近无线电局不是招人吗?到了那里,可以发挥更大的作用。

童长荣:谁说不是呢?他跑去报名了,人家看他这样子,谁要他?说需要有人作保,今天请你来,就想请你为他作个保。

卓蓝:那还不容易吗。我来担保,明天我就给无线电管理局徐局长打电话。叫什么名字?

李克农:我叫李克农。

卓蓝:我记住了。

童长荣:卓小姐给你作保,是莫大的面子,能否考得上那看你老哥的本事了。

李克农:谢谢卓小姐。谢谢兄弟。

童长荣对李克农说,你慢慢吃,我们走了。李克农站起来,忙不迭地感谢。

童长荣和卓蓝、李卫重新上车,车子在路上开了一会儿。童长荣从怀里掏出怀表看了一下,时针指向七点半。

童长荣:李卫,我还有点事,就在这儿下车吧。

卓蓝提醒:后面有尾巴,你在这儿下车不安全。

童长荣:我会注意的。

李卫停车,童长荣走下车,李卫驾车离去。后面的车子里,张龙看了一下表,提醒手下人,这半个小时是关键,瞪大眼睛了,看看童长荣到底往哪里走。张龙和手下紧紧地盯着童长荣的一举一动。

童长荣在街上来回徘徊。张龙始终盯着表,时针指向8点。童长荣终于迈开脚步,头也不回地沿街走着,张龙的车子慢慢在后面荡着,跟踪到最后,发现童长荣进了亚培路里弄,远远地看见童长荣走到夜校门前,开了锁,进门将门关上。

张龙吁了口气,心里在想,童长荣终于做出了决定,没有参加那个会议,也就是说,他放弃了申诉的机会。

张龙吩咐手下,往后几天是观察他行动轨迹的关键,另外那个王舒是联络人,也给我看好了。

手下人都说记住了。张龙这才说,走,弟兄们,我们喝酒去。车子里一片欢呼声。

张龙带着人马蹲守圣三一教堂,终于有了重大发现。黑衣人跑到车前,拉开车门,兴奋地告诉张龙,王舒出现在了教堂广场上。张龙立即下车,一抬头,看见王舒不时地望着高高的塔尖,在教堂外围走着,然后离开穿过了马路,进入了中国银行。

张龙看得真切,看来这个圣三一教堂里大有讲究。手下在一旁提醒,这个王舒和童长荣离开时都是进了中国银行。

张龙:这是他们转移视线的方式。从现在开始对圣三一教堂由外而内进行排查,密切监视一切可疑人员。

王舒走进了中国银行。他在一楼转悠了一圈,迅速上了二楼,径直走到靠西走廊的尽头,看看门牌是襄理室。他走了进来。

襄理抬起头:先生,你有事吗?

王舒看看周围环境:先生,我是眼镜店里的王老板,罗老板说你的眼镜坏了,需要修理。

襄理:我的眼镜没有坏,我需要换一个300度的镜片。

王舒:先生,对不起,我只带了280度的镜片。

襄理关上了门。

王舒轻声地:罗书记让我来找你。

襄理:什么指示。

王舒递给襄理一个账号。

王舒:这是青帮夏云涛的秘密账号,是以一个叫齐蕙兰的女人开户的。他收了日本人的黑钱,也收了44号的钱,专门用来暗杀我们的人的。罗书记的意思

是能否将这个账户的钱清零或者销户,然后栽赃到中央俱乐部的身上去,让他们之间狗咬狗去。

襄理点点头:我明白你的意思了。这样,这是一项委托办理业务,需要齐蕙兰的委托函和印章。不过,我这里有她的印章底单,可以伪造。

襄理拉开大额存单柜子,找出了齐蕙兰的账户和票据底根的签名和印鉴,他抽了出来,递给王舒。

襄理:伪造一枚印章,必须在放大镜下确保与原印章一致,签名也是一样。不过不要紧,我给你介绍个人,这个人能做到。

王舒点点头。

襄理又从抽屉里拿出两份委托函的公文格式交给王舒。

襄理:按照上面的要求填好,就可以来办理了。齐蕙兰的账户里有 5 万多大洋,一下子把它洗了,银行确实要承担很大的风险,好在这笔钱是黑钱。

王舒:这个齐蕙兰我们查了一下,实无其人,我们就把这笔钱转给大上海建设计划的户头上去。

襄理:大上海建设计划在我们中国银行有好几个账户,我可以把信息提供给你。

王舒:还有一个关键性的问题,就是账户密码。

襄理:这很简单,带着这些手续,以密码泄露为由更改密码。

王舒:好的。这不会给你带来风险吧。

襄理:银行都是按规范操作的,你派人到前台去办理,有什么问题,他们会来找我的。

王舒与襄理握手,说给你添麻烦了。襄理摆摆手,为革命工作怎么能说是麻烦呢。

王舒忙着按照童长荣的计划有条不紊地操作,童长荣则按部就班,把自己关在亚培路里弄里,花了半个月时间,终于完成了中篇小说的创作。

张龙的人一连蹲守十来天,发现夜校大门一直是紧闭的,心里不免发急了,他不知道童长荣在里面干什么,是不是使了金蝉脱壳,但又不敢擅自闯入。赵瑞麟判定,这往往是童长荣行动的前兆,就好像是暴风雨前的宁静,务求张龙要有耐心。

童长荣终于从亚培路里弄夜校走了出来,手上拎着一个纸袋子,走到街上,上了电车,在一个亭子间和阿英见了面,将自己的手稿交给了阿英。张龙手下的人在离两人不远的地方坐了下来,偷偷地听他们的谈话。

阿英接过手稿,仔细地翻阅着,然后放下来,对童长荣说,粗略翻了一下,感到这部中篇小说切口非常好,从未婚妻的角度,视角独特。小说的文笔也好,翻了几页,何云姑的形象就很饱满扎实。

童长荣连忙抱拳:我是刚刚尝试创作,还请钱先生多指导。

阿英对童长荣说:小说我带回去交给《太阳月刊》,尽快安排版面发表,不过,稿费比较低廉,请童先生考虑。

童长荣连忙表示,能看到自己的小说变成铅字,就觉得是人生的重要成就了,至于稿费能有更好,没有也没关系。

阿英站起来与童长荣握手,童长荣表示感谢,送阿英下楼,一直将阿英送到电车站。在路上,阿英才说,沈端先又去鲁迅先生那里去了,鲁迅先生不同意叫委员长,还有什么书记长之类的称谓。

童长荣点点头,说以鲁迅先生的人品和性格,他不想这么高调张扬,可以理解。叫什么不重要,关键是有了这面旗帜,关键是我们达成了共识,这就是胜利。

阿英:我们按照你的意见,把章程做了简化,现在看来简单明白,效果更好。

童长荣:筹备大会的事你和沈端先还要多费点时间和精力。

见便衣走了过来,童长荣只好转移话题。

童长荣:钱先生,我是初学者,钱先生功成名就,以后还要请您不吝赐教。

阿英:你这是客气了。其实我们刊物,也需要作者的支持。

童长荣:钱先生,代我向光慈兄问好。

阿英:我会转达到的,不过这段日子,他身体不太好。咳得很,还常常咯血,真叫人担心呢。

童长荣一听,立即警觉起来,那会不会是……

阿英点点头:我催他上医院,他不肯。他这个人就是这个脾气,我真是拿他没办法。

童长荣跟阿英说,你先走,我随后就到。

电车来了,阿英上车与童长荣道别。童长荣又开始在街道小巷兜圈子,甩掉了尾巴之后,也上了这一路电车,赶到楼下,阿英在楼梯口候着了。

童长荣跟阿英走到三楼,门虚掩着。还没进门,就听见剧烈的咳嗽。童长荣推门进去,看见蒋光慈靠在床上,脸色苍白,嘴唇发焦,精神不振。

童长荣上前摸摸额头:你在发烧。

蒋光慈:给我泡点咖啡,加糖。

童长荣:你要多喝水,不能喝咖啡,现在更不能吃糖。

蒋光慈又在咳嗽。童长荣递给蒋光慈一杯水,蒋光慈喝了下去,他平息了一下。

蒋光慈:正好,你来了,我要给组织上提点意见。

童长荣:你请说。

蒋光慈:我反对文化支部组织我们这些作家到街上散发传单,耽误了我们大量的写作时间。还有我反对现在的形势判断,什么革命高潮即将到来,我看不出来革命的高潮在哪里。

童长荣:光慈兄,你有意见可以通过组织生活会上提出来,对宣传工作有好的建议也可以提出来。

蒋光慈:"左倾"膨胀,我现在不想参加支部活动。

童长荣:你有这样的想法是不对的,作为一名党员,不参加活动,这是违反组织纪律的行为。

蒋光慈:你不要逼我,如果非要我做什么,不做什么,我就退党。

童长荣:光慈兄,你这个态度就不对了。

蒋光慈:我怎么就不对了。

蒋光慈有些激动,剧烈地咳嗽,他用手帕去擦,童长荣发现手帕上渗出殷红的血。

童长荣:光慈兄,现在我们不讨论这个问题,立即去医院。

蒋光慈:我不会去医院的。

童长荣:你必须去医院!

在楼道里的阿英听到楼上的争吵声,连忙上楼。

阿英:光慈,不要固执了,听童书记的,现在就去医院。

二十九

李卫开车带着王舒来到江西路,在一个小巷里停了车,脱下外面的衣服,给王舒换上,王舒戴上墨镜,戴上国民党徽章。侧身望着李卫,问感觉怎么样?我像你们的人吗?

李卫上下瞅着,啧啧称赞,比我穿的帅气,活脱脱就是44号的人了。你这身材,这模样,倒真的像是张龙。王舒笑着说,那我就做一回张龙,摆摆张龙的威风。李卫朝四周看看,又朝王舒点点头。王舒下了车,拎着包沿着小巷走进中国银行的后门,来到柜台前。环视一下,前后左右暂时没有闲杂进出。

王舒:先生,我要办转存。把这个账户上的钱全部转到这几个账号上。

王舒递进去委托函、印章、银行账号等手续,又递进去一张纸,纸上写着大上海计划的几个银行账号和需要转款金额,还有更改密码申请。

经理人从柜子里找出账本,又看看那张纸上的转账数目。

经理人惊讶地:这么多大额转款?

王舒:是的,我们承接了大上海计划的建设项目,需要打保证金,这个数额还是经过讨价还价的最低额度。

经理人:您请稍等。我要请示我们的襄理。

襄理正好从楼上下来,来到窗口,经理人站起来拿着那张纸递给襄理。

襄理:手续齐全吗?

经理人拿起桌上的一摞手续看了看:手续是齐全的。

襄理:那你就按照银行的规定办理。

襄理离开窗口,到别处去了。经理人坐下来,开始埋头处理业务。王舒漫不经心地望着周围,心里还是有些发虚紧张,偏偏这经理人动作缓慢,磨磨唧唧,王舒等得心焦,巴不得早一点离开窗口。终于经理人处理好业务,将一摞转单递给王舒。

经理人:所有转款手续都办好了,您的存单上还有 100 元。

王舒:我想问一下,我拿着这些转单可以到项目单位去确认吗?

经理人:钱已经转到新的账户,转单就是确认证明。

王舒谢过经理,长吁了一口气,拿着转单从后院出来,回到车上,朝李卫点了点头,脱下外面的衣服,交还给了李卫,对李卫表示感谢。李卫摆摆手,让王舒快点离开。李卫打开车门,王舒警惕地注视四周,朝小巷深处走去。李卫不见了王舒的影子,这才调转车头,离开小巷,上了大街,汇进了人流车流里。

童长荣和阿英将蒋光慈送进了仁济医院。他找到了赵瑞昱,说蒋光慈是他的老乡,也是一个著名的作家,请她帮助彻底地检查一下。赵瑞昱一听蒋光慈的情况,初步判断可能就是肺结核,在发病期传染性很大,希望他俩保持距离。

化验结果出来了,确诊就是肺结核病。

童长荣来到赵瑞昱办公室,咨询现在有没有有效药物。赵瑞昱摇摇头,目前国内对这种病无能为力,治疗效果不错的只有到国外去,路近的就是日本。

童长荣站起来,对赵瑞昱表示感谢,准备转身离开。

赵瑞昱望着童长荣说,童先生别忙着走,我有话对你说。童长荣想,赵瑞昱有话跟他说,肯定是指自己和她弟弟赵瑞麟之间的恩怨。童长荣说,赵医生,你有什么话尽管说。

赵瑞昱请童长荣坐下,吩咐外间助理人员暂时不接诊,关上门,给童长荣泡上茶,在童长荣面前坐下,前倾身体,做出了一个谈心的姿势。

赵瑞昱:童先生,我就开门见山地说,我知道赵瑞麟和你们过不去,我不知道该怎么说。但有一点,我不希望这个仇怨越结越深。

童长荣:赵医生,你的愿望是好的。可是你的弟弟赵瑞麟不这样想,他是欲置我死地而后快,我想你这个做姐姐的要劝劝他。

赵瑞昱:我不止一次地劝过他,冤家宜解不宜结,我也拿他没办法。他不放过你们,我知道你们也是不会放过他的。

童长荣:你告诉赵瑞麟,我童长荣现在已经想开了,今后以写作为生,不想再争斗下去,没意思。让他不要整天带人追踪我,在我这里得不到他任何要的东西。

赵瑞昱:我会告诉他的。只是希望你也不要伤害了他。

童长荣:我可以保证会离他远远的,不过他要是把我逼急了,可就难说了。

赵瑞昱:我知道,你们两人信仰不同,可你们还有共同点,我听说你们在东京为了国家的利益还在一起合作过。偌大的上海完全能够容得下你们两个人。

童长荣:我非常同意赵医生的观点。"四一二"反革命政变,国民党反动派捕杀共产党人,这里面的原因,你很清楚。

赵瑞昱:我虽然是个医生,但是早年也有理想抱负,因此参加过马克思主义研究会,并因此结识戴先生。其实,我不想说起这段不堪回首的经历,之所以说出这一段历史,我只是想告诉你,我做人也是有底线的。我并不认可戴季陶的所谓新三民主义解释,现在我可以明确地告诉你,我和这个姓戴的已经断绝了来往。前些天,孙夫人来我这里找我看病,我也向她表达了我对目前国共之间分裂的深深忧虑,这就是我的政治态度。

童长荣:我很赞赏赵医生的态度。国家到了如此境地,外敌虎视眈眈,我们没有内耗的本钱。共产党在夹缝中求生存,国民党反动派还是要赶尽杀绝,共产党只有奋起反抗。

赵瑞昱:童先生,我知道你很有才干,也很正直,如果赵瑞麟对你有什么不是的地方我这个做姐姐的向你赔礼道歉。

童长荣:赵医生,你言重了。赵医生是上海名医,医者仁心,社会公认,尤其是以高超的医术挽救了连娣的生命,令人难忘,我要向你表示敬意。啊,还有一件事,我还希望你转告赵瑞麟,在卓蓝这个事情上,我童长荣绝无非分之想,也望他不要在这个事情上纠结,如果他爱着卓蓝,尽管放心去爱。这样我也就解脱了。

赵瑞昱点点头:我能看得出来,是卓蓝恋着你的,你并不爱她。

童长荣站了起来:谢谢赵医生和我聊天谈心。

赵瑞昱:童先生,现在我只有这么一个弟弟。父母过早离开人世,我这个做姐姐的心情望你能理解,我不想失去他。

童长荣点点头,充分理解赵医生的心情。赵瑞昱还说,你的朋友蒋先生我会尽现在有效的手段来缓解他的症状。童长荣向赵瑞昱表示深深的感谢。

夏云涛靠在椅子上闭目养神,手下人疤痕脸进来报告说日本人又来催了,质问对童长荣怎么迟迟不动手?夏云涛慢悠悠地问,你怎么说的?疤痕脸说给他的答复是已经在秘密跟踪,等待合适机会下手。夏云涛睁开眼,站起来,自言自语,这赵瑞麟是什么意思?付了钱,又要我们暂缓行动。疤痕脸怀疑让他们暂时不动手是不是有了什么共产党的新线索,杀了童长荣,也许线索就断了。

夏云涛叹了口气,他说不急,我们可等不及了,日本人惹不起呀。

疤痕脸报告,弟兄们现在手头都有些紧了,要等事成之后再发钱,花用可就接不上了。夏云涛想了一下,吩咐他去银行先取2000块大洋,给弟兄们发一点。

夏云涛从抽屉里取出支票,填上数字,交给了疤痕脸。

疤痕脸来到中国银行窗口,将支票递给经理,经理接了过来,立即从柜子里取出账本对了一下,然后将支票退了出来。

经理人:对不起,这个账户上只有100块大洋。

疤痕脸懵了:怎么,只有100块大洋?

经理人:前些天,你们不是把钱转走了吗?记性不好,怎么又来取钱了?

疤痕脸:不会吧?你搞错了,账面上应该有很多钱的。

经理人将账目递给他看,白纸黑字,确确实实余额只有100元。手下懵了,忙不迭地跑回来向夏云涛报告。

夏云涛从太师椅上跳了起来:什么?账面上只有100块?

疤痕脸:他们说前些日子,这些钱从账上已经转走了!

夏云涛:什么人这么胆大包天,居然敢黑老子的钱?备车,立即去中国银行。

夏云涛气势汹汹地带着手下来到了襄理办公室。襄理接待了夏云涛和疤痕脸。

夏云涛指着襄理:我看你这个银行有问题,我的账户里那么多钱,怎么就不翼而飞了呢?

襄理:夏先生,你别激动。我把经理人喊来,有什么不明白的地方,你可以去问他。

经理人走了进来。

夏云涛:告诉我,我的账面上的钱呢?

经理人:对不起,先生,您叫什么名字?

疤痕脸:放肆,这是青帮大佬夏云涛先生,你都不认识?

经理人:对不起,我们银行只要姓名、户籍证明、账户、密码,不问身份。您有什么疑问吗?

夏云涛:我的账户上有5万多块钱没了,你给我解释解释。

襄理:5万多块钱,这可不是小数目,我没有印象夏姓户头上有这么多存款。

疤痕脸递给襄理一张支票:我刚刚来过,我要取钱,你这个经理却说只有100块钱。

襄理拿过支票看了看:齐蕙兰,这不是您的名字呀。

夏云涛:这就是我的户头,我有印章、开户证明。

襄理:齐蕙兰户头上有这么多钱吗?

经理人:齐蕙兰户头上确实有这个数目,不过前些天转走了,现在账面上只有100块钱。

襄理:我想起来了,你还问过我。当时你告诉我,手续印章齐全。夏先生,这账户明明是齐蕙兰的,怎么能证明这钱就是你的?

经理人:夏先生,你只有让齐蕙兰本人带着户籍证明来处理。

夏云涛气不打一处来:我就是齐蕙兰,没有齐蕙兰这个人。

襄理:夏先生,这可不好办了,那怎么能证明你就是齐蕙兰呢? 这是一个问题。还有一个问题,即便你是齐蕙兰,但齐蕙兰是一个虚假的户籍,虚假的人名,

这可不好办,警察局正在调查贩运枪支、贩毒的黑钱,还有杀人越货来路不明的钱不仅要充公,还要坐大牢的。

疤痕脸:你必须赔钱给我们,一个子儿都不能少!

襄理:那你可以到警察局去报案。警察局怎么处理我们,我们都接受。

疤痕脸:我们不能到警察局去报案。

夏云涛的口气软了下来,既然银行有规矩,我们好协商,你看我怎么才能把这笔钱追回来,经理人表示只有一个办法,让真的齐蕙兰来。

疤痕脸:那不是废话吗?

夏云涛无奈,只好追问是什么人把这笔钱转走的,襄理反问如果真是你的钱,会不会是你们内部的人盗走了你的印章和手续呢。

夏云涛一脸的焦灼,努力地想着,他开始把眼光转向疤痕脸。疤痕脸连忙对夏云涛表忠起誓,这绝不可能。夏云涛点点头,他心里知道,他的人没这个胆子黑他的钱。

疤痕脸问经理人,这个人是什么模样。

经理人说还有个印象,一身黑色衣服,胸前还挂着一颗徽章,身材板板整整,戴着一副墨镜,有点傲气。

夏云涛在脑子里搜索着,黑色制服,徽章,这不是44号的标配吗?张龙的形象跳进了他的脑子里。赵瑞麟就是派张龙来和他联系的。

夏云涛心里有了数,开始追问这笔钱的去向,经理人告诉他,钱已经转到了大上海建设计划的项目上了,银行有规定,不能透露客户的信息。

夏云涛可怜兮兮地望着襄理,咨询怎么才能把这笔钱追回来。

襄理耐心解释着,你如果要是能找到这个人,查清来龙去脉,证明确实钱是你的。你还要去收款单位协商,他们同意返还,我们才能办理。

夏云涛朝襄理和经理人说了一声谢谢,带着手下离开了中国银行,正准备上车,却见张龙戴着墨镜,穿着黑色制服,带着一班人在路边下车。

夏云涛望着张龙身上的衣服、徽章。张龙见是夏云涛,立即寒暄,哟,是夏先生,最近又在哪发财了,跑到银行来存钱了。

夏云涛盯着张龙:张队长,你到银行来干什么呀?

张龙:我嘛,银行可与我无缘,我是来看看圣三一教堂的,这里面说不定有我们需要的秘密呢。

夏云涛:你等着,会让你有意外的收获的。

夏云涛神色冷峻,挥了一下手,手下连忙打开车门,车门咣当一声,张龙吓了一跳,不知道是怎么回事,他还是礼貌地朝车子扬了扬手。

夏云涛坐在车上咬牙切齿,他娘的,居然打起了我的主意。手下人分析,这个秘密账号,只有日本人和44号汇过钱。不像是日本人干的,44号的李卫、张龙知道银行账号,银行提供的外表特征,正是这一班人,在这些人中,那个李卫不符合银行的描述特征,那就只有张龙了。

夏云涛心想,真是无巧不成书吗?张龙为什么偏偏在银行附近转悠,一定就是来探看动静的,来看圣三一教堂,那真是此地无银三百两,欲盖弥彰。想到这里,他吩咐疤痕脸,回去跟弟兄们合计合计,找个机会把张龙给我绑来,他是怎么吞进去的,我就要让他怎么吐出来。手下人唯唯诺诺,说立即就去部署。

张龙带着一班人走进圣三一教堂,看见信徒们虔诚地坐在椅子上。他们在后面一排位置上坐了下来。

英国籍牧师正在布道:凡事包容,凡事相信,凡事盼望,凡事忍耐。爱是永无止息,如今长存的有信,有望,有爱,你们要追求爱,凡你们所做的,都要凭爱心而作,知识是教人自高自大,唯有爱心能造就人……

悠扬的管风琴音乐起,牧师团带着大家歌唱:

耶和华是爱,这一生最美的祝福,主你是我最知心的朋友,我们的神本为大,主啊你最美,我们一起祷告吧,我要尽情地赞美你……

唱完之后,牧师团在胸前画十字,众人跟着画十字。信徒们解散,走出教堂。张龙和手下一班人严密地注视着一个个走出去的面孔。

张龙带人走到牧师前。

牧师:先生,你有事吗?

张龙掏出派司:有一桩案子涉及您的教堂,我们想了解一下情况,给您带来

不便,请您谅解。

牧师:你想了解什么?

张龙:我想了解一下你们的人员构成情况,尤其是中国人。

牧师:我们的牧师团全是英国人,只有少量的勤杂人员是中国人。

张龙:我需要对你这里面的每一个中国人进行审查,还要对你的教堂进行搜查。

牧师:这不可能。教堂是神圣庄严的。这个教堂在历史上曾有过许多不幸事件发生,我们对教堂里的每一个人员都进行过严密的审查,不会有你们需要的人,也不会藏有任何你们需要的东西。我不许你们搜查。

手下:那我们就把你这个教堂给封了。

牧师:你们这是强盗行为!这是亵渎我们神圣的主!我要抗议!

张龙手一挥,围过来一批黑衣人。

手下:请你把你们的人都集中到教堂里来!如果不听从我们的指挥,就带走。

一帮黑衣人跑到后堂,把牧师团成员和勤杂人员驱赶到教堂的座位上。

张龙:给我搜查。一个房间一个房间给我搜。

黑衣人四散,开始进行地毯式搜查。牧师敢怒不敢言。忙活了半天,一个黑衣人终于在神座下面找到了一个小木盒,张龙如获至宝,立即赶回44号向赵瑞麟报告。

木盒子放在了赵瑞麟办公桌上,张龙打开,里面是红丝绸内胆,装着一个俄罗斯套娃,从大到小,一个个地取出,最后发现了一张纸条,张龙小心地拿起来,递给赵瑞麟。

赵瑞麟轻轻吟读:圣人在西,孔方在后,午后斜阳,安康中华。

赵瑞麟来回踱着步,心里在默着这四句话,最后交代张龙,明天午后到圣三一教堂看个究竟。

张龙走后,赵瑞麟这才想起来姐姐赵瑞昱约他吃饭,他连忙下楼,驱车赶到酒店,走进包厢,见赵瑞昱已端坐在那里,菜已经点好。赵瑞麟对着姐姐连声抱歉,说来晚了。赵瑞昱淡淡一笑,你要是再不来,我正准备走了呢。

赵瑞麟:姐,今天有什么特别吗?

赵瑞昱:今天不是什么特别的日子,好长时间没有在一起吃饭了,我就想着在一起吃个饭,我也想和你聊聊天。

赵瑞麟给赵瑞昱倒了一点红酒,又给自己倒上。赵瑞麟敬赵瑞昱,赵瑞昱给赵瑞麟夹菜。

赵瑞昱对赵瑞麟说,今天在医院碰到童长荣了。

啊,他到医院干什么?

他送一个叫蒋光慈的作家到医院看病。我就找他谈了谈。

你跟他谈什么?

瑞麟啊,我的意思是大家不要斗来斗去的,最后是两败俱伤。

他是怎么回答你的?

赵瑞昱放下筷子,说童长荣态度很好,对我也很尊重。他的意思是不想与你为敌,对卓蓝也没有非分之想,最近思想有所改变,也不想再参与政治,今后想以写作为生。

赵瑞麟笑了,他不相信童长荣的话,对赵瑞昱说,你觉得像童长荣这样的人能轻易放弃共产主义信仰吗? 你知道那个蒋光慈吗? 许多青年人都是在他的小说煽动下起来造反的。我们正准备对这个人采取行动呢。童长荣和他在一起,说明什么? 他不是要当作家,他要带领那些作家们掌握笔杆子,要和我们打一场文战,和我们争夺舆论阵地,争夺话语权。据我们的信息,共产党非常重视这些作家的工作,还要成立文化艺术总同盟,童长荣在这里做了许多组织性的工作。

赵瑞昱劝赵瑞麟,就算童长荣做了这些事,他碍着你什么了? 对你产生了威胁了吗?

赵瑞麟不以为然,姐,你不能这样看待问题,我是为国民政府服务的。这些乱党分子是要动摇国民党执政的根基,试图从思想上摧垮国民党的精神支柱,我绝不会无动于衷。

赵瑞昱苦口婆心,甚至哀求,不想要赵瑞麟去结仇树敌,她要求赵瑞麟百分

百的安全。赵瑞麟端起酒杯说,从现在开始不提童长荣和共产党,好好吃顿饭,赵瑞昱勉强端起了酒杯。

晚饭后,赵瑞麟将赵瑞昱送到仁济医院,回44号去了。

赵瑞昱刚走到办公室门口,就看见童长荣和阿英走了过来。童长荣告诉赵瑞昱,我们根据你的意见,做通了蒋光慈的思想工作,他决定去日本治病了。赵瑞昱点点头说,这是比较明智的选择,你们赶快替他去办出院手续吧。童长荣向赵瑞昱表示感谢后,和阿英一起走出了医院。

童长荣:钱先生,组织上通知,近期要求举行飞行集会,我已经让李克农通知沈端先了,要求党员作家一定要按照组织的要求踊跃参加。

阿英:什么是飞行集会?

童长荣:这是组织上想出的一个办法。就是在人多的地方,突然出现发表演讲,时间不要长,三五分钟,宣传我党的主张,揭露国民党右派的反动统治,揭露帝国主义侵略中国的阴谋,号召无产阶级的穷苦百姓团结起来,夺取政权,等等,都可以,一次一个主题。等警察发现了,我们就撤,转到下一个地方再举行。

阿英:这个办法好,除了散发传单,现在又多了一种宣传形式。我支持。

沈端先接到了李克农的通知,要求话剧社务必在明天下午到圣三一教堂去搞一次飞行集会。女演员王莹主动承担了这个任务。

第二天,下午茶时分,张龙陪着赵瑞麟在圣三一教堂下了车,刚到广场前,在人群聚集的地方,王莹从人群里站到花坛上:市民朋友们,国民党反动政府疯狂镇压革命运动,屠杀共产党人。血的事实告诉我们,中国的命运要掌握在自己手里,我们只有通过暴力才能推翻现存制度,夺取政权,建立无产阶级专政……

张龙对赵瑞麟说,这个女人公然宣传暴力革命,我去带人把她抓起来。赵瑞麟拦住了他,我们到这里来可不是抓这些小鱼小虾的。

警哨声响起,警察赶了过来,王莹跳下台子,消失在人群里,警察追着,人群四散。

转眼广场空无一人。就剩下赵瑞麟、张龙两人。

赵瑞麟望着圣三一教堂,他默默念着:圣人在西。

赵瑞麟看着想着,发现这个圣三一教堂正门对着耶路撒冷方向,圣人在西就是耶稣在西方,这是方位。

张龙:孔方是什么意思?

赵瑞麟:孔方都不懂,孔方兄指钱啊。

张龙:明白了,圣三一教堂后面是几家银行。

赵瑞麟默念着塔尖斜阳,一步步走到教堂旁边的尖塔前。

赵瑞麟:塔尖斜阳,应该是5点后的阳光,塔尖的影子应该落在哪里?

张龙:对面是新康大楼,所以有安康二字。

赵瑞麟很是得意,罗栗文、童长荣想跟我玩花招,走,到新康大楼给我一层层地检查。赵瑞麟、张龙朝马路对面走去。

赵瑞麟、张龙走进新康大楼,一层层地搜索,不时出现各种公司的招牌:茂生公司、鲍士银行,大东贸易公司、三三报关行……到了第五楼,张龙眼睛一亮,他看见了门口挂着中华运输行、中华进出口行。

赵瑞麟、张龙走了进来,疤痕脸和几个精壮青年人用异样的目光打量着两人。

张龙:这两个公司是什么人的?

疤痕脸:不告诉你!

赵瑞麟阴沉着脸,张龙亮出派司:我们要对这家公司进行搜查,从现在起,把这家公司封了,请你们离开!

疤痕脸让赵瑞麟和张龙等一下,自己走到里屋,夏云涛正在闭目养神。

疤痕脸:夏先生,赵瑞麟和张龙来造事了。

夏云涛:多少人?

疤痕脸:就他们俩。

夏云涛:来了正好,给我绑了。

疤痕脸从里间出来,朝赵瑞麟、张龙笑着,他突然一拳将张龙打倒在地。赵瑞麟欲拔枪,几个精壮青年迅速制服了赵瑞麟和张龙,缴了他们的枪。

疤痕脸:绑起来!

精壮青年在两人嘴里塞上毛巾,然后用绳子绑了个严严实实,用麻袋装了起来。

精壮青年望着疤痕脸。疤痕脸挥了一下手,送到老地方。

上海郊野。夜晚。一辆轿车在郊野的土路上行驶,拐进了一个村落,开进小河边的一户小楼。疤痕脸和几个打手下了车,打开后备厢,抬出两个麻袋,进了屋,下了地下室,打开铁门,将两个麻袋扔到地上。解开麻袋,拿掉嘴里的毛巾,赵瑞麟和张龙大口地喘着气。疤痕脸指挥手下解开身上的绳索,将两人上了手铐。

张龙发着狠,你们知道绑架 44 号人员的后果吗?疤痕脸一个飞腿,将张龙铲倒在地。

疤痕脸:妈的,死到临头,还嘴硬。

赵瑞麟现在是在人家屋檐下,不得不低下头:兄弟,有什么事,我们好协商。

疤痕脸:谁他妈的跟你协商。

赵瑞麟:我想请问这位兄弟,你到底想对我们怎样?

疤痕脸:那就看老子的兴趣了。老子先饿你三天,再吊打你三天,然后审问你。

疤痕脸带着打手走出铁门,然后锁上。地下室的门沉重地关上。

赵瑞麟扶起张龙:他们到底是什么人?

张龙忍着痛:这些人不像是共产党。

赵瑞麟这才感到了恐惧,他心里明白,绑到了这里,就是死了也没人知道。

赵瑞麟的车子弃在圣三一教堂,一连两天不见赵瑞麟和张龙的影子,杨飞这才感到事态的严重性,立即发动行动队人员分头寻找,他们在圣三一教堂周围打听摸排,一无所获。杨飞将卓蓝喊到了自己的办公室,把寻找赵瑞麟和张龙的任务交给了卓蓝。

卓蓝数落赵瑞麟行事诡秘,从不通气,她无从下手。杨飞不得不告诉卓蓝,赵瑞麟执行"钓鱼行动"计划,一路追踪到圣三一教堂,十有八九是被童长荣算计了。卓蓝揶揄道,赵瑞麟想耍小聪明,想扛小红旗,钓鱼未钓到,这鱼饵没了,杆子也不见了,活该。

杨飞挥挥手,这个时候就不要说这种怪话了。卓蓝望着杨飞,说杨主任不是要和我联手整治赵瑞麟吗?这不也是你期待的最好结果吗?杨飞说非也,赵瑞麟和张龙失踪就意味着 44 号颜面扫地,今后不要在上海滩混了,此其一;其二,他无法向南京交代;其三,如果不主动作为,在外人眼里,他杨飞就是一个小人了。

卓蓝笑了,我的杨大主任,看来,为了 44 号的尊严,为了向南京交代,也为了维护你的光辉形象,我还必须要接受这个任务。不过,我把丑话说在前面,找到找不到,死的活的,我就不能保证了。杨飞朝卓蓝拱手,拜托了。

卓蓝之所以答应杨飞,因为在这之前,赵瑞昱已经找到了她,哭着求卓蓝无论如何要把赵瑞麟找到,望着赵瑞昱哀求的眼神,她无可奈何地答应了。

卓蓝心里清楚,这件事肯定与童长荣有关,她让李卫约童长荣见面。

卓蓝在咖啡厅刚坐下不久,李卫就开车把童长荣接来了。童长荣走进咖啡厅,在卓蓝面前坐了下来。

童长荣前倾了一下身体,什么事这么急,我正在写作呢,你可把我的思路打断了。卓蓝指着泡好的咖啡,童长荣点点头,端起了咖啡。

卓蓝:别给我来这一套,赵瑞麟和张龙失踪了,你不知道?

童长荣喝了一口咖啡:有这事吗?你们内部的事,我怎么会知道?

卓蓝:车子停在圣三一教堂,第三天了,两人无影无踪。

童长荣悠闲地:那好哇,赵瑞麟不是要实施钓鱼计划吗?怎么把自己钓没了。

卓蓝盯着童长荣:童长荣,告诉我,是不是你干的!

童长荣:哎呀,就我现在这样子,共产党正在对我进行审查,现在成了爹也不要,娘也不亲的人,我还有心思做这些事。我呀,天天在夜校爬格子搞写作,赵瑞麟的人日夜监视,你们的人天天也守在那里,都可以替我作证。

卓蓝:你知道吗?瑞昱姐已经急疯了。

童长荣:那我只能深表同情。

卓蓝:我跟你说句实话,是瑞昱姐委托我来找你的。

童长荣:人丢了,找我有什么用?

卓蓝:那你能不能帮我分析分析,会是什么人干的?

童长荣:你们44号不就是干这个的,还用得着来找我吗?

卓蓝:这么说吧,杨飞把寻找赵瑞麟和张龙的任务交给了我。我想请你帮我参谋一下。

童长荣:卓蓝,这可是你大显身手的时候了。有线索了?

卓蓝:杨飞只告诉我,赵瑞麟和张龙到圣三一教堂寻找共产党的什么秘密文件时失踪的。

童长荣:圣三一教堂会有共产党的秘密文件? 不过我倒是听说,那个教堂是个不祥之地,第一任牧师溺水身亡,第二任牧师从屋顶摔了下来。现在这赵瑞麟和张龙都不见了,会不会是灵异在作怪,倒很难说。

卓蓝:童长荣,你别再跟我东扯西拉,胡说八道。好好跟我说,有哪些可能?

童长荣:我对你们44号一无所知,对赵瑞麟和张龙的社会关系不了解,他们与谁结下仇怨我不清楚,我无法帮你分析。

卓蓝:但有一点,赵瑞麟与共产党结下了仇怨可以确定,与你童长荣结下了仇怨可以确定。

童长荣:你说得很对,现在终于有人替我出这个头,这真是大快人心的事,赵瑞麟遭殃,迟早的事。

卓蓝:你这叫见死不救。

童长荣:你说的不对,这是有人要为民除害。

卓蓝啐了一句,你这人没人性! 一看到瑞昱姐欲哭无泪的样子,我还是下定决心要把赵瑞麟找到。

童长荣对卓蓝说,赵医生找过我,跟我聊过我和赵瑞麟的恩怨。赵医生说得非常好,国共恩仇宜解不宜结,我非常赞赏。不过,我也在赵医生面前表了态,无意与赵瑞麟争斗,我现在已经退出来了,就是一个一文不名的小文人了。你说的这些事,我也根本没有兴趣掺和,我可以负责任地跟你说,赵瑞麟的失踪绝对不是我们的人干的。真的对不起,我恐怕要让你失望了。

卓蓝心想,虽然童长荣说不是他干的,但绝不意味着童长荣与此事无关。童长荣心里也在想,他必须要巩固卓蓝在 44 号的地位,愿意给她指路,找到赵瑞麟,是死是活,就看他的造化了,但是更重要的一点就是要借卓蓝的手除掉夏云涛,以绝后患。

卓蓝指着童长荣,就一句话,你到底愿不愿意帮我,给个痛快话。童长荣做了一个放松的后仰姿势,帮又怎样,不帮又怎样? 卓蓝想发狠,可她在童长荣面前就是狠不起来,她轻轻地放缓了语气,童长荣,你要是不帮,你就从这里走出去,我也不会拦着你。童长荣望着卓蓝笑了,这一招很管用,我想走也走不了。卓蓝望着童长荣,眼睛里充满了温情,最后还是忍不住笑了。

童长荣转动着手中的杯子,对卓蓝说,据我的判断,极有可能是仇家的突然袭击,凭我的直觉,不会有性命之虞。

卓蓝:这还差不多。你就不能给我进一步的建议吗?

童长荣:我在东京就跟你说过,你忘了?

卓蓝喃喃自语:做这一行的最高境界就是情报会送上门来的。

卓蓝站了起来。

童长荣:怎么,不陪我喝一杯吗?

卓蓝扬了扬手,李卫跟在后面走了。

王舒从暗处走了出来。童长荣让王舒向罗栗文汇报,反钓鱼计划初见成效,赵瑞麟和张龙已经被青帮绑了。

王舒点点头,立即离去。童长荣不经意地望着窗外,慢悠悠地品尝着咖啡。

卓蓝回到 44 号,来到杨飞办公室,向杨飞汇报,说找到了童长荣,他说不是他干的。但在交谈之后,她确认此事与他一定有关联。

杨飞请卓蓝坐下,卓蓝向杨飞详细梳理了整个过程,赵瑞麟搞了个"钓鱼行动"计划,你把计划故意透露给我,又搞了一个钓鱼计划+。你让我透露给童长荣,童长荣是什么人,你们难道不清楚? 我怀疑是他给赵瑞麟挖了个坑,让赵瑞

麟掉了进去。

　　杨飞愿闻其详。

　　卓蓝进一步分析,找了参与"钓鱼行动"计划的一些人,罗栗文的住处他们监控到今天,没有发现罗栗文的踪影,就说明童长荣是故意将罗栗文的住处暴露出来,屋里的所有暗示现在看来都是精心布置的。赵瑞麟按照屋里的提示一直追踪到圣三一教堂,人就失踪了,线索就断了。

　　杨飞:那个茶叶店是怎么回事?

　　卓蓝摇摇头:茶叶店一切正常,没有任何可疑线索,这是童长荣的虚晃一枪,现在人撤了。还有那个接头地点,应该也是故意暴露的。

　　杨飞:共产党对童长荣的审查材料也有诈?

　　卓蓝:我不清楚。赵瑞麟以为立功的机会到了,什么事只跟张龙说,他们的人一问三不知,现在一切毫无头绪。

　　杨飞:你想说明什么?

　　卓蓝:我想说,童长荣是我争取的对象,对于童长荣这样的人你们可千万不能耍小聪明,投机取巧,以为是步好棋,结果被人家将死了。

　　杨飞:童长荣说了什么?

　　童长荣:还是那句老话,做这一行的最高境界,情报会送上门来的。还说凭他的感觉,赵瑞麟不会有生命危险。

　　杨飞自言自语:这正应了《红楼梦》里的话了,聪明反被聪明误,反送了卿卿性命。

　　赵瑞麟和张龙在地下室里被关了三天三夜,始终不见人影,不说吃的,连口水都没有,开始还在不停地叫喊,后来觉得无济于事,为了节省力气,就一声不吭地靠在墙壁上,闭上眼睛,听天由命了。

　　赵瑞麟睁开眼睛,软弱无力地:张龙,这是第几天了?

　　张龙舔了舔干渴的嘴唇:这是第三天了。

　　赵瑞麟:他们说饿三天,再吊打三天,这人还有命吗?

　　张龙:老子死也要死个明白,这到底是一班什么人?

赵瑞麟:不是童长荣,这不是他做事的风格。这是一群地痞流氓。

张龙:可我们的调查方向是对的。木匣子里的那几句诗指的就是中华公司。

赵瑞麟:不管是不是,这个中华公司好像对我们有深仇大恨似的。这会不会是童长荣故意设的局,移花接木,故意让我们往枪口上撞?

张龙:这两天我怀疑过是青帮的人干的,想想不对,我们付给了他一大笔钱,还要他们暂停行动,我们没有亏待过他。日本人也不会,会不会是汪精卫手下人干的?

赵瑞麟:汪精卫刚刚回国正在联合桂系共同抗蒋,这是事实,但他没有必要对我们这两个小人物下手。

终于听到动静了,疤痕脸带人走了过来,打开铁门。

赵瑞麟望着疤痕脸:兄弟,你们是哪一路的,能告诉我吗?债有主,冤有头,我就想弄个明白。

疤痕脸:好一个债有主,冤有头! 要死我们会让你死个明白的。

疤痕脸歪了一下嘴,张龙被两个黑衣人拽出了地下室,押了上来,架到一个木架上。疤痕脸坐在凳子上,抽着烟。

疤痕脸:先给我抽五十鞭子!

张龙:等等,我想问问我们之间是不是有误会。

疤痕脸:你要不想挨打也行,把你们做的脏事说了也行。

张龙一脸的迷茫:我不知道我们做了什么事,你能不能提醒一下?

疤痕脸:到现在还在装蒜,给我打!

两个打手左右挥舞皮鞭,打得张龙皮开肉绽,血肉模糊。两个打手将张龙从架子上放了下来,推进地下室,又锁上大铁门。赵瑞麟连忙扶起奄奄一息的张龙。

张龙有气无力地:他们说我们做了什么脏事。

脏事? 我们做了脏事,赵瑞麟如堕五里雾中。

高崎的车在安康大厦前停下,戳着文明棍来到五楼,走进屋里,见夏云涛在抽大烟。

高崎:夏先生,你倒自在呀,收了我们的钱,却不给我们办事,这不是你们青帮做事的风格呀。

夏云涛放下烟枪,站了起来:对不起,我银行的钱被人黑了。我得把我的钱找回来,我都养不活弟兄们,哪还有心思替你干事。

高崎:你的钱被人黑了跟我没有关系,我的钱可是到了你的账户上。

夏云涛:高崎先生,你想怎么着。

高崎:我限你十天之内,提着童长荣的头来见我,否则,我要你加三倍地返还。

夏云涛:我说高崎先生,这里是上海滩,不是你说了算。

高崎将文明棍在地上戳了戳:那我们就等着瞧。

卓蓝站在窗前,望着夜上海。然后走到办公桌前对着两张纸条发呆。

卓蓝默念左手的纸条:江南西路聚南风,一祖三宗苦为吟。江州司马遥北望,篓中锦囊天地红。

她问参与调查的人这个纸条从哪来的,参与行动的黑衣人连忙向卓蓝报告,说是在搜查罗栗文住处时发现一个孤本存单,到了上海图书馆找到了一本《桐城先生墨钞》,在这本书的底页夹着这首诗,赵科长判断是中共组织的重要文件,有可能是重要组织机构和中共秘密名单就藏在教堂里,接着我们又对教堂进行了搜查,果然找到了一个木匣子,里面又有这四句话。

卓蓝拿起右手上的纸条默念:圣人在西,孔方在后,午后斜阳,安康中华。

卓蓝问黑衣人,赵瑞麟和张龙是什么时候去圣三一教堂的,黑衣人摇摇头,说张队长没有通知他,他就不知道了。

又过了一天,几个打手来到地下室,打开铁门,将赵瑞麟拖了上来,带到疤痕脸跟前。

赵瑞麟已经说不出话:这位爷,我想我们还是好商量,大家都给个方便,今后需要我赵某人的地方,尽管说。

疤痕脸一巴掌打到赵瑞麟的脸上,赵瑞麟的嘴角漾出鲜血,赵瑞麟镇定自己,用手轻轻拭去。

疤痕脸:姓赵的,你现在还跟老子拿腔拿调的。既然把你关了进来,老子就没打算让你出去。

赵瑞麟:那你告诉我,我冒犯了你们什么,我们是在查处一起与共产党有关的案子,依法行事,涉及你们的公司,你们不予配合。如果要说错,那最多是态度和言语上有不妥之处,在这里我表示道歉。

疤痕脸:越说就越说不到一起了,你死到临头还在避重就轻,企图糊弄老子,来人给我朝死里整。

几个打手将赵瑞麟架在木架子上,用鞭子抽,用烙铁烫,将赵瑞麟摁进水里呛,赵瑞麟倒在地上,晕死过去。几个打手把赵瑞麟扔进了地下室,张龙爬过来,抱住了赵瑞麟欲哭无泪。

赵瑞麟和张龙仍然没有一丝消息,卓蓝的心在揪着,赵瑞昱已经哭干了眼泪。卓蓝无奈,只得央求童长荣一起到圣三一教堂,实地查看勘验。李卫停下车,拉开车门,童长荣和卓蓝走了下来。

卓蓝:童长荣,你必须帮我破了这个案子,把人解救出来。

童长荣:我说卓蓝,你这是强人所难,我又不是神探。我跟在你后面,帮你参谋参谋是可以的,万一把你带到了沟里,我可付不起这个责任。

卓蓝:童长荣,别给我装了,是你一步步把赵瑞麟诱到这里来的,人就在这里消失的。

卓蓝将两张纸条重重地放到了童长荣的手上,他望着手上的纸条。

童长荣:哟,这字写得不错,我可写不出这个水平。

卓蓝:我承认这字不是你写的,通过笔迹比对,也不是罗栗文写的,可今天我就赖上你了。

童长荣:你能把我怎么样?

卓蓝掏出了枪,顶在童长荣的头上:童长荣,你要是不给我说出个一二三四来,我就崩了你!

这时,赵瑞昱坐着黄包车赶到了广场,她下了车跑了过来,忙把卓蓝的枪移开,一下子跪倒在童长荣的跟前。

赵瑞昱哭着:童先生,我替赵瑞麟向你赔礼道歉,你就救救瑞麟一条小命吧,求求你了。

童长荣连忙将赵医生拉了起来:赵医生,你这是干什么,我这不是来了吗?

赵瑞昱:童先生,你不答应我,今天我就不起来了。

童长荣:赵医生,你要是不起来,我就走了。

赵瑞昱连忙爬了起来:童先生,我向你发誓,你要是救了赵瑞麟,赵瑞麟往后还要与你过不去,那他就是畜生,我都不会放过他。

童长荣:我不是没救过赵瑞麟呀。

赵瑞昱哭着:是是是,在医院后面的那个小楼里,要不是你,他也早没命了。你就再救他一次吧。

童长荣:既然赵医生都说到了这个分上,我就无话可说了。这两天我也在考虑,想来想去,觉得这是青帮的人干的。

卓蓝:你说,是夏云涛干的!

童长荣点点头,说应该不会错。

蒋光慈还是听从了童长荣和阿英的劝告,到日本治病。来到东京后,拿着童长荣的信,辗转找到了町田街,来到伊田家门前。伊田正在一个人喝酒。外面传来敲门声,伊田开门,看见门口站着一个陌生的人。

蒋光慈:请问你是伊田助男先生吗?

伊田:我是伊田。

蒋光慈:我从中国来,童长荣先生让我来找你的。

伊田喜出望外:你说的是长荣君,这太令人高兴了。

蒋光慈递给伊田一封信,伊田兴奋地接过来,打开看着,边看边手舞足蹈地:你是蒋光慈先生,到日本来治病疗养?

蒋光慈:是的,是的,给您添麻烦了。

伊田:长荣君的朋友,就是我的朋友,欢迎你来我们家。

蒋光慈:真的不知要怎么感谢您。

伊田助男一边看着信一边望着蒋光慈:长荣君说了,您是老党员了,在苏联莫斯科读大学,真是令人尊敬啦。啊,您还是大作家,是中国无产阶级文学的奠基人之一,这更令我钦佩了。

蒋光慈:童先生在信里说得我都不好意思了。

伊田:长荣君说的那就是的,我对他一百分的信赖。他委托的事,我要一百分地完成。你就在我家住下,一边治病,一边疗养,还可以写作。

蒋光慈:伊田先生,如此热情,真是让我感动。

伊田:哪里的话,这么说见外了。啊,光顾着说话,你还没吃饭吧。

蒋光慈:谢谢您,我已经吃过了。

伊田:那就来杯酒。

蒋光慈:谢谢,医生嘱咐我不要喝酒。

伊田:那就算了。蒋先生,你知道我多么想念长荣君吗?今天你来了,我太高兴了。

蒋光慈:我没想到童先生在日本还有这么好的朋友。

伊田:你说这话,可就是太不了解伊田家和长荣君一段难忘的历史了。算了,以后慢慢跟你说。告诉我长荣君现在怎么样了?

蒋光慈:童先生告诉我你是我们的同志。

伊田:当然是的。

蒋光慈:那我就可以告诉你了,童先生现在担任我们上海中心城区的区委书记,他是我们的领导。他送我上船时跟我说很想念伊田先生,还有美子妹妹。

伊田的眼睛湿润了,喉咙也哽咽了:我就知道,他会想着我们的。你不知道,我们可不是一般的关系啊,算了,以后再告诉你。美子有了小孩,2岁多了。她也没有忘记我这个哥哥呢。走,我带你到长荣君的房间里,你就住他的房间里。

蒋光慈跟着伊田来到童长荣的房间。

伊田:长荣君是被日本警视厅驱逐回国的,临走时这些书和行李都没有被带

走，你看看，我还是原封不动地保留在这里。

蒋光慈：他是被驱逐回国的？

伊田：是的。啊，隔壁房间是罗栗文君的。他还好吗？

蒋光慈：他是我们党内非常重要的人物，是童先生的领导。

伊田：这边的房间是王舒君的。你认识不认识。

蒋光慈：知道有这个名字，只是我跟他没有什么接触。

伊田：他们都很了不起。光慈君，你好好休息。医院里我有熟人，明天我就带你去看病。

蒋光慈：谢谢。

伊田带上了门。蒋光慈将行李放到床上，在桌前坐了下来，他仔细看着桌上摆放的书籍，拉开抽屉，发现有一本工整小楷的手抄本《共产党宣言》，他关上了抽屉。桌上有本《战旗》杂志，还未看完，中间有个折页，是藏原惟人的文章《通往无产阶级现实主义的道路》，蒋光慈靠在床上饶有兴致地看了起来。

第二天，伊田就通过医院里的古豆联系，让蒋光慈顺利住上了医院。果然正如赵瑞昱所说的那样，日本医院在对结核病的认知比国内高出很多。原因是结核病也是长期困扰日本医学界的一种国民病，最多的一年死于这个病的就有十几万人。让蒋光慈没有想到的是，东京帝国大学采取的治疗的方法居然是中国传统的针灸。就在蒋光慈去日本之前几个月，一个叫原资兔太郎的人，他的父辈精通中医，他通过对针灸的研究，发现针灸可以对人体血液产生影响，激发人体细胞抵抗结核病菌。在 1929 年发表论文《灸的非特异行蛋白学说》，获得了博士学位，这就是日本后来在全国推广的"三里穴健康运动"。

经过一段时间的针灸治疗，辅之药物加之有规律的健康运动，蒋光慈的病情开始好转。

伊田助男每天定期送饭到医院，这使得蒋光慈既感动，又过意不去。伊田望着蒋光慈的气色日趋好转，真是有说不出的高兴。

又过了一段日子，蒋光慈出院了，就在伊田家静养。晚上，他躺在床上，望着窗外的月亮从云层里不断地涌出来，似乎很感动，觉得自己像是获得了新生，心里也就有了构思,产生了一股强烈的创作欲望。

伊田劝他,光慈君,把身体养好了才是你来日本的目的。

蒋光慈说,我要把内心压抑已久的东西释放出来,对我的身体是有极大的好处的。

伊田点点头,你想写就写吧,在伊田家,你不管住多久都行。

蒋光慈铺开稿纸,想了想,终于在稿纸上写下了:冲出云围的月亮。

蒋光慈在纸上写下:上海是不知道夜的,夜的障幕还未来得及展开的时候,明亮而辉煌的电灯已照遍全城了。人们在街上行走着,游逛着,拥挤着,还是如在白天里一样,他们不感觉到夜的权威。而且在明耀的电光下,他们或者更要兴奋些……

上海的夜晚,诚如蒋光慈笔下描写的那样,是个不夜城,到处都是明亮的灯光,汇成彩色的夜。夜晚,人们毫无倦意,不同的人群沿着不同的生活轨迹在做着自己的事情。李卫驾车载着卓蓝跟踪童长荣,车子在慢慢行进。车灯照耀着夜色中花枝招展的女人,叫卖的担子,乞讨的穷人,不时地从车窗前掠过。

童长荣在前边的街角边停住,从怀里掏出纸票放进乞丐的小盆子里。然后走到一个面包房,买了一袋面包,朝无线电修理部走去。童长荣敲门,门开了,李克农探出了个头,童长荣将面包递了进去。童长荣朝李克农挥挥手离开。

车上的卓蓝:但愿这小子能考上,从此改变命运。回去吧。

李卫的车子掉头离开。

三十

有了童长荣的提示,卓蓝破解了两首打油诗的谜底,她向杨飞报告,此系夏云涛所为,杨飞不假思索,命令卓蓝把夏云涛的老窝给端了,救出赵瑞麟和张龙。

卓蓝带着李卫和行动队,来到新康大厦,悄悄上了五楼,包围了中华进出口商行。李卫将人马布置完毕,朝屋里喊话:里面的人听好了,赶快出来投降。

屋里面的人朝外面开枪,李卫连忙闪到一边,命令行动的人朝里面扫射,一

阵激烈的枪声之后,屋里安静下来,李卫带人走进屋里,几个黑衣人横七竖八地倒在地上。突然拐角处一个黑衣人偷偷地瞄准了卓蓝,被李卫发现,一枪毙命。余下的一个人乖乖地举着手走了出来。李卫抓住他问,你们把人绑到哪儿去了?黑衣人说确实抓了你们两个人,具体人带到了哪里,他也不清楚。卓蓝问夏云涛在哪里,黑衣人抖抖索索地说,夏云涛今天没有来商行,应该在家。

卓蓝和李卫带着人马直扑夏云涛的私宅,进了院子,不管三七二十一,对着屋子里又是一阵胡乱扫射,里面的人开始对外还击。卓蓝带着人用密集的火力压制。李卫带人冲进屋,未发现夏云涛。屋内,有个黑衣人,歪在角落里,身上流着血。

卓蓝一把抓住他:告诉我,夏云涛把我们的人抓到哪里去了!

黑衣人抖抖索索地:救救我,我快不行了。

李卫:快说,夏云涛在哪里?我们的人在哪里?说了,老子送你去医院。

黑衣人有气无力地:我带你们去。

李卫将受伤的黑衣人押上了车。

车上,卓蓝开始审讯:你告诉我,夏云涛为什么要抓我们的人?

受伤的黑衣人:夏先生说,你们的人黑了他银行的钱,还带人去进出口商行跟他过不去。就命人把他们绑了,人现在在市郊的一个村庄里。

卓蓝终于明白赵瑞麟被童长荣设计的前前后后。

郊外村庄,夏云涛的秘密据点里,赵瑞麟被疤痕脸再次带到私刑室,他抓住赵瑞麟的头发,赵瑞麟努力地睁开眼睛,发现夏云涛坐在他的面前。

赵瑞麟望着夏云涛:夏云涛,我不明白你这是要干什么?

夏云涛:还要我提醒你吗?赵瑞麟,你小子做事可不地道啊!我的账户上有5万多块大洋被你黑了,你竟然揣着明白装糊涂。

赵瑞麟明白过来:原来是这个事呀,那你可是冤枉我了,我可以对天发誓,我没拿你一分一毫的钱。

夏云涛:我可是证据确凿,才抓你来的。你如果不承认,那就别怪我不客气了。

赵瑞麟:真的不是我们,你搞误会了。

夏云涛:两条路,一是如数奉还,相安无事;如果死不承认,我就只有拿你两条人命抵钱了,你选择吧。

赵瑞麟一脸懵逼:我真的不知道,你的钱丢了,与我真的没关系。

疤痕脸用枪抵住了赵瑞麟的脑袋:我只说一遍,还钱还是抵命。

疤痕脸打开了保险。

赵瑞麟无奈,只能以退为进:钱的事我们好商量。

疤痕脸:你终于承认了。

赵瑞麟:不是我承认了,是你们非逼着我去选择,我没有选择。

屋外传来刹车声,一个黑衣人慌慌张张地跑进来:夏先生,不好,44号砸了进出口公司,毁掉了你的宅子,杀死了我们的兄弟,已经追到这里来了。

夏云涛恼羞成怒,发泄似的将枪把子连击赵瑞麟的头,赵瑞麟昏死过去。疤痕脸将赵瑞麟抬到车上,又将张龙押了出来,推进车里,几辆车仓皇逃窜。

卓蓝带人追到这幢小楼,李卫在屋里搜索,发现屋里血迹斑斑,已经人去楼空。李卫跑到卓蓝跟前说人跑了。卓蓝望着茫茫郊野,她蹲下来,看见土路上的车印,对李卫说,沿着车印给我追。

卓蓝、李卫带着人马追了一段,来到了水泥路面,车印消失。

此时受伤的黑衣人已是奄奄一息,微弱地:救救我。

卓蓝:帮我找到夏云涛的老婆和孩子,我保证会送你去医院。

受伤的黑衣人强烈的求生欲望驱使他不得不告诉了卓蓝夏云涛一家的秘密住处。

此时,夏云涛、疤痕脸带着几辆车窜到他的一处货物仓库。疤痕脸将赵瑞麟、张龙推下车子,拖到仓库的一个角落。

这时又有一个人来报信:夏先生,不好了,44号的人把夫人孩子抓走了。

夏云涛:他娘的,看来,老子今天难逃一劫了。

卓蓝和李卫抓到了夏云涛的老婆孩子,不难得知这个隐秘的仓库。他们悄悄接近仓库外面,果然看到屋外停了几辆车。李卫吩咐把这几辆车的车胎扎了,

让他们想逃也逃不了。

望着仓库的大门紧闭着,李卫朝里面喊话:夏云涛,听好了,你的老婆孩子在我们手里。你把人放了,你的家人相安无事,我给你 3 分钟考虑。

赵瑞麟和张龙在屋外终于听到了李卫的声音,两人百感交集,赵瑞麟忍不住流下了眼泪。

仓库内传来夏云涛的声音:那老子的钱怎么办?

李卫:你要命还是要钱,告诉我一声。

仓库里没有了声响。夏云涛望着疤痕脸犹豫不决,这时他听到了老婆在外面的哭喊声、哀求声,要夏云涛放人,确保她和孩子的安全。夏云涛懵在那里,进退两难。

疤痕脸:夏先生,钱是身外之物,留着青山在,不怕没柴烧,君子报仇,十年不晚,低头吧,要保证夫人和孩子的安全。

外面,李卫催促着,3 分钟时间已经到了,再不回复,我们就先打断公子的一条腿,我没有时间给你考虑了。夏云涛的老婆已经声嘶力竭了,看在多年夫妻和孩子的分上,求你了!

里面,夏云涛终于发出了声音,你能保证我家人和屋里弟兄们的安全吗?

李卫说,先把人放出来,我确保你们的安全。

仓库里,夏云涛朝疤痕脸努努嘴,疤痕脸带着打手将地上的赵瑞麟和张龙拽起来作掩护打开了大门,将枪一起对准了卓蓝和李卫一班人。

卓蓝两手插在口袋里,站在空地上,望着奄奄一息的赵瑞麟、张龙。让李卫去把人带过来。

李卫带着人举枪走到夏云涛不远的位置对峙起来。

夏云涛发现老婆孩子已经不在现场了,有些紧张:我的老婆孩子呢?

卓蓝:夏先生,别紧张,请放心,我们已经将你的夫人和孩子送回去了。我保证他们没事。

夏云涛犹豫了片刻,示意一下疤痕脸,疤痕脸和打手将赵瑞麟和张龙推了过来,两人重重地倒在地上,行动队的几个人立即护住了赵瑞麟和张龙。李卫带着另外几个人将夏云涛的人围住。李卫抓住了夏云涛,用枪顶住了夏云涛。

夏云涛失了色:你说话不算数?

李卫:老子说话从来都算数。不想给夏云涛卖命的,丢下枪,现在就滚!

夏玉涛手下的打手们,丢下枪,慌不择路地跑了。疤痕脸试图抵抗,被行动队的人打倒,跪在地上,李卫缴了他的枪。

夏云涛惊恐地望着卓蓝:卓小姐,你们这是……不是说,放了人就没事了?

李卫一笑:夏云涛,你有事,你给日本人卖命,上次在到南京的路上追杀我们,这笔账我们要算。

李卫将枪扔给了赵瑞麟,赵瑞麟朝夏云涛连开三枪,夏云涛倒了下去。

赵瑞麟终于支撑不住,倒在地上,昏死了过去。

卓蓝和李卫紧急将赵瑞麟和张龙送到了医院,赵瑞昱带着几个医生对两人进行抢救,在确认两人性命无虞之后,赵瑞昱这才缓了口气,她擦着眼角的泪,对卓蓝连声感谢,也请卓蓝代她向童长荣表示感谢。

深秋时节,一个阳光灿烂的日子。童长荣坐在公园的椅子上,静静地望着地上的落叶,抬头仰望天空,很高很远。卓蓝走了过来,在旁边坐下。童长荣侧过脸,感谢卓蓝让他的小老哥报上了名字。卓蓝说,不过考试很严格的,她可帮不上忙。童长荣说,小老哥脑子好使,我相信他会考上的。到时候,等他考上了,我请你吃饭。

卓蓝连声好哇,说瑞昱姐再次转达对你的谢意,一定要请你吃个饭。

童长荣问赵瑞麟和张龙现在情况怎么样,卓蓝点点头,才缓过劲来。

童长荣:夏云涛死了吗?

卓蓝盯着童长荣:你的剧本也是这么设计的吗?

童长荣一笑:什么我的剧本?我是受害者好不好。

卓蓝感叹:童长荣不好惹啊,赵瑞麟这下可是领教了。这是他自作自受,非要搞一个什么钓鱼计划,结果把自己钓进去了。

童长荣:卓蓝啊,你这次勇救赵瑞麟、张龙,毙了夏云涛,立了大功,杨飞也不

奖励你一下。

卓蓝:拜你所赐。童长荣又给 44 号上了一堂生动的教学课,夏云涛和赵瑞麟都想杀了你,你却来个隔山打虎,然后坐山观虎斗。过去我是你的老师,现在我愿意当你的小学生,你觉得合格吗?

童长荣摆摆手:你太谦虚了。我还是那句话,今后只想当个作家。我很遗憾的是,你为什么不读读我的小说散文?我希望我的作品能得到你的肯定,这才是我最高兴的事。

卓蓝:童长荣,你的小说散文从不用真实姓名,我知道哪篇是你写的?这说明什么,你根本不在乎这些,你说你当作家,就是个幌子,你要当职业革命家。

童长荣:我已经明确跟你说了,我们的人在审查我,我已经心灰意冷了。

卓蓝:那你敢不敢答应我,到我这边来。

童长荣:我可以不革命,但决不当叛徒,这就是我的底线。

卓蓝:童长荣,我求求你,你别再耍我了好不好。我现在宁愿听你说你是一个坚定的布尔什维克,因为这是真话。

童长荣:那我就说句真话,请你转告杨飞、赵瑞麟,不要与童长荣为敌。

童长荣站起来走了。卓蓝望着童长荣的背影,莫可名状。

童长荣在街上继续闲逛,进了一家商场,甩掉了尾巴,几经辗转,终于来到罗栗文的秘密住处。

罗栗文拍拍童长荣的肩膀,高兴地说,赵瑞麟是竹篮打水一场空,还差点丢了性命,他应该长点记性了。

童长荣:原本计划是李卫打死夏云涛,结果李卫临时发挥,将枪交给了赵瑞麟。

罗栗文:夏云涛这个人有奶就是娘,毫无底线,死有余辜。夏云涛一死,钱没了,公司也毁了,估计那班人也就作鸟兽散了,你少了一个威胁。

童长荣:我想这事不会就此了结,我了解赵瑞麟,这次受了奇耻大辱,肯定还会跟我一决高下,来显示他的能耐,赢回面子。

罗栗文:那就让他越赌就输得越惨。

童长荣:罗书记,听王舒说,你要离开上海了。

罗栗文:是的,这也是我和你见面的原因,中央让我去任河南省委书记,在中原腹地发展组织,进行武装起义斗争。

童长荣:真是舍不得你走。

罗栗文:长荣同志,这些年,你不断进步成长,组织上对你是充分肯定的,将来还要让你担更重的担子呢。

童长荣:再重的担子,再苦的事,只要是组织需要,我也要扛起来。

罗栗文:我走过之后,交通联络仍由王舒担任,他会跟你联系的。

童长荣:您什么时候走?

罗栗文:今晚就走。你不用送我,就此告别。

罗栗文紧紧握住童长荣的手。

童长荣:为了你的安全,我还要把你在上海的下半场戏演好。

罗栗文:你可以尽情地发挥,让他们忙着去捉拿罗栗文。长荣同志,后会有期。

童长荣:罗书记,多保重。

两人紧紧拥抱在一起。

日本。蒋光慈在伊田家静养。伊田助男悉心照料,忙东忙西,这使得蒋光慈十分过意不去。闲下来的时候,蒋光慈让伊田助男讲讲童长荣的事情,一说起这个话题,引起了伊田对童长荣无限怀念。他对蒋光慈说,童长荣在他家住了四个年头,这四年里,兄妹俩和童长荣感情深厚,情同手足,不分彼此。童长荣救他出狱,玉成妹妹一段美好情缘。回忆童长荣与戴季陶斗争,谋取日本最高机密文件,直至最后被捕入狱。蒋光慈对童长荣这一段历史一无所知,不由得对童长荣多生了一份敬意。伊田说,童长荣才华过人,读书过目不忘,以第三名的成绩考入东京帝国大学文学系,成绩名列前茅,他专门研究无产阶级文学,经常参加日本无产阶级作家、评论家的论坛、座谈会,他每次发表意见都有权威性。

蒋光慈想起初次见到童长荣的情形,自己心高气傲,根本没有把他放在心

里,现在想来,真是觉得无地自容。蒋光慈突然有了一股冲动,他想结识日本无产阶级作家,渴望像童长荣那样与他们交流创作体会。伊田助男说,他是一个货车司机,进不到作家的圈子,不过,他认识童长荣的老师,东京帝国大学的水谷教授,他就是"纳普"的人,也是我们东京共产党文化支部的负责人。蒋光慈一听非常高兴,要伊田带他去拜会水谷教授。

伊田的大货车载着蒋光慈来到东京帝国大学,蒋光慈拿着自己写的几本书在伊田的引导下,来到水谷教授的办公室。

门开着,水谷教授在办公桌前写东西,伊田轻轻地敲门:水谷教授,您还记得我吗? 我是童长荣的房东。

水谷教授抬起头望着伊田:你来要告诉我童长荣的事吗?

伊田:是的,不过不是我,童长荣委托他的一个朋友来看你。

蒋光慈走了进来:水谷教授,您好,我叫蒋光慈。

蒋光慈呈上了自己的几本书,水谷教授接过放在了桌子上。

水谷望着蒋光慈:你就是蒋光慈,童长荣来信说过你的情况,你和钱杏邨创办了"太阳社"不是吗? 还让我关注和研究你们在无产阶级文学创作上的成就。

蒋光慈:成就谈不上,只是希望能得到水谷教授的指导。

水谷:童长荣是我的学生,他完全可以指导,因为他的想法就是我的想法。啊,童长荣现在在国内做什么?

蒋光慈:他有许多工作,其中一项就是做领导文化的工作。

水谷点点头:这就对了嘛,他是做这件事的绝佳人选,童长荣是个有大智慧的人。

蒋光慈:无产阶级文学先于俄国,继而日本,现在在中国兴起,您是这方面的权威学者,希望得到您的教导。

水谷:坐。我知道你,在俄国待过。有机会我带你认识一些人,你可以和这些作家、评论家广泛地交流。

蒋光慈:那是再好不过了。

水谷:你是共产党员吗?

蒋光慈:我入党八个年头了。

水谷:老布尔什维克了。你可以参加我们东京文化支部的活动。

蒋光慈:我刚刚读了藏原惟人的文学理论文章,对我启发很大。

水谷:他就是我们文化支部的,我可以介绍你们认识。

蒋光慈非常激动,这正是他梦寐以求的事。

水谷:听说你们也要成立类似于"纳普"性质的组织。

蒋光慈:正在筹备成立,童长荣就是重要的组织者。

水谷:童长荣在日本跟这些作家组织多有接触,他很了解。我非常赞同童长荣的观点,作家们一定要读马克思著作,要学会用马克思主义的观点、立场和方法,坚定地站在无产阶级的立场上,才能写出真正的无产阶级作品。

蒋光慈:是的,童长荣也是对我们这么说的,他自己还身体力行地写了一部中篇小说,一位富家小姐,她目睹了农村的惨状和农民的悲惨生活,爱上了革命者,最后走上了革命的道路。

水谷:富家小姐背叛了自己的阶级,也革命了,这就有意思,这就是无产阶级的立场。我很高兴与你交流。有空,我一定拜读你的作品。

蒋光慈站了起来:谢谢水谷教授。

水谷:你住在哪里?

蒋光慈:还是在伊田家。

水谷与蒋光慈握手:我会让人去通知你参加我们交流研讨座谈会等活动的。

蒋光慈对水谷教授深表感谢。

蒋光慈在日本期间,写小说,做翻译,组织太阳社的部分成员定期活动,与藏原惟人等人经常交往,过得非常充实。

童长荣来到大华纱厂门口与李克农会合。李克农告诉童长荣,考试结果出来了,他已经考上了。童长荣非常高兴,笑着说看来我的饭你没有白吃呀,祝贺你!

两人走进车间。工友们纷纷围过来打着招呼。

童长荣：工友们，今天我来呀就一件事，是请工友们今晚去看戏的。这是我们自己的戏，反映的是我们工人的生活，表达的是我们工人的愿望。

听说晚上要去看戏，大家都有说不出的高兴，兴奋地热烈鼓掌。

到了晚上，宁波同乡会礼堂门前格外热闹。大华纱厂的工友们早早地来了。门外是一幅海报：进步独幕剧《炭坑夫》《梁上君子》《爱与死的角逐》公演。时间：1930 年 1 月。

沈端先站在门口，童长荣、李克农、阿英走了过来。

童长荣走上台阶与沈端先握手，沈先生，辛苦了。沈端先自嘲地说，我当导演是个门外汉，赶鸭子上架，献丑了。童长荣笑着说，再丑，也是我们的戏。

周师傅、田嫂、连娣和工友们也来了。

童长荣热情介绍：今晚我特地邀请大华纱厂的工友们来观看演出。

沈端先表示欢迎。田嫂说，沈先生答应写我们纱厂女工的生活，我们没看到你的文章，倒是先来看您的戏了。

沈端先表示，我记得的，一定写。我没记错，这是田嫂，这是连娣，欢迎你们。

礼堂里。童长荣和大家陆续坐下。大幕拉开。老石扮演的父亲躺在床上，小唐扮演的矿工哥哥，王莹扮演的妹妹守在床前。

父亲断断续续地：我在矿上做了一辈子伙夫，工人们吃的是什么？我知道，猪和狗都不吃的东西，发霉的麦麸，这能叫面包？是霉包！工人们喝的是什么，我知道，是污水！工人们住的什么地方？我知道，是马棚！工人们穿的是什么，我知道，是烂棉絮！工人们干的是牛马活！资本家从来就没有把这些工人兄弟当作人看待，资本家的良心都让狗吃了。

田嫂：连娣，这说的就是我们的生活。

连娣认真地看着，不住地点头。

台上，父亲大口大口地喘气：现在，我得了重病，无钱医治，狠心的资本家就把我扔到了矿区外面，我只有在家等死了。

兄：爸爸，你可一定要好起来。

妹：爸爸，我和哥哥不能没有你。

父亲望着儿子：我不行了，你要带好你妹妹，你不能再走我的老路了，你要带着你妹妹去寻一条活路。

兄：爸爸，你的话我记住了。

父亲头一歪，闭上了眼睛。

兄妹抱着父亲哭喊：爸爸，爸爸……

连娣已经满含热泪，扑进田嫂的怀中哭泣。

工人们在台下高喊：打倒万恶的资本家！口号声此起彼伏。

灯暗转场。亮灯。

兄戴上红袖章，扛着煤镐，疾步走到舞台中央：工人兄弟们，万恶的资本家，万恶的社会制度喝着我们工人的血，还要扒光我们的皮，这世界上还有什么公理。工人兄弟们，我们应该怎么办？

台下群情激愤：我们要和他们斗争到底！

兄：对，工人兄弟们说得对，我们这些受苦受难的工人弟兄们，我们要团结起来，自己来拯救自己，解放自己。我们要把这世界上腐朽的社会制度消灭掉，我们要夺回属于我们自己的劳动成果。工人弟兄们，从现在起，我们拿着铁锹和煤镐跟他们拼了。

一队工人走了上来高呼：对，和他们拼了。

台下许多工人也要上台，被童长荣和沈端先等人拉住了。

资本家带着全副武装的警察上：穷小子，居然敢造反。给我抓给我杀！

工人们和资本家、警察发生激烈冲突。枪响了，兄弟慢慢倒了下去。

台下已经失控，纷纷叫喊：打死资本家，打死狗警察！

灯光暗。转场。灯亮。

王莹扮演的妹妹抱着一个炸药包冲了上来：矿上的男人怎么啦！胆怯了？退缩了？

一个矿工，两个矿工，三个矿工从不同角度，出现在台上。

妹：我的父亲死了，我的哥哥也死了，我现在已经一无所有，我很柔弱，就像一株小草，可我在苦难中学会了坚韧和坚强。如果还有什么要失去的就是我们

身上的锁链。

一群矿工聚集在舞台上。

妹：我们要炸了这矿区，炸毁这个腐朽的世界，只有这样，我们才能获得新生！

台上台下互动：我们跟着你，炸毁这个腐朽的世界。

田嫂、连娣激动的面孔。

一群警察冲了进来，跑到台上，抓住了王莹。台上演员和台下工友一起围住了警察。警察开始鸣枪示警。用枪对准了台上台下的人。

台下，大家望着童长荣。

童长荣轻声地：不要硬拼，组织大家有序撤离。

王莹被警察架着拉到台下。警察用枪威逼着观众，带着王莹退到门外。

王莹大声高喊：你们这些法西斯，强盗！

童长荣和大家一起涌到门外，警察将王莹推上车，大批警察上车撤离。

沈端先：童书记，怎么办？

童长荣：不用担心。我会让他们放出来的。

童长荣在第一时间将卓蓝约到了金门大酒店。李卫开车停在门口。童长荣拉开车门，卓蓝下车。

卓蓝：哟，童长荣，让你亲自迎接，我可是受宠若惊了。

童长荣：那是，我要兑现自己的诺言，我的兄弟考上了无线电管理局，我高兴呢。请。

童长荣、卓蓝和李卫朝楼上包厢走来。

卓蓝：真的考上了，你的小老哥还真有点能耐呢。

童长荣：那是，我们安徽人怎么样？

卓蓝：你不就是想乘机吹捧一下安徽人吗！

童长荣：那是，你打听打听，安徽人在上海哪一个不是棒棒的！

卓蓝：童长荣，你就是吹破了天，安徽还不是乡下，一班乡下人。

童长荣大笑起来：我不知上海人在哪里来的优越感。

李卫拉开包厢的门,两人走了进来。童长荣和卓蓝坐了下来。

卓蓝:不过嘛,杨飞要我给你带个话,很感谢你这个乡下人。

童长荣:听起来很让人鼓舞啊。

卓蓝:杨飞还说了,你有什么用得着他的地方,尽管说,他还说,他已经向南京报告了你的情况,国民党的大门对你永远是敞开的。

童长荣:那好哇。不过,我还真是有事要求一下你和杨飞呢,请你们帮个忙。

卓蓝:童长荣一般不会为自己的事求人的,别又是什么老乡的事吧。

童长荣:还真让你给猜着了。没错,芜湖有个女孩叫王莹,我先说明一下,不是共产党,她在宁波同乡会的小礼堂演文明戏,被警察局的人抓走了,帮我把人捞出来。

卓蓝:我说童长荣,真有你的,你这到底是请客呢,还是请我办事呢。

童长荣:也请客,也办事,下次再请,不又多吃一次饭了,反正是我请客,你买单。

卓蓝:你说,我这不就是一傻子吗?

卓蓝从中斡旋,王莹在警察局关了几天就被放出来了。

童长荣亲自在一个饭馆里摆了一桌,一为《炭坑夫》演出成功庆贺,二是为王莹出来接风洗尘。

饭桌上,童长荣说,真没想到,这戏剧竟有如此大的反响,这个戏要持续演下去。

沈端先告诉童长荣,另外两部戏效果也很好。只是这警察局经常来捣乱,让我们提心吊胆,影响我们的演出。

阿英:看来我们要改变演出形式,把戏送到工厂车间去。

童长荣:这个思路非常好。

王莹走了进来,三人站起。王莹朝童长荣鞠躬,谢谢童书记,童长荣摆手,请她入座。

沈端先:王莹,童书记把你营救了出来,还亲自为你接风。第一杯酒先敬童书记。

王莹端起酒杯：谢谢童书记，我敬您。

童长荣喝了杯中的酒：王莹，在里面待了几天，也是一种生活体验嘛。这牢房嘛，我是常客，没什么了不起的。

王莹坐了下来，童长荣亲自为她夹菜。

王莹：向童书记汇报，在里面的这几天里，我很冷静地思考，决定出来后的第一件事就是请求加入中国共产党，请组织上考验我。

童长荣笑着说，王莹，你这不是经受考验了嘛。我看哪，你们文化支部可以研究一下王莹入党的请求。

阿英：王莹的思想觉悟高，爱憎分明，积极要求进步，在芜湖就为党组织做了很多地下工作，现在已经是共青团员了，我看可以考虑王莹的请求。

王莹显得很激动。

童长荣：吃饭，吃完饭后，我请你们看电影。

王莹非常高兴：谢谢童书记，太好了。

饭后，四人来到电影院里，观看电影《劳工之爱情》。

【电影镜头：郑木匠卖水果。用锯子锯西瓜。

沈端先：这个细节好，郑木匠做木匠做不下去了，改行做水果生意，用锯子锯西瓜，这个细节用得巧，虽然有些夸张，但是题点得好。

【电影镜头：祝郎中坐诊。

阿英：祝郎中虽然生意不好，还坚持做这一行。

【电影镜头：郑木匠赠水果给祝小姐。赶走了骚扰的流氓。

王莹：两个情节铺垫，就可以私订终身了。

【电影镜头：郑木匠提亲遭到拒绝。

童长荣一笑：祝郎中认为门不当户不对。

【电影镜头：祝郎中在思考。郑木匠在思考。

沈端先：电影到这里转了，谁能让诊所火起来，就把女儿许配给谁。郑木匠发挥木匠的特长，在楼梯上安装机关，摔伤了赌徒，诊所的生意火了。这有些勉强。

王莹笑了:结局不言而喻,祝郎中履行诺言,将女儿许配给木匠。

看完电影后,四人沿着马路走着。

童长荣:你们觉得这电影怎么样?

阿英:情节交代还是挺清晰的。

王莹:表演也还不错。

沈端先:我感觉嘛,虽然写的是底层人,但仍没有脱离封建的老套的故事。

童长荣:对了,这就是我请你们来看电影的目的。电影和戏剧一样都是个好的载体,我们要把它掌握在自己的手里。既有无产阶级的文学、戏剧,就应该有无产阶级的电影。

沈端先:我记在心里了。

童长荣:王莹啊,我也希望我不仅能在戏剧舞台上看到你,还希望在电影屏幕上看到你。

王莹笑了:童书记,我会成为一个大明星的,我要做一个工农大众的大明星。

大家都笑了,都说这一天会到来的。

赵瑞麟沉寂了一段时间,在姐姐赵瑞昱精心地调养下恢复了健康。在医院期间,他和张龙反复推演,终于得出结论,是童长荣精心设计的陷阱。赵瑞麟还听到姐姐给童长荣下跪的事。他深感奇耻大辱,觉得无论如何也咽不下这口气,发誓这辈子要和童长荣死磕到底。当然这早在童长荣的预料之中。

赵瑞麟剩下的还有一个疑惑就是,中共对童长荣的内部审查到底是真是假?张龙分析,看样子像是真的,但是,童长荣故意把罗栗文的住地暴露,那份材料的真实性就难说了。

赵瑞麟来到杨飞办公室,请杨飞指点迷津。

杨飞:瑞麟啊,你坚持要通过童长荣一网打尽中共组织和人员,看来并非易事。倒是这个虚假的中共审查材料启发了我,我们能否换个策略,想个办法,真正做到让共产党对童长荣失去信任,让共产党怀疑他,来审查他。

赵瑞麟:那还不是卓蓝所谓争取计划的改进版本吗?

杨飞：我就是这个意思。

赵瑞麟：那就还得利用卓蓝。

杨飞：你们给我好好想想。就是想方设法让童长荣跳到黄河也洗不清，我看比把他抓起来枪毙效果更好。

张龙：杨主任是高人，看问题就是比我们高出一筹。

赵瑞麟：这就更需要大智慧。

杨飞：这次，我要亲自参与策划，这件事要秘密去做。

赵瑞麟：那童长荣整天跟那些左派作家们混在一起，我们也不管了？

杨飞：暗中监视为主，暂时不惊动他为好。不过，对罗栗文的抓捕一刻也不能放松，此人危害极大。

赵瑞麟向杨飞保证，一定要洗刷童长荣带给他的耻辱，他必须加倍地还给童长荣。

杨飞安慰赵瑞麟，这件事也不完全就是耻辱，我们一举灭了与日本人勾勾搭搭的夏云涛的青帮团伙，我还要向南京为你请功呢！

赵瑞麟：我看请功就算了。只要44号不被人羞辱就好。

杨飞：赵科长，我得提醒你一下，你们忽视了一个问题，只把主要精力放在了童长荣的身上，还有一个人是关键，这个人就是王舒。他和罗栗文、童长荣在东京住在一起，他是共产党的重要机要人员，也是罗栗文和童长荣的联络人，把这个人给我盯死了，你就会有意想不到的收获。

赵瑞麟：谢谢杨主任提醒。我再好好谋划一个万全的计划。

走出杨飞的房间，赵瑞麟的思路更加清晰，盯死王舒，搜捕罗栗文，搞臭童长荣。

天气渐冷，蒋光慈依依不舍地告别了伊田，启程回国。这一天，童长荣、阿英到码头去接蒋光慈归来。见了面，两人见蒋光慈气色好转，非常高兴。

阿英：哎呀，看来日本的医疗技术就是比上海的好。

蒋光慈：谢谢童书记，这次去日本得到了伊田先生无微不至的照顾。伊田先生也很想念你呢。

童长荣:我也很想念他。啊,他成家了没有?

蒋光慈:没有,还是一个人。我还见到了美子,孩子有 3 岁了。她也要我代向你问好。到了日本,我才感受到童书记在日本不寻常的岁月,和伊田一家深厚的情谊。这次到日本,除了治病疗养,还通过水谷教授结识了藏原惟人等评论家和作家,对我的创作思想有很大的触动。不知怎么地,我住在童书记曾经住过的房子里,文思泉涌,写了一部小说,翻译了一部作品,还写了日本的一些见闻。

阿英:那真是要祝贺你了。

童长荣:早点出版,我们来拜读拜读。不过,光慈兄回来后,我还是一个要求,党组织的活动还是要参加的。

蒋光慈:看在童书记的面子上,有意义的活动我就参加。

阿英:你这是什么话,这是党的文化工作,怎么是看在童书记的面子上。

童长荣笑笑:光慈兄,你有个性,可不能丢掉了党性啊。

蒋光慈讪讪地笑着。

隔了些日子,童长荣来到一家小酒馆,点了一桌菜。楼下的小巷里,王舒拎着一只蛋糕,在前面走着,张龙带人不紧不慢地跟在后面。王舒匆匆上楼,朝童长荣耳语,张龙已经被诱过来了。

王舒将蛋糕摆在桌子上,童长荣把老板喊了过来,付了账,说下去接个人,马上就来。

童长荣和王舒下楼,匆匆走出后院离开。便衣匆匆上楼,发现童长荣和王舒已经不在,连忙跑了下去,向张龙报告。

张龙带人冲上楼,来到桌前,看见三双碗筷,一只蛋糕,蛋糕上写着:老罗生日快乐!

张龙问老板,这桌子上的人到哪里去了,老板说他们去接人了。张龙带人迅速下楼,埋伏在周围。可是等到了太阳偏西,也未看到三人的影子。

童长荣离开小酒馆后,来到阿英家。走到二楼敲门,阿英开门,沈端先已经在屋里了。

阿英:童书记,我和沈先生到公菲咖啡馆开会刚刚回来,鲁迅先生也出席了,大家对成立"左联"已经达成了共识,在文委同志的主持下,我们成立了筹委会。

沈端先:鲁迅先生在会议上正式提出文学为工农大众服务的主张,鼓励作家们的创作要和当前实际的斗争相结合。

童长荣点头,不住称好。

沈端先:童书记,你也是筹委会成员,这个成果来之不易,凝聚着你的心血呢。

童长荣:唱主角的还是鲁迅先生和你们,我要做的就是起敲边鼓的作用。

阿英:童书记,你太谦虚了。

童长荣:"左联"是在党的领导下的进步文艺组织,也是统一战线组织,目的是团结,目标是战斗,要让大家在这个组织里心情舒畅,而不是相反。尤其是光慈兄,你们要和他多沟通。

阿英:童书记,我们这个蒋兄就你的话还能听得进去。

童长荣:他在吗?我去看看他。

阿英:不要去。

童长荣:为什么?

阿英指了指上面:光慈兄须臾不能离开爱情,刚回来就有情况了,现正沉浸在幸福的二人世界里呢。

童长荣笑了:我们的这位老兄回国才几天,就抱到了一个美人,高手啊。

三人都笑了。

童长荣:最近支部活动他参加了吗?

沈端先:有几次活动都没参加。

阿英:他的房子有个大客厅,前两天,我们想借他的屋子开个会,他不同意,说是耽误了他的写作,大家都很气愤,意见很大。

童长荣摇摇头:这个蒋兄,看来呀,我还得找他谈一次。

张龙一无所获,回到 44 号向赵瑞麟报告。

赵瑞麟:我们通过渠道了解到,今天确实是罗栗文的生日,童长荣和王舒给罗粟文庆生应该是真实的。

张龙:也许是我们不太谨慎,让他们察觉了。

赵瑞麟:这么好的机会,你们就这么白白丢弃了。

张龙:不过,我们通过几次跟踪,发现王舒就在大华纱厂那片棚户区一带出没,我们感觉罗粟文应该就藏在那里。

赵瑞麟:那就给我盯死那地方。

童长荣刚刚回到亚培路里弄,正准备开门,就见王舒在门上画着一个红色的圈。童长荣心里一惊,他们之前约定,白色表示需要见面交代工作,黄色有重要情况需要联络,红色则为紧急重大情况需要立即见面,接受重要指示。再一看圈子里面有三条波浪形图案,表示见面的地点在他们常去的小河边。

他立即离开小巷,不敢再耽误时间,径直来到小河边,看见王舒已经在那里等他了。

童长荣:什么事这么着急?

王舒:不好,罗书记在河南开封被捕了。

童长荣失声地啊了一声。

王舒:河南省委遭到了严重的破坏,除了罗书记,河南省委的其他几位领导也都被捕了。这次河南党的组织损失惨重,光在开封监狱里就关了200多名共产党员。

童长荣神色严峻:组织上有指示吗?

王舒点点头:中央决定任命你为巡视员,让你和老郭、老刘同志一起迅速赶到河南巡视,恢复和发展河南党组织,营救被捕同志。周部长今晚要找你们谈话,时间和地点还是照旧。

童长荣:好的。我知道了。

王舒:长荣,你这次去河南任务艰巨啊,你一定要把罗书记救出来。

童长荣点点头,交代王舒,我和罗书记都不在上海了。卓蓝和赵瑞麟都要找我,一旦发现人不在上海,就很麻烦。你要继续把我和罗书记还在上海的戏演下

去,为我在河南的行动赢得时间。

王舒说,我记住了。童长荣想了一会,对王舒说,这个戏你一个人演不下去,我给你物色一个帮手,遇到困难时,可以请李卫搭把手。

王舒有些疑惑,关键时刻,他能靠得住吗?童长荣望着王舒,坦白地说,我心里也没底,不过,他往往就是在关键时刻,总是能帮助我们。可我始终没能弄明白他的身份,不知道他到底是什么人。

王舒:那我怎么跟他联系?

童长荣:你不用联系他,卓蓝找不到我,她就会让李卫去寻找你。另外时间一长,赵瑞麟发现目标消失了,他也会让张龙跟踪你的。李卫跟踪你不要紧,张龙他极有可能抓你,你可要小心再小心,千万要把安全放在第一位。

罗栗文现在身陷囹圄,童长荣又要离开上海,王舒愁绪浮在脸上,童长荣心里明白王舒的心思。他对王舒说,从现在起到晚上,我俩待在一起不分开。王舒问童长荣,那我们干什么。童长荣说,我们到金门大酒店去,我请你。王舒摇摇头,说你请的不是时候,罗书记被捕,谁还有心思去吃饭。王舒叹了口气,平时就看见你和卓蓝海吃胡喝,我躲在暗处,真想出来饱餐一顿,可现在想吃也吃不下去。

童长荣对王舒正色道,我们必须出现在金门大酒店,这样卓蓝就能知道到今天为止我在金门大酒店还有消费记录,你明白吗?我也要让赵瑞麟的人知道我在酒店出现过。王舒说行,反正账都记在卓蓝头上,不吃白不吃。

童长荣:这就对了,算是我走之前对你的一次弥补吧。

王舒说,那我们就大大方方地去,不用躲藏,就是要让他们看到。

童长荣和王舒走进金门大酒店,找了一处显眼的卡座坐下。童长荣问王舒想吃什么,王舒说想吃的东西很多,不知道有什么,他也不知道要吃什么。童长荣心里咯噔一下,觉得对不起王舒。他知道王舒的胃口,西餐就算了,还是来中式的。王舒说,来份东坡肉,解解馋,童长荣点了一条清蒸鳜鱼,罐煨肚片汤。王舒又想吃红烧猪蹄子,童长荣笑了,想吃就点,还不好意思呢,他又点了两道时蔬,这才交给服务生。

服务生正欲离开,被童长荣叫住,说烫一壶酒。王舒连忙制止,待服务生走后,他才轻轻地说,最近有严格规定,交通员不能喝酒。因为喝酒,出了一些情况。王舒本身就对酒兴趣不大。

不大一会儿,菜就上齐了。王舒放松下来,狼吞虎咽着,却发现童长荣没有动筷子。王舒知道童长荣的习惯,他在思考问题时,是不吃东西的,他一定是在想着怎么把河南的党组织重新恢复起来,把罗书记从监狱里救出来,这两件事都是很困难的事情。见童长荣在沉思默想,王舒也放下了筷子。

童长荣催王舒吃菜,王舒说你在想问题,我哪里还有闲心吃呢。童长荣笑了,你以为我在想河南的事情,其实不是,我是在看你吃东西,你吃得香,我心里似乎有一种满足感。童长荣拿起了筷子,我们都来吃吧,王舒笑了。

吃过饭后,王舒陪童长荣到周恩来部长那里接受了任务。事不宜迟,随即和老郭、老刘赶往火车站。王舒买好了车票,三人确认安全后,上了火车。火车蒸腾着烟雾,在茫茫的夜色中离去。

王舒默默地望着火车离去,突然感受到了前所未有的孤独,眼泪禁不住涌了出来,他揩揩泪水,一边往回走,一边想着。自亚培路与罗栗文、童长荣相识到今天,已经7个年头了,一路风雨兼程,生死走过来的兄弟,聚合离散,始终在一起,他们两个都是做大事的人,为了党的事业,自己甘当配角,甘当红花旁边的绿叶,心里很踏实,一样有成就感、满足感。现在,他既为长兄般的老领导担忧,也为童长荣担心,内心祈愿童长荣能够再像在东京那样,把罗书记和200多名共产党员从监狱里安全救出来,自己要做的工作就是不能让44号的人发现罗栗文已经被捕,不让他们察觉童长荣已经踏上了新的征程。

44号卓蓝办公室,李卫像往常一样替卓蓝打好开水,收拾桌椅。卓蓝问李卫,童长荣最近在干什么?李卫回复卓蓝,听行动队的人说,童长荣、王舒前些天给罗栗文过生日,被发现了,童长荣和王舒从后门溜了,一桌菜和蛋糕都没有动,罗栗文最终没有出现在现场。有人前天还看见了童长荣和王舒在金门大酒店吃饭。

卓蓝说有些日子没见到童长荣了,让他到那个新房子里见我。李卫说,我这就去找他。

李卫开着车来到亚培路夜校。门虚掩着,李卫推开门走了进来,来到童长荣的小屋里,看见桌上铺着的稿纸,旁边还有一个记事本。他打开来看着,里面写着写作计划,其中写道中篇小说稿被《拓荒者》杂志社丢失,重写至月底。下月初开始新小说创作。李卫前前后后看了一遍,并未看到童长荣的影子,他走出夜校,正准备上车,却见张龙从暗地里走了出来。

张龙:啊,是李卫呀。

李卫:哟,张队长,你也来找童长荣?

张龙:我们盯了两天,未发现童长荣,知道他到哪里去了吗?

李卫:卓蓝让我来找他,我不是跟你一样也不知道吗?

张龙:童长荣除了这个地方,你能告诉我,他还会有哪些落脚的地方?你们平时都是怎么联系的?

李卫:哎呀,不好说,他这个人警觉性很高,有时运气好,在这里能碰着他,有时他会突然出现在你面前。

张龙:卓蓝找他做什么?

李卫:吃个饭。

张龙:在哪里吃饭?

李卫:卓小姐和童长荣在一起吃饭,我有必要告诉你在什么地方吗?我的建议是你别打扰,她会不高兴的。

张龙:是吗?

李卫:是啊,你们行动队有什么计划我不管,你最好别打扰我们的行动。

李卫走了出去,开车扬长而去。张龙上了车,跟了上去。

 三十一

李卫开着车从亚培路出来,看见张龙的车子始终跟在后面,决定戏弄他一

回,他不紧不慢地在大街上转悠,张龙也就乖乖地跟在后面。李卫索性将车开到了金门大酒店前,下车进了酒店,又从后门走了出去,来到另外一条街上,上了一辆电车,坐了几站之后下车,叫了一辆黄包车,来到卓蓝给童长荣准备的秘密住处,看看童长荣是否在里面。

卓蓝先于李卫来到这里。打开门,发现桌前有喝剩的半杯咖啡。桌子上有铺开的稿纸,写着一个标题:石屋寺小记。

她查看了卫生间,浴袍晾在衣架上。卧室里,被子有些凌乱,有童长荣睡过的痕迹。卓蓝自言自语:童长荣来过这里?

卓蓝从柜子里拿出一瓶红酒,倒上,坐在沙发上等候。

传来敲门声,卓蓝似乎有些激动,打开门,却发现是李卫。

卓蓝:怎么是你? 童长荣呢?

李卫:我去夜校找童长荣,却发现张龙也在监视他。我上了车,张龙开始跟踪,我只好弃了车,坐电车赶来,就是告诉你,没有找到童长荣。

卓蓝:他娘的,他们在里面搅和,真让人败兴!

李卫:据张龙说,他在亚培路连续两天没有发现童长荣。

卓蓝:这两天,他应该在这里。可现在,又不知道他到哪里去了。

此时此刻,童长荣和老郭、老刘已经来到了开封,三人沿着古城墙,在墙根下一路走来。

童长荣对老郭说,你做过郑州市委书记,你应该和史文斌同志很熟悉了,跟我说说他的情况。

老郭介绍,史文斌同志是工人出身,他的党龄与党组织的创立几乎是同时,1921 年 7 月入的党,他还是京汉铁路大罢工委员会的副委员长,做过保定市委书记,尽管没有去莫斯科开会,但六大仍当选了候补中央执行委员。河南省委破坏后,中央就让他临时主持河南省委工作。

童长荣点点头,看来史文斌同志出身好,资历深,贡献大。

三人按照约定的地点在出口处等待,不一会儿,临时省委书记史文斌、临时

省委秘书长谷滋生和共青团河南省委书记徐兰芝远远地走了过来。

老郭:瞧,走在前面的就是史文斌。

童长荣看见一个魁梧的汉子出现在了自己面前。

史文斌:老郭,可把你给盼来了。

老郭:老史,我来介绍一下,这两位是中央巡视员童长荣和老刘同志。

史文斌与童长荣、老刘握手。

史文斌:这位是临时省委秘书长谷滋生,这位是共青团河南省委书记徐兰芝同志。

大家分别握手。

谷滋生:欢迎中央巡视组的领导,河南的情况很糟糕,我们都要快顶不住了。

童长荣:别着急,我们这次来,主要是传达中央指示精神,了解情况,然后向中央如实报告。

史文斌:好好,我们先进城吧。

进城之后,将三人安顿好。童长荣、老郭、老刘和史文斌、谷滋生、徐兰芝就坐在屋里开会。

童长荣:老史同志,你把河南的情况简要先向我们说说。

史文斌:好的。近一年多来,河南省委和全省各地的党组织连续遭到严重破坏,一大批共产党员和革命志士遭到逮捕,开封监狱就有 200 多名共产党员。现在河南党组织已经处于瘫痪状态。

童长荣:说说罗栗文同志和省委同志的情况。

史文斌:罗书记和省委同志都被关押在开封第一监狱。开始是省委交通员安子文被捕,接着敌人破获了罗书记的地址,逮捕了罗书记,省委宣传部长任作民同志去找罗书记,遭到了敌人的伏击,也遭到了逮捕,省委秘书长雷晋笙夫妇是在火车站的旅馆里与地方组织负责人接头时被逮捕的。

童长荣:你们对他们在狱中的情况有了解吗?

史文斌:有了解,有一位副监狱长是我们的同志。

童长荣点点头:那就太好了。

史文斌：罗书记、任作民和雷晋笙同志都遭到了敌人的毒打，敌人搞不清楚情况，把老任当成了省委的主要负责人，给他戴上了重刑犯的脚镣手铐，罗书记的省委书记身份虽然没有暴露，据说腰也被打伤了，还好和小安关在一起有个照应。雷晋笙的爱人李馥清也被捕了，现在也关在开封第一监狱。

谷滋生：这些同志都经受了酷刑的考验，在狱中非常坚强，他们在狱中成立了党总支，下面设了五个支部，把狱中的同志们都组织起来了。老任同志担任支部书记，在狱中同敌人进行了不屈不挠的斗争。

童长荣：任作民同志很不容易，爱人刚刚去世。这些同志都是我党久经考验的战士，是我党的重要力量，也是宝贵财富。他们在狱中的表现足以说明他们对党的忠诚和信仰的坚定。河南省委重建和党组织的恢复和发展，离不开这些骨干力量，我们一定要把他们营救出来。

老郭：长荣同志，你宣布一下中央的决定吧。

童长荣：这样，我们来之前，周恩来部长特地找我们谈话，鉴于目前河南组织的现状，中央决定暂时撤销中共河南省委、共青团河南省委。中央还决定，将河南全省划分为豫南、豫北、豫中三个中心区，分别开展工作，等待时机成熟，再重新组建省委组织。

史文斌、谷滋生、徐兰芝都表示，服从中央决定。

童长荣：从明天起，我们将要开展工作，我来做一下分工。老刘你负责巡视豫北地区，老郭负责豫南、豫中地区，我重点抓开封、郑州、洛阳的巡视和同志们的营救工作。

老郭和老刘点点头。

童长荣：请老史、谷滋生、徐兰芝同志还要给我们的巡视工作提供方便。

史文斌：那是一定的。

谷滋生、徐兰芝表示一定配合好。

开封第一监狱三监区一间男监室里。罗栗文、雷晋笙和安子文关在一起。罗栗文躺在稻草床上。

牢房外过道里,谢副监狱长吹起了哨子:放风了,快点,快点啊!

狱警打开牢门,安子文、雷晋笙将罗栗文搀扶到牢房外的空地上,他们看见了任作民戴着镣铐步履蹒跚地在墙根边挪动,安子文跑过去,又将任作民扶了过来。

罗栗文:老任,你过来,让我看看。

任作民走到罗栗文身边,罗栗文掀开他的衣服,满身伤痕,有的结了痂,有的还没有愈合。

罗栗文:带给你的药膏还有吗?

任作民点点头,关心地望着罗栗文:你怎么样?

罗栗文:我很好,没什么事。

雷晋笙:好什么,昨晚还吐了黑血,腰都直不起来。

罗栗文:你也比我好不到哪里去。老任,有什么新消息?

任作民压低声音:谢副监刚才告诉我,中央派巡视组来了,一共三个人,其中有你的部下童长荣。

罗栗文显得很激动:长荣来了?太好了,你们都不了解他,他会有办法的。

任作民:他们一方面做组织的恢复和发展工作,另一方面正在想方设法营救同志们。

罗栗文望着四周犯人和铁丝网另一边的女犯:老雷,把这个信息传递出去。

雷晋笙朝铁丝网那边吹了一声口哨,他的爱人李馥清走了过来。

雷晋笙唱着:126(多来拉)(党来啦)。

李馥清点点头,转过身唱着126。

安子文朝犯人中间走去,来到另外几个支部负责人身边,轻轻唱着:126。

罗栗文:老任啊,老雷不愧是教育家出身,精通音乐,用这种方式传递信息可是首创呢。

雷晋笙:我没有做什么,老任戴着这么重的刑具,组织狱中总支,可是发挥大作用了。

任作民:老罗,请你指示下一步工作。

罗栗文摇摇头:没有指示,我现在就在你的领导下。

任作民:那行,我们要继续开展好狱中斗争,隐蔽自己,积极配合外面同志,争取早日出狱。

谢副监狱长吹起了哨子:放风时间到了,动作快点。

安子文和雷晋笙扶罗栗文站起来,任作民拖着沉重的镣铐,他们分散回到各自的监室。

李馥清回到女监室,用手招了招,四名女犯聚了过来。

李馥清:刚才男监传来消息,中央派人来了。

四个女犯脸上露出喜悦的神情:看来咱们有救了。

李馥清:来,我们把这个消息传递给隔壁的同志。

四个女犯两两走到两侧墙壁前。

李馥清:开始,1(多),敲一声,2(来),连敲两声,6(啦),连敲六下。

她们按照要求在两侧墙壁有节奏地敲击。重复两遍。两边隔壁也开始重复敲击。

四个女犯高兴地:她们收到了信息。

李馥清:同志们,按照狱中总支的要求,政治上,要保持革命气节,永不叛党,要经得起酷刑考验,我们5个人都经受住了,女监这边4个小号一致推荐我们为先进小号。

大家热烈鼓掌。

李馥清:现在我们的学习时间到了。今天我们学习的内容是座谈讨论,题目是革命与家庭的关系。我知道,很多同志,特别是我们女同志走上了革命的道路非常不容易,尤其是在狱中,很多意志薄弱者就因为在家庭的问题上过不了关。我想请大家谈谈体会,我不要你们讲大道理,要从党性和人性的角度客观理性地谈谈各自认识。

女犯七嘴八舌:这个题目好,可是个戳心的题目。谁没有父母姐妹,谁没有丈夫妻子儿女。

大家你一言我一语,李馥清望着大家,赞许地点头。

　　无论男监女监,正是因为有了严密的组织,这200多名共产党员做到了思想组织不乱、工作学习不断,有条不紊,听从总支统一指挥,在狱中积极配合,绝大多数同志都没有暴露自己真正的身份,为童长荣在外营救创造了非常有利的条件。

　　按照中央指示精神,童长荣决定,三管齐下,一是巡视,二是恢复组织,三是营救。河南党组织到底破坏到了什么程度,只有通过巡视,才能掌握第一手资料,他让谷滋生陪同他到开封实地察看了几个地下支部。

　　令他欣喜的是,组织虽然受到破坏,一些负责同志被捕,但党员同志的士气并未受到大的影响。在开封火车站,童长荣召集各支部负责人会议。

　　座谈会上,工人党员认为当前当务之急就是要同黄色工会斗争,如何斗争,他们还不知道怎么做。

　　童长荣亲切地望着大家,细致地和党员同志交流,他说道,黄色工会是国民党的御用工会,也是对我们产业工人进行整治压迫的假工会,它的目的是维护资产阶级利益,破坏罢工,分裂工人阶级的团结。虽然它是国民党和资本家的工具,但中央就这个黄色工会问题,接连发出两个文件,一个是《中央通告第47号》,一个是《中央通告第54号》,明确提出了工人统一战线的问题,一方面我们要旗帜鲜明地同黄色工会作斗争,同时我们的同志必须打入到黄色工会里面,了解黄色工会的内幕,有利于戳穿他们虚假的外衣;同时,在宣传上,我们光靠喊口号是打不倒黄色工会的。我们宣传的重点放在揭露黄色工会是假工会,是国民党政府和资本家的代理人,这样就有利于工友们认清黄色工会的反动面目。请大家务必把中央的意见传达到各级组织中去。

　　问题越来越多,童长荣和大家的交流越来越深入。

　　谷滋生:同志们,我们一定要按照巡视员的要求,贯彻落实好中央精神。

　　会议上,童长荣代表中央巡视组宣布谷滋生负责开封市委的工作,请大家一定配合支持好。

　　开封会议结束后,童长荣又赶往郑州,组建了郑州市委,由徐兰芝担任郑州市委书记。

童长荣随即又到洛阳开展工作,成立了洛阳特委。

老郭和老刘先后巡视回来,三人在一起汇总情况。

老刘:谷滋生同志陪我去了豫北的磁县、彰德、卫辉,按照长荣同志的要求,筹备了豫北临时市委,将磁县、彰德党组织中心放到了彰德。卫辉和新乡已经选派了出狱的同志正在恢复组织。

童长荣:这样就好了,开封和豫北的组织就呼应起来了。

老郭:我在豫中巡视完之后,设立了豫中中心县委,杞县、睢县、鹿邑的党组织也恢复起来了。

童长荣也向他们两个人报告了自己的工作情况:先后成立了洛阳特委、郑州市委。和郑州市委的同志研究了豫丰纱厂和平汉路的工作,成立郑州豫丰纱厂、平汉路支部,许昌特支并入郑州市委领导。参加了铁路和纱厂支部和党小组的活动,在洛阳特委会议上,专门就陇海路的斗争和郊区农村组织发展工作进行了专题研究。改组了开封市委,成立了陇海支部、兵工厂支部、街道支部、城郊支部。

童长荣综合巡视情况,对河南的党员情况有了基本的了解,从构成上看,除工人党员外,农民党员、国民党士兵中党员、城市贫民和知识分子出身的党员也占有相当的比例。从质量上看,郑州和开封的素质较高,能在群众中发挥重要作用。从活动情况看,郑州京汉线和开封的支部已经开始建立群众工作制度,会议经常化,工作有计划,工作有检查,这都是非常好的现象。

童长荣对老郭和老刘说,他马上给中央写巡视报告。为慎重起见,童长荣交代老郭、老刘,为巩固成果,再辛苦一下,再到这几个地方来个回头看,看看还有什么问题,一并写入巡视报告。

稍后几天,童长荣专门组织召开全省市委负责人会议,对巡视工作进行了全面的总结,最后童长荣给大家加油鼓劲,充分肯定大家始终对革命的前途充满了信心,这是令人欣慰的。大浪淘沙,吹尽黄沙始到金,经过这次血与火的洗礼,我们淘汰了一些意志薄弱者,留下来的队伍更加纯洁,更有战斗性。从现在起,各

市委要切实担负起基层党组织的恢复和发展任务,在座的各位要把各自的市委打造成战斗的堡垒。按照中央的要求,周恩来部长的讲话精神,在组织上、思想上、行动上步调一致,同国民党反动派作坚决的斗争,迎接革命高潮的到来。

大家热烈鼓掌,纷纷表示一定不辜负中央巡视组的殷切期望。

上海。雨天。咖啡厅。卓蓝一个人落寞地坐那里喝着咖啡,窗外的雨水沿着屋檐顺流而下。李卫走了进来。

李卫:卓小姐,我跑了很多童长荣有可能去的地方,始终没有发现童长荣的踪迹。

卓蓝:童长荣在跟我玩消失,这是要干什么?那就给我继续去寻找,直到找到他为止。

李卫点点头转身就走。卓蓝又补了一句话,找不到童长荣,想办法找到王舒也行。

李卫回过头:是。

环龙路 44 号,赵瑞麟也被卓蓝同样的问题困扰,他来回在屋内走动,张龙垂立一边,低着头等候着赵瑞麟的指示。

赵瑞麟:罗栗文没有了消息,童长荣也无声无影,他们这是要干什么?是不是又在玩什么新计谋?

张龙:按照你的吩咐,我们已经跟安徽党部联系过了,安徽并未发现罗栗文和童长荣活动的迹象。

赵瑞麟:去寻找那个联络人王舒,只有他知道罗栗文、童长荣在哪里。另外,给我盯住卓蓝和李卫,看看他们与童长荣有无接触。

张龙:明白。

李卫的车子在街上转悠。张龙开着车也在街上溜达。他们都警惕地注视着街上的行人。李卫将车开进了一个小巷里,张龙的车也跟进了小巷里。

就在李卫和张龙苦苦寻找童长荣和王舒身影的时候。王舒拎着一个纸袋子,压低帽檐走进大华纱厂,来到车间。田嫂和连娣在干活,见王舒走过来了,亲切地打着招呼。

王舒将田嫂、连娣招呼过来交代,最近童先生有事,如果卓蓝和其他人来问的话,你们和工友统一口径,就说童先生刚刚来过这里,跟你们打招呼道别,他需要休息一段时间。

王舒将袋子递给连娣:就说这件衣服是童哥哥给你买的。明白吗?

连娣接过衣服点点头。

田嫂:我明白,立刻跟工友们打招呼。

王舒:那我走了。

王舒刚刚走出大华纱厂大门,李卫和张龙的车子同时出现在大华纱厂外面,王舒快步小跑起来,李卫迅速加大马力开到王舒跟前,拉开车门。

李卫招呼王舒快上车,王舒钻进了李卫的车子。李卫一路狂奔,张龙紧跟在后面。

李卫:告诉我,童长荣在哪里? 卓蓝都把我逼疯了。

王舒:找童长荣干什么? 我刚刚和他在大华纱厂分手。

李卫:原来你是故意诱我的? 请你告诉童长荣,卓蓝要见他。

王舒:恐怕一下子见不到他。

李卫:为什么?

王舒:童长荣最近情绪比较低落,不想见任何人,他想找个清净的地方调整一段时间。

李卫:什么原因?

王舒:我不能告诉你。

李卫:我明白了。

张龙的车子仍在后面追着。

李卫:我在前面找个地方,你就下去。

李卫突然拐进了一条小巷,放慢速度,王舒拉开车门,跳了下去。李卫继续沿着小巷开着。张龙的车子从另一条小巷穿过,迎面截住了李卫的车。李卫将车停了下来。

张龙跳下车,来到李卫的车前,敲着车窗。李卫打开车门。

李卫:你老跟踪我干什么?

张龙:我问你,刚才那个是不是王舒?

李卫:是啊。

张龙:你怎么把他放了?

李卫:我把他拉进车子才知道,童长荣刚刚和他分手,他骗了我,我就把他推下去了。

张龙:这么说,童长荣刚刚在大华纱厂出现过。

李卫说,我想应该是的。

李卫将车又开回到大华纱厂,找到了连娣,问清情况后,将连娣带到了小白楼游泳池边,连娣拎着纸袋子走到卓蓝跟前。

连娣:卓姐姐好。

卓蓝:听说童哥哥来看你了。

连娣:是的,还给我买了衣服。

连娣将衣服递给了卓蓝,卓蓝从纸袋子里取出一件花衣服,在连娣身上比画着。

卓蓝:连娣,你穿上很漂亮。

连娣不好意思地笑了。

卓蓝:连娣,告诉我,童哥哥跟你说了什么?

连娣:童哥哥说,他很累,需要休息一段时间,走之前特地来看看我。我问他到哪里去,他说不到哪里去。

卓蓝:他没有说离开上海吗?

连娣摇摇头,表示没有听说要离开上海。卓蓝点点头,好的,你去吧。

连娣走后,卓蓝交代李卫。给我盯住王舒,寻找到童长荣的踪迹。

44号杨飞办公室里,杨飞召集卓蓝、赵瑞麟开会。

杨飞:卓蓝,按照你说的意思是,童长荣受到党内处理后,情绪有波动,王舒陪他到大华纱厂看望连娣后,然后就开始蛰伏在某个地方。

卓蓝:童长荣发现了李卫,王舒就将李卫引开了。赵瑞麟,请你告诉张龙,我的人在行动,你不要跟踪打横炮。

赵瑞麟:我想请问,为什么李卫要避开张龙,放跑了王舒?

卓蓝:还不是张龙逼的! 像这样的死硬派共产党抓一个死一个,线索就断了。

赵瑞麟默不作声。

卓蓝:杨主任,这是争取童长荣的极好机会。

杨飞:你打算怎么办?

卓蓝:我觉得他现在心里很痛苦,一个人最怕受误解,心里受憋屈,他也许是躲在某个角落里舐舐自己的伤口,我的意见是给他一个疗伤的时间,等他走出来的时候,我再具体和他谈。

赵瑞麟:童长荣诡计多端,万一不是这样,他要是制造假象迷惑我们呢。另外,罗栗文始终未见到踪影,有没有可能是给我们布迷魂阵?

卓蓝:我们两个是截然不同的意见。那就请杨主任定夺。

杨飞沉吟:共产党的江西根据地现在正在清理 AB 团,他们在内部搞清理也不是没有可能。童长荣与我们以往有错综复杂的关系,尤其是和卓蓝的关系,让他在共产党内很难说清楚,这种可能性是有的。如果是这样,童长荣就失去了共产党的信任,对争取工作极其有利。瑞麟提到的童长荣明修栈道暗度陈仓,也有可能,他在这方面是高手,不得不防。这样吧,我的意见是你们两人按照各自的计划行动,但有一点,需要共享情报,不得互相拆台,搞清楚童长荣的真实情况,没有我的命令,不得擅自采取抓捕行动。

李卫和张龙找不到童长荣,转而把目光转向王舒的行踪,王舒也消失了。童长荣一行三人到达河南一段时间后,中央又派王舒来到了河南,协助童长荣开展工作。

王舒找到了童长荣的住处,童长荣见到王舒,很是惊讶。王舒说,周部长非常担心河南的情况,尤其是狱中 200 多名同志,都是党的宝贵财富,所以特地派我来协助做营救工作。

童长荣点点头,问王舒,你离开上海,卓蓝和赵瑞麟没有发现吧。

王舒说,这些天,他们找不到你,就全力以赴跟踪我,好不容易把他们都甩掉了。

童长荣沉吟,他们一旦发现我们三个人都消失了,会发疯的。

王舒告诉童长荣,河南省政府办公厅主任兼民政厅厅长南汉宸是我们的同志,我已经和他联系上了,向他传达了周部长的指示,他晚上约你在一起吃个饭,商讨营救办法。

童长荣和王舒来到一个饭庄前,门头上挂着"又一村"牌匾。

王舒喃喃说道,山重水复疑无路,柳暗花明又一村,好寓意,预示着过程有些曲折,结局很圆满,我们会成功的,不是吗?

童长荣一笑,说王舒这是正确的废话,成功是必须的! 不过嘛,这匾为康有为所题,还是有分量的。

景福楼、又一村、九鼎饭庄、迎宾馆这几家餐馆当年都拥护孙中山先生的革命,所以统称为共和餐厅。

王舒笑了,看来今晚我们吃的是革命的饭了。

童长荣、王舒上楼。王舒推开包厢的门,南汉宸站了起来。

王舒向南汉宸介绍这是中央巡视员童长荣同志。

童长荣连忙握住南汉宸的手:南厅长,我是刚刚才知道您是我们的同志,真的很激动。

南汉宸:周部长亲自下指示,不到紧急情况,我也不会来见你。童巡视员,虽然你不知道我,可我经常听罗书记说起过你,他对你可是赞誉有加啊。

童长荣:我是罗书记的部下,他是我的革命引路人。我初到河南,两眼一抹黑,可全要仰仗南厅长了,这次可要给你添大麻烦了。

南汉宸:都是自己的同志,不说两家话。任作民同志还是我的直接联系领导呢。来坐。点了几个菜,都是这个店有点特色的菜,你们平时日子苦,算是给你们打个牙祭吧。

王舒盛饭递给童长荣和南汉宸。三人边吃边聊。

童长荣向南汉宸简单介绍了一下情况,这次来河南巡视,是周恩来部长亲自部署的。开封第一监狱关押了包括省委负责同志在内一共有 200 多名共产党员,也牵动着中央领导同志的心,指示务必要将同志们营救出来。开封第一监狱向来戒备森严,我了解到那个姓蔡的监狱长对共产党十分仇视,还特别凶残,要想把这么多同志救出来,绝非一件容易的事。

南汉宸点点头,认为这个事难度确实很大,需要周密谋划,不能有任何闪失,还要确保狱中同志的安全。

童长荣说,这些天我吃不好,睡不好。昨天看到狱中雷晋笙同志托人带出来的几万字《狱中生活》,写得好哇,我是含泪看完的,这里面记录了他在狱中受到的非人的折磨,敌人给他灌辣椒水,坐电老虎,无所不用其极,他仍然保持着乐观主义精神和战斗精神。"那堪澎湃英雄血,杀向天涯染杜鹃。"这是多么豪迈的诗句。

南汉宸:是的,任作民同志同样受尽了折磨,敌人对他的拷打也到了丧心病狂的地步,这些同志没有叫一声苦,个个都是硬骨头。

王舒:这次周部长是下了死命令,务必不惜一切代价,营救狱中的同志安全出狱。

童长荣和南汉宸当即表态,坚决执行中央和周部长指示精神。

童长荣决定成立两个组织,一个是营救行动委员会,一个是救济委员会。营救委员会由他自己、南汉宸和王舒三人组成,他亲自负责。救济委员会由开封市委的谷滋生和相关同志组成,筹措款项,对狱中同志的家属实行救济,解除他们在狱中的后顾之忧。

南汉宸点点头说,童巡视员,你想得很周到。

童长荣就具体营救措施请两人发表意见。王舒考虑了一会,认为营救无外乎是里应外合,组织大家越狱。

童长荣让王舒说具体一点。王舒分析,我们的同志在狱中的组织是健全的,便于组织,统一指挥,谢副监狱长是我们的同志,这是非常关键的有利因素。主要的工作就是要找到一个契机。这个契机是什么? 他表示也说不好。但是强行

越狱有很大的风险,不确定性因素很多,伤亡较大,如果计划暴露,那就一个都出不来,而且大批同志有牺牲的危险。

童长荣点点头,看来这种方法不可行,他否决了强行越狱的办法。南汉宸同意童长荣的看法,也认为强行越狱,风险太大。

童长荣思索着,他突然站了起来,认为最好的办法就是让我们的同志从监狱里一个不落安全地走出来。

王舒连忙摇头,世界上哪有这么好的事情呢?

南汉宸叹了口气,哎呀,这可就难了。这可不是一个两个,200多人!

三人都陷入了沉思,谁也无心吃饭。

突然,外面传来一阵爽朗的笑声,工商厅厅长宋则久端着酒杯走了进来:南厅长,听说你也在这吃饭,我来敬酒。

宋则久一看,桌上并没有酒,他觉得有些奇怪:咦,无酒不成席,南厅长,你请个什么客呀。

南汉宸连忙站了起来:啊,是宋厅长,我请朋友吃个便饭,主要是聊事,真是不好意思。

宋则久望着童长荣和王舒,童长荣和王舒站了起来,对宋则久报之礼貌的笑意。

宋则久:南厅长,你可真抠,请人吃饭,连个酒都不上,这叫我怎么敬酒呢?

童长荣和王舒连忙举起了茶杯。

童长荣:幸会,我们以茶代酒,下次有机会我们再敬你酒。

南汉宸:我来介绍一下,这位是宋则久厅长,著名实业家。

童长荣一听是宋则久,顿时肃然起敬,握住宋则久的手:久仰大名,宋厅长号称中国肥皂第一人,还是著名的爱国实业家,只知道您是商界巨擘,可没想到宋先生在仕途上也是风生水起。今日得见,十分荣幸。

宋则久望着童长荣:哟,这位年轻人知道我的事还不少呢。

童长荣:宋先生抵制日货,专卖国货,弘扬国粹,后生不才,常以先生作为楷模。

原本宋则久听说南汉宸在隔壁房间吃饭,虽然都是厅长,但南汉宸还兼省政府办公厅主任,从礼节上他应主动过来敬个酒,可没想到,萍水相逢一个年轻人,对自己如此了解,如此敬仰,一席话把宋则久说得心花怒放。他连忙请南汉宸介绍这位年轻的朋友。

南汉宸介绍,这位是我的好朋友童长荣,从上海到开封来。

王舒补充:童先生毕业于东京帝国大学文学系,是个有名气的作家,这次专程来河南看殷墟的出土文物。

宋则久:啊,那是一定要看的,刚刚进行第三次发掘,出土了大量文物,轰动了全世界,你一定要去看看的。

宋则久又听说童长荣留学东京帝国大学,还是个作家,这次来考察文物,又增添了几分好感。从面相上看,此人风神散朗,不是凡辈,心里就有了几分喜欢,就有心想结交这个年轻人。他对南汉宸说,你安排个时间,我要和童先生谈谈文学,聊聊文化上的事。

童长荣连忙站起:真是荣幸,谢谢宋老给我这份殊荣,还望不吝赐教。

南汉宸:行,我来安排。宋厅长要是不忙的话,您定个日子。

宋则久:忙和不忙,那都得吃饭不是?唉,要说忙,别提了,接了一个癞痢头的事。你也知道,蒋冯中原大战,现在韩复榘背叛冯玉祥,投靠老蒋。韩复榘接管开封后,要清理政治犯,我没搞明白,这事怎么就赖到我头上了,我只好组织了一个专班,今天我请几个负责的人吃个饭。

童长荣和王舒互相望了一眼,童长荣的心一下子提到了嗓子眼上。

南汉宸:哟,这个事我还是第一次听你说。

宋则久:这事比较敏感啊,你这个办公厅主任不知道是正常的。好,你们慢慢吃,我就不打搅你们了。

童长荣连忙说道,宋老,改天我让南厅长约你喝酒谈文学,您可一定要赏光。

宋则久:好的好的。你这年轻人不一般啦,我愿意随时和你交流。

南汉宸、童长荣、王舒将宋则久送到门外。

童长荣兴奋地:这叫什么?

王舒：这叫踏破铁鞋无觅处，得来全不费功夫。

童长荣：这个宋厅长就是我们的突破口！南厅长，你觉得有难度吗？

南汉宸：这不是一句话就能说得清楚的。不过，先约他吃了饭再说。

吃完饭后，三人来到小河边，边散步边筹划。童长荣请南汉宸负责约宋则久吃饭，打听一下他喜欢喝什么酒，喜欢吃什么菜，另外更多地了解他的情况，好心中有数，表示一定要把这个堡垒攻下来。

南汉宸走后，童长荣和王舒沿着小河边继续走着。

童长荣：王舒，注意到了宋则久的话了吗？清理政治犯，什么叫清理政治犯？

王舒：那就应该是甄别，靠档案材料说话。

童长荣：那我们就不能被动，要开始主动做工作。第一，通知监狱里谢副监狱长，把这些同志的案件卷宗朝着有利于甄别的方向进行，该拿掉的拿掉，该翻案的翻案，该申诉的申诉，需要重新说明的务必写好证明材料；第二，摸清那个监狱长亲属关系，让开封市委的同志配合抓一两个人放在我们手里。

王舒：好的，我这就去办。

开封第一监狱三监区牢房。铁门被打开，狱警架起戴着脚镣手铐的任作民来到刑讯室。蔡监狱长和法官坐在那里。任作民被摁倒在对面坐下。

蔡监狱长：听着，今天法官给了你最后一次机会，亲自到监狱来，你要老老实实地说，不要再受皮肉之苦了。

法官：你叫什么名字？

任作民：我都说过一百遍了，我叫张德富，湖北广水人。

法官：跑到开封来做什么？

任作民：我是银行店员，准备到北平谋一份差事，朋友让我带封信到开封，我找人，找错了门，你们就把我抓起来了，我很冤枉。打死我也就是这个话。

蔡监狱长：他娘的，死到临头，还嘴硬，给我动大刑。

几个五大三粗的汉子用毛巾堵住任作民的嘴，将他抬上凳子，用杠子用力压，任作民昏死过去。松开后，用水泼醒，从鼻孔灌水，用烙铁烙，任作民几次死去活来，不再说话。任作民被架回了牢房。

从监狱里传出来种种信息看,这个姓蔡的监狱长对我们的同志施用酷刑,令人发指,外面的同志早已恨之入骨,现在王舒传达了童长荣的命令,大家都觉得解气的时候来了。一大早,王舒、谷滋生就带着六七个人摸到了蔡家,在大院外面等候机会。

不一会儿,大门开了,走出来两个年轻人,看样子就是浮浪子弟。

谷滋生悄悄朝王舒耳语:矮一点的就是监狱长的儿子,另外一个是他的小舅子。

两个年轻人走进另外一条小巷,王舒、谷滋生看看周围无人,迅速围了上去。两个年轻人见势不妙,撒腿欲跑,被几个人摁住,塞上嘴,捆住手脚,用麻袋套上,扎上绳子,扔到了大车上,几个人赶着大车迅速离去。

开封第一监狱三监区。谢副监狱长照例吹着哨子:放风了!

狱警打开牢门,犯人走出牢房。安子文、雷晋笙搀着罗栗文慢慢走着,落在了后面,谢副监狱长走过来,吆喝着:快点,快点。

谢副监狱站走到三人身边轻轻地:老任伤势很重,无法和你们见面。党组织准备利用清理政治犯的机会,营救你们出狱,请大家配合好,搞搞卫生,每个人都要把自己搞干净。

谢副监狱长走了。三人慢慢走到牢房外的空地上。雷晋笙扶着罗栗文坐下,罗栗文不住地咳嗽,雷晋笙连忙轻轻捶着他的背。

罗栗文:小安,把这个信息告诉各支部负责人。

安子文点头,走到犯人中间,悄悄地:555777(扫扫扫洗洗洗)

几个人点点头。

铁丝网对面的女监区,李馥清往铁丝网走来。

雷晋笙望着李馥清:555777。

李馥清唱着555777,转身离去。

雷晋笙和安子文扶着罗栗文在操场上慢慢走着。看到一个狱警慌慌张张地跑到谢副监狱长跟前。

狱警:出事了,蔡监让你到他办公室去一趟。

谢副监狱长大声地:出什么事了？冒冒失失的！

狱警:蔡监狱长的儿子和小舅子不见了。

谢副监狱长:听不见,再大声一点！

狱警大声地重复了一遍。这回,他们三人都真真切切地听见了。狱警跟在谢副监后面急匆匆地走了。

罗栗文站住,轻轻地说,童长荣在外面已经开始行动了。

雷晋笙和安子文点点头。

谢副监赶到监狱长办公室,只见蔡监狱长魂不守舍地来回在屋里走动,唉声叹气。

蔡监:老弟,家里出大事了！

谢副监:怎么回事？

蔡监:儿子和小舅子昨天早晨出门后就失踪了,到现在都没有回来,老婆在家已经哭晕了几次了。

谢副监:啊,还有这事？蔡监,别着急,遇到这种事一定要沉着冷静,不能乱了阵脚。

蔡监:是是是。你帮我分析分析。

谢副监:这都一天多时间了,会不会是出了什么意外？

蔡监:什么意外？

谢副监:譬如,落水了,喝醉了,和人起了冲突,等等。

蔡监:不可能,我儿子跟着小舅子去他姥姥家,相距很近,走过一个小巷就到了。

谢副监:那这个意外就应该被排除。我去过你家,那个小巷比较隐秘,平时看不到行人,那就十有八九是在那里下手的。

蔡监:我猜测也是这样子的。你说说,这是什么人干的？

谢副监:一天时间过去了,到现在还没有提出赎金,就说明不是图财的。极有可能是两种人:一是仇家,二是共产党。

蔡监:有道理。这些年在这个位置上确实得罪了不少人。老弟,你说哪种可能性比较大?

谢副监:我觉得共产党下手的可能性比较大。

蔡监:为什么?

谢副监:蔡监,韩复榘接管省政府后马上要清理政治犯,共产党可能是对你发出了信号,高抬贵手,放他们一马。

蔡监:你这是提醒了我,十有八九是这个事。那你说怎么办?

谢副监:从现在开始,我们恐怕要停止协助法院对犯人的刑讯逼供,改善政治犯待遇。

蔡监:那我怎么跟共产党联系呢?

谢副监:不需要跟共产党联系,如有申诉、翻供、翻案的,叫冤喊屈的,我们照单全收,只要是没有确切证据的,睁一眼闭一眼算了,这就是共产党需要的。

蔡监:谢谢老弟点拨。不过,外面的共产党会知道我们的善意吗?

谢副监:据我所知,上到省府,下到军队,甚至我们的监狱,共产党无处不在,你的一个细微动作,外面都很清楚。

蔡监:老弟,这次我就委托你全权操作这件事了。

谢副监:蔡监,你这可是为难我了,我有心为你出个主意,如果让我去做,我可不敢,万一落了个私通共产党,这个罪名我可担当不起啊。

蔡监:老弟,我儿子和舅老爷命都在他们手里,看在我们多年兄弟的情分上,你大胆操作,尽量做得隐蔽点,有事我顶着。

谢副监:那好吧。蔡监,你快回去,安慰安慰夫人,姥姥姥爷,顺便勘查一下,看看有什么线索。监狱里的事就交给我了。

蔡监:那就拜托老弟了。事成之后,我要重重谢你。

谢副监对蔡监说,你是一家之主,关键时刻,还要靠你撑着,你赶快回去吧。蔡监狱长拱着手,谢谢老弟,监狱里的事就有劳你了。谢副监挥着手,让他快点走。蔡监狱长这才拎起包走出办公室,谢副监替他关上了门。

看着蔡监狱长下了楼,上了车子。谢副监立即来到档案室,档案管理员站了起来。

谢副监拿出一张纸条,递给档案管理员,嘱咐按照这上面的疑犯名单,分批将档案送到他办公室里来。

档案管理员点点头,请谢副监在办公室稍候,马上就送过来。

谢副监回到办公室,坐在办公桌前,长吁了一口气,档案管理员将第一批档案放在谢副监办公室里。

谢副监打开"易云"的卷宗,看到的是罗栗文的照片,他一页页地翻着询问笔录,还有指认记录。又打开了化名张德富(任作民)的卷宗,以及雷晋笙、李馥清夫妇的卷宗。关键的证据是两名妇女指认他们是中共河南省委主要负责人。

他合上卷宗,抬起头,望着窗外。突然他站了起来,起身离开办公楼,赶到审讯室,让狱警将女犯李馥清带进来。

李馥清被狱警带了进来,在谢副监对面坐了下来。

谢副监:说说你是怎么进来的?

李馥清:我是冤枉的。我爱人雷晋笙是个中学校长,我陪我爱人到开封来考察平民教育,刚在火车站旅馆住下,就被莫名其妙地抓进来了。我要抗议!

谢副监:你认识这个叫易云的人吗?

谢副监将照片拿给她看。

李馥清:不认识。不过,倒是每天放风时见到他和我爱人在一起,大概他们是住在一起。

谢副监:可这里面有两个女犯指认了这个易云和你们夫妇俩都是共产党的重要人物。

李馥清:你说的是哪两个女人?

谢副监拿出两个女人的照片,李馥清看了看。

李馥清:我根本不认识这两个女人,她们大概是为了想出去,就开始乱咬人,你们可不能是非不分啊。

谢副监:我告诉你,你刚才说的话将作为新的口供记录在案,如果说了谎话,你现在还有机会改正。

李馥清说,我刚才的话就是事实,你们可以去调查。

谢副监让狱警将李馥清带了下去。

谢副监接着走进了刑讯室,一个穿红衣服的女人被带了进来。女犯看到满屋刑具腿就软了,她的嘴唇不住地抖动着,望着谢副监。

谢副监从桌子上拿起一把细钳子,在手上比画着,对红衣服女人说,知道这个是干什么的吗？是专门拔指甲用的,都说十指连心,确实很痛,想不想尝试一下。

红衣服女人瘫软在地上,呜呜地哭着。

谢副监又拍拍老虎凳,这个嘛,能让人有上西天的感觉。他又拿起一把锋利的尖刀,在刀口上吹了一下,将刀抵到女犯的脸上。女犯的脸已经吓得变了形,欲哭已经没有了声息。谢副监拿起鞭子扔给狱警。

狱警疑惑地:光打不审？

谢副监:废什么话！叫你上刑就上刑！

红衣服女人哭喊着:别打我,我说的都是真的。

红衣服女人被架到了架子上,两个狱警轮番用鞭子抽打,顿时血痕满身,狱警又拿起烙铁朝身上烙去,一阵青烟,女人昏死过去。

谢副监:带下去。

两个狱警将红衣服女人架着往牢房过道里走来。李馥清和监室女伴从窗子里看到红衣服女人披头散发、紧闭双眼以及惨白的脸。

牢房里的女伴:就是这个女人乱咬的,活该！

李馥清沉静的脸,她在想着刚刚发生的一幕,自己在审讯时,这个谢副监明确暗示自己的口供将作为最新证据,刚刚提到了这两个女人,这个女人就被打成这样,她心里明白了大致,联想到男监发出来的信号是"555777",意思就是扫扫扫洗洗洗的意思,每个人都要把自己洗一遍,做到卷宗上的清白。从谢副监的语气神态中,她基本可以判断谢副监应该是自己的人。

李馥清悄悄对女伴说,我猜下一个就会轮到那个女人了。果然,蓝衣服女人被两个狱警架了过来,从李馥清眼前走过,只见这个女人浑身在发抖,腿已经软了,在地上拖着。

呸！活该,监室女伴朝窗外吐着口水,骂着,打死才好呢,这就是出卖灵魂的下场!只要我们能出去,你们两个就别想好好活着!

刑讯室里,蓝衣服女人被带了进来,她的精神已经崩溃,她跪了下来,心里想着,原以为指认就能够出去,看到同伴还被打成那样,到头来还落了个叛徒的恶名,她索性心一横,歇斯底里地:我要翻供。

两个狱警望着谢副监,请示是不是还是光打不审?谢副监笑着说,不,这次是光审不打!

两个狱警把蓝衣服女人提到凳子上坐下。

谢副监换上了一副表情,和颜悦色地:你说你要翻供?那就老老实实说,我就不打你。

蓝衣服女人没想到会是这样,她没搞懂,招供被打个半死,翻供反而不打,她鼓起了勇气,对着谢副监说,我不是人,我的良心被狗吃了,就像疯狗一样乱咬人。现在我承认,是我诬告了那几个人,他们都不是河南省委的领导。

谢副监递过来一杯水:那你为什么要诬告,乱指认?

蓝衣服女人抖抖索索地接过水:我就是想早点出去。

谢副监:你可知道,诬告也是要付出代价的。

蓝衣服女人:现在我知道了,实在是对不起。

谢副监:我再问一遍,这几个人你认识吗?

蓝衣服女人:我不认识,连他们的名字都不知道。

谢副监:你可要对你现在的言行负责。

蓝衣服女人没有被毒打,受到了鼓舞,变得勇敢起来:我负责。

记录员飞快地记录,然后让蓝衣服女人摁上手印。

谢副监:把她带下去,再把那个红衣服女人给我带上来。

蓝衣服女人在两个狱警的押解下路过李馥清的牢房。女伴们望着李馥清,她悄悄地跟她们耳语,如果我没有猜错的话,这个女人应该是翻供了。几个女伴会心地笑了。

蓝衣服女人完好无损地走进牢房。

狱警站在铁门外指着红衣服女人,还是你,给我出来!

红衣服女人躺在地上,蓝衣服女人悄悄地在耳语:翻供就没事。

蓝衣服女人扶起红衣服女人,红衣服女人惊恐地爬到铁门外,被狱警架起来带走了。牢房内,蓝衣服女人在同监室女犯面前跪了下来。

蓝衣服女人:对不起,我已经翻供了。

另两个女犯鄙夷地:人不做,要做狗!

红衣服女人被带进刑讯室,她颤抖地望着谢副监,她终于鼓起了勇气,大声地:我要翻供!

谢副监大喝一声:出尔反尔,想找死,我就让你死痛快点。给我上刑!

红衣服女人跪了下来:我要翻供,我前面的供述都是假话,我诬陷了好人,我有罪。

谢副监:那我问你,你是共产党吗?

红衣服女人:我不是共产党。

谢副监鄙夷又有些语带双关地:我看哪,你也不像个共产党!在这里,我接触的共产党多了,可没有像你这样贪生怕死的!你即便是,看来也不配做共产党!

屋内,童长荣和王舒找来了宋则久的一堆材料在翻阅。王舒不由感慨,宋先生阅历丰富,有爱国心,也是有气节的实业家。

童长荣盯着宋则久的名言:人无精神虽生犹死,国无精神虽存犹亡。

他在反复想着,嘴里不住地重复着这两句话。王舒说,看到几个材料,发现宋则久特别喜欢这句话。

童长荣:开封有没有书法名家?

王舒:听说省政府有个叫陈玉璋的人书法写得很有名。

童长荣:不行,他是下属,写得再好也不行。

王舒:有了,我刚路过一个旅馆门前,看见邓散木先生在一个旅馆大堂里写字,我还凑热闹看了一下。

童长荣:就是他了,邓散木有北齐南邓之誉,篆刻、行、草、篆、隶皆精通,我在上海看过他的书法展。宋则久座右铭的精神气与邓散木的书法气韵,这就是绝配。你去找邓散木,多给些钱。

王舒:好,我这就去办。

 三十二

蔡监狱长自从儿子和小舅子被抓后,整天处在凄恐中,再也无心过问监狱的事,全由谢副监做主,且不用报告。这使得谢副监在监狱里能够有充分的时间有条不紊地处理档案材料,200多人,是一个庞大的工程。好在那个蔡监狱长平日在监狱里一手遮天,和法庭里一些法官沆瀣一气,相互勾连,无罪定有罪,轻罪定重罪,监狱外一些无赖、刀笔、检司狱吏及至亲属乘机做起了皮条生意捞油水。蔡监狱长的拿手好戏就是在监狱里对一般刑事犯人的家属恐吓,有共产党嫌疑,犯人家属只好拿钱消灾。坚称自己无罪不愿意拿钱的,他就请法官到监狱来定罪加刑,做枪下鬼的也有。监狱内,一些有良心、有正义感的狱警敢怒不敢言,这次蔡监狱长家出了大事,监狱里上上下下鲜有同情声音,暗地里都说是报应。

谢副监为人正派,做事沉稳有度,赢得大家爱戴。谢副监提出对一些案件重新审讯、重新调查、重新复核,得到监狱各部门支持,谢副监不露声色、波澜不惊地对200多人的档案做了一次大清洗,反而被认为是正义之举,是监狱的一次拨乱反正。

处理完档案之后,他想到,必须将任作民从单独关押的重刑犯牢房调换到普通男监区去。谢副监现在拥有自由裁量权,他煞有介事地召集会议,认为任作民也就是案卷上的张德富,定性共产党要犯,明显缺乏证据支撑,单独关押,轮值看守,成本较高,建议转到普通监区,得到监狱委员会的一致赞成。

一大早,谢副监带着狱警来到任作民的重刑犯牢房,他让狱警打开牢门。

谢副监站在外面,不动声色,两个狱警进去,把任作民的脚镣手铐卸了。

谢副监挥挥手,给我带到第三监区去。

两个狱警带出任作民。谢副监在前边走,狱警押着任作民走到罗栗文的牢房前,谢副监停住了,说这间牢房还空着一个人,就这吧。狱警打开铁门,将任作民推了进去,狱警关上铁门。谢副监转身离去。

安子文连忙扶着任作民坐下。大家都关切地询问任作民身体状况。任作民说没事,好在这几天监狱内不再听到刑讯拷打,我们都有了喘息的机会。

雷晋笙:老任,你来了,我们在一起商量事情就方便多了。

罗栗文:同志们,外面的同志正在有条不紊地做着营救工作。首先,外面的同志绑架了监狱长的儿子和小舅子,分散了他的精力,这样谢副监就可以在监狱里放手工作了,老任同志也得以和我们团聚在一起。从女监那边传来的信息看,那两个指认我们的女人已经翻供了,这是个好消息。

任作民:谢副监告诉我,对我们的档案已经处理完毕。中央巡视组的童巡视员正在接近政治犯清理的主要负责人宋则久。

罗栗文点点头:因此,这次营救工作的特点主要是在我们每个人的档案和证据上下功夫,我们配合外面的同志就是什么都不做,什么都不要透露,也不要在狱中进行动员,我们要做的就是静静地等候,然后我们就能安全地走出监狱。

雷晋笙:这叫三管齐下,关键时刻逮了监狱长的儿子和舅老爷,让这个穷凶极恶的监狱长不得动弹;再做清理政治犯负责人的工作;最后是谢副监在档案上下功夫。

罗栗文:正是这样的思路。

任作民:这个中央巡视员很了不起啊。

罗栗文:长荣同志很有才干,我与他在一起多年,但凡他要做的事情,再大的难度,有的甚至是不可能完成的任务,他都能把这个事情做成。因此请大家务必放心,我们一定能走出这个监狱。

罗栗文对任作民说,老任,你是总支书记,你下达任务吧。任作民点点头,请转告全体同志,从现在起,按照罗书记的要求,遵守监狱规定,不和狱警冲突,不和犯人发生纠纷,停止一切斗争活动。这个暗号是什么。

雷晋笙唱起了333(咪咪咪),就是眯眯,安睡就是停止一切活动。任作民让

安子文在放风的时候,将这个信号发给全体同志。

谢副监按照日常在各监区转了一圈,没有什么异常,刚回到办公室,就见蔡监狱长行色匆匆往办公楼走来,他心里一惊,连忙迎了出来,很关心地询问家里情况怎么样。

蔡监狱长垂头丧气,哭丧着脸,别提了,家里已经乱成一锅粥了,老婆整天以泪洗面,孩子的姥姥姥爷、几个姨娘又哭又骂又吵,哪还有什么家,家里倒成了监狱了。

谢副监说,都说一把手难当,我觉得这一把手不是每个人都能当的,这几天我手忙脚乱,正好监狱长来了,想把工作向你汇报一下,也不知道做得对不对。蔡监狱长连忙摆手,这个时间,哪还有心思听你汇报监狱的事情,你该怎么处理你做主吧。

谢副监将蔡监狱长拉进自己的办公室,又是泡茶,又是拿点心,关心地说,看样子还没吃饭吧,先充个饥,待会我让人送点吃的来。蔡监狱长接过点心狼吞虎咽,眼泪扑簌簌地往下掉,两天了,家里冰锅冷灶,不是人过的日子。谢副监,关键时刻,你是真兄弟。谢副监说,兄弟落难,我这心也焦着呢。

蔡监狱长吃了点心,喝了茶,这才和谢副监说,老弟呀,你判断得很准确,我找到了一个目击证人,人是在小巷里遭到了一伙人的绑架,用大车拉走的。昨天,院子里又发现了一张纸条,说是就看你在清理政治犯中的表现,如果表现得好,人就毫发无损地放回来;如果不满意,不能保证缺胳膊少腿;如果表现不好,会通知收尸的地点。你说,这,不是把我逼到绝路上了吗?

谢副监让他放宽心,这两天正在清查有关档案,我替你把个关,疑罪从无,不就行了吗?况且很多人确实是冤枉的。蔡监,这事啊,你要看开一点,我从内心说,不希望这里面人满为患,多一个人就多一张嘴,多操一份心。韩复榘为什么要清理政治犯,政治这玩意,水很深啦。我们可玩不起,多一事不如少一事。

蔡监抱拳:好好,老弟,你就替我处理好了,我也想通了,不想再做恶人了。

谢副监:蔡监,你把心放到肚子里去,我保证两位公子少爷不会有事的。

蔡监面对谢副监的安慰,感激涕零,那就托你的福了。这时,楼下送来两大篮子菜饭,谢副监对蔡监说,这菜饭是刚刚在菜馆里烧来的,还是热的,赶快回去,一家人在一起吃个热饭。谢副监亲自将蔡监狱长送上车,蔡监狱长对谢副监连声说,谢谢了兄弟。

谢副监目送车子离去,心里在想,外面的同志这一招太妙了,把监狱里的棋全盘活了。

童长荣花了几个晚上完成了巡视报告,他将老郭叫到自己房间,将《童长荣巡视报告》递给了老郭。

童长荣:老郭,你回上海一趟,把这份报告交给周部长。告诉周部长,巡视工作暂告一个段落,我现在的任务是全力以赴营救狱中同志,老刘继续留下来巡视。

老郭点头,我马上就回上海。

童长荣递给了老郭一个单子:回到上海后,到仁济医院找到赵瑞昱医生给我按单子买些药物,狱中的同志都在不同程度上受了内伤外伤,急需这些药品。

老郭:我会办好的。

童长荣:另外提醒一下,赵医生的弟弟赵瑞麟是 44 号的,死硬的反共分子,一定要提防他。

老郭:那这个赵医生可靠吗?

童长荣:就说是我找她的,请她保密,她会做到的。

老郭:我明白了,我会小心的。

童长荣还交代老郭,如果万一出了状况,44 号有个叫李卫的人可以用得上。

童长荣刚送走老郭,王舒拿着一幅卷轴从外面走了进来,说邓散木先生不仅用心写了字,还裱好了。童长荣拍了一下脑袋,光让你做事,却忘记润笔费的事,花费一定不少,这钱你是从哪里筹来的? 王舒笑了,我就是做这些小事的人,开封市委的同志临时筹了一些钱,找到邓散木先生之后,他一听是送给宋则久先生的,就心生仰慕,一看还是宋先生本人的话,不仅分文未收,还贴了装裱费用,我就让开封市委的同志把钱退了。

童长荣点点头,看来呀,爱这个国家的人,就会得到别人的爱戴。他掂了掂

手中的卷轴,对王舒说,就等着这个见面礼了,你去通知南厅长,约宋先生吃饭。

王舒立即通知南汉宸,南汉宸转约宋则久,宋则久听说是童长荣请他吃饭,非常高兴,当即答应,建议地点还定在又一村。

王舒拿着卷轴和童长荣提前来到酒店,南汉宸已经在屋里等待。

南汉宸询问童长荣,监狱里的情况怎么样了。童长荣告诉他,监狱里的基础性档案工作已经做完了,可以作为审查委员会的补充材料。

南汉宸点点头,那剩下来的就是要做宋则久的工作了。我这心里打着鼓呢,就不知道这老人家好不好说话呢。童长荣说,成败在此一举,必须把他攻下来,别无出路。

说话间,宋则久走了进来,童长荣和南汉宸与宋则久握手。

南汉宸:宋厅长,谢谢你的光临。

宋则久:哪里? 童先生请我吃饭,南厅长贵为省政府办公厅主任,屈尊作陪,这是给我面子,我十分荣幸。

王舒将卷轴递给了童长荣。

童长荣:宋老,初次见面,带了一个雅物,赠送给您,不成敬意,请笑纳。

宋则久喜出望外:哟,还给我带了礼物,真是不好意思。不会是名贵字画吧,那我可担当不起。

童长荣:这可比名贵字画更有意义。

童长荣徐徐展开卷轴,上面书写:人无精神虽生犹死,国无精神虽存犹亡。

宋则久的眼睛一亮:哟,这不是我平时的胡言乱语吗? 怎么还被邓散木先生写成了书法? 真是太令人意外了。

南汉宸也凑过来看:哎呀,宋厅长的名言配上邓散木的书法,可谓是汪洋恣肆,真乃绝配。

宋则久:这份礼物太珍贵了,难得童先生这么用心。

童长荣:我最看重的是宋先生的爱国情和骨气。邓散木先生亦是如此,在书写先生的名言之前,听说是净手焚香,庄重虔诚,沉思默念,最后到了午夜时分,运足气力,一气呵成,书法我是外行,南厅长说是绝配,我看是天成。

宋则久不仅惊喜,而且感动,连声说,太珍贵了。

南汉宸:宋厅长,我们坐下来边喝边聊。

王舒收好卷轴,置于盒中。童长荣给宋则久倒酒,边倒边说,这酒是当地一家最有名的地锅烧,味醇气醾,这可是纯正的国货呢。

宋则久在天津和全国各地开国货行,专卖国货,抵制洋货,这句话就像春风一样从宋则久的心上掠过,宋则久无比开心。

南汉宸不失时机:我提议为宋先生的国货自立干杯!

宋则久站起来,动情地说,我对国家做的事很少,得到大家肯定,我宋某定当不负各位鼓励,国人期待,这杯酒我干了。

大家喝了酒,童长荣连忙扶宋则久坐下。

宋则久三杯酒下肚,就放开了,他望着童长荣,让童长荣说说对他到底有多了解。

童长荣:宋老,你的名字如雷贯耳。不过说个实话,这两天我还是做了点功课,请教了一些人,我对您有了具体深入的了解。

宋则久:你说说看。

童长荣:这么说吧,在爱国的实业家中,你在我心目中能排上第二位。

童长荣这句话都是事先设计好的,他要吊足宋则久的胃口。

宋则久果然来了兴趣:童先生,那你告诉我排在第一位的那个人是什么人啦,也让我学习学习。

童长荣:宋老,请原谅我没有把你排在第一,我先敬你一杯酒,以表示歉意。

宋则久摁住童长荣:童先生,你把话说完,我们再喝酒。

童长荣:这就是我说的蔡先生,他是台湾苗栗人,在日本做进出口贸易。我不知道您看了登在南京《时事月报》上的《田中奏折》没有?

宋则久:这我怎么不知道,这是一件轰动世界的大新闻啊,我当时在天津,还参加了抗议游行示威呢。

童长荣:正是这位蔡先生,为了国家和民族,冒着生命危险,乔装成誊写工一字一字把它描出来的,三年时间过去了,他现在还关在日本人的大牢里,巨额资

产被查封。

宋则久:如此说来,这蔡先生就是我们的民族英雄,我哪敢跟他比肩呢。我带头抵制日货的事情就显得不足挂齿了。

王舒:宋老、南厅长,你们有所不知,我是见证人,这个事件从头到尾童先生都是参与者。

宋则久一听,连忙站了起来:童先生居然还有如此的传奇故事,失敬了,我敬你。

童长荣连忙站了起来:为国家做事,无须挂齿。不过,我和宋先生一样,都是有心之人,把国家看得很重,因此,我也就对宋先生自然多了一份敬重。

南汉宸:你们两人可谓是一见如故,连我都嫉妒了。

宋则久:南厅长,我要谢谢你,让我喜得新友。

童长荣:不敢当,如果我没有记错的话,宋厅长是清朝同治六年生人,比我大整整40岁,我是晚辈,还请老长辈多多指教。

宋则久:那我们就算是忘年交了,你这个小朋友,我交定了,记得上次我们说什么来着,谈论文学,对,谈文学。

童长荣:可我想跟您谈戏剧改良,谈昆曲。

南汉宸:童先生这个话题好,谁不知道宋先生对戏剧改良所做的工作,自你制定的新规,妇女才能进戏园子看戏呢。

童长荣:宋老,现在在上海话剧兴起,一些外国的名著也被纷纷移植到舞台上来,我还有幸参与到了其中的工作,我想我们肯定有许多可以探讨的话题。

南汉宸:看来呀,今天晚上是聊不完了。

宋则久:那明天上午我们接着聊,南厅长你可要陪同哟。

南汉宸:宋厅长,您老对我的这个小友是如此的看重,我岂有不陪之理?

童长荣:谢谢宋老厚爱。说到戏曲,我们安徽有个人可是舞台上长盛不衰的第一人物啊。

宋则久:你说的是包公啊,果然是无出其右。

童长荣:那我们明天就去包公湖游玩如何?

宋则久：好，就按童先生的意见办。

游包公湖也是在童长荣的整体构思中，他的目的就是要借古喻今，他必须要让宋则久按照自己的思路走。

第二天，大家如约来到包公湖。童长荣、南汉宸、宋则久、王舒沿湖一路徐行。

宋则久：童先生，向你请教一个问题。

童长荣：不敢，您请。

宋则久：戏曲舞台上包公的形象都是黑脸。你是他的家乡人，他真有那么黑吗？

童长荣：据我所知，恰恰相反，真实的包公是个风度翩翩的白面书生。

宋则久：啊，这我还是头一次听说。那为什么在舞台上就变成了黑脸包公了呢？老百姓要是知道了，包公那么多的传奇故事，刚正不阿，秉公断案的形象不也就成假的了。

童长荣：不，恰恰相反，黑脸的包公形象正是老百姓塑造出来的，黑脸铁面，这才是老百姓心中的渴望，包公戏中，其实有很多事并不是包公本人做的，但是老百姓愿意把这些故事加到包公身上，这反映了数千年来不平等的封建制度下老百姓的情感需求，体现了老百姓呼唤廉吏，呼唤良善制度，呼唤清明社会的理想愿望。

宋则久慨叹，听童先生一席话，茅塞顿开。童长荣谦虚，个人愚见，见笑，在宋老面前班门弄斧了。宋则久见这个年轻人伸缩有度，绵里藏针，又不事张扬，更加喜爱，他频频点头。

南汉宸指指远处的一片房屋，那边就是包公祠。童长荣提议去参拜包公大人。宋则久忍不住牢骚，看什么，已经年久失修，进去就让人生气。童长荣反问，包大人是老百姓心目中的第一清官，现在荒废在那里，这说明了什么？

宋则久明白了童长荣用意，在这个混乱的世道里，为了各自的利益，连年战乱，老百姓生灵涂炭，谁还会在乎包公祠呢？

宋则久望着童长荣，对南汉宸说，我能看得出来，我与童先生第一次是不期

而遇,这第二次可谓是童先生的精心安排,今天是借古喻今。我虽然年事已高,再愚钝我也猜出了个七七八八。童先生,你有什么事找我,尽管开口,能办的尽量办,办不到也别怪我。

童长荣一路铺陈,终见端倪,他要的就是这个梗,赶忙朝宋则久鞠躬,宋老果然是大智慧,大彻大悟之人,晚辈肚子拐里的一点小心事都瞒不住你。我还真有事求您。

宋则久盯着童长荣:直说吧。

南汉宸则在一旁装样,啊,童先生原来是有求宋老,你们说私话,我们不便听,到一边等你们。

南汉宸拉着王舒准备朝前面走。

宋则久哈哈大笑,南厅长,你也别给我做夹子了,我们一块听。

童长荣不好意思地笑了:宋老,事情是这样子的,我有一些朋友,被胡乱地当作政治犯抓进去了,其实他们都是清白的。

南厅长:实话实说吧,童先生之前跟我说过,有些人我还是了解的,确实不是共产党。

宋则久:是共产党又怎样?我看共产党还真是为国家为人民做事。现在国民党容不得共产党,也容不得冯玉祥。蒋冯大战,整个中原遭殃,生灵涂炭,受苦受难的是穷苦人,他们还有日子过吗?

童长荣:没想到宋老审时度势,是非曲直,洞若观火,不仅是大智慧,果为天人。

宋则久望着童长荣,挥挥手,去去去,别给我戴高帽子了。南厅长,你们的意思我也都清楚了,这样吧,我会指示政治犯清理委员会,把握一个原则,凭卷宗说话,证据确凿,已经判刑的,我无法更改。秉持一个观点,疑罪从无,一律排除,还不行吗?

童长荣诚恳地说,宋老,你也许在想,童长荣这小子不地道,算计到您老头上来了。不过,我可以明确地跟您说,我的老家在安徽枞阳,这些人里面没有一个人是我的亲属,更没有一个人与我有政治、经济和社会利益关联者。

宋则久：童长荣，你个小童长荣，鬼精鬼精的童长荣，如果我没有猜错的话，你的衣兜里已经揣好了名单，是不是？

童长荣：宋老心如明镜，什么都瞒不住。

童长荣从口袋里掏出一张纸，双手恭敬地递给宋则久，宋则久展开，看见纸上密密麻麻地满满一张纸。

宋则久眉毛一皱：这么多？

童长荣想着宋则久既然有了态度，他也就顾不了许多，就涎着脸说，多是多了点，确实是不好意思拿出来，不过宋老您打听打听，那个姓蔡的监狱长和高等法院的一帮狗官，制造冤案，勒索钱财的最简单的方法就是给人按上一个共产党罪名。他的恶名开封上下无人不晓。要说多，那也是贪官恶吏制造的冤假错案，可跟开封第一监狱里关押的几千号人比，这不就是个零头吗？宋老，您说是不是这个理呢。

宋则久盯住童长荣说，我不想知道你具有什么样的身份，不过你说出来的理由总是让我无法反驳，你是个值得信赖的人，我乐意为你办事。

童长荣这时不失时机地抱住了宋则久，宋老，我很惭愧，也不知天高地厚，给您添麻烦了。

宋则久大笑，要说麻烦，确实是个麻烦，不过嘛，这个麻烦还是我讨来的。

大家都禁不住笑了起来。

上海仁济医院诊室里，赵瑞昱正在给病人看病。老郭也挂了个号，走到诊室门口，在门外和病人一起排队等候。赵瑞昱开好处方，递给病人，耐心地医嘱，病人表示听明白了，谢过赵瑞昱后，离开诊室。医护助理喊着下一个。

老郭拿着挂号单，走到赵瑞昱跟前坐下。

赵瑞昱抬头望着老郭：你哪里不舒服？

老郭瞧瞧四周，轻声地：童长荣让我来找你。

赵瑞昱点点头：啊，你请说。

老郭掏出一张纸递给赵瑞昱：他想请您帮助买些药。

赵瑞昱接过来,见上面写着云南白药,麝香虎骨膏,消炎药……开出的数量还比较多。

老郭解释着:他是替朋友买的,还请您保密,尤其叮嘱不要被你弟弟发现了。

赵瑞昱神情严肃起来,对门口喊号的助理说,我到药房去一下,暂停一下诊视,又对老郭小声说,请跟我来。

赵瑞昱心里清楚,童长荣救过赵瑞麟两次性命,现在又是生死之敌。为了弟弟的安全,她求过弟弟,也求过童长荣。现在童长荣找她办事,她不仅要办好,而且还要办得绝密安全。

赵瑞昱带着老郭下楼,径直走进了药房。药房的负责人是个女的,平素和赵瑞昱关系就很好,见面寒暄之后,就将单子递了过来,说是一个朋友要的。

那个女的看了一下,皱了一下眉头,这么多?而且有些药是限制数量的。赵瑞昱说,我不管,你给我配齐,还要给我绝对保密。那个女的说了,为了你我可真是要豁出去了,你得请我吃饭。赵瑞昱说,请你十次都可以。那个女的很快抓好了药,装了满满一大袋子。老郭要付钱,被赵瑞昱拦住了,说童长荣是我的朋友,难得为他做点事,账记在我的头上。老郭说不行,这可不是一笔小钱,赵瑞昱说她一人生活,正愁着钱花不掉呢。

事有不巧,偏偏在这个时候,赵瑞麟到医院来找赵瑞昱,到了诊室,助理说赵医生到一楼药房去了。赵瑞麟转身来到一楼药房门口,见姐姐带着一个陌生人在里面买了满满一大袋药,有些疑惑,就走了进来。又看见两人为付钱的事在客气。

赵瑞麟并未上心,从背后喊着姐姐,问给谁买药?赵瑞昱一听是赵瑞麟的声音,吓了一大跳,脸色也变了,转过身支吾着,瑞麟,你吓我一跳,你怎么来了?然后催促老郭快走。老郭一听是赵瑞麟,也就不再客气,拎起药袋子说了声谢谢,就匆匆往外走着。

赵瑞麟发现姐姐神情不对,他抓起桌上的药品清单更发现不对劲,这么多的创伤药品,有的还是违禁药品,有的是需要开证明才能出售的。再一看笔迹,怎么这么熟悉,不错,是童长荣的笔迹!

赵瑞麟盯着赵瑞昱:姐,你为童长荣做事?

他转身往药房门外跑去,赵瑞昱追了上来,不顾一切死死抱住了赵瑞麟,不让他去追老郭。

赵瑞昱:瑞麟,我做的事,你别管,你给我省点事好不好!

赵瑞麟无奈,对着门口大喊:张龙,给我去追那个拿药的! 他跟童长荣有联系!

张龙听到赵瑞麟的喊叫,连忙带人往院子外跑去。老郭拎着药在街上奔跑,他刚拐进一条小巷,被李卫一把拉住,急促地告诉老郭,他是童长荣的朋友李卫,快走。因为事先童长荣有交代,老郭没有犹豫,跟着李卫跑过小巷子,拐到另一条街口,李卫拉开车门,老郭迅速上了车子。

李卫驾车在大街上奔跑,望着老郭手上抱着一大包药品。李卫疑惑地问,是不是童长荣生病了。

老郭摇摇头:不是,对不起,我不能告诉你具体的情况。

李卫:你拿着这一包药很危险,你要到哪里,我现在就送你走。

老郭有些犹豫不决,李卫对老郭说,请相信我,如果你要出城,那就要趁早,赵瑞麟的人会马上在汽车站、火车站布控,很危险。

老郭点点头,那就麻烦你了,送我到青浦去。

李卫开足马力,向城西一路狂奔,天渐渐黑了下来。

李卫侧身,老哥,怎么称呼你。老郭说,叫我老郭吧。

李卫:见到童长荣,替我向他问好。

老郭:我一定转达到。

李卫:告诉童长荣,卖药的事已经被赵瑞麟发现,卓蓝马上就会知道,他们应该判断出人已经不在上海,会加紧请求协查的,估计很快就会有结果,你们可要千万小心了。

老郭:谢谢你的提醒。

李卫将车子开到青浦一个渡口边,停下了车子。

李卫:老郭,我就只能送你到这里了,祝你一路平安。

老郭连声感谢。

夜色中,老郭戴上草帽,拎着麻袋沿着江堤往前走去。河中许许多多的船只。

李卫调转车头往回开,边开边琢磨,立刻判断出,老郭到青浦,必定是北上无疑,买这么多药品,应该是用在用过刑的人身上,不是去山东就是到河南。但肯定不是在河北、天津,因为那里离北京近,用不着舍近求远。

赵瑞麟回到了办公室,拿着单子仔细看着,云南白药、虎骨膏、消炎药……这么多的量,而且是童长荣亲自开的。

张龙:看来是童长荣委托那个人找赵医生的。

赵瑞麟:童长荣利用我姐姐害怕的心理,竟然肆无忌惮地直接去找她。

张龙:昱姐没有说什么吗?

赵瑞麟:她一个字都不肯说,还在求我不要与童长荣为敌。

张龙:这些药物主要是用来治疗内伤和外伤的,应该是用在一些动过刑的刑犯身上。

赵瑞麟:罗栗文、童长荣,还有那个王舒多长时间没有露面了?

张龙:罗栗文差不多有一年时间,童长荣得有半年了,那个王舒上次在大华纱厂消失后,也有两个月的时间。

赵瑞麟:我明白了,童长荣所谓的受到党内处理,意志消沉,清净自己完全就是个幌子,只有一个解释,这些人全被共产党派到了外地。

张龙点点头:这样就解释通了,之前的一切全是迷魂阵。

赵瑞麟命令张龙,在汽车站火车站严加搜查,发现有类似模样的人或携带这些药物的人,立刻抓捕。

卓蓝晚上值班,没有回去,她坐在办公室里,倍感无聊落寞。忽然听见院内一阵骚动,她站起来往楼下看去,只见张龙吆五喝六地安排人员上车,迅速离开大院。

卓蓝见赵瑞麟办公室里还亮着灯,来到赵瑞麟办公室。

卓蓝站在门口:赵科长又有行动了?

赵瑞麟:你没发现童长荣的踪迹?

卓蓝:这不是来向你请教吗?

赵瑞麟从桌上拿起那张纸,递给卓蓝。

赵瑞麟:你看看,这是童长荣的字吗?

卓蓝看了看:是啊,从哪来的?

赵瑞麟:从我姐姐那来的。童长荣居然托人找我姐姐买了这么多的药物。

卓蓝:他要这么多药物干什么? 他受伤了?

赵瑞麟:不是他受伤了,应该是买给监狱里的囚犯的。

卓蓝:为什么不是共产党江西根据地的?

赵瑞麟摇摇头:那就绝不是小批量的,应该有纱布绷带,这显然不是。

卓蓝:这么说,童长荣早已不在上海了。

赵瑞麟:可以肯定,罗栗文、童长荣、王舒早已离开上海了。

卓蓝:那个买药的人呢?

赵瑞麟:跑了。

卓蓝:我明白了,你们去布控抓这个人。需要我做什么?

赵瑞麟:你去找我姐姐,她什么都不肯跟我说,也许你能问出点什么。

卓蓝:看来呀,我们真的需要合作。

卓蓝终于从赵瑞麟这里得到了关于童长荣的一点消息,她立刻开车来到仁济医院。

她了解,赵瑞昱孤身一人,平时吃住在医院,果然到了寝室门口,门虚掩着,赵瑞昱在桌前看书,她敲了一下门,赵瑞昱抬起头,见是卓蓝,心里明白,一定是为童长荣的事来的。

赵瑞昱放下书,淡淡地:啊,卓蓝,这么晚了,你还来找我,有事?

卓蓝:昱姐,走,我们到外面去说话。

两人来到小花园里。

赵瑞昱:童长荣找我就办了这么一件事,你们这 44 号是怎么了,把我当敌人了?

卓蓝:昱姐,你误会了。

赵瑞昱:说真的,我从内心很感激童长荣,他在赵瑞麟危难时还是仗义的,没有落井下石,我好不容易有了一次帮忙的机会,没想到还办了坏事。

卓蓝:昱姐,我只想了解童长荣的下落,并不是要抓他。

赵瑞昱:很对不起,那个买药的人没说他在哪里,我也不可能去问童长荣在哪里。

卓蓝:是不是他本人受伤了? 我很关心这个。

赵瑞昱:这我倒是问了,不是他本人。说是替朋友买的。

卓蓝:这个卖药的人是什么地方的口音,是上海人还是外地人,是南方人还是北方人,上江人还是下江人?

赵瑞昱:童长荣说过,要替他保密,我不能出卖了他,无论是你,还是赵瑞麟,我不会再多说一句话。你们如果认为我是在包庇共产党,你们可以把我抓起来。再见。

赵瑞昱转身离去,走进医院。卓蓝愣在那里,无奈只得上车回去。

张龙带人在车站码头渡口查了个遍,没有发现买药人的踪迹。第二天一上班,卓蓝走进赵瑞麟的办公室,两手一摊,说我去找了昱姐,昱姐可是一个字都不肯说。

赵瑞麟紧盯着墙上的地图:卓蓝,你觉得罗栗文、童长荣、王舒三人会跑到什么地方去了?

卓蓝望着地图:南京、安庆、杭州可能性不大,北上的可能性较大。

赵瑞麟盯住了河南:那么去河南的可能性最大。

卓蓝:说说理由。

赵瑞麟:中共河南省委在中原大战前后,遭到了毁灭性的打击,从内部通报的情况看,整个河南逮捕了几百名共产党员。罗栗文、童长荣深得中共信赖,极有可能是去补这个破渔网去了,童长荣买这么多药,有两种可能,一种是部分共产党已经被他营救出狱,另外一种可能是将这些药物送进监狱。

卓蓝:有道理。

赵瑞麟:张龙,立即给开封发电报,请求协查罗栗文、童长荣、王舒的下落。

卓蓝:赵瑞麟,我建议,这次行动,我们联合进行,我们有着共同的目的,你想抓到罗栗文、童长荣,而我只想找到童长荣。

赵瑞麟:我很乐意与你合作。

开封。小河边。王舒站在渡口边,一条小船渐渐靠岸。老郭从船上走了下来。

王舒接过麻袋:老郭,你一路颠簸,辛苦了。

老郭:是的,火车、汽车不敢坐,只有坐船在运河里慢慢走,不是辛苦,关键是费时间。

王舒说,终于平安回来了,长荣书记一直在担心呢。让我到渡口接了好几次,可把你给盼回来了。

童长荣见到老郭,也见到了药,非常高兴。

老郭接过王舒递过来的一碗水,一口气喝了下去,放下碗,对童长荣说,周部长看了巡视报告,非常满意巡视工作,对这么快就恢复了河南的地方组织予以了充分的肯定。我也汇报了营救的计划,周部长完全赞同,并要求我们务必精心谋划,胆大心细,确保百无一失。

老郭又对童长荣说,药虽然如数拿到了,赵医生也没让我出钱。不过,还是出了纰漏,赵医生带我在药房取药时,她的弟弟赵瑞麟突然出现在我们身后,我拿了药,急匆匆地往楼下走,看见赵瑞麟冲出药房,被赵医生死死地抱住了。赵瑞麟喊人追我,幸亏你说的那个李卫及时出现,送我到青浦才得以脱身,不过一个最大的疏忽就是你开的那张纸条可能已经落到赵瑞麟的手里了。

童长荣点点头,说这班人的嗅觉很灵敏,他们将很快判断出我们的行踪。我们必须做好应对措施。老郭,辛苦了,赶快弄点吃的,早点休息。

童长荣吩咐王舒,立即将这些药品交给谢副监,并设法安全保管好,使用好。王舒正准备离开,童长荣又交代王舒,鉴于目前卓蓝和赵瑞麟有可能追踪过来,我们的营救工作要尽量提前,我这就去找南厅长和宋厅长,你办完事后,到清理

政治犯委员会办公地点与我会合。

王舒点点头,拎着药袋走了出去。童长荣追了出来,又一再叮嘱,这批药品很金贵,让谢副监妥善保管好,每天零发,这样不易被发现。

王舒头也不回地:知道了。

药品很快交到了谢副监手上,谢副监将药揣在口袋里,走进牢房巡查,乘人不注意,从怀里掏出一个纸袋扔了进去,安子文连忙用衣服盖住。谢副监往前走到尽头,再折返回来,路过门口时,他轻轻地说,计划有可能要提前,你们做好准备。

安子文点点头,谢副监目不斜视地走了过去。安子文从地上抓起衣服,从纸袋里掏出了云南白药、膏药和消炎药。

罗栗文:这些东西只有在上海才能搞得到,外面的同志辛苦了。

雷晋笙:快,将药膏给老罗贴上。

小安撕开封皮,将药膏贴在了罗栗文的腰上。

罗栗文:快,给老任搽消炎药。

安子文给任作民的受伤处涂药膏,又让他服了云南白药。

罗栗文:云南白药是个好东西,内外伤都治。

任作民:老雷,你的伤势也不轻,也要吃。

雷晋笙:我们要趁不再拷打用刑时,把身体养好了,出去了就能工作。

罗栗文:这两天请大家保持高度警觉,我们不能给外面的同志带来麻烦。这药是有气味的,尤其是药膏,大家要小心又小心。

政治犯清理委员会办公室是临时借用的一个独院,前后几进。人员进进出出,各处屋内堆着许多档案,屋里的工作人员都在审阅档案。一个清理负责人员抱着一摞档案走进宋则久办公室。

清理负责人:这是监狱刚送来的补充档案材料。

宋则久:好,你放在这吧。啊,你告诉他们,把有问题的档案材料都送到我这儿来,没有问题或者证据不足的可以归档了,听着,不要在鸡蛋里挑骨头,一律遵循疑罪从无的原则,这样你们的工作量就大大减轻了。

清理负责人:好的,弟兄们确实眼睛都看花了,这个工作量太大了。

清理负责人走后,宋则久再次打开了罗栗文(易云)、任作民(张德富)和雷晋笙夫妇和安子文的卷宗,认真地看着。

这时,南汉宸来到门口,清理负责人:这不是南主任吗?

南汉宸:我来找宋厅长有个事。

清理负责人:好的,我这就去喊宋厅长。

宋则久走了出来。

宋则久:南厅长,你怎么来了?

南汉宸:童先生很客气,说你这些天辛苦,这都快到傍晚了,到了该吃饭的时候了。

童长荣走了过来:宋老,我怕打扰您,只好站得远远地。

宋则久:哎呀,工作量大得惊人啦,走,吃饭去。

酒桌上,童长荣站起来敬酒:宋老,您都这年纪了,还在和青年人一起拼,要多注意身体了。

宋则久:我要最后把关签字啊,不在现场怎么行? 我知道,你们这是在催我了。

南汉宸:名单上那些人的情况怎么样?

宋则久:能放则放,下午监狱送来一摞材料,都是证人证言,我看了一下,无外乎翻供和重新调查记录。其中就涉及名单上的一些人。既然有新的材料,那就把旧材料剔除,放进新材料吧。

童长荣:宋老,我刚刚得到一个消息,上海中央俱乐部的人和开封警察局恐怕想来造事。

宋则久:我是河南省政府任命的清理委员会主任,是他们说了算还是我说了算?

南汉宸:童先生的意思就是防止夜长梦多,您分个轻重缓急,把那一批重要朋友先做个结论,能放就提前放了。

宋则久:那就是走程序,最快也要到后天。

南汉宸:童先生,我们一起来敬宋先生。

三人的酒杯碰在了一起。

宋则久坐下来说,名单上前两个人,一个叫易云,一个叫张德富,从目前档案材料看,虽然做了一些技术性处理,可是仍然脱离不了共产党嫌疑,他们不同意释放,我算了一下羁押时间,建议高等法院判刑一年,羁押时间和刑期相抵,这次一并释放,他们给了我面子,你们看这样处理行不行。别的没有影响,就是这个人一生有个刑期在身上。

童长荣笑了,宋老,您考虑得太细了,我敢保证,我的朋友绝不会因为在国民党政府法院判了刑,会产生心理上的阴影。王舒和南汉宸也笑了。

杨飞同意卓蓝和赵瑞麟联合行动,到河南省府开封追寻罗栗文、童长荣、王舒踪迹。他们各自带着李卫、张龙从上海站上了火车。卓蓝和赵瑞麟走进包厢。李卫、张龙在外面。包厢内,两人相对而坐。

赵瑞麟:卓蓝,我可丑话说在前头,这次去开封,我们必须齐心协力,你可不能跟我耍另一套。

卓蓝:赵瑞麟,你这话什么意思?从东京到上海,我卓蓝什么事给你扯后腿了?在童长荣的问题上,只是我们的计划不同造成的分歧罢了,现在我们的目标一致,你不认为是这样吗?

赵瑞麟:卓蓝,这些年,我们之间磕磕碰碰,我很无奈,也很伤心。原本我们之间很亲密很友好,都被这个童长荣搞了个支离破碎,一地鸡毛。

卓蓝不认可赵瑞麟的说法,反问赵瑞麟,难道你不认为他是一个很优秀的男人吗?

赵瑞麟不以为然,我的卓小姐,他是死心塌地的共产党。我承认他有着过人的才华,可他真的无法成为我们的人,我知道你爱恋着他,可这是不现实的。卓蓝,我奉劝你一句,把心收回来吧。你不应该忽视我的存在。

卓蓝咬着嘴唇,苦笑,眼里有了泪水:我恨死他了!

赵瑞麟说,从心里恨他这就对了,不要对这个人抱有任何幻想,这些年,在童长荣的问题上,你是情感大于理智,但愿你能回头。

卓蓝闭上了眼睛:我对他那么好,他却在欺骗我!

卓蓝任泪水流淌。赵瑞麟不失时机地递上手帕替她擦拭,卓蓝抑制不住地伏进赵瑞麟的怀中痛哭,赵瑞麟紧紧地抱住了卓蓝。

张龙和李卫站在外面,两人都拿眼偷偷地看着卓蓝和赵瑞麟抱在一起。张龙把门悄悄地关上。

火车鸣笛在夜色中行进。卓蓝冷静了一下,从赵瑞麟怀里抽身出来,整理了一下衣裳,似乎冷静了下来。

赵瑞麟心里想,卓蓝现在痛恨童长荣是发自内心的,他需要卓蓝的共识,这样才能形成合力。他问卓蓝,抓住了童长荣,你打算如何处理?卓蓝被赵瑞麟问住了,她有些惶惑,不知道该怎么回答。她反问赵瑞麟,你打算怎么处置?赵瑞麟说,卓蓝,我绝不做违背你心愿的事情,你想怎么处置就怎么处置。卓蓝叹了口气,那要等抓到他再说吧,我发誓,不会轻饶他的!

童长荣判定赵瑞麟或者卓蓝会来开封,为预防万一,提前做了预案。谢副监传出消息,有两个便衣自称是受中央俱乐部的委托,到监狱了解有没有关押罗栗文、童长荣、王舒这三个人,还要谢副监提供犯人花名册,足足查了一上午。童长荣更加确信,44号的人即将要来开封,他连夜召开相关人员会议,进行部署。

王舒和谷滋生一连两天带人在火车站进行蹲守,远远地观察着。终于发现几个不明身份的人在站外恭候着,还有开封大金台旅馆的接站人手持大金台的广告灯笼在一旁候立。

客流中,王舒果然看见卓蓝、赵瑞麟、张龙、李卫的身影出现,朝出站口走来。几个便衣连忙迎了上去,一一握手,然后引导着一行人走到两辆轿车前,四个人分成两辆车离开。

王舒让谷滋生带人赶往大金台酒店监视,自己上了一辆人力车,赶回来向童长荣报告。

王舒:果不其然,他们已到开封,住进了大金台酒店。看样子卓蓝、赵瑞麟是联合行动,张龙、李卫也来了。

童长荣喃喃自语：上海的金门大酒店，开封的大金台酒店，真是巧了。

他站在屋里思索了一会，交代王舒，今晚通宵监视这个酒店，并设法和李卫联系上。

王舒说，我这就去酒店和谷滋生会合。出门时，童长荣向他耳语，面授机宜，王舒不住地点头。

王舒来到大金台旅馆前面的小树林里，与谷滋生带的两个人会合。

谷滋生对王舒说，酒店里有我们的人，刚才过来报告说，他们都住在 3 楼，女的住在 307，另一个住在 309，那两个跟班的一个房间，在 301。

王舒数了一下三楼的房间，确认了大体的位置。王舒问，李卫的模样跟里面的人交代清楚了吗？

谷滋生说交代清楚了，个子高的叫张龙，个子矮一点的叫李卫。

王舒又问，他们现在在做什么？

谷滋生答，刚吃完饭，进了三楼侧房会议室，他们正在开会。

王舒让谷滋生通知里面的人，设法联系上李卫，我在 301 的墙根下。

谷滋生点点头，对身边的一个小伙子耳语，小伙子佯装在小树林里撒尿，一边提裤子，一边朝酒店走去。

会议室里。卓蓝和赵瑞麟望着对面坐的两个开封本地便衣。张龙和李卫在一旁站立。

赵瑞麟：说说这里的情况。

中山装中年：据我们掌握到的情况，开封第一监狱确实关押了 300 多个政治犯，其中 200 多人有共产党嫌疑，韩主席主政河南后，要清理在押政治犯，现正在做甄别工作。

赵瑞麟：清理政治犯，谁在负责？

西装青年：有个政治犯清理委员会，工商厅宋则久厅长担任清理委员会主任。你们传来的这三个人的名单，我们到监狱里进行了摸排，没有发现这三个人的名字。

卓蓝：监狱里没有，那监狱外呢，有没有发现这三个人的踪影？

赵瑞麟将罗栗文、童长荣、王舒的照片放到桌上,两人拿起来交换着看着,他们自己也无法确认。

赵瑞麟:明天,我们要到政治犯审查委员会和监狱去看看。

西装青年和中山装中年连忙点头,好的好的。

赵瑞麟站了起来,今晚就到这里吧。西装青年和中山装中年哈着腰说,几位长官一路劳顿,早点休息,两个人走出了会议室。

赵瑞麟在琢磨,清理政治犯? 卓蓝,你闻到鱼腥味了吧,我完全可以断定,童长荣就在开封。

卓蓝:赵瑞麟,不过,我得提醒你一句,这些年,你用尽了心机,什么时候赢过他了?

赵瑞麟:你什么意思?

卓蓝:我是提醒你,即便是童长荣在这里,你能把他怎么样? 我们能想到并且追到了开封,他就有可能比我们往后面多想两步,说不定啊,我们的一举一动都在他的掌控之中,是否给我们做好了套子都很难说。

赵瑞麟:你的提醒不无道理。

卓蓝:我的意见是,我们的重点是找人,而不是监狱里的政治犯,关也好,放也好,与我们没有关系。我建议不去政治犯清理委员会。重点围绕那些药物展开调查,查这些药物是否在监狱里出现过,出现在谁的身上,也许就能找出线索。

赵瑞麟:有道理。

四人走出会议室。李卫落在最后面,拿钥匙锁门的人与李卫擦身而过时,将一个纸条塞进了李卫的手里。拿钥匙的人关上门,锁上了门就走了。

张龙和李卫分别把卓蓝和赵瑞麟送回房间后,这才回到 301 房间。

李卫对张龙说,这晚上吃了什么东西,好像要闹肚子了。

李卫捂着肚子进了卫生间,关上门坐在马桶上,他打开了纸条,上面写道:墙根下有人等信息。

李卫站起来,从卫生间的小窗户往下看着,发现有个人蹲在墙根下,仔细一看,是王舒。李卫从口袋里掏出钢笔,在纸条上写着:明早去监狱查药。他将纸

条塞进钢笔套子里拧上,从窗户扔了下去,李卫看见王舒捡起了钢笔站起来离开了。

这个信息很快传到谢副监这里,晚上,谢副监带着一个狱警立即赶到了男监区,打开了罗栗文的牢房,对罗栗文说,有人举报你在放风时发表激进言论,给我带走,关你三天禁闭。

狱警将罗栗文拽了起来带了出去。

谢副监指着屋里的几个人:你们都给我听好了,老实点。

临走,丢下一张纸条,安子文捡起来,上面写着:上海来人调查药物,请处理。

罗栗文身上有伤,贴了药膏,味道大,重要的是卓蓝和赵瑞麟都来了,必须要把罗栗文藏好。罗栗文走后,安子文反复嗅着牢房里是否闻到药的气味,大家都不能肯定,似乎有,似乎又没有,接着检查伤口,任作民身上的伤口已经愈合,但有药物痕迹,安子文抓起地上的灰,在结痂处擦着。云南白药他们是口服下去的,应该没有问题,为了确保不被怀疑,安子文将尿桶打翻在地,顿时尿液流了一地,牢房里臊气熏天。他们笑了,这下什么味都盖住了。

第二天上午,谢副监坐在办公室里翻阅档案材料。两个便衣带着卓蓝、赵瑞麟走了进来。

西装青年:谢副监,这是上海中央俱乐部的赵科长、卓蓝小姐,来调查一起案件。

谢副监站了起来:哟,怎么不提前通知一下? 有失远迎,得罪了。

中山装中年:赵科长特地不让打招呼的。

谢副监:好好,我们监狱是河南省模范监狱,随时随地都一样,请二位长官视察指导。

赵瑞麟的鼻子翕动了一下:怎么有股膏药味?

卓蓝也嗅了一下,望着谢副监。李卫和张龙对望了一下。

谢副监不慌不忙:哪里,昨天放风时,那些个狱霸不省事,相互不服气打了起来,我带人去抓他们,胳膊上挨了他们几拳,当时就肿了,找了一副膏药贴上了。他将起了胳膊给他们看着。

赵瑞麟:这膏药是什么牌子的呀？管用吗？我的腰也不太好。

谢副监不慌不忙地从抽屉里拿出一个空盒子,递给赵瑞麟。

赵瑞麟:同仁堂的,好药啊。

同仁堂是北京的老字号,谢副监要让来人确认这副药膏与上海医院里开出来的药物无关。

卓蓝:请你带我们到监区去看看。

谢副监:欢迎二位长官来检查指导工作,你们想要看什么?

赵瑞麟:我们只看政治犯监区。

卓蓝、赵瑞麟一行在谢副警的陪同下,走进监区。赵瑞麟让狱警逐个打开铁门,张龙和李卫对每个人身上进行检查,用鼻子嗅着,查看身上的伤痕。一连检查了几个监室,没有发现可疑之处。

一行人走到任作民、雷晋笙、安子文监室,狱警打开。张龙和李卫刚刚走进来,立刻捂住了鼻子。

安子文:对不起,我们不小心,打翻了尿桶。

张龙、李卫在三人身上检查了一遍,还是没有发现异常。

赵瑞麟:这屋里怎么就三个人?

谢副监:这是最后一个监室,就剩这一张空床了,我正在伤脑筋呢,要是再有人来,就没地方住了。

赵瑞麟和卓蓝互相看了看。卓蓝摇了摇头。他们在监狱里搜查了半天,一无所获。

三十三

卓蓝、赵瑞麟带着李卫、张龙回到大金台酒店,赵瑞麟总感到这监狱里有些不对劲的地方,去监狱调查药品,偏偏这个谢副监办公室里就闻到了药味,他似乎早有准备,从容不迫撩开衣服,让他们查验。检查政治犯监室,他在一旁作答应对,滴水不漏,找不出任何毛病。

卓蓝也有一个疑惑,问当地两个便衣:这个监狱怎么是副监狱长出面接待,监狱长去哪里了?

西装青年连忙解释,啊,情况是这样的。这个监狱的一把手姓蔡,据我们了解,最近家里出了点事,一直在家里陪伴家人,这个监狱是谢副监当家。

赵瑞麟沉吟,监狱长家里出了事,什么事?

中山装中年说,好像是儿子和小舅子被人绑架了。

赵瑞麟警觉起来:绑架了? 是什么人干的?

中山装中年:不知道,监狱长没有报警,我们也感到很奇怪。

西装青年:我倒是听到一些传言,说是共产党干的。目的是胁迫他对监狱里的共产党放一马。

赵瑞麟挥挥手,两个便衣走了出去。赵瑞麟嘴里默念着,清理政治犯,监狱长的儿子和小舅子被绑架,对共产党放一马,监狱里有300多个政治犯,200多个共产党嫌疑人,即使里面没有罗栗文、童长荣、王舒,这事情的本身就很严重,这些能进号子里的共产党可都不是等闲之辈,这200多个共产党要是放出来了,可就不得了。

卓蓝认为,如果童长荣在外面策划指挥越狱行动,他就有足够的智慧和行动能力来运作这件事情。

赵瑞麟对卓蓝说,我们这就去蔡监狱长家了解情况。

一个星期过去了,儿子和小舅子杳无音信,蔡监狱长坐在家里唉声叹气,后厢房里传来嘤嘤的哭声,他无限烦躁。正在这时候,管家送来了一封信,说是刚刚在门口发现的。

蔡监连忙打开,只见上面写道:到龙亭湖塔下有事商量,走漏了风声,本人承担后果。

蔡监连忙将信封揣进了口袋,对管家说,我出去一趟。管家有些不放心,想陪他一起去,蔡监连忙摆手,不要你陪,跟任何人都不要说我到哪里去了。管家只好站在那,默默地望着蔡监走出了屋子,行色匆匆地往大街上走去。

蔡监刚走,卓蓝和赵瑞麟就到了蔡监家。卓蓝、赵瑞麟带着张龙、李卫和两个便衣走进了院子。管家迎了出来。

管家：各位先生有事吗？

西装青年：这是上海来的长官，要找蔡监。

管家：我们主人不在家。

中山装中年：到哪里去了？

管家支吾着：主人说出去办个事，没说到什么地方去了。

卓蓝：走了大约多长时间了？

管家：我也没有注意，说不好。

说完，他就拿起扫把在院内扫地，弄得尘土飞扬，这明显是下逐客令。他们只好出了院子。

赵瑞麟愈觉蹊跷，这管家吞吞吐吐，神情高度紧张，刻意回避，故意打扫院子赶人走，种种迹象都表明这个蔡监已经受到了胁迫。找到这个监狱长，那就有了胁迫人的线索，假如这背后是童长荣，赵瑞麟想到这里有些亢奋，连忙吩咐张龙、李卫和两个便衣沿街打听蔡监的行踪轨迹。

卓蓝不以为意，赵瑞麟问为什么。卓蓝说如果此事不是童长荣所为，我们这就是狗拿耗子多管闲事；如果是童长荣所为，可以肯定地说，我们现在正走入他布下的迷魂阵。卓蓝此话一出，仿佛是在赵瑞麟的伤疤上又捅了一刀，他恼羞成怒，对着卓蓝吼叫着，人总有犯错的时候，我赵瑞麟绝不会在同一个地方犯同样的错误。卓蓝淡淡一笑，那好，但愿我的担心不会发生。

话虽这么说，可是赵瑞麟倒是先不自信起来了，他甚至有点怀疑自己的判断，绑架行为好像不是童长荣的手法，他不大做这些偷鸡摸狗的事。卓蓝和赵瑞麟在街上漫无目的地行走着，心里又在想，童长荣有时也会不循常理出牌，让你摸不着他的规律。

赵瑞麟攥着拳头，对着卓蓝发着狠，我就不相信，我斗不过童长荣，一定要把他抓住，关进监狱，然后以胜利者的姿态出现在他的面前，我会自豪地向他宣布，你是个失败者！卓蓝，你帮我想想，童长荣会是什么表情？

卓蓝望着赵瑞麟的一副滑稽神态，一番痴人说梦般的呓语，笑得直不起腰

来,半蹲在地上,连眼泪都笑出来了。赵瑞麟见卓蓝如此地笑话自己,心里万分难过,他望着卓蓝,一字一顿地说,卓蓝,你从骨子里就瞧不起我。

卓蓝敛住笑容对赵瑞麟说,我只是笑了,什么都没说。赵瑞麟对卓蓝说,你心里就是这么说的。卓蓝说,我心里也没这么想。赵瑞麟望着卓蓝,如果这真的是童长荣布下的迷魂阵,我们还是这么执着地往里面钻,正如你说的,最后还是以失败告终,你会怎么看我?一定是更加瞧不起我了。

卓蓝没想到在开封的大街上,赵瑞麟变得如此脆弱。卓蓝上前拍拍赵瑞麟的肩膀,轻声地安慰,赵瑞麟,我没有看不起你,说真的,你很有才能,也有事业心,可是谁让你今生遇到了一个童长荣呢!童长荣不仅是你,也是我这辈子命中注定的一个坎。

赵瑞麟听了卓蓝这句话,内心很感动,也敞开了心扉,对卓蓝说,看到你那么爱着童长荣,作为一个男人,我很嫉妒,恨不得早一天把他抓到,让他消失在这个世界。可有时想想,你爱上他确实有 100 个理由。

卓蓝打断了赵瑞麟的话,你说这些还有意义吗?我告诉你,我现在只有 100 个恨他的理由。赵瑞麟温情地望着卓蓝,似乎此时此刻,两颗心在慢慢靠近。

李卫、张龙和两个便衣跑回来报告,说一路沿街打听,还真把蔡监的行踪搞清楚了,他一路小跑往龙亭湖方向去了。

卓蓝、赵瑞麟一行立即驱车往湖边赶去。

蔡监气喘吁吁地来到湖边的塔下,定了定神,塔后面转出来两个人,其中一个戴草帽的人问道:你是蔡监狱长吗?

蔡监狱长点着头:我是。我儿子和小舅子怎么样了?

戴草帽的:他们都很好。

蔡监狱长可怜兮兮地:我能见见他们吗?

戴草帽的:在山里面,路还很远,你想去看看吗?

蔡监求之不得,在两人面前表态,从今往后,保证不再与共产党为敌。戴草帽的说,那就跟我们走吧。蔡监向两人连连作揖,跟着上了小船,小船向湖中心驶去。

卓蓝和赵瑞麟带着两辆车赶到湖边,没有发现蔡监的人影,只看见偌大的湖面上,有条小船已经远去。

这是童长荣的计划安排,就是要在营救行动过程中,将蔡监狱长和监狱隔离开。下一步就是要设法将卓蓝和赵瑞麟调离开封,确保营救顺利进行,他做出了立即回上海的决定。

他和王舒赶到了开封火车站,买了两张票,登上了去上海的火车。第二天,童长荣和王舒大摇大摆地走进了金门大酒店,在咖啡厅里选了一处显要位置,悠闲地喝着咖啡。

44号的两个便衣突然发现了目标,他们既兴奋又紧张,慢慢地溜到一个桌前坐下,偷听童长荣和王舒的谈话,并偷偷地录音、拍照。

童长荣和王舒的照片和谈话录音送到了杨飞的办公桌上。

杨飞仔细查看童长荣和王舒的照片,听着他俩的对话。

王舒:童长荣,你可终于现身了,我这几个月找你都找疯了。

童长荣:这几个月,我犹如炼狱一般,总算想通了,现在我感到一阵轻松,彻底解脱了。

杨飞望着照片:不错,正是童长荣和王舒。你们干得很好,发现得也很及时,我要对你们两个进行嘉奖。

两个便衣:谢谢杨主任。

杨飞:给我打电报到开封,告诉卓蓝、赵瑞麟,童长荣、王舒在上海,让他们速回。

两个便衣领命走了。

开封大金台旅馆的房间里。赵瑞麟、卓蓝、张龙和李卫聚在一起开会。

赵瑞麟:根据汇总的情况,我有理由判断,那个谢副监绝对有问题,共产党派人绑架了蔡监的儿子和小舅子,是干什么?为的是让他不能正常工作。这个监狱就由姓谢的来掌控了。我敢断定,童长荣现在正躲在某个角落里,利用清理政治犯的机会,让共产党名正言顺地走出这个监狱。你有没有发现,最后一个监室少了一个人,那会是谁?说不定就是罗栗文。

卓蓝：我关心的是童长荣在哪里。

赵瑞麟：围绕这个监狱做文章，一切都会水落石出的。明天，我们双管齐下，先到政治犯清理委员会去，核对每个人的照片，再到那个监狱彻底搜查，包括重刑犯室和禁闭室。

卓蓝：好呀好呀，我们现在都听你的指挥。

外面传来敲门声，张龙开门。西装青年、中山装中年拿着一份电报走了进来。

西装青年：这是杨主任刚刚发来的电报，要你们速回上海。

赵瑞麟：什么，让我们回上海？

他将信将疑地接过电报，抽出里边的电报稿，卓蓝凑过来看。

赵瑞麟轻轻念着：童长荣、王舒在上海出现，速回。

赵瑞麟懵了，一下子瘫倒在沙发上，半天回不过神来。李卫、张龙和两个便衣看看气氛不对，悄悄地离开了房间。

赵瑞麟失神地抬起头，喃喃地，我有点明白了，这是童长荣的调虎离山的做法，利用了我的姐姐，一路设计，成功地将我们的视线引向了河南。毫无疑问，他最近在上海必有大的活动，他才会这样做。

卓蓝对赵瑞麟说，等等，假如不是这样呢。我同意童长荣调虎离山的做法，假如是把我们调出开封呢。你说哪个可能性大？

赵瑞麟站了起来，说电报上写得明明白白，人就在上海，不管怎么说，我们先回去再说。

卓蓝立即喊来李卫和张龙，吩咐结账买票回上海。赵瑞麟嘱咐两个便衣继续看住开封第一监狱。

卓蓝、赵瑞麟一行匆匆赶回上海。童长荣和王舒接到了开封市委的电报，这一班人已经离开了开封。童长荣和王舒又马不停蹄地到了上海火车站，上了去开封的火车。

卓蓝和赵瑞麟下了火车，立即回到44号，走进了杨飞办公室，赵瑞麟和卓蓝反复翻看照片，确认无疑。

杨飞打开了录音,卓蓝和赵瑞麟仔细地听着。

童长荣的声音:我是看在罗书记多年的情义上,你找了我,我才答应帮他的。我知道罗书记现在不好意思见我。我也不想见了,见了又能说些什么呢?

王舒的声音:你也不能怪罗书记对你不信任,他帮你进行了多次申诉说明,可你是主动放弃了申诉的机会。

童长荣的声音:不说这些了,罗书记怎么样?

王舒的声音:罗书记他们几个人在南京监狱里被关了半年,好在没有暴露身份,现在通过关系被保了出来,已经回来了,估计有内伤,时不时咯血。你要不要去看看他?

童长荣:我给他搞了药,也算是尽了心意了。至于见面,以后看心情再说吧。

王舒:唉,本来还想请赵医生看看,现在这个路也走不通了。

杨飞关上录音设备。

卓蓝:也就是说,这三人都在上海。

杨飞:罗栗文确实是离开了上海,人不是在开封,而是在南京,他是共产党的江苏省委书记,到南京从事活动这是很正常的,只可惜,这个信息晚了一步,人已经放了出来。

赵瑞麟:谈话里,童长荣与共产党组织产生了裂痕,这符合逻辑。

杨飞:卓小姐,你怎么看?

卓蓝:童长荣、王舒在上海,这是事实。但是,我总觉得不踏实,童长荣说过,小骗子用谎言,大骗子用事实。假如这是童长荣是用铁的事实制造弥天大谎,瞒天过海呢。

赵瑞麟:童长荣是说过这样的话,而且付诸行动,屡试不爽。但是,假如这就是事实呢?

卓蓝望着赵瑞麟:看来赵科长是准备放弃开封了,不过我凭直觉的直觉,总感觉到开封有他的影子。

杨飞:这样,你们不用争论,也不要钻牛角尖。童长荣既然不再神隐了,你就能找到他,跟踪那个王舒,寻找罗栗文的下落。

卓蓝和赵瑞麟离开了杨飞办公室。

开封。政治犯清理委员会办公室里,宋则久将一大摞材料归到一边,他深深地吸了口气,开始在一串名单上签下了自己的名字。

站在一旁的清理负责人:宋主任,这些档案和名单可以送到监狱了吗?

宋则久点点头:去交给监狱吧。

谢副监拿到了名单,在放风时通知第三监区男女政治犯在操场上集合。

最后一个监室里,安子文扶着罗栗文,雷晋笙扶起任作民,四人随着人流,来到操场排队。女犯们隔着一个铁丝网,也在排队集合。

谢副监拿着一个文件夹,来到了台子上。狱警站在四周警戒。

谢副监打开文件夹:听好了,听到自己的名字,走到前面的空地上来。易云、张德富、雷晋笙、安子文……

安子文和雷晋笙搀着罗栗文、任作民走到空地上。谢副监的嘴巴不停地念着,不停地有人聚到他们四人旁边。

谢副监开始宣布:易云,经审查委员会审查未发现是共产党重要负责人证据,此前高等法院已经判处有期徒刑一年,不予撤销。刑期与羁押时间一致,予以释放。

张德富是同样的理由。雷晋笙属于错抓,安子文属于激进青年……

铁丝网这边,一个女狱警同样拿着文件夹在念名单:李馥清、叶秀梅、张爱芳、刘巧莲……

女狱警的嘴巴不停地动着,女犯聚到李馥清身边。

红衣服女人和蓝衣服女人站在原地哭了起来:为什么没有我们?

女狱警:你们诬告他人,现在不予释放,需要重新立案审查。

两人崩溃,呼天抢地,我们没有诬告,他们就是共产党的大官。

女狱警:他们是不是共产党,是清理委员会说了算,不是你说了算。给我听好了,把没有念到名字的押回监室。

几个女狱警把不予释放的女犯押走了,那两个女人哭哭啼啼,边走边揩眼泪。

女狱警开始对李馥清和即将释放的20几个女犯训话：你们给我听好了，根据河南省政治犯清理委员会审查，你们当中，有的属于年轻无知，上当受骗；有的属于错抓错捕；有的属于道德品行问题。现在我宣布予以释放，希望你们出去恪守妇道，不要和共产党搅在一起，听见了没有？

李馥清带着大家：听见了。

男犯这边，谢副监训话：希望你们出去后，不要再做些偷鸡摸狗为人不齿之事，更不要参与共产党的活动，听到了没有？

大家齐声应答：听到了。

谢副监：你们可以走了。

狱警让开了通道，罗栗文、任作民、雷晋笙、安子文走在前面，带着一群人朝监狱大门口走来，与李馥清带着20来个伤痕累累、衣衫不整的女犯汇合在一起，大家见面之后，显得激动，罗栗文回头望着浩浩荡荡的队伍，露出了欣慰的笑容，他们平安地走出了监狱的大门，实现了童长荣最初的预想目标。

监狱大门口，西装青年和中山装中年密切注视出来的人，他们把目光停在了罗栗文身上。

西装青年大喊：这人就是罗栗文，抓住他！

中山装中年举起了枪：共产党要犯，别让他逃了。

几个随从赶过来想抓罗栗文，雷晋笙、安子文带人一哄而上，将他们团团围住，挥拳一顿乱打。等西装青年和中山装中年衣衫不整艰难地爬起来的时候，监狱门口已经不见犯人踪迹，只有几个手下横七竖八地躺在地上。

山区的一座小村庄路口，童长荣和王舒翘首以待，终于看见一辆马车在崎岖山路上走了过来，童长荣和王舒跑了过去，与罗栗文拥抱。

罗栗文：长荣同志，你了不起，这回是上演了一场胜利大出狱，我们一下子出来200多个同志啊，你立了大功！

童长荣：罗书记，中央交给了我任务，假如完不成，我怎么交代呢？

王舒：罗书记，长荣背地里跟我说，这些日子里，心里像压着一块大石头。既要想着里面，还要防着外面赵瑞麟、卓蓝这一班人，可以说是步步惊心，好在结局圆满。

童长荣和王舒搀扶着罗栗文走进屋里，大娘笑盈盈地端出一碗鸡汤递给罗栗文，罗栗文对着大娘说，太谢谢你了。

大娘：罗书记，谢什么，你们能平安出来，真是天大的喜事呢。

童长荣：罗书记，这次河南巡视和营救工作是在周部长的直接指挥下进行的。巡视组一行三人，已经把各地的组织重新恢复和发展起来了，包括市郊的这个组织，所以特地将您安排在这里休养一段时间。

罗栗文很关心出狱的其他同志的安排。童长荣请罗栗文放心，省委的其他同志都有专人负责。王舒补充说道，长荣还专门成立了救济委员会，筹集了相当一笔资金，对刚出狱的同志提供生活补助，经费已经委托所在支部提前发放了，不必担心生活上的问题。

罗栗文满意地望着自己的部下，想得周到，工作做得细，做得实，让出狱的同志倍感组织的温暖。

王舒突然想到一个问题，问童长荣，那个蔡监的儿子、小舅子怎么处理？

童长荣说，把他们放了，我们得说话算数，下次说不定还要用到人家呢。

王舒说好的，马上让山区游击队的同志放人。

童长荣这才关切地问起罗栗文腰伤情况，罗栗文告诉童长荣，你从上海搞来的药可是发挥大作用了，现在好多了。

童长荣：就是因为这药，差点捅了大娄子，老郭被盯上了，卓蓝和赵瑞麟追到了开封。

罗栗文点点头：我从监狱出来的时候，被便衣认出来了，好在人多，一哄而上，才得以脱身。估计呀，赵瑞麟、卓蓝会很快得到信息的。

童长荣决定，和王舒迅速赶回上海，向周部长汇报营救情况，继续与卓蓝和赵瑞麟周旋。

罗栗文拉着童长荣的手，反复叮嘱，一定要注意安全。

环龙路 44 号赵瑞麟办公室里，机要员送来电报稿，赵瑞麟打开一看，大惊失色，释放的政治犯人员中有罗栗文，真的是上了童长荣的当了。

张龙：这么说，罗栗文不是在南京被捕，而是在开封？

赵瑞麟：童长荣调虎离山，硬是把我们骗了回来！

张龙：看来卓小姐的预感和判断是正确的。

赵瑞麟：再到开封，我要查个究竟！

赵瑞麟带着张龙迅速赶到开封第一监狱档案室。蔡监狱长和谢副监在旁边陪着，西装青年和中山装中年脸上伤痕累累，站在门口。档案员将一摞档案递到赵瑞麟的手上，赵瑞麟翻阅，他打开了一份写着"易云"名字的档案，罗栗文的照片赫然出现在面前。赵瑞麟露出了阴森森的眼神。

张龙凑过来一看，这张照片就是罗栗文。

赵瑞麟又拿起"张德富"的档案，这个人他也熟悉，不叫张德富，叫任作民，曾经在上海共产党中央做秘书兼会计，共产党中央搬到武汉后，他是总书记办公室的负责人。他有个堂弟，叫任弼时，在安庆监狱待过，在上海监狱待过，刚刚放出来。

他对着蔡监狱长、谢副监吼叫着：这是犯罪，这是犯罪！你们知道吗？共产党的重要人物居然就这么堂而皇之大摇大摆地走出了监狱！

蔡监狱长打着官腔：赵科长，对不起，我们监狱只负责关人放人，这个人有无问题那是政治犯清理委员会的事。

谢副监：赵科长，这里每个人的档案里都有清理委员会的红戳子，你说我们是犯罪，这个锅我们不背。

赵瑞麟将这一摞材料重重地掷到桌子上，他气急败坏地走出了档案室，张龙和两个便衣跟着走了出去。蔡监狱长和谢副监走到门口。

蔡监狱长望着赵瑞麟一行的背影：慢走不送了。

回到楼上，谢副监对蔡监说，公子和小舅子都安然无恙了，真是老天保佑。

蔡监对谢副监感激不尽，表示要在共和餐厅大摆宴席，让谢副监带上弟兄

们,喝个痛快。

赵瑞麟离开监狱,让两个便衣带他到政治犯清理委员会去。

西装青年报告,那个委员会已经撤销,人员也已疏散。

赵瑞麟高声说,宋则久有通共嫌疑,我要把他抓起来。

中山装中年劝道,这里可不是上海,那个宋则久连韩复榘都要忌惮他三分,他让赵瑞麟细想一下,就应该明白,清理政治犯和工商厅没有半毛钱关系,这就明显有拉拢之意,你说他放错了人,他会理睬你吗?

赵瑞麟无处发泄,半天没有声音。

在回来的火车上,赵瑞麟望着窗外眼神呆滞,整个人似乎已经木了,一种挫败感和失望情绪浮在脸上。

张龙望着赵瑞麟,察言观色,投其所好,希望对赵瑞麟能有所安慰。试探着说,我觉得这事嘛,也有好的一面,那就是对卓蓝小姐是个教训。不过,让人欣慰的是,卓蓝小姐已经对童长荣不抱任何希望了。赵科长,回去之后,可以找卓蓝小姐多谈谈心,譬如多一点关心。

赵瑞麟眼睛一瞪:你小子在想什么呢?

张龙吓了一跳,不敢出声了。好一会儿,赵瑞麟才对张龙说,你懂个屁,女人一旦要是爱上一个人,就是十头牛也是拉不回来的。你别看她现在对童长荣恨得要死,可是见面之后,那小子花言巧语一哄,就什么都忘了。

张龙说,那就灭了童长荣,让卓小姐断了这个念想。这些年,我们都把光阴浪费在他的身上了。

童长荣带着王舒秘密潜回上海,向周恩来部长汇报了河南的情况,得到了周部长的高度赞扬,恢复了河南的党组织,还一次救出了 200 多名共产党员,其中有许多是党久经考验,有重要职务的领导同志。

回来的路上,童长荣想着周部长的交代,"左翼作家联盟"成立在即,他还要再关注落实一下。

童长荣来到了阿英家,沈端先正好也在。

阿英见到童长荣,说好一阵子没见到童书记了。童长荣对大家抱拳,这阵子,有点事耽搁了,实在抱歉,你们辛苦了。

沈端先向童长荣报告和阿英参加公菲咖啡馆会议的情况,会上通过了"左联"成立的日期和地点、常委和执委名单、议程以及鲁迅先生的主旨讲话。

童长荣觉得很遗憾,筹委会重要会议未能参加,不过他表示服从文委的决定。

沈端先:会上,文委领导让我转告你,日期确定在下月初,地点定在中华艺术大学,请你务必参加。

童长荣:成立大会我是要参加的,不过我会以普通成员的身份参加。

阿英:童书记是甘当幕后英雄啊。

沈端先:童书记是重要领导,我觉得这样也挺好。

离开阿英家,童长荣走进了一个小巷,与王舒会合。王舒告诉童长荣,他已经和李卫见面了,童长荣点点头。

王舒笑着说,卓蓝见到了你,不咬你几下才怪。童长荣说,你忘了,我已经是走投无路之人,我需要人的同情,懂吗?王舒笑了,说我还听到一句话,叫男人不坏,女人不爱,童长荣啊童长荣,你不是一点点坏,是太坏了,就是个十足的大坏蛋。

童长荣摆摆手,在头里走了,王舒跟了上去。

李卫急速走进卓蓝的办公室,一脸兴奋的神态,卓蓝坐在办公桌前抬起了头,告诉我捡到什么宝贝了。

李卫:我见到王舒了,童长荣约你晚上吃饭。

卓蓝怔一下,内心像是被什么撞击了一下:他可终于冒泡了!

李卫:向你请示一下,要不要回绝他?

卓蓝:为什么要回绝?

李卫:你不是说,这辈子不想再见到童长荣了。

卓蓝指着李卫,你小子这是故意给我添堵是不是,我不是要见他,我是……我是要找他算账去,这回,你看我,我绝不会饶过他!

李卫故意又补了一刀,那还不是要去见他吗?卓蓝吼了一声,给我滚!李卫

转身走出办公室,又听到卓蓝在背后说了一句,在楼下车里等我,李卫说了一声是,捂着嘴忍不住笑着跑到了楼下,发动了车子。

不一会儿,卓蓝拎着包走出了大楼,李卫连忙出来,打开车门,卓蓝坐了进去,车子开出了44号院。张龙带人也上了车,远远地尾随在后面。

李卫的车开到了金门大酒店前停住,下车陪卓蓝走了进去。张龙的车子随后到了,手下跟着进了金门大酒店,在楼上楼下转了一圈,没有发现人,只好向张龙报告,他们从后门走了。

后面小巷里,李卫带着卓蓝穿过几条小巷,来到了一家小酒馆。李卫推开包厢,卓蓝看见一个真真切切的童长荣就坐在里面,还在朝自己微笑,卓蓝怒从胆边生,三步两步过来,一把揪住了童长荣的领子,朝童长荣脸上扇了一耳光。

卓蓝:童长荣,你在玩我是不是?

童长荣毫不客气地朝卓蓝的脸上回敬了一个耳光。

卓蓝被童长荣打懵了:你敢打我?

她将桌上的一杯水朝童长荣脸上泼去。童长荣顺势抓住了卓蓝的胳膊将她扭住。

童长荣:老子正好有怨气,不期来个送死的。

李卫连忙上前,将童长荣和卓蓝拉了开来。劝了半天,卓蓝一肚子的委屈,坐在桌前哭着,边哭边数落:童长荣,你连个畜生都不如! 你可是把我玩够了,你的心都叫狗吃了。你扪心自问,我对你怎么样? 我这么对待你,你对我全是谎言!

童长荣:你说说,我哪一句是谎言?

卓蓝止住哭,盯着童长荣:那好,我问你,罗栗文明明在开封,可你和王舒在金门大酒店编造谎言,说罗栗文在南京被捕了。

童长荣:我对你说过罗栗文在南京了吗?

卓蓝:你知道赵瑞麟的人在场,故意透露虚假消息,有录音为证。

童长荣:卓蓝,我告诉你,我在上海大门不出,二门不迈,外面的信息一概不知。王舒找到我,说要帮助买药,我就答应帮了一个忙。是王舒说罗栗文在南京的好不好。我要告诉你,现在就连王舒对我也不信任了。我落到了这步田地,你没有一点同情心,还在责怪我。

李卫在一旁劝慰:好不容易聚到了一起,好好说话,都是误会。我们是来吃饭的,不是来吵架的。我们边吃边聊,我来点菜。

卓蓝:告诉我,罗栗文在开封是怎么回事?

童长荣:罗栗文在开封被捕,我还是第一次听你说。我对他还有一肚子意见呢。

卓蓝:你没去开封?

童长荣:我去开封干嘛?

卓蓝:告诉我,你这几个月在什么地方?为什么消失得无影无踪?

童长荣:我不想再提。你们的人不是消息灵通吗?你去了解一下,我原本是中共沪中区委书记,现在在上海还有我的位置吗?

卓蓝:你真的被罗栗文处理了?那罗栗文怎么到河南当省委书记了?

童长荣:开始我是忍着,后来我不忍了,我就离开了,至于发生的人事变动,一概不知。现在就连王舒都不跟我说真话了,想来可悲呀。

卓蓝:那既然这样,你敢不敢跟我走?

童长荣:这就是我这几个月痛苦挣扎的原因。你不知道我这几个月是怎么过来的。

卓蓝:那你说给我听听。

童长荣:我给你讲个故事。在我们老家乡下水田的田后埂,生长着一些小螃蟹,它们总是在暴风雨到来前的闷热的傍晚开始脱壳,你明白我的意思吗?

卓蓝进入了遐思状态:可以想象,脱壳的过程是痛苦的。

童长荣:有一些小螃蟹经过痛苦的挣扎,脱掉了壳,获得了新生,有一部分用尽了最后的力气,也未能脱掉背负在自己身上的老壳,它最终只有一个结局——死亡。

李卫居然也听入了神:童长荣,你都让我进入了哲学的状态了。

都说女人是感性动物,童长荣几句话,就让卓蓝忘掉了自己的恨,她举起酒

杯碰了一下童长荣的酒杯:那你就是那小水沟里的螃蟹,你把共产党的这个壳子脱掉了没有?

童长荣摇摇头:后来我发现,脱与不脱是一个样,这个壳就是小螃蟹永远的背负,脱了,它还会长出来,这就是小螃蟹的结局,也是我童长荣的宿命。

卓蓝:你这么说,倒让我有点信你了。

童长荣此时沉浸在无限的痛苦中,他揪着自己的头发,我这几个月很难熬,也很糟糕,你知道吗?

卓蓝语气和缓下来:童长荣,还记得第一次见面的情形吗?我就说要把你带到上海来,那时的你,在我面前背诵《三民主义》《共产党宣言》,那么纯,那么真,你真的不该到上海来。我喜欢那时的你,不喜欢你现在的状态。

童长荣茫然无措地:可我们都回不去了。

卓蓝:你真是一只迷途的羔羊吗?不管是真的还是假的,可你这一刻的忧郁却又深深地打动了我。

童长荣:我现在就是荒原上迷途的羔羊。卓蓝,谢谢你这么多年的关心。请给我时间好吗?

卓蓝:童长荣,你这样才是我渴望的样子。

童长荣:不是你想的那样。万一有一天,我真的下决心跟你后面走。这么说吧,不管我是共产党还是国民党,赵瑞麟都要置我于死地。

卓蓝:童长荣,我把话撂在这,赵瑞麟要是再跟你过意不去,李卫听好了,我们就和他死磕到底。

李卫拍着胸脯:好的,这是一定的。

童长荣:现在,还有一层更深的痛苦,就是现在真是无法平静地生活下去,原本打算这几个月写点小说,可是一个字也没写出来。

卓蓝笑了:写不出来也没关系,我可以一辈子养活你。李卫,你不觉得伤感的男人很惹人怜爱吗?

李卫埋头吃菜,想笑又不敢笑。童长荣将一大杯酒倒进了嘴里。

童长荣一定不会演戏,可他会分析人的思想情绪,他把卓蓝的情感状态了解到了骨子里,以一个弱者的形象出现在卓蓝面前,击中了卓蓝心尖上最敏感最柔弱的神经,就连给卓蓝的一记耳光,他事先也做了预想,见面之后,卓蓝第一个动作,肯定是一个耳光,自己就应该毫不犹豫。

望着卓蓝脸上的手印,童长荣这时需要反过来抚慰,他站了起来,朝自己脸上打了一个耳光,接着去抚摸卓蓝的脸,卓蓝感动无比,她抓着童长荣的手在自己的脸上摩挲着,眼泪止不住线一样往下掉。

童长荣觉得此时更应该好言抚慰,一顿饭下来,两人和好如初。卓蓝更是感觉良好,因为童长荣给了她心理上的优势。

卓蓝将与童长荣会面的情况向杨飞做了汇报,认为童长荣被共产党和罗栗文抛弃是事实,罗栗文在河南被营救出狱与童长荣无关,完全是赵瑞麟的臆想。不过,对童长荣的工作是一个长期性的,她还将童长荣讲述的小螃蟹故事复述给杨飞听。杨飞对卓蓝说,争取人心的工作确实很难,并表示一如既往地支持卓蓝,他会跟赵瑞麟说,童长荣暂时不具有威胁性,要放一放,把精力放到更重要的工作上。

1930 年 3 月 2 日,中国左翼作家联盟大会在上海中华艺术大学成立,成为中国革命文学史上的丰碑,参与“左联”筹建的童长荣以一个普通成员的身份参加了成立大会,他坐在最后一排的位置。

童长荣回到上海没几天,中央鉴于童长荣在河南出色的工作,任命他为中共河南省委书记,罗栗文调回上海工作。

童长荣又遇上了新的难题,怎么去河南不被敌人发觉,罗书记又如何秘密潜回上海,也不能被敌人发觉,他需要好好谋划。

王舒也觉得这是个棘手的事,赵瑞麟已经丧心病狂,要置童长荣和罗栗文于死地。童长荣的所谓被共产党抛弃的失意说也许能骗得了情绪型的卓蓝,可骗不了赵瑞麟。

童长荣想了一晚上,对王舒说,我考虑了一着棋,让卓蓝和赵瑞麟斗起来。

王舒让童长荣说具体一点。童长荣的思路是,故意卖个破绽,让赵瑞麟、张龙来抓他,卓蓝和李卫势必要从中保护,赵瑞麟迁怒于卓蓝,卓蓝必然做出反击。

王舒认为这是一步险棋,太危险了,万一真的被赵瑞麟抓住了呢? 再说,卓蓝就真的为了你,愿意和赵瑞麟撕破脸皮吗?

童长荣:我已经做了铺垫,把卓蓝内心的小火苗点着了。你还记得吗? 卓蓝给我准备了一套新房,我还没有去住呢。我决定享受几天。然后在这个房子里,我要让赵瑞麟来抓我。

王舒还是摇摇头,这太危险了。

童长荣既然下了决心,就决定这么办,他让王舒去找李卫,把这个信息传递给他。王舒望着童长荣没有说话,童长荣加重了语气,听到了没有。王舒说听见了,明天就去联系李卫。

第二天,王舒找到了李卫,告知了童长荣的计划。李卫说我知道了,就开车回到了44号,径直来到赵瑞麟的办公室,在门口徘徊。

赵瑞麟看见了李卫,呵斥着,李卫,什么事这么鬼鬼祟祟的。李卫进了赵瑞麟的办公室。

赵瑞麟:李卫呀,这两年跟着卓蓝跟得很紧啊。

李卫:哪里,行动队进不来,就只好跟在卓小姐后面混了,看到弟兄们吃香的喝辣的,我看着眼馋呢。

赵瑞麟:你是有什么要告诉我的吗?

李卫:我想到行动队来。

赵瑞麟:为什么?

李卫:跟在卓小姐后面累死了。女人难伺候。

赵瑞麟:那好哇,我可以跟张龙说,看样子,你是带着投名状来的吧。

李卫轻轻地告诉赵瑞麟,说卓蓝和童长荣有个秘密住处,早就在那里秘密幽会了。

赵瑞麟:是吗?

李卫:他们在那里寻欢作乐,我还要给他们站岗放哨,整夜整夜的,我受不了啦。

赵瑞麟醋意顿生:这个臭女人,原来她早就倒进了童长荣的怀里,还假借争取为名,我要端掉这个淫窝。

李卫:可千万要给我保密,否则我就死定了。

赵瑞麟:李卫,你放心。我不但替你保密,对你还要重奖。

李卫:谢谢赵科长,那我走了。

按照李卫提供的住址,赵瑞麟和张龙很快找到了这个秘密住处。车子里,赵瑞麟拿起望远镜望着对面的花园洋楼。镜头拉近,果然发现了童长荣走到窗前看着花园里的景色。不一会儿,就看到了卓蓝的车子开到大铁门前,大铁门自动开了,卓蓝的车进去了,停在了院子里,卓蓝戴着墨镜下了车,四周看看,然后走上台阶,打开了房门,然后关上。

卓蓝走进屋里,童长荣正坐在桌前写东西。

卓蓝:在写什么呢?

童长荣:上次的《石屋寺小记》没写完,我想把它写完。

卓蓝:为什么叫石屋寺?

童长荣:老家有座大青山,大青山上有几块巨石,天然形成一个石屋,石屋里有座寺,故名石屋寺。

卓蓝放下东西:那倒是很有趣。过来,陪我说说话。

童长荣:行,陪你说说话。

童长荣将信纸翻了过来,只见那上面写着:卓蓝卓蓝我爱你……

卓蓝从酒柜里取出红酒倒上递给童长荣。

卓蓝晃动着酒杯:告诉我,我们相识几年了?

童长荣:我想想,6年了。

卓蓝:6年,你不觉得我们有太多值得回忆的东西吗?

童长荣:确实是。

卓蓝:你觉得有哪些?

童长荣望着卓蓝没有言语。他站起来走到窗子边。

童长荣:我想想,有幸福的回忆,也有争吵,还有回老家在安庆的尴尬。

卓蓝走到窗前,从后面抱住了童长荣。

对面的监控点。赵瑞麟望着卓蓝抱着童长荣。

赵瑞麟:这对狗男女!

张龙:现在就行动吗?

赵瑞麟:现在不行动还要等到什么时候?

屋内,卓蓝:我想往后,我们应该只有幸福,没有争吵,也不会有尴尬。我想告诉你一个消息,何局长已经为你的未婚妻在安庆找了一个对象,听说是省府财政厅的,家境殷实,何局长已经和何老爷子通过气了,他们准备在适当的时候就会跟你的未婚妻说起这件事。6年了,你的未婚妻可能要放弃对你的坚守了。

童长荣:是吗?

卓蓝:我想过了,我已经厌倦了44号的生活了,长荣,我们一起去国外吧。我们可以在那里享受一种无人打扰的生活,我们在海滩上晒日光浴,在铺满阳光的草地上散步,你可以读书写作,我不反对你一边喝着咖啡,一边读马克思的著作。你说说,我们是去美洲,还是去澳洲。

童长荣:这样的日子真是令人向往啊。

童长荣朝窗外瞅了一下,发现赵瑞麟、张龙带人猫着腰在花园外的矮墙下往小楼移动,他将卓蓝的身子转了过来。

童长荣:我想去洗个澡。

卓蓝在童长荣的脸上亲了一口:童长荣,我爱你。

童长荣将卓蓝拉到沙发上坐下,然后走进了浴室将门关上。浴室内,童长荣一边在浴缸里放水,一边掀开了浴缸上方的小窗。外面传来激烈的敲门声,童长荣从小窗里跳了出去。

赵瑞麟大声地:卓蓝,把童长荣交出来!

屋内的卓蓝取出一支冲锋枪,大喊:赵瑞麟,请你离开。

赵瑞麟:卓蓝,我警告你,请你立即把共产党童长荣交出来!否则,我就不客气了。

卓蓝:赵瑞麟,你今天要抓童长荣,我就跟你拼了。

赵瑞麟:卓蓝,今天要是不把童长荣交出来,我就连你一起以共产党要犯论处。

卓蓝照着大门就是一梭子子弹,外面的人连忙闪开。张龙朝门前扔了一颗手榴弹,轰的一声,门被炸开,卓蓝的冲锋枪猛烈地朝外射击。张龙手下两个人中弹倒了下去。

门前,赵瑞麟指挥用密集的火力压制屋内,张龙带人冲了进来,又有两个人在卓蓝的火力下倒了下去,张龙带人摁住了卓蓝。张龙和几个人在屋内搜索,并未看到童长荣。

赵瑞麟走了进来,望着浴室的门,他手一挥,几个人朝浴室射击,张龙踢开门,赵瑞麟探头一看,浴缸上的小窗开着,才发现童长荣已经逃走了。

赵瑞麟脸色铁青地来到客厅,望着被几个人架着的卓蓝。

赵瑞麟吼叫着:婊子!贱货!

卓蓝一口唾沫吐到赵瑞麟的脸上,赵瑞麟一巴掌打到卓蓝的脸上,卓蓝的嘴角漾出了鲜血。

赵瑞麟:给我带走!

张龙将卓蓝带离了屋子,赵瑞麟开始在屋内检查,看见桌上有纸和笔,走过来一看,上面写着:卓蓝卓蓝我爱你,长江波涛千万里,赵瑞麟啊也爱你,荒村野外一狗屎!

赵瑞麟将纸撕了粉碎,大叫着:给我仔细搜查!

卓蓝被关押在 44 号地下室里。杨飞对赵瑞麟有些恼火,事情怎么搞到如此境地,不是说将童长荣的事暂时放一放吗?

赵瑞麟叫了起来,卓蓝公然与童长荣同居,私藏共产党要犯,杨主任,你还要让我暂时放一放吗?

杨飞:赵瑞麟,你打算怎么处理卓蓝?

赵瑞麟气愤难平:她私藏并放跑了共产党要犯,还打死了两个行动队的人,打伤了两人,你说怎么处理?

杨飞:赵瑞麟啊,看来,你这次要和卓蓝鱼死网破了。

赵瑞麟:要不是卓蓝,我早就抓到了罗栗文、童长荣。什么争取?纯粹是她

的明修栈道暗度陈仓。杨主任,这个问题还用问吗?

杨飞:既然你恩断义绝,我也就不好说什么了。你全权处理吧。

童长荣和王舒一口气跑出了几条街,上了一辆黄包车,来到西郊野外一片小树林里,有一个人已经站在那里等待了。

王舒:长荣,我来介绍一下,这是陈原道同志,中央任命他担任河南省委组织部长兼省委秘书长,这次和你一起去河南。

陈原道握住童长荣的手,童书记,能在你的领导下,和你一起工作,我很荣幸。

童长荣说,周部长已经找我谈过了。老陈,你比我大5岁,今后的工作还要仰仗老哥呢。

陈原道摆摆手,哪里,周部长跟我说,童书记工作能力强,也充满智慧,我很有压力呀,工作要是做不好,你尽管批评。

童长荣诚恳地说,哪里,你在江苏省委是我的领导,也是任弼时书记的得力助手,工作非常出色,任书记恐怕舍不得放你吧。

陈原道说任书记要我转达对你的谢意,谢谢你救出了他的大哥任作民。不过,任书记也是刚刚出狱,现在还落下了头痛的毛病。

童长荣点点头,陈老哥,这次我们赴河南,重新组建省委,前途凶险,我们也要随时做好坐牢牺牲的准备。

陈原道:入党宣誓时,我就已经做好了这一切准备。

童长荣:好,那我们就迎接新的战斗吧。

王舒催促:你们快走吧。

他俩和王舒握手道别。王舒站在那里目送他们好远好远,心里想着,这回童长荣真的离开了,突然鼻子一酸,心里十分难过。

卓蓝被关在了地下禁闭室,女狱警将饭菜递了进来,卓蓝看了一下,将饭盆子一脚踢到地上。

卓蓝:赵瑞麟居然敢给我吃猪食,你把这臭狗屎给我叫来。

赵瑞麟从铁栅栏外走了进来。

卓蓝一腔怒火:赵瑞麟,臭狗屎,你敢关我! 我出去之后,不把你打成筛子我就不是卓蓝。

赵瑞麟:我的大小姐,你还能出得去吗?

卓蓝:你,你到底想怎么样?

赵瑞麟搬了一把椅子在铁门外坐了下来。

赵瑞麟:我想怎么样? 私藏共产党,又私放共产党,还打死打伤了我的兄弟,你说怎么办?

卓蓝:赵瑞麟,那是你自找的。

赵瑞麟笑了:我的卓大小姐,你现在是我的囚犯,你说了不算,我说了算。

卓蓝:你别坐在我面前,你就是臭狗屎,我看着恶心。

赵瑞麟:童长荣爱着你,长江波涛千万里,赵瑞麟也爱你,荒野村外一狗屎,押韵啊。

卓蓝:赵瑞麟,我就是爱童长荣,怎么样? 气死你! 为了爱,我可以为他死!

赵瑞麟:感人啦! 身陷囹圄,还是执迷不悟。我可以告诉你,这一切都是骗局,童长荣就是在利用你,你还这么痴情,你就是傻子一个。

卓蓝指着赵瑞麟:赵瑞麟,臭狗屎,不许你侮辱我的爱! 更不许你侮辱童长荣! 给我滚!

赵瑞麟站了起来:我的卓大小姐,我要是不让你在我面前低下头来,我都不姓赵。

卓蓝冷笑:哼,想要我在你面前低头,你这辈子都休想。

让赵瑞麟没有想到的是,卓蓝开始绝食,已经 3 天了。赵瑞麟没有了抓捕时发泄的快感,他在椅子上坐下来,神情漠然,一脸无奈,内心突然感到一股寒意。

张龙走了进来,有点担心地:赵科长,看样子,她是横下一条心,准备一条道走到黑了。要是出了人命,赵科长可要想好了因应的对策。

赵瑞麟:我不是让你给她开小灶了吗?

张龙:当天就换了伙食,还外加了牛奶、饮料,她动都没动。要不,赵科长,你

就去给她一个面子,假如人死在了这里,我们纵有一千条理由,也说不清楚了。

赵瑞麟:她想让我低头,这不可能。这样,你把李卫喊过来。

张龙连忙跑到门外:李卫!

李卫应声跑了进来:赵科长,您找我?

赵瑞麟朝他耳语,李卫不停地点头。

禁闭室里,卓蓝3天不吃不喝,已经是形容枯槁,精神全没了。躺在行军床上,迷离恍惚中,感觉是守卫打开门,然后离开,她也懒得睁眼看一下。李卫穿着大衣蹑手蹑脚地进来,推了推卓蓝。

李卫:卓小姐!

卓蓝歪过苍白的脸,望着李卫,眼泪下来了。

卓蓝:李卫,我不想活了。

李卫:卓小姐,那多没劲。我把这里的情况跟你爸爸和赵医生都说了,现在他们都在给赵瑞麟施加压力,你要是死了,那怎么能看见赵瑞麟向你低头呢,还有你爸爸多伤心啊。

卓蓝委屈地:我说过了,我不想吃这臭狗屎的东西。

李卫:对,坚决不吃他们的东西,不过我带来了东西。

李卫从大衣口袋里掏出鸡蛋,敞开了大衣,摸出一个军用水壶。

李卫:这里,我装了满满一壶牛奶。

李卫把卓蓝扶了起来,拧开盖子喂着卓蓝。卓蓝颤抖的手拖过水壶猛喝了几口。

卓蓝:我饿死了。

李卫剥了两个鸡蛋递给卓蓝:不着急,慢慢吃。

卓蓝吃了鸡蛋:我想喝水。

李卫又从另外一只口袋里掏出一只军用水壶,拧开盖子递给卓蓝,卓蓝喝了几口。

卓蓝:还有吃的吗?

李卫又从口袋里掏出了一个油纸包的烧鸡递给了卓蓝。卓蓝狼吞虎咽着。

李卫变魔术一样的又掏出一袋饼干等零食。

卓蓝望着李卫:你是怎么进来的?

李卫:我跟这管禁闭室的平时关系混得不错,给了他一点好处,就偷偷溜进来了。放心,我随时都能进来,饿不着你,要吃得饱饱的,好有力气跟赵瑞麟斗。跟他们怄气,死了还不如一条狗呢。

卓蓝点点头:李卫,好兄弟。谢谢你。

李卫:滴水之恩,当涌泉相报。我记着卓小姐对我的好。

卓蓝:童长荣跑到哪里去了?

李卫:不知道。只听说,赵瑞麟在前面强攻的时候,童长荣在浴室里跳窗逃跑了。

卓蓝:李卫,你知道吗?我这一辈子只爱过一个人,这个人就是童长荣,我可以为他死,你明白吗?

李卫:我跟你这么多年,我怎么不知道。

卓蓝哭了:我希望他平平安安的,我不想让赵瑞麟抓住他。

李卫:我长荣兄弟是什么人,十个杨飞、赵瑞麟加起来也抵不上他一个人,我要是个女人,也会爱上他的。

卓蓝望着李卫笑了,李卫也笑了。

三十四

罗栗文在开封市郊的小山村养伤,在大娘的悉心调养下,很快就恢复了健康,他在数着日子,希望组织上早点来人。

罗栗文终于盼到了,见到是童长荣带着陈原道来,他并不意外。

三人在门前的石凳上坐了下来,童长荣向罗栗文汇报,中央这次派我来接替你,陈老哥和我一起工作,担任省委组织部长兼秘书长。

大娘端来茶壶和水,他们停止了谈话。

童长荣:谢谢大娘,照顾罗书记辛苦了。

大娘：自己的同志，那还不是应该的吗？你们聊，我去做饭。

等大娘走后，罗栗文才说，长荣啊，你走后，我就估摸着中央会派你到河南来，果然是的，还给你配了老陈这么得力的助手。

童长荣：罗书记，我是这么想的，您呢，一边疗养，一边给我们做顾问，周部长说了，要让您扶上马，还要送一程。

罗栗文：你这是谦虚，你应该比我干得更出色。

童长荣：罗书记，在上海，我们一年可见不上几次面，这次，我不会让你轻易走的，也好让我有个为你服务的机会。

罗栗文：那好哇，我还和你住在一起。说说有什么打算。

童长荣：罗书记，向你汇报，我在路上和老陈商量了一下，准备将省委从开封迁到郑州去。

罗栗文点点头：好，这样好，一来开封是国民党省政府所在地，不利于我们开展工作，危险性也较大；二来郑州在主要铁道干线上，党组织基础好，工人党员觉悟高，便于组织武装。我赞成，长荣，当前的首要任务是搭好班子，带好队伍。

童长荣：罗书记，中央还决定让郑州市委的徐兰芝、开封市委的谷滋生进班子，稍后，中央再配一个军委书记。

罗栗文：我看这样挺好，中央考虑很周到。

陈原道：我明天就去城里，带着文印的同志赶到郑州，跟徐兰芝同志联系上，先找个窝，等安排好了，你们就过去。

罗栗文：我说嘛，老陈是个优秀的省委秘书长。

陈原道说：我会全力做好保障工作。

卓蓝被关进去后，卓荣丰整天长吁短叹。他心里知道，卓蓝这回闯了大祸，死伤了几个人，这个事情恐怕很难了掉。想来想去还是找赵瑞昱从中斡旋。

卓荣丰来到赵瑞昱办公室，见面就对赵瑞昱说，我这一辈子造的是哪门子孽呀。

赵瑞昱劝着，既然事情已经发生了，卓老，您别着急，赵瑞麟答应马上就来，先看看他什么态度,再作打算,您看好吗?

卓荣丰连声道谢,说是添麻烦了。赵瑞昱说,什么麻烦,这44号就是个大麻烦,出事都是迟早的事。

正说着,赵瑞麟匆匆走进了办公室。

卓荣丰:瑞麟啊,我知道卓蓝不好,你就看在我的面子上,高抬贵手吧。

赵瑞麟:卓叔,您听我解释。

赵瑞昱:赵瑞麟,有什么好解释的。你把人放了,不就完事了。

赵瑞麟:你说得轻巧,卓蓝打死了两个兄弟,还伤了两个,私藏私放共产党要犯,现在这件事杨飞已经报告给南京了,你就是借给我几个胆子,我也不敢放人啦。

赵瑞昱:赵瑞麟,我不止一次地求过你,不要跟童长荣作对,我说了冤家宜解不宜结,你怎么就听不进去呢?

赵瑞麟:童长荣是我这辈子的一个梗,我必须要迈过这个坎,否则,我赵瑞麟就没有活下去的价值。

赵瑞昱:赵瑞麟,你还要这么固执,从此我们就断了姐弟关系。

卓荣丰:对不起,不要怪瑞麟,都是我养了这么个不听话的女儿。唉!瑞麟,你们打算怎么处置她呢?

赵瑞麟:杨飞说了,人必须带到南京接受处置。我也没办法。

卓荣丰老泪纵横。

赵瑞昱:你给我滚!

赵瑞麟低头走出了房间。

卓荣丰长叹:这怎么办呢?

赵瑞昱:只有一个办法,您去找一下戴季陶。

卓荣丰:报纸上说他在杭州组织第一次全国运动会,人在杭州呢。

赵瑞昱:叔,对不起,我已经和他断绝了关系,我不能替您去了。

卓荣丰长叹一声,摆摆手,算了算了,听天由命吧,他颤巍巍地走了。赵瑞昱望着卓荣丰的背影,心里异常难受。

李卫悄悄溜进了禁闭室。卓蓝从床上爬起来,问李卫外面是什么情况。李卫悄悄告诉卓蓝,今天,杨飞把我找去了,说要把你送到南京去处理。

卓蓝想了想,问他为什么要告诉你这件事?

李卫还说杨飞让他做好准备,随时听候他的通知。卓蓝又问,杨飞是让你带人把我押解到南京去吗?李卫说不是,杨飞已经明确让赵瑞麟带着张龙押解你。卓蓝琢磨着,那杨飞要你做什么准备。李卫一笑,玄机就在这里。卓蓝立刻判定杨飞要利用这件事对赵瑞麟有所动作。卓蓝望着李卫,那你怎么准备呢?李卫对卓蓝说,卓小姐,我之前已经说过,这辈子我只认你和童长荣是我的生死兄弟,如果说要有什么准备,那就是随时可以为你们掉脑袋,在所不辞。

李卫朝卓蓝抱拳,你心里有个准备就行了,我走了。卓蓝望着李卫离开,内心非常感动。

陈原道带着省委机关的同志先期来到开封,找了一处幽静的院落,作为中共河南省委的秘密办公地点。

童长荣和罗栗文随后赶到郑州,安顿好之后,就召开省委会议。陈原道、徐兰芝、谷滋生参加,罗栗文列席。

童长荣发表讲话,同志们,今天中共河南省委在郑州召开第一次会议。我想说三层意思,第一,郑州是具有光荣革命传统的城市,经历过"二七"大罢工腥风血雨的洗礼,河南的党组织刚刚又遭受过国民党特务的破坏。野火烧不尽,春风吹又生,我们新组建的河南省委可谓是困难重重,我们要有披荆斩棘的精神;第二,我们要有信心,革命形势现在是一片大好,中央刚刚组建了鄂豫皖特区区委,特委书记你们都认识,就是和我一起巡视的老郭同志,并且中央还组建了鄂豫皖中国工农红军第一军,我们并不是在孤军奋战。还有一个信息要告诉大家,冯玉祥、张学良、李宗仁已经组成了讨蒋联军,蒋介石的亲信韩复榘准备从开封撤退,这都有利于我们开展工作。第三,我们的任务是,继续充实力量,做好党组织的恢复和发展工作,发动群众,组织群众,不断提高河南党组织的战斗力,迎接革命高潮的到来。

徐兰芝表态,童书记和老陈同志都曾留过洋,水平高,能力强。我是工人出身,没文化,希望你们多多帮助我。

谷滋生说,通过巡视和营救,我们都已经领略到长荣书记超强的能力和智慧,我们信赖你,你就带着我们干吧。

陈原道站起来表态,作为组织部长,我的任务就是协助童书记,把党的组织路线、思想路线深入贯彻好,落实好,强基固本,积蓄革命力量,作为秘书长,带好机关,全力保障省委的各项工作。

童长荣:好。罗书记,请你指示。

罗栗文:指示没有,要说的就是先检讨,因为我的疏忽,造成了这么大的损失。好在河南的组织这么快就恢复发展了,中央对河南的近期工作是充分肯定的,我也很欣慰。希望大家在长荣班长的带领下,心往一处想,劲往一处使。还有要提醒的事,河南各地暗探密布,大家一定要注意安全。

童长荣:谢谢罗书记的鼓励和提醒。会就开到这里,大家按照各自分工开展工作吧。

陈原道、徐兰芝、谷滋生走了出去。

罗栗文努力地站了起来,童长荣连忙扶住,罗栗文拍了拍童长荣的肩膀。

罗栗文:长荣,你担子不轻啊。

童长荣:是啊。革命哪有什么轻松的事。

罗栗文:长荣,我该回上海去了。

童长荣:罗书记,不是说好了,在这里休息一段时间吗?

罗栗文:我在这里待不住啊。一来中央对我的工作已经明确,负责全总的工作,事情得要我回去抓;二来你在这里的工作已经正常运转。我在这里,怕碍你的事,也怕你放不开手脚。

童长荣:老领导这话说到哪儿去了。

罗栗文:长荣啊,听我一句话,等河南的工作走上正轨后,我给你一个任务,抓紧时间回老家把婚事办了,坤宜姑娘可是等了你6年了。

童长荣笑了:谢谢老领导关心,就按您的意见办。

罗栗文:坤宜是个好姑娘啦,你可不能委屈了人家。

罗栗文一提到这事,童长荣这才突然意识到自己在外已经6年了,他回到了自己的房间,默默地从文件包里拿出了何坤宜的照片,想着老母亲已经风烛残年,内疚、牵挂还有担心一起涌上心头。上次卓蓝说过,有人开始张罗为坤宜在安庆找对象,他不知道是真是假,内心不免涌起一阵阵的酸楚。

枞阳,铁板洲何家。何坤宜在屋里收拾东西。

姐姐何坤秀:坤宜妹妹,你这是要上哪里去?

何坤宜捋了一下头发,淡淡地:我婆婆病了,我到枞阳上码头去住几天,等婆婆病好了,我就回来。

何坤秀:坤宜,我不准你再去童家。

何老爷坐在客厅里喝茶,听到姐妹俩在后房里说话,吴用贤给岳父倒水。

何坤宜:姐姐,我决定要做的事,任何人都别拦着我。

何坤秀:坤宜,今天姐姐也发个狠,就是不让你出这个门。

何坤宜:姐姐,你要是再拦着我,我可就不认你这个姐姐。

何坤秀:坤宜,实话跟你说吧,今个我和你姐夫就是为你的事回来的。何局长告诉你姐夫,已经为你在省财政厅找了个人。

何坤宜怔怔地望着何坤秀。

何坤秀:人不错,薪水又高,家境也好。

何坤宜:姐,你要是觉得不错,你就去嫁给他。

何坤秀大声地:你怎么跟姐姐这么说话呢,一家人都为你操碎了心。

何坤宜走到客厅:爸爸,姐夫,你们都别逼我,要是再逼我,我就跳到长河里,一了百了,你们就省心了。

何老爷嘴唇抖动着,手在发抖,突然倒在地上,不省人事。吴用贤、何坤秀连忙跑了过去,扶起何老爷。

何坤宜转身跑到父亲跟前,哭喊:爸爸,你醒醒。

吴用贤和何坤宜给何老爷捶胸抹背,何老爷微弱地睁开了眼睛,老泪纵横,他无力地摇头。

何坤宜哭着:爸爸,您别逼女儿的命。

何坤秀:你还有脸说这话,谁在逼谁的命!

三人将何老爷扶到床上躺下,何坤宜拉着何老爷的手。

何坤宜哭着:爸爸,你要给女儿有个转头的时间。

何坤秀愤愤不平:还给你时间? 六年了,还不够吗?

吴用贤:坤秀,你少说两句好不好!

待何老爷稍稍平复之后,吴用贤把何坤宜拉回房间,让她坐下。何坤宜抬起头说,姐夫,我知道,安庆那个何应和姓陆的整天在捣鼓这件事,你难道也要逼我不成? 吴用贤叹了口气,两手一摊,坤宜姨妹,你不知道,这事啊,南京的国民党中央秘书长陈立夫都已经插手了,你也不能怪人家,他们也是被逼得没法子,又过来逼我,威胁我说,做不通工作,就离开白鹤峰书堂回家。我倒不要紧,大不了不教这个书。

何坤宜听姐夫这么一说,真的是觉得无路可走了,眼泪不由得扑簌簌地往下掉。

吴用贤在何坤宜对面坐了下来,反过来劝慰何坤宜。姨妹,有些话,我一直闷在心里,不知道该不该说。

何坤宜揩揩眼泪,姐夫,你只管说,我能听得进去。

吴用贤叹了口气,那我就直说了,这童长荣也不知道在外面做些什么事,就是不见人影。姨妹,依我看,这个人你恐怕是指望不上了。再说干革命的人,有几个有好下场,大道理是这样,为追求真理而牺牲,可是到了一个家庭,那就是不能承受之重,这事,你得掂量掂量。即便是没有事情,可是再让你等个三年两载,你的光阴和青春就错过了。

何坤宜谢谢姐夫能和她说心里话,事已至此,再多说就是废话。她跟姐夫说,我想一个人冷静一下。吴用贤站起来,低头走出了房间,只听见何坤宜在屋里伤心地哭着。

吴用贤知道姨妹心里难受,走也不是,进来劝慰也不是,只好坐在庭院里的

石凳上,默默地望着小院子里的池塘唉声叹气。天阴阴的,空气有些潮湿,池中映着天井上方的一片云,似乎凝在水中。

好多一会儿,房间内渐渐没了声息,吴用贤正在疑惑之际,只听见身后轻轻的脚步声,吴用贤抬起头,发现何坤宜已经站在了自己的面前。他迟疑地站起来,望着姨妹的脸,像是消尽了悲哀,只听见何坤宜淡淡地说了一声,姐夫,你去告诉爸爸,我同意了,和童长荣解除婚约,嫁到安庆去,越快越好。说完,转过身,身子像片叶子,悠悠忽忽飘进了闺房。

吴用贤愣在院子里,半天回不过神来。

王舒来到了郑州,接罗栗文回上海。应该说罗栗文现在是回上海的最佳时机。童长荣急切地想知道,他离开上海后的情况。

王舒告诉罗栗文,童长荣的金蝉脱壳计现在起作用了。事情正向着童长荣设计的方向发展,卓蓝和赵瑞麟发生了内斗,卓蓝打死了赵瑞麟手下的两个人,伤了两个。赵瑞麟把卓蓝关了起来,现在成了烫手的山芋,卓蓝不低头,赵瑞麟关又关不得,放又放不得。杨飞早就对赵瑞麟在南京告他的状心存不满,说是让赵瑞麟全权处理,实际上是坐山观虎斗。他们已经有一段时间停止了搜索行动。

罗栗文点点头,说这不仅仅是金蝉脱壳计,这还是个离间计。长荣,你在上海的使命已经完成,现在可以正式摆脱卓蓝了。

童长荣:我就是这么想的,这才想出这么一招。最好的办法就是关押卓蓝三年两载,不知能否如愿。

王舒:人家对你不错,你就这么忍心?

童长荣:敌人就是敌人,对敌人的仁慈就是对自己的残忍。

罗栗文:卓蓝和赵瑞麟、杨飞有着本质的区别,她从客观上确实为我们做了许多有益的工作,将来嘛,等全国解放了,对她的定性,我们会酌情考虑的。

童长荣对罗栗文说,我完全赞成,在东京,她为国家是做了有益的工作的。凡是对国家有过贡献的人,我们不应忘记。

罗栗文望着童长荣点点头,拍拍童长荣的肩膀说,这些年,我是看着你的进步成长到逐步成熟,打心眼里高兴。中央对你是信任的,我们对你也是充满信心的,相信你一定会把河南的工作做好。童长荣感谢罗栗文的鼓励,一定不辜负老领导的期望。

王舒趁着夜色陪同罗栗文离开了小山村,秘密潜回了上海。

赵瑞麟处在一种极度的不安、矛盾和痛苦中,他在办公室犹豫了很久,还是鼓足勇气走进了杨飞的办公室。

赵瑞麟:杨主任,卓蓝真的要被押解到南京吗?

杨飞:赵科长,瞧你这话问的。卓蓝是你抓的,她犯了命案,我据实向南京报告,现在只能依法按程序处理了,现在你问这个话是什么意思?

赵瑞麟:我的意思是,能不能我们自己内部来处理这事,我不想把这件事搞大,再说卓家曾经有过贡献。

杨飞:你现在在我面前说这个话还有意义吗?

赵瑞麟:杨主任,我现在心里很痛苦。这些天,我在想,这是不是童长荣的又一个计谋。

杨飞:你还好意思说,你是想告诉我,你又上了童长荣的当了是吗?

赵瑞麟:古希腊哲学家说过,人不能两次踏进同一条河流,事物总是在发生变化的。事实证明,我的很多判断都是对的。

杨飞:可你那都是事后诸葛亮,有什么用?我已跟南京说过了,明天将卓蓝押解到南京去,赵科长,人是你抓的,还得你亲自押送。

赵瑞麟不愿意自己送卓蓝到南京,因为他已经无法面对卓蓝,他想回避这件事,推脱着说自己就不去了,让张龙带人送到南京了事。杨飞自然了解赵瑞麟的心事,对赵瑞麟说,张龙要去,你也要去,对你们俩还要做问讯笔录呢。

赵瑞麟情绪低落,杨飞劝慰着,尴尬和痛苦都是一时的,可你终于解脱了。

赵瑞麟步履沉重地走出了杨飞的房间,将张龙喊到自己的办公室,硬着头皮布置明天押解的事。

张龙离开房间后,赵瑞麟关上门,情绪坏到了极点,开始恨童长荣,接着恨卓

蓝,后来又恨杨飞,到最后开始恨自己,觉得自己很无耻,很卑鄙。与其说因了卓蓝,现在还不如说是自己作茧自缚。他怀疑自己,怀疑人生,甚至觉得活得毫无意义。晚上,他没有回去,就在办公室里,焦躁地走来走去,一会儿傻笑,一会儿痛哭流涕,猛烈地撕扯自己的头发,在自己的手臂上掐出道道血印,自残自己,一夜天亮,终于耗尽了气力,颓然地倒在地上,沉沉睡了过去。

恍惚中,有人在外面敲门,他惊醒过来,坐在地上。外面传来张龙的声音,说人已经押进囚车了。赵瑞麟终于下定了决心,既然没有了退路,就索性一不做二不休,他站了起来,镇定了一下自己,整理了一下衣服,横下了一条心,打开了门,随张龙下了楼梯,走进院子上了车子。

张龙启动了车子,后面的囚车缓缓启动,跟着出了44号院子。囚车里,卓蓝戴着手铐,旁边有两个看守看护。

车子很快出了城。卓蓝自上车后,一直闭目养神,不说一句话。大约走了大半行程,车子开始颠簸起来,摇晃着盘旋上山。卓蓝这才睁开眼望着铁窗外,道路两旁树林茂密,杂草丛生,她仔细地辨认,确认了这里就是李卫和她约好脱身的地方。

卓蓝懒懒地对看守说,我要方便。

看守让囚车停了下来,前面赵瑞麟的车子也跟着停了下来。囚车看守跑去向赵瑞麟报告,征得同意后,两个看守将卓蓝押下车子。卓蓝指了指手铐,看守犹豫地打开,卓蓝朝灌木丛里走去,两个看守跟在后面。

卓蓝呵斥,不要跟在我后面。我跑不掉!

卓蓝进了灌木丛,李卫突然出现,一把将卓蓝拉住闪到一棵大树后,另外的方向传来了两声枪响,两个看守倒了下去。山坡上又一排火力朝赵瑞麟的车子猛烈开火,车胎被打瘪,赵瑞麟和张龙连忙跳下车,一边进行还击,一边朝小树林方向跑来,刚到树林边,赵瑞麟胸部中弹,身子晃了一下,倒了下去。张龙一边还击,一边拖着赵瑞麟往车边退,他猫着身子打开车门,将赵瑞麟推了进去,慌忙发动车子,这才发现,车胎已经被打穿了。

灌木丛里,李卫拉着卓蓝往山下跑。山脚下的隐蔽处,停着一辆车,卓蓝和李卫奔向车子,李卫发动了车子,车子在山路上疾驰往回开,回到上海后,开进了一座单门独院的小楼前停下。李卫带着卓蓝走进屋里。

杨飞站了起来:卓蓝,你受委屈了。

卓蓝怔怔地望着杨飞:杨主任,谢谢了,可你怎么向南京交代呀。

杨飞:哈哈,我压根儿就没向南京报告,要交代什么呀?啊,李卫,辛苦了,这儿没你的事了。

李卫走出屋子,带上了门。

卓蓝:杨主任,我没搞明白,你为什么要救我?

杨飞:卓蓝,你没发现吗?我才是真正爱你的人。

卓蓝吃了一惊:杨主任,不会吧,我怎么感觉不到。

杨飞:真正爱你的人,是把爱藏在心底里的。卓蓝,打从认识你的第一天起,我就爱上了你。

卓蓝:杨主任,可我爱上了共产党童长荣,你不忌恨?

杨飞大笑:我很自信,因为童长荣不可能爱上你。

卓蓝:你想怎么样?

杨飞:我不同于赵瑞麟,他是个死心塌地的戴季陶主义者。我是个俗人,说白了,就是个机会主义者,也是个功利主义者。我冒这么大的风险来救你,我想你的父亲对我一定会非常感激。

卓蓝:既然说到这个分上,我会让我父亲付给你一大笔钱。

杨飞:谈钱,那就太俗了。我是个有事业心的人,我要做大华纱厂的女婿,和你将来共同经营大华纱厂,我们共同努力,把大华纱厂的生意做到全世界去。

卓蓝终于明白了杨飞的用心,她淡淡地一笑:听起来这主意不错。不过,你派人把赵瑞麟打成了重伤,你怎么跟赵瑞麟解释这件事?

杨飞:赵瑞麟无能,我还要处分他,让共产党童长荣劫了车,他是个要面子的人,在童长荣面前,他是屡战屡败,他会求我把这事淡化处理了。

卓蓝:杨主任,你真卑鄙!

杨飞:这不叫卑鄙,这叫我爱你。赵瑞麟心里爱你,可表面上又不敢,他也不

懂什么叫爱。什么叫爱,爱就是自私,爱就是在关键时刻不顾一切。我杨飞的表现怎么样?

卓蓝哈哈大笑起来:杨主任,你真是让我提升了境界。

杨飞:这么说吧,什么理想信念,童长荣和赵瑞麟都是受害者,死到临头都是不会拐弯的人,我杨飞就是个识时务的人。

卓蓝:杨主任了不起,不仅让我懂得了爱的真谛,还让我看透了人生。

杨飞:卓蓝,你现在哪里都不要去,安安静静地在我这里好好休息几天,我还得去把赵瑞麟这小子摆平了。

卓蓝:那就恭敬不如从命了。

张龙换了车胎,拼命将赵瑞麟送到仁济医院里。手术室外,张龙满身血污,衣衫不整。手术室内,赵瑞昱紧张地给赵瑞麟动手术。赵瑞麟双眼紧闭躺在病床上。赵瑞昱取出一颗子弹,扔在托盘里。

走廊里,杨飞走了过来,张龙连忙站起。

杨飞询问赵瑞麟的伤势怎么样,有没有生命危险。张龙报告,胸部中弹,好在不是致命的地方,还在手术室手术。接着张龙开始检讨,杨主任,卑职失职,遭人偷袭,卓蓝也跑了。

张龙低下了头,杨飞摆摆手,先不说这些了。

等了一会儿,手术室的门开了,赵瑞麟被推了出来。杨飞连忙站起。赵瑞昱跟着走了出来。

杨飞关心地问,瑞麟怎么样?伤势重不重?

赵瑞昱摘下口罩:一颗子弹离心脏只有一指的距离,总算保住了一条命。

杨飞:我会对这事一查到底,会将凶手绳之以法。

赵瑞昱:杨主任,我对你追查凶手不感兴趣,我只求你放了赵瑞麟,我不想让他在44号干了。

赵瑞昱在头里走了。杨飞觉得无趣,安慰了一下张龙,让他好好陪着赵瑞麟,就离开了。

卓蓝刚洗了个澡,穿着浴袍对着镜子梳头。门开了,杨飞吹着口哨走了进来。

卓蓝从镜子里看见杨飞手上拎着大包小包,卓蓝回过头嫣然一笑。

杨飞怔怔地望着卓蓝:什么叫刚出浴的美人,卓蓝,你的一个微笑,让我的心都化了。

卓蓝:还真没看出来,杨主任还是情种呢。我饿了,有什么好吃的东西?

杨飞打开纸包,烧鸡、卤水、各种小吃摆满了桌子。

卓蓝坐到了桌前。杨飞走到酒柜前取出一瓶酒,拿出了两个酒杯,卓蓝从镜子里注意到了杨飞的手抖动了一下,将白色粉末放进了酒杯里。杨飞端着酒杯递给了卓蓝。

卓蓝用手撕扯着鸡腿:杨主任,把纸巾递过来。

杨飞转身去取纸盒和毛巾,卓蓝乘机将酒杯换了过来。

卓蓝端起酒杯:谢谢杨主任。干杯!

杨飞端起酒杯,深情地望着卓蓝:这叫什么,这叫红酒和美女的缠绵。

卓蓝:杨主任不仅是人生导师,还能出口成诗,赵瑞麟我是看不上,童长荣有才有智,可他不懂爱情,今天我才发现杨主任才是理想中的男人。来干!

杨飞一饮而尽,凑到卓蓝面前,抱着卓蓝就要亲,卓蓝温柔地推开。

卓蓝:杨主任,这好酒要慢慢品,这美好的时光要慢慢度过。

卓蓝替杨飞倒酒,杨飞眼神迷离,卓蓝举起酒杯示意,杨飞有些吃力地举起酒杯,勉强将酒喝了下去,将酒杯放在桌子上,然后支撑不住地趴到了桌子上。卓蓝乘机离开了房间。

夜晚,大华纱厂女工宿舍,虽然条件有所改善,但仍然是肮脏凌乱,众多女工拥挤着用自来水。田嫂提醒着大家不要抢,一个个地来。

连娣在屋角趴在小凳子上给家里写信,刚写了个开头:爸爸妈妈……

卓蓝穿着工服,戴着帽子口罩,一手抱着一床薄被子,一手端着一个脸盆,里面放了洗漱用具,来到连娣身边,望着连娣在小凳子上写字。连娣回过头,怔怔地望着卓蓝,终于认了出来。

连娣欣喜地:卓姐姐!

卓蓝嘘了一声,摆摆手:去把田嫂喊来。

连娣连忙站起来点点头,跑过去把田嫂拉了过来。

卓蓝轻轻地:田嫂,给我找张床,我要在这里待几天。

田嫂:你住这里?这里又臭又脏,你受得了?

卓蓝:是的,这里虽然脏,但人心是干净的。

田嫂:卓小姐,你要是不嫌弃,这储藏室里还有个铺,你凑合一下。

卓蓝:那就最好不过了。

连娣连忙接过卓蓝手上的被子和脸盆,在屋角边的储藏室,给卓蓝铺了一个小被窝。

卓蓝:跟我父亲说一声,就说我在这里,让他放心。

田嫂吩咐连娣快去。连娣收起小凳子上的纸,塞进被子里,连忙跑了出去。

连娣朝小白楼方向走来,看见一辆车停在小白楼下。李卫正在和卓荣丰说话,连娣不敢贸然上前,躲到一边。

卓荣丰:你是说,杨飞让你在半路上救了卓蓝?

李卫:是的,我把卓小姐送到了杨主任那里,在那里没有多长时间,卓小姐就不见了。杨主任不放心,就让我来问卓小姐回来没有。

卓荣丰:她没有回来。

李卫:那我就到别的地方去找找。

卓荣丰:太谢谢你了,找到她后,请你马上告诉我。

李卫:好的。那我走了。

李卫开车走了,卓荣丰长吁短叹,在旁边的一块石头上坐了下来,抹着眼泪。连娣从暗处走了出来。

连娣怯生生地:卓老板。

卓荣丰揩揩眼泪,抬起头:是连娣,你找我?

连娣:卓小姐在我们女工宿舍住下了,她让我来告诉您一声。

卓荣丰愣了一下,想了一会明白过来了,卓蓝现在谁都不信,她只信任这些淳朴善良的女工,想不到又脏又臭的女工宿舍竟然成了她首选的藏身地。他谢过连娣,并让连娣带他到女工宿舍。连娣摇摇头,说卓小姐不让你去。

卓荣丰想想也对,只要人是安全的,悬着的心总算放下来了。卓荣丰想着从怀里掏钱,但身上没有钱。连娣说,卓老板,你不用给钱,我保证不会让卓小姐苦着。

卓荣丰大为感动,连娣走了。卓荣丰望着连娣的背影,突然想起戴季陶的话,共产党依靠工人、农民是靠错了对象。可在关键时刻,女儿遭难,还是亏了这些穷人。这些穷人勤劳善良,正如卓蓝曾经的描述,尽管衣衫褴褛,憔悴不堪,但内心是干净的。且不论共产党是否靠错了对象,但共产党为改变这些穷人的命运,为他们谋福祉在奋斗。他虽然觉得共产党损害了自己的既得利益,但是他内心不得不开始承认共产党是在做正确的事。这些穷人不说需要有体面的生活,但最起码不应该挨冻受饿。卓荣丰望着女工宿舍昏暗的灯光,他突然觉得格外亲切,内心里涌起一阵温暖。

田嫂来到了小储藏室,她轻轻地问卓蓝,卓小姐,你是不是遭了难了,有家不能回?

卓蓝摇摇头,说一言难尽。

田嫂:那我就不问了。不过,卓小姐,我要说句你不爱听的话,你们国民党对外与共产党为敌,内部你死我活,这叫无德无品。

卓蓝:田嫂,你虽然是个纺织女工,可你看问题还真能看在点子上。

连娣走了进来:卓姐姐,我跟你父亲说了。他要来这里,我就坐了你的话,说你不让来。不过,卓老板说了,你在我们这里,他就放心了。

卓蓝:连娣,谢谢你,你做得好。

连娣又对卓蓝说,不过,我去的时候,有个人开着车找卓老板,问你回来没有。

卓蓝问连娣是否认识这个人,连娣点头说认识,就是在我们车间里当过一段时间的李监工。

卓拉知道是李卫,她立刻明白,是杨飞差他来的。

赵瑞麟躺在病床上,心里一直在琢磨,是什么人干的?张龙嘀咕着,这几天也没想明白,会不会是童长荣干的?

赵瑞麟推测,如果是童长荣干的,符合常理,可问题是童长荣是怎么知道这个消息的,这么精确地与卓蓝配合,在指定的位置下手。

张龙发着牢骚,这还用问吗?消息是内部人泄露出来的,毫无疑问。

赵瑞麟在想,如果是这样,那只有一个人具备这个条件,就是李卫。可问题是,童长荣会救卓蓝吗?

张龙陷入沉思,不太明白赵瑞麟怎么会这样想,童长荣难道不会救卓蓝?

张龙这一问,问醒了赵瑞麟,直觉告诉他,这次又是童长荣的计谋,童长荣不仅不会救卓蓝,这次就是想借自己的手,要把卓蓝关起来。张龙听赵瑞麟这么分析,吓了一大跳,难道童长荣是要摆脱卓蓝?

赵瑞麟坚定自己的想法,共产党现在死灰复燃。近期情报显示,共产党中央现在向全国派出干部。罗栗文到河南已经一年多时间,担任河南省委书记,再到被捕出狱,童长荣成功地制造了罗栗文在上海的假象,骗过了我们。

张龙:照这么说,童长荣是故意设了个套,让我们内部闹起来,然后乘机溜走。

赵瑞麟:极有可能是这样。童长荣利用了卓蓝对他的迷恋,然后诱我去抓捕他,他似乎在这个房间里又给了卓蓝某种遐想的空间,让卓蓝看到了爱情的希望,成功地激发了卓蓝为了保护他拼死一搏。还故意在那个房间里写下歪诗,什么卓蓝卓蓝我爱你,长江波涛千万里。

张龙:还有说你是荒野村外一狗屎。

赵瑞麟:现在静下来想想,这无疑是童长荣故意羞辱我,目的是让我的情绪失控。

张龙:你是说,卓蓝和童长荣根本没有那回事?

赵瑞麟对张龙说,他这几天冷静下来仔细想想,应该是这样,童长荣利用了卓蓝的感情,来掌握了解44号的动向,获得了主动权。我检查了卫生间的那个小窗,有八颗很长的螺丝钉,他事先早已动了手脚,选择好了逃跑路线。现在,他不需要卓蓝了,就把卓蓝卖了,目的是让卓蓝不再纠缠他,他自己好脱身,他极有可能已经是被共产党派到了外地,临走前故意卖了个破绽,使出的最后一招。

张龙有点明白了,照这么分析,劫囚车的事不可能是他干的。那会是谁呢?

赵瑞麟:只有一个人有这可能。

张龙:你说的是李卫?

赵瑞麟点点头。

赵瑞昱走了进来,大声叫着,赵瑞麟,你能不能不要再说话了好不好! 我真后悔又救了你一次,我恨不得你死了,我就省了心了。

赵瑞麟躺在床上不再言语,待赵瑞昱走后,他让张龙务必把李卫找到。张龙点点头,离开了医院。

李卫走进了杨飞的办公室。

杨飞问卓蓝还是没有消息吗? 李卫摇摇头,他找遍了几乎可能她去的地方,都没有。

杨飞有些气恼,但又无可奈何,自言自语着,会不会躲在小白楼里? 李卫报告,肯定没有,说他去找卓蓝父亲,从表情上看,他无限焦虑,他也悄悄地把小白楼都查了一遍,并未发现回到小白楼的迹象。

李卫想想还是忍不住问杨飞,卓小姐是怎么离开的。杨飞只好说,她在我的酒里下了药物。李卫点点头,若有所思,心里想,卓蓝怎么会有迷药,如果有,那也一定是卓蓝让自己去准备才对。从禁闭室到押解途中,再到杨飞的秘密住处,唯一能够提供迷药的只有杨飞的住处。他确信自己走后,杨飞和卓蓝在屋里一定是发生了什么,他心里有了数,不好再问下去,

李卫:杨主任,还有一件事,一直在心里打鼓,赵科长一定会怀疑到我的头上,要找我的麻烦怎么办?

杨飞:你不必担心,我会派人暗中保护好你。不过这件事只有你和卓蓝知道,明白吗?

李卫:我会守口如瓶的。

果然,李卫刚走出 44 号大院,正准备去一个小饭馆吃饭时,小巷里就有几个

人影前后出现了。李卫耳朵一竖,立在原地,他在思索着,索性从口袋里掏出枪,吊在手指上。

李卫:张龙,出来吧。

张龙带人上来前后堵住了李卫。突然又出现几个便衣,形成了反包围,拿枪对准了张龙几个人。李卫突然握住了枪,对准了张龙。

李卫:张龙,别给我找麻烦。

李卫离开,几个便衣迅速离开。

李卫走进小巷打开车门,将车开了出来,在街上行驶。王舒冷不丁从后面的座位上探出头。

李卫:王舒,是你。什么时候上了我的车?

王舒:很抱歉,看到你的车钥匙还挂在车上,我就进来休息了一会儿。

李卫笑了:童长荣现在在哪里?

王舒:在上海呀,他让我来向你表示感谢。

李卫:别骗我了,童长荣这么做就是为了离开上海。

王舒不置可否,换了个话题,说童长荣很关心现在44号的情况。

李卫摇摇头,别提了,44号现在乱成了一锅粥,卓蓝押到南京被劫,现在下落不明,赵瑞麟差点丢掉性命,人还在医院里,我呢,刚刚被张龙用枪抵着脑袋,这可都是童长荣的杰作啊。可他老先生溜之大吉,我还要给他揩屁股。

王舒:卓蓝中途是被谁劫的?

李卫:我呀。

王舒:这可不是童长荣所希望的。

李卫:我可以告诉你,赵瑞麟从内心并不想把卓蓝送到南京,但杨飞在这里加了戏,他执意要送到南京,让我中途劫车,暗算赵瑞麟。

王舒:杨飞这是什么意思?

李卫:现在我才明白,这杨飞内心更加阴暗,他既想得到卓蓝,又想得到卓蓝的家产。

王舒:他想一石三鸟,还可以乘机除掉赵瑞麟。这赵瑞麟要是知道了,那还不得和杨飞拼命啊。

李卫:可想而知,这44号就是个斗兽场,你死我活,我都闻到血腥气了。再这么下去,这44号迟早就是散伙的结局。

王舒望着李卫,童长荣让我转告你,这些年,你为我们做了许多工作,你做的这些事,我们是不会忘记的。

李卫一怔,突然刹住了车,伏在方向盘上,情绪激动,眼里湿润了,王舒侧过身体,看见了李卫在流眼泪,就问怎么啦?

李卫没有一句话,半天才对王舒说,别提这个事了,万一有一天,我死了,我唯一的希望就是兄弟们一场,给我收个尸就行了。

王舒:如果真有那么一天,我们一定给你立个大大的碑。

李卫摇了摇头:我什么都不需要,我也不需要人们记住我。

王舒:可童长荣和我都把你记在了心里。

李卫:谢谢了。我还要提醒一件事,童长荣无论在不在上海,赵瑞麟和卓蓝都不会放过他,一个是仇,一个是恨,请他珍重。

王舒抱住了李卫,轻轻地说了声谢谢李卫兄弟。王舒拉开车门走了,李卫望着王舒的背影,泪眼蒙眬。

大华纱厂铃声响了,女工宿舍里一片慌乱,纷纷挤着走出宿舍上工。田嫂招呼连娣,快点,别迟到了。

卓蓝从小储藏室里走了出来,对田嫂说,我想跟你们去上工,去跟你们后面干活。田嫂诧异地望着卓蓝。

连娣:卓姐姐,你吃不了这个苦。

卓蓝:田嫂,连娣,你们放心,我吃过的苦你们都想不到,我在特训中心吃过比这十倍的苦,在日本人的牢里被折磨得只剩一口气了,我都能扛得下来。你不欢迎我加入工人阶级队伍里吗?

田嫂笑了,点了点头,连娣更是高兴,说卓姐姐和我们越来越近了。

车间里是轰隆隆的机器声。连娣教卓蓝挡车、接线头。卓蓝的脚步不停歇地来回奔波,不一会已经是大汗淋漓了。

卓荣丰走了进来,一边看着女工织布,一边朝田嫂这边走来。

田嫂轻轻地:你爸爸来了。

卓蓝点点头,仍在来回奔波干她的活。

卓荣丰来到田嫂身边,田嫂朝他笑笑。卓荣丰走前一步,探头望了一下,终于看见了卓蓝一身女工装扮,和连娣一起在织布机前来回穿梭干活,浑身已经湿透。

卓荣丰的嘴唇抖动着,默默地望了一会儿,最终没有打扰卓蓝,回转身走出了车间。

张龙回到医院,报告赵瑞麟找到了李卫,可杨飞已经派人在保护他,不得不放弃行动。赵瑞麟更加证实了自己的判断,半路劫走卓蓝,杨飞就是幕后策划,而李卫就应该是受他的指使带人发动袭击的。

张龙很气愤,如果是这样,这姓杨的就太他妈不仗义了,人心险恶啊。

赵瑞麟:当务之急,是要找到卓蓝。

张龙:卓蓝现在恨不得把你杀了。

赵瑞麟:此一时,彼一时,过去是这样,但现在未必。现在唯一的就是必须让李卫开口,才能知道这里面的全部内幕。

大华纱厂女工宿舍里。

卓蓝一天活干下来,整个人已经像散了架一样,她艰难地挪动着双腿,靠在铺上歇息喘气。连娣走了进来,帮她捶着腿。

连娣:卓姐姐,纺织女工日工做到两头黑,夜工做到两头亮,你现在知道我们受的苦了吧。

卓蓝望着连娣点点头:连娣,这腿已经不是我的了。

连娣笑了:我刚开始进纱厂的时候,只有几十斤重,我实在跑不动,又是一身的病,大家都喊我芦柴棒,幸亏卓姐姐和童哥哥救了我,不然我早就没命了。那时才 16 岁,家境稍微好一点的,都还在娘的怀里撒娇呢。卓姐姐,说句你不爱听的话,谁愿意把亲骨肉往这个火坑里推呢。

卓蓝望着连娣,轻轻地说,我知道,这个世界确实存在不平等,我想说一声,实在对不起。

连娣摇摇头,卓姐姐,世道就是这样,没有谁对得起谁。不过,卓姐姐是个有良心的人,你能在这里干了这么多天的活,还能吃得下这里的稀糊和发霉的窝窝头,不嫌弃我们,你真的不容易。

卓蓝:确确实实,这里很苦很脏也很累,可我在这里跟你们在一起劳动,我觉得很踏实。我也渐渐觉得你的童哥哥为你们奔忙,是有道理的。

连娣:童哥哥现在在哪里?

卓蓝:死了!

连娣吃惊地:啊?

卓蓝又补了一句:不知死到哪儿去了!

连娣摸着胸脯:吓我一跳,卓姐姐这话就是喜欢童哥哥的话。

卓蓝望着连娣,眼泪忍不住流了下来。

连娣连声对不起,惹你伤心了。

卓蓝说,我已经看开了,她揩揩眼泪,望着连娣,有意识地转移了话题,说连娣已经长成了大姑娘,就问连娣多大了。连娣说,卓姐姐救我的时候,我才16岁,6年过去了,我都22岁了。

卓蓝问连娣有没有对象了? 连娣羞涩地说,父母托人带信说,在浙江老家本村给她找了个对象,叫闰秋,比她大两岁。

卓蓝来了兴趣,逗着连娣,长相怎么样? 你喜欢他吗?

连娣对卓蓝说,只知道有这么个人,以前在老家连话都没说过,谈不上什么喜欢。农村人都是一副模样,老实巴交的,哪里还问什么长相,说也说不好。

卓蓝对连娣说,说到闰秋,就想到了鲁迅的小说《故乡》,里面有一个叫闰土的小男孩,小时候很机敏,不过长大了之后,也许是生活的重压,人就开始木讷了。

连娣说差不多就这个样子,乡下人可以一天不说话。

卓蓝说,不过,小说里的月夜,西瓜地,很美,她还是留下了深刻印象。连娣

说差不多吧,自己的老家也临近海边,也有西瓜地。

卓蓝问连娣亲事定下来没有,连娣从自己床上的被窝里取出皱巴巴没有写完的信递给卓蓝,说正准备给父母写封信,好多字不会写,请卓姐姐教教她。卓蓝看了连娣写的字,还真是一笔一画,工工整整,其中婚姻大事全凭父母做主中的凭写成了平字。还有几个错的地方,卓蓝帮她一一订正。尤其是连娣在信中提到打工几年为弟弟成家积攒费用,令她感动。

连娣有些不好意思,说让卓姐姐笑话了。卓蓝对连娣说,恰恰相反,和你和田嫂在一起,我懂得了很多,也感悟了很多。

连娣站起来,对卓蓝说,纱厂门口有卖馄饨的,我去买点来给你吃。卓蓝点点头谢谢。让连娣顺便看看门口有无可疑之人。连娣问如果看见了李监工,我怎么说。卓蓝告诉连娣,说我正要找他。连娣点点头,拿着饭缸走了出去。

夜晚,大华纱厂大门外,昏暗的灯光下,有几处摊点,连娣在一处馄饨摊前买了一份馄饨,又在另一个摊子买了一块葱油饼,边买边注意周围的人。

连娣匆匆走进了大华纱厂大门,往女工宿舍方向走来。树后,李卫闪了出来。

连娣站住:是李先生。

李卫:哟,连娣舍得吃夜宵了。

连娣看看周围无人:给卓姐姐买的。卓姐姐要见你,你随我来。

李卫跟着连娣来到女工宿舍门口,连娣走了进去,来到小储藏室。

连娣:卓姐姐,李先生果然在纱厂,现在就在门外。

卓蓝下了铺:连娣,你把这些东西都吃了。

卓蓝走到门口,看见李卫蹲在墙角边。李卫站了起来望着卓蓝的装扮笑了。

李卫:看来资产阶级的小姐要进行自我改造了。

卓蓝:李卫,你设法帮我找到王舒,告诉他,我想见罗栗文。

李卫:你想干什么,让他帮你去找童长荣?

卓蓝:我不找童长荣,我想脱离44号,我要加入共产党。

李卫:卓小姐,你别吓唬我。

卓蓝:让你找,你就去给我找。

公园里,李卫坐在椅子上看报纸。王舒走了过来坐在李卫身边。李卫对王舒说,卓蓝想见罗栗文。王舒反问,卓蓝想干什么?李卫停了一会儿,告诉王舒,卓蓝想脱离44号,并要求当面和罗栗文谈加入共产党的事。

王舒心里很吃惊,卓蓝真是这么想的吗?会不会是以这个为借口,想去找童长荣?李卫摇摇头,她没有提到童长荣,他对王舒实话实说,是44号残酷的内斗,让她认清了现实。她已经离开了44号,躲在纱厂女工宿舍里,和女工们在一起,同吃同住同做工好几天了。

王舒不敢告诉李卫,罗栗文已经回到上海。卓蓝有如此的转变,他又不能拒绝,只得含糊地对李卫说,他会很快向组织报告,但他已经很长时间没有见到罗栗文了,从河南出狱后,不知踪迹。不过,如果见不到罗栗文,他会安排另外的领导,尽量满足卓蓝的要求。

李卫站起来,那好,我回去把你的意思转达给卓蓝。王舒又特别叮嘱了一句,明天同样的时间,还是在这里,我给你答复。

和李卫分手后,王舒第一时间将李卫的话报告给了罗栗文。

罗栗文沉吟着:卓蓝要见我,还要加入共产党,有意思。王舒,你怎么看待这件事?

王舒说,事发突然,我一路上也在琢磨这件事,不知道想的对不对?

罗栗文让王舒说说看。

王舒分析,很明显,卓蓝对赵瑞麟和杨飞的一抓一放,都让她对44号彻底寒了心。她恨赵瑞麟,发泄私愤,置她于死地,她更恨杨飞对她处心积虑,心怀叵测。卓蓝是情感大于理性的人,在深层次的心理上,她还是割舍不下童长荣,她也许在想,成为我们的人,童长荣就会接纳她了。

罗栗文点点头,认为王舒分析得很有道理。又反问一句,你觉得我应该见

她吗？

王舒的意见是不见，一来这太危险，这样就暴露了他已经回到了上海；二是卓蓝毕竟是资本家的小姐，44号的特工人员，她这么做，纯粹就是对杨飞、赵瑞麟的一种报复，她不可能真正成为我们的人。

罗栗文反复考虑，最终决定还是准备见卓蓝。罗栗文的主要考虑是，他看到了卓蓝身上的进步性，这些年确实做了一些对我党有益的事情，尽管不是主观有意而为之。他对王舒说，我们党历来重视统一战线工作，卓蓝可以作为团结的对象。既然人家主动提出来，我们不能拒人家于门外。

对于王舒安全上的顾虑，罗栗文认为，自己不管在哪里，都有危险性。但他相信李卫不会暴露他的行踪，卓蓝也不会这样做。

王舒点点头，说我来安排吧。

第二天，李卫和王舒如约见面，王舒对李卫说，罗栗文秘密回上海办事，还真让他遇到了，不过他在上海只有一天的时间，他答应在临走前和卓蓝见一次面。李卫向王舒保证，你不要有什么顾虑，卓蓝现在和44号没有关系了，请不要有任何安全上的顾虑。王舒点点头，这才交代了见面的时间和地点。

傍晚时分，一辆满载纱线的卡车驶出了大华纱厂，车子开到街巷隐蔽处。卓蓝穿着工服，戴着白帽和口罩，从货物堆里钻了出来，跳下了车，然后上了路边的一辆人力车，来到了郊外预约的一条小河边。

小河的岸边长满了芦苇丛，水鸟不时地掠过水面。卓蓝和李卫会合后，走到了芦苇丛边，王舒藏在芦苇丛里，观察了一下，然后探出半个身子，朝卓蓝和李卫招手。两人走到了王舒身边，罗栗文从芦苇丛里闪了出来。

罗栗文伸出手：卓蓝小姐，你好。

卓蓝：罗先生好。

罗栗文打量着卓蓝：哟，卓小姐，什么时候变成纺织女工了，我见了感到很亲切。

卓蓝开玩笑地说：谢谢工人领袖接见纺织女工。

罗栗文：卓小姐，哪里，你还曾经是我的领导呢！还记得安庆吗？第一次见面我就向你汇报工作。

卓蓝：一晃6年了，虽然你来无影去无踪，你可是44号牵挂的人啊，神一样的存在，今天可是又见到了你的尊容了。

罗栗文：这一点，我倒是要感谢44号，天天惦记着我，真是辛苦了。

卓蓝：罗先生，我想见你的意思，想必王舒已经转达给你了。我就问你一句，我想成为你们的人，你要还是不要。

罗栗文：卓小姐，你想成为我们的人，我们欢迎。但有一个条件，那就是必须接受最严格的考验。

卓蓝：我想知道成为一个共产党要接受怎样的考验？

罗栗文：这还要用我说吗？你的身边就有生动的事例，典型的榜样。

卓蓝：你说的是童长荣？还有你！

罗栗文：要想做一个真正的共产党人，就是要牺牲个人的前途和幸福，为了国家，为了人民去奋斗去牺牲，而且永远不会背叛自己的组织。

卓蓝回味着罗栗文的话，坦诚地说她一时做不到。

罗栗文：一时做不到，没关系，慢慢去做。做不到百分之百，那就做一半，做不到一半，那就一件一件去做，达到了党员的标准，我们就会及时吸纳你，我不知道这样的回答，是否令你满意。

卓蓝明白罗栗文的意思，想加入共产党，绝非一件容易的事情。见卓蓝有些失落，罗栗文说，如果做不到这一点，最起码要做到不站在国家和人民的对立面，这一点，你做得很好，我们会记住你的。

卓蓝说，按照你们的标准，我也许一辈子都成不了共产党，不过，我很高兴认识了你和童长荣。还记得第一次见到罗先生，就能感受到你的意志力，你的眼神深邃如潭。你们的人都很优秀，为了信念视死如归的品质，我感受到了信仰的力量，这也是我下定决心想跟你们走的主要动因。

罗栗文说，一句话，我们随时欢迎你，不过这取决于你。

卓蓝明白罗栗文指的是什么，说我会去努力的。她感谢罗栗文见她，对罗栗文说，尽管我现在痛恨童长荣，但我还是很感谢你，让我认识了他。最终，卓蓝还

是忍不住,询问罗栗文,他现在到底在哪里?

罗栗文停顿了一会,对卓蓝说,我明白也完全理解你此时的心情,卓小姐,这么跟你说吧,我不能告诉你他在哪里,但我会告诉你,他就在践行一个共产党人的使命,为劳苦大众在奔波。我知道,你爱上了童长荣,我也相信,你的爱是真爱。我只想奉劝你一句,爱有时并不是要一味索取、得到和拥有,有时学会放弃也是一种爱。童长荣有一个非常优秀的未婚妻,知书识礼,温婉贤淑,有格局,有境界。你和她见过面,应该有所了解。她等待了童长荣这么多年,她的坚守和默默的承受就是爱。将心比心,卓小姐,你愿意以你的残忍剥夺另一个人爱的权利吗?

卓蓝:罗先生,你的意思我就是无耻之人了。

罗栗文:不能这么简单的理解,这就好比上海街道上的橱窗,有很多精美的展品,这是公众的分享,如果你破窗硬要把它拿回家变成自己的东西,那可就不好了。

卓蓝:听罗先生一席话,真是让人受益匪浅啊。可我现在走到了人生十字路口,举目四望,一片迷茫,路在何方? 我不知道。

罗栗文:卓蓝小姐,这么跟你说吧,3 年之后,你找到我,说我已经决定了,要加入共产党,我会亲自当你的介绍人。你觉得怎样?

卓蓝喃喃地:3 年之后,我明白了,这就是考验。

罗栗文:卓蓝小姐,我衷心希望你能以一个中国人的良心,多做有利于国家和人民的事。我们可以常联系。

罗栗文与卓蓝握手道别,王舒陪罗栗文离开。李卫走到卓蓝身边。卓蓝坐了下来,望着清清的小河沉思默想起来。

李卫:卓小姐,谈得怎样?

卓蓝:共产党厉害呀。罗栗文一番话,我听明白了,我要想入他们的伙,并不是一件容易的事。

李卫:我就料到是这样。据我所知,共产党组织严密,不是帮会团伙,需要的是忠诚和献身的战士。

卓蓝:在纱厂和女工们在一起,我有一个发现,我竟然很羡慕连娣。她尽管很苦很累,可她是有目的地生活,挣钱给弟弟娶媳妇,给家里盖房子,家里人也在为她找对象,将来生儿育女。可我表面上似乎什么都不缺,可仔细一想,我一无所有。整天面对的就是杨飞、赵瑞麟这样蝇营狗苟的一群人。

李卫:卓小姐,可想好了,下一步怎么办?

卓蓝站了起来,对李卫说,虽然我不知道路怎么走,可我知道怎么来对付这些小丑了!

卓蓝公开地回到了小白楼,痛痛快快地洗了个热水澡,她想洗掉自己身上的一些东西,究竟能洗掉什么,她自己也不明白。蒸腾的热气弥漫在镜子上,卓蓝擦着镜子,望着镜中模糊的自己。

客厅里,卓荣丰坐在桌前,卓蓝换了衣服走了进来,坐在父亲对面。

卓荣丰问卓蓝,在车间蹲了几天感觉怎么样?卓蓝说干活很累,吃得恶心,可感觉很好。

卓荣丰:吃吃苦也好,今后呀,好好珍惜生活了。

卓荣丰舀着汤递给女儿:蓝蓝,把汤喝了,爸爸想跟你说件事。

卓蓝:爸,你说,我听着呢。

卓荣丰:蓝蓝,还记得你妈妈吗?

卓蓝摇摇头:妈妈去世时,我只有 3 岁,完全没有印象。

卓荣丰:是的,你妈妈在临终之前,趁我不在时,把自己的照片全烧了,都是为了你。死之前叮嘱让我一定要给你找一个爱你的后妈,她不想让你知道这个世界上还有她的存在。

卓蓝怔怔地望着父亲,眼泪禁不住涌了出来。

卓荣丰:你妈去世前一再求我,有了新家庭,不能刻薄了女儿。蓝蓝,今天我告诉你,我将自己的照片放进了你妈妈身边一起下葬了。我在你妈妈墓地发誓不再另娶,把你养大成人。

卓蓝哭了,她活了 26 岁,这还是第一次听父亲说,内心无限难过、伤心。

卓荣丰:蓝蓝,想知道你妈妈是个什么样子吗?

卓蓝哭着,说她无数次地想着妈妈是个什么样子,甚至在梦中都梦见过,可就是很模糊的样子,她想不出来是个什么样子。

卓荣丰说,他也曾经花高价找过许多画家,按照他的叙述描摹,可没有一个画家画出她的样子。蓝蓝,我想告诉你一件天大的喜事,你终于能见到你的妈妈是个什么样子了?

卓蓝止住哭,望着卓荣丰,疑惑地:爸,你不是说妈妈死之前没有留下一张照片吗?

卓荣丰:蓝蓝,你出事后,你知道这段日子我是怎么过来的吗? 在家里待不下去,我就整天在街上漫无目的地走着。有一天,冥冥之中,我看见有个照相馆的橱窗里有张熟悉的脸,我凑近一看,正是你妈妈。

卓蓝急切地:照片呢?

卓荣丰:我找到了照相馆,他们居然还留了底片,照相馆师傅帮我放大了。

卓荣丰站起来,走到了条桌边,拿起一个红布包的相框,递给了卓蓝。卓蓝含泪掀开了红布,相框里是妈妈年轻美丽的面容。

卓蓝的泪水奔涌而出:妈妈……

卓蓝一边泪眼相望,一边抚摸,一边痛哭,将自己的脸贴在母亲的像上:妈妈,你摸摸我,女儿长大了……

卓荣丰也抹着眼泪:我们一家人终于又团聚了。

卓蓝抱着母亲的遗像在父亲面前跪下,无限自责:妈妈,对不起,女儿不孝,这些年我带给爸爸的只有痛苦。

卓荣丰拉起女儿:我也对不起你妈妈,从小把你宠坏了。

卓蓝亲吻着相片:我很不幸,可我现在又感到幸福,我现在是个有娘的人了。父亲从小跟我说,我没有娘,是路上捡来的。

卓荣丰:我很后悔,让你进了44号,搞得现在人不人鬼不鬼的。

卓蓝:爸爸,我明白了您的意思,我在妈妈面前保证,从此以后,代替妈妈好好照顾你。我答应您,不会再去44号,我要帮您打点纱厂的事情。

卓荣丰:这才是我的好女儿。

卓荣丰给女儿夹菜：多吃点。

卓蓝：嗯，这些天在纱厂里，连油星子都看不到，不过我很快乐。

卓荣丰：看到你在纱厂干活，我高兴，只要你愿意，你随时都可以去。

卓蓝再次凝望母亲的相片：我的妈妈是个大美人。

卓荣丰说，你的妈妈年轻时可漂亮了，听照相馆师傅说，这是他们照相馆的招牌，之所以保留底片，就是隔几年换一次橱窗里的照片。我去找照相馆时，他们还以为我要去找他们的麻烦呢。

卓蓝：我要找个时间，好好去谢谢照相馆。

卓荣丰说，照相馆准备就肖像权跟我协商，做些补偿。我不但没有要他们补偿，还给照相馆送了一个大红包呢。

李卫回到44号，报告杨飞，卓蓝已经回家了。杨飞问，她有没有说什么时候回来上班。李卫说，卓蓝好像不准备回来上班了。杨飞愣了半天，又问李卫，赵瑞麟出院了没有，李卫说，我不知道，我还在躲着他们。杨飞挥挥手，李卫走出了杨飞的办公室。

杨飞坐到了办公桌前，显得孤独，嘴里骂着，他妈的，看来这44号是要走到头了。

赵瑞麟已经出院，得知卓蓝已经回到大华纱厂，带着张龙开车来到小白楼，张龙敲开了门。

赵瑞麟躬下身子：卓叔好！

卓荣丰满脸愠怒：你是来抓卓蓝的吗？

赵瑞麟：不不，卓叔，这完全是一场误会，您听我解释。我来看看卓蓝。

卓荣丰：那就谢谢了，卓蓝需要休息。

卓荣丰砰地将门关上了。赵瑞麟很失望。只好上车。张龙问现在去哪里？赵瑞麟说回44号。

赵瑞麟刚走进办公室，杨飞就走了过来，满面笑容地寒暄，赵科长，这么快就上班啦。

　　赵瑞麟感谢杨飞的关心，他抬起头，直视着杨飞，慢条斯理地问道，杨主任，我想问一句，卓蓝犯有命案，逍遥法外，我身负重伤，这事我不知杨主任怎么来结案，你不打算追究我的责任了吗？

　　杨飞不自然地笑笑，这个嘛，你和卓蓝都是自家人，这事我来和南京沟通吧，尽量淡化处理算了，你也是尽了力了。

　　赵瑞麟：杨主任，你觉得最有可能是什么人干的？

　　杨飞：那还有谁？这分明是童长荣带人干的嘛。你继续追捕童长荣，我们一定要将他绳之以法。

　　赵瑞麟：杨主任，你放心，这次我不会放过任何一个参与此事的人。

　　杨飞赔着笑，好，赵科长锐气不减当年。说完，他快速地离开了赵瑞麟的办公室。赵瑞麟望着杨飞的背影，轻蔑地笑了一声。杨飞感受到了，只觉得背后阵阵发凉。

　　金门大酒店的包厢内。赵瑞麟和张龙坐在里面，桌上已经上了几样菜，李卫推开门，探着头。

　　李卫点着头，哈着腰，赵科长好，张队长好。

　　张龙不动声色地，李卫，赵科长请你喝酒。李卫搓着手，赵科长给了我好大的面子，我真的是不敢当。

　　赵瑞麟和颜悦色：李卫，怎么啦？见外了，我请你吃个饭，那还不是应该的嘛。

　　张龙：当年，我们可都是赵科长的左膀右臂，只是这些年，我们在一起的机会少了。赵科长早就让我约你了。

　　李卫坐了下来：赵科长大难之后，必有后福。

　　赵瑞麟：托你的口福。

　　张龙：饭前，有两个问题，我想请教你，你觉得这次劫囚车的事是不是童长荣干的，你要很诚实地回答是还是不是。

　　赵瑞麟的眼睛盯着李卫。

　　李卫叹了口气：请教不敢当，既然张队长问到这事，我只能回答不是。

赵瑞麟:凭什么说不是?

李卫:我也正要找你们说清楚这件事,有人让我参与了这件事。至于什么人,你们别为难我,我不能说。

赵瑞麟点点头:你可以不说。

李卫:不过,赵科长,我的任务只是负责接应卓蓝,这事是我提前跟卓蓝通过气的,卓蓝进了树林之后,我就带她往山下跑,到了山下我就开车把卓蓝带回来了。至于这山上埋伏了什么人,怎么向你们开枪的,我一概不知情。

赵瑞麟:我很欣赏你的坦诚。你说的是实话,这班人确实不是44号的,也绝非共产党所为。

张龙:还有个问题,卓蓝给童长荣安排的那个秘密住处有多长时间了。

李卫:我知道有这个点,我所知道的童长荣只去过一次。

赵瑞麟:那你为什么要告诉我童长荣在那里和卓蓝同居了一年多的时间?

李卫:这事我也不能说。我只能说是有人要我这样做的。

张龙:他妈的,有人,又是有人。

李卫:准确地说,44号事先收到过一张纸条,然后再让我当替罪羊,我得服从。

张龙:也就是说童长荣故意给44号传递他在那里的信息,然后通过你的嘴是不是?

李卫:是的,情况就是这样。从内心说,我不是有意要出卖卓蓝的,我也没想到会是今天这个结局。我没有半点要加害你们的意思。

赵瑞麟:好了,不说这个事了,我们来喝酒。

张龙给赵瑞麟、李卫倒酒。李卫端着满满一杯酒站了起来。

李卫:赵科长,祝您身体健康,这杯酒我就赔个不是了。

李卫一饮而尽。

赵瑞麟:坐坐。李卫呀,我还要请你做件事,给我带个口信,我要见卓蓝一面。

李卫:这事啊,我恐怕完不成。赵科长,我不瞒您,其实,押解卓小姐到南京

的头天晚上,我知道你在办公室里很痛苦,因为那天晚上我就在你的门外,我把这事都跟卓蓝说了,我也在劝卓小姐,送南京绝不是赵科长所愿。可无奈,卓小姐什么都听不进去,她现在是心灰意冷了,我也没办法。

赵瑞麟:你去告诉她一件事,我保证她会出来。

李卫望着赵瑞麟。

赵瑞麟:张龙,你说吧。

张龙:我们接到安庆党部陆啸衡的信,说是童长荣的未婚妻何小姐不再坚持和童长荣的婚约,答应嫁给安庆省财政厅的一个人,婚期已定,即将出嫁,也许她对这个感兴趣。

李卫:好的。我马上就去告诉卓小姐。

李卫得此消息,觉得事关重大,立即去联系上了王舒,在码头见了面,告诉王舒,童长荣的未婚妻即将出嫁的消息。

王舒很吃惊,你说什么,何小姐和谁结婚?

李卫说反正不是童长荣,据说是省财政厅的一个科长,还听说是家里人逼迫何小姐放弃了与童长荣的婚约,何小姐迫不得已,已经答应了,希望早一点出嫁。

王舒:原来是这样。那你约我到码头来干什么?

李卫:我已经把这个消息告诉了卓蓝,她觉得她和童长荣的机会来了。她让我陪她到枞阳去一趟,一探虚实。我这不是到码头来陪她去嘛。

王舒心里很难过,童长荣要是知道了何小姐婚变的消息,不知道会怎样?但有一点可以肯定,这是对他的一次沉重的打击。

卓蓝在人群里出现了,正在四处张望,寻找李卫。李卫匆忙告别了王舒,走到卓蓝身边,拎起了行李箱。

王舒望着卓蓝和李卫一同上船,感到内心很痛。立即来到罗栗文住处,向罗栗文报告了这件事。

罗栗文一听,如坠深渊,回不过神来,半天,才叹了口气,自言自语,不能怪何小姐,男大当婚,女大当嫁。长荣投身革命,这些年出生入死,确实没有顾得上何小姐,我有很大责任。罗栗文不停地自责,是说让他回去成婚,可……

王舒:可人家何小姐都要出嫁了,这事啊,已经无法挽回了。

王舒告诉罗栗文,李卫已经陪着卓蓝启程去了枞阳,她要亲眼证实何小姐的婚嫁。据李卫说,她还要拍婚礼场面,亲手交给童长荣。

罗栗文:胡闹!

王舒:人家有人家的自由,我们又不能阻止啊。

罗栗文:干革命就得牺牲个人的幸福,我相信长荣同志会处理好个人的感情的。可我现在又走不开,上海也要搞武装暴动了。

王舒:现在搞武装暴动,大家意见很大,不能怪长荣执行不力。

罗栗文:唉,明知不可为,不得不为之,共产国际就是乱指挥,个别领导头脑发热。我也有不同的意见。我知道长荣的心思,和我一样,想拖到周部长从莫斯科回来。可周部长暂时还回不来,你说急人不急人。这样吧,何小姐出嫁的事暂时保密,等我有空的时候,我要亲自去河南一趟,慢慢再跟长荣叙吧。

王舒:那也只能这样了。

枞阳铁板洲。何府。

宾客盈门,院子里屋子里摆满了酒席,乡绅贤达亲眷纷纷向何老爷表示祝贺。姐夫吴用贤和姐姐何坤秀忙着敬酒。屋外不远站着许多看热闹的人。卓蓝和李卫换了当地人的装扮,混在里面。

人群议论:什么时辰发轿?

有人应答:快了。到安庆还有不少路呢?

又有人:走旱路还是水路?

有人:走旱路,先到上枞阳,走杨桥石塘嘴到安庆这条路,这是新娘要求的。

还有人:哎呀,走上枞阳,这童家人心里要难过了。

另外一个人:童家人没这个福气呀。人家可是等了这么多年,也算是何小姐仁至义尽了。

卓蓝吩咐李卫,多拍点出嫁时的照片。李卫嘀咕,照相在乡下是个稀罕玩

意,人家会注意的。卓蓝啐了一句,你不要跟我在一起,就说你是报社记者不就完事了嘛。

李卫是被卓蓝逼得没办法才来的,他从内心里不想看到这样的场面,他想童长荣要是见到这些照片,心里面会很难过,这就是往他的伤口上撒盐。

何坤宜坐在屋里,一副受人摆布的样子。邻家两个嫂子在屋里替她梳妆打扮。何坤秀进来,抱着妹妹,忍不住哭了。何坤宜也哭了。

院外,鼓乐齐鸣,迎亲的队伍到了。乡邻纷纷围了过来。卓蓝和李卫在人群里随人流往前涌来。李卫举起了照相机,不停地拍照。

卓蓝看见了新郎戴着大红花走在头里,朝何府院落走来,迎亲队伍停在了院落门口。

屋里,何坤宜站了起来,望着屋内的陈设,然后转过身体。

何坤宜轻启朱唇:姐姐,两位嫂子,你们出去一下,等我一会儿。

几个人走了出去,何坤宜轻轻地关上了门。她从箱奁里取出了红袋子打开,抚摸着童长荣的小老鼠尾巴辫哭了,又从袋子里取出童长荣的照片,泪眼蒙眬地望着。她将老鼠尾巴辫和照片重新装进了红袋子,塞进了怀里,留恋地再次看了一眼闺房。这才打开门,出现在众人面前。何坤宜来到何老爷面前,跪了下来。何老爷哭了,连忙搀扶起女儿。

何坤宜朝宾客们深深地鞠躬。家兄走了过来,弯下腰背起了何坤宜走出家门,来到院子的轿旁,何坤宜坐进了轿子。

鞭炮响起,鼓乐齐鸣。送亲迎亲的队伍合在一起。卓蓝和李卫混在人群里,继续跟在娶亲的队伍后面,来到了渡口。早有雇佣的好几条船只在渡口一字排开。新郎走在头里,轿子上船,依次是迎亲、送亲的队伍上船。卓蓝和李卫挤上了最后一条船。

船只在江中浩浩荡荡往枞阳驶来,何坤宜特地交代在上码头下船。船只停靠在上码头,轿子先下船,接着众人将嫁妆搬下船。卓蓝和李卫乘乱也下了船。

一切停当,正准备重新起轿,何坤宜掀开轿帘,对轿夫说,请停一下。轿夫放下了轿子。卓蓝和李卫躲在人群后面,伸着头朝前望。

只见何坤宜提着一只小箱子下了轿子,走到了新郎身边。

何坤宜朝新郎鞠了一躬,抬起头:对不起,我不能跟你到安庆去。我不了解你,你也不了解我,这小箱子里面都是金银珠宝陪嫁,你把它带回去,另找个好姑娘吧。

何坤宜将箱子递给了新郎,新郎机械地接了过来,愣在了那里。何坤宜转身走到轿子边,又朝四个轿夫鞠了一躬,然后给每人发了两块大洋。

何坤宜:麻烦各位轿夫,把我抬到童家去。众人愣住了,李卫懵了,卓蓝傻了。

何坤宜从容地坐进了轿子。轿子抬起。

四个轿夫抬起轿子,新郎反应过来,将身上的大红花扔到了地上。

卓蓝瘫坐在地上:怎么会这样?

李卫:这何小姐有心计,我佩服!

卓蓝朝李卫叫着:你是来干什么的,就是来看我出洋相的是不是?

李卫:卓小姐,咱别费这个心思了,我们回去吧。

卓蓝:不,要看热闹,就要看到底。我倒要看看这个何小姐怎么来跟童长荣拜堂成亲!

童家大院里,童母坐在门口缝补破旧,五叔从外面跑了进来。

五叔:二娘,二娘,不好了。坤宜姑娘今个儿出嫁了。

童母停住针线,心里有些难过,她掏出手帕擦着眼角的泪。

童母:我知道会有这一天的。

五叔:二娘,你心里也别难过了。人家等不起,我们只能认了。

隐隐约约地传来唢呐和鼓乐声。

五叔叹了口气:这何家也是,到安庆走水路不就得了,可偏偏要走旱路,还特地到上码头来打个弯,这不是叫我们童家难看吗?

童母:五叔,你不能这么想,坤宜这么做自有她的道理,她是个有情有义的人,特地来知会一下童家人的。五叔,你等我一会儿。

童母走进屋里,五叔坐在院子里抽着水烟袋,唉声叹气。不一会童母手上拿

着庚帖走到五叔跟前。

童母伤心落泪;五叔,我托你做件事,去把庚帖还给人家。她又掏出铜钱递给五叔,替我买个大鞭炮,送送坤宜。

五叔抽抽鼻子接过铜钱:婚姻不成情意在,二娘,你做得对,是我们简慢了人家,不能怪何家,更不能怪坤宜姑娘,我这就去照你的意思去办。

五叔朝院外走去。童母在屋檐下坐了下来,从怀里掏出手帕抹着眼泪,大哭起来:长荣,你死到哪里去了。这么好的姑娘,你没福消受啊!

送亲的队伍沿街吹吹打打一路走了过来。五叔拿着庚帖和鞭炮站在路口张望。轿子里,何坤宜偷偷掀开了轿帘,看见五叔朝轿边走来,何坤宜放下了轿帘,轻轻说声请停一下,轿夫停住了脚步。卓蓝和李卫不知道前面发生了什么事,随满街看热闹的人群里往前挤,只见五叔站在轿子外面。

轿子里的何坤宜和外面的人都听到了五叔的声音。

五叔:坤宜姑娘,我二娘托我将庚帖还给你,让我送送你,还带个话给你,祝坤宜姑娘婚姻美满、多子多福。

五叔双手呈上庚帖,何坤宜掀开轿帘,望着五叔。

何坤宜:五叔,谁让你还庚帖了?

五叔:坤宜姑娘,是我二娘啦,我们童家对不起你。

何坤宜:五叔,你这鞭炮是接我的吗?

五叔:是长荣的妈妈让我来送你的。

何坤宜笑了:五叔,你在前面带个路,我嫁的是童家。到了童家大院门口,你就放鞭炮。

五叔没有反应过来:坤宜姑娘,你,你说什么?

何坤宜:五叔,你听不懂吗?今天我是嫁到童家来的。

五叔怔怔地望着何坤宜,眼泪下来了:我听清楚了。你到了门口,我就放鞭炮。

五叔拿着庚帖、鞭炮在前面跑,鼓乐齐鸣,吹吹打打来到童家大院门口,五叔连忙放鞭炮。鼓乐声和鞭炮声惊动了院子里的童母,她站起来,见到五叔领着轿子已经进了院内,街上看热闹的人纷纷涌进了院子。童家叔伯、婶子也在一旁看着。

五叔跑了过来:二娘,坤宜姑娘是嫁到童家来的。

童母又惊又喜:不是说是嫁到安庆别人家的?

轿子停下,何坤宜盖着红盖头走了下来,来到童母跟前。

何坤宜:娘,我生是童家人,死是童家鬼,谁说我要嫁给别人家了。

童母拉住了何坤宜的手:坤宜呀,这么突然,我什么都没准备。

何坤宜:我到童家来陪你过日子,要什么准备呀。娘,你领我进屋吧。

童母喜极而泣,站立不稳,婆媳俩互相搀扶走到门口。何坤宜停住回过头,朝送亲的队伍三鞠躬,然后进了屋里。

枞阳街上的人遇上了新闻,纷纷涌进了院子。卓蓝和李卫挤到了屋檐下,朝里面望着。

屋内,何坤宜对五叔说,虽然家里没有准备,但成亲拜堂还是不能少。童母抖抖索索地从屋里找出了半截蜡烛,哭着说,你要拜堂成亲,怎么个拜法呢?

何坤宜对婆婆说,你老别急呀,我自有办法。她不慌不忙地从怀里取出那只红袋子,递给五叔。五叔打开来,发现是童长荣的相片和剪下来的老鼠尾巴辫子,他立刻明白了。将辫子和照片置于桌前。

五叔高声喊着:一拜天地。

何坤宜朝门外鞠躬。

五叔:再拜高堂。

童母坐在凳子上,何坤宜朝童母鞠躬,童母含泪点头。

五叔:夫妻对拜。

何坤宜拿起童长荣的相片和老鼠尾巴辫子,自己鞠躬,又让老鼠尾巴辫子朝自己鞠躬。在场的人都笑了。

童母站起来,拉着何坤宜朝里屋走去。看热闹的人往里面挤着。五叔将照片和老鼠尾巴辫收进了红袋子里,放在条几上。卓蓝站在门口盯着红袋子,随着人流进了堂屋,乘人不备将红袋子拿了过来,塞进了衣服里,悄悄对李卫说,我们

走吧。

再说铁板洲何家,帮忙的邻家媳妇们在院子里用大木盆洗着碗盏杯盘碟子。何老爷坐在大堂里抽着水烟袋,总算稍微松了一口气,女婿吴用贤和大女儿何坤宜陪着何老爷说着话。

何坤秀:爸爸,你可算是掉了一桩心事。

何老爷:话是这么说,可我又担心,就她心高气傲的脾气,就不知道在婆家过得可顺心。

吴用贤:我能看得出来,她从心里还是放不下童长荣。

何坤秀:放不下也得放。日子长了,等有了儿女,也就渐渐淡忘了。

何老爷:用贤啊,这次亏得何局长还有陆书记从中牵线搭桥,不能忘了人家,等坤宜回门之后,我们一起到安庆,备些礼物去答谢一下。

吴用贤点点头。

屋外有人跑了进来:何老爷,送亲的人回来了。

何老爷放下烟袋有些迷惑,吴用贤一惊,何坤秀跑出门,来到院外,看见轿夫们带着空轿子回来了。何坤秀连忙抓住轿夫。

何坤秀:大兄弟,你们怎么回来了?

轿夫:何家姐姐,我们到了上码头,你家妹妹改了主意,让我们把人抬到童家去了。

何坤秀如雷轰顶:啊。

何坤秀跌跌撞撞地跑进屋内:大事不好了,坤宜在路上变了卦,让人送到童家去了。

何老爷气急,抖动着嘴唇,倒了下去。吴用贤、何坤秀慌了,一边让人去喊郎中,一边将何老爷抬到床上,又是掐人中,又是抹胸部,折弄了半天,就是不见人醒来。好在郎中不远,不一会儿就到了,他摸摸脉息,说人不要紧,急火攻心,待会儿就会醒来。郎中让何坤秀端来一碗水,慢慢喂着。

不一会儿,何老爷慢慢睁开眼,看见吴用贤和何坤秀陪在自己身边。

何老爷老泪纵横:气死我了,我何家还有何脸见人?

何坤秀发着狠:不行,我这就去带人把这死丫头绑回来!

何老爷摇摇头:你能绑回来她的人,你能绑回来她的心? 罢罢罢,从此,我不再认这个女儿,就当她死了!

夜晚。童家,一豆灯光照着童母和何坤宜。

童母拉着何坤宜的手:坤宜呀,你跑到我家来做么事,要人没人,要钱没钱,你这是不得死往地宕里爬呢。

何坤宜笑了:我愿意。

童母:你这么做,你的父亲这会子恐怕是要气死了。

何坤宜:我也不想这样,可都是被一家人逼的,我想到过死,可我不甘心。娘,我告诉你吧,从答应安庆那门亲事的那一刻,我就在做准备,我把前后所有都想了个遍,只有冒着不孝的罪名了。我相信长荣会回来的,这一切都是值得的。

童母哭了:长荣,我的儿哇,今天,媳妇过门了,你已经成亲了,你晓得不晓得,你在哪儿啊?

何坤宜突然想起了什么,来到堂屋,寻找红袋子,发现桌上的红袋子不在了,她开始满屋找,没有找到。五叔坐在院子里抽着旱烟,何坤宜走到门口。

何坤宜:五叔,你见着拜堂的那个红袋子了吗?

五叔站起来:我记得收着放在条几上了。

何坤宜跑进里屋:娘,你收着那个红袋子了吗?

童母:没有,我没收那个红袋子呢。

何坤宜六神无主:红袋子不见了。

童母:我再去找找。

何坤宜摇摇头:堂屋里已经找遍了。

童母:别人家要这个东西没用,人家不会拿这个红袋子的。

何坤宜失魂落魄地:难道这是天意吗?

同样失魂落魄的还有卓蓝,回上海的船上,她的心情糟透了,她没想到何坤宜是一个如此的烈女子。为了童长荣,她甘愿抛弃一切。卓蓝心里充满嫉妒,对这个女人也充满了敬意,更多的是对自己的无望。她觉得自己很可怜,也很可

耻。枞阳童家的那一幕完全都是自己造成的,是自己把何坤宜逼到了这一步。李卫一路倍加小心,察言观色,悉心呵护,生怕因为自己的一句言语,一个动作,惹怒了卓蓝。

到了上海,李卫将卓蓝送回到了大华纱厂小白楼,立即找到了王舒,告诉了枞阳发生的一切。李卫说完这一切,感喟不已,说这是人间的至爱,他是真切地目击了全过程。王舒抑制不住内心的激动,忘了对李卫说声谢谢,就一溜烟地跑了。

王舒来到罗栗文的住处,激动得语无伦次地将李卫的话,复述了一遍给罗栗文听。罗栗文听后,内心极不平静,更是感慨万分,反复念叨着几个关键节点:坤宜姑娘借出嫁的机会,中途改变路线,到了童家,和童长荣的小老鼠尾巴辫子拜堂成亲。

王舒拼命地点头,说卓蓝和李卫自始至终地跟在后面看到了全部过程。

罗栗文的眼睛湿润了,天下能做到这样的女子只是舞台上的戏文,可今天在现实生活中真真切切地发生了。他问王舒,这说明了什么?

王舒说,说明坤宜姑娘的格局、境界和人品,她就是人中之凤。

罗栗文情绪激动,你这么说还是小看了坤宜姑娘,说明坤宜姑娘对共产党人的无限信任,对我们党的事业充满了信心,说明共产党已经活在了人民的心中。共产党一旦扎根于人民的心中,这预示着什么,你想不胜利都难!

王舒:等到胜利的那一天,我们一定要把坤宜姑娘的故事编成戏文。

罗栗文:坤宜姑娘和老鼠尾巴拜堂成亲的故事将永垂青史。一定要把这件事尽早告诉童长荣,让他安心工作,让他今后善待坤宜姑娘。

王舒:好的。不过暂时还不能告诉他,郑州武装暴动的日程已经定了,不能让他分心。

罗栗文点点头:卓蓝这下可要绝望了,指不定要做出一些疯狂的举动。

王舒:是的,听李卫说,卓蓝在回来的路上,没有一句话,整个人处在崩溃的状态。

罗栗文嘱咐王舒,要和李卫保持经常性联系,密切注意卓蓝的动向。

童长荣宣布:同志们,河南武装总暴动现在开始!

三颗信号弹升上天空。枪声大作。工人武装力量开始向警察局、电报大楼、军事驻地发起攻击。

国民党军队出现在街上,分割工人武装,工人武装发动了顽强的阻击,国民党大批士兵倒在街道上,工人武装进攻顺利,继续向城区中心推进。

童长荣、徐兰芝带领工人武装跃出临时战壕,收集武器弹药。敌人乘机又发动攻击,工人武装用火力压制,童长荣、徐兰芝和工人们迅速撤回战壕里。

不断有人报告:已经占领了电信大楼;占领了警察局;摧毁了敌人的两个营房……

又一个人进来报告:国民党大批军队正在往城里开来。

童长荣:同志们,这里是国民党军队进城的必经之路,我们要誓死守好这块阵地,为城内武装暴动争取时间,我们必须守到天亮,大家有没有信心!

工人武装高声地:有!

国民党援军朝阵地发动攻击,不断有工人中弹倒下去。这时,国民党炮兵开始向临时指挥所发动炮击,不一会,临时工事被摧毁。国民党军在坦克的护卫下潮水般地向前推动。

童长荣带领工人们武装射击,关键时刻,陈原道赶了过来。

陈原道:童书记,不能这么硬拼了,敌人已经快要把我们包围了,下命令吧,撤!

徐兰芝也赶紧过来报告,敌人把后面的路堵死了。

童长荣:老陈,徐兰芝同志,我命令你们带着大家从左翼撤退,我来掩护你们。

敌人蜂拥过来。

陈原道:童书记,你带着大家撤。我来掩护你们。

童长荣:服从命令。

陈原道和徐兰芝只好带着大家边打边往后面撤退。

童长荣:剩下的跟我来。

童长荣带着剩下的人来到一个高地上,利用地形开始向敌人发起阻击。敌人强大的火力,打得童长荣他们抬不起头来,不时有身边的工人倒了下去。

童长荣大声命令着:你们都给我离开,我来对付他们。

突然一颗炮弹落在童长荣身边不远的地方,发出巨大的轰响,童长荣被气浪冲出很远,倒在地上,昏迷过去。敌人涌了上来,用枪对准了童长荣。

王舒从罗栗文的秘密住处出来,一个人低着头在街上行走着。不经意中,突然发现对面街道上有两个熟悉的身影,一个是小日向,一个是林悦。他大吃一惊,悄悄在后面跟踪,发现两人进了高崎的住处。王舒觉得极不寻常,转身回去向罗栗文做了汇报。

罗栗文陷入沉思,判定这两个人与高崎会合,一定会有不可告人的目的。小日向作为日本黑龙会的鹰犬,此时来到上海,肯定负有特殊使命,林悦自从在大连的船上被吴志杰、卓蓝和赵瑞麟打个半死后,这些年一直缩在长春,没有动静。他立即让王舒告知李卫,希望卓蓝能利用大华纱厂和高崎的合作关系,密查他们来上海到底想干什么。王舒对罗栗文说,我这就去找李卫。

大华纱厂,小白楼里。卓蓝躺在床上凝望着童长荣的相片,又抚摸着童长荣的小老鼠尾巴辫子。她的脑海里不禁涌现出在安庆初见童长荣的情形:童长荣在课桌前看书;抚摸童长荣的小老鼠尾巴辫子,被童长荣挡开;童长荣在背诵共产党宣言,一个幽灵,共产主义的幽灵,在欧洲大陆徘徊……

她依稀记得自己跟罗栗文说过,你糊弄了我,可我很高兴你让我认识了一个奇才童长荣……怎么样,小子,跟我到上海去,我要好好培养你。她记得童长荣说,我凭什么要跟你到上海去,还记得扭头就走的情形。

就在沉思默想的当儿,外面传来敲门声。卓蓝连忙将照片和小老鼠尾巴放进了红袋子里,塞进枕头下。

外面传来父亲的声音:蓝蓝,李卫找你说有急事。

卓蓝打开卧室的门,下楼来到门外。李卫走了过来。

卓蓝：什么事这么神秘兮兮的？不会是杨飞、赵瑞麟让你来找我的吧？告诉他们，我不会回 44 号的。

李卫：不是，王舒刚才来找我，说他看见两个人走进了高崎的住处。他还说这两个人你非常熟悉，一个叫林悦，一个是日本浪人小日向。

卓蓝顿时警觉起来，是这两个人？职业的敏感告诉她，这两个人来到了上海，定有大事。她问李卫，知道这两个人是什么人吗？

李卫摇摇头，说不知道。

卓蓝对李卫说，这两个人都是我们在东京的生死对手。林悦是清朝皇室的投降派，就是她将《田中奏折》的抄件扔进了大海里。

李卫：我想起来了，我和张龙在大连接你和赵瑞麟，你们把这个女人差点打死了。

卓蓝点点头：高崎是黑龙会内田良平手下的重要成员，这两个人进了高崎的住所说明了什么？你去告诉王舒，我必须要找到童长荣。

李卫：我不知道童长荣在不在上海。王舒只跟我说，他已经报告给了罗栗文。

卓蓝：告诉王舒，国家和民族利益在前，我愿意放下一切个人私情，愿意再次和童长荣携手战斗。

李卫离开后，卓蓝走到了在游泳池边的父亲身边。

卓荣丰一边看着报纸，一边问卓蓝：蓝蓝，李卫来找你做什么？不管是杨飞还是赵瑞麟让他来，你都不要理睬，你要与 44 号一刀两断。

卓蓝坐在父亲身边：爸爸，我改变了主意，回 44 号。

卓荣丰：蓝蓝，你可是在你母亲的像前答应我不再回到 44 号。

卓蓝：爸爸，情况有变，日本人极有可能要实施侵略中国的计划。

卓荣丰吃惊望着卓蓝：啊，何以见得？

卓蓝：李卫刚才找我就是这个事。共产党王舒托李卫告诉我，那个林悦和日本浪人小日向进了高崎的住地。

卓荣丰：这能说明问题吗？

卓蓝:虽然没有证据,但我凭直觉日本人要开始行动了。爸爸,在国家和民族利益面前,我不能坐视不管,爸爸,求求你了。

卓荣丰:蓝蓝,你要是为国家做事,我并不反对。但万一这两个人和高崎只是一种单纯的来往呢?

卓蓝:爸爸,您还不明白,共产党派人来找我,就是要利用我们和高崎的关系,一探虚实,如果像您说的那样,没有事不更好吗?

卓荣丰问女儿想怎么做,卓蓝说,我想让你陪我一起去高崎那里一趟。

卓荣丰:去一趟能看出什么名堂。

卓蓝:碰碰运气或者直觉,也许能发现点什么。

 三十六

河南工人暴动失败。童长荣被捕,戴着手铐,站在囚车里,武装押送开封,警笛声声,从街上一路呼啸而过,陈原道、徐兰芝混在人群里望着这一幕,痛心疾首,捶胸顿足。

到了开封,童长荣被关进了开封第一监狱。

谷滋生满身泥泞从开封一路颠簸,赶到了郑州,走进了省委四合院。陈原道连忙扶他坐了下来,徐兰芝替他倒水。

陈原道焦急地问:老谷,开封的情况怎么样?

谷滋生:开始进展还比较顺利,等敌人发觉了,派来大批军队来镇压,我们就抵挡不住了,人员伤亡很大。后来我就下令停止了行动。刚从谢副监那里得知,童书记被关押在开封第一监狱,我就赶了过来,怎么办?

陈原道:同志们,现在决定成立临时行委,暂时我来挑一下头。大家有没有意见?

三人举手赞成。

陈原道:好,现在我宣布三项决定,第一,通知各级组织立即停止暴动,隐蔽力量,防止敌人搜捕;第二,立即组织人员,营救童书记。第三,将以上决定上报

中央和北方局。

会后,陈原道单独和谷滋生商量营救童长荣的办法。

谷滋生叹了口气:童书记的身份已经暴露,开封监狱戒备森严,如果用上次救罗书记的办法肯定不行了。

陈原道心情沉重:不管有多大的难度,哪怕只有百分之一的希望,我们也要去争取。只可惜,我们的力量太弱了,没有办法将童书记强行救出来。

陈原道的话提醒了谷滋生:如果是强行营救,有个人倒是能做到,只怕现在他不愿意出面了。

陈原道连忙问是谁。谷滋生回答是邹均。陈原道沉吟着,邹均能救童书记?

谷滋生马上又否决了自己的想法,邹均刚刚被省委撤销了军委书记职务,还被开除了党籍,他恨童书记都来不及了,让他来救童书记,这可能吗?

陈原道站了起来,说我知道了,老谷,谢谢你提供了这条重要线索。我不留你了,你赶快回开封,做好善后工作,做好营救童书记的准备。

谷滋生喝完了碗里的水,站了起来与陈原道握手,离开了省委四合院。

开封第一监狱。西装青年和中山装中年走进蔡监狱长办公室,亮出了派司。

西装青年:监狱长,我们想去现场查验童长荣。

蔡监狱长有些犹豫不决。

中山装中年:蔡监狱长,你敢阻拦?这不太妥当吧。上次清理政治犯的事,我们还没有对你追究责任呢。

蔡监:那行吧,我请谢副监陪你们去。

蔡监朝门外喊着:谢副监,你过来一下。

谢副监走了过来。蔡监告诉谢副监,这两位他们要去查验一下刚刚从郑州送过来的那个人犯。

谢副监:行,那跟我来吧。

谢副监带着西装青年和中山装中年走到独立监牢,警察、军警、狱警重兵守卫。

童长荣戴着脚镣手铐坐在监室一角闭着眼睛。铁门哐当一声被打开,童长

荣睁开眼睛。

西装青年望着童长荣,又掏出照片比对着:不错,这就是童长荣。

中山装中年:童长荣,你可终于露出真身了。

西装青年:童长荣,你本事大啊,在这个监狱里,你成功救走了200多个共产党,佩服。

中山装中年:可没想到,你倒把自己送进来了,真是讽刺啊!

童长荣:我想请问一下,你们是什么人?

西装青年:杨飞、赵瑞麟、卓蓝知道吗?

童长荣笑了:嘀,中央俱乐部的手伸得很长啊。

中山装中年:上次你骗过了他们,这回我看你还能逃脱吗?

童长荣:你可以让他们过来,陪我在这里聊聊天。

西装青年:你放心,我们会立即电告上海,他们会来的。恐怕不是来和你聊天的,要把你的人头带回去。

童长荣还是微笑:那我们就走着瞧。

西装青年和中山装中年走出监牢。

谢副监用手指着童长荣:老实点,不要嘴硬了。

谢副监的手动了一下,一张小纸条掉落在童长荣身上。谢副监走出监牢,锁上了铁门。童长荣打开纸条,上面写着:组织正在设法营救,保重身体。童长荣将纸条塞进嘴里嚼着。

谢副监送走西装青年和中山装中年,走出监狱大门,来到对面的小店,买了一包烟拆开,点上一根烟。谷滋生戴着草帽走到谢副监身边。

谷滋生:情况怎么样?

谢副监:重兵把守,营救很难。

谷滋生:这个你不用担心,工作我们正在做。

谢副监:不过,上海中央俱乐部的人已经插手了,要做好对策,防止他们在这里打横炮。

谷滋生:我知道了。

上海环龙路44号。李卫将车开进了院子里,卓蓝下车,眼睛漫不经心地环顾四周。杨飞和赵瑞麟分别从各自的窗口看见了卓蓝。卓蓝微微一笑,款款上楼。

杨飞和赵瑞麟站在门口,各怀心思,都尴尬地望着卓蓝。

赵瑞麟:卓蓝,来上班了。

卓蓝将双手伸了出来:不是来上班的,是来向你投案自首的。

赵瑞麟:哪里,这里有诸多的误会,我正想和你一一澄清。

杨飞:卓蓝,欢迎你回来。过去的事情就一笔勾销了,不要揪着不放,你说是不是啊?

卓蓝:杨主任说的没错,自家兄弟,好比是唇齿,难免磕碰。只要二位不再追究我,我就感激不尽了。啊,赵科长,我想和你说个事。

赵瑞麟请卓蓝进屋,杨飞站在门口,满腹狐疑,有些不安,他搓着手,在门边徘徊。他偷偷地想看卓蓝背着他会和赵瑞麟说什么。张龙从走廊一头拿着一个文件夹走了过来,杨飞连忙进了自己办公室。

赵瑞麟办公室内,卓蓝对赵瑞麟说,这么跟你说吧,我之所以还愿意走进这幢楼,不是对这里还有多少留恋,我是为一件没有做完的事来的。

赵瑞麟望着卓蓝:你说,我听着。

卓蓝:林悦和小日向在上海来露面了,进了高崎的住地。

赵瑞麟:啊,这可不寻常。

卓蓝:我们必须要查清楚他们到底要干什么?

赵瑞麟见卓蓝没有纠缠过去的事,放松了表情,对卓蓝说,好,那我们就好好合作一次。

张龙拿着文件夹走了进来。赵瑞麟正想和卓蓝缓和关系,他不想此时被打扰,他呵斥张龙,没看到我和卓小姐正在商量事情吗! 你等会儿再来。

张龙走到赵瑞麟身边,附在耳朵边说情况紧急。卓蓝一笑,既然你们有紧急情况,我就不打扰了。卓蓝走过张龙身边,见张龙拿着一件红色文件夹,这预示

着文件的最高级别。

她走到门外,听见了赵瑞麟兴奋的声音,赵瑞麟连声说太好了。

张龙请示要向杨主任报告吗?赵瑞麟说,只有我们两个人知道,不许走漏风声!

卓蓝布置李卫在高崎住地对面一栋高楼里设立了监视点,可以俯瞰高崎的会所和小院子。李卫拿着望远镜,将焦距拉近,看见高崎正坐在小圆桌边。不一会儿他就看见林悦和小日向拿出一摞图纸走出来,坐在高崎身边,望远镜里,李卫看见三个人就着图纸在讨论。李卫拿起照相机拉近镜头拍摄照片。

公园里假山后面。罗栗文显得焦急,来回走动。王舒从小径上急匆匆走了过来。

王舒:罗书记,长荣现在的情况怎么样?

罗栗文:陈原道他们传来的消息是童长荣被关押在开封第一监狱。老陈他们正在商量营救的办法。找你来有个紧急的事,44号已经得到了消息,这很麻烦。

王舒:刚刚我和李卫才分手,他没说这件事。

罗栗文:这就说明,卓蓝不知道童长荣被捕的事。

王舒:罗书记的意思是?

罗栗文:立即告诉卓蓝童长荣在河南,而且已经被捕,关在开封第一监狱。

王舒:我明白了,为顺利营救长荣,防止赵瑞麟搅局,利用卓蓝来牵制他。我这就去找李卫。

卓蓝离开了44号,来到高崎会所对面高楼里的监视点。卓蓝拿起望远镜,发现高崎院子里空空的,没有一个人。

李卫向卓蓝报告,刚刚高崎和林悦、小日向在院内在看一摞图纸,现在到屋里去了。

卓蓝自言自语:图纸,一摞一摞的。他们这是要干什么?必须查清楚。啊,李卫,这里暂时放一放,赵瑞麟和张龙可能有重要行动。

李卫点点头,随卓蓝下了楼,正准备上车。车门拉开,卓蓝和李卫发现王舒坐在里面。

卓蓝:是王舒,胆子不小啊,正准备抓你,你可是自投罗网了。

王舒:我有重要情况要跟你们说。

卓蓝:你不会是来告诉我童长荣在哪里吧?

王舒:我就是来告诉你这件事的。

卓蓝坐在副驾驶位子上:李卫,开车。

李卫驾车在大街上行驶。

卓蓝:王舒,那你就说来我听听,童长荣在哪里?

王舒:卓小姐,我告诉你,童长荣还在河南开封。

卓蓝:为什么现在告诉我?

王舒:童长荣在河南郑州被捕了,关在开封第一监狱。

卓蓝:啊! 关起来好哇,那你找我干什么?

王舒:河南方面可能已经给你们44号发了电报。我们判断赵瑞麟肯定会瞒着你秘密去开封抓人,如果带回上海或者交给南京,麻烦就大了。

李卫:卓小姐,你说的赵瑞麟有重大行动肯定就是这个。

卓蓝:童长荣,把他枪毙一百次,都不解我的恨。你觉得我还会管这个事吗? 你们共产党不是能耐大吗? 干吗不去营救呢?

王舒:卓小姐,我是看在你和童长荣打了多年的交道上,才告诉你一声,就是不想让童长荣落在赵瑞麟的手里。你怎么做那是你的事。

卓蓝:给我滚下去!

李卫停车,王舒下车。车子继续前行。

卓蓝长叹一声靠在座位上,闭上了眼睛。

李卫:赵瑞麟这次瞒着所有人,是抢着要戴小红花呢。

卓蓝回到了44号,路过赵瑞麟办公室,发现赵瑞麟正在收拾东西,卓蓝倚在门口。

卓蓝:赵科长,这是要出差呀?

赵瑞麟抬起头:啊,卓蓝呀,你不是说要调查林悦吗,我决定去长春一趟。

卓蓝对赵瑞麟说,我去杨主任那里汇报个事,请等我一下,可千万别提前走了。

卓蓝走进了杨飞办公室。

杨飞连忙站起来:啊,是卓蓝,我一直想跟你解释,那天纯粹是误会,但有一点,我可以向你保证,我对你是真心真意。

卓蓝一笑:杨主任,请原谅那天我的不辞而别,这些天我反复琢磨着你的话,觉得非常有道理。

杨飞欣喜:卓蓝,你真的这么想?

卓蓝:杨主任为的是我好,你的一番表白,真的让我很感动。你还冒着这么大的风险去救我,这本身就说明了一切。

杨飞:你能体会到我的心意,我真的很高兴。

卓蓝:我想我还有件事没办,那就是这个该死的童长荣。一而再再而三地欺骗我,我一定要把他抓回上海,杨主任得帮助我。

杨飞:这个童长荣太可恨,我支持你的想法。可这童长荣狡猾得很,很难抓住他。

卓蓝:现在有人抓住了,电报都打到 44 号来了,你不知道吗?

杨飞:有这事吗?

卓蓝:当然,现在我正式请求杨主任一件事,我要亲自把他押解到上海来。

杨飞:我怎么不知道?

卓蓝:你问问机要室不就知道了吗?

杨飞走到隔壁,把机要员喊了过来,女机要员走进杨飞办公室。卓蓝对女机要员说,请你告诉杨主任,河南来的电报,你交给谁了?女机要员说,是行动队的张队长交给了赵科长,我还以为他要转交给杨主任呢。

杨飞对女机要员说,你去把张龙喊来。女机要员把张龙喊进了杨飞办公室。杨飞问张龙,河南的电报呢?

张龙支支吾吾,这事啊,赵科长可能还没有来得及向你报告,赵科长的本意是想带着我们秘密去河南,到时候他想给你一个惊喜。

杨飞:放肆! 请你们立即停止行动,将电报稿送来交给卓蓝,此次任务由卓蓝带人执行。

张龙回答了一声是,灰着脸走了出去。

杨飞:卓蓝,你马上组织人马到开封,务必把童长荣给我带回来。

卓蓝撂下一句话,那就谢谢杨主任了,卓蓝拿起电报稿走出杨飞的办公室,走到赵瑞麟办公室门口。看见张龙向赵瑞麟说着什么,赵瑞麟气急败坏。

卓蓝站在门口:赵科长,我刚给你说什么来着,啊,对了,你要去长春出差,就想委托你一件事,请调查一下林悦和小日向那一摞图纸是怎么回事。

赵瑞麟转过身,脸色铁青,答也不是,不回答也不是。

卓蓝:啊,赵科长,刚刚,杨大主任给我派了个活,我也要出差,到开封。祝我们的旅途愉快。

卓蓝扬了扬手中的电报稿,飘然而去。

张龙望着赵瑞麟,不知如何是好。赵瑞麟从牙缝里挤出了几个字,她干她的活,我干我的活!

陈原道派人在满郑州寻找邹均,一连找了好几天,终于有人发现邹均在一家小酒馆里喝闷酒。陈原道当即赶到了小酒馆,只见邹均一人自斟自饮,他凝望着酒杯,眼睛里含着泪,情绪低落,叹了口气,将一杯酒倒进了肚子里。

陈原道走了进来,在邹均对面坐了下来,拿起酒壶给邹均满上,也给自己倒了满满一杯酒。邹均抬起头望着陈原道。陈原道示意了一下,仰起脖子喝干了杯中的酒。

邹均:老陈,我已经不是党的人了,你还跑来找我做什么?

陈原道:邹均,可我们还是兄弟不是,我来陪你喝杯酒不成吗?

邹均惨笑:一个敢于坚持原则,对党负责的人,可现在落到了一个被开除党籍的下场,我想不通啊。你都看见了,失败的武装暴动结果再一次证明我的意见是正确的。

陈原道:邹均,我只问你一句,你对共产党失去信任了吗?

邹均:我不知道。

陈原道:邹均,我和你一样,也受到了处分,可我对党从未产生怀疑,理想信念从未动摇。

邹均:老陈,你跑过来跟我说这些,什么意思?

陈原道:我要你去营救童书记。

邹均:童书记撤销了我的职务,还开除了我的党籍……

陈原道:你错了,童书记把我和你的处分决定压了一个多月,这就是对我们的保护。他的做法没有问题。

邹均:我只问你一句话,你就没有一点委屈?

陈原道摇摇头:个人的委屈算什么?童书记还在大牢里呢。

邹均:可我连个党员都不是,这算什么?

陈原道:邹均,这算为党在工作,你还可以争取重新入党。党现在需要你,你要是不为党做工作,可真的就不是党的人了。

邹均哭了,哭着倒满酒,一饮而尽。陈原道深知,邹均有着一肚子的委屈,他自己何尝不是这样。他心里明白,邹均一个人在小酒馆里喝酒,叹气,哭泣,恰恰是对组织的依依不舍。现在说些牢骚话,这也是完全可以理解的。不管邹均答应不答应,陈原道按照自己的思路对邹均说,你是冯玉祥旧部的人,蒋冯中原大战后,冯玉祥倒了台,可是冯玉祥部队里有许多高官都是我们党的人,我们只有一条路,武装营救,把人从监狱里硬抢出来。你看找谁最合适?

邹均终于点头,行,我先去邓宝珊将军那里,找他的秘书杨可均将军商量商量。杨秘书是我们的同志。

陈原道点点头,越快越好,我就怕上海中央俱乐部的那一帮人插手,把人弄到了上海就不好办了。

邹均喝干酒,站起身,对陈原道说,我这就去,还有点酒,你慢慢喝吧,走的时候,帮我把账结了。陈原道举了一下酒杯,对邹均说,我等着你的好消息。等你回来,我再请你喝酒。

邹均一刻不停地赶到了联军第八方面军总司令邓宝珊部,欲往里面走,被哨兵挡住了去路。

邹均:我是邓宝珊将军部下,我要找邓司令。

哨兵:邓司令不在,请回。

邹均:那我找杨秘书。

哨兵:杨秘书也不在,请回。

邹均一把抓住哨兵:他妈的,老子跟在邓将军后面做事时,你这个小兵蛋子还在你娘的怀里喝奶呢。你敢挡住老子去路,老子就让他们把你抓起来关禁闭。

另一个哨兵将枪对准了邹均:在谁面前称老子呢!胆子不小,跑到这儿来撒野,把他抓起来。院内跑出几个士兵,抓住了邹均。

杨可均在屋里听见吵闹,走了出来,见是邹均。

杨可均:把人放了,跟我进来吧。

士兵们放了邹均,邹均随杨可均走进院子里。

杨可均:邹均,你怎么来了?

邹均:我找邓将军有事。

杨可均:邓将军确实不在,现在陇海铁路一带发动"八月攻势",正在和蒋介石对着干呢。

邹均随杨可均走进办公室。杨可均给邹均泡茶。

杨可均:你找邓将军什么事?

邹均:河南武装暴动失败,省委书记童长荣掩护武装撤退被捕,现在关在开封第一监狱,我想找邓将军把他救出来。

杨可均:啊,这可是大事。邓将军现在暂时联系不上,怎么办?

邹均:那就只有找你了。

杨可均:你要我怎么做?

邹均:邓将军不在家,现在你们这里谁说了算?

杨可均:现在是刘骥参谋长代行邓将军军权。

邹均:那你可以去跟刘骥参谋长传达邓将军的命令。

杨可均:什么命令?

邹均:命令调动部队把童书记从监狱里解救出来。

杨可均:这可有点冒险啊。

邹均:冒什么险?我了解邓将军,凡是我们组织上找他的事,他从来都是照办不误。他不在也好,你可以假传邓将军的命令。邓将军回来不会说什么的。

杨可均:刘骥参谋长会答应吗?

邹均:刘参谋长在湖北自行组织军队讨伐蒋介石,这就是政治态度,不会有任何问题。

杨可均:开封监狱现在是重兵把守,我怕万一打起来了,事情闹大了,一旦失控,反而不利于救人。

邹均:这个好办。监狱里有我们的人,我们想办法把他弄到医院,在医院里动手。

杨可均:这倒是个好办法,这就简单了,到时候带几车人就能解决问题。

邹均:杨秘书,那就拜托你了。

杨可均:行,这边的事交给我吧。你回去之后,要确保把人弄到医院里。

邹均站起来,与杨可均握手:谢谢你。

杨可均挽留邹均,好不容易来一趟,至少也得喝顿酒再走。邹均说,时间紧迫,留到下次吧。邹均一再感谢杨可均,杨可均摆摆手,说你给了我一个机会,营救这么重要的领导。你放心,你要走就抓紧时间走吧。邹均再次说了声谢谢,离开了邓宝珊部。

上海火车站。卓蓝和李卫带着一帮便衣上车。王舒在暗中窥望,又看见赵瑞麟、张龙也带着几个随从上了火车。火车冒着热气,雾气蒙蒙中,王舒也悄悄上了火车。

火车鸣笛行驶。王舒悄悄在车厢内移动,走进了一个无人包厢。李卫走出包厢,往这边的过道走来,王舒一把将李卫拉进自己的包厢。

王舒对李卫说,赵瑞麟和张龙带人也上了这趟车。李卫点点头,说这次童长荣是凶多吉少。

王舒望着李卫,我可是指望着卓蓝和你呢。

李卫摇摇头,这次卓蓝是下定了决心要把童长荣带回上海,不可能再让他逃脱了。她对童长荣只有恨,没有爱了。这次到开封,她是抱着宁为玉碎,不为瓦全的心态去的。

王舒叹了口气,我知道,她已经是感到童长荣离自己越来越远了。女人一旦绝望,是什么事都能做得出来的。

李卫:王舒,我暂时也没有想出什么好办法。

王舒拉着李卫坐了下来,说那我们就好好想一想。他问李卫,赵瑞麟会不会要和卓蓝抢童长荣?李卫说这是肯定的,不然赵瑞麟要带人去开封干什么,是给卓蓝当保镖吗?

王舒的眼睛凝视一点,如果让他们内讧,我们就有机会;如果他们联手起来,达成一致,这就非常麻烦了。

李卫考虑了一下,我来想办法吧。他叮嘱王舒在火车上不要乱动,以免被发现。王舒点了点头。李卫走出包厢,来到卓蓝的包厢前。李卫敲门,卓蓝开门,李卫进去。

李卫:赵瑞麟和张龙也上了这趟车,这次是要和我们抢人呢。

卓蓝:赵瑞麟要是敢跟我抢人,我就灭了他们。上次打死了他们的两个人,我看赵瑞麟也没什么胡子翘嘛。

李卫:我们是执行任务,他们是想浑水摸鱼发泄对童长荣的仇恨,洗刷自己的耻辱。

卓蓝:告诉弟兄们,把眼睛睁大点,这次一定不能让赵瑞麟得手。

李卫点点头,回到车厢几个弟兄身边。不一会儿,张龙带着几个随从也来到车厢里。在李卫一帮人旁边坐了下来。

李卫走到了张龙身边:张队长这是要上哪儿去啊?

张龙:李卫,这话该我问你。

李卫:啊,你不是已经知道了吗,我们是到开封执行行动,把童长荣带回上海。

张龙:那我们也是带童长荣回上海呀!

李卫:哟,这任务不会搞重了吧。不是听说你们要去长春吗?

张龙:李卫,你小子不会搞错了吧?执行任务的是行动队。

李卫:我们可是杨主任亲自交代任务的。

张龙:对不起,我们可是第一时间掌握信息的,行动队闻风而动,无须请示汇报,这是我们的规矩。

李卫:张队长,你不会跟我们在开封抢人吧。

张龙:李卫,你说的也是,都是自家兄弟。这样,你请卓小姐到赵科长那里协商一下,达成一致意见,我们也好执行,免得伤了和气。

李卫回过头:弟兄们,你们说呢。

李卫随从:行动队向来喜欢吃霸王餐,这次不能让他们狠过去。

李卫双手一摊:张队长,你看看,协商不起来呀。我说,张队长,你们还是退出吧,这些弟兄们压抑得很,我怕到时候不可收拾。

张龙:你这是在威胁我?

李卫:这不是威胁,这是提醒。

张龙的人开始挑衅,故意将瓜子壳吐到李卫那帮人的脸上。李卫的随从站起来,将酒瓶掼在地上。双方掏枪对峙。赵瑞麟和卓蓝同时出现在车厢两头。

赵瑞麟:把枪给我放下!

张龙和随从将枪放下,李卫看了一下卓蓝,卓蓝示意,李卫和随从也放下了枪。

李卫嘟哝:我不知道有什么好抢的。这人又不是我们抓着的,有何功去争。抓了这么多年的童长荣,连童长荣的一根头发丝也没抓着,还好意思在这里逞能耍威风。这人家让不让我们带回来,还两说呢。

赵瑞麟:李卫,放肆!这里有你说话的地方吗?

卓蓝:李卫,把弟兄们带走。

李卫带着随从离开车厢。

赵瑞麟努努嘴,张龙将随从带离车厢。

赵瑞麟望着卓蓝,卓蓝笑了一下,走过来在中间位置上坐了下来,赵瑞麟也走了过来,在卓蓝对面坐了下来。

卓蓝:赵瑞麟,你不觉得李卫的话有点道理吗?

赵瑞麟:卓蓝,我这么跟你说,要不是你,我早就抓着了童长荣。我要争什么功,实话告诉你,我就是不放心你,鬼迷心窍,放不下童长荣。

卓蓝:你不放心我,是怕我放了童长荣?

赵瑞麟:难说。

卓蓝:赵瑞麟,实话跟你说吧,我承认对童长荣有感情上的纠葛,不过我不甘心,我想最后再见一次他,我要他亲口告诉我他不爱我,我就死了这份心。然后,就把人交给你。

赵瑞麟:卓蓝,谢谢你跟我说心里话。

卓蓝:不过,我想问你一句,你准备把人交给南京吗?

赵瑞麟:我不知道。

卓蓝:说真的,我很怀念东京的岁月……

赵瑞麟:卓蓝,我也跟你说句心里话吧。童长荣为获取《田中奏折》立下汗马功劳,绝非我辈所能为之,说他是民族英雄,毫不为过。他救过我两次,我心里明白。不过这些年,他把我们玩得团团转。我是个要面子的人,还有你对他那么痴情。我气他,嫉妒他,但是我不恨他。如果他不是共产党,该有多好!

卓蓝:我多想他成为我们的人,可我不得不面对现实,我得承认我的努力失败了。我多想在调查林悦、小日向和图纸的事,能有他的参与。可我们还能回到从前吗?

赵瑞麟:这也是我这次来的一个目的,我很想虚心向他请教。

卓蓝点头:赵瑞麟,你得答应我,将他带回上海后,长期关押,不要处死他。

赵瑞麟:童长荣是共产党,是我们的敌人,你知道吗?童长荣已经做到了共产党的河南省委书记,将来还会获得更重要的位置,可怕呀!可他也是令我尊敬的对手,我不想让他死。中日之间必有一战,留这个人对国家有用。卓蓝,我一直找你想说一件事,有个人该死!

卓蓝:赵瑞麟,这也是我一直想跟你说的。你知道吗?是这个人从你的手里截下我之后,你知道他对我做了些什么吗?在酒里下药,企图占有我,还要娶我,还要霸占我的家产。

赵瑞麟咬牙切齿:那他就死定了!

既然说开了,赵瑞麟索性问起打油诗的事,卓蓝问什么打油诗,赵瑞麟说在你和童长荣的幸福小窝里看到的,卓蓝一头雾水。赵瑞麟戏谑地念着,卓蓝卓蓝我爱你,长江波涛千万里,赵瑞麟呀也爱你,荒郊野外一狗屎。卓蓝说她完全不知道,恼火地指着赵瑞麟,你可别往歪处想,什么幸福小窝,呸!他童长荣完全是在利用我,我跟他什么事都没有发生过,你信吗?

赵瑞麟点点头,我信。现在看来,我的判断完全是正确的。童长荣为了摆脱你,虚晃了一枪,其实就是为了离开上海想摆脱你。如果他的计谋得逞了,你在监狱里至少得蹲个三年五载。从这个意义上来说,我们还要感谢杨飞。

卓蓝说,我不感谢他,我只感谢李卫,你也要感谢李卫不是吗?赵瑞麟点点头,是的,是李卫避免了这件事的发生,否则今天我们不可能坐在这里,一道去抓捕这个可恶的童长荣。

卓蓝叹了口气,我只奇怪,无所不能的童长荣这次怎么就轻而易举地被捕获了。赵瑞麟说,从郑州方面反馈来的信息看,童长荣作为中共河南省委书记,执行共产党中央的武装暴动指示,暴动失败,阻击城外援军失败,被炮弹震昏以后才抓到的。

卓蓝望着窗外,不再言语。

王舒找到了已经来到开封的陈原道,传达了中央和罗栗文的指示精神,要不惜一切将童长荣营救出狱,责成陈原道负责组织营救,还告诉了中央俱乐部两路人马已经到了开封,情况很危急。

在一处小平房外,谷滋生带着谢副监来了,陈原道和王舒走了过来。四人握手,一起走进屋里。不一会儿,邹均也来了。

几个人坐下来开会。

陈原道:邹均同志,你先说说。

邹均:我这里的情况是这样子的,杨秘书已经找了刘参谋长,刘参谋长答应派兵。不过最好想办法把人弄到医院。

谢副监:这事交给我处理。

陈原道问有什么困难没有？谢副监笑着说,在监狱里待了十几年了,都成了狱油子了,这算什么。不过,童书记有个建议,把他送到医院的时间和上海来人进监狱的时间重叠在一起。陈原道让谢副监具体说,谢副监说,童书记已经做了周密谋划,预设他的发病,是因为上海来人要毒害他,监狱就有理由把这些人扣起来,直到查清原因为止。

王舒兴奋地叫了起来,这就太好了。要知道,上海来了两拨子人马,你只要确保在解救之前,不能让他们离开监狱就等于成功了一半。陈原道点头,童书记这个想法好,但是必须做到无缝对接才好。

谢副监表示没有问题。他强调监狱有监狱的规矩,人犯出了事,那就得调查,我要让他们有苦说不出。陈原道感谢谢副监,上次解救就立下了汗马功劳。谢副监倒不好意思起来,连连摆手,说这是应该做的事。

陈原道继续部署工作,谷滋生负责在医院策应,邹均负责接应部队,王舒负责将童书记带到市郊山村大娘家,他说他在山村里恭候到了童书记,此时行动才算圆满成功。

开封第一监狱。谢副监带着两个狱警押着戴着脚镣手铐的童长荣走向刑讯室。狱警将他按在椅子上坐下。谢副监坐在审讯主官旁边。

审讯主官:叫什么名字？

童长荣:童长荣,你不是已经知道了吗？

审讯主官:年龄？

童长荣:24 岁。

审讯主官:什么职务？

童长荣:中共河南省委书记。

审讯主官:很好。童长荣,请你交代两件事,第一,说出中共河南省委和河南各地负责人名单;第二,交代组织逃脱 200 多个共产党的过程和幕后参与者。

童长荣：你说的第一件事，我不能告诉你。

审讯主官：能告诉我理由吗？

童长荣：因为我在入党那天就宣过誓，严守党的机密，永不叛党，并愿意为之献出生命，你说我能告诉你吗？

审讯主官：童长荣，这里是开封监狱，你是因犯，在这里还宣讲共产党那一套，给我老实点。

童长荣：我这不是老老实实在跟你说心里话吗？

审讯主官：你的意思就是不能说，是不是？

童长荣：你的理解很准确。

审讯主官：那你告诉我第二件事。

童长荣：开封第一监狱清理政治犯是纠错行为，恰恰说明是滥捕无辜，存在许多冤案、假案、错案。你们的所谓省政府请我参加清理委员会了吗？如果不是，你们这又是在制造冤案了。

审讯主官：童长荣，看来，你很不老实啊！

童长荣微微一笑：那你们可以用刑了。

审讯主官：你很知趣啊。

童长荣环视一下屋里的刑具：两年前，我在东京日本人的牢里待过几个月，领教了他们先进的刑具，就你们这些家伙，太落后了，不行啊。我看你这个审讯主官也不咋的，要不要我教教你审讯的技巧？

审讯主官气愤：童长荣，你居然敢藐视本官。给我用刑！

两个狱警将童长荣架到木架子上捆住，撕开童长荣的上衣，开始用鞭子抽着，顿时血痕道道，用电烙铁烙在童长荣的肩上，一阵青烟。童长荣昏死过去。

狱警将一盆水泼到童长荣脸上，血水顺着童长荣的身上往下淋着。童长荣清醒过来。

审讯主官：童长荣，你说不说。

童长荣吐了一口血水：不告诉你！

审讯主官：给我继续用刑。

两个狱警左右开打,童长荣再次昏死过去。

谢副监望着审讯主官。审讯主官点点头。

谢副监:把童长荣给我押回去。

童长荣被拖回了牢房。谢副监走进牢房,假意摸着童长荣的鼻息,又拍拍童长荣,童长荣艰难地睁开眼睛。谢副监伸开手掌,一个白纸包掉落到童长荣的身上。童长荣赶忙用手摁住。谢副监转身离去,狱警锁上铁门。

到了开封,卓蓝和赵瑞麟一行仍住在大金台酒店。除了李卫和张龙带的两路人马外,西装青年和中山装中年也带了人手,住了差不多半个楼层。

王舒和谷滋生开完会后,迅速带人赶到了大金台酒店。王舒必须精准掌握卓蓝、赵瑞麟到监狱的时间,谢副监交给童长荣的那包药,服下去20分钟后开始发作,两个小时内没有生命危险,他必须要控制好行动时间。

而这一切,李卫并不知情,王舒觉得这次主动权在自己手里掌控,就不想再和李卫联系了,免得节外生枝。这就苦了李卫,见不到王舒,他内心干着急,只得按照自己的思路走。他把随从召到自己的房间开会。对随从说,弟兄们,这次行动队是来和我们抢人的,我们得长个心眼,不能让他们得手了。

随从七嘴八舌,李卫兄弟,放心,我们这次豁出去了。

李卫分派任务:一组盯住赵瑞麟、张龙的人,二组跟我到监狱带人,三组担任警戒保障,听明白了吗?

众人齐声说明白。

手下人进来报告:报告,张龙进了赵瑞麟的房间,一直没有出来。

李卫:给我继续监视。

走廊里,人影走动,两班人马相互监视,走廊里气氛紧张。

赵瑞麟房间内,赵瑞麟和张龙正在商量。

张龙:赵科长,卓蓝的话不可信,让她先行动,万一她对我们要心眼怎么办?

赵瑞麟:我那是迷惑她的话,我们必须下好先手棋,懂吗?

张龙:门外他们的人在盯着,我们行动起来不方便。

赵瑞麟:暗地里不行,我们就明着来嘛!你去找李卫,就说我和卓蓝已经谈

好了,我们联合行动,你的人马听他指挥。

张龙明白了赵瑞麟的用意。赵瑞麟问开封的人在哪里?张龙说在卓蓝的房间里。

赵瑞麟起身,来到卓蓝门前敲门,卓蓝开门,赵瑞麟走进来坐下。

西装青年和中山装中年,端坐在卓蓝面前。

赵瑞麟:你们接着说,我听着。

西装青年:这次还有点麻烦,你们恐怕暂时还带不走童长荣。

卓蓝:为什么?

西装青年:童长荣已经刑讯过几次,始终没有交代,案子没有查清楚,河南方面恐怕暂时不放人。这次童长荣是军队抓的,案子还没有移交到地方,他们还管不了。

卓蓝:那我请问,政府、军队是不是国民党的政府、军队?

中山装中年:冯玉祥的联军正在和蒋总司令的部队大战,局势混乱,现在找不到点头的人。

赵瑞麟:你们二位听好了,这次行动统一归卓小姐指挥,我配合。不过我有个建议,我们先去看一下童长荣总是可以的吧。

西装青年:这没有任何问题。

赵瑞麟:卓蓝,我建议我们这就去开封监狱。

卓蓝也希望早点见到童长荣,她不假思索地同意了赵瑞麟的建议。

李卫和张龙分别带着人汇集到酒店门口集合,两辆小车,一辆军用大卡车停在那里。王舒、谷滋生带人在远处窥望着。

王舒:看来,他们要开始行动了。

谷滋生点点头:那我们就按照预定的计划行动。

酒店门口。张龙对李卫说,现在我把人都交给你了。

李卫:张队长,话虽然是这么说,不过,有句丑话说在前头,我们各为其主,受命行事。既然你把人交给我,就得听我的。如果在背后搞小动作可就不好了。

张龙:你放心好了。赵科长明确表示,全力配合卓小姐。我还有必要搞小动作吗？

李卫手一挥：上车。

李卫、张龙带着两边人马一起上了大卡车。

西装青年和中山装中年陪着卓蓝、赵瑞麟钻进了小轿车。车子离开。

卓蓝和赵瑞麟带人来到开封第一监狱。两辆轿车和大卡车开到监区的广场上，谢副监走了过来。

卓蓝和赵瑞麟走下车，看见牢房外，有国民党士兵荷枪实弹，军警、狱警在守卫着。

谢副监：两位长官，现在军方加强了保卫，你们放心，童长荣休想从这里逃出去。这边请。

几个人往监牢里走去。李卫、张龙的人被士兵们用枪挡住，他们只得站在门外等候。

阴暗的牢房里，童长荣靠在墙上，听见铁门响声，他警觉起来。谢副监走过来。

谢副监大声地：童长荣，上海来人要讯问你，你得老实点。

卓蓝、赵瑞麟来到牢房门口。谢副监慢腾腾地在腰间取钥匙。童长荣乘机取出药粉倒进了嘴里，将纸条塞进了口袋里，他闭上了眼睛。

谢副监打开了门，赵瑞麟欲跟卓蓝进去，被卓蓝挡住。赵瑞麟只好和谢副监站在门外。卓蓝来到童长荣身边，望着童长荣惨不忍睹的模样，百感交集，心情十分复杂。

童长荣闭着眼睛，干裂的嘴唇，喃喃地：水……

卓蓝望着床铺旁边有个水罐，她舀了半碗水，喂着童长荣，童长荣艰难地吞咽。

卓蓝：童长荣，看看我是谁？

童长荣努力地睁开眼：啊，是，卓蓝，我让你失望了。

卓蓝盯着童长荣：童长荣，我不是来审讯你的。知道我来这儿的目的吗？我就想问你一句话，你爱过我吗？哪怕就是瞬间的一点火花。

童长荣艰难地露出一丝笑意：就我现在这个样子，回答这个问题还有意义吗？

卓蓝对童长荣说，告诉你，你的回答只要不让我绝望，那就很有意义。她凑近童长荣轻声说，我可以带你走。

童长荣：我拒绝回答。

卓蓝惨笑：拒绝回答，就是没有爱过我。我真傻！千里之外跑到开封，腆着脸来问一个囚犯，你是否爱过我，我真是厚颜无耻。

卓蓝猛地朝童长荣的脸上打了几个耳光。

童长荣：谢谢，你还可以打狠点，这样你的心情会好受点。

卓蓝又气又恨，她从口袋里掏出了那个红袋子，童长荣觉得很眼熟，卓蓝从袋子里掏出童长荣的老鼠尾巴辫子在童长荣面前晃动着，看看这是什么？

童长荣很吃惊，这个东西怎么到了你手上？你把我的未婚妻怎么啦？

卓蓝的眼泪涌了出来，她说，童长荣，我去了一趟你的老家，看到了一场没有新郎的婚礼，感人啦，一个深爱你的女人和这个老鼠尾巴拜堂成亲。我嫉妒这个女人，我可以告诉你，我得不到的东西，这个女人也休想得到。

童长荣：你到底把她怎么啦？

卓蓝：这取决于你，我想要把她怎么地，那就怎么地，我会这样去做的。

童长荣：你给我滚出去！

卓蓝恼羞成怒，疯狂地拳打脚踢童长荣，谢副监跑进来，拼命拉住了卓蓝，呵斥着，卓小姐，你违反监狱规定，请出去。接着两个狱警上来，把卓蓝架了出去。

卓蓝大声地：赵瑞麟，童长荣就交给你了！

赵瑞麟走了进来，他蹲在童长荣身边。

赵瑞麟：童长荣，抓到你可真不容易呀。

童长荣努力地笑笑：赵瑞麟，你永远不会抓到我。

赵瑞麟：死到临头，还嘴硬。可悲啊，现在就连卓蓝也已经放弃了，你只有死路一条了。不过，我还想告诉你一件事，小日向和林悦都到上海了，他们在高崎会所里出没，还有大摞大摞的图纸，我想请你帮我分析一下，他们这是要干什么？

童长荣很吃惊,怔怔地望着赵瑞麟,他努力地想说点什么,可已经说不出话来了,他的意识开始模糊,心里明白,药性开始发作了,他死死地抱住了赵瑞麟,口吐白沫,抽搐着。

赵瑞麟大惊:快来人!

卓蓝和谢副监抢进牢房里,看见童长荣人事不省,倒在地上,两腿抽搐。

谢副监朝门外喊着:快,叫救护车。

两个狱警找来担架,将童长荣放了上去,抬起来急速往牢房外走去。卓蓝和赵瑞麟有些不知所措。

牢房门外。救护车迅速开了过来,李卫和张龙、西装青年和中山装中年等一班人不明就里,正在张皇之时,只见狱警抬着童长荣进了救护车。

卓蓝、赵瑞麟和谢副监跑了出来。外面的国民党士兵纷纷爬上军用卡车,押着救护车离开。卓蓝和赵瑞麟欲上车,被谢副监拦住。

谢副监对着卓蓝和赵瑞麟说,二位长官,不好意思,你们给童长荣吃了什么东西,不把问题说清楚,你们不能走!

卓蓝、赵瑞麟拔出枪对准了谢副监,跑过来一队国民党士兵和狱警,将他们围住。李卫和张龙带领人也纷纷拔出了枪,双方对峙。张龙朝李卫使眼色,李卫摇头。张龙再使眼色,李卫再摇头。士兵走过来用枪对准了张龙。

蔡监狱长走了过来:什么事啊?

谢副监:报告蔡监狱长,我怀疑这两个人是以审问为名给人犯下了药?

赵瑞麟:你,你血口喷人,我还怀疑是你们做了手脚呢?

蔡监:二位,你们都知道,童长荣是共产党要犯,在这里出了问题,我们监狱可是担当不起啊。你们得配合我们调查,把问题说清楚了,我们对上面也好有个交代。谢副监,这里就交给你了。

蔡监背着手走了。

赵瑞麟:如果人犯跑了,你们可承担不起这个责任!

谢副监:对不起,这个锅你们甩不掉,那也是你们的责任。

卓蓝:告诉我,你们得要多长时间?

谢副监:这就得看你们的配合了。

卓蓝和赵瑞麟无可奈何,只得顺从地在狱警的押送下往办公楼走去。

李卫有些发懵,他完全不知道发生了什么,直觉告诉他,这里一定有名堂,他觉得造事的机会来了,大喊一声,弟兄们给我上,他举起枪,朝卓蓝和赵瑞麟奔去,张龙本能地也举起枪,高喊一声给我上,他们围住了谢副监,想把卓蓝和赵瑞麟抢下来。大批的国民党士兵和狱警将他们团团围住,纷纷举起了枪。

卓蓝朝李卫吼叫着,别给我添乱了!赵瑞麟也命令张龙放下枪。无奈他们人少,只得放下枪。国民党士兵和狱警押着张龙、李卫和各自的随从、西装青年和中山装中年走进牢房,挤满了一屋子。狱警锁上了大铁门,国民党士兵和狱警在外共同看守着。张龙用手猛击大铁门,朝李卫吼叫。

张龙:李卫,你为什么不动手?

李卫:张队长,好汉不吃眼前亏。他们人多,我不想伤着了弟兄。你都看见了,卓小姐和赵科长已经下令,你说怎么办?

救护车鸣叫着在街上疾驰,后面一军车军人持枪跟在后面押送。车子开进医院停下,两个狱警抬着担架迅速往急救室跑去。

谷滋生正在急救室门口,看见了担架上的童长荣,他朝医生点了点头:这是我们的重要领导,不会有问题吧。

医生点点头:请放心,这药是我和谢副监商量的,我知道该怎么做。

谷滋生见国民党士兵、狱警朝急救室门口涌来,连忙闪到一边。医生拉开了急救室的门,吩咐狱警将人抬到病床上,去掉童长荣的手铐脚镣。国民党士兵和狱警开始驱赶人群,谷滋生随着人流被赶到了楼下,发现楼下已经布置了持枪岗哨。

谷滋生走出了医院,来到一个小巷子里。王舒和邹均走了过来。

谷滋生轻轻地:人已经到了医院。请放心,里面的医生也是我们的同志。他说,抢救童书记需要一点时间,然后给他吊点葡萄糖,补充点营养,再处理一下外伤,可能需要两到三个小时的时间。

邹均说我知道了,杨秘书已经带人隐蔽在郊外的小树林里了,这样,我们傍晚动手。我现在就去与杨秘书会合,说完匆匆走了。

谷滋生对王舒说,时间还早,不用慌忙,你来开封有趟数,说想吃什么。王舒说,想吃套四宝,可现在,哪还有心思吃呢。谷滋生说,现在必须吃得饱饱的,到时候才有劲干活呢。谷滋生说,你在这边溜着,看着医院的动静,我到前面的店里去买,马上就来。

王舒点点头,对谷滋生说,快去快回。

三十七

开封第一监狱问讯室里,卓蓝被狱警带了进来,在谢副监对面坐下。记录员在另一张桌子上记录。蔡监狱长在外面的隔间听着。

谢副监询问卓蓝姓名年龄,卓蓝耐着性子一一做了回答。谢副监问起职业,卓蓝说是秘密,告诉你,你就死定了。

谢副监笑笑,卓小姐,你是做这一行的,我想你对监狱的规矩应该熟悉。我问你,你们在讯问人犯时,出了状况,你会怎么做?

卓蓝嘴上说,我这不是配合你们吗? 可心里压根就没有把这个谢副监放在眼里。

谢副监先抛出了第一个问题,为什么一进去就喂水给人犯童长荣喝?

卓蓝捋了一下头发,我说过了,童长荣要水喝,我就给了他水喝。

那就请你告诉我,你在水里放了什么东西?

卓蓝气愤地站起来,指着谢副监,你诬陷栽赃,你信不信,我一个电话就能把你抓起来。

狱警把卓蓝摁倒在座位上坐下。

谢副监仍是不动声色地,卓小姐,我完全相信,你有这个能力。不过,在你把我抓起来之前,我还得履行我的职责,你还没有正面回答我的问题。

卓蓝无奈,满脸愠气,一字一顿地,你听着,我没有给水里放任何东西! 听见了吗?

谢副监点点头,好好说话,这不就完事了嘛。他对卓蓝说,我和狱警在外面都听见了,你和这个人犯有感情上的纠葛。你逼问他爱不爱你,接着打了他几个耳光,还说你跑到人犯的老家纠缠,人犯说了让你滚出去,你对人犯拳打脚踢,这是不是事实?

卓蓝望着谢副监,你想说明什么?

谢副监:童长荣是共产党的要犯,你到我的监狱里来做什么? 堂堂的国民党情报机关人员与共产党要犯纠缠不清,公报私仇,可以这么解释吗?

卓蓝已经是气愤至极:你你,血口喷人,颠倒黑白。你信不信,整死你,就像碾个蚂蚁!

谢副监:说得好。你能把我像个蚂蚁一样碾死,也就能把人犯像蚂蚁一样碾死,不是吗?

卓蓝被谢副监牢牢地套住了,她不得不放下身段,缓和了语气,我,这是在说气话,现在我收回这句话。

谢副监:卓小姐,综上所述,我们不难得出结论,你因爱生恨,有杀人的主观动机;中央俱乐部属于中央党部的秘密机构,霸道,颐指气使,杀人就像碾个蚂蚁,你有着无比的优越感和巨大的心理优势;你有行为,假借给人犯喂水投毒,现在已经产生后果,人犯在你谈话的十几分钟后开始出现中毒症状。你还有什么话可以说。

卓蓝百口莫辩:陷阱,这是你们故意给我挖的坑! 我要控告你们!

谢副监:卓小姐,这总要讲个事实嘛。事实就摆在这里,如果一定要说我们有意栽赃诬陷你,你完全可以到南京控告我们,我们也愿意接受全面的调查。如果你愿意,我们就向上级机关请示。不过在这期间,还要委屈卓小姐在监狱里待上一段日子了。

谢副监有礼有节有据,卓蓝傻了眼,童长荣已经脱离监狱,随时都有脱逃的可能,自己反被陷在这里,如果按照这个谢副监说的,那就不知到什么时候才能走出这个监狱了,不等于是自己在这里坐大牢吗?

想到这里,卓蓝近乎是在哀求了,对不起,我的言辞可能是过激了。我知道,开封监狱是全国模范监狱,你们秉公办事,我尊重你们的规矩。我只是觉得委屈,也许是巧合,也许是例外,童长荣确实是我们去后才出状况的,我们也不希望这种事情发生。我只想再次声明,我既没有加害童长荣的主观动机,因为我还是爱他的,也没有加害他的行为,你们可以化验童长荣喝过水的碗。

谢副监和蔼亲切起来,这就对了,大家还是好好说话不是。我也不是要为难你,也没有权利处理你们,我们如实记录。只想说明一点,人犯在监狱里出了事,跟我们监狱没有半毛钱关系。

卓蓝为了想早点出去,拍着胸脯说,那我可以证明这件事与你们监狱没有关系。

谢副监站起来,谢谢卓小姐的配合,请把卓小姐带下去休息。

卓蓝站起来望着谢副监,问那你什么时候放我们走。谢副监挥了挥手,不再理睬卓蓝。卓蓝被狱警带了下去。

临近傍晚。童长荣经抢救早已醒了过来,双手铐在床上,躺在病床上输液。屋里坐着两个狱警,国民党士兵在门口守卫。

这时医生见天色已晚,他站起来走到窗口,朝院子里看看,只见谷滋生在楼下朝他点点头,他心里有了数。开始朝病房走来,看了看吊瓶中的水已经快完了,他翻翻童长荣的眼皮,童长荣睁开了眼睛,医生抓住童长荣的手紧紧地握了一下。

医生:感觉怎么样?

童长荣朝医生点了点头。医生也朝他点了点头。

护士送来化验单,医生看了看。吩咐护士拔掉了针头,将输液瓶拿走。

医生指着狱警:你过来一下。

狱警站起,走了过来。

医生:化验没有问题,不是中毒,回去跟你们监狱长说一下,主要发病原因一是用刑对身体伤害很大,二是情绪波动而引起的急性癫痫发作。病人需要留院观察几个小时,如果没有大问题,你们就可以带回去了。

狱警点点头,将化验单交给了另一个狱警,另一个狱警走了出去。

开封第一监狱问讯室。傍晚时分,狱警把赵瑞麟带了进来,在谢副监面前坐下。

赵瑞麟指着谢副监:我声明在先,这人犯要是在医院里跑了,你们吃不了兜着走。

谢副监摇摇头说,赵先生,你怎么和卓小姐是一个脾气,我还没讯问呢,你到反客为主来了。我可是跟卓小姐说了,我们有权利控告你和卓小姐,卓小姐给共产党要犯喂水,涉嫌投毒,又对人犯实施了攻击,还对人犯实施了恐吓,赵先生也有嫌疑,人犯是倒在你身上的,你们有过近身接触……

赵瑞麟吼叫起来,你们这是栽赃诬陷!

谢副监望着赵瑞麟涨紫的脸色,微微一笑,赵先生不仅和卓小姐一个脾气,还是一样的言语,我已经对卓小姐说过了,我愿意对赵先生再重复一遍。你们完全有权利控告我们。这事啊,我们只能摆一摆了,等上面来人,做一个客观公正的全面调查,只是委屈赵先生在这里待上一段日子。赵先生,您请下去休息。

谢副监做出了一个离开的姿势,赵瑞麟不得不低头,连忙向谢副监求情,对不起,我很抱歉,刚才言语冲撞了监狱长先生,请您海涵。

谢副监:那你还愿意接受问讯吗?

赵瑞麟连连点头,表示服从监狱规矩。谢副监坐了下来,从姓名、年龄、职业、来监狱事由从头到尾地又问了一遍,赵瑞麟只得一一回答。

谢副监开始从赵瑞麟踏进监狱的那一刻起,就每一个细节开始发问,对同来的每个人都要进行了解,赵瑞麟实在是受不了,他对谢副监说,你这样三天三夜都问不完呢,人犯在医院里随时都有逃脱的可能,你们付不起这个责任。谢副监笑笑,人犯是怎么突发状况的,怎么脱离监狱的,这不都是一个问题吗?赵先生,你这话可就不对了。不过刚刚卓小姐还说,她愿意证明人犯突然出状况与我们监狱没有关系。

赵瑞麟:她是怎么说的?

谢副监努努嘴,记录员将询问笔录递给赵瑞麟看,赵瑞麟翻阅,扔下,瘫坐在椅子上。

谢副监:赵先生,你是行家,我得向你请教,你是现场当事人,你可以作证,我的问讯有问题吗?我有半点诬陷吗?

赵瑞麟:简直是绝妙的构思,这个剧本似乎早就写好了,就等我们来表演了不是吗?这又是童长荣的杰作啊,我们都被童长荣骗了!

谢副监:赵先生,我听不懂你的话。

赵瑞麟:要彻底调查,童长荣为什么中毒,药是从哪里来的?

谢副监:赵先生,难道我们不是在调查吗?我早就说了,让上级来做一个客观公正的调查,你没听明白吗?

赵瑞麟已经听不进去了,情绪突然失控,直指监狱有内应,配合了童长荣的行动,真正的目的是想让童长荣逃脱。

谢副监厉声斥责赵瑞麟,说话得要有证据。既然你这么说,那就等着上级派调查组来查吧,等查清楚了,是我们内部有问题,我们绝不袒护,如果你们没有责任,我们不会多留你一天。

赵瑞麟:听着,我现在就要出去!

谢副监:那不可能,你怀疑我们内部出了问题,我们怀疑是你们的人做了手脚,一定得查出个是非曲直,大家都清清白白的不好吗?

这时,从医院赶回来的狱警站在门口朝谢副监招了招手,谢副监对狱警说,稍等,没见我在问讯吗?

赵瑞麟:给我听着,童长荣出了监狱等于就是失去了控制。

谢副监:你放心,有士兵、有狱警在医院看护。谁出问题谁负责。

赵瑞麟无所发泄:你们不知道童长荣的能耐,他有天大的本事,既然能从监狱出去,就完全有可能从医院里离开。

谢副监:那你说怎么办?

赵瑞麟:好好好,我承认是在我们进了牢房时出了问题,责任我们承担,不在你们监狱行不行?

谢副监:口说无凭,你得给我写个东西。

记录员将纸笔递给赵瑞麟,赵瑞麟无奈地在纸上写着:关于问讯童长荣的几

点说明。赵瑞麟写了几条，递给谢副监，谢副监慢慢看着。

谢副监：可以，拿给卓小姐也签个字。

狱警拿着纸条走了出去。谢副监掏出怀表看了看时间，这才把那个狱警喊了进来，什么事，快说。

狱警报告谢副监，人犯童长荣已经脱离危险，经化验，并非中毒，而是情绪的过激反应引起的癫痫。

谢副监点点头：这下好了，我们都清白了。

赵瑞麟激动地站了起来：那你们还不放了我们？

谢副监：虽然不是中毒，但是，你应该听清楚了，是情绪的过激反应引起的，责任还在你们。

赵瑞麟：好好，责任在我们。我们可以走了吗？

谢副监：对不起啊，你们可以走了。

邹均、杨可均带着几车讨蒋联军士兵开进了医院院子里，几辆卡车上的重型机枪对准了医院。邹均、杨可均手一挥，几车士兵纷纷跳下，涌进医院，国民党士兵欲阻拦，被联军士兵一个个缴了枪械。

谷滋生：请跟我来。

谷滋生带路，邹均、杨可均带着大批联军士兵上楼。

邹均大声地：把枪放下！

国民党士兵见联军士兵人多势众，纷纷放下枪，联军士兵下了枪栓。邹均、杨可均用枪对准了狱警。

邹均：把手铐打开！

狱警见这阵势，颤抖地打开了童长荣的手铐。邹均、杨可均扶起童长荣。

童长荣望着邹均、谷滋生，情绪很是激动，三人紧紧拥抱在了一起。

邹均、谷滋生扶着童长荣下楼，走进院子。联军士兵将国民党士兵押到院子里并令他们抱头蹲下。

邹均、杨可均扶童长荣上车。几辆车子迅速离开医院，消失在黑夜里。

山村。夜晚。陈原道站在路口翘首以待。几辆车逶迤在山路上盘旋着开了过来。

车子停了下来,王舒、邹均、杨可均扶下了童长荣。陈原道连忙上前搀住了童长荣。童长荣握住杨可均的手。

童长荣:谢谢杨将军。

杨可均:都是自己的同志,理所应当。

童长荣:带我谢谢邓将军,刘参谋长,祝愿你们在讨蒋战役中打胜仗。

杨可均:谢谢,我一定将你的话带到。

童长荣紧紧握住邹均的手:邹均同志,你委屈了,你和老陈的意见都是正确的,我对不起你们。

邹均:我理解你当时的处境。

童长荣:邹均同志,请你明天重写一份入党申请书。

邹均:童书记,这不重要,虽然不是党员了,童书记,我向你保证,我心中永远有党。同志们,再见了。

童长荣诧异地望着邹均,你不留下来吗?

邹均对童长荣说,我随杨将军走,我要去讨蒋战场上去。

邹均、杨可均上车,车子缓缓启动,童长荣、陈原道、王舒三人举起手向每一辆从身边经过的车子庄严地敬礼。

邹均到了邓宝珊部,重新入了党,随后的日子里,与共产党人杨晓初率领一个团同国民党军队在黄河以南开展游击战争,当年年底,壮烈牺牲。新中国成立后,党和政府将烈士遗骨重新安葬西安革命烈士陵园。

卓蓝、赵瑞麟、李卫、张龙和西装青年、中山装中年带着手下随从,分乘两辆轿车和一辆卡车紧赶慢赶到了医院。卓蓝和赵瑞麟跳下车,见到国民党士兵抱着枪垂头丧气地坐在院子里,有的抽烟,有的低头不语。

赵瑞麟抓住一个国民党士兵:童长荣在哪里?

国民党士兵:人犯被人劫走了。

赵瑞麟如雷轰顶。

卓蓝:你们这手里的枪是干什么吃的?

士兵将枪拿给卓蓝看,枪栓都被他们下了。

卓蓝、赵瑞麟冲到楼上,见房间内,病床上的手铐还吊在那里,狱警坐在那发愣。

赵瑞麟:他们是什么人?一共多少人?

狱警回答,他们有几车人,应该是联军的人。

赵瑞麟惨笑:童长荣啊童长荣,我真是服了你,我和你屡战屡败,我心有不甘啦!

卓蓝的眼里则噙满了泪水:我恨我自己,为什么就不死了这颗心!

在回上海的火车上,卓蓝默默地望着窗外,神情落寞。李卫走了进来,在卓蓝对面坐下。李卫反复考虑,决定和卓蓝谈谈心,想化开她的心结。

李卫试探地说,卓小姐,童长荣这次逃脱了,我觉得是件好事。

卓蓝望着李卫,没有说话。

李卫见卓蓝并没有抵触情绪,就接着往下说,从种种迹象看,日本人已经露出了獠牙,你说像童长荣这样的人应该是战死在战场上好,还是死在刑场上好?

卓蓝此时心情已经平静了下来,淡淡地对李卫讲,你接着说。

李卫:卓小姐,你和童长荣的事,我想说两句,可能你不爱听。

卓蓝:你说,我想听。

李卫:童长荣绝对是一个顶天的男子汉,有着无穷的智慧,这样的人值得你爱。

卓蓝:可这个人不懂什么叫爱!

李卫:卓小姐,我和你的看法不一样。恰恰相反,我在他的身上感受到的是人间大爱。为国家为民族,不惜牺牲生命。

卓蓝:这个我也能做到。李卫,我告诉你,我在东京出生入死,受过日本人的酷刑,在鬼门关前逛了一圈回来的。

李卫:童长荣和你不一样,他是站在穷苦百姓这边,这是人民的立场,你能做到吗?

卓蓝没有言语。

李卫:卓小姐,童长荣舍弃了大好前程,自觉地甘愿背负起苦难,你能做到吗?杨飞、赵瑞麟能做到吗?不错,他是做了共产党的省委书记,这叫升官发财吗?他为自己捞了半点好处了吗?没有,换来的就是我们的人对他的追杀。

卓蓝点点头:我不明白,为什么我给予他优渥的物质生活条件,他竟然毫不为所动,甘于清贫,还乐此不疲。

李卫:因为他心中有理想,有奋斗的目标,还有共产党人的信仰和忠诚。

卓蓝:李卫,我看你就像个共产党!

李卫不紧不慢地解释:赵瑞麟曾经带领我们学过马列,让我们了解共产党人的所思所想,所以我能够理解童长荣现在所做的一切。

卓蓝喃喃地:我曾经找过罗栗文,说我要加入共产党,看来只是一种情绪的宣泄而已。李卫,你的话也许有些道理。可我不能容忍的是,他对我是这样的无情无义。还有,我竟然敌不过一个乡下的女人!李卫,你懂得我内心的感受吗?你了解我心中的苦痛吗?

李卫:卓小姐,这事我不好评论。但我想说说心中的感慨。

卓蓝嘟哝了一句:李卫,这么多年,我就是想有一个人和我谈谈心,能够强有力地来说通我的思想。

李卫:卓小姐,你凭什么瞧不起童长荣的未婚妻,我觉得她比你强得多。

卓蓝指着李卫的鼻子:你小子长能耐了啊,居然说我不如一个乡下女人。你今天要是把我说服了,这一切我都认了。

李卫:那我就说了。还记得你信心满满、居高临下地到安庆去找童长荣的未婚妻,让她放弃婚约吗?我问你,你给自己的表现打多少分?

卓蓝吼叫着:好你个李卫,你是哪壶不开提哪壶!

李卫:不揭你的短你不醒悟,人家何小姐优雅大气,游刃有余,而你却不堪一击,败下阵来,我都替你臊得慌。

卓蓝:李卫,你不要怕冲撞我,也不要怕伤我的自尊,你今天把心里话都说出来,我听得进去!

　　李卫:卓小姐,我陪你去见证了童长荣的未婚妻和一个小辫子的婚礼,你知道我当时的心情吗?有想哭的感觉。何小姐家虽然不能和你家相比,可在枞阳也是富甲一方的土豪,可童长荣的家就两间摇摇欲坠的破房子,何小姐本人诗书画样样精通,她为什么要无怨无悔地嫁给童长荣,而且还是遭通缉的共产党。只有一个解释,她深深爱着童长荣,反过来说,这样的女人不值得童长荣爱吗?卓小姐,你怎么能忍心横刀夺爱呢?

　　卓蓝:因为除了童长荣,我不可能再去爱第二个男人了。

　　李卫:确实如此,过去我说过,我要是个女人,我也会爱上童长荣的。这个人太优秀了,简直就是吸天地精气孕育出来的。我把他当作人生楷模,见贤思齐,哪怕学到百分之一。

　　卓蓝痛苦地:李卫,你告诉我,我今后的人生怎么迈过这个坎?

　　李卫:两点。第一,把童长荣当自己的亲人,并为他自豪。

　　卓蓝疑惑地望着李卫。

　　李卫:卓小姐,你要始终记住一点,他不是你的私有财产,如果你总想着怎么拥有他,你就走进了死胡同。你要这么想,童长荣是你的好兄弟。共产党给了他思想灵魂,可你也为他做了贡献,你给了他技能,还记得在密训中心吗,你让一个青涩书生成为一个真正的男人。你们在一起出生入死,获取日本人最高机密,你们都是大英雄。

　　卓蓝:那第二点呢?

　　李卫:学会放弃,放弃也是真爱的表现。童长荣是蛟龙,我们就应该让他在大海里尽情遨游;童长荣是雄鹰,我们就应该让他在蓝天上翱翔;童长荣是战士,我们就应该让他在杀敌的战场上驰骋。

　　卓蓝怔怔地望着李卫说,这些话,你为什么不早点跟我说。

　　李卫笑笑,一直想跟你说,可就是没有合适的机会。卓小姐,我不瞒您,这次我可是做好牺牲的准备来的。卓蓝惊讶地望着李卫。

　　李卫说,因为我不能让你和赵瑞麟把童长荣带回上海,现在想来我的计划是多余的了。

卓蓝异样地望着李卫，半天才说了一句，谢谢你对我说心里话。李卫说，当然为了你，我也愿意献出一切。

卓蓝无限感动，这一刻，她从李卫话里也明白了很多，似乎一下子都放下了，变得轻松起来。

开封小山村大娘家。童长荣披着外衣，王舒扶着他走到门口，两人一起在小石凳上坐了下来。

童长荣：王舒，这次河南武装暴动失败，给河南党组织带来重大损失，我已经给中央写了报告，我要负主要领导责任，请求处分。

王舒：长荣，事情发生了，不要自责，安心养伤。这次，我也是带着中央的决定来的，徐兰芝到铁总任党团书记，王伯阳和谷滋生继续留在河南，中央另派人到河南接替你的工作。

童长荣：好好。这几天晚上我都睡不好觉，现在可以安心一点了。

童长荣从口袋里掏出一个信封交给王舒。

童长荣：王舒，这是我给中央写的请求处分的报告，还有请求撤销陈原道、邹均处分的报告。

王舒接过信函。

童长荣：对了，还有一件事，记得你跟我说过，林悦和小日向出现在上海，赵瑞麟在监狱里也问过我，就是林悦和小日向在高崎会所研究图纸的事。这两天，我想了一下，极有可能是《田中奏折》中提到的吉会铁路的敦图段的图纸。

王舒：如果是这样，日本人就可以把掠夺中国的矿产、木材、煤炭资源直接运到朝鲜的罗津港。

童长荣：更重要的是还可以运兵到中国。

王舒：这是不是日本军国主义要发动战争的前奏？

童长荣：告诉罗书记，请他向中央报告，提前谋划满洲问题。及时通知卓蓝，就说是我说的，也请他们调动情报资源，查清情况。

王舒点点头。

童长荣:还有一件私人的事,我很对不起坤宜。在监狱里,听卓蓝说,坤宜和我的小老鼠辫办了婚礼,可我不知道卓蓝是怎么拿到了这个小老鼠辫子,我不放心,你要是有空,替我回一趟老家,看看我的母亲和坤宜,告诉她们明春我要有空,就回去补办婚礼。

王舒:长荣,为什么现在不回去?我陪你一起到老家去。

童长荣:不行,在中央未给我做结论前,我哪里都不能去,我就在这里待命。

王舒点点头:那也只能这样了。

王舒回到了上海,与罗栗文相约在电影院里见面。电影院里正放映卓别林的无声电影《马戏团》。罗栗文和王舒坐在最后一排。

罗栗文对王舒说,周部长从莫斯科回来后,中央及时纠正了"立三路线"错误,撤销对陈原道、邹均和其他同志的处分。童长荣执行的是中央决定,经研究,免予处分,调任天津市委书记。

王舒点点头:好,先去一趟长荣的老家,再去河南长荣那里。

罗栗文:好的,代我向坤宜姑娘问好,并向她表示敬意。另外,长荣对满洲形势的判断,中央很重视,已经责成我近段时间关注东北问题,我估计中央有可能要调我去满洲。你跟童长荣说一声,也请他关注满洲形势,如果我去满洲,希望他能跟我一起去。

王舒:长荣让我去见一下卓蓝。我已经约了,我现在就去见她。

罗栗文:好不容易和你看一次电影,看来这电影也看不成了,注意安全,我稍后就走。

王舒甚至都没有注意今晚放的是什么电影,就悄悄出了影院,外面一片漆黑,雨势还不小。他上了一辆黄包车,来到了一家咖啡馆。李卫在门口等着他,两人见面后,李卫带着王舒上了楼,看见卓蓝一人喝着咖啡望着窗外的雨幕。

王舒在卓蓝面前坐下:卓小姐好。

卓蓝倒了一杯咖啡递给王舒。

王舒:谢谢。童长荣特地委托我来看看你,并让我向你表示深深的感谢。

卓蓝淡淡地:谢我什么呢?

王舒:他说和你有着一段难忘的经历,会成为他美好的回忆。

卓蓝:这话就是哄我的,我听着也高兴。

王舒:不是,他是从内心发出的。跟你说句实话,童长荣从医院顺利离开,我就在现场。

卓蓝:你不是来嘲笑我和赵瑞麟又被你们设计了吧。

王舒:童长荣让我来转告你,那份图纸极有可能是敦图的铁路图纸,望你能到高崎会所查个究竟。

卓蓝:你可以走了。

王舒站起来和李卫打了声招呼,转身离开。

夜晚,李卫开着车,刮雨器刮着雨水。卓蓝静静地望着窗外的街道,楼宇不甚分明。

李卫:卓小姐,现在到哪里?

卓蓝:哪里都不去,这雨天很适合我的心情。

李卫:好的,我们就在街上转转。

雨中的街道、公园、小桥,人行道上的树木挂着雨滴。卓蓝无力地靠在后座上,一遍又一遍地自语:这是一个光明的季节,这是一个黑暗的季节……

大华纱厂小白楼里。卓荣丰坐在沙发上正在看一摞报表。卓蓝洗了个澡,穿着睡衣走了过来。

卓荣丰:蓝蓝,高崎突然提出要退出大华纱厂的股份,让我去跟他面谈。

卓蓝:这里面会不会有什么阴谋?

卓荣丰:有什么阴谋?

卓蓝:大华纱厂盈利能力这么强,他为什么要退出股份?

卓荣丰:你们做这一行,就喜欢疑神弄鬼的。我不管高崎有什么背景,这些年在生意上的合作,他还是比较守规矩的。只不过,他突然要变现,我还真是有压力。

卓蓝:爸,我陪你去。

卓蓝带着卓荣丰开车来到高崎会所门口,大铁门开启,车开到院子里停下,

卓蓝和卓荣丰下车。卓蓝发现院子里人员进进出出,比平时忙碌不少。

高崎站在门口迎接:卓先生,卓小姐,欢迎你们。

卓蓝:高崎先生好,你这里很忙啊,看来我们来得不是时候。

高崎:哪里?我专门在迎候你们。

卓蓝、卓荣丰随高崎来到小院子的圆桌前坐下。穿和服的女佣人上茶。

高崎:请卓先生来,主要是最近我在日本国内的财务出了一点状况,迫不得已要将大华纱厂的股份全部转让,还请卓先生理解支持。

卓蓝的眼睛盯着高崎:高崎先生,你要转让股份我们没有意见,你找到买家了吗?

高崎:我不找买家,想让你们全盘接手。

卓蓝:高崎先生,你也知道我卓家的底细,这么多的股份我们想吞下来,可没那么大的嘴巴啊。

高崎:卓小姐,可是谦虚了。谁不知道卓家,大华纱厂恐怕只是冰山一角吧。

卓荣丰:高崎先生,大华纱厂确实是个优质资产,你的要价太高,我实在无力接手。

高崎:如果你们答应我一个条件,我可以降5000块大洋。

千惠子从屋里走了过来,哭哭啼啼地。卓蓝站起来很惊讶。

卓蓝:千惠子小姐?

千惠子:卓小姐,我是实在没法活下去才到中国来的,我要找戴先生。

高崎:看见了吗?千惠子小姐要去找戴先生,还要在报纸上发表声明,戴先生如今是国民党的要人,我能让她这样做吗?我降5000块大洋,我想请你们转给这个可怜的女人。如果你们愿意,我就来做千惠子小姐的工作。如果你们不愿意出,我就不管她了。

千惠子:卓小姐,我下定了决心,来了就不回去了。我不要钱,我就要找戴先生。卓小姐,看在我照顾你的分上,你可要为我做主啊。

卓荣丰叹了口气:这戴先生的事怎么就赖到我的头上了。

高崎:我丝毫不勉强你。愿不愿意帮戴先生这个忙,完全取决于你。怎么样,我这个转让价格难道不是合理公平的吗?

卓蓝:这样,我和我父亲回去商量商量。

高崎:那好,我等着你们尽快答复。

卓蓝和父亲起身与高崎道别,卓蓝将父亲送回纱厂后,掉头回到了44号。刚进办公室,李卫就进来告诉她,很奇怪,张龙上了杨飞的车子走了。卓蓝让李卫将赵瑞麟叫到自己办公室来。

卓蓝问赵瑞麟,我们在河南的行动失败了,杨飞说过你什么吗?赵瑞麟哼了一声,他心里有鬼,还敢把我们怎么样。

卓蓝提醒赵瑞麟要注意张龙。赵瑞麟慨叹,我知道了,这44号人不多,鬼不少呢。

卓蓝:不说这些了,我只想说,童长荣就是童长荣啊,他的判断是对的,日本人看来真的要按照《田中奏折》的路线图走了。我有个建议,你的侦讯车要24小时监测高崎的住所。

赵瑞麟点点头:林悦、小日向、千惠子这些牛鬼蛇神都已经出动了。

卓蓝:赵瑞麟,我劝你一句,暂时把共产党放一放,我们有更重要的事要做。

赵瑞麟:我希望我们能联起手来,内对杨飞,外对日本人。

卓蓝:我投赞成票。

枞阳镇街上。为了生计,何坤宜在枞阳街上摆起了摊点,卖些自己做的老虎鞋、老虎帽,也卖些香烟等杂货。

不时有人过来买货。吴用贤拎着一个包,远远地望着姨妹,心里难过,抽了抽鼻子。旁边两个妇女笼着袖子在看热闹。一个女人说,这何家的富小姐不知道是怎么想的,放着好日子不过,竟然干起卖杂货的营生。另一个妇女说,我还挺佩服她的,千金小姐做这个下作的事,这都是前世欠童家的。这童长荣多年无音信,说不准人都不在了。你可发现了,自从这何小姐来到童家,把那几个叔婶整得屁都不敢放一声,整条街都清静了。

吴用贤听到这里,依依不舍地望着何坤宜,终于揩着眼泪,拎着包走了。

会宫街的王铁匠来到杂货摊子前:何小姐,可没想到,你竟做起了卖杂货的生意了。

何坤宜抬头:啊,是王铁匠,你说这卖杂货的营生是几等的买卖?

王铁匠:那肯定不比我打铁的营生要好到哪里,何小姐,你受苦了。

何坤宜:王铁匠,你找我?

王铁匠看看四周无人,小声说:组织上来人了,要跟你说长荣的事。

何坤宜望着王铁匠,突然喉咙硬了,哽咽了几下,说不出话来。

王铁匠:何小姐,请跟我来。

何坤宜跟着王铁匠来到一个酒馆楼上的一个包厢里。王舒站了起来,何坤宜见是王舒,很激动。

王舒:长荣委托我来看看你。还有,罗先生让我代表组织来看望你。

何坤宜:长荣为什么不回来?

王舒:长荣同志担任中共河南省委书记,工作很忙,走不开。

何坤宜:这么说,长荣有出息了。

王舒:那是,长荣同志现在是党的高级领导干部了。不过,前一阵子他被捕了,刚刚营救出来,马上要调任天津市委书记了。

何坤宜的心紧了一下,他被捕了,怎么被捕的?

王舒说,说起来话长,以后长荣会告诉你的。何坤宜连忙问童长荣现在身体怎样?王舒说在狱中受了刑,现在已经恢复了,无大碍,请放心。

何坤宜忐忑不安地坐了下来:长荣没说什么时候回来吗?

王舒:长荣暂时回不来,怕委屈了你,特地委托我来一趟,就想告诉你,他明年春天回来,第一件事就是要补办婚礼。

何坤宜这才忍不住地掉了泪:告诉长荣,让他好好工作。只要人是好好的,我就心满意足了。

王铁匠:何小姐不容易,和老父亲已经断绝了来往。何小姐和老鼠尾巴辫子拜堂成亲的事传遍了南乡北乡呢。

何坤宜:你跟长荣说,我把他的小辫子弄丢了,对不起他。

王舒这才告诉何坤宜，长荣的老鼠尾巴辫子没有丢，在卓小姐手里。

何坤宜听后非常震惊，童长荣的小老鼠尾巴辫怎么会到了她手里？

王舒说，何小姐有所不知，让你与童长荣放弃婚约，让你嫁到安庆，都是这个卓小姐在幕后策划的。你出嫁那天，她就在枞阳，你中途到了长荣家，她也跟到童家院子里，她目睹了你和长荣小辫子拜堂成亲的全过程，她很绝望，临走时顺走了小辫子。

何坤宜：原来是她拿走的。啊，王舒，她现在还在找长荣的麻烦吗？

王舒：我来之前还见过她，我估摸着她已经不抱希望了。

何坤宜：这姑娘还够痴情的呢。

王舒：应该说，她是坏人里头的好人，为我党做过一些有益的工作，我们对她的评价还比较正面。

何坤宜点点头：上次见过一次面，不知道怎么的，我并不恨她。

王舒站了起来：何小姐，我就要到长荣那里去了。

何坤宜：替我带个话给长荣，娘和我都很好，望他安心工作。我等他回来。

三人走出小酒楼，何坤宜站在门口，恋恋不舍地与王舒、王铁匠道别，直到不见了两人的身影，这才收了摊子，拎着杂货进了屋。

何坤宜：娘，我回来了。

童母：坤宜，这么早就回来了？

何坤宜掀开锅盖，用水瓢舀着猪食往小水桶里盛放。

何坤宜：娘，刚刚组织上来了人，跟我说，长荣明春回来。

童母站起来望着何坤宜：鬼话，你又在哄我了。

何坤宜：娘，这回我没哄你。

童母似乎有点相信了：他在哪儿呢？

何坤宜：长荣在河南。

童母：河南离家有多远？

何坤宜：有 1000 里路呢。

童母：来人没说他现在做什么吗？

何坤宜:还是为穷人在做事。

何坤宜提着小水桶和童母一起来到猪圈,给猪喂食。

何坤宜:娘,这猪年底不卖了。

童母:一年到头就指望着这头猪卖点钱呢,猪跟人争食,养不起了。

何坤宜:长荣说了,要对得起我,明春回来,补办婚礼,到时候,我们就把这头大肥猪杀了,请街坊来喝个喜酒,热闹热闹。

童母:啊,那好,那我们就省着点,孝敬孝敬大肥猪。

何坤宜笑了。

何坤宜:娘,今天呀,我不去做买卖了,给自己放个假。

童母:坤宜,歇歇,不在乎这半天。

婆媳俩给大肥猪喂食,何坤宜拍拍猪,给我争点气,多长几斤肥膘。

铁板洲何府。何坤秀陪着何老爷,何老爷逗着膝下的小外孙。吴用贤走了进来,他将包放到桌子上。

吴用贤:家公,我到枞阳镇上买东西,看见坤宜了。

何老爷顿时敛住笑容,沉默起来。何坤秀偷偷地望着老父亲。

何坤秀不咸不淡地:何家都和她断绝关系了,你还提她做什么。爸爸不是说永远不要提她了吗?

吴用贤:好好,不提了。

何老爷:她,在做什么?

吴用贤:在街上卖杂货。

何老爷正在擦洋火,点烟媒子,使劲地擦着,怎么也擦不着,手不住地抖动着。

何坤秀:不是说不提她了吗? 她做什么,就是讨饭,那是她自愿的。

何老爷默默地吸烟。吴用贤朝何坤秀使了个眼色,何坤秀低下了头。

吴用贤:家公,您再怎么发狠,不管认不认,她都是您亲生的。

何老爷仍在吸烟,眼角边有了泪水。

吴用贤:我说要怪还得怪您老人家,谁让您从小这么宠着她。

何坤秀:古话不是说,惯儿不孝,肥田出瘪稻。爸,您从小对她千怜万爱,我呢,连个眼角都不掠一下,我现在想想都不服气。

吴用贤:坤秀,你别在这里加杠子了,两码事嘛!不能说不孝,在我看来,我们要换个脑筋想想了,坤宜的婚姻还是父母之命,她不过是从一而终,算是烈女。要是在古代,还要给她树碑立传呢!

何老爷抬头,望着吴用贤。

吴用贤试探地:家公,你要是同意的话,我去看看她。

何老爷不再言语。

吴用贤小心翼翼地:那我就算是您答应了。

枞阳街,何坤宜仍守着摊子卖杂货,吴用贤这回拎着包径直走到何坤宜面前。

何坤宜高兴地:姐夫,你怎么过来了?

吴用贤:家公让我来看看你。

何坤宜:这是你坐话讲的吧。

吴用贤:坤宜姨妹,实话跟你讲吧。昨天我就看你在这里卖杂货,回去跟家公说了。家公托我带点钱过来,你不要在大街上风吹日晒了。

何坤宜:姐夫,你们是不是觉得我的日子过得艰难,还辱了何家的门楣。如果是这样,那你们就想错了。我在大街上卖杂货,靠劳动挣钱,不是一件丢人的事。姐夫,我要告诉你,我现在很快乐,做底层的普通老百姓没有什么不好。如果,你们以可怜的心态来接济我,我不需要,这就是对我的侮辱。我要的是亲情,我要的是认可,你明白吗?我希望爸爸、姐姐和你一起来看看我。

吴用贤:那你能不能回去看看?

何坤宜摇摇头:是你们宣布和我断绝关系的。我还能回去吗? 不过,请你转告父亲,生我养我,永远都在我心里。

吴用贤:坤宜,我明白你的意思。只是想说一句,别太累了。

何坤宜:我年轻,没事,谢谢姐夫的关心。

吴用贤无奈,离开了杂货摊子。

河南开封小山村里,童长荣听着王舒介绍何坤宜在街上摆摊,眼泪止不住往下掉。

童长荣伤感地:难为坤宜了,她为了我的老母亲,一个富家女居然能屈尊摆地摊,真是不容易。

王舒:我想把伟大这个词放在坤宜姑娘身上一点都不为过。

童长荣:这不只是坤宜一个人在付出,和无数的同志被国民党追杀得家破人亡相比,坤宜还算是幸运的。我们要不努力奋斗,争取革命的胜利,他们的苦就白吃了。因此,共产党人要对得起他们,就是不能让他们失望了。

王舒点点头:可现在摆在我们面前的是千难万险啊。日本人虎视眈眈,国民党磨刀霍霍,党内还有人企图借一时的决策失误,搞分裂活动。

童长荣:我理解中央的意图,我明天就到天津去,中央的权威不容挑战,少数人的图谋绝不能让他们得逞。

王舒:长荣同志,到天津迎接你的又将是一个全新的挑战。我们都相信你的智慧,可以克服困难,打开新的局面。

童长荣与王舒分手后,踏上了赴天津的征程。进城之后,他想到的第一件事就是要拜访宋则久先生,他在街头的报摊上买了一份宋则久的商行出版的《国货售品所半月报》,一路打听,来到了宋则久的住处。

宋则久正坐在客厅里喝茶谈事,手下人进来报告了一个好消息,国货售品所从这个月的报表情况看,已经扭亏为盈,开始盈利了。

宋则久很高兴,他苦心推动国货强国 20 年,终于有了收获。他深感欣慰,不住地说好。

手下人进一步报告,从这个月的报表看,天津、北京、太原、济南、西安等地一共七个分所的品种到了万余种国货。另外《国货售品所半月报》报纸销量也在上升,说明有更多的人在关注国货了。

宋则久点点头,说我知道了。

秘书进来报告:宋先生,童长荣先生求见。

宋则久：啊，是童先生，快请他进来。

童长荣拎着包，走了进来：宋先生，我来看望您。

宋则久连忙站了起来：童先生，小老弟，我们是忘年交了，谢谢你来看望我。河南一别，我还以为这辈子见不到你了。怎么到天津来了？

手下人和秘书退了下去。

童长荣：宋先生，这次啊，我受周恩来先生委托来看望您。

宋则久：你说的周先生，五四运动时，我们就熟悉，很了不起。

童长荣：他特地委托我向您表示敬意，今天在这里说，也不要紧了，您救了我们200多位同志。

宋则久：我就知道嘛，是这么回事。

童长荣：不过这事啊，还给您添了麻烦。

宋则久：这没有什么，我这不又回到天津了嘛，继续推进国货事业了。你怎么样？听说后来也进去了？

童长荣：是的，在监狱里待了两个月就出来了，谢谢宋先生牵挂。

宋则久：童先生，岂止是牵挂，你看看我这中堂条幅。

童长荣这才发现自己送他的条幅已经挂在中堂，童长荣默念：人无精神虽生犹死，国无精神虽存犹亡。

宋则久：童先生送我的，我一定要置于大堂之上，老朽虽然已到暮年，每每看到这个条幅，它就像一根鞭子，鞭策着我要努力为国家做事。

童长荣从包里掏出一份《国货售品所半月报》。

童长荣：这是我刚刚在街上买的一份你们国货售品所的报纸，这上面我看到了宋先生亲自写的诗。

宋则久：这不叫诗，就是个顺口溜。

童长荣念着：救国货，用国货，国货畅销民安乐，虽然自己是富人，须想天下贫民多。贫民多，将奈何，安插救济人有责，国货畅销工业众，贫民工作得吃喝。真的不错，大白话，宣传效果好。

宋则久：这日本人可是视我为眼中钉呢。

童长荣：宋先生，您这样做是为了国家。国货一旦自立，洋货就无立足之地，国货自强，我中华民族一定强。

宋则久：谢谢你的鼓励。童先生这次来天津，是路过，还是要住下来？

童长荣：我要住下来。

宋则久：我明白了。我来给你找个地方住下，没事我愿意和你交流交流。

童长荣：那可是叨扰您了。

宋则久：你是我心目中的大英雄，我乐意为你服务。

童长荣在宋则久处临时住了两天，宋则久委托手下人给童长荣找了一处房子，置办了日常用品，又用车将童长荣送到了住处。

童长荣刚住进来，正在整理房间，外面传来敲门声。童长荣警觉地闪到窗户边，他看见了安子文和另外一个青年人在门口，连忙开了门。

童长荣：啊，是安子文同志，快请进。

安子文介绍：这是北方局交通科的李世英同志。

童长荣与李世英握手。

安子文：童书记，身体恢复得怎么样了？

童长荣：你看看我，不是好好的嘛，来，请坐。

安子文：这地方挺不错。

童长荣：宋则久先生特地为我找的。

安子文：宋先生是爱国实业家，上次营救我们出狱，他可是功不可没。

童长荣：是啊，我到天津的第一件事就是登门拜访，感谢宋先生。真情换真心，你看，他还亲自给我找了房子。

安子文：童书记，我现在是北方局交通科科长。这么着急找你主要是两件事。

童长荣端杯水递给安子文：安科长，你请。

安子文：中央决定撤销北方局，组建河北省委，由阮啸仙同志任代理书记，正式任命你为河北省委委员、天津市委书记。

童长荣：好，我服从组织决定。

安子文：还有一件事就是，这次来还有一个秘密任务，我们怀疑天津河北区区委书记李纯有叛变投敌嫌疑，这对河北省委和天津市委是一个极大的威胁，我们要查清事实，除掉这个叛徒。

童长荣：好的。请你具体说说。

安子文：省委决定由铁总党团书记徐兰芝和童书记牵头领导，我和李世英同志组成专班负责这次行动。

童长荣：徐兰芝同志是中央委员，请她牵头负责。我们天津市委具体配合这次行动。待我把情况摸清楚之后，我们再来制定具体行动方案。

安子文：那好。

 三十八

天津市委委员曹策已经得知中央任命了童长荣为天津市委书记，又接到自己即将调往上海工作的调令，十分不安。刚刚接到通知，今天童长荣要来和他们见面，他索性在童长荣到来之前，将市委的赵茨平、纪庭梓召集起来，开起了黑会。

曹策首先煽风点火，童长荣在河南犯了暴动失败错误，他有什么资格来担任天津市委书记。周恩来搞调和主义，实际上就是要保护像童长荣这样的人。

曹策心里也没底，童长荣来了好几天了，为什么到今天才召集我们开会，会不会是要给我们来个下马威呀。

赵茨平：据说这个人很厉害，也许在暗中调查情况呢。

纪庭梓：那我倒要见识见识。

恰在这时，童长荣走了进来。曹策三人连忙站起来，曹策换了一副面孔，满脸堆笑。

童长荣与三人握手：我是童长荣，今后跟大家在一起工作，请大家多多支持。

曹策：我叫曹策，欢迎童书记来天津担任我们的班长。

赵茨平：还请童书记多关照。

纪庭梓:请童书记给我们作指示。

童长荣:大家请坐,我们坐下来说。我没有指示。不过,我刚刚学习了毛泽东同志的《反对本本主义》,毛泽东同志说得好,没有调查,就没有发言权。我想到基层去走访调研一下,回来后我们再谈工作好吗?

三人相互望了一下。

曹策:童书记,不是说要开会吗?

童长荣微笑:见面会嘛,就是见个面。见面会到此结束。

童长荣站起,朝大家摆摆手,转身离去。

曹策:此人深不可测,我们得小心了。

童长荣离开市委驻地,第一站就来到了河北区纱厂。天津市河北区委书记李纯站在纱厂门口迎了上来,抓住了童长荣的双手,哈着腰,欢迎童书记到河北区指导工作。

童长荣让李纯介绍一下纱厂工人斗争的情况。李纯汇报说,在河北省委的领导下,天津六大纱厂组织了一万多人的罢工活动。童长荣点点头,问主要诉求还是改善待遇吗?李纯回答是的,这是省委制定的斗争纲领。童长荣又问,这六个纱厂建立联盟组织了吗?李纯点头称是。

童长荣:据我了解,纱厂的地下党同志由于叛徒的出卖,遭到了重大损失。

李纯:童书记,这您都知道了,确实令人痛心。

童长荣:你认为这是什么原因造成的?

李纯:可能是内部出了问题。

童长荣点点头:听说,河北区委也遭到了严重的破坏。

李纯:是的。区委书记刘文蔚同志和其他同志都被抓了。啊,刘文蔚同志在狱中表现非常坚强。

童长荣望着李纯:看来你是幸运的。

李纯:我的警觉性很高,在一次抓捕中我幸运地逃脱了。

童长荣拍拍李纯的肩膀:我一看,你这个人很能干啊。

李纯见这位新来的书记很欣赏自己,就有点忘乎所以了,竭力想在童长荣面前表现一下,但又不能太明显,他委婉地说道,刘文蔚同志被捕后,上级认为我还有些才干,就任命了我为河北区委书记。

童长荣已经看出来这个李纯是个好大喜功之人,便故意在诱他,李纯啊,你不知道,我这个人别的本事没有,但有一点,我这个人会识人,我看你将来很有前途。你好好干,我要向组织推荐,让你担任更重要的工作。

李纯激动起来,连声谢谢童书记鼓励。

童长荣:我刚到天津,当前的主要工作,就是调研,我想要两个材料,一个是党组织领导纱厂斗争的情况,另一个我想了解包括刘文蔚在内的党员同志在狱中斗争的情况。

李纯不想失去这个机会,拍着胸脯说,童书记,把这两件事都交给我,我一定办得让你满意。

童长荣:不过,这两份材料,我希望你能亲自写,我要看看你的文字水平怎样,将来适合做什么工作。

李纯:童书记,你放心,我一定不辜负您的期望。

童长荣:好的,你不用陪我了,我自己到纱厂去看。你快回去搞材料吧。

李纯:好的,好的。童书记,我走了。

童长荣走进纱厂,安子文和李世英走了出来,来到童长荣身边。

童长荣对他们两个人说,我把诱饵抛出去了,你们把他给盯紧了。安子文和李世英点了点头。

小酒馆里,李纯请一个长衫中年喝酒。安子文和李世英坐在隐蔽处监视着。楼下传来车声。安子文和李世英探头看了一下,发现一辆车停在楼下,下来两个人,一个穿狱警制服,一个穿警察制服,各抱着一摞材料上楼走进包厢。

警察制服:李队长,这是侦缉队的材料,关于纱厂地下党的侦缉材料。

狱警制服:啊,这是在监狱里的地下共产党的询问笔录。

李纯对长衫中年说,你给我听好了,这里有两份材料,现在提供给你,你要给我以共产党的口气写成工人英勇斗争的材料。

长衫中年:李队长,你到天津卫打听打听,我要说我是天津第二刀笔,没有人

敢说是第一。

李纯：听着，你要是把消息泄露出去，我就杀了你全家。

长衫中年诚惶诚恐，心里明白这位爷是天津侦缉队的副大队长，他知道这活的分量，赶忙表态，您放心，我连我老婆都不会说的。李纯指着面前的这两个人，说给你找了个地方，他们两个专门陪着你写，越快越好。

长衫中年唯唯诺诺：我包您满意。

李纯挥了挥手，警察制服和狱警制服抱着盒子，带着长衫中年下楼，上车离去。

此刻，童长荣和徐兰芝相约在公园里见面。徐兰芝见到童书记十分亲切，说开封一别，想不到我们竟又在天津汇合了。她仍然称童长荣是她老上级。童长荣是守纪律讲规矩的人，连忙纠正，说徐兰芝是中央委员，那就是他的领导。

徐兰芝倒也自知，她心里明白，自己没什么文化，水平也有限，就沾了工人身份的光，被选为中央委员的。童长荣有留学背景，有很高的理论水平，又有丰富的斗争实践，她在童长荣强大的气场里，自觉自己矮了三分。

童长荣看出了徐兰芝的心思，对她说，千万别把自己看轻了，领导就是领导，不要谦虚了。这次行动，还是请你担任组长。

徐兰芝连忙摆手，锄奸行动怎么干，她心里没数，推脱还是让童长荣担任组长。

童长荣笑了，对徐兰芝开玩笑地说，我教你怎么来当领导，就是不要干具体的事。事情我们做，但是一定要在你的领导下，明白意思了吗？

徐兰芝笑了，原来当领导就是不做事，站在一旁叉着腰看着别人干事。童长荣点点头，在这件事上是这样。徐兰芝说还是当领导好，怪不得人人都喜欢当领导呢。童长荣在玩笑中就让徐兰芝打消了顾虑，乐意地当上行动小组的组长。

两人说笑着走到小亭子里的石桌旁，安子文和李世英已经亭子里等候。童长荣示意，大家都坐了下来。

安子文说，童书记用计，李纯果然上当了，我们很快查明，李纯表面还是河北区委负责人，暗地里已经当上了天津市公安局侦缉队的副大队长，专门搜捕地下同志,河北区委的负责同志和纱厂的地下党都是他出卖的。

李世英汇报,调查发现,他还亲自到监狱审讯我们的同志,是一个可耻的叛徒。

徐兰芝有些担心起来:那这个人很危险哪。童书记,你和他接触,他万一把你出卖了怎么办?

童长荣笑笑:他们现在不会抓我,还指望李纯在党内谋取更高的位置呢。

徐兰芝:童书记,你拿主意,我们听你的。

童长荣望了一下大家:那好吧,我来说个计划,你们看行不行。上次我给了他一颗糖,说要重用他,他才这么卖力地整理材料。兰芝同志,我请你以中央代表的身份出现,利用他还想窃取党内更高位置的心理,约他见面,找个合适的地方,除掉这个叛徒。

安子文:我觉得童书记的想法可行,那我们就需要找一个合适的见面地点。

李世英想了一会,建议放在万国桥比较好。

童长荣思索了一会,觉得这个建议好,万国桥北连老龙头火车站,南通紫竹林租界地,桥在法租界入口处,天津警察不敢插手,在这地方处决叛徒影响大,有震慑力。

大家在一起商量了一些具体细节,明确各自的任务后,就开始分头准备。

隔了几天,李纯整理好了两份材料,交给了童长荣。童长荣望着工工整整的字体,又翻了几页,不住地点头,不错呀,很有文字功底,文笔也很好,称李纯是个难得的人才。童长荣表示带回去细细阅读,说完掉头就走。

李纯觉得自己辛辛苦苦,不能就被领导一句话就打发走了,他在身后喊着童书记,说如果还有什么不满意或者还需要补充的话,请尽快指示。

童长荣这是故意在钓他,他知道李纯话里有邀功请赏的意思,他回过头对李纯说,这样吧,今晚就算了,明天我们再见面聊好吗?你在万国桥下面的河边等我。李纯连连说好的好的。

到了第二天,童长荣提前来到河岸边,他来回走着。一辆黑色轿车悄悄开到河边。李纯透过车窗看见了童长荣在河边伫立的背影。

车上,李纯吩咐,你们几个给我听好了,万一其中有诈你们立刻动手。手下纷纷点头称是。李纯打开车门,朝河边走去。车内的几个人举起枪瞄准了童长荣。

李纯走到童长荣跟前,向童长荣问好。

童长荣:啊,李纯同志,你整理的材料我是认真看了,非常好。我已经推荐给中央代表看了,中央代表对你的才华大加赞赏呢。

李纯:谢谢童书记,谢谢中央代表。

童长荣:李纯同志,我把你的情况向中央代表做了介绍,她也认为你是一个不可多得的人才。

李纯:谢谢童书记厚爱。不过,介意我问一下这位中央代表是谁呀?

童长荣:啊,按照纪律要求我是不能向你透露的。不过,我今天就违反一回纪律,你不要跟任何人说。她是代表中央了解河北省委情况的,是一位女同志,徐兰芝同志。

李纯:徐书记我知道,铁总的党团书记,中央委员。

童长荣:那就这样吧,我要过去向她汇报工作了。

李纯:童书记,你能带我见见徐书记吗?

童长荣:这个嘛。也好,徐书记来了解天津市委的一些情况,你把河北区委的情况当面向她做个汇报也好。

童长荣指着桥上,李纯顺着手指的方向看到万国桥上,徐兰芝正在桥上远眺。

李纯确认桥上的人就是徐兰芝,做贼心虚的李纯这才放下心来,跟着童长荣往桥上走来。黑色轿车在后面悠悠地跟着。轿车前方,突然数十辆黄包车发生碰撞,他们挡住了去路,黄包车车夫之间发生了争吵。

黄包车夫形成了两个阵营。

黄包车夫甲:你个二把刀,这车怎么骑的?

黄包车夫乙:二皮脸,是你先撞人的,还不服软儿。

黄包车夫甲:你真是个扯子!老子今天就跟你翻儿了。

黄包车夫乙:还翻儿了! 不吐口儿的大尾巴鹰,翻脸愣子!

两拨人马下来骂骂咧咧,挡住了去路。轿车里的便衣下来几个人呵斥黄包车夫快闪开。

两拨车夫一起围住了几个便衣,推推搡搡,暗中挥拳:你个愣子,掺和什么。

李纯跟在童长荣后面,往桥上走来,他不时地瞅着后面,发现车子没有跟上来,心里有些发虚,神色有些紧张。

童长荣一笑:李纯同志,你怎么啦?

李纯故作镇静:没什么,要见大领导,有些激动。

徐兰芝一边看河上景色,一边望桥中间走去。桥的另一面,安子文和李世英扮作路人,相向走着。

童长荣扶住了李纯的肩膀往前走:你的警觉性很高,这是对的。做革命工作的同志,第一位的就要有安全意识。你说是不是?

李纯点头:童书记说的是。

童长荣和李纯终于过了桥的中线,这时万国桥断开,高高吊起。黄包车车夫看见桥已断开,三言两语,各自离开。几个便衣摆脱纠缠,连忙上车开到桥头,发现桥面已经断开,无奈地望着。

李纯这时已有预感,有些慌张,再抬头一看,发现徐兰芝已经不见了,他用疑惑的眼神望着童长荣,手不由自主地伸向口袋。

童长荣站住:李纯,怎么啦,是不是心里有鬼呀!

安子文、李世英和另外几个人围了过来,李纯大惊失色,连忙掏枪,被几个人一起摁住。李纯双腿一软,跪了下来。

李纯:童书记,饶了我一命,我都交代。

童长荣:李纯,你残害了那么多革命同志,难道你不觉得是罪有应得吗!

一位同志掏出枪,童长荣转身,枪响了,李纯倒地。几个人迅速撤离。

曹策、赵茨平、纪庭梓三人又聚到了一起,不过这回是在酒馆里。

赵茨平:看来这童长荣是个硬茬,才来天津几天,就烧了两把火。

纪庭梓:处决了大叛徒李纯,报纸上都登了。还有在《北方红旗》连续发表了

两篇天津工人斗争的调研报告,把天津情况都摸透了。这第三把火,恐怕就要烧到我们头上来了。

曹策:他不会有第三把火了。让他凉凉吧。

在以后的日子里,曹策等人进行非组织活动,童长荣及时向中央迅速反映,中央派代表团调查,制止了这种非组织活动。

在上海,罗栗文除了做好全总的工作之外,按照中央的要求,花了大量的时间研究东北问题。种种迹象表明,日本侵吞东三省,侵略中国的野心已经显露。中央审时度势,提前布局东北,任命罗栗文为中共满洲省委书记。

接受任务后,他的第一个想法就是想把童长荣放到大连。因为大连已经被日本人统治了四十年之久,日本关东军司令部,日本满铁总部都在那里,可以说是日本人在中国的神经中枢,也是最危险的地方。童长荣熟悉日本,精通日语,是不二人选。中央代表团和北方局在天津清算了曹策等人之后,已经重新任命了天津市委书记,童长荣正好可以抽身赴东北。中央同意了罗栗文的请求,任命童长荣为大连市委书记。

罗栗文让王舒赶到天津,转达他对童长荣的慰问,不要为天津的事所困扰,组织上对他是充分肯定的,否则不会把到大连市委书记这个急难险重的任务交给他。罗栗文还请王舒传达他的两点意见:一,在离开天津之前,密切关注静园溥仪的动向,以及和日本人的来往;二,在去大连赴任之前,务必回老家完婚。告诉他这是命令,必须执行。

王舒接受罗栗文指示后,立即赶赴天津。

环龙路 44 号中央俱乐部。杨飞从南京开会回来后,专门将赵瑞麟和卓蓝喊到自己的办公室,传达南京会议精神,蒋委员长说,攘外必先安内,当务之急,是消灭这些乱党分子。共产党内部正在发生严重的"两条路线"的危机,要求趁此良机,加紧搜捕共产党人。

卓蓝发表意见,从近期获得的情报信息看,日本人将有大动作。现在民族危机已经成为主要矛盾。我们工作的重心应该有所转移。她自己之所以回到 44

号,就是感受到了日本军国主义已经张开了血盆大口。如果你们视而不见,只想做个鸵鸟,那她待在这里就毫无意义。

杨飞劝慰卓蓝说,我不是支持加强对日情报的收集分析吗?可蒋总司令的讲话就是国策,不得违抗。

卓蓝对杨飞说,很对不起,这违背了我回来的初衷,他妈的我不干了,还不行吗?

杨飞有些不高兴了:卓蓝,你,你怎么能这样!

卓蓝望着杨飞:我怎么样,我卓蓝最起码还是一个堂堂正正的人。

杨飞:你什么意思?难道我杨飞就不是人吗?

卓蓝:难说!

杨飞:卓蓝,今天你得把话给我说清楚!

赵瑞麟终于觉得机会来了,慢悠悠地:这一点我倒是同意卓蓝的观点。杨飞,你就是个小人!懦弱无能、阴暗无耻的小人!

杨飞知道,卓蓝、赵瑞麟和他撕破脸皮是迟早的事,没想到这一刻竟提前来到了。赵瑞麟竟然当面辱骂他是阴暗小人,这也就意味着卓蓝将他在背后的动作全告诉了赵瑞麟,更说明赵瑞麟和卓蓝已经捐弃前嫌,下决心要和自己斗了。杨飞无奈,只好再次提起能摆在桌面上的话题,你们如果抗拒南京和蒋总司令的命令,我就原原本本向南京报告。

赵瑞麟大笑起来,对杨飞说,我建议你现在就打电话给南京,我赵瑞麟是反共急先锋,共产党可以给我证明,中央党部更清楚。既然这样,我倒是建议南京派一个调查组来,我们就把你这么多年来在44号做了些什么,干了哪些事,还有哪些不良居心,我们就一起来算个总账。

杨飞脸色难看,气愤至极,拔出枪对准了赵瑞麟:赵瑞麟,你公然违抗蒋总司令的命令,来人,给我抓起来。

赵瑞麟同时拔出枪对准了杨飞。张龙、李卫同时赶了进来,面面相觑。

卓蓝走到杨飞和赵瑞麟之间,我对你们之间狗咬狗似的斗来斗去,毫无兴趣,看一眼都觉得恶心,拜拜。

卓蓝离开了办公室。李卫跟着走了出去。

赵瑞麟先收起了枪,对杨飞说,你听好了,我会让你死在我手里的。

赵瑞麟也离开了办公室。张龙留也不是,走也不是。杨飞面无血色,瘫坐在椅子上。

离开了44号,卓蓝感受到了一种前所未有的轻松。李卫驾着车,侧身问卓蓝,这次真的是彻底地离开44号了?卓蓝啐道,你小子看来还留恋那个鬼魅出没的地方。

李卫笑了:卓小姐,我们该做些正事了,我们要查清楚日本人的阴谋。

卓蓝:这才是好兄弟,你给我打工,我付给你工资。

李卫摇摇头,为国家做事,哪能要你私人付工资。

卓蓝:那好,我请你喝酒。

李卫:那我可有酒喝了。不过,今天赵瑞麟罕见地为你撑腰,和杨飞撕破了脸皮,不容易啊。

卓蓝:他是什么货色你还不清楚吗?恨杨飞是事实,因为杨飞挡住了他的官路,还整理他的黑材料,设计陷害他。他挺我也是事实,只不过是想赢得我的好感而已。说白了,这一切还都是为他自己。

李卫问卓蓝下一步做什么。卓蓝说帮我找到王舒。

李卫:你还是想通过王舒去找童长荣吗?不是说好了已经放弃了?

卓蓝:个人的私情我是放弃了,可是我还想和童长荣再合作一次,续写东京共同战斗的岁月。

李卫驾着车,望着流光溢彩的夜上海,他沉着地点了点头。

街道人流里,王舒低着头急匆匆地走着。卓蓝和李卫跟在后面。王舒进了小巷子,卓蓝和李卫跟着进了巷子。两人搜寻了一圈,前面是个死胡同,并未发现王舒的踪影。

卓蓝大声地:给我出来,我不是来抓你的!

李卫:王舒兄弟,出来吧,卓小姐找你有事。

王舒从另一个巷子出现,站在了路口。卓蓝和李卫走了过来。

卓蓝：王舒，别跟我说，不知道童长荣在哪里！

王舒笑了：我还真不知道他现在在哪里，请问你找他有事吗？

李卫：卓小姐想当面告诉童长荣，她已经脱离了44号，也不再逼童长荣放弃婚约，现在只有一个愿望，希望和他再度合作，秘密查证日本人最新动向。

王舒：啊，是这样，据我所知，童长荣的工作重心好像也要转到对日斗争这方面来了。

卓蓝心里感佩，童长荣就是童长荣，他一定会是站在风口上的。

王舒：你们对高崎、小日向、千惠子的情况查证得怎么样了？

李卫：小日向和林悦在高崎住处只出现过一次，现在下落不明，不过千惠子还一直在高崎的会所里。

王舒告诉卓蓝，童长荣让我提醒你，希望你们能够多注意上海方面的动向，譬如军队移动、人员往来，包括日本使馆人员、日本浪人、日本和尚，盯住高崎、千惠子，还有高崎的资金账户流动情况等，特别要注意有哪些中国人跟日本人有交往。他还让我提醒你，要你和你的父亲注意安全，万一战火一起，纱厂很难幸免，要早做准备。

卓蓝以平静的心情对王舒说，替我谢谢童长荣。

王舒：卓小姐，我想他也一定需要你，到时候会和你联系的。

卓蓝点点头，可还是忍不住：王舒，能不能透露一下他现在在什么地方，我不是要去找他，你明白我的意思吗？

王舒：我只能说，他现在应该处在对日斗争的最前沿。

卓蓝托王舒带话给童长荣，务必要注意身体，注意安全。她也已经打电话给安庆方面，不准再打扰他的未婚妻，也不准辞退他的恩师吴用贤先生。

卓蓝说这些话的时候，情真意切，眼神里充满了温情。王舒很感动，对卓蓝说，我一定将你的话一字不落地传递给童长荣。

王舒说完，立刻转身离开了小巷。

卓蓝站在那里望着王舒的背影发愣。

李卫：听到了吗？童长荣是从内心里关心你的。卓小姐，你也把童长荣当作

了亲人，你体会到这也是一种幸福了吗？

卓蓝对李卫说，上次你在火车上，是一语点醒梦中人，现在不知怎么的，一提到这个人，心里就是担心他，似乎在一阵阵涌起着什么，是慰藉，是想念，还是牵挂？她说她也说不清楚。

李卫望着卓蓝，我真替你高兴，你终于迈过了这个坎。有句话叫什么来着，心底无私天地宽。从今往后，你就把心放得坦坦荡荡的，我李卫今生跟着你，不惜生命，为国家为民族，直至战斗到最后一刻。

卓蓝怔怔地看着李卫：你不会是童长荣派到我身边的共产党吧。

李卫笑了，没有说话。

卓蓝：我真希望你是。

李卫说，如果你想我是我就是，只要你喜欢。

卓蓝从内心里涌出了一句话，李卫，我的好兄弟！

天津。童长荣穿着老棉袄，戴着破毡帽，在静园门外不远处卖冰糖葫芦。他注视着里面进进出出的人。偶尔也有人来买冰糖葫芦。

不时有车辆在门前停下，黄头发洋人走了进去。又有一辆车停下，穿西装的日本人下车也走了进去。大门里跑出来两个下人，来到童长荣面前。

园子里的人：卖冰糖葫芦的，皇上要吃冰糖葫芦，给我挑10个好的。

童长荣：好嘞，皇上如今也爱吃这个了。

园子里的另一个人：皇上想换个口味，就想起了小时候吃的冰糖葫芦，这一出门就有。

童长荣挑了10个大个的递给了园子里的人。

园子里的人：卖冰糖葫芦的，你明儿还在这地方，保不齐皇上还要吃呢。

童长荣：那我明儿还在这地方。

园子里的人付了钱，进了大门。

不大一会儿，一辆轿车停在大门旁边，一个熟悉的影子进入了童长荣的视野，他吃了一惊，那不是林悦吗？东京町田街一别，一晃3年多了，终于又见到了尊容,她戴着帽子,脸上罩着纱巾,可这个影子是刻骨铭心地印在童长荣的脑子里。

林悦朝四周看看,车上又下来一个胖胖的老头,戴着高高的皮帽子,林悦搀着。后面一辆车又下来两个护卫,他们一起走进了静园。

童长荣迅速判断,这个老头一定是林悦的叔叔熙洽。童长荣守到下午,未见林悦一行出来,知道他们在静园住下了,加上冰糖葫芦卖光了,不好在门外停留,只得回来。

童长荣刚到门口,就看见了王舒从屋角闪了出来。见到王舒,童长荣非常高兴,连忙将王舒拉进屋里。

王舒上上下下望着童长荣的装扮,觉得很奇怪,几个月不见,怎么就变得像要饭花子一样。王舒说,罗书记特地让我来向你表示慰问,我一路上就想,你在天津被一伙小丑排挤,肯定很难,可没想到连生活也发生了问题,该不会是刚刚到街上乞讨回来吧。

童长荣笑了,你个王舒,想到哪里去了? 知道吗? 我这是化装,刚刚我去了一趟静园,在门前卖冰糖葫芦,明白了吗?

王舒明白过来,慨叹道,真是英雄所见略同,罗书记让我来,其中就有一条,让你到静园去观察溥仪的动向以及有关人员进出情况,可没想到你早就考虑到了。原本罗书记还想让我来安慰你一下,不要灰心,要对革命前途充满信心,现在看来这都是多余的。

童长荣感谢罗书记的关心。对王舒说,参加革命这么多年,什么时候动摇过理想和信念,也确实没有时间去灰心丧气。这些天,我就在屋里琢磨着要做点什么,想着想着,直觉告诉我,这个静园就是一个值得观察的地方。刚刚去了一趟,就有重大收获,你猜我看见了谁?

王舒:我来猜猜,不是日本人,就是东北降日派的清朝皇室,如果没有猜错的话,莫非你看到在上海出现的那个人,一定是林悦。

童长荣:完全正确,旁边还有一个上了年纪的人,我估计是熙洽,但我不能肯定。

王舒:熙洽的照片我见过,他就是日本陆军士官学校毕业的,我在学校的橱窗里见过这个人。

王舒来得非常及时,他让王舒明天陪他一道去,好确认熙洽的身份。

王舒自言自语,熙洽和林悦跑到溥仪这里来做什么? 仅仅是他们皇室之间的串门走亲戚吗?

童长荣说,王舒这个问题问得好,林悦沉寂 3 年时间,突然活跃起来,意图指向已经十分明显,我们必须要搞清楚他们不可告人的阴谋。

王舒这才告诉童长荣,中央高度重视东北的工作,罗书记已经作为中央代表,启程赴东北任中共满洲省委书记,这次来,还有一个任务,就是罗书记推荐,中央同意你到大连任市委书记。

童长荣并不感到意外,他慨叹日本人 1894 年就占领了大连,大连就是一部中国人民的屈辱史,也是一部血泪史,他明白罗栗文把他这颗棋子放在大连的用意,他感到了身上的重担。

王舒:长荣,这次你到大连可谓是深入龙潭虎穴,日本关东军司令部,日本满铁总部都在那里,听说街上小旅馆的老板、饭店里的伙计、街上的商贩都有可能是日本间谍暗探。

童长荣沉吟,不入虎穴,焉得虎子。王舒呀,你要这样想,大连人民被日本人奴役几十年,我的任务就是要把他们都发动组织起来,反抗日本人的统治,是多么重要的事。只有到了大连,才会获取有价值的情报,你不觉得有一种战斗的渴望吗?

王舒的情绪也受到了感染,对童长荣说,真想和你在一起战斗,你总是给人力量。童长荣对王舒说,秘密交通员的工作更重要,你就是一根线,起到串珠成链的作用。

童长荣突然意识到两人还站在屋里说话,连忙拉王舒坐了下来,才想起问王舒吃了没有。王舒说不指望到你这儿来吃饭,下火车时已经吃过了。

童长荣点点头,换了话题,询问上海的调查有无进展。

王舒说,卓蓝和 44 号没有查到什么重要的信息。不过,赵瑞麟、卓蓝和杨飞之间为攘外还是安内,已经闹翻了,卓蓝已经离开了 44 号。

童长荣:啊,是这样。我倒是希望她不要离开 44 号。

王舒告诉童长荣,离开上海前,卓蓝和李卫找到了自己,她明确说,不想再和你在个人感情上进行纠缠,也不再打扰坤宜姑娘了,还给安庆方面打招呼,如有家庭困难,会随时提供帮助,她只希望你心无旁骛对付日本人,还表达了渴望再度与你合作,调查日本人阴谋的愿望。

童长荣:那就谢谢她了。我了解她,知道这是她的必然选择。

王舒:我能感受到,这是发自她内心肺腑的声音,我看到了她的眼泪。

童长荣听了这些,内心极不平静,人非草木,孰能无情,他半天没有说出一句话。

聊到这里,王舒想起罗书记的嘱托,也是童长荣答应春上回去完婚的,他劝童长荣趁这个空当回去,不能再让坤宜姑娘失望了,这也是罗书记的命令。

童长荣:是啊,我也想。中央代表调查天津非法组织活动尚未完全结束,我得配合调查。天津的扫尾工作结束以后,我就一天也不能耽搁了,必须尽快赶到大连,当前形势严峻,可能没有时间回去完婚了。

王舒:长荣,你可是答应我,我也受你的委托,当面跟坤宜姑娘说了,春上回家补办婚礼,你可不能食言,更不能让坤宜姑娘失望。

童长荣想了一会儿说,那就争取吧。王舒说这还差不多。

第二天一大早,在静园门外,童长荣和王舒两人都在卖冰糖葫芦。几个日本浪人出现在静园门口,转来转去。

王舒轻轻地:这几个日本浪人应该都是黑龙会的人。

童长荣明白,溥仪从张园搬到静园都是由日本人操作的,显然溥仪已经被日本人挟持了。昨天晚上,童长荣又想了一遍,熙洽现在是张作霖弟弟张作相的副手,把持长春军务,这次他和林悦来天津绝非皇室间的走动。

正在这时,园子里又走出两个人,来到童长荣、王舒跟前。童长荣欠欠身子笑着算是打招呼。

园子里的人:卖冰糖葫芦的,皇上昨个儿吃了你的冰糖葫芦,觉得爽口,就差

我们出来看一看,你们还在不在这里卖。

童长荣:二位爷,我要是做不出天津卫最好的冰糖葫芦还敢在皇上门口叫卖,皇上觉得好吃,我们天天来卖,今儿个,我让我的兄弟也来了。

另一个园子里的人:你们俩听着,皇上晚上在大观茶园看戏,你们晚上到戏园子门口去卖。

园子里的人:味道要跟昨天一模一样的。

童长荣:一定的。

另一个园子里的人掏出钱递给童长荣:钱你先拿着。

童长荣:谢谢二位爷,我提前在园子门口候着。

两个园子里的人转身走进大门。

童长荣和王舒一边叫卖一边观察。又过了一会儿,几辆车鱼贯而出。童长荣仔细观察着,悄悄对王舒说,瞧见没,头车是护卫,第二辆蓝色的车是溥仪的车,第三辆是熙洽的车,林悦也应该在里面,第四辆是后勤车。

王舒:他们这是去干什么?

童长荣:溥仪开蓝色车辆,一般是到马道场去打高尔夫球。晚上看戏我们要留点意。大观茶园是宋则久先生开的,走,我们到宋先生那里去。

童长荣和王舒换了衣服,来到宋则久住处。宋则久正坐在客厅里喝茶看报纸。

秘书进来:童先生要来拜访您。

宋则久放下报纸,吩咐秘书快让童长荣进来。

童长荣和王舒走了进来。

童长荣:宋老,我和王舒来看您。

宋则久满面笑容:哟,童先生,王先生,来来,坐坐,谢谢你们来看我。

管家上茶,宋则久和童长荣、王舒坐下。

童长荣:宋先生,您的大观茶园这两天演什么戏啊,我们想去看看。

宋则久:啊,最近啊,我亲自动手把王昭君的老戏改了一下。

王舒:哟,宋先生还亲自操刀改剧本呢。

童长荣:王舒,你这是少见多怪,宋先生可是中国戏曲改革第一人,对戏曲改良贡献大着呢。

宋则久:贡献谈不上,不过与戏曲结缘几十年,算是有感情。

童长荣:对,上次我们约定过,我要向你请教戏曲呢。您说说,您是怎么改的王昭君的戏的。

宋则久来了兴趣:童先生,我对王昭君的理解不在和亲安定边疆上。

童长荣:那戏核在哪里?

宋则久:在王昭君自身的一个美字上。

童长荣:哟,这很新颖。

宋则久:王昭君有倾国之色,画师毛延寿心里阴暗,在王昭君的画像上点了一颗落泪痣,让她从此打入冷宫。王昭君毅然和亲,皇上要在次日召见。毛延寿眼看事情要败露,求见王昭君,让她答应再为她画上落泪痣。

王舒:这个画师太无耻,王昭君会答应吗?

宋则久:王昭君答应了。

王舒:那我想不通,这不是人善被人欺吗?

童长荣:宋先生一定有过人的构思。

宋则久站了起来:毛延寿虽然可恨,可毛延寿有欺君之罪,皇上如果发现王昭君的美貌,毛延寿家族100多口人将被问斩,你说王昭君答应还是不答应?

童长荣:这个戏太好了,叫人有一股向善向上的力量。宋先生,今晚演吗?我们很想去看。

宋则久:演啊,你们可以去看。不过今晚我不能陪你去看戏。

童长荣笑了:是因为溥仪要去看戏吗?

宋则久:童先生,你是怎么知道的?

王舒:我们也是刚刚知道的。

宋则久:是啊,他们昨天就跟我联系,说溥仪要请日本人看戏,日本人视我为眼中钉,我与日本人水火不容,你说我会去吗?

童长荣:宋先生,可我们很想去看看热闹。

宋则久：我明白了，看来，你们这是想看戏里的戏了。行，我来安排。

童长荣：谢谢，宋先生。

到了晚上，童长荣、王舒又换上了破棉袄，戴着破毡帽在大观茶园门口卖着冰糖葫芦。

观众陆续进场，突然一阵骚动，一辆车停下，几个日本浪人站在剧场前，将剧场前清理出一块空地，又来了一辆轿车，下来一个日本人和两个随从。

王舒：这个人我见过，毕业于日本陆军士官学校，叫土肥原，他的像也挂在学校长廊里。

童长荣：他就是土肥原？我听吴志杰说过这个人，曾在东北军做过顾问，从事间谍工作，为日本人收集情报。

土肥原站在门口等待。又有几辆车停了下来。其中一辆车，熙洽和林悦下了车，土肥原与熙洽、林悦握手。王舒告诉童长荣，林悦旁边的那个戴皮帽子的正是熙洽。

土肥原：熙洽先生，林悦小姐，你们都在东京士官学校受过训，从这个意义上来说，我们算是同学关系了。

熙洽：机关长，不敢当。恭贺您到天津任职。

土肥原：皇帝陛下呢？

熙洽：皇上已经从侧门进场了，我们进去吧。

人群陆续走进戏园子。买冰糖葫芦的两个人跑了过来，将童长荣和王舒手中的冰糖葫芦拿进了戏园子。

戏园内，王昭君开始在台上表演动作。毛延寿在求王昭君。

童长荣和王舒乘黑走进了旁边的一个包厢，这是宋则久先生事先安排好的。童长荣、王舒悄悄地在屏风后面听着。

土肥原的声音：皇上，我觉得你在天气转暖的时候，还是回到东北去，那才是你的大本营。

林悦：我觉得嘛，去大连比较好，叔叔在大连旅顺口置了房子，我们走动起来也比较方便。

熙洽:是啊,清王朝必须恢复,您不去坐镇哪里行。

土肥原:大日本帝国是拥戴你的。

熙洽:皇上,我们对你可是翘首以盼呢。事情我们办,皇上您只要出个面就行了。

并未听见溥仪的声音,但谈话的内容再明白不过,熙洽、林悦和日本人有一个共同的目的,扶持溥仪做伪满洲国的皇帝。

两人离开了包厢,来到海河边。童长荣对王舒说,我要即刻到沈阳去见到罗书记,然后到大连去,一刻也不能耽误。

王舒:那怎么行,不管怎么样,你得先回去把婚礼办了再说。

童长荣:我回不去了,王舒,再麻烦你到我的老家去一趟,对坤宜说一声对不起,让婚礼改期。

王舒望着童长荣,叹了口气:长荣,你干革命也不能连家都不要了。

童长荣:王舒,请你一定跟坤宜解释清楚,国家已经到了危急时刻,我实在是没有办法分身。

王舒叹了口气,长荣啊长荣,你让我怎么好去再跟坤宜姑娘开这个口呢。

夜晚,海河的水静静地流淌。

三十九

枞阳上码头。又是一年春来到。河水清清,岸边垂柳飘拂,油菜花也已盛开,黄灿灿的,晃着人的眼睛。河中船只穿梭来往,一片繁忙景象。

童家院子里,童母在猪圈喂食,嗫着嘴唤猪,还振振有词:小猪小猪你别怪,你是阳家一碗菜。长荣就要回来了,办喜酒就靠你了。

黑猪停下了吃食,望着童母。童母催促着,多吃点,多长点肉。

童母望着猪吃得差不多了,才提着猪食桶,回到屋里,走到锅灶边,用瓦罐从井罐里盛着水一样的稀饭,又用筷子拨点咸菜到小碗里,放进篮子,提着篮子走出院子,来到街上。何坤宜仍站在街上卖杂货。

王舒再一次受童长荣的委托,来到了枞阳。街上,人来人往,他偷偷地站在街角朝杂货摊子望着。何坤宜穿着破旧的衣服,脸上、手上皴裂,风吹着头发有些凌乱。不一会,他看见了童母提着篮子走到杂货摊子前,招呼儿媳妇吃早饭。

何坤宜将瓦罐里的稀饭倒进小碗里喝着。

童母:坤宜,光喝稀的不经饿,去买根油条吃。

何坤宜:舍不得呢。这回呀,街坊邻居,几个叔叔婶子都要请,算算不少人呢。

童母:坤宜啊,你呀,前世得罪了天上的什么人,这世先让你生在富贵人家,再来童家遭这份罪。

何坤宜笑了:娘,你说错了,这是前世修的。

童母:坤宜,你就是那个打鼓书里的王宝钏,命苦。

何坤宜:娘,你净把我往大的比。王宝钏苦守寒窑十八年,我才八个年头,少了整整十年。

童母啐了一句,臭嘴!好话不说,尽说些伤肠子的话。

何坤宜打了一下自己的嘴,这臭嘴是该打,童母说,这话是我惹的,我也该打自己的嘴。婆媳之间,你望望我,我望望你,都忍不住笑了。却把王舒看哭了,他心里很难受,浑身软弱无力,他实在没有勇气上前去见婆媳俩,只是在一旁无声地流泪。

五叔挑着担子走了过来,笑着打招呼:长荣就要回来了,看把你们婆媳乐的。这喜酒哇,可是越等越香了哇。

五叔挑着担子往码头走去。王舒终于下定决心,跟在五叔后面来到码头边。五叔挑着担子准备上船,被王舒挡住。

王舒:你是长荣的五叔吧。

五叔望着王舒红红的眼睛。

五叔:你是?

王舒:我是长荣的朋友王舒。

五叔:啊,对了,我听坤宜贤侄媳说过你和长荣在东京同学,去年还来过。怎么,长荣他……

王舒摇摇头:来,五叔,耽误你一会儿工夫。我不忍再告诉长荣妈妈和坤宜姑娘,长荣这次又回不来了。

五叔喃喃地:又回不来了? 这可怎的是好。

王舒:日本人可能要侵略中国了,组织上交给他重要的任务,情况危急,他已经到大连去了,回不来了。

五叔点点头,明白了王舒的意思,是想委托他去跟童长荣母亲和坤宜说这件事。王舒对五叔说,刚刚,我听见她们说话了,在拼命挣钱办喜酒,盼着长荣回来呢。我实在是无法面对她们说这事。

五叔叹了口气,婆媳两个从去年起就天天盼,好不容易盼到了春头,可现在,这话怎么去说呢。王舒对五叔说,长荣内心也很苦,既对不起年迈的老母,也对不起未婚先嫁的坤宜姑娘,为了国家,他说他只能舍弃小家了。

五叔谢谢王舒为了一句没能兑现的承诺,千里赶来告知。他反而安慰起王舒来了,凡事都是事出有因,坤宜贤侄媳妇也不是一般人,什么事都明白,我去说,她一定会理解的。

王舒谢谢五叔。五叔摆摆手,不用谢,要说谢,还要谢你。五叔想起了一件事,问王舒,那个卓小姐可还缠着长荣?

王舒请五叔转告何坤宜,卓蓝从长荣那里得不到任何机会,已经放弃了。

五叔连连点头,那就好,你放心,坤宜贤侄媳是通情达理的人,只要是长荣在外面做的是正事,她不仅理解,而且支持。

王舒:五叔,请转告坤宜姑娘,等革命胜利了,罗书记说他要亲自来向坤宜姑娘赔礼道歉。

五叔挑着担子往回走,还不时地回头与王舒道别。

五叔将担子又挑回到街上,在杂货摊子前歇了下来。何坤宜问五叔,船走了,没赶上趟? 童母收拾碗筷正准备回去,见是五叔,对何坤宜说,你五叔一年到头就帮人家挑挑子,黄汗淌,黑汗流,背都挑驼了,唉,赶不上趟就得往回挑。

五叔望着婆媳俩,支吾着,不是,那不是,刚刚遇见了一个人,让我来捎个话,

就回来了。何坤宜望着五叔。五叔叹了口气,蹲在地上,磨磨蹭蹭,半天不说话。何坤宜看情形有点不对劲,催促着,谁带给谁的话,说半句含半句,急死人了。

五叔这才说,和长荣在一起的那个王舒来了,特地来说,长荣又回不来了。童母一听,眼泪顿时涌了出来。何坤宜连问王舒人呢?五叔答已经上船走了。

何坤宜又追问了一句:有没有说是什么原因回不来?

五叔:说了,日本有可能要侵略中国,东北情况比较急,组织上已经派他去大连了。

何坤宜站在那里,静静地像是在想着什么,她突然对童母说:娘,今天不许你哭!

童母嘤嘤地:我的心都碎了,你还不许我哭。

何坤宜:我问你,你知道他在外面做什么吗?

童母:我不管他在做什么,他是我的儿子,哪怕回来待一天,我也好对你有个交代,对街坊邻居也有个说法,我都把话放出去了,你叫我怎么收得回来?

何坤宜:娘,我告诉你,国家有难了,他不去谁去?

童母:他去了,你可怎么办?

何坤宜:死脑筋,这事好办,走,收摊子回家,别在大街上哭哭啼啼的,别人看到了,还以为你遇到了恶媳妇。

童母不敢再哭,连忙帮着收摊子。何坤宜对五叔说,耽误你一袋烟功夫,我有事想劳你。五叔点点头,挑着担子随婆媳俩回到家。

何坤宜关上了门,对婆婆说,娘,我替你做个主了。

童母含着泪,不解地望着何坤宜。

何坤宜的眼神凝聚成了一点:明儿把猪杀了,我要请四围亲戚、街坊邻居喝酒,大家在一起热闹热闹。

童母:我不同意你胡来,长荣不在家,你这客请的,算不得钟,又算不得磬,连个说法都没有。你告诉人家去,长荣在大连为共产党在做事,回不来,能这样说吗?

何坤宜:娘,请客就是请客,要说那么多干嘛。我就想代长荣敬大家一杯酒,就算是婚礼也办了,客也请了。

五叔:坤宜贤侄媳这些年在枞阳街无人不赞,街坊邻居都看在眼里,做事进退有据。只要说请客,大家心里都明白了。二娘,就这么办吧。

童母长吁短叹:你可知道我有多恨他呢,这个孽子!

何坤宜让五叔去请杀猪佬,请厨娘,上街采买,顺便买些红纸回来,她准备亲手写请帖。

铁板洲何府。何老爷躺在病床上,吴用贤、何坤秀带着孩子回家看望。

何坤秀见老父亲卧病在床,连问怎么了。何老爷有气无力地说,年后就没好过,这次恐怕是爬不起来了。何坤秀回过头,吩咐一旁的吴用贤马上喊郎中来。吴用贤正要离开,何老爷摆摆手,说喊郎中没用,他这病啊,郎中是医不好的。

吴用贤和何坤秀互相望了一眼,心里有了数。

吴用贤试探地:家公,我知道你心里在想什么念什么。要不,你给个话,我去做做坤宜的工作,让她回来认个错,什么不认父女关系,你说不认,那她不还是你的女儿?

何坤秀哭了:事到如今,还讲什么对错。她跑到童家,过的什么日子,遭罪,弄得人不人,鬼不鬼的。爸,这人哪怕就剩下个渣子,那还是您的女儿,跑不掉的。

何老爷眼角涌出眼泪,他闭上了眼睛,不再说话。

何坤秀朝吴用贤吼叫着,你还在这里傻站着,还不快去!

此时的童家,院子里摆满了酒席,五叔带着何坤宜、童母敬酒。何坤宜来到几个叔叔婶子面前。

何坤宜:各位叔叔婶娘,我娘和我平时承蒙你们照应,长荣不在家,我就替他谢谢你们了。几个叔叔婶娘都站了起来。

叔叔:我们过去做得不好,请你多担待。

婶子:侄媳妇为人没有话讲,我们都不好意思了。你放心,童家关起院门都是一家人。

街坊邻居也纷纷说,坤宜姑娘就好比是戏文里的烈女,我们真想给你立个

碑呢。

　　吴用贤来到童家院门口,不明就里,他愣在了门口。就在这时,她听见姨妹何坤宜端着酒杯说话了。

　　何坤宜:谢谢,各位亲眷街坊邻居。本来我和长荣相约春上补办婚礼,可没想到,长荣又回不来了。我和我娘商量一下,婚礼办不办无所谓,但客一定要请。略备几杯薄酒,不成敬意,请海涵。今天,来的人都不外,我就想和大家说说心里话。第一层意思,长荣这些年不在家,他在外面干的是正事,为穷人谋幸福,为国家的前途命运在奔走,他在我心里,是个顶天立地的男子汉,我来童家照顾婆婆是为他减轻负担,让他在外面好好工作;第二层意思,童家虽然生活清苦,大家也许想不明白一个富贵人家的小姐到大街上卖杂货,觉得我这个人下作犯贱,我不觉得有什么丢人的,我劳动我快乐我光荣。

　　大家都鼓掌。

　　何坤宜:今个,我还想跟各位亲戚街坊邻居说一声,今晚请了酒,我明儿就去找长荣,也算是了了我婆婆的一桩心事。婆婆一人在家,有个头疼脑热的,还望叔叔婶婶街坊邻居照应一下。

　　大家纷纷说:童家媳妇,你放心去吧。

　　童母扯着何坤宜:你真的要到长荣那里去呀。

　　何坤宜:是啊,这不刚刚说的嘛。

　　吴用贤听到这里,走到了何坤宜身边,说坤宜姨妹,我能来讨杯酒喝吗?

　　何坤宜喜出望外:哟,姐夫,你怎么来啦?

　　吴用贤:你办喜酒,娘家人至少得来贺一下嘛。

　　吴用贤从怀里掏出一个红袋子,递给何坤宜,她摆摆手,谢谢姐夫,说办酒没有收一分一毫,娘家也不能例外。

　　吴用贤将何坤宜拉到院子的拐角,对何坤宜说,刚听你说,你明天要去找长荣。你现在还不能走。

　　何坤宜不解地望着吴用贤,吴用贤叹了口气,说家公在床上躺了有十来天了,看来是凶多吉少了。

何坤宜一听,止不住流着泪,问得了什么病。吴用贤指着胸口,心病,想你想出毛病了。

何坤宜听姐夫这么一说,伤心抽泣,喃喃地说,是老父亲不认我这个女儿的,我也想回去,是他让我断了回家的路。

吴用贤劝慰,父女之间还记什么仇啊,家公早已经原谅你了,他就想见你一面。

何坤宜点点头,那行,姐夫等等我,我现在就跟你回去。

她走到客人中间,用碗倒了满满一碗酒。

何坤宜:各位亲眷街坊邻居,刚接信说老父亲不太好,我失陪了。

何坤宜将一碗酒一口气喝下,和婆婆打了声招呼,随吴用贤往门外跑去,连夜雇船上了铁板洲,一路小跑跌跌撞撞,进了屋里。

何坤秀见到何坤宜挎着一个篮子,衣服破旧、头发凌乱,肤色黝黑粗糙,差点都没认出来,她迟疑了一会,终于抱住了何坤宜哭了起来,然后拉着何坤宜就往后院跑。

到了卧室门口,何坤宜推开姐姐,奔到床前,只见父亲形容枯槁,双眼紧闭,何坤宜抓住父亲的手。

何坤宜忍着不哭:爸,我回来了。

何老爷微微睁开眼,陌生地望着何坤宜,说了一句,你个死丫头。

何坤宜跪在踏板上,眼泪线一样往下掉,一字一顿:女儿不孝,百身莫赎。

何老爷望着女儿变成这副模样,情绪激动,又说不出话来,颤抖地想抬起手。何坤宜知道父亲的用意,将脸贴到父亲手上。何老爷从喉咙里挤出心疼的声音,女儿,你受苦了。

何坤宜将父亲的手在自己脸上摩挲着,摇摇头说,爸爸,女儿在童家不苦。女儿天天干活劳动,日晒雨淋,就是样子难看了,身体比以前还好呢。只要你好起来了,不再怪罪女儿,女儿就快乐了。

何老爷点了点头:女儿,我好不起来了,就想见你一面,就心满意足了。

何坤秀端来一碗汤递给何坤宜,何坤宜一勺一勺地喂,何老爷勉强喝了两

口,摇了摇头,推开碗,示意何坤宜扶他起来。何坤宜连忙放下碗,姐妹俩将父亲轻轻地扶了起来。

也许是回光返照,也许是何坤宜回来给了他精神的支撑,何老爷居然能吃一点东西了。何坤宜日夜守在父亲床前,何老爷更是不让女儿离开半步,仿佛出了这个屋子,就再也见不到女儿了。何坤宜离家两年,内心亏欠,就在凉床上铺了床被,日夜伺候。何老爷既不想女儿离开自己的视线,又不要她守在床前。何坤宜无奈,只得躺在凉床上,她望着老父亲,哪里能睡得着。

白天,郎中诊了脉,暗中告诉吴用贤,脉息已沉。吴用贤瞒着何坤宜,找来乡里问事的,差人预请裁缝、木匠、土工,预备后事。到了第三天,何老爷渐渐显出一副衰相,已经没有气力再看女儿一眼。吴用贤对何坤宜说,今晚你睡觉,我在床前陪陪家公。何坤宜没有经验,更不愿意把事往坏处想,硬是要姐夫回屋睡觉。吴用贤不得不对何坤宜轻轻地摇了摇头。何坤宜顿时明白了姐夫的意思,咬着嘴唇,不敢哭出声,背过脸,任凭泪水纵横。

果然到了下半夜,何老爷突然痰气上涌。何坤秀、何坤宜连忙抹着、拍着,不一会儿,何老爷的眼睛盯着何坤宜,喉咙里响了一下,眼睛翻了一下,渐渐安静下来。

何坤宜姐妹俩由失声变成了哭喊:爸爸,爸爸……

吴用贤和何家兄弟,以本乡最高规格葬下了何老爷。新坟前,吴用贤、姐妹俩和何家兄弟穿着孝衣孝帽摆着碗,烧着纸钱。

何坤秀数落着:你知道爸是怎么病的吗?就是被你气死的!

何坤宜默默流着泪。

吴用贤连忙制止:别说了,坤宜姨妹内心里已经很自责了,你少说两句好不好。

何坤秀:我就是要说,好端端的一个家,就这么被你败了!

吴用贤发着火:别再说了!

何坤宜朝坟前重重地磕了三个头,然后站起来,摇摇晃晃地站起来走了。吴用贤拉也拉不住。何坤宜一人独自走到渡口边,坐在那里号啕大哭。

青青铁板洲,悠悠长江水。

童长荣从天津出发,来到沈阳,在交通员的引领下,走到一处民宅前,对上暗号后,门开了,交通员掀起厚厚的布帘,童长荣走了进来。屋里的罗栗文见到童长荣来了,赶忙走过来,两人的手紧紧地握在了一起。

罗栗文松开手,打量童长荣,觉得他气色不太好,关心地询问吃饭睡觉怎样,有没有什么毛病。童长荣谢谢老领导关心,身体没问题,也许是一路奔波没有休息好,他对罗栗文说,这不是急着要向您报到吗?

罗栗文批评童长荣,急着报什么到,我的话你就当作耳旁风。童长荣笑笑,情况紧急,我哪还有心思回去办婚礼呢。反正坤宜已经过门了,婚礼那都是一个形式。罗栗文指着童长荣,你亏欠了坤宜姑娘。我过去说过了,有机会代表组织一定要给坤宜姑娘一个道歉,现在需要两个道歉了。

童长荣对罗栗文说,老领导,我在天津亲眼看见了日本人围着废帝溥仪后面转,直觉告诉我,日本人可能要行动了。

罗栗文这才缓和了语气,让童长荣说具体一点。

童长荣:我们几次跟踪,发现天津的日本特务机关长土肥原到静园活动频繁,近期黑龙会的那些日本浪人异常活跃。更重要的是,我看到了熙洽和林悦这段时间在天津活动,他们要把溥仪从天津弄到大连来。

罗栗文点点头:这确实是危险的信号。我到沈阳后,了解到的情况是,日本人正在策划满蒙脱离中国独立,他们是在利用溥仪做文章,熙洽是吉林边防军司令长官参谋长,这个人从小立志报效大清朝,林悦就是他的代理人。

童长荣:看来《田中奏折》里所谓的满蒙问题,日本人已经开始实施了。

罗栗文:你判断的很准确。我要告诉你,在高崎家里看到的那批图纸正是敦图的铁路规划图。小日向在负责这个项目的联络。

童长荣:如果这条铁路修通了,日本人军力物资就可经朝鲜源源不断地长驱直入了。

罗栗文:长荣啊,我为什么让你到大连,就是这个原因。关东军司令部是满

蒙计划的枢纽,满铁公司不仅控制东三省的铁路,还是一个政治、军事、情报机构,它就是日本侵略中国的重要工具。因此你到大连之后,除了做好组织发展工作外,更重要的是密切关注这两个机构,时刻掌握日本人的动向,有针对性地开展工作,组织大连党组织团结大连人民对敌斗争。

童长荣:罗书记,我不会辜负你的期望,保证完成任务。

罗栗文:长荣,到了大连之后,你得换一个名字了。童长荣这个名字日本人太熟悉了。

童长荣点点头,想了一会儿,对罗栗文说,记得在上海写过一部中篇小说,里面虚构了一个人物,叫张树华,今后我就叫这个名字吧。

罗栗文想了一会儿,不行,小说是你写的,这容易让人联想到就是你。童长荣笑了,说这部小说被蒋光慈弄丢了,没有人知道,我想做个纪念。

罗栗文自言自语,树华,树者,植也,植根中华,时刻牢记中华在我心中,有意义,就叫这个名字吧。长荣,你可要记住了,从今天起,童长荣这个名字已经不存在了。

童长荣笑了,这个名字跟随了我24年,扔掉还真有点舍不得呢。

罗栗文:长荣啊,今天我再给你说个事,关于你在日本参与获取《田中奏折》一事,以及和卓蓝的这一段历史,我从未向组织报告过,到我这里就为止了。你知道是为什么吗?

童长荣:我明白,您是在保护我。

罗栗文:长荣,请原谅我,委屈你了,你做了惊天动地的事业,可还要当隐姓埋名的人。

童长荣:为了党的事业,民族的独立,国家的前途,人民的幸福,我愿意做一个无名之人。罗书记,是您引领我接触马克思主义,带我走上了革命的道路,我从此认定只有中国共产党才能拯救这个苦难的国家,我会矢志不移,一往无前。

罗栗文:长荣同志,我很高兴经过这么多年的历练,你经受住了考验,你有坚定的信念、理想,还有对党的忠诚,这正是你成熟的标志,可真正考验你的时刻已经到了。

童长荣:我会牢记入党时的誓言,时刻做好牺牲的准备。

罗栗文动情地紧紧握住童长荣的手:长荣同志!

童长荣:童长荣已经死了,叫我张树华!

罗栗文抱住了童长荣:张树华同志,保重!

环龙路 44 号。杨飞在办公室里心神不定,不住地在屋内唉声叹气,张龙走了进来。

杨飞问张龙,赵瑞麟、卓蓝现在在干什么?

张龙报告,听说赵瑞麟通过戴先生的关系,已经到特工总部上海区任副区长了。卓蓝带着李卫在秘密搜寻日本人的情报。

杨飞点点头,站起来告诉张龙,南京已经来了秘密通知,这个中央俱乐部就此解散。

张龙:那弟兄们怎么办?

杨飞:上头密令,让我回南京,剩下的人马交给赵瑞麟,并入上海区。

张龙:那可是便宜了赵瑞麟。杨主任,那我怎么办?

杨飞:唉,你怎么办,我连我自己都不知道怎么办,只说让我回南京,没有新的任命,就等于是靠边挂。你知道吗? 这都是赵瑞麟暗地里不停地写信向南京告状造成的,如今弄到这一步,惨啊。

张龙:杨主任,你就这么便宜了赵瑞麟?

杨飞:哼,赵瑞麟让我走投无路,我会让他不得好死。张龙,你愿意帮我吗?

张龙:杨主任待我情深似海,如今兄弟落难,我定当助一臂之力。

杨飞与张龙耳语,张龙点头,并拍着胸脯保证。

大华纱厂小白楼里。卓蓝将转让合同再仔细看了一遍,然后递给了卓荣丰。

卓荣丰:蓝蓝,你看这个转让合同有没有问题?

卓蓝:从文字上看,似乎没有多大的问题。可我不知道文字的背后隐藏着什么。

卓荣丰:有可能是你想得太复杂了,这不就是一个商业合同嘛。虽然眼前要

付一大笔现金,从长远上看,我也不想和这个高崎搅在一起,反而是个好事。

卓蓝:爸,高崎指定账户的银行我们有熟人吗?

卓荣丰:你想干什么?

卓蓝:我想了解这笔庞大的资金最终会流向哪里。

卓荣丰:这个不难,交通银行都是多年的关系了,如果需要,他们会暗地里提供信息的。政府对外商使用资金的状况本身就有监管要求。

卓蓝建议再核算一遍资产,推迟三个月签字,她要看看他们是急于要钱,还是急于要签这份合同,再则,过段时间,掌握的情况会更多一点。

卓荣丰认为女儿这个建议非常好,他决定再设法拖延一段时间。

自从卓蓝脱离了44号,主要的工作就是了解日本人的动向,虽然也没有得到实质性情报,剩下的时间就是协助父亲处理一些经营上的事情,父女也经常出去看看电影,吃个饭,这让卓荣丰很欣慰。

闲暇之余,卓荣丰想着女儿已经二十七八了,不免有些急,有意无意的话里隐含卓蓝该考虑婚姻大事了。

卓蓝:爸爸,只要你高兴,我愿意天天在家陪着你,一直陪到老。

卓荣丰:那可不行。你必须要成家,我还要抱外孙呢。

卓蓝脸色黯淡下来:我喜欢的人在我心里已经死了,这辈子我不会再喜欢第二个人了。

卓荣丰:蓝蓝,赵医生找到了我,她说赵瑞麟和你都不小了,她很关心这事情,我也觉得你和赵瑞麟还是知根知底的。

卓蓝:爸爸,你别操这个心了,我的事我会处理好的。

管家进来:卓小姐,那个李卫先生说要找你。

卓蓝站起来:爸,我去一下。

卓蓝下楼,见到门口的李卫。李卫告知卓蓝44号已经关门了,卓蓝笑了一下,那里就是个坟场,阴气重,鬼多,早该关了。

李卫又告诉卓蓝,赵瑞麟任特工总部上海区副区长,杨飞被南京挂起来了。

卓蓝:还有什么?

李卫:张龙私下跟我说,杨飞对赵瑞麟恨之入骨,说是赵瑞麟将他逼上了绝路,让张龙带着一帮弟兄要把赵瑞麟做掉。

卓蓝:张龙为什么要告诉你?

李卫:我想张龙是个墙头草,眼看杨飞指望不上了,就把杨飞卖了。

卓蓝:那他为什么不直接告诉赵瑞麟?

李卫:那他不是一份人情两边做吗?

卓蓝点点头:你看怎么办?

李卫:这就取决于卓小姐的态度了。

卓蓝想了一会,觉得这是一个机会,她需要把李卫安插在赵瑞麟那里,这就算是一个投名状吧。

咖啡厅。赵瑞麟和赵瑞昱姐弟俩喝着咖啡。赵瑞昱劝赵瑞麟趁着44号关闭,急流勇退,回归正常人的生活。她不同意赵瑞麟再到上海区去。

赵瑞麟:姐,我不去那里还能干什么?

赵瑞昱:姐希望你成个家,好好过日子。我还有点积蓄,你可以做做贸易。

赵瑞麟:姐,我对做生意是外行,也不感兴趣。至于成家,现在的女孩,我还真没有遇到过我喜欢的。

赵瑞昱:卓蓝不行吗?卓蓝是个明白人,离开44号是明智之举,放弃了不切实际的童长荣,这才叫识时务者。

赵瑞麟:姐,你就别操这个心了。我的事我会处理好的。

李卫上楼,赵瑞麟见到李卫在一旁等候,他站起来走到李卫身边,李卫朝赵瑞麟耳语,赵瑞麟点了点头。

赵瑞麟重新回到座位上。

赵瑞昱:瑞麟,是不是卓蓝找你?

赵瑞麟摇了摇头。

姐弟俩谈了半天,也没有说出个所以然。赵瑞昱要上班提前走了,临走前要弟弟再考虑她的话。赵瑞麟敷衍了几句,回到44号,他要和杨飞办理交接手续。

办公室里,杨飞在一份文件上签了字,他合起了文件夹。赵瑞麟走了进来。

杨飞见到赵瑞麟,首先恭喜他换了新东家,又祝贺他荣升特工总部上海区副区长。

赵瑞麟则一副公事公办的态度,44 号完成了历史使命,我希望我们能好聚好散。请把移交清单给我。

杨飞指着桌上的文件夹,说已经签好了字,你照单全收就行。赵瑞麟从桌上拿起文件夹,翻看了一下,合上准备离开。

杨飞:赵区长,别慌走,你刚才说什么来着,好聚好散。你继续风光,我成了孤家寡人,不管怎么说兄弟一场,总得喝个散伙酒吧。

赵瑞麟停住:行。地点你定。

杨飞:那还用说,还在金门大酒店。

金门大酒店里,张龙已经带人埋伏在包厢外角落。杨飞早早地来到包厢里,他阴沉着脸,喝着茶。张龙走了进来朝杨飞示意,意思是做好了一切准备,就等着赵瑞麟来了。

酒店门口,赵瑞麟的车停在门前,他带着两个随从来到楼上包厢门口。两个随从站在门外。

赵瑞麟走了进来,杨飞站起来,请赵瑞麟落座。

赵瑞麟坐了下来,仰起头望着杨飞:杨主任,你这不会是给我演一出鸿门宴吧。

杨飞:赵区长,你想到哪儿了,如今,我杨飞是个落魄之人,只是念着过去在一起的时光,离开上海前,就想痛痛快快地喝杯酒。兄弟,我倒是建议,我们放下一切不快,一醉方休如何?

赵瑞麟:那好哇,我就奉陪到底!

卓蓝带着李卫走了进来。赵瑞麟觉得很意外,杨飞顿感事情不妙。

杨飞疑惑地望着卓蓝,你怎么也来啦? 卓蓝在两人中间坐了下来,埋怨着,你们可真不够朋友,喝酒也不喊我一声。

杨飞猝不及防,卓蓝的到来,完全打乱了他的计划,他有些不知所措,堆上笑脸,一边说欢迎,一边在想着因应之策。

卓蓝掏出枪,猛地掼在桌子上:杨飞,别给我演戏了。我来了,就是想救你一条狗命,你别在做垂死挣扎了。

杨飞被卓蓝这一激将,本能地跳了起来,他吼叫着,既然把话挑明了,今天我们就来个鱼死网破。你们不想让我好过,你们也别想好好活着。张龙!

站在一旁的张龙和李卫同时拔出了枪,一起对准了杨飞。

杨飞大惊失色:你,你们……

赵瑞麟也掏出枪对准了杨飞。

卓蓝:赵瑞麟,把枪放下。今晚我想喝顿酒,不想闻到血腥气。杨飞,车子在楼下,留你一条命,给我滚回南京去。

杨飞望着三把枪一起对准自己,顿时蔫了,他拎着包低头走出了包厢。走到门外,这才发现所有的枪都对准了自己,他无力地垂下了头,慌不择路地离开了。

包厢内,赵瑞麟望着卓蓝质问,你为什么要救这个畜生一命?

卓蓝反唇相讥,赵瑞麟,你觉得把他杀了有意思吗?

赵瑞麟情绪激动,你别搞错了,不是我要杀他,是他来找死的。

卓蓝瞪着赵瑞麟,不说这些了,张龙、李卫,你们都坐,陪我和赵区长好好喝顿酒。啊,还有外面的弟兄们也给安排好。

张龙、李卫说了声是,连忙招呼外面的弟兄们一起进来。

杨飞跌跌撞撞地钻进车子里,不甘心地望着金门大酒店,颓然地倒在后座上,车子慢慢消失在车流里。

童长荣告别了罗栗文,从沈阳来到了大连,落脚在市郊的一个桥洞里。洞里铺着一些杂草。春寒料峭,天气仍然寒冷,他穿件破棉袄,戴着一顶破帽子,腰里系着一根粗绳子,与流浪乞丐无异。洞里制备了一盏豆油灯,仅有筷碗家当。

两个人朝桥洞走来,童长荣警觉地朝外面看了看。

瘦高青年在外面老张老张地喊着。童长荣探出头望着两个人。

壮实中年:你是张树华,张书记吗?

童长荣:你们是?

壮实中年：我叫王永庆，大连特支书记。

瘦高青年：我叫王心贵。

王永庆：心贵是市委委员，满铁河口工场支部书记。

童长荣：我一直在这里等你们，终于联系上了。太好了，来，快进来坐。

王永庆看了一下桥洞：张书记，这里不行，别把身体搞坏了。

童长荣：这里好哇，安全，到市里也方便。来，你们跟我说说大连的情况。

王永庆：张书记，一言难尽，大连被日本人统治了40年，一切都日化了，许多大连市民都不知道自己是中国人了。

王心贵：这些年，我们就眼睁睁地望着我们的铁矿、煤炭、矿产、木料源源不断地通过满铁运到大连，再由口岸运到日本去，而大连人还要替他们干活卖命。

童长荣点点头：说详细点。

王永庆：满铁是最大的公司，除此之外，日本人在大连有交易所、电厂、水厂、造船、纺织、钢铁冶炼、玻璃厂，还有航运，一句话，所有经济命脉都控制在日本人手里。

童长荣：满铁公司的总部在这里，关东军司令部在这里，关东厅也在这里。4年前，日本臭名昭著的"东方会议"的后半程也在这里召开的，你们知道是什么内容吗？

王永庆、王心贵摇摇头。

童长荣：就是对满蒙政策的细化和具体行动计划。我想问你们，日本人要发动对中国的侵略，他的指挥机关在哪里？

王永庆：就应该在旅顺口的太阳沟。

童长荣：此次组织派我来，意图非常明确，一是了解掌握敌人的动态，为组织决策提供重要信息；二是发展壮大组织，同日本人作坚决的斗争。

王心贵：张书记，前些时候，受"左"的思想干扰，大连的党组织破坏很严重，现在力量很弱小。

童长荣：不要紧，我们有信心把它恢复起来。

王永庆：张书记来了，我们就知道劲往哪处使了。

王心贵:张书记,需要我们做什么?

童长荣:你们的第一个任务就是带我去调研。

童长荣首先让王永庆和王心贵带他去旅顺万乐街关东军司令部,童长荣远远地注视着门口,只见日军戒备森严。

王永庆告诉童长荣,这里就是关东军司令部,从民国八年到现在,已有20多年了。童长荣望着这一栋欧式建筑,心里很不舒服,这里就是罪恶之源,它就像一颗毒瘤长在中国人身上,童长荣暗自发狠,终有一天会把这颗毒瘤铲除掉。

王心贵问,张书记,这里需要派人监视吗?

童长荣摇摇头:你要数他们进出的车辆吗?没有任何作用。

紧接着,童长荣又随两人来到满铁总部大楼前。满铁全称南满铁道株式会社,是日本经营东北的核心,有80多家关联企业。除了经营铁道、航空、水运外,还经营东北的煤矿、冶金、电气、农林、畜牧、文化教育、旅游,掌握着东北的交通命脉和经济命脉。童长荣对王永庆、王心贵说,它就是趴在中国人民身上的一只蚂蟥,吸着中国人民的血啊。

王永庆、王心贵觉得这个新来的书记看问题一针见血,用一颗毒瘤、一只蚂蟥来形容关东军和满铁,那党组织的任务也就不言而喻了。

离开满铁总部后,三人来到海边的沙滩上坐了下来。童长荣听取了两人对大连组织现状的汇报。

王永庆介绍,目前,我们的党员主要分布在三泰油坊、三菱油坊和满铁沙河口铁道工场。

童长荣想着这些企业名称,顾名思义,都是日本的企业了。他接着问,这些油坊有多大规模。王永庆接着说,大连号称油都,榨油业是大连的支柱产业,占大连工业产值的近九成,主要生产大豆、豆饼、豆油。而大连的榨油业又占整个东北的七成以上。其中三泰油坊是大连最大的油坊,是日本财阀三井的企业。

王心贵汇报:我所在的满铁沙河口铁道工场,主要是蒸汽机车、铁路客货车和零部件的加工、制造和修理,离这里不远。

童长荣:走,带我到厂里去看一看,我想跟党员同志见见面。

两人陪同童长荣来到沙河口铁道工场。王心贵召集了部分党员悄悄来到一座废弃的车间里,童长荣坐在一个木箱子上亲切地望着大家。

童长荣:同志们,现在日本侵略中国的意图已经昭然若揭。大连人民在日本人的奴役之下,吸干了大连人民的血。大连还是日本人制造罪恶的策源地。组织上派我来大连,就是要带领大家同日本侵略者作坚决的斗争。我们的口号是,誓死不当亡国奴,把日本人从中国赶出去。这就要发动群众,让大连人民从麻木中惊醒过来,我们还要壮大党组织,带领工人学生和市民形成抗日共同意志。我不知道大家有没有信心。

工人党员热烈地议论着。

一位老工人抽着旱烟:这么说来,我们要做的事情就多了。

王心贵:大家都说说。

一个说:我在铸造车间,可以在铸造时掺杂质。

另一个说:我在修理车间,东西修好不容易,要想把它修坏,这很容易。

还有一个:有几个积极分子早就想加入组织了,我看可以把他们吸收进来。

童长荣:这些主意都很好。最关键的是要把工人们组织起来,紧紧团结在党组织的周围,这样才能产生战斗力。从目前情况看,罢工、消极怠工这些手段都可以用上,既可以要求增加工资待遇,又可以打乱他们的生产秩序。心贵同志,你们支部要拿出一个切实可行的方案来,我们再开会研究,经市委批准后,就开始实施。

王心贵:张书记,好的,我们再合计合计。

童长荣又来到了码头,他看见衣衫褴褛的苦力工人扛着麻包装船。

王永庆:麻包里就是豆饼,日本人装回去做肥料。

童长荣随王永庆来到三泰油坊,将支部的同志召集在了一起,童长荣一一与他们握手。

王永庆还特别介绍江崇仁、刘来福、黄耀典、储丕禄几位入党积极分子,也都是抗日的积极分子。

童长荣招呼大家坐下。

童长荣:同志们,当前的国内形势已逐渐上升为民族矛盾,大连处在风暴眼中。现在日本人侵占了辽东半岛,下一步就是东北,再下一步就是要把魔爪伸向祖国的大好河山,我们能答应吗?

工人们:坚决不答应!

工人们:他们在中国的土地上为非作歹,我们已经忍了几十年。张书记,你就带着我们干吧。

童长荣:好,我们就是要把抗日的烽火点燃,让日本军国主义忌惮中国人民不可欺侮,中国的土地不容侵占,中国民族的尊严不容践踏!

王永庆:同志们,张书记的话你们都听明白了吗?

工人们:明白了。

童长荣:同志们,日本人拥有精锐的部队,完善的组织体系,控制着大连的政治经济命脉,要想撼动他们,靠我们几个人是不行的,我们必须发动群众,我们必须在党的领导下,我们的口号就是誓死不当亡国奴,唤醒大连人民,团结一切可以团结的力量,形成同仇敌忾的氛围,才能形成抗日的磅礴力量。

一位工人:张书记,我们愿意坚定不移地跟党走,让我们在斗争中接受考验吧。

童长荣:好。我们一起并肩战斗。

调研结束后,童长荣经过慎重考虑,认为三泰油坊、三菱油坊、沙河工场支部党员素质比较高,群众基础好,可以开始实施对日斗争。沙河口工场由王心贵负责,三泰油坊、三菱油坊由王永庆负责。

布置完工作以后,童长荣只身到了大连街面上了解情况,走到了大和旅馆前观察,不时有日本军人、穿西装的日本人和穿和服的日本女人进出。也在这时,他突然发现一个熟悉的魁梧身影低头从大和旅馆前走过,心里一阵惊喜,这不是吴志杰吗?他悄悄跟了上去,一只手拍在吴志杰的肩膀上。

吴志杰回过头愣住了:童先生。

童长荣:吴先生,没想到,我们在这里见面了。

吴志杰:看来呀,我们是心有灵犀了。

童长荣：走，我们找个地方好好聊聊。

他俩走到一个僻静处，吴志杰这才跟童长荣说，少帅做出了判断，日本人可能要动手了，才同意老蒋入关，又怕老蒋整垮东北军。少帅内心很纠结、很矛盾，不想和日本人硬碰硬，首鼠两端。他对少帅很失望就离开了。

童长荣：想起东京的峥嵘岁月，真是令人怀念。想起蔡老板还在狱中，又令人伤心。

吴志杰告诉童长荣，此次来大连就是要替蔡老板完成爱国心愿。

童长荣：有具体目标吗？

吴志杰：先观察熙洽的行踪再说。

童长荣：我在天津静园发现了熙洽、林悦，还有土肥原。

吴志杰：土肥原我很熟悉，是个中国通，在东北军做过顾问，张大帅出事后，解了他的职务。现在他专门从事瓦解东北军的工作。这几个人围在溥仪身边就是要干坏事的。熙洽频繁在大连、长春两地穿梭，我就想查个究竟。正好，你也在大连，我们又可以再一次联手了。

吴志杰带着童长荣走进大和旅馆旁边的一个小巷，上了楼梯，吴志杰开了门，将童长荣让了进来。

童长荣对吴志杰说，我现在叫张树华，原来的那个童长荣已经不存在了。

吴志杰点点头，那我就喊你张先生了。

童长荣：吴先生，我需要近距离地观察日本人的动静，你觉得在哪里合适？

吴志杰将童长荣带到窗前。

吴志杰：那就在这条街上，你瞧，对面的理发店、百货店，还有一个妓院都是日本情报人员的活动点，这是大和旅馆的暗哨。

童长荣：为大和旅馆站岗放哨，那这个旅馆就是一个很重要的点了。

吴志杰：是的。日本人在北满、南满铁路沿线开了七八家大和旅馆。这里住的都是有着特殊身份的日本军人、间谍、商人、政客、重要技术人员，许许多多肮脏的交易都在这里面完成。熙洽每次来也住在这里。

童长荣点点头：怪不得你选择了这里。

吴志杰指着马路对面的东北菜馆:张先生,瞧见那个东北菜馆没有。是我开的,你这身装扮,适合在那里面做个伙计。

童长荣:那太好了。

吴志杰让童长荣和他住在一起,进出方便。童长荣在城里有了一个最佳的落脚点。

第二天,童长荣拿着吴志杰的条子,走进了东北菜馆,递给周老板。

周老板看过,点点头:兄弟,我这店里正好缺人手,你就在这里干吧。

周老板带着童长荣来到后厨房。

周老板交代:就是个粗活,客人来了,上上茶水,端个菜,客人走了,打扫一下。小心一点,店里来的日本人多,不好伺候。

童长荣扎上围裙,戴上护袖,拿起抹布,开始擦桌子,眼睛不时地望着对面的大和旅馆进出的各色人等。

特工总部上海区赵瑞麟办公室里。赵瑞麟对李卫、张龙说,你们听好了,特工总部上海区仍然是个秘密组织,直接受命于南京。我们的任务不变,主要是对付共产党,其次才是了解日本人的动向,获取相关情报。还有,要密切注意 76 号的动向。

张龙、李卫准备离开。

赵瑞麟把李卫留了下来,让李卫陪他到大华纱厂去找卓蓝。

李卫开车载着赵瑞麟来到小白楼下。李卫下车拉开车门,赵瑞麟走了下来,李卫陪着赵瑞麟走到游泳池边。

卓蓝从屋里出来:哟,赵区长,大驾光临,有失远迎。

赵瑞麟和卓蓝坐了下来。李卫站在一边。

赵瑞麟:卓蓝,我是来请你出山的。

卓蓝抱拳:啊,让我入你的伙,本人不感兴趣。

赵瑞麟:上海区少了你,我在那里还有什么意思。我专门为你设立了一个部门,对日情报工作。

卓蓝:我们可以合作,但我不想再去上班了。既然你来了,我还真的想求你一件事。我一直对大华纱厂有不祥预感,请你和弟兄们帮我留点意。我付给弟兄们一点酒水钱。

赵瑞麟:我把李卫交给你,还不行吗?

卓蓝:还请你对高崎的电台继续加强侦听。

赵瑞麟:李卫可以作证,我们一直在监听。

卓蓝:有什么新发现吗?

赵瑞麟:近期发现电波频次明显增加,使用了不同以往新的密码,我们正在组织力量破译,但还没有头绪。

卓蓝:可惜,有个人不在,他一定会有办法的。

赵瑞麟:你说的是童长荣吗?我也一直努力地在寻找,从河南出狱后,他到了天津,担任了一段时间的中共天津市委书记,此后销声匿迹,听说曾经准备回老家完婚,但是没有回来。不过,听说她的未婚妻正准备去找他。

卓蓝从赵瑞麟这里意外地得到了这条信息,她心里想,何小姐要去找童长荣,自己跟在何小姐后面,不也就找到童长荣了吗?打发走赵瑞麟后,她让李卫立即买到安庆的船票。

李卫到码头买了船票,觉得此事应该告诉王舒。与王舒见面后,告诉了卓蓝想通过何小姐找到童长荣的事。

王舒谢谢李卫,说我知道了。他对李卫直言,童长荣担负极其秘密的任务,不能让卓蓝找到童长荣。

上码头。渡口。雨天。何坤宜换上了新衣服,左手挎着一个包袱,右手拿着一柄油纸伞,踏上了寻找童长荣的路程。童母和五叔在后面送行。

何坤宜:娘,你回去吧,我这么大人,走不丢。

童母:坤宜,这年月,兵荒马乱的,找不到就早点回来,别在外耽搁。

五叔:二娘,坤宜贤侄媳断文识字,脑子又好使,别担心。不过,在家千日好,出门一时难,还是时时小心点好。

何坤宜回过头:娘,五叔,你们的话我都记住了。下雨了,你们都回去吧。

何坤宜上了小船,撑起了油纸伞,小船渐渐远了。

何坤宜此时不会注意到,李卫陪着卓蓝在不远的河岸边上了另一只船。

何坤宜一路风雨兼程,终于来到了大连。在哪里能找到童长荣呢?她心里自有主意,共产党是和穷苦人紧密联系在一起的,何坤宜下船后,看到岸上许许多多做苦力的工人,背着麻包艰难地上上下下。她试探着向一个人打听,扛麻包的人摇摇头。

卓蓝和李卫一路跟踪也来到了大连。他们站在不远处观察着何坤宜不停地在打听。李卫暗暗着急,何小姐这样打听很危险。

卓蓝由此判断,看来何小姐只知道童长荣人在大连,但不知道具体地址。对李卫说,瞧见没有,何小姐很聪明啦,她只问底层工人。我也可以确定,童长荣就生活在底层人中间。卓蓝心想,童长荣既然站到了抗日的风口上,自己早就应该想到,童长荣的首选之地,肯定会是大连。

临近中午,东北菜馆陆续有客人进来,童长荣热情招呼。几个穿西装的日本人走了进来。

一个日本人操着日语:我们需要楼上的包厢。

童长荣假装听不懂:对不起,我不懂日语。

翻译:大佐先生说要楼上的包厢。

童长荣:明白了。楼上请。

童长荣将几个日本人引进包厢,他开始倒茶水。翻译开始点菜,童长荣记着。

他听到了大佐在讲话:今天的会议涉及我们的事,你们都明白吗?

众人点头:明白。

大佐:敦图铁路不能再拖了,你们的动作要快,高崎先生急等着开工。

童长荣听到这里不声不响地走到楼下,开始接待另一拨客人。这时他看见大和旅馆门前停下了几辆车,车门开了,熙洽和林悦走下轿车。林悦回过头四周看了看,走进了大和旅馆。随从拎着大箱子小箱子跟了进去。

大约过了半个小时,童长荣发现林悦、熙洽在一班人的簇拥下走出大和旅馆,径直朝东北菜馆走来。童长荣连忙走进后厨间,隔着帘子观察。

对面的小楼里,吴志杰拿起望远镜,他看见了熙洽和林悦走进了东北菜馆。

林悦和熙洽进来,周老板热情地:小姐,各位爷,欢迎光临。

林悦说,上次吃过两回,感觉不错。今个儿来,你把店里最拿手的招牌菜都拿出来。

周老板:没问题,请上楼。

林悦、熙洽和随从上楼。门口留了两个便衣。

周老板来到后厨。童长荣告诉周老板,那个女的就是林悦,在东京就和她打过交道。

周老板点点头,喊另外一个伙计上去。

童长荣吩咐,尽可能注意他们的一言一行。

对面的小楼里,吴志杰还在监视,望远镜里,他看见了一个清秀的女人,撑着油纸伞走了过来,进了菜馆。

事情就是这么巧,何坤宜神差鬼使地也走进东北菜馆,在一张桌子前坐下。童长荣在后厨转身,突然看见何坤宜坐在大堂里,他大吃一惊。

 四十

在后厨间,童长荣隔着帘子,真真切切地望着坐在大堂里的何坤宜,憔悴的面容,皲裂的皮肤,童长荣内心难受痛苦,他万万没想到何坤宜千里迢迢来大连寻他。心里暗自思忖,坤宜做事有度,不会贸然行事。他想明白了,自己答应春上回去补办婚礼,可以想见老母亲和坤宜都做了充足的准备。自己要急赴大连,再次爽约,街坊邻居和亲戚怎么看,极有可能是何坤宜为了童家的面子,是为自己遮掩才来大连的。心爱的人近在咫尺,他却不能相认,因为林悦就在楼上,一旦处理失当,就会暴露自己在大连的行踪。他悄悄揩揩眼泪,咬咬牙,把周老板拉到一边。

童长荣:刚刚进来这个女的,是我的未婚妻,我不能出去,更不能相认,你明白我的意思吗?这里很危险,让她早点离开。

周老板点点头,撩起帘子走到何坤宜身边:请问这位小姐,需要点什么?

何坤宜:来碗面条吧。谢谢。

童长荣隔着窗帘,心情复杂,流着泪,伤心地望着何坤宜。

周老板:好的,请稍等。

何坤宜望着周老板,觉得他面容和善:老板,我向您打听个人。

周老板热情地:小姐,您请说。

何坤宜保持着高度的警觉性,试探地问出了一句话,不知道老板可熟悉在大连的安徽人。周老板问姓什么。何坤宜说姓童,叫童长荣。

周老板摇摇头,没有听说过这个名字。童长荣已经改姓换名,他也确实不知道。伙计将面条端到了桌前。

周老板对何坤宜说,小姐,这里没有安徽人,你趁热吃吧,抓紧再到别的地方打听。

坐在旁边的两个便衣警觉地望着何坤宜,一个人朝另外一个人使了一个眼色,另一个人匆匆上楼。童长荣心里暗暗叫苦,他皱了一下眉头,轻轻说道:坏事了。

便衣来到包厢,走到林悦身边:林小姐,楼下有个女的打听童长荣,我们好像听你说过这个名字。

林悦吃惊地:是吗?

林悦迅速来到楼下,在何坤宜面前坐下。童长荣在后厨紧张地隔帘看着。

林悦:这位小姐,听说你找童长荣,你是他什么人?

何坤宜望着眼前这个女人:就是随便问问,我的一个远房表亲,听说在东北做生意,多少年没见过了。

林悦热情地:童长荣啊,我知道,我们是很好的朋友,我也多年没见过他了。我也想见他一面。你确认他就在大连?

何坤宜警觉起来:没有,我只是随便问问。

林悦:你是专门来找他的吗?

何坤宜:不是,我是到大连来做茶叶生意的,只是想请他帮我推销茶叶。

林悦:这位小姐,我们在一起吃个饭吧。楼上请。

何坤宜:谢谢你,我还有事,不麻烦你了。

林悦:那你请便。

林悦站起来往楼梯口走来,便衣跟在后面。

林悦轻声地:给我盯住这个女人!

后厨间,童长荣对周老板说,你马上去吴志杰那里,请他务必确保我未婚妻的安全。周老板连忙从后院走了出去。

童长荣不知道的是,这时卓蓝和李卫就在菜馆外面,王舒紧随其后也跟了过来。

小楼里,吴志杰在望远镜里发现了卓蓝和李卫的身影。镜头继续移动,在街角处,他又发现了王舒。吴志杰放下望远镜,匆匆下楼,遇到了匆匆赶来的周老板。他告诉吴志杰,刚才进来的那个女的是张树华的未婚妻,他在向我打听一个叫童长荣的人,被林悦盯上了。张树华说让你想方设法保护他未婚妻的安全。吴志杰一听,糟了,外面是卓蓝,里面有林悦,容不得考虑,他立即让周老板回菜馆,密切注视。周老板点头,立即抽身往回跑。

吴志杰从小巷里走出来,悄悄来到王舒身后。吴志杰轻轻咳嗽一声,王舒回过头,发现是吴志杰。

王舒:吴先生,你怎么也在这里?

吴志杰一把拉过王舒:到底是什么情况?

王舒:长荣的未婚妻来找童长荣,卓蓝得知情况,跟踪了过来。我怕万一,也就来了。

吴志杰:王舒,情况很危急,林悦和熙洽正在菜馆里吃饭,这个菜馆是我开的,童长荣就在这里做伙计。刚刚童长荣的未婚妻在打听童长荣,被林悦发现了。

王舒:那不都撞到一起了吗?

吴志杰:童长荣不能暴露,必须尽快让他的未婚妻离开。

王舒:我心里很矛盾,原本在路上想,设法让他们见一面,团聚一下,可这……

吴志杰:何小姐必须安全,更不能惊动了林悦。

王舒点了点头,两人警觉地望着菜馆,还有街对面的卓蓝和李卫。

卓蓝和李卫正在东北菜馆旁边的一家商店佯装买东西。

王舒悄悄走到对面商店旁边。卓蓝在看土特产品,趁卓蓝不注意,王舒在背后拉了一下李卫。李卫闪到一边。

王舒轻轻地:林悦和熙洽都在东北菜馆里,何小姐不安全。更不能让林悦察觉我们都在这里。

李卫点点头。王舒隐去。

东北菜馆里的包厢内,林悦和熙洽几个人在吃饭。

熙洽警觉地:直觉告诉我,大连好像不太安全。

林悦:是啊,我有一个老对手,我似乎闻到了他的气息。

熙洽:看完房子后,我们即刻回长春。

随从:房子在黄金山 113 号,是个独门独院的别墅,靠在港口东边,周边景色很好,也很安静,很适合皇上。

周老板端着菜在外面听完这句话,敲敲门,将菜端了进去。

楼下大堂里,何坤宜吃完面条,付了钱。

伙计收了钱:你慢走。

何坤宜拎起包袱,手拿油纸伞,走出了菜馆。童长荣在后厨间忍不住流泪。两个便衣跟了出去。童长荣正在不知所措时,吴志杰从后厨间的小门走了进来,来到童长荣跟前。

吴志杰:你还不知道吧,卓蓝也在外面。

童长荣很吃惊。吴志杰又说王舒也在外面。童长荣一听,稍微宽了点心。

吴志杰对童长荣说,不用担心,我已经安排好了。不过,王舒要我向你征求意见,你准备见何小姐还是不见?

童长荣忍不住泪水往下流,他咬了一下嘴唇:不是不想见,是不能见,拜托了,想办法把她安全送出大连,劝她回老家去。

吴志杰点点头。周老板走了进来。

周老板:吴先生,张先生,听到包厢里说,他们为皇上在黄金山找了别墅。

童长荣:情况已经清楚,修铁路,征兵,这是战争的前奏,他们要挟持溥仪建立所谓的伪满洲国,企图把满洲独立出去。

吴志杰握住童长荣的手,先把重要信息放一边,你放心,我这就去处理外面棘手的事情,确保你未婚妻的安全。

童长荣轻轻地说了声,谢谢了,拜托了。他将一个布袋子交给了吴志杰,委托他带给何坤宜。

何坤宜走出东北菜馆,撑起了油纸伞,在大街上行走着。两个便衣跟在后面。卓蓝、李卫在后面跟踪。

一辆轿车驶了过来,突然加速,迅速越过卓蓝、李卫,越过两个便衣,停在拐弯处。

王舒拉开车门:何小姐,危险,快上车。

何坤宜见是王舒,连忙钻进汽车,两个便衣追了上来,卓蓝和李卫也追了上来。车子拐进一条小巷,疾驰而去。

两个便衣跑进小巷,在后面追着,卓蓝和李卫迅速拐进小巷,将两个便衣打倒,拖进了一个矮房子后面。

李卫逼问:林悦住在哪里?

两人不说,卓蓝和李卫用脚踹着。

一个便衣求饶,别打了,我告诉你们,她住在大和旅馆118房间。

李卫悄悄对卓蓝说,不能让林悦知道我们在大连。卓蓝点点头,李卫果断地举起枪,两声枪响,两个便衣倒下。卓蓝和李卫迅速离开。

吴志杰驾着车,王舒探头回望,听见了巷子里传来的枪声,车子冲出了小巷。

车上,何坤宜哭了:王舒,请你告诉我,童长荣到底在哪里?

王舒:何小姐,你知道吗? 刚才好险哪。

吴志杰开着车,对何坤宜说,何小姐,我介绍一下自己,我叫吴志杰,曾经和童长荣、王舒在东京战斗过。请相信我,童长荣是我们的大英雄。我确信,他肯定是战斗在对日斗争的最前沿。

何坤宜:你们都瞒着我,为什么你们都在,偏偏童长荣不在?他是不是……不在了。

王舒:何小姐,别瞎想,我能确保长荣很安全。不过,我要告诉你,我们为什么会出现在你的身边。你知道你身后有多少人在跟踪吗?

何坤宜茫然地望着王舒。

王舒:卓蓝和李卫从你的家乡跟踪你到了大连,你在饭馆里,他们就在外面。刚才他们还在后面追着,还有两个便衣也在追你。

吴志杰:你在菜馆吃面条的时候,是不是有个女人找你了?

何坤宜:是的,她说她和童长荣是朋友,也要找童长荣。

吴志杰:她就是投靠日本人的林悦。这个女人是要置童长荣于死地的人。

何坤宜无限担心:我明白了,我冒失地来大连给他带来了危险。

吴志杰和王舒对望了一眼,王舒点点头,吴志杰决定告诉何坤宜真实情况。

吴志杰:何小姐,我想告诉你,你们夫妻已经见面了。

何坤宜情绪突然激动起来:你说什么?我和长荣已经见过面?

吴志杰:是的。就在那个东北餐馆里,长荣就在后厨房。我们正在监听林悦的谈话,你就来了。

何坤宜:长荣就在后厨房,他看见我了?

吴志杰:童先生一面看着你,一直在哭着,就是不能出来认你!他痛苦万分,你知道吗?

何坤宜止不住眼泪:他看着我,我却不知道他就在里面。

吴志杰:童先生最终决定忍痛不能见你,嘱咐我要把你安全地送出大连。

何坤宜含着泪:虽然我没见着他,可他见着了我,我就心满意足了,我没有白来。

王舒:何小姐,也好,今天让你也体验了一回,我们做这份工作的危险。把脑

袋提在手上,这是我们的家常便饭。

何坤宜:告诉长荣,我生是童家的人,死是童家的鬼。还要告诉长荣,为国家,即便是捐出了性命,我也要在所不惜,我愿意为他守一辈子!

王舒:何小姐,长荣早已将生死置之度外,现在他连自己的名字都改了。

吴志杰:你知道吗?就在这个菜馆里,我们已经获取了关于日本人的重要情报。

王舒:何小姐,真的是对不住你。

何坤宜止住了哭:我没有白跑这一趟。

吴志杰:我送你们到码头。王舒,就请你将何小姐安全送到家。

王舒:我就是为这个来的。

何坤宜:王舒,我知道回去,我不能浪费你们的时间,你们留在这里有大用场,还可以保护长荣。

车上,何坤宜不住地唠叨着,长荣看见我这副模样,一定觉得我又老又丑了。

王舒动情地说,何小姐,你是为了长荣,也是为了你的爱,才劳累成这样子的。我敢保证,在长荣的心里,你一定是他心目中最美的人。

何坤宜有些不明白,也有些担心,望着王舒说,你不是说那个卓小姐已经放弃了童长荣,怎么还这么锲而不舍地跟踪我来到了大连?

王舒解释着,何小姐,你别误会了卓小姐,我敢向你保证,她来找童长荣是想和他一起来对付日本人,用她的话叫续写东京的辉煌,绝不是为了私情。你刚刚听到了小巷里的枪声了吗?那是卓蓝和她的搭档除掉了林悦手下的两个便衣。

何坤宜点点头,照这么说来,这个卓小姐也是巾帼英雄,令人肃然起敬了。

车子开到了码头,吴志杰从车里取出布袋子,递给何坤宜,何坤宜连连摆手。王舒看见这个布袋子,笑了,说这是长荣给你的。何坤宜有些不明白,长荣哪来的钱?王舒提醒着,何小姐,这是你的钱,24块,你忘了?

何坤宜掂掂布袋子,哭了,问王舒,这么多年,他吃什么,喝什么,怎么过来的,干革命又不拿工资。王舒告诉何坤宜,这24块大洋,长荣看得比命还贵重,不管发生什么困难,这么多年,他坚持不动一毫一厘。

何坤宜笑了,笑中含着泪,幸福地回忆着。记得长荣跟我说过,我给他的钱,他以后要连钱带人一起还给我。也许是看到我这个样子,心疼我,决定提前还本了。他是个重情重义的男人,这个本我替他收着,也不会动一分一毫。

何坤宜临走之前,请王舒、吴志杰转告童长荣,她回去一定侍奉好婆婆,不必挂念家里,也请童长荣务必注意安全,珍惜生命,为国家为民族,哪怕是 10 年 20 年,哪怕是全部的青春年华,也不需要有什么利息回报,只要他能给我留个人渣子就行了。

何坤宜含着笑与吴志杰道别。吴志杰很感动,更是震撼。王舒对吴志杰说,你还不了解何小姐,以后我慢慢跟你说,现在我只能告诉你,用四个字来概括:旷世烈女。

夜晚。大和旅馆 118 房间。林悦阴沉着脸坐在沙发里听着手下人的报告,两个便衣跟踪那个女人,被人打死了,才在一个小巷里发现。

手下人汇报,初步调查,那个女的上了一辆轿车,车子拐进了小巷,我们的人跟在后面追,后面来了一男一女,受过专门训练,将我们的人打倒后,拖进了小巷矮房子后面,接着就听到了两声枪响,看样子他们是不想留下活口。杀人很专业,两枪都打在心脏部位。

林悦不住地骂着:八嘎!

林悦感喟,童长荣的嗅觉太灵敏了,这么快就出现在了大连。那个女人是什么人?一男一女又是谁?

林悦吩咐,那个女人是一条重要线索,务必找到那个女人!

手下人说了声是,轻轻带上门走了出去。

林悦在房间里徘徊,心里想着,这个女人虽然外表有些粗糙,但不失美丽风韵,骨子里透着优雅。她明确地在打听童长荣,说明童长荣就在大连,仅仅是因为找他推销茶叶吗?问题绝不会那么简单,在这个女人的背后,有人在保护她,有车辆,还有训练有素的特工人员,她想到了东京那一幕,难道在大连要继续上演?车子里是什么人,她不得而知,那一男一女,又是谁?是卓蓝?是赵瑞麟?

想到这里,她不寒而栗。

窗外闪电,突然看见窗口一个狰狞的鬼脸朝着她笑,林悦吓得魂飞魄散。她拔出枪,打开门,追到后面的院子里,看见一个披头散发,穿着一身素服,脸上涂着厚厚的白粉,吐着长长舌头的女人,朝她狰狞地笑。她举起枪,手却在颤抖,枪声响了,影子一闪就不见了。

枪声惊动了旅馆里面的人,整个旅馆里顿时乱了起来。林悦手下一班人赶到后院却见林悦傻傻地坐在地上,连忙问她怎么了?

林悦眼色森森:鬼,见鬼了!

吴志杰从旅馆门前走过,听见了大和旅馆里乱糟糟的声音,有人说旅馆闹鬼了。

吴志杰转进了小巷,走进房间,对童长荣说,何小姐已经离开了大连。

童长荣深感愧疚,叹了一声:我对不起她。

吴志杰慨叹:何小姐是人中女杰啊,短暂接触,何等境界,令人肃然起敬。

童长荣:相逢不能相见,这都是什么事啊。

童长荣狠狠地砸了一下桌子。

吴志杰:不赶走日本人,哪有和平安宁的日子。

外面传来嘈杂声。两人走到窗前,看见旅馆里许多人跑到了大街上。

童长荣:大和旅馆出什么事了?

吴志杰:刚路过的时候,听见里面在喊旅馆闹鬼了。

童长荣:鬼住的地方,不闹鬼才怪呢。哎,不对呀,会不会是卓蓝和李卫在里面闹出了动静。

他俩朝楼下的街上观察着,人群里,他俩看见了卓蓝和李卫在远处看着热闹。林悦带着人马走出了旅馆,四处搜寻。李卫拉了一下卓蓝,卓蓝和李卫就从街面上消失了。

不一会,又来了一辆日本军车和几辆摩托车,一些日本军人开始在周围搜寻。

童长荣对吴志杰说,他们很快也会来这里搜查,我们撤。两人简单收拾了一下,悄悄离开了房间下楼,上了车子,车子悄悄从后面小巷开了出去。

吴志杰开着车,离开了市区,在漆黑的夜晚行驶,不一会就来到郊外一座桥上。童长荣让吴志杰停了车,说要下去见个人,去去就来。

吴志杰灭了火在桥上等他。

童长荣摸着黑,沿着斜坡走了下来。夜晚,一片寂静,只有虫子的鸣叫声。他朝桥洞走来,发现洞边有黑影在晃动。注意地观察了一下,发现是王永庆和王心贵两人。童长荣走了出来。

王永庆:张书记,这两天你到哪里去了?

童长荣:这两天,我在东北餐馆里打了两天工,摸了一些情况。走,到里面来。三人走进桥洞坐下。

王永庆:张书记,打从你在三泰油坊和沙河口工场开会之后,大家的抗日热情都起来了。两个支部都搞了一个计划,有的已经开始付诸行动了。

童长荣:说说我听听。

王永庆:沙河口工场从制造、检修、检测都安排上了我们的同志,针对货运车头做手脚,目的是让火车趴窝,提高检修率,要让车头越修毛病越多。

童长荣肯定地点点头。

王心贵:三泰油坊和三菱油坊支部也在酝酿,觉得目前我们的力量还很弱小,处在恢复发展阶段,也只能做些消极怠工暗中破坏活动,当前最主要的还是发展组织,扩大我们的群众基础。

王心贵拿出一摞申请,童长荣接过来,看到有十几份入党申请书,都摁了红手印。

童长荣充分肯定了两个人的工作,也完全赞同他们的意见。告诉两人,他要连夜赶到沈阳参加省委会议,汇报有关工作情况。等他回来,再做具体谋划。

童长荣与王永庆、王心贵握手道别。童长荣重新回到桥上。

童长荣对吴志杰说:送我到沈阳去。

吴志杰点点头:这下好了。卓蓝和林悦可就在大连抓瞎了。

童长荣:那就让她俩闹腾几天也好。

车上，童长荣默默地思考大连的问题，没想到大连的党组织被破坏得如此严重，力量如此的弱。日本人在大连深耕几十年，几乎是日本人的天下。他内心很愤懑，长久说不出话来。他暗暗发誓，大连就是一个冷锅，他也要把它烧热；大连人民即便已经麻木不仁，他也要把他们唤醒。

路不好走，车子开到沈阳已是早晨，童长荣来到皇寺路福安巷，他朝四周看看，确认安全后，走进了一座灰式民宅。罗栗文见到童长荣，有些诧异。连夜来的？

童长荣对罗栗文说，吴志杰也已经到了大连，是他开车送过来的。

罗栗文说，太好了，你又多了一个帮手。他让童长荣吃点东西，立即睡觉。童长荣说，肚子确实饿了，你不是也没吃吗？他从包里掏出了一包早点，说这是吴志杰买的。在车上迷糊了一会儿，不用睡觉了。他摊开油纸包，里面是油条、麻团、吊炉饼。

两人边吃边聊着。

罗栗文递杯水给童长荣：长荣，又忘了，树华同志，这次省委会议，其中最主要的议题就是反帝斗争。

童长荣：太好了，从我在大连掌握的情况，日本发动侵华战争的意图已经十分明显。

罗栗文：这印证了中央对形势的判断。

童长荣：是的。熙洽和林悦就在大连，已经为溥仪找好了房子。日本人可能要把溥仪这个废帝重新扶持上位，进而达到把满洲分离出中国的目的。

罗栗文点点头：看来呀，把你放在大连是对的。市委工作进展如何？

童长荣汇报大连党组织的恢复发展情况，成立了三个支部，党员同志的抗日热情已经带动起来了。他们正在有目的地开展一些破坏活动，打乱日本人的生产经营。

罗栗文提醒大连特务密布，一定要注意安全。童长荣这才跟罗栗文说，现在，卓蓝和林悦都在大连。昨天差点出了事情。坤宜突然来大连找我，卓蓝跟踪来到大连，又在东北菜馆里相遇。王舒也跟着来到了大连。

罗栗文:啊,你和坤宜见面了没有?

童长荣摇摇头:我看见了她,她没有看见我。幸亏吴志杰配合,现在坤宜已经离开了大连。

罗栗文:真是对不起坤宜姑娘了。

童长荣:我想她会理解的。

在说话的过程中,罗栗文发现童长荣不时地咳嗽,就让他不要住在桥洞里,会把身体搞垮的。既然到了沈阳,就在这里好好休息几天,到医院去查查身体。

童长荣说不碍事,最近就有些咳嗽,也许是着了凉。城里有个落脚点,和吴志杰住在一起。他想开完会,立即赶回去,因为卓蓝和林悦都在大连,指不定会闹出什么事来。

大连海边,海水湛蓝,大片的海鸥上下翻飞。卓蓝走在沙滩上,她心里有个疑问,不明白何小姐是被什么人劫走的。李卫反复考虑,决定告诉卓蓝,是吴志杰。

卓蓝瞪着李卫,原来你早已知道,还有什么没跟我说。李卫如实说出王舒也在大连。卓蓝用怀疑的目光望着李卫,你和他们都是串通好了的,就是把我蒙在了鼓里。李卫摇摇头,情况不是这样子的。昨天在东北菜馆,因为情况紧急,吴志杰和王舒分别出现了,他们暗地里找到我,说不能让林悦觉察到了童长荣就在大连,还告诉我童长荣当时就在菜馆里,要想方设法不能让你出现在那里,还要把何小姐尽快带离现场。

卓蓝明白了昨天东北菜馆里发生的一切,她让李卫和王舒、吴志杰取得联系,她一定要找到童长荣。

李卫反问卓小姐,你找他的初衷是什么?卓蓝执着地说我要和他一起战斗。李卫开导卓蓝,这么多人都到了大连,说明什么,这恰恰说明童长荣已经在战斗了。

卓蓝自言自语:童长荣、林悦、吴志杰为什么都出现在大连?

李卫:显而易见,大连是日本人所有行动的策划中心。

卓蓝心里在想着,何小姐千里寻夫,自己跟踪而来,出现在现场,差一点坏

事。何小姐险些落入林悦的手里,吴志杰将她劫走,是为了不妨碍他们计划的执行。想到这里,卓蓝对李卫说,我们不能给他们添乱。

李卫也有些后悔,说昨晚不该雇人在大和旅馆闹鬼,也许已经惊动了林悦。

李卫:卓小姐,我们得改变计划。

卓蓝:放弃寻找童长荣,变为保护童长荣。

李卫:是的,盯住了林悦,就是保护了童长荣。

卓蓝:这些年,真是没有白带你。

大和旅馆套房内。

熙洽:这童长荣是什么人?

林悦:就是和少帅府的人协助蔡老板谋取《田中奏折》的人。

熙洽:那这个人厉害呀。

林悦:是的,这个人诡计多端。昨天在东北菜馆,一进去气氛就变得诡异起来,有个女的说要寻找童长荣,事情就偏偏发生在我们吃饭的地方,这就是在警告我们,童长荣就在大连。我派人跟踪,两个人死于非命,枪法是受过严格训练的高手,其中一个女的,我怀疑是我的老对手卓蓝。昨晚大和旅馆闹鬼,我怀疑都是他们干的。

熙洽:大连不可久留,我们立即回长春。

林悦:不,叔叔,躲是躲不掉的,我们必须面对,不能让我们的计划受到任何干扰。

熙洽:几个小蟊贼,我怕他们吗?

林悦:叔叔,你不知道这些人的厉害,可以完成几乎不可能完成的事。你手上军权在握,兵力成千上万,不管用。

熙洽:那你说怎么办?

林悦:请求关东厅、关东军司令部、满铁总部协助,抽调精干人手,将童长荣消灭在大连,以绝后患。

熙洽同意林悦的意见,唯有这样,才能一劳永逸。他随即向关东厅通报童长荣在大连的消息,关东厅随即牵头,组织军人、警察、暗探、浪人在大连布下了一张大网。

林悦带着十几个人日夜查询何坤宜的行踪,没有任何结果。她不得不改变思路,秘密摸排大连共产党最活跃的地方。陆续传递来的消息是,共产党在沙河口机车工场和三泰油坊、三菱油坊比较活跃。林悦指挥人马立即出发。

沙河口工场车间里,王永庆正在指导一个工人焊接线路,外面要光滑,里面不要焊死,这样一震动,它就脱落了。工人在旁边点头,接过焊枪,开始焊接。王永庆又走进翻砂车间,工人们请王永庆放心,一切都按新的操作流程和标准来做,还省了力气。大家都笑了。

林悦带着十几个人走了进来。

王永庆见有人来了,随即传递信息,招呼大家好好干活,不许偷懒!

林悦走到王永庆身边,她上下打量着王永庆:我想打听一个人,你知道童长荣在哪里?

王永庆没听说过童长荣,脸上自然不会露出什么表情,他摇了摇头,童长荣?我们这里没有这个人。

林悦盯着王永庆的脸:真的吗?

王永庆坦然地告诉林悦,这几个车间的人我都能叫上名字,这里肯定没有。

林悦反复用这句话询问在场的工人,没有人的面部表情出现不正常的状况,都说不知道这个人。

林悦很是失望,随即带人来到三泰油坊。工人们正在榨油干活。

林悦:谁是这里的头?

王心贵:这一班我负责,请问您有事吗?

林悦:听说过童长荣吗?

王心贵:没听说过。

林悦:真的没听说过?

王心贵:这个姓在我们这儿少见,我就没听说过还有姓童的。

林悦带着手下离开车间,看见背麻包的进进出出。林悦站在那里看着,见一个戴眼镜的瘦瘦青年人体力不支,跟跄地摔倒,豆饼散落地上,他乘机将泼洒的

豆饼用脚踢进了水里,扛着半袋麻包朝码头走去。

林悦朝手下使了个眼色,手下带着几个人走到戴眼镜青年身边,将他带上了车,回到了大和旅馆。

在房间里,几个打手开始毒打戴眼镜青年。戴眼镜青年瑟瑟发抖,哀求着,别打了,我再也不敢偷懒了。

林悦坐在一旁冷眼观察,手下人开始追问,告诉我,童长荣在哪里?我就放了你。

戴眼镜青年满脸茫然,童长荣,我实在不知道这个人,你就是把我打死了,我也不知道。

几个人继续毒打。

戴眼镜青年开始求饶,你们别打了,我承认我加入了共产党。

手下人托起血肉模糊的眼镜青年的下巴,开始利诱他,你跟我们合作,你就可以不再吃苦受累,还可以给你一笔钱,听明白了吗?

戴眼镜青年惊恐地点点头。

林悦走到戴眼镜青年人跟前:告诉我,共产党在大连的负责人是谁?

戴眼镜青年:叫张树华。

林悦:告诉我,他长什么样?

戴眼镜青年:只见过一次面,记得和我一样,戴副眼镜,长得文文静静的,南方口音,说话不太好懂。

林悦:他住什么地方?

戴眼镜青年:我不知道。

林悦走出了房间,吩咐手下人继续审。

林悦回到房间,坐在屋里,长吁了一口气,确认张树华就是童长荣,得到如此重要的信息,她却高兴不起来。

卓蓝和李卫坐在一个咖啡馆里喝咖啡。李卫起身来到卫生间,王舒跟了进来。

王舒告诉李卫,刚刚得到消息,林悦今天去了沙河口工场和三泰油坊,在油坊抓走了一个戴眼镜的青年人,这个人见过童长荣。我们得想办法把林悦弄出大连。

李卫:恐怕很难,林悦觉得童长荣是心腹大患,看样子已经是调动了当地警察和日本人的力量,全力在查童长荣的下落。

王舒:我已经想了一个办法,我保证林悦会乖乖地离开大连。

王舒朝他密语,李卫不住地点头。

林悦证实了童长荣就在大连,也摸清楚了大连一些支部的负责人,她的目的是抓童长荣,而不是这些小鱼小虾,弄不好还会打草惊蛇。但怎么拿沙河口工厂和两个油坊做文章,她还没有想好。临近中午,想来想去,还是东北菜馆合她的口味,她带着一班人又来到了菜馆。周老板仍是笑脸相迎。

林悦:周老板,上次我找你要什么来着?

周老板:您要的熊掌,我已经搞到手了。这次又进了一批山货,松茸、猴头菇、黄蘑、长白山的山参都有。

林悦:好。你这老板会做生意,菜的味道好,价格还便宜,比大和旅馆的菜好上十倍还不止,从今儿开始,我就把你的饭店当我的食堂了。

周老板哈着腰:谢谢小姐抬举。您楼上请。

林悦款款上楼,一伙人跟着进了包厢。

后院,卓蓝、李卫悄悄进来,周老板将他们让进了一个临近后厨的一个小包间。

桌上已经上好了菜,李卫开了酒,给卓蓝斟上了酒。

卓蓝:李卫,你小子跟这老板熟悉?

李卫:哪里,这不跟你才来大连,我哪里熟悉。

卓蓝:不会是有人在背后安排吧。

李卫笑了:我能把林悦安排到楼上吗?我花了钱,把这个老板买通了。

周老板进来,寒暄着,饭菜还可口?

李卫说,看样子就很好吃。

卓蓝问:那个林小姐来了没有?

周老板点点头,来了四五个人,刚刚进包厢呢。

李卫点点头:你告诉林小姐,楼下小包厢里有人要报告童长荣的线索,请她来出个价。

周老板点点头,出了小包厢,掩上门,来到楼上包厢敲门,然后走了进来,在林悦身边耳语。林悦站了起来,走出包厢,随周老板走到楼下,周老板指了指小包厢。林悦推开门,发现卓蓝坐在包厢里。

林悦一惊:卓蓝,是你呀!

卓蓝:幸会,我们又见面了。

林悦准备掏枪,被门后的李卫一把拖了进来,下了她的枪,从身后扼住了林悦的脖子,用刀抵住了她的颈子。

林悦:卓蓝,你想干什么?

卓蓝:这次来,没有别的,就是想看看你的耳朵,是不是有三个孔?

李卫撩起林悦的头发,卓蓝看了一下。

卓蓝:果不其然,皇室格格,卖国求荣的汉奸,我很想让国人都看看。

林悦不能动弹,李卫用刀将林悦的头发一缕缕地割下,然后用力将她打昏,卓蓝和李卫悄悄带上门从后厨小门离去。

楼上,林悦的手下人半天没看到林悦,来到楼下问周老板,周老板说有人让他传话,要向这位小姐报告重要情况,就在小包厢里。手下人推开门,发现林悦昏倒在地上,被人剃了个阴阳头。

离开东北菜馆后,卓蓝和李卫回到了上海。

在上海高崎会所,高崎和卓荣丰在协议文本上签字。卓蓝站在旁边。卓荣丰将一张支票递给了高崎。

高崎举起了酒杯:卓老板,为我们过去的合作、现在的友情、将来的美好干杯!

卓荣丰端起酒杯与高崎碰杯。卓蓝冷静地看着。卓蓝走出屋子,却见到了千惠子,千惠子不自然地朝卓蓝笑笑,卓蓝报以微笑。

李卫站在门口,卓蓝走了过来。

卓蓝：从现在起，把这个地方给我看死了。

在大连，果然，林悦不能出门，再加上熙洽急于要回长春，于是一行人乘着夜色离开了大连。王舒见目的已经达到，立即来到沈阳。

屋内，罗栗文和童长荣正在研究东北形势，他们在地图上比画着。王舒走了进来。

罗栗文见是王舒，非常高兴，说我们三人又凑到一块了。

童长荣问大连的情况怎么样。王舒说，在东北餐馆，卓蓝给林悦剃了个阴阳头，林悦羞于见人，和熙洽回长春去了。卓蓝和李卫也回上海去了。

罗栗文：哟，你们在大连可是为长荣扫了雷呀。

王舒点点头：李卫做了卓蓝不少工作，卓蓝现在算想明白了，她说保护你，就是为抗日做贡献。

罗栗文：看来卓蓝还真有这个心呢。

童长荣：还有什么？

王舒：林悦带人去了沙河口工场和三泰油坊，在三泰油坊抓走了一个戴眼镜的青年。

童长荣：那我得立即赶回去。这个人是刚刚要求入党的青年学生，万一他要是经受不住酷刑，那就糟了，回去做好补救措施。

罗栗文点点头：那你就回大连去吧，务必把省委指示落实好。

童长荣站了起来与罗栗文、王舒道别。

童长荣回到大连后，立即召集市委会议，传达会议精神，这次会议通过了《满洲省委第二次扩大会议反帝运动决议案》和《致红军电》，确定了满洲省委的工作重心将转移到对日帝斗争中来。同时，传达了江西苏区红军迅速扩大、土地革命在根据地迅速开展，粉碎了敌人第一次反"围剿"斗争胜利，第二次反"围剿"斗争正在顺利进行，革命形势令人鼓舞方面的内容。省委会议还对"立三左倾"路线进行了批判，但中央又强调了坚决反对右倾消极主义。

王永庆和王心贵相互看看，没有说话。

童长荣:是不是三泰油坊抓了人,让你们产生了顾虑?

王永庆:张书记,这段时间,我们一直按照你的要求进行暗中破坏和消极怠工,但是你要求我们"五一"举行示威总罢工,我和心贵同志反复商量觉得还是欠妥当。去年到今年我们的损失太大了,你来了之后,我们好不容易成立了三个支部,我们不想让他们……

王心贵:张书记,我们不是怕死,大连是日本人的天下。靠我们这些力量,无疑是以卵击石,飞蛾扑火。我们觉得保存力量是最重要的。

童长荣深有同感:是啊,我在河南犯下的错误,至今不能饶恕,人不能在同一个地方跌倒两次。可现在中央就是这么要求的,省委也是这么部署的,你们说怎么办?

王永庆:我宁愿被省委处分,决不能再去冒险。

王心贵:油坊那个青年学生被捕,十有八九已经把我们都供了出去,敌人正等着我们行动呢。

童长荣来回走动着:这样,其实我很赞成你们的想法。你们看这样行不行,中央和省委的权威要维护,但是你们执行不力要处分。

王永庆:张书记,你给我和心贵同志一个处分,我们很愉快地接受。

童长荣:通知各支部,一定要注意安全。取消大规模的示威游行,但是秘密斗争一点也不能放松,鼓动工人进行罢工的小规模活动不能停止。为防止敌人抓捕,你们两人在暗中指挥,不宜冲在第一线。

王永庆和王心贵非常感动,他们从内心感激善解人意,既坚持原则又有灵活性的书记。稍后,王永庆因为有右倾思想,被撤销省委候补委员职务,后被叛徒出卖,惨死在日本人的屠刀之下。王心贵也受到了党纪处分。两位同志无怨无悔,对党无限忠诚。

1931年9月18日,"九一八"事变爆发,日本人迅速占领东三省,童长荣担心的这一天终于来了。他满含悲愤的心情,无处发泄,他只感到自己是多么的软弱无力。童长荣完全可以想象,"九一八"事变的阴谋就是在大连关东军司令部策划的。

此时,童长荣立刻赶赴沈阳,当面向罗桨文请示,形势突变,如何同日本人血战到底。他风尘仆仆地赶到满洲省委驻地,这才发现,已经人走楼空了。连日睡不好觉,焦虑、痛苦,再加上奔波,他感到自己身上一点力气都没有了,他无力地坐在门口不住地咳嗽着。

恰在这时候,王舒从外面走了过来,见是童长荣,连忙说罗书记已经将满洲省委迁到哈尔滨了,特地让我在这等你。

童长荣点了点头,王舒发现童长荣脸色不对,还在剧烈地咳嗽,突然喷出一口血来,王舒大惊。

王舒:长荣,你怎么啦?

童长荣:最近感冒一直没好,估计是呼吸道感染了,没事。告诉我,罗书记有什么交代吗?

王舒:先别说工作的事情,立即到医院。

童长荣:我没有时间去医院,我要省委的指示。

王舒拉起童长荣:不行,你不到医院检查,我不可能告诉你省委的指示。

王舒强行将童长荣拉进了医院进行检查。结果出来了,医生走到门口,把王舒喊到门外,告诉王舒童长荣经确诊是肺结核。

王舒一听,犹如晴天霹雳,把整个人都打懵了,心里痛苦至极。过了好大一会儿,他努力地镇定了自己,走到童长荣身边。

童长荣心里已有些明白:王舒,不要瞒我,实话实说。

王舒叹了口气:实话实说,你不能工作了。

童长荣叫着:王舒,你说什么屁话!日本人已经占领了满洲,你却说,让我不工作了?

王舒将化验单递给童长荣:我不想瞒你,你自己看看吧。

童长荣接过化验单,看了一下。

童长荣:真是不争气,关键时刻,我怎么就生病了。

王舒满脸焦虑地望着童长荣:别想那么多,先治疗再说。

童长荣:王舒,我答应你,先做些药物治疗。但我有言在先,第一,请对罗书

记隐瞒我的病情;第二,请你立即告诉我省委和罗书记对我有什么指示?

王舒:省委已经发出号召,对日本侵略者血战到底。省委经研究派杨靖宇到南满任特委书记,赵尚志到北满任特委书记,你到东满任特委书记。大连的工作由另外的同志接任。我这都告诉你了,你得答应我在医院治病,至少得等病情减轻了再提工作的事情。

童长荣无奈,只得接受治疗,王舒殷勤护理。过了一周,童长荣的体温降下来了,不再咯血,他央求王舒,这肺结核是个慢性病,住一年两年也就那么回事。你要是不让走,还不如让我死了。

王舒只好让医生开了药,陪着童长荣从沈阳来到了长春。

刚到长春,就看见大批的日军列队向城门进发。

熙洽、戴着帽子的林悦和一众官员站在城门口等待。多门二郎中将骑着马来到城门口。

熙洽趋步来到多门二郎跟前,弯下腰。

熙洽:多门二郎中将,我代表吉林军政和吉林人民正式宣布归顺大日本帝国效忠日本天皇陛下。

多门二郎下马,走到吉林军政要员跟前,一一握手,最后走到熙洽跟前。

多门二郎:熙洽长官,你的愿望终于实现了。

熙洽:老师,为了这一天,我等了多少年了。

多门二郎点点头:你是我的好学生。

多门二郎转身望着林悦:林小姐,你的功劳大大的。

林悦:为皇军效力,在所不辞。

然后是合影留念,举行入城式。

童长荣和王舒在一旁看着这一幕丑陋的表演,满腔悲愤。熙洽就这一句话,整个吉林就这么拱手出卖给日本人了。

童长荣决定不再停留,立即赶到延吉。王舒不放心,坚持要将童长荣送到延吉。童长荣不同意,说自己一人行。王舒这回和他铆上了劲,不让我去,我就不给你联络地点和联络暗号。

童长荣不再坚持,答应了王舒。两人雇了一辆马车,颠簸着来到了延吉。

按照联络地点,两人来到了一条充满朝鲜风情的民居街道。童长荣和王舒走进一户朝鲜人家。

一位叫朴玉的年轻姑娘正在屋里收拾着。

王舒掏出一张纸币:请问能买点吃的吗?

朴玉:你们想吃什么?

王舒:冷面打糕辣白菜。

朴玉听到这是接头暗号,接过钱,拿出边角与纸币合上。

王舒介绍:这是张树华书记。

朴玉高兴地笑了:张书记,东满特委让我在这里等你,可终于把你盼来了。张书记,我叫朴玉,现在延吉电信局做话务员。

童长荣:太好了,这等于我们多了一只眼睛。来,跟我说说延吉的情况。

朴玉请童长荣和王舒坐下,开始介绍情况。在延吉地区,日本人的军队正源源不断地开进来。除了我们各县的抗日游击队外,一些山林武装也加入了抗日的行列。还有朝鲜金日成领导的游击队也在中朝边境对日作战。现在熙洽的小兄弟,延吉警备司令官吉兴也已经投敌。除军事外,日本人在延吉地区已经深耕多年。延吉有总领馆,下面还有好几个分馆。建立特务机关。熙洽现正跟日本人合谋,制造延边地区独立,他想做小皇帝。不过,现在中朝两族很团结,同仇敌忾,并肩战斗。

童长荣点点头。大街上传来汽车声,王舒掀开帘子往外看着几辆轿车开了过来,他突然看见了林悦坐在车里,白色的帽子格外晃眼。

王舒轻轻地:林悦到延吉来了。

朴玉:张书记,我认识这个女人,经常接到她打给延吉的电话,来过延吉好几次了,和延吉特务机关长小日向勾结在一起。

童长荣和王舒相互望了一眼,王舒笑了。这都是张书记的老朋友啊,看来呀,这是要耗上了。

童长荣:朴玉同志,说说延吉支部的情况,还有没有其他可以利用的力量。

朴玉:报告张书记,我们有一个地下支部,现在有十几个人。另外商会的刘会长虽然不是党员,但抗日态度坚决,在他周围也团结了一些爱国的商人。

王舒见童长荣已经和延吉的同志接上了头,这才悄悄跟童长荣说,罗书记让我回上海向中央汇报东北形势以及满洲省委的近期工作部署,期待中央进一步指示,我这就得赶回去了。

童长荣一听,狠狠地批评了王舒,你怎么能擅自改变行程,送我到延吉来,你不知道东北形势的严峻吗?

王舒说,我不是不放心你吗?再说把你送到战斗第一线,也是重要任务。我算了一下日程,紧赶慢赶,并没有超出预定的日期。

童长荣:那你还不赶快走。

朴玉听说王舒要走,赶忙说:王同志,我来送你。

临走前,王舒再一次提醒童长荣要注意身体。

童长荣:别在这耽搁了,我会注意的。

童长荣站在门口,挥挥手,走吧,路上小心点。

王舒站起来依依不舍,边走边回头。

晚上。延吉菜馆。小日向和延吉警备司令官吉兴站在门口,等待林悦的到来。不一会儿,两辆车开到菜馆前。林悦从一辆车里走了下来。

吉兴躬身:欢迎林小姐。

小日向:林小姐,请。

一班人跟着走了进去。

不远的街边,朴玉带着童长荣在一边观望。

她轻轻地对童长荣说,这个菜馆里有我们的同志,我们已经布置好了,可以了解他们谈话的内容。朴玉对童长荣说,张书记,我带你去吃点东西,童长荣点点头,说把肚子吃饱就行。

朴玉将童长荣带到一家狗肉馆,饭店老板随即端上一瓦罐狗肉汤。童长荣皱了皱眉头,说太铺张了。朴玉这才对童长荣说,王同志临走时说了,张书记近些日子身体不太好,还吃着药呢,需要加强营养,我就想着来点热性的,给您补补身体,进了深山老林,就要过苦日子了。

童长荣只好打着马虎眼,这个王舒,真是多嘴。事已至此,童长荣也不好推却,端起碗,嗅了一下,喝了一口汤,对朴玉说,实话实说,狗肉汤确实是大补的,就是这种烧法我还不太习惯。安徽老家的烧法是红烧加辣椒,吃着过瘾。看来,我是要入乡随俗了,虚心向你们学习,尽快熟悉并尊重朝鲜族民族习惯。

朴玉体会到了张书记的细心,连这些细节都想到了。她对童长荣说,自己就是朝鲜族,汉、朝两族生活习惯确有不同,体现在饮食和服饰上。但两族人长期生活在一起,心是相通的,都是可恶的日本人在里面挑拨,难免也有龃龉。朝鲜人民会就是日本人扶植的,在汉朝两族之间起了很坏的作用。

朴玉让童长荣慢慢吃,她要出去一趟,掀开帘子离开了狗肉馆。童长荣一碗狗肉汤下去,觉得身子有些发热,脸上渐渐渗出了细汗,他点点头,这狗肉汤还真是不错。他又来了一碗,又捞了些狗肉,发现这狗肉还是带皮的。他边吃边想,真是一个地方一个风俗,要是在老家,再苦也不吃这种带皮的清水狗肉汤。

过了一会,朴玉回来了。报告了林悦、小日向、吉兴在菜馆吃饭时的大致谈话内容。一是准备增加兵力,剿灭东满的抗日武装;二是谋求延边地区独立;三是加紧测绘敦图铁路。还有,他们谈论到了熙洽已给溥仪写了《劝进表》,要让他早日登基。

童长荣来延吉之前,专门找了一些资料,了解所谓的延边地区问题,这完全是日本人一手策划的,涉及延吉、汪清、和龙、珲春等中国大片领土。溥仪要做满洲国的皇帝,熙洽要做延边地区的小皇帝,遥相呼应。他从内心里发誓,不能让日本人和这些汉奸的阴谋得逞。

想到这里,童长荣对朴玉说,我要尽快去找东满特委。朴玉劝张书记别着急,接你的交通员还没来呢。童长荣说,那得多长时间哪。朴玉说不巧,交通员昨天刚走,通常三五天来一次,如果交通受阻,那就很难说了。

童长荣对朴玉说,我已经等不及了,我急于要与同志们会合,连夜就走。朴玉一听急了,她不允许童长荣走,她要考虑他的安全。童长荣笑了,什么叫安全,在家里睡大觉就安全了?要安全,我还来东满做什么呢?

朴玉拗不过这位新来的书记,租了一辆大车,告诉了童长荣特委在白草沟和龙井有两个交通站及具体联络方式,找到交通员之后,由他们带领进山。童长荣告别朴玉,上了大车,乘着夜色就出发了。

四十一

童长荣离开延吉后,寻找东满特委,一路充满惊险。朝鲜人民民主主义共和国领袖金日成在《与世纪同行》回忆录中,有过描述。出于对朝鲜人民领袖的尊重,也出于对中朝传统友谊的尊重,这里不敢妄加构思,实录节选如下:

1. 被任命为特委书记的童长荣,遇到日本军的"讨伐",险些送了命,脱险后来到龙井市街,想在那里见我。可是龙井市内到处有密探活动,到那里去是很危险的,因此,我请他到明月沟来。

后来,东满特委同志说,童长荣不知道特委已经转移,在寻找特委时被密探发觉,关进了牢房。这意外的消息,使我失望。

满洲省委书记罗登贤(即小说人物罗栗文原型之一)和省委军委书记杨林,在"九一八"事变后离开沈阳隐蔽起来,杨靖宇又在狱中,结果是没人可以商量。

我决定,无论用什么办法,一定要救出童长荣,并和同志们商量了营救的办法。

这时,有一个叫高宝贝(宝贝是绰号)的人自告奋勇,要去营救童长荣。

那人特别灵活,像个魔术师,很会"扒窃"。他能在一眨眼的工夫,把对面说话人衣兜里的自来水笔扒过来。高宝贝常搞这种鬼,所以他所到之处,每每有人因"丢"东西闹腾一番。

他故意去龙井市内扒窃,叫警察抓了去,到牢里找到了童长荣。高宝贝在监狱里不知使了什么招,特委书记不久就出狱了。这样童长荣参加了明月沟会议。

2. 明月沟会议结束后,我和童长荣在白岩下面交谈……童长荣说,东满不只是居民构成,而且党组织的党员构成中,大多数是朝鲜同志。他还托我代表朝鲜同志多帮助他的工作:"在东满,革命的主力军是朝鲜人,只有依靠朝鲜族居民,游击战争才能取得胜利。不管日本怎样挑拨离间,两国共产主义者一定能克服民族偏见。特委今后将特别关注做朝鲜同志的工作,希望你多给予帮助,我相信你,金日成同志。"

我热情地接受了他的请求。

"对两国人民的团结问题,我们特别关心,这一点请放心。朝中人民之间产生的一时的猜忌,将被游击战争的枪声清除干净。"我们笑着互相紧紧地握住了手。

后来,我和童长荣多次回顾了这一天的感受。

……每当我访问中国时,周恩来总理在宴会上或会谈中,总是说30年代初,通过抗日游击队的建立和朝中武装力量为反对日本帝国主义所进行的共同斗争,朝中友谊发展到更高阶段,他还就根基深远的朝中友谊传统,谈了很多感人肺腑的话。

3. 童长荣从大连被派到东满特委时,我就同他建立了密切的联系。我同中国共产党的关系就是这样建立起来的。在这过程中,我还作为中国共产党组织的干部进行了活动……我在抗日武装斗争的整个时期,保持了同中国共产党的这种关系,这在扩大抗日联合战线,发展共同斗争中起了非常重要的作用。

4. 任过东满特委书记的童长荣。他说,他在大连搞地下党工作时,见过全京淑……"我见过她后,才知道朝鲜妇女的节操和意志是如此的坚贞。"我听了他的话,也对全京淑的崇高品质深感佩服。

……

在明月沟,童长荣遇到了前来看望金日成的崔今淑,她和全京淑一样,美丽大方干练,她是汪清县委妇女委员。金日成患病时得到了她无微不至的照顾。

见到崔今淑,找到东满特委就容易多了。

秋天。密林。山花烂漫。白桦林。秋高气爽。

崔今淑带着童长荣,爬上一座岭后,开始进入密林地区。他们边走边聊,童长荣说崔今淑和全京淑长得很像,崔今淑说她在汪清见过全京淑。童长荣感慨,她和金利甲的爱情令人感动,他们在大连狱中的坚贞不屈令人敬仰。崔今淑说,

我要向全京淑学习,不仅要有斗争精神还要有牺牲精神。

童长荣交代崔今淑,到了东满他的名字叫张树华。崔今淑说她记住了。

崔今淑在一个背风的山坡下停住,警觉地四周看看,确认安全后,告诉童长荣这一片就是游击队的密营。

她在几棵大树间,拨开厚厚的树叶,拉开了门,带着童长荣走进一个地窖子里歇息。童长荣环顾着这个地窖子。

童长荣:这个办法好,又隐蔽,还保暖。

崔今淑吩咐童长荣,你就在这里歇息。我去喊王德泰和李圣依同志,他们就在这附近。

说完她就出去了。童长荣这才感到有些疲劳,靠在土窝子里迷糊了一会儿,又过了一段时间,他听到外面有响动,听到至少有三个人踩着树叶的脚步声,来到地窖子前。

崔今淑拉开门,童长荣从里面钻了出来。崔今淑将两人介绍给童长荣,魁梧的中年人是东满特委军事部长王德泰,戴眼镜的青年人是特委委员、汪清县委书记李圣依,两人身上都背着枪。

两人向童长荣敬礼,齐声说,向张书记报到。童长荣握住两人的手说,应该是我来向你们报到。

崔今淑说,我就把张书记交给你们了,我还有事,马上要赶回王隅沟根据地去。

童长荣谢谢崔今淑,望着崔今淑离去的背影,王德泰说,这位朝鲜族女同志非常能干。童长荣点点头,说这一路上,他已经充分感受到了。

三人在树林里坐了下来,童长荣让两人介绍东满抗日斗争情况。

王德泰:这山里面,游击队、救国军、山林队,甚至土匪都在抗日,但各自为政,有时还互相冲突。张书记,你来得太及时了。

童长荣:我们的任务就是团结一切可以团结的力量,要确保抗日武装从一开始就在党的领导下进行。

李圣依:张书记,您来了,我们就有主心骨了。

童长荣望着李圣依。王德泰介绍,李圣依是朝鲜族人,留学过日本,也是特委里的一支笔。童长荣说太好了,你还可以给我做翻译,教我朝鲜语,在东满战斗,第一关就得过语言关。

三人继续往密林里行走,走了半天。山那边传来枪声,越来越密集。王德泰告诉童长荣,游击队已经与日本鬼子交上火了。

阵地前。特委游击大队大队长梁光正带着游击队伏击进山搜索的一个鬼子联队,密密麻麻的日本兵往山上冲来。

梁光高喊:给我打!

游击队员点射日本兵,日本兵纷纷倒下。日本指挥官挥着刀,迫击炮向山上阵地发出密集的炮弹,炸得尘土飞扬。接着几架机枪朝阵地扫射,梁光和游击大队被打得喘不过气来。日本兵向阵地蜂拥而来。

童长荣察看地形,观察敌情。王德泰介绍,这座山岭是一个重要屏障,也是通往山里的第一道防线。

童长荣问王德泰游击队的战斗力情况。

王德泰汇报,特委游击大队有100多人,大队长是梁光,都是猎户出身,朝鲜族占六成,枪法精准,善于攀爬奔跑,山林作战是强项。武器不行,三分之一是猎枪。

童长荣点头:我们在鬼子的屁股后面袭扰一下,缓解他们的压力。

童长荣三人猫着腰在密林里奔跑爬行。他们终于到达岭腰,穿过溪水,就发现了日本联队的留守后援,悄悄绕了过去。

童长荣抢先一步,以一棵大树为依托,掏出手枪,连发三枪,三个日本兵倒了下来。

王德泰赞叹:张书记,好枪法。

王德泰、李圣依同时开火,又有几个日本兵倒了下来。

童长荣轻轻地说了声,快撤。三人往山的外侧运动,日本兵调转枪口,追了过来。

主阵地上,梁光乘着敌人松劲的刹那,开始猛烈攻击,日本兵倒下一片。日

本兵屁股后面受到攻击,开始撤退。梁光挥着枪,游击队员端着枪跃出战壕,乘胜追击。日本兵一边撤退,一边还击。这时,一名叫崔昌彬的朝鲜族队员中弹。

梁光掩护射击,两名战士将崔昌彬拖到大树后,一看是腹部中弹,嘴里不停地涌出血,来不及救治,就渐渐闭上了眼睛。

日本兵受到夹击,伤亡重大,不得不撤了下去,落荒而逃。

童长荣和王德泰、李圣依与梁光的游击队会合。

王德泰介绍,这是新来的张书记。又将梁光大队长介绍给了童长荣。

童长荣抓住梁光的手,说你们打得很好。

梁光:张书记,我们打得不好,崔昌彬同志牺牲了。

童长荣、王德泰、李圣依缓步来到游击队员前,游击队员让开了一条路,童长荣和王德泰、李圣依朝崔昌彬的遗体鞠躬。

王隅沟是王德泰带领延吉游击队开辟的一块活动区域。一个小学堂里,崔今淑正在给儿童团的孩子们开会。金锦女扑闪着明亮的大眼睛认真听着。

崔今淑:你们儿童团站岗放哨、传递文件有很多有利条件。日本鬼子呀,往往不注意小孩子。如果正面遇到敌人,不要慌张,沉着冷静,就装作拉屎蹲到路边的树丛里,还可以伪装成两个孩子在打架。岗哨可以在路口,也可以在树上,看到一切可疑的人,随时向大人报告。文件嘛,可以放进鞋子里,也可以藏在衣服的褶子里。

金锦女小大人似的站起来,对孩子们说,从现在起,我们就是小战士了,就是被日本鬼子抓了,宁死也不能把文件交给敌人。

小孩子们握紧了拳头,大声地说,我们记住了。

这时,朝鲜族妇女姜春花神色紧张地走进来,在崔今淑耳边耳语,崔今淑一阵眩晕,脸色苍白,姜春花拉着崔今淑就跑出了屋子。金锦女预感出了什么事,带着孩子们跟着跑出了屋子。

村口的空地上,已经围满了游击队队员和村民。崔今淑跌跌撞撞地随姜春花跑到了村口,她看见了丈夫崔昌彬静静地躺在担架上,她蹲了下来,抖动着嘴唇,流着泪,掏出手帕,轻轻地擦着丈夫脸上的血迹。

童长荣也蹲了下来,整理崔昌彬残破的衣服,姜春花一边哭着,一边掏出针线,准备缝补。童长荣把手伸向姜春花,姜春花迟疑地将针线递给了童长荣。童长荣蹲下来,细心地缝合着崔昌彬身上残破的衣服。崔今淑含着泪望着童长荣,跪在了丈夫跟前,轻轻地对童长荣说,张书记,谢谢你,还是让我来吧。

崔今淑一针一线缝补着丈夫衣服上的破洞,空气凝固得让人窒息,崔今淑终于缝完最后一针,她站了起来,平静地将针线交还给姜春花。

童长荣这才打破了死一样的寂静:崔今淑同志,我不知道怎么来安慰你,崔昌彬同志不幸牺牲,我很悲痛。但我只想跟你说一句话,今天有 30 多个小鬼子为他陪葬!

崔今淑揩了一下眼泪:张书记,你不用安慰我,更不要为我担心,我是共产党员,也是一名战士。是共产党员,是战士,就要随时做好牺牲的准备。

童长荣面对大家:同志们,这笔血债我们记下了,我们要小鬼子用十倍百倍的代价来偿还!

梁光高喊:为崔昌彬烈士报仇!

大家群情激愤,愤怒的呼喊声响彻山谷。

春去秋来,枞阳街上,何坤宜还在街上摆摊卖杂货,临近中午,五叔走了过来。

五叔:坤宜贤侄媳,二娘让我来喊你回去吃饭。今天啊,烧了鱼,烧了肉,烧了一桌子菜呢。

何坤宜有些疑惑:五叔,今天不是节,又不是庆,她老人家是怎么啦?

五叔抽抽鼻子:我二娘说呀,你辛苦了,还是八月节吃的肉,今天大舍得,说是要开开荤,我也沾光了。

何坤宜收了摊子随五叔进了院子。推开门,果然看见桌上摆满了一桌菜。童母穿着整洁的衣服,坐在桌前抹泪,见何坤宜和五叔走进院子,她连忙擦干眼泪,站起来,换了笑容。

何坤宜招呼五叔坐到桌子上。何坤宜拿起筷子为童母和五叔夹着菜。

何坤宜:娘,这是为什么呀?

童母:吃个饭还为什么,嘴馋了。

五叔:坤宜贤侄媳,二娘人前人后都夸你的好,说要不是你,她活不到今天。她就是心里过不去,说是童家简慢了你,今天是专门请你的,想对你赔个不是。

何坤宜像是预感到了什么,第一次对五叔沉下了脸:没来由的话给我少说,一家人还说这种话。快告诉我,这顿饭是什么道理,不说我不吃。

童母的眼泪出来了:坤宜,你要是个孝顺媳妇,就把这顿饭吃了。吃好后,娘跟你说个事。

何坤宜是何等聪明,心里已经明白了大概,她强忍着:娘,我听你的,吃得饱饱的。

童母给何坤宜夹着菜。五叔将头埋进碗里。

何坤宜:娘,你也吃呀。

童母端起碗:我吃着呢。

何坤宜大口大口地扒饭,吃完最后一口,将碗放到桌子上。

何坤宜:娘,你说吧!

童母:坤宜,跟你商量个事,你等了长荣这么多年了,你等不到他了。吃了这顿饭,就算我们母女一场,我对不起你!

何坤宜哭出了声,拉着童母:娘,你想怎么地?

五叔抹着泪:二娘有这个想法也不是一天两天了,说贤侄媳妇仁义,我们童家更要做人,不能耽误了你的青春。贤媳呀,你回娘家吧,趁着年轻找个好人家。

何坤宜跪了下来:娘,你要赶我走?

童母变了脸:是的,你走吧!

何坤宜望着童母毫无表情的脸,有些不知所措。只见童母从屋里拎出了一个用卓蓝送的大红围巾扎着的包袱,她放进了何坤宜的怀里。

何坤宜哭喊:娘,你就这么忍心,你就这么绝情!

童母:是的,缘分尽了,从此我们就是路人。你走吧。

何坤宜:娘,你可怜可怜我,别赶我走,长荣会回来的!娘,我求你了!

童母:长荣已经死了!

何坤宜辩解:不,长荣还在,他在大连,他还看见了我。

童母:你就编吧。五叔,把她拉出去!

五叔:坤宜贤侄媳,对不住了。

五叔将何坤宜硬拉着出了门,将包袱放在她身边,扑通一声关上了门。

何坤宜站在院子里,伤心欲绝,这么多年的希望和失望,委屈和痛苦,有谁知?如今却是这步田地。她明白婆婆如此绝情,是为她好。可婆婆顾及自己内心感受了吗?她怨婆婆,又怨不得婆婆,她觉得自己很可怜,没有路走了。既然婆婆觉得这样做,心里好受点,想摆脱负罪感,那就还给她一个孤独清净的日子吧。这么想着,她挪动了脚步,流着泪,拎着包袱,一步一回头出了院子。

何坤宜来到街上,街上空无一人,没有人知道她被赶出了童家。寒风吹着残叶,在街上翻卷,吹着何坤宜单薄破旧的衣裳。她走到卖杂货的地方,情难自抑,不禁潸然泪下。

何坤宜脚步机械地移动,来到河边渡口。她开始平静下来,像是消尽了悲哀。她整理着破旧的衣服,坐在河边开始梳头。她掏出了童长荣的相片凝视,轻轻地对着照片说,长荣,我说过了,我生是童家的人,死是童家的鬼……

何坤宜放下了包袱,将照片放在上面,望着一河秋水,水面上浮起薄纱似的雾,朦胧而迷幻,她喜欢这种洁白的感觉,觉得是到了结束的时候了。

后面突然传来一个熟悉的声音:何家姑娘,你不该这么一了百了。

何坤宜慢慢回过头,发现妙静师太就站在自己身后。妙静师太她很熟悉,莲花庵里的老尼,她到庵里为童长荣求过平安签,烧过香。

何坤宜疑惑地望着妙静师太。

妙静师太:何家姑娘,听我一句话,你尘缘未了,随我去吧。

妙静师太拎起了何坤宜的包袱,将何坤宜带到了莲花庵。

夜晚,莲花庵外,月色溶溶,映衬着门头上莲花庵三个字。屋内,一豆油灯下,何坤宜默默地坐在妙静师太跟前。

妙静:何家姑娘,你若愿意,从此跟我在庵中修行,远离尘世的纷扰。

何坤宜沉静地点了点头。

妙静师太：坤宜姑娘，到了庵里，就要舍掉俗家名字，就叫佛清吧。暂允你带姓氏，往后就叫何佛清。

何坤宜双手合十：谢谢师太。

何坤宜的眼睛转向窗外，清冷的月，远处黛色的峰岭，耳边是微微的松涛。

王隅沟。中共特委驻地。屋内，墙上挂着地图，童长荣在地图上认真查看汪清县，问王德泰，汪清县这个名字有什么来历吗？

王德泰解释，汪清是女真语，也叫旺钦，汉语就是堡垒的意思。此处地势险要，地形隐蔽，易守难攻，历来是兵家必争之地。

童长荣点点头：同志们，从现在起，我们要做好长期对日寇作战的准备。这两天我一直在想，要想在这地方长久待下去，就必须学习毛泽东、朱德同志在江西创建苏区革命根据地的做法，这里的医院、服装厂、兵工厂、印刷厂等相关设施一个不能少，我们需要有自己的造血能力。因此我想把特委从王隅沟迁到汪清县的马村。

马村处在大山之间的谷底，地势开阔，得到大家一致赞成。

李圣依有些顾虑，说那里就是一个村庄，什么都没有。

童长荣开导大家，江西苏区也就是从无到有发展起来的，记住一条就是紧紧依靠人民群众，我们就会从无到有，从小到大，由弱变强。

王德泰沉吟着，张书记有远见。苏区红军之所以能够连续粉碎敌人的三次反"围剿"，队伍不断壮大，根本的一条，就是群众路线。我看就按照张书记的意见办，发动群众，有力出力，有智出智，有钱出钱。

童长荣说，王德泰同志说得很好，拍着刚认识的宣传部长王中山的肩膀说，中山同志，你这个宣传部长当前最主要的任务，就是宣传发动，让每户每人都要意识到抗日斗争的责任，营造出我为抗日出一份力的宣传氛围。要想把日本人赶出中国，这不仅是军事斗争，也是政治斗争，内外宣传、党的统一战线、群众路线的工作方法都要用上，你这个宣传部长肩上的担子重啊。

王中山没想到这位新来的特委书记站位如此之高,思路是如此的宏阔清晰,深深叹服,立即表态,一定按照张书记的要求,努力适应新任务要求,把抗日宣传工作做好,不过水平有限,就是不知道怎么干,以后还请张书记具体指导。童长荣笑了,以后大家天天在一起,共同来想办法。

李圣依望着童长荣说,我是汪清县委书记,创建根据地是我分内的事,你就具体布置吧。童长荣赞许地说,创建抗日根据地,李圣依同志是第一责任人,责无旁贷,王德泰、王中山同志协助工作,从现在起,把周边那些各行各业的能工巧匠、制造能手,愿意参与到抗日队伍里来的人组织起来。

特委专门召开会议,讨论根据地的建设规模,征集资金、物资的办法,以及招募各类特长人员的要求和政治审查条件,具体人员分工,最后形成了在马村创建抗日根据地的决议。

会议结束后,王中山按照自己的职责,迅速派人到四个县,通过各县委秘密宣传发动,组织登记。令王中山没有想到的是,群众的抗日热情是如此的高涨,积极要求捐款捐物。

特委和游击大队进驻马村后,小山村里一下子热闹了起来。村口一字排开了几张桌子。每个桌子上都贴着一张红纸,分别写着捐献处、筹款处、人才处、义工处等等。

崔今淑带着游击队员分别登记。有人拉着木料来,有人捐献旧铜旧铁,还有人抬来了织布机。

金郎中背着药箱,带着两个年轻人走了过来,来到崔今淑面前咨询。

崔今淑:哟,金先生,你可是延吉的神医,您也来了。

金郎中:那是,为了打鬼子,我把诊所关了,把两个徒弟都带来了。

童长荣走了过来,握住金郎中的手:金先生,太谢谢你了。

一个战士过来,将金郎中和两个小伙子领到人才处登记。

这时一个中年人带着几个青年扛着一些工具走了过来。中年人自我介绍叫孙元明,说他们几个人会做炸药。

童长荣闻讯,立即赶了过来,抓住了孙元明的手,那你可就是根据地的宝

贝了。

孙元明对童长荣说,我们家世代做炸药。到了我们这一辈,还能造土炸弹。童长荣非常高兴,亲自将孙元明带到人才处登记。

村口,战士们肩扛手拿,朝鲜族妇女顶着物资来来往往。童长荣望着四周,医院、营房、兵工厂、被服厂等都已经开工建设,一幅热火朝天的场景。

李圣依将一个商人模样的人带到了童长荣面前,介绍是延吉商会的刘会长。

童长荣抓住刘会长的手:刘会长,我到延吉的第一天,就听朴玉介绍刘会长带领延吉商会,做了大量抗日的工作,全力支持山里的游击队,真是太感谢了。

刘会长摘下礼帽,向童长荣致意:我很荣幸,见到张书记。听说山里要组建抗日根据地,我立即召开商会,各家都愿意拿钱拿物,我带来了一车布匹,一车棉花,一车棉被,一车大米,外加500块大洋。

童长荣:刘会长,真的是太谢谢你了,这可真是雪中送炭啦。

刘会长:谢什么,你们打鬼子,流血牺牲,我们出点钱和物,这算什么。药品的事,我们回去想办法弄。需要什么,随时跟我联系。

童长荣请刘会长转达对各位爱国商家诚挚的感谢。刘会长说,张书记的话,我一定转达到,他也转达了商家的愿望,就是盼着游击队多打鬼子。

童长荣神情庄重地说:我们一定不会辜负延吉人民的期望。

上海。卓蓝带着李卫走进赵瑞麟办公室。

卓蓝坐下,将腿放在茶几上。赵瑞麟正在泡茶,卓蓝说话了,赵瑞麟,我来就是想问一下,日本人占领了东北,你有何感想?做了什么?

赵瑞麟将茶杯放在卓蓝的脚边,对卓蓝说,你问这个,我可以告诉你,我们一天也没闲着。情报显示,日本人的侵略行为遭到了国际社会的谴责,为了转移视线,他们有可能在上海制造新的事端,缓解在东北问题上的压力。我们注意到了日本军队在上海周边频繁调动的迹象。

卓蓝听赵瑞麟这么一说,她说如果是这样,她希望加入进来参与调查。

赵瑞麟:我想请你去一趟长春。

卓蓝有些不解,去长春干什么?

赵瑞麟慢条斯理地:我说了,你一定会感兴趣。

卓蓝望着赵瑞麟:快说。

赵瑞麟:其一,杨飞在南京又受到了重用,这次作为全权代表去长春调查"万宝山事件"。

卓蓝啐道,我对这个人去哪里不感兴趣。

赵瑞麟说,"万宝山事件"是日本人蓄意制造汉族朝鲜族之间的矛盾,是为制造"九一八"事变营造舆论环境的。

卓蓝:你的意思是"万宝山事件"有可能在上海重演?

赵瑞麟:不排除这种可能。在吉林,熙洽和林悦已经公开投敌,熙洽还窃取吉林的军政大权,杨飞此次调查很难有公正可言。

卓蓝:你是说,为了防止这类事件再次发生,那就必须要确保调查报告的公正性。

赵瑞麟:还有,林悦已经到了延吉,日本浪人小日向也在那里成立朝鲜人民会,和汉奸延吉警备司令部的吉兴沆瀣一气,准备借"万宝山事件"谋求所谓的延边地区独立。

卓蓝:可恶,我很后悔没在大连把林悦给宰了。

赵瑞麟:其二,通过我们的情报,童长荣应该已经离开了大连,可能已经到了满洲,极有可能就在东满。

卓蓝:为什么?

赵瑞麟:东满地区汉族人、朝鲜族和日本人杂居,朝鲜族人占了六七成以上,"万宝山事件"就是日本人离间中朝民族矛盾的丑剧。童长荣精通日语,对日本侵华野心比谁了解得都深刻,不得不承认他有超人的智慧和才干,我要是共产党领导人,我也会把这块好钢用在刀刃上的。

卓蓝:这么说,我倒是有了兴趣。

赵瑞麟:其三,高崎到了长春,成立了铁路株式会社,准备承接敦图铁路建设,为日本侵华战争修建大通道。

卓蓝沉吟:赵区长,你说的每一条,都足以说服我必须去长春。

赵瑞麟:李卫、张龙你都带去。我让长春的人配合你们。

出了特工部,李卫驾着车,对卓蓝说,王舒想见你。卓蓝情知,王舒想见她,一定是与童长荣有关系。她点了点头。

车子在公园门口停住,王舒从树后走了出来。

卓蓝望着王舒:说,为什么找我?

王舒:卓小姐,我想告诉你童长荣的消息。

卓蓝:他在哪里?

王舒:他在东满抗日前线。

卓蓝:为什么告诉我这个?

王舒:因为他患上了结核病,我想找你搞点进口药。

卓蓝内心受到了猛烈的撞击,她情不自禁地啊了一声,扶住了身边的一棵树,半天说不出话来,嘴里喃喃地:他怎么得了这种病,东北即将冰天雪地,那会要了他的命。

卓蓝半天才回过神来,望着王舒:还有什么要跟我说的?

王舒:卓小姐,我有个请求,我想请你把童长荣的小老鼠尾辫子还给何小姐。

卓蓝:为什么?

王舒告诉卓蓝,童长荣的母亲不想耽误何小姐的终身,逼她离开了童家,性格刚烈的何小姐准备跳河,被莲花庵的师太救了下来,何小姐已经出家为尼,改名何佛清,也许这个小辫子能帮她回心转意。

卓蓝的嘴唇剧烈的抖动着,自言自语:真是一位令人可敬的女性!

王舒:童长荣是一个真正的战士!卓小姐,你难道不愿意为童长荣做点什么吗?

卓蓝:我能见到他吗?

王舒:他在深山老林同日本人作战,居无定所,我们都见不到他。

卓蓝的眼里噙着眼泪:等我从长春回来,我想去看看何小姐。

说完,她径直上了车,对李卫说,到昱姐那里去。

到了医院,卓蓝让赵瑞昱替她开一些能减轻肺结核病症状的最好的进口药物,按照一年的药量购买。李卫扛着满满一大袋药物,离开了医院。卓蓝对李卫说,这次到长春,把王舒也带上。

火车上,卓蓝、李卫、张龙坐在一起。王舒坐在不远的位子上,旁边是一大包药物。

张龙朝王舒看了看:卓小姐,让那个共产党也参加我们的行动?

卓蓝:你问那么多干嘛。你们给我说说"万宝山事件"。

张龙和李卫对望了一下。

李卫先说,本身这起事件很单纯,朝鲜族和汉族居民因为农田水利引起的纠纷,双方确实打了架,但没有人员伤亡。日本人造谣,说汉族人打死了许许多多朝鲜族群众,从而引起大规模的汉族群众和朝鲜族群众之间的冲突,日本人又进一步火上浇油,让事态扩大化,并在国际社会散布谎言,混淆视听,就是为"九一八"事变做准备的。

张龙:"九一八"事变后,日本人的目的已经达到,就停止了炒作,但真相需要告知国际社会,必须要揭露日本人的阴谋。

卓蓝:我怎么突然有一种感觉,南京派杨飞去调查应该是一个幌子,真正的目的恐怕是要摸日本人和熙洽这些汉奸的底牌。

李卫:那反过来,日本人和熙洽也会摸南京的底牌。

卓蓝:所以,杨飞的态度至关重要。到了长春之后,要尽可能掌握杨飞的一举一动。

长春。吉林省长官公署。林悦走进长官公署,她来到熙洽办公室。

熙洽:延吉的情况怎么样?

林悦:已经成立了延边地区独立筹备组,相关工作正在推进。

熙洽:好,"大清满洲国"也已经筹备就绪,就等着将皇上从大连接来就位了。

秘书进来:报告长官,南京"万宝山事件"调查组组长杨飞到了。

熙洽沉吟,他们来得正是时候,这正是摸一摸国民政府对东北局势看法的大

好机会,他让林悦去接待杨飞。

林悦吩咐秘书,将国民政府代表带到会议室。

秘书将杨飞一行迎进会议室,然后就退了出去。杨飞环视着会议里悬挂着的日本太阳旗。

这时林悦走了进来:杨组长,幸会。我叫林悦,熙洽长官公务在身,委托我接待,委屈你了。请坐。

杨飞:哪里,林小姐客气。您请。

林悦:杨组长,“万宝山事件”已经成为过去,南京政府怎么还有兴趣调查这件事啊。

杨飞:事情虽然过去,但是真相还是要告知国际社会的。

林悦:杨组长,世事变化,你要明白一点,这里可是日本人的天下了,请南京方面对东北局势要有一个清醒的、正确的、切实的负责任的理解。

杨飞:此行目的,我不代表南京政府,只是一个调查组组长的身份,但我可以把你们的想法带回去。

林悦:杨组长,你就别谦虚了,谁不知道你的来意呀。我也很希望和你有充分的交流。不过,杨组长千里迢迢,熙洽长官委托我一定要招待好你。走,我们吃饭去。

杨飞:这,这,这还没开始……

林悦嫣然一笑:杨组长,着急什么,我们有的是时间,调查嘛,就得慢慢地来查。

杨飞:那,那就恭敬不如从命了。

林悦陪同杨飞一行几个人来到了院子里。林悦请杨飞上了自己的车子,其他调查组成员被请进了另一辆大车。车子出了大院,两辆车朝着相反的方向离开。

车上,杨飞有些疑惑。

林悦:我的杨组长,你放心,我已经下令,要特别款待好调查组成员。这不,你和手下在一起不是不方便嘛。

杨飞一笑:林小姐,特别款待,这听起来好像很暧昧呀。

林悦笑了:杨组长啊,听说男人们都喜欢特别款待,据说经过专家们测试,一听到这个词,荷尔蒙会急剧上升。

杨飞:林小姐可是理解男人啊。

林悦:我尤其理解像你这样怀才不遇的男人。

杨飞:林小姐,这话从何说起。

林悦:杨组长,你被赵瑞麟和卓蓝摆了一道,整得惨啊,这下萎了吧。

杨飞:这些你都知道?

林悦:我什么不知道。赵瑞麟和卓蓝可是我的老对手。杨组长,今晚我就给你一次雄起的机会。

杨飞大笑:林小姐,你想诱惑我?

林悦摆摆手:杨组长,瞧你这话说的,难得来长春一次,这里日本的、朝鲜的、俄罗斯的,应有尽有,我特地挑了一些绝色的、能歌善舞的招待最珍贵的客人,这些年轻漂亮的女孩,就好比是盘子里的奶糖,各种颜色都有,尝不尝那是你的事。

杨飞咽了口口水,林悦微微一笑。

杨飞:林小姐如此一番动人的描述,如果一个男人无动于衷,林小姐不会认为这个男人有问题吧。

林悦心里明白,杨飞已经上钩,这是找话来维持他的矜持。她懒得搭理他,不想再费口舌,给这个虚伪的男人任何台阶,没有这些台阶,他也会奋不顾身往下跳的。

林悦淡淡地:杨组长,打开你旁边的包。

杨飞疑惑地看见座位上有只包,他打开了包,发现里面全是金条。

杨飞吃惊地望着林悦。

林悦:这恐怕让你的荷尔蒙又升高了。

杨飞又咽了一下口水:这是给我的?

林悦:你拿了就是你的,你不愿意要,那就不是你的。

车子朝新京酒店驶去。

当地两个便衣看见林悦和杨飞在新京酒店门口下了车,立即来向卓蓝报告。卓蓝问,这个新京酒店能进去吗?

便衣说,里面住的全是日本人,包括三菱、三井、高崎等日本大财团、大公司的商人。这里还住着日本军人、情报人员,每个楼层都有密探,保卫等级很高。对陌生面孔,不会说日语的人,都会严密审查,根本进不去。不过,里面有个副理是我们的内线。如果你们会日语,就能进去。

卓蓝问联络方式,便衣对卓蓝说,约定的暗号是这里有杭帮菜吗?副理说,到东北就应该吃东北乱炖,你们日本人也知道杭帮菜?那你就再说一句,我们在东京吃过杭帮菜,特别喜欢东坡肉和红烧狮子头。这就对上了。便衣提醒,副理姓单,读上菜的上,不念单位的单,还有副理左眼眉下有一颗痣,很好认。

卓蓝点点头:那谁陪我进去?

王舒举起了手,说我会日语,对东京情况熟悉,他们问不倒我。李卫说,再加上我一个。

卓蓝:你会日语?

张龙和王舒打量着李卫。

李卫用日语说,我可是地地道道的东京口音,比日本人更像日本人。你们听不出来吗?

卓蓝很惊讶:好一个李卫,怪不得都说你的身份是一个谜,你到底是什么人?

李卫笑笑:我是自学的。

卓蓝:那行,我们就来一次国共合作的联合行动。张龙,你们几个在酒店外做接应。现在就出发。

几个人分乘两辆车来到了新京酒店不远处下了车。王舒和李卫换了行头,西装革履,卓蓝戴上鸭舌帽,穿着制服,三人走到酒店门口。

门口的警卫挡住了:你们是干什么的?

卓蓝操着一口流利的日语,介绍自己是南满沙河口工场商务代表,到长春来洽谈商务。警卫上上下下地打量着卓蓝,感觉没有什么疑问,转身望着王舒,干什么地?

王舒用日语从容对答,东京三菱公司派驻沙河口工场的联络员。警卫问王舒家庭住址。王舒脱口而出,东京町田街 22 号。警卫进一步问附近有什么建筑?王舒不假思索说有东京大学。

警卫放过王舒,盘查李卫是干什么的?

李卫回答,我是满铁沙河口工场的工程师,负责技术标准和检测工作的。

警卫退后:请进。

三人走进金碧辉煌的酒店大堂。立即有个穿着笔挺西装的人走了过来。卓蓝看清了来人的特征,确认就是姓单的副理,就把暗号说了一遍。

副理轻轻地说,请跟我来,将三人带进一个小包厢。

副理告诉卓蓝,林悦是这里的常客。她现在正在包厢里,里面一个男人,作陪的是酒店里的两个风尘女子,一个日本女人,一个俄罗斯女人。副理说,他刚刚借机进去问饭菜是否可口,还需要什么服务。就听到两句话,那个男人坚持日本人不要再扩大战争规模,林悦强调国民党不许抵抗。就只听到这两句。

卓蓝:还可以听到更多内容吗?

副理摇摇头,包厢不能再进去,不过,林悦让他在舞厅里安排了一个雅座,还订了一个包房。舞厅里,可以给你们安排一个既能听到他们讲话,又不会让他们发现的地方。

卓蓝点点头,说那就太好了。副理起身,带着三个人进了舞厅。灯光昏暗地摇晃着,里面是昏昏欲睡的日本音乐,有人在跳舞,有人坐在台子上喝酒。

副理指着舞厅一侧,过道的第一间就是林悦预定的包房,这边的桌子是为他们预留的。

副理打开了客人临时休息室,三人走了进来,卓蓝探头望着木格子窗外,正对着林悦预定的台子。副理对卓蓝说,这个临时休息室已经派过单了,不会再有人来。他吩咐服务生端些酒水进来,随后悄悄地带上了门。

他们关了屋里的灯,静静地等待着,不一会就听到窗外有响动,卓蓝悄悄探了一下头,看见林悦,还有两个女人搂着杨飞朝台桌走来。立即有服务生端上酒水和果盘。

杨飞：林小姐，还要喝吗？

林悦：哎呀，杨组长，我和你可是相见恨晚，这叫什么来着，酒逢知己千杯少。继续喝，这是日本的清酒，这是俄罗斯的格瓦斯，你就当饮料喝就好了。

杨飞：再喝，那我可就回不去了。

林悦：杨组长，你不用走，我已经在这里为你预订了包房，今晚，这两位漂亮的小姐就归你了。

杨飞：林小姐，这……

林悦举起了酒杯：我还是那句话，漂亮的女人给你准备了，用不用那是你的事，车上那50根金条，你拿不拿那也是你的事，不过，我要告诉你，"万宝山事件"的报告我已经给你准备好了，明天你也不用去现场调查了。

杨飞感受到了林悦的威胁：这恐怕不太妥当吧。

林悦哈哈大笑起来。

日本女人开始倒酒，俄罗斯女人喝了一口，坐在杨飞身上，搂着他的脖子，性感的嘴唇贴住了杨飞的嘴，杨飞张开了嘴，她用舌头将酒送进了杨飞的嘴里。这两个女人轮番上阵，弄得杨飞神魂颠倒，防线全面失守，索性也就放开来了。

杨飞：林小姐，谢谢你的精心安排，看来呀，你开启了我的另一个人生。不过，汉奸的罪名背不起呀。

林悦：别说得那么难听，我只是希望你提供一些国民政府的信息就行。我们不是敌人。共产党才是我们共同的敌人。还有赵瑞麟、卓蓝算是你的仇人！

杨飞喝干了一大杯酒。

杨飞：这么说，你也有一个敌人在东北。

林悦：你说的是童长荣，你有他的消息吗？

杨飞：没有，不过用脚趾头思考，都能得出结论，他就在这里。

林悦洋洋自得地喝一口酒：这次童长荣光靠聪明的脑袋可不管用，共产党能抵挡强大的大日本帝国吗？

林悦使了个眼色，俄罗斯女人在杨飞脸上亲了一口，拉着杨飞进了舞池。林悦朝另一个日本女人耳语，日本女人点点头，林悦离开，日本女人朝包房走去。

屋里,卓蓝、王舒、李卫三人聚在一起,卓蓝悄声说,杨飞已经投敌,危害太大了,必须除掉。

李卫:王舒,你带着卓小姐离开,我来执行。

卓蓝:不行,这太危险了。

李卫:在这里,他不会有任何防备,现在就是绝佳的机会,我们不能让林悦的阴谋得逞,我们更不能让外界知道杨飞已经叛变,负面影响太大。

王舒坚持要和李卫一起留下来。李卫坚决不同意,对王舒说,你还有重要任务,要把药品安全送到长荣兄弟那里,他的身体比我的命重要。

王舒终于忍不住问:李卫,现在你能告诉我你的身份吗?

卓蓝:我也想知道你到底是什么人?

李卫:我记得卓小姐说过,这次行动是国共联合行动。我想说,你身边不仅有王舒这一个共产党,卓小姐没想到吧,你身边还有一个人也是共产党。

王舒望着李卫情绪非常激动,这么多年在一起,你为什么不对长荣和我说呀。

卓蓝望着李卫说,好你个李卫,原来你是潜伏在我身边的共产党呀。看来赵瑞麟判断得没错,你可是隐藏得深呢。

李卫流出了眼泪:可我现在算是,也不算是。我的上级牺牲了,我从此就断了线,我们都是单线联系,没有人能证明我的身份,可这一切都不重要了。现在,我只有一个身份,是中国人。

卓蓝喃喃地:怪不得,这些年你生生死死护着童长荣。

李卫:卓小姐,可我对你也是忠心耿耿,因为你做了许多有益的事。现在,我要说,为国家为民族我会不惜牺牲自己的生命。

王舒抱住了李卫,卓蓝也很激动。李卫推开王舒,让卓蓝和王舒快点撤离。

王舒和卓蓝嘱咐李卫,希望你能安全出来,我们在外面等你。

李卫挥挥手,你们快走。卓蓝和王舒悄悄地离开了舞厅,走出新京酒店,回到了车上。张龙不知道酒店里发生了什么事,问李卫为什么没有出来。卓蓝没有说话。

夜色中的新京酒店灯火辉煌,夜色静谧。卓蓝焦急地看着表。

突然酒店里传来三声枪响。车上,他们紧张地注视着酒店,里面传来激烈的枪声,大批军警冲进酒店,接着就是密集的枪声,后来就是一阵静寂。

卓蓝和王舒涌出了眼泪。

马村抗日根据地,一片欣欣向荣的景象。战士们在操练,杀声阵阵。

王德泰、王中山、李圣依陪着童长荣走进医院,金郎中和几个医生起身,带着童长荣查看病床和简易手术室。

童长荣嘱咐:金先生,这个战地医院,战时救护,平时还要给驻地老百姓看病,军民结合嘛。

金郎中:张书记,我们就按照你的意见办,从明天起就到村里去巡诊。

童长荣:这就对了,我们的根据地一定要和老百姓形成生死相依的关系。

四人又走进了被服厂,姜春花带着朝鲜族妇女有的用缝纫机,有的用手工缝制棉衣。

姜春花:张书记,请放心,我们保证过冬时,战士们能穿上棉衣。

童长荣拿起一件棉衣看了看,特别交代,山林作战,要爬山越岭,裆部容易炸线,缝扎实点,不能让战士们开裆露腚打鬼子!

有的朝鲜族妇女听不懂,李圣依在一边翻译着,妇女们都笑了起来。

他们又走进了兵工厂,炉火熊熊,几个壮劳力挥锤击打,架子上已经打出一排长短刀。

孙元明指着地上堆放着的黑不溜秋的铁疙瘩,说已经生产出了第一批土炸弹,给它起了个名字,叫延吉炸弹。

童长荣拿起来掂了掂。

孙元明:张书记,别看它不好看,威力大着呢,一颗炸弹能有效杀伤十平方米范围。

童长荣:下一步,我们还要生产枪支子弹。

孙元明:技术是有的,就是缺少车床。

童长荣对孙元明说,我们一步步来。

童长荣和三人路过印刷厂。

童长荣对王中山说,宣传工作很重要,能起到在战场上起不到的作用。你立即筹办宣传刊物,制定根据地宣传计划。

王中山表示一定落实好。

最后四人走进学校,看见崔今淑穿着战士服装英姿飒爽地站在课堂前上朝文课。

黑板上写着中文和朝鲜语对照:打倒日本帝国主义,汉朝两族人民心连心,我们是光荣的儿童团员。

童长荣从口袋里掏出了笔记本,悄悄坐在最后一排,王德泰和李圣依也坐了下来。

崔今淑用中文和朝文分别教孩子们朗读,童长荣、王德泰、王中山、李圣依跟读着。有个战士进来,对童长荣悄悄耳语,他点了点头,起身离开了学堂,回到了特委,进了办公室,看见王舒来了,旁边放着一大包药品。

王舒详细向童长荣报告了和卓蓝、李卫、张龙在长春联合行动的过程,李卫击毙了杨飞,并且壮烈牺牲,还告诉童长荣李卫的身份,是我们的同志。

童长荣情难自抑:李卫同志是我党杰出的战士,是英雄。等到胜利的那一天,我们要为他立一个大大的碑。

王舒还说李卫牺牲后,卓蓝哭得最伤心,我们通过酒店副理设法把李卫的遗体运了出来,葬在了郊外的一个山岗上。

童长荣说有机会,你一定要带我到李卫坟上去看看。

王舒抽抽鼻子,这才解开包里的药,说这是卓蓝替你搞到的药,全部是进口的。

童长荣点点头,卓蓝是爱国的,是同情共产党的,这样的人我们要团结,才能结成广泛的抗日统一战线。你回上海后,请一定转达我对她的谢意。

王舒说,她确实很想见你,我拒绝了让她和我一起来,她也就没有再坚持,和张龙回上海了。

童长荣这才想起老家的事,问王舒有没有坤宜和家里的消息。王舒撒了谎,说家里一切都很好,你不必担心。

童长荣站起来,望着木窗外,开始下雪了。童长荣让王舒吃完饭再走。王舒望着窗外飞舞的雪花说,我现在就走,再不走就走不了啦。

临走前,王舒一再叮嘱童长荣,一定要注意保暖,照顾好自己的身体。童长荣笑着说,现在好多了,不碍事的。到了哈尔滨,你把根据地的建设情况向罗书记作个汇报。

王舒点点头,这次没时间了,下次来一定好好参观。

送走王舒后,雪越下越大,童长荣在办公桌前写了一会东西,不住地咳嗽着。

崔今淑进来,递给童长荣一缸子热水,关心地问张书记怎么老咳嗽。童长荣笑着说,第一次在东北过冬天,还需要一个适应的过程。我在南方,还从没见过这么大的雪。

崔今淑笑了,我还从没见过下这么小的雪。

望着漫天飞舞的大雪,他有些不放心,披上大衣要出去。崔今淑说,天冷路滑,等雪停了再出去。童长荣不轻不重地说了崔今淑一句,等雪停了,那检查还有什么意义呢?

他走进了风雪里,下了坡,从兵工厂、被服厂、医院、营房等地一路看了过来,最后走进了小学校。

空荡荡的教室,金锦女伏在桌上像是睡着了。童长荣走进来,来到金锦女跟前,脱下大衣披到金锦女身上,拉拉金锦女的手,没有反应,轻轻地推着,还是没有反应。

童长荣:孩子,醒醒,别冻坏了。

童长荣翻翻金锦女的眼皮,发现孩子已经失去了知觉,他连忙背起金锦女往医院跑去。

金郎中连忙接过金锦女,放到病床上,检查的过程中,金锦女醒了,一问才发现孩子两天没有吃东西了,又饿又冻造成的。

崔今淑也赶了过来,童长荣朝崔今淑发了很大的火,胡闹!

崔今淑已经顾不得童长荣的批评,连忙找了点热稀饭喂着金锦女。金郎中端进一个火盆,金锦女的脸色看起来有了点血色。

崔今淑喂完最后一口,放下碗,她走了出来,含着泪,在童长荣面前低下了头。

崔今淑:张书记,对不起,是我的错,我接受处分。

童长荣:告诉我,怎么回事。

崔今淑:是我的疏忽造成的。这孩子叫金锦女,今年 11 岁。去年年底,日本鬼子杀了她一家人,她死里逃生跑了出来,10 岁的孩子跑 100 多里路来到根据地,要求打鬼子为父母报仇,我们就收留了她。这孩子特别懂事,特别机灵,现在是儿童团的团长,也喜欢唱歌,我们都叫她布谷鸟。平时就住在小学校里,每家轮流给点吃的。我不知道这两天轮到谁家,也许是交接上出了问题,也许是……

童长荣:也许是什么?

崔今淑:张书记,我不想瞒您了,去年秋收还没有完,鬼子就进山了,抢了粮食,没来得及收割的,鬼子就放火烧了,现在家家户户都断了粮食。

童长荣:老百姓家里都断了粮食,你们为什么不报告?

崔今淑:老百姓怕给根据地增加负担,都不让说。

童长荣:你为什么不带这孩子到营房里来吃饭?

崔今淑:这孩子懂事,她说不能把战士们的粮食吃了。

童长荣的眼睛湿润了:从今天起,特批金锦女进入战士行列,她跟你住在一起,由你负责她的生活。

崔今淑:谢谢张书记。

崔今淑这才体会到了童长荣雪天巡查的重要,假如真是等雪停了,后果不堪设想。

见崔今淑一副自责懊悔的神情,童长荣又表扬了她及时告知老百姓断粮的事。

会议室里,童长荣召集王德泰、王中山、李圣依、梁光开会。

童长荣:同志们,现在大雪封山,日本鬼子停止了进攻。可是老百姓的生计

成了问题。我们的特委是人民的特委,我们的根据地是人民的根据地,根据地老百姓的冷暖是当前的头等大事,我们从现在起谋划"春荒斗争",解决老百姓揭不开锅的问题。

王德泰:现在就是搞到了粮食,也运不进来。

童长荣:那我首先要问问,哪里有粮食?

李圣依:富人的粮仓里,不法商人囤积的粮库里,还有敌伪的后勤站里。

童长荣:现在就研究制定获取粮食的行动方案,至于粮食怎么运进来,那是第二步的事。

王德泰:就要过年了,能够弄点肉就好了。

童长荣:对的,这是我们根据地和老百姓过的第一个年,我们不能让老百姓失望了。

 四十二

雪霁初晴。按照制定的行动计划,特委带领游击队战士们对圈定好的目标实施行动。李圣依和崔今淑带着战士、当地村民组成一组,拉着几辆大车下山,来到一处当地有名的大地主家。

接应的游击队员过来报告,这户地主听到游击队要来征收粮食,丢下了钥匙,携全家老小躲到延吉城里去了。

游击队员和村民打开仓库,将一袋袋粮食搬运到大车上,他们装满了整整三车。村民见到猪圈里有两只大肥猪,也一起绑上了大车。李圣依在桌上留下了特委事先拟好的敬告各位富户书,内容是按比例征收粮食,主要用于打鬼子,感谢做出贡献,抗战功劳簿将记录征收清单。

宣传部长王中山带着十几个战士悄悄摸到了龙井屠宰场。

屠宰场头头瑟瑟发抖:请各位大侠高抬贵手,屠宰场里的猪牛羊肉都是日本驻军过年预订的,我们明天就要送货,他们要是拿不到这批货,我们可就活不成了。

王中山:日本鬼子侵略我们的家园,你为他们提供物资,就是卖国行为。现在,我正式通知你,这批货我们征用了。

屠宰场头头:各位大侠,饶了我们吧。

王中山:这样,我们也不为难你。来人,把他们绑了。

几个战士用绳索将这几个人五花大绑起来,塞住嘴,然后锁上了门。

王中山:装车,动作要快。

战士们将整爿的猪牛羊肉装到大车上。

与此同时,童长荣、王德泰来到延吉商会与刘会长见面。

刘会长说,按照张书记的要求,已经租了四辆卡车,你们什么时候动手?

王德泰:我们派人侦查了,粮站下半夜看守的只有四个人,这是动手的好机会。

刘会长:万一警备司令部和小鬼子发现了怎么办?

童长荣:只要有一个小时不被发现,我们半个小时装车,半个小时就能到城外,等他们追来了,正好进入我们的伏击圈。

刘会长:好,我们定个时间,夜里 12 点,车子准时开到粮站。

童长荣:刘会长,真的要谢谢你。

刘会长:不谢,这是应该的。

童长荣和王德泰与刘会长握手。

黑魆魆的夜晚。粮站门口,四个持枪的伪警察在门口来回晃动。

童长荣和王德泰带着一批战士埋伏在坡下,四辆卡车悄悄开了过来。

警察举起枪:你们是干什么的?

童长荣朝王德泰点点头,带领战士们跟在卡车后面,直扑大门前,制服了四个警察。

王德泰取出一个警察腰间的钥匙,打开了粮库。战士们开始搬运粮食。童长荣带人警戒。车装满后,正准备离开,被摩托车巡逻队发现。巡逻队的人下车,朝粮库开枪射击,童长荣带领战士们一边还击,一边跳上车子,四辆车迅速离开。

枪声惊动了旁边营房里的日本兵。两车日本兵跟在摩托车后边开枪边追击,童长荣、王德泰带领着战士们还击。

夜晚,四辆运粮车在山路上疾驰,后面的摩托车队和两辆军车穷追不舍。

山口,梁光带领的游击大队战士埋伏在山口。四辆运粮车开了过去,梁光一声令下:打!

战士们一起朝摩托车、军车扔炸弹,炸弹猛烈地爆炸,摩托车被炸翻,军车被炸歪倒在沟里。

战士们兴奋地:我们的土炸弹果然威力大。

梁光望着四散的日本兵:给我打。

火力全开。日本兵丢下一批尸体,沿着公路逃窜。梁光带领战士们冲下公路,开始追杀,直到不见踪影,战士们这才捡拾枪支弹药。尤其是缴获了两挺重机枪,大家都兴奋无比。

战士们从树林里拉出大车,将粮食装运到大车上。

童长荣走到车前,对着几位司机说:兄弟们,你们很勇敢,谢谢你们了。

汽车司机:不谢,希望你们多打鬼子!

童长荣带领战士们赶着大车,刚到村口,就看见了热闹的场面。老百姓穿着朝鲜族节日的服装,载歌载舞。

崔今淑、姜春花和朝鲜族妇女跳着欢快的舞蹈,男人们和战士们也加入了舞蹈队伍。童长荣、王德泰、王中山、李圣依和梁光站在一旁,非常高兴。

崔今淑:我提议布谷鸟给我们唱个歌,好不好?

大家热烈鼓掌。

金锦女站出来,唱起了《幸福像金达莱一样》。童长荣被崔今淑拉起来跳舞,大家载歌载舞,汇成欢乐的海洋。

上海。千惠子走进银行。马路边的车里,卓蓝使了个眼色,张龙下车跟进了银行。

千惠子:我想预约取 8000 大洋。

银行人员递出一个单子,千惠子填着表格,交给工作人员。

工作人员盖上戳子:明天上午,你到银库拿着单子去领取。

千惠子说了声谢谢,走出了交通银行。张龙见千惠子走远了,回到车里,向卓蓝报告,千惠子预约取了8000大洋。

卓蓝:盯住她,看她把钱送到哪里去?

卓蓝回到大华纱厂小白楼,告诉了父亲千惠子取钱的事。卓荣丰想了想,说千惠子一直吵着要见戴先生,戴先生暗地里跟我说不想再见她了,会不会是高崎对她作的一些补偿。

卓蓝:爸,你太善良了。高崎怎么可能给千惠子这么多钱呢? 再说就是给她钱,她一下子取出这么多干嘛?

卓荣丰:我们已经和高崎没有关系了,至于他们怎么用钱,那是他们的事情。

卓蓝:"万宝山事件"警醒了我,上海的"万宝山事件"是迟早的事,我不知道在哪里爆发。我有不祥的预感。

卓荣丰:蓝蓝,别想那么多,我们诚实经营,也没碍着谁,再说了,高崎的条件我都尽量满足了,他没理由来找我们的茬。

卓蓝放下了碗,她有些不放心,立即开车,来到了赵瑞麟办公室。

赵瑞麟告诉卓蓝,高崎住所来往的电文密码,已经破译了。他将一份电文递给卓蓝。

卓蓝念着:满洲事变按预计发展,请利用当前中日间紧张局面策划事变,使列强目光转向上海。

卓蓝:果然不出所料。赵瑞麟,大华纱厂有危险。

赵瑞麟:为什么?

卓蓝:高崎在半年前就卖掉了大华纱厂的全部股份,这里肯定有不可告人的目的。

赵瑞麟对卓蓝说,高崎在长春设立了铁路株式会社,卖掉大华纱厂的资金肯定是转移到长春去了。

卓蓝摇摇头,银行监控表明,这笔钱并未流出上海。建设铁路,日本有战时

专项资金,并不需要卖纱厂来修铁路。

张龙走了进来报告千惠子将这笔钱送给了寺庙里的日本和尚。

卓蓝:我早就怀疑这些和尚是伪装的。

张龙:是的,有人发现,这些和尚身上藏有枪。

赵瑞麟:你说保护大华纱厂,怎么保护,我把所有的人交给你?我不干活了?

卓蓝:给我一些枪支,我们纱厂里本身就有纠察队。

赵瑞麟:那你到仓库里去领吧,那些枪支还在那里。

卓蓝和张龙将枪支拉回大华纱厂,交给了周师傅和工人纠察队。周师傅随即排班巡逻值守,防止有人故意找茬,无理闹事。

卓蓝判断得没错,过了两天,果然有一些日本和尚和日本浪人开始强行冲进大华纱厂,寻衅滋事,门卫阻拦,他们用棍棒将门卫打倒在地,直接冲进车间,开始调戏纺织女工,一个和尚抓住连娣乱摸乱亲,田嫂和女工连忙将连娣抢了回来。

周师傅带着纠察队员赶了过来,一起用枪对准了日本和尚和浪人。

日本浪人掏出枪:你们敢开一枪,我们就能把大上海变成一片火海。

卓荣丰赶了过来:拜托大家,有话好好说,都不要开枪。

周师傅敦促日本和尚和浪人立即离开大华纱厂。这时日本领事馆里的军警也加入了进来,一起用枪对准了周师傅和纠察队员。

周师傅见事情不妙,悄悄对田嫂说,通知女工们离开车间。田嫂带着连娣连忙通知女工从后门撤离了车间。

几个日本浪人和和尚突然朝周师傅和纠察队员开枪,周师傅肩上中弹,军警同时开枪,工人纠察队员连忙散开,寻找隐蔽处,开枪还击。

日本浪人和和尚突然冲进车间,点燃火把,车间顿时熊熊大火。

卓荣丰不顾一切地冲到车间门口:我的纱厂,完了!

几个日本浪人、和尚将卓荣丰推进大门,然后将大门关上。工人们不顾一切地和日本和尚、浪人搏斗,终于拉开着火的大门,从车间里抢出了卓荣丰,卓荣丰满脸烟灰,已经没有了声息。

日本浪人、和尚狂笑着和军警一起离开了大华纱厂,接着又烧掉了隔壁的毛巾厂。

卓蓝闻讯,发疯似的往回赶。快到大华纱厂,看见几处工厂浓烟滚滚。车子进了大华纱厂,停在车间前,卓蓝看见了大批工人聚集在门口,车间燃起了是熊熊大火。田嫂和连娣跑了过来,哭着拉着卓蓝。卓蓝预感不妙,腿软了下来。女工和工人们让了开来,卓蓝这才发现父亲躺在地上,卓蓝奔到父亲跟前,撕心裂肺地喊着爸爸。

小白楼里设起了灵堂。卓蓝望着父亲的遗像,泪眼婆娑。张龙和几个弟兄在一边肃立。卓蓝将母亲的遗像也放到了父亲的遗像旁边。

卓蓝轻轻地:妈妈,父亲来陪你了,往后,你们两个人又可以在一起了。

周师傅吊着绷带,和田嫂、连娣进来吊唁,卓蓝赔礼。

王舒走了进来,卓蓝给王舒下跪还礼。

王舒:卓小姐,我是受组织的委托来祭奠卓老先生,并代表组织向你表示诚挚的慰问。

卓蓝:谢谢你,谢谢你们的组织。

王舒敬香。王舒三鞠躬。

王舒转身:卓小姐,请节哀。卓老先生的这个仇也记在我们的账上了。

卓蓝:王舒,谢谢你。

王舒悄悄退了出去。陆续有人前来吊唁。卓蓝接受吊唁。

赵瑞麟、赵瑞昱走了进来,卓蓝跪了下来,赵瑞昱哭着将卓蓝拉起来。

卓蓝哭出了声:我没有亲人了,我成了一个孤儿。

赵瑞昱:蓝蓝,别这么想,我和瑞麟都是你的亲人。

卓蓝摇着头:这不是真的。

赵瑞麟:对不起,我没有保护好卓叔。

卓蓝:我没想到,上海的"万宝山事件"就发生在我家门口。

赵瑞麟:这次日本人故伎重演,说纱厂的纠察队打死了他们的人,给上海市政府施加压力。他们还派人烧了日本的上海总领馆,诬陷也是中国人干的。

赵瑞昱:真是欺人太甚。希望东北沦陷不要在上海出现了。

赵瑞麟摇摇头:日本人已经调集了大批军舰和军队,战事已经不可避免。

卓蓝望着父亲的遗像,发着狠:爸爸,国恨家仇,女儿记在心里了!

1932 年 1 月 28 日,淞沪抗战爆发。上海到处都是隆隆的炮声。

卓蓝望着大华纱厂的车间已经成为一片废墟,向工友们深深地鞠躬:各位工友,谢谢大家。工钱和回家路费都结算好了,请大家去领吧,对不起大家了。

周师傅:卓小姐,上海已经出不去了,我们男工决定报名参加十九路军的后勤运输。等战事结束了,再把大华纱厂车间建起来,我们还会回来的。

卓蓝表示感谢。

田嫂走过来对卓蓝说,我们一部分女工商量好了,准备到互济会报名做义工去。

卓蓝再次向各位工友鞠躬。

连娣走过来对卓蓝说:卓姐姐,我就要回浙江老家去了。

连娣望着卓蓝哭了。卓蓝心里很难受,对连娣说,我不会忘记你的,你是我永远的小妹妹。

连娣点点头,走过来抱住了卓蓝,久久不愿离开。

连娣离开上海后,回到浙江老家,以后无消息。

两年后,沈端先根据连娣和纱厂女工的悲惨生活经历,写出了著名的报告文学《包身工》。可以推测,连娣嫁给了闰秋,也许和鲁迅笔下的闰土有着一样的命运。20 世纪 90 年代,改革开放,浙江农村已经率先富裕,有篇很有影响的新闻报道,标题大意是闰土的子孙们拿起了大哥大,完全有理由推测连娣和闰秋的子孙们也会这样,早就走上了致富路,这是令人欣慰的。

卓蓝带领一卡车武装,开到高崎住所。卓蓝和张龙跳下车,带着人马冲进了院子里,看门人想跑,被张龙一把抓住。

卓蓝:高崎在哪里?

门卫:都跑了。

卓蓝:到哪里去了?

门卫:他们一大早就坐火车到长春去了。

卓蓝、张龙进屋搜索,屋子里一片狼藉,空空如也。

卓蓝夺过张龙的冲锋枪,发泄似的在屋内一阵扫射。

回到上海区办公室,卓蓝对赵瑞麟说,我已经了无牵挂,替我跟南京说一声,我要到长春去。

赵瑞麟:你真的要去?

卓蓝:此生无所求,只有一个愿望,报仇!

严寒过去,春天来了,东北大地冰雪消融,山间小溪里流着清澈的雪水。山上向阳的一面,金达莱花开了,大地又恢复了生机。

熙洽属下王德林部防区内,来了一些测绘人员,用马匹驮着测量工具,朝山上走来。他们选了位置,卸下工具,开始测量。两个日本兵持枪警戒。

王德林部的史连长带着几个士兵赶了过来:干什么的?

日本测量人员:测绘修铁路。

史连长:中国人的土地,不许你们测量,修铁路。

日本兵骄横地举起了枪:不许阻拦!

史连长:他娘的,跑到中国的土地上,还敢撒野,快滚,不然老子就不客气了。

日本兵拉着枪栓,史连长随即开枪,两个日本兵倒地。测绘人员连忙收拾东西,慌不择路地逃了。

在延吉警备司令部吉兴办公室里,林悦受熙洽的委托在听取吉兴的汇报。

吉兴:林小姐,山里的游击队现在是越来越胆大妄为,居然开着车子到城里来抢粮食,还打死了几十名皇军,龟冈司令官几次派人给我施加压力。

林悦:共产党的游击队在年关抢这么多的粮食,是要给老百姓过年的。如果老百姓给他们撑腰,这就很麻烦。

吉兴:共产党在南满、东满、北满迅速建立了组织,现在发展到了各县都成立了游击队,大有燎原之势。

林悦:这次,熙洽长官派我来,就是要和你们商量对策的。

小日向匆匆走了进来:林小姐,吉兴司令官,王德林的部队刚刚打死了我们两个士兵,我就只好找你们了。

林悦:他娘的,这王德林长本事了,居然不把熙洽长官放在眼里。小日先生,请放心,我们会给你们一个满意的答复。熙洽长官和大日本利益一致,不要为两个士兵所困扰,延边地区必须尽快独立,我们需要形成合力。

小日向:林小姐,你说的都对。现在总领馆委托我来处理这件事,不就是不想把事情扩大吗?

林悦想了一会,对小日向说,人死不能复活,我们愿意高额赔偿。

小日向说,这只是一个方面,我们现在需要你们拿出怎么处理王德林部的意见。

林悦告诉小日向,熙洽长官对王德林部早有戒备心理,私下里和我说过,以提拔王德林为名,把他的部队弄走,别让他挡着我们的道。

小日向:总领馆和龟冈司令官都说了,我们需要最好最快的结果。

林悦:小日先生,我相信我们的合作一定会很愉快。

王德林部。王德林满面胡茬,对着史连长发火。

王德林:谁让你开枪的,知道吗?你这是捅了天大的篓子!

史连长:王司令,你知道修这个铁路是干什么用的?是用来杀中国人,占领我们的家园的。

王德林两手一摊:我怎么不知道。熙洽已经下令,名义上提拔我为旅长,实际上就是让我离开这地方,开赴黑龙江去消灭马占山的抗日部队,这是将我的军。

史连长:王司令,这可不能答应啊,弟兄们也不会答应的。

王德林:史连长,你知道不知道,这熙洽本身就对我不放心,这下好了,等于坐实了他的看法。

史连长:王司令,我劝你,不要还对熙洽存有幻想。他已经投敌,可我们还在他的管辖之下,我们与汉奸有什么区别?还要我们去消灭抗日的部队,弟兄们要是知道了,那可就要反了。

王德林很是郁闷:那你的意见呢?

史连长:我的意见是先把部队悄悄转移隐藏起来,看看风声再说。

王德林望着墙上的地图:你看往哪里走,比较保险。

史连长:到汪清去。

王德林:那里可是共产党和游击队的地盘。

史连长:如果我们决定与熙洽分道扬镳,他们是欢迎的。

王德林显然有些无可奈何,觉得史连长的意见不无道理。

汪清马村根据地特委驻地。王德泰走进童长荣的屋里,报告王德林部已经开进了汪清境内。

童长荣:啊,他现在是什么心态?

王德泰:传出来的消息说,王德林整天唉声叹气,手下的史连长主张从此走上抗日道路,另一个张连长主张给熙洽认错,把部队重新拉回去。王德林进退两难,不知道怎么办。

童长荣:这可是我们做工作的好机会,如果王德林能走上抗日的道路,那就太好了。

王德泰:王德林这个人脾气暴躁,勇猛有余,讲义气,但刚愎自用,一般人的话听不进去,对共产党的抵触情绪较大。

童长荣点点头:我们这里有跟他关系不错的人吗?

王德泰:人倒是有一个,跟王德林曾经交情不错。这个人叫李延禄,是我们的同志。

童长荣:那你跟我说说李延禄的情况。

王德泰:说起来李延禄可算是老资格了,1920年就秘密参加延吉游击小组活动,3年前在延吉县任连长与王德林结交,去年入了党,因支持和参加反日斗争被开除了军籍,现在赋闲在家。

童长荣:你马上去把李延禄同志请到根据地来。

王德泰:好,我这就布置。

长春咖啡厅里。卓蓝坐在窗前孤独地喝着咖啡,落寞地望着窗外。

卓蓝慨叹,自己就好比是一只孤狼,出没于长春的大街小巷。如果这人世间还能让她感到有一丝温煦的暖意,那就是童长荣的影子;如果这个人世间还有什么值得她留恋的,那也是遥不可及的童长荣。她来到长春,除了复仇,就是想离童长荣近一点。

卓蓝想起了东京的岁月,町田街,还有伊田家的红灯笼。

在根据地,此时的童长荣和卓蓝一样,在闲暇之余,不约而同地想到了伊田家,他不知道伊田助男怎么样了,唯一遗憾的是,那本自己亲手抄的《共产党宣言》还留在了伊田家。

也许是命运的安排,令童长荣没有想到的是,伊田助男和古豆日后被强征到了中国,随辎重队来到延吉,与根据地近在咫尺。

东京町田街,伊田家。有一天,一伙警察来到伊田家门口,猛地敲门。伊田助男拉开门。

警察向他宣布,根据日本内阁颁布的战时征兵条例,作为日本皇民,伊田助男光荣地应征入伍了。

伊田助男懵了:我,入伍了? 要去哪里?

警察:中国。

伊田助男:中国? 什么时候?

警察:就现在。走吧。

伊田助男没有反抗,也反抗不了。这一刻他想到了童长荣,也许是命运的安排,让他以这种形式到中国,说不定还能见到童长荣呢。他打开了抽屉,拿起童长荣丢下的《共产党宣言》手抄稿,揣进了口袋里。伊田助男走出家门,留恋地望着町田街,最后锁上了门,将钥匙放进了门边的小洞里。

美子得知哥哥伊田助男上战场的消息,和山下勇带着 5 岁的儿子赶到码头送行。

喇叭播放着激越的军乐。伊田助男穿上了军服在人群里走着,古豆发现了伊田,一边喊,一边挤了过来。伊田回过头,也看见了古豆,两人走到了一起。

送行的人群里,伊田美子终于看见了哥哥伊田助男,高声地喊着:哥哥!

伊田看见了美子,高兴地:美子,山下先生,谢谢你们来送我。

美子含着泪:平安回来!

伊田的情绪受到感染,眼泪也下来了:一定会的。

伊田边走边留恋地回头,美子和山下勇一起朝伊田助男挥手告别。

汪清马村根据地。王德泰将李延禄领了进来。童长荣热情地与李延禄握手。

李延禄:张书记,我是李延禄,我来向你报到。

童长荣:李延禄同志,这次请你来,是想请你帮忙的。

李延禄:张书记,说这话可就见外了。我是党的人,王德泰同志跟我说了,这是特委的决定,我应该坚决服从,不辱使命才行。

童长荣:那就太感谢了。

李延禄接受了任务,来到了王德林部,史连长将李延禄带到了王德林屋内,王德林正在屋内喝酒浇愁。

史连长:王司令,李连长来看你了。

王德林抬起头,见是李延禄:哟,李连长,你怎么有空上我这儿来了?

李延禄:王司令,听说你到汪清来了,我还能不看你吗? 怎么,一个人在喝酒呢?

王德林:别提了,他娘的,我是被熙洽逼到这儿来的,进不得进,退不得退,磨人啦。来,李连长,老朋友了,还有史连长,陪我喝两杯。

史连长招呼李延禄坐了下来,满上酒。

李延禄:王司令,来,我敬你。

王德林:你怎么样,听说被开除了军籍,现在在干嘛。

李延禄:哎呀,别提了,在家闲得蛋痛。

王德林:你要是愿意,到我这儿来,帮我带带兵。

李延禄:王司令,你知道我的底细,我可是宣传抗日被开除军籍的,就怕我把

你的兵教坏了。

王德林:李连长,我现在是骑虎难下,我想听听你对时局的判断。

李延禄:王司令,我知道你的心思,不愿意到黑龙江去打马占山的抗日部队,说明你还有中国人的骨气,可你又舍不得丢下熙洽的供给。

王德林望着李延禄。

李延禄:熙洽是什么人?大汉奸,把整个吉林都拱手让给了日本人,你还跟在他后面捡饭吃,我都替你臊得慌。

王德林:说话客气点。那你倒是给我指条路哇。

李延禄:依我看,就地易帜,改为抗日的军队,与共产党的游击队合作,打鬼子!

王德林拉下了脸,将酒杯掷到桌上:他娘的,原来你跑到我这儿来,是给共产党当说客的,史连长,把李延禄给我撵出去。

史连长:王司令,人家李连长本身是好意。你又要人家帮你指路,指了路,你又不乐意听。

李延禄:王司令,你可以撵我滚蛋,不过,我觉得这是你目前唯一正确的选择。

王德林:那你告诉我,我这一千多号人,俸饷从哪里来?

李延禄:马占山的人马比你多了去了,共产党的游击队人马加起来也非常可观,谁给他们俸饷了?

王德林的口气软了下来:我王德林是个中国人,他娘的,整个满洲就这么被日本人侵占了,憋屈。史连长,你什么态度?

史连长:我的态度不是很明确吗?不做亡国奴!我同意李连长的意见,打日本鬼子!

王德林:那你去把张连长喊来。

史连长走出门,喊着:张连长,王司令喊你过来议事。

张连长跑步进来。

王德林:张连长,史连长和我的这位过去的老朋友都劝我易帜打日本,你什么态度?

张连长:报告王司令,你想与日本人为敌,这可不是明智之举。这些年,您辛辛苦苦攒下的这些家底,可经不起日本人的飞机大炮啊,还不够他们塞牙缝的。再说了,偌大的东北,靠我们这点兵力,能干成啥事啊。

王德林在屋里踱来踱去,异常烦躁。他挥了挥手。

王德林:这事啊,老子要好好想想。都去吧。

三人离开了王德林的房间。

李延禄到了王德林部,几天没有消息,一去不回,童长荣未免有些着急,思来想去,带着王德泰、梁光和几个游击队员悄悄来到王德林临时驻地,想探个究竟。如果确认李延禄被王德林软禁起来了,就想方设法把他营救出来。童长荣几个人在营房外的小树林里隐蔽起来,吩咐梁光带人去侦察。

梁光带着两个游击队员往营地方向摸去。恰在这时,营房里出来两个人,朝小树林里走来,他们只好退了回来。他们密切地观察这两个人的动静。

这人正是白天反对抗日的张连长。

小兵:张连长,我们到哪里去?

张连长:给我听好了,王德林已经下决心,带着部队要哗变,你快到延吉去报告。

小兵点点头,跑出了树林,往山下跑去。张连长在树林里撒了泡尿,正准备回去。梁光用枪抵住了张连长。

童长荣:张连长,你吃里爬外,叛变投敌,没办法,只有交给王司令处置了。

张连长:你们,是什么人?

王德泰:我们是抗日的队伍!走吧。

张连长:口说无凭,你们没有证据!

童长荣:我们故意放了那个小兵去报信,明天延吉龟冈村部队和吉兴的警备司令部就会派兵"围剿"这里,这不就是证据吗?

张连长瘫坐在地上,梁光一把将他拎了起来。

童长荣、王德泰、梁光和游击队员押着张连长来到大门口。

童长荣对门口的岗哨说,喊你们的王司令出来,我们抓到了你们的一个内鬼。门口岗哨连忙进去报告。王德林、李延禄和史连长来到门口。

王德林望着童长荣一行和瑟瑟发抖的张连长。

张连长扑通一声跪倒在王德林跟前:王司令,我错了,饶命!

李延禄:王司令,这是东满特委的张书记。

童长荣:王司令,幸会。我们抓到了一个奸细,这个张连长已派人向日本人报告你们准备就地易帜的消息。此地不能久留,你们赶快转移。

王德林气愤地一把将张连长拎了起来:奶奶的,你敢去向日本人告密。

王德林拔出枪朝张连长连开三枪,张连长倒地身亡。

王德林走到童长荣跟前:算我欠你的。

童长荣:我们之间没有谁欠谁的,只有日本人欠我们的。

史连长:王司令,下决心吧。

王德林:好吧,通知弟兄们,我王德林下定决心,今后专门打小鬼子!

史连长高喊:全体队友,立即集合。

士兵们蜂拥出来集合在操场上。

王德林训话:弟兄们听好了,从现在起,我宣布成立抗日救国军,任命你们的史连长担任独立营营长,任命李延禄为抗日救国军参谋长。这位是共产党的张书记,今后我们将和游击队联合作战。

童长荣带头鼓掌。士兵们热烈鼓掌。

史连长高声地:现在出发。

童长荣握着王德林的手:你放心走吧,我们掩护你们。

王德林:那就谢谢了,后会有期。

李延禄走过来:张书记,你有什么需要交代的,请指示。

童长荣:李延禄同志,这支军队是一支旧军队,你就是一颗种子,要在这支军队里生根发芽、开花、结果。

李延禄:我明白,我会在部队里积极发展党组织,尽最大所能把这支部队改造好。

天亮后,龟冈村、吉兴果然带领大批日伪军往山里进发,追击正在山林间转移的王德林部。

童长荣、王德泰、梁光带着游击队来到山岭高地上阻击日伪军。另一边山岭,王德林听到了对面山岭剧烈的枪炮声,不时地传来炸弹爆炸的声音。

李延禄对王德林说,这是张书记带领特委的游击大队在掩护我们撤离。

王德林:共产党够朋友! 我也不能不讲义气。史连长!

史连长:到!

王德林:带领一连、二连,占领制高点,让这些鬼子汉奸尝尝救国军的厉害。

史连长:是。一连,二连,跟我上。

史连长带领士兵往山上爬去,刚到山岭,就看见大批的日本兵和吉兴的边防军在攻击山上的游击队。

史连长:给我打!

救国军火力全开,鬼子背部受敌,游击队乘机发动攻击。日本兵和延吉地方军死伤惨重。龟冈村和吉兴无奈,只好宣布撤退。日本兵、汉奸沿着山路往回撤了。

山岭上,游击队和救国军在山对面互相摇着旗帜,庆贺胜利!

龟冈村回到延吉日军联队驻地,把林悦、小日向、吉兴召集过来,铁青着脸训斥:你们,办事通通不行,王德林打死了我们两个士兵,你们却把他们逼成了我们的敌人。

林悦解释着:是共产党的游击队乘机派人做了王德林的工作。

龟冈村:共产党游击队有多少人? 在哪里?

小日向:龟冈司令官,据我们了解,他们在马村建立了根据地,有学校、医院、兵工厂,游击队具体人数不详。

龟冈村指着小日向:你,派人给我去侦察,我需要这个东满特委和游击队的详细情况。

小日向:是,马上派人去山里。

外面日本兵进来:报告,多门二郎将军来电,给延吉调拨了一个辎重连,已经

在罗津港下船,即将到达延吉。

日本兵报告的这个辎重连就是伊田助男和古豆所在的连队,此刻正在通往延吉的山路上行进。几十辆军车在山路上行驶。伊田助男驾着车,望着绵绵群山。

伊田助男感叹:这里就是中国啊。长荣君不止一次地跟我描述中国是多么美丽,邀请我到中国来游玩,没想到我竟是以一个侵略者的身份来到了中国。

副驾驶室里的古豆:我们帮助中国人获取了文件,可最终还是没有制止这场战争。

伊田助男:古豆君,虽然我们被强征上了中国战场,但是我们必须有自己的态度和行动。

古豆:你的意思是?

伊田助男:我们要组织起来,我们要的是和平,不是杀戮。

古豆点点头。

马村根据地外的岭口。小日向派遣日谍化装成收山货的,走到岭口,发现并无一人,他有些心虚,镇定了一下情绪,开始往口子里走来。突然,金锦女带领的一批儿童团团员,从树上、草丛里跃了出来。

金锦女:你是干什么的?

日谍一阵惊慌,见是一帮小孩,脸上堆着笑:哟,小朋友,我到山里是来收皮子的。

金锦女朝旁边的小伙伴使了个眼色,一个小男孩立即往岭下跑去。

金锦女:那好吧,跟我们去开个路条。

日谍:谢谢你啊,小朋友。

金锦女和两个小伙伴带着日谍往岭下走去。其他小伙伴又上了树,钻进了草丛里。金锦女将日谍领进了山脚边的一座小木屋。崔今淑坐在桌前,一名战士持枪站在旁边。

日谍:同志,我到山里来收皮子的,听小朋友说还要开路条,麻烦你们了。

崔今淑:你哪里的?

日谍:不远,山下的。

崔今淑冷冷地:这里可不是开路条的。

日谍:那……

崔今淑:我们山下方圆百里各村都已经联保联防,各家各户都发了通行证,你不知道吗?

日谍:同志,这我真的不知道。我在长春做皮子生意的,不常回来。

崔今淑:我可以告诉你,安图、延吉、汪清、和龙、珲春的千村万户,我们这里都有登记,你说你是哪一村哪一户的?

日谍开始有些紧张:那我就不给你添麻烦了。

崔今淑:这里是审查室,就是专门来给添麻烦的人准备的。别耍小聪明了,连我们的孩子都知道你不是干这个行当的。而且我还知道,你是个日本人,不是中国人!你的头发就是用日本的推子推的!

日谍欲跑,战士用枪抵住了他,童长荣走了进来,拍拍日谍的肩膀:是小日向让你来的吧。

日谍望着童长荣。

童长荣:老实交代吧,小日向让你来干什么?

日谍:我不会说的。

童长荣:你不说,我替你说,小日向派你来是想了解我们的兵力和根据地地形的,我可以告诉你,在整个东北,已经形成了人民战争的汪洋大海。我请你带个话给你们的多门二郎和龟冈村,侵略者绝没有好下场,也请你带个话给汉奸熙洽、林悦、吉兴之流,这些民族的败类,终将受到人民的审判!

日谍:你们毙了我吧。

童长荣:我可不想浪费了一颗子弹。再说了,我还需要有个人给我带信呢。

根据地组织了对日谍的公审大会,崔今淑主持,会议结束后,按照童长荣的要求,放了这个日谍。这个日谍逃回到了龙井,虽然行动失败了,但这个日谍却有意外地发现,他告诉小日向,说根据地的领导人和他们当年在东京跟踪的那个

中国留学生童长荣很相像。小日向特地把这个日谍从龙井带到了延吉林悦那里。

林悦吃惊地:你说是童长荣?

日谍:我说是非常像。

林悦:不是像,要说是!

日谍:我感觉就是。

林悦:那你就说说你的感觉。

日谍:外形像,戴副眼镜,就是东京那副模样。还有提到了你们的名字,说你们是汉奸,要受历史的正义审判。说明他对你们很熟悉。

林悦:告诉我,他们是怎样对待你的。

日谍:我以为这次死定了,可他让手下的人召开公审大会,公审大会上,那些老百姓恨不得要砸死我。

林悦:这符合童长荣的手法。

小日向朝日谍摆摆手,日谍退了下去。

小日向:可我不明白,童长荣为什么要跑到这个荒山野岭跟我们作对?

林悦:这有什么可奇怪的,这与他在东京的所作所为一脉相承,我们遇到了一个强大的对手,看来我们又要再较量了。

小日向:我们的一个师团已经从朝鲜出发,即将开赴延吉,区区游击队,不足为虑。

林悦摇摇头:不是你说的那么简单,一是他们利用有利地形,二是童长荣善于依靠当地的老百姓,这就很麻烦。

小日向:看来,我们需要不断制造新的"万宝山"事件,制造汉朝两族之间的矛盾,分化瓦解他们。

林悦:这很重要,这能起到在战场上起不到的效果。否则延边地区独立,就是空话。朝鲜人民会要重新改组,加强力量。

经过林悦、小日向的精心策划,朝鲜人民会充实了力量,由汉奸吉兴担任会长,小日向担任副会长。晚上,举行酒会,觥筹交错,频频举杯。

龟冈村、林悦、吉兴、小日向等人互相庆贺。大厅里,日本军人、延吉警察和各色人等参加酒会。刘会长也被邀请来了,和几个商人站在一边冷静地看着。

林悦举起酒杯:祝贺延吉朝鲜人民会改组成功,祝贺吉兴司令官当选朝鲜人民会会长。

大家热烈鼓掌。

刘会长和几个爱国商人离开了朝鲜人民会。

一位商人:刘会长,他们公然煽动中朝对立,制造分裂。

另一位:这个朝鲜人民会是一伙汉奸、日本浪人、特务、极少数的朝鲜族的投机分子组成的,就是一颗毒瘤,危害极大。刘会长,这事非同小可,应该向特委报告。

刘会长点了点头,我即刻就去根据地。

马村根据地,童长荣热情地接待了刘会长,听了有关朝鲜人民会的改组情况后,童长荣对刘会长说,关于所谓的延边问题,历史上早有定论,朝鲜地理学家金东浩绘制的《大东舆地图》明确将东满广大地区划归中国版图,在大韩民国博物馆里就有珍藏,还有原始的雕版。我在日本留学时,在东京日本国立图书馆,就查到珍藏的地图。他们这样做的目的就是要制造这个地区的混乱,熙洽和林悦完全是为了一己私利。必须打掉朝鲜人民会和所谓的警察派出所、有关行政机构,斩断他们的魔爪。

刘会长:好,这就太好了,这颗毒瘤必须铲除掉。

童长荣:王德泰同志,你负责解决延吉朝鲜人民会。

王德泰:我带人去先把这个窝一把火烧掉。

刘会长:我来准备汽油。

童长荣笑了:这把火可以对他们形成心理上的震慑作用。

梁光:张书记,所谓的派出所,我带人去把他端了。

童长荣:先打龙井派出所,影响大。

说干就干,王德泰带着游击队战士们连夜下山,进了城,悄悄接近朝鲜人民会的办公地点。刘会长带人将几桶汽油交给了王德泰。

刘会长轻轻地提醒:旁边就是警察局,不要惊动了他们。

王德泰:谢谢刘会长。

王德泰带着战士们悄悄来到朝鲜人民会屋后,开始浇汽油。一个战士悄悄摸到门前,看了看朝鲜人民会的牌子,见大门紧闭,将铁链拴住大门门环。

王德泰划亮火柴,点着烟,将火柴扔到地上,顿时火苗蹿起,王德泰带着战士们迅速撤离。

冲天的大火,里面人在嚎叫。警察和日本军人纷纷出动,赶到时,见朝鲜人民会的牌子和整个屋子已经烧成了一片火海。

梁光带着战士们对龙井派出所同时展开行动,趁着夜色,从树林里跃出来,直扑龙井派出所。有警察开枪抵抗,战士们一阵乱枪扫射,不少警察还躺在被窝里,有的光着膀子正欲拿枪,被一一击毙。另一个战士拿着枪朝门口挂着的牌子一阵扫射,将它取下来砸成几截,然后快速消失在茫茫的黑夜里。

延吉日军驻地,龟冈村办公室里。

林悦:龟冈司令官,共产党游击队现在是猖狂至极,烧了朝鲜人民会,袭击了龙井派出所。请求您派兵"清剿"共产党游击队。

龟冈:吉兴司令官,你的警备司令部和边防军是干什么吃的。

吉兴:我们的那些人马恐怕不是游击队的对手。

龟冈:你知道吗?王德林的部队刚刚收编了一支200多人的炮兵队伍,现在正在攻打敦化县城,多门二郎将军让我们前去解围呢。

敦化县城外,王德林部临时指挥所里。王德林、李延禄站在一起指挥战斗。

炮兵阵地前,史营长指挥炮兵轮番向城墙发起炮击,城墙炸开了一个缺口。史营长带着救国军潮水般地冲了进去。士兵们对着溃逃的日本兵追击射杀。士兵们爬上城墙,将日本太阳旗扔了下来,插上了救国军的大旗。

指挥所里,王德林很兴奋,对李延禄竖起了大拇指,李参谋长,你很有本事啊,把我的这支部队调教得不错,现在战斗力大大提升,我得感谢你呀!

李延禄:王司令,这还不是你的英明决策吗?现在他们知道为谁打仗了!

通信兵带着一位游击队员前来报告:报告,王司令,根据地游击队派人送来紧急情报。

游击战士:报告王司令,延吉地下组织送来情报,多门二郎密电龟冈村明天救援敦化。张书记已经带领游击队埋伏在二道沟,袭扰敌人,为你们赢得时间。

多门二郎的电话正是在电信局值班的朴玉转接给龟冈村的,她监听到内容之后,立即让延吉地下支部派人及时送到了根据地。

王德林十分感谢,他对李延禄说,我对共产党渐渐有了好感。他让游击队员转达他对童长荣的感谢,通信兵带着游击战士离开。

李延禄:我已经预料到了。通知预备队,进入阵地,做好战斗准备,堵住他们。

此时,童长荣、王德泰、梁光带领游击队员直插二道沟,埋伏在两山之间的树林里。

龟冈村有了辎重联队,顿时觉得如虎添翼,立即编入作战系列。伊田助男被任命为辎重联队下面的小队长,管辖十辆车。第一次参加作战,他心里十分忐忑,驾着车跟在大部队后面,车上是炮弹和子弹,还有迫击炮。

车队蜿蜒进入山林里,突然前面的部队不动了。伊田助男停了车子,在车上歇息,古豆跑了过来,说是前面的石桥被人破坏了。古豆爬上了伊田的驾驶室里,茫然地等待,两人也没有一句话。

前面,龟冈村和吉兴下车来到桥边查看,只见桥上的石条已被拆走,只剩下河中的石头墩子。龟冈村望着两边茂密的森林有些发怵。

吉兴在一旁提醒:龟冈司令官,这里可能有埋伏。

龟冈村预感不妙,连忙下达撤退命令。可是为时已晚,突然,两边山上的石头和炸弹倾泻而下,后面辎重队几辆车被砸坏。

龟冈村和吉兴赶忙躲到隐蔽处,挥舞着战刀:进攻!

日本鬼子开始用几挺机枪往树林里扫射,发射迫击炮弹。

伊田助男和古豆,赶忙跳下汽车,躲到土坎下,捂着耳朵。不一会儿,枪炮声渐渐停了,伊田助男检查了一下自己所属小队的车子,发现有辆车受损,挡风玻璃被震碎,车胎被炸瘪,歪倒在路边。古豆悄悄问伊田怎么办?伊田瞟了一下,

真是的,你急什么。

那辆受损车辆司机,对着车转了一会,准备换车胎,但车上满载弹药,需要卸载,他请前后司机帮忙没有人理会他。见伊田和古豆靠在一起,就走了过来,伊田站起,说要到前面看看。司机央求古豆,古豆说我只负责开车,不管装卸,每辆车上不是有两个押送人员吗?联队规定,各自负责各自的车。那司机无奈,只好请押车的士兵来。两个士兵极不情愿地跳下来,和司机开始卸车。

伊田助男一路越过长蛇式的队伍,听见了龟冈村的声音。

龟冈村:给我听好了,这是共产党游击小队在袭扰,不要害怕,现在,给我修桥!

工程兵接到命令,跳进了溪水里,准备抬石条,刚伸手,就触动了引线,发生连环剧烈爆炸,硝烟弥漫,十几个日本兵就这样送了命,龟冈村和吉兴也被强大的气浪冲倒在地上。吉兴拍拍身上的灰,连忙扶起龟冈村。

龟冈村无可奈何下达撤退命令,话音未落,两边的树林里,又是一阵密集的枪声,朝撤退的日本兵射击。

伊田赶忙往回跑,看见那辆受损的车子和卸载的弹药挡住了去路。鬼子中队长跑过来质问伊田怎么回事。伊田下令,把车子推进路边的沟里。清除路障,伊田在中队长的监督下,搬了几箱弹药放到自己车上,这时大规模的撤退人员涌了过来,伊田赶忙上车后退掉头,一溜烟撤了。

童长荣带领游击大队打了一个漂亮的伏击战,成功阻止了龟冈村去援救敦化县城,使得王德林对童长荣更加敬重。游击大队在打扫战场时,意外地得到了一批日本兵没有来得及带走的弹药。

看到推在路边沟里的一辆汽车,童长荣非常兴奋,说根据地正好缺辆车。王德泰说,可没有人会开呀。童长荣自言自语:我会开呀。

他跳下深沟,检查了一遍,上来摇摇头说,车子方向盘和发动机都摔坏了,他遗憾地说,只有把它拆解给兵工厂了。

王德林为感谢童长荣和特委游击大队的鼎力相助,特地派李延禄和史营长到根据地答谢,还送来了一大笔酬金,这对根据地来说,可以说是雪中送炭。童长荣热情地接待了他们,亲自带他俩参观根据地。

李延禄告诉童长荣,攻打下了敦化县城,缴获了大量的武器弹药和粮食,一大批青年人踊跃参加了救国军,现在部队士气大振。史连长更是感受到了根据地欣欣向荣的景象,也感受到了共产党抗日的决心和意志,他问童长荣加入共产党需要什么条件,童长荣笑着说,当前国难当头,为抗日不怕牺牲,这是入党的首要条件。他笑着对史连长说,如果你想加入,我们欢迎。不过,你问我,这是舍近求远了。他批评李延禄说,李参谋长看来工作还不够细啊。史连长连忙说,这不能怪李参谋长,他经常找我谈心呢,已经在旁敲侧击了,参谋长的意思是充分尊重我本人的意愿。今天我来到根据地,实地看了,感触很深,才下了决心的。

三个人都会心地笑了。

李延禄告诉童长荣,这次我和史连长来,还有一件事请教张书记。童长荣连忙请他俩坐下来慢慢说。

史连长:情况是这样,我们听说老头沟煤矿矿工不堪忍受日本人的压迫,更不愿意生产煤来为他们侵略中国,屠杀中国人,准备集体逃离。听说这事是在特委组织领导下进行的。

童长荣点点头:是有这么回事,还在酝酿中。王德泰同志曾在这个煤矿干过活,秘密组建了一个支部,这件事由他牵头负责,你们是怎么知道这件事的?

史连长:已经有矿工跟我们联络,想参加救国军。

李延禄:王司令知道这件事后,想接收这批矿工。这些矿工大多是猎户出身,会枪法,稍加训练,就是山林作战的好手,一是想请张书记帮忙协调,二是还请张书记割爱。

童长荣站了起来:这是好事啊。我们既摧毁了日本人发动战争的能源供应点,又让1000多人的矿工可以成为抗日的力量。只要是抗日,在哪里都一样,不要说帮忙,也不要说割爱。请转告王司令,工作我们来做,而且一定要做成功。

史连长很激动,抓住童长荣的手,那就太感谢了。

童长荣、王德泰、梁光三人带着李延禄和史连长来到了老头沟煤矿。他们在对面的小山坡上俯瞰煤矿。

童长荣从望远镜里看到,高高的铁丝网围墙,煤场上的煤堆成了小山一样,连片简陋的工棚。煤矿大铁门口两边都有日本兵持枪保卫,一座临时用木头建筑的高高的岗楼,有两个岗哨,还有机枪、探照灯之类。煤场里,可见持枪日本兵拿着枪押着衣衫褴褛的工人背着煤筐来回运煤。有条小火车道通往外面,一辆小火车停在轨道上。

不一会儿,煤矿党支部书记姜志远悄悄从小树林里猫着腰跑了过来。

王德泰介绍:这是老头沟煤矿支部书记姜志远同志。

童长荣与姜志远握手。

姜志远向童长荣报告,老头沟支部现在有 5 名党员,都是各工区的骨干。鬼子似乎嗅到了一些信息,加派了兵力。

童长荣:矿里有多少兵力?

姜志远:这两天,来了一个看守小联队,有几十人。

童长荣把李延禄和史连长介绍给了姜志远。

姜志远:李参谋长,史营长,抗日救国军打出了中国人的骨气,我们矿工私下里都觉得解恨。

童长荣:姜志远同志经研究,特委决定同意救国军的计划,让全体矿工加入救国军,走上抗日道路。请你和老头沟支部分别做好矿工工作,完成组织交给你的光荣而艰巨的任务。

姜志远一听,非常高兴,说这太好了,我保证完成任务。不过,一些矿工对怎么离开矿山有担忧,日本人手上有枪,怕造成人员伤亡。

史连长笑了:这一点请你放心,区区几十个小鬼子,我带一个连来,先把他们剿了,还不行吗?

姜志远:那我回去就这么说了。

 四十三

姜志远回到矿区,晚上连夜召开支部党员会议,将特委的决定和救国军的想

法告诉了大家,特别是听说能够安全离开矿山,大家又能参加救国军,都很高兴,一致同意。这里有三个工区的工头都是党员,就井上装卸工区的工头不是党员,姜志远暗地里找到他,一沟通,他立即答应。他说,这里就是个坟场,白天还死了两个装卸工,如果再不走,他们都得死。

五个党员分头秘密做工作,陆续反馈回来的消息是,矿工们一听说既有生路,又有出路,个个都愿意。姜志远当夜在工人掩护下,剪开了铁丝网,钻进了工棚后面的树林里,来到对面山上,向等候的童长荣做了汇报。

童长荣点点头,就请李延禄宣布行动方案。

李延禄:明天凌晨,以三颗信号弹为准,你们的任务是:第一,负责解决门口守卫,打开铁门,接应救国军消灭鬼子小联队;第二,炸毁矿坑;第三,组织矿工有序撤离。

姜志远表示,马上回去进行布置。童长荣郑重嘱托姜志远,一定要胆大心细,确保安全。

夜晚,老头沟煤矿黑魆魆的。史连长带着一个连,和童长荣、王德泰、李延禄、梁光开始逼近煤矿,在大铁门外不远处隐蔽起来。

岗楼里的探照灯来回晃动着,照着煤矿。

工棚里,姜志远和工人们已经聚集在一起。第一批是爆破矿工,手拿着炸药包,等探照灯的灯光一晃过去,姜志远随即拍拍工人的肩膀,爆破组趁黑冲出了工棚。姜志远和矿工们注视着他们的背影在夜色里穿过煤厂躬身前进,往煤井方向运动。

又有几个工人拿着老虎钳子来到姜志远跟前。

秦志远吩咐,你们去大门口,电源一断,迅速控制值班室,打开大门,带领救国军直接去鬼子的营房。

几个工人点头,迅速消失在黑夜里。接着又一批工人来到姜志远跟前。

姜志远:信号弹升起,你们就切断配电房的电源。枪声停了,你们再拉闸送电。

几个工人点头示意,转身跑了出去。

剩下的几个人来到姜志远跟前,姜志远对他们说,你们每个人按照计划,灯亮为号,带着工棚的矿友有序到煤场集中。几个人点了点头。姜志远环视一下,看见矿工们期待地望着自己,他坚定地朝他们点点头,工人们也朝他握了一下拳头。他悄悄走出工棚,朝大门口跑来,几个工友已经隐藏在值班室后面。姜志远抬起头,发现值班室里有三四个日本兵在打盹。

漆黑的夜色里升起了三颗信号弹,电源被切断,探照灯灭了,值班室里的灯也灭了。秦志远一挥手,带人扑进值班室死死地摁住值班的日本兵,两个矿工用大铁钳子剪断铁链,拉开了大铁门。

史连长带着救国军朝日本兵的营房涌去。岗楼上的日本兵发现大批人朝前涌来,开始向下面扫射。史营长端起机枪朝岗楼上扫射,两个日本兵立刻毙命。

营房内的日本兵听到枪声,乱作一团。救国军迅速围住了营房,朝窗子里面扔手榴弹,爆炸声传出,听到里面一阵阵嚎叫声。救国军对着窗户往里扫射,有日本兵拿着枪冲出大门,立即被射杀。不一会,里面就没有了声息。

不远的井口,传来巨大的爆炸声。火光映红了矿区。

矿区外,童长荣、李延禄、王德泰、梁光密切注视。冲天的火光里,枪声渐渐稀了下来。厂区的灯亮了。等童长荣走进大铁门的时候,矿工们已经排好了整齐的队伍。

童长荣望着黑压压一片矿工:各位矿工兄弟们,我代表东满特委祝贺你们摆脱了日本人的压迫和剥削,从此走上抗日的道路。

大家热烈鼓掌。

李延禄:各位矿工弟兄们,欢迎你们加入抗日救国军。抗日救国军就是为了救国而抗日,就是为了不做亡国奴走上了战场,如果愿意的就跟我走,不愿意的可以回家。

矿工们大声地:我们要打鬼子,我们愿意跟抗日救国军抗日!

史连长:现在出发!

史连长带着救国军和矿工们出发。

李延禄:张书记,你还有什么要交代的,请指示。

童长荣：两个任务，一是在部队里积极发展党员，健全组织机构，充分发挥党组织的凝聚力和战斗堡垒作用，彻底纠正旧军队的不良恶习，同时做王德林的工作，早日把这支部队变成一支人民的军队。二是建议你们往镜泊湖方向运动，消灭天野六郎的万人师团。特委和游击队集中力量对付东满的龟冈村和吉兴。

李延禄：好的，我明白张书记的用意，一东一西，形成犄角，又能相互呼应，这样我们就拉开了抗日的战场。张书记，我随时听从特委召唤，盼望在一起联合作战。

童长荣和李延禄握手，李延禄和王德泰、梁光握手道别。

王德林的抗日救国军听从了童长荣的意见，不负众望，屡屡打胜仗，名声越来越大，报名参军的越来越多，一路收编，很快发展成为万人大军，将天野师团围在了镜泊湖。

天野师团危在旦夕，在长春的日本司令官多门二郎中将寝食难安。恰在这时，林悦陪熙洽来拜访，多门二郎的怒火正好找到了发泄的对象。

多门二郎：熙洽长官，我不知道你是怎么从日本陆军士官学校拿到毕业证的，整个吉林的局势现在变得不可收拾。王德林，就是你一个愚蠢的决定将他发展成了一个万人的部队，他们在镜泊湖已经把天野六郎的第十五旅团咬住了，旅团的处境现在非常危险。

熙洽赶忙躬下身子：老师，学生对王德林部处置失当，没有采取怀柔政策，我愿意接受老师的惩罚。

多门二郎：不要喊我老师，我为有你这样的学生感到可耻。在延吉，一个小小的东满特委都对付不了。他们烧了人民会，攻占了警察所，屡次攻击龟冈村部队得手，还建立了根据地，居然成功阻止了龟冈部队前进的步伐。他们和救国军一东一西，摆开架势，令人担忧。

林悦：多门将军，我向您报告。不要小看这个东满特委。王德林、李延禄部都是在他们的策划下壮大起来的，他们在救国军里安插了大量的共产党。老头沟煤矿矿工参加王德林部也是他们运作的。这个东满特委在起着灵魂的作用。

多门二郎盯着林悦：小小的东满特委还有这么大的能量？

林悦:将军有所不知,这个东满特委的领导人毕业于东京帝国大学,就是那个协助蔡老板盗取《田中奏折》的人,我和他打过交道,这个人非常可怕。

多门二郎:原来是这个人!

日本兵进来报告:第十五旅团来电。

多门二郎接过电报,瘫坐在椅子上,喃喃地:十五旅团被歼7000余人,天野少将阵亡。

熙洽:老师,必须打掉东满特委,掐死他们的中枢神经。

多门二郎站起来望着墙上的军用地图,林悦指着汪清县,告诉多门二郎,童长荣就在这里。

卓蓝在长春很快找到了高崎铁路株式会社的办公楼。在对面的一栋居民楼里租了房子住下了,日夜监视高崎的动向,无奈高崎进出都有车辆人员护卫,很难接近。高崎的办公室又不在这栋楼的正面,无法射击。她不得不等待机会。

屋里,床上摆着匕首、长枪、短枪。靠窗的桌子上摆放着一架望远镜。

卓蓝坐在床上擦着枪,然后组装好。她来到窗前,拿起望远镜,从大门移到院子,再移到各个窗口搜索。

一辆轿车开进了院子,她从望远镜里看见了高崎下车,接着千惠子下车,但很快就有保镖护住了他们,走进楼里,看来没有任何机会。

卓蓝决定改变策略,采取跟踪的办法,再通过适当的机会乘其不备下手。连续跟踪多天,机会终于来了,高崎和千惠子走进了一家军人咖啡厅和另外几个军人喝咖啡聊天。

高崎牢骚满腹,铁路勘测不顺利。上次勘测铁路线,两个日本兵被打死,测绘技术人员从此不敢再到山里去。军方人员则在催促高崎早点动工,他们不能无限期等下去。高崎无奈地两手一摊,如果不消灭山里的武装,铁路建设就寸步难行,他也没有办法。

卓蓝悄悄来到一侧,正准备把手伸进口袋里,突然被一个人摁住。卓蓝回头,发现是吴志杰。

吴志杰轻轻地:快离开这里。

吴志杰拉着卓蓝下楼,然后进了自己的车子。吴志杰发动了车子,迅速离开军人咖啡厅。

吴志杰对卓蓝说:卓小姐报仇心切,可以理解。你知道吗? 那里面全是日本军人、暗探、情报人员,你这不是找死吗? 一旦枪响,你是走不脱的。

卓蓝:要不是你阻挡,高崎和千惠子已经是命归西天了。

吴志杰一笑:我告诉你,没那么容易,那里面的暗探已经盯上你了,正在朝你走过来。

卓蓝:你在监视我?

吴志杰:你在高崎株式会社对面租了房子,日夜监视高崎,不是吗?

卓蓝:你也在跟踪高崎?

吴志杰:高崎铁路株式会社一面为日本人侵略修建铁路,同时收集情报。我当然要关注了。

卓蓝侧身望着吴志杰,很奇怪他怎么也在长春。吴志杰告诉卓蓝,准确地说,他是从大连跟踪到了长春。

他告诉卓蓝,你不知道的事多着呢,你给林悦剃阴阳头的那个东北菜馆就是我提供给你的。溥仪已从大连来到长春,马上就要做伪满洲国的皇帝了,我能不来长春吗?

卓蓝:谁指使你的? 你为谁干活?

吴志杰笑了:我为自己干活。

卓蓝:那你这是?

吴志杰:蔡老板至今还在日本人的牢里,我来长春的目的就是为了完成他的心愿。

卓蓝:那好,我们可以联手。

吴志杰:我找你就是这个目的。

卓蓝:告诉我童长荣现在的具体位置。

吴志杰:他具体在哪个位置我不知道,但可以肯定,是在战场上。听说王德

林部的李延禄就是童长荣派去的。

卓蓝：救国军击毙了天野六郎，消灭了所属的十五旅团，了不起呀。

吴志杰：你也一定想知道童长荣在大连做了些什么。

卓蓝望着吴志杰，明白了在大连他们俩就在一起了，她轻轻地说，我很想知道。

吴志杰对卓蓝说，我只想告诉你，仅仅沙河口满铁工场生产的车头和零配件，几乎都成了烂铁。他点燃了大连人民的抗日烽火，逼迫日本人的很多机构不得不撤出大连。日本人可是统治了大连几十年啊。

卓蓝想起了在大连大街上，突然有辆车带走了童长荣的未婚妻何小姐，她顿时明白了正是吴志杰所为。

吴志杰点点头：卓小姐，一说童先生我就想流泪，你知道吗？你在追踪何小姐到东北菜馆的时候，童长荣就在东北菜馆里打扫卫生，端盘子，他看见了何小姐，强忍着眼泪，没有相认。你要知道，在这同时，我们获取了日本人的重要情报。

卓蓝：对不起，我差点坏了你们的大事。

吴志杰：所以，我不建议你再去寻找他。

卓蓝点点头：我向你保证，我只会注视他，不会再去给他添乱。

吴志杰：国难之时，我们都得跳出小我。

卓蓝点点头：现在我得重新审视童长荣，我对何小姐也有了新的认识，她值得我尊敬。

车子来到一家菜馆，上面写着东北菜馆四个字，吴志杰说，我把东北菜馆从大连迁到了长春，不是为了挣钱，就是为了有个掩护。

卓蓝：那我可是有吃有住了。

吴志杰：这可不是白吃白住的。

卓蓝：我保证会像童长荣在大连那样，给你端盘子，洗菜拖地。

吴志杰：你呀，心里始终忘不了童长荣。

卓蓝伤感地：我在这个世界上已经没有任何亲人了。如果要有的话，我就把他当作自己的亲人！

　　枞阳。莲花庵。何坤宜白天跟随妙静师太焚香礼佛诵经，晚上帮人缝补衣服，做些针线活，譬如小孩戴的老虎帽，穿的老虎鞋，攒点小钱。妙静师太知道她的心思，还是割舍不下婆婆。妙静师太见何坤宜这两天有点心神不宁的样子，就故意嘱咐她到街上为庵里买点日用品。何坤宜满心欢喜，偷偷地从小盒子里取出铜钱纸币，放在身上。

　　来到枞阳街上，避开人群，买好所需，见时间还早，又不敢进童家院子，幸好童家对面是个裁缝铺，那女裁缝撞见了蹲在自己家小巷子里的何坤宜，连忙将何坤宜拉进了自己的裁缝铺。她为何坤宜的孝心感动，就说以后你要是不方便，就到我店里来，需要我做什么尽管说。

　　何坤宜连忙问近些日子婆婆可好。女裁缝说，天天能看到你婆婆进进出出，看样子没有大碍。何坤宜嘱托女裁缝给婆婆做一套脱单的衣服，她下次来付钱。女裁缝点点头，不停地嘀咕，你呀，上辈子欠了童家，这世啊，让你来还的。

　　何坤宜笑笑，转身趴在窗口，眼睛巴望着童家院子，她就想婆婆能够走出家门，让她看一眼，可那扇门就一直开着，不见人出来。天黑了，她终于看见婆婆颤巍巍地出了门，将门口的小凳子收回家，然后关上了门。何坤宜心里一阵温热，突然有种想哭的感觉。女裁缝端来一碗稀饭让她吃，何坤宜谢过，说好不容易下山一次，就是等到天黑送点钱给婆婆。何坤宜朝女裁缝双手合十，挎着篮子出了店，快速走进院内，蹑手蹑脚地走到门前，掏出钱，放到窗台上，做贼似的跑出了小院。

　　漆黑的大街上，阒无一人，她走到了自己卖针线的地方，她心里有些难过，不敢再停留，她又怕妙静师太担心，一刻不停地疾步回到了莲花庵。

　　日子就这么一天天过去，她的内心渐渐平静了下来，似乎忘掉了身内的一切，身外的一切。何坤宜静穆的面容，端庄的举止，反而给寂静的莲花庵带来人气，许多人不是来烧香的，就是为了一睹这位端庄大气女尼的芳容。更有一些游手好闲之徒，不怀好意，滋事袭扰，言语挑逗。

何坤宜决定削发修行。

妙静师太：佛清，确定要剪掉这一头秀发？

何坤宜端坐庵堂，她郑重地点点头。

妙静师太：我再说一遍，你可以带发修行。

何坤宜：师太，剪了吧。从此，我就可以不再梳洗打扮，也不用再看镜子中的自己了。

妙静师太开始净手、敬香、拜佛，口中念念有词。何坤宜沉静的面容。妙静师太从托盘里取出红布包裹的剪刀，轻轻抚摸何坤宜的头发。

妙静师太慨叹何坤宜一头乌发，如墨如云。缕缕青丝轻轻飘落，师太一缕一缕地放进托盘的红布上。

净发后的何坤宜格外素美。师太用红布裹上秀发，盛进红袋子，锁紧袋口，然后替何坤宜戴上了灰色的尼帽。

何坤宜站起来，面对师太双手合十，师太还礼。

延吉电信局里的电话房里，朴玉戴着耳机，不时忙碌地接电话。突然一个长春转接龟冈村司令部的电话，引起了她的注意，她在电话里听到了将提供飞机轰炸支援的消息。她敏锐地意识到，日军要开始进攻根据地了。她摘下耳机，向负责人请了个假，说有事需要出去一下，拎着包匆匆走出了电信局。走进了对面一家冷面馆，这位店老板是地下党员，一看朴玉气喘吁吁，知道有急事。朴玉对店老板说，快，送我到刘会长那里去。店老板从院子里推出自行车，驮着朴玉赶到了刘会长的商行。

刘会长正在喝茶。朴玉把电话里听到的消息跟刘会长说了一遍。刘会长一听，知道情况紧急，立即拿起礼帽，对朴玉说，请放心，我这就去山里。

刘会长有一个小货车，根据地成立后，就成了交通车，一般重要情况，都是自己亲自跑。

此时，童长荣正在特委会议室召开特委会议，对前期一段时间进行工作总结。李圣依兼任特委组织部长兼秘书长，所以他第一个汇报。

李圣依说,截至目前,特委目前下辖四个县委,两个县特支,22个区委,90个党支部,党员总数已经发展到1200多名,团员总数800多名,农民协会13000多人,贫农团、少先队、妇委会等各种群众性抗日组织都已经建立起来了。根据地苏维埃人民政府已经筹备就绪。

童长荣点点头,充分肯定东满特委组织建设取得了长足的发展,并告诉大家,省委罗书记来信表扬了我们,说我们东满特委的党员人数已经占整个满洲省委一半以上,这是很了不起的成就,这为我们的抗日斗争奠定了坚实的组织保障。

王中山接着汇报宣传工作,他说,在张书记亲自策划下,根据地到目前为止,已经创办了《两条战线》《战斗日报》《反日报》《少年先锋》四份刊物,深受根据地战士和老百姓的欢迎。张书记光在《两条战线》上已经发表了近十万字的文章,深入浅出,大家都爱读。

童长荣:可不能光我一个人写啊,你们都要动起笔来。

王德泰:哎呀,打仗可以,你叫我拿笔,还不如拿枪好使。

大家都笑了起来。

童长荣:德泰同志的军事工作抓得有成绩,你说说。

王德泰:我们根据地的游击大队大家都清楚,不说了。现在,各县委也成立了游击队,张书记来后,我们打退了敌人90余次的进攻,和抗日救国军并肩作战,成绩是巨大的,是大家齐心协力的结果,我们的胜利报刊上都登了。另外,兵工厂能生产炮弹、枪支了。还有我们和朝鲜同志金日成率领的安图游击队在明月沟并肩作战,配合得也很好。

正在这时,通信兵进来报告,刘会长来了,说有紧急情况。童长荣暂时中断会议,走出会议室,刘会长详细告诉他朴玉在电信局截获日本人的电话,近几天要对根据地进行大规模的进攻,还将出动飞机实施轰炸。童长荣非常感谢刘会长不辞辛苦带来的重要情报,嘱咐通信兵安排好刘会长休息。他返回会议室,告诉大家日本人将对根据地发动进攻,梁光关于游击大队、李圣依关于根据地建设的情况下次再汇报。现在研究如何粉碎敌人的进攻,特别提请大家注意,这次敌

人可是配备了飞机大炮啊。

王德泰首先发言,底线是守住四个山口,不让日本人进入根据地。建议通知李延禄,请求救国军协同作战,通知各县游击队,协助作战。

李圣依:我来组织老百姓转移,做好坚壁清野工作,把损失降到最低。

王中山:关于政治思想宣传工作,我还没想好……

童长荣:王中山同志,日本兵可不是铁板一块,据我了解,他们军队里有反战厌战的士兵,不在少数,我们要用日语草拟传单,组织妇女儿童散发在他们的必经之地,可以起到意想不到的作用。

王中山抓抓脑袋:日语我可不会。

童长荣笑了:日语嘛,我会呀,李圣依同志也会呀,这有什么难的。

王中山这才想起来,对呀对呀,张书记和李圣依可都留学过日本,那就有劳张书记了。

童长荣让王德泰牵头,和梁光一起制定作战方案,再提交会议进行讨论。

会议结束后,大家开始分头行动。

童长荣在屋内草拟日文传单,崔今淑走进来给童长荣倒水,探头看了一下。

崔今淑好奇地看着纸上的日语。

童长荣回过头微笑着:崔今淑同志,朝语我还不会,我把任务交给你了,你得教我。

崔今淑:三个月,包你能说会写。

童长荣放下笔:我是三个月通过日语考试的,朝语两个月我看就行。

崔今淑:张书记,有你在,我们就有了主心骨,我敢说,我们一定能粉碎日本人的进攻。

童长荣:我们有党的坚强领导,特委的正确决策,日本军国主义不得人心,这才是胜利的保证。

崔今淑点点头:是是是,是党给了我们胜利的保证。

童长荣:对喽。

两人都笑了起来。

延吉龟冈村驻地的营房里。伊田助男躺在床上,古豆悄悄走了过来。伊田助男坐了起来。

古豆轻轻地:我在联队又联系到了两个党员,他们是横滨支部的。

伊田助男:这样我们就有12个人了,可以成立一个支部。

古豆:不过各联队管制的很严,我们不好在一起活动。

伊田助男:我想我们这个支部就叫反战支部,成立三个小组,辎重队小组、联队一组、联队二组,以小组为单位,就好开展活动。小组负责人每周吃饭时在饭堂碰面,这样不易被发现。

古豆:好的。不过,辎重队队长刚才通知要把我补充到联队去,可能又有大规模的战斗了。

伊田助男:那你就更方便和联队的人接触了。告诉大家,在战场上消极应对,多放空枪,不要杀中国人,更不要伤害无辜的老百姓。

古豆说,上次在二道沟战斗中,你果断带人将那辆车推进深沟里,为部队撤退让出了通道,听说,还要对你进行表彰,要把你当典型进行宣传。

伊田助男狠狠地瞪了一下古豆说,我是什么典型? 我不需要宣传,这让我不舒服。古豆说需要宣传,把你树成正面典型,他们就不会怀疑你了。伊田明白过来,朝古豆竖起了大拇指,你说的有道理。

正在这时候,外面吹起了军号,伊田助男连忙爬起来,和古豆随着众多日本兵跑到院子里集合。鬼子汽车联队长宣布龟冈村司令官对伊田的嘉奖令,并让伊田助男讲话。伊田有些懵,不知道如何讲,望着汽车联队长有些不知所措。汽车联队长就让伊田带着日本兵喊口号:进攻! 胜利!

伊田助男犹豫地举起了手,软弱无力地喊着进攻,胜利。联队长说不够有力,他亲自歇斯底里地喊着,下面跟着高呼。联队长让伊田回到队伍里,这才宣布明早开始向根据地进攻,要求现在就回去睡觉,凌晨4点起床吃饭,5点钟辎重队开始装武器弹药,6点钟随大部队出发。

在马村抗日根据地。崔今淑的任务就是负责老百姓上山转移,姜春花抱着

孩子随着老百姓走了过来。崔今淑在孩子脸上亲了一口,嘱咐姜春花注意安全,把孩子带好。金锦女带着儿童团的孩子走了过来,兴奋地告诉崔今淑,他们儿童团已经完成了传单的撒放任务。

崔今淑表扬了金锦女很勇敢,要求她带好儿童团,跟在大人后面转移,保护好老人和小孩。

金锦女点点头,朝一群孩子挥手,孩子们跟着她一溜烟就消失在了树林里。

这时,十几架敌机飞了过来,开始轰炸。根据地硝烟弥漫,人群四散。

崔今淑大声地喊着:快,隐蔽!

群众纷纷向树林里跑去。

岭下,伊田助男带着他的车队将车子开进炮兵阵地。日本兵一拥而上,卸下弹药。伊田助男则坐在车上,有些茫然,望着茫茫群山发呆。

十几架飞机盘旋过来,对山口阵地进行轰炸。

指挥所前,龟冈村、吉兴站在炮兵阵地前,用望远镜望着山口,飞机狂轰滥炸,浓烟滚滚。轰炸之后,龟冈村举起了战刀。炮兵阵地接着向主峰岭口炮击,炸得岭口尘土飞扬,大树被拦腰折断。

炮击之后,大批日伪士兵开始向山岭上爬。日本兵在树林中穿行时,发现树干上贴着、树杈上挂着红红绿绿的纸条。士兵们很好奇,纷纷看着。

古豆随进攻的士兵前行,看见树杈上挂着一张标语,他念着:日本军国主义是中日两国人民的敌人!

从地上捡起一张传单,上面写着:你的妻儿等你回家! 不要为侵略者卖命!

又有一张大红纸贴在树干上,几个士兵在看,他们轻轻念着:还记得父母送你时流下的伤心泪吗? 保住自己的性命,回家孝敬父母!

几个士兵看着看着,忍不住流下了眼泪。古豆再向四周看看,不少士兵纷纷将传单揣进了口袋,古豆也偷偷地将好几张传单塞进了自己的口袋里。

日军联队长带着几个日本兵冲了上来,朝士兵们吼叫着:不许看传单!

他们开始将拾传单的士兵打倒在地,夺过传单撕碎。

岭口阵地前,战士们在抢修被飞机大炮炸毁的工事。童长荣和王德泰在一起密切监视日本兵的动静,这时梁光跑了过来,报告另外三个山口也发现了日本兵。

童长荣交代:按预定的作战方案进行。

童长荣拿起望远镜,发现大批鬼子已经露头,朝山上阵地涌来。战士们身边摆满了手榴弹,战士们端起了枪。敌人越来越近。

童长荣举起枪:打!

一阵密集的手榴弹在敌群中开花,接着是排枪射击。日本兵稀稀拉拉放了几枪,丢下一些尸体,潮水般退了下去。

战士们迅速跃出战壕,从日本兵尸体旁边捡拾枪支,同时也发现日本兵口袋里露着传单。

王德泰:这些日本兵没什么战斗力嘛。张书记,看来你的攻心术发挥作用了。

童长荣:同志们,这就叫军事斗争和思想政治斗争的结合。日本军队里有许多来自底层的士兵,他们并不愿意打仗,是被逼迫来的。我还可以告诉你们,这些士兵里有不少反战人士,有的甚至是日本共产党员,他们是热爱和平的,反对侵略中国。这就要分化瓦解他们的斗志!

游击队战士们啧啧称赞张书记真了不起。

童长荣嘱咐大家提振精神,敌人可能要发动第二次进攻,做好战斗准备。话音未落,一个战士跑来报告,日本鬼子已经撤退了!

童长荣:我刚才在说什么,说了一句废话。

大家望着童长荣热烈鼓掌。

日本兵回到驻地时,龟冈村铁青着脸:为什么不堪一击,为什么我们的士兵在战场上毫无斗志?

日军联队长:报告,我们在战场上发现了这个。

日军联队长将宣传单递给了龟冈村,龟冈村扫了一下,撕了纸条。

龟冈村:派人搜查,发现私藏传单的,一律枪毙!

日本兵军营内。伊田助男在军车前转悠。古豆走了过来,两人进了驾驶室。

伊田有些疑惑,战场上到底发生了什么,这么快就撤回来了。古豆从口袋里掏出传单给伊田助男看,告诉伊田,这些传单对士兵心理影响很大。古豆比画着,前面死了几十个人之后,就失去了进攻的锐气,反战士兵在暗中一吆喝,就潮水般地退了回来。

伊田助男看了看纸条,终于明白了撤退的原因。

这时,联队长带着督战队一帮人跑进院子,气势汹汹地到营房那边去了。伊田助男赶忙将传单塞进座位下面,两人跳下车,跟着朝营房跑去。

营房内,鬼子联队长带人搜查,有的人还在被窝里偷看传单,被逮个正着。他们在枕头底下、士兵的口袋里搜出了传单。20多个私藏传单的士兵被集中起来,带到了院子里的墙边。

龟冈村走了进来,朝联队长吼叫着:把他们给我毙了!

联队长带着督战队士兵对着墙边20多个人开始扫射,士兵们纷纷倒下。伊田助男、古豆和日本士兵站在营房门口,目睹了枪杀现场。

龟冈村气急败坏地叫着:听好了,今天所有参加行动的士兵全部送纠正院反省。

联队长:全体集合!

日军进攻根据地失利,伊田助男、古豆所在部队上千人被送到纠正院逐个审查,集中反省。

纠正院里,日本兵列队在广场上躬身反省,满脸汗水,衣裳湿透,保持一个姿势。

日军联队长带头:我深感耻辱!

大家跟着:深感耻辱!

日军联队长:声音不够大! 我要深刻反省,我要改过自新!

伊田助男动着嘴,他偷偷瞄了一下一侧的古豆,古豆嘴巴动着,强忍着在坚持。

日军联队长:天皇陛下万岁!

日本士兵:天皇陛下万岁!

每天如此,一段时间下来,身体弱的当场晕倒在场地上。伊田助男和古豆咬牙坚持着,好不容易挨到联队长说解散,两人艰难地互相搀扶着朝营房里走去,倒在简陋的大通铺上。

稻苗走了过来,古豆坐起来介绍,这是稻苗君,第三小队的。伊田助男与稻苗握手。

稻苗望着周围,轻轻地说,我们小队有一个是好战分子,我们想教训他一顿。伊田助男摇摇头,让稻苗忍一忍。

稻苗叹了口气,我宁愿在这里受罪,也不想上战场。

三人靠在墙壁上说着话。

伊田助男:从朝鲜入境,我们来这里半年了,我特别想见一个人,童长荣君,不知道他在哪里?

古豆:他的家在哪里?

伊田助男:我查了一下地图,离这里很远。他有一个抄得很漂亮的《共产党宣言》,我想交给他,这对他一定有很特别的意义。

稻苗:我们可不是来旅游的。还不知道我们能活多长时间呢。

古豆:离开家的时候,母亲还躺在床上,不知道她的病怎么样了,是好了还是加重了。

稻苗:本来准备结婚的,这婚也结不成了。

伊田助男轻轻地哼唱《红蜻蜓》:晚霞中的红蜻蜓,你在哪里呀?

古豆和稻苗跟唱:童年时代遇到你啊,那是哪一天,提起小篮来到山上,桑树绿如茵,采到桑果放进篮里,难道是梦影……

营房内的士兵跟着唱了起来。

歌声中,伊田助男想起了和美子在海边游玩的情景,古豆想起了病床上的母亲,稻苗想象着晚风中他的新娘……

三人的眼里都有了泪水。这时军营内传来一片哭泣声,歌声越来越大,惊动了日本兵联队长,他带人冲了进来。

联队长高叫:谁带头唱的?

歌声顿歇,日本兵揩揩眼泪。

联队长:都给我站起来!

伊田助男、古豆和稻苗随着日本兵一起站在大通铺前。

联队长:带头唱歌的给我站出来。

伊田助男站了出来,接着古豆和稻苗站了出来。

联队长高叫着:给我带走!

三人被绑在了立柱上。

联队长:给我打。

几个日本兵用皮鞭轮番抽着,日本兵聚到门口看着。三人被打得鲜血淋漓,渐渐没了声息,头垂了下来。

联队长望着围观的士兵:谁敢带头惑众,散播思乡情绪,这就是下场!

这时下起了大雨,联队长这才作罢。三人在雨中被淋醒,雨水血水在脸颊上,在打烂的衣服上往下流。门口聚集的士兵见联队长走了,冲进雨中,把三人解下来抬进了营房内,放到床上。

伊田助男抖动着嘴唇:法西斯,连家乡的歌都不准唱!我们偏要唱。

大家继续轻轻地哼唱:晚霞中的红蜻蜓……

长春。东北菜馆里,卓蓝、吴志杰和周老板聚在一起。

吴志杰说,现在日本人要把长春打造成亚洲第一城市,数不清的机构正从东北各地往长春迁移,此处确实是个鱼龙混杂的地方,也给了我们很多机会。卓蓝袒露了她的计划,先报家仇,杀了高崎、千惠子,再雪国耻,杀汉奸林悦、日本浪人小日向之流。

吴志杰告诉卓蓝,高崎除了承接铁路,还隶属满铁调查部,专门调查东北工业农业生产经营状况,日本人想控制东北的经济命脉,这可不光是家仇。

周老板提醒,满铁的情报人员和关东军情报部人员遍及长春的大街小巷,大家千万要小心,不能擅自行动。

卓蓝强调,杀高崎是她个人的事,她不想连累吴志杰。

周老板:卓小姐,听我一句话,你复仇的心情我们可以理解,但是……

吴志杰朝周老板看了一下,周老板没有再说下去。

卓蓝回到自己的房间,房间的一面墙上贴了好几张童长荣的照片,她默默地望着,对着房间里的镜子凝视着自己,再看看童长荣的照片,她开始拿起剪刀修剪自己的头发,终于剪成了童长荣的发型,穿上了西装,打着领带,最后带上了眼镜,反复在镜子前望着镜中的自己。

外面传来敲门声,吴志杰喊她去吃饭。卓蓝打开了门,转过身子。

吴志杰诧异地望着卓蓝,脱口而出:卓蓝,你怎么变成了童长荣?

卓蓝取下眼镜:吴先生,我像童长荣吗?

吴志杰:太像了! 卓小姐,你这唱的是哪一出?

卓蓝:我怀念东京的岁月,我想在长春街头能够重现当年东京的风采,可是缺了童长荣这个男主角,我想弥补这个遗憾,临时扮演一下,能得到你的认可,你应该祝贺我成功地出演了童长荣这一角色。

吴志杰鼓着掌,上下打量着,不住地点着头说,不过,女主角却消失了,令人遗憾。

卓蓝从容地从床上拿起了头套,戴在头上:女主角不会消失。

吴志杰又看到了原来的那个卓蓝,他打趣地说道,你一个人演了两个角色,那我演什么?

卓蓝:在东京,你是个配角,现在你还只能是配角。

吴志杰:好,我甘当这个配角。

卓蓝笑了,吴志杰也笑了。

卓蓝和吴志杰经过几天秘密跟踪,终于发现了林悦的身影,在一个酒店吃饭。用餐后在一班保镖的簇拥下走出饭店,钻进车子,三辆车在大街上行驶。突然,卓蓝扮作童长荣的模样出现在车子前面,车灯照在卓蓝脸上,她两手举枪射击。

林悦失声地:童长荣……

车子连忙歪过,子弹打到后一辆车的玻璃上。

吴志杰戴着墨镜,驾着车开了过来,卓蓝跳上车,朝林悦的车冲去,林悦连忙

伏下身体,卓蓝对着车子射击,司机扑倒在方向盘上,车子倒在路边。吴志杰驾车快速地离开,转眼消失在大街尽头。

后面车辆上的保镖连忙下车,将林悦从车中拖了出来,她瘫坐在地上,喃喃地重复着一句话,童长荣到长春来了!

卓蓝和吴志杰感觉用这种方式,心理震慑效果好,决定突袭高崎铁路株式会社。

夜幕降临,吴志杰驾着车朝株式会社门前驶来,卓蓝戴上头套,车子快速通过大门时,卓蓝端起冲锋枪朝门卫扫射,两个门卫当场毙命。卓蓝撒下几张印刷品。院子里的人持枪冲了出来,车子已经不见踪影。他们从地上了捡起了印刷品。

高崎听到枪声,跑到院内,手下人将印刷品递给高崎,告诉他说,是一个女人干的。

高崎望着印刷品上写着四个字:复仇女神! 字下面是一幅卡通画:一个卡通女郎端着枪在扫射,眼里在冒火,枪口也在冒火。

高崎倒吸一口凉气:她终于找上门来了!

上海。王舒接到任务,将中央"一·二六"指示信送到满洲省委,还有通知罗栗文调离满洲省委,回上海工作。他估摸着童长荣的药快吃光了,就来到了仁济医院找赵瑞昱。

见到赵瑞昱后,王舒就询问,现在有没有新出的治疗肺结核的特效药。赵瑞昱摇了摇头,心里在想,上次卓蓝找她开药,这次又是王舒,赵瑞昱判断,肯定是一个人,极有可能是童长荣患上了肺结核。

王舒又提问,除了药物治疗,请问赵医生还有什么好建议吗?

赵瑞昱告诉王舒,每年中国有几百万人死于结核病,最近上海了成立了防痨协会,最理想的方式就是预防,最佳的治疗方式就是保守治疗。

王舒:怎么个保守治疗法?

赵瑞昱:你的朋友如果患上了这种病,最好的方法就是需要新鲜的空气、温暖的阳光、放下工作休息、增加营养提高身体抵抗机能,现在证明一些患者是能够完全康复的。

王舒:上次卓蓝请您开的一些进口药,还是有点效果的。要不,还请赵医生再帮我开一些。

赵瑞昱替王舒开了一些药物,王舒要付钱,被赵瑞昱拒绝了,说这是送给你朋友的,祝愿他早日康复。王舒请赵瑞昱保密,赵瑞昱明确地说,请放心,我不会让赵瑞麟知道的。

王舒谢过赵瑞昱后,拿着药踏上了赴哈尔滨的路程。在哈尔滨见到了罗栗文,传达了中央指示精神和对他本人的工作调动。

罗栗文指出,中央"一·二六"指示信很及时,对党组织带领民众抗日斗争一定会起到积极的推动作用,至于他本人的工作调动,他表示服从组织安排。

王舒这时才说,他有点想不明白,东北的抗日大好局面正是在你的手里形成的,组织上怎么把你给调回来了。

罗栗文说,组织上调我回上海,可能是通盘考虑全局的工作。我估计中央机关可能在做迁移到苏区的准备。上海的工作得要有人去做。我这么说,你理解了吗?

王舒顿时明白过来。罗栗文又说,现在东北全面抗日的形势已经形成,换一个人可能比我干得更好。其实,我在满洲省委就做对了一件事,那就是用对了几个人,杨靖宇、杨林、童长荣、赵尚志,他们在南满、东满和北满都已经打开了抗日局面。

罗栗文在说话间,想到了王舒还没有吃饭,忙着张罗让他吃饭休息,却见王舒身边带了许多药,罗栗文追问谁生病了。王舒见瞒不住了,这才说童长荣早在大连时,就已经患上了结核病,并且要求自己为他保密。

罗栗文责怪王舒,王舒低着头不吭声,事已至此,罗栗文叹了口气:这怎么行,东北天寒地冻,山林里生活条件非常艰苦,常年作战,这不是要他的命吗?

王舒:离开上海前,我到赵瑞昱医生那里去了,她说这种病只能保守治疗,需要休息、营养和阳光。

罗栗文：不行，那得把他调回来。正好，你替我跑一趟，将"一·二六"指示信传达给东满特委，顺便去看看他。就说是我的意见，让他如实向满洲省委报告病情，等候省委重新派人接替他的工作。

时值 1932 年初冬，这一年东满地区天气特别寒冷，秋天还没完，根据地就下起了大雪。童长荣在屋里坐在火炉边烤着火，不停地咳嗽。

崔今淑望着童长荣，深感忧虑：张书记，你怎么一年到头老咳嗽，我陪你到战地医院请金郎中看看。

童长荣：不用，天冷了，受了凉，不要紧。啊，崔今淑同志，从现在起，你和我说话请用朝鲜语好吗？

崔今淑愣愣地望着童长荣，张书记，你什么时候学会朝鲜话了？

童长荣开始用朝鲜话和崔今淑说话了，你看你这个老师当的，不是你教我的吗？崔今淑还是没搞懂，她扑闪着眼睛望着童长荣，改用了朝鲜语和他对话，张书记，你是说过，让我教你朝鲜语，可你一直没有提，我也就不好提出来了。你是在梦里梦见我教你朝鲜语的吗？

童长荣含着笑说，不是在梦里，你就是我的老师嘛。

崔今淑很困惑，张书记分明是能说标准的朝鲜语，也能听懂她说话的意思，而且能够流畅沟通，可自己从未教过他，她不知道这是怎么回事。

童长荣望着崔今淑的表情，觉得非常可爱，这才对崔今淑说，你傻呢。我来这里一年多了，我和朝鲜族干部战士群众朝夕相处，他们跟我说的是朝鲜语，你们翻译一遍给我听，我说什么，你们又翻译给他们听，中间还有解释，你和李圣依，还有许多同志都是我的朝鲜语老师呢。其中，你的贡献最大。

崔今淑明白过来，没想到张书记脑子如此好使，听听就会说了，内心佩服不已。童长荣笑笑，对崔今淑情深意切地说，语言是需要环境的，对日本军国主义侵略中国的仇恨，对乡亲们的关怀，在这战火纷飞的岁月里，哪一句不都是戳心的话，我能不记在心上？天天是同样的话语，想不记住都难。前两天，我一个人悄悄走村访户，和朝鲜族老乡交流，很顺畅，觉得心里有了底，才敢跟你提这个要求，我可不想在你面前出丑呢。

崔今淑敛住笑容,怔怔地望着张书记,觉得这个年轻的张书记在她的心目中真是神一样的存在,有着无穷的智慧,火一样的激情,有着坚定的理想信念,一往无前的战斗精神,让她倍加尊敬。

就在说话的时候,童长荣不经意中看见,窗外风雪迷漫中,王舒沿着根据地的红军路朝特委驻地走来。他连忙拉开门,来到坡下,将王舒迎进屋里。崔今淑热情地和王舒打着招呼,端着一杯热水递给王舒。

童长荣将王舒拉到火炉边烤火,让他暖和暖和,问王舒,你怎么来了?

王舒喝了一口水,我来主要是给满洲省委送达中央"一·二六"指示信的,受罗书记委托,让我来看看你。

童长荣:罗书记怎么说?

王舒:对不起,我已将你的病情跟罗书记说了。罗书记的意思是让你给省委写报告,如实报告病情,等候省委派人来接替你的工作。

童长荣轻声地埋怨王舒,为什么不遵守我们之间的约定,你这不是让我临阵脱逃吗?

王舒嘟哝着,离开上海前,我去咨询了赵瑞昱,赵医生说,结核病到目前为止,没有特效药,只有保守治疗。这里的严寒条件对你的病情极其不利。我想瞒,罗书记看到了这包药,我就是不说,他也知道了。

童长荣:王舒,别说了,我不能离开这里。

崔今淑在外间听到了两人的对话,心一沉,身子一震,张书记患的是结核病,怪不得张书记不准人喝他的茶缸子,碗筷也不准自己去洗,不让人靠近与他说话,开始还以为这个留洋的书记有洁癖,不想让人接近他,现在她完全明白了。

崔今淑心里十分难过,悄悄起身,来到另一间屋子,王德泰、王中山、李圣依正在屋里商谈工作,见崔今淑进来,都停止了说话,见她神情有些异样。

王德泰站起来,问崔今淑怎么啦?

崔今淑这才说,告诉你们一个不好的消息,张书记早就有了结核病,他一直在带病坚持工作。

王德泰:怪不得,张书记一直在咳嗽,我就觉得他有些不对劲呢。

王中山：这怎么办？张书记可不能倒下去啊。

李圣依：我们得想个办法呢。

王德泰在屋内沉思，他自言自语地说，要想张书记离开工作岗位休息，这绝无可能。这样，我有个建议，从现在起，请崔今淑同志专门负责照料张书记的生活，怎么样？

三人都觉得这个建议好，大家望着崔今淑，那就拜托了，只是辛苦你了。

崔今淑表态，感谢特委领导的信任，从现在起，张书记的生活我管起来。

崔今淑和王德泰、王中山、李圣依来到童长荣房间门口，探头一看，却不见了童长荣的影子。

风雪中，童长荣带着王舒在参观学校、医院、兵工厂、印刷厂。崔今淑冒着风雪赶了过来。

崔今淑催促：张书记，外面太冷了，快回屋里吧。

童长荣兴致很高：我还没有陪王舒看完呢。

王舒也在担心童长荣的身体，又不忍扫了他的兴，见崔今淑在催，借机说，天太冷，等下次来的时候，我再好好看。

三人回到屋内。崔今淑当着王舒的面，对童长荣说，张书记，你别瞒着我们了，刚才你和王交通员的谈话，我都听到了，我也向特委的同志做了汇报。大家决定从现在起，由我来照顾你的生活。

童长荣：胡闹，我一个大人，怎么需要你来照顾生活？

王德泰、王中山、李圣依走了过来。

王德泰：张书记，我们集体商量，少数服从多数，你必须服从。

崔今淑的眼圈红了：张书记，你是嫌我不够格还是怎么地。张书记，金日成同志生了一场大病，就是我照顾好的，我有这方面的经验。

王德泰：是啊，金日成同志从此喊崔今淑同志大姐呢。

王舒就劝童长荣不要推脱了。

童长荣：那好吧。不过，我的这个病情只有在场的人知道，军心不可动摇，更不能让敌人知道我生病了。

王德泰：大家听清楚没有，张书记的病情作为特委和根据地的最高机密，严格保密，不许外传，违反纪律严肃处理！

大家一致同意。

雪后，阳光照着山林，分外美丽。童长荣送别王舒，两人在林边的雪地里行走着。

王舒：罗书记还让我转告你，中央机关即将从上海搬迁到苏区去。

童长荣：这是非常正确的决定。苏区才是我们的源头活水。东满特委向中央苏区学习，建立了根据地，用实践证明这是一条正确的道路。

童长荣接着说，这些年我得出了两条，一是党的路线方针正确的重要性；二是党的领导核心的重要性，这是我们走向胜利的保证。"一·二六"指示精神是党号召全面抗日的宣言书，我马上召开特委扩大会议，贯彻落实。王舒，这里的冰雪消融之后，随之而来的将是更严酷的战斗，我们必须做好一切准备，包括为党、为民族独立解放牺牲的准备，因此，不许你在外面再提我的病情。

王舒点点头，担心地说，罗书记走了，如果满洲省委再遭破坏，如果我万一有什么不测，就怕你们在这深山老林和上级组织失去了联系。

童长荣：所以我们要做好一切最严酷的准备。

王舒：长荣，我最担心的就是你的身体，你可千万要保重啊。

童长荣握住王舒的手，点点头，对王舒说，趁着天晴，赶快走。回到上海，你要照顾好罗书记，尤其是安全方面，要特别注意。李卫不在了，卓蓝在长春，等于少了两道安全屏障，千万不能大意。

王舒对童长荣说，我会小心的，我会用生命去保护罗书记的。两人依依惜别，童长荣一直站在道上，目送王舒离去，一直到影子消失在密林深处。

罗栗文走了，童长荣突然感到心里少了一点什么，有点空落落的。他沿着小路漫无目的地走着，越过小溪，看见雪地里有一行脚印一直延伸到坡上的烈士墓地去了。他循着这双脚印，不知不觉来到了崔昌彬烈士的墓前，只见墓前放着一束腊梅花。童长荣心里明白，崔今淑刚刚来过丈夫的墓前。平时和崔今淑朝夕相处，她从未流露出半点的愁绪和哀伤，童长荣理解她内心的伤痛，她一直在心

里思念着她的丈夫。

望着墓地里几十名长眠的游击队战士,他在想着,等和平的那一天到来时,他一定把这个墓地好好修葺,供后人瞻仰。

出了墓园,他又看见这双脚印进了密林,她到密林里去做什么?正在疑惑之际,看见崔今淑背着背篓从山上走了过来。

童长荣:大雪都封山了,你跑到山上干什么?

崔今淑笑着说,我去咨询了金郎中,哪些中草药对肺脏有好处,金郎中跟我说了许多土里长的,树上结的。雪很大,土里的挖不到,果子也没了,就捡了一些消毒消炎的树皮树叶,熬水给你喝。等春暖花开的时候,草药就多了。不过,按照保密纪律,我没有向金郎中透露任何消息。

童长荣心里一阵温热,责备崔今淑,快回去,别冻着了。

崔今淑笑着说,张书记,这是特委交给我的工作呀,我不尽点心,就是失职。

崔今淑在头里走着,她走到墓园边,看见了墓园里又多了一双脚印,她的心里既感动又不安,这双脚印一定是张书记的。

王舒从根据地来到了长春,意外遇见了吴志杰。两人来到了东北菜馆,他又见到了卓蓝。一见面,卓蓝就急切地问童长荣怎么样了。

王舒淡淡地说:童长荣已经不在了。

卓蓝懵在那里:你说什么?

王舒这才解释,他已经成为另一个人,战斗在茫茫的林海雪原里。吴志杰说,可童长荣在长春出现了。这回轮到王舒发懵了,问吴志杰这话怎么讲?

吴志杰递给王舒一个通缉令,上面配有卓蓝化身童长荣的照片。

王舒拿过来仔细看着,又看看卓蓝:是你?

卓蓝得意地:像吗?

王舒望着照片,情不自禁地笑了起来:像。好一个女版童长荣。

吴志杰:童长荣、卓蓝同时出现在了长春,把林悦吓倒了,高崎现在不敢出门,现在全城都在搜捕童长荣和卓蓝。

王舒:那你们得小心了。这里可是日本人的天下。

卓蓝:敌动我静,现在我休息,让他们折腾一阵子,然后我再去出击,就像猫抓老鼠,我要把他们玩死!

王舒对卓蓝说,卓小姐,你走的是正道,这是一条追求民族独立解放的大道。

卓蓝要王舒说说那个神一般存在的人的情况。王舒对卓蓝说,童长荣不是神,但的确有许多神来之笔,举个例子吧,龟冈村去进攻根据地,他用几张传单就动摇了军心,不得不把联队上千人送进了纠正院反省。

吴志杰:童先生总是有用不完的智慧。

王舒:那是,东京谍战,上海暗战、文战、河南、天津、大连暗战,现在是血战加统战,可谓是屡建奇功。

卓蓝对吴志杰说,她想单独和王舒说几句话。

吴志杰出去后,卓蓝才问道,他的身体现在还好吗?

王舒:暂时还看不出致命的病情,只是咳嗽得厉害。

卓蓝:你得劝他,如果继续在战场上,他会没命的。他才 25 岁。

王舒:我也劝过,可这个人已经没有了自己,只能随他了。

卓蓝忍不住掉着眼泪:我能做什么?

王舒:你什么都不用做,如果要做什么的话,只有一点,千万不能泄露他的病情。

卓蓝点点头:这个我明白。

卓蓝叹了口气,说只是可怜了她的未婚妻。卓蓝对王舒说,我偷走了属于何小姐的小老鼠尾巴辫,就等于偷走了她的魂,我真是无耻。我想去一趟枞阳,把这个老鼠尾巴辫还给她,好让她有个精神寄托。又要过年了,我就想去看看她。

王舒:卓小姐,听你说这些,我真的很感动。我支持你这样去做。只不过,我希望你不要打搅何小姐在庵中平静的生活。

卓蓝轻轻地:我会的。

四十四

临近年关,枞阳也下起了大雪。莲花庵外,一片银白。何坤宜坐在庵中做针线,淡淡地望着窗外飞舞的雪花。妙静师太给佛龛换了香,就坐在何坤宜旁边剪卍字。庵里偶有香客礼佛,何坤宜也并不在意。

何坤宜见天色暗了下来,站起来点起了油灯,看了一下窗外,发现有个女人在院子里焚香,她觉得有些奇怪,这么冷的雪天,竟然还有人来烧香。再抬头看看,发现这个女人不见了,似乎觉得是个熟悉的身影,可又是一副当地妇女的装扮,实在想不出在哪里见过。

卓蓝千里迢迢,来到了莲花庵,一身当地农妇打扮,将头包裹得严严实实,在佛堂里敬完香,蹑手蹑脚地朝后房走来,她偷偷地探头望了一下窗棂里面的动静。屋里光线很暗。

何坤宜继续做她的针线活,何坤宜不知道的是,卓蓝已经闪身来到窗外,在听着她们在屋内的谈话。

妙静师太:佛清啊,你是尘缘未了。人在庵堂里,心还在外面。

何坤宜:师太,我放不下婆婆,我不能眼睁睁地看着她饿死了。

妙静师太:你呀,你婆婆都把你赶出来了,你心里还在惦记着她。

何坤宜:婆婆心好,指望我能回娘家,断了童家的路,这点理我都不懂,我还配待在这个世上?

妙静师太:跟我说说,你每次是怎么把钱送给你婆婆的?

何坤宜:每次攒点钱就偷偷地放到窗台上。要等到天黑,不能让婆婆发现,有一回呀差点被婆婆堵在了小院子里。

妙静师太点点头:佛清,修行就是修心,你纯正善良,慈孝悲悯。今天是腊月二十四,就是小年了,下山去吧,看看你婆婆。

何坤宜眉毛一挑:今天是小年?又要过年了!

妙静师太端出一个小盒子,里面有一些铜钱纸币。

妙静师太:钱不多,我用不上,放到一起,带给你婆婆吧。

何坤宜双手合十:谢谢师太。

卓蓝听到这里,连忙闪出莲花庵,躲到了庵外的树林里。

庵外的山林,白茫茫一片,何坤宜拎着小篮走出庵门,出现在山道上。何坤宜踩着很深的积雪艰难地行走。

天地悠悠,何坤宜的影子在移动。大雪将天地廓得很大很苍茫,风雪迷茫中,远望何坤宜在雪野里就是一个小黑点。卓蓝在后面尾随着。

天快要黑了,何坤宜来到街上,她抖落一肩积雪,来到肉铺子前,递给肉店老板钱,说要称两斤肉给婆婆过年。

肉店老板:何姑娘,你是出家人,不沾荤腥。你放心,明早送新鲜的给你婆婆。你买两斤,我送两斤。

何坤宜双手合十。何坤宜转身离开,肉店老板摇摇头,又点点头。

何坤宜挎着小篮来到米铺子前,双手合十,中年妇女还礼,然后将何坤宜拉进铺子,将火球递给何坤宜烘火。

中年妇女:何姑娘,放心,不管你有钱没钱,只要老太太米缸里没米了,我就送过去。

何坤宜欠了欠身子表示感谢。她看看天色渐渐暗了下来,将火球还给中年妇女,再次双手合十,走出了铺子。中年妇女抽着鼻子,望着何坤宜拎着篮子在大街上的背影。

何坤宜朝上码头童家走来。卓蓝在街的另一侧尾随,来到一个杂货店前,装作看货。

店里的红衣小女孩:妈,那尼姑又下山给她婆婆送钱了。

妈妈哄着孩子,别乱说,她是天上的何仙姑,下凡到人间,她最后还是要回到天上的。

红衣小女孩:妈妈,她不是天上的仙女,她是在街上卖杂货的。

孩子的妈妈:她是从天上贬到凡间来的。

红衣小女孩点点头:那就真是天上的仙女了。妈妈,我知道了,她最终还是

要回到天上去的。妈妈,给我一点钱。

红衣小女孩的妈妈给了孩子几个铜板,红衣小女孩跑到街中间递给何坤宜。何坤宜含着笑朝红衣小女孩双手合十,弯下腰在小女孩的脸上亲了一下,微笑着朝小女孩摆摆手,转身离去。

红衣小女孩拿着铜钱,敬畏地望着何坤宜的背影。

何坤宜继续在枞阳街上走着,两旁店面的人,向何坤宜致意,然后开始点起铺面门口的红灯笼。

红灯笼次第亮起,照亮了大街,何坤宜左右欠身示谢。卓蓝跟在后面,渐生无限敬意。她没想到何小姐竟然感动了这一街人,大家为她点起了红灯笼,在这寒冷的夜晚,她感受到了这条街充满着人世间的温暖。看到了这一街的红灯笼,她想到了伊田家门口的红灯笼,都能在人的内心投下温煦的红光,慰藉人心,给人暖意,她的喉头渐渐硬了,有想哭的感觉。

何坤宜终于来到了童家大院对面的裁缝店。女裁缝将她拉进了店里,卓蓝躲在隔壁的小巷里偷偷地望着童家院子。

何坤宜和卓蓝同时都看见了,童母挂着拐杖进进出出,收着屋檐下的旧衣服,将小凳子端进屋里,终于将门关上。

女裁缝朝何坤宜点点头,何坤宜轻轻地快速地走到街的对面,进了院子,往门口走去,她来到大门旁边的小窗前,开始将铜钱纸币往窗台上放着。

这时,五叔在身后突然出现:贤侄媳呀……

何坤宜欲走,被五叔拦住了去路。

门开了,童母走了出来,哭着:可终于逮着你了。

童母踉跄地追到院子的雪地上,一把抱住了何坤宜大哭起来。

童母大哭:坤宜,我的好媳妇啊!

两人抱住,何坤宜禁不住也哭出了声。这时,街坊都提着红灯笼涌进了院子,围成一圈,不胜唏嘘。

五叔走过来,抹着泪:贤侄媳妇,全枞阳街的人都知道你今天要回来,都没吃小年夜饭呢,就等着你下山,街坊都约定,要为你点上红灯笼。

何坤宜站起来,双手合十,向周围街坊邻居致谢。

卓蓝在人群中看着,乘人不备,她悄悄走到窗台前,掏出了身上的一小袋银圆,放在了铜板和纸币旁边。

女裁缝:何姑娘,别走了,今晚陪婆婆过个小年吧。

叔婶也在劝着:以后啊,大大方方地回来,这里永远是你的家。

何坤宜含泪点头,扶起婆婆朝门口走去。

五叔:谢谢街坊邻居,你们都回去过年吧。

一些街坊带了一些年货放到门口,何坤宜带着婆婆致谢。街坊邻居散去,卓蓝跟着人群悄悄离开。

何坤宜带着童母到窗台上取钱,童母发现旁边多了一个袋子,她打了开来,发现里面是一小袋银圆。

童母诧异地望着何坤宜,问何坤宜哪来的这么多钱?

何坤宜摇摇头,说她也不知道。这时候,她不经意中看见了地上有一行高跟鞋的脚印,突然想起了庵堂中出现的那个女人,不就是上海的卓小姐吗?她怎么来啦?

何坤宜发疯似的跑出院子,在街上张望着,街上阒无一人,只有静静的红灯笼。

雪夜,山道上,何坤宜挎着篮子艰难地行走着。突然她又发现了高跟鞋的脚印。何坤宜沿着脚印跑了起来,跌倒了,又爬了起来。

何坤宜跑到一片林子前,脚印就消失了。

何坤宜大声地:卓小姐,我知道你就在这里,别躲着我,我要见你!

没有人应,只有林子里空荡荡的回音。

何坤宜神情疲惫地爬上山,回到了莲花庵。庵前的雪地上又出现了高跟鞋脚印。何坤宜喘着气,跑进庵房,打开柜子,找出了卓蓝送她的那条长长的大红围巾,跑到了庵前的雪地上。她看到了一根长长的竹竿躺在雪地里。她将红围巾系在了竹竿上,然后将它竖起在雪地里。她站在竹竿下喘着气,静静地等待,何坤宜很快就成了雪人。

妙静师太走了过来拉她回去。

何坤宜坚持不回去,说要等一个人。

妙静师太望着竹竿上的红围巾:要见早就见了,没见就是不想见了。明天再说吧。

何坤宜不得不站起来跟妙静师太回到庵里。

夜晚,雪落山野静无声,万籁俱寂,只有微微的林涛。

第二天早晨,雪霁天晴,东山口的太阳出来了,照在莲花庵的黄色围墙上、积雪覆盖的屋顶上。雪地里竹竿上的大红围巾在阳光雪色中分外耀眼,格外好看。

何坤宜迫不及待地跑到雪地的竹竿前,她突然发现竹竿周围的雪地上踩出了一个圆圈。竹竿上的红围巾下面系着一个久违的红袋子。何坤宜双手颤抖着将它解了下来,打开来,露出了童长荣的小老鼠尾巴辫子,她放在胸前,任眼泪纵横。她的手摩挲着红袋子,似乎里面还有东西,她掏出一张纸,是一封写给她的信,她凝望着。

何坤宜含着泪轻轻读着:尊敬的何小姐,对不起,我拿走了不属于我的东西,现在物归原主,我想我不配拥有它。何小姐,请允许我喊你一声姐姐,你让我在这世界上懂得了什么叫爱。何姐姐,童长荣是个顶天立地的男子汉,他爱这个国家,也深深地爱着这个国家的人民。此时此刻,他为了救国,舍弃了一切,正在抗日的战场上与日寇做殊死的战斗。祝福你,何姐姐,我坚信你们夫妻会有团圆的一天!

何坤宜一手拿着大红围巾,一手拿着红袋子,然后合在一起,紧紧地贴在了自己的脸上。

卓蓝了却了自己的心思,望着秀美的枞川山峦、长河湖面粼粼的波光,也许是爱屋及乌,她对这里的山山水水突然有了莫名的亲切感,甚至觉得这座小城似乎很早很早在她的脑子里就有了印记。她来到渡口,准备租船,这才发现口袋里一个子儿都没有了。

卓蓝想通过枞阳镇找桐城县政府,让陆啸衡派人来将她接到安庆。她很快地否定了自己的想法,她毅然决定在童长荣生活过的这块土地上走一走,也许能找到一些童长荣信念和理想的基因密码。

沿着积雪的山路,走了一天,到了练潭,她口干舌燥,看见路边有个破草房,就走了进来。屋里,一个妇女带着几个孩子偎在一床破棉花絮里,孩子们惊恐地望着陌生来客。卓蓝说,她想讨碗水喝,床上那个年轻妇女连忙爬起来,卓蓝这才看见她怀有身孕,取过旁边的一件破棉袄、破棉裤匆忙穿上。从外面抱回稻草,掀开锅盖洗锅,卓蓝发现锅底已经上锈,她心里很难受。她读过童长荣的那部描写农村的中篇小说,其中有个细节令她印象深刻,一家人冬天只有一件棉裤,当时还不太相信,现在终于让她遇见了。

临走前,卓蓝对年轻妇女说,她身上没带钱,她下次还会回来,一定要帮助她。年轻妇女望着卓蓝,一看就是有钱小姐,她的眼睛里燃起了希望。她指着自己的肚子说,小姐真是有这个心的话,就可怜可怜这个肚子里还未出生的孩子。

年轻妇女哭了,越穷越不想生,这些要死的鬼还就一个个往肚子里钻,法子都想尽了,在肚脐上搽锅灰,在树上撞,就是掉不下来。卓蓝明白了年轻妇女的意思,是想为这个还未出生的小生命寻个活路。

卓蓝答应了她,记下了这户人家的地址姓名,说她明年来接孩子,并保证要将孩子带到上海大城市去,让他读书,过上好日子。年轻妇女千恩万谢。

离开草房,一路前行,她看见冰天雪地里,有个小孩打着赤脚,穿着一条单薄的棉裤就在前面行走,卓蓝内心难受。越往前走,衣衫褴褛之人就越多,路边还有一个插着标志的小女孩,三四岁的样子,小脸冻得通红,拖着鼻涕,在寒风中瑟瑟发抖,卓蓝把头偏过去,可心里又过不去,弯下身子抚摸着这个可怜的小女孩,问旁边的中年人什么价,中年人说随便给,没有钱白送也行,只要能让孩子有个活路就行了。

她不忍再看,心里堵得慌,扶着一棵树喘气,眼泪不由自主地流了下来。她有些明白了,这里哪有什么童长荣信念和理想的密码,就是残酷的中国社会现实。她似乎一下子明白了,共产党和童长荣他们是对的,他们所做的事就是救中国、救民族、救穷人,并为此决心献出一切。卓蓝突然觉得,这种活法是有价值的。

卓蓝心里骂着,要是自己天天生活在这些苦难的人群里,老子也会革命的。

卓蓝一路千辛万苦,替人看过孩子,替烧窑的做过饭,搭过拉木料的大车,在巢湖边混上了一条船,辗转到了开封,联络上了开封那个西装青年和中山装中年,回到了长春。

长春吉林行政长官官邸。林悦召集高崎、小日向、千惠子开会。小日向自从朝鲜人民会被烧之后,就调回长春担任特务机关长。

高崎:童长荣、卓蓝同时出现在长春可不是好兆头。

千惠子:现在又谜一样的消失了,真叫人担心,不知道他们在背后做些什么,什么时候出现。

小日向:童长荣已经成为延边地区最大的隐患,真叫人头痛。

林悦:难道我们就被他们吓怕了?

千惠子:令人担心的是,那个蔡老板的管家吴志杰也在长春出现了。

林悦:他根本就不是蔡老板的管家,而是少帅府的旅长,他不满东北军的不抵抗,现在出来单干了。

高崎:尽管长春是我们的天下,但这几个人能量很大,躲在暗处,很难防备,大家可要时刻小心。

林悦:被动应付,还不如主动迎战。召集你们来,就是因为你们对这几个人都很熟悉。从现在起,我们务必将他们清除掉。

小日向:据我们的调查,那个东北菜馆很可疑。在大连,它就开在大和旅馆的正对面。现在又突然出现在长春,不能不令人生疑。

林悦:给我盯住这个菜馆。

小日向带人在东北菜馆附近转悠,秘密侦查。周老板若无其事地走进菜馆,迅速来到后院的楼上,对吴志杰说,东北菜馆可能已经暴露。

吴志杰微微一笑:他们终于来了,就等着他们上钩呢。

吴志杰朝楼下看去,指着小日向说:那个为首的叫小日向,我们在东京就较量过。

吴志杰与周老板耳语。周老板点点头。吴志杰下楼,走到菜馆门前,上车离开。小日向在暗中窥望。

手下请示:要跟踪吗?

小日向摇摇头:看住这个窝点,再注意这两个人的踪迹。

小日向将童长荣和卓蓝的照片发给几个跟踪的便衣。

四个便衣从暗处出来,走进菜馆。店里的伙计热情接待。

伙计:请问你们是吃饭还是住宿?

便衣:我们吃住在这里,给我们开两个房间。

伙计:好嘞。请跟我来。

伙计将四个便衣带到后院,安排住宿。四个便衣拿了钥匙,一边观察,一边走进了房间。

吴志杰的车子在街上转悠了一圈,又回到了菜馆。

周老板轻轻地:他们住进了四个人,可能是来摸底的。

吴志杰告诉周老板,他们见不到童长荣和卓蓝,不会行动。记住,他们说什么都是假的,不要相信。周老板点点头。

卓蓝从枞阳回到了长春,联系上了吴志杰。他告诉卓蓝,小日向已经派人住进了东北菜馆旅社。

卓蓝:那我们就把这出戏唱下去。

卓蓝上车,吴志杰径直将车开进了东北菜馆,卓蓝下车。楼上房间的便衣拿着照片对着,确认下车的正是卓蓝。

卓蓝走到二楼尽头的房间,关上了门。吴志杰开着车又出了院子。

卓蓝进入房间后,打开墙上的机关,走进隔壁房间,换上了童长荣的装束,打开天花板,爬了上去,沿着墙顶的暗道走到墙角,掀开一个暗门,顺着一根绳子滑了下来,进入地下室,然后沿着暗道,从通往墙外的一个暗口走了出来,上了吴志杰的车子。

吴志杰开车绕了一圈,又从东北菜馆的正门开进了院子。

卓蓝扮成童长荣,戴着眼镜,下了车,上楼,进了二楼卓蓝房间前面的一个房

间。楼梯口窥望的便衣回到房间。四人聚在一起,确认照片上的这两个人已经进入房间。他们立刻派人向林悦报告。

小日向分析,也就是说,童长荣、卓蓝和吴志杰都在这个菜馆的附属旅馆里。

便衣说,我们已经核对过照片,确定无疑。

千惠子终于舒了口气:知道他们在什么地方就好。高崎先生已经有好几天不敢出门了。

小日向:现在就采取行动吗?

林悦:童长荣、卓蓝、吴志杰再次聚集长春,目标是什么,你们清楚吗? 当年不惜生命获取《田中奏折》,就是阻止我们的计划。现在我们正在顺利实施满蒙政策,这几个亡命之徒,他们有着特殊的心结,要在长春孤注一掷。可我不知道他们要干什么,必须搞清楚他们的行动计划再一举歼灭。

小日向产生了疑惑:我没有搞明白,童长荣在延吉深山密林里打游击战,怎么又出现在长春,他有分身术吗?

林悦:童长荣不按常理出牌,我们的智商加起来都没有他那颗聪明的脑袋管用,这是一个非常危险的敌人。我们只要有一个疏忽,就会掉进他的陷阱里。

千惠子离开了吉林行政长官官邸,挎着坤包沿着街道走着,走到一处小巷时,吴志杰驾着车,突然在千惠子前面停住,卓蓝拉开车门,一把将千惠子拽进了车里,用枪顶住了千惠子。千惠子见是卓蓝,惊恐万分。

卓蓝:千惠子小姐,我们又见面了。

千惠子不停地拍着胸脯,一副受惊吓的样子:卓蓝小姐,你误会了,我就是个佣人。

卓蓝:千惠子小姐,我会给你充分的时间让你澄清自己。

吴志杰和卓蓝将千惠子带到了一处密室,将她摁倒在椅子上坐下,摘掉了头套。

千惠子:卓小姐,我对令尊大人的不幸深表歉意,那纯粹是一个意外。

卓蓝一巴掌打在千惠子脸上,抽出一柄明晃晃的短刀:今天,我让你死在这里,那也纯粹是个意外。

千惠子:卓小姐,你可以杀我,但我真的只是一个佣人,就是替他们跑腿。大华纱厂被烧,我真的不知情。

卓蓝:这么说,你是不想说了?

千惠子:卓小姐,我一定把我知道的都告诉你。

卓蓝:内田为什么把你派到高崎身边?

千惠子:内田把我玩腻了,就把我转送给了高崎。还有就是来中国,让我找戴先生施加压力。我到上海没有特别的任务。

卓蓝:高崎卖掉大华股份,同时把几家工厂作为上海战事的导火索,你知道不知道?

千惠子:我只知道卖掉大华股份是到东北来投资铁路建设的。具体情况他们不会告诉我。你清楚,我就是个工具,不够掌握内情的等级。不过,高崎让我送钱给了日本的浪人和和尚,是这些人挑起的事端,我是后来才知道的。

卓蓝:告诉我,你和戴先生到底有没有孩子?

千惠子伤感地:没,没有,那是个大雪天,内田强制把我拉到医院,不是生孩子,而是给我做了节育手术。

卓蓝:为什么?

千惠子:他不准我恋爱结婚,给我洗脑,说要让我的美貌成为帝国的工具。卓小姐,你可以检查我的手术伤疤。

卓蓝继续审问:我在东京,内田派你到町田街来……

千惠子:内田让我监视你。不过,我做家务,烧可口的饭菜,是尽心尽力的。

吴志杰:告诉我,蔡老板的情况怎么样?

千惠子:来中国前,我听内田说过,不会把他从牢里放出来,也不打算处决他。他要让蔡老板品尝满蒙计划顺利实施带给他的煎熬和痛苦。

吴志杰一拳砸在桌子上。

吴志杰:告诉我,高崎除了修铁路,还在干什么?

千惠子:黑龙会风光不再,高崎投靠满铁,组织了一个100多人的情报机构,负责调查东北的工农业生产经营,他有野心,要协助满铁在战后控制东北的

经济。

卓蓝:刚刚去行政长官官署干什么?

千惠子:高崎不敢出门,让我到林悦小姐那里打听你们的情况。

卓蓝:哪些人?

千惠子:就林悦和小日向。

吴志杰:林悦和小日向都掌握了什么?

千惠子:我只知道他们在监视东北菜馆。

卓蓝:千惠子小姐,我告诉你,我去过你的老家,见过你年迈的父母,你的父母在邻居面前夸耀,你在东京有一份薪水优厚又体面的工作,可你的父母不知道你就是一个供人玩弄不敢见光的低级工具,你跟你的父母说你有幸福的家庭,还有可爱的儿子,可你的父母不知道,你早就失去了生育的能力,而且永远也不会有幸福的家庭。

千惠子哭了:卓小姐,我不想活了,求你把我杀了。

卓蓝:现在该你告诉我了,高崎住在哪里?

千惠子:我和他住在一起,他是个禽兽,我也想杀了他。

卓蓝:你能带我去吗?

千惠子点点头。

千惠子将卓蓝和吴志杰带到了高崎的住处。千惠子在外面敲门,高崎在门缝里看见是千惠子,就开了门,吴志杰带着绳索,拎着一只小铁桶抢进门里,用小铁桶狠命地连击高崎头部,高崎被打倒在地,卓蓝举着枪将千惠子押了进来。

进了屋里,卓蓝丢开千惠子,一把抓住高崎。高崎惊恐地望着卓蓝,又望着千惠子。

高崎:你这个娼妓,居然敢出卖我!

千惠子退到桌子边,乘着吴志杰和卓蓝不备,偷偷地从抽屉里取出了手枪,突然对准了卓蓝。吴志杰拔枪射击,千惠子的枪掉到地上,倒了下去。高崎闭上了眼睛。

卓蓝:你这个畜生,我会让你睁开眼睛的!

卓蓝打开小铁桶将汽油从高崎头上浇了下来。

高崎惊恐地睁开眼睛,露出恐惧的眼神求饶:卓小姐,我该死,我对不起你的父亲。你给我一次机会,我把我们的内部情报全部提供给你们。

卓蓝冷笑着,指着千惠子的尸体:你们这些畜生的话我还会信吗? 这个世界,有人注定要升入天堂,有人注定要下地狱!

卓蓝掏出打火机打着火,静静地望着火苗,扔到了高崎身上,屋内火光冲天而起。卓蓝闪身离开,吴志杰用铁链拴住了铁门。

卓蓝和吴志杰迅速跑进小巷,卓蓝扔下几张传单,驾车离去。

高崎、千惠子被烧死的消息,传到林悦耳朵里,她吓得半天回不过神来。小日向递给林悦一张印刷品。印刷品上还是射击女郎和枪口的火舌,不过上面换了一行字:预告,汉奸熙洽、林悦,死!!!

林悦盯着宣传品,面部表情变化复杂。

小日向对林悦说,我带人去把东北菜馆端了。

林悦摇摇头,叹了口气,我太了解童长荣了,他在东北菜馆已经给我们设好了陷阱,你知道这张纸是什么意思吗? 就是要我们去行动!

小日向始终想不明白,派人轮番值守,没有看见他们从旅馆里出来,可就是出事了。

林悦:这就是他们的诡异之处,就是叫人看不懂。

小日向:下一步怎么办? 要不,把东北菜馆里的那个老板秘密抓来审问?

林悦:抓来只有一个结果,就是多具尸体,还惊动了他们。什么都不要动,先冷它一段时间。我就是看看童长荣、卓蓝能玩出什么花样来。

延吉日军纠正院里,日本士兵齐刷刷地站在广场上。鬼子联队长陪同龟冈村走进大院。

龟冈村走到日本兵面前,发表讲话:我很高兴,你们经过三个月的反省,在这里受到灵魂的洗礼,你们已经成为帝国的战士,所向披靡,战无不胜。春天已经来临,春季攻势即将开始,我希望你们在战场上像碾死蚂蚁一样杀死中国人!

日本兵高呼:杀死中国人!天皇陛下万岁!

一班日本兵押进来一群老百姓,立在墙边。

联队长:今天是最后一课,杀人体验。

日本兵纷纷举手请求体验。

联队长望着举手的士兵:吆西,你,你,还有你。

一个日本兵来到一个老百姓跟前,做了一个标准的刺杀,一位老人倒下;

另一个日本兵举起枪对准了一个青年农民射击,青年农民倒了下去。

一个日本兵拔出匕首,来到一个十二三岁的男孩面前,将刀放到男孩的颈脖上。

士兵高叫:我要将他的头割下来!

一片狂野的叫声中,伊田助男、古豆、稻苗望着男孩惊恐的眼神,稚嫩的脸,不忍再看,把头转了过去。

联队长:这里有一名孕妇,谁想知道这肚子里是男孩还是女孩?

一阵阵狂野的有节奏的嚎叫:我来!我来!我来!

杀人课程结束后,龟冈村将这上千人的士兵带回军营。崎岖的山路上,伊田助男驾驶着汽车,车上的日本兵号叫着,三个月的纠正院的洗脑,泯灭人性和良知的课程把这些士兵变成了战争的机器,把一个个正常的人变成了魔鬼。

春天又来到了东北大地,树林里,鸟语花香。为全面贯彻中央"一·二六"指示信精神,特委决定分四个小组到各县委去宣传政策,提高大家对抗日统一战线的认识。崔今淑陪着童长荣来到了珲春。

在密林里,童长荣对干部和战士发表讲话:珲春县委和游击队的同志们,今天,我专程来到珲春看望大家,你们在山林里熬过了一个冬天,即将迎接新的战斗,我代表中共东满特委向你们表示亲切慰问和崇高的敬意。

大家热烈鼓掌。

童长荣:同志们,今天我还带来了中央"一·二六"指示精神和"一·一七宣言",这两个文件的核心内容是总结了东北各族人民从自发对日斗争到党对抗日斗争全面领导的历史过程,确立了中国共产党在政治上、军事上领导抗日斗争的神圣使命,号召团结成最广泛的统一战线,夺取抗日战争的最后胜利。

游击队员:张书记,我对中央精神有一点不能理解,那就是统一战线的问题。刚才张书记说要团结山林队、山上的土匪、有钱阶层,甚至地主富农,我们怎么能和他们混在一起?

童长荣:这个问题提得好,这就是特委为什么分头到各县宣传的目的。"九一八"事变后,民族矛盾已上升为主要矛盾,阶级矛盾已经成为次要矛盾。不管是什么人,只要是爱国的,有抗日的意愿和行动,我们都欢迎。

崔今淑:张书记贯彻中央的统一战线政策精神,不光团结各阶层人士,还把这个政策用到了日本侵略者身上,张书记通过攻心战,分化瓦解了日本鬼子,让1000多人失去了战斗力,进了纠正院反省,这就是统一战线工作。特委专门创办了《两条战线》刊物,张书记每期都发表文章,大家要组织学习。

战士们拿出了《两条战线》刊物,在翻阅。

战士们议论着:我们学习得不够,看来打日本鬼子,不光用枪杆子,还要用脑子。

童长荣:这就对了。

童长荣站了起来:同志们,春季攻势即将来临,我希望珲春游击队在县委领导下,按照特委的统一部署,取得新的更大胜利,争取更大的光荣。

在珲春开完会后,崔今淑陪着童长荣立即返回。山上的金达莱花开了,灿若云霞。

童长荣和背着篓子的崔今淑一前一后走着。童长荣望着金达莱花。

童长荣:崔今淑同志,金达莱花开了,唱个《金达莱》吧。

崔今淑:张书记,我们一起唱。

两人一前一后轻声愉悦地唱着:开呀么开呀笑口开,冰山雪岭露脸来,花呀么花呀金达莱花,为什么开得这样早,这样快?好似要与那梅花来比赛,哦,是因为春姑娘要出嫁,冒寒斗雪来喝彩……

山涧残雪,淙淙流水,高耸入云的树木。崔今淑美丽的面庞,童长荣轻松的

笑容,他们唱着悦耳动听的歌曲,在山涧里走着。前面就是一丛丛美丽的金达莱。崔今淑停止歌唱,跑过来采摘了一束金达莱花。

崔今淑将金达莱花递给童长荣。他们两个在山坡上坐下来休息。童长荣嗅着金达莱花。

童长荣动情地对崔今淑说,在我的家乡金达莱花有着另外一个名字,叫映山红。春天来了,漫山遍野,装点着秀美的家乡。

崔今淑侧过脸,望着童长荣说,张书记,你想家乡了?

崔今淑默默地望着童长荣,见他情绪突然激动起来,不停地剧烈地咳嗽,嘴里涌出大口大口的鲜血,洒在金达莱花上。

崔今淑连忙拍着童长荣的背部:张书记,对不起,我不该让你情绪这么激动。

童长荣:没事,只要休息一会,血就止住了。

童长荣靠在树干上喘着气。崔今淑有些惊慌,她四周望着,看见不远处有个猎人小屋。崔今淑搀着童长荣走进小屋。小屋里有个炕,炕上有些草,她扶着童长荣慢慢躺下。

崔今淑:张书记,你在这里休息一会,我去山上采点止血的药。

童长荣:崔今淑同志,要注意安全,快点回来,今天务必要赶回根据地。

崔今淑答应着。掩上门,朝山上爬去。

山涧里,突然出现了十几个日本兵,稻苗也在里面。日本兵发现有人进了屋子,悄悄围住了小屋子。童长荣听见了外面的动静掏出枪,从床上下来躲到窗子后面,探头朝窗子外面看了一眼,发现屋前屋后都是日本兵,糟糕,看来是走不脱了。他环顾小屋子,发现有个后门,他闪到后门,发现后面的门也被日本兵堵死了。

他分明听到了日本兵在说,弄些柴火来,把屋子里的人给烧死。

几个日本兵抱着树枝树叶堆在小屋前后。稻苗和一个日本兵堵在后门。

隔着门缝,童长荣见后门只有两个日本兵,就用日语和他们对话:日本士兵弟兄们,我在日本东京留学过,和日本人结下了深厚的感情。中日两国人民是友好的。你们不能帮助日本法西斯跑到中国的土地上滥杀无辜善良的中国人。

另一日本士兵望着稻苗吃惊地:他会说日语。

稻苗小声地问:你叫什么? 你是干什么的?

童长荣听出这声音并无恶意,索性放开来表明身份:我叫张树华,我在做和平的工作。

稻苗:你是中国共产党党员吗?

童长荣:是的,可我也是一个兵,我手里也有枪,不过,我现在并不想开枪,我要把这子弹对准日本法西斯。如果你们同意我的看法,就请放了我,如果不同意,我就跟你们拼了。

稻苗轻轻地:张树华同志,我们两个都是日本共产党员。我们准备放了你,你开门吧,小点声。

童长荣内心很激动,没想到这两个日本兵也是共产党员,童长荣没有退路,选择了相信,他将门拉开了一道缝,看见稻苗和另一个士兵将枪口朝上。童长荣将门拉大,闪了出来。

稻苗:我叫稻苗,你快走。

童长荣:稻苗同志,我是东满特委书记,有空到根据地去,我在那儿接待你。

稻苗点点头,朝四周看看,他朝童长荣点了点头。童长荣消失在树林里。稻苗将后门关了起来。

崔今淑背着篓子,爬到了半山腰采草药,这段日子她经常向金郎中虚心请教,还一同上山,她已能辨别出几十种草药,还了解药用。采好了药,开始下山,她抬起头突然发现猎人小屋前后围着十几个日本兵,正在小屋前堆着柴火。崔今淑从背篓里取出枪,不顾一切地朝山下跑去。

日本兵点上了火,大火熊熊地燃烧。日本兵疯狂地大笑着离开。崔今淑拼命奔到小屋前,小屋已经化为灰烬。

崔今淑失声地喊着:张书记……

她放下背篓,瘫坐在小屋前号啕大哭:张书记,我没有保护好你! 特委需要你! 这可怎么办呢?

崔今淑无比伤心,哭泣着艰难地爬起来,但就是爬不起来。一双手拽住了

她,崔今淑回过头,发现童长荣就在身后,含着笑望着她。

崔今淑拼命地抱住了童长荣:张书记,他们没有烧死你?

童长荣笑着说:崔今淑同志,我已经死过多少回了,可就是死不掉。

崔今淑还在哭着:你,你怎么出来的?

童长荣:后门有两个日本兵,我用日语和他们一交流,居然发现他们都是日本共产党员,将我偷偷地放出来了。我还邀请他们到根据地来做客呢。

崔今淑破涕为笑:张书记,党的统战政策真是神了,"一·二六"指示真是好。

童长荣:走,我们回根据地!

崔今淑这才想起自己要做的事,拿起采来的草药让童长荣嚼着。两人又重新走进了林子,往根据地走去。

日本兵营房的停车场里。伊田助男坐在地上,靠在军车的前轮上,古豆带着稻苗四下瞅瞅,来到车子边。

古豆带稻苗来向伊田助男讲述白天在猎人小屋发生的事。

稻苗:伊田君,今天我们小队到山区执行任务时,我偷偷放了中共东满的特委书记。

古豆:稻苗君说,这个特委书记正在猎人小屋里休息。

稻苗:是的,我们的小队长让我们前后围住了小屋,准备烧死他。我正好在后门,这个特委书记就用日语和我说话。

伊田:他会日语?

稻苗:他说他毕业于日本东京帝国大学。

伊田助男立即想到了童长荣,激动地:会不会是童长荣君?

稻苗摇摇头:不是,他说他叫张树华。

伊田助男:那真是遗憾。

伊田助男有些不甘心,让稻苗具体描述一下这个特委书记什么模样。稻苗比画着,戴副眼镜,娃娃脸,脸色白白的,很文静,日语说得非常标准流畅。

伊田助男的眼睛凝视一点,喃喃地说,这分明不就是童长荣君吗?

稻苗接着说,我向他表明了自己的身份,我是日本共产党,他很高兴,还邀请我到根据地去做客呢。

伊田助男:可惜,我在辎重队,只能随大部队行动,无法脱身,否则我真想到根据地跟共产诸君联络联络。

古豆:明天我们有任务,进山里参加搜索行动。

伊田助男点点头:古豆君,你见过童长荣,如有机会设法脱身,你去根据地看看,这位根据地负责人究竟是不是童长荣君。

古豆点点头。伊田助男决定,立即召开延边反战支部会议。古豆和稻苗分头去通知,不一会12个日本共产党员陆续走进小树林,大家围在伊田助男身边。

伊田助男:同志们,古豆君明天随侦查小分队到山里去,我想请古豆君到根据地与共产党游击队取得联系。支部在这里组织一次募捐活动,带给游击队的同志。一个人200元,大家有没有意见?

大家点点头,纷纷从口袋里掏出钱,古豆收钱,然后数了一下,一共是2400元,他表示负责把大家的心意带到。

伊田助男:诸君要记住,我们都是日本共产党员,我们要和平,反对战争,更不要屠杀无辜的中国平民。大家还要记住,我们的行动是正义的行动,是共产国际运动的一部分。日本法西斯把我们强征到战场上,我们12个人不能阻挡法西斯的行为,但我们要在自己能力的范围内做和平的工作。我们宁可死,也不能改变我们对共产主义的信仰。

伊田助男伸出了手,12双手叠加在一起。

第二天古豆一行20人左右在侦察小队长的带领下进入了密林,他们一边走,一边记录地形。他们摸到山口,小队长用望远镜望着山下远处的村庄。

小队长:看见没有,那里就是共产党游击队根据地。

日本兵连忙拿起标尺工具测量距离。

一个日本兵前来报告,说有十几个带枪的人走过来了,好像是共产党游击队在巡逻。

小队长吩咐,不要让游击队发现了,我们往后撤。

山谷险峻,古豆渐渐退到队伍后面。走到一个悬崖边,他探头看了一下,深不见底。古豆迅速藏到一块巨大的岩石后面,将一块石头推下崖坡,发出了声响。

日本兵惊呼:古豆君掉下去了。

小队长和日本兵围了过来,朝下面看着,下面深不见底。

小队长:怎么搞的?

队员们望着小队长,小队长手一挥,日本兵只得跟着小队长后面走了。

古豆望着侦查小分队消失在密林里,从岩石后面站起来,往相反的方向走去。正好迎面遇上了巡逻的游击队。游击队发现了一个日本兵,连忙举起枪。古豆放下枪,举起了手。

日本兵侦察小队出了密林,走上山岗,一个日本兵不经意间回头发现,古豆被游击队战士前后押着正在下山,连忙向小队长报告。侦察小分队所有人员都看见了古豆并没有摔死,而是去了根据地。

日本兵小队长,嘴里骂着:八嘎!

古豆蒙上了眼睛被战士们带到了外面的会议室,游击队员摘掉了古豆眼睛上的黑布。

童长荣从里屋走了出来:听说你想见我?

童长荣一抬头,两人都很意外。

古豆笑了:还真是长荣君呢。

童长荣握住了古豆的手:是古豆君,没想到在这里能见到你!我真的很高兴。

外屋,崔今淑听着童长荣用流利的日语在和古豆对话,心里在想,张书记又交了一个日本朋友,听那语气,像是个老朋友。

屋内,古豆对童长荣说,你知道是谁让我来的吗?

童长荣有了预感,望着古豆,试探地问着,不会是伊田君也上了战场,和你在一起吧。古豆认真地点了点头。

童长荣的情绪显得无比激动,也很感慨:我们在东京并肩战斗过,我曾不止一次地期待我们的重逢,可没想到,竟然是在战场上。他把古豆拉到椅子上坐下,崔今淑笑盈盈地端着一碗水走了进来,童长荣接过碗,递给了古豆。

童长荣:快告诉我,你们是什么时候到中国来的?

古豆:半年前,我们被强征入了伍,我是在上船的时候遇见了伊田君,还看见了他的妹妹美子和妹夫在岸边送行。

童长荣喃喃地:美子的孩子该有 6 岁了。

古豆点点头,告诉童长荣,他们是从朝鲜进入中国境内的。伊田助男现在是延吉辎重队司机,是一个小队的队长。稻苗回去后,说他私下放了东满的特委书记,我就带他见伊田君,根据他的描述,伊田猜测这个特委书记可能就是你,可名字又不对,叫什么,张树华? 正好我们小队到山里来侦查,他就让我一定设法到根据地来,果真是你。

古豆掏出一叠钱递给童长荣说,伊田君现在是延吉日共反战支部书记,昨天,特地秘密召开会议,这是我们 12 名党员捐的钱,钱不多,一点心意,请务必收下。

童长荣非常感动:好,这份珍贵的中日同志之间的情谊,我决定收下了。不过,古豆同志,你到我们这里来,却只有一碗水招待你呀。

古豆:一碗清水情意深,我觉得比蜜还甜呢。

童长荣:古豆君,你们这次来侦察地形,应该是准备新的攻势了。

古豆:是的,龟冈村司令官发誓要拿下根据地,你们得做好准备。

童长荣:我们已经做好了一切准备,不过你们可要注意安全啊。

童长荣深情地回忆起古豆提供救护车的情形,还提供了证据戳穿了千惠子的谎言。童长荣称古豆为亲密的战友,古豆很激动,情不自禁地抱住了童长荣。

外面的崔今淑听不懂日语,偷偷地瞟了一下童长荣的房间,这时王中山也进了门,就是不明白他们怎么就拥抱在了一起。

临走前,童长荣对古豆说,我一定要设法见到伊田。古豆说,伊田也想见你,你知道吗?你在他家里还留了一份《共产党宣言》手抄稿,这次他也带来了,说一定要亲手交给你。

童长荣让古豆告诉伊田助男,我在根据地等他。

古豆站起来,连声说好的,好的!那我走了。童长荣送他出门,崔今淑、王中山在一旁看着,两人小声议论着,张书记把统战工作都做到日本军营里去了。

门外的游击队战士对古豆说,对不起,我们还得把你的眼睛蒙上。

古豆愉快地闭上眼睛说,蒙上吧,谁让我是个日本人呢。

童长荣嘱咐游击队战士:一定要把古豆先生送到安全区域。

两个战士带着古豆离开,童长荣挥手作别。

上海。赵瑞麟在办公室情绪不佳。杨飞死了,李卫也死了,卓蓝报仇去了,童长荣这个老对手上了抗日战场,据报共产党中央机关也已离开上海,到江西苏区去了。他忽然觉得自己没有了对手,无所事事了。现在的上海,日本人已经肆无忌惮,由秘密转为公开,上头还有命令,他又很难有作为。他怀念起了和童长荣争斗的过往。童长荣虽然可恨,这可是令他尊敬的对手,和这种人斗,尽管屡战屡败,但能斗出心性来,能让他血脉偾张。还有卓蓝,恋着童长荣,让他心怀醋意,但这一切都消失了。现在手下只有一个张龙在跑龙套。他不禁感叹,他的人生因这些人的缺席,显得清淡如水,索然寡味。

尽管这几天抓了三个共产党,在他眼里都是小鱼小虾,他连审讯的兴趣都没有,像这类小人物,只配得上张龙这个层次的行动队队长去审讯,自己要是坐进了审讯室里,那简直就是对自己的侮辱。

正在这个时候,张龙进来,报告了一个令他满血复活的情报,他们派人在跟踪王舒的时候,发现了罗栗文就在上海。他几乎是从座椅上弹了起来,盯着张龙问,情报确切吗?

张龙说,是他亲眼所见的。赵瑞麟思索着,问张龙抓来的三个共产党都招了吗?

张龙摇摇头,说个个都是一副死猪不怕开水烫的样子,都巴不得早死早投胎。赵瑞麟不再矜持,让张龙去准备准备,他要提审这3个共产党。张龙正准备走,又被喊了回来,要求张龙给他提供两个资料,一是这几个共产党都是些什么角色，二是搞清楚他们的家庭成员和社会关系。显然张龙工作做得没有这么细致，抓到了就一股脑地打。他只得如实说，对不起，这些工作都没有做，也就没有这方面的材料。

赵瑞麟将张龙一顿臭骂，说跟他这么多年白跟了，一点长进都没有。张龙连忙低头认错，卑职失职，马上带人去调查。

隔了两天，张龙通过各种渠道，大致搞清楚了这三个人家庭情况、社会关系，其中有一个瘦高个青年据内线提供的情报，可能对罗栗文熟悉，这令赵瑞麟兴奋不已。他让张龙将这三个人带到院子里，站成一排，先把那两人毙了，留下了这个瘦高个青年。

显然这个动作吓住了瘦高个青年，赵瑞麟走到他面前，对他说，对待共产党，我一般都是采取简单粗暴的方法，说不说在你，你活不活在我，还有你的父母，你的妻子和两岁的孩子。给你一天考虑时间。说完吹吹枪口的硝烟，径直走了。

当天晚上，瘦高个青年就招了，说罗栗文现在是共产党全国总工会党团书记，负责上海的工人运动，明天就要去参加一个海员工会会议，地点在五福弄。

赵瑞麟吩咐张龙组织精干抓捕队伍，务必将罗栗文抓获。

第二天，王舒陪罗栗文果然出现在了五福弄，他们边走边聊，没有意识到危险正在逼近。

罗栗文对王舒说，我有一个担心，我离开了东北，新的满洲省委不是很稳定，最怕童长荣他们在深山密林里与上级组织失去联系，那他们就会陷入孤立无援的地步，还有就是童长荣的身体能不能顶得住，这也很令人担忧。

王舒表态说，那他就还继续跑东北的交通，这样就可以去看长荣了。

罗栗文：王舒，我很对不起你。你毕业于日本陆军士官学校，完全可以在战场上独当一面，却让你做了默默无闻的交通工作。

王舒笑了：为党工作，不需要名分。我很高兴这些年为你和长荣服务，你们都为党做出了重要贡献。

罗栗文：我一直有一个愿望，什么时候等我们凑齐了，三人在一起合个影，留个纪念。

王舒:我也这么想呢,一晃 10 年过去了,竟没想到要在一起合个影,真是遗憾。

街口有人影闪过,王舒轻轻地说,罗书记,有情况。罗栗文警觉地望着周围,两人掏出枪,迅速地沿着弄堂一边隐蔽一边行进。弄堂口,张龙带着十几个人冲了进来。

王舒:罗书记,你快走,我来掩护你。

罗栗文:王舒,你快走,你还有重要的交通任务。

王舒:保护上级,是交通员的职责,你的生命比我重要,快走!

王舒和罗栗文边退边射击。走到一处小窄巷,王舒将罗栗文一把推了进去。王舒正在转身时,赵瑞麟带人从另一个巷子冲了过来。王舒前后遭到夹击,正在举枪射击时,被子弹击中,王舒倒了下去。罗栗文回转身来救王舒,赵瑞麟的人马一哄而上,将罗栗文死死摁住……

罗栗文,系罗登贤、王步文、周以栗原型。

罗登贤,中共中央政治局委员,中共江苏省委书记、中共满洲省委书记,童长荣的直接领导人。1933 年 3 月在上海被捕,在南京雨花台壮烈牺牲。时年 28 岁。在狱中,他还在担心童长荣的身体。

王步文,首任中共安徽省委书记,童长荣的革命引路人。1931 年 5 月被捕壮烈牺牲,年仅 33 岁。

周以栗,任河南省委书记时被童长荣营救出狱,1934 年红军突围时壮烈牺牲,年仅 37 岁。

四十五

两个游击队战士将古豆送到了根据地外,摘下蒙在眼睛上的黑布条。古豆揉揉眼睛,朝两个游击队战士鞠躬,不住地说谢谢。战士们将枪还给了他,朝他身上上上下下瞅着,摇摇头说,你这样干干净净、整整齐齐地回去可不行呢。古豆掉队的理由是掉下悬崖,晕了过去,醒后攀爬脱险,战士们为了让他不受怀疑,将他的衣服撕破,将碎石片在古豆脸上刮了几下,在手上、腿上刺了几个口子和擦伤,上下打量着,琢磨着,觉得这模样有点像了,这才对古豆说,你可以走了。

古豆感谢游击队战士的细心,再次朝游击队战士们鞠躬,这才往山下走去。

临近军营,古豆拿枪当拐杖,朝军营一拐一拐地走来。古豆没想到的是,他的行为早已败露,不管怎么伪装,他都已经逃脱不了厄运的到来。

日本兵发现了古豆后,立即向小队长报告。小队长听说是古豆回来了,立即通知督战队。古豆还未见到伊田助男,就被督战队的日本兵带走了。之前,侦查小队长已经向龟冈村司令官汇报了古豆有和根据地勾结的嫌疑,龟冈村为避免动摇军心,吩咐此事不得张扬,责成督战队暗中调查。

古豆被带进了审讯室。小队长陪着督战队队长和联队长开始审讯古豆。

督战队长:古豆君,告诉我,你是怎么掉队的?

古豆:报告联队长,我不小心踩到悬崖边的一块石头上,石头松动了,我就滑了下去。

联队长:那你怎么没有摔死?

古豆:我被一棵树挡住了,才没有掉下去。

小队长:怎么没有听见你求救的声音?

古豆:滚下去的时候,头撞击在石头上就昏死了过去。

督战队长:后来呢?

古豆:后来醒了,我就设法爬了上来。

督战队长:你的小队长向督战队报告可不是这样。

古豆望着小队长:队长,我说的是实话。

小队长冷笑:哼,我们行动队的队员见你跟着游击队下山去了。你还要撒谎吗?

古豆:也许你们是看错了,我确实是摔了下去。

小队长:看来,不给他吃点苦头他是不说的。

几个日本兵将古豆绑到架子上,轮番用拳头攻击,古豆满嘴鲜血,鼻青脸肿。

督战队长:告诉我,为什么要私通共产党游击队?

古豆知道自己已经在劫难逃,索性就豁了出去。

古豆:好吧,我说,我确实到游击队那里去了。

督战队长:那你告诉我,你给他们送去了什么情报?

古豆:我不告诉你!

小队长:不说,别想从这里出去。

古豆:既然被你们发现了,我就不打算出去了。

联队长:你是日本共产党吗?

古豆:当然是。

联队长:告诉我,在我们联队里还有多少日本共产党?

古豆:没有,就我一人是日本共产党。

小队长和几个日本兵疯狂地毒打古豆,古豆奄奄一息,他做好了赴死的准备,不再说一句话。联队长和督战队长无奈,吩咐小队长和日本兵将古豆吊在操场上的木架子上示众,然后通知联队士兵到操练厂集合。

伊田助男和稻苗这才知道古豆去根据地的事情败露了,和日本兵一起跑到操练厂集合,他俩看见了古豆已经被打得不成人形,悬在架子上,血一滴滴地往下流。

联队长高声地:古豆已经承认他是共产党,还有谁是日本共产党,共产党不是讲牺牲自我吗,那就站出来代替他。

督战队长的眼睛阴险地望着在场的士兵。

联队长:怎么,共产党也是软骨头,见死不救吗?

伊田助男欲往前走,被稻苗紧紧地拽住,伊田的眼里流露出仇恨的目光。

古豆艰难地:士兵兄弟们,你们要和我一样,不要做法西斯的帮凶,替这些魔鬼卖命了!勇敢地调转枪口,消灭这些侵略者!

联队长恼羞成怒,抽出战刀,朝古豆狠命地刺去,古豆嘴里冒出了鲜血。小队长和几个士兵又朝古豆连刺几刀,古豆终于垂下了头。

联队长将带血的战刀高高举起,咆哮着:给我听好了,如果还有谁不忠诚天皇陛下,消极作战,想背叛大日本帝国,这就是下场!

队伍解散,伊田助男心里很难过,因为自己的想法,让古豆送了性命。遗憾的是,古豆没有来得及告诉伊田助男童长荣就在根据地,而且想在根据地和他见面。

长春。吴志杰的车子开进了菜馆后面的院子,卓蓝装扮成童长荣和吴志杰下车,暗探拍到了女版童长荣和吴志杰的照片。

照片放到了林悦的办公室里,林悦仔细看着照片,确认是童长荣和吴志杰。她长久地思索着,终于拿起了电话,她要和龟冈村司令官通话。

延边电信局里,朴玉将电话转接给了龟冈村司令部,她监听到,林悦告诉龟冈村,童长荣这段时间在长春出没,建议趁根据地群龙无首时拿下根据地。

刘会长将消息很快送到根据地童长荣手里,童长荣拿着纸条,轻轻念道:趁童长荣在长春活动之际,偷袭共产党根据地。

童长荣有些纳闷,我怎么跑到长春去了? 难道是有人在长春以自己的名义从事活动?

刘会长:张书记,这童长荣是谁? 他和根据地有关系吗?

童长荣笑笑:没有这个人,这是骗鬼子的。

刘会长:张书记,我明白了,你在长春给鬼子找了一个假想敌童长荣,故意引诱他们来袭击根据地。

童长荣忽然想起来了,卓蓝曾经不止一次地说过,他俩有夫妻相,肤色差不多,脸型差不多。童长荣当然清楚卓蓝的意思是什么,半开玩笑地回避说一点都不像。卓蓝不依不饶地将童长荣的眼镜摘下,戴在自己的眼睛上,还将童长荣的西装穿在自己的身上。再问童长荣像不像? 童长荣心里很吃惊,他在想着如果卓蓝剃了个男孩子的平头发,还真像呢。见童长荣不再否认,卓蓝就进了一步,她一字一顿地正儿八经地对童长荣说,所以嘛,我俩是有缘分的。

想到这里,童长荣禁不住笑了起来,可以几乎确定这是卓蓝在里面搞的鬼。

刘会长:张书记,你笑什么?

童长荣:长春还真有个童长荣呢。

刘会长思忖着,没有听说过这个名字,心里想这个人一定是个厉害的人。童长荣告诉刘会长,这个人嘛,有人很害怕他。刘会长有些明白了,喃喃地说,这个人也许就是个传奇,不仅在长春出现,也在根据地出现,这个人一定是令日本人闻风丧胆的英雄了。

童长荣非常感谢刘会长及时送来情报,委托刘会长对朴玉在关键时刻送来情报表示感谢。

刘会长挥挥手说,不用感谢,这都是分内的事情,大战在即,比起特委和战士们,他们做的都是敲边鼓的小事。这时,刘会长突然想起来一件事,他问童长荣,最近有没有一个日本士兵来过根据地?

童长荣神情严肃起来:来过,怎么啦?

刘会长:昨天从日本军营里传出一个消息,一个日本兵从根据地回来,在军营门口就被抓了,那个日本兵据说还是日本共产党,很坚强,最后被杀了,尸体还吊着示众。

童长荣失声地"啊"了一声,心情非常沉痛。他没想到古豆竟遭遇了这样的下场,他开始为伊田助男、稻苗和日本共产党地下支部担心,但愿他们能谨慎小心。

刘会长走后,童长荣立即召开军事会议。王德泰、王中山、李圣依、梁光参加会议。特委根据工作需要,最近给童长荣配备了一个机要秘书。每次特委会议,都由小赵做记录。

特委之所以要给他配机要秘书,一方面是给童长荣减轻工作负担,另一方面跟在身边,担任安全保卫工作。上次在林中小屋遇险,王德泰和特委其他同志私下一合计,觉得在张书记身边需要这么一个人。小赵是大学生,军事素质过硬,文化水平很高。童长荣考虑到崔今淑护理自己,的确有不便之处,也就爽快地答应了。

会议开始前,童长荣沉痛地告诉大家一个不幸的消息,前两天来的那位日本士兵古豆同志已经被日本鬼子杀害了,大家都不约而同地望着童长荣悲痛的表情。

童长荣：古豆同志是日本共产党员，也是国际主义战士，在日本东京时，就为中国人民做过有益的工作，我们在一起并肩战斗过。请全体起立，对古豆同志的不幸牺牲表示沉痛哀悼。

童长荣摘下帽子，大家有帽子的也都摘下了帽子，低头默哀。

童长荣抬起头：大家坐下吧，我想和大家说件事。在延吉鬼子联队，有一个日本共产党支部，一共有 12 个共产党员。现在古豆同志牺牲了，还有 11 个。支部书记叫伊田助男。伊田助男和古豆同志曾经帮助我们在日本获取过重要情报。

大家都望着童长荣。

童长荣：现在我可以对同志们解密了。我的真名叫童长荣，曾经留学日本，伊田助男是我的房东，我们亲如兄弟。我本想让古豆同志带信给伊田助男，约他在根据地见面，可没想到这个信成了死信。

童长荣停顿了一会儿，接着又说：同志们，我这儿还有刘会长刚送来的一个情报，我念给大家听听，趁童长荣在长春活动之际，偷袭共产党根据地。你们知道这是什么意思吗？大家说说。

梁光：鬼子要偷袭根据地了！

王德泰：鬼子怎么知道你叫童长荣？

童长荣：本来我就叫童长荣嘛。汉奸熙洽有个侄女儿林悦，还有在东京打过交道的小日向都已经嗅出了我在这里。

王中山：那你怎么又在长春呢？

童长荣：问题就在这里。

李圣依：是不是有人打着你的旗号，装扮成你出现在长春呢？

童长荣：一定是这样的。我已经知道这个人是谁了，她会把长春搅得鸡犬不宁的。现在召开军事会议，研究应对日本人偷袭根据地的作战方案。

王德泰：张书记，那我们就来一个童长荣在长春街头暗战、在茫茫林海血战的作战计划。

王中山：对，我们要把这两个童长荣神化，要让敌人一听到这个名字就闻风

丧胆。

童长荣:情报上还显示他们最近要对伪满洲国进行宣传,就是要对老百姓进行洗脑,增加认同感,所谓积极推行延边自治,目的是要把东满广大地区永远从中国版图上分裂出去。

王中山:我立即去通知各县委采取反制措施,不能让日本人和汉奸的阴谋得逞。

童长荣:同志们,和日本人的战斗岂止在战场上,攻坚战、攻心战、迷魂战、大统战我们都得用上啊。

大家你一言我一语,就龟冈村再次调遣重兵偷袭根据地畅所欲言,王德泰说,兵工厂的延吉炸弹经过不断改进,已经形成了战斗力,建议给敌人布下地雷阵;王中山说继续打好攻心战,梁光建议邀请救国军联合作战,救国军打阵地仗,游击大队打运动战,各县游击队打游击战,形成立体式、多层次对敌作战模式,让敌人摸不着头脑,可以打乱敌人的部署,起到作战效果的放大效应。

童长荣很兴奋,觉得大家的意见都很好,责成军事部长王德泰、游击大队大队长梁光制定作战方案,王中山配合。李圣依做好后勤保障供给和老百姓的安全工作。

会后不久,李延禄接到童长荣的亲笔信,迅速赶到了根据地。见面之后,童长荣首先表扬了李延禄,说现在救国军兵强马壮,也打出了中国人的志气,其中一条,就是党组织的堡垒战斗作用。

李延禄摆摆手说,救国军能有今天,那都是特委和张书记指引得好。王德林对你可是由衷的佩服。

童长荣让李延禄先说说王德林和救国军的情况。

李延禄汇报,张书记,按照你的要求,我多次做王德林的思想工作,他明确表示拒绝加入共产党,我不知道这是为什么。

童长荣点点头,分析有两种可能,一是认识上的问题,他不接受共产主义的信仰和共产党的主张;二是共产党组织纪律严明,他怕受到约束。我们不能勉强,只要他爱国,坚定地抗日,这就足够了。

李延禄：是的，这一点他能做到。向张书记报告，我们的兵力已经有4万人，6个旅，两个补充团。现在每个旅有总支，每个团都有党支部，老头沟煤矿的姜志远和一批共产党员发挥了骨干作用。张书记，我还要告诉你，史连长现在是独立团团长了，他已经入了党，成为我们的同志。每次打仗，王德林看到这些骨干分子身先士卒，冲锋陷阵，部队纪律越来越严明，战斗力越来越强，他知道这是共产党在起作用，也就不说什么了。

童长荣听了，深感欣慰。接着他就多门二郎电令龟冈村和吉兴部队偷袭根据地一事，请李延禄来助阵。

李延禄说，上次你的攻心战，我们还没派上用场，日本兵就一泻千里。这次张书记给了救国军一个回报的机会，来之前我就和史团长商量过了，他表示把独立团全带过来，和游击队战士们一起，狠狠地教训一下龟冈村和吉兴。

童长荣：好，具体作战计划，我请王德泰同志和你商量。

李延禄离开后，王中山走了进来，抓着脑袋说，张书记布置给我的任务是写一封对日本士兵的公开信，想了一晚上，不知道从什么角度写，请张书记指点指点。

童长荣笑了，说让你做这些绣花的事确实是有点为难你了。写给日军士兵的公开信，关键一条是你要知道这些日军士兵在想着什么，你得了解日本的文化，日本士兵的性格心理，你得往他的心尖上写，才有效果。

小赵拿着一份写好的日文《致日本士兵的公开信》递给了王中山，说张书记昨天晚上已经拟好了。

王中山喜出望外，不住地说着，谢谢张书记，真是不好意思，把张书记当秘书用了。

童长荣笑着说，我这是给自己减轻负担，你写了还得让我来改，我还得把它译成日文，等于是脱裤子放屁，多了一套程序，还不如一气呵成，一次成型。

王中山拿着日文公开信，高高兴兴地离开了房间。

崔今淑在外间处理材料。从早晨到傍晚，见童长荣一直不停地工作，一批又一批人进去汇报工作，不停地说话，布置工作，终于看到他的房间人空了。她连

忙走了进来,却又见童长荣摊开笔记本,正准备写什么。

崔今淑不由分说,合上了笔记本,对童长荣说,张书记,你一天忙到晚,该休息一会儿了。童长荣笑着对崔今淑说,你没看到我一天到晚都在房间休息吗。崔今淑摇摇头,你用了一天的脑子,伤神就是伤身体,不准你再写东西了。童长荣无奈,只得说,好,那就听你的。

崔今淑提议,张书记,现在天气暖和了,我陪你出去走走,呼吸呼吸林子里的新鲜空气。童长荣严肃起来,对崔今淑说,这怎么行?你一个女同志,陪着我在根据地闲逛,这像什么话!小赵同志出去了,等他回来,我们三个人一起出去散步好吗?

崔今淑听到童长荣这么一说,立即噘着嘴说,张书记,我可是特委任命的护理员,我这是履行自己的职责。又揶揄童长荣,张书记,看来你的思想还很封建呢。童长荣挥挥手,不是不是,他努力寻找合适的话,但又说不出什么确切的理由。

崔今淑笑着说,张书记,你在根据地军民中享有崇高的威信,对你的人品大家都是由衷的佩服,我在你身边又怎么了?这又不是一天两天了,根据地老百姓都看出来了,张书记的身体不太好,暗暗地嘱咐我要把张书记照顾好,张书记有个好身体,那就是特委之幸,根据地之福。再说了,我比你小好几岁呢,你就把我当作你的小妹妹吧。

童长荣纠正崔今淑,在追求民族解放的革命大家庭里,大家不仅是情同手足的兄弟姐妹,还是生死相依的战友。

他拗不过崔今淑,答应暂时放下工作,出去走一走。崔今淑高兴地替他披上了大衣,童长荣走出特委的木房子,下了坡,穿过一条小溪,信步在红军小道上,望着西山口的残阳,溪边厚厚的残雪,呼吸着带着寒意的空气,不时地甩着臂膀,放松着自己。崔今淑心细如发,她远远地跟在童长荣后面,保持着一个感觉起来比较舒适的距离。

童长荣不知不觉又走到了烈士墓地,他突然停住了,血色残阳映着堆堆坟冢,他又看见了崔今淑丈夫墓前的那束腊梅花,也许是雪水的滋润,依然新鲜,夕阳将它映成了金色。他的心中涌起庄严、悲壮和崇高的情感。这些风华正茂的年轻人本该有着金色的年华,却因为日寇的入侵,他们的血色青春被定格在这里。

望着血色残阳,想着一场恶战即将打响,作为指挥员,他必须尽量减少伤亡。

崔今淑远远地站在林边注视着童长荣,只见这位年轻的特委书记向着墓地行了个庄严的军礼。崔今淑默默地看着这一切,感动欲哭。

回到特委驻地,童长荣坐在火炉边,没有一句话。崔今淑取出童长荣的专用茶缸,倒了一杯水递给了童长荣。

童长荣让崔今淑在对面坐了下来,他轻轻地说,崔今淑同志,那天,我看见你在你丈夫墓前放了一束腊梅花,今天我又去看了,它依然新鲜。

崔今淑显得很平静,她轻轻地说,张书记,你知道我在丈夫墓前对他说了什么吗?

童长荣说,我知道你内心的伤痛,平时努力工作,把痛苦留在心里,你到今天还没有放下来。

崔今淑实话实说,那天她去采药,特地走到丈夫墓前,就是告诉丈夫,她要照顾张书记了,她必须付出全部的精力和心血,甚至不惜付出生命的代价,她还开玩笑地对丈夫说,请你一定不要嫉妒。

童长荣望着崔今淑,感念她的执着,并表达深深的谢意。他对崔今淑说,有点慢性病不是什么大事,你把这件事放大了。崔今淑摇摇头,不许童长荣漠视自己的身体,更不许对自己的病情掉以轻心,并请张书记支持自己的工作,并要他当场表态。童长荣不得不表态支持她的工作。

崔今淑笑了,拿起饭缸,替童长荣到食堂打饭去。童长荣说不用,我自己去。崔今淑说,你刚表的态,说的话又不算数了。童长荣只好说算数,我服从。

吃过晚饭后,童长荣带上小赵,赶到山口,检查各山口的工事、兵力和地雷埋设分布情况,安排救国军在正面山口的部署。

长春,吉林行政长官办公室。

熙洽愤愤不平:他娘的,老子是从天津把皇上劝到大连,再写《劝进表》终于把皇上劝上了皇位,我是功臣,到头来只安排了一个财长的位置,说好的延边独立,现在白忙乎了一场。这日本人不是个东西,延边的游击队、救国军日益猖獗,还都是我的错。

林悦:叔叔,我不这么看。财长掌握整个满洲的财权,有了钱,你想办什么事办不成?

熙洽:想得美,我就是个傀儡,真正的财权在日本人手里。

林悦:有比没有好哇。再说了,整个吉林省的地盘还不是在你的股掌里。延边独立,我们要坚定不移地推行下去。

熙洽:你现在的任务就是配合小日向把长春城里的童长荣、卓蓝、吴志杰等人缉拿归案。他们闹腾得我睡不好觉。

林悦:叔叔,我和你的想法不一样。多门二郎电令龟冈村和吉兴趁童长荣不在延边"剿灭"根据地,宣传和推行"延边自治"。依我对童长荣的了解,他这是声东击西,在长春城里翻不起大浪。我准备和小日向一起趁机到延边以宣传"延边自治"为名,夹带点私货,为延边将来的独立,造造舆论,正好也是一次民意测验。

熙洽点点头:溥仪做了大皇帝,我就想做个小皇帝,这个要求过分吗?

林悦私下给了小日向许诺,加上前期东满游击队捣毁了"朝鲜人民会",这口恶气一直没有出,所以他和林悦一拍即合,纠集了一些特务、日本浪人、汉奸和城里的日本兵呼啦啦一队人马跟在林悦后面,来到汪清县的一个村庄里,将老百姓驱赶到村口的空地上。

林悦走上土坡,开始讲话:乡亲们,告诉你们一个好消息,你们拥有了一个崭新的"国家",这个"国家"就是"满洲国",你们成了这块土地上真正的主人。你们从此摆脱了所谓的中华民国政府的压迫和统治。乡亲们,这里大多数的老百姓都属于朝鲜族和满族,我们将赋予你们真正的自治权,我们追求的终极目标就是成立"延边 国",这是一个真正的属于朝鲜族群的国家,我为你们高兴!

老百姓面色漠然。

小日向:现在发放满洲国国旗,教乡亲们唱"满洲国"国歌。

日本兵、特务和浪人开始给每个人发放"满洲国"国旗,村里的男女老少机械地接了过来。

林悦:现在我来教大家唱"满洲国"国歌,地辟兮天开,松之涯兮白之限……

老百姓毫无反应。

小日向:你们为什么不唱!

朝鲜族一位老者将小旗子扔到地上,还踩了一脚:汉奸卖国歌,脏了我们的嘴!

小日向一把抓住老者,用手枪捣着老者的嘴:今天,我就是要把你的嘴撬开,你必须给我唱。

老者双唇紧闭,嘴被打得鲜血淋漓。老者一家老小八口人拼命围过来,保护老人。日本兵开始用枪把这一家老小与村民隔开。

小日向对老者说:你要是不唱,我就把你们全家统统地抓起来!

老者骂道:你们这群畜生,一人做事一人当,要抓就抓我,要杀要剐随你们的便!

林悦在一旁冷血地看着。

一个汉奸上来悄悄地:报告,他的儿子就是游击队的大队长梁光。

小日向:哟西,这可是意外的收获。去,让你的儿子回来向皇军投降,否则,我就杀了你全家。

老者:你做梦!

老者一口血水啐在小日向脸上,小日向恼羞成怒,朝老者开枪,老者倒了下去,一家人哭着扑向老者。乡亲们纷纷甩掉了手中的旗帜,涌了上来。

小日向手一挥,特务、浪人、日本兵一起朝乡亲们扫射,全村老小纷纷倒下。林悦望着一地的尸体,走下土坡,走出了村外。

小日向下令,把房子也烧了!这伙人到处点火烧房子,村里顿时燃起熊熊大火,不一会整个村庄化为灰烬。这座村庄因为林悦和小日向的丧心病狂,顷刻间就这么消失了。

月黑风高的夜晚,龟冈村向部队下达了偷袭游击队根据地马村的命令。吉兴的伪军随部队作战。借着夜色,黑压压的日伪军沿着公路向根据地山口悄悄开进。

监视龟冈村部队的延吉地下支部的同志看到日伪军异动的情况,抢在日伪军队伍前面,将消息送到了山口。

夜晚,公路上大批的日伪军中,稻苗随着所在联队前进。后面辎重队里,伊田助男驾着车随辎重车队前进。

行进途中,伊田助男看到路边有乱石,故意将车往乱石上开,车子歪了一下,横倒在路上,弹药炮弹倾泻到路面上,挡住了后面的车辆。辎重队联队长赶了过来,问是怎么回事,伊田助男说,天黑视线不好,不小心撞上了乱石堆。联队长骂骂咧咧着,让伊田助男赶快清理,让出道来。

拂晓时分,李延禄和史团长带着两个团赶到了山口,与童长荣见面。见到史团长,童长荣紧紧握住了他的手,祝贺他成为一名光荣的共产党员。

史团长表示,张书记,我在入党时宣过誓,随时做好牺牲的准备,现在就是党考验我的时候。

童长荣拍拍史团长的肩膀:好样的,这就是一个共产党员应有的样子。

童长荣、王德泰、李延禄、史团长先后用望远镜观察山下,发现黑压压的日伪军部队已经在山下集结。

童长荣:李延禄同志,正面两个山口交给你和史团长了。

李延禄:没问题。

史团长:张书记,请放心,我们保证完成任务。

童长荣:龟冈村纠集了几千人,准备和我们死缠烂打,看来这不是一天两天的事了。

李延禄:这次我们要把他们拖死在这里。

龟冈村临时指挥所里,龟冈村命令吉兴的部队立即向山口进发。吉兴心里明白,龟冈这个龟孙子是要拿他的部队当替死鬼。虽然是偷袭,就怕万一被共产党游击队发现,他们处于有利地形,居高临下,自己的这些部队无疑会有较大伤亡,他输不起这些年积攒的这点本钱,但他又不敢违抗龟冈村的命令。只好找理由委婉地说,我的人少,武器也很差,我怕……

龟冈村:怕什么?共产党的领导叫什么来着,现在在长春,这里就是一些乌合之众,不堪一击,这可是立功的大好机会。这次行动是一次秘密行动,在他们还没有察觉之前,我们就已经占领了根据地,对此,你要充满信心。

吉兴知道龟冈村容不得别人推脱任务,只得带领部队往山口进发。刚走到山脚下,就遭到了史团长靠前布置的一个营的伏击,交上火之后,装备精良的救国军打得吉兴的部队溃不成军,立即潮水般地退了回来。

吉兴赶忙向龟冈村报告,共产党根据地早有所准备,在那里等着我们,偷袭的办法看来是行不通了。龟冈村见状,召开联队长会议,改变战术,着手开始强攻,请求多门二郎派飞机轰炸。

大批的敌机随即飞了过来,开始轰炸。

飞机在根据地、山口工事多点盘旋轰炸。飞机轰炸后,日军的炮兵部队开始朝正面两个山口发动炮击。

不过这种激烈的炮击并未维持很久,不一会儿炮声就渐渐稀松下来,及至最后就没了声音。

龟冈村站在临时搭建的指挥所里,不明白炮声怎么停了。炮兵联队长报告,辎重队的炮弹运不上来。龟冈村吼叫着,为什么运不上来?联队长紧张地解释,有辆车因为夜黑撞到了乱石上,车子歪倒在路上,挡住了后面的车辆,耽误了时间。

龟冈村很恼火,又无可奈何,来回焦急地走动,他终于下定决心,不再等第二轮炮击,就给联队长和吉兴下命令,要求他们必须攻下山口。

吉兴第一次进攻,损失巨大,极其心痛,这次又逼着他上,无奈,只得硬着头皮高叫着:弟兄们,给我上!

大批的日伪军开始兵分两路拥挤着上了山道,正准备往岭口进发,这时,伊田助男所属车队轰隆隆地往士兵集结地开来,日本士兵乱了队形,被冲得七零

八散。

龟冈村见此情形,高声大骂:混蛋,退回去!退回去!

伊田又连忙指挥车辆往阵地后面的路上退着,弄得尘土飞扬。

整个山岭一片寂静,吉兴和日本兵联队长的人马小心翼翼向山口移动。李延禄和史团长各守一个主峰山口,他们在望远镜里互相做了一个手势。

战斗打响。史团长带领部队居高临下火力全开,首先对吉兴的伪军发动猛烈的攻击,吉兴的伪军不堪一击,在阵地前丢下了大批尸体,溃退下去。

日本兵联队长想制止,无奈士兵争着逃命,已经不顾一切,他不得不放弃进攻,带着联队退回营地。趁此机会,史团长向通信兵下达指令,通知弟兄们打扫战场、撒传单。

又一次进攻失利,龟冈村非常恼火,铁青着脸。吉兴慌忙跑了过来。

吉兴:报告龟冈司令官,他们不是游击队,是正规军,火力很猛,我们很难接近山口。

龟冈村大骂他们一群废物,给联队长和吉兴下了死命令,我只要结果,限定你们在天黑前,给我拿下山口。

山口,史团长告诉士兵们,刚才是开胃菜,龟冈村马上就要端上大菜了。

果然,这次联队长不再信赖吉兴的部队,带着大批日本兵往山口冲来。接近山口时,日本士兵们又发现了草丛里、树上到处都是花花绿绿的传单。一个士兵捡起一张,正是童长荣亲自写的日文书信《致日本士兵的一封信》,联队长立即开枪打死了捡传单的士兵。

这些士兵见到这些花花绿绿的传单,神情高度紧张,纷纷绕着走,生怕碰到这些传单,队形又乱了。

联队长高举战刀,还在吼叫,不许看,给我前进!

好不容易接近山口,李延禄一声令下,手榴弹、子弹倾泻而下。日军又丢下一大片尸体。联队长瞪着血红的眼睛,指着另外一个山口,挥着战刀:给我攻下那个山口!

日军士兵纷纷涌向史团长的阵地。史团长见时机一到,高喊:开火!

机关枪密集的火力打得日本兵四处逃散，败下阵来。

日军联队长挥着战刀：不许后退，进攻，进攻！

日军又重新聚集起来向阵地发动新一轮进攻。史团长仍然没有让日本兵占到一点便宜，除了在阵地前留下大片尸体，一无所获。

远在百里之外，崔今淑正带着上百人的运粮大军将筹集到的粮食运到山口来。此次根据地保卫战，崔今淑担负着筹粮运粮的任务。童长荣特别强调，这次救国军上千人是应邀参战，我们不能让他们饿着肚子打仗，而且还必须吃好。

接受任务后，她在李圣依的领导下，积极开展工作，具体制定每户借五斤粮，由各县委组织实施，出人力统一运送。她自己则到上百里外最远的运粮点检查征粮情况，带着上百人的运粮队伍，日夜兼程，跋山涉水，两天两夜终于赶到后方供应点，与李圣依会合，尽管已经筋疲力尽了，可粮食登记进库，她还需要安排。她想给运粮的乡亲们安排吃顿热饭，送粮的乡亲们都说带着干粮，把这些热的留给打仗的战士吧。崔今淑过意不去，就站在路口，与每一个人握手告别，对每一个人说三声谢谢，送走最后一个乡亲，她都已经站不住了，用手扶住身边的树，闭着眼睛喘气。

姜春花背着刚出生的孩子跑了过来，连忙扶住崔今淑，说你两天没有睡觉了，去吃点东西，赶快去睡一会儿。可这时，另一批送粮的乡亲们已经到了。她又强打起精神，在孩子的脸上亲了一口，笑着说，亲亲孩子的脸，想着这是为了他们的幸福，就觉得身上又有劲了。

李圣依过来了，强迫命令崔今淑吃饭休息。崔今淑说等把这一批粮食登记入库了再说。李圣依说不行，你的任务是做饭、送饭、运伤员，你垮下去了，这一大摊子谁来问！

崔今淑说，李书记，我听你的，马上吃饭休息。李圣依刚准备走，又停住了脚步，转身告诉崔今淑，上前线送饭时告诉张书记，鬼子灭了一个村子，梁光大队长一家八口全被日本人杀害了。

崔今淑听到这个不幸的消息，脑子里嗡了一下，待在那里，泪水忍不住掉了下来。李圣依叹着气说，我没有勇气去直接告诉梁大队。

山口,日军在两个山口遇到李延禄和史团长的顽强阻击,没有讨到任何便宜,终于退了下去。岭口又恢复了平静。

童长荣立即召集王德泰、梁光开会,分析龟冈村正面进攻失败,一定会发动侧翼进攻。

王德泰:那就让他们尝尝我们延吉新式炸弹的厉害。

日军败退下来后,龟冈村似乎被打醒了,冷静下来,召集几个鬼子联队长和吉兴开会。日本联队长分析,情报有误,偷袭变成了阵地战,这也不像游击队,武器精良,训练有素,像是正规军。

龟冈村沉吟,难道是王德林和李延禄的救国军?他们消灭了天野的十五旅团,现在正是报仇的机会。无论如何,山口必须拿下,绝不允许我们的大日本皇军有两次失败。正面受阻,就从侧翼山口进攻,强行突破。

很快,联队长率领大批日伪军悄悄借着树林屏障,朝右翼山口运动。

接近山口时,树杈上同样挂着红红绿绿的日文宣传单。丛林里横着杂乱的树杈,挡住了去路。日本兵联队长高叫,清理传单,清理路障。士兵们刚一出手,触动了炸弹,树上、地上的土炸弹连环爆炸,树林里迷漫着红黄色的浓烟,一部分士兵被炸死,活着的士兵一边咳嗽一边用日语大叫:我的眼睛看不见了!

树林外面,战士们对着林子里被烟雾笼罩的影子开始点射。

阵地前,望着树林里浓浓的黄色烟雾,梁光很兴奋:小鬼子终于尝到了新式延吉炸弹的滋味了。

龟冈村临时指挥所里,一颗未爆炸的土炸弹被拆开,摆在了龟冈村面前。

鬼子联队长:他们把这种炸弹几百颗串在一起,炸死了我们100多人,整个树林里弥漫着辣椒粉的粉尘,我们不能呼吸,眼睛不能睁开,就彻底失去了进攻的能力。

龟冈村望着一大片士兵的眼睛都蒙上了纱布,有的还在不停地咳嗽着。

鬼子联队长:严重的火药和辣椒粉侵入眼睛,不及时清洗治疗,就会烧坏视网膜,眼睛就渐渐看不见了。

龟冈村:八嘎!

鬼子联队长从口袋里掏出一个传单递给了龟冈村：游击队的特委书记童长荣还以自己的名义在林子里散发了大量的写给日本士兵的公开信。

龟冈把信撕得粉碎：不是说这个童长荣在长春吗？

鬼子联队长：童长荣应该就是现场指挥者，这几个山口配合默契，不像是乌合之众。

龟冈：废物，传递的全是假情报！搜剿传单，不要再让这些传单动摇军心，更不能流入其他联队里！

晚上，龟冈村部队车队驻地。稻苗靠在车轮子边，伊田助男扛了几颗空炮弹壳子走了过来。

稻苗问伊田助男做什么，伊田没有说话，只是招招手，稻苗跟着他爬进了篷布车厢里。

伊田助男撬开了一个弹药箱，开始将子弹往炮弹壳里装。稻苗明白了他的用意，和他一起装子弹。

稻苗一边装一边说，伊田君，我们联队已经接到通知，明天就要开始和共产党游击队决一死战，我能不能活下去，还是个未知数。

伊田助男：这些日子，古豆吊在旗杆上的影子总是噩梦一样伴随着我，我认清了这场战争的本质，我们必须有所行动。我还是那句话，我们不能改变什么，但我们应该有我们的态度。

伊田助男拍拍稻苗又说，听着，稻苗君，我们已经失去了古豆，你得给我好好活着。明天，你要设法落在后面，先保住命再说，你的未婚妻还等着你呢。

他们两人不再说话，默默地填充着炮弹壳。

夜晚。微微的林涛，溪水在月色下清亮地流淌。崔今淑带着送饭的队伍来到了前沿阵地。乘着战士们吃饭的空当，崔今淑将童长荣拉到一边。

崔今淑从篮子里取出一个小药罐，倒出浓浓的中药汤，端着递给童长荣。

崔今淑：张书记，该吃药了。

童长荣接过碗，一饮而尽。不远的地方，梁光大队长一边吃饭，一边兴高采烈地和战士们说着白天日本兵被炸弹炸懵的事。

崔今淑侧过脸望着梁光,突然涌出了眼泪。

童长荣很奇怪:崔今淑同志,你怎么啦?

崔今淑揩着泪水,对童长荣说,李圣依同志让我转告你,梁光大队长一家八口全被日本人杀了,他们村里人也都被杀了,房子全烧了。

童长荣定在了那里,崔今淑望着他转过身体,猛击了身边的一棵小树,好大一会儿,才听见他的喉咙里发出颤抖的声音:暂时保密,不许外传。

崔今淑抽着鼻子点了点头。

长春。熙洽办公室里。林悦和小日向走了进来。

林悦告诉熙洽,这次去了一个朝鲜族村庄,想做个宣传,也想做一个民意测验。我们都低估了朝鲜族的老百姓,他们是铁了心要跟共产党走。不说延边独立,就是成立"延边省"恐怕都很难。

小日向补充,我们只好把一个村子里的人都杀了,放火烧了他们的房子。

熙洽:胡闹,你们这就等于是把老百姓往共产党那边推,愚蠢!

小日向:我们无路可走,只有武力征服!

这时,电话铃声响了,熙洽拿起电话,听了一会儿,唯唯诺诺:多门将军,是是。我一定严查。

熙洽放下电话:还武力征服?龟冈村的部队遭到了童长荣的游击队和救国军的重创!你们说童长荣在长春,难道他有三头六臂?多门二郎将军打电话把我臭骂了一顿,说我们在提供假情报!

林悦疑惑了:确确实实,我们的人一直在监控东北菜馆,昨天还发现童长荣在那里出没。

熙洽:把这个东北菜馆给我"剿"了,看看到底是个什么鬼。

林悦:是,我们这就去把它给"剿"了!

东北菜馆里,吴志杰手上拿着一份溥仪内阁的名单,愤慨地对卓蓝说,这是一个彻头彻尾的傀儡政权,每个部门都有日本人在控制,这些汉奸只不过是一个提线的木偶!

卓蓝点头,日本人现今的一切都是按照《田中奏折》这个剧本在实施。当年我们协助蔡先生冒着生命危险弄出这个剧本,昭告天下。现在的情形是,东北军不抵抗,国民党不抵抗,悲剧照样发生。现在只有共产党在浴血奋战,可毕竟他们的力量还很弱小啊。有件事我得跟你说了,童长荣是拖着肺结核的身体在和日本人战斗。

吴志杰站起来,陷入长久的静默中。

吴志杰:我们在长春能做的工作极其有限。昨天,大连沙河口工场的一批机车产品重新检测,我花钱疏通了关系,让质检的人通过,可这也只能给日本人的侵略制造隐患,延缓他们前进的步伐,我就只能做到这些,对不起狱中的蔡先生啊!

周老板在屋外敲门,吴志杰连忙站起开门,周老板行色匆匆地走了进来。

周老板:不好,林悦和小日向带人来了。看来,我们得放弃东北菜馆了。

吴志杰:按计划行动吧。

周老板点点头。

菜馆前,林悦和小日向带着20个人左右的行动队朝菜馆后面的院子摸了过来,他们沿着墙根来到后面的旅社门口,四个便衣溜了出来。

便衣告诉林悦,童长荣、卓蓝、吴志杰昨天就进了旅馆,分别在二楼里面的三个房间,到现在没有出来,刚才饭店老板进去了。

林悦朝后面的队员使了个眼色,小日向拔出枪,带着行动队准备冲进去,被林悦拉住。

小日向跟着林悦来到菜馆后墙的一个隐蔽处观望。便衣和行动队员一步一步上了二楼,逼到门前。三组人马同时对每个房间开火,行动队踢开门,发现三个房间空无一人。

林悦大声地:屋里有机关,快给我搜。

突然传来剧烈的爆炸声,旅馆整栋楼坍塌了下去。巨大的气浪把林悦和小日向掀翻在地。小日向满身是血,他艰难地爬起来,扒出废墟中的林悦,已经是奄奄一息。

第二天,轮到稻苗所在联队开始向左翼山口进攻。王德泰带领各县游击队严阵以待。

稻苗想起伊田助男的嘱咐,脚步越来越慢,他蹲下来解开鞋带,又慢腾腾地系上,鬼子联队长呵斥:快快!

稻苗拿着枪,站起来尾随士兵向山上爬去。地上又开始出现花花绿绿的传单。

鬼子联队长吼叫:不许捡,不许看!

稻苗趁联队长不备,偷偷拾起一张,迅速看着,他看了看落款是中共东满特委书记童长荣。

稻苗失声地:童长荣!

鬼子联队长突然从后面出现:把传单给我吃下去。

稻苗无奈只得将传单吞进嘴里,强行咽了下去。

鬼子联队长阴沉的眼神:你认识童长荣吗?

稻苗:我不认识。

鬼子联队长用枪抵住了稻苗的头:你一定认识的。告诉我,还有谁认识?不说,我就毙了你!

几个日本兵也围了过来,用枪对准了稻苗。

稻苗突然抱住了鬼子联队长往山崖下滚了下去。几个日本兵吓蒙了,反应过来,跟着往山下跑着。

这时,王德泰命令打,并未看到日本兵的冲锋,日本兵漫无目的地朝阵地射击一阵后,莫名其妙地退了下去。王德泰不知道的是,日本士兵已经失去了指挥官。

山崖下,稻苗和日本兵联队长浑身是血,躺在乱石堆里。两人都还活着,稻苗艰难地举着一块石头朝鬼子联队长爬来,鬼子联队长嘴里冒着血,在稻苗举起石块的一刹那,几个日本士兵赶到,同时朝稻苗开火。稻苗无力地垂下了手,闭上眼睛,静静地躺在乱石堆里。

正面岭口阵地前,梁光陪着童长荣来到救国军阵地前。

童长荣:这几天,我们打退了敌人十余次进攻,消灭了日伪军几百人,主力军就是主力军啊。

李延禄:那还不是在特委的领导下,你运筹帷幄得好。这几天龟冈村打怕了,今天的进攻已经明显没有士气了。

童长荣:他们可能还要发动一次进攻。

李延禄:张书记一来,我就知道,我们就要反攻了。

童长荣:传达我的命令,四个山口,冲锋号响起,以泰山压顶之势,把日伪军赶出去!

龟冈村临时指挥所里,吉兴和几个联队长垂手而立。

龟冈村歇斯底里地:我命令你们全部出动,一举拿下山口!

大批的日伪军开始漫山遍野地向山口进发。炮兵阵地向山口发起炮击。炮击之后,听见山口传来密集的枪声,爆炸声。不多一会,又听见山上传来军号声,日伪军潮水般地退了下来,看见各山口红旗漫卷,大批战士冲出战壕,边射击,边往下面冲。

龟冈村冲出指挥所,挥舞战刀:不许后退!

龟冈村很快被涌过来的日伪军冲倒在地,日伪军沿着公路开始逃跑,龟冈村很绝望,他努力地站了起来,正在这时,一颗流弹打到他的肩胛上,龟冈村身子一歪,被几个日本兵扶住,连忙将他拉上一辆吉普车。

龟冈村无可奈何地:撤!

一听撤退的消息,日伪军撒腿跑得就更快了。

等童长荣、李延禄、王德泰、史团长、梁光赶到龟冈村的临时指挥所,龟冈村和吉兴部队早已不见了踪影。

打扫战场时,战士们有了发现,他们在小河边发现了一排几个炮弹壳,整齐地放在那儿,里面全是子弹,还留下了一张纸条。

童长荣接过纸条,轻轻念道:送给共产党游击队。

童长荣心里明白,这是伊田助男他们反战支部留下来的。唯一遗憾的是,打

扫战场时,一些战士们因为不认识稻苗,就和其他日本兵尸体一起掩埋了。

战斗结束了,童长荣将梁光喊到了一边,再也无法控制自己,抖动着嘴唇。梁光已经预感到了什么,惶惑地望着童长荣。

童长荣:梁光同志,告诉你一个不幸的消息,你的全家八口人都被日本鬼子杀害了! 好兄弟,你得挺住啊。

梁光怔在那里,面无表情,只有眼泪静静地往下流着,嘴唇咬出了血。

王德泰走上前,抱住了梁光。

童长荣轻声告诉他:一个村的老小全被日本人杀害了,房子全烧了,这个村子就没了。

昏黄的天空,绵绵的山林。

回到特委驻地后,童长荣来到营房看望梁光,宿舍里没有人,战士们无言地望着童长荣。桌上放着窝窝头和一碗菜糊。战士们指了指小山坡。童长荣端起碗,拿起窝窝头往小山坡走去。

梁光坐在山坡上,目光呆滞。童长荣在他身边坐了下来。

童长荣:梁光同志,这笔血债我们一定要小鬼子十倍地偿还。我听说,你有两天没吃饭了,这怎么行?

梁光:张书记,这口气堵在我心里,我实在吃不下。

童长荣:梁光同志,这一点,你要向布谷鸟学习,坚强起来。布谷鸟,还是个孩子,一家六口人惨死在日本人手里,11 岁的孩子徒步跑到根据地,要求为父母报仇。这个孩子你都看见了,她没有把悲伤挂在脸上。孩子能做到的事,我希望你也能做到。你得慢慢放下,尽快走出来。仇恨应该在战场上释放,我不想看到你的悲伤在军营里弥漫。

梁光站了起来:张书记,我明白了。我吃饭,吃完饭,就开始带领战士们学习训练。

童长荣:这才是钢铁战士!

童长荣将碗递给了梁光,转身离开。梁光望着童长荣的背影,发现童长荣有抹泪的动作。

林悦和小日向在东北菜馆损失巨大,两个人差点送了性命。林悦和小日向在第一时间封锁了消息,不准传出去,这事也就风平浪静地过去了。现在又听到延吉日军和吉兴部队进攻根据地失败的消息,龟冈村本人还受了重伤。她心里很憋闷,可又无可奈何。

小日向:这个人在东京时,就不该被放出来。

林悦:那你说怎么办?

小日向:对付童长荣,看来要想好后三步怎么走才行。这个人来无影去无踪,一会儿在长春,一会儿在延吉,会不会是用了替身?

林悦思索着:直觉告诉我,童长荣不在长春!

小日向:为什么?

林悦:卓蓝来长春的目标明确,就是杀掉川崎、千惠子,她留在长春还有一个目标就是我。童长荣,他创建了军队、政权、根据地,在前线厮杀,他不屑于搞暗杀和这些偷鸡摸狗之事。童长荣是共产党,卓蓝是国民党,两人不可能在长春出双入对。我们被卓蓝骗了!是她玩的小计谋。她的父亲死了,厂子烧了,她已经不顾一切了。

小日向:我们不能这样被动下去。

林悦:听着,卓蓝不是要杀我吗? 我不就是诱饵吗?

小日向:那我们就来个反杀!

林悦:不要杀她,她翻不起大浪,我要羞辱她,让她痛苦。

小日向:那怎么来对付童长荣?

林悦:童长荣善于做统战工作,能让皇军战士进纠正院反省,我们为什么不能反其道而用之。

小日向:我们好不容易成立了朝鲜人民会,还被他们烧了,没有发挥好作用。

林悦:我这几天反复思考了一下,有个组织我们可以用上,那就是民生团。

小日向:民生团? 已经安排了我们的人了。

林悦:那就还要加大力度。这次就看你的了,听着,我们来个反间计,收集中

共各级负责人名单,瓦解他们。

小日向觉得这个主意非常好。

四十六

战斗结束后,童长荣走进兵工厂,朴厂长和技术员孙元明见是张书记来了,很兴奋,带着战士们热情地围了过来。

童长荣对朴厂长说,你们这个延吉炸弹好哇,这次在反"清剿"战斗中立了大功,炸得鬼子都找不着东西南北了,特地代表特委向你们表示感谢,还要研究嘉奖你们兵工厂。

朴厂长把孙元明拉到童长荣跟前说,张书记,我可不敢贪功,这都是孙元明同志发明的。孙元明有些不好意思,憋红了脸,抓抓脑袋说,这是朴厂长领导得好,大家辛苦的结果。

童长荣笑了,说孙元明同志会说话了。孙元明更加不好意思,连忙摆手,对童长荣说,张书记越表扬,他就越紧张。大家都情不自禁地笑了。

童长荣:孙元明同志,你跟我说说,这不就是个辣椒粉炸弹嘛,怎么有这么大的威力。

一谈到专业问题,孙元明不再窘迫,言语变得流畅起来,他向童长荣汇报,这是根据空气动力学原理,我们设计一颗炸弹可以在 10 平方米内的有效杀伤力,还可以在瞬间造成 50 平方米内的空气稀薄状态,辣椒粉和硝药加速了爆炸中心的空气隔离,这两种物质混合,对人的呼吸系统和视网膜能造成致命的损伤。如果是上百颗这样的炸弹同时爆炸,又在空气相对静止的树林里,就起到倍数的叠加作用,现在看来这个效果在实战中已经得到了检验。

童长荣不住地点头:真了不起。那天啊,炸弹一响,惊天动地,那些小鬼子啊,除了炸死的之外,剩下的就像中了邪一样,在林子里开始游荡,你撞我,我撞你。我们的老套筒就发挥作用了,点射,一射一个准。

朴厂长向童长荣汇报,兵工厂正在开发新的炸弹,将来可以适应不同的地形气候和地质条件,譬如乱石炸弹、雪弹、水下弹,等等。

童长荣望着厂房内各种简陋的设备,深情地回忆起孙元明第一天带着几个猎户报到的情形,当时他们的手上只有一支猎枪,现在艰苦创业,从无到有,逐步壮大。他把这种精神总结为抗战精神,鼓励大家同心协力,把日本人赶出中国。

朴厂长代表兵工厂感谢张书记的看望和鼓励,兵工厂全体战士也深受鼓舞,表示一定更加努力,在特委的坚强领导下,加紧生产,让前线战士多打鬼子。

离开兵工厂后,童长荣又来到战地医院,看望负伤的救国军战士。金郎中带他走进一个病房里,病床上躺着五六个穿制服的救国军士兵,有的战士头上扎着白纱布,有的手臂上缠着绷带,还有的腿上了夹板吊在那里。

金郎中对大家说,这是特委的张书记,特地来看望大家。

童长荣朝他们鞠了个躬:救国军的弟兄们,谢谢你们了。希望你们安心在这里养伤,只是这里条件有限,委屈你们了。

救国军士兵感谢张书记看望,表示他们在这里得到了很好的治疗和照顾,感到很温暖。有个救国军战士说要给张书记提一个意见。

童长荣一下子严肃起来:你请说。

救国军士兵:根据地条件确实不好,我们这几个弟兄每天都有米饭,还有肉和蛋。可你们游击队员,每天就只有窝窝头、菜糊,都是打鬼子,张书记,你把我们当客人了,我们咽不下去。

童长荣很感动:你这个意见提得好。金院长,我们的伤员同志伙食标准和救国军的战士实行统一标准,他们确实需要加强营养,这样才能早日恢复健康。

金郎中把童长荣拽到了一边说,张书记,我也想这么做,可那多出的部分怎么办?

童长荣想了一会儿说,把我们特委机关的伙食标准再降一点。

金院长:你们就是糊糊和窝窝头,没法降啊。

童长荣:那就把一周一次的牙祭取消了,从这周开始执行。

救国军士兵不平静地望着童长荣。

童长荣含着笑与救国军士兵挥手道别,祝愿救国军士兵身体早日康复,重返

战场。

救国军士兵挥手和童长荣道别,挥着的手却没有放下来,他们有的坐在床上,有的拄着拐杖,含着泪向童长荣敬礼。

在回特委机关的路上,童长荣看见不远处的金锦女穿上了制服在操练场上一个人练习军姿步伐,他连忙将金锦女叫到自己跟前,上下打量着,摸着她的头说,我们的布谷鸟穿上战士的服装,飒爽英姿,就是一个威武的小战士了。

童长荣竖起了大拇指,表扬她操练动作标准规范。金锦女美美地朝童长荣抑制不住地笑着,说崔今淑阿姨、姜春花阿姨都夸她穿上战士的服装,特别好看。

童长荣不住地点头,说不光是好看,简直就是根据地一朵美丽的小花。金锦女咯咯地笑了起来,对童长荣说,张书记,我晚上睡觉都舍不得脱下来,感觉自己不一样了,我要严格要求自己,就想着自己要快快长大,我要上战场打鬼子报仇。等把鬼子赶出了中国,我一定穿着这身战士服装到父母和家人的坟头,告诉他们一声,我为他们报了仇了。

童长荣望着金锦女,情难自抑,他举起了手,向金锦女敬了一个军礼,金锦女敛住笑容,神情庄严地向童长荣回了一个军礼。

童长荣:金锦女同志!

金锦女:到!

童长荣:继续训练!

金锦女大声地:是!

金锦女以军人步伐小跑到操练场,继续她的练习动作。

长春。东北菜馆被炸后,卓蓝和吴志杰隐蔽在一个秘密住处。周老板从一个大厨变成了两人的专门厨师。周老板系着围裙,托盘里摆着几样东北菜,一一上到桌子上。

周老板说,你们跟鬼子斗,我现在是你们的抗日御厨,不对外营业。

吴志杰和卓蓝坐到桌前,卓蓝嗅了嗅,不住点头,这骨头炖得香,她一边说一边舀着汤喝着,啧啧称赞味道好。

卓蓝问吴志杰有什么新消息。吴志杰对卓蓝说,我说了你别把碗给砸了。

卓蓝望着吴志杰。

吴志杰告诉卓蓝,他正在联络行政长官署里的旧友。有个老同事说,林悦和小日向到了一个村子里,逼着村民唱伪满洲国国歌,家里还要挂伪满洲国国旗,老百姓不唱,把伪国旗甩在地上,他们带人杀了全村人,烧了全村的房子,带头的老者,全家八口老小,一个不剩。

卓蓝把碗掼在桌子上,汤洒了一桌。吴志杰连忙摁住卓蓝的手,对卓蓝说,不过,还有一个好消息,根据地最近一次反"清剿",毙敌200多人,龟冈村少将肩部中弹,现在还躺在医院里。

卓蓝咬着牙齿,一字一顿地,果然是个好消息。

吴志杰还告诉卓蓝,龟冈村部队里有共产党,有个叫古豆的日本兵去了根据地联络游击队,回来就被杀了,还有个叫稻苗的士兵抱着鬼子联队长同归于尽。这都是他们内部通报传出来的。

卓蓝喃喃地:真让人敬佩,看来共产党确确实实是个好党!

吴志杰轻轻地:卓蓝小姐,你知道古豆是谁吗?

卓蓝望着吴志杰摇摇头。

吴志杰:现在我可以向你揭秘了,我来告诉你,就是他,将救护车借给了王舒和伊田助男,才得以顺利将蔡老板和《田中奏折》抄件从皇宫里接应出来。

卓蓝吃惊地:是这样,那伊田助男也是日本共产党了?

吴志杰:当然是!

卓蓝终于明白了,当年在日本东京,童长荣是带领一群人在战斗。

吴志杰告诉卓蓝,的确是这样,上至日本内阁重臣、书库房里的山下勇和政友会成员,伊田兄妹等,你所看到的只是冰山一角。卓蓝和吴志杰不知道的是,伊田助男就在龟冈村的部队里。

卓蓝沉浸在和童长荣在一起的峥嵘岁月中。她很好奇,问吴志杰,当时在医院里,他们都去追美子了,她想知道那份文件到底在哪里。

吴志杰笑了,文件就在蔡先生的病历袋里。这是童长荣的精密计算和周密

的策划,又经过反复推演评估,认为这是最安全的方法。

卓蓝张大了嘴巴,天!记得童长荣跟我说过,也许文件就在蔡先生的袋子里,我还以为他是在开玩笑呢。

卓蓝说,家仇已报,国恨难除,吴先生,我们把长春的事情了掉,就一起去找童长荣怎么样?

吴志杰点点头,他心里也就是这么想的。

上海。赵瑞麟坐在办公室里,想着卓蓝黄鹤一去不复返,无限的失落,责令张龙联络长春国民党情报人员,了解卓蓝在长春的情况,有关卓蓝的情况被陆续反馈回来。

张龙向赵瑞麟报告,卓蓝已经烧死了高崎和千惠子,为父报了仇。在东北菜馆炸死了20多个日本人,现在没有了动静。不过,奇怪的是,听说童长荣也在长春和卓蓝一起神出鬼没。

听到卓蓝和童长荣又走到了一起,赵瑞麟的内心五味杂陈,非常郁闷。这两个人最终还是走到了一起,想到这里,他的内心一阵刺痛。他明白,过去卓蓝是被童长荣的才华和魅力所吸引,童长荣是利用卓蓝了解44号的机密。现在情况完全不是这样了,他们在一起只能表明他们有一个共同对付日本人的意愿。万一卓蓝要是投靠了共产党,这不是没有可能。想到这里,赵瑞麟不寒而栗,细思极恐。

赵瑞麟作出决定,让张龙去长春务必找到卓蓝,绝不能让卓蓝投进共产党的怀抱里。

张龙有些为难,因为李卫和王舒都死了,这就断了和她联系的人。卓蓝受过严格的专业训练,具有极强的反侦查能力,加上长春是日本人的天下,她会格外小心,恐怕很难找到她的踪迹。

赵瑞麟坐在桌前,想到了一个办法,请张龙去监视他的姐姐。张龙有些不解。赵瑞麟解释说卓蓝在上海有大笔家产,她最信任的人就是赵瑞昱。她们之间一定会有来往,你不妨暗中跟踪,也许有意外的收获。

张龙有些顾虑,觉得这样不太好,万一被他姐姐发现,会伤害姐弟之间的感情。赵瑞麟瞪着张龙,那你就给我想出一个更好的办法来!

张龙走出赵瑞麟的办公室,心里有些不爽,觉得赵瑞麟为了达到个人目的,连自己的亲姐姐也要监控。他心里清楚,他的姐姐赵瑞昱可是整天牵挂着赵瑞麟的冷暖安危,比自己的生命还重要。他已经隐隐觉得赵瑞麟整个人心理都扭曲了。但他又不得不执行赵瑞麟的命令,喊了两个随从,蹲守在仁济医院。

赵瑞昱看完最后一个病人,看看表,早已到了下班时间,这才想起约了人谈事,她急急忙忙脱下白大褂,换了衣服,锁上门,匆匆走出医院,上了一辆黄包车,催促着车夫,一路狂奔赶到了一家咖啡厅。

咖啡厅的一角,坐着一位陈律师,已经等她很久了。赵瑞昱径直走到律师跟前,赶忙道歉,说是今天病人多,耽误了时间,实在对不起。

那位陈律师确实已经等了一个多小时,但想到有笔大买卖,并没有表现出任何的不悦,连说没关系,起身给赵瑞昱倒咖啡。

坐定之后,赵瑞昱开宗明义,卓蓝小姐想变卖所有的家族实业股份和不动产,委托她来处置。陈律师是上海著名律师,赵瑞昱想请他来处理这些财产。

赵瑞昱从包里掏出厚厚的一本资产登记表递给陈律师,陈律师翻阅着,对赵瑞昱说,赵医生,这可都是优质企业,变卖了真是可惜了。

赵瑞昱点点头,对陈律师说,确实是这样,可卓小姐的志向不在实业,她想尽快变现,急着等这笔钱用。

陈律师不停地翻阅着资产表,对赵瑞昱说,这么多的资产,这可不是一下就能处置得了的,再说他一个人也干不了,更不能保证时间。

赵瑞昱表示,陈律师可以组成一个团队来做这件事,可以分步处置,佣金报酬会非常优厚。

张龙的两个随从就在斜对面,对两人的谈话做了录音。

赵瑞昱和陈律师终于达成了一致意见,赵瑞昱对陈律师说了感谢之类的话,拎起包,走出咖啡馆,上了一辆黄包车离去。

张龙迅速将录音带呈送给了赵瑞麟,赵瑞麟认真听完后感到震惊,卓蓝变现

所有的家族资产,那可是一笔他无法想象的巨款。

张龙:卓蓝要这笔钱急用,她想干什么?

赵瑞麟沉吟,只有一个解释,她是拿这笔钱来对付日本人的。你知道这笔巨款可以买多少武器吗?

张龙:买这么多武器给谁?

赵瑞麟:问得好。卓蓝不会自己组建武装,也不会把这钱交给国民党,更不可能交给东北军,只有一种可能,那就是交给童长荣的抗日游击队,因为她信任童长荣。听好了,决不能让这笔钱落到共产党手里!

张龙走后,赵瑞麟想起了卓蓝的父亲卓荣丰曾经跟他说过的话,将来这笔资产就交给你们打理了。想到这里,他的眼神变得有些可怖,他的那张脸在昏暗的办公室里因内心的紧张而有些变形。

马村抗日根据地,特委驻地。崔今淑从炭火上取下一个吊锅,用木瓢从罐子里舀着汤,端到屋里。童长荣正在屋里写着东西,他不住轻轻地咳嗽着。

崔今淑来到童长荣身后:张书记,休息一会,喝点汤。

童长荣用鼻子嗅了嗅,回过头:哟,什么汤,这么香?

崔今淑告诉童长荣,战士们特地上山打了一只野山鸡,想给您补补身体。

童长荣问崔今淑有多少,崔今淑说有一大罐子,一次给你盛一碗,你慢慢喝。

童长荣:把这罐汤给伤病员送去。

崔今淑:那可不成,我是经特委研究来照顾你的。你的身体好不了,我就是失职。

童长荣:崔今淑同志,我命令你,给伤病员送去!

崔今淑站在原地,望着童长荣,眼睛里露出抗拒的神情。

童长荣:给我出去!

崔今淑仍站在原地,眼睛里已经噙着泪水。

童长荣:怎么了,你还批评不得!从现在起,我不需要你的照顾。

崔今淑的眼泪扑簌簌地掉了下来,她强忍着站在门口抽泣着。

童长荣见不得女同志的眼泪,缓和了语气:崔今淑同志,对不起,刚才态度不好,我向你道歉。

崔今淑不敢高声,忍不住抽泣着:张书记,你要是不加强营养,这样高强度的工作、打仗,身体会垮下去的。你要是倒了,特委怎么办? 各县刚建立的苏维埃政权怎么办? 根据地的老百姓怎么办? 谁去带领我们打鬼子? 我想哭,可我不敢哭出来,我怕同志们听见了……

崔今淑已经说不出话来。

童长荣将崔今淑拉到自己面前坐下,开导着说,崔今淑同志,我从内心里早已把你当作自己的小妹妹。现在,我不跟你讲大道理,我就以哥哥的身份跟你讲讲心里话。你想过没有,根据地条件这么艰苦,特委的领导居然偷偷地炖山鸡汤喝,而且还是战士打的,这要是传出去,会给战士们和根据地的老百姓什么感觉?

崔今淑嘟哝着:可是你有病啊。

童长荣:你说的也许合理,但不合情。你说我能咽得下去吗? 这么跟你说,给伤病员喝,我心里高兴,心里快乐,舒坦了,这不也是有益我的身体吗?

崔今淑无奈,擦擦眼泪:张书记,我知道了,我这就给伤病员送去。

童长荣:崔今淑同志,我再次向你道歉。

崔今淑:张书记,我应该向你道歉,又耽误你宝贵的时间了。

崔今淑将汤端了出去。童长荣重新回到桌前写东西。这时,李圣依走了进来,向童长荣汇报延吉县委游击队抓了一个日本特务。童长荣立即让李圣依去审讯,有什么情况马上报告。

李圣依走后,小赵又进来报告,去了一趟大观岭,负责接待的同志说吉东局刚刚成立,人员不稳定,机构也不全,地点随时变化,也无法对东满特委给予权威的指示,东满特委的工作最好还是向省委直接报告,就让我到哈尔滨去。到了省委驻地才知道,那里已经没有一个人了。

童长荣沉吟,找不着人,那就一定是省委已经遭到了破坏。

小赵说他没敢在哈尔滨停留,就把特委的汇报材料带回来了。

小赵走出办公室,童长荣坐下来陷入了沉思,他最担心的事就是怕和上级失

去联系,可还是发生了。他心里暗暗地想,从现在起就要做好特委独立支撑东满抗日局面的准备了。

崔今淑来到医院将罐子交给了金郎中,说这一罐山鸡汤是张书记慰问伤病员的。金郎中请崔今淑转达伤病员对张书记的谢意。他正准备分送给伤病员,外面突然传来震耳欲聋的巨大爆炸声。崔今淑一脚抢到门口,发现兵工厂冒出阵阵浓浓的黑烟,连忙大喊一声,不好,兵工厂出事了。

金郎中放下罐子,和几个医生立即抬起担架和崔今淑朝兵工厂跑去。一路上都是纷乱的人群。崔今淑看见了童长荣在人群里奔跑着,她怕他剧烈奔跑,又要咯血,上前试图拽住他,被童长荣甩了一下,站立不稳,跌倒在路边。她爬起来,跟在童长荣后面跑。

浓烟从兵工厂试验室里不断往外涌,战士们捂着湿毛巾,奋不顾身地进去背出了两个人。战士们纷纷用脸盆、水桶、扫帚以及能用得上的东西在灭火。

场外的担架上,两个人的躯体和面部被火药炸成一片漆黑。童长荣跑到担架前,才知道是朴厂长和孙元明两个人。

童长荣高声地问,里面还有多少人? 战士们告诉童长荣就他们两个人在里面做实验。这让他稍微安点心,要求金郎中和医生们全力抢救朴厂长和孙元明。

金郎中先检查孙元明,发现还有气,童长荣吩咐赶快抢救。两个医生抬着孙元明就往医院方向跑。不幸的是,朴厂长已经没有呼吸,金郎中已经摸不出脉搏了,他只好站起来,朝童长荣摇了摇头。童长荣脱下帽子,面色沉重,大家集体向朴厂长默哀。

朴厂长被抬走之后,童长荣这才缓缓抬起头,向兵工厂的战士了解事故原因,才知道孙元明试制一种新配方炸药,为安全起见,他将所有人都赶出了实验室,可朴厂长执意要陪着他,事情就这样发生了。

童长荣沉重地说,老朴同志具有高度的责任感,与战友同生死,富有革命的献身精神,值得我们学习,这种精神激励着我们,鼓舞着我们。

童长荣对小赵说:一是举行追悼会,将朴厂长安葬在烈士陵园;二是请汪清苏维埃人民政府追授朴厂长烈士称号;三是做好家属的抚恤工作。

小赵一一记录着。

李圣依按照童长荣的指示要求,从马村抗日根据地来到延吉县委驻地,审讯日本特务。他坐在审讯室里,旁边坐着一个记录员。游击队战士将一个小胡子日本特务带进了审讯室。

李圣依:老实交代,为什么跑到延吉县苏区来?

小胡子日本特务:我,不是来刺探情报的。

李圣依:那你想干什么?

小胡子特务:我是来联系你们县委的老宋头。

李圣依一惊:老宋头和你们是什么关系?

小胡子特务:老宋头是我们"民生团"的成员。

李圣依警觉地:老宋头是你们"民生团"的成员?

小胡子特务开始交代,说延吉县委的老宋头被他们抓过,并让他在你们内部发展一批团员,他不答应,我们对他动了刑,他就开始和我们合作了。这次来就是给他下达指示的,让这些团员到你们的特委机关和各个县委继续发展成员,瓦解你们的组织。

李圣依朝小胡子特务吼叫,你在撒谎! 小胡子特务说,我要是撒谎,你就毙了我。

李圣依吩咐把小胡子特务押下去! 把老宋头叫来。

不大一会儿,老宋头就被战士带了进来,他打量着李圣依,反而先入为主地问道,你是汪清的县委书记,怎么管起了延吉的事了。

李圣依一笑,对老宋头说,你别忘了,我还是东满特委的秘书长,这次受张书记的命令来的,我怎么没有资格。

老宋头慢条斯理地:你找我有什么事啊。

李圣依严厉地:坐下!

老宋头敛住了笑容:你什么意思,把我当敌人了?

战士们强行把老宋头摁倒在椅子上。

老宋头有些心虚,眨巴着眼睛,你们这,这是干什么?

李圣依:说,有没有被日本人抓去过?

老宋头:没有,绝对没有的事。

李圣依:我们刚刚审讯了日本特务,他们为什么不说别人,单单就说了你被抓了?

老宋头心里慌了,自言自语:我没有被日本人抓过,我没有,没有……

李圣依一看老宋头的表情,就知道他心里有鬼,他突然猛地拍了一下桌子说,老宋头,我没有足够的证据,我会跑到延吉专门来找你吗?现在就看你的态度了,如实供述,可以减轻对你的处罚。

老宋头知道躲不过去了,只得承认被日本人抓过。

李圣依步步紧逼,要老宋头老实交代什么时候参加了"民生团",发展了哪些人?

老宋头连忙摆手,这是没有的事,我没有参加"民生团",也没有发展过任何人。

李圣依对老宋头说,你知道吗?老百姓最恨的是什么人,那就是汉奸。你不说也行,给我打!

几个战士开始对宋老头轮番毒打,老宋头被打得皮开肉绽,正所谓屈打成招,他开始胡说一通,画押签字,被关了起来。

李圣依拿到老宋头的供述,一刻不停地赶回特委机关向童长荣做了汇报。童长荣翻看老宋头的供述,老宋头供述延吉各级党组织里有 20 多个"民生团"团员。

李圣依特别强调特委机关可能也有,其他几个县委情况还不清楚。

童长荣深感此事非同小可,日伪特务这一招用心险恶,企图想从内部对东满党组织和基层政权进行破坏,他不得不高度重视,当即让李圣依牵头密查,成立专案组,嘱咐李圣依,我们绝不放过一个坏人,也绝不能冤枉一个好人,一定要掌握好政策。对特委机关和各县党员、游击队战士、苏维埃政权工作人员都要进行甄别审查,从我开始。

李圣依按照童长荣的要求,成立专案组,组织动员,要求各县都要成立审查小组,鼓励相互揭发。一时间,弄得人心惶惶,人人自危,各县审查人员有的因为理解水平,有的因为小矛盾就给对方戴一个"民生团"的帽子,各县的确存在错抓了一些人,也错误地处理一些人。

消息反馈到林悦那里,林悦非常激动。小日向称赞林悦的离间计效果非常好。据他的可靠情报,共产党特委和各县根据地、游击队已经乱了,他们内部之间开始互相猜忌,互相揭发,有人被开除出党,有的连夜跑了,这对中共刚刚建立的基层党组织和政权是一次沉重地打击。

林悦不禁得意起来,童长荣啊,童长荣,你也有马失前蹄的时候。我太高兴了,终于赢了你一回。

上海。赵瑞昱这些日子除了上班,就和那位陈律师处置卓蓝家族的家产。有了一些进展后,她按照卓蓝提供的地址给她写了封信,告知家产处置情况。下班后,她拎着包走出医院,来到街口的一个邮筒前,从包里取出一封信,塞进了邮筒。

赵瑞昱走后,张龙将车开到邮筒前,下来两个人,砸开邮筒,找到了赵瑞昱的信,递给了张龙。张龙看了一下卓蓝在长春的落款地址,回来后向赵瑞麟做了汇报,赵瑞麟当即委派张龙赶往长春。

循着地址,张龙很快就发现了卓蓝在长春的行踪。

经过一段时间锲而不舍地跟踪,卓蓝终于看见林悦走出了吉林行政长官公署,不过,前后有两辆车一前一后护卫,她深感很难下手。

林悦的车队穿过几条街,停在一家很有名的皮货店前。前后武装人员迅速下车,用身体挡住了林悦的车子,车门打开,林悦匆匆进了皮货店,武装人员迅速在店里店外布防警卫。

林悦进皮货店是来看皮子的。谢掌柜殷勤接待,从里屋抱出几张皮子供林悦挑选,谢掌柜夸口说,他的店卖的是长春最好的皮子。

林悦翻看了一会,没有看上,对谢掌柜说,你说的没错,你的皮货店确实卖的

都是好皮子,不过,你这一堆皮子我都看不上。

谢掌柜换了语气,小姐好眼力,我还真唬不到你。既然小姐是识货的,我也就不瞒你,这是去年卖剩的。等下次去山里收皮子,我一定给你留最好的。

林悦放下皮子,拍拍手说,掌柜的,那我们可说好了,只要皮子好,钱不是问题。

谢掌柜唯唯诺诺:一定的,一定的。

林悦走出皮货店,五六个保镖将她夹在中间,护送林悦上了车,车子离去。卓蓝开着吴志杰的车跟了上去。林悦悄悄看了一下后视镜,发现有人在跟踪,她微微笑了一下。

林悦的车队停在了一家菜馆前,保镖们前呼后拥护着林悦进了菜馆。卓蓝的车悄悄停在菜馆的一侧小巷里,她沿着菜馆的墙根一步步接近菜馆正门,闪身进了菜馆,她看见了林悦正坐在餐桌前翻阅菜单,卓蓝拔出枪,正要瞄准时,突然小日向带着一班人,从另一侧冲了过来,卓蓝来不及射击,更来不及脱身,一伙人摁住了卓蓝,将卓蓝带到林悦跟前。

林悦抬起头,嫣然一笑:哟,这不是卓蓝吗?

卓蓝咬着牙瞪着林悦。

林悦:卓蓝,我这么招你恨吗?

卓蓝:我很后悔,在大连没把你杀掉!

林悦:卓蓝,你在大连剃了我的头发,羞辱了我,在长春也给我添了不少的麻烦。你就是一坨狗屎,真让我讨厌!

卓蓝:少啰唆,要杀就赶快动手。

林悦端起茶杯,轻啜了一口茶:我为什么要杀掉你呢?"满洲帝国"的事业蒸蒸日上,我的理想正一步步变成现实,你死了,就少了一个痛苦的见证者。卓蓝,我告诉你,你斗不过我,你们已经失败了,我们胜利了。我们不仅要建立满洲帝国,争取延边独立,还要建立大东亚共荣圈,我觉得让你活着比让你死了更有意义。我还要告诉你,你心爱的童长荣自以为战无不胜,我使了一个小小的计谋,他们的内部就开始内斗内讧,我还要让你看到童长荣是如何被消灭的,我不仅要让你流泪,还要让你心里流血。

卓蓝冷笑:林悦,你信不信,你今天要是放了我,我发誓,我一定要让你死在我手里。

林悦:你别激将我,我知道你现在是破罐子破摔,已经失去理智,共产党童长荣不要你,国民党那里没有你的位置,家也没了,你现在就是一只疯狗。把这只疯狗给我赶出去!

卓蓝:林悦,你就是说上了天,你还是一个汉奸卖国贼。

林悦一巴掌打在卓蓝脸上,她突然扯掉了卓蓝头上的假发,哈哈大笑。

林悦:好一个童长荣、卓蓝的雌雄同体! 你真可怜,天天在意淫自己就是童长荣,我为你感到羞耻!

卓蓝坦然地:我正告你这个汉奸,不许侮辱童长荣。童长荣是民族英雄,我以他为偶像,我要学习他为国家独立民族解放的献身精神,我引以为荣! 你扪心自问,童长荣是不是国士雅士!

林悦:童长荣是什么人,跟你有关系吗? 你真不要脸,还缠着人家。

卓蓝:我光明正大地喜爱一个优秀的男人,我不认为有什么可耻。恰恰相反,你才是一个可怜虫,隐藏自己的身份,连自己的耳朵都不敢露出来,我才为你感到可耻!

林悦:你看,我这不是露出来了吗? 瞧见没,满洲帝国妇女的美!

卓蓝:你不觉得这是裸奔吗? 居然连块遮羞布都不要了。

林悦:给我滚!

卓蓝站起来,凑近林悦:我保证,会让你死在我手里。

卓蓝捡起头套,从容地戴在头上,然后走了出去。林悦阴沉着脸。

卓蓝离开了菜馆,显得有些茫然。突然想到了今天是李卫的忌日,她买了一些纸钱,来到李卫墓前,她流着泪望着坟头上的青草,潸然泪下。

卓蓝开始烧纸,似乎是在和李卫谈心:李卫兄弟,今天是你的忌日,我来看你。我想杀掉林悦来祭奠你,可是被她暗算了。我真是没用,我对不起你。要是你还在有多好,今天一定是她林悦的忌日。兄弟,我心里憋屈,只有找你来倾诉。

李卫兄弟,你倒好,安安静静地躺在这里享福了,你知道我是怎么活在这个世界上的吗?李卫好兄弟,你可要助我一臂之力啊……

飞舞的纸灰,卓蓝坐在墓前沉思默想着。吴志杰赶了过来,在卓蓝身边坐了下来,拿着纸在烧着。

吴志杰:卓蓝,为什么瞒着我单独行动?

卓蓝:我没有瞒你,我是在大街上发现她的,来不及去找你了。

吴志杰:卓蓝,你知道吗?她这是故意卖破绽诱你上钩的。

卓蓝发着狠,她会不惜一切代价把林悦除掉。吴志杰站起来,朝李卫的坟头鞠了三个躬,对卓蓝轻轻地说,我们回去吧。

张龙坐在卓蓝、吴志杰秘密住处外的一个小饭馆里吃面条,不时地朝对面的房子看着。终于他看见了卓蓝匆匆在街旁走过。张龙在碗底压了一张纸币,压低了帽檐,走了出去,跟上了卓蓝。

卓蓝隐约觉得有人在跟踪,她连忙闪进小巷。

张龙来到巷口轻轻地:卓小姐,我是张龙。

卓蓝从暗处举着枪出来,对准了张龙:为什么跑到长春来跟踪我?

张龙:卓小姐,把枪放下,我有话跟你说。

卓蓝收起枪,瞪着张龙,有屁尽快放,请你立马给我消失。

张龙说是赵瑞麟让他来的,卓蓝啐道,屁话,我当然知道是他差你来的。张龙诚恳地告诉卓蓝,赵瑞麟正在设法阻止你变卖家产。

卓蓝疑惑地望着张龙:昱姐将我卖了?怪不得我收不到她的信。

张龙摇摇头,说赵瑞麟这个人是个小人,已经丧心病狂,现在连深爱她的姐姐都要监视。张龙将赵瑞昱写的信递给了卓蓝,解释说,这就是昱姐写给你的信,赵瑞麟让我跟踪昱姐,并让我从邮筒里扣押了这封信,才获知你要变卖家产的事情。

卓蓝:你为什么要告诉我这些?

张龙:经历了这么多年,我算是看透了赵瑞麟,这个人比杨飞还坏,我不想跟他再做缺德的事了。

卓蓝:还有什么要告诉我的。

张龙:还有,赵瑞麟让我们抓了罗栗文,王舒当场被打死。罗栗文押到南京后被处决了。

卓蓝无以言语。

张龙:卓小姐,这次赵瑞麟让我来找你,就是来监视你,防止你投靠共产党。还有,他可能要吞下你的家产。

卓蓝:我知道了。

张龙:卓小姐,需要我做什么?

卓蓝:谢谢你,我不需要你做什么。唯一的要求就是离我远点,别挡着我的道就行。

卓蓝走了,张龙愣在那里。

张龙望着卓蓝的背影,大声地:卓小姐,你信不过我!

卓蓝停住,回过头:这样,你回上海找昱姐,给我取1000块大洋来,你办成了这件事,我愿意听听你内心的想法。

张龙:我这就回去办。

张龙走后,卓蓝立即来到皮货店。谢掌柜仍是一副商人的笑脸,热情地招呼着:小姐,来买皮子? 有,有。

谢掌柜抱着一堆皮子放到柜台上。卓蓝看也不看,将皮子推到一边。

卓蓝:掌柜的,先前来的那个小姐你认识吗?

谢掌柜望着卓蓝,警觉起来:你问她做什么? 你哪路的?

卓蓝一笑:你问我是哪一路的,我可以明确告诉你,我跟她是相反一路的。

谢掌柜:她呀,全长春人都知道,熙洽的侄女儿,大汉奸。你跟她是相反一路的,难道是共产党?

卓蓝敛住笑容:别问我是谁? 我只问你一句,你恨汉奸吗? 你恨日本人吗?

谢掌柜:咋个不恨,她的叔叔打开城门,跪迎日本人进城,你说长春老百姓是什么心情? 他们现在依仗着日本人有权有势,我们老百姓只是拿她没办法而已。

卓蓝:掌柜贵姓?

谢掌柜:免贵,姓谢。

卓蓝:我不是来买皮子的。

谢掌柜:你不买皮子,跟我尽扯这些没用的东西干什么?

卓蓝:我想把你的店租下来。

谢掌柜望着卓蓝:你,你口气不小。

卓蓝淡淡地:不说你这个小小的皮货店,就是这整条大街,我也能买十条八条,你信不信。说吧,你这店租一年多少钱?

谢掌柜眨巴着眼睛,他还真没算过,也不知道要多少租钱。他对卓蓝说,你别开玩笑了。我也不想知道你有钱无钱,租给你了,我往后做什么营生?

卓蓝认真起来:这样,还是你经营,亏了算我的,赚了算你的。我只租一年。

卓蓝从包里取出几捆大洋放到柜台上,问这些租金够吗?如果不够,我再补给你。谢掌柜吃惊地望着这么多大洋,再看看卓蓝,见她不像是在摆阔,搞恶作剧,不得不认真起来,让卓蓝到后屋详谈。卓蓝拎着几捆大洋随谢掌柜走到后屋。

谢掌柜请卓蓝先坐下,问道:这位小姐,您贵姓。

卓蓝:我姓卓,桌子下面少两条腿。

谢掌柜点点头:卓小姐,我明白了,你不是要租我的店,是想用我的店来做点事情,能这么理解吗?

卓蓝:谢掌柜果然是明白人。与其说这是租钱,还不如说是风险钱。如果您不愿意,我立马走人。

谢掌柜心里想,这位卓小姐分明是奔着林悦来的。再看一看眼前的这位卓小姐,英姿逼人,有丈夫气概,联想起前些日子长春大街上传说有个江湖女侠,一定就是她了。

谢掌柜朝卓蓝拱手,英雄不问出处,敢问女侠,前些日子烧死两个日本人的一定是你了。卓蓝微微一笑,说那个高崎攫取中国人的财富,用这笔财富资助日本军国主义侵略中国,在长春来承揽修建铁路业务,还企图帮助日本人控制东三省的经济命脉,与我有杀父之仇,我到长春的第一个目的就是报仇的。

谢掌柜一听,对卓蓝肃然起敬,说卓大侠,请受我一拜。谢掌柜纳头便拜。

卓蓝连忙拉住谢掌柜,深感谢掌柜也是个义气之人。

谢掌柜叹了口气,对卓蓝说,不瞒卓女侠,我在山里收皮子的时候,日本人打死了我的两个伙计,抢了我的皮子,我是死里逃生捡了一命,早有这个心事了。既然这样,我不收钱,要我做什么,尽管吩咐。

卓蓝:谢掌柜,你不收钱,怎么让我开口说话呢。

谢掌柜:杀鬼子汉奸,这是中国人分内的事。

卓蓝点点头,那行,这钱暂时放在店里,以后再说。既然谢掌柜如此深明大义,卓蓝就实话实说,说求谢老板两件事。第一件事,借皮货店杀掉林悦;第二件事就是请谢掌柜到延吉、汪清一带收皮子的时候,帮她给根据地最高负责人送封信。

谢掌柜连忙表态没有问题。第一件事他觉得卓蓝选择皮货店杀林悦是选对了,他的皮货店号称全长春最好的皮子店,更是长春地位显赫的年轻女人每年必来的地方。林悦已经约了,进九以后来店里选皮子。第二件事找他更是找对了,他明天就去延吉、汪清深山里收皮子,他有路条,他和根据地及各县岗哨都熟悉,出入方便,乐意为卓小姐送信。

卓蓝见谢掌柜如此爽快,非常高兴。谢掌柜在后院专门腾出一间房子供卓蓝使用,直通后面小巷,出入方便。

在这个屋里,卓蓝开始给童长荣写信,一提起笔,卓蓝思绪泉涌,百感交集,委屈、伤心、思念、牵挂……仿佛一肚子的话都要说给童长荣听。

第二天,谢掌柜带着卓蓝的信,赶着大车和两个伙计出了长春,翻山越岭,辗转500多千米,奔波多日终于来到根据地岭口。

金锦女带着儿童团正在站岗放哨,她认识谢掌柜和他的伙计,常来山里收皮子,正准备放行。谢掌柜对金锦女说,有个卓小姐有一封很重要的信要带给根据地最高领导人,说完他将信递给了金锦女。金锦女接过来一看,封面上写着童长荣收。金锦女摇摇头,说我们根据地没有这个人,拒绝接收。谢掌柜急了,说我花了好几天时间特地来的。那位卓小姐说,只有根据地最高领导人才知道这个

人的名字。

金锦女将信将疑,又听这掌柜说这封信很重要,不敢耽搁,让谢掌柜和伙计在岭口等着,她拿着信一口气跑到岭下,气喘吁吁地跑进了特委驻地,进了屋,崔今淑正在外屋整理文件材料。

她抬起头,见是金锦女:哟,是布谷鸟,什么事这么急?

金锦女喘着气:有个收皮子的,说从长春来,要带封信交给根据地最高领导人,我一看信上写着童长荣收,我们根据地根本没有这个人。可这个掌柜说根据地最高领导人知道这个人的名字。

崔今淑微笑着:布谷鸟,我也知道这个人的名字。不过,你们儿童团做得很好,把这封信交给我吧。

金锦女正要走出屋,童长荣走了出来,崔今淑将信交给了童长荣。

童长荣:布谷鸟,别慌走。等我看完信再说。

童长荣拆开信,扫了一下开头:长荣,我是卓蓝,十分想念你。你的身体令我牵挂,我时刻担心,你不能太累,这种病是需要休息,需要营养,需要治疗……

童长荣:崔今淑同志,你把那个皮货商带到我这儿来。

崔今淑站起来:我这就去。

崔今淑拉着金锦女出了屋子。

童长荣拿着信走进屋里认真地看着:先告诉你一个不幸的消息,在上海,王舒为掩护罗栗文,被赵瑞麟的人打死了。罗栗文最终被抓,在南京已经被处决了。

童长荣如雷轰顶,他的手颤抖着,眼泪忍不住往下流着:罗书记,我的好领导,王舒,我的好战友……

童长荣整个人的身子软了,抓着信,跌坐在地上,任泪水纵横流淌。罗栗文,这位可敬的领导人,是他带着自己走上了革命的道路,是他让自己懂得了中国共产党的初心和使命,在他的引导下,加入中国共产党,逐渐确立了人生理想和信念,他以钢铁般的意志、睿智的洞察力、长兄般的关怀深刻地影响着自己。他的牺牲是党的重要损失!王舒,好战友,为了党组织的需要,甘愿做一名秘密交通员,恪尽职守,默默奉献,从无怨言,为了掩护罗书记,不惜牺牲自己。

童长荣不停地哭着,他在想着和罗栗文、王舒在上海、在东京战斗的岁月,想着罗栗文的笑容,王舒在风雪中与自己最后告别的情形。

……

童长荣擦着眼泪,继续看信:长荣,我和吴志杰都在长春,我们刚刚处决了高崎和千惠子,下一步是杀掉林悦。吴志杰虽然没有告诉我他的行动计划,直觉告诉我,他是想利用吉林行政官署的一些旧友,绑架熙洽或者多门二郎,由此交换蔡先生出狱……

还要告诉你一件事,林悦和小日向策划了"民生团"事件,目的是摧毁你们的组织和基层政权,这是他们的反间计……

我和吴志杰约定了,等我们在长春完成了各自的任务,我们就到根据地来找你,和你一起战斗。我已委托昱姐,变卖上海所有资产用于抗日。

……年前,我去了一趟你的老家,你的未婚妻被你母亲赶了出来,她无路可走,在莲花庵修行,她在庵里做针线,挣点零钱偷偷地放在你家的窗台上。小年夜的傍晚,你的未婚妻又去给你老母亲送钱,当她出现在枞阳街上时,一街的人都为你的未婚妻点亮了红灯笼。有个母亲对孩子说,这是天上的仙女,是到人间来落难的。我就站在街上,我哭了,我很伤心,也为你高兴,我觉得何小姐值得你拥有,在那一刻,我明白了什么才是真正的爱情。临走前,我将你的小老鼠尾巴辫子还给了你的未婚妻,我不配拥有,向你说一声对不起。

童长荣看到这里,轻轻咳嗽着,止不住落泪。

童长荣继续读着卓蓝的信:长荣,我时刻关注着你在抗日的战场上每一次战斗,每一次胜利,你是大英雄,我为你骄傲。我期待着与你在战场上相逢!爱你的卓蓝。

童长荣放下信,摘下眼镜,用手帕擦着眼泪,无力地坐在屋角的地上,在木墙板上靠了很久很久。

崔今淑走进屋,搜寻一圈,才发现童长荣靠在屋角,神情呆滞,满面泪痕,手里紧紧地攥着那封信。崔今淑从未见过童长荣这样,看样子像是一种巨大的伤

痛把他摧残成这样。崔今淑伏下身体,掏出手帕轻轻地给童长荣揩眼泪,这才发现这眼泪揩不断,不停地揩,不停地往外冒。崔今淑望着童长荣伤心欲绝的样子,也禁不住哭了,轻轻摇着童长荣,张书记,到底发生什么事了?

童长荣没有回应,崔今淑这才轻轻地说,张书记,我把皮货商带来了,就安置在接待室,你要见他吗?

童长荣点点头,喃喃地,要见的。崔今淑扶他起来,他走到洗脸架前,洗了把脸,镇定了一下自己,这才和崔今淑来到外间的接待室里。

童长荣走了出来,谢掌柜连忙站了起来。

童长荣紧紧握住了谢掌柜的手:谢谢你!这封信很重要,你送得非常及时。

崔今淑端来一杯水递给谢掌柜。谢掌柜双手接了过来,连声谢谢。

谢掌柜取过身旁的一个大包:这是卓小姐托我带的药品和西洋参。

童长荣接过一包东西,转给崔今淑。

童长荣:替我谢谢卓小姐。告诉卓小姐,我以个人名义向她和同她在一起战斗的爱国志士表示崇高的敬意!

谢掌柜:好的,我一定转达到。

童长荣:还请你转告她,我很牵挂她,常常怀念在一起战斗的岁月。请她务必注意安全。我期待能够与她并肩战斗!

谢掌柜:我会把您的话一字不落地告诉她。那好,就不耽误您的时间了。

童长荣:等等。

童长荣回到自己的房间,从抽屉里找出了一张自己和卓蓝在东京的合影照片,他迅速地写下一行字。童长荣将照片塞进一个信封,用糨糊封好,走到外屋,递给了谢掌柜。

童长荣:请将这个带给卓小姐。

谢掌柜双手接过,对童长荣说,我还有一事相求。童长荣说不必客气。谢掌柜说,这次来山里还有一个目的,我要为汉奸林悦收几张好皮子,诱她上钩,需要往深山里走,还请您关照放行。

童长荣点点头,吩咐崔今淑开出特别通行证。最后他紧紧握住谢掌柜的手说,祝你们成功!

　　谢掌柜离开特委机关,因为有特别通行证,顺利进入密林,收获满满,收了好几张上品皮子,辗转回到长春。

　　卓蓝估摸着谢掌柜该回来了,一大早就从后面小巷进了皮货店后院,两个伙计正在忙碌,处理刚收来的皮子,见卓蓝进来,努努嘴说掌柜的在屋里头呢。

　　卓蓝走进屋里,见到谢掌柜的第一句话就问见着了没有,谢掌柜点点头,说见着了。卓蓝急切地问谢掌柜,你,感觉他的气色怎么样?谢掌柜想着,告诉卓蓝,没看出什么,只觉得他脸色有些苍白。你让我带药,是不是这位领导人生病了?

　　卓蓝:胡说,像他这样的人怎么可能生病呢,我只是关心。你再告诉我,他的精神状态怎么样?

　　谢掌柜:看起来挺精神的。

　　卓蓝迫不及待地:他说什么了吗?

　　谢掌柜:卓小姐,我照着原话说,这位领导人说,他以个人名义,向你和同你在一起战斗的爱国志士表示崇高的敬意。

　　卓蓝有些激动:如果我是共产党,他一定就是以特委的名义了。

　　谢掌柜:这位领导人让我转告你,说他很牵挂你,常常怀念和你在一起的战斗岁月。

　　卓蓝:牵挂、怀念,他真是这么说的?

　　谢掌柜:这话我还能编得出来吗?

　　卓蓝长舒了一口气,脸上既有满足感,也有幸福感,她喃喃地:这是我有生以来听到的最美的言语。

　　卓蓝体会着童长荣的话,想起过去和童长荣在一起的日子,情绪有些控制不住。

　　谢掌柜感觉到了这位特委领导人和卓小姐之间肯定有不同寻常的经历,卓小姐在特委领导人心目中也有特殊的位置。

　　谢掌柜:这位领导人特别叮嘱,让你一定注意安全,还说期待与你一起并肩

战斗。

卓蓝点点头,体会着童长荣的关心,体会着期待、并肩战斗这两个关键词的含义,那就是重逢的那一天,两人之间不再争吵,不再斗心机,也不再有情感纠葛,只有一个目的,将侵略者赶出中国。

卓蓝正在遐想中,谢掌柜从怀里掏出一个信封,递给卓蓝:还有这个。

卓蓝接过信封撕开,露出一张两人的合影照,她怔怔地看着,眼泪忍不住奔涌而出。她翻过背面,上面写着一行工整的小楷:

这是一个光明的季节,这是一个黑暗的季节;这是希望之春,这是失望之冬;有人踏上天堂之路,有人走向地狱之门! ——与卓蓝兄共勉,战友童长荣。

卓蓝沉浸在泪水里:我们是兄弟! 我们是战友!

枞阳。莲花庵里,何坤宜在做针线活,心绪不宁,突然皱了一下眉头,是针戳破了手指,她连忙将手指摁在一个布条上。

妙静师太是何等人,心如明镜,望着何坤宜这几天一直魂不守舍的样子,知道她心有牵挂,思来想去还是决定把事挑明了:佛清啊,看得出来,你人在庵里,心老在外面,不要这么煎熬了。

何坤宜:师太,我只是不小心,对不起。

妙静师太:别瞒我了。前几天有香客见到你,说你婆婆病了,一直躺在床上,我都听见了。

何坤宜仍在低头做针线,不再言语。

妙静师太站了起来:佛清,随你的心走吧,我不留你了,你回去照顾你婆婆吧。

何坤宜:我,并不想走,我不想修行半途而废。

妙静师太:佛清,听我说,修行和尽孝都是心到,你该下山了。去,把衣服换了,我许你还俗尽孝。

何坤宜站起来,合起双手,朝妙静施礼,师太还礼。何坤宜望着妙静师太说,师太,我也舍不得您,您年岁大了,不忍让您一个人在山上。妙静师太轻轻摇摇头,说她不是一个人,虽然年事已高,但胸中有三才万物,大千世界呢。何坤宜点点头,谢谢师太教导。妙静师太淡淡地说,莲花庵随时欢迎你来。说完,妙静师太径直进了佛堂,礼佛诵经。

此时的何坤宜有想哭的感觉,她回到庵房,脱下了尼帽,换了衣服,叠好尼服,放在桌上,开始收纳日用,在枕头底下取出那个红袋子,慢慢打开,里面是童长荣的小老鼠尾巴辫子和童长荣的照片,又小心地放了进去,装进包里。最后取出床里头卷成圆卷的大红围巾,抖落开来,披在自己的肩上,留恋地回望庵房,款步走出来,轻轻地关上了门,来到庵堂,朝着专心致志诵经的妙静师太施礼。妙静师太像是忘记身内的一切,身外的一切,似乎感受不到何坤宜的存在,只有清朗的诵经声音在庵堂里回响。何坤宜默默地转过身,拎着包走出了莲花庵。

童母躺在床上已有一些时日,两个叔婶像是换了个人,轮流照顾。这时门外一声门响,何坤宜走进家门,放下包袱,奔到床前:娘!

何坤宜拉住了婆婆的手,两个婶娘望着何坤宜,一时都愣住了,童母泪眼蒙眬地望着何坤宜,发出了微弱的声音:坤宜,我以为我见不到你了。你跑回来做什么? 作孽,打都打不走你!

何坤宜抱住了童母:娘,师太许我还俗了,这回你打死我,我也不走了。

两个叔婶见如此,反过来劝慰童母:侄媳有情有义,往后就在一起过日子了。童母无奈连连摇头,默默流泪。

何坤宜放下童母的手,连忙朝两个婶娘鞠躬:谢谢婶娘,连累你们了。

一个婶娘说,长荣媳妇,这么多年,你对童家不离不弃,我们这老脸都没地搁了。过去我们有错呀。现在算想明白了,关起门来都是一家人。

何坤宜:谢谢二位婶娘照顾。我回来了,各家都有各家的事,二位婶娘,你们忙去吧,回头我再上门谢去。

另一个婶娘:长荣媳妇啊,一家人就不说两家话了,有事啊,就吱个声,别客气。

何坤宜将两个婶娘送出了门,又走到婆婆身边,拉着婆婆的手。

童母:坤宜,我跟你说个心里话,我就巴不得早点咽了这口气。

何坤宜:娘,我不许你死!你死了,我就跟着你死,你信不信?

童母:坤宜呀,我活着比死还难受呢,你晓得不晓得?

何坤宜忍不住笑了:死了,你还知道难受,你还把自己当作神了。

童母:我不晓得你怎么还能笑得出来,你这一辈子就这么毁了,这个债我就是三辈子也还不清。

何坤宜站了起来,啐道,就你还惦记三辈子,把这辈子过了再说,不跟你说了。她站起来揭开锅,发现锅是个空锅,打开碗橱,里面是空碗。

童母嘟哝:看什么,这些日子,是你五叔,两个婶娘有一碗就送一碗度命呢。

在说话的当儿,五叔端着碗饭进来了。何坤宜喊了一声五叔。五叔望着何坤宜的装扮,就明白了一切,怔怔地望着何坤宜。何坤宜对五叔说,回来了,不要再赶我走了。

五叔抽抽鼻子,回来好,只要你愿意。何坤宜从口袋里掏出钱递给五叔,让五叔上街买鱼买肉。

五叔:你这是?

何坤宜:五叔,今天,我开荤!也请五叔、婶娘、叔叔,一家人团聚一下,我要好好谢谢你们。

五叔接过钱应着,我这就去。

何坤宜还俗的消息迅速在枞阳街上传了开来,五叔刚出门,就见街坊送鱼送肉送菜送米过来抚慰,望着一院子的人,何坤宜一一鞠躬答谢。

自何老爷去世后,吴用贤、何坤秀就搬到了铁板洲何宅居住。何坤秀坐在屋里,望着已经5岁的儿子在写字。

吴用贤回来了,拿起儿子写的字,见笔画工整,很是满意,表扬一番,就让他出去玩了。等儿子走后,吴用贤跟何坤秀说,坤宜姨妹下山还俗了,又回到了童家。

何坤秀很是伤心,这个死丫头,现在不是童家对不起何家,是我们对不起她了。你这个人啦,心也狠,你也不去看看她。

吴用贤嘟哝着,这些年,你不发话,我哪敢去看呢。

何坤秀：那你就不能瞒着我去呀？

吴用贤：我怕你知道了，又是母老虎发威，没有安生的日子。

何坤秀狠狠地盯了吴用贤一眼，抹着泪：我想去童家看看妹妹，我想她，想着心都痛，你晓得吧。

何坤秀号啕大哭，吴用贤连忙安慰：这几年，我就等着你这句话了。听说是她婆婆生病了，她才还俗的。正好也一起看看她婆婆，宽宽坤宜姨妹的心。

童母因何坤宜悉心照顾调理，没过几天就能下地了。何坤宜见外面天色好，就将婆婆牵到院子里的椅子上坐下晒太阳。不一会儿，吴用贤拎着一只大篮子、何坤秀牵着儿子走进院子里。

何坤宜欣喜地：姐夫、姐姐，你们来了。

何坤秀让儿子喊小姨。

何坤宜一把将侄儿揽进怀里，满心欢喜，一边亲，一边端详，我这大侄子都这么大了。

吴用贤和何坤秀走到童母跟前：童家妈妈，对不住您啊，今天我们才来看您，我们不懂事，请您老原谅。

童母挣扎着爬起来，被何坤秀拉住。

童母：姨夫姨娘说这话是折煞我了，是我童家对不起何家。

何坤秀：童家妈妈，过去的事啊，都不许提了。

何坤宜端来了小凳子让姐姐何坤秀坐下。

何坤秀：坤宜，我和你姐夫商量了，明年我再怀个孩子，给你养着，好歹呀，这也算个家了。

何坤宜：姐姐，你舍得？

何坤秀：妹妹，为了你，我有什么舍不得。你可知道，姐这些年，眼泪都哭干了，姐不是狠心的人。

吴用贤：坤宜，你姐姐是刀子嘴豆腐心，我和你姐在家动了看你的心思之后，就想着怎么来弥补，想来想去呀，只有用这个法子。

何坤宜：难为姐夫姐姐的心思，我会把他当作亲生的抚养成人。娘，你就要

有孙子了,高兴不?

童母:高兴,高兴啊!

 四十七

1933 年,从春到夏,中共东满特委领导特委游击大队和各县游击队,开始有组织有计划地主动出击,发起春夏攻势,坚持游击战和运动战相结合,重创了龟冈村和吉兴日伪部队,初步形成了东满大小十二块固定的抗日根据地,面积小则几十平方千米,大的则达到上百平方千米。在这些根据地相应的建立了苏维埃政府,中共党员数量不断增加,组织不断发展,特委游击大队和各县游击大队迅速壮大,形成了东满特委领导下上千人的抗日武装。

童长荣日夜辛劳,各项工作事必躬亲,到了十月份,终于累倒了。在特委机关的住处,他披着外套蜷缩在椅子上,不停地咳嗽,大口地吐血。

崔今淑不顾一切,强制要求童长荣立即停止工作。童长荣喘了口气,央求崔今淑,等他把手头上的事情处理完之后,他就休息。崔今淑对童长荣下了最后通牒,如果你还要工作,那我就不再遵守我们之间的约定,也不再为你保密,我就把你连续吐血的事报告特委各位领导。

童长荣终于不再坚持,可他还在解释着:崔今淑同志,你别看着大口吐血有些吓人,只不过我的肺部有个病灶生得不巧,位置正处在肺部血管上,容易破裂,不过我的免疫力好,凝血好,稍微躺一会就没事了。

崔今淑已经不听他解释,放下药碗,严肃认真地对童长荣说,张树华同志,我是经特委研究担任你的护理员,从现在起,我不想因为你是我们的特委书记而有任何迁就,请慎重考虑我的建议,立即住院。

童长荣望着崔今淑一本正经的样子,笑了,说崔今淑认真和生气的样子比笑起来还好看。这话却引来崔今淑的批评:张树华同志,请你严肃点,别想跟我套近乎,蒙混过关,我没有心情跟你嬉皮笑脸,来,我帮你收拾东西。

童长荣发现崔今淑没有戴口罩,乘机逮了她一个错:崔今淑同志,请你立即出去！

崔今淑立即到外屋戴上口罩，站到门口，举起手：书记同志，护理员崔今淑佩戴防护符合要求，请求批准进屋。

童长荣知道崔今淑来真的了，不忍再伤害她，他朝崔今淑点点头：崔今淑同志，我服从你的命令，这就住院去。

崔今淑望着童长荣，从内心里感谢：谢谢书记同志。

童长荣对崔今淑说，你全身心为我服务，还要谢我，我都成什么人了？崔今淑边收拾东西边说，书记同志，你说的不对，你已经不属于你自己。你受党的指派，是东满特委的最高领导人，你就是这高山峻岭的旗帜，你是东满抗日武装力量的总指挥。我不仅是为你服务，我是为党工作，我是为抗日工作。

崔今淑有礼有节，童长荣只得服从。童长荣对崔今淑说，在我眼里，这些都不是，你就是我可爱可亲的小妹妹，在照顾着她的大哥，谢谢你，小妹妹。

童长荣因情绪激动又不停地咳嗽起来，崔今淑赶忙轻轻捶着童长荣的背部，好让他舒缓下来。童长荣推开崔今淑，让她离他远点，说这种病在发病期传染力极强。崔今淑说她不怕，童长荣心里明白，崔今淑为了他已经不顾一切。尽管他对崔今淑下了命令，进房间时必须戴口罩，可这位姑娘有时故意不戴，似乎是拉出一副架势，也是表明一种态度，要和自己共生死。

收拾停当，崔今淑和小赵拎着包搀着童长荣出了门。童长荣发现这样不行，他接过包，让崔今淑除掉口罩，让他们两人与他保持距离。崔今淑明白，他不想根据地的战士看出他病了。

三人一前一后地走着，操场上，战士们在认真操练，喊声阵阵。童长荣脸上露出欣慰的笑容，边走边看着。

崔今淑说，根据地生龙活虎，欣欣向荣，可您却病倒了。

童长荣做出一副轻松的姿态，摆摆手，安慰崔今淑，不就是吐几口血嘛，这都好几年了，没事。小赵，通知王德泰同志到医院来，要跟他谈事。

小赵有些犹豫，用目光征询崔今淑的意见。

崔今淑不乐意了：你还要工作呀，不是说好了，到医院去静养吗？

童长荣：我用嘴巴跟他谈，又不要体力，总是可以的嘛。

崔今淑：那可得要费脑筋啊。

童长荣：脑子不用，那还要脑袋干什么？

崔今淑不再坚持：那好吧，小赵，你去通知王德泰同志。

小赵点点头，转身走了。

路过一处房子，门旁边一个木牌：汪清县苏维埃人民政府。

崔今淑：张书记，短短两年，我们各县都有了自己的政府。

童长荣：这是人民的政府。

崔今淑：张书记，苏维埃政府，这是你想出来的吧？

童长荣：我哪有这么大的智慧，这是向中央苏区学习的。中央苏区的毛泽东主席才是真正的大智慧。崔今淑同志，我告诉你，不要以为我这个人脑子好使，有时候也会犯糊涂，我可是个犯过大错误的人。

崔今淑：张书记，就你还犯大错误？

童长荣：是啊，我在河南给党的事业带来重大损失，在天津被人撤了职务，在大连又错误地处理了两位好同志，现在又犯了一个大错误，关于"民生团"的问题，我们中了敌人的反间计。

崔今淑：那可是上报了上级，上级要求成立肃反委员会和甄别委员会的。

童长荣：可我们在处理这个问题时，犯了扩大化的错误。你通知李圣依同志，让他到医院里来找我。

崔今淑急了：张书记，你这不是等于还在工作吗？

童长荣说，我找王德泰同志是商量成立独立师的事，你说是不是大事？让李圣依同志来是纠正"肃反"扩大化的错误，你说重要不重要？

崔今淑深知这两件事确实重要，只好退而求其次，提出做完这两件事，就安心治疗。童长荣点点头，听你的还不行吗？

童长荣和崔今淑来到红军井旁，朝鲜族妇女正在打水，见到童长荣，朝鲜族妇女用朝鲜语向童长荣问好，童长荣熟练地用朝鲜语问乡亲们好。

朝鲜族妇女舀了一瓢水递了过来，让张书记尝尝，说红军井里的水很甜。

崔今淑连忙取下茶缸接过:张书记讲究卫生,这是公用水瓢,你们也不能直接喝水。

朝鲜族妇女听了崔今淑的话,都说知道了。

童长荣接过茶缸喝了一口:红军井的水果然甜。乡亲们,祝你们的生活越来越好。

朝鲜族妇女鞠躬:托张书记的福!

金郎中站在门口,见童长荣和崔今淑朝医院走来,非常高兴,远远地迎了过来,接过崔今淑手上的东西。

金郎中:崔今淑同志,你了不起,终于把张书记说服了。

童长荣:金院长,你这话就不对了,在你眼里,我就是个坏典型了。

金郎中:不,不是,我只是说,张书记工作起来不顾一切,也要适当把脚步放慢一点。

童长荣:我也想放慢一点啊,可小鬼子加快了侵略的步伐,我们能慢下来吗?

金郎中:张书记,你的话总是令人信服,无法辩驳。崔今淑同志,你把张书记交给我了,你忙你的吧。

崔今淑因为要通知李圣依,就匆匆地走了。童长荣随金郎中走进病房,见到孙元明双眼缠着纱布坐在床上,童长荣上前拉住了他的手。

金郎中:孙元明同志,张书记来看你了。

孙元明显得很激动:张书记,谢谢你。

童长荣:孙元明同志,我不是来看你,我是来陪你住两天,和你聊聊天。

孙元明:那怎么行,您这么忙……

童长荣:我这身体呀,也不太争气,来和你做个伴。

孙元明:金院长,张书记哪里不好了?

金郎中:别担心,张书记太累了,就是来查查身体,没有什么毛病。

孙元明:那就好。张书记,那你得陪我多住几天。

童长荣望着孙元明被纱布包裹的眼睛,询问伤势。金院长摇了摇头。

孙元明坦然地说,张书记,别问了,两个眼珠都炸瘪了,我现在成瞎子啦。

童长荣:孙元明同志,我很对不起你呀。

孙元明:张书记,别这么说。小时候,我就想做瞎子呢。看到瞎子算命,就在想,我要是成了瞎子,就能给人家算命了,没想到真成了瞎子。

童长荣:孙元明同志,你很乐观,我很感动。

孙元明:张书记,我咋个不乐观,我们用一条命和两只眼睛换了多少鬼子的命,想想也值了。

童长荣:孙元明同志,你说的很对,这几次战斗,就用了你们新式延吉炸弹,直接炸死的鬼子有 100 多人。

孙元明:这不就得了,我记住了,100 多人。

金郎中将童长荣安顿在孙元明邻床,童长荣靠在床上,继续和孙元明说话。

孙元明:张书记,我不瞒您。既然成了瞎子,这两天我就想着瞎子的好处。省了点灯的油,眼不见心不烦,讨不到老婆也有理由了,谁家姑娘愿意嫁给瞎子呢。我想好了,过些天,我就离开根据地,省点粮食,留给战士们打鬼子。

童长荣:孙元明同志,你家里还有什么人?

孙元明:赤条条一个,没人啦。

童长荣:孙元明同志,你哪里都不许去,苏维埃人民政府已经发了文件,对烈士和伤残同志有具体的政策。

孙元明:张书记,心意领了,我留在这里也没啥用了,还是让我回去吧。

童长荣:怎么没有用,你是我们根据地的大英雄,让我们的全体战士看到你,你就是榜样。你这一辈子完全有资格躺在功劳簿上,让人民供养你。

金郎中:孙元明同志,听张书记的。

孙元明:白吃粮食,我有愧呀。

金郎中:等你伤养好了,就留在医院里,我教你做推拿,你不就有大作用了。

童长荣觉得金郎中这个主意好,打趣地说,说不准一不留神,孙元明同志还成了名医呢。

三人都笑了,金郎中让童长荣别说话,开始给童长荣号脉。之前,崔今淑征得特委几个同志的同意后,将童长荣的病情如实告诉了金郎中,期待金郎中有什么奇方能治好他的病。金郎中也没有什么好办法,和崔今淑商量来商量去,还就是土办法。第一,给童长荣保暖,不能受寒,他让崔今淑用上好的皮子给童长荣缝制了一个小夹袄穿在里面;第二,设法说服他来到医院休息几天;第三,用中草药清热散毒;第四,就是想方设法给童长荣增加营养。但是童长荣严于律己,坚持不搞特殊化,确实是个难题。金郎中就和崔今淑一起上山采了一些野山参,放进中药里煎汤给他喝。

号完脉之后,金郎中感觉脉象还好,稍微宽了点心。对童长荣说,张书记既然到了医院,就要安心,得听从医院的安排。

这时,李圣依走了进来,童长荣要起床,被李圣依按住,说好不容易让你到医院来了,你就好好休息一下。我回头再来,说完就要走。

童长荣批评李圣依,这事拖不得。他向金郎中请假,就到外面和李圣依同志说几句话,保证马上回来。金郎中知道自己拦不住,只好说,快去快回。

山路上。童长荣和李圣依并肩走着。

李圣依向童长荣报告,这次各县委甄别审查确实有扩大化的趋势,接到你的指示,回顾反思,种种迹象表明,我们确实是上了敌人的当了。童长荣说,责任在我,我没有下去深入调查研究,犯了主观主义错误。这次甄别审查不仅伤害了同志,也极大地影响了朝汉两族的民族感情,必须纠正。

李圣依说,整肃文件是省委下发的,可现在又联系不上省委,我们有问题都没有地方请示。

童长荣点点头说省委一时联系不上,就需要我们做出正确的决断。暂时停止甄别委员会的工作,要相信绝大多数同志,对确有投敌嫌疑的人交“肃反”委员会处理。李圣依表示会尽快把意见传达到各县委。

童长荣问那个日本情报人员现在在哪里?李圣依说还关押在延吉县苏维埃人民政府。

童长荣指示李圣依把那个日本情报人员给放了。李圣依不解,事情就出在这个可恶的日本特务身上,他利用老宋头被捕的这一事实,借机散布谎言,利用了我们的仇恨情绪才形成了今天被动的局面,他就是个导火索,怎么能放了他,

应该把他杀了才解恨。

童长荣对李圣依说,这次"民生团"事件是林悦和小日向一手策划的,我们必须做出反击。我想了一个办法,诱杀小日向,彻底粉碎他们的阴谋,让梁光同志配合你。

童长荣对李圣依面授机宜,李圣依明白了童长荣的意图,目的是通过击杀小日向作为标志性事件,宣告林悦计划的破产。他表示马上和梁光大队长一起具体商量。

童长荣和李圣依互相敬礼。李圣依离开后,王德泰又小跑着赶了过来。崔今淑和金郎中只好在坡下等待。

两人见面之后,童长荣就和他谈组建独立师的事情。王德泰说,张书记,这可是大事,我们需要省委批准,可省委一时联系不上,怎么办? 是不是再等一等。

童长荣摇摇头,说这件事不用等了,现在和省委联系中断,我们只有靠自己。这也是罗书记先前在满洲省委军委会议上定的,满洲省委曾经明确给了我们任务,要不断壮大抗日队伍,规划杨靖宇在南满组建东北革命人民军第一军,我们的任务是组建第二军,赵尚志在北满组建第三军。现在杨靖宇在南满已经组建了第一军独立师。我初步考虑了一下,按照目前各县游击队的情况,我们可以组建两个独立师,延吉、和龙两县的游击队组建第一独立师,再整编汪清和珲春两县的游击队为第二独立师。不过,要设立两个独立师又单薄了,设立一个独立师又太大了,我想听听你这个军事部长的意见。

王德泰:同志们要是知道了,那可是高兴坏了。两年的发展,我们就有整师的建制了。张书记考虑得很细,要么暂先设立一个独立师,梁光的游击大队仍然直属特委。

童长荣:王德泰同志,我也是这么想的,我们不急着摊大饼,成熟一个组建一个。这段时间,你下去多做些调研。

王德泰:行,我先调研摸底,形成了初步的方案,再向你汇报。

童长荣:王德泰同志,告诉同志们,军事斗争一定不能放松。龟冈村被我们打得半死,一定很不服气,可以预见,他还会纠集更多的兵力再跟我们较量,请大家务必随时做好战斗准备。

王德泰:李延禄和王德林分开后,把部队带到苏联境内去了,我们全得靠自己了。好在我们的队伍经过实战,积累了宝贵的经验,战斗力也在不断增强。

童长荣:王德泰同志,你身上的担子不轻啊。告诉同志们,要做好寒冬林海雪原艰苦作战的准备。

王德泰看见坡下的崔今淑和金郎中,这是无声地催促自己,早点结束。于是他就对童长荣说,张书记,你可一定要把身体养好哇。说完就要走。童长荣意犹未尽,还要和王德泰聊其他事情,王德泰对童长荣说,张书记,看见坡下的崔今淑同志和院长同志了吗?嘴翘得都能挂水桶了,再不走,就……

王德泰边说边下坡,走到崔今淑和金院长身边说,快,把张书记带回医院去,拜托你们二位了。

夜晚,延吉县委看守所里,日本情报人员躺在床上。李圣依的影子一闪,他打开了看守室的门,用日语对日本情报人员说:我救你来了,快走。

日本特务从床上跳了下来,将信将疑地望着李圣依:你不是审问我的人吗?为什么要放了我?

李圣依:别问为什么,快,我送你走。

日本特务不明就里,可想着能出去,也就顾不了许多,跟着李圣依,猫着腰,出了门,翻过一座矮墙,跑进了一个树林。眼看已经安全,李圣依这才跟日本特务说明原委,介绍自己的身份是中共东满特委秘书长兼汪清县委书记李圣依,现在还兼肃反委员会主任和"民生团"调查甄别委员会的主席,我打击了一大批干部,很多人对我怀恨在心。刚刚得到消息,他们纠集一班人,开始反诬陷我是特委内部最大的"民生团"的总后台,为日本人提供情报,特委现在正准备逮捕我,我已经走投无路,思来想去,索性就一不做二不休,说我是"民生团"的头子,我就干脆投靠你们算了。

日本特务一听很高兴,哟西,那你跟我走。

李圣依摇摇头,说我不能就这么跟你走,放了你,就请你带个信,我是东满特

委的重要干部,掌握东满特委的全部秘密,请你们派出能说话算数的人来,必须满足我的条件,我才会跟着你们走。

日本特务:那你的条件是什么?

李圣依:两条,一是确保人身绝对安全,二是确保待遇足够优厚。

日本特务:我的顶头上司是长春特务机关长小日向,他负责"民生团"的渗透工作,我向他汇报可以吗?

李圣依:可以,我给你们两天时间。

日本特务:怎么联系你?

李圣依:后天晚上8点在延吉县城外的二道桥见面。

日本特务:我记住了。

李圣依:再说一遍,超过8:30,我就消失,另谋生路。

李圣依闪身走进了树林里。

日本特务则连夜赶到延吉,第二天等电信局上班时,走进电话室,直接要求接通长春特务机关长小日向的电话。正在值班的朴玉接待了他,将他安排在独立电话间,然后走进机房,接通了长春的电话。

监听了通话的内容,朴玉大吃一惊,她不敢耽搁,立即走出电信局,将李圣依叛变的消息以及和小日向在延吉见面的时间地点通过延吉的地下组织火速传到根据地。童长荣接到情报后,微微一笑,立即命令延吉地下支部的同志说,不准泄露消息,不准擅自行动。那位地下支部的同志,摸不着头脑,怏怏地走了。

小日向接到电话后,做了一番调查,随后与林悦见面。他对林悦说,李圣依确实是中共东满特委的重要人物,特委的秘书长、汪清县委书记,是童长荣身边的重要人物,会说一口流利的日语。

林悦反问小日向:这会不会是童长荣使的计谋?

小日向:是不是计谋我不知道。有一点可以肯定,我们的反间计已经导致他们东满乃至整个满洲共产党内部发生严重混乱。李圣依是负责调查共产党内部"民生团"成员的总负责人,情报显示,他确实处理了一大批干部,遭人忌恨,欲置他于死地的人不少。

林悦:简报我都看了,这个我了解。

小日向:他点名要见我,跟我谈条件。

林悦提醒小日向要多带些人,以防万一。如果真的得到此人,那童长荣就死定了。不管他提什么条件,都要答应他。

小日向立即带人长途奔波赶往延吉。到了延吉,他调集了延吉龙井特务机关人马待命。

终于到了约定的时间。延吉城外的二道桥在夜色中静静地横亘在小河上。李圣依、梁光带着十几个游击队员埋伏在桥对岸的树丛里,枪口一起对准了桥面。

到了8点钟光景,桥上来了一二十个日本兵,只见为首的挥着手,人员迅速散开,桥上桥下隐蔽起来,一切归于寂静。

又过了一会儿,一个矮矮胖胖的影子夹在几个日本兵中间出现在桥上,几支枪的枪口迅速锁住了小日向。远远地看见小日向正在看表,朝桥的两端张望。在几个日本兵与小日向拉开距离的一刹那,几声枪响,小日向倒了下去。周围的士兵一阵慌乱,桥上桥下的日本兵一起对准岸这边的树丛开火。

李圣依轻轻地一声喊,撤! 梁光和游击队员迅速离开现场。日本兵朝岸边的小树林边跑边开火。李圣依、梁光和游击队员早已无影无踪。

小日向身亡的消息,通过电信局打到长春,朴玉这才知道是特委张书记布下的迷魂阵,负责送情报的同志顿时明白了张书记要他们不准擅自行动的原因,更让他们感到安心的是李圣依同志所谓叛变是诱敌上钩的计策。

林悦接到小日向的死讯,脸色大变,狠命地将电话挂断,咬牙切齿,她的疑虑,不幸变为现实。这是童长荣的一步棋,就是要向自己宣布,他已经识破了所谓的"民生团"离间计划。她阴阴一笑,"民生团"这个组织隐蔽性强,穿着民生美丽的外衣,有发展经济实业的招牌,人员结构复杂,涉及中日朝人员,她觉得这个组织不像"朝鲜人民会"那样短命,它有它存在的理由和不同阶层的利益需求,她发誓要把这个离间计划继续推行下去。

林悦在屋里来回走动着,不过,童长荣杀了小日向,还是令她又气又恨,她终

于拿起了电话,要接延吉龟冈村司令部。

朴玉戴着耳机,听到是林悦的声音,让她稍等,给她接通了龟冈村司令部专用线,监听着他们两人谈话的内容。

电话里传来林悦的声音:龟冈司令官,身体好些了吗?

龟冈司令官的声音:谢谢林悦小姐的关心,有漂亮小姐问候,我就好了一大半了。

林悦告诉龟冈村一个不幸的消息,在你的鼻子底下,长春特务机关长小日向在延吉被游击队的人杀了。龟冈村说这件事他已经知晓。林悦揶揄龟冈村,司令官倒是有静气啊,延边游击队已成燎原之势,迅猛发展,不知道司令官先生作何感想。

龟冈村有些气恼,林悦小姐,你在嘲笑我吗?我已经在制定作战计划了。我要乘王德林、李延禄的部队不在延边地区,一举摧毁他们的根据地。

林悦:冬季即将来临,这要是一下雪,你可不好办啊。

龟冈村:请林小姐放心,我就抢在下雪之前行动,用足够的兵力,一举摧毁根据地,我向你保证,延边地区今后将不复有东满特委和游击队的存在。

通话结束后,朴玉放下了耳机。

龟冈村就要进攻根据地的情报,很快就送到在医院的童长荣手里,童长荣要求立即出院。金院长无奈,只得同意他出院,嘱咐崔今淑,汤药不能停,天气越来越冷,一定不能让张书记受寒。

崔今淑点点头。童长荣刚回到特委机关的住处,又开始咯血。崔今淑愁容满面,心里在揪着,眉头紧锁。

外面的会议室里,王德泰、王中山、李圣依、梁光坐在那里,都听到了里面剧烈的咳嗽声。大家小声地说,真是愁死人了。

屋内,童长荣擦了擦嘴角的血,望着崔今淑:人都到齐了吗?

崔今淑不忍再看童长荣,背过脸去,几乎是带着哭音说,都到齐了。

童长荣一笑:那就开会吧。

童长荣戴上了口罩,满面笑容地走到会议室。崔今淑和小赵跟在后面,默默地坐在屋角,打开了记录本。

童长荣:同志们,朴玉同志截获了林悦和龟冈村的通话,龟冈村即将要发动冬季攻势了。从几次通话的监听情况看,多门二郎已经答应给龟冈村调配一个师团,加上吉兴的伪军,总兵力要好几千人。我想听听大家的意见,这个仗怎么打? 我们的有利条件是什么,不利因素有哪些,请大家畅所欲言。

梁光:我先说,有利条件仍然是我们占据有利地形,守住四个山口,小鬼子就无可奈何。还有战士们对日本侵略者的刻骨仇恨,正巴不得他们找上门来。不过,鬼子有飞机大炮,打阵地战,我们确实不是他们的对手。

王德泰噙着烟袋:我们四县游击队加上特委游击大队的人马不过 1000 人,武器质量差,还有大量新兵缺乏作战经验,现在缺少了王德林、李延禄救国军的外援,我们很难守得住。

童长荣望着王中山、李圣依。

王中山:听说小鬼子正在整肃部队,全力追查内部不稳定因素。这次想打心理战、攻心战,不见得会有上次的效果了。

李圣依:还有"民生团"这件事,挫伤了一部分同志的抗日热情,尽管得到一些纠正,但很多同志心理上有阴影,在某种程度上影响了战斗力。

童长荣:大家说得很好,综合大家的意见,不难得出结论,我们很难抵挡住龟冈村的进攻,不是吗?

气氛沉闷,大家都默不作声。

童长荣:既然这样,我提出一个看法,请大家讨论,我的意见是放弃马村根据地。

梁光失声地:张书记,你说什么,放弃根据地? 两年来,我们辛辛苦苦挣了这么多家底,就白白地送给小鬼子了?

王中山:张书记,你这是怎么啦?

李圣依:张书记,那老百姓怎么看我们呢,说我们在当逃兵呢。

王德泰:张书记一般提出重大意见都是经过周密思考的,且听张书记把话讲完。

大家都目不转睛地望着童长荣。

童长荣：这次龟冈村是孤注一掷，纠集几千人的兵力，我反复进行了推演。我们可用兵力不足1000，还要留出预备队，分散在各山口，每个山口等于是在撒胡椒面，和训练有素的日本关东军进行阵地战，我们几乎没有取胜的可能性。我们如果守一天，兵力消耗应该是百分之五，坚守两天，我们的伤亡会达到两成，死守三天的话，我们将要付出五成的伤亡，我们开始筋疲力尽，然后撤退，鬼子进攻，我们只有挨打，不可能再有能力反击。请问，到了这个境地，根据地怎么办？更重要的是根据地的1500多名老百姓怎么办？只有被杀戮的结局。大家想过这个结果吗？

大家面面相觑。

王德泰：张书记深思熟虑。跟小鬼子硬碰硬，可不是靠勇敢能解决问题的，我们确实还没有跟小鬼子正面抗衡的实力啊。张书记提出撤出根据地，我看大家还是做出表决吧。

童长荣举起了手，王德泰举起了手，王中山和梁光也举起了手。

既然达成了共识，童长荣请大家研究怎么个撤法。大家发表各自的意见，童长荣认真地听着，记录着大家的要点。大家都说完了，把眼光投向了他，等待着他的讲话，能看出此时的童长荣内心极不平静，他在竭力忍着不咳嗽，脸涨得通红。大家都心痛地望着他。崔今淑要哭了，她站起来对童长荣说，张书记你想咳就咳吧，别再这么折磨自己了。童长荣终于忍不住了，一声咳嗽，口罩上漾出殷红的血。童长荣连忙向大家说声对不起，转身进了屋里。

大家都很震惊，说不出话来。

崔今淑哭着说：各位领导恐怕是第一次见到。我不想再隐瞒了，这一年来，张书记不停地在咯血。

童长荣换了一个口罩，走了出来，让大家别大惊小怪，人体经常出点血，能加快新陈代谢功能，要求接着开会。大家含着热泪说，张书记，下达命令吧。

童长荣强调：首先要求，把根据地老百姓撤出去，我们不能看着百姓遭日本人糟蹋。这是我的第一个指导思想，共产党始终要把人民的利益放在第一位。

我知道,这么多老百姓,老的老小的小,如何安顿,如何度过严冬,是个大难题。我想把这个任务交给李圣依同志,你要严密组织,精心安排,还要保证百姓不能饿着冻着。

李圣依站了起来,庄重严肃地向童长荣敬礼:是!我一定把老百姓撤到安全地带。

童长荣:王中山同志!

王中山立即站了起来:到!

童长荣:请你负责根据地各单位的撤离。建立流动的兵工厂、学校、医院、印刷厂和被服厂,后勤保障建制不能乱。

王中山举手敬礼:是!

童长荣:如果这两项工作能够顺利实施,我们就等于掌握了主动权。王德泰同志、梁光同志!

王德泰、梁光站了起来:到!

童长荣:你们两个人拿出周密的作战计划,利用阻击战、运动战、游击战,和龟冈村周旋,做好在林海雪原里和日本鬼子血战的一切准备。

王德泰和梁光表态,坚决执行张书记和特委的命令,粉碎龟冈村的进攻,重建根据地。

会议结束前,童长荣很平静地对大家说,请原谅我一直让崔今淑同志隐瞒自己病情的严重程度,在这里我也想向大家做个报告,我的病情已经很重了,再隐瞒下去,如果突然倒下了,就是一种不负责任的行为。这两天,思来想去,我也想把自己的想法告诉大家,我准备给省委写信,请求派得力的人来接替我的工作。我这不是怕死,临阵脱逃,我要对党的事业负责,对民族的独立和解放负责任。等新的同志来了,我就做一个普通的战士,我会和大家战斗到只剩下最后一口气。

大家望着童长荣,再也忍不住了,几个大男人哭得稀里哗啦,崔今淑坐在屋角更是泣不成声。童长荣微笑着望着大家,大家不要想着我个人,要把东满的安危放在心上。东满是日本侵略者进攻中国的大通道,我们要像一把钳子一样死

死地扼住这个通道,你们没有时间,更没有资格在这里为我一个人这么伤心难过。分头按照各自的职责行动吧。

几个人站起来挥泪走出了会议室。

夜晚。昏黄的油灯前,童长荣在桌前写信:省委、省委吉东局,我现在吐血,病又大发,吐了三天的血,恐怕难以胜任工作,请求省委派人来接替我的工作……

崔今淑陪坐在外面,眼泪止不住往下流。童长荣写好信,密封好递给崔今淑,让她交给小赵。

崔今淑:省委要还是联系不上怎么办?

童长荣:崔今淑同志,请放心,在省委派的同志接替我的职务前,哪怕就剩下最后一口气,我会坚持自己的岗位。

崔今淑已经忍不住在抽泣,她轻轻地:张书记,你知道吗? 我的丈夫牺牲时,我也没有这么伤心地哭过……

童长荣宽慰着她:崔今淑同志,对不起,我这身体不争气呀,连累了你。我刚刚还在琢磨,明天老百姓就要转移了,李圣依同志一个人要负责这么多人的大范围转移,我不放心! 你能力强,在老百姓中有威望,这样,你协助他工作,确保老百姓转移得顺利安全。

崔今淑哭喊着:张书记,都这个时候了,你还赶我走?

童长荣:崔今淑同志,不是我赶你走,我是在跟你商量。转移老百姓的工作,不能有一点差错。这样,你协助好李圣依把老百姓转移到指定地点,老百姓安全了,你做好了这件事,我就允许你回到我身边。

崔今淑弱弱地:张书记,你说话可得算数。

童长荣点点头:我说话算数。现在就请你去向李圣依同志报到。

崔今淑向童长荣敬礼,童长荣回礼。崔今淑等小赵回来后,将信交给了他,恋恋不舍地向童长荣告别,并嘱咐小赵照顾好张书记,随后直接去了村里,和李圣依一夜工作到天亮。

第二天,根据地村庄里,大批的老百姓背着被褥、锅炊,挑着粮食担子,扶老携幼开始转移。

李圣依拿着大喇叭喊着:乡亲们,按照 10 户一组,不要走散,路上不要乱跑,有事一定要报告。大家相互照顾。转移期间的粮食大家先垫上,事后苏维埃政府统一补助。每个小组长检查一下,只带生活用具,生产用具一律丢下,我们统一保管,回来再发放。

戴红袖章的在路口检查,几个人负责收集登记锄头、犁锹等劳动用具,写上名字,统一保管。

崔今淑拿过李圣依的大喇叭:乡亲们,我们这是暂时地离开,请相信东满特委,我们一定会把日本鬼子赶出根据地,争取早日接乡亲们回家。

金锦女带着儿童团走了过来。

崔今淑:布谷鸟,儿童团照顾好老人小孩。

金锦女清脆地应答者,转过身就想接过姜春花手上刚满周岁的小孩。

姜春花:布谷鸟,我行。

李圣依爱人腆着大肚子也出现在人群里。崔今淑转身对李圣依说,李书记,你和你爱人一道走吧。

李圣依不同意,坚持让崔今淑先走,做好安置工作。他要确保乡亲们一个不剩,才能离开。崔今淑点点头,风风火火地去追乡亲们去了。

崔今淑带着金锦女、姜春花、李圣依爱人和一些老弱翻山越岭,终于到达指定地点腰营沟。刚到村口,立即来了两个背着枪的青年,一见面就问,你是崔今淑同志吧。

崔今淑点点头。青年人指着一位朝鲜族青年妇女说,安置指挥部就设立在她家里,机关家属就安置在腰营沟。

崔今淑表示感谢,提出到各个村庄检查老百姓安置情况。青年人说,你不用跑了,我们每个村子都安排了专人接待,人员安置户对户,人对人,统一发放了表格,你们机关是最后一批。待会儿所有表格都会汇总到这里来,一看就知道了。

崔今淑:那就太感谢了,你们的工作做得真细致。

金锦女跑过来,对崔今淑说,我带儿童团去到山上设立岗哨,发现可疑人员

立即报告。崔今淑点点头,好,去吧,注意安全。金锦女带着十几个孩子一溜烟跑了。

崔今淑这才跟在朝鲜族妇女后面,和抱着婴儿的姜春花、腆着大肚子的李圣依爱人走进了老乡家。到了下午时分,李圣依、王中山带着后勤人员,肩挑背扛也进了腰营沟。

王中山和李圣依对崔今淑说,除了医院急救和担架队人员,根据地已经空了。

稍后各村报表陆续汇总过来,崔今淑确定乡亲们数字无误,将表格交给了李圣依,对他说,按照张书记的要求,我已经完成了任务,我要马上赶回去,回到张书记身边。

王中山说:明天再走吧,晚上山高天黑,又有野兽,太危险了。

崔今淑:我等不及了,想早点回到张书记身边。

李圣依也在劝,等我们把这些机器和物资安顿好之后,也要回到前线阵地,你和我们一道走。

崔今淑摇摇头说,我早一刻到张书记身边,张书记就早一刻得到照顾。向他报告老百姓平安到达,已经得到妥善安置,他也早点安心。

李圣依和王中山互相看了一眼,点点头,他将自己的手枪交给了崔今淑,嘱咐一路上千万小心。

崔今淑告别了李圣依和王中山,踏上了山路,走进了密林。

夜晚,森林里漆黑如墨。她在原始森林里穿行,在陡峭的岩石上攀爬;她在山涧边行走。耳边,林涛怒吼,野狼嚎叫,从天黑走到天明,她不敢停留,巴不得早一点回到童长荣身边。

龟冈村和吉兴部队整合完毕,黄夕夕黑压压的日伪军在公路上行驶。伊田助男所在的辎重队车辆押后跟随。又到了熟悉的开阔地带。龟冈村挥了一下手,部队停止了前进,就地四散开始搭帐篷。伊田助男将车辆开到一处树林边集结。

日本军官急匆匆来到龟冈村前报告,第九旅团已经到达指定地点。

吉兴哈着腰:司令官,这回让皇军先上。我的人马战斗力不行。

龟冈村:你的很狡猾。你的一半我的一半。

吉兴只得硬着头皮应着是。

侧翼山口。童长荣、王德泰趴在前沿工事里,用望远镜望着日军正在修筑炮兵阵地。

梁光跑了过来。童长荣吩咐梁光把正面的两个山口兵力撤到两翼。

梁光有些疑惑:张书记,我们要放弃正面两个山口了?

童长荣:看见没有?炮兵的阵势就是正面炮击,侧翼进攻。上次,他们在正面进攻时吃了大亏,这回不敢了。传达我的命令,在两侧阵地前 200 米至 500 米埋设炸弹,这叫兵不够,炮弹凑。

梁光领命而去。

王德泰:他们在安营扎寨,是要稳扎稳打了。

童长荣:看样子,他们的进攻时间应该是明天。王德泰同志,晚上你带领一小股精干人马摸到敌营里袭扰一下。

王德泰:好的,我就给他来一个火烧连营,让他们睡不好觉。

到了夜晚,王德泰带领几十个战士悄悄在小河谷边潜伏了下来。

日本士兵的巡逻队不时地来回穿行,营房外的小河边设置了多处固定的岗哨。

辎重队营地里,几个反战士兵趁着夜色朝伊田助男的汽车走来。伊田助男从驾驶室里跳下来。

伊田望着日本士兵:同志们,我们都是日本共产党员,古豆和稻苗为了和平的事业都已经牺牲了。我们再不能为这些法西斯侵略者卖命了⋯⋯

突然一声响动,一个黑影从汽车下面窜出跑了。伊田带着几个人在后面追,没有追上。

伊田:我们已经暴露了,你们快回去。

众人散去。伊田助男站在原地若有所思。

偷听的日本兵跑到联队长驻地报告,辎重队伊田小队长召集人员秘密开会。联队长问是哪些人参加了。日本兵说天黑,看不清是哪些人。但他听见了他们都是日本共产党员,伊田明确说不能为法西斯侵略者卖命了。

日本兵联队长刚刚命令连夜彻查,就看见了外面的帐篷到处燃起熊熊大火。他听见日本兵号叫着,四处乱窜,他跑出来,命令赶快救火。

山上工事里,童长荣看见日本兵临时军营里大火连成片,知道王德泰和梁光已经得手。战士们很兴奋。童长荣吩咐战士们,趁小鬼子们折腾的时候,你们抓紧时间睡觉。

山下,搭起了临时战地急救所。天边开始泛白,林子里一片静谧。金郎中早早起来,带着几个医生烧水消毒,做着大战前的各种准备。远远地看见一个人艰难地从山路上走过来,再仔细一看,是崔今淑,只见她摇摇晃晃,他跑上前,发现崔今淑已经筋疲力尽,全身衣服都被树枝扯烂了,倒在一棵小树边。

金郎中连忙带人将崔今淑扶进急救所里,经了解才知道她走了一晚上的山路,有人端来一碗米汤让她喝。

崔今淑喝了一口,就问张书记在哪里?金郎中说在岭口阵地。话音未落,就听见了敌机嗡嗡地在头顶上响,接着是剧烈的爆炸声,掀起旁边的泥土。金郎中拉起崔今淑就往树林里跑。

小树林里,他们看见几架飞机飞到根据地上空开始对根据地的建筑设施进行轰炸,崔今淑看见服装厂、印刷厂、医院一下子夷为平地,很是心痛。她坚持要去岭口去找童长荣。

金院长劝着:别跑了,你就在这,张书记马上就往这边撤。

崔今淑实在走不动了,靠在一棵树下,不停地喘气。

岭口左翼阵地。童长荣拿起望远镜,看见主阵地的两个山口,成群的敌机又飞回来了,狂轰滥炸,大树被拦腰炸断。山下的日军炮兵阵地,开始向岭口发射炮弹,巨大的爆炸声震耳欲聋。

轰炸结束后,日伪军的兵力分成两股向两翼运动。

王德泰向童长荣竖起了大拇指,张书记,你真是料事如神啊,果然是侧翼进攻。

童长荣轻轻一声喊:同志们做好战斗准备。

日伪军开始向两侧山头蜂拥来,不过这些日伪军被地雷炸弹炸怕了,越接近岭口,越不敢前进。日本兵联队长无奈,只得派出小队人马上前试探。走不多远,果然发现了树上的炸弹,藏在草丛中的地雷。

后面的日伪军一阵慌乱。联队长立即指挥防爆兵上来处置。防爆兵小心翼翼地取下树杈上的炸弹,掂了一下,发现很轻,又取出一颗地雷,也是空壳。士兵陆续发现假弹,开始继续往前挪动,一步步朝山口阵地涌来。

童长荣指示先放过吉兴的伪军。待伪军接近前沿阵地,日本兵进入地雷阵时,只见王德泰端着枪,目不转睛地瞄准了一颗小松树,一声清脆的枪响,小松树上的真炸弹爆炸,触发连环爆炸,整个树林里硝烟弥漫。

童长荣喊了一声打,战士们瞄准射击,伪军潮水般地往后退,从被炸的日军身上踩踏过去纷纷逃命。

右翼阵地,枪响就是信号,梁光看见左翼阵地炸弹响了,也举起了枪,高声喊着,给我打!

几个战士拉起绳索,地雷炸弹在阵地前沿爆炸,炸得日伪军血肉横飞。看见左翼军队退了下来,右翼的日伪军也跟着退了下去。

龟冈村在临时指挥所内,望着部队潮水般地往后退,举着战刀,声嘶力竭:不许往后退!

督战队架起机枪开始扫射,日伪军又纷纷拥挤着往山上爬去。

望远镜里,童长荣看到了日伪军重新组织了新一轮进攻,炮兵阵地上,大批的榴弹炮开始布置。他侧身对着王德泰说,敌人马上要打炮了,如果我们死守阵地伤亡会很大,派人通知梁光,放弃岭口,撤回密林,让他的炮兵攻击失去作用。

命令下达后,童长荣和战士们从左右翼岭口回撤。这时大批的榴弹炮朝战壕里袭来,战壕顷刻间被炸平。

轰炸之后,日伪军漫山遍野地朝山上涌来,快接近阵地时,日本兵联队长指挥机枪朝阵地前沿猛烈扫射,发现并未有还击。日本兵联队长挥舞战刀,日伪军

迅速冲到战壕前,这才发现工事早已不见人影。

龟冈村、吉兴的人马开进了马村抗日根据地。先头部队联队长赶来报告,根据地空无一人,老百姓家家户户门都上了锁,收捡得干干净净,整个村庄成为一个空村。

龟冈村下了马,走进了特委的机关,他仔细打量着简陋的木屋,刚准备坐下,就发现桌上留着一个纸条,上面写着:龟冈司令官,人民根据地就是你的葬身之地!

龟冈村哈哈大笑起来,嘱咐手下将这个纸条保管好,他对手下说,我要看看这深山老林到底是谁的死亡之地。

吉兴在一旁小心翼翼地提醒:龟冈司令官,童长荣诡计多端,这深山老林,他们在暗处,我们在明处,游击队不好对付呀。

龟冈村没有理会吉兴,吩咐手下给多门二郎将军报告,我们已经取得决定性胜利,占领了游击队根据地,游击队仓皇逃窜,我们将乘胜追击,在大雪到来之前予以歼灭。

龟冈村饶有兴趣地来到小木屋外面,与小木屋合影,宣布将这里作为自己的司令部。

长春日本饭店里。多门二郎和熙洽、林悦在吃日本料理。日本女人着和服在旁边服务。

多门二郎:龟冈村来电说占领了根据地,这算是取得决定性胜利吗?

熙洽不以为然:老师,这好像是游击队主动放弃了根据地,他们并未损失一兵一卒。要说胜利,言之过早。

林悦:童长荣带领游击队进了密林,就等于是鱼儿进了大海,任凭龟冈司令官有两个旅团的力量,恐怕也使不上劲了。

多门二郎:林悦小姐,你和童长荣打了多年的交道,今天请你来,就是让你专门给我讲讲这个童长荣。

林悦从包里掏出一张照片:这就是童长荣。

多门二郎接过童长荣的照片:一个文弱的书生。

林悦:第一,此人的智商极高。

多门二郎:这个我的明白,我听你说过,他能把《田中奏折》的关键部分记在心里。

林悦:第二,他有无穷的智慧。在东京,黑龙会、日本警视厅都玩不过他一个人,他骗过了我们所有人,策划蔡老板从皇宫里窃取大日本最高机密文件。

熙洽:这次他故意放弃了经营几年的根据地,但愿龟冈司令官不要掉入他的陷阱。

多门二郎眯着眼点点头。

林悦:这些都不算什么。最关键的是他的信仰和忠诚。

多门二郎:你给我详细说说他的信仰和忠诚。

林悦:他是一个真正的布尔什维克。我知道他的理想,也就是共产党的奋斗目标,在中国建立一个理想的社会,这就是马克思描述的共产主义社会。

多门二郎:他有缺点吗?譬如金钱和女人。

林悦摇摇头:高崎先生的合伙人卓老板的女儿卓蓝追了他这么多年,他不为所动。

熙洽:这个女人现在就在长春,她杀了高崎和千惠子,给我们添了不少麻烦。

多门二郎:童长荣是东京帝国大学的高才生,本应有精彩的人生,他居然甘愿在深山老林里与我们作对,共产党学说居然有这么大的魔性。

林悦:这个学说确实可怕,它排除了利己主义,人一旦没有了私心,就变成了一个油盐不进的怪物,他会不惜生命,可怕就在这里。

多门二郎:照你这么说,就没有对付这个人的办法了?

林悦:他有一个弱项,就是根据地的老百姓,找到他们,就能追踪到他的踪迹,然后组织部队分割包围,在冰天雪地里将他困住。

多门二郎:约西,熙洽,你的不行,林悦小姐,你可以做我的老师了。来,我敬你!

林悦连忙端起酒杯:谢谢前辈褒奖。

林悦进一步建言:龟冈司令官说要在大雪之前撤回来是完全错误的。

多门二郎欣赏地望着林悦说,只有中国人才能了解中国人啊,这叫什么,以华制华。

林悦旋转着酒杯,对多门二郎说:我并不欣赏你的以华制华,也不想消灭童长荣的肉体,我只想赢他一回,并以此作为我人生的最高成就。

多门二郎鼓掌:林悦小姐很有个性。

林悦将满满一杯酒倒进了嘴里。

上海咖啡厅里。张龙和赵瑞昱在一起喝着咖啡。

赵瑞昱递给张龙一张银票:这是卓蓝要的第一笔钱1000块钱。

张龙环顾周围,连忙收起,放进包里。

赵瑞昱和张龙谈心,她推心置腹地说,这么多年,我既不站在共产党一边,也不站在国民党一边,我只凭良心做事。赵瑞麟入戏太深,我哭着、跪着求过他,别再做国民党的党棍。这么多年,我就问你们一句,你们为老百姓做了些什么?为这个国家做了些什么?你能回答上来吗?

张龙沉吟片刻:瑞昱姐,这次我之所以决定和你一起帮助卓小姐,就觉得她还是有爱国心的人,也充满正义感。这次我到长春见了卓小姐,也去了李卫的墓地,内心很有感触。回想自己的过去,现在确确实实厌倦了对共产党的打打杀杀。人都是有民族自尊心的。我知道卓小姐这笔钱不是用来挥霍的,肯定是用来打鬼子的。瑞昱姐,你放心,我会安全地送到卓小姐手里。

赵瑞昱:你告诉卓蓝,我会加快处理资产的。

张龙:瑞昱姐,我现在以人格担保,我会做好你和卓蓝的联系人。

赵瑞昱对张龙说,赵瑞麟已经令她绝望,他这种人什么事都能做得出来,连他的亲姐姐都要监视,他已经泯灭了人性,绝不会让他侵吞卓家的资产。

张龙点点头,不住地说,谢谢昱姐的信任。

赵瑞麟通过暗探了解到了姐姐在银行开了1000块钱大洋的银票在咖啡馆交给了张龙。他玩弄手中的笔,愤愤不已,他妈的,连张龙也开始背叛老子了。

他让手下通知银行，决不能让卓蓝账户上的资金流到长春。吩咐手下立即除掉张龙，斩断他姐姐和卓蓝的联系。

长春，吴志杰一直在做过去旧友的工作，现在这些人大多在熙洽的行政长官公署里工作。这一天他邀请到了十几个过去的部下，和周老板一起请他们到酒店喝酒。卓蓝尾随来到酒店外面。

吴志杰站起来，满上一大杯酒，首先喝了，才开始讲话：弟兄们，我们都是东北子弟兵，都是帅府的旧友。今天大家给我面子，我想跟大家说说心里话。离开少帅府后，我很彷徨，和周老板开了个菜馆，从大连开到长春，只知道要跟日本人斗，没有明确的目标。现在我找到了第一个目标，那就是熙洽。张大帅在日时，那么器重他。可现在投靠日本人，还宣布与少帅、南京政府脱离关系，不遗余力分裂国家，与他的那个多门二郎老师狼狈为奸，现在就是东北人民的公敌，我想干掉他。

大家你望望我，我望望你。

吴志杰接着说：我的第二个目标就是绑架多门二郎，换回在日本狱中的爱国义士蔡先生。这两件事与我个人没有关系，但与国家有关系，请各位一定帮我这个忙。

其中一个：原来找我们就是这个事，这个嘛，我们可还要好好想想。

另一个：杀掉熙洽，对我们有什么好处？你说出一二三四来。

还有一个：那我们的生计可就断了，现在是伪满洲国，在人家屋檐下，不得不低头啊。

吴志杰急了：弟兄们，当年你们意气风发的劲儿哪里去了？现在你们就甘心当亡国奴吗？

其中一个朝吴志杰暗示：吴先生，说话客气一点。我们这叫识时务者为俊杰，懂吗？我劝你，别飞蛾扑火了，快走吧，这里人杂，免得节外生枝。

吴志杰一听火了，掏出枪：你们这些可怜虫，懦夫，我满怀希望找你们，这是给你们为国家出力的一个机会，你们就这样对待我？

屋里突然有几个人一起掏枪对准了吴志杰和周老板。

其中一个:三十年河东,三十年河西,如今是日本人的天下,你吴志杰有种又怎么样?熙洽是孬种又怎样,他照样吃香的喝辣的,掌管吉林的军政大权,我们上有老下有小,不想跟你一道去死!

卓蓝躲在暗处偷听,发现情况不妙,欲进去帮忙,这时却发现一辆军车急速停下,下来大批军警包围了屋子。卓蓝迅速闪到屋子后面放枪提示屋内的吴志杰有危险。

周老板往外一看,看见大批军警已经进了饭店,悄悄对吴志杰说,不好,我们被包围了。

吴志杰惨笑:你们居然敢出卖我?

另外一个:没办法。这年头挣赏钱的机会也不是经常有。吴先生对不起了。

外面,卓蓝取出冲锋枪朝军警扫射。屋内吴志杰、周老板滚出门外,开枪射击,无奈军警人多势众,围着吴志杰和周老板火力全开,在乱枪中,吴志杰和周老板身中数枪倒下。大批军警开始朝小巷里冲过来,追捕卓蓝,卓蓝边扫射边后退。突然一辆轿车从小巷里冲了过来。

张龙打开车门:快上车!

卓蓝跳上车,车子疾驰而去。

四十八

此前,张龙潜入大华纱厂。小白楼长期无人居住,游泳池旁边的花草无人打理,杂草丛生,游泳池里一池污水。他悄悄打开车库,见车库里有辆新车,车胎已经瘪了,他给车胎打足了气,加了汽油,开了出来,望着纱厂一片荒芜,他心里有些难受。刚出纱厂,两辆车开始前后夹击,张龙使出了浑身解数,才摆脱了赵瑞麟派人对他的追杀,离开了上海,一路往北,日夜兼程,开到了长春。为卓蓝购置了一处隐秘的私宅,然后就去找卓蓝,刚刚发现她的踪迹,就发生了此事,他暗自庆幸自己来得及时,才让卓蓝脱离险境。

此刻,他从后视镜里,看见卓蓝在无声地流泪。张龙轻轻地问道:卓小姐,他们是什么人？

卓蓝：我的好友吴志杰先生。

两人不再说话，车子安静地行驶。窗外铅灰色的天空。

张龙将车开进院子。卓蓝走下车，望着房子：这是什么地方？

张龙：这是你的新家，我自作主张拿了你的钱买的，这车子也是你的，我从上海开过来，一路开得很辛苦。

卓蓝表示感谢。突然想想不对劲，又返身上车。张龙知道卓蓝的心思，上车载着卓蓝又回到了现场，在距离那家酒店不远的地方停了下来。他让卓蓝留在车里，自己朝出事地点走了过去，只见警察拉起了警戒线，吴志杰和周老板的遗体躺在路边。吴志杰的一个旧友动了恻隐之心，央求警察交给他处理。警察省却了麻烦，让这位旧友快点找车拉走，那位旧友正想找人帮忙时，张龙走了过来，将那位旧友拉到一边说，这两位义士是爱国者，应该厚葬，所有费用由我来出，但有一个请求，要和另外一个为国家牺牲的人葬在一起，他给了那位旧友具体位置。然后回到车上，因为有上次葬李卫的经验，张龙轻车熟路，买了两口棺材、收殓衣服、爆竹纸钱，差人送到西郊。

他们一起将吴志杰和周老板葬在李卫身边。吴志杰和周老板之死对卓蓝刺激很大，整个人都已经木了，张龙殷勤跑前跑后，悉心照料。

张龙对卓蓝说，原来他就是杨飞和赵瑞麟相互利用的工具。这些年，他感受到了这个世界的邪恶污秽黑暗，他麻木的神经触角开始复苏，他要成为自己，做自己认为有意义的事情。

卓蓝开始用新的眼光审视张龙，喃喃地，张龙啊张龙，我希望看到你从现在起重新做人，我愿意和你合作。

特委驻地成了龟冈村的司令部和住处。屋内旅团长、联队长和吉兴站在桌子两旁。

龟冈村做了个手势，他们在桌前坐了下来。

龟冈村：诸位，我们占领了游击队的老巢，童长荣的游击队却躲进了深山里，

如何消灭童长荣的游击队,我想听听你们的意见。

大家相互望着。龟冈村开始点名,要吉兴先说。

吉兴:龟冈司令官,童长荣带领游击队钻进了山林,这方圆几百公里绵绵群山,想要找到他,很难很难。

第九旅团长:建议调整作战计划,拆分联队,划分区域,分割包围。

延吉旅团长持否定的态度:拆分成小股部队,在狡猾的游击队面前,我们的优势就变成了劣势,这种办法不可取。

通信兵:报告,多门将军来电。

龟冈村接过电文,看了一下,嘿嘿地笑了起来:你们说的都不对,还是多门二郎将军高明,对付童长荣,最好的办法就是追杀那些死心塌地跟共产党走的老百姓,这样才能逼出童长荣,然后分割包围,困死他。

两个旅团长和几个联队长不住地点头。龟冈村说,这个根据地1000多名老百姓、庞大的后勤机关和游击队谜一样的消失了,而且家家户户没有留下一粒粮食,这就充分说明童长荣先要解除他的后顾之忧,然后集中精力来和我们缠斗。现在我命令,全力搜寻躲藏起来的老百姓和他的后勤机关。

腰营沟山上,金锦女和儿童团的孩子在山岭上放哨,突然看见山那边的村庄冒起滚滚浓烟,远远看见日本鬼子正朝腰营沟方向开进。金锦女连忙和孩子们跳下树,朝村里跑来。

金锦女让孩子们赶快通知游击队员,组织老百姓进山躲避,自己朝山脚边的小屋跑来,一边跑一边喊:鬼子来了!

姜春花抱着孩子、李圣依爱人和几十名老弱病残妇女纷纷跑出了屋子,他们开始往山上转移。刚爬到半山腰,日本兵就出现在了山路上,他们迅速躲进了路边的沟坎里。日本兵停止了步伐,站在上面朝下面的村子瞭望。

大荒沟里,姜春花抱着孩子,孩子一声哭,她连忙使劲地捂住了孩子的嘴。金锦女和李圣依爱人望着姜春花,姜春花的嘴唇咬出了血。日本兵终于下山了,姜春花才松开了手,孩子已经一动不动,早已没有了声息。

姜春花抱着孩子泣不成声:孩子,我对不起你。

大家都在默默流泪。一位老者和两名老年妇女用手刨出了一个土坑,李圣依爱人从姜春花手里夺过孩子,交给了老者,老者含泪将孩子放进了土坑里。

垒起的小土包,姜春花趴在土堆上哭晕了过去。新中国成立后,当地人民政府授予姜春花英雄母亲称号,姜春花于 1989 年去世,享年 82 岁。

密林里,游击队战士在山林里行走。童长荣拄着拐杖,气喘吁吁地攀爬,崔今淑连忙上来搀扶。童长荣狠狠地盯了一下崔今淑,她无奈地放下了手。

一个战士跑过来报告,鬼子在山下搜寻根据地群众,见老百姓就杀,见村庄就烧,已经毁了十几个村子了。

童长荣站住,显得无比痛苦。王德泰愤愤地说,鬼子是要把我们逼出来呢。

又有一个战士跑来:那边山上发现了几十名乡亲们。

童长荣手一挥,走,过去看看。他带着游击队战士迅速往山上爬去,与金锦女、姜春花、李圣依爱人和一群老百姓会合在一起。

金锦女跑了过来,对崔今淑哭着说,姜阿姨的孩子没了。

童长荣、王德泰、崔今淑连忙跑了过来,看见姜春花神情呆滞地坐在那里。

旁边的乡亲们:春花是为了我们怕被鬼子发现,把孩子捂没了。

崔今淑蹲下身子抱住了姜春花。

童长荣:姜春花同志,对不起。

姜春花抹抹眼泪:张书记,我没事了,你别担心我,你忙你的大事。

童长荣让崔今淑抚慰好姜春花,停了一会,摊开地图,仔细看着。王德泰说,照现在的时间看,特委游击大队和各县游击队已经到达指定位置,可以开始反击,现在鬼子进山抓老百姓,我们就乘此机会,在山林里各个击破,蚕食他们,为乡亲们报仇。

童长荣:通知梁光大队长,乘龟冈司令部空虚,杀他个回马枪。

通信兵清脆地应答者。

此时的梁光正带着特委游击大队在梨树沟的山林里与一个日本联队周旋。这个联队有几百号人,原本是进村搜捕老百姓,还未到山口,就被几个游击队员袭扰,边射击边往山里退却,他们成功地把这几百号日本兵带进了密林里。

梁光指挥游击队战士在林子里来回穿梭,东边一声喊,西边一叫唤,树上人影纵身一跃。在密林里,战士们和日本兵躲起了猫猫,弄得日本兵在林子里嗷嗷叫,漫无目的地四处扫射。

正当这些日本兵在林子里晕头转向的时候,游击队员的拿手好戏开始了,一声枪响,一个日本兵倒地。日本兵惊慌地张望、收缩在一起,突然树上丢下一颗手榴弹,一声轰响,几个日本兵当场气绝身亡。接着又是一阵排枪,一批日本兵倒地。不到一个时辰,就报销了几十个日本兵。日本兵深知在森林里,他们不是游击队的对手,开始往林子外面撤,在撤退的过程中,又有一批日本兵送了命。

日军撤退后,梁光带着游击队员正在林子里打扫战场,通信兵传来了童长荣的指示,夜袭根据地,直捣龟冈村司令部。梁光立即抽调精干人马组成突击队,利用森林屏障,直插到特委机关后面的山坡上,埋伏起来。

天终于黑了,突击队开始往山下运动,他们神不知鬼不觉地来到熟悉的小溪边,摸掉了两个岗哨,在桥边和路上铺设了地雷。

梁光手一挥,突击队冲过小桥,突然朝小木屋发动攻击,一排手榴弹扔了过去,炸弹爆炸,木屋燃起大火。龟冈村被炸伤,被人拉出屋子。不远处的营房里,日军看见司令部被袭,一批一批的日本兵冲了过来,朝游击队开火,游击队员引爆了地雷。夜晚,火光映红了整个林子,此时的小木屋已被夷为平地。

梁光确认龟冈村被炸,见目的已经达到,立即命令全体突击队员撤离。

龟冈村伤势很重,连夜被送到延吉医治。龟冈村扎着绷带躺在医院的病床上,满面伤痕。消息传到长春,多门二郎痛骂龟冈村是个无能之人,司令部老窝都被共产党游击队端了,是奇耻大辱,来电责令龟冈村如果消灭不了游击队,就切腹自杀。

龟冈村表情痛苦,喷出一口血来,龟冈村喘着气对着床前的军官说,你们都听见了,消灭不了游击队,都别活着离开这里。

山林里,姜春花、金锦女、李圣依爱人、机关女同志和崔今淑挤在一个地窖子里。崔今淑陪着童长荣进去看了一下,发现里面很拥挤,打趣地说,这个闺房实在不像话,都能把脚当枕头了。乡亲们拍拍身子下边很厚很柔软的松毛,对童长荣说,这里暖和,比睡在金丝楠木床上还舒服呢。李圣依爱人半靠在那里,童长荣请她们几个人一定照顾好。李圣依爱人感激地说,张书记,您放心,她们对我好着呢,说我是两个人,给我让了一大块地方。

童长荣安慰李圣依爱人说,我会立即让李圣依同志回到机关,对你也有个照应。

李圣依爱人连忙摇头,别,张书记的心意我领了。这么多老百姓在四周的山上,他得管呢。

童长荣朝她们拱手,我们会很快把敌人赶出根据地,现在只能让大家委屈一下了。

崔今淑带着童长荣一一看望了山野里多处地窖子里的老弱病残。

一个老者抓住童长荣的手:张书记,我们拖累了游击队。

童长荣:哪儿的话。游击队不保护老百姓,那还叫什么人民的子弟兵呢。

老者:你们打鬼子,我们帮不上忙,还给游击队带来麻烦。

童长荣:快别这样想,只是苦了你们,山上不能生火,你们吃不上热的,天冷了,你们要照顾好自己。

乡亲们:张书记,你忙你的大事吧。

童长荣吩咐崔今淑,乡亲们有什么头疼脑热,要及时报告。

检查完毕,童长荣面色沉重,心里想这可不是长久之计,冬天来了,快到雪季,他不敢想象往后的情形。

最后,他看望了临时搭起的草棚里住着特委直属机关的同志,见大家各司其职,运转正常,才稍稍安心。

童长荣回到了自己的地窖子,这里既是住的地方,也是指挥部,会议室。王德泰、梁光坐了下来,崔今淑将大衣披到童长荣身上。

童长荣问梁光,能否确认龟冈村受了重伤,梁光表示,每个队员都看得清清楚楚,龟冈村被人搀着、护卫着离开了着火的房子。童长荣说好,至少能从心理上打击敌人的士气。他又转过身问王德泰,各县游击队情况怎么样?

王德泰报告,打得比较顺利,鬼子一进了山林,就开始发晕,只有挨打的分,累计一共消灭了300多名日伪军。

童长荣满意地点头。

王德泰:张书记,还有一件事,日本鬼子的暴行激发了许多青年人参加游击队的渴望,他们已经无家可归,只有一条路,强烈要求加入游击队打鬼子。

童长荣:现在看来,成立独立师的条件已经具备,要抓紧组建,把第二军独立师的旗帜打出来,要让敌人忌惮胆寒,我们绝不是小小的游击队,而是整建制的正规军。

王德泰:好的,对于要求报名参军的青年,没有时间训练,就采取实战代训方式,尽快生成战力。

童长荣:崔今淑同志,日本人已经嗅到了特委临时机关就在腰营沟,立即通知王中山同志,带着特委后勤离开那里,向这边靠拢。根据地的老百姓由各县县委、苏维埃人民政府代管,让李圣依同志做好移交手续,快点回来。

崔今淑:是,会后马上通知。

童长荣判断,龟冈村受了重伤,估计日军下一步会有报复性行动,我们得研究下一步作战方案。

王德泰打开地图,童长荣仔细看着,边看边说,这段时间日军分散作战,吃了亏,估计他们还是要集中兵力,发动大规模进攻,用步步为营的方式挤压我们的生存空间。

王德泰在地图上指着腰营沟,估计他们要合围腰营沟,张书记提出特委临时机关撤出是正确的。

童长荣当机立断,命令王德泰任总指挥,带领独立大队和各县游击队埋伏在腰营沟,布好口袋,打他一个伏击战。并且提醒他们俩,不求全歼,只求重创。打得赢就打,打不赢就撤。

果然,龟冈村躺在病床上召开会议,下达命令,迅速占领腰营沟,封锁进山道路,消灭共产党游击队的指挥机关。

正在这时，一个通信兵进来报告，呈递一份电文，龟冈村接过来，只见电文上面写着，已经查明辎重队小队长伊田助男是日本共产党员，童长荣在日本留学期间曾在他家住过4年之久，山下勇是伊田助男的妹夫，他们与《田中奏折》泄密都有千丝万缕的联系。

龟冈村将电文扔给延吉旅团长，延吉旅团长看了电文，命令伊田助男所属联队长把伊田助男抓起来。联队长说，明天就要行动，如果现在就抓，会影响辎重队的士气，也少了一辆运送弹药的车辆。龟冈村阴沉着脸，那就等辎重队把弹药送到再抓。

旅团长对着联队长：派人看住他！

联队长：是！

第二天，伊田助男带着辎重队车辆正准备出发时，突然两个日本兵喊停了伊田助男的车，两个日本兵上了车子，坐在伊田助男的旁边。

伊田助男疑惑地：你们这是干什么？

日本兵：不要废话，开你的车。

伊田助男边开车，边用余光扫视两个日本兵，见两个日本兵神情严峻。伊田助男心里顿时明白了一切。他不动声色地发动了车子，跟着大部队前进，心里想最后的时刻到了，他应该做些什么了。

童长荣、王德泰、梁光带领游击队抢在日伪军到达之前布置好了口袋。日伪军只想到游击队在山林里打游击战，就放松了警惕，大摇大摆地进入了伏击圈。

童长荣高喊一声：打！

日伪军猝不及防，死伤惨重。日伪军就地卧倒，几挺重机枪对着小河对岸的树林里盲目扫射。

后面的辎重队里，伊田助男慢悠悠地开着满载弹药的车，听到前面不远处传来激烈的枪声。他瞟了一下坐在副驾驶位子上的两个日本兵，直接问道，准备怎么处置我。一个日本兵对伊田助男说，少废话，从现在起，让你干什么你就干什么，如果不服从，就地枪决。伊田助男微微一笑，将车开到路边停下。两个日本兵跳下车，用枪指着伊田助男示意他下来。

伊田助男突然加大油门,撞向两个日本兵,两个士兵来不及躲闪,掉进了沟里,伊田助男迅速调转车头,两个日本兵从沟里爬起来,一边开枪,一边追赶,车子很快消失在山坳后面。

望着两边山上到处都是游击队,日伪军才知道中了埋伏。不顾一切地四处突围后撤,趁着混乱,童长荣、王德泰带领的各县游击队和梁光的特委游击大队在两边的山坡上居高临下,集中火力,对山路上的敌人发动了猛烈地攻击。

日伪军边打边撤,丢下大片尸体,终于逃出了腰营沟。童长荣、王德泰、梁光会合在一起,开始打扫战场,战士抬来了几挺重机枪放到童长荣跟前,王德泰和梁光清点着日伪军留下的武器。王德泰说,这些武器足够装备一个连了。

这时一个战士跑来报告:报告张书记,山坳后面的小河边发现了一辆汽车。

童长荣:走,过去看看。

童长荣、王德泰、梁光带着战士们朝小河边跑去。

小河边,一辆军车静静地停在那里,几个战士持枪站在周围。

一个战士跑了过来:报告张书记,车上有一车弹药,有个日本兵开枪自杀了,给我们留下了一封信,看不懂写的是什么。

士兵将一封信递给了童长荣。

童长荣接过来迅速扫了一下,吃惊地:是伊田助男!

童长荣奔了过来,看见了伊田助男靠在车轮旁边,头部中弹,手枪掉落在身边。童长荣一步步走过来,他看清了伊田助男的面部。他跪了下来,抱住了伊田助男。

童长荣泪流满面:伊田,我的好兄弟。同志们,你们知道吗?这就是我在日本的生死兄弟,日本共产党员伊田助男同志。你们想知道这个纸条上写着什么吗?

童长荣含着泪读着:亲爱的中国游击队同志们:我看到了你们分撒在山沟里的宣传品,知道你们是共产党的游击队。你们是爱国主义者,也是国际主义者。我很想和你们见面,同去打倒共同的敌人,但我被法西斯野兽们包围着,走投无路,我决定自杀了。我把我运来的 10 万发子弹赠送贵军。请你们对准日本法西斯射击。我身虽死,但革命精神长存。祝神圣的共产主义事业早日成功。关东军延边地区日本辎重队日本共产党员伊田助男。

原来,伊田助男驾车逃离后,将车开到小河边。听着远处激烈的枪声,他就决定做个了断,想想一定要给游击队写封信,告诉自己是谁,为什么要这样做。他一笔一画地写好,从日记本上撕下来,跳下车,将纸条放在车头上,捡起一块石头压上。然后走到车边,他毅然举起了枪。

王德泰、梁光和战士们无限感动。童长荣含泪地望着伊田助男,从口袋里掏出手帕细心地揩着伊田脸上的血迹,整理伊田助男的衣服,他摸到了伊田助男胸前一个鼓囊囊的东西,他掏了出来,原来是自己留在他家的手抄稿《共产党宣言》,童长荣泪如雨下。

童长荣泣不成声,对大家说这是我的手抄稿,5年前丢在了伊田家,没想到,他却把这个手抄稿带到中国来了,我想,伊田是要带着这个手抄稿想和我见面的。好兄弟,我已经知道你就在这里,可你不知道我也在这里。

童长荣拿着手抄稿,两手不停地抖动,情难自抑。

战士们找来了一副担架,放在空地上。两个战士把伊田助男的遗体放到了担架上。

童长荣和全体战士向伊田助男敬礼。

伊田助男安葬在小山谷里一个向阳的山坡上。游击队战士站在坟前,神情肃穆。

童长荣带着大家一起向新垒的坟冢三鞠躬,之后,他发表讲话:同志们,乡亲们,今天我们在这里隆重举行伊田助男同志的安葬仪式,就是为了永远纪念这位伟大的国际主义战士。伊田助男同志是东京町田街人,早年加入日本共产党,隶属于日本东京共产党运输支部。在日本国内期间,积极传播马克思主义思想,积极参加工人运动。伊田助男同志对中国人民怀有深厚的感情,协助中共东京特别支部做了大量的中日友好、反对侵略、捍卫和平的工作。被迫强征战场后,他带领12名日本共产党员在日本军营内分化瓦解敌人的斗志,先后派出古豆和稻

苗主动与游击队联系,捐款送子弹。伊田助男宁死也不愿为虎作伥的义举,是对日本侵略者的一次沉重打击,将极大地激发全世界反法西斯阵营的斗志。伊田助男同志的牺牲,再一次向世人昭告,我们的事业是正义的,正义的事业是不可战胜的!

战士们群情激愤:打倒日本侵略者!把日本鬼子赶出中国去!

伊田助男牺牲后,童长荣责成宣传部长王中山专门整理古豆、稻苗和伊田助男的事迹材料,伊田助男的事迹辗转传到苏联、传到共产国际,国际媒体广泛报道。根据地军民为了纪念伊田助男,将根据地马村小学改名为伊田小学。新中国成立后在马村抗日根据地旧址立伊田助男牺牲纪念碑作为永远的纪念。

童长荣有意识地将伊田助男的事迹材料散发到日伪军军营据点。龟冈村称这是耻辱,奇耻大辱!下令严密封锁伊田助男逃跑自杀的消息。消息传到多门二郎那里,他暴跳如雷,要求各联队彻查日本共产党。鉴于龟冈村部接二连三出现共产党,军心不稳,所属两个旅团都对付不了一个东满特委和游击队,多门二郎要龟冈村自裁以谢天皇陛下。

龟冈村两次负重伤,第一次子弹穿过肩胛骨,伤势尚未完全恢复,又被炸伤,身体每况愈下,和游击队屡战屡败,心力交瘁,如今又被多门二郎逼着自裁,深感大限已到。

他让两个旅团长集合联队长以上军官在院中集合,又让属下为他准备仪式。下属在院中铺上带花边的白色地毯,旁边摆上一张小方桌,放上两杯清酒、短剑、一张纸,一支笔,摆放完毕。

军官分列两旁静候,龟冈村换上一身白衣,从屋里走了出来。来到桌前,拿起笔,开始写死亡诗,可又一时想不出来,只好借《万叶集》里的和歌《黄泉路》来表达自己的心情,他努力地一笔一画地写着:路旁怒放棣棠花,暗淡幽园属汝家。欲饮黄泉知命水,阴思路陌憾无涯。

龟冈村的负罪感此时已被切腹自杀仪式的死亡心理建设现场的庄重感所替代,此时他感觉向天皇谢罪,无比光荣,无比神圣,两杯清酒,一杯两口,最后,他拿起了桌上的短刀,在白色的地毯上跪了下来,解开上衣,露出腹部,抽出短刀,插进左肋骨,猛地向右划过,介错人为减少他的痛苦,立即挥刀朝龟冈村的后颈部砍去,龟冈村倒地身亡。

日本,山下勇家,伊田美子怀抱婴儿,望着已经7岁的儿子在做作业。几年不见,美子依然美丽,看上去比过去丰腴一些,也更具贵妇人的气韵。

山下勇拎着包急匆匆地走了进来。

美子连忙施礼:山下夫君,您回来了。

山下勇还礼:美子,跟你说个事。

下人接过孩子,美子随山下勇来到里屋。山下勇从包里取出一份英文报纸,对美子说,很遗憾,你的兄弟已经死在了中国战场上。

伊田美子抢过报纸,望着报道,泪流满面,不停地抽泣:哥哥,我的哥哥死了。

山下勇叹了口气:都是这可恶的战争造成的。不过,你的兄弟被当作英雄在赞美,这多少让人有点安慰。

伊田美子哭着:再也见不到哥哥了。

山下勇接着说,中国人为他举行了隆重的葬礼。

山下勇抱住了美子,美子伏进山下勇怀中哭泣。

美子:我要去中国,祭奠我哥哥。

山下勇摇摇头:当局会让你去祭奠一个背叛天皇的叛徒吗?

美子伤心地哭着:我要去,我要去。

山下勇劝慰着:等战争结束了,我陪你去。

町田街的伊田家,伊田美子拎着包,一副落寞悲戚的神情,一步步朝熟悉的家里走来,门前三只红灯笼依然挂在那里。美子来到家门口,从小洞里掏出了钥匙,开了门。走到客厅前,望着父母的遗像,从包里取出伊田助男放大的相框,摆在父母旁边。

美子划亮了火柴,点上香,插在香炉里。香烟缭缭上升。

美子流着泪对着父母的遗像说,哥哥来陪你们了,哥哥是为心中的理想而死的。愿天堂里,没有地震、没有战争,只有鲜花,人们相亲相爱。哥哥,好好照顾

父母。我替你们活着,我要看到人世间和平的到来!

美子走进后屋,童长荣的书籍仍摆在桌子前,她喃喃地:长荣君,你们都尽力了,可还是没能制止战争,对不起,伊田家能做的,也只有这样了。

她慢慢转身,走到门口,将三只红灯笼一一拉亮,伊田家的小屋顿时笼罩在一片红色的氤氲里。美子在门前坐了下来,想着哥哥伊田为自己所做的一切,想着在海边一起唱《红蜻蜓》的快乐情形,美子也想到了童长荣,想到了和三个留学生在一起的快乐岁月。假如没有战争,假如……没有假设,哥哥真真切切地死了,她不禁悲从中来,一任泪水流淌。

山下勇开着车在门前停了下来,走到门前,看见美子倚在门前像是睡着了,他轻轻地将美子抱进了车里,车子离开了伊田家。

远远地,还能见到那三只红灯笼,放着红色的光,散发着融融的暖意。

长春。关东军多门二郎司令部会议室里。

多门二郎站在桌前喃喃地:天野六郎阵亡了,龟冈村切腹谢罪,一年不到的时间,就损失了两员大将,我大日本关东军居然对付不了这些救国军、游击队!奇耻大辱!

众多军官站在两旁低着头不敢出气。

多门二郎左右怒视:谁愿意去延吉接管龟冈村的部队,去"剿灭"游击队?

小岛浪作跨出一步:老师,学生有信心去消灭共产党的游击队,请把任务交给我吧。

多门二郎望着小岛浪作:小岛君,你在陆军士官学校成绩优异,好看的成绩单最终还是要接受实战的检验。

小岛浪作:请老师放心,学生铭记老师的教导,中国人不配叫人,是劣等动物,这不是战争,这是一场狩猎! 冬天来了,正是围猎的好天气。

多门二郎:你认为龟冈村为什么不能消灭游击队,还送掉了自己的性命?

小岛浪作不屑地:龟冈君连自己的部队都管理不了,闹出了诸多共产党的笑话,无能! 他是个懦夫,他不是被游击队打死的,他是被自己吓死的!

多门二郎欣赏地望着小岛:小岛君,你深得我意,不要辜负我的期望。

小岛:嗨!

多门二郎任命小岛浪作为延吉师团第二任司令官。小岛浪作带着几个亲信来到延吉。操场上,日本军列队操场,两个旅团长和吉兴在一旁恭候。

小岛浪作带着两车人马往院子里开来。小岛浪作下车后,傲慢地扫视着操场上的士兵,两个旅团长和吉兴趋步上前欲与小岛浪作握手,小岛浪作并未理会,径直走向前面的高台。

两个旅团长悻悻地缩回手,延吉师旅长高声地:欢迎小岛将军仪式现在开始。

小岛浪作摆摆手:我不要欢迎仪式,我要你们给我找的人准备好了没有?

督战队联队长:把查获的几个共产党疑犯给我带上来!

一群日本兵押着几个日本士兵走到阵列前面的墙根。小岛从一个士兵手里拿过冲锋枪朝几个士兵扫射,几个士兵倒了下去。

小岛浪作:谢谢你们,送给我一个见面礼。我还要送给大家一个见面礼,把这些营房都给我烧了。

两个旅团长面面相觑。

小岛浪作:从现在开始,给你们半小时准备。给我听好了,带上所有装备,背水一战,我们要与共产党游击队在深山老林里决一死战。

纷乱的士兵往军营跑去,不一会,连片的军营里燃起了熊熊大火,部队迅速集合,离开了延吉。

刘会长得知小岛浪作孤注一掷,全力押上部队,要与游击队决一死战,立即和朴玉商量,差人将情报送到山里去。

和朴玉分手后,刘会长往商会走来,在路上遇到了谢掌柜和两个伙计拉着一车皮子。

刘会长喊着:喂,收皮子的,小心点,防止被日本人抢喽!

谢掌柜哈着腰:我会小心的。不过,日本人这次进山"清剿",给自己自断后路,这延吉倒是清净了。

谢掌柜谢过刘会长,赶着大车,星夜兼程,回到了长春皮货店,和伙计正在卸货时,卓蓝从后门走了进来。

谢掌柜叮嘱伙计,快要下雪了,赶紧处理,抓紧时间晒几个太阳。

谢掌柜和卓蓝走进屋里。

卓蓝急切地问:这次去根据地顺利吗? 见着人没有?

谢掌柜摇摇头,根据地已经被日本人占领了,我在周围转了几圈,别说游击队,就连一个老百姓都看不到,钱还是还给你吧。

卓蓝摆摆手:钱就放到你这儿,有机会再说吧。说说这次进山还见到了什么?

谢掌柜:听说那个叫龟冈村的司令官切腹自杀了,又派了一个叫小岛浪作的司令官,一到延吉,就处死了好几个人,真想不到,他们的部队里也有共产党。这个小岛浪作狂妄得很,烧掉了延吉的军营,把全部的本钱都押上去了,看样子这回是铁了心要和游击队决一死战了。

卓蓝既失望又担心,没有一句话。谢掌柜劝她别着急,他很快会再次进山,再作打探。

卓蓝点点头,问谢掌柜,你说林悦要到店里来买皮子,怎么没有了消息?

谢掌柜说有两种可能,一是上次你们的人谋杀熙洽,虽然行动失败了,可能吓到她了,不敢擅自出来;二是她也有可能就是说说罢了,说不定把这事搞忘了。

卓蓝摇摇头,她在想着,第一种情况倒是有可能,第二种情况不太可能,自己是女人,最了解女人,女人一旦动了买贵重物品的念头,是不会忘记的。林悦此时的心态是要做整个长春城最耀眼的女人,没有一个光鲜的外表怎么行,这种购买的欲望她不会放弃。

想到这里,她对谢掌柜说,这样,你把几个月收来的最好的皮子放到店门前晾晒,把她诱到店里来。

谢掌柜一听,觉得有理,连忙吩咐伙计翻找出几十张最好的皮子,在门前支起架子,一一挂了上去。果不其然,吸引了路人围观,啧啧称赞,这条街一下子热闹了起来。

路人纷纷议论，不愧是长春第一皮货店，这一张皮子得值多少银圆啊。有人说看着眼热，谁能买得起呢。

谢掌柜拿起一张白狐皮子，用手电筒照着让大家看，绒毛在灯光的折射下，发出荧色的光，一些懂行的人叹为观止。有人说，这张白狐皮子是可遇不可求。谢掌柜煞有介事地衍生出一段故事来，说他有一天走进深山老林里，有户岩下人家，住着一个老者，古树参天，一片清幽，走到家门口，就能看见屋内荧光点点，果然屋内有宝物。起初老人不肯出手，他是三顾老林，层层加价，老者才肯出手。老者说起这只白狐，更是一段传奇，谢掌柜卖了个关子，不说了。一时间，谢掌柜皮货店门庭若市，慕名赏皮子的人络绎不绝，大家一睹为快，亦有不少阔太闲少、富商官贵出手购买，谢掌柜乘机将陈年皮子一一出货，赚得盆满钵满。

消息终于传到了林悦那里，她有些按捺不住了，林悦一直想做一个围脖，一件貂皮大衣，听说谢掌柜那里新进了绝世的白狐皮子、俄国紫貂皮，还有东北的麝鼠皮、上佳的东北虎皮毛，激起了她强烈的购买欲望。

终于在一天傍晚，皮货店来了一位不速之客，对谢掌柜说他受林悦小姐指派来的，说林小姐先前和谢掌柜有约定，把最好的皮子留给她。谢掌柜点头，说是有这么回事。这位不速之客说，请把传说的白狐皮子和上佳的皮子留下来，林小姐会在适当的时候亲自到店里来看货。来人交了一笔不菲的定金，匆匆离去。谢掌柜立即将这一消息告诉给了卓蓝，卓蓝长吁了一口气，她终于等到了除掉林悦的机会。

密林里。战士们在林子里有的擦枪，有的靠在大树下休息，有的在练习瞄准，童长荣和王中山、李圣依在研究工作。

童长荣：我听王舒说过小岛浪作，在日本陆军士官学校时，是个战争狂人。一到延吉，大开杀戒，杀了几个有共产党嫌疑的日本兵，烧掉营房，自断退路，就是要和我们背水一战，死磕到底。

王德泰：嗬，还来了个硬茬。

童长荣：即将进入寒冬，山里将是一片冰天雪地，真正考验我们的时刻到了。

王中山、李圣依同志,你们要研究好根据地的老百姓如何过冬的问题。

王中山:战士和机关后勤供给我来负责。好在张书记未雨绸缪,地窖子和散兵坑、粮食冬天到来前就准备好了。现在的任务就是合理使用和调配,确保特委机关正常运转,不饿肚子。

李圣依:根据地百姓还是我来负责。王德泰同志又回到了王隅沟,重建了抗日根据地。我们还是采取安置的方法,将山上的老百姓迅速转移到那里,分散在沟子周围的村庄里,每个村配备了两名战士,设置岗哨。对安置的家庭补助的粮食一部分已经落实,一部分要到明年才能补上。

童长荣点点头,心里显然踏实多了。崔今淑、金锦女、姜春花等朝鲜族群众头上顶着、背上背着一些日用品上来了,他连忙吩咐战士们去接了过来。

崔今淑为了活跃气氛,对童长荣说,我们想请布谷鸟唱个歌怎么样?

童长荣高声地说,那好哇,他连忙挥着手,战士们纷纷围拢过来,热烈鼓掌。

童长荣亲切地摸摸金锦女的头:这美丽的山林,我们不能没有布谷鸟的歌唱,要不要请布谷鸟唱一个?

大家热烈地:布谷鸟,来一个!

布谷鸟走到中间的空地上,向大家鞠了一个躬,清脆地唱起:桔梗哟,桔梗哟,桔梗,白白的桔梗哟,长满山野。只要挖出一两棵,就可以满满地装上一大筐。哎嗨哎嗨哟,哎嗨哎嗨哟,哎嗨哟,多么美丽哟,多么可爱哦,这也是我们的劳动生产……

崔今淑、姜春花和朝鲜族百姓跳起了欢乐的舞蹈,游击队战士们随着歌声也加入了舞蹈。

林间寒风起了,树叶翻飞,气温骤降,不一会儿,天就暗了下来,纷纷扬扬地飘起了雪花。李圣依抢在大雪封山之前,将马村根据地的老百姓顺利地转移到了王隅沟。

童长荣终于展开了眉头。

雪天,小岛浪作率领两个旅团长和吉兴的伪军骑着马进入了山林,天地一片白色,厚厚的积雪装裹着丛林山野。小岛浪作坐在马上,举着望远镜望着茫茫群山。

熟悉地形的吉兴对小岛说,共产党游击队就在这些深山老林里出没。

小岛:雁过留声,雪天留痕,雪天更容易找到他们。

小岛下达命令,占领山下的村庄,分割包围,要将共产党的游击队困死冻死在山上。

风乍起,林梢积雪纷纷落下。风雪迷茫中,日军部队艰难地行进。

山上,林海雪原,雪越下越大。童长荣从地窖子里探出头,望着树林里飞舞的雪花。崔今淑端着一碗药递给童长荣,童长荣接过来,一口气喝了下去。

崔今淑催促着,张书记,快进来,别着凉了。

童长荣顺从地进了地窖子,坐了下来,自言自语:我的家乡也该下雪了。

崔今淑:张书记,你想家了?

童长荣点点头:是的,现在真的很想家了,10 年前离开老家,中间只回去一趟安庆,只有几天的停留。

崔今淑:张书记,你的家乡一定很美。

童长荣告诉崔今淑,是的,我的家乡在长江边。镇上有上码头和下码头,我的家门口正对着上码头。每天长河里船只来回穿梭。小时候,雨过天晴,我就和小伙伴到河边捡螃蟹,一次能捡一小篮子。

崔今淑:那你的家乡可是鱼米之乡了。

童长荣:也是出文人的地方,桐城文派雄踞文坛 200 余年;还是气节之乡,豪杰侠士廉吏青史留名的有很多。

崔今淑:张书记可是兼而有之。

童长荣:谢谢你的夸奖,不敢当啊。

崔今淑:家里还有什么人?

童长荣:有年迈的老母亲,等我 10 年了。

崔今淑很想问童长荣是否有未婚妻,很快又把嘴边的话咽了下去。这位年轻领导人的档案她清楚,明白写着未婚。是否有未婚妻不得而知,不过来东满四

个年头了,他从未跟人说起。崔今淑内心里希望他没有。

她试探地说了一声,张书记,你的心里一定很苦。

童长荣淡淡一笑,我心里不苦,只有遗憾。

崔今淑不想也不敢再问下去,此时她的心里更苦。这零下几十度的深山简直就是要了他的命了。先前,她担心省委派人来接替他的工作,很害怕特委失去这位书记,她自己也害怕失去了他。她不知道这是一种什么样的情感,她说不清楚,也不愿想清楚。可近些日子,她又天天盼着省委派新书记来,为了他的身体,应该让他早点离开。可现在省委和特委已经有一段时间失去了联系,不可能有人来了。她很害怕,在这冰天雪地里,万一张书记倒了下去……想到这里,她打了寒战,不敢往下想。

她轻轻地问童长荣,你冷不冷? 童长荣说,这地窖子里暖和着呢。他批评崔今淑,不要整天围着他一个人转,李圣依的爱人要生产了,还有许多老小都在山上,出了什么问题,你承担不起这个责任。崔今淑说,你就别担心了,我都检查好几遍了,都妥善安排好了。

枞阳。童家小院子里,雪纷纷扬扬地下着。何坤宜倚门而望。

童母走到媳妇身边:坤宜呀,在望什么呢?

何坤宜思深善怀地说,过去啊想着长荣能回来,后来盼王舒带个信来,王舒也不来了,去年那个卓小姐来过一次,现在一切都杳无音信了。

童母:就当他死了。

何坤宜:他要是死了,那一定是战死在战场上,能有个准信,我就断了念头了。就怕是死在了水里、山里,什么人都找不到,还让我们婆媳白白地等待。

童母:不是我咒他,就凭他耽误了你一生,他就该……不得好死!

何坤宜:娘,我不许你乱说!

大雪封山,山上因前段时间老百姓太多,地窖子里储备的盐用光了。童长荣十分着急,人没有盐可不行,人的代谢系统、神经系统和运动系统都是要出大问题的,必须想办法解决。

崔今淑告诉童长荣,撤离根据地时,在山下几个点藏了一部分盐。可现在最近的藏盐地点已经被日本鬼子占领了。姜春花听说山上缺了盐,让崔今淑带着她来找张书记,说她知道藏盐的地点,又会滑雪,力气又大,主动请战,要求去山下背盐。

童长荣有些担心,不行啊,你一个人去太危险。这样,让两个战士陪你下山。

姜春花说,张书记,鬼子封锁了进山的路,多一个人,就多一个目标。我夜里下山去,悄悄回来,不容易发现。

崔今淑见如此,叮嘱姜春花,一定要小心。别让鬼子发现了脚印跟到山上来。

姜春花请张书记放心,这方面她有经验,不会留下任何痕迹,宁可去死,也绝不会把鬼子招惹来。

童长荣批准了姜春花的请求,她非常高兴,背起筐子,将雪橇放在地上踩了上去,一躬身,矫健的身影在童长荣和崔今淑面前滑出一条优美的弧线,两人注视着姜春花,划着雪橇,从崖上纵身一跃、在陡坡腾挪、在林间穿越,跳跃、飞奔、滑行,不一会就到山腰,渐渐成了一个黑点。

夜幕降临,姜春花辗转几道山梁,燕子一般掠下山,摸到一个村庄。村口,两个日本兵打着手电筒来回巡逻。姜春花藏好了雪橇,等着巡逻兵转到一户农舍那边,悄悄朝村子里摸来。

姜春花闪进一个小竹林里,扒开积雪,掀开石块,从洞里拖出一布袋盐,将洞重新堵上,抚平积雪,将盐放进筐里,背在身上弯腰小跑到村口,找到雪橇,拿在手上开始往山上行走。

雪野里,日本兵巡逻队发现了姜春花的影子。一群日本兵不紧不慢地跟在了后面。姜春花回头一看,心里想着,糟了,她开始急速地在很深的雪地里深一脚浅一脚艰难地行进,往特委机关藏身地相反的方向走去,边走边回头看,发现跟在后面的日本兵越来越多。她想快点跑,无奈雪过膝盖,又是上山路,想快也快不起来。眼看鬼子越来越近,姜春花暗暗发誓,一定不能让鬼子抓住,她从怀

里抽出一柄短刀,做好了结的准备,可又舍不得这一布袋盐,这盐可比金子还金贵呢。逃又逃不脱,死又不能死,姜春花急得只想哭,索性放慢脚步一步一步往山上爬。谁知,这大批的日本兵也放慢了脚步,并不急于抓她。姜春花索性站住歇息,日本兵也远远地站住了。姜春花心里明白了,日本兵是要她引路。她心里有了底,振作精神,径直爬到了山顶,大群日本兵不即不离地跟在后面也来到了山顶。姜春花迅速闪到一棵大树后面,放下雪橇,踩了上去,一使劲快速地朝山下冲去,日本兵冲了过来,朝林间穿越的影子射击。茫茫林海雪原,一会儿工夫,姜春花就消失得无影无踪。

姜春花背盐一去三天,不见人回来。崔今淑很着急,心想一定是出事了。她走进童长荣的地窖子,不停地向童长荣检讨自己的失职。自己考虑问题不周,只想到几十里范围内布一个点储藏备用物资,就没想到日本鬼子会卡点分割包围,造成了物资供应的困难。她向童长荣请求到另一个更远的点去背盐,童长荣吼了她一句,别再添乱了。

盐没运回来,又因为失去了姜春花,崔今淑坐在地窖里生自己的气,又不敢在童长荣面前哭,忍住泪,坐在那里不出声。又被童长荣一声喊,时间到了,你快点出去。崔今淑慌忙站了起来,连声对童长荣说对不起。

童长荣对崔今淑有严格要求,两人单独在一起的时间,不能超过半小时。这是特委机关人所共知的对崔今淑的纪律要求。

崔今淑爬出了童长荣的地窖子,来到雪林里放声大哭,哭够了,正准备回到自己的地窖子,却发现林子里两个战士搀着一个人,艰难地往山上行进,一个战士在后面掩盖脚印,用松树枝扫平。她怔怔地看着,终于看清楚了,是姜春花。她赶忙跑了过去,搀着姜春花,走进了一处草棚里。

童长荣闻讯,也来到草棚里。崔今淑赶忙端来热水喂着奄奄一息的姜春花。

姜春花艰难地对童长荣说,我完成了任务,把盐背回来了。

大家这才了解到,姜春花背盐被日本兵发现了。为了不让日本兵发现特委机关的踪迹,她背着几十斤盐,朝另外的方向连翻了两个山头,在齐腰深的山林里多走了几倍的路,三天没有吃饭了。

姜春花说:张书记,向您报告,我怕我背不动,路上就着雪,吃了几颗盐粒。

崔今淑和大家一边听着,一边忍不住掉泪。

童长荣抚摸着盐袋,心情极不平静:姜春花同志,你拿孩子的命换回百姓的安全,现在你又拿自己的命换回了这袋盐,我要向你表示崇高的敬意!

雪霁天晴,阳光投射进林间,雪后的密营景色分外美丽。

童长荣愈来愈感觉到山下村庄的那个日本兵联队对山上的供应和安全造成了严重威胁,决定拔掉这个钉子。他对崔今淑说,派人赶到三岔河通知梁光大队长,吃掉这个联队。

正在崔今淑身边的金锦女主动请战,要求去三岔河送信。

童长荣抚摸着金锦女的头说,山下村庄是必经通道,那里有检查站,一个小孩子太危险。金锦女扑闪着水灵灵的大眼睛说,正因为我是小孩子才不危险呢,崔阿姨平时交给我们很多送信的方法,我也多次穿过封锁区,多次完成送信任务,已经很有经验,就是遇到鬼子不慌乱,找一个鬼子相信的理由。大人这时下山,反而让鬼子怀疑。

童长荣:布谷鸟,这大雪封山的,你有什么理由呢?

金锦女想了一会说,大雪封山,嫂子在家要保胎,到三岔河请郎中。

金锦女说起来头头是道,童长荣觉得有道理。童长荣朝崔今淑望了一眼,崔今淑明白这是向她征求意见。崔今淑朝童长荣点了点头。

童长荣走到金锦女跟前,整整她的战士制服,大声地:金锦女同志!

金锦女立正:到!

童长荣:马上换装,执行任务!

金锦女大声地:是!保证完成任务。

童长荣和金锦女互致敬礼。崔今淑拉着金锦女就跑,一路交代她细心又细心,千万不能慌乱。

崔今淑帮助金锦女换上了红色小棉袄、小棉裤,上下打量着,不住地夸着,我们的布谷鸟真漂亮。金锦女咯咯地笑着,与崔今淑告别,转身就往山下的林子里跑。崔今淑望着金锦女的背影,就像一团小火苗一样在林子里跳跃闪动。

金锦女来到山下的村庄路口。两个日本兵和两个伪警察站在路口盘查行人,金锦女站在行人后面。轮到金锦女检查时,日本兵上下打量着金锦女,问她是干什么的。金锦女回答,嫂子在家要保胎,去三岔河请郎中。

懂日语的伪警察翻译给日本兵听。

伪警察问:你家大人呢?

金锦女告诉他们,父母有病,哥哥秋天上山采山参掉到崖下,人就没了,说着忍不住掉泪,嫂子伤心过度,才动了胎,说得就跟真的似的。

伪警察看着这就是个十二三岁的孩子,似乎有了恻隐之心,对日本兵说了几句,日本兵挥挥手,金锦女顺利地通过了检查站。

金锦女一刻不敢耽误,来到了三岔河密营,向梁光传达了童长荣的指示。说完就要往回赶,梁光担心她的安全,不让她走,让她随部队一道,等打掉那里的鬼子,再送她回特委驻地。

金锦女信心满满,回去不会有任何问题,就不给特委大队添麻烦了,再则,崔阿姨让她不要耽搁,快去快回。梁光阻拦不住,只好找一名随队医生,保护她的安全。金锦女坚决不同意,说战斗一打响,战士难免负伤,随时需要医护。梁光望着这个倔强的小姑娘,只好叮嘱她倍加小心。

金锦女一路平顺,又来到山下村口进山的检查站。

伪警察问,你请的郎中呢,怎么不见人? 金锦女回答,郎中要到傍晚才有时间。

伪警察看看日本兵,没有什么表示,就挥挥手,放她过了检查站。这时日本联队长带着翻译走了过来,把金锦女叫住了。

联队长让翻译问金锦女是哪个村子里的。金锦女回答是山那边山脚下村子里的。

日本联队长:你的知道游击队在哪里?

金锦女:我不知道,什么游击队? 我听不懂。

两个日本兵和伪警察也围了过来。

伪军翻译:小孩,太君问你游击队在哪里?

金锦女还是摇摇头,表示没听说过。

联队长又问:你的知道粮食藏在哪里?

伪军翻译给金锦女听,金锦女还是摇了摇头。

联队长上上下下打量着金锦女,挥手让日本兵将金锦女带回审问。

日本兵和伪警察前来抓金锦女,金锦女突然撒腿跑了起来。

前面的日军和后面的伪警察前后夹击,他们抓住了金锦女,将她带到了屋内。

联队长:小孩,我们不会伤害你,只要你说出游击队和粮食的下落,我们就放了你。

伪军翻译复述给金锦女听。金锦女摇摇头说她什么也不知道。

联队长歪了一下嘴,两个日本兵用皮带抽着金锦女,不一会,脸上、手上满是血痕。

伪军翻译:小孩,太君确信你知道游击队在哪里,粮食在哪里。

金锦女:滚开,你这个汉奸!

两个日本兵一边打一边声嘶力竭地:你说不说?

金锦女大骂:你们这些强盗,你们杀了我全家六口人,你们就是我的仇人,我都恨不得咬死你们。游击队就是专门来杀你们的,替我报仇的。我会告诉你们他们在哪里吗?如果一定要我说,我告诉你们,他们正在为你们挖坟场,把你们全埋葬!

联队长气急败坏,掐住了金锦女的脖子,金锦女一口死死咬住了联队长的手,日军官抽出战刀朝金锦女捅去,金锦女慢慢倒了下去。

傍晚时分,梁光带着游击大队悄悄接近了村口,摸掉了两个日本兵和两个伪警察,对村子里的日本兵发动了突袭。战士们朝屋子里扔炸弹,炸得日本兵往外逃窜,又被游击队战士扫射,不到一个时辰,他们干净利落地消灭村子里居住的大部分日本兵。然后进屋搜索,消灭残敌。

终于在一个屋子里,发现了金锦女静静地躺在地上。

梁光摸摸金锦女,这才发现孩子已经牺牲,梁光无比难过,泣不成声:布谷

鸟,布谷鸟,我是说让你跟我们一道,可你不听,非要急着走……

战士抓住了一个伪军,将他推了进来。梁光一把抓住伪军:告诉我,是谁干的?

伪军紧张地:是日本少佐联队长。

梁光吼叫着,他在哪里?伪军告诉说,联队长和几个人躲进了地窖里。

梁光让伪军带到了另外一个屋里,他掀开上面的石块,发现里面几个日本兵惊恐地举着双手。

梁光疯狂地:不许投降!

他抄起机枪疯狂地朝里面扫射。

 四十九

山林的小路边,垒起了一座新坟。

崔今淑趴在坟前痛哭:布谷鸟,我不该让你去!

童长荣大声地:全体将士!

崔今淑站了起来,揩着眼泪,走进了整齐的队伍里。

童长荣:向我们的小英雄、反法西斯战士金锦女同志默哀。

大家低下了头默哀,痛悼小英雄的离去。

山上密营里。特委机关因金锦女的牺牲笼罩着一层悲伤的气氛。崔今淑伤心、内疚、自责,不能原谅自己。她不停地说,是我把布谷鸟害死的,童长荣更是后悔不已,自责自己的决定鲁莽草率,怎么能让一个孩子去执行危险的任务呢。崔今淑请求特委给予她以严厉的处分,望着她近乎崩溃的精神状态,童长荣第一次大声地呵斥崔今淑,这样就能换回布谷鸟的命吗?

童长荣因情绪激动引起了剧烈的咳嗽,嘴角边漾出了血。崔今淑望着他通红的脸,佝偻着腰,不敢再说一句,连忙替他捶着背。

王中山听到两人的争吵声,走了进来,望着眼前沉闷的气氛,只好安慰两人,要抗日就会有牺牲。布谷鸟虽然年纪小,但是她死得英勇,最好的怀念就是将小

英雄的事迹宣传出去。王中山的话起到了作用,崔今淑平复了自己的情绪。

童长荣请王中山告诉他金锦女牺牲的具体情形,王中山向童长荣汇报,梁大队审讯了那个伪军,从提供的笔录上看,金锦女同志被抓住后,十分英勇顽强,敌人逼迫她说出游击队和粮食下落,她大声怒斥,遭到日本鬼子疯狂地毒打……

崔今淑听到这里,忍不住哭着说:张书记,我给布谷鸟换上了战士服装,她身上全都打烂了,肚子上捅了好几刀……

崔今淑锥心刺骨,浑身发抖,嘴唇剧烈地抖动着。

王中山:金锦女同志牺牲前,已经被打得血肉模糊,还在不停地痛骂日本鬼子,最后才被那个鬼子联队长捅死的。

童长荣说,金锦女同志只有短暂 12 年的生命,但她的精神很伟大。她是军中的布谷鸟,无论是在根据地,还是在茫茫林海雪原,都给我们全体将士带来了欢乐。她的歌声清亮,直抵战士们的心田,鼓舞抗战的斗志。王中山同志,我们有上次宣传伊田助男的成功经验,这次你的任务是收集整理金锦女同志的材料,让她的英勇事迹不仅鼓舞中国人民的抗日斗志,还要通过共产国际向全世界宣传。

王中山表示,他一定把金锦女的英勇事迹材料整理好、宣传好。

金锦女牺牲的消息通过东满特委的广泛宣传,后经媒体传到世界各地,反法西斯阵营多个参战国刊登金锦女的英雄事迹。今天的小汪清抗日根据地,党和政府为小英雄金锦女立雕像,供后人瞻仰纪念。

王德泰按照童长荣和特委的作战部署,率领延吉游击大队在王隅沟一带同敌人作战 50 多次,重创了小岛浪作和吉兴日伪军,收复较早东满特委创立的王隅沟抗日根据地,又开辟了石人沟、三道湾两块新的抗日根据地,还在这一带山上建立了永久性的密营,更符合冬季严寒冰雪的需要,内部结构自成体系,厨房、仓库、粮仓、枪械所、哨卡,一应俱全。

王德泰还根据童长荣的指示要求,开始着手整合延吉、和龙、汪清、珲春四县游击大队,筹备独立师的创建工作。他召开了四县游击队负责人会议,传达了中

共东满特委军事会议精神,王德泰请大家就独立师筹建的具体事项畅所欲言。会议上各县游击队负责人发言踊跃,气氛热烈,都表示王德泰同志是特委的军事部长,这一阵子带领四县游击队有分有合,打了许多漂亮仗,令日伪军闻风丧胆,显示出卓越的军事指挥才能,战士们还给他起了一个"东北一只虎"的雅号。

会上,有一个人始终默默地抽着旱烟,他就是延吉游击队的大队长朱镇。一位游击队小队长见朱镇一言未发,就捣捣他说,朱大队的游击队人多,军事素质高,战斗力强,每次消灭敌人最多,现在要成立独立师了,这是个大喜事,你总得有个态度。

朱镇勉强笑笑,还是不说话,仍在抽他的烟。

当年,王德泰成立了延吉游击大队,建立了王隅沟抗日根据地,平心而论,朱镇协助他工作,功不可没。在战场上,也绝对是冲锋陷阵,不怕牺牲,奋勇杀敌,屡建奇功。本来两人的关系很融洽,王德泰被选为特委委员并兼任军事部长后,朱镇的内心就有了细微的变化。虽然接替了王德泰游击队长的位置,可是游击队员的心中还是离不开王德泰,凡事都是王德泰说了算,王德泰始终在队员们心中占据重要的位置,这就相当程度上限制并消减了他在队员中心目中的影响力。

朱镇好胜心强,内心敏感,心里暗暗就和王德泰较上了劲,发誓要把这支游击队带得比王德泰好,他要让战士们认同他。朱镇做得确实不错,近两年来,延吉游击大队在他的领导下迅速成长壮大,人数比王德泰在游击队时多了几倍,歼灭了大量的敌人,尤其是近期的战斗,他战术运用得当,在其他三县游击队中,延吉游击队是绝对的主力,可最后的功劳还是属于王德泰。会议上,他一听到王德泰是"东北一只虎"的称谓,心里就有些被刺痛的感觉。

现在就要成立独立师了,延吉游击大队面临被合并,他在为自己盘算,如果特委张书记任政委,王德泰必然就是师长,自己最多就是个团长。现在王德泰受特委张书记的委托,全权组建独立师。如果王德泰要是有意压制自己,说不准连个团长还当不上呢。他想到这些,内心不免郁闷。

细心的王德泰看出了朱镇心里的小九九,他对自己这个老搭档的性格、内心太了解了。他决定找朱镇谈谈心。可没想到,朱镇的第一句话就是成立独立师是好事,你准备给我一个什么位置呢?

王德泰听着不对味,但还是耐着性子笑了一下,对朱镇说,老伙计,不是我批评你,组建独立师的目的是去抗日,还是给大家封个师长旅长团长的官当当,过过官瘾呢?

朱镇也觉得自己太过直白,被王德泰呛了一句,也就不好再发作。王德泰拉着朱镇坐了下来,充分肯定了他在延吉游击大队发展壮大过程中起到的重要作用,在战场上立下了汗马功劳。但是,人一旦有了私利,在乎了自己的位置、名声,计较了个人得失,一个人的追求就难免失去了正确的方向。

朱镇十分不满王德泰这一番话,什么私心、计较、失去方向,他反问王德泰,难道你没有私利吗?特委委员、军事部长,现在又以独立师组建人自居,你这不是给自己捞的私利吗?

王德泰觉得朱镇的思想认识完全是错误的,但如果再继续批评,只会加剧对立情绪。他还是竭力克制自己,含着笑对朱镇说,暂且不说我,我来说说我们的张书记,他毕业于日本东京帝国大学,完全有美好的人生前途和舒适的生活,他来到天寒地冻的东北,我问你,是领导东满人民抗日,还就是仅仅捞一个东满特委书记的官当当?要说当官,他从河南省委书记,转任天津市委书记,再到大连市委当书记,现在到东满担任特委书记,这官可是越做越小了,张书记计较了吗?要说生活,一个南方人离开了繁华的大都市上海,来到冰天雪地里东北的地窨子,他是来捞私利的吗?我可以告诉你,我王德泰立志以张书记为榜样,如果有什么利益追求的话,那就是祖国和人民的利益高于一切,当下民族独立和人民解放的利益高于一切。

王德泰还对朱镇说,组建独立师是一项严肃的政治性、组织性、军事性、纪律性的工作,完全是在中共东满特委的领导下进行的,我只是做一个牵头的工作,整体方案会由特委研究决定,我王德泰个人无权决定。但有一点,服从组织安排,这是一条铁的纪律。

朱镇承认自己在组建独立师这件事上,确实有个人化联想,情绪化反应。王德泰说,如果你有什么想法,可以向特委反映,朱镇不再说话。

王德泰觉得组建独立师事关重大，他需要向童长荣做专题汇报。他带着两个战士，蹚着厚厚的积雪，从王隅沟赶到了特委临时驻地腰营沟山上。

见到童长荣，王德泰看到童长荣人已经瘦脱了形，把崔今淑喊到外面，问张书记怎么变成这样了。

崔今淑不得不告诉他，张书记时常吐血，山上条件就这样，没有营养，零下几十度，好人都扛不住，唯一的办法就是盼着冬天快过去，天气早点暖和起来。

王德泰从大衣兜里摸出两盒缴获的日军罐头偷偷地递给崔今淑，崔今淑接过来揣进怀里，对王德泰说，还不知道他能不能吃到嘴里。

童长荣在地窨子里朝外面喊着，磨叽什么，让崔今淑通知王中山、李圣依过来召开特委会议，专门研究独立师筹建工作。

会上，王德泰汇报了四县游击队会议情况、组建方案，包括朱镇等个别游击队领导的思想动态。

大家对独立师全称东北人民革命军第二军独立师，下设两个团，成立的时间初定在 3 月份等都没有意见。

在独立师领导人的安排上则出现了分歧，王德泰坚持让童长荣兼政委，理由是独立师是在特委的领导下，李圣依则不赞成，主要考虑童长荣的身体。王中山的意见是，兼有兼的好处，那就是张书记能够直接组织领导独立师，充分运用张书记的政治智慧和军事才能，独立师将会得到快速的壮大发展。不兼有不兼的好处，让张书记从具体事务中解脱出来，减轻负担，集中精力抓特委全局工作。最后嘟哝了一句，张书记现在的身体状况确实不适宜承担更多的工作。

王德泰则说，提议张书记兼独立师政委，我的本意是突出特委的领导，请张书记把方向，具体工作都是由我们来做，并不是给张书记派活。张书记兼与不兼，独立师的事还是要过问的。再则，看到张书记瘦成这样，我怎么忍心再让他劳心烦神。

童长荣望着大家悲悲戚戚的样子，故作轻松地笑了，大家都很关心我，我很感动，表示感谢。在政委人选问题上，他也倾向于不兼为好，这跟身体好与不好没有关系。一支部队的政委首先是政治素质过硬，其次才是军事素质过硬，眼前就有一个这样兼而有之的人,那就是王德泰同志。王中山和李圣依表示赞同,王德泰也就不好再推脱。

在师长的人选上,童长荣表明态度,充分听取王德泰的意见,王德泰思来想去,最终还是提议由朱镇来担任。王中山和李圣依都表示,朱镇打仗确实有一套,就是担心这人不太好处。王德泰表态,我和他在一起多年,两人之间的事,我会做好,绝不会让特委担心。

童长荣尊重了王德泰的意见。最后他对独立师,也是对王德泰提出了一个目标,两条要求。目标就是独立师尽快成为正规化部队。第一条要求,就是党的领导。首先要牢记中国共产党建党使命,那就是改变国家和人民的命运,民族独立,人民解放,国家富强。这是我们的初心,牢记这一条,我们的军队性质就不会变,它永远是人民的军队。有使命感的军队,它才会有信仰和忠诚,才有光荣和崇高,有党心才能铸就军魂。加强党建是首位的工作,毛泽东同志早在 1927 年就提出了支部建在连上,实践证明这是一条无比正确的道路。这些年,东满的抗日斗争蓬勃开展,抗日队伍不断壮大,也证明了这一点。王德林的部队是一支旧军队,自从有了党组织之后,部队焕发了生机,壮大到几万人的抗日队伍,这都是生动鲜活的事例。王德泰同志,请你务必记住这一点,一定要发挥党组织和党员的战斗堡垒作用。

王德泰认真地记录着。

童长荣提出第二条要求就是加强武装斗争。军队有了第一条就等于有了灵魂,有了第二条才叫有钢牙利齿。我们面对的是拥有现代化武器的日本关东军,你不能说他们没有信仰,没有目标,只不过是邪恶的信仰和目标而已。他们的目标就是以建立大东亚共荣圈为幌子,侵吞东北,占领中国,进而统治全世界。这些军国主义分子处心积虑多年,在日本进行举国战争动员,他们是有备而来,摆出一副不达目的誓不罢休的架势。组建独立师的意义就在这里,加强正规化部队建设,不断提高战斗力和战术水平,才能对付强大且穷凶极恶的侵略者。他对王德泰提出明确要求,尽快制定高标准训练大纲,加强文化课学习,绝不允许山林气、匪气、痞气、不讲原则的义气在独立师里有滋长的土壤。

听完童长荣的话,王德泰表示,把张书记讲话精神带回去,组织大家学习。严格按照一个目标,两条要求去做。

开完会后,王德泰向童长荣告辞,他还要连夜赶回王隅沟。童长荣要起来送一送,王德泰不肯,一再要他猫在地窖子里,不能受凉,静养身体。童长荣没有再坚持,让王中山和李圣依替他送一送。临别时,王德泰忍不住泪水,朝崔今淑使了个眼色。崔今淑也跟着出了地窖子。

王德泰并没有走,几个人走进特委机关的草房子,面对童长荣每况愈下的病情,商量对策。

崔今淑说,山上严重缺乏营养,不说油荤,连盐都吃不上,张书记的性格你们都知道,严于律己,绝不允许搞特殊化,开小灶。我实在想不出好办法,刚才王德泰同志塞给我两个罐头,我就发愁了,我不知道用什么办法能让他吃下去。

大家都在动脑筋,想办法,李圣依提议把肉泥碾成沫子掺进炒面里,崔今淑摇头,他一旦发现我在欺骗他,就会把我赶走,他已经几次让我不要待在他身边了。王中山说,暗地不行,就干脆说这是特委研究决定的,他必须服从命令,把这两盒罐头吃下去。崔今淑还是摇头,说可以想象,他会批评你们这是极其不严肃的行为。王德泰望着崔今淑一副憔悴的样子,连声抱歉,我没想到我会让你为难成这样。

崔今淑说,抱歉的是我,我没有完成好你们几位领导交给我的任务。张书记病成这个样子,我要承担主要责任。

李圣依摇摇头说,崔今淑同志,你已经尽力了。王中山对王德泰说,崔今淑可真是为难死了,每次进地窖子,一天只被允许两次进他的住处,一次不能超过半个小时。王德泰叹了口气,我就不相信你们几个人都想不出一个让他接受的办法来。

崔今淑抬起头,办法只有一个,三个人望着崔今淑。崔今淑勇敢地说了出来:我要做他的未婚妻!这样就可以名正言顺地照顾他了。

崔今淑说这句话的时候,没有半点羞涩。大家都吃惊地望着她。等大家反应过来,都觉得这是个好主意,两人也确实般配。不一会儿,崔今淑的眼光又黯淡了下来,她又否定了自己。王德泰说,我所掌握的情况是,10年间,张书记只回过一次家乡,有未婚妻的可能性不大,组建家庭更不可能。可这事谁去跟张书记说合适呢?

王德泰朝王中山和李圣依看了看。两人也是你看着我,我看着你。崔今淑说,你们去都不合适,我考虑这件事也不是一天两天了,我不给你们添麻烦,要说我就自己去说。

王德泰、王中山、李圣依三人站了起来,站成一排,向她庄严地敬了个军礼,崔今淑也回了个军礼,头也不回地走出草棚子,踏着积雪,往童长荣的住处走去。

地窖里隐约透出暗淡的松油灯光,里面传来轻微的咳嗽声。崔今淑拿着两盒罐头钻进了地窖子。王德泰、王中山、李圣依三人悄悄地跟在后面,来到地窖子外面。

屋里,童长荣正在油灯下读着抄本《共产党宣言》。见崔今淑进来了,有些意外,说这么晚了,你怎么还来了,你违反了规定。

崔今淑:刚才是召开特委会议,我是你的护理员,兼做档案、记录工作,这一次应该不算。

童长荣:说,有什么事?

崔今淑从怀里掏出两盒罐头放在桌子上:这是王德泰同志临走前交给我的,说是给你增加点营养。

童长荣拿起罐头,打量着:这是个好东西。这样,你立即交给伙房,明天早上放进糊里,这样每个人都能吃上了。

崔今淑知道再劝也无用,很愉快地答应了。童长荣见崔今淑这么爽快,很高兴。

这时崔今淑抬起头,迎着童长荣的目光:张书记,我答应你这件事,我也想求你一件事,至于你答应不答应那是你自己的事情。

童长荣合上《共产党宣言》:崔今淑同志,让我想想,我们在一起相处三整年,可没听过你要求我什么事呢,你说,只要是我能办到的。

崔今淑:张书记,自从你的病情加重了以后,我就有了一个想法,我想你也应

该看见了,我到墓地去了,也把这个想法告诉了我丈夫。

童长荣严肃起来:崔今淑同志,你还没说求我什么事呢?

崔今淑:我想做你的未婚妻,我要好好照顾你。

外面的王德泰、王中山、李圣依竖着耳朵听着。

屋里,童长荣愣了一会,一边咳嗽一边笑了起来:你个傻丫头,我有未婚妻了,你难道是要我犯错误吗?

崔今淑:张书记,你在骗我,你怎么可能有未婚妻?

童长荣:崔今淑同志,我确实有未婚妻。

童长荣从怀里掏出一张照片,说这就是他的未婚妻何坤宜。崔今淑接过照片,仔细看着,不住地说着,这姑娘真漂亮。

童长荣让崔今淑在炕上坐下来,他详细地向她说了何坤宜的情况,未婚妻未婚先嫁到他家,照顾他的母亲,后来他了解到,母亲不想误了未婚妻的青春和人生,将她赶出了家门,未婚妻何坤宜无路可走,也为了等他,现在已经削发为尼。

外面的王德泰、王中山和里面的崔今淑听到童长荣平静地叙述,内心都有一种强烈的震撼。

崔今淑:张书记,请原谅我的唐突,对不起,我又惹你伤心了。

童长荣:崔今淑同志,我要谢谢你,我心里明白,你这么做,就是为了方便照顾我。我要告诉你,这不是爱情,这是革命同志之间的情谊。你不必为我做出这么大的牺牲。我早已从内心里把你当作自己的妹妹了。去年,我参加完王德泰同志的婚礼之后,我就在琢磨着,崔今淑同志这么年轻漂亮,又很能干,一定要给你找一个情投意合的革命伴侣。你还年轻,只有 21 岁,今天你既然说了这件事,我也就把我真实的想法告诉你。

崔今淑:张书记,谢谢你跟我说这些,也谢谢你把我当作你的亲人。我是一个什么身份,已经不重要了,我就只有一个请求,别限制我的次数和时间,就让我留在你的身边吧。

童长荣想了一会:好,我答应你,不限制时间和次数,但有一个条件,你每次和小赵同志一起来,这个问题就解决了。

崔今淑站了起来:谢谢张书记,你早点睡吧。

童长荣点点头。崔今淑替他掖好被子,吹灭了松油灯,掩上门走了出来。四个人走在积雪的森林里,内心久久不能平静。

长春。卓蓝在屋里望着窗外厚厚的积雪,也在为童长荣的身体担心。大雪封山,日本人重兵"围剿",她唯一依靠的谢掌柜和童长荣的联系也断了。

正在惆怅的时候,张龙裹着风雪来了。一进门就告诉卓蓝,赵瑞麟对银行已经发出指令,不许卓家资金流出上海,这次他是空手来到长春的。

卓蓝骂道,赵瑞麟这个杂种,真是一娘养两种,他怎么不像他姐。

张龙从包里拿出一摞文件,对卓蓝说,这次来主要受昱姐的指派,一是核对资产,二是取回令尊的遗嘱,那位陈律师才有依据通过法院将遗产过户到你的名下,你才有资格处置。这里还有一堆文件需要你签字。

卓蓝问张龙:赵瑞麟为什么要限制我的资金流出上海?

张龙:主要理由是这笔资金有可能流入到共产党的手里。说白了,他就是怕你将这笔钱用来资助童长荣的抗日队伍。

卓蓝反问:就这些?

张龙:我没有证据,不知道能不能说?

卓蓝:你说下去。

张龙:据传令尊生前,对赵瑞麟有过承诺,我不知道这是不是真的。如果是这样,面对这么一笔巨额资产,我不知道赵瑞麟会是怎么想的。

卓蓝:父亲有想让赵瑞麟做女婿的想法,也确实对他有过许诺,让他将来打理卓家资产。

张龙:如果是这样,会不会是以一个理由掩盖自己私欲。

卓蓝:告诉我,他会怎么做?

张龙:如果是我,我也会不让卓家资产流出上海,理由是卓小姐有通共并资助共产党的嫌疑,这很容易办到;接下来,我会利用职务的便利,轻而易举地掌握卓家资产情况。当然要想将这笔资产据为己有,卓小姐是一个绕不过去的坎。

卓蓝点点头:没有我的授权文件,他拿不到这笔钱,他需要我的印章、手印、签名,对不对?

张龙:我估计他会来长春。

卓蓝:他会设法找到我,和我谈条件,谈不成就逼迫我签字,最后会杀掉我,就可以取得手印了。张龙,我现在就回上海,一不做二不休,将这个人渣宰了!

张龙对卓蓝说,现在回上海并非上策,他有一千个理由抓你,也可以调动一切力量对你布下天罗地网,让你无法逃脱。

卓蓝又问张龙,赵瑞麟要这么多钱干什么?

张龙沉吟道,依他这么多年对赵瑞麟的了解,他一直想出人头地,但童长荣的光芒让他的事业黯淡无光,杨飞成了他仕途上的绊脚石。他原本想得到你的感情,我心里清楚,卓小姐根本就看不起他,他变得心灰意冷,他觉得这笔资产就是对他的一个最好的补偿,他有可能拿着你的这笔钱移居海外,去过挥金如土的生活,填补内心的空虚。

卓蓝:张龙,我问你,你觉得我怎么花费这笔巨款才有价值?

张龙怔怔地望着卓蓝:卓小姐,您真的要将这笔钱资助童长荣的抗日队伍?

卓蓝的眼睛凝视一点:雪国耻报家仇,谁在浴血抗日,我就支持谁!

张龙说,我懂了。他劝卓蓝继续留在长春,以静制动,迫使赵瑞麟来长春。然后根据情况再做安排,并表示全力以赴,提供帮助。卓蓝对张龙抱拳,好兄弟,我会记住你为我做的一切。

正在这时,谢掌柜差伙计来了,说掌柜找卓小姐有急事。卓蓝一听,就知道这是一个望眼欲穿的消息。卓蓝长长地舒了口气,功夫不负有心人,她终于等到了这一天。

张龙开着车,载着卓蓝和伙计快速赶到了谢掌柜的皮货店。卓蓝从后院走进屋内与谢掌柜见面。

谢掌柜告诉卓蓝,刚刚林悦派人来,说要买几件皮子,来人还反复盘问店里人员,又把店里店外都看了一遍。

卓蓝望着谢掌柜说,你真确定要这么做吗?你现在后悔还来得及。

谢掌柜说，卓小姐看来是信不过我。不就是一个皮货店吗？我也不瞒你，我做这一行全靠三寸不烂之舌，坑蒙拐骗，得了一些不义之财，早就想洗手不干了。林悦是什么人？长春城的二号汉奸，杀了她也算是我谢某对抗日的一份贡献，也算是我对长春百姓的一个交代。

卓蓝见谢掌柜态度如此坚决，也就直截了当地提出自己的计划，为了不给谢掌柜添麻烦，她准备趁林悦看皮子时，从外面突袭，然后乘车离开。这样，所发生的一切就与谢掌柜的皮货店无关。

谢掌柜摇摇头，他考虑过了，林悦会带精兵强将护卫，万一突袭不了，她就有逃脱的可能。

卓蓝问谢掌柜有什么好办法，谢掌柜不慌不忙地拿起茶几上的那只银狐皮，说只是可惜了这张皮子。卓蓝立刻会意，不住地点头，这是个好办法。不过，卓蓝提出来，处死林悦必须由她来。谢掌柜答应了卓蓝说：我来安排吧。

掌灯时分，街上行人渐渐稀少。谢掌柜站在柜台前不时地瞅着门外的大街。过了一会儿，车灯的光柱照亮了大街。谢掌柜知道林悦来了，他打开了柜台下的暗道，卓蓝悄悄地来到暗道口，谢掌柜朝她点点头，然后轻轻将暗道门关上。

三辆车停在皮货店门口，前后两辆车八个保镖迅速围住中间一辆车，确认大街周围无异常情况后，两个保镖迅速进门，将柜台里检查一遍，见就是谢掌柜一个人，两人来到后门守卫。这时车门打开，林悦从车里钻了出来，立即又有四个保镖前后左右无缝隙地护卫林悦走进了皮货店。

林悦来到柜台前。四个保镖在门口密切注视大街，两个保镖立在林悦两侧。

谢掌柜连忙堆上笑容：林小姐好，天天盼着你，可终于把你给盼来了。

林悦：谢谢掌柜还惦记着我呢。今天，你要是再糊弄我，可没你好果子吃。

谢掌柜指着柜台后面一排挂着的皮子：小姐，你是识货的人，又付了订金，这上面的皮子都是为你留着的。

谢掌柜打开柜台，林悦被皮子吸引住了，不知不觉地走了进来，仰头望着。谢掌柜取下黑貂，说这是从俄罗斯过来的，珍品中的珍品。

林悦用手在皮子上摩挲着，又嗅了嗅，接过谢掌柜递过来的手电筒，仔细照

着,满意地点头,对谢掌柜说,这张皮子我要了。

林悦的目光定在了那张银狐皮上,谢掌柜说,小姐有眼光,这张银狐皮可是可遇不可求。林悦说,我就是为这张皮子来的,掌柜的,外面把这张皮子传得神乎其神,不会是你编的吧。

谢掌柜取下银狐皮,递给林悦:我一句话不说,您看。

林悦眯着眼,盯着挂着的银狐皮,一片纯白,发出蓝幽幽的光,没有一根杂毛。她示意了一下,谢掌柜小心翼翼地取下来说,我做了大半辈子皮子,就这张银狐皮我也是第一次见过,要是做个围脖,再配上林小姐的倾城之色,骨子里的高雅,那就是绝配。

林悦的手轻轻滑过,又用鼻尖又嗅了嗅,她问谢掌柜,怎么有股味?谢掌柜说,这不是味,这是珍品银狐皮自带的一种神秘气息,要是围在脖子上,能让人目驰神离,如入仙境的感觉。林悦又凑近嗅着,突然有些站立不稳,天旋地转。柜台外的两个保镖警觉起来。这时,卓蓝从暗道里钻了出来,将林悦揽进怀里,一手用银狐皮紧紧捂住了林悦的嘴巴,一手用枪指着外面的保镖,大声叫着:都不许动,动一动,我就要她的命!

几个保镖冲到柜台前,用枪对准了卓蓝,不敢开枪。此时的林悦因为吸入了银狐皮上的剧毒,已经失去了反抗能力,意识开始模糊。谢掌柜蹲了下去,打开了汽油桶,推倒在地上,刺鼻的汽油味顿时弥漫在皮货店里。几个保镖愈发紧张,不知所措。

谢掌柜轻轻地喊了个节奏,然后摁下了机关。卓蓝带着林悦掉进了地下室里,谢掌柜在暗门合上的刹那间,点燃了汽油,顿时皮货店一片火光直冲屋顶,几个保镖也成了火人,在门口的逃到门外,在屋里的来不及逃脱,连皮货店一起化为灰烬。

暗道里,卓蓝和谢掌柜拖着奄奄一息的林悦,来到后街的一个出口。

张龙的车子早已在拐角处等候,张龙打开车门,将林悦拖上了车。林悦的神经深度中毒,不是如入仙境,而是要进鬼门关了。

车上,卓蓝拎起林悦,林悦口吐白沫,似乎还有些意识,她竭力地盯着卓蓝。

卓蓝冷笑:林悦,这就是卖国投敌的下场!去死吧!

林悦的眼皮翻了一下,眼珠凸了出来,喉咙里响了一下,伏在卓蓝旁边的后座上就一动不动了。

车子开到吉林长官公署门口,放慢了速度,乘着夜色,卓蓝将林悦的尸体推下了车子,丢弃在了门口,车子迅速离去。

在长春,没有人知道林悦死了。皮货店失火被警察定性为一场普通的火灾。吉林行政长官公署里传出来的消息是,林悦已经去美国留学了。卓蓝心里明白,熙洽竭力在掩盖林悦被处死的负面消息,现在看来汉奸熙洽只有打掉牙齿自己往肚子里吞了。

张龙临走前,卓蓝突然想到自己上次在安徽桐城练潭对一个农家孕妇的承诺。他委托张龙去一趟安徽,送那个穷苦人家一些钱。

张龙问,那孩子怎么办?卓蓝曾经答应人家要把孩子带到大城市过好日子的,思来想去,想出了一个办法,让张龙将这孩子带到枞阳交给童长荣的未婚妻何小姐代养一下,等一切都结束之后,她一定把孩子接到上海。

张龙想了一下,问卓蓝,那童长荣的未婚妻何小姐会答应吗?

卓蓝肯定地点头,凭直觉,她一定会乐意替我做这件事的。

张龙按照卓蓝提供的地址,从东北千里迢迢来到桐城练潭,很快就找到了这户人家。张龙路过桐城时买了衣被,小衣小帽,拎了一大袋走进了草房,看见一个年轻妇女抱着婴儿坐在床上。张龙连忙表明来意,说是上海的卓小姐委托他来领孩子的。

农妇一听,抱着孩子连忙下床,说没想到这位小姐有情有义,还真的来领孩子了。张龙给了农妇一笔可观的钱,农妇从未见过这么多钱,连连摆手说:我不是卖孩子,孩子能有个活路,我就心满意足了。

张龙说这是卓小姐的心意,让你盖个房子,把几个孩子养活。农妇不住地朝张龙鞠躬,菩萨保佑你和那位小姐。张龙将孩子的衣服递给农妇,农妇抖抖索索地给孩子穿衣服,满怀歉意地说,我这肚子不争气,生了个女伢子。

张龙耐心地对农妇说,男孩女孩都一样。农妇扑通一声朝张龙跪下,这位先生和那位小姐是我家的救命恩人,给恩人磕头了。

毕竟是亲生的骨肉,真正等张龙抱孩子的时候,农妇望着几个月大的孩子哭了,始终不肯放手。

张龙见如此,也确实不忍心让年幼的孩子和母亲分离,就对农妇说,这样吧,孩子暂时放在你身边,稍微养大点,我们再来领好吗?

农妇一听到这话,千恩万谢,感激不尽,又要向张龙下跪,被张龙拉住。

早春二月,乍暖还寒。张龙沿着菜籽湖辗转来到枞阳。张龙与何坤宜见过,那还是五六年前,他和卓蓝来到安庆,逼迫何小姐放弃婚约。也就是那一次,他第一次在百花亭旅馆见到了童长荣的未婚妻何坤宜,就感受到了这位何小姐与众不同的气质,他陪卓蓝和何小姐一起从迎江寺到枞阳浮山前后好几天,这个何小姐气质超群,谈吐优雅,出口诗文,他亲眼看见卓蓝一步步在何小姐面前败下阵来的沮丧神情。他没想到,这两个人水火不相容,因为童长荣竟然能冰释前嫌,还有来往,真的成了好姐妹。他自己也没想明白,国共两党,你死我活,卓蓝受童长荣的影响,这些年的所作所为,俨然就像个党外布尔什维克。

张龙一路从东北来到安徽枞阳,他有充裕的时间思考一些问题。这些年,从上海执行部到中央俱乐部,再到上海区,一路跟随赵瑞麟到现在,没少帮助赵瑞麟捕杀共产党人,也没少见到共产党人凛然正气的一面。平心而论,他敬佩童长荣,为国家为民族,无论是日本东京的谍战传奇,还是在上海与中央俱乐部的暗战,在河南、在天津、在大连、在东北一往无前的战斗精神和牺牲精神。他也将赵瑞麟和童长荣做了比较,赵瑞麟是戴季陶理论的忠实践行者,现在想来,国民党真的是代表了劳苦大众的利益吗?从这些年亲身经历看,答案是否定的。赵瑞麟从上海执行部起,就有野心,借着戴季陶想出人头地。结果前途受阻,就与杨飞拼得个头破血流,得不到卓蓝的爱,就想霸占卓家的家产,纯粹的阴暗小人。杨飞也是纯粹的利己主义和机会主义者,他的叛变投敌足以说明他毫无信仰。他又想到了李卫,这些年隐藏很深,伪装自己,直至最后死得英勇壮烈,连个共产党的名分都没有,但他无怨无悔,令人肃然起敬。相比自己,只觉得这些年自己没有思想,纯粹就是赵瑞麟、杨飞的工具,他没少捕杀共产党人。假如现在再给他一次选择,他还会枪杀王舒,抓捕罗栗文吗?

他不知道,但他真真切切明白的就是,他不想再做赵瑞麟这个人渣的帮凶了。与其说现在是帮助卓蓝,还不如说是在帮助自己。

童家院内。阳光洒在院子里,何坤宜端着小凳子牵着童母走到院子中央,放下小凳子,让童母坐下。

童母回过头:坤宜,你姐姐可怀上了?

何坤宜:娘,想抱孙子了?

童母:哪里是,自从你姐姐说了这事,这人就动了心思,寻思着几个月过去了,几次见你回去,也没听见你说起这事。

何坤宜:早着呢。前两天回去,我姐说呀,她是想怀,可偏偏肚子里始终不见动静。

童母:也是,不是想怀就能怀上的。这事啊,还真是急不来。

婆媳俩正在说话的时候,张龙走进了院子。何坤宜愣住了,这个面孔她熟悉,她一下子想起来了,这不是卓小姐身边的那个人吗?童母也想起来了。

张龙:伯母好,何小姐好,我是受卓小姐之托来的。

没有童长荣的消息,可眼前的这个人是卓小姐派来的,婆媳俩依然激动,连忙将张龙请进了屋里。

童母连声问:你可知道长荣在哪里?

张龙坐下来:我和卓小姐只知道童长荣在东北中朝边境一带对日作战。自从河南一别,我和卓小姐都没见过童长荣。

何坤宜:你确定童长荣还活着?

张龙点头:我可以确定他活着,和日本人在战斗。

何坤宜舒了口气,又问:卓小姐现在在哪里?

张龙向何坤宜说了这次来枞阳的原因,就把卓小姐上次离开枞阳后,走到一个叫练潭的地方,走进一个农民家讨水喝,那人家几个孩子,冬天就只有一条棉裤,出门才能轮着穿。卓小姐心里过不去,答应了孕妇将肚子里的孩子带到上海

去。卓小姐估算着孩子要出生了,就委托我来领孩子。卓小姐的意思是想请何小姐代养一下,待她处理好了一些事情,就来枞阳将孩子带回上海去。可是他去领孩子的时候,那个农妇可怜孩子小,不忍放手。他也就不忍心强行抱走孩子了。

童母点点头:看来这卓小姐还是个好人,有良心。

何坤宜:给我一个地址,有空我去看看孩子,只要那家人愿意,我随时可以把孩子接回来。请转告卓小姐,请她放心,我一定将孩子替她照顾好。

张龙点点头:这样就给你添麻烦了。

张龙起身告辞,婆媳俩一再挽留,见张龙急着离开,也就不再坚持。临别时,何坤宜对张龙说,如果你和卓小姐有童长荣的消息,不管是好的还是坏的,请务必告诉我。

张龙说,请放心,我和卓小姐一旦有了童长荣的确切消息,一定会在第一时间内告知你们。

上海。赵瑞昱下班后如约与陈律师在咖啡馆见面。陈律师从文件盒里抽出一张清单,对赵瑞昱说,这是第一批卓家资产的清单:一是卓蓝名下在中国银行、交通银行共有存款180.66万块大洋。二是卓荣丰名下在中国银行、交通银行、中央银行、中国农民银行共有存款520.35万块大洋。三是卓荣丰名下大华纱厂地皮一块,计78亩,小白楼别墅共计1200平方米。四是部分名人字画、玉器、首饰以及在几家银行存储的黄金。第二批资产包括另外5家合资纱厂的股份,参与投资的港口、车行、酒庄等经营项目,都要分别与每家公司商谈退出股份,每家公司还要召开董事会,过程很复杂,工作量惊人。这些资产要全部变现,不是短时间的事情。

陈律师又说,这就是我近期做的工作,我的能力有限,只能做到这里了。说完将文件盒交给了赵瑞昱。

赵瑞昱疑惑地望着陈律师,你的意思就是不打算做下去了?

陈律师神情高度紧张,对赵瑞昱说非常抱歉,我们是很好的朋友,但我也不能拿自己的性命去冒险做这事。陈律师告诉赵瑞昱,打从接受委托后,他和他的合伙人都受到了不明身份的人的严密监视,无论在公司,还是在住所,即便是在路上,都有人跟踪。尽管这单业务有丰厚的佣金,但他和他的合伙人反复权衡,决定还是放弃,请赵瑞昱另请高明。

赵瑞昱一听,就知道这是赵瑞麟带的一班人所为,内心很气愤。但她还是非常感谢陈律师此前做了大量基础性工作,劝慰陈律师不要半途而废,换了另外的人,还得从头再来。她向陈律师保证,她立即去找他弟弟赵瑞麟,确保陈律师和合伙人的工作不受打扰,生命安全能够得到保障。

见如此,陈律师不好再推脱,答应继续做下去。

赵瑞昱非常感谢陈律师,说你只负责财产过户、土地评估、商务谈判等专业性、法律性工作,至于资金受限、银行协调的工作她来处理。

陈律师离开了咖啡厅,赵瑞昱心里有气,径直来到赵瑞麟办公室。赵瑞麟见是姐姐来了,非常热情。赵瑞昱则坐在沙发上冷眼无语。

赵瑞麟明知故问:姐,你找我有事吗?

赵瑞昱终于爆发了:赵瑞麟,我这么跟你说,我对你很失望,也已经寒了心。你扪心自问,姐姐是怎么对你的?你又是怎么对姐姐的?你连亲姐姐都要跟踪,你还是个人吗?你连畜生都不如!

赵瑞麟连忙辩解:姐姐你误会了,这是上头压下来的,我也没有办法。卓蓝已有明显的通共倾向,她的家族资金极有可能会流入到共产党手里,可姐姐你还雇佣律师团队,帮助通共嫌疑人变卖家产,运作协调资金,这是要坐大牢的,甚至是要杀头的。姐,你说我该怎么做?

赵瑞昱:你有什么证据证明卓蓝通共?

赵瑞麟:她到长春的目的就是去找童长荣!

赵瑞昱:卓蓝到长春的目的是报杀父之仇的!你难道不清楚吗?

赵瑞麟:她报了仇,为什么还不回上海?还想将资金往长春转移?

赵瑞昱:她是因为不想看到你的嘴脸!

赵瑞麟:姐,我在你心中就是这么令人可憎吗?

赵瑞昱哼地笑了一声:你说得太轻巧了,在我的心中,你已经死了!

赵瑞麟:姐……你对国民党有偏见,对现行政府有仇恨,这是你早年参加马克思主义研究会留下的遗毒,你从内心里同情共产党。

赵瑞昱一巴掌打在赵瑞麟的嘴上,眼里涌出了眼泪,嘴唇在发抖:是谁养了你这么个畜生?是我爹我娘吗?是谁一手把你拉扯大的?是我吗?

赵瑞麟捂着脸:姐……

赵瑞昱:从今往后,不许喊我姐!我也不再有你这个弟弟!赵瑞麟,我告诉你,卓家的事我帮定了。如果你们再跟踪我和陈律师,我只有去雇佣黑帮以暴制暴!请你立即通知相关银行,解禁卓家账户!赵瑞麟,我只想跟你说一声,卓家资金,卓蓝有权处置,任何人休想侵犯!我已经豁上了,不惜以命相搏!

赵瑞昱转身离开了赵瑞麟的办公室。赵瑞麟瘫坐在椅子上。

手下人进来报告,张龙已经回到上海。赵瑞麟点点头,说已经知道了。

赵瑞昱刚刚回到仁济医院,张龙从楼道里的暗处招了招手,赵瑞昱快速走了过来。

赵瑞昱问:所有手续都办好了吗?

张龙点点头。

赵瑞昱:走,快,现在就去找陈律师。

两人走出医院,雇了一辆人力车,来到了陈律师的律师事务所。坐定之后,张龙从包里掏出一个文件袋,说卓蓝父亲的遗嘱,卓蓝的印章、委托书,财产继承各种文书签字,财产确认书等文件全部都在里面。

话未说完,赵瑞麟手下一班人拿枪闯了进来,围住了他们三个人,勒令将文件交出来。赵瑞昱一把将文件抢在手里,搂在怀里。陈律师看见这阵势,吓得发抖。张龙欲拔枪,几个人扑了过来,摁住了他,张龙不得动弹。

手下人:昱姐,上头有令,我们是来执行任务的,还是将文件交出来,我可以确保大家相安无事。

赵瑞昱高声叫着:你让赵瑞麟来!

手下人:对不起,瑞昱姐,我们只是执行赵区长的命令,我们无权让他替我们执行任务。

赵瑞昱:那你们想怎么样?

手下人:我数三下,如果你不交出文件,我就先开枪打死这个律师。如果再不交文件……

手下人举起枪瞄准了律师。

陈律师连连求饶:赵医生,可怜可怜我,我上有老下有小,我还不想死,你就将文件给他们吧。

赵瑞昱闪到陈律师跟前,怒目对着赵瑞麟的手下人:陈律师是我聘请的,这一切与他无关,你要想拿到这份文件,那就先把我打死!

另两个手下人上来抢夺赵瑞昱怀中的文件,这时,赵瑞昱突然将文件甩出窗外,一把抱住一个手下人,将枪对准了自己,在拉扯中,她拼命地摁住了扳机上手下人的手,枪声响了,赵瑞昱慢慢松开了手,倒了下去。

赵瑞麟的几个手下人望着赵瑞昱倒在血泊中,面面相觑。手下人反应过来,又气又恼,随后一枪打死了陈律师。

外面车里的赵瑞麟先是看见楼上扔出一个信袋,他立即下车,接着听见枪响,他拾起文件,飞奔上楼,却发现姐姐已经身亡。他抱住姐姐赵瑞昱号啕大哭。

姐姐死了,赵瑞麟的内心完全崩溃。处理好姐姐的丧事之后,他只有一个念头,这一切都是因卓蓝而起,他疯狂地发誓,不仅要卓蓝付出全部家产的代价,还要卓蓝付出性命去陪他的姐姐。

手下人打开了关押室的铁门,赵瑞麟亲自除掉张龙手铐,让他在自己面前坐了下来。

赵瑞麟和张龙谈条件:给你50万,带我去长春找到卓蓝!

张龙没有任何犹豫:成交!

 五十

赵瑞麟通知各银行将卓家现金存入自己指定的账户后,又转付给张龙50

万,旋即让张龙带着他和两个手下来到了长春。

来到卓蓝的秘密住处后,张龙用暗号敲门,卓蓝开门却发现张龙身后站着赵瑞麟,包括张龙在内,几把枪一起对准了卓蓝。

卓蓝怒目张龙:他娘的,好你个张龙,你竟敢出卖我。

卓蓝欲掏枪,张龙闪到一边。两个手下迅速控制住卓蓝,将她摁在桌前坐下。

卓蓝:知道你们迟早要来,我早就准备好了。

赵瑞麟走过来扇了卓蓝两个耳光,咆哮着:你这个臭女人,你害死了我姐姐!

卓蓝一听,失了色:昱姐她……

卓蓝伤心不已,她伏在桌上大哭起来。

赵瑞麟不停地大叫:臭女人,我这一生都被你毁了!

卓蓝抬起头,含泪瞪着赵瑞麟:昱姐一定是你害死的! 请你看着我的眼睛,回答我!

赵瑞麟不停地撕扯自己的头发,喃喃地:是她自己想死的,可她是为你死的!

卓蓝:看来,我们是该到了做个了结的时候了。赵瑞麟,你想怎么做?

赵瑞麟咬牙切齿:我要让你说!

卓蓝:赵瑞麟,我明白你的心思,不仅想霸占我的家产,还想要我的命!

赵瑞麟怒吼:我只想要你的命!

卓蓝:赵瑞麟,你能面对着我说要我的命,这是我从你嘴里听到的唯一够爷们的话。不过,你还是个软蛋,处心积虑地想抢我的家产,就是没有勇气承认。

赵瑞麟拍拍手中的包:你的全部家产就在这包里,现在由我掌控,这是你对我伤害的补偿!

卓蓝:赵瑞麟,你一直把自己扮成信念型戴季陶主义者,如果真是一个死硬的反共分子,或者和童长荣一样是一个坚定的共产党,倒是让我钦佩。只可惜,你不是,你和杨飞并没有什么不同,骨子里还是想飞黄腾达而已。此路不通,就想捞点钱,你和那些江湖黑帮没有区别!

赵瑞麟被激怒了:不许你侮辱我! 不许你提童长荣!

卓蓝:我曾经说过,共产党比国民党强,现在我更加坚定自己的看法。此生最大幸运,就是在我的生活里有了一个童长荣,整整10年了。不错,他是共产党人,我从他的身上看到了共产党人的优秀品质和崇高使命,让我受益匪浅,是我学习的榜样,我为什么不能提?

赵瑞麟:卓蓝,我为你感到羞耻,你爱他,他不爱你,说这些还有意思吗?他骗了你这么多年,你还不醒悟,我为你感到可悲!

卓蓝:你错了。童长荣感情专一,深爱他的未婚妻,让我肃然起敬。童长荣心中有大爱,他爱这个国家和民族,为了国家和民族的命运,为改变老百姓的悲惨命运,至今在冰天雪地里对日作战,他是民族的精英,我为他骄傲!

赵瑞麟:那有什么用,你痴迷了他10年,可他不属于你!

卓蓝:你错了! 童长荣称我为战友,我已经心满意足。

赵瑞麟:你想带着巨款去寻找童长荣,休想! 可惜呀,这个愿望你已经实现不了啦!

赵瑞麟朝卓蓝举起了枪。

卓蓝坦然地望着赵瑞麟:赵瑞麟,在我临死之前,我想朗诵一首诗,可以吗?

赵瑞麟有些迟疑地望着卓蓝。

卓蓝仍坐在桌前,她充满深情地:这是一个光明的季节,这是一个黑暗的季节;这是希望之春,这是失望之冬;有人正踏上天堂之路,有人正走向地狱之门……

她和张龙的眼神碰在了一起,刹那间,卓蓝从桌子底下抽出双枪。卓蓝和张龙同时开枪,乱枪中,卓蓝和赵瑞麟分别中弹,张龙用身体护住了卓蓝,打死了赵瑞麟的两个手下,自己也倒了下去。受伤的卓蓝艰难地爬到赵瑞麟身边,拾起了地上的包,往门外爬去,躺在血泊中的赵瑞麟拼尽最后一丝气力,睁开眼,颤抖的手朝卓蓝举起了枪。

三月的山里仍是一片冰天雪地。童长荣在山上密营的地窖子里,无法知道卓蓝、赵瑞麟、林悦、赵瑞昱、张龙这些人都已经不在人世了,更不知道卓蓝想携

带家财来参加抗日的队伍。

此时，童长荣拖着久病的身躯，坐镇密营，召开军事会议，王德泰、王中山、李圣依参加。

童长荣最后作总结讲话，我们挺过了严寒的冬天，在极寒的 40 多天里，王德泰同志率领四县游击队、梁光的特委游击大队以及在安图一带金日成的朝鲜抗日游击队，在整个东满地区的林海雪原里同日伪军队进行不间断地周旋，共计发生大小战斗 20 多次。最多一次日军出动兵力 3000 多人，最多一天毙敌 250 余人，重创了小岛浪作的部队，他的所谓"冬天狩猎"计划彻底的破产了，我们胜利了！

其次，根据地 1500 多名老百姓得到了妥善的安置，没有人冻死、饿死，也没有人病死，这是我们创造的第二个奇迹，我们胜利了！

其三，我们的队伍日益壮大，独立师成立在即，这又是我们的一大胜利。刚才特委已经研究决定，同意正式打出独立师番号对日作战。等你们打了大胜仗后，再召开独立师成立大会，我还要到场祝贺。

大家听了童长荣的话，都备受鼓舞。

王德泰说，还有第四个胜利，那就是我们最担心的张书记的身体，终于战胜了寒冬，即将迎来温暖的春天。

童长荣摆摆手，这算什么胜利，我拖累了大家。这 40 天里，我猫在地窖子里，足不出户，没有杀过一个敌人，功劳都是大家的。

大家连忙摆手，一致说张书记的身体健康才是最大的胜利，张书记就是东满军民的精神支柱。王德泰、梁光特别强调，张书记运筹帷幄，我们不能说决胜千里，至少在方圆几百里的东满取得了辉煌的战绩，这可都是张书记指挥有力、协调各方、周密安排、战术得当的结果。

童长荣笑了，大家既然想让我高兴一下，那我就先高兴一下。不过我要强调的是，你们都要记住了，即便是我在这里发挥了一些作用，请你们不要忘了，我是特委的班长，只能是特委的一个组成部分，正确的说法应该是特委坚强领导的结果，我想作为一条纪律，一项政治规矩定下来。作为特委书记，可以对特委委员和下属提出表扬,也可以提出嘉奖,集体讨论。但作为特委成员,不可以对我提出表扬,那就有吹捧之嫌。因为做正确的事才是我的职责。否则决策失误,指挥失当,那就是失职行为,我如果有任何闪失,都会对东满的抗日造成不利的局面。现在我提议,对王德泰同志、梁光在战场上的出色表现,予以嘉奖,对李圣依同志的后勤保障予以表扬。

李圣依连忙摆手,这也是我们应做的工作,不值得表扬。王德泰制止了李圣依,打趣地说,我倒是想听听张书记,怎么个表彰,他伸出了手。

童长荣想了一会说,那好吧,允许王德泰、梁光同志在山上住一晚。梁光笑了,这太好了,好久没和张书记在一起了,我们需要这个奖励。

这时,崔今淑和小赵走了进来,见童长荣和特委几个领导脸上挂着笑,气氛活跃轻松,眉头也舒展了开来。

王德泰说,张书记,我提议要对崔今淑同志进行特别嘉奖,大家一致赞成。崔今淑有些莫名其妙,说嘉奖我什么呀。李圣依说这个必须有,张书记的身体逐渐好转,崔今淑同志可是费尽了心血。童长荣认真地说,王德泰同志的这个提议,我赞成,我很对不起崔今淑同志,连累了她。童长荣站了起来,崔今淑同志,我……

崔今淑连忙摆手,别别,你们又要向我敬礼,表示崇高的敬意了,我不接受,说完跑出了地窖子。大家都笑了。

晚上,伙房里飘出了阵阵肉香,这是王德泰和梁光带来的从敌人手里缴获的战利品。特委机关的同志和家属们以及部分老百姓欢聚在一起,像过年一样。

夜晚,皎洁的月光铺洒在林海雪原里,崔今淑、姜春花和伙房战士端来热腾腾的饭菜摆到雪地上。王德泰招呼着,同志们,乡亲们,今晚大家敞开肚皮,管饱。

童长荣亲自盛了一大碗饭,又用小缸子装了一些荤菜,让李圣依给爱人送去。李圣依说,太多了。王中山说,我看哪,你爱人肚子那么大,好像还不止一个,如果是个双胞胎,那就是三个人要吃饭呢。李圣依从童长荣手里接过饭菜,连声说谢谢,赶忙将饭菜送进了地窖子。

童长荣这才招呼大家,雪地里饭菜很快就凉,大家趁热吃吧。王德泰从怀里掏出一个小酒瓶子,递给童长荣,张书记,喝口酒,暖和暖和。童长荣摆摆手,我不来,你们喝。

崔今淑忙完了大家,来到童长荣身边,取出童长荣的专用碗筷,开始给他弄饭菜。童长荣说,我吃口饭,不要给我肉。

崔今淑:张书记,今天大家人人有份,你也不能例外,你别为难我了。

崔今淑朝王德泰他们几个人使了个眼色,王德泰会意,拿着酒瓶子对童长荣说,这可是好酒呢,你不喝,可以闻闻,好香好香,童长荣不知是计,接过酒瓶,远远地嗅了一下,不住点头,还真是香呢。趁此机会,崔今淑先夹了两块肉放进碗底,然后盛饭,再夹些菜放在上面,递给了童长荣。

童长荣和大家聊着,他说,你们信不信,在上海,大金门酒店我是常客,各种高档舞厅、咖啡厅、夜总会,我没有没去过的。世界上最名贵的红酒,对我来说都是寻常之事。当然,这是对敌斗争的需要。当时啊,国民党为了争取我到他们那边,有人替我买单。所以呀,那时,肉当萝卜吃,真是吃腻了,现在还真是不爱吃肉。崔今淑同志,我还没有动筷子,我命令你,把碗头上的两块肉放进自己的碗里。

崔今淑叫了起来:我已经有了两块肉。

童长荣:那你就吃四块。

崔今淑坐在那里不动,童长荣拖过崔今淑的碗筷,将肉夹了过去。这才开始吃饭。崔今淑心里明白,童长荣这是心疼自己,她知道自己只有接受,他才会高兴。

崔今淑说,张书记,只要你高兴,我就把自己撑死算了。

晚饭后,大家围坐在地窖子里的松油灯下,难得轻松聊天。王中山说,晚饭前,张书记唯独没有表扬我,我心里有压力,我知道我这个宣传部长没有当好。

王德泰说,没有啊,我觉得特委的宣传统战工作是最大的特色,发挥了在战场上意想不到的作用。

童长荣说,前两天啊,我对王中山同志说,我们战斗在茫茫的林海雪原里,克服着人类生存的极限在对敌作战，我们应该创作一首战歌，描写我们的生活，抒发我们的英雄气概，激励全体将士奋勇杀敌。

王中山说，自从张书记布置了任务，不瞒大家，我这几天想得头痛，想不出个所以然来。

王德泰：张书记，这事啊，你可怨不得王中山同志，我看这非得张书记亲自操刀不可。

童长荣摆摆手：我这不是批评王中山同志，这两天我和你一样，也在琢磨着，还真想不出合适的词来。我在想啊，这首战歌需要在我们的心中流淌出来，还真不是越有文化，咬文嚼字就能写得出来。说不准啊，大家你一言我一语，它就出来了。

王德泰：我们战斗在崇山峻岭，我们驰骋在林海雪原，天当被，地当床，奋勇杀敌，一往无前，可这用什么词来体现呢？

童长荣：你看看，还要用什么词来体现？这词不就出来了吗？

大家琢磨着，说就是这感觉。

王中山说：是啊，刚才张书记说我们是在挑战人类生存极限的恶劣环境中与日寇殊死作战，我就想不仅要写出我们在战场上的英勇，还要描写我们艰苦的生活。你看，这一轮明月为我们点灯，这大山就是我们的枕头，松涛在为我们呐喊……

童长荣鼓掌：太好了，你们个个都是战斗的诗人啊。梁光，该你了。

梁光说：我想在战歌的结尾呢，一定要出现美丽的金达莱，她那么美丽，装点着东满的大好河山，她就像烈士的鲜血一样。

崔今淑情不自禁地：梁大队的一句话，让我想起烈士墓园里长眠的烈士，布谷鸟、朴厂长，还有日本共产党员伊田助男，也包括我的丈夫，百年一曲阿里郎，他们都是热爱和平的好儿郎。

童长荣很激动，说大家都讲得很好。我们需要一首主题战歌，可以创作《密营之歌》《百年一曲阿里郎》《布谷鸟》《美丽的金达莱》等多首歌曲。这样，大家刚才说的意见，我都记在心里了，等我有空闲时再把它整理出来，再谱上曲调，然

后去教战士们唱。

　　大家拍着巴掌,连声说好。王德泰表示,独立师不能没有军歌,就拜托张书记了。

　　月色溶溶,在雪林里撒下一片清辉。崔今淑站起来说,让张书记休息吧,大家明天还有各自的任务。王德泰、王中山、梁光才依依不舍地与童长荣告别,随崔今淑走出了地窖子。几个人分明听见了童长荣在里面哼唱着:我们是东北人民革命军,我们是共产党领导的人民军队,我们战斗在崇山峻岭,我们同日寇有血战到底的气概……

　　在刚刚结束的东满特委军事会议上,童长荣分析了东满的抗日形势。日寇的冬季围困战宣告失败,必然在春季转暖,冰雪融化之后,要发动疯狂的春季攻势,他要求王德泰和梁光跳到包围圈外作战,将小岛浪作的主力部队调出山林,缓解王隅沟、腰营沟一带新建根据地的压力,乘势收复马村根据地,让马村老百姓尽快回家,准备春种。李圣依负责老百姓的转移工作,王中山负责特委机关迁往新根据地的组织工作。

　　王德泰让梁光留下来保卫特委机关,童长荣不同意,只答应留下部分战士以备不测。

　　两天之后,王德泰和梁光集中优势兵力分成两个突击队,从西大坡和来皮沟两个方向对小岛浪作和吉兴的日伪军发动了凌厉的攻击,打得小岛浪作和吉兴的日伪军猝不及防,日伪军经过一个寒冬的疲劳战,早已丧失斗志,无心恋战,纷纷向岭外溃退,被早已埋伏在岭口的游击队逮个正着,死伤惨重。为了逃命,不顾一切组织一次次冲锋,终于冲出了一个口子,小岛浪作和吉兴终于带领人马,被迫退到了岭外。

　　童长荣见时机一到,对王中山下达了特委机关向腰营沟和大荒崴新根据地转移的命令。机关的同志、家属和滞留在山上的老百姓已经熬过了50多个日日夜夜,听到消息后,非常兴奋,可终于熬过来了。

　　密营里一下子热闹起来,打包的打包,收拾的收拾。童长荣走进临时医务室,见金郎中带着他的两个徒弟正在归整医疗器械,连声称赞金郎中用松毛煮水有效防止了战士们长期在雪山上,因维生素 A 缺乏导致的视力模糊问题,也防止了在冷湿的环境里风湿病的发生。

金郎中说,这方子是祖传的,这松毛林子里遍地都是,一点也不费事,其实自己并没有做什么。

童长荣又来到了文印室,见战士们正在把油印机装进箱子里,童长荣要求不留下一片纸,以免让敌人发现这里曾是特委临时机关。

小岛浪作在撤退前悄悄留下了一个日本联队,指示联队长大濑户带领的几百名日军部队担负着搜索特委机关的任务。大濑户派出多路暗探,化装成老百姓,四处打探,一个暗探在山上搜寻时,竟然意外地发现了山上的密营,可是已经人去营空,他摸进了厨房,发现灶火的灰烬还有余温。走进营地草房子,还有几个地窖子仔细察看了一遍。因为战士的疏忽,暗探在文印室的地上发现了墨迹和一张残破的油印纸。他立即赶回来向大濑户联队长做了汇报。

大濑户问暗探:你怎么知道这就是共产党东满特委的机关?

暗探从怀里掏出油印纸递给大濑户看,说这不是普通的游击队密营,担负印刷任务的一定是指挥机关。

大濑户点点头,咬着牙齿说:消灭共产党的特委机关,通知部队,现在就出发!

童长荣、王中山率领机关人员、家属和老百姓蹚着残雪,深一脚浅一脚地在密林里行进,走了一天,才翻过一道山梁,前面又是一座山横亘在前面。这时,姜春花气喘吁吁地跑到后面来,对崔今淑悄悄说,李圣依爱人肚子痛,看来要生了。她的脸上露出焦虑之色。

童长荣一听,再看看天色已晚,立即命令停止前进,让战士们寻找合适的地方过夜,战士们很快找到一处大小两个山洞,可以容身。金郎中看了一下旁边的小山洞,当即决定作为临时产房。

王中山指挥战士们捡柴火御寒,让炊事班分发炒面。童长荣经过一天奔波,吸了寒气,坐在洞里不停地咳嗽着。崔今淑一边惦着童长荣,一边又记挂着李圣

依爱人,大洞小洞来回奔波。

王中山则不停地安抚家属和老百姓,大家坚持一下,最多两天,我们就能到达目的地了。

小洞里,金郎中和两个医生在崖壁下抱回一些干松毛,铺在洞里,李圣依爱人躺在松毛上,大汗淋漓,显得痛苦,姜春花守在那里。从头天晚上一直到第二天上午,耗尽了力气,就是生不下来。

童长荣在大洞里无比着急,彻夜未眠。崔今淑更是揪着心,不停地说,这孩子来得真不是时候,这冰天雪地里来到这世上,连块包身子的布都没有一块。

童长荣一听,立即打开自己的手提箱,取出仅有的一件白衬衫递给崔今淑说,把这个拿去包孩子吧。崔今淑问,那你脱单的时候穿什么?

童长荣说,你这个人怎么死脑筋,天暖和的时候,再想天暖的办法嘛。

到了中午时分,李圣依爱人拼尽了全身最后一丝力气,终于生下一对双胞胎,还是两个男孩。崔今淑只好将童长荣的衬衫扯开,一分为二,勉强包住了孩子。好在李圣依爱人事先准备了一件皮褥子,将两个孩子裹在一起,不至于冻着。

李圣依爱人顺产,大家都松了口气,还生了两个小子,大家都很高兴。王中山则愁容满面,什么时候出发,他心里没底。他巴不得早一刻带着大家安全到达目的地,现在只有等待。

三月天,正午,天气已经暖和。森林里向阳的坡上积雪开始融化,一些倒下的树木上开始长出春耳。崔今淑采摘了一些洗净之后,用小吊子炖好,分成两半,一份给了李圣依爱人,一份递给童长荣。

童长荣瞪了崔今淑一眼,我跟你说的话,你都忘了? 崔今淑说,李圣依爱人已经有了。童长荣着急地催着崔今淑全部拿过去,说这山里什么都没有,两个孩子正在嗷嗷待哺呢。

李圣依爱人见崔今淑又端来了一份,知道是张书记的心意,内心十分不安。她对崔今淑说,她连累了大家。她挣扎着要起来随大家一起走。崔今淑说,你刚刚生产,身体虚弱,不能走。

李圣依爱人对崔今淑说,要么让我走,要么就把我丢下来,我不能把大家拖在这里。崔今淑说,别说傻话了,她开导着李圣依爱人,张书记说过了,我们浴血奋战的全部意义就是为了下一代。今天对特委机关来说,是一个大喜的日子,生了个双胞胎,是双喜,好兆头呢。张书记还说了,一定要取一个有纪念意义的名字。

到了傍晚时分,哨兵在高高的哨位上突然发现了大批的日本鬼子正在山脚蠕动,围住了这一片山,他连忙进洞向童长荣报告发现了敌情。童长荣霍地站了起来,忙问有多少人。哨兵战士说黑压压一大片,少说也有几百人。童长荣吩咐哨兵,注意观察,不要声张,以免引起混乱。哨兵点头,立即跑了出去。

童长荣容不得思考,把王中山叫到洞外,告诉他,山下已经发现大批日军,让他立即带领机关、家属和老百姓向北转移,早一点到达新根据地,自己来掩护他们。崔今淑见两人神情不对,也悄悄地来到洞外。

王中山不同意童长荣这样做,他的想法是带着战士们一方面顽强阻击,一方面通知王德泰、梁光火速增援。童长荣摇摇头,敌人就在山脚下,已经来不及了。

王中山恳求,那要留也是让他留下来,张书记,你带着队伍走吧。童长荣摇摇头,不行,特委的决定就是你负责机关的转移工作,你必须服从命令。王中山索性横下了心,要死大家一起和敌人拼到底,绝不能让张书记冒着危险为我们挡子弹。

童长荣严肃地批评王中山:王中山同志,你这是一种极不负责任的态度。面对这样的时刻,请你记住两条,一是以最小的损失换取最大的赢面;二是共产党人到了关键时刻,要以老百姓的生命安全为最高准则。

王中山还在辩解,东满不能没有张书记,这才是最高准则,只要张书记在就是东满最大的赢面。

童长荣很生气:胡扯八道! 你把我置于特委机关和根据地老百姓之上,你这是什么意思? 你不服从命令也行,从现在起,我就撤了你的职务。

王中山抖动着嘴唇:张书记,我服从命令!

童长荣缓和了语气,拍拍王中山的肩膀说,王中山同志,你要这么想,我已经

身患重病,迟早会死,这就是最小的代价,给我一个机会,让我来兑现入党时的誓言,为国家为民族为人民,奉献一切,履行最后一个义务,那就是牺牲自己。

王中山扶着外面的小树,再也忍不住大哭。崔今淑躲在暗处也哭了起来。

童长荣开始向王中山作最后的政治交代:王中山同志,我考虑了一下,万一我如果有什么不测,在上级没有派人接替我的职务前,请你代理特委书记;告诉王德泰同志,不要等我了,独立师在月底前一定要举行成立仪式。

王中山含泪点头。

童长荣嘱咐,天黑下来后,你就带着队伍北撤。我不要人多,让小赵同志挑选 20 个战士留下。记住,一定是党员同志优先。他又叮嘱,我就不跟大家道别了,他指着崖下的森林,让小赵带领战士在那里集合,注意,不要惊动了大家。

崔今淑听到这里,抹着泪悄悄地离开了。

夜幕降临,王中山向洞里洞外所有人员发出通知,天黑之后,连夜向北转移,还是按照编组有序撤离,请分头行动吧。

童长荣趁着大家忙乱的时候,悄悄地离开了山洞,下了坎,王中山在后面跟着,童长荣呵斥着,不要跟着我,快点回去。

王中山跑到童长荣跟前,央求着,张书记,让我抱抱你。

童长荣点点头,张开双臂,两人紧紧抱在了一起,童长荣轻声说,王中山同志,谢谢你对我工作的支持,再见了。

童长荣松开了手,头也不回地钻进了密林,只见 20 名战士齐整地排成两列,扛着弹药,背着枪待命。

小赵跨前一步:书记同志,按照你的命令,一共 20 名战士,集合完毕,请您指示。

童长荣走到战士们跟前,轻声而有力地:全体队友,立正稍息,报数!

等最后一名战士报到 20 时,崔今淑突然出现在最后一排,高声地:21,崔今淑!

童长荣:胡闹!崔今淑同志,你的任务就是护送李圣依爱人和两个刚出世的孩子,平安到达根据地。

崔今淑：报告书记同志，我已经安排姜春花同志负责。我还想说，书记同志如果不让我入列，我现在就从崖上跳下去，我说到做到！

童长荣望着崔今淑在夜色中倔强的面孔，心里明白，她已经豁出去了，在关键时刻，她要以生死相依来履行一个护理员最后的职责。童长荣不再坚持。

童长荣：崔今淑同志，入列！

崔今淑：是！谢谢书记同志！

童长荣面对大家：同志们，我们的任务就是掩护机关和老百姓撤退。现在我宣布，21 位同志加上我共 22 人，按照现在队列，分成两个战斗单元，第一组 11 人由小赵同志担任组长，第二组 11 人由我担任组长。成立一个临时党支部，也由小赵同志任临时党支部书记。大家听明白没有？

全体战士齐声回答明白，童长荣发出了出发的指令。

夜晚，21 名战士在童长荣的带领下开始回撤，战士们的身影在密林里穿越，走不多远，就发现了前面有动静。童长荣挥了一下手，战士们立即伏下身体，趴在一块巨大的山崖上面俯视下面的密林，不一会，就看见日军的影子密密麻麻地往山上涌来。

童长荣沉着冷静地发出了指令，第一小组平拉迂回到西侧，第二小组跟我来，注意节省子弹，我们在前面的岭头会合。童长荣带着第二小组横撤到东边。敌人穿过了密林，开始往山崖上攀爬，因为没有树林的遮挡，他们的身体全部暴露在斜坡上。童长荣带领第二小组的战士们在东侧找到一个最佳角度，童长荣闪身到一棵大树后，举起枪，一个点射，一个日本兵滚下了山崖，西边小赵的第一小组的枪也响了。东西两侧有节奏的枪声此起彼伏，被打中的日本兵纷纷滚落下来。崔今淑连发三枪，三枪全中，童长荣朝她竖起了大拇指。

童长荣指示一个战士扔出一颗手榴弹，这就是信号，通知第一小组的人开始撤退。大批的日本兵果然回过头开始追击，在伸手不见五指的夜晚，为了引诱敌人往南，又不能让他们跟丢了，还要保持若即若离的距离。战士们不时地打些冷枪，往南边的岭口移动，到了下半夜，两组人马在岭头会合。童长荣看到 21 个人齐齐整整地站在自己面前，非常高兴。

此时的日本联队长大濑户带着日本联队往南追到了岭下,却犯起了嘀咕,这不像是游击队的机关,倒像是个小规模游击队的袭扰,他们是想干什么?会不会是在打掩护?正在犹豫之时,童长荣指挥两组人马一阵密集的火力倾泻而下,日本兵顿时又倒下一大片。这次真的是把大濑户惹恼了,他挥舞着战刀,下定了决心开始往岭口冲锋。冲上岭口,又不见了人影。

就这样,童长荣带着21名勇士,牵着大濑户的部队,一路往南,打打停停,在密林里和日军周旋了一天一夜。

夜晚,大濑户的部队停止了追击。童长荣立即命令布下岗哨,其余的同志抓紧时间睡觉。布置完毕之后,童长荣终于有了喘息的机会,崔今淑走过来,望着童长荣靠在一棵树上,不停地喘气,摸了一下他的额头,发现他的额头滚烫滚烫的。

崔今淑焦虑地:张书记,你在发高烧。

童长荣舔了一下干渴的嘴唇,淡淡地笑着:发烧不发烧,对我来说已经不重要了。我估摸着,我们坚持到明天,机关的同志和老百姓差不多就安全了。

他露出了难得轻松的笑容。

崔今淑:张书记,我们已经牺牲了5位战士,现在只剩下16个人了。狡猾的鬼子从两边山上合围,把我们逼进了山谷,我们可能已经走不脱了。张书记,我们牺牲了,无所谓,可你真是牺牲不起啊。求你了,你不要抱着必死的念头,我要你活下去。

童长荣:崔今淑同志,我已经想好了后续的办法。只要大家听从命令,服从指挥就行。

寒风骤起,吹着树林呜呜地响着,气温开始下降。一片雪花飘到了童长荣的唇边,他舔了舔,喃喃地:下雪了!

童长荣蜷缩着身体,瑟瑟发抖,崔今淑一把抱住了他。童长荣急了,叫着,崔今淑同志,放手!别让同志们看见了。

崔今淑无奈,只好让童长荣与她背靠背,战士们见此,纷纷爬了过来,组成一堵人墙,将童长荣围在里面。

鹅毛似的大雪在黑森林里肆意地飞舞,不一会,童长荣和战士们就成了雪人,犹如雪雕一般。

崔今淑轻轻地:张书记,你还冷吗?

童长荣:心里热着呢。我们都是生死兄弟,现在我们就像一个人一样。

小赵饱含热泪对全体战士说:大家知道吗?张书记是拖着重病的身体带领我们战斗呢。

战士们禁不住悄悄抹着泪。

童长荣望着大家:同志们,请告诉我,共产党人要吃这样的苦,要受这样的磨难是为什么呀?

战士们纷纷回答:救国家于危亡,救人民于水火。

童长荣满意地点头:我想和大家说说心里话,共产党就是个苦命的党,从党成立的那一天起,就把这个国家和四万万同胞的全部苦难自觉地背负到自己身上。我们都是共产党员,我们都得认这个命,这个苦我们不吃谁来吃?

一个战士说:我们甘愿吃这个苦,也甘愿做出牺牲。如果能赶走日本鬼子,建立一个和平安宁幸福的国家,那一切都值得了。

童长荣:这一天会到来的。我请同志们要对未来充满信心! 大家有没有信心?

大家齐声回答那是一定的。童长荣问他们冷不冷,还觉得苦不苦?大家都摇着头说不冷也不苦,心中有团火,有着战斗的渴望。

王中山带着机关和家属与童长荣分手后不久,就听到了密林里传来的枪声。他带着长长的队伍一边加紧北撤,立即派人去托盘沟,给王德泰和梁光送信,请求火速增援。

刚刚结束战斗的王德泰和梁光听说张书记处在危险之中,大致了解敌人的兵力之后,两人立即组织精干队伍以最快的速度,日夜兼程,在风雪弥漫的山林里一路南奔。

天亮了,天地一色,白茫茫一片。童长荣带着队伍继续向南,走到谷底的平地上,童长荣站住了,问这是什么地方?崔今淑回答,这地方叫十里坪,童长荣又

问,今天是什么日子。崔今淑回答,是 3 月 21 日。

童长荣默默念着:1934 年 3 月 21 日。我知道了。

这时,两边山上的日本兵漫山遍野地向谷底压了下来。童长荣将小赵叫到了身边,对小赵说,看见这小溪了吗?我命令你带领剩下的战士们沿着小溪往北撤,记住要从溪水里走,这样才没有脚印。

小赵疑惑地望着童长荣:张书记,你这是要干什么?

童长荣:小赵同志,这十几位同志都是特委机关宝贵的财富,他们是业务骨干,熟悉机关事务,这些年已经锻炼成为行家里手。你都看见了,这满山遍野的敌人,硬拼只有一个结果,全部牺牲。那多可惜呀,谁去编报纸呢?谁去筹粮食呢?还有谁去管理机关事务呢?听好了,我往南边去,吸引敌人。你现在带着大家走,还来得及,记住了,千万不要射击,你的任务就是要把这十几个同志安全地带出去。

小赵哭了,表示全体战士将和张书记一起共存亡,绝不会让张书记一个人去牺牲。

童长荣对小赵说,利害关系我都跟你说清楚了,我只说一遍,你要是不走,我就先打死我自己,童长荣对着自己的头部举起了枪。

小赵含着泪向童长荣敬礼。童长荣从小赵身上摘下子弹带,抄起一挺机枪,扛在肩上,手上拿着一只手枪,踏着积雪,在漫天的大雪中向南快跑,不时地用手枪朝山上射击。

日本兵从山上涌向谷底,循着枪声,沿着小溪向南追赶。他甚至听到了日军的叫声,抓活的。童长荣倒是镇定了下来,他不紧不慢地爬上坡,回过头,却发现崔今淑身上背满了子弹带,手拿冲锋枪跟在自己后面。

童长荣吼叫着:你为什么不执行命令撤退!

崔今淑:书记同志,我这是履行护理员的职责。

这时日本兵已经到了水坝下面,童长荣见此,也就不再说什么。立即架起机枪,对着水坝下的敌人一阵扫射,崔今淑借着一棵大树作掩护,端起冲锋枪以站立姿势向敌群射击。坝下的日本兵有的后退,有的趴下。

乘这个空当，童长荣朝崔今淑做了个向上的手势，两人迅速往山上转移。

大濑户很恼火，怎么就变成了两个人？手下人进言，抓活的，就能知道特委机关在哪里，游击队在哪里了。大濑户举起了战刀，日本兵纷纷沿着水坝往山上涌去。

崔今淑沿着山坡往上爬，童长荣跟在后面，渐渐地崔今淑发现童长荣的步伐慢了，这才发现童长荣嘴里有鲜血漾了出来，滴落在雪地上，崔今淑连忙将童长荣扶到一棵白桦树下坐了下来。

童长荣大口地喘着气，对崔今淑说：崔今淑同志，你不能死，你赶快走，我掩护你，你要替我看到日本侵略者被赶出中国的那一天，替我看到新中国诞生的那一天，有机会到我家乡去一趟，告知我的母亲和未婚妻，让她们不必等我了。

崔今淑抱着童长荣大哭：张书记，你知道，我不可能撇下你，给我一个机会，我要陪你一道走，直至生命的最后一刻。

童长荣望着崔今淑：谢谢你陪伴我，我现在真的不需要你了，你的护理任务已经完成了。走吧！

崔今淑：张书记，你要再逼我走，我也就先打死我。

童长荣无奈地摇头：崔今淑同志，你什么都好，就有一个缺点，就是个死心眼。

崔今淑望着童长荣笑了：你同意让我留下了，谢谢书记同志。

这时敌人纷纷围了上来，童长荣和崔今淑站了起来，分别端起机枪和冲锋枪朝日军扫射，突然童长荣身子一歪，一颗子弹击中了童长荣的胸部，童长荣拼尽全身最后一丝力气，打出了最后一梭子弹，一个军官模样的日本兵当场毙命。崔今淑扔掉了冲锋枪，上前挽着童长荣，拖着往山上走，一边用手枪还击。

日本兵见小队长被打死，恼羞成怒，疯狂地朝崔今淑和童长荣射击。漫天风雪中，童长荣和崔今淑的身体慢慢地倒在雪地里。

漫天的大雪不一会就淹没了两人的躯体。高高的白桦林，铅灰色的天空，一切归于寂静。

童长荣牺牲时 27 岁，崔今淑年仅 21 岁。

尾 声

　　同是这一天,在枞阳上码头,春日暖阳,柳枝飘拂。河边柳树上的乌鸦开始此起彼伏地叫着,何坤宜怔怔地望着院外的长河,似乎有着一种不祥的预感。

　　对岸的放牛娃又唱起了熟悉的牛歌:哥是天上星一颗,姐是地上水一窝。相思密如线,泪洒云天河。初心皎日月,血色大风歌。任哥天上行万里,永远不出姐心窝。

　　何坤宜听着这歌声和以往唱的不一样,中间又多了四句,又是泪又是血的,不能不让人伤感。

　　在东北战场上,第二天,小赵带着脱险的机关战士等来了驰援的王德泰和梁光,他们从雪野里终于寻到了童长荣和崔今淑的遗体,战士们的心碎了,雪野里一片哭声。

　　王德泰含着泪吩咐战士们找来桦树皮,将两人的遗体包裹好,葬在了十里坪。王德泰在童长荣坟前对战士们起誓,把大濑户这龟孙子给我灭了!

　　又过了两天,王德泰和梁光寻觅到了大濑户的联队,干净彻底地歼灭了这个联队,大濑户被击毙。

　　1934 年 3 月 28 日,王德泰选择童长荣牺牲头七这天隆重举行了东北人民革命军第二军独立师成立大会。王德泰站在全体将士前,含着泪说,张书记,请你看看吧,这就是你一手创立的独立师。战士们高喊为张书记报仇,声音此起彼伏。

　　按照童长荣生前嘱咐,王中山接任东满特委临时书记。

童长荣牺牲的消息经满洲省委报中共中央,同年,毛泽东同志在中华苏维埃大会上提议全体代表为抗日烈士童长荣等默哀致敬三分钟。

1935年,中共中央发布《八一宣言》,号召全国人民团结起来,抗日救国。《宣言》颂赞童长荣为救国而捐躯,并称其为民族英雄。

同年,独立师发展为东北人民革命军第二军,王德泰任军长。从此这支英雄的部队作为东北抗联的重要组成部分,成为东北抗日的重要力量。

同年何坤宜姐姐的孩子出生,按照约定,送何坤宜抚养,取名童承璞。孩子稍大,开始不自觉地喊爸爸,何坤宜取出童长荣的老鼠尾巴辫子,将它吊在一根棍子上,插在小坐车上,逗着孩子:这就是爸爸,叫爸爸。

孩子睁着明亮的大眼睛,目不转睛地望着小辫子,小嘴吧嗒吧嗒地喊着:爸爸……

又过了几年,何坤宜将练潭的那个小女孩接回抚养,取名童承英。她为童长荣营造了一个儿女双全的家,等着他的归来。

……

1949年10月1日,中华人民共和国成立,参加开国大典的夏衍(沈端先)受周恩来总理的嘱托作文《迎接新中国的诞生》,他写道:十月一日,当我看到五星红旗在天安门冉冉升起的时候,真是感慨万千,泫然欲涕。我们这个有五千年文化的古国,经历了数不清的苦难,终于像旭日东升一样,重新站立起来了。我自己,也终于盼到了这一天,可是,有什么办法将这个喜讯告诉已经牺牲了的同志呢? 我想起了……童长荣……这些英勇献身的烈士。

1951年,民政部门来到童家,在童家门上挂上了烈士之家。童母和何坤宜这才得知童长荣早在17年前就已经牺牲。

新中国成立后,何坤宜将全部的心思放在儿女的培养上。养子童承璞学业优秀,考取清华大学,事业有成。养女童承英育一子一女,儿子郑卫胜参与了雨润集团的初创工作,现仍为集团重要骨干,女儿郑卫芳家庭生活幸福。

1987年,何坤宜去世,享年83岁。

2011年,中国共产党成立90周年之际,延边童长荣烈士陵园落成,养女童承英带着一双儿女来到东北大地,祭奠从未谋面的父亲,延边人民以最高的礼遇迎接他们。

2015 年 9 月,在纪念反法西斯战争胜利和抗战胜利 70 周年的盛大阅兵式上,童承英坐在抗联车上,在天安门广场接受检阅。

童承英身体硬朗,现在安徽枞阳安度晚年。

2021 年是中国共产党成立 100 周年,告慰童长荣的是,中国共产党已经成为九千多万人的世界第一大执政党,中国人民在中国共产党的领导下,经历了从站起来、富起来、强起来的历史性跨越。告慰童长荣的是,中华民族正昂首阔步走在复兴的征途上,中国人民已经平视这个世界……千言万语,只有一句话,今天中国的一切已经如你所愿。

童长荣血色初心,历史从未忘记,党和人民从未忘记!

后　　记

　　写这篇后记时,正值中国共产党百年华诞之际。习近平总书记在天安门城楼上的"七一"重要讲话,犹在耳边回响。总书记在开篇就宣布经过全党全国各族人民的持续奋斗,已经实现了第一个百年奋斗目标,中国全面建成了小康社会。这是中国共产党最为荣耀的时刻,这是中国几千年历史进程中的辉煌时刻,也是世界人类进步史上的重要时刻。我在想,年轻的童长荣和无数革命先烈以血色青春所追求的不就是这一时刻的到来吗?

　　这部小说从构思到完稿整整两年时间。2019 年,为庆祝新中国成立 70 周年,在张梦生主席全力支持下,我带着铜陵市政协文化文史和学习委员会的同志开始拍摄文史专题片《童长荣》。

　　这一年,清明节前,摄制团队在童长荣养女童承英、外孙郑卫胜、外孙女郑卫芳陪同下,手持鲜花来到枞阳郊外童长荣未婚妻何坤宜的墓前祭拜。站在墓前,心起波澜,脑中闪现出一个青春美丽的影子,在随后的日子里,挥之不去,愈发鲜活。

　　4 月中旬,到上海"左联"纪念馆等处拍摄,回来路过南京时,郑卫胜请我们吃饭。席间,他无意提到外婆何坤宜说过一个上海纱厂老板女儿和童长荣的故事。在这一瞬间,纷繁的碎片化素材开始在童长荣身边有序聚合,就有了《血色初心》最初的构思。

　　下旬,摄制团队来到民族英雄童长荣的牺牲地吉林延边朝鲜族自治州和汪清县采访拍摄。州县领导以最高的礼遇迎接烈士家乡来人。采访拍摄中,以童长荣名字命名的童长荣红军小学、童长荣大街、童长荣街道办事处、童长荣村、童长荣大桥等——进入我们的视野。来到中共东满特委抗日根据地的旧址,烈士雕像、汪清县苏维埃人民政府、特委医院、印刷厂、兵工厂、被服厂、红军道、红军井错落有致地散落在山道边。站在童长荣墓前,仰望高高的纪念碑,环顾山上的白桦林和坡上盛开的金达莱花,溪边的残雪,冰层下泉水静静地流淌,内心的愿望愈加强烈:家乡的英雄,我要来为您立传。

随后的半年,开始系统构思,随着人物的不断涌入,情节的展开,竟没想到这是一个浩大的工程,谍战、暗战、文战、统战、血战、情战相互交织,构成了童长荣短暂的传奇人生,需要用鸿篇巨制恢弘展现。

11月中旬,参加为期两个月的安徽省委党校第 74 期厅干班学习。这两个月,学原著,悟原理。白天上课,晚上开始编写《血色初心》大纲。两个月学习结束,编出了 6 万多字的大纲。因为是党史人物,因为是红色题材,特别请时任中共铜陵市委副书记赵振华同志指导把关。赵书记之前是中央党校研究生院院长,是权威专家。赵书记充分肯定,具体指导,我受益匪浅。

2020 年年初,新冠疫情开始蔓延,按照统一要求,居家非必要不外出。大年初一开始做剧本,到五月份写完,一共五十集,计 75 万字。休息调整了几个月,决定将剧本改写成长篇小说。从 2020 年国庆节开始一直写到 2021 年 3 月底,终于完稿。需要说明的是,这部小说脱胎于剧本,因此难免带有影视化痕迹。但也有一个好处,有较强的即视感、节奏上的明快感。

送审样书出来后,得到了各位领导的高度重视。省政协副主席李和平专门听取汇报,牵头召开出版推进会。安徽出版集团党委书记、董事长王民出席会议,提出具体要求。中共铜陵市委书记丁纯专门听取汇报,通读书稿并作出批示。省社科联党组书记洪永平在省政协常委会间隙,对此书予以关心,担任省委党史学习教育第十三巡回指导组组长在铜期间,多次听取汇报并协调出版相关事宜,关注出版进展。在此,对领导的支持和关心表示衷心的感谢。

省党史研究院副院长吴静、省委宣传部出版管理处处长莫国富、时代出版发行公司总编朱寒冬对此书的出版进行了具体指导,省文联副主席、省作协主席许春樵对这部作品予以充分肯定,亦在此表示衷心的感谢。

感谢上海黄浦区、虹口区政协和党史办,上海"左联"纪念馆,大连市政协和党史办,延边朝鲜族自治州政协,汪清县政协和党史办,哈尔滨东北抗联纪念馆,枞阳县政协等单位在采访过程中给予的大力支持。

感谢安徽人民出版社陈宝红社长的领导和指导。感谢安徽党史研究院副院长、研究员施昌旺先生、黄山书社社长、编审贾兴权审读书稿,并提出诸多宝贵意见。感谢万直纯编审和责编王玉法主任付出的辛劳。

写完后记,站在楼上,遥望枞阳家乡的山和水,心底里还是两个字:感谢!

2021 年 7 月于铜陵恒大绿洲